Hannes Stubbe
Weltgeschichte der Psychologie
Eine Einführung

Hannes Stubbe

Weltgeschichte der Psychologie

Eine Einführung

PABST SCIENCE PUBLISHERS
Lengerich/Westfalen

Bibliografische Information der Deutschen Bibliothek
Die Deutsche Bibliothek verzeichnet diese Publikation in der Deutschen Nationalbibliografie; detaillierte bibliografische Daten sind im Internet über http://dnb.ddb.de abrufbar.

Geschützte Warennamen (Warenzeichen) werden nicht besonders kenntlich gemacht. Aus dem Fehlen eines solchen Hinweises kann also nicht geschlossen werden, dass es sich um einen freien Warennamen handelt.

Das Werk, einschließlich aller seiner Teile, ist urheberrechtlich geschützt. Jede Verwertung außerhalb der engen Grenzen des Urheberrechtsgesetzes ist ohne Zustimmung des Verlages unzulässig und strafbar. Das gilt insbesondere für Vervielfältigungen, Übersetzungen, Mikroverfilmungen und die Einspeicherung und Verarbeitung in elektronischen Systemen.

© 2021 Pabst Science Publishers · D-49525 Lengerich/Westfalen
www.pabst-publishers.com
pabst@pabst-publishers.com

Print: ISBN 978-3-95853-737-8
eBook: ISBN 978-3-95853-738-5

Cover: Noëmi Stubbe

Druck: Printed in the EU by Booksfactory

Inhaltsverzeichnis

Vorwort 8

Einführung 10

Vorgeschichte 15
    Was ist Paläopsychologie? 15
    Zur Paläopsychologie des Neandertalers 22
    Über den Animismus 33
    Paläopsychologie des sog. primitiven, prälogischen, magischen und wilden Denkens 37
    Schamanismus, traditionelle HeilerInnen und Ethnopsychotherapie 43
    Künstlerische Gestaltungen 56

Europa 68

Griechisch-römische Antike 68
    Homer und die Mythen 68
    Hippokrates: Die Ethik des Heilens 75
    Sokrates und die Kunst des Fragens 78
    Platon und die Welt der Ideen 80
    Aristoteles und die Realität 83
    Theophrast: Eine frühe Charakterkunde 87
    Titus Lucretius Carus: Psychologie auf atomarer Grundlage 89
    Plinius der Ältere, ein antiker Enzyklopädist 93
    Lucius Annaeus Seneca und das glückliche Leben 95
    Plutarch und Sueton: Ursprünge der Biografik 96
    Marcus Aurelius und die Lebensweisheit 97
    Artemidor von Daldis: Antike Traumwelten 98

Europäisches Mittelalter 102
    Aurelius Augustinus 110
    Hildegard von Bingen 112
    Albertus Magnus 112

Thomas von Aquin 116
Neuzeit..**119**
　　Psychologie im Humanismus 119
　　Michel de Montaigne 121
　　René Descartes 123
　　Psychologie in der europäischen Aufklärung..125
　　„Anton Reiser", das „Magazin zur Erfahrungsseelenkunde" und die Physiognomik............128
　　Psychosoziale Aspekte der Sklaverei im Zeitalter der Aufklärung (18.Jh.) 131
Zur Geschichte der Experimentalpsychologie bis W. Wundt **144**
　　Exkurs: Das kleine Weltreich des Wilhelm Wundt 147
Tierpsychologie und Ethologie..**150**
Haben Pflanzen eine Psyche? **153**
Massenpsychologie und Sozialpsychologie **164**
Völkerpsychologie und Psychologische Anthropologie **167**
Transkulturelle Psychologie/Kulturvergleichende Psychologie.......................**184**
　　Exkurs: Die psychische Einheit der Menschheit
　　- Ein theoretisches Fundament der Transkulturellen Psychologie 192
Tiefenpsychologie **207**
Psychotherapie und Klinische Psychologie **217**
Militarismus, Totalitarismus und Rassismus **238**
Afrika **279**
Ägypten **283**
Südafrika **291**
Mosambik **296**
Asien **298**
China **298**
Indien **314**
Japan **324**
Thailand **329**
Vietnam **332**

Lateinamerika **334**
    Zur Geschichte der experimentellen Psychologie in Lateinamerika 343
Argentinien **360**
    Sigmund Freud am Rio de la Plata 364
Brasilien **365**
    Sigmund Freud in den Tropen 371
    Experimentalpsychologie 383
    Sozialpsychologie 393
Mexiko **401**
    Die Entwicklung der Psychoanalyse 404
    Exkurs: Karl Marx und Sigmund Freud 416
Peru **418**
Kuba **423**
    Exkurs: Psychologie im Exil 425
Russland **457**
Türkei **464**
USA **471**
    Zur Kritik der Psychologie 480
Im Schattenreich der Psychologie **483**
    Einblicke in das Schattenreich der Psychologie 490
Bibliografie-Auswahl **538**
Anhang: Die Erforschung der Geschichte der Psychologie **644**
    Methoden und Theorien der psychologiehistorischen Forschung 644

Abbildungsverzeichnis **656**

Vorwort[1]

Dieses während der Pandemie der Jahre 2020/21 geschriebene Buch ist das Ergebnis einer über 50jährigen Berufstätigkeit des Autors in Theorie und Praxis, Forschung und universitärer Lehre der Psychologie und Anthropologie im In- und Ausland. Es basiert u.a. auf Vorlesungen über die Weltgeschichte der Psychologie, die der Autor in den Semestern der Jahre 2002 und 2003 an der Universität zu Köln, sowie seit 1984 in Afrika, Südamerika und Asien gehalten hat. Im Rahmen von längeren Gastprofessuren und Feldforschungen hat der Autor in Brasilien, Mosambik, Portugal, Lateinamerika, China und Indien gelehrt und geforscht. Schon als Student in Berlin, Freiburg/Brsg. und Rio de Janeiro störte ihn sehr, wie ethnozentrisch, a-sozial, a-historisch und kulturblind die Psychologie in Deutschland und in vielen anderen Ländern war, so dass er daneben auch noch ein Studium der Ethnologie/Anthropologie (damals: Völkerkunde) aufnahm. Die große Bedeutung der Anthropologie für die Psychologie wurde ihm vor allem in den Ländern der sog. Dritten Welt immer bewusster und ermöglichte einen kritischen Blick auf die eigene und fremde Gesellschaften. Auch das Relevanzproblem vor allem im Hinblick auf die sog. Entwicklungsländer und Einwanderungsgesellschaften beschäftigte ihn nachhaltig. Nach Ansicht des Autors sollte die Psychologie, wie alle Wissenschaften, ihrem Inhalt nach global und interkulturell aufgestellt sein, dabei aber auch die lokalen Entwicklungen, Herausforderungen und Bedingungen im Auge behalten, denn in ihrer Realisierung durch Lehre und Forschung wird die Psychologie von kulturellen, historischen, sozialen, ökonomischen, politischen und regionalen Besonderheiten und herausragenden Persönlichkeiten an außeruniversitären Institutionen und Universitäten geprägt. Bei der Auswahl der Länder, Personen und Themen hat sich der Autor von seinen eigenen Erfahrungen und der vorliegenden wissenschaftlichen Literatur leiten gelassen. Die häufigen, sicher nicht vollständigen Zeittafeln dienen als Chroniken einmal dazu, die Entwicklung der Psychologie in einer bestimmten Region übersichtlich zu dokumentieren und darüber hinaus sollen sie als historisches Hilfsmittel eine heuristische und ordnende Funktion ausüben. Der Autor hat versucht sich verständlich auszudrücken und hofft, dass ihm dies auch gelungen ist. Wenn es eine „Einheit in der Vielfalt der Psychologie" geben soll, wie sie bereits *Eduard Spranger* (1882-1963) in „Die Frage nach der Einheit der Psychologie" (1926), *Karl Bühler* (1879-1963) in „Die Krise der Psychologie" (1927) und der französische Psychologe *Daniel Lagache* (1903-1972) in seiner Antrittsvorlesung „L'unité de la psychologie" (1947) konzipierten (vgl. Schmidgen, 1998:342-359), so wird man sie nach Ansicht des Autors wohl am ehesten in der Geschichte selbst vorfinden können (vgl. auch Störig, 1970:347; Wuttke, 2004). Die Weltgeschichte der Psychologie auf knapp sechshundert Seiten darstellen zu wollen, gleicht einem hoffnungslosen Unterfangen, zumal wenn es sich um eine so schillernde Geschichte wie der Psychologie handelt. Die vorliegende Schrift ist auch nicht ein so ausgefeiltes „Testament" wie das des Frühaufklärers *Jean Meslier* (1664-1729), aber das Buch versucht die über 50 Jahre dauernden Erfahrungen des Autors zusammenzufassen. Natürlich

---

[1] The author declare that this book was conducted in the absence of any commercial or financial relationships that could be construed as a potential conflict of interest. Die weibliche Form ist selbstverständlich immer mit eingeschlossen.

kann in dieser „Kleinen Abhandlung" und Einführung keine vollständige Übersicht über die jahrtausendealte aufgeschriebene Geschichte der Psychologie in den fast 200 Staaten der Welt gegeben werden, aber die großen regionalen Entwicklungen werden deutlich gemacht. Da wir Menschen den allergrößten Teil der Menschheitsgeschichte „prähistorisch" waren, ist diesem langen Zeitabschnitt auch ein eigenes paläopsychologisches Kapitel gewidmet. Ein solches Werk wird jedoch nie fertig! Ich bin mir des Mangelhaften meiner Arbeit also voll bewusst, glaube aber eine Basis gelegt zu haben, worauf weiter gebaut werden kann. Das Buch möge dem interkulturellen und friedlichen Austausch der Psychologinnen und Psychologen weltweit dienen. Die sicher nicht vollständige Auswahl-Bibliografie stimuliert vielleicht die Neugier zu einem vertieften Studium der regionalen und weltweiten Entwicklungen. Herrn Pabst und Herrn Orths danke ich herzlich für die ausgezeichnete Betreuung dieses Buches. Die Illustrationen stammen von meiner vielseitig begabten Tochter A. Noëmi Stubbe. Ein besonderer Dank gilt auch meiner Frau Prof. Dr. Santos-Stubbe, die wichtige Anregungen gegeben hat, sowie meiner Tochter Beatrice für ihre technischen Hilfen. Viel Freude beim Lesen!

Hannes Stubbe

Köln, Niteröi, Frühjahr 2021

Einführung

1. Warum dieses Buch?

Die Psychologiegeschichte spielt heute eine sehr wichtige *propädeutische und anthropologische Rolle* in der PsychologInnen-Ausbildung und sollte deshalb auch besonders gefördert werden. In diesem Sinne schrieb schon der Völkerpsychologe *Moritz Lazarus* (1824-1903):

> „Der Mensch ist ein geschichtliches Wesen, alles in uns, an uns ist Erfolg der Geschichte, wir sprechen kein Wort, wir denken keine Idee, ja uns belebt kein Gefühl und keine Empfindung, ohne dass sie von unendlich mannichfaltig abgeleiteten historischen Bedingungen abhängig ist." (Zeitschrift für Völkerpsychologie, II, 437)

Auch der geisteswissenschaftliche Psychologe *Wilhelm Dilthey* (1833-1911) hebt im Jahre 1894 hervor:

> „Was der Mensch sei, das erfährt er ja doch nicht durch Grübelei über sich, auch nicht durch psychologische Experimente, sondern durch die Geschichte."

Die Ausbildung der westlichen PsychologInnen ist häufig immer noch ahistorisch, einseitig, stark eurozentrisch bzw. angloamerikanisch orientiert. Dies gilt insbes. auch für die Lehrbücher (vgl. Zitationsindizes). Z.B. ist die kognitive Landkarte der dt. PsychologInnen sehr reduziert und besteht fast nur aus Deutschland und den USA. In den Ländern der sog. Dritten Welt und Schwellenländern leben jedoch fast 6/7 der Menschheit und die wissenschaftliche psychologische Produktion z.B. in Deutschland und der westlichen Welt berücksichtigt diese Menschen kaum. Auch eine eigentliche „europäische Psychologie" hat sich noch nicht herausgebildet. Damit dies geleistet werden kann sind auch historische Kenntnisse grundlegend. Die Psychologiegeschichte gehört heute eigentlich zur *„(Allgemein-)Bildung"* nicht nur von PsychologInnen (vgl. z.B. Schwanitz), sondern ist Teil des Zivilisationsprozesses der gesamten Menschheit. Psychologiegeschichte versucht geisteswissenschaftliche, sozialwissenschaftliche und naturwissenschaftliche Aspekte der Psychologie zu integrieren *(„Einheit der Psychologie")*. Sie ist bedeutungsvoll für die Wissenschaftstheorie (*heuristische Funktion*), kann aber auch der Legitimität dienen (*Legitimation* des Handelns) und hängt von den Tendenzen/Moden der Geschichtswissenschaften ab. Psychologiegeschichte kann u.a. als eine *„kontemplative"* oder aber *„aktive"* Geschichte (Traxel) betrieben werden (s. Anhang). Die *sog. westliche Psychologie* ist bisher einseitig ausgerichtet, denn sie erforscht hauptsächlich: Weiße, Europäer und Nordamerikaner, Männer (vgl. Anteil bedeutender Psychologinnen in den Ps. Lexika: 4-7%!), Christen (vor allem Protestanten), Städter, StudentInnen, Mittelschicht-angehörige, Alphabeten etc. (s. unten). Gegenwärtig lassen sich auch in der Psychologie *Globalisierungsprozesse* nachweisen und gewinnen eine immer größere Bedeutung (vgl. reisende, im Ausland tätige PsychologInnen, brain drain, Exil, Auslandsstudierende, internationale Organisationen, interkulturelles Management etc.), daher gewinnt die weltgeschichtliche Sicht eine immer größere, grundlegende Bedeutung. *Weltgeschichte der Psychologie* beruht auf dem Grundprinzip der „psychischen Einheit der Menschheit" (vgl. Stubbe, 2020) und auf dem Grundsatz: Wer die Weltgeschichte nicht kennt, kann die regionale Geschichte nicht verstehen. Bisher existieren noch keine Lehrbücher bzw. kaum Vorlesungen zur „Weltgeschichte der Psychologie". Die Psychologie der Gegenwart hat dem Frieden, der Diversität des Lebens, der Gerechtigkeit, der Umwelt und der Völkerverständigung zu dienen. Alle Anwendungen der Psychologie für die Kriegs- und Tötungswissenschaften, Folter, Propaganda, Pflanzen- Tier- und Umweltvernichtung etc. sind zu ächten (s. unten: Im Schattenreich…). Es sollte sich allmählich eine „*Weltpsychologie*" herausbilden, die die nationalen, indigenen und akademischen Psychologien der Welt miteinander in einen Dialog stellt und verbindet und sich vor allem aktiv an der Lösung der Weltprobleme (s. unten) beteiligt.

2. Zum Stand der Erforschung der Psychologie in welthistorischer Hinsicht

Die bisherige psychologiehistorische Forschung war bis auf sehr wenige Ausnahmen national bzw. regional d.h. vor allem „westlich" orientiert. Entweder glaubte man fälschlicherweise, dass die eigene Entwicklung der Psychologie mit ihren Ergebnissen und Erkenntnissen so wie in der Physik universal sei oder man war durch den eigenen Ethnozentrismus in der persönlichen Sichtweise stark eingeengt oder gar (kultur-)blind.

Im Jahre 1961 erschien eine „History of Psychology and Psychiatry" (dt. Übers.: „Weltgeschichte der Psychologie und Psychiatrie", 1970) von *Abraham Aaron Roback* (1890-1965). Der us-amerikanische Psychologe polnischer Herkunft hatte seinen Doktorgrad an der Harvard-University (1917) erworben und sein Beitrag zur Psychologie bestand vor allem in seinen vielen Schriften wie z.B. der „History of American Psychology" (1952) und dem o.g. Buch. Roback beginnt wie üblich im I. Teil (Allgemeine Psychologie) seiner Weltgeschichte mit den griechischen Wurzeln (Aristoteles, Platon) und dem Stamm von Tertullian bis zu den Gestaltpsychologen und stellt danach die Psychologie in verschiedenen Ländern (England, Frankreich, Italien, Niederlande, Belgien, Schweiz, Skandinavien, Russland und USA) dar. Der II. Teil behandelt dann die Psychopathologie und Medizinische Psychologie, beginnend mit den Anfängen der Psychopathologie in der griechisch-römischen Antike, der arabischen Medizin, dem Dämonismus im Mittelalter und den mystischen Erneuerern und stellt danach die „moderne Psychiatrie" von Johann Weyer bis Max Nordau und Pierre Janet dar. Die daran anschließende „psychogene Ära" behandelt Morton Price, Adolf Meyer, Sigmund Freud bis Ernst Kretschmer. Am Ende des 2. Teils stellt Roback noch einige „Therapeuten" vor wie Wagner-Jauregg, Sakels Insulinschock, den Metrazolschock, den Elektroschock, sowie Moniz und die Hirnchirurgie. Der Teil III. berichtet über besondere Disziplinen in der Psychologie wie Pädagogische Psychologie, Tests und Messungen, Kollektivpsychologie und Tierpsychologie. Der Autor betont, dass es sich bei diesem Buch nicht um eine „vollständige Geschichte der Psychologie" handele, sondern dass „die Meilensteine in der Entwicklung der psychologischen Wissenschaft" aufgezeigt und beschrieben werden sollen. Außerdem wurden „nur" etwa 40 hervorragende Vertreter der Wissenschaft behandelt. Den Begründern und Pionieren wurde zudem ein gewisser Vorrang eingeräumt. Insgesamt gesehen handelt es sich aber um eine Geschichte der europäischen und us-amerikanischen Psychologie und Psychiatrie.

In der reichhaltigen *deutschsprachigen* psychologiehistorischen Literatur seit 1808 sieht es nicht viel anders aus (vgl. z.B. Carus, 1808; Harms, 1878; Siebeck, 1880, 1884,1891; Sommer, 1892; Dessoir, 1896; Hartmann, 1901; Dessoir, 1911; Klemm, 1911; St. Hall, 1914; Brunswik, et al., 1929; Müller-Freienfels, 1929; Schiller, 1948; Hehlmann, 1963; Dorsch, 1963; Doucet, 1971; Pongratz, Traxel & Wehner, 1972; Pongratz, 1975; Balmer, 1982; Ash & Geuter, 1985; Geuter, 1986, 1987; Benesch et al., 1990; Lück, 1991; Lück & Miller, 1993; Schönpflug, 2000; Galliker et al., 2007; Lück, 2016; vgl. zur Geschichte der Psychologiegeschichtsschreibung auch W. Bringmann et al.: A pictorial history of psychology. Chicago, 1997, p. 518-526).

Wilhelm Hehlmann (1901-1997) erwähnt z.B. in seiner vielgelesenen „Geschichte der Psychologie" (1963) sehr kurz die Seelenvorstellungen der antiken Ägypter und Inder (s. unten), aber außerhalb Europas und der USA gibt es keine Psychologie, die für ihn erwähnenswert wäre. In seiner originellen, lebendig geschriebenen, biografisch orientierten „Die psychologische Hintertreppe" (2016), hat der bekannte Psychologiehistoriker *Helmut E. Lück* (*1941), der sich von dem Philosophen *Wilhelm Weischedels* (1905-1975) „Die philosophische Hintertreppe" (1975) inspirieren ließ, das Leben und Werk von 44 bedeutenden Psychologinnen und Psychologen bearbeitet. Ca. 59% von ihnen stammen aus dem deutschsprachigen Raum (D, A, CH) und 24 % aus den USA (der Anteil der ca. 40% jüdischen Exilés und Menschen mit Migrationsbiografien ist unter ihnen sehr hoch; jedoch keine Afroamerikaner oder Indigene). Der Frauenanteil beträgt insgesamt nur etwa 11%. Aus Russland stammt 1, aus Polen 3, aus der Türkei 1, aus Israel 1 und aus Italien 1 Wissenschafter. *Gerd Jüttemann* (2013, 2020) bemüht sich seit vielen Jahren wie schon *Kurt Breysig* (1931) eine „Psychologie der Geschichte" bzw. „Historische Psychologie" zu entwickeln, die jedoch stärker westlich orientiert ist (s. Bibliografie).

In seiner *französischen* „Histoire de la psychologie" folgt *Maurice Reuchlin* (1957) ebenfalls dem o.g. Schema, geht aber thematisch vor (Experimentelle Psychologie, Tierpsychologie, Differentielle Psychologie, Pathologische und klinische Psychologie, Kinderpsychologie und Sozialpsychologie). Hinweise auf die Psychologie in dem damaligen riesigen frz. Kolonialreich werden nicht gegeben.

Auch die außerhalb Europas und der USA gebräuchlichen Psychologie-Geschichten orientieren sich vor allem an dem westlichen Modell: z.B. wird in dem *portugiesischsprachigen* Schwellenland Brasilien häufig *Michael Wertheimers* „Pequena História da Psicologia" (São Paulo, 1982; eine Übersetzung seiner „A brief history of psychology, 1970), eine port. Übersetzung von *M. Reuchlin* „História da Psicologia" (São Paulo, 1965) oder „Uma breve história da psicologia" von *A. Cabral & E. Pinto Oliveira* (1972), sowie *A. G. Penna* (1981) „História das idéias psicológicas" (Rio de Janeiro) benutzt. Wertheimer beginnt ebenfalls in der europäischen Antike und Renaissance, etc. und stellt vor allem die us-amerikanische Psychologie vor, nimmt aber nicht Bezug auf die Entwicklungen in Lateinamerika (vgl. Stubbe, 1987; León, 1993). Auch der bras. Psychologe *Álvaro Cabral* folgt dem oben beschriebenen Entwicklungsschema der westlichen Psychologie, hängt aber zumindest einen Situationsbericht über die Psychologie in Brasilien an (p. 294-308; vgl. auch Pfromm_Netto, 1985: 6-5 bis 7-23). Der Psychologe *R. E. Brennan,* O.P. von der Universität Montreal hat eine *spanische* „Historia de la Psicologia segun la vision tomista" (1969) (Übers. seiner „History of Psychology from the standpoint of a Thomist", 1945) publiziert, die in Spanien und Hispanoamerika oft benutzt wird. Im Anhang enthält sie eine „Breve historia de la psicologia en España" (p. 267-295). Brennan geht auch auf die Entwicklungen in Italien, Frankreich, Russland und in der angloamerikanischen Welt ein (vgl. cap. XXI). Der bekannte *russische* Psychologe *Sergei Leonidovich Rubinstein* (1889-1960) von der Sowjetischen Akademie der Wissenschaften, hat eine in viele Sprachen übersetzte „Geschichte der Psychologie" herausgegeben. Die span. Ausgabe seines Werkes „El desarollo de la psicologia. Principios y metodos" (Montevideo, 1963) war und ist in Lateinamerika und in den sozialistischen Ländern sehr verbreitet. „Rubinstein continued to play the role of a major Soviet theoretical psychologist", schreibt

Zusne (1984:375). Das Werk enthält außer der Diskussion theoretischer Probleme (I. Teil) auch eine Geschichte der russischen Psychologie und ihrer Entwicklungen außerhalb Russlands (II. Teil).

Der unermüdliche, weltoffene tschechisch-amerikanische Psychologiehistoriker *Josef Brožek* und *Ludwig J. Pongratz* haben 1980 einen literaturreichen Überblick über die „Historiography of Modern Psychology" (Torono) gegeben, nach dem Motto: „nemo psychologus nisi historicus". Die Prolegomena beginnen mit der Frage „Warum historische Forschung?", „den Wurzeln des wissenschaftlichen Wachstums" und „den Aussichten auf eine kritische Historiographie der Psychologie". Es folgen Überblicke über die Historiographie der Psychologie weltweit (Deutschland, deutschsprachiger Raum, Lateinamerika, UDSSR, Spanien, USA), Archive (Gestaltpsychologie, Wilhelm Wundt, us-amerikanische Psychologie), Forschungsansätze (biografisch, deskriptiv und analytisch, quantitativ, sozial, soziopsychologisch) und ein Epilog.

Der bekannte *us-amerikanische* Psychologe und Wundt-Forscher *Wolfgang G. Bringmann* et al. haben in „A pictorial history of psychology" (Chicago, 1997), die sich an der dt. „Illustrierten Geschichte der Psychologie" (1993) orientiert, vor allem die dt. und us-amerikanische Entwicklung der Psychologie dargestellt mit kleinen Abstechern in die Niederlande, Frankreich, Spanien, Tschechien, Ungarn, Russland, Italien und Lateinamerika d.h. diese Psychologie betrifft nur ca. 1/7 der Menschheit. Auch der Schweizer Psychologe *Mark Galliker* et al. (2007) hat in seinen verdienstvollen „Meilensteinen der Psychologie: Die Geschichte der Psychologie nach Personen, Werk und Wirkung" 72 Psychologinnen und Psychologen bearbeitet. Davon stammen ca. 67% aus Europa und 18% aus den USA, sowie 12% aus Russland. Die sog. Dritte Welt ist nicht vorhanden. Aus der persönlichen Erfahrung des Autors kann hier folgendes hinzugefügt werden: Im Zeitraum von 1943 bis 1972 wurden z.B. am Psychologischen Institut (Freiburg/Brsg., gegr. 1943), dem Ort seines Studiums, insgesamt 588 psychologische Publikationen vorgelegt (vgl. Hiltmann & Liebel, 1973). Davon bezogen sich 21 auf die Welt außerhalb Europas und den USA d.h. 3,6%! In anderen Instituten sah und sieht es immer noch nicht anders aus.

Wilse B. Webb (1962), Sexton & Henryk Misiak & Virginia Staudt Sexton (1976), sowie *Bernhard Wilpert* (2001:343-346) haben einen guten, jeweils aktuellen Situationsbericht über die damalige *Lage der Psychologie weltweit* versucht (z.B. Wachstum der Psychologie, Ausbildung und rechtliche Absicherung, Regionalisierung und Internationalisierung, Publikationen und Datenbanken, inhaltliche Trends) ohne jedoch die historische Entwicklung der Psychologie tiefergehend darzustellen und kritisch zu analysieren. Zu den zentripetalen Kräften in der gegenwärtigen Psychologie weltweit stellt *Bernhard Wilpert* (2001:345) jedoch klar heraus:

> „weltweiter Konsens über die Hauptgebiete der Psychologie, gemeinsame Grundzüge der Ausbildung, gemeinsame Geschichte, gemeinsame internationale Organisationen und Publikationsorgane, rechtliche Verankerungen. Als Grundtenor dieser Diskussion über Einheit und Vielfalt der Psychologie läßt sich bislang festhalten: Nur eine Psychologie, aber vielfältige Anwendungsbereiche. Eine der großen künftigen Herausforderungen für die weltweite Einheit der Psychologie verbindet sich mit dem Begriff der ‚Indigenisierung'. Gemeint ist damit die Reaktion vieler Psychologen insbesondere aus Entwicklungsländern, die sich gegen die Dominanz westlicher ‚Mainstream-Psychologie' auflehnen, weil sie für

die jeweiligen andersartigen kulturellen und geschichtlichen Traditionen dieser Länder als unangemessen, verfremdend und nachgerade kolonisierend erlebt wird. Gesucht werden theoretische und methodologische Zugänge zu einer ‚Forschung, die aus der Kultur hervorgeht, in der sie betrieben wird'."

Der russisch-amerikanische Psychologe *Eric Shiraev* (2015) hat jüngst in seinem lehrbuchartigen Werk „A history of Psychology: a global perspective" einen „globalen" Ansatz der Psychologiegeschichtsschreibung versucht. Das Buch ist folgendermaßen gegliedert:

1. Understanding psychology's history
2. Early psychological knowledge
3. Psychology During Mid-Millennium Transitions (15th to 18th century)
4. Psychology in the Laboratory
5. Psychology and the Mass Society at the Beginning of the 20th Century
6. Clinical Research and Psychology at the End of the 19th and the Beginning of the 20th Century
7. The Birth and Development of the Behaviorist Tradition
8. The Birth and Development of Psychoanalysis
9. The Paths of Gestalt Psychology
10. Theoretical and Applied Psychology After the Great War
11. Behaviorism and Psychoanalysis in the Mid-20th Century
12. Humanistic and Cognitive Psychology
13. Focusing on Contemporary Issues

Eine wirklich globale Perspektive ist in dieser Psychologiegeschichte jedoch nicht zu erkennen. Die *Historiografinnen der Psychoanalyse* scheinen weltoffener zu sein z.B. wird im *französischen „Dictionnaire de la Psychanalyse"* (1997) von *E. Roudinesco & M. Plon* die historische Entwicklung der Psychoanalyse auf allen Kontinenten und in vielen Ländern mit ihren HauptvertreterInnen dargestellt. Diese Weltoffenheit gilt auch für die *Historiografie der Psychotherapie* (vgl. z.B. bereits: Handbuch der Neurosenlehre und Psychotherapie, Bd.1, 1957/58) und *Vergleichenden Psychiatrie* bzw. *Transkulturellen Psychiatrie* (vgl. Kraepelin, 1904; Petrilowitsch, 1967; Wulff, 1978; Pfeiffer, 1994; Hegemann, 2001; Tseng, 2001).

Eine Vielzahl von Forschungsansätzen ist in der psychologiehistorischen Forschung möglich: man kann sich z.B. auf bedeutende Personen, Institutionen, Methoden, Theorien, Gesellschaften, Kulturen, Nationen, Rezeption etc. konzentrieren. Nach unserer Ansicht benötigen wir in Zukunft jedoch eine *„glokale" Psychologiegeschichtsschreibung* (vgl. Stubbe, 2012: 269) d.h. eine Historiografie, die von der Einheit der Psychologie und Menschheit ausgeht und zugleich lokal und global orientiert ist, wie sie in diesem Werk versucht wird (s. Anhang).

Vorgeschichte

Unter *Vorgeschichte* (auch: Prähistorie, Urgeschichte) als Epochenbezeichnung und Forschungsgebiet wird hier der vor der Geschichte liegende Zeitraum verstanden, die Prähistorie des Menschen. Ihr Verhältnis zur Urgeschichte und Frühgeschichte ist nicht eindeutig. Es handelt sich um den ersten zeitlichen Abschnitt der Universalgeschichte des Menschen. Sie beginnt mit dem ersten Auftreten des Menschen, der schriftlosen Kulturen und endet mit dem Erscheinen der „Hochkulturen", der Schrift und der Sesshaftigkeit des Menschen („neolithische Revolution"). Unterteilt wird sie in Paläolithikum, Mesolithikum und Neolithikum bzw. Stein- Kupfer-, Bronze-, Eisen-Zeit.
Kurz zusammengefasst lässt sich die Evolution des Menschen folgendermaßen skizzieren: fast alle frühen Funde in der Evolution des Menschen stammen bisher aus Afrika, weshalb man auch von der „Wiege der Menschheit" spricht (vgl.. Schrenk, 2019). Die jugendliche, aufrecht gehende „Lucy" (Australopithecus afarensis, ca. 2,9 Millionen Jahre alt) gilt als „afrikanische Urmutter". Man unterscheidet heute zwei große Expansionen aus Afrika: Out of Africa I (seit ca. 2 Millionen Jahren; Homo erectus) und Out of Africa II (seit ca. 250.000 Jahren; Homo sapiens) (vgl. Schrenk, 2019:128). Der älteste Beleg für die Anwesenheit des Menschen in Europa sind ein 1,3 Millionen alter Zahn (Sima del Elefante, Nordspanien), sowie Steinwerkzeuge (Pirro Nord bei Rom).

Was ist Paläopsychologie?

Man hat den prähistorischen Menschen bisher erforscht, indem man seine Schädel, Knochen, Werkzeuge, Jagdwaffen, Schmuckstücke, Malereien, Höhlen, Lagerplätze etc. wissenschaftlich untersucht hat. Dies alles waren und sind „materielle Fakten". Ist es aber auch möglich sich seiner Psyche, seinem Erleben und Verhalten, sowie seinen Handlungen zu nähern? Und welches wären zielführende Erkenntniswege?
Die psychologische Erforschung der Vorzeit wurde und wird in enger Kooperation mit der Paläo-Anthropologie, Früh- und Urgeschichtsforschung, prähistorischen Archäologie, Ethnologie und Ethologie vor allem von folgenden psychologischen Fachdisziplinen betrieben: der *Paläopsychologie*, Protopsychologie, Ethnopsychologie, „Psychologie der Primitiven", Evolutionspsychologie und Psychologischen Anthropologie (zu den Begriffsklärungen, vgl. Stubbe, 2012). Die Paläopsychologie wird jedoch bis heute nicht systematisch betrieben, obwohl es keinen Zweifel mehr daran geben kann, dass die langandauernde Vorgeschichte von über 2 Millionen Jahren einen beträchtlichen Einfluss auf das Erleben, Verhalten und die Handlungen, sowie die kulturelle Kreativität des neuzeitlichen Menschen ausgeübt hat.
Das Adjektiv „palaeopsychic" soll das erste Mal in dem Werk „Adolescence: its psychology and its relations to physiology, anthropology, sociology, sex, crime, religion and education" (2 vol.s, New York, 1904) von *G. Stanley Hall* (1844-1924) aufgetaucht sein. In einem Brief an S. E. Jeliff spricht *C. G. Jung* (1875-1961) im Jahre 1920 von „Paläopsychologie" und *M. L. Patrizi* prägt ca. 1936 den Begriff „Paläopsyche". Eine einheitliche Definition der Paläopsychologie ist nicht vorhanden, man kann aber tiefenpsychologisch von einer „Psychologischen Lehre von den Urformen des Seelenlebens in ihrer Phylogenese, die nach *C.G. Jung* teilweise im kollektiven Unbewussten jedes Menschen weiterleben", sprechen.
Das bekannteste deutschsprachige Lexikon der Psychologie, der „Dorsch", definiert in diesem Sinne:

Paläopsychologie [engl. palaeo psychology; gr. παλαιός (palaios) alt, ψυχή (psyche) Seele, Hauch, λόγος (logos) Vernunft, Wort], [KLI], Erforschung von Verhaltensweisen, die sich aus früheren Stufen der Menschheitsentwicklung erhalten haben. Jung (Analytische Psychologie) gebrauchte den Begriff für das Studium der primären Urbilder aus den tiefsten Schichten der Seele. (https://dorsch.hogrefe.com/stichwort/palaeopsychologie)

Allgemein wird der Begriff auch gleichbedeutend mit der Psychologie d.h. dem Erleben, Verhalten und den Gebilden der indigenen Kulturen bzw. des Frühmenschen verwendet (vgl. Stubbe, 2012:490) (s. unten: Erleben etc. Bibliografie).

Der Ethnologe Bernhard Streck (1987:243) schreibt:

„Ein weiterer Einspruch gegen die psychologische Abstinenz in der Ethnologie kam von Seiten der Paläopsychologie (Scheltema, 1954[2]; Welter, 1962), für die der Übergang vom Jungpaläolithikum zum Neolithikum nur als entwicklungspsychologischer Sprung denkbar ist. Sie hält daher für bedeutsam, was Ethnologen wie Friedrich (1941) oder Schuster (1960) über die ‚Grundveranlagung des jägerischen Menschen' aussagten, seine Vorliebe für Verwandlungen, Übergänge zwischen Traum und Wirklichkeit, Doppelexistenzen (Werwolf, Alter Ego) und Gleichsetzungen von Mensch und Tier. Die Paläopsychologie ist ansonsten ganz auf die Interpretation der frühen Kunst angewiesen, in der Dreidimensionalität und Abstraktion, das Denken in Begriffspyramiden und eine ‚Distanz zum Ich' erst mit dem Neolithikum aufzutauchen scheinen (Ziegert, 1964)."

Die Paläopsychologie ist demnach interdisziplinär eingebettet in eine Vielzahl von Wissenschaften mit ihren spezifischen Methoden, wie z.B. die vergleichende Physiologie, Paläoanthropologie (vgl. Hardt, Herkner & Menz, 2009:14), prähistorische Archäologie, Frühgeschichte, Religionsgeschichte (vgl. Eliade, 1979), Humanethologie, Kulturethologie, Evolutionspsychologie, prähistorische Kunstwissenschaft etc. Ihre theoretischen Grundlagen entnimmt sie u.a. der Tiefenpsychologie (z.B. Archetypentheorie C. G. Jungs), der Kognitionspsychologie (z.B. „primitives" Denken, Lernen), der Emotionspsychologie (z.B. Trauer), der Evolutionspsychologie, Kultur- und Sozialanthropologie, vergleichenden Verhaltensforschung, Humanethologie, Psychohistorie, Evolutionsbiologie, Kunstgeschichte (z.B. Höhlenmalereien), Religionsgeschichte (z.B. heilige Objekte, Räume und Zeiten) etc. Sie muss jedoch noch ein eigenes *Methodenarsenal* entwickeln. Eine Vielzahl von unterschiedlichen Methoden kommen in diesem Forschungsfeld zum Einsatz: der Vergleich mit rezenten Jägerkulturen („lebende Fossilien"), die (kunsthistorische) Erforschung der bemalten Höhlen und Kunstgegenständen (vgl. z.B. Leroi-Gourhan, 1973), die archäologische Erforschung der Lagerplätze (vgl. z.B. Bosinski, 1981, 2009), die Erforschung der „Kontinuität heiliger Orte" und religiöser Praktiken (vgl. z.B. Eliade. 1954, 1979), die „Leitfossilien-Methode" zur zeitlichen Einordnung, Stratigrafie, Lithostratigrafie, Biostratigrafie, C 14 Methode, DNA-Analysen, virtuelle Rekonstruktions-Methoden, experimentelle Archäologie, psychologische Methoden etc.
Bisher wird das Fachgebiet der Paläopsychologie jedoch an keiner Universität gelehrt oder systematisch beforscht (vgl. Stubbe, 2021).

Der prähistorische Mensch lebte als Jäger und Sammlerin bereits in globalen räumlichen Verhältnissen ohne Staatsgrenzen und Nationen, weshalb *Albrecht Jockenhövel* (2009) zu

---

[2] Adama von Scheltema (1884-1968) betont in seiner „Die geistige Wiederholung" (Bern, 1954, 2. Aufl.): „Jeder Einzelne durchläuft in seiner seelisch-geistigen Entwicklung noch einmal die geistigen Zustände des Menschengeschlechts." Das sog. Psychogenetische Grundgesetz (St. Hall, 1904)!; vgl. Stubbe, 2012:520f

Recht hier von den „Grundlagen der globalen Welt" spricht. Nähern wir uns heute im Rahmen der weltweiten Migrationsbewegungen wieder diesem ursprünglichen Zustand der Menschheit? Der Begründer des Funktionalismus in der deutschsprachigen Ethnologie, der Ethnosoziologe und -psychologe *Richard Thurnwald* (1869-1954) hat in seinem Werk „Des Menschengeistes Erwachen, Wachsen und Irren. Versuch einer Paläopsychologie von Naturvölkern" (1951) verschiedene *Zugangswege* zu dieser Thematik aufgezeigt:
1. kann man philosophisch-spekulativ vorgehen und intuitiv sagen, wie die Menschen verschiedener Kulturen und Zeiten gedacht haben,
2. kann man von einer vorgefassten überragenden Idee ausgehen und das Erfahrungsmaterial nur soweit berücksichtigen und nur derart ausgewählt heranziehen, dass es sich in die beherrschende Idee einfügt und sie stützt und
3. Kann man, um zu verlässlichen Ergebnissen zu gelangen, versuchen aus dem gesamten Material heraus auf Grund von Beobachtung und Erforschung der einzelnen Erscheinungen und Vorgänge zu allgemeinen Übersichten und Zusammenfassung und zur Ermittlung von Zusammenhängen zu gelangen. Dieses letztere Verfahren verfolgt Thurnwald in seinem Buch, das Themen wie die „Verwickeltheit psychischer Vorgänge, Kulturhorizonte, Meisterung der Natur, Kraftträger, Verfahrensarten des sinnengebundenen, nichtzergliedernden Denkens, übermenschliche Mächte, Menschen, ihre Gesellungen, Orte, Gegenstände und Frühformen von religiösen Kulten" behandelt.
Wir können uns der Psyche des prähistorischen Menschen auf *verschiedenen Erkenntniswegen* annähern: z.B. durch die Anwendung der Erkenntnisse der vergleichenden Verhaltensforschung (Ethologie, Kulturethologie, Humanethologie z.B. Ritualisierung), der Kognitionswissenschaft (z.B. archaisches, physiognomisches, „primitives" Denken), der Emotionspsychologie (z.B. Basisemotionen des Menschen), der Ethnologie (Kultur- und Sozialanthropologie z.B. Rituale, Animismus, Magie, Schamanismus), der Religionswissenschaft (z.B. Kulte, sacra), der Musikgeschichte (z.B. Flöten) und der Kunstwissenschaft (z.B. künstlerische Gestaltungen, Höhlenmalereien, Ritzzeichnungen).

Der verhaltenswissenschaftliche Ansatz:
Der Psychiater und Paläoanthropologe *Rudolf Bilz* (1898-1976) hat 1944 einen Aufsatz mit dem Titel „Zur Grundlegung einer Paläopsychologie. Eine Studie über archaische Funktionsbereitschaften und Phänomene der Bahnung" (Schweiz. Zschr. Psychol. III, ¾, 1944: 202-212 u. 272-280) und eine „Paläoanthropologie. Der neue Mensch in der Sicht einer Verhaltensforschung" (1971) vorgelegt. Bilz, ein Schüler von *V. von Weizäcker* (1886-1957), fußt auf der Umweltlehre von *Jakob von Uexküll* (1864-1944), den er für den Begründer Verhaltensforschung hält. Man kann also im Sinne der vergleichenden Verhaltensforschung von einem *Verhaltenskatalog (Ethogramm) und Handlungsrepertoire des prähistorischen Menschen* ausgehen. An vielen Beispielen z.B. der Ableitung des *Küssens* aus der Mund-zu-Mund-Fütterung, den sog. „Atzpartner-Reaktionsmechanismus" (Bilz, 1971, S.90f; Eibl-Eibesfeldt, 1976:150ff; Nyrop, 1901; Wünsche, 1911; Perella, 1969; Schreiner, 1990; Loenhoff, 1998:261-280; Stubbe, 2005: 276-280; 2012:361-365) demonstriert Bilz das Repertoire der Urszenen und urszenischen Rollen:

> „In der Zeit der Geschlechtsreife alsdann manifestieren sich diese Bewegungen spontan aufs neue, und zwar abermals in einer Situation und Stimmung, die man mit dem Kennwort ‚Zärtlichkeit' belegen könnte. Auf den Menschen bezogen hieße das also: In der Stimmung der zärtlichen Verliebtheit bricht ebenso wie bei den Tauben der Atzpartner-Reaktionsmechanismus hervor, jetzt als ‚Kuß' zu bezeichnen. (Bilz, 1971:91)

In seiner Argumentation bedient sich Bilz häufig ethologischer Forschungsergebnisse z.B. von Jane Goodall, H. Hediger, M. Holzapfel-Meyer, N. Tinbergen oder Konrad Lorenz, sowie psychopathologischer Erkenntnisse. Verhaltensweisen wie *Lachen und Weinen* (vgl. Bergson, 1900; Plessner, 1941; Gebser, 1968, 1977; Stern, 1980; Wende, 2008; Richert, 2009; Nitschke et al.., 2009; Möhrmann, 2015), *Kratzen, Räuspern* und *Gähnen* z.B. wirken kontagiös und dasselbe gilt von der *Miktion* (häufig ausgelöst von fließendem Wasser). Die Urszene der *Angst* besteht in Flucht: „timor est fuga" (Augustinus). In der Angst wird der „Fluchtkreis eingeklinkt" (S.100). Andere von ihm untersuchte Phänomene sind das *Blicken* und *Angeblickt-Werden, die Langeweile, Stuhlzwang, Ammenschlaf, Angst und Schmerz, Ausweglosigkeit, Geborgenheit, Voodoo-Tod, Barmherzigkeit* und die ältesten *Mythologeme*. *Träumen* (REM-Schlaf) ist bekanntlich fast allen Säugetieren und den Menschen gemeinsam. David Foulkes (1996) konnte in einer Langzeitstudie (1953-1993) über Kinderträume zeigen, dass Tiere in den Träumen der ca. 7-jährigen oft in vermenschlichter Erscheinung (ähnlich wie in Märchen, s. unten) auftraten (vgl. Strauch, 2006:79). Manche Entwicklungspsychologen haben dementsprechend auch von einer „kindlichen Tierstufe" gesprochen. Sogar *gemeinsames Singen* und *Tanzen* gelten heute bei prähistorischen Menschen als wahrscheinlich (s. Höhlenmalereien und Ritzzeichnungen; vgl. Leroi-Gourhan, 1973; Bosinski & Fischer, 1974:116f). Bekanntlich wurden auch bereits prähistorische Knochenflöten gefunden (vgl. Conard & Wertheimer, 2010:105ff). Mit dem existenzsichernden *Jagen* und *Sammeln* sind ebenfalls sehr komplexe Handlungsabläufe verbunden.

Diesen paläopsychologischen Forschungsansatz der vergleichenden Verhaltensforschung (Ethologie) verfolgt auch der Geologe *Hans Georg Wunderlich* (1928-1974) in seinem Werk „Die Steinzeit ist noch nicht zu Ende. Eine Archäologie der menschlichen Seele" (1977). Er hebt bestimmte Atavismen d.h. das Wiederauftreten von Merkmalen der steinzeitlichen Vorfahren, sowie Verhaltensrelikte bei den rezenten Menschen hervor z.B. aggressionshemmende Begrüßungsrituale (vgl. Stubbe, 2012:20ff), Rangordnungssysteme, Brutpflegeinstinkte, sensible Phasen in der individuellen Entwicklung, prägungsartige Vorgänge, etc. Als Auszeichnung des Menschen gegenüber seinen tierischen Vorfahren hebt er die verbale Sprache, Kultur, Ethik, Moral, Gewissen und Freiheit, das Verantwortungsbewusstsein und die Reflexionsfähigkeit hervor. Andererseits erkennt er in der fortgeschrittenen Domestikation des Menschen die Lebensangst, seine suggestive Beeinflussbarkeit, den Instinktverlust und die durch die Bevölkerungsdichte verursachte partielle Dichteschädigung. Auch die Magie in ihren vielfachen Formen z.B. Medizinzauber, böser Blick spielt seiner Meinung nach seit der Steinzeit in den menschlichen Gemeinschaften eine wichtige Rolle.

> „Die Steinzeit lebt in der menschlichen Gemeinschaft ganz überwiegend unbewußt weiter. Der einzelne merkt also gar nicht, daß er immer wieder derartiges atavistisches Gedankengut aufnimmt und weitergibt. Die Steinzeit überwinden zu wollen heißt in erster Linie, sich derartiger Atavismen bewußt zu werden." (Wunderlich, 1977:363)

In seinem Menschenbild unterscheidet Wunderlich den instinktgeleiteten „homo biologicus", den geistigen „homo logo-technicus" und den magisch-mythischen „homo magicus" (vgl. Wunderlich, 1977:394ff). Auch der Philosoph Christoph Türcke (2009) schreibt:

> „Die Altsteinzeit ist in uns. Sie geht uns nichts an, solange sie lediglich den beruhigten Untergrund bildet, auf dem alle weitere Entwicklung unserer Spezies verläuft. Sie geht uns existentiell an, sobald dieser Untergrund aufgerührt wird." (Türcke, 2009:11)

Sinnvoll ist es also in der verhaltensorientierten Paläopsychologie zunächst ein möglichst vollständiges *Verhaltens- und Handlungsrepertoire des prähistorischen Menschen* anzulegen.

Die Hominisation:
Der Religionshistoriker *Mircea Eliade* (1979) hat einige wichtige Fakten aufgezählt, die für das Paläolithikum und die *Hominisation* bedeutsam waren:
der *aufrechte Gang* führte zu einer Strukturierung des Raumes (vgl. Schrenk, 2019:35ff).
„Anders ausgedrückt, der Raum kann, ausgehend vom menschlichen Körper, gegliedert werden als sich nach vorne, hinten, rechts, links, oben und unten erstreckend. Von dieser Grunderfahrung her – nämlich dem Gefühl, mitten in eine anscheinend unbegrenzte, unbekannte und drohende Weite ‚geworfen' zu sein – entwickeln sich die verschiedenen Mittel der Orientierung, denn der Mensch vermag nicht lange in der, durch Orientierungslosigkeit bewirkten Ungewißheit zu leben. Diese Erfahrung des um einen ‚Mittelpunkt' orientierten Raumes erklärt die Bedeutung der Gliederungen und exemplarischen Unterteilungen von Territorien, Siedlungen und Wohnstätten, wie auch ihren kosmologischen Symbolismus." (Eliade, 1979:15)

Der aufrechte Gang war bereits vor mindestens 3,6 Millionen Jahren voll entwickelt, wie Fußspuren von Vormenschen in Laetoli (Tansania) beweisen. Man nimmt auch an, dass sich der aufrechte Gang (Bipedie) nicht erst in der Savannenlandschaft entwickelte, sondern im Rahmen von Klimaveränderungen in einem Übergangshabitat zwischen Regenwald und Savanne.
Der Paläoanthropologe *Friedemann Schrenk* (2019:39) schreibt über diesen wichtigen Entwicklungsschritt zum aufrechten Gang:

„Der aufrechte Gang ist also eine Entwicklung in zwei Stufen: Zunächst werden in den nicht mehr dichten Waldrandgebieten neben dem Kletterverhalten die Fähigkeiten des zweibeinigen Gehens weiterentwickelt. Erst als sich später der Lebensraum in weiten Gebieten noch stärker lichtete, bildeten sich die Fähigkeiten des Kletterns ganz zugunsten des dauernden aufrechten Ganges zurück. Voraussetzung (Vorkonstruktion) für die Entwicklung des aufrechten Ganges waren also nicht lange Beine, wie sie heute für den Menschen charakteristisch sind, sondern lange Arme sowie die Fähigkeit zur Körperaufrichtung. Die relative Verlängerung der Beine erfolgte erst vor ca. 2 Millionen Jahre mit der Entstehung der Frühmenschen (Homo erectus), um den zweibeinigen Gang durch eine energetisch günstige Konstruktion zu perfektionieren."

Zweitens der *Gebrauch und die Anfertigung von Werkzeugen und (Jagd-)Waffen*. Die ältesten Steinwerkzeuge sind ca. 2,6 Millionen Jahre alt (Kada Gona, Bouri, Äthiopien). Man unterscheidet grob Oldowan (Geröllgeräte, ca. 2,5 bis etwa 1 Million Jahre), Acheuléen (Faustkeile, ca. 1,6 bis etwa 0,2 Millionen Jahre), Moustérien (Abschlaggeräte des Neandertalers, ca. 250.00 bis etwa 30.000 Jahre), Solutréen (Blattspitzen des Homo sapiens, ca. 21.000 bis etwa 19.000 Jahre) und Magdalénien (kleine Steinwerkzeuge, ca. 18.000 bis etwa 12.000 Jahre). Schon Homo erectus setzte Wurfspeere für die Wildpferdjagd ein (ca. 400.000 Jahre). Der Neandertaler verwendete Stoßlanzen, musste sich also sehr nah an das Beutetier (z.B. Mammuts) heran begeben. Später kamen Speerschleuder und Pfeil und Bogen (ca. 20.000 bis 10.000 Jahre) hinzu (vgl. Hardt, Herkner & Menz, 2009:75ff; Schrenk, 2019).

Drittens die *Bändigung des Feuers*. Der früheste Hinweis auf den kontrollierten Gebrauch des Feuers stammt aus Koobi Fora (Kenia) vor etwa 1,5 Millionen Jahren. Es gelang bereits dem frühen Homo erectus Feuer in seinen vielfältigen Funktionen (Jagd, Schutz, Wärme, Erhitzung der Nahrung, Gemeinschaft etc.) nutzbar zu machen (s. Schrenk, 2019) (s. unten).

Viertens *Sexualität, Ehe und Familie*, die für die weitere Entwicklung zum Menschen zentral waren (vgl. Campell, 1979:313-358; Schrenk, 2019).

Und schließlich die *Entwicklung der Sprache* mit ihren entsprechenden cerebralen und anatomischen Voraussetzungen (vgl. Schrenk, 2019:89f).
Eliade (1979:16) stellt auch zu Recht fest,

> „daß sich der prähistorische Mensch bereits als ein mit Intelligenz und Phantasie begabtes Wesen verhielt. Hinsichtlich der Aktivitäten des Unbewußten – Träume, Phantasien, Visionen, Fabelbildungen usw. – nimmt man an, daß sie sich nur in Intensität und Umfang von jener unserer Zeitgenossen unterschied."

Etwa zwei Millionen Jahre lebte der Altsteinmensch von der Jagd d.h. war auch auf das *Töten von Wild* angewiesen, da die meistens von den Frauen und Kindern gesammelten Früchte, Wurzeln, Weichtiere etc. oftmals nicht ausreichten. Hinsichtlich der Beziehung von Jäger und Tier spricht Eliade von einer „mystischen Solidarität" d.h. einer Verwandtschaft der menschlichen Gemeinschaft mit der Tierwelt, wahrscheinlich (von Eliade nicht erwähnt) auch mit der Pflanzenwelt.

Auch der *musikhistorische Ansatz* ist für die Paläopsychologie von heuristischem Wert. Schon in der europäischen Antike hat man sich Gedanken über die Erfindung der Musik gemacht. Bekanntlich hatte Lukrez in seiner Kulturentstehungstheorie die Erfindung des menschlichen Gesanges aus der Nachahmung des Vogelgezwitschers hergeleitet (de rerum natura, V 1379ff). Eine schamanistische Vorstellung? Heute wissen wir auch, dass bereits die prähistorischen Menschen nicht nur Musik gemacht, sondern auch getanzt haben (vgl. z.B. Bosinski & Fischer, 1974:121). Conard & Wertheimer (2010:108) schreiben:

> „Die ältesten bekannten Musikinstrumente der Welt – Flöten aus Knochen und Mammutelfenbein – stammen aus den Höhlen der Schwäbischen Alb. Mittlerweile sind Fragmente von acht Flöten bekannt. Sie sind trotz ihres hohen Alters ab etwa 40 000 Jahren vor heute technisch und akustisch vollendet ausgeführt und erlauben das Spielen von komplexen Melodien. Je nach Blastechnik können fünf bis acht Töne einer pentatonischen Tonfolge erzielt werden. Doch auch wenn wir heute den technisch möglichen Tonumfang bestimmen können, fehlen Informationen zu Hörgewohnheiten und Musikempfinden der damaligen Zeit.
> Die Flöten vom Geißenklösterle wurden erst lange nach der Grabung als solche identifiziert und zusammengesetzt. Eine der sehr gut erhaltenen Flöten wurde aus dem Röhrenknochen des Singschwans, eine zweite Flöte aus Elfenbein hergestellt. Dies überrascht, da bei Elfenbein nicht auf den natürlichen Knochenkanal als Hohlraum zurückgegriffen werden konnte. Es war eine technische Meisterleistung, einen Stab zu spalten, die zwei Späne auszuhöhlen, die Löcher anzubringen und dann die beiden Teile passend aufeinanderzukleben.
> Eine weitere Flöte wurde erst 2008 bei Ausgrabungen im Hohle Fels entdeckt: sie ist aus dem Knochen eines Gänsegeiers gearbeitet, ist 21,8 cm lang, besitzt fünf Grifflöcher und ist mit Abstand am besten erhalten.
> Zu den Klanginstrumenten der Eiszeit könnten auch Schwirrhölzer und sog. Schraper gezählt haben. Letztere heißen so, weil beim Streichen mit einem Stock oder Knochen über ihre geriffelte Oberfläche schabende Geräusche entstehen. Die Verwendung von Rhythmusinstrumenten wie Trommeln, Rasseln, Klangsteinen oder dem Musikbogen lässt sich zwar für die altsteinzeitliche Musik nicht eindeutig belegen, doch gehen wir davon aus, dass die Menschen auf jeden Fall gesungen, geklatscht und getanzt haben.
> Die Flöten wurden zusammen mit alltäglichen Materialien gefunden und nicht in Depots niedergelegt, sodass man darauf schließen kann, dass sie auch im Alltag benutzt worden sind." (Conard & Wertheimer, 2010:108f)

Die Evolutionspsychologie der Musikalität behandelt Thompson (2015).

Der religionswissenschaftliche Ansatz:

„Wenn der Altsteinmensch als ‚vollwertiger Mensch' gelten kann, so folgt daraus, daß er auch eine Anzahl von Glaubensvorstellungen besaß und bestimmte Riten praktizierte. Denn die Erfahrung des Heiligen ist ein Element der Bewußtseinsstruktur". Wenn also die Frage nach ‚Religiosität' oder ‚Nicht-Religiosität' des vorgeschichtlichen Menschen gestellt wird, so ist es Aufgabe der Verfechter der ‚Nicht-Religiosität', Beweise zur Stützung ihrer Hypothese vorzulegen. Wahrscheinlich entstand die Theorie der ‚Nicht-Religiosität' des Altsteinzeitmenschen zur Zeit des Evolutionismus, als die Erkenntnis der Analogien mit den Primaten noch ganz jung war. Hier jedoch handelt es sich um ein Mißverständnis, denn was in diesem Falle zählt, ist nicht die anatomisch-knochenmäßige Struktur des Altsteinzeitmenschen (die zweifelsohne jener der Primaten ähnlich ist), sondern seiner *Werke;* diese aber zeigen die Aktivität der Intelligenz, die nicht anders als ‚menschlich' bezeichnet werden kann. (Eliade, 1979:17)

In seiner „Geschichte der religiösen Ideen" führt *Mircea Eliade* (1979) aus religionshistorischer Sicht eine Fülle von „Beweis-Dokumenten" der *Religiosität des prähistorischen Menschen* auf: Grabstätten, Bestattungen, Grabbeigaben (Weiterleben nach dem Tode), nach Osten ausgerichtete Lage der Toten, Kunstwerke („Röntgenstrahlen-Zeichnungen"), Sakralwert der Werkzeuge, magisch-religiöser Wert der Waffen, Kratophanien von Stein, Fels, Kieselsteinen etc. (vgl. Eliade, 1954:247ff), mobile religiöse Kunst (z.B. Leroi-Gourhan, 1973:107ff), Amulette (vgl. Bosinski & Fischer, 1974), Glaube an die Verwandlung des Menschen in ein Tier, Eingehen der „Seele" von Toten in Tiere, Nagualismus (Simultanexistenz zwischen einem Menschen und einem einzelnen Tier), theriomorphe Schutzgeister („Herr des Wildes", Trois Frères), „Buschgeister", Knochen- und Schädelkult, Opferhandlungen (Schädel-, Lang-Knochen), Ocker als „Blutersatz", Höhlenbären-Knochendepots („Bärenkult"), Schamanismus (Ekstase, Trance, Trommel?; vgl. Clottes, 1996), Mondzyklus (seit ca 15.000 Jahren bekannt), Geheimbünde der Männer (Trennung der Geschlechter), Rundtänze, kosmogonische und Ursprungs-Mythen, magisch-religiöse Bewertungen der Sprache, mythische Ahnen etc. Die subjektiven Gefühle, die das Heilige bzw. das Sakrale als das vom Profanen Unterschiedene im Menschen auslöst, sind durch ihre Ambivalenz gekennzeichnet. *Rudolf Otto* (1869-1937) sprach vom fascinosum und tremendum. Die prähistorischen *Höhlen mit ihren Malereien* haben zu den unterschiedlichsten Interpretationen geführt: Höhlen als Schutzräume, als Räume in denen Initiationen durchgeführt wurden (vgl. Breuil; rückwärtiger Fersengang von Initianten?), als heilige Orte (Leroi-Gourhan, 1973:187ff), als „Kathedralen der Prähistorie" mit abgeschirmten Räumen, als Unterwelt der Schamanen bzw. als Durchgänge in eine andere (Unter-)Welt, als Orte mit „symbolisch weiblichem Charakter", als Orte des „Bärenkultes", als Orte von Opferhandlungen etc. Viele Höhlen waren unbewohnt bzw. unbewohnbar und wurden nur zu bestimmten Zeiten aufgesucht (vgl. Clottes & Lewis-Williams, 1997:54ff).
In den Malereien hat man einen Jagdzauber entdecken wollen (vgl. „massakrierte Kunstwerke", „verwundete Tiermalereien"), sowie einen Fruchtbarkeitskult (vgl. männliche und weibliche Symbole; z.B. „Venus von Willendorf", ca. 26.000). Nach einigen Prähistorikern kommen in ihnen Vorstellungen über die natürliche und übernatürliche Ordnung und Symbole des Todes zum Ausdruck. Im Symbolismus findet Leroi-Gourhan z.B. folgende Kombinationen: Mann-Pferd-Speer (=Penis), Frau-Bison-Wunde (=Vulva). Wichtig scheint uns auch die wenig bearbeitete psychologisch relevante Frage, was in den Bildnereien des prähistorischen Menschen aus seiner Alltagswelt und Umwelt nicht abgebildet wurde.
Die *neolithische Revolution* (vor ca. 10.000) brachte viele kulturelle Innovationen: Sesshaftigkeit, Pflanzenkultur, Getreideanbau, Entdeckung des Ackerbaus, Mensch als Produzent seiner eigenen Nahrung, Zeitrechnung (Agrarzyklus: säen, ernten), frauenzentrierte

Arbeitsteilung, Mythen über die Entstehung der Nahrungspflanzen (z.B. aus einer geopferten Gottheit oder aus dem Unrat eines göttlichen Wesens), Solidarität zwischen Mensch und Vegetation, Matrilokalität (Felder gehören der Frau), Vegetationskreislauf (Geburt, Tod, Wiedergeburt), kosmischer Baum als Mythos, axis mundi, Wohnraum als imago mundi, Frau-Erde-Pflanze-Symbolismus etc.

Die *Rolle der Psychologie in der Vorgeschichtsforschung* lässt sich an folgenden fünf Beispielen gut verdeutlichen:

Zur Paläopsychologie der Neandertaler

Wenn im Folgenden verkürzt von *Neandertalern* gesprochen wird, so soll darauf hingewiesen werden, dass die Hauptphase ihrer Entwicklung im Jungpleistozän d.h. in einem langen 100.000 Jahre dauernden Entwicklungszeitraum von ca. 127.000 Jahren bis 27.000 Jahren liegt (Schrenk, 2019). An der Deutungsgeschichte des Neandertalers lässt sich ein wissenschaftshistorisch hochinteressantes Phänomen exemplifizieren, das man „Entprimitivierung" des Neandertalers bzw. seine Vermenschlichung nennen kann. Der fossile Knochenfund des 40 000 Jahre alten Neandertalers Anfang September 1856 passte vollkommen in den damals entstehenden biologischen Evolutionismus, wie er von *Charles Darwin* (1809-1882) und seinen Anhängern seit 1859 vorangetrieben worden war und wurde zu einem Hauptbeweisstück der biologischen Evolutionisten hochstilisiert. Hiernach musste es sich bei dem Neandertaler um einen primitiven, affenartigen, ungelenken, gleichsam „tumben Tor" und Kannibalen handeln, wenn man ihn mit dem rezenten Menschen, einem Abkömmling des homo sapiens verglich (vgl. Schrenk & Müller, 2005:100). *Karl J. Narr* (1961:158) sprach dann bereits 1961 von der „angeblichen geistigen Inferiorität des Neandertalers". Das vorurteilsvolle und „kulturrassistische" Bild und Stereotyp des Neandertalers (vgl. Henke, 1999:14ff, 131; Mania, 2002:70-73), des (neben dem „Ötzi") wohl am besten studierten vorgeschichtlichen Menschen überhaupt, wandelte sich jedoch mit der allmählichen Herausbildung der Paläoanthropologie mit ihren eigenen Forschungsmethoden und Theorien, wurde immer differenzierter und komplexer und man sprach schließlich sogar vom „homo sapiens neanderthalensis".

> „Nach langen Irrungen und Wirrungen fand der Neandertaler seinen Weg zurück in den Stammbaum der Menschen. Doch hielt sich der Mythos vom schlurfenden, muskelbepackten Urmenschen mit wenig Grips, der stattdessen mit einer Keule bewaffnet sein Leben zubrachte. Das vielzitierte Image-Problem des verkannten Menschen findet selbst heute noch, 150 Jahre nach dem spektakulären Fund im Neandertal, Einkehr in die Wohnzimmer und Klassenräume des Jetztmenschen." (Schrenk & Müller, 2005:27)

Es handelte sich anfänglich also um wissenschaftliche Vorurteile und Fehlinterpretationen, die sich vor allem aus dem frühen Evolutionismus, der Kraniologie, Phrenologie und Physiognomik ergaben. Eine analoge Entwicklung lässt sich auch in anderen Humanwissenschaften wie z.B. der Ethnologie und Psychologie beobachten (vgl. z.B. Leroi-Gourhan, 1981:89f; Gould, 1999; Stubbe, 2005:397).

ABB. 1   ca. 9-jähriges Neandertalerkind (Teshik-Tash)

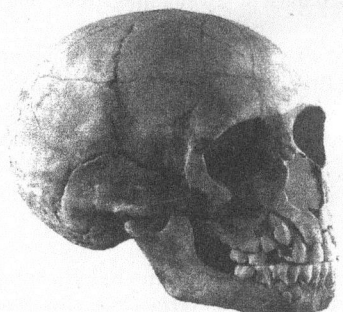

Fundbezeichnung: TESHIK-TASH
Fund: Schädel und Unterkiefer eines Kindes und Teile des Skeletts, gefunden am 4. Juli 1938
Fundort: Teshik-Tash, Usbekistan
Geschätzte Größe: 1,35 m, 30 bis 40 kg
Lebte vor: 100.000 bis 70.000 Jahren

Quelle: Hardt, Herkner & Menz (2009:132)

Wie intelligent war der Neandertaler?

Die moderne quantitativ-experimentelle Intelligenzforschung[3], am Homo sapiens sapiens entwickelt, existiert seit über 100 Jahren (vgl. Lamberti, 2006) und hat verschiedene Intelligenzkonzepte hervorgebracht. Wichtige Aspekte des modernen Intelligenzbegriffes sind die Neuartigkeit der zu lösenden Probleme und die Fähigkeit zur Umstrukturierung vorgegebener Denk- und Verhaltensweisen. Außerdem bedeutungsvoll sind die Kreativität, das Problemlösen, das Erkennen, das Denken, die Informationsverarbeitung und ein ausgeprägtes Maß an Interesse und Involviertheit in die inhaltlichen Arbeitsgebiete (vgl. Roth, 1998; Piaget, 2000). Eine operationale Definition der Intelligenz wie z.B. „Intelligenz ist das, was der Intelligenztest misst" lässt sich natürlich nicht in der Paläopsychologie sinnvoll verwenden, einmal weil Intelligenztests prinzipiell kulturabhängig sind (vgl. Harris, 1989; s. unten: Psychodiagnostik in fremden Kulturen) und zum anderen weil die einzelnen Aufgaben der Intelligenztests nicht der Lebenswirklichkeit und den Umweltverhältnissen des Neandertalers entsprechen. Ein moderner Mensch wäre wohl ohne seine technischen Hilfsmittel in der

---

[3] Im deutschsprachigen Raum wird „Geist" synonym mit Intelligenz, Bewusstsein, Witz, Esprit, Verstand, Seele etc. gleichgesetzt. Etymologisch geht „Geist" auf bewegte Luft, Hauch, Atem (pneúma, spiritus, mind) zurück

Neandertaler-Kultur und Umwelt ein „schwachsinniger, tumber Tor" gewesen! Dennoch können aus den Fundstücken der Neandertalerkultur mehr oder minder sichere Schlüsse auf das Intelligenzverhalten und das „primitive bzw. archaische Denken" des Neandertalers geschlossen werden. Wenn wir von "primitivem Denken" (vgl. Stubbe, 2005:66-72) sprechen, müssen wir zunächst eine begriffliche Klärung vornehmen indem wir es vom sog. *archaischen Denken* d.h. dem Denken des prähistorischen Menschen unterscheiden. Dieses Denken lässt sich aus evolutionspsychologischer Sicht nach *Friedhart Klix* (1993) durch folgende vier Eigenschaften kennzeichnen:

- hohe Integration von Individuum und Natur
- hohe Integration von Individuum und sozialer Gemeinschaft, von Persönlichkeit und Ethnie
- hohe emotionale Empfindsamkeit und affektive Ansprechbarkeit
- hohe Bildhaftigkeit und damit ikonische Erinnerungstreue der Vorstellungswelt sowie des Gedächtnisses

Das archaische Denken erfüllte hiernach vor allem zwei Funktionen: Es interpretiert zum einen das Unerkannte, Neue, Nicht-Gewusste an Ereignissen, Wirkungen und Erscheinungen in der Natur in seiner Ähnlichkeit oder in Analogie zu Bekanntem und schafft zweitens im Hinblick auf das Gemeinwesen durch die Identifikation des Selbst mit den Regeln der Gruppe/Ethnie eine soziale Identifizierung.

Dietrich Mania (1998:60, 61) schreibt über das Bewusstsein des Homo erectus in Europa folgendes:

> „Zielstrebigkeit und planmäßige Handlungen, die Homo erectus bei der Anwendung seiner Technologie und Herstellung seiner Spezialgeräte zu erkennen gibt, setzen bereits ein hohes Maß an geistigen Fähigkeiten voraus. Vor allem muß die Fähigkeit zum abstrakten Denken auf gewissen Ebenen schon ausgebildet gewesen sein. Damit verknüpft war auch die sprachliche Kommunikation. Wir sehen einen unmittelbaren Beweis dafür in einigen Knochenartefakten von Bilzingsleben mit intentionell eingeritzten Strichfolgen und Mustern"....

Der Neo-Darwinist *Robert Foley* (2000:128) hat ein einleuchtendes heuristisches Modell zwischen Sozialleben, Intelligenz und Ökologie, das sog. ewige Dreieck, vorgeschlagen.

> „Als wir danach fragten, welche Rolle soziale Faktoren für die Entwicklung größerer Gehirne spielten, konnten wir zwei Bezüge nachweisen: Erstens war das Gehirnvolumen in auffälliger Weise mit dem sozialen Leben verknüpft – eine positive Korrelation also, die besagt, daß ein umso umfangreicheres Gehirn zu erwarten ist, je komplexer das Sozialverhalten beziehungsweise je individuenreicher die Gruppe ist. Zweitens stellten wir fest, daß zwischen den Gehirnen und der Nahrungsqualität – oder ganz allgemein der Ökologie – ein Zusammenhang besteht. Damit wurde jedoch nicht auf den eingangs erwähnten Gedanken anspielt, daß große Gehirne für die Nutzung bestimmter Ressourcen nötig seien, sondern vielmehr, daß Gehirne hinsichtlich des Stoffwechsels teuere Organe sind und ihre evolutionäre Existenz deshalb von der Verfügbarkeit qualitativ hochstehender Nahrung abhängt. Unsere Erörterungen vollenden damit das Dreieck biologischer Bezüge, und zwar über die Nahtstelle zwischen Sozialität und Ökologie. Dieses Dreiecksschema versetzt uns in die Lage, das Wesen der komplexen Evolutionsereignisse zu entschlüsseln." (Foley, 2000:128)

Einige hervorstechende miteinander zusammenhängende Belege für das Intelligenzverhalten des Neandertalers sollen im Folgenden kurz aufgelistet werden. Im Übrigen muss davon ausgegangen werden, dass die Verteilung des Intelligenzverhaltens in einer Neandertalerpopulation der Gaußschen Normalverteilung folgte d.h. es hat somit vermutlich auch hochintelligente und begabte Neandertaler (ca. 1,5%) gegeben!

1. Die *Hirngröße*:

Zwar lässt sich von einem größeren Gehirn nicht notwendigerweise auf eine höhere Intelligenz schließen (vgl. Gould, 1988; Henke, 1999:129ff; Foley, 2000:113ff), aber die Schädelkapazität des Neandertalers lag immerhin zwischen 1200 bis 1750 Kubikzentimeter, war also größer als die des modernen Homo sapiens (ca. 1450 Kubikzentimeter).

> „Untersucht man die Gehirne vor allem unter ökologischen Gesichtspunkten, geht man das Problem von der falschen Seite an. Es verhält sich keineswegs so, daß ein großes Gehirn für eine komplizierte Form der Nahrungsbeschaffung nötig wurde; vielmehr war eine qualitativ hochstehende Kost – also eine stabile und gute Energie- und Proteinquelle – erforderlich, um größere Gehirne zu unterhalten. Damit wäre das Verhältnis zwischen dem Gehirnvolumen und der Nahrungspalette erklärt." ... „Bezieht man nun die Kosten mit ein, erschließt sich die Seltenheit der menschlichen Evolution dem Verständnis. Sicherlich mögen große Gehirne Vorteile bieten, sowohl unter sozialem als auch ökologischem Aspekt, und es existieren auch Selektionsdrucke zugunsten größerer Gehirne, aber im Normalfall überwiegen die Kosten." ... "Die Selektionsdrucke, die eine Gehirnvergrößerung begünstigen, dürften mit der Komplexität der Umgebung oder der vielschichtigen Sozialstruktur oder einer Kombination aus beiden Faktoren zusammenhängen; aber die Umstände, die es ermöglichen, daß die Vorteile die Kosten übersteigen, müssen letztendlich energetischer Natur sein." (Foley, 2000:120f)

Über die hirnorganische begründeten mathematischen Fähigkeiten des Neandertalers lassen sich bisher keine klaren Aussagen machen (vgl. Haarmann, 2008:9f). Es gibt aber Belege für einen Sinn für Symmetrie, sowie abstrakte Motive z.B. Zick-Zack-Muster und Kreuz-Zeichen (vgl. Ethnomathematik, Spektrum der Wissenschaft, 2, 2006).

2. Die *Anpassung an verschiedene Klimata und geographische Räume*:

> „Als „Generalist" besaß der Homo erectus, der die unterschiedlichsten geographischen Räume besiedelte, offenbar die Fähigkeit, in nahezu allen Klima- und Vegetationszonen zurechtzukommen. Ob Savanne, Wüste, Hochgebirge oder tropischer Regenwald. Überall erwies sich seine Art als erfolgreich und lebenstüchtig, wobei eine wesentliche Rolle spielte, daß er sein Haarkleid verloren und Schweißdrüsen entwickelt hatte." ... „War der Mensch also den meisten anderen Tieren in heißen Regionen überlegen, so war seine Nacktheit in kälteren Klimazonen mit ausgeprägten Jahreszeiten von Nachteil. Um auch dort überleben zu können, musste er also als Ersatz für das verlorene Fell wärmende Kleidung erfinden, die anfangs gewiß aus dem Pelz anderer Säugetiere bestand. Dafür aber bedurfte es wiederum vorausschauenden Denkens." (Ludwig, 2006:98)

Bekanntlich fielen auch in den Lebenszeitraum des Homo erectus verschiedene stärkere Klimaschwankungen (vgl. Campbell, 1979: 125f, 427; Ludwig, 2006; Schrenk & Müller, 2005: 47,52ff, 60; Schrenk, 2019), die gewaltige Veränderungen in der Umwelt und in allen Lebensbereichen der Neandertaler bewirkten, zu deren Lösung eine hohe geistige Flexibilität

(Flexibilität ist ein Intelligenzfaktor!) und Kreativität, sowie körperliche Robustheit (vgl. auch die relativ hohe Lebenserwartung; Schrenk & Müller, 2005:91) Voraussetzungen waren. Die Neandertaler haben dies meisterlich bewältigt, wie Schrenk & Müller (2005:114) schreiben:

> „Bestens etabliert waren die Neandertaler auch in dem wechselnd kalten und warmen Klima Europas der Eiszeiten. Obwohl in der Zeit zwischen 50 000 und 30 000 Jahren vor heute insgesamt 18 nachweisbare Klimaschwankungen stattfanden scheint daher ihr Exitus durch Klimakatastrophen eher unwahrscheinlich." … „…fest steht, daß die Neandertaler das letzte Glied einer sehr erfolgreichen Menschenlinie in der Evolutionsgeschichte waren und daß sie erfolgreich den eiszeitlichen Umweltverhältnissen mit Strategien und Techniken entgegentraten und sich in ihrer Umwelt zurechtfanden." (Schrenk & Müller, 2005:101)

Die Neandertaler werden als „klein, robust und stark" beschrieben (vgl. Schrenk & Müller, 2005:61,69f). Muskelprotze müssen aber nicht automatisch unintelligent sein wie in der Gegenwart die Klitschko-Brüder (beide Doktoren) beweisen.

3. Die *Herstellung und der Gebrauch von Werkzeugen.*

Unsere Kenntnisse über die längste Periode der Menschheitsgeschichte, das Paläolithikum, beruhen vor allem auf Knochenfunden und bisher im Wesentlichen auf Steinwerkzeugen.

> „Mit Sicherheit bilden diese aber nur einen kleinen Teil der Gesamtheit der von Frühmenschen benutzten und hergestellten Gegenstände. Nur ist von Dingen, die aus pflanzlichen und tierischen Materialien bestehen und daher dem Zerfall ausgesetzt sind, so gut wie nichts erhalten." (Ludwig, 2006:101)

> „Aus Werkzeugfunden läßt sich schließen, daß das Steinmaterial aus bis zu 80 Kilometer Entfernung von einzelnen Siedlungsstätten zusammengesucht wurde – eine enorme Leistung, die vorausschauendes Planen, Handeln und nicht zuletzt Flexibilität der Kulturträger verlangt." (Schrenk & Müller, 2005:56)

> „Angespitzte Mammutknochen von der Neanderfundstelle Salzgitter-Lebenstedt und der Nachweis von 45.000 Jahre altem Birkenpech (Abb.16), einem natürlichen Klebstoff, der vermutlich Holz und Stein miteinander verband und nur durch eine recht komplizierte Destillationstechnik gewonnen werden konnte, lassen keinen Zweifel zu: Der Neandertaler hatte nicht nur Steingeräte in seinem Werkzeugkasten. Eine Annahme, die sich aufgrund der besseren Fossilerhaltung von Steinartefakten, im Gegensatz zu solchen aus weichen Materialien wie Holz, lange Zeit hielt, heute aber widerlegt ist." (Schrenk & Müller, 2005:87f)

Die Steinwerkzeuge wie Faustkeile, Schaber, Äxte und die aus Holz bestehenden wie Speere (seit 400.000 Jahren, Schrenk, 2019:93) wurden im Laufe der Zeit immer perfekter ihren vielfältigen Funktionen angepasst. Für die Altsteinzeit sind etwa 20 Werkzeugtypen mit über 200 Varianten bekannt. Als Jäger und Sammlerinnen verstanden es die Neandertaler, sich auf die jeweiligen Umweltverhältnisse, das sich wandelnde Klima, die sich verändernde Tier- und Pflanzenwelt vorzüglich anzupassen.

Die Herstellung und der Gebrauch dieser Werkzeuge können als deutliches Indiz einer entwickelten Handlungsintelligenz, wie sie auch in vielen modernen Intelligenztests (vgl. HAWIE) gemessen wird, gewertet werden.

4. Der *kontrollierte Gebrauch des Feuers*.

Seit wann die Frühmenschen den kontrollierten Gebrauch des Feuers beherrschten ist auch nicht annähernd genau feststellbar, weil sich aus den aufgefundenen Brandstellen keine klaren Schlüsse auf die kontrollierte Entfachung und Erhaltung ziehen lassen (vgl. Narr, 1961:66ff; Müller-Karpe, 1976:69ff; Hoffmann, 1999:133ff; Schrenk & Müller, 2005:41f; Schrenk, 2019). Wahrscheinlich benutzten die Frühmenschen das Feuer seit ca. 1,8 bzw. 1,6 Millionen Jahren. Auf ein Alter von 790.000 Jahren wird eine Feuerstelle bei Gesher Benot Ya'aqov in Israel geschätzt, welche die kontrollierte Nutzung von Feuer belegen könnte. Die von einem Ring von Steinen eingefasste Herdstelle in der Höhle von Ménez-Drégan an der bretonischen Küste, die auf ein Alter von 450 000 Jahren geschätzt wird, deutet zweifelsfrei auf kontrollierte Nutzung des Feuers hin. Die bisher älteste Feuerstelle in D liegt bei Bilzingsleben in Thüringen und wird auf den Zeitraum vor 400 000 bis 350 000 Jahre geschätzt. *Bernhard Vandermeersch* sieht im Gebrauch des Feuers die wichtigste Voraussetzung für die Besiedlung Europas durch die Neandertaler. Ohne das Feuer hätten sie die kalten Klimata während der Eiszeiten in Europa kaum überleben können (vgl. Hackler, 1999:127).

Die Erzeugung, Zähmung und die vielfältige Verwendung des Feuers, eine wirkliche „Kulturrevolution" in der Geschichte der Menschheit, setzen ein kompliziertes psychologisches Zusammenspiel von Kognition, Emotion und Handgeschicklichkeit voraus. Einmal muss die „natürliche" Urangst vor dem Feuer besiegt und zum anderen die Fähigkeiten des Feuers als Wärmespender (Schutz gegen Kälte und Feuchtigkeit, Brennstoff zum Garen) erkannt werden. Feuer zu machen setzt bekanntlich auch viel Handfertigkeit bzw. Feinmotorik voraus.

Neben seiner Funktion als körperfremde Energiequelle hinaus kam dem Feuer zudem eine Schutzwirkung gegenüber gefährlichen Tieren zu.

Über die soziale Funktion des Feuers schreibt *Ludwig* (2006:103):

> „Außer daß Lagerfeuer in kalten Nächten zugleich wärmten und Raubtiere fernhielten, hatten diese auch eine wichtige soziale Funktion: Hier versammelten sich die Mitglieder einer Horde, die bei Tage als Sammler und Jäger wohl häufig getrennte Wege gingen, zum Austausch von Erfahrungen und zur Planung künftiger gemeinsamer Unternehmungen. Die Feuerstätten der Frühmenschen dürften daher von großer Bedeutung für den Zusammenhalt der Gemeinschaft wie für die Entwicklung der Sprache gewesen sein." ... „daß das Feuer und der von ihm aufsteigende Rauch überdies eine wichtige magisch-religiöse Rolle spielte..."

Gerhard Bosinski (2009:32f) stellt zu Recht fest:

> „Die Beherrschung des Feuers als ein entscheidender Schritt in unserer Geschichte kann kaum überbewertet werden. Das Feuer war ein wirksamer Schutz vor Raubtieren, besonders vor den Raubkatzen, den bis dahin schlimmsten Feinden unserer Art. Der Besitz des Feuers war auch von entscheidender sozialer Bedeutung. Man saß um das Feuer herum, die Feuerstelle wurde zum Mittelpunkt der Gruppe und des Lebens. Nur der Mensch beherrscht das Feuer, und wenn draußen ein Löwe brüllte, so war man sich einig: ein Tier. Die Beherrschung des Feuers war die definitive Trennung von Mensch und Tier. Das Feuer erwärmte und ermöglichte den Aufenthalt in kühlen Gebieten."

Die Beherrschung des Feuers förderte vermutlich zusammen mit dem Werkzeuggebrauch indirekt die Sprechfähigkeit des Menschen d.h. des sprachgebundenen Denkens nämlich durch die zunehmende Entlastung des Gebisses u.a. auch aufgrund der nun möglichen Garung der

Nahrung. Das Feuer brachte nicht nur „Licht ins Dunkel", sondern förderte somit auch die Bewusstseinsentwicklung und das Sozialleben des Menschen.

Sigmund Freud hat sich seit seiner „Traumdeutung" (1900) verschiedentlich mit dem Feuer beschäftigt. Er schreibt zum Abschluss seines Aufsatzes „Zur Gewinnung des Feuers" (1932):

> „Und der Urmensch, der darauf angewiesen war, die Außenwelt mit Hilfe seiner eigenen Körperempfindungen und Körperverhältnisse zu begreifen, dürfte die Analogien, die ihm das Verhalten des Feuers zeigte, nicht unbemerkt ungenützt gelassen haben." (Freud, 1974:454)

In dieser Schrift, sowie bereits in der „Traumdeutung" (Studienausgabe Bd. II, 2001:386) hat *Freud* auch eine Beziehung zwischen Feuer und Urindrang konstatiert und festgestellt, „dass die Gewinnung des Feuers einen Triebverzicht zur Voraussetzung hatte" (Freud, 1974:451; vgl. auch Rattner, 1994:101f).

5. Künstlerische Produktionen

Kunstwerke der Steinzeit - leider sind uns weder sprachliche noch musikalische Dokumente (vgl. die prähistorischen Flöten; Conard & Wertheimer, 2010:105ff) bekannt - können ebenfalls über die geistige Entwicklung der Menschen Aufschluss geben. Die ältesten Schmuckstücke der Neandertaler stammen aus der Zeit von vor etwa 115.000 bis 35.000 Jahren. Auch (Knochen-) Einritzungen und die Verwendung von Farben, insbes. Ocker und schwarzes Manganoxyd sind bezeugt (vgl. Schrenk & Müller, 2005:94ff; Arsuaga, 2003).

> „Hatte man Neandertalern noch bis vor wenigen Jahrzehnten keine besonderen geistigen Fähigkeiten zugetraut, so ist diese Auffassung inzwischen durch eine auf ein Alter von mindestens 32 000 Jahren geschätzte Gesichtsmaske, die 1975 zwischen Tours und Saumur (Loire, Frankreich) in der Höhle von La Roche-Cotard gefunden wurde, in Frage gestellt: Das nur etwa 10 mal 10 Zentimeter große Stück Feuerstein, an dem ein 7,5 Zentimeter langer Knochensplitter so durch eine natürliche Öffnung gesteckt ist, daß dessen sichtbare Enden gleichsam als Augen erscheinen, erweckt unmittelbar den Eindruck eines Gesichtes. Die Maske gilt daher gleichsam als Ur-Figurine auf dem Weg zur paläolithischen Kunst." (Ludwig, 2006:105)

> „... und erstmals läßt sich Kunst, die eine größere manuelle Geschicklichkeit, hohes Abstraktionsvermögen und ästhetisches Empfinden voraussetzt, in der Geschichte der Menschheit nachweisen: Es entstanden die 32 000 Jahre alte Löwenmensch-Statue aus der schwäbischen Vogelherdhöhle, Mammutelfenbeinanhänger in Form von Pferden aus dem russischen Sungir, Flöten und Höhlenmalereien zur selben Zeit, als sich die letzten Neandertaler vergeblich um den Erhalt ihrer Population mühten." (Schrenk & Müller, 2005:101)

Kürzlich wurde ein 50.000 Jahre altes Muschelschmuckstück von *João Zilhão* gefunden, das mit Rot- und Ockerfarben bemalt ist und zwei Bohrungen hatte, sodass Neandertaler sie wohl am Körper tragen konnten (SZ, 12.1.2010:16).

Schmuckherstellung, sowie die Verwendung von Farben stellen eine beträchtliche kulturelle und intellektuelle Leistung dar und verdeutlichen die bedeutende Rolle der Kunst in den prähistorischen Gesellschaften.

Methodische Schwierigkeiten können sich allgemein bei der Analyse von Ritzzeichnungen z.B. der Eiszeitjäger ergeben, deren Kunst bis in die zwanziger Jahre des vorigen Jahrhunderts oftmals mit der der Kinder und "Wilden" verglichen wurde. Nachdem *Lartet* (1801-1887), der Begründer der Erforschung des Paläolithikums in Frankreich, 1864 (fünf Jahre nach *Darwin's* "On the origin of species..."!) in einer Eiszeithöhle (La Madeleine) auf einem Knochenstück eine gravierte Mammutzeichnung, die erste figürliche Zeichnung eines eiszeitlichen Menschen, entdeckte, begann die erregende Suche nach weiteren künstlerischen Produktionen des prähistorischen Menschen. 1879 werden dann die Höhlenmalereien von Altamira von einem kleinen Mädchen entdeckt, aber 20 Jahre von der Forschung ignoriert. 1895 waren bereits 5 Höhlen mit Eiszeitmalereien bekannt: Altamira, Pair-non-Pair, Marsoulas, La Mouthe und Chabot. Zwischen 1903 und 1908 legen dann der französische Prähistoriker *Breuil* (1877-1961) und *Obermaier* (1877-1946) die ersten Publikationen über die Eiszeitkunst vor (vgl. ab 1925 "Jahrbuch für prähistorische und ethnographische Kunst"; Kühn: Die Kunst der Primitiven, 1923). Dies sehr knapp zur Vorgeschichte der Vorgeschichtsforschung! 1968 werden bei einer Ausgrabung eines Eiszeitlagers (Magdalénien, ca. 10.100-10.400 v.Chr.) in Gönnersdorf Schiefertafeln mit ca.400 Menschenfiguren (vor allem Frauen) und ca. 200 Tierdarstellungen (74 Pferde, 61 Mammuts etc.), sowie einer ungenannten Zahl symbolischer Zeichen, entdeckt. Während die Tiere dermaßen realistisch dargestellt sind, dass man von einem "photographischen Stil" sprechen könnte, sind dagegen die Menschendarstellungen systematisiert oder verfremdet - ein typisches Stilelement der Eiszeitkunst. Das andersartige, verschlüsselte, abgekürzte und abstrakte Menschenbild wird dem Tierbild bewusst gegenübergestellt (Bosinski & Fischer, 1974; Bosinski, 1981). Würde man nun aber etwa mit dem von *Ziler* (1958) entwickelten Verfahren der detailstatistischen Auswertung von Menschzeichnungen an diese eiszeitlichen Werke herangehen, würde sich ein sehr niedriger "Mann-Zeichen-Quotient" (der mit dem Intelligenzquotient gegenwärtig hoch korreliert) errechnen lassen. Dies könnte zu dem Fehlschluss führen, die Eiszeitmenschen seien Menschen mit einer geringen Intelligenz bzw. einem niedrigen Entwicklungsniveau gewesen. Wer sich aber nur ihre großartige Technologie und Ergologie vor Augen führt, wird schnell eines Besseren belehrt. Außerdem ergibt sich hier die grundsätzliche Frage, ob wirkliche Menschen oder übernatürliche Wesen dargestellt wurden, ob es konkret Einzelne sind (von denen man jedoch aus magischen Gründen kein realistisches Abbild machen durfte?), oder Verkörperungen bestimmter Vorstellungen und Motive z.B. der weiblichen Fruchtbarkeit, des "mütterlichen Prinzips", der sexuellen Begierde etc. Eine wissenschaftliche Erklärung muss also von den Fundumständen der betreffenden Stücke sowie den allgemeinen Kulturverhältnissen ausgehen (vgl. Stubbe, 2005:329-331).

6. Das Jagdverhalten

Die aus dem Braunkohlentagebau Schöningen gehobenen ältesten vollständig erhaltenen Holzspeere der Welt (Alter ca. 400.000 Jahre)

> „belegen eindeutig, daß der Frühmensch seine Ernährung nicht, wie häufig immer noch angenommen, durch das Erbeuten von Aas gesichert hat, sondern ein äußerst geschickter Jäger war, ausgestattet mit hervorragenden technischen Fertigkeiten in der Holzbe-

arbeitung und zu dieser frühen Zeit längst befähigt, eine Großwildjagd mit speziellen Waffen vorausschauend zu planen, zu organisieren, zu koordinieren und erfolgreich durchzuführen. Die Speerfunde ermöglichen somit weitgefächerte und zugleich subtile Einblicke in altpaläolithische Arbeits- und Lebensweisen, besonders im Hinblick auf eine effektive Nahrungsbeschaffung sowie der damit verbundenen Arbeitskooperation, und tragen so dazu bei, ein neues Bild vom frühen Menschen, seinen geistigen Fähigkeiten und auch seinem sozialen Verhalten zu entwerfen." (Thieme, 1997: 311)

„Die Jagd auf Großwild wie Mammuts setzte nicht nur ein Waffenarsenal von Wurfspeeren und Stoßlanzen voraus, sondern auch die Fähigkeit der Jäger zu planen, zu abstrahieren und zu strategischem Vorgehen"...

„Auch die massiven Mammuts und Bisons stellten keine leichte Beute dar, und doch wurden sie vom Neandertaler gejagt – eine echte Herausforderung, die nach Einschätzung von Archäologen wie Bärbel Auffermann und Jörg Orschiedt nur von einem eingespielten Jägerteam von mindestens 20 Individuen bewältigt werden konnte." (Schrenk & Müller, 2005:90)

Man kann sich diese organisierte gefährliche Gruppen- und Großwildjagd (vgl. Jagdunfälle! z.B. Schrenk & Müller, 2005:93) eigentlich *nicht ohne sprachliche Kommunikation* vorstellen. Die Knochenreste der erlegten Beutetiere in den Fundplätzen legen jedenfalls ein eindeutiges Zeugnis für die ausgezeichneten Jagdfähigkeiten des Neandertalers ab.

7. Die Erdbestattungen und das Trauerverhalten

Die Bestattung dient sowohl der rituellen Beseitigung des Leichnams, als auch der rituellen Bewältigung der Erfahrung des Todes und der Trennung (vgl. Müller-Karpe, 1976: 248ff; Stubbe, 1985; Metzler Lexikon Religion, Bd.1, 1999:149).

Erdbestattungen können außer pragmatischen Gründen psychologisch u.a. durch die Angst vor den „mächtigen" Toten motiviert sein. Da in den Träumen der Hinterbliebenen die Verstorbenen oftmals „wiedererscheinen" bewirkt dies Angst bzw. Ambivalenz bei ihnen, die durch Rituale bewältigt werden können. Andererseits löst ein mitmenschlicher Verlust immer Trauerreaktionen des Einzelnen und der Gruppe aus.

„Den schlüssigsten Beweis für ein Vorhandensein von Ritualen liefern allerdings die Toten der Eiszeit. Erstmals finden in der Geschichte der Menschheit Beerdigungen statt, was durchaus als Zeugnis für Fürsorge, Nächstenliebe und kulturell entwickelte Umgangsformen der Individuen einer Gruppe untereinander interpretiert werden kann. Diese Sichtweise wurde jedoch bis in die Anfänge des 20.Jahrhunderts hinein nicht unbedingt geteilt. Jene Beerdigungen seien wohl kaum nach unseren Maßstäben absichtsvoll durchgeführt worden, lautete damals die Lehrmeinung vieler Forscher. Die Beerdigung eines Menschen setzt letztlich voraus, daß die Hinterbliebenen trauern und in ihrer Trauer den Verstorbenen ehren." (Schrenk & Müller, 2005:96f)

Vor ca. 30 Jahren schrieb *Stubbe* etwas skeptisch in seinem Buch „Formen der Trauer" über die Trauer des prähistorischen Menschen hinsichtlich des archäologischen Befundes und seiner Interpretation:

„Es sind vor allem die Bestattungen, die uns Hinweise auf das prähistorische Trauerverhalten geben können. Welche Schwierigkeiten bei der Interpretation hierbei jedoch entstehen können, ergibt eine genaue Beschreibung der Bestattung eines Mädchens, die 1966 bei den Kogi-‚Indianern' (Chibcha) in der Sierra Nevada de Santa Marta in Kolumbien stattfand (vgl. Reichel-Dolmatoff, 1967:55-72). Nach der Wahl des Bestattungsortes vollzieht der Schamane eine Reihe ritueller Handlungen und erklärt: ‚Dies ist das Dorf des Todes; dies ist das Feierhaus des Todes, dies ist der Uterus. Ich öffne das Haus. Das Haus ist geschlossen, und ich werde es öffnen.' Sodann verkündet er: ‚Das Haus ist geöffnet, und zieht sich zurück. Die Tote wird in ein weißes Tuch gewickelt, und der Vater näht das Totentuch zusammen. Während dies alles geschieht, singen die Mutter und Großmutter der Toten ein getragenes Lied, fast ohne Worte. Auf den Grund des Grabes werden grüne Steinchen, Muscheln und die Schale eines Bauchfüßlers gelegt. Nun bemüht sich der Schamane vergeblich, den Leichnam aufzuheben, indem er so tut, als sei dieser zu schwer, erst beim neunten Mal gelingt es ihm. Der Leichnam wird mit dem Kopf gegen Osten in das Grab gelegt und ‚das Haus wird geschlossen', d.h. die Grube wird gefüllt. Es folgen weitere rituelle Bewegungen um das Grab herum, und schließlich ziehen sich alle zurück. Die Zeremonie hat zwei Stunden gedauert.

Wie *Reichel-Dolmatoff* bemerkt, wird ein zukünftiger Archäologe, sollte er dieses Grab untersuchen, lediglich ein mit dem Kopf gegen Osten gerichtetes Skelett und einige Steine und Muscheln finden. Die Riten und vor allem die darin implizierte religiöse Vorstellung können aus diesen Überresten nicht mehr ‚zusammengesetzt' werden. Zu betonen ist hierbei, das die mit der Bestattung zusammenhängende Symbolik, sofern sie ausschließlich auf archäologischer Ebene betrachtet wird, uns heute ebenso unzugänglich bleibt, wie jene eines Altsteinzeitgrabes. Dies ist die besondere Eigenart der archäologischen Argumente, die ihre eventuellen ‚Botschaften' begrenzt und einengt. In diesem Faktum besteht die ‚Armut und Undurchsichtigkeit' unserer Quellen über das prähistorische Trauerverhalten." (Stubbe, 1985:156f)

Heute existieren eine Vielzahl von Belegen, die mit großer Wahrscheinlichkeit ein entwickeltes Trauerverhalten des Neandertalers nahe legen: einmal findet sich Trauerverhalten bereits bei unseren „nächsten Verwandten", den Menschenaffen (vgl. z.B. Stubbe, 1985:209ff; 2013:296f; Hess, 1997:298ff) sowie anderen Säugetieren, zum anderen konsolidieren Bestattungs- und Trauerriten in den prähistorischen Gesellschaften die soziale Rolle und Sozialstruktur ebenso, wie sie die Mitglieder der Gruppe aneinander binden. Die Bindungen kommen u.a. auch in den Grabbeigaben, der besonderen Behandlung der Schädel (evtl. auch ihr Mitnehmen!) und im Endokannibalismus (vgl. Schrenk & Müller, 2005:97ff; Stubbe, 2012:138) zum Ausdruck. Außerdem stehen die Bestattungsriten in einem religiösen Zusammenhang (vgl. Narr, 1961:83f; Leroi-Ghouran, 1981) und nehmen als zusätzliche Bindungseigenschaft die Form der Vorfahrenverehrung an. Dies erzeugt ein Kontinuum zwischen den Lebenden und den Toten. Diese verschiedenen Wege zum Verbinden und Stabilisieren der Gruppe sind eindeutige Faktoren von überragender Bedeutung in der Evolution zum Menschen (vgl. Campell, 1979:395f; Stubbe, 2013:295ff).

Sowohl die Erdbestattungen als auch das Trauerverhalten der Neandertaler können somit als Ausdruck ihrer entwickelten emotionalen Intelligenz und Kompetenz (Saarni, 1999), sowie Empathie gewertet werden.

8. *Schifffahrt*

Man diskutiert heute eine direkte Einwanderung des Homo erectus über die Straße von Gibraltar, die sich vor 5,5 Millionen Jahren wieder geöffnet hatte (vgl. Hoffmann, 1999:394ff).

„Sollte Homo erectus tatsächlich Fahrzeuge – z.B. Flöße gebaut haben, mit deren Hilfe sich kilometerbreite Meeresstraßen überqueren ließen, würde dies sowohl ein hohes Maß an sozialer Organisation als auch eine mehr als nur rudimentäre sprachliche Kommunikation voraussetzen, ohne die ein Zusammenwirken mehrerer Gruppenmitglieder an einem Werk, dem ein gemeinsamer Plan zugrunde liegt, kaum denkbar sei." (Ludwig, 2006: 99) (vgl. auch die jüngsten Funde auf Flores!)

9. Das *Sozialverhalten*

Wenn man von „sozialer Intelligenz" spricht, versteht man heute darunter ein von sozialer Kompetenz geleitetes (Gruppen-)Verhalten.

Wie „human" und sozial Neandertaler waren,

„zeigt sich in der Tatsache, daß es sich bei 40% der Bestattungsfunde um Kinder und Jugendliche handelt. Daraus resultiert, daß Junge wie Alte, die bis zu ihrem Tod gepflegt wurden, im Sozialgefüge unserer eiszeitlichen Mitmenschen ebenso wichtig waren wie voll leistungsfähige Neandertaler." (Schrenk & Müller, 2005:100)

„Lebenserhaltende Maßnahmen wie Pflege und Nahrungsversorgung von Kranken und zahnlosen Greisen lassen sich bei vielen Funden alter Neandertaler belegen. Der alte Mann aus dem Neandertal war also kein Einzel-Pflegefall. Verheilte Verletzungen lassen sogar Rückschlüsse auf eine „medizinische" Versorgung mit Heilpflanzen zu." (Schrenk & Müller, 2005:92f)

Auch *Cornelia Hackler* (1999) schließt aus der Tatsache der Bestattungen, der Pflege von Kranken und gebrechlichen alten Personen, sowie auch aus gut verheilten Knochenwunden auf ein ausgeprägtes Sozialverhalten der Neandertaler. Sie schreibt:

„Diese Individuen, die aufgrund ihrer relativen Immobilität nicht in der Lage waren, sich selbst zu ernähren, wurden von der Gemeinschaft mitversorgt, obwohl dies sicherlich eine hohe Allgemeinbelastung darstellte. Dies gilt insbesondere für alte Menschen, die es ihrem Sozialverband offensichtlich wert waren, am Leben erhalten zu werden. Es drängt sich der Gedanke auf, daß es ihr langjähriges, erfahrungsreiches Wissen war, das der Gemeinschaft einen unschätzbaren immateriellen Wissens- und damit biologischen Überlebensvorteil verschaffte. Wie anders als durch Sprache wäre eine solch komplexe kommunikative Wissensübermittlung möglich gewesen?" (Hackler, 1999:124)

10. Die *Sprachfähigkeit*

Die Sprachfähigkeit der Neandertaler ist sehr wahrscheinlich. Hirnanatomie, Werkzeugherstellung, Sozialleben, (Gruppen-)Jagd, Symbolisierungen, Bestattungen sprechen eindeutig hierfür (vgl. Schrenk, 2019:89f).

„Endokranial-Ausgüsse, also Innenausgüsse von Hirnschädeln, lassen auf ein hochentwickeltes Hirn mit Broca- und Wernicke-Zentrum schließen - neben dem Kleinhirn weitere Voraussetzungen für die Sprachfähigkeit der Menschen." (Schrenk & Müller, 2005:67f)

„Auch wenn der Fund des Kebara-Zungenbeins kein endgültiger Beweis für die Sprachfähigkeit von Neandertalern darstellt, so ist doch die Tatsache allein, daß die Neandertaler biologisch befähigt waren, ihren Gaumen geformte Laute entlocken zu können, ein wichtiges Indiz zumindest für die anatomische Sprechfähigkeit. Lebensweise, Jagd, Kultur- und Werkzeugherstellung lassen jedenfalls auf ein Kommunikationssystem schließen, das in der Differenzierung dem des modernen Menschen glich." (Schrenk & Müller, 2005:66)

Die Knochenartefakte von Bilzingsleben mit eingravierten Strichfolgen sind für Dietrich Mania eindeutige Belege für die Existenz einer Sprache beim Homo erectus.

„Für uns haben diese Artefakte, vor allem das zuerst beschriebene mit seiner aufgefächerten Strichfolge, die Bedeutung der Übermittlung von Gedanken, von Vorstellungen in einer optisch wirksamen Form. Die Anwendung von geometrischen, gleichsam symbolartigen Mustern bezeugt die Fähigkeit zur Abstraktion. Ein zum abstrakten Denken befähigtes Wesen konnte sich auf dieser Ebene nur in einer Sprache mitteilen, die sich der Wortsymbole bediente oder über die Umsetzung in graphische Darstellungen der beschriebenen Form – für uns ein Beweis für die Befähigung unseres entwickelten Homo erectus zum abstrakten Denken und zur Sprache." (Mania, 1998:61)

11. Welche Wirkung das faszinierende *Erlebnis des gestirnten Nachthimmels* (der noch nicht wie heute durch die Lichter der Großstadt verdeckt war) mit allen seinen Phänomenen auf das Denken und die Kosmovision des Neandertalers ausgeübt hat, wissen wir nicht. Wir dürfen aber vermuten, dass sie bedeutend gewesen ist (vgl. Archäo-Astronomie).

Fazit: Auch wenn es manchen „Stein- und Knochen-Paläoanthropologen" schwer fällt dies zuzugeben, müssen wir heute den Neandertaler als einen vollwertigen Menschen mit allen geistigen, psychischen und sozialen Funktionen, Kräften und Kompetenzen d.h. auch einer entwickelten Intelligenz akzeptieren, als einen Menschen, der in seiner sich wandelnden Umwelt bestens angepasst war und alle Probleme und Herausforderungen seiner Lebenswirklichkeit kreativ, flexibel und intelligent zu lösen wusste. Seit April 2010 wissen wir auch, dass die Neandertaler und der moderne Mensch sich genetisch vermischt haben (vgl. z.B. Conard & Wertheimer, 2010:13).

Über den Animismus

Die Erforschung der Seelenvorstellungen aus emischer Sicht ist ein Hauptforschungsthema der Ethnologie und Ethnopsychologie (Zur Geschichte der Seelenvorstellungen und -lokalisation vgl. Révész, 1917; Stubbe, 2012:562-569).

„Die Naturvölker", schreibt bereits *Bastian* (1875:10), "haben im Durchschnitt eine äußerst komplizierte Psychologie ausgebildet, und es tritt bei der Seelenlehre der eigenthümliche Fall ein, daß sich sagen läßt, sie sei bei den Naturvölkern sorgfältiger entwickelt, als bei den Culturvölkern. Während sich die letzteren mit ziemlich vagen Benennungen begnügen und die Scheidungen schon in Folge philosophischer Deutungen schwankend und unbestimmt werden, besitzen die Naturvölker eine fest umgrenzte Bezeichnung für jede Modification und Erscheinungswelt der Seele. Auch liegt die Erklärung hierfür nicht fern. Der Wilde lebt noch in ununterbrochener Wechselwirkung mit den in seiner Mitte Verstorbenen, in unmittelbarem Connex; die Geister der Abgeschiedenen weilen ihm unter den Zurückgebliebenen, beständig in die täglichen Lebensverhältnisse eingreifend, er erhält Rath und Hülfe von ihnen, so oft er deren bedarf, und er hat es noch nicht verstanden, sich ein mythologisches System aufzubauen, mit einem Himmel und Hölle, um dort die Seelen zu lokalisieren."

Unter *Animismus* (von lat. anima) versteht man den Glauben, dass lebende Wesen wie unbelebte Objekte eine Seele besitzen. *E. B. Tylor* (1832-1917) hat in seinem Werk „Primitive culture" (1871) den Seelenglauben als das Wesenselement und den Ursprung aller Religionen hervorgehoben. Er nahm an, dass in frühen Kulturen die Vorstellung, dass Menschen eine Seele besitzen, auf Tier, Pflanzen und unbelebte Objekte übertragen wurde (vgl. Haller, 2005:241). *Robert R. Marett* prägte 1899 den Begriff *„Animatismus"* und verstand darunter den Glauben an eine unpersönliche, omnipräsente Naturkraft, der am Anfang aller Religion gestanden habe (vgl. auch Präanimismus, Dynamismus). *S. Freud* gibt in „Totem und Tabu" (1912/13) eine psychoanalytische Interpretation des Animismus. Hiernach liegt eine Projektion des Inner-Seelischen nach außen vor. Die Spekulationen zu dieser evolutionistischen Stufen-Theorie der Religion sind heute jedoch widerlegt (vgl. Thiel, 1977:139-141; Haller, 2005:241). In der Entwicklungspsychologie spricht man ebenfalls vom *„kindlichen Animismus"*, über den *Jahoda* (1958) eine kulturvergleichende Arbeit vorgelegt hat (vgl. auch Werner, 1959:50f, 54f, 332f). Im theologischen Gebrauch wird Animismus noch heute zur Bezeichnung nichtchristlicher („heidnischer") Religionen in Afrika, Asien und Lateinamerika in deutlich abwertender und vorurteilsvoller Weise gebraucht.
Ein Beispiel von *Koch(-Grünberg*, 1900) bzgl. der südamerikanischen „Indianer" verdeutlicht dies in evolutionistischer Manier:

„Auch bei den Karayá findet sich der Glaube, dass im Traume der Geist den Körper des Schlafenden verlässt, um umherzuschweifen und mit anderen Personen oder mit anderen Geistern in Verkehr zu treten (Ehrenreich, 1891:33)" (Koch, 1900:4)

„Wenn wir den Gang der Untersuchung über den Animismus der südamerikanischen Indianer, wie er uns in dieser Abhandlung vorliegt, noch einmal kurz rekapituliren, sehen wir, dass zunächst Traumerscheinungen den Indianer zu dem Glauben an das Vorhandensein einer Seele im Menschen und einer überirdischen Welt bringen, in der die Geister der abgeschiedenen Vorfahren ein ähnliches Leben führen wie auf Erden. Diese Geister stehen im beständigen Verkehr mit den Lebenden, besonders mit dem mit übernatürlichen Kräften begabten Zauberarzt, und gewähren ihnen in Nothlagen ihre Unterstützung, weit öfters quälen sie sie und bringen ihnen Tod und Verderben.

Um sich einerseits die Geister geneigt zu machen und sich ihrer Hülfe zu versichern, andererseits ihrem Zorn zu entgehen, thut man beim Begräbnis alles, was angenehm sein könnte und sucht durch alle möglichen Mittel dem Geist den Weg zu den Hinterbliebenen zu versperren.
Aus dem Bestreben, den Zorn des Todtengeistes von sich abzulenken, entwickelt sich mit der Zeit ein regelrechter Ahnenkult, der mit dem Fortschreiten der Kultur, indem man die

irdischen Herrscher auch im Himmel weiter gebieten liess, zu der Verehrung eines höheren Wesens führen musste." (Koch, 1900:132)

Hatte der prähistorische Mensch eine animistische Weltsicht?
Für Peter Nittmann (in: Clottes & Lewis-Williams, 1997:6) ist der Schamanismus (s. unten) ein wesentlicher Teil des animistischen Weltverständnisses:

> „In Trance agiert der Schamane als Medium der Geister; er nimmt in seinen ‚Seelenflügen' Kontakt mit ihnen auf und macht sie sich zugleich dienstbar, um die Naturkräfte zu beherrschen, Krankheiten auszutreiben, das Jagdglück zu begünstigen, kurz: um die unvorhersehbaren und nicht kontrollierbaren Wechselfälle durch magische Handlungen dem Willen der Menschen zu unterwerfen. Und selbst wenn die Forschung meist weitgehende Schlußfolgerungen mied, so kehrte sie doch immer wieder zu dieser zentralen, rätselhaft gebliebenen Figur des Schamanen zurück, insbesondere zu seinen ekstatischen Seelenreisen, dem Mittelpunkt des schamanischen Kults, die durch Trance herbeigeführt werden."

Auch den *Träumen* kommt in diesem Zusammenhang eine große Bedeutung zu, denn sie können sich z.b. „außerhalb des Leibes bewegen". In der *Ethnopsychologie* und *Transkulturellen Psychologie* sind der Traum und das Träumen bedeutende Forschungsgegenstände, auch wenn sie immer noch in modernen ethnologischen Lexika kaum Erwähnung finden. Z.B. bei den Tapirapé, einer in Zentralbrasilien lebenden Pflanzergruppe, beziehen die Schamanen (wie auch anderswo) ihre Kraft aus Träumen, in denen sie Geistern begegnen, die ihre Hilfsgeister werden (vgl. Baldus, 1970). *Peter Probst* (1993) kommt das Verdienst zu, die „verlorene Neugier" am Traum bei den Ethnologen und Ethnopsychologen wieder geweckt zu haben (vgl. auch Ahrens, 1996). Er gibt eine kursorische Geschichte der ethnologischen Traumforschung, die deutlich macht, dass zunächst die *Tylorsche* Konzeption (1871) im Vordergrund stand und später die *Freudsche* Traumtheorie (1899) (zu ihrer Rezeption in den USA vgl. Herrmann et al., 1943), während *C. G. Jung's* und *A. Adler's* Traummodelle scheinbar kaum rezipiert wurden. Bekanntlich hatte *Edward Burnett Tylor* (1832-1917) in seiner Schrift „Primitive culture..." den Ursprung und die Entwicklung der Religion in der menschlichen Traumerfahrung gesehen (Animismus) und damit das Thema Traum offiziell in die Ethnologie eingeführt. *Koch's* (später: *Koch-Grünberg*, 1872-1924) reichhaltige ethno-psychologische Monographie „Zum Animismus der südamerikanischen Indianer" (1900) steht in dieser Tradition. Er fasste seine Ergebnisse folgendermaßen zusammen:

> „...daß zunächst Traumerscheinungen den Indianer zu dem Glauben an das Vorhandensein einer Seele im Menschen und einer überirdischen Welt bringen, in der die Geister der abgeschiedenen Vor-fahren ein ähnliches Leben führen wie auf Erden. Diese Geister stehen in beständigem Verkehr mit den Lebenden, besonders mit dem mit übernatürlichen Kräften begabten Zauberarzt, und gewähren ihnen in Nothlagen ihre Unter-stützung, weit öfters aber quälen sie sie und bringen ihnen Tod und Verderben. Um sich einerseits die Geister geneigt zu machen und sich ihrer Hülfe zu versichern, anderseits ihrem Zorn zu entgehen, thut man beim Begräbnis alles, was ihnen angenehm sein könnte und sucht durch alle möglichen Mittel dem Geist den Weg zu den Hinterbliebenen zu versperren. Aus dem Bestreben, den Zorn des Todtengeistes von sich abzulenken, entwickelt sich mit der Zeit ein regelrechter Ahnenkult, der mit dem Fortschreiten der Kultur, indem man die irdischen Herrscher auch im Himmel weiter gebieten liess, zu der Verehrung eines höheren Wesens führen musste." (Koch, 1900:132)

Aus der Durkheim-Schule, die die Animismuskonzeption *Tylor's* auf das Entschiedenste ablehnte (vgl. Probst, 1993: 154; Thiel, 1977:139f), stammt von *M. Halbwachs* eine „L'interpretation du rêve chez les primitifs" (J. de Psychol. 19, H. 7, 1922). Die *Freudsche* Traumkonzeption (1900), die den „Traum als die Via regia zur Kenntnis des Unbewussten im Seelenleben" (Freud, 1964:494) ansah und deren Quellen in *Freud's* Selbstanalyse (Schott, 1985), der Analyse der Träume seiner Wiener Patienten und Patientinnen und in einem intensiven Literaturstudium (wenig ethnologische und kulturvergleichende Arbeiten!) bestehen, wurde häufig unkritisch auf die Träume in außereuropäischen, fremden, kollektiv orientierten Kulturen mit ihrer anderen Psyche, Religion, Sozialordnung und Wirtschaftsform etc. übertragen. Für *Freud* war der Traum, wie er im „Abriß der Psychoanalyse" schreibt, bekanntlich

> „eine Psychose, mit allen Ungereimtheiten, Wahnbildungen, Sinnestäuschungen einer solchen. Eine Psychose zwar von kurzer Dauer, harmlos, selbst mit einer nützlichen Funktion betraut, von der Zustimmung der Person eingeleitet, durch einen Willensakt von ihr beendet." (Freud, 1938:40)

Man suchte in diesem Rahmen z.B. die Wunscherfüllungshypothese des Traums bei „Negern" nachzuweisen (Lind, 1914) oder die Traummechanismen der Verschiebung und Verdichtung in der Kunst, im Traum und im Ritual der Melanesier wiederzufinden (Rivers, 1918), oder man wies *Freud's* Hypothese von der Universalität des Ödipuskomplexes auch in den Träumen der „Indianer" nach (Lincoln, 1935) bzw. suchte nach „völkerpsychologischen Parallelen" zu bestimmten Traumsymbolen (Mantel) (Reik, Internat. Zeitschr. f. Psychoanalyse, VI, S:310ff). Eine emische Sichtweise der Träume wurde dagegen selten verfolgt. Die neueren ethnologischen Arbeiten zum Traum

> „zeichnen sich aus durch den Versuch, die Träume der ‚anderen' und den verschiedenen Umgang mit ihnen aus der Perspektive der jeweiligen Selbstkonzeptionen heraus zu verstehen." (Probst, 1993: 156)

Auch die moderne Traumforschung in westlichen Industrieländern (vgl. z.B. Strauch & Meier, 1992) verbindet naturwissenschaftliche Experimente und Befragung der Probanden, um (gleichsam „komplementär" Traumerleben und -verhalten erfassend) nicht nur biologisch-objektive Daten zu erhalten, sondern auch den Ort und Sinn des Traums im Leben des Träumers näher bestimmen zu können. Ein Forschungskonzept, das sich auch für die kulturvergleichende Forschung gut eignet.

Beispiel: Die Träume der Wauja
Aristóteles Barcelos Neto (2002:251ff) hat kürzlich in seiner Monografie „ A arte dos sonhos" (Die Kunst der Träume) eine Ethnografie der visuellen Kultur der Wauja (im brasilianischen Amazonien (Alto-Xingú) lebende zur Aruak-Gruppe gehörige Gruppe; man findet sie seit den Xingú-Studien des deutschen Ethnologen Karl von den Steinen in den 80er Jahren des 19.Jh.s auch unter der Bezeichnung „Waurá") vorgestellt. Aulahu berichtet darin von seinem Traum einer Verwandlung in eine „jiboia" (constrictor constrictor; eine 3 bis 5 m lange schön gemusterte furchtsame Schlange, die teilweise sogar „domestiziert" wird; vgl. Ihering, 1968: 392) (apapaatai, extrahumane Entität). Diese Verwandlung ist die Strafe für die Tötung einer „jiboia" und den Ungehorsam seinem Vater gegenüber, die der Wauja-Ethik widersprechen. Erst den Schamanen gelingt es mit einem „feitiço" (Zauberhandlung) die Verwandlung rückgängig zu machen. Tierverwandlungen finden sich bekanntlich in vielen Kulturen (vgl. z.B. Zooanthropie, Grimmsche Märchen, Berserker, Fuchsmenschen, Schamanismus etc.).

„Por matar um apapaatai e por desacreditar em seu pai, Aulahu sofreu a severa punição de transformar-se no próprio apapaatai que ele matou. A narrativa expressa ainda seu medo de morrer, ou seja, de sua alma não retornar do seu sonho e ficar eternamente entre os monstros:" (Barcelos Neto, 2003:253)

Die berichteten Träume finden ihre Analogien in den Mythen der Wauja und sind aus der etischen Sicht der westlichen Traumdeutung kaum zugänglich, da ihr Verständnis eine intime Kenntnis der Wauja-Kultur, ihrer Sozialorganisation, ihrer Kosmovision, ihrer Person-Konzepte, ihrer Riten und Mythen etc. voraussetzt (vgl. hierzu z.b. die Träume der Trobriander: Sprenger, 2000; für die Träume der Aborigines: Lommel, 1951; Lawlor, 1993; Craan, 2000; Bibliografie: Ahrens, 1996; Stubbe, 2012; zur Traumzeit vgl. Türcke, 2009:79ff).

Paläopsychologie des „primitiven", „prälogischen", „magischen", „wilden" Denkens

Im allgemeinen versteht man in der *Kognitionspsychologie* unter "Denken" die interpretierende und ordnungsstiftende Verarbeitung von Informationen oder meint damit den Einsatz der intellektuellen Funktionen und das kognitive Verhalten wie Begriffsbildung und verschiedene Operationen mit Begriffen oder anderen Schemata unterschiedlichen Abstraktionsgrades zum Wiedererkennen, Entdecken, Erfinden von Beziehungen, die zwischen ihnen gelten. Auch das Problemlösen wird in diesem allgemeinen Sinne oftmals als Denken bezeichnet.
Im engeren Sinn wird Denken in der *Allgemeinen Psychologie* auf folgende eher elementare Denkoperationen eingeengt:

- Erkennen und Identifizieren d.h. Kognitionen im engeren Sinne
- Gedächtnisleistung (ohne die Denken nicht vorkommt)
- Finden einer logisch notwendigen Folgerung (konvergentes Denken)
- Finden verschiedener logisch möglicher Folgerungen (divergentes Denken)
- Die im Denken erkannte oder hergestellte Ordnung d.h. eine Hypothese wird hinsichtlich ihrer Anwendbarkeit auf die geforderte Überführung des Istzustandes in den Sollzustand (d.h. auf das Problem hin) geprüft und bewertet (Bewertung oder Evaluation)

In der informationspsychologischen Denkforschung (z.B. Klix, 2000:297-299) wird oftmals zwischen der Ordnung der Oberflächenstrukturen d.h. der in der Wahrnehmung unmittelbar zugänglichen Signale und der Ordnung von Tiefenstrukturen d.h. den Bedeutungen dieser Signale unterschieden (vgl. Dorsch, 1994:148f).
Eine Vielzahl von *Denkformen* lassen sich unterscheiden: logisches Denken, diskursives (logisch schließendes, zielgerichtetes) Denken, gefühlsartiges (intuitives) Denken, dialogisches Denken, anschauliches Denken, sprachgebundenes Denken, vorsprachliches Denken, produktives (innovatives) Denken, Denken als Probehandeln (Freud), prälogisches Denken (Levy-Bruhl), magisches Denken, physiognomisches Denken (Werner), assoziatives Denken, schizophrenes Denken (Storch), wildes Denken (Lévi-Strauss, 1962) etc. Man spricht auch von einem „Denk-Typus" eines Menschen (Leisegang) und von dem „Denkraum" als der Gesamtheit der Denkmöglichkeiten und Gedankenzentrierung eines Menschen oder einer Gruppe. In der ontogenetischen Denkentwicklung spricht *Jean Piaget* (1896-1980) vom symbolisch-vorbegrifflichen Denken (zwischen 2.-4. Lj.) hin zur Phase des anschaulichen Denkens (4.-7. Lj.). Darauf folgt die Phase der konkreten Operationen und schließlich ab dem ca. 12. Lj. die Phase der formalen Operationen.
In seiner „Philosophie des Traums" konstatiert Christoph Türck:

„'primitive Denktätigkeit' aber ist Sigmund Freuds Definition des Traums (vgl. Freud, 1972:539). An sie knüpft dieses Buch an. Wer begreifen will, was Denken ist, muß zu begreifen versuchen, was Träumen ist. Nirgends zeigt sich menschliches Denken in so primitiver Verfassung wie im Traum, selbst noch im 21. Jahrhundert." (Türck, 2009:15)

Von *magischem Denken (oftmals auch: primitives, archaisches Denken)* spricht man in religiösen Zusammenhängen eines Kultes z.b. bei Beschwörungshandlungen, Zauberriten und -handlungen. Magisches Denken ist dem logisch-wissenschaftlichen und kausalistischen Denken entgegengesetzt. Die Phantasiewelt hat hierbei immer den Vorrang vor dem prüfenden Verstand/Experiment in der gegenständlichen Welt. Den magischen Vorstellungen liegen oftmals freie Assoziationen zugrunde. Es handelt sich dabei um sog. Einfallsdenken. Es ist eine in älterer vergleichend-psychologischer Sicht (z.B. Kafka, 1922; Werner, 1926) bei sog. Naturvölkern, Kindern und „Geisteskranken" in entwickelten Gesellschaften anzutreffende, dem „physiognomischen Denken" (nicht-sachliches Erfassen von Dingen, sondern einem inneren Ausdruck nach, beseelt) nahestehende Geisteshaltung. Der Entwicklungspsychologe *Heinz Werner* (1880-1964) schreibt anhand von vielen Beispielen über die *Magie des Kindes*:

> „Wenn man innerhalb der ontogenetischen Entwicklung von magischen Erscheinungsformen spricht, muß man sich des Unterschieds bewusst sein, der zwischen einer entwickelten naturvölkischen Magie und den kindlichen magischen Tendenzen besteht. Die Magie des Naturmenschen ist eine seiner gesamten Kultur entsprechende, voll ausgebildete Lebensform, die Magie des Kindes und des Jugendlichen kann immer nur inselhaft innerhalb einer ganz anders gearteten kulturellen Sphäre bestehen." ... „Man muß unterscheiden zwischen einer Frühform des Magischen, welche sich noch wenig unterscheidet von urtümlichster Anschauungs- und Handlungsweise, so daß hier jedes Mal schwer feststellbar ist, ob rein primitive oder schon magische Struktur vorliegt, und einer Spätform vorweltanschaulicher Art (‚echter Aberglauben')." (Werner, 1959:301, 302)

> „Will man die kindlichen magischen Bräuche systematisch charakterisieren, so muß bedacht werden, daß der Zusammenhang der Person mit der Umwelt zweierlei zur Folge hat: 1. eine Abhängigkeit des Ichs von dieser schicksalshaft gefassten Umwelt, die durch Verstand und Technik nicht natürlich zu bewältigen ist; 2. magische Handlungen gegenüber der lebenden und toten Umwelt eben infolge dieses Zusammenhangs durch das Ich. Auf Grund solcher komplexer Bindung sind zwei Arten von magischen Handlungen möglich, einmal eine *Lenkung* des Geschicks, zum zweiten eine *Befragung* des Geschicks in Form des sog. *Orakels*." (Werner, 1959:306)

Werner führt eine Fülle von Beispielen aus der kindlichen Lebenswelt an, wie die Gebets- und Wunschmagie, das „Verrufen", den „Formungszauber" (Vorbildzauber), den „Berührungszauber", die Talismane und Amulette, die Leistungsmagie (z.B. durch Opferung das Schicksal günstig stimmen wollen), das Orakel, etc. „Magische Bildungen" d.h. Denk- und Handlungsweisen findet *Werner* auch bei „Geisteskranken". Bzgl. der sog. Naturvölker schreibt er:

> „Die Denkvorgänge, welche sich als magisches Beziehen und Verknüpfen, als magische Begriffsbildung und Abstraktion, Urteilen und Schließen äußern, verleugnen durchweg nicht jenen Ursprung aus einem diffusen und komplexen Denken, wie wir dies früher dargestellt haben. Jenes außermagische Denken ursprünglicher Art charakterisiert sich als *konkretes*; und nur aufgrund solcher urtümlicher, konkreter Erfassungsweisen bildet sich auch das spezifisch magische Denken aus. Das konkrete Denken erwies sich uns als ein solches, in welchem sich die bildhafte Gestaltung noch nicht abgehoben hat von den abstrakten Gedanken; das Denken ist sozusagen implizit, komplex in der bildhaften Formung selbst eingeschlossen." (Werner, 1959:296f)

Das magische Denken der europäischen Kinder (als eine Entwicklungsphase bzw. -stufe) wurde fälschlicherweise oftmals in der älteren Entwicklungspsychologie mit dem Denken der „Naturvölker" gleichgesetzt.

Franz Resch (1994) hat aufwertend die Magie als Erkenntnisform herausgestellt, weil sie die Basis für das Irrationale in allen Menschen bilde. Das magische Denken besitze hiernach für die normale Entwicklung des Kindes eine besondere Bedeutung.

> „Es läßt Analogien in den Eigenschaften und Relationen der Dinge erkennen, erlaubt erste Generalisierungen des Einzelfalls, ohne das begleitende Gefühl dieses Einzelfalls ausschalten zu müssen. Damit stabilisiert es Selbstbild und Weltbezug des Kindes. Und nun zu uns Erwachsenen: Wenn wir kreativ sind, kommen prälogische Mechanismen wieder zur Entfaltung, aber in einer Fassung, gleichsam im Gefäß der Abstraktion und des common sense, was ein Wildwuchern und Ausufern bis in den Alltag verhindert" ...
>
> "Denn prälogische Denkansätze, magisches Vortasten und Vorfühlen können durch Kultivierung und Rahmenbedingungen veredelt und in ihrem Bedeutungsbereich begrenzt werden." (Resch, 1994:156)

Otto Lippross (1971) hat bereits gezeigt, wie stark sich z.B. die moderne medizinische Praxis zwischen strenger Naturwissenschaft und „magischem Ritual" bewegt: Auch im modernen wissenschaftlichen Zeitalter beeinflussen irrationale Elemente in der Beziehung zwischen Arzt/Therapeut und Patient den Heilerfolg (vgl. z.B. Placebo-Effekt).

Wenn wir von *"primitivem Denken"* sprechen, müssen wir zunächst eine begriffliche Klärung vornehmen indem wir es vom sog. archaischen Denken d.h. dem *Denken des prähistorischen Menschen* unterscheiden, das sich aus evolutionspsychologischer Sicht nach *Klix* (1993) durch folgende vier Eigenschaften kennzeichnen lässt:

- hohe Integration von Individuum und Natur
- hohe Integration von Individuum und sozialer Gemeinschaft, von Persönlichkeit und Ethnie
- hohe emotionale Empfindsamkeit und affektive Ansprechbarkeit
- hohe Bildhaftigkeit und damit ikonische Erinnerungstreue der Vorstellungswelt sowie des Gedächtnisses

Das archaische Denken erfüllte hiernach vor allem zwei Funktionen: Es interpretiert zum einen das Unerkannte, Neue, Nicht-Gewußte an Ereignissen, Wirkungen und Erscheinungen in der Natur in seiner Ähnlichkeit oder in Analogie zu Bekanntem und schafft zweitens im Hinblick auf das Gemeinwesen durch die Identifikation des Selbst mit den Regeln der Ethnie eine soziale Identifizierung.

Was verstand man in der älteren Völkerpsychologie unter *"primitiver Mentalität"* bzw. "primitivem Denken"?
In der frühen Ethnopsychologie sprach Lucien *Lévy-Bruhl* (1857-1939) (aufgrund der Quellen der Bibliothèque National und nicht aufgrund von eigenen Feldforschungen) von der *"mentalité primitif"*, die er als *"prälogisch, kollektivistisch oder alogisch"* bezeichnete. Aufgrund des Gesetzes der *"participation mystique"*(mystische Teilhabe), welche ihr Denken beherrsche, hätten die "Primitiven" noch nicht die Stufe erreicht, die wir Europäer erreicht haben (nämlich das "cartesianische Denken"), auf welcher es möglich ist, zwischen logischen und nichtlogischen Beziehungen von Phänomenen zu unterscheiden.
Im Gegensatz zur animistischen Lehre von *J. G. Frazer* und *E. B. Tylor* geht Lévy-Bruhl davon aus, dass die Mentalität und die damit zusammenhängenden Kollektivvorstellungen der sog. Naturvölker eine von der unsrigen fundamental verschiedene, frühe Stufe im

Entwicklungsprozess des Denkens darstellen. Dieses Stadium bezeichnet er als *"prälogisch"*. Die Vorstellungswelt der sog. Naturvölker wird durch das "Gesetz der Partizipation" bestimmt, nach welchem Gegenstände, Wesen und Phänomene gleichzeitig sie selbst und zugleich andere sein können. Z.B. der unheilbringende Zauberer wird zum menschenfressenden Krokodil und bleibt doch zugleich er selbst. Infolge der ständigen Orientierung dieser Menschen am Okkulten, der Indifferenz gegenüber dem fundamentalen logischen Prinzip des zu vermeidenden Widerspruchs erhält ihre Mentalität einen mystischen Grundzug (participation mystique: alles ist mit allem verflochten!). Diesen versucht Lévy-Bruhl vor allem am Problem der Kausalität zu illustrieren. Anstelle der Kausalbeziehungen, die die Struktur des zivilisierten europäischen Wirklichkeitsbildes bilden, sieht der „Primitive" seiner Meinung nach die Natur stets als komplexes Gewebe mystischer Partizipationen. Ereignisse der sinnlichen Welt gehen letztlich immer auf okkulte Mächte zurück (mystische Ursache). Mit anderen Worten: die sichtbare und die unsichtbare Welt, das Natürliche und Übernatürliche bilden stets eine identische Totalität und sind ein kontinuierlich magisches Ganzes. Nach Lévy-Bruhl verschmelzen so die verschiedenen Aspekte der Wirklichkeit der sog. Primitiven in eine einzige mystische Einheit, so dass der Abstand zwischen Subjekt und Objekt verschwindet und die "primitive Mentalität" das Objekt nicht durch Denken erfasst, sondern durch seine Gemeinschaft mit ihm erlebt. Es liegt also eine „Unfähigkeit" vor zwischen Denkakt und Denkinhalt und zwischen Denken und Fühlen zu unterscheiden. Deshalb denken die sog. Primitiven "prälogisch" und kennen das abstrakte, logische und diskursive Denken weitgehend nicht, haben nur vage und andersartige Zeit- und Raumvorstellungen und entwickeln eine vorwiegend an Anschaulichkeit (bildhaftes Denken!) und qualitativen Kennzeichnungen reiche Sprache, während analytische und quantitative Begriffe relativ spärlich ausgebildet sind. Eine mystische Sichtweise wie diese *schließt auch den Zufall aus der menschlichen Existenz aus*: in jedem Ereignis manifestiert sich eine Übernatürliche, nur intuitiv zu erfassende Macht. Diese unsichtbaren Wirklichkeitskräfte teilt Lévy-Bruhl in folgende 3 Kategorien ein:

- die Geister der Toten
- die Geister der Tiere, Pflanzen, Naturphänomene und der unbelebten Gegenstände
- die Kräfte, die durch Anrufungen und Beschwörungen von Zauberern ausgeübt werden.

Diese Art der Charakterisierung des Denkens der "Primitiven" ist für einen bestimmten Zeitpunkt in der frühen Geschichte des Ethnozentrismus der europäischen Sozialwissenschaft kennzeichnend. Ethnologische Feldforschungen, vor allem solche die in den Kompetenzbereich der Ethnoscience fallen, haben die Irrigkeit dieser verallgemeinernden Auffassung und zugleich die Überheblichkeit der Schreibtischethnologie jener Zeit sichtbar gemacht. Vor allem aber auch die Technologie und Ergologie der sog. Naturvölker macht das darin verborgene kausale und logische Denken sichtbar. *Beispiele* hierfür sind: die Entgiftung des Maniok (tipití) die Herstellung von Salz bei den brasilianischen „Indianern" in Amazonien oder die Färbung der Vogelfedern (vgl. Hirschberg & Janata, 1966; G. Hartmann, 1981; B.G. Ribeiro, 1989).
Logisches wie auch prälogisches Denken findet sich bei allen Menschen. Typologisch gesehen ist die Unterscheidung Lévy-Bruhl's demnach dennoch berechtigt. Zur Rechtfertigung Lévy-Bruhl's muss hervorgehoben werden, dass er eine rühmliche Ausnahme in der wissenschaftlichen Welt war, indem er seine eigene Theorie in seinen "Carnets"(1949) revidiert hat. Der Ethnologe *Horst Nachtigall* (1974:21) hält es auch für nicht ausgeschlossen, dass Lévy-Bruhl mit seiner Konzeption des prälogischen Denkens der Naturvölker nur seiner eigenen Umwelt und ihrem unlogischen oder abergläubischen Verhalten einen Spiegel vorhalten, nicht aber fremde Völker diskriminieren wollte. Hauptziel Lévy-Bruhl's war es vor allem durch das Studium der geistigen Gewohnheiten der sog. Naturvölker ihre konkreten

Handlungen besser zu verstehen und ihnen so ihre für das abendländisch-logische Weltbild erscheinende Absurdität zu nehmen.

Lévy-Bruhl's Konzeption hat auch die *Psychopathologie* der damaligen Zeit beeinflusst. So verglich man das Denken der Schizophrenen und Psychotiker mit dem Denken der sog. Naturvölker und fand eine Fülle von Übereinstimmungen. Was *Sigmund Freud* als "primärprozeßhaftes Denken", *Carl Gustav Jung* (1912ff) als mythisches Denken in der Psychose, *Ernst Kretschmer* (1922, 1950:73ff, 115,131) als "Bildstreifendenken" oder "Bildagglutination", *Heinz Werner* (1926) als "physiognomisches Denken" und *Silvano Arieti* (1959) als "Paläologik" sowie *Alfred Storch* (1922) das "archaisches Denken und Verhalten in der Schizophrenie" bezeichneten, bezieht sich hierauf. *Karl Jaspers* (1973:180, 618f) merkt hierzu in seiner "Allgemeinen Psychopathologie" kritisch an, dass es sich immer nur um Vergleiche handele. Beim archaischen Denken handele es sich

> "um einen historischen Entwicklungszustand des menschlichen (wesentlich durch Überlieferung, nicht durch biologische Vererbung lebenden) Geistes. Beim Schizophrenen aber ist eine primäre Störung im Ablauf des Seelenlebens eigener Art der empirische Tatbestand."
>
> "Das archaische Denken des primitiven Bewußtseinszustandes ist etwas wesentlich anderes als psychotische Erkrankung. Es ist das Ergebnis einer kollektiven Entwicklung und dient der faktischen Gemeinschaft, während das schizophrene Denken den Menschen isoliert und aus der Gemeinschaft läßt."

Karl Jaspers (1883-1969) stellt auch folgende wichtige Fragen zu diesem ganzen Problemkreis zusammen:

1. „Sind schizophrene Erlebnisse eine Quelle primitiver Anschauungen und Vorstellungen gewesen? Diese Frage ist gar nicht zu beantworten
2. Wie ist das Denken der Primitiven im Vergleich zum Schizophrenen? Offenbar "gesund", es hat nicht den Charakter schizophrener Primärerlebnisse oder schizophrener Seelenabläufe.
3. Was heißt "Wiederauftauchen" verschütteter, in der Zivilisation verlorengegangener Urbilder, Mythen, Symbole, Möglichkeiten und Kräfte? Das ist eine sehr unbestimmte, nicht verifizierbare Theorie, ein bisher nicht erforschbarer Zusammenhang, eine großartige und unbegründete Behauptung, die sich nur an immer anderem Material ohne Erkenntnisfortschritt wiederholt."

Auch die *Entwicklungspsychologie* wurde durch diese völkerpsychologischen Studien stark beeinflusst, wie z.B. das Werk *Heinz Werner's* "Einführung in die Entwicklungspsychologie" aus dem Jahre 1926 deutlich macht, worin sich eine Fülle von ethnographischen und völkerpsychologischen Zitaten findet. Dennoch wäre es grundfalsch in der Analogie von Kinderpsychologie und Psychologie der sog. Naturvölker eine Art von *"psychogenetischem Grundgesetz"* (Stanley Hall, 1904) zu sehen. Dieses besagt bekanntlich, dass in der psychischen Entwicklung des Individuums (Ontogenie) sich die psychische Entwicklung der Art (Phylogenie) wiederhole. Die heutigen „Naturvölker" sind keineswegs phylogenetisch gesehen primitiver als die Europäer.

Der englische Sozialanthropologe *Ch. R. Hallpike* (*1938) hat in seinem Buch „The foundation of primitive thought" (1979) (dt. Die Grundlagen primitiven Denkens", 1990) festgestellt, dass die mannigfachen Versuche, Unterschiede zwischen dem primitiven Denken und dem Denken des gebildeten Menschen des europäischen Industriezeitalters systematisch zu erfassen und, wenn möglich zu erklären, bislang gescheitert sind, weil eine klare, einigermaßen verbindliche Theorie des Lernens und Denkens fehle. *Hallpike* schlägt aus diesem Grund eine integrierte

Erkenntnistheorie, ein empirisch fundiertes psychologisches Konzept vor, das als Gerüst für eine strengere Klassifizierung und für eine Analyse dienen und für terminologische Klarheit und Eindeutigkeit sorgen kann. Vorbild und Ausgangspunkt sind für *Hallpike* die Arbeiten *Jean Piagets* und anderer Entwicklungspsychologen, die leicht verändert auf die Probleme, die das primitive Denken stellt, übertragen werden. In diesem Sinne entspräche das primitiven Denken einem *Denken auf der präoperativen Stufe* nach *Piaget*. In diesem zweiten Stadium der kognitiven Entwicklung des Menschen nach *Jean Piaget* (1896-1980) kann das Kind in Symbolen denken, versteht aber bestimmte Operationen wie das Prinzip der Erhaltung noch nicht und kann Informationen noch nicht logisch organisieren. In diesem Stadium existiert nach *Piaget* auch ein „moralischer Realismus" wobei für das Kind soziale Regeln absolut und unveränderbar sind (vgl. Piaget, J. (2003): Meine Theorie der geistigen Entwicklung). *Hallpike* versucht eine doppelte Arbeit zu leisten, indem er nachweist, dass die Unfähigkeit der Anthropologen und Ethnologen, wenigstens die grundlegenden Aspekte des primitiven Denken zu erfassen, zu einem guten Teil darauf zurückzuführen ist, dass sie die Natur ihres eigenen Denkens nur unzureichend verstanden haben.

Der Kölner Völkerpsychologe *Eno Beuchelt* (1988:96) stellt im Hinblick auf die neuere kulturvergleichende Denkforschung fest, dass neuere, im wesentlichen empirische Arbeiten gezeigt haben,

> "daß zwar die Denkvoraussetzungen - Wissen um Naturerscheinungen, die Ursachen von Krankheiten, technische Zusammenhänge u.a. - kulturell unterschieden sein mögen, daß jedoch die formalen Denkabläufe gleich sind und bei entsprechender schulischer Ausbildung zu gleichen Ergebnissen führen."

Diese Ergebnisse stützen die von *Adolf Bastian* (1826-1905) aufgestellte Hypothese von der "Psychischen Einheit der Menschheit" (vgl. Stubbe, 2012, 2021). Ob aber mit der zunehmenden westlichen Schulbildung der ehemaligen „Naturvölker" in der sog. Dritten Welt das Problem der Erforschung des sog. primitiven Denkens möglicherweise immer unbedeutender werden wird wie Beuchelt annimmt, ist fraglich. Eine empirische Erforschung des Denkens sowohl emisch wie etisch erscheint gerade heute in der sog. Dritten Welt nicht nur von großer theoretischer, sondern auch von praktischer Bedeutung. Auf jeden Fall ist aber die Erforschung des sog. primitiven Denkens von großem historischen und heuristischem Wert (vgl. Thurnwald, 1928; Hallpike, 1990)

In einigen deutschen Intelligenztests (z. B. MIT) werden auch Sprichwörter zur Intelligenz-Prüfung eingesetzt. Wie würden z.B. folgende *thailändische Sprichwörter* (vgl. Otrakul, 1991:84ff) zu verstehen sein? Und welche Denkprozesse lösen sie bei westlichen Pbn. aus?

*"Das Speichenrad mit einer Lotusblume verwechseln."
*"Einem Wasserbüffel vorgeigen."
*"Junge Tiger und junge Krokodile halten."
*"Das Bambusrohr holen, bevor man das Wasser sieht, und den Bogen spannen, bevor man das Eichhorn entdeckt."
*"Das Boot braucht das Wasser, der Tiger den Wald: freundschaftlich."
*"Ein Geist schlägt zu, ein anderer haut drauf."
*"Beim Elefanten schaut man auf den Schwanz, bei der Frau auf die Mutter, um sicher zu sein, noch auf die Großmutter."

Ähnlich kompliziert verhält es sich mit den extraspektiven Methoden, bei denen die körperlichen Veränderungen während des Denkverlaufs mit Hilfe von EEG (Hirnströme), PGR

(Hautpotential), EMG (Muskelaktionen, Mikrovibration), EKG (Herzaktivität) EOG (Augenaktivität), Atemtätigkeit (Frequenz und Umfang) und die allgemeine körperliche Zuständlichkeit (Temperatur, Drüsensekretion, Erektion etc.) gemessen werden. Das Körpererleben und -schema ist jedoch stark kulturabhängig, so dass sich bei kulturvergleichenden Untersuchungen große Unterschiede ergeben müssten, falls es gelingen sollte eine Denkaufgabe zu finden, die in allen Kulturen in identischer Weise gestellt werden könnte, was ausgeschlossen erscheint.

Auch Leistungsmessungen bei der Denktätigkeit oder Problemlösungstechniken können als Partikularprüfungen zum Studium der Denktätigkeit eingesetzt werden. Hier gilt das unten über die Probleme bei der Testung in fremden Kulturen Gesagte. Auch das von *Dietrich Dörner* eingesetzte In-vivo-Verfahren (Computermodell) lässt sich nur sehr beschränkt auf fremde Kulturen übertragen. "Lohausen" ist eben nicht "Erzurum" (Türkei), "Maputo" (Mosambik), "Ratchaburi" (Thailand) oder "São Luis" (Brasilien).

Schließlich lässt sich die Entwicklung logischer Operationen, wie sie *Jean Piaget* entwickelt hat, im Kulturvergleich untersuchen. (vgl. Liebing & Ohler, 1993). Von der kultur- und sprachhistorischen Forschung wurde immer wieder die Kulturgebundenheit des Denkens herausgestellt (vgl. Whorf, Sapir). So hat etwa *Lily Abegg* (1970) überzeugend herausgearbeitet, dass Ostasien "anders" denkt und auch *Köster* (1970), der der wichtigen Frage nachgegangen ist, ob es ein chinesisches Denken gibt, hat ein eigenes chinesisches Denken postuliert.

Schamanismus, traditionelle HeilerInnen und Ethnopsychotherapie

Die Begriffe „Schamanismus", „traditioneller Heiler" und "Ethnopsychotherapie" sind nicht eindeutig festgelegt (vgl. etwa Dittrich & Scharfetter, 1987; Quekelberghe, 1991; Stubbe, 2012).

Der Begriff *Schamanismus (auch: Schamanentum; aus dem Tungusischen;* vgl. Atkinson, 1992) ist ein wenig irreführend, denn es handelt sich hierbei nicht um eine Doktrin oder Ideologie, die durch Texte, Lehren und politische Ambitionen charakterisiert ist, wie bei den anderen „ismen". Schamanistische Vorstellungen und Praktiken existieren dagegen relativ unabhängig von formalisierten Systemen. Manche Autoren ziehen deshalb für die Tätigkeit des/der Schamanen/in den Begriff „Schamanentum" vor. *Marvin Harris* (1989), der den Schamanismus innerhalb der Religionsethnologie („schamanistische Kulte") behandelt, definiert:

> „Schamanen sind Menschen, die (sozial anerkannt) über besondere Fähigkeiten verfügen, mit Geistwesen in Kontakt zu treten und übernatürliche Kräfte zu kontrollieren." (Harris, 1989: 289)

Der deutsche (sibirische) Schamanismusforscher *Hans Findeisen* definiert:

> „Der Schamane ist also ein zum Besessenheitspriester gewordener jungpaläolithischer Magier." (Findeisen & Gehrts, 1993:21)

und zeigt damit die historischen Bezüge des (sibirischen) Schamanismus zum Jungpaläolithikum (ca. 60.000-10.000 v.Chr.) auf. Schon in den prähistorischen Höhlen und auf Felsbildern finden sich möglicherweise Abbildungen von Schamanen und ihren Ritualen (vgl. z.B. Findeisen, 1956:70ff; Narr, 1961:147ff; Lascaux, 1982:24,58; Vitebsky, 2001:28f;

Clottes & Lewis-Williams, 1997). Der Prähistoriker *André Leroi-Ghouran* schreibt in seiner methodenkritischen Monographie „Die Religionen der Vorgeschichte" jedoch skeptisch hierzu:

> „Was den Schamanismus betrifft, so mag man Gründe für die Annahme haben, es habe Medizinmänner gegeben, welche die Seelen der Kranken mit Hilfe von Geistern aufgerichtet hätten, welche ihr im Totenreich als Führer dienten. Doch auch wenn man davon überzeugt wäre, so wüßte man doch nicht, auf welchen Dokumenten man auch nur den Anflug eines Beweises gründen sollte. Was man zu finden geglaubt hat, ist weit summarischen Charakters und stützt sich auf eine sehr vage Ähnlichkeit zwischen den ‚gehörnten Zauberern' und der Kleidung sibirischer Schamanen." (es folgen krit. Anmerkungen zur Menschenabbildung in Lascaux) (Leroi-Ghouran, 1981:164)

Wir müssen heute mindestens folgende *drei Formen des* Schamanismus. unterscheiden:

1. der o.g. sog. jungpaläolithische Schamanismus, der sich durch ärchäologische und prähistorische Forschungsmethoden analysieren lässt (vgl. z.B. Clottes & Lewis-Williams, 1997),

2. der in schriftlichen ethnographischen Berichten seit dem 17.Jh. (anfänglich nur aus Sibirien) erfasste und vor allem von russischen Forschern studierte Schamanismus, der für religiöse Spezialisten verwendet wurde. Die vorherrschenden Methoden sind hier die Feldforschung und die Quellenkritik und

3. der Schamanismus in der Gegenwart (häufig Ergebnis eines Synkretismus, aber auch der Esoterik, des New Age, der Ethnopsychotherapie). Manche sprechen in diesem Zusammenhang auch von einem Neo-Schamanismus, Patchwork-Schamanismus, Core-Schamanismus (vgl. Harner, 1994; Höfig, 2008), der unabhängig von jeglichem kulturellen Hintergrund existiert. Die vorherrschenden Methoden sind die teilnehmende Beobachtung und ethnopsychologische Forschungsmethoden. Eine andere Einteilung der Formen des Schamanismus haben *Richter & Richter* (2007:53ff) gegeben, die sich mit der wichtigen Frage befassen, ob sich schamanistische Heilkulturen in die westliche Psychotherapie integrieren lassen. Nach einem Beschluss der WHO (1980) kommt den schamanistischen Methoden die gleiche Bedeutung zu wie den Behandlungsmethoden der westlichen Psychosomatik.

In ihrer reichbebilderten Monografie führen *Clottes & Lewis-Williams* (1997) eine Fülle von Belegen für die Existenz von (Jagd-, Fruchtbarkeits-)Magie und Trance im neolithischen Schamanismus vor. Ihre Argumentation fußt vor allem auf der Neuropsychologie (z.B. Phasen der Trance, vgl. S.14, 34, 92) und der vergleichenden Ethnologie (z.B. Schamanismus der San in Südafrika und ihrer Felsenkunst).

Mit der Expansion des Russischen Reiches auch in jene Regionen, in denen auch heute noch der Schamanismus als Mehrheitsreligion angegeben wird (z.B. Burjatien, Jakutien, Udmurtien) wurde seine Erforschung zu einer Spezialität der russischen Ethnologie, deren Forscherleistung in Werken wie „Psychomental Complex of the Tungus" (1935) von *Sergej Michailowitsch Shirokogoroff* (1887-1939) kulminiert, worin die Funktion schamanistischer Ekstatik mit ihren Jenseitskontakten, magischen Flügen, Wahrsagetechniken und Heilpraktiken im Kontext eines intakten religiösen Hintergrundes dargestellt wird. Der Deutsch-Amerikaner *Franz Boas* (1858-1942) und seine kulturanthropologische Schule dehnten den Schamanismusbegriff auf die zirkumpolaren Kulturen und die amerikanischen „Indianer" aus, ebenso fand er in Teilen Chinas, Japans und Koreas Anwendung. In seiner klassischen kulturvergleichenden Monographie „Le chamanisme et les techniques archaiques de l'extase" (1951) erkannte

Mircea Eliade (1907-1986) im Schamanismus eine universelle Erscheinung, die er jedoch teilweise etwas romantisierte.

Der Schamanismus ist ein ethnopsychologisch bedeutsames Forschungsthema, weil der schamanistische Komplex eine (wenn auch nicht universale) Form des *Tranceerlebnisses* umfasst, die man häufig auch als „Besessenheit" bezeichnet. Der Schamane bzw. die Schamanin versetzt sich mit Hilfe von Tabakrauch oder Tabakkonsum (Tabak enthält halluzinogene Alkaloide!), psychotropen Stoffen (z.B. Ayahuasca), Rasseln, Trommelschlägen, monotonem Tanzen oder einfach indem er/sie die Augen schließt und sich konzentriert, in Trance. Während der Trance, die durch Steifheit der Glieder, Schwitzen und schweres Atmen charakterisiert ist, kann der Schamane als *Medium* fungieren, und mit den (Ahnen-)Geistern kommunizieren. *Harner* (1994) kritisiert die Verwendung des Begriffes der Trance im Zusammenhang mit dem Bewusstseinszustand im Schamanismus, da im westlichen Denken damit oftmals ein unbewusster Zustand gemeint ist, auch handele es sich keineswegs um Halluzinationen. Auch den Träumen kommt bei den Schamanen eine große Bedeutung zu. Sie müssen zu ihrer Ausbildung im Allgemeinen eine spezifische Initiation durchlaufen. Mit Hilfe freundlicher (Hilfs-)Geister, können Schamanen künftige Ereignisse voraussagen, verlorene Dinge lokalisieren, die Ursachen von Krankheiten diagnostizieren (vgl. ätiologische Krankheitsvorstellungen) und sie heilen. Schamanen und Schamaninnen sind in der Regel Persönlichkeiten, die eine psychische Prädisposition für spezifische Erlebnisse haben. Beim Schamanen handelt es sich wahrscheinlich um psychisch gesunde Personen, die eine bestimmte Rolle und Schutzfunktion in ihrer Gemeinschaft zu erfüllen haben. Sie wurden in früheren ethnographischen Beschreibungen häufig psychopathologisiert (vgl. Findeisen & Gehrts, 1993:20; Vitebsky, 2001:138ff). *René Dehnhardt* (2003) hat z.B. kürzlich aus psychiatrischer Sicht wiederum die Frage nach einem Zusammenhang zwischen Schamanentum und Schizophrenie diskutiert. Er kommt zu dem Ergebnis, dass zwischen berufenen sibirischen Schamanen und Menschen mit schizophrenietypischen Symptomen wesentliche Übereinstimmungen bestünden. Dabei führten mangelnde Integrationsmöglichkeiten in der westlichen Kultur meist zu einer Pathologisierung der Symptome, während in schamanischen Kulturen schizophrenietypisches Erleben als direkter Kontakt zu den Geistern gesehen wird, so dass negative Folgen weitgehend ausblieben.

> „In Kulturen, in denen man halluzinatorische Substanzen oft dazu verwendet, in die Geheimnisse der jenseitigen Welt einzudringen, beanspruchen viele Menschen den Status eines Schamanen. Bei den Jivaro z.B. ist jeder vierte Mann Schamane, zumal es aufgrund der Verwendung halluzinogener Pflanzen beinahe jedem möglich ist, den für die Ausübung des Schamanismus so wesentlichen Trancezustand zu erreichen (Harner, 1972b:154). Anderswo können nur die Menschen Schamanen werden, die eine Veranlagung zu auditorischen und visuellen Halluzinationen haben." (Harris, 1989:289)

In ganz Südamerika existieren schamanistische Heilzeremonien (z.B. Stubbe, 1976), in denen der Schamane das Krankheit-Agens aus dem Körper des Kranken heraussaugt und erbricht.

Unter *„Ethnopsychotherapie"* kann man sensu latu kulturgebundene Psychotherapieformen verstehen, worunter dann auch die sog. westlichen Psychotherapieformen fallen würden. In den meisten Ländern der sog. Dritten Welt können wir einen Versorgungs-Dualismus beobachten, der sich aus einem offiziellen psychiatrisch-psychotherapeutisch-psychosozialen Netzwerk und einem "alternativen" bzw. "komplementären" System zusammensetzt, das als "medicina popular", "psiquiatria folclorica", "Ethno-Psychiatrie bzw. -Psychotherapie", "traditionelles Heilsystem", "Phytotherapie", "Trancetherapie" etc. bezeichnet werden kann. Diese traditionellen Heilsysteme, ihre Institutionen und Spezialisten ("curandeiro", "rezadeira", "erveiro", "pai de santo", "benzedor" etc.) sind bisher noch wenig systematisch erforscht worden. Wichtig sind die in diesen traditionellen Krankheitssystemen vorhandenen ätiologischen Krankheitskonzepte (z.B. "mal olhado", "encosto", "Eindringen eines Geistes", "Tabubruch", "susto", "macumba", "Seelenverlust" etc., weshalb *Stubbe* (1975, 1979/80, 1990, 1994, 2001) vorgeschlagen hat, mit Hilfe der Ätiologiekonzepte eine heuristische Systematik der traditionellen Heilsysteme zu erarbeiten. Die Krankenbehandlung mit Extraktionszauber, die von Medizinmännern aus dem westpazifischen und südamerikanischen Raum betrieben wird, hat *Schiefenhövel* (1986) ethnomedizinisch betrachtet. Der Extraktionszauber wird in das Konzept eines stofflichen oder immateriellen Agens eingeordnet und auf einem Schnittpunkt zwischen empirisch-naturwissenschaftlicher und magisch-religiöser Medizin gesehen. Die häufig in LA anzutreffende Kombination aus traditonellen Heilern, Volksmedizin und "catolicismo popular" hat *Pollak-Eltz* (1982, 1987, 1989, 1998) exemplarisch an dem venezolanischen Wunderheiler Dr. José Gegorio Hernández dargestellt. Sie gibt auch eine Übersicht über die "medicina popular" in Venezuela und die Religionen in Afro-Amerika. *Horst Figge* hat seit seiner psychologischen Dissertation über "Sarava Umbanda" (1972), in der er 29 Kultstätten während einer teilnehmenden Beobachtung von 14 Monaten in Brasilien untersuchte, verschiedentlich über "Wirkungsweisen magischer Praktiken", "Besessenheit als Therapie", "Trance-Mediumismus als Gruppentherapie" und "Typen brasilianischer Besessenheitskulte" berichtet (vgl. Figge, 1972, 1980). *Figges* Arbeiten, die sich auch in die Sozial- bzw. Religions-Psychologie einordnen lassen, sind auch deshalb so wertvoll, weil sie auf langjährigen persönlichen Erfahrungen in Brasilien basieren.

Traditionelle Heilerinnen und Heiler (auch: Schamane, traditioneller Heiler, Medizinmann, pajé) sind in vielen Gesellschaften die Repräsentanten der traditionellen Heilkunst. *Ellenberger* (1973) hat in seiner Geschichte der dynamischen Psychiatrie folgende grundlegende *Merkmale der „primitiven" Heilkunst* zusammengestellt:

1. Der „primitive" Heiler spielt in seiner Gemeinde eine viel wesentlichere Rolle, als es unsere heutigen Ärzte tun.
2. Wenn eine Krankheit vorliegt, setzt der Pat. seine Hoffnung und sein Vertrauen in die Person des Heilers, nicht so sehr in seine Heilmittel und andere therapeutische Methoden.

Bereits *Maeder* (1963) charakterisiert *drei Typen des „primitiven" Heilers*: a. der Laien-Heiler, der mit rationalen oder vorgeblich rationalen Methoden behandelt, b. der Magier, der durch sein Prestige und durch Suggestion wirkt und c. der religiöse Heiler, auf den der Pat. den Archetyp des „Erlösers" projiziert, während der Heiler im Patienten dessen Selbstheilungstendenzen weckt und entwickelt. (vgl. Birnbaum, 1990)

3. Der „primitive" Heiler ist ein sehr geschickter und gelehrter Mann, der seinen Status durch eine lange und schwierige Ausbildung erwirbt.

Der Medizinhistoriker *Ackerknecht* (1942) unterschied ebenfalls *drei Typen von Medizinmännern*: a. die nicht durch Inspiration geleiteten, deren Visionen, Trancezustände usw. durch Fasten, Alkohol, Drogen und dergleichen zustande kommen, b. die durch Inspiration geleiteten, die rituelle Besessenheit erleben d.h. eine Variante der Selbsthypnose, die den Trancezuständen unserer westlichen Medien ähnelt und c. echte Schamanen d.h. diejenigen, die erst zum Schamanen werden, nachdem sie einen eigenartigen Zustand einer Krise (Geisteskrankheit?) durchgemacht haben.

4. Der Heiler kann in der Behandlung von Knochenbrüchen, in der Drogenkunde, in Massage und anderen empirischen Therapiemaßnahmen, die oft Laien-Heilern überlassen werden, bewandert sein oder auch nicht.
5. Die Heilung ist bei „Naturvölkern" bzw. in traditionellen Gesellschaften fast immer eine öffentliche und kollektive Prozedur.

Therapeutische Beziehung, Rahmensituation (z.B. Behandlungsort, Tempel, Klinik), *Behandlungs-Theorie* (Mythos, ätiologische Krankheitsvorstellungen) und *Verfahren* (z.B. Anleitung des Pat. zu Aktivitäten) beeinflussen nach *Jerome Frank* (1981) zusammenwirkend den Pat. auf folgende fünf Weisen, die ineinandergreifen und von denen jede als notwendig erscheint:

a. Sie bieten dem Pat. neue Lebenschancen, sowohl kognitiv als auch durch Erfahrungen, b. Sie steigern seine Hoffnung auf Besserung, c. Sie gewähren Erfolgserlebnisse, die in ihm das Bewusstsein von Lebenstüchtigkeit oder zwischen-menschlicher Kompetenz anheben, d. Sie helfen dem Leidenden, seine demoralisierende Entfremdung von den Mitmenschen zu überwinden und e. Sie wirken, wenn sie gelingen, emotional erregend.

Pfeiffer (1974) führt in seinem transkulturellen Vergleich der „primitiven" und modernen Psychotherapie folgende Vergleichskategorien auf: Stellung des Therapeuten, Beziehung zu Klient und Gruppe, Deutung der Störung, Ort des Konfliktes, Form der Behandlung, Nachbehandlung und Wertsetzung.

Traditionelle Heiler finden sich auch heute in Europa z.B. in der Schweiz, Frankreich, England und in Deutschland (z.B. Eifel).

Anette Leibing verfasste 1995 eine originelle medizinethnologische Dissertation über Kultur und Psychiatrie in Brasilien. Eine systematische Feldforschungsstudie über die Geist-Heilungen im "Hospital Espírita André Luiz" in Belo Horizonte hat *André Urben* im Jahre 1999 in Zürich vorgelegt. Er bringt auch einige eindrucksvolle Fallstudien und gibt eine wertvolle Übersicht über den Stand der gegenwärtigen Forschung zu diesem Thema. In Brasilien existieren bereits eine große Anzahl von kardezistischen Kliniken, Ambulatorien, Kinderheimen etc.

Verschiedene Versuche wurden unternommen das traditionelle und offizielle Gesundheitsversorgungssystem zu integrieren. *Katrin Greifeld* (1986) konnte jedoch zeigen, daß ein von der WHO propagiertes Programm zur Integration der traditionellen Heiler bei den Mayo bzw. Yoremen in Nordwest-Mexiko in das nationale mexikanische Gesundheitswesen zu Lasten der Heiler geht, die häufig mit einem Verlust ihrer Ethnizität bezahlen. „Wahrsager" in LA betreiben auch psychologische Lebensberatung. *Hinz* (1984) zeigt in seiner Feldstudie über einen Wahrsager der Kanjobal-Maya in Guatemala, daß dieser den altindianischen 260tägigen Kalender aus vorspanischer Zeit benutzt, wenn er den Ratsuchenden berät. Bei den Beratungen handelt es sich nach *Hinz* um eine psycho- bzw. sozio-therapeutische Sitzung, in der Existenzprobleme, Nöte und Alltagskonflikte der Klienten zu lösen versucht werden. Den Heilern und Seher/innen (Machi) der Mapuche im Süden Südamerikas hat *Schindler* (1990: 65ff) in seinem reich bebilderten Ausstellungskatalog ein eigenes Kapitel gewidmet. Hartnäckige Krankheiten, die nach Überzeugung der Machi auf Hexerei oder übelgesinnte Dämonen im Körper des Patienten zurückzuführen sind, können nur durch ein langwieriges und teures Heilritual (Machitun) beseitigt werden. In dem von *Dittrich & Scharfetter* (1987) herausgegebenen Sammelband "Ethnopsychotherapie" finden sich verschiedene Aufsätze zu

"Außergewöhnlichen Bewusstseinszuständen in indigenen Heilritualen" LA's und zwar: "Die heiligen Pilze in der Heilbehandlung der Maria Sabina" (Mittelamerika) von *A. Hofmann*, "die peruanischen ayahuasca-Sitzungen-Schamanen und Heilbehandlungen" von *G. Baer*, "Hypnose als Heilverfahren in außereuropäischen Gesellschaften: das Beispiel Brasilien" von *M. Richeport*, "Heilungszeremonien in den Kulten von Umbanda (Brasilien) und Voodoo (Haiti)" von *E. Pressel*, und "Schamanismus und andere rituelle Heilungen bei indianischen Völkern Südamerikas" von *M. Califano et al.* Über die "Ethnopsychiatrie in Brasilien" hat *Stubbe* (1979) ein Übersichtsreferat vorgelegt. Aus historischer Sicht hat *Andritzky* (1987) "Die Volksheiler in Peru während der spanisch-kolonialen Inquisition" und den "Schamanismus und rituelles Heilen im alten Peru" untersucht. Der Autor betrachtet das Medizinwesen als getreuen Spiegel des kulturellen und historischen Entwicklungsstandes der peruanischen Gesellschaft. (vgl. auch Andritzky,1990)

Auch in der Arbeit mit *Migranten* ist die Ethnotherapie heute von Bedeutung. *Banning* (1995) weist darauf hin, dass Störungen und Krankheiten kulturell bedingt sind und dass eine Behandlung nur aus der Kultur des Pat. heraus sinnvoll sei. Als westlicher Helfer sollte man in schwierigen Fällen möglichst die Hilfe eines Fachmanns aus der Kultur des Pat. in Anspruch nehmen. *Banning* weist auch darauf hin, welche Bedeutung Amulette, Kräuterhändler, Heiligenverehrung etc. in der Ursprungskultur der Migranten haben können (vgl. auch für Brasilien: Santos-Stubbe, 2014).

Der indianische „Medizinmann/Schamane" in Südamerika, ein Proto-Psychotherapeut?

Asbach (1974) stellt fest, dass eine so treffende und prägnante Begriffserklärung des Medizinmannes, wie sie sich z.B. bei *Schadewaldt* (1968) findet, bereits 1909 von *Karl May* gegeben wurde (Asbach, 1974: 22ff). *Schadewaldt* (1968: 37) definiert in seinem Buch "Der Medizinmann bei den Naturvölkern":

> "Der Begriff Medizinmann ist eigentlich zum Teil mißverständlich, denn die Persönlichkeit, die in der Regel mit dieser Beziehung belegt wird, übt ja nicht nur Heilkunde aus, sondern ist daneben Priester, Zauberer und Wahrsager."

Der Medizinmann, auch Schamane, Zauberarzt oder Payé genannt, ist in z.B. Brasilien eine zentrale Figur und in fast jeder Stammesgruppe vorhanden. Er ist das Zentrum, das "Gehirn" und die "Seele" einer Ethnie und wirkt vor allem als Vermittler zwischen den übersinnlichen Mächten und seiner Gruppe. Durch diese Sonderstellung vermag er seine Umgebung auf höchst wirksame Weise zu beeinflussen, sogar zu lenken, und wird deshalb bei allem Ansehen, das er sich durch eine erfolgreiche Tätigkeit erwirbt, auch gefürchtet. Er kann als Regulator und Ventil der "Gruppen- oder Stammesseele" charakterisiert werden, dessen Funktion es ist, alle Missstände, Schwankungen und Störungen innerhalb des Kollektives auszugleichen, zu verhüten und zu heilen. Die Ethnie ist in vielem auf die Vermittlung und Hilfe des Medizinmannes angewiesen. Bei Krankheiten, Epidemien oder sonstigen Katastrophen hat der Schamane die Aufgabe, die individuelle oder kollektive Krise zu überbrücken und schließlich zu beheben. Er macht die für die Krise verantwortlichen Kräfte und Mächte (z.B. die Krankheitsursachen vgl. Stubbe, 1975) ausfindig, bekämpft oder besänftigt sie mit Hilfe seiner persönlichen Hilfsgeister (Zerries, 1952). Fast immer lässt sich der Schamane in Trance versetzen, sei es durch Tabakrauchen (Zigarren), Tabaktrinken, durch Einnehmen von Pflanzenabsuden (Caapi, Ayahuasca), durch Einnehmen von Schnupfpulver (Parika, Yopo usw.) oder auch durch Trommeln (vgl. Ciba Zeitschrift, Basel, N°. 38, 1936; Stubbe, 1987:44ff; Ders., 1996, 2012). Diesen ekstatischen Fähigkeiten verdankt nach *Eliade's* (1957) Angaben der südamerikanische Schamane auch vor allem seine religiös-magische und soziale Autorität,

> "denn diese ekstatischen Fähigkeiten ermöglichen ihm, neben seinem Vorrecht zu heilen, die mystischen Himmelsreisen, bei denen er unmittelbar mit den Göttern zusammenkommt und ihnen die Gebete der Menschen überbringt" (Eliade, 1957: 311).

Während der Trance entsendet der Schamane seine "Seele" in die ober- oder unterirdischen Regionen, etwa um eine geraubte Seele, d.h. den "Schatten" einer erkrankten Person, wiederzufinden, oder er ruft seine tiergestaltigen Hilfsgeister oder wird von ihnen besessen. Zur Ausrüstung des Medizinmannes gehört neben Tabak, Kristallen, Medizinkästchen und anderen Utensilien vor allem die Rassel (Maracá), ein mit Steinchen oder Pflanzensamen gefüllter geschlossener Resonanzkörper einer Kürbisschale, die mit einem Handgriff versehen ist. Einige dieser Rasseln verkörpern den Hilfsgeist des Schamanen selbst oder geben seine Stimme wieder.

Als Krisenüberbrücker ist der Schamane auch dann tätig, wenn er die Initiationsfeiern leitet. Weiterhin führt er die wichtigen Jagdzauber- und Jagdversöhnungsriten (Zerries, 1952) durch, die bei manchen Ethnien aber auch vom Jäger selbst durchgeführt werden (z.B. Ona, Selknam auf der Terra del Fuego). Über die richterliche Tätigkeit des Medizinmannes finden sich bereits Belege bei *Martius* (1867) und später bei *Lublinski* (1920/21: 259ff). Der Medizinmann ist es auch bei vielen Ethnien, der das Gift zubereitet (Lublinski, 1920/21: 259). Die priesterliche Funktion des Schamanen erstreckt sich von der Namensgebung bei der Geburt, der Beschneidung bei der Initiation über die Einsegnung der Toten, die Regenbeschwörung, Erntebesprechung und Beschwörungen vor der Schlacht. Auch die Traumdeutung fällt in seinen Wirkungskreis (vgl. Nimuendajú, 1981). Curt Nimuendajú (1919/1920) hat z.B. in seinem Aufsatz "Bruchstücke aus Religion und Überlieferung der Šipaia-Indianer" detailliert die Ausbildung des pajé beschrieben und über die Bedeutung der Träume folgendes berichtet: Quelle aller Weisheit des pajé sind seine Träume. Deshalb sagt man vom Šipaia-Medizinmann, wenn er seine magischen Kenntnisse seinem Schüler vermittelt: "Er gab ihm seinen Traum" (vgl. Stubbe, 2020: 275f).

So verschiedenartig auch die bisher skizzierten Funktionen des Schamanen (Lublinski, 1920/21: 252ff) erscheinen mögen, so gehen doch das Abhalten der Jagdzauber- und Jagdversöhnungsriten, die Leitung der Initiationsfeiern, die Heilung von Kranken und schließlich aber auch die Tötung von Feinden durch magische Pfeile alle auf eine alte jägerische Konzeption (aus der Vorgeschichte) zurück, die tiergestaltigen Geister in den Mittelpunkt der übersinnlichen Mächte stellt.

In der folgenden Darstellung wollen wir uns in erster Linie auf die (psycho-) therapeutische Funktion des Schamanen beschränken, denn in Südamerika kann der Schamane als Heiler par excellence angesehen werden. Wie verläuft nun eine schamanische Heilung, und welcher therapeutischen Praktiken bedient sich der Schamane? Nach *Ackerknecht* (1963) folgend können wir die folgenden *therapeutischen Techniken* des Medizinmannes in Südamerika unterscheiden:

1. Die Standardmethode (standard procedure). Diese Behandlungsform ist in ganz Südamerika recht uniform und besteht im Wesentlichen aus vier Phasen:
a) Die Vorbereitung des Medizinmannes durch Genießen von Narkotika, bzw. dem Einräuchern des Patienten durch den Tabakrauch, den der Schamane mit seiner Zigarre verbreitet, häufig gefolgt von Gesängen.

b) Die Trance des Schamanen, in der er eine ekstatische Reise unternimmt. Die Ekstase ist für den Schamanen immer das Mittel, die genaue Ursache der Krankheit zu finden und die wirksamste Behandlung zu erfahren. Manchmal führt die Trance auch zur "Besessenheit" des Schamanen von seinen Hilfsgeistern.
c) Die Behandlung durch Massieren, Anblasen und Heraussaugen der Krankheitsursache. "Saugen und Extraktion des pathogenen Gegenstandes bleiben immer religiös-magische Operationen. Meistens ist dieser Gegenstand übernatürlicher Art und auf unsichtbare Weise durch einen Zauberer, einen Dämon oder einen Toten in den Körper gebracht. Der 'Gegenstand' stellt nur die wahrnehmbare Manifestation des 'Übels' dar, das nicht von dieser Welt ist" (Eliade, 1957: 317).
d) In der letzten Phase werden Heilmittel äußerlich und innerlich appliziert.

2. Die vielfältige Anwendung von Heilpflanzen, Giften und Drogen durch den Medizinmann, aber auch durch andere Stammesangehörige, ist in Südamerika weit verbreitet und gut bezeugt (vgl. Sangirardi, 1983; Stubbe, 1987, 2012).
3. Die Blutentziehung spielt bei den südamerikanischen Indigenen in der Form von Skarifikation, Aderlass und Schröpfung eine wichtige Rolle (vgl. z.B. Krickeberg, 1934; Schneidewind, 1999).

4. Die Verwendung von Klistieren, auch zur Narkotisierung.

5. Heilbäder (z.B. Krumbach, 1977).

6. Diät und Fasten (z.B. Heun, 1974).

7. Die Übertragung der Krankheit auf andere Individuen, Tiere ("Sündenbock") oder Objekte hängt mit den übernatürlichen Krankheitskonzepten zusammen und hat in erster Linie einen psychotherapeutischen Effekt (vgl. Ellenberger, 1973; Stubbe, 1975, 1976, 2012).

8. Das Bekennen der Krankheit (confession) findet sich vor allem überall dort, wo ein Tabubruch als Krankheitsursache angesehen wird (vgl. Stubbe, 2001).
9. Die eigentliche Wundbehandlung.

10. Die Geburtshilfe.

Der Wirkungsbereich des Medizinmannes umfasst jedoch nicht nur das körperliche Leiden oder die Krankheit eines Organs, wie es nach der obigen Aufzählung der medizinischen Techniken erscheinen könnte, sondern in erster Linie die Phantasie und die Einbildung, die Angst und Vorahnung, eine Drohung oder Glaubensvorstellung, kurz: psychische Störungen (vgl. Gusinde, 1932). Es handelt sich dabei weniger um psychischen Störungen beim einzelnen Menschen, sondern weit öfter um solche, die die ganze Gruppe betreffen. Der einzelne Mensch lebt ständig in der Angst, von seinen Feinden auf magische Weise geschädigt zu werden und ist deshalb geneigt, jedes noch so kleine Missgeschick, jede Krankheit, jeden Unglücksfall als Folge einer solchen Verzauberung zu betrachten. Neben der äußerlichen Behandlung einer Krankheit ist also immer viel wichtiger die psychische. Der Wiener Ethnomediziner *Drobec* (1955: 953) schreibt hierzu:

> "Wir wissen heute, daß der Medizinmann und der Schamane kraft ihrer Autorität und gestützt auf die Stammestradition in ausgedehntem Maße Psychotherapie betreiben und daß hauptsächlich darin ihr Erfolg begründet ist."

Dem Zauber des Feindes muss durch den eigenen Medizinmann ein stärkerer Zauber entgegengesetzt werden. Die „Indianer" wenden sich also an den Medizinmann bei seelischer Bedrücktheit, bei schlimmen Ahnungen, bedrohlichen Naturerscheinungen, in Angstzuständen und allgemeinen Nöten. Der Medizinmann seinerseits ergründet die Ursache der seelischen

Verfassung seines "Patienten" in visionärem Zustand oder im Traum. Daraufhin bemüht er sich um Abhilfe in der Wachvision unter erregtem Tanzen und Lärmen, begleitet von seiner Rassel oder lauten Schlaginstrumenten. In diesen unausweichlichen notwendigen halluzinatorischen Erregungszustand muss er sich förmlich hineinzwängen, und zwar in der Weise, dass er seine ganze Aufmerksamkeit in starrer Regungslosigkeit auf ein kleines Vorstellungsbild konzentriert, unter Anwendung von betäubenden alkoholischen oder narkotischen Mitteln; denn nur dann, wenn er sich aus der allgemeinen menschlichen Verfassung in diesen Trancezustand versetzt hat, ist er imstande, jenem geistigen Übel zu begegnen.

Aber nicht nur der Einzelne, auch die Gruppe fühlt sich ständig bedroht, lebt in der dauernden Angst, einem feindlichen Zauber zu unterliegen. Ein mehrere Tage anhaltendes Missgeschick, auf der Jagd z.B., kann zum Anlass werden, dass eine ganze Gruppe sich verzaubert glaubt und eine Psychose von Niedergeschlagenheit bis zur völligen Apathie die Menschen ergreift. Hier muss der Medizinmann eingreifen. Er wird eine Nacht lang magische Gesänge singen und die Menschen suggestiv beeinflussen und ihnen auf diese Weise helfen, ihre Depression zu überwinden. Bei dem psychosozialen Zustand der Indianer ist ihr Leben überhaupt ohne die ausgleichende Wirkung des Medizinmannes nicht denkbar. Der Medizinmann gehört also unerlässlich in den sozialen Organismus dieser Menschen hinein. *Hofer* (1966:179) hat vor allem die Rolle des Medizinmannes als Stabilisator in einer störanfälligen Gemeinschaft betont:

> "Zur Struktur der Gemeinschaft gehört die Möglichkeit der Unordnung und des Zerfalls. Deren Verwirklichung äußert sich dann zwar letztlich in einer Vereinzelung der Individuen, führt jedoch zuerst meist bei einer noch bestehenden Verbundenheit zu einer Inkoordination. In dieser Form des 'gestörten Kollektivs' erscheint aber die Gefährdung gerade der seelischen Struktur einer Gemeinschaft. Zu einer Ungeordnetheit als kollektiver Erscheinung kommt es dann, wenn in dieser Gemeinschaft ein Verlust jener Gestalt, die ihr Lebensgefühl repräsentiert - des Medizinmannes - eintritt. Es ist eben zuvorderst dessen soziale Pflicht und Funktion, 'alle Mißstände, Schwankungen, Störungen und Krankheiten dieser Kollektivseele auszugleichen, zu verhüten und zu heilen' (Lommel, 1951)".

Zu dem Seelenleben des Medizinmannes gehören auch noch andere psychische Erlebnisse, die dem normalen Menschen unerreichbar sind und in denen er seine Kraft immer wieder vor sich selbst und vor anderen bestätigt findet. Durch eine solche Bestätigung allein schon bleibt ihm zumindest eine besondere psychische Kraft erhalten, wir dürfen aber die Möglichkeit nicht ausschließen, dass solche Erlebnisse den Medizinmännern wirklich, wie es die Tradition behauptet, einen Zuwachs an psychischer Energie bringen. Jetzt wird auch verständlich, dass nur ein solcher Mann sich diesem "Beruf" widmen kann, der die geeigneten Anlagen für Halluzinationen und Visionen, für leichtes Reagieren auf Träume und Naturerscheinungen, schließlich für jedwede Suggestivwirkung besitzt, denn eben hierin entfaltet er seine spezifische Tätigkeit (Eliade, 1961). Der Feldforscher *Martin Gusinde* (1932) hat besonders den psychologischen Aspekt des südamerikanischen Medizinmannes herausgearbeitet. Er schreibt:

> "Das Entscheidende aber in der Deutung des Medizinmannwesens ist die allgemeine und offensichtliche Tatsache, daß er seine spezifisch beruflichen Handlungen im außergewöhnlichen Zustand der Autosuggestion und Hypnose oder in der Traum- und Wachvision ausführt. Er benötigt vor seiner Betätigung eine lange Zeit ungestörter Sammlung und tiefster Konzentration, greift nach Rausch- und Betäubungsmitteln, tritt in Beziehung zu fremden Mächten oder bestimmten Geistern und führt seine Funktionen unter wüstem Tanz in deliriumartiger Erregung aus, unter Geschrei und Wiederholen unverständlicher Formeln, unter Rasselbegleitung und höchster Kraftanstrengung. Das alles macht nun die Eigenart und besondere Ausgestaltung des Medizinmannwesens zu einem psychologischen Problem im strengen Wortsinne, und ohne genaue Analyse aller Einzelphasen dieses verwickelten Gedanken- und Vorstellungskomplexes wird eine

genügende Klärung der wesentlichen Grundzüge niemals erreicht werden können. Gleichzeitig verhehle ich es mir nicht im mindesten, daß trotz ernstesten Suchens und Forschens auf diesem schwer zugänglichen Gebiet seelischer Funktionen sehr weite Strecken einer Aufhellung sich verschließen werden.
Nicht laut und dringlich genug muß man jeden Forscher die Forderung nach peinlichster Genauigkeit im Beobachten, Erörtern und Deuten jeder Einzelerscheinung des Medizinmannes stellen. Diese richte ich nicht nur an jene, die draußen im Felde die schwere Arbeit des Auflesens und Sammelns zu leisten den Mut zeigen, sondern auch an jene, die in der Heimat die verschiedenen Forschungsergebnisse auswerten. Heute genügt es nicht mehr, an einer sachlichen Analyse dieser merkwürdigen Erscheinungen sich mit dem billigen Hinweis vorbeizudrücken, Medizinmänner seien abgefeimte Betrüger und bedauernswerte Quacksalber, die aus der Dummheit ihrer Stammesgenossen ein einträgliches Geschäft für sich selber machen. Die Psychologie des Medizinmannes ist ein schwer erreichbares, aber hervorragendes bedeutsames Problem, das alle Aufmerksamkeit verdient" (Gusinde: 1932: 290ff).

Parallelen zwischen den schamanistischen Techniken und der modernen Psychotherapie sind in der Folgezeit immer wieder von einigen Forschern gezogen worden, aber eine systematische Analyse steht noch aus (vgl. Pfeiffer, 1973, 1994; Ellenberger, 1973; Stubbe, 1976, 1987). Der frz. Strukturalist *Lévi-Strauss* (1969) hat in seiner "Strukturalen Anthropologie" der Psychologie des Schamanen ein eigenes Kapitel gewidmet. Für ihn besteht der *Schamanenkomplex* aus drei untrennbaren Elementen:

1. Aus der Erfahrung des Schamanen, selbst, der, wenn seine Berufung echt ist (und sogar, wenn sie es nicht ist, aufgrund der Ausübung), spezifische Zustände empfindet, die psycho-somatischer Natur sind.

2. Dann die des Kranken, der eine Besserung verspürt oder auch nicht.

3. Und schließlich die der Öffentlichkeit, die auch an der Heilung teilnimmt, wobei das Mitgerissensein, dem sie unterliegt, und die intellektuelle und gefühlsmäßige Befriedigung, die sie daraus zieht, eine kollektive Zustimmung erzeugen, die selbst wieder einen neuen Kreislauf inauguriert.

Diese drei Elemente gruppieren sich also um zwei Pole, von denen der eine in der intimen Erfahrung des Schamanen besteht, während der andere den kollektiven Konsensus bildet. Das schamanistische Heilverfahren steht nach *Lévi-Strauss'* Ansicht zwischen unserer organischen Medizin und psychologischen Heilmethoden, wie etwa der Psychoanalyse. Durch einen Vergleich mit der Psychoanalyse versucht er verschiedene Aspekte des schamanischen Heilverfahrens zu erklären, zugleich aber auch die Psychoanalyse als die moderne Form der schamanischen Technik zu charakterisieren (vgl. dazu besonders Lévi-Strauss, 1969: 217ff, 221ff).

Diese rigorose Aufwertung des Schamanismus, von dem sich *Lévi-Strauss* nicht weniger als eine Vertiefung der theoretischen Grundlagen und ein besseres Verständnis für die Wirkungsweise moderner psychotherapeutischer Methoden erhofft, ist in erster Linie wissenschaftsgeschichtlich zu verstehen:

> "Als dialektische Antithese zur evolutionistischen Abwertung des schamanischen Heilverfahrens, die sich vielleicht am deutlichsten bei *Frazer* (1963: 138) findet: 'Menschen hielten fälschlich die Ordnung ihrer Vorstellungen für die Ordnung der Natur und glaubten deshalb, daß ihnen die (reale oder vermeintliche) Kontrolle über ihre Gedanken erlaubte, eine ähnliche Kontrolle über die Dinge auszuüben' " (Schmidbauer, 1969: 37).

Dieser sehr theoretisch und künstlich wirkende strukturalistische Vergleich von Psychoanalyse und Schamanismus kann uns zwar einige neue (sozial-)psychologische Aspekte des Schamanismus aufhellen, wird aber der Psychoanalyse als psychischer Behandlungsmethode nicht gerecht. *Lévi-Strauss* vernachlässigt nämlich einerseits einige sehr wichtige Komponenten im schamanischen Heilprozess, wie die Suggestion oder das ideomotorische Gesetz (1879) des englischen Physiologen *W.B. Carpenter's* (1813-1885, nach dem Vorstellungen danach drängen, sich zu verwirklichen bzw. ausgeführt zu werden), zum anderen handelt es sich bei der Psychoanalyse vor allem um ein Behandlungsverfahren, das auf eine "retrograde Erlebniskorrektur" beim Patienten abzielt. Ihre wesentlichen Mittel sind

> "die Deutung unbewußter Inhalte im Einzelfall, Traum und Verhalten, die Deutung des Widerstandes gegen die Deutungsmöglichkeiten und die Deutung der Übertragung, d.h. die Wiederbelebung der gestörten, wechselseitigen Regulation der Kindheit" (Schraml, 1968: 171ff).

Aber genau diese entscheidenden Mittel der Psychoanalyse finden sich im schamanischen Heilverfahren eben nicht. Sicherlich können wir den Schamanen als einen "archaischen Psychotherapeuten" betrachten, der sowohl Einzel- wie Gruppentherapie durchführt. Der Feldforscher *Koch-Grünberg* (1900) hat z.B. bereits auf einen starken suggestiven Einfluss hingewiesen, den der (Taulipang-)Schamane auf den Kranken ausübt. Und *Schmidbauer* (1969) konnte zeigen, dass die Technik des Schamanen durchaus der klassischen Hypnosetechnik entspricht (vgl. hierzu bereits Stoll, 1894). Er schreibt:

> "Wir müssen uns aber vergegenwärtigen, daß der Unterschied zwischen symptomatisch-suggestiv-zudeckender und kausalanalytisch-auflösender Psychotherapie, der die Diskussion in der heutigen seelischen Krankenbehandlung beherrscht, in der primitiven Gesellschaft nicht besteht. Gemessen an der Weltanschauung der Gemeinschaft, in der er und seine Patienten leben, ist die 'suggestive' Behandlung durch den Schamanen gleichzeitig kausal und auflösend, da sie die Ursachen der Krankheit, nämlich die 'Dämonen' in einem dramatischen Geisterkampf besiegt, den der Kranke (das ist wichtig) in allen seinen Phasen durch die geniale schauspielerische Leistung des Schamanen mit erlebt" (Schmidbauer, 1969: 242).

Trotz einiger teilweise faszinierender Ähnlichkeiten der schamanischen Behandlungsmethode mit der Hypnose und der psychoanalytischen Therapie ist unseres Erachtens dennoch die Beziehung des schamanischen Verfahrens zu modernen psychotherapeutischen Methoden, wie die Tagtraumtechnik nach Desoille, auf die bereits *Lévi-Strauss* (1969: 219) kurz hingewiesen hat, und besonders dem katathymen Bild-Erleben (KB) nach Hanscarl Leuner, viel enger, weil das Bildbewusstsein hierbei eine entscheidende Rolle spielt. Diese hier angeschnittene Bewusstseins- und Erlebnisebene bezeichneten *Happich* (1932) und *Heiß* (1956) als *"Bildbewusstsein"*, das gewissermaßen eine Zwischenschicht zwischen dem Bewusstsein und dem Unbewussten bildet, vergleichbar dem Bereich des "Vorbewussten" von Freud, als Zone der phantastischen und märchenhaften Produktionen des Schöpferischen und der Mythen. Der Franzose *Desoille* (1945) hat in seinem Buch "Le Rêve éveillé en psychothérapie" eine psychotherapeutische Methode veröffentlicht, die schon nicht mehr Meditation im klassischen Sinne ist, sondern bei der der Akzent in Richtung der tiefenpsychologischen Arbeit verschoben ist. Es handelt sich hier um eine aktive Beschäftigung mit dem Unbewussten. *Desoille* versetzt seine Patienten in einen Versenkungszustand, in welchem jedes suggerierte Bild plastisch gesehen, bzw. erlebt wird. Er fordert ihn nun auf, im Geiste eine Wanderung vorzunehmen, die hinauf- und hinuntergeht und auf allen Wegen und mit allen Mitteln durchgeführt werden kann, die dem Patienten gerade einfallen. Dieser erlebt z.B. das Besteigen eines Berges oder eines

Turmes, das Hinaufgehobenwerden in die Wolke (den Himmelreisen des Schamanen ähnlich) usw. *Desoille* suggeriert nicht den ganzen Traum, sondern gibt nur die Richtung des Weges an und steuert das Erlebnis durch Zureichen von symbolischen Bildern, die als Kristallisationspunkte für die Phantasie dienen. Durch den Aufstieg erkennt und übt *Desoille* die Sublimierungsfähigkeit des Patienten. Durch den Abstieg lernt er die psychische Entsprechung der Instinktsphäre kennen und konfrontiert gleichzeitig den Patienten mit dieser. Kurz: Er durchmisst den ganzen seelischen Bereich des Patienten und verschafft sich ein Bild über die Tendenzen der Libido bzw. über die Triebsituationen in allen Ebenen. Entscheidend ist ihm dabei die Auseinandersetzung mit den Archetypen. Hier, wo der Mensch an die absoluten Grundmächte des Daseins herangeführt wird, fällt die letzte Entscheidung, eine Entscheidung von absoluter und weittragender Bedeutung. *Desoille* hält die Begegnung mit dem kollektiven Unbewussten für die entscheidende und unumgängliche Voraussetzung der Heilung.

Noch deutlicher ist die Ähnlichkeit des schamanischen Behandlungsverfahrens mit dem Katathymen Bilderleben (KB; heute: *„katathym imaginative Psychotherapie"*) von *Leuner*. Das KB wurde anfänglich entwickelt als eine Methode zur experimentellen Verifikation unbewusster Vorgänge. In der therapeutischen Praxis wurde es später auch als "Symboldrama" bezeichnet, was besagen will, dass die Projektion zweckmäßig in tiefenpsychologischen Symbolen in ihrer oft dramatischen Erlebnisentfaltung gelesen wird. Der Begriff "katathym", erstmalig von *E. Mayer* für den Wahn eingeführt und später von *M. Bleuler* übernommen, bezeichnet Erscheinungen des Psychischen, die vom Affekt abhängig sind (κατα= hinab; θυμος = Seele). Das KB beruht auf der therapeutischen Nutzung der Phantasieproduktion und des Tagträumens. Psychopathologisch handelt es sich bei der von *Leuner* angewandten Form des Tagtraumes um hypnagoge Visionen.

> "Psychologisch betrachtet ist das KB ein projektives Verfahren. In das Dunkel vor den geschlossenen Augen erscheint der Gegenstand projiziert, und das Mittel der Projektion selbst ist die optische Phantasie. Im Gegensatz zu allen bekannten projektiven Verfahren, vor allem den bekannten Tests, zeichnet sich das KB durch die Unabhängigkeit von vorgegebenen materiellen Strukturen aus. Das hat die Konsequenz, daß jede feine Änderung der innerpsychischen Konstellation sich unmittelbar in den visionierten niederschlägt, ein Vorgang, den wir als "mobile Projektion" bezeichneten" (Leuner, 1970: 202).

Das psychologische Prinzip des KB beruht auf der spontanen Manifestation des Dranges der Seele, sich selbst darzustellen. Das KB aktiviert psychische Funktionen, die überwiegend dem Primärprozess im Sinne Freuds entsprechen. Gegenüber dem unerschöpflichen Ausdrucksreichtum der Bilderwelt des natürlichen Traumes bedeutet der systematisch aufgebaute "experimentelle Traum" des KB mit Hilfe der Standardmotive (Wiese, Bach, Berg, Haus, Beziehungsperson usw.) eine Beschränkung auf die wesentlichen neurotischen Inhalte. Für spontane Bilder individuellen Gehaltes ist aber breiter Raum gelassen. Hierbei sind vor allem zwei Determinanten maßgeblich: die bekannte, als Kristallisationskern wirksame Motivvorstellung wie die unbekannte, das Bild gestaltende unbewusste Affektkonstellation. Die Technik des KB knüpft an hypnagoge Vorgänge an, in denen eine entsprechende psychophysische "Umschaltung" erstrebt wird. Dies kann geschehen durch Einübung in die Grundstufe des autogenen Training oder durch eine leichte beruhigende Verbalsuggestion von Ruhe und Entspannung nach einer von *Leuner* beschriebenen Technik. Ist der leicht hypnoide Zustand erreicht, so besteht der zweite technische Schritt in der Induktion der Imagination selbst. Bei dem auf der Couch entspannten Patienten ist es möglich, die katathymen Bilder dadurch zu induzieren, dass der Therapeut ihn auffordert, sich gewisse Bildmotive vorzustellen. Beim ersten Standardmotiv, von dem in der Regel ausgegangen wird, bittet er den Patienten, sich eine Wiese vorzustellen. Bald folgen aber überwiegend von der Phantasie getragene Imaginationen, die immer plastischer, farbenreicher und nuancierter sind, die eigentlichen katathymen Bilder. Häufig sind auch weitere Sinneswahrnehmungen beteiligt. Der Therapeut bleibt in dauerndem Rapport mit dem unmittelbar über seine Eindrücke berichtenden Patienten. Er kann ihn vorsichtig lenken und sich vor allem auch über die mitschwingenden Gefühle, Emotionen und Affekte berichten lassen. Der Patient kann sich in dieser Welt der katathymen Bilder imaginativ frei bewegen und in der Landschaft anhand der vom Therapeuten schrittweise vorgegebenen Standardmotive aktiv handeln und auch Leistungen vollziehen. In seinem Erleben befindet sich der Patient jetzt in einer der Realität angenäherten Situation im Hinblick auf die Plastizität, Eindringlichkeit und Ganzheitlichkeit der Phänomene (quasi realer Charakter der Imagination), gewissermaßen in einer "anderen Welt" - ohne freilich den Realitätskontakt völlig verloren zu haben.

Hinsichtlich der therapeutischen Faktoren im KB ist zuerst die besondere Art der Übertragungssituation nach dem Freudschen Begriff des "Anlehnungstyps" zu nennen, die mit *René Spitz* auch als "anaklitische Übertragung" bezeichnet wird. Dieses Moment der behüteten Beschütztheit und Hingabe durch die Gegenwart eines wohlwollenden Therapeuten besteht allerdings nur auf der einen Seite. Andererseits wird von dem Patienten unter dessen Schutz eine aktive Rolle erwartet, die er im Probehandeln in den unbekannten Tiefen des Tagtraumes auf sich nimmt.

Diese kurze Darstellung des KB macht bereits einige verblüffende Parallelen zwischen dem schamanischen Heilverfahren und der imaginativen Technik des KB deutlich: Versenkungszustand, Vorherrschen des Bildbewusstseins, traumähnlicher Zustand, Primärprozessnähe, Verdichtung, Verschiebung, Aufhebung des Zeitbegriffs, kathartische Wirkung u.v.a.m.

Dem schamanischen Heilverfahren fehlt aber die Fokuseinstellung auf psychopathologische Phänomene, die für das KB typisch ist. Auch sind die Inhalte der Bilder im ersteren durch die Mythen der jeweiligen indianischen Ethnie determiniert, während sich das KB bestimmter Standardmotive bedient, die teilweise der westlichen Zivilisation entlehnt wurden. Das KB kann auch nicht als ein "ekstatisches Verfahren" angesehen werden, befindet sich aber im Vorfeld der Ekstase. Es bedient sich, besonders bei Gruppenanwendung, ebenfalls der Musik.

Natürlich ist auch die Rolle des Schamanen in der Gesellschaft eine völlig andere als die des modernen Psychotherapeuten. Wenn man so will, kann man den Schamanen als eine "psychohygienische Institution" der Gemeinschaften auffassen, die seine magische, religiöse und oft auch politische Macht anerkennen. Bereits *Gusinde* hat darauf hingewiesen, dass es sich bei den Schamanen meist um sehr intelligente, psychisch gesunde und ausgeglichene Persönlichkeiten handelt. Dies könnte Verwunderung auslösen, besonders wenn man daran denkt, dass häufig die sog. Schamanenkrankheit - ein Verhalten, das an Hysterie oder psychosomatische Erkrankungen erinnert (Eliade, 1957) - eine Voraussetzung für dieses Amt ist und die Ausbildung und Initiation langwierig und mit harten Proben wie langem Fasten, Einsamkeit und körperlichen Martern verbunden ist. Sobald der Schamane aber tätig wird, ist er gleichsam durch einen Selbstheilungsvorgang gesund geworden. Die dieser Heilung zugrundeliegenden psychischen Prozesse lassen sich z.B. durch eine Individuation, wie sie von *C. G. Jung* (1950) dargestellt wurde, erklären, denn viele Initiationsmythen enthalten nahezu alle Patterns dieses Individuationsprozesses (vgl. Eliade, 1957, 1961; Bühler-Oppenheim, 1958; Popp, 1969; Wulff, 1969; Illius, 1992; Stubbe, 2012). Schmidbauer (1969) gibt noch einen weiteren Grund für die psychische Gesundheit des Schamanen an: Die dauernde aktive Handlungs-Katharsis, die auch im Psychodrama *Moreno's* (1959) eine so wichtige Rolle spielt.

Künstlerische Gestaltungen

Die künstlerischen Gestaltungen sind eine der wichtigsten Ausdrucksweisen des prähistorischen Menschen. Das künstlerische Schaffen, die *prähistorische Kunst* war äußerst vielfältig und umfasste Ritzungen, Gravierungen, Ornamente, Felsbilder und -reliefs, Höhlenbilder (Mammut, Bison, Pferd, Wollnashorn, Höhlenbär, Jäger usw.), Schnitzkunst, Venusstatuetten („Venus von Willendorf", s. Abb. 2), „Löwenmensch", Pferdekopfschnitzereien, Schmuck wie durchbohrte Zähne und Elfenbeinringe, sowie schließlich die Keramik (ab ca. 8000 v. Chr.) und die Megalith-Kultur (4800-2800 v. Chr.). Auch Tanz und Begräbnis-Kunst sind archäologisch nachgewiesen. Man muss auch davon ausgehen, dass frühzeitig Körperbemalungen vorgenommen wurden. So war z.B. „Ötzi" tätowiert. Prähistorische Kunst findet sich auf allen Kontinenten.

In manchen Höhlen wurden die natürlich geformten Felsenreliefs in die Bilder mit einbezogen (vgl. Clottes & Lewis-Williams, 1997:86-91). Ein vergleichender Entwicklungspsychologe wie Heinz Werner (1959:44ff) würde in diesem Falle von einer *„physiognomischen Wahrnehmung bzw. Anschauungsweise"* des prähistorischen Menschen sprechen.

ABB. 2 „Venus von Willendorf" (ca. 26.000 Jahre alt, ursprünglich mit Rötel bedeckt)

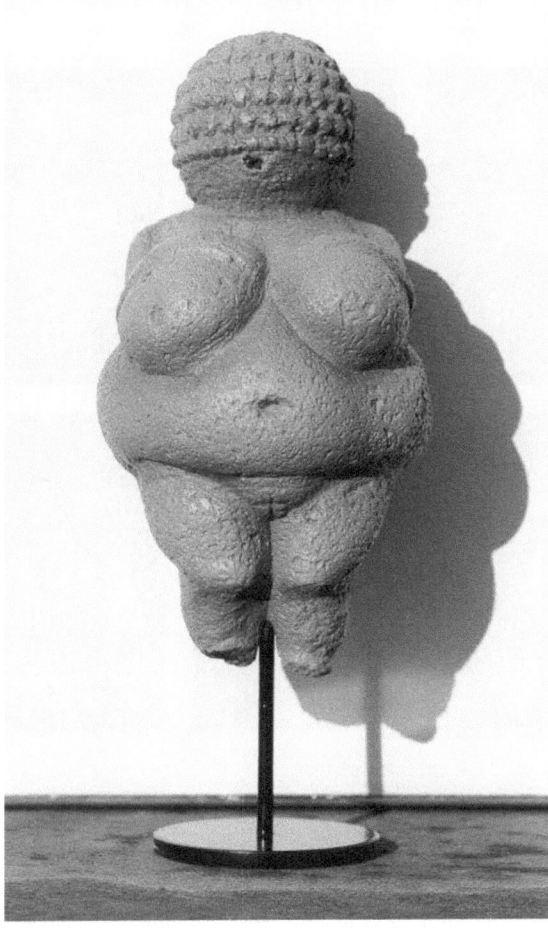

Quelle: Th. Hardt, B. Herkner & U. Menz, 2009:102

ABB. 3 Frauendarstellungen der jüngeren Altsteinzeit (sog. Venusdarstellungen)

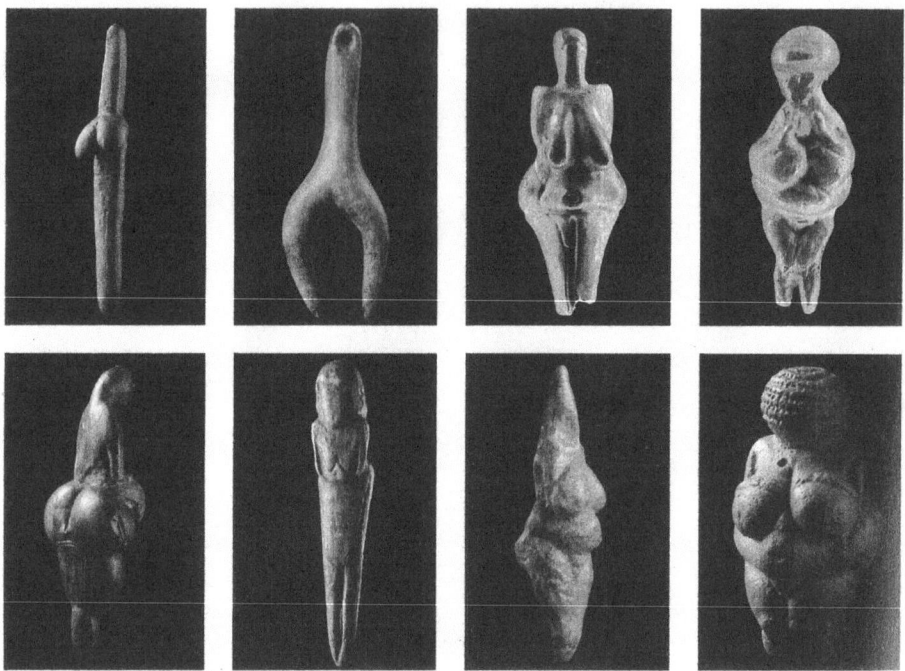

Quelle: Hardt, Herkner & Menz (2009:102)

Insbes. die Abris und Höhlen haben das Interesse der Paläopsychologen geweckt und eine Vielzahl von Fragen aufgeworfen: Waren die Höhlen Orte religiöser Zeremonien? Gab es Schamanen? Waren die sog. Venusstatuetten Ausdruck eines Fruchtbarkeitskultes? Wurden psychotrope Stoffe eingesetzt? Dienten die Tiermalereien einer Jagdmagie? Wurden bestimmte (Initiations-)Riten durchgeführt? Welche Rolle spielten die religiösen Symbole (weibliche Figuren, Fruchtbarkeitsmotive)? etc.

„Aus dieser Zeit (Magdalénien, ca. 12.000 v. Chr., Anm. d. Verf.) stammt auch Font de Gaume, das mit seinen etwa 200 Bildern die reichste Ausmalung auf französischem Gebiet besitzt. Alle Bilder liegen hier im Höhlendunkel, etwa 65 m vom Eingang entfernt, wo im verzweigten Höhlensystem Malereien in verschiedenen Schichten und aus mehreren Perioden auftreten. Lascaux besitzt neben Altamira die berühmtesten, schönsten und farbenprächtigsten Malereien der Region. Neben den zahlreichen Tierbildern tritt hier erstmals eine Szene mit mehreren Figuren auf: Ein Jäger liegt vor einem durch eine Lanze verwundeten Bison; neben ihm ist eine von einem Vogel gekrönte Stange dargestellt."
(Lexikon der Kunst, Bd. 9, 1994: 263)

Diese eindrucksvolle Szene wurde manchmal als Ritual eines *Schamanen* in Trance gedeutet (vgl. z.B. Eliade, 1979:29; Clottes & Lewis-Williams, 1996; Hoffmann, 1999:333). Der französische Prähistoriker *Jean Clottes* und der südafrikanische Anthropologe *David Lewis-Williams* konstatieren in ihrem reich bebilderten Band „Schamanen. Trance und Magie in der Höhlenkunst der Steinzeit", dass es beim gegenwärtigen Stand der Erkenntnisse kein anderes Erklärungsmodell gäbe, das den erwiesenen Tatbeständen für das Jungpaläolithikum so gut Rechnung trage wie der Schamanismus (vgl. Clottes & Lewis-Williams, 1997:112).

Eine andere faszinierende und rätselhafte Figur, ein *Tier-Mensch-Mischwesen*, befindet sich in der Höhle „Trois Frères" (Ariège). Es handelt sich um eine 75 cm hohe, in die Höhlenwand eingeritzte Gravur. Der frz. Höhlenforscher *H. Breuil* sprach von dem „großen Zauberer", andere nannten ihn den „Herr der Tiere". Es handelt sich unserer Ansicht nach hierbei um eine „körperlich-seelische Mensch-Tier-Verschmelzung". Verwandlungen von Menschen in Tiere, sowie Schamanentum und Initiationen kommen übrigens in den Märchen der Gebrüder Grimm relativ häufig vor (vgl. Gehrts & Lademann-Priemer, 1986; Kieser, 2014:184; Jürgensmeier, 2010:552) und deuten möglicherweise auf ein beträchtliches Alter hin.

„Manche Märchen sind leicht als Beschreibung einer schamanischen Reise zu erkennen. In anderen Märchen tauchen oft nur einzelne Elemente auf, die aus den Berichten von Schamanen bekannt sind: ‚Suchte die (zerstückelten) Glieder zusammen und legte sie zurecht, Kopf, Leib, Arme und Beine. Und als nichts mehr fehlte, da finden die Glieder an, sich zu regen, und schlossen sich aneinander, und beide Mädchen öffneten die Augen und waren wieder lebendig.'" (Kieser, 2014:146)

ABB. 4 „Herr der Tiere" (Höhle Trois Frères aus dem Magdalénien, ca. 18.000-12.000)

Quelle: ©H. Breuil

„Breuils Zeichnung zeigt eine Figur mit dem Kopf eines Hirsches, der ein mächtiges Geweih trägt, jedoch mit einem Eulengesicht, Wolfsohren und einem Gemsenbart. Seine Arme enden in Bärentatzen, er trägt einen langen Pferdeschweif. Einzig die Beine, das Geschlechtsorgan und die tänzerische Haltung verraten, daß es sich um eine menschliche Figur handelt." (Eliade, 1979:28)

Bzgl. der Figur des im Hohlenstein-Stadel auf der Schwäbischen Alb gefundenen sog. *Löwenmenschen* (ca. 35 000 Jahre alt), der aus dem Stoßzahn eines jungen Mammuts geschnitzt wurde, schreiben Conard & Wertheimer (2010:293):

„Die Mischwesen werden häufig als Darstellungen von Schamanen gedeutet, die in der jüngeren Altsteinzeit als Tier verkleidet Kontakt mit der Geisterwelt aufnehmen wollten. Dafür spricht auch die Vogelfigur, da Vögel im Allgemeinen als Hilfsgeister der Schamanen angesprochen werden. In jedem Fall beweisen diese Figuren, dass die Menschen des Aurignaciens über eine komplexe Gedankenwelt verfügten. Mithilfe dieser Plastiken werden erste religiöse Ansätze und Vorstellungen von anderen Welten greifbar." (Conard & Wertheimer, 2010:293)

Auch für den Religionshistoriker und Schamanismusforscher Eliade (1979:29) steht es außer Zweifel, „dass es im Paläolithikum einen bestimmten Typ von ‚Schamanismus' gab", denn die „geistig-religiöse Welt des Altsteinmenschen war von ‚mystischen' Beziehungen zwischen Mensch und Tier bestimmt." Für Eliade ist es auch sehr wahrscheinlich, dass die paläolithischen

Menschen bereits eine Anzahl von kosmogonischen und Ursprungs-Mythen (des Menschen, des Wildes, des Feuers, des Todes etc.) kannten.

Die Ethnokunst

Der „westliche" Blick auf die Ethnoästhetik d.h. der Erforschung der künstlerischen Gestaltungen fremder Kulturen unter emischen Gesichtspunkten ist durch ein Fülle von Denk- und Wahrnehmungsbarrieren, Vor-Urteilen und anderen geistigen Hemmnissen verstellt. Zum ersten hat die *Begrifflichkeit* des ethnologischen Evolutionismus und der naturalistischen Ästhetik des 19.Jh.s die Kunst nichtwestlicher „primitiver" Kulturen als entwicklungsgeschichtlich Frühes, vor allem aber als künstlerisch Unvollkommenes dargestellt. Man sprach von "Primitiver Kunst", "Kunst der Primitiven", "Kunst der Naturvölker", "Kunstlosigkeit", "Traditioneller Kunst", "Stammeskunst"(tribal art), etc..

Das Kunstschaffen dieser Kulturen wurde im Sinne des evolutionistischen Denkens mit dem der Kinder, Geisteskranken und sogar Tieren verglichen bzw. gleichgesetzt. Die Auffassung, "primitive Kunst" sei eine Art unkontrolliert aus dem Unbewussten des Künstlers strömender kreativer Ausdruck, ist für den psychologischen Vergleich von "primitiver Kunst" und Kinderzeichnungen verantwortlich. (vgl. Price, 1992:56)

Die Begriffe "*primitive Kunst*" oder "*Kunst der Primitiven*" werden in der wissenschaftlichen ethnologischen Literatur heute abgelehnt. Um den Begriff „primitive Kunst" zu vermeiden hat sich immer mehr der Begriff „Ethnokunst" eingebürgert. Mit *Alland* (1977:39) können wir Ethnokunst definieren als

> „das Spiel mit den Formen definieren, das eine gelungene Transformation bzw. Darstellung hervorbringt"(zit. nach Harris, 1989:317).

Die Vielfalt des künstlerischen Ausdrucks und der Mangel an Einheitlichkeit in den Gestaltungen der Indianer machen es von vornherein unmöglich, sie als primitive Kunst zu klassifizieren. *Dockstader* (1965) schreibt hierzu im Hinblick auf die Kunst der Indigenen Nordamerikas - und dies ist auch auf die brasilianischen Indigenen („Indianer"), auf die wir uns hier exemplarisch beschränken, übertragbar:

> "Wenn der Begriff 'primitiv' die Vorstellung von 'primär' in sich schließt, dann trifft er für die Indianerkunst nicht zu, denn sie ist ja aus Brauch, Praxis und Unterricht erwachsen. Wenn man das Wort 'primitiv' als Wertbestimmung nehmen und darunter 'nicht besonders kunstfertige' Dinge verstehen wollte, dann wäre dies ebenfalls nicht zutreffend; denn es handelt sich bei den Arbeiten der Indianer vielfach um ausgesprochen kultivierte Kunstäußerungen, sowohl inhaltlich als auch technisch. Auch im Sinn von 'unausgebildet' stimmt die Bezeichnung nicht; viele der Arbeiten setzen eine ganz spezielle Ausbildung voraus. Eine Reihe von Stämmen verfügte sogar über ein hochentwickeltes Lehrprogramm für ihre Künstler.
>
> Allenfalls könnte man den Begriff 'primitiv' in dem Sinn anwenden, daß man sagt, es handle sich bei den Indianerstämmen um illiterate Gesellschaftsgruppen. Aber auch diese Interpretation ist nicht richtig; denn viele Indianerkünstler haben sich in Veröffentlichungen als sehr schreibgewandt erwiesen." (Dockstader, 1965:34f) (vgl. auch Price, 1992)

Zweitens sollten wir nicht leichtfertig von "*Kunstlosigkeit*" oder "*Ästhetik der Kunstlosen*" sprechen, sondern bedenken, dass die brasilianischen Indigenen die Kunst der Körpergestaltung, des Federschmuckes, des Tanzes, der Musik, der oralen Literatur, der Rhetorik, des (Musik-) Theaters etc. mit Meisterschaft herausgebildet haben, worauf bereits

Marcel Mauss in seinem "Manuel d'Ethnographie" (1967) hingewiesen hat. Andere Ethnologen wie *D'Azevedo* (1973) fordern deshalb von den Kunst-Ethnologen doch endlich explorativer zu arbeiten und künstlerische wie ästhetische Aktivitäten in ihren vielfältigen Ausdrucksformen zu erforschen, was jedoch bisher nur wenig beherzt wurde.

Drittens sollten wir als eine weitere Einschränkung bei der ästhetischen Bewertung der Kunstwerke brasilianischer Indigenen bedenken, dass viele Künstler den Beitrag verstandesmäßigen und in Worte zu fassenden Denkens zur Beurteilung von Kunst überhaupt radikal in Frage gestellt haben: "Wer sich der Malerei hingeben will, sollte sich zunächst einmal die Zunge herausschneiden" (Matisse), "in der Kunst kommt es nur auf eines an, auf das, was nicht erklärt werden kann" (Braques) und "die einzige Sprache der Malerei ist die Malerei" (Malraux) (vgl. Price, 1992:29).

Viertens ist es in diesem Zusammenhang bedeutsam darauf hinzuweisen, dass in den indigenen Sprachen Begriffe wie "Kunst", "Künstler", "Ästhetik" ,"Schönheit" etc. in der Weise wie in westlichen Sprachen nicht vorhanden sind und demnach (europäische) kulturfremde kunsthistorische Theorien mit einem anderen kunsthistorischen Hintergrund oftmals in diese Werke hineingetragen werden.

Fünftens bestehen die Wahrnehmungsbarrieren eines westlichen Beobachters gegenüber künstlerischen Gestaltungen fremder Kulturen vor allem darin, dass seine eigene Wahrnehmung kulturgebunden ist und dazu neigt Eigenes in Fremdes zu projizieren. Der deutsch-amerikanische Anthropologe *Franz Boas* (1858-1942) hätte vielleicht gesagt: ‚das sehende Auge ist ein Organ der Tradition'. Man kann sich also fragen, ob ein solcher westlicher Beobachter überhaupt in der Lage ist, sich vorurteilsfrei fremdem Kunstschaffen zu stellen.

Sechstens muss die gefühlsmäßige Einstellung eines westlichen Beobachters fremder Kunst gegenüber beachtet werden. Fremdes Kunstschaffen kann bei ihm z.B. Aversion oder gar Ekel auslösen, obwohl dieser Kunstgegenstand Bestandteil eines ganz "normalen" und neutralen religiösen Rituals ist.

Siebtens sollte gefragt werden, auf welchem Wege z.B. die Ethnographika der brasilianischen Indigenen, die wir heute als bedeutende Kunstwerke der Menschheit bewerten, in die Museen und Galerien gekommen sind. Oftmals wurden sie gegen den Willen der Indigenen gesammelt oder sogar mit Gewalt geraubt bzw. für Tand "gekauft". Es handelt sich also oftmals um so etwas wie *"Beutekunst" bzw. Raubkunst* (Beispiele aus Afrika vgl. Price, 1992:105ff) Man rechtfertigt diese Sammeltätigkeit noch heute damit, dass die Dokumentation und Erhaltung dieser Kunstwerke einen wichtigen Beitrag zum Wissen der Menschheit leistet - auch wenn man dafür einige ethische Bedenken opfern muss. Die Kunst der Indigenen ist also oftmals eine *"Kunst der Wehrlosen und Entrechteten"*.

Man hat in der brasilianischen Kulturgeschichte die „Indianer" entweder als "heidnische Barbaren und Menschenfresser" oder als "Edle Wilde" betrachtet. Diese Einstellungen hatten auch Einfluss auf die Bewertung ihrer künstlerischen Gestaltungen. Entweder sah man in ihren Werken die "Nachtseite des Menschen" d.h. eine Betonung von Nacktheit und Sexualität, Unbewusstheit und Triebhaftigkeit, stellte sie also als kulturell abweichend par excellence dar oder man idealisierte ihre künstlerischen Gestaltungen was sich in der Rezeption des ‚Primitivismus' in der Kunst des 20.Jahrhunderts (vgl. z.B. Rubin et al., 1995; Wentinck, 1974/75; Internationale Tage Ingelheim, 1997; Stubbe, 1997/98) zeigt. In den beiden

Katalogbänden „ ‚Primitivsm' in XXth century art" von Rubin et al. (1994, 5.Aufl.) wird auf die „Indianer" Südamerikas leider nicht eingegangen. Ein Forschungsdesideratum!

Der Drang der Menschheit nach künstlerischem Ausdruck ist wie die Fähigkeit zu ästhetischer Schätzung allen (auch prähistorischen) Kulturen und Ethnien gemeinsam und zählt zu den "transkulturellen Konstanten" d.h. allgemein menschlichen Erscheinungen, die sich allerdings nur sehr allgemein und unvollkommen definieren lassen, für ihre kulturspezifischen und lokalen Ausgestaltungen in Form von "kulturellen Variablen" jedoch von beträchtlicher Bedeutung sind (vgl. Neues Wörterbuch der Völkerkunde,1988:132). Ist Kunst somit als etische Denk- und Verhaltenskategorie universell (emisch-etisch: Interpretation soziokultureller Phänomene von "innen" her nach den Kategorien des Handelnden oder von "außen" her nach den Kategorien des wissenschaftlichen Beobachters nach K.L.Pike, 1954) so ist die emische Unterscheidung zwischen Kunst" und "Nicht-Kunst" relativ. Wenn Europäer oder US-Amerikaner von Kunst sprechen, meinen sie damit eine spezifische emische Kategorie der modernen euroamerikanischen Zivilisation. In den westlichen Gesellschaften gibt es spezielle Autoritäten (z.B. Kunstestablishment, Kunstkritiker), die Kunst machen oder beurteilen und interpretieren (vgl. etwa die "entartete Kunst" im Dritten Reich oder der "sozialistischer Realismus" in der UDSSR).

Die indianischen Ethnien Lateinamerikas kennen aber ein derartiges Kunstestablishment nicht d.h. aber nicht, dass sie keine Kunst oder keine künstlerischen Maßstäbe hätten. Eine Malerei auf einem Tongefäß oder einem Felsen, eine geschnitzte Maske, ein Lied oder Gesang in einem Pubertätsritual - sie alle sind einer kritischen Beurteilung von Seiten der Ausführenden wie der Zuschauer unterworfen. Alle diese Kulturen unterscheiden auch im Hinblick auf dekorative , bildliche und expressive Ausdrucksformen zwischen befriedigenderen und weniger befriedi-genden ästhetischen Erfahrungen. Die meisten Ethnologen sehen deshalb heute in dem geschickten Schnitzer, Korbflechter, Töpfer, Weber oder Sandalenhersteller einen wirklichen Künstler.

Die *Körperbemalung der brasilianischen „Indianer" und ihre Federkunst* mögen als Beispiele dienen:

Der menschliche Körper ist die häufigste physische Basis der künstlerischen Aktivitäten der „Indianer".

Warum bemalen sich die brasilianischen „Indianer" eigentlich?

Claude Levi-Strauss hat hierzu in seinen "tristes tropiques"(z.B. 1970:137) festgestellt, dass

(1) durch die Körper(Gesichts-) Bemalung sich der Übergang von der Natur zur Kultur, vom "dumpfen" Tier zum zivilisierten Menschen vollzieht

(2) dass Stil und Komposition je nach sozialem Status (Schicht, Kaste etc.) verschieden sind

(3) dass Körperbemalung einem ästhetischen und erotischen Bedürfnis genügen.

Man kann noch hinzufügen, dass Körper (Gesichts-) Bemalung auch oftmals

(4) eine innere psychische Befindlichkeit zum Ausdruck bringen will oder

(5) die Stellung im Lebenslauf(z.B. Säugling, Initiand etc.) des Trägers/in markieren soll oder

(6) den magischen Absichten (z.B. Abwehr, Schutz etc.) dient

Neben der Schutzfunktion gegenüber Geist- und Dämonenwesen hat die Körperbemalung der brasilianischen „Indianer" auch eine ganz natürliche Schutzwirkung gegen Sonneneinstrahlungen und Insekten (vgl. Hartmann, 1981:35).

Die entwickeltsten Körpermalereien unter den südamerikanischen „Indianern" haben die *Kadiwéu* gestaltet, worauf bereits der deutsche Konquistador Ulrich Schmidel, der sich von 1534-1554 in Südamerika aufhielt, in einem Stich aufmerksam macht (Schmidel, 1962; Abb. neben S. 50). Ethnologen wie *Claude Levi-Strauss* (der diese Ethnie 1935 besuchte) und *Darcy Ribeiro* (1983) haben diese Körperkunst ausführlich behandelt.

Levi-Strauss schreibt:

„Früher wurden die Motive tätowiert oder gemalt, heute ist nur die letztere Methode erhalten geblieben. Die Malerin arbeitet auf dem Gesicht oder dem Körper einer Gefährtin oder manchmal dem eines Knaben; bei den Männern hingegen ist diese Sitte verlorengegangen. Mit einem feinen Bambusspatel, der in den Saft des Genipapo – eine farblose Flüssigkeit, die durch Oxydierung eine blauschwarze Tönung annimmt – getaucht wird, improvisiert die Künstlerin am lebenden Modell, ohne Vorbild, ohne Skizze, ohne Anhaltspunkt. Sie schmückt die Oberlippe mit einem bogenförmigen Motiv, das an beiden Enden in einer Spirale ausläuft; dann teilt sie das Gesicht mit Hilfe einer vertikalen, manchmal auch einer horizontalen Linie in zwei Hälften. Die gevierteilte, schräg rechts oder manchmal links geteilte Fläche wird darauf mit Arabesken verziert, die keine Rücksicht auf die Lage der Augen, der Nase, der Wangen, der Stirne oder des Kinns nehmen, sondern sich ausbreiten wie auf einem glatten zusammenhängenden Feld." ...

„Sie zeigen relativ einfache Motive, wie Spiralen, Schlangenlinien, Kreuze, Schnecken und andere, die jedoch so verbunden werden, dass jede einzelne Arbeit einen besonderen Charakter besitzt" (Levi-Strauss,1970:126; Abb.n dort).

Darcy Ribeiro (1983:70), der diese Ethnie zu Beginn der 50er Jahre eingehend untersuchte, schreibt, dass in früheren Zeiten die "kudinas" noch bessere Körperbemaler gewesen seien als die heutigen Frauen. Die "kudinas" waren Männer, die völlig die Frauenrolle übernahmen, wie Frauen aßen, saßen und sich kleideten. Sie "verheirateten" sich mit Männern der Ethnie und nahmen sogar an der monatlichen Reklusion der Menstruierenden teil. Einige Ornamente der Körperbemalung werden ihnen bis heute zugeschrieben. Einige Ethnien z.B. die *Timbira,* verwenden um die Körpermalerei zu erleichtern, Stempel und zwar Roll- und Druck-Stempel. Wieder andere Ethnien praktizieren die beständigere Tatauierung, worin sie jedoch nicht die Meisterschaft pazifischer oder afrikanischer Ethnien erreichen. Die *Karajá* z.B. tatauieren mit Feuer über dem Jochbein (Backenknochen) einen schwarzen Kreis, der als ihr unverwechselbares ethnisches Erkennungszeichen dient und sie erst zu wirklichen Menschen macht.

Die *Gesichtsbemalung* als Ausdruck der emotionalen Befindlichkeit und des sozialen Status:

Bei den *Payagua* (Südwest-Brasilien) und den Kwakiutl von der Nordwestküste Nordamerikas werden Tränen in der Trauer als Tropfen oder Bäche nur aufgemalt (Stubbe,1985:26). Auch eine regelrechte Tränentatauierung kommt vor, wie sie z.B. *Baumann* von den afrikanischen Lunda berichtet (vgl.Stubbe,1985:26).

Der brasilianische Folklorist *Cascudo* (1976) bringt in seinem lesenswerten Werk "A história dos nossos gestos" (Die Geschichte unserer Gesten) die weitverbreitete Geste, den Zeige- und Mittelfinger vom Auge nach unten in Richtung Mund hinunterzustreichen, um den Tränenstrom zum Ausdruck zu bringen (oftmals gegenüber Mädchen angewandt) in Zusammenhang mit der Tränendekoration. Er weist auch auf die große Anzahl von über den ganzen amerikanischen Kontinent verstreuten präkolumbischen Statuen hin, deren Gesichter mit jeweils drei parallelen Tränenspuren bemalt sind und die eine weinende Gottheit darstellen sollen. Die Tränendekoration sollte nicht als eine leere Trauergebärde, sondern als Ausdruck echter Trauer aufgefasst werden. Ist nämlich der Tränenfluss versiegt, kann auf diese Weise die anhaltende Trauer deutlich nach außen dokumentiert werden (Stubbe,1985:26).

Bei einigen Ethnien im nordwestlichen Brasilien legen die Frauen Trauerbemalung an, die aus einem Gemisch von Harzruß, urucú und der Knochenasche des Verstorbenen besteht. Aufgrund der dunkelbraunen, dicken Konsistenz bleibt die Farbschicht durchschnittlich ein Jahr auf den Wangen. Erst im Rahmen eines besonderen Rituals, während dessen die zweite Hälfte der Knochenasche der Verstorbenen bei dem jährlich stattfindenden Totenfest in Verbindung mit heiligen Getränken verspeist wird (Endokannibalismus), erfolgt das Abkratzen der Trauerbemalung, bei dem oftmals Teile des Gesichtshaut mit abgeschabt werden, da der Farbstoff in der Zwischenzeit tief in die Hautporen eingedrungen ist (vgl. Hartmann, 1981:37; Stubbe, 1985).

Die *Kayapó-Xikrin do Cateté* haben eine Fülle von Körperbemalungen entwickelt, die nach Geschlecht, Verwandtschaftsgrad, Status und im Laufe des Lebenszyklus von der Geburt, Namensgebung, Initiation, Heirat bis zum Tod stark variieren (vgl. Vidal, 1992:143ff). Hier wird auch die große Bedeutung des Mythos für die Bemalung des Leibes und die künstlerischen Darstellungen einer Ethnie überhaupt deutlich. Die Kayapó-Xikrin betrachten die Körperbemalung gleichsam als Attribut ihrer menschlichen Wesenheit. Nach ihrem Mythos von der „Sternenfrau" (mulher estrela), einer Kulturheroin, die für den Ursprung der kultivierten Pflanzen verantwortlich ist, hat sich ein Stern durch die Malerei und Ornamentierung in einen Mensch verwandelt. Und deshalb wird auch das Neugeborene, gleich nach dem Abfallen der Nabelschnur mit jenipapo bemalt, um dadurch seinen Status als menschliche Person auszudrücken. In welche grandiosen Kunstwerke Cayapó-Kinder bei ihrer Namensgebung (festa de nominação; Nhiok) verwandelt werden, zeigen die Abbildungen bei der visuellen Anthropologin *Vidal* (1992:171).

Die Federkunst

Die noch erhaltenen Federarbeiten der brasilianischen „Indianer" sollten unserer Ansicht nach in das Weltkulturerbe der Menschheit (bzw. das Register „Memory of the World") aufgenommen werden, denn sie erfreuen als ästhetische Meisterleistungen nicht nur „Augen und Herz,, (vgl. D. Ribeiro & B. Ribeiro. Arte plumária dos índios Kaapor, 1957; D. Ribeiro: Arte índia, 1983:46ff; B. Ribeiro: Arte indígena, linguagem visual, 1989), sondern stellen auch eine bedeutende ursprüngliche Kulturleistung dar, die darin besteht, dass die „Indianer" ihren Leib mit bestimmten Stoffen (hier: Federn), die sie ihrer Umwelt entnahmen, geschmückt haben und dadurch nicht nur mit der sie umgebenden Natur in direkte Verbindung traten, sich eine „soziale Haut" (Turner, 1980) schufen, sondern damit auch mitmenschlich kommunizierten als Ausdruck ihres Status, ihrer Mentalität und inneren seelischen Zustandes und zudem ihre Verbundenheit mit dem Mythos bekundeten. Daneben schmückten sie aber auch viele andere Gegenstände ihres Alltags mit Federn (vgl. Maracá, Kopftrophäen, Puppen, Zeremonialstäbe). Der bedeutende brasilianische Anthropologe *Darcy Ribeiro* schreibt:

„A glória do corpo índio, porém, é a nudez emplumada. Em consequência, a mais alta e refinada de suas criações é a arte plumária, por seu caráter de criação não utilitária voltada para a pura busca de beleza; pela técnica apuradíssima em que se assenta, associada ao rigor formal com que cada peça é configurada; e, afinal, porque é servida pelo material mais nobre e mais belo de que os índios dispõem, tanto pela contextura e forma como e sobretudo pela gama extraordinária de seu colorido maravilhoso." (Ribeiro, 1983: 76)

Keine andere Region der Erde war so reich an Federarbeiten und Federschmuckformen wie das tropische Südamerika und sie gilt deshalb seit jeher als klassisches „Federgebiet". Aus peruanischen Grabfunden wissen wir, dass bereits 700 v. Chr. Federn als Schmuckmaterial gedient haben. Die in den Wald- und Savannengebieten lebenden Ethnien Südamerikas verfügten über eine außergewöhnliche Vielfalt von Federlieferanten wie die verschiedenen Papageienarten, Tukane, roten Ibisse, Reiher, Hokko-Hühner, Tauben, Stärlinge bis hin zu den Harpyen, Tangaren, Kolibris, Eis- und Klippenvögeln (vgl. R. von Ihering: Dicionário dos animais do Brasil, 1968). Manche dieser Vogelarten wurden von den Indianern auch gezähmt gehalten, um sich nach Bedarf der Federn bedienen zu können. Wurden Vögel in freier Wildbahn gejagt, benutzte man besondere Vogelpfeile mit stumpfkegeliger Holzspitze, die den Federbalg nicht beschädigten und den Vogel nur vorübergehend betäubten. Nach dem Entfernen einiger Federn wurde der Vogel wieder in die Freiheit entlassen. Als Farben in den verarbeiteten Federarbeiten traten vor allem Gelb, Rot, Orange, Schwarz, Weiß, Blau und Grün einzeln und in sehr harmonisch abgestimmten Kombinationen und Nuancen auf. Es sind auch indigene Färbe-Verfahren (vgl. G. Hartmann: Federschmuck aus Südamerika, 1976) bekannt, bei denen von außen oder von innen auf die natürliche Farbe eingewirkt wurde: gezähmten Grünflügel-Papageien riss man Flügelfedern aus und bestrich die Wundstellen mit dem Blut des Färberfrosches und/oder dem Sekret einer Kröte und/oder einem bestimmten Fischfett. Die nachwachsenden Federn enthielten infolgedessen eine intensive orangegelbe Farbe, die wertmäßig hoch eingeschätzt wurde. Bei der von innen wirkenden Methode konnten die Federn lebender Tiere auch durch eine bestimmte Futterzusammensetzung verändert werden. Neben prachtvollen Federmänteln (z.B. Tupinambá; es gab sie übrigens auch im pazifischen Raum), finden wir Federhauben, riesige Federkronen, Hinterhaupt-Fächer, Nackenstäbe, Federbinden, Federketten, Feder-Ohrschmuck, Federgürtel, Säuglingstragebänder, gewaltige Federdiademe etc. Bei den Mänteln und Hauben bildet ein weit gefächertes Netz, bei anderen Federarbeiten geflochtene Ringe die Unterlage, auf der man Arara-, Papageien-, Ibis- oder Reiherfedern befestigte. Auch die Herstellung von Mosaiken, bei denen die Federn dachziegelartig aufgenäht oder aufgesteckt wurden, war bekannt. Die Federn wurden in ganz besonderer Weise präpariert, beschnitten, zusammengebunden und geklebt, wie die bekannte Ethnologin Berta Ribeiro in ihrem „Dicionário do artesanato indígena" (1988, S. 111ff) ausführlich dargestellt hat. Ähnlich wie die Körper- und Gesichtsbemalung erfüllt auch der Federschmuck verschiedene Funktionen (vgl. Stubbe, 1999/2000; Dorta & Cury, 2000):

1. durch den Federschmuck vollzieht sich der Übergang von Natur zur Kultur, vom „dumpfen Tier" zum zivilisierten Menschen, 2. sozial-anthropologisch sind Stil und Komposition der Federarbeiten je nach sozialem Status, Alter und Geschlecht (wobei der Federschmuck eher „männer-typisch" ist!) verschieden, 3. ethno-ästhetisch genügt der Federschmuck einem ästhetischen und erotischen Bedürfnis, 4. ethnopsychologisch bringt der Federschmuck eine innere psychische Befindlichkeit zum Ausdruck z.B. während der Initiation, im Krieg, bei Totenfeiern , 5. biographisch markiert der

Federschmuck die Stellung des Individuums im Lebenszyklus z.B. Säugling, Initiand, Toter und 6. dient der Federschmuck religiösen/magischen Absichten im Rahmen der jeweiligen Mythen z.B. als Abwehr, Schutz, worauf z.B. *Otto Zerries* aufmerksam gemacht hat (vgl. „Die Bedeutung des Federschmuckes des süd-amerikanischen Schamanen und dessen Beziehung zur Vogelwelt, 1977).

Mircea Eliade (1961) hat darauf hingewiesen, dass die Symbolik des Vogels und damit der Federn als pars pro toto im Zusammenhang mit der Initiation immer mit einem Aufstieg (in den Himmel) verbunden ist. Mit der Ausrottung oder Akkulturation vieler indianischer Ethnien – den „tristes tropiques" (Cl. Lévi-Strauss, 1955) - gingen auch die handwerklichen Traditionen der Federverarbeitung verloren. Von den meisten brasilianischen Ethnien existieren heute nur noch wenige Exemplare ihrer reichhaltigen Federkultur in den Glasvitrinen nordamerikanischer (vgl. z.B. Washington, D.C.: National Museum of Natural History, Smithsonian Institution), europäischer (vgl. z.B. G. Hartmann: Pracht der Federn, 1969: Recklinghausen; ders.: Federschmuck aus Südamerika, 1976: Pforzheim; Staatl. Museum für Völkerkunde, München: Unter Indianern Brasiliens. Sammlung Spix und Martius (1817-1820), 1980; Brasilianische Reise (1817–1820). C. Fr. von Martius zum 200.Geburtstag. München, 1994; Rautenstrauch-Joest-Museum, Köln: Federarbeiten der Indianer Südamerikas aus der Studiensammlung Horst Antes, 1995; Musée d'Ethnographie, Genève: L'Art de la plume brésil, 1986) und brasilianischer *Museen* (vgl. z.B. Museu de Arte Moderna de São Paulo: Arte Plumária do Brasil, 1980; Museu Nacional de Belas Artes (RJ): Arte Indígena Brasileira, 1983; USPIANA: A plumária indígena brasileira, 2000).

ABB. 5 Federdiadem der Bororo oriental (Vorderseite)

Quelle: A. Noëmi Stubbe (2018:19)

EUROPA

In seiner eigenen Seele trägt der Mensch die Saat,
Daraus er all sein Frohes und sein Leides zieht.

Sophokles

Griechisch-römische Antike

Die *europäische Antike*, das Altertum, bezeichnet seit dem 19. Jh. als Epochencharakterisierung und Teil der Universalgeschichte die griechisch-römische Welt, ihre Kultur und Wissenschaft von Homer (8. Jh. v. Chr.) bis Konstantin d. Gr. (ca. 285-337 n. Chr.).

> „Höhepunkt (Klassik) der griech. Antike im 5. und 4. Jh. v. Chr.: aristokratische und demokratische Staatsformen der ‚Polis', Philosophie, Dichtung und Künste, Geschichtsschreibung und Wissenschaft bildeten eine kulturelle Einheit, die im Hellenismus auf den gesamten Mittelmeerraum und Vorderasien ausstrahlte. Ihre Auswirkungen reichten bis Indien und China. Auch die islamische Kultur schöpfte aus dem Hellenismus und vermittelte antikes Denken an das abendländische Mittelalter weiter. Die röm. Antike, die das hellenistische Erbe antrat, entwickelte besonders das Recht und die Institution der Herrschaft. Die Einflüsse der griech. Kultur wurden im Scipionenkreis (Polybios) gepflegt. ‚Humanitas' wurde der röm. Ausdruck für griech. Wesen. Die sog. Spät-Antike öffnete sich orientalischen Einflüssen und verlor sich, vor allem im religiösen und philosophischen Bereich, in zahlreiche, zum Teil stark gegensätzliche Strömungen. Das im Imperium Romanum entstandene Christentum übernahm die antike Kultur in kritischer Auswahl und Umdeutung, vor allem Sprache, neuplatonische Philosophie, röm. Recht und Verfassungsformen." (Lexikon der Weltgeschichte, 2000:27f)

Aus der griechisch-römischen Antike stammen einige einflussreiche weltweit gebräuchliche psychologische Begriffe, wie *Psyche* (ψυχή (psyché, griech. Hauch, Seele), *anima, mens, spiritus* etc. (vgl. Stubbe, 2016, 2020; s. Bibliografie).

HOMER UND DIE MYTHEN

Über Homers (*griech. hómeros*) Leben war schon im Altertum nichts Sicheres bekannt. In der Antike stritten sich 7 Städte (evtl. Smyrna) um die Ehre seine Geburtsstadt zu sein. Homer soll blind gewesen sein, was aber wahrscheinlich in den Bereich der Legende gehört. Auch die Zahl seiner Werke ist umstritten. Heute glaubt man, dass Homer wirklich gelebt hat und zwar im 8.Jh. v. Chr. Seine bekanntesten Werke sind die Epen „*Ilias*" (16000 Verse) und die „*Odysseia*" (12000 Verse), die den Krieg der Griechen gegen Ilion/Troja (ca. 1300 v.) schildern. Vorgetragen wurden die Epen in der Frühzeit von Äoden (αδο=ich singe), später von Phapsoden (ραψος=Stab) an Götterfesten und Leichenfeiern. Die „Ilias" entstand in der zweiten Hälfte des 8.Jh. und ist älter als die „Odyssee". Homer, der Dichter aus Kleinasien, schildert zum Teil seine Zeit d.h. die Welt des Adels. Er schreibt auch für den Adel.

Homer beginnt seine Epen mit einem Musenanruf z.B. Odyssee: „andra moi ennepe musa"... Dadurch verpflichtet sich der Dichter die Muse für seinen Gesang (Enthusiasmus, Ekstase, Inspiration!). Er dichtet also nicht aus eigener Kraft, sondern aufgrund göttlicher Begabung und Huld der Muse (musa=Bergfrau?; Töchter des Zeus, wohnen auf dem Olympos, erfreuen die Götter durch ihren Gesang, schützen Sänger und Dichter, später überhaupt Kunst und Wissenschaft).

Platon vertritt in seinem Werk „Ion" (Rapsode) die Auffassung, dass die Dichter alle ihre schönen Dichtungen nicht aus eigenem Können schaffen, sondern sie sind „enthousiasmos" (gottbegeistert) und befinden sich in „mania" (Besessenheit). Sie können nicht eher schaffen als bis sie gottbesessen sind und der Verstand nicht mehr in ihnen ist. Die Dichter sind „hermeneus" (Dolmetscher; daher Hermeneutik) der Götter. Das Dichten ist demnach kein Können, das über sich selbst und seine Wahrheit Rechenschaft zu geben vermöchte. Sokrates lehnt in Platons „Politeia" (B2,10) die Dichter und die Dichtung ab. Warum? Die Dichter üben einen schlechten Einfluss auf die Menschen aus. Sokrates nennt sie Sophisten, Gaukler und Zauberkünstler, weil sie nur falsche Scheinbilder verfertigen und dadurch die Seelen verderben. Platon und Sokrates geht es in erster Linie um die Wahrheit. Homer aber zieht das Wesen der Götter ins Hässliche. Er lässt sie lügen, betrügen, untereinander streiten und sich verwandeln. Nach Platon und Sokrates ist Gott jedoch „akineton" (unbewegt) und immer wahr. Sokrates lässt Dichtung nur in Form von Lobgesängen auf Götter, Heroen und die Tugend gelten. Diese Kritik an der Dichtkunst bedeutet eine Zäsur in der bisherigen Tradition der griechischen „Paidaia" (Erziehung), denn Homer war bis zu dem Zeitpunkt „der Erzieher ganz Griechenlands". An die Stelle der Rolle der Dichtung sollte nach Plato nun die Philosophie treten, weil sie allein zur Wahrheit führe. Platon soll seine jugendlichen dichterischen Versuche verbrannt haben, als er ein Schüler des Sokrates wurde, denn er erkannte, dass die Dichtung vor der sokratischen Philosophie nicht bestehen konnte.

Es geht hier vor allem um die Psychologie in der griechisch-römischen Antike und wir beschränken uns bei Homer auf die Emotionen in seinen Epen. Zwei Emotionen stehen im Vordergrund, die in einem Krieg sehr häufig sind: Zorn/Wut und Trauer.

In der „Ilias" gibt das erste Wort das Thema des Epos an: den *Zorn (Groll* vgl. Lactacz, 2008:114ff) des Achilleus (mänis). Das „Groll/Zornmotiv" durchzieht das ganze Werk und hält es zusammen. Agamemnon beleidigt Achill, da er ihm sein Ehrengeschenk (Briseis) wegnimmt. Mit maßlosem Zorn zieht sich Achill vom Kampf zurück. Folge: Viele Achaier gehen zugrunde. Erst der Tod seines Freundes Patroklos (16,17B) bewirkt in Achill einen Umschwung. Sein „Ehr-Zorn" verwandelt sich in „Rachezorn". Er greift wieder in den Kampf ein und tötet Hektor, den stärksten Held der Troer. Agamemnon ist selbstsüchtig. Er besitzt nicht die Sympathie des Dichters, der eher auf der Seite des gekränkten Achill steht. In seinem königlichen Dünkel raubt Agamennon (primus inter pares) Achill seine Sklavin Briseis. In seiner ungerechten Selbstsucht verliert er den Maßstab für ein richtiges Urteil, er verfällt der atä (I.343). Agamemnon weiß nicht vorwärts noch rückwärts. Atä führt zur hybris, hybris zur Strafe. Später sagt Agamemnon um sich zu rechtfertigen, dass Zeus und die Moiren ihm die atä ins Herz geworfen hätten. Achilleus lässt wegen einer persönlichen Kränkung viele Achäer zugrunde gehen. Für uns ist dies schwer verständlich, aber 1. bedeutet für Homer und den Adel seiner Zeit die Verweigerung der Ehre (timä) die größte menschliche Tragödie, weil dadurch auch die aretä (Tüchtigkeit) in Frage gestellt wird. Der homerische Mensch misst seine aretä an der Ehre, die er unter seinesgleichen genießt. Lob (epainos) und Tadel (sogos) sind die Wurzeln der Ehre bzw. Unehre. Der philosophische und christliche Mensch kann dagegen auf äußere Anerkennung verzichten, wenn er auch nicht schlechthin gleichgültig dagegen ist. 2. ist das soziale Empfinden des Adels in dieser Zeit sehr schwach ausgeprägt. Es gibt keine Rücksicht auf die Gemeinschaft. Achill ist leidenschaftlich (Zorn, Schändung Hektors). Für seine Zukunft stand er vor der Alternative: langes ruhmloses Leben oder kurzes ruhmreiches. Er entschied sich für letzteres (vgl. frühgriech. Bildungsideal: kalokagathia = schön und gut d.h. körperlich und geistig tüchtig; Paideia). Er wird an seiner Ferse durch Paris Pfeil, den Apollon lenkt, getötet. Durch die Ergebnisse der Vorgeschichtsforschung und der Archäologie (Ausgrabungen von Schliemann und Dörpfeld) wissen wir, dass ein Krieg gegen Troia historisch ist.

So wie es ein „homerisches Gelächter" (Il. I, 599; Od. VIII, 326) gibt, können wir auch von einer *„homerischen Trauer"* sprechen, denn Homer schildert eine Vielfalt von Ausdrucksweisen und sichtbaren Zeichen der Trauer, die in jedem Krieg zu den alltäglichen Emotionen gehören: Wehklagen, Haare raufen, das Haupt mit Staub bedecken, sich auf dem Boden wälzen, Haaropfer, Weinen, Wangen zerkratzen, sich auf die Leiche werfen, Sprachlosigkeit etc. (vgl. Stubbe, 1985:160-164).

Suizide in den antiken Mythen Griechenlands
Ein Beispiel aus der Suizidologie mag die Bedeutung der psychologischen Mythenforschung verdeutlichen: In der griechischen Antike wimmelt es geradezu von Selbstmördern mit berühmten Namen. Zu ihnen gehören z.B. der spartanische Gesetzgeber *Lykurg*, die Dichterin *Sappho*, der Stoiker *Zeno* und sein Nachfolger *Kleanthes*, der Kyniker *Diogenes* und der Rhetor *Demosthenes* u.v.a.m. (vgl. Rost, 1927) Hatten diese Suizide ein Vorbild in den griechischen Mythen? Wirkte hier der sog. Werthereffekt? Dass das Zählen auch in der Mythenforschung sinnvoll sein kann, zeigt die originelle Studie von *Heinrich* (1988, 1990), der in den griechischen Mythen wie sie von *Ranke-Graves* zusammengestellt wurden, Suizide von 27 Männern, 32 Frauen und 5 Frauen-Gruppe fand. Es wird von sechs verschiedenen Suizidmethoden berichtet: Erhängen (18mal), Ertrinken (17mal), Schnittverletzungen (9mal), Verbrennen (6mal), Hinabstürzen (5mal) und Vergiftungen (3mal). Der erste in den griechischen Mythen berichtete Suizid, dies entdeckte *Heinrich* ebenfalls, ist nicht derjenige von Jokaste, der Mutter und Gattin des Ödipus, sondern derjenige der göttlichen Nymphe Halia auf Rhodos. Bereits in dem Hesiodschen Ursprungsmythos des Menschengeschlechts gibt es einen Hinweis auf die potentielle Suizidalität des Menschen: Aus Rache gegen Prometheus, der den Göttern das Feuer stahl und es den Menschen brachte, ließ Zeus durch Hephaistos die erste Frau, Pandora (die "Allbeschenkte") formen und schickte sie mit einer unheilsschwangeren "Büchse" (pithos = Faß!) auf die Erde. Dort nahm sie Epimetheus, trotz aller Ermahnungen seines Bruders Prometheus zur Frau. Pandora öffnete ihre Büchse und alle Übel von denen die Menschheit geplagt wird flogen heraus: Alter, Wehen, Krankheiten, Irrsinn, Laster und Leidenschaften. Nur die trügerische Hoffnung nicht. Sie hielt die geplagten Menschen davon ab, ihrem Leid durch freiwilligen Tod eine Ende zu setzen. Diese antisuizidale Wirkung der Büchse findet sich bereits in *Hesiods* (um 700 v.) "Theogonie"(570-612) und den "Erga"(47-105).

Solche historischen Untersuchungen sind äußerst wichtig für die Erkenntnis der Suizidtraditionen und des soziokulturellen Wandels des suizidalen Verhaltens und Erlebens in einer fremden Kultur (vgl. Stubbe, 1995:57-77).

Mythen und Märchen
Nicht nur in der Wundtschen *„Völkerpsychologie"* (1900-1920), sondern auch in der europäischen Tiefenpsychologie (s. unten) spielt der Mythos und seine Erforschung eine bedeutende Rolle (vgl. Doucet, 1972; Jacobi, 1991; Rattner, 1991; Roudinesco & Plon, 2004). Nach *Wilhelm Wundt* (1832-1920) bestimmen Sprache, Mythos und Sitte vollständig das Geistesleben der „primitiven Weltanschauung".

> „Die Sprache gibt dem Denken und Vorstellen die Form, der Mythos bezeichnet den Inhalt der Vorstellungen und die Sitte schließt die „allgemeinen Willensrichtungen" ein und beinhaltet somit die Kraft, die Bedingung für bewußtes Handeln ist." (Oelze, 1991, S. 82)

Diese drei Elemente sind untrennbar verbunden zum ganzheitlichen Gegenstand der Völkerpsychologie und sind dieser „Volksgeist" selbst. Zum mythologischen Denken heißt es bei Wundt (1913:75):

> „Wir nennen diese aus den eigenen Gemütsbewegungen in die Erscheinungen verlegte Gedankenwelt das mythologische Denken."

Sigmund Freud (1856-1939) und seine Schüler z.B. *Karl Abraham* (1877-1925) nannten die Mythen regelrecht" *„Völkerträume"*, d.h. Fixierungen der conditio humana in bildhaften und symbolischen Gestaltungen, bzw. in die Vergangenheit projizierte Wunschphantasien.

> „Der Mythos arbeitet wie der Traum mit den psychischen Mechanismen der Verdrängung, der Verschiebung, der Verdichtung, der Umkehrung ins Gegenteil und der Symbolisierung. Daher muß sein Text nach Freud und Jung einer ‚Deutung' unterzogen werden. Diese Interpretation enthüllt dann den ‚wahren Sinn' des Mythos." (Rattner, 1994, S. 207)

Für *Carl Gustav Jung* (1875-1961) sind Mythen *Archetypen* und somit von höchster Bedeutung für die Erkenntnis der Psychologie des (kollektiven) Unbewussten. In „Psychologie und Alchemie" heißt es:

> „Zum Verständnis der tieferen Schichten der Psyche hilft uns einerseits die Kenntnis der primitiven Psychologie und der Mythologie, andererseits aber, und dies in ganz besonderem Maße, das Wissen um die unmittelbaren, geschichtlichen Vorstufen des modernen Bewußtseins." (Jung, 1944, S. 55f)

In der jungianischen psychotherapeutischen Deutungspraxis, der *Amplifikation*, wird immer wieder auf Mythen Bezug genommen.

Die Mythen- und Märchenforschung hat in der europäischen Romantik des 19.Jahrhundert ihren Ausgang genommen und schon die frühe Völkerpsychologie hat sich intensiv mit diesem Thema befasst. Aus ethnologischer Sicht hat *Baumann* (1959) einen klaren definitorischen Unterschied von Mythos und Märchen herausgearbeitet. Unter Mythos versteht er allgemein die anschauliche Darstellung des Weltbildes von Gemeinschaften. Als *wesentliche Charakteristika von Mythen* lassen sich nach *Baumann* und *Eliade* (1954) folgende Merkmale hervorheben:

- Mythos ist ein für wahr gehaltener Bericht
- die erzählte Geschichte ist sakral oder heilig
- die Akteure des Mythos stehen über der Menschengesellschaft, sie sind übermenschliche Wesen
- die Zeit der Handlung ist eine Urzeit der Schöpfung z.B. die "Traumzeit" der Aborigines, in der alles Wesentliche begründet wurde
- die erzählte Geschichte ist exemplarisch für die Jetztzeit. Damit hat der Mythos einen normativen Charakter für den Glauben und die Riten.
- der Ort der Handlung ist die "Ur-Erde", der "Himmel" oder die "Unterwelt"
- die wichtigsten Funktionen des Mythos bestehen darin: zu erklären (ätiologische Motive, ätiologische Krankheitsvor-stellungen) und zu beglaubigen
- der Mythos wird zelebrierend wiederholt und auf diese Weise wird die Urtat im Jetzt wieder präsent und wirksam. Das, was der Mythos erzählt, bewirkt er auch.

Das *Märchen*, das die sog. Naturvölker nach *Baumanns* Ansicht durchaus vom Mythos zu trennen wissen, wird dagegen nicht für wahr gehalten. Es soll unterhalten, belehren, das Wunschdenken befriedigen und Angst abwehren etc.. Es schildert nicht einen einmaligen Urzeitvorgang, sondern ein typisches Geschehen und verwendet "Wunder- und Zauberelemente" zum Aufbau einer dramatisch gesteigerten Handlung. Mythen und Märchen werden im allgemeinen zur "oralen Literatur" der sog. Naturvölker gerechnet d.h. sie gehören zur Erzählkultur einer Ethnie. Der bekannte Schweizer Märchenforscher *Max Lüthi* (1960) hat bei den europäischen Märchen folgende *Merkmale,* die sich mit gewissen Einschränkungen auch in außereuropäischen Märchen finden, hervorgehoben:

- Eindimensionalität: der Märchendiesseitige hat nicht das Gefühl, im Jenseitigen einer anderen Dimension zu begegnen. Es besteht keine Kluft zwischen profaner und numinoser Welt
- Flächenhaftigkeit: die Märchengestalten sind Figuren ohne Körperlichkeit, ohne Innenwelt, ohne Umwelt; ihnen fehlt die Beziehung zur Vorwelt und zur Nachwelt, zur Zeit überhaupt;
- den Menschen und Tieren fehlt die körperliche und seelische Tiefe; den Märchenfiguren fehlt die Gefühlswelt, sie machen keine Erfahrungen, lernen nichts hinzu
- Abstrakter Stil: er sieht von allem ab, was die Figuren, die Dinge und die Handlung verunklären könnte, Kennzeichen sind Wirklichkeitsferne, Technik der bloßen Benennung, scharfe Umrisslinie, Handlungslinie, starre Formeln, formelhafte Rundzahlen, Vorliebe für Extreme, Wunder, etc.
- Isolation und Allverbundenheit: die Beziehungsisoliertheit der Märchenfiguren drückt sich in dem Fehlen des numinosen Staunens, dem Fehlen der Neugierde, der Sehnsucht und der Angst im Verkehr mit Jenseitswesen aus. Die Isoliertheit bezieht sich auch auf die Lebenssituation der Märchenfiguren (z.B. Waise). Anderseits kann nur das, was nirgends verwurzelt ist, weder

durch äußere Beziehung noch durch Bindung an das eigene Innere festgehalten ist, jederzeit beliebige Verbindungen eingehen (allseitige Beziehungsfähigkeit) und wieder lösen.
- Vollkommene Verkörperungen der Isolation und Allverbundenheit sind insbes. die Gabe, das Wunder und das stumpfe Motiv
- Sublimation und Welthaltigkeit: Dinge wie Personen verlieren ihre individuelle Wesensart und werden zu schwerelosen, transparenten Figuren. Das Unheimliche, die unbestimmbare Gewalt des Numinosen fehlt. Alte Riten, Sitten und Gebräuche schimmern im Märchen durch. Die sexuellen und erotischen Stoffkerne sind im Märchen entwirklicht. Jede eigentliche Erotik fehlt. Die sublimierende Kraft schenkt dem Märchen die Möglichkeit, die Welt in sich aufzunehmen.
- das Märchen vereinigt in sich die entscheidenden Pole des Seins: Enge und Weite, Ruhe und Bewegung, Gesetz und Freiheit, Einheit und Vielheit.
- (zu den einzelnen Märchenmotiven vgl. z.B. Scherf, 1982)

Die (ethno-)psychologische Erforschung der Mythen und Märchen bemüht sich um Aufdeckung der überindividuellen seelischen Vorgänge, die sich in ihnen spiegeln. Dabei ist wichtig festzuhalten, dass Mythen und Märchen nicht allein auf der psychologischen sondern auf verschiedenen Ebenen zu interpretieren sind d.h. neben der philologischen/ literaturwissenschaftlichen müssen auch die ethnologische/volkskundliche und soziologische Ebene berücksichtigt werden. Märchen- und Mythenforschung ist also immer ein interdisziplinäres Forschen.

Wir können hinsichtlich der Mythenforschung grundsätzlich folgende Methoden unterscheiden (vgl. Schmidbauer,1970; Leber, 1955; Streck, 1987; Hirschberg,1988, 1998). Von historischer Bedeutung sind heute die ersten vier:

1. *die naturalistische Methode*: Sie versucht jeden Mythos auf eine "primitive" Erklärung eines Naturvorganges wie Blitz, Wolken, Pflanzenwachstum, etc. zurückzuführen. Mythen sind dementsprechend "lunar, solar, astral" etc.

2. die *rationalistische Methode*: Mythen werden in rationalistischer Weise auf ihren Wahrheitsgehalt überprüft. Falls sich dieser nicht nachweisen lässt sind sie das Ergebnis von Missverständnissen oder Schwindel.

3. die *allegorische Methode*: Hierbei werden Mythen als Weisheitslehren aufgefasst. Sie enthalten also eine implizite (Ethno-)Philosophie, die es herauszuarbeiten gilt.

4. die *symbolische Methode*: Mythen enthalten ursprüngliche Symbole, in denen z.B. religiöse Grundwahrheiten enthalten sind (vgl. Lurker, 1979; Schliephacke, 1979; Beit & Franz, 1960, 1965)

5. die *ritualistische Methode*: Mythen werden hierbei mit Riten verglichen, wobei Ritus und Mythos als ursprünglich oftmals zusammengehörig angesehen werden, wobei jedoch im Verlauf der Zeit ein Bestandteil verloren gegangen sein kann. Sie steht in enger Beziehung zur funktionalistischen Interpretation des Mythos.

6. Die *strukturalistische Methode*: Nach dieser vor allem von *Claude Lévi-Strauss* vertretene Methode ist der Mythenerzähler

> "weder im Wesentlichen kreativ (wie Jung und Eliade meinen), noch sich der Logik seiner Mythe bewusst (Jensen), sondern wiederholt, meist ohne es auch nur zu ahnen, uralte Grundstrukturen. Variationen der Struktur bilden im Strukturalismus ein vieldiskutiertes Problem, eine Irregularität, die (wie überhaupt der Mythos) am besten am Schreibtisch

überwunden wird. Feldforschung bringt nur das Rohmaterial, das nicht der Erzähler in seinem Kraal, sondern der Forscher in seinem 'Laboratorium' zur logischen Theorie veredelt: Ein Prozess der Reinigung der Mythen von allem Schmutz regionaler und zeitbedingter Besonderheiten und von aller Phantasie, bis nur noch die abstrakte Struktur bleibt. Diese kann der Forscher erkennen, weil sie einerseits auch seinem eigenen Denken zugrunde liegt, und weil er andererseits den Mythenerzählern die abstraktionsfähige Selbsterkenntnis dessen voraus hat, der nicht mehr an die Mythen glaubt." (Münzel, 1987:141f)

7. Die *kritisch-philologische Methode*: Sie versucht das Alter der Quellen des jeweiligen Mythos zu bestimmen, welche Landschaft ihn geprägt hat, welche lokalen Überlieferungen er wiedergibt, welcher Ethnie er angehört, wie einzelne Motive gewandert sind, etc. Hauptprobleme stellen das Sammeln von Märchen, das Prinzip der wortgetreuen Wiedergabe, das Anlegen von Verzeichnissen der Märchentypen und -kataloge, der Vergleich aller Varianten (um zu "Urformen durchzustoßen; Entstehungszentren, Verbreitung, Wanderwege), Stoff- und Motivuntersuchungen, Morphologie, Form, Struktur-, Stilanalysen, Erzählerforschung, etc. dar. Diese Methode bildet die eigentliche Grundlage für zuverlässige Interpretationen.

8. Die *psychologischen Methoden*: Sie können hier nur ausschnittweise dargestellt werden. Wir verweisen inbes. auf Wundt (Völkerpsychologie, Bd. 3; S. 348-383); Bühler (1918); Leber (1955); Tausch (1967); Laiblin (1969); Schmidbauer (1970); Dieckmann (1973, 1974); Fromm (1994); Kast (1993); Rosenkötter (1980); Franzke (1985); Adler (1993)
Sowohl *ethnohermeneutisches*, *inhaltsanalytisches* wie auch *experimentelles Vorgehen* wurde in der Forschung bisher eingesetzt.
Im Rahmen der *Wundtschen* Konzeption der Völkerpsychologie wird den Mythen und Märchen eine große Aufmerksamkeit geschenkt. *Wundt* fasste den Mythos erstens als Vorstellung auf (vernachlässigt dabei aber den Zusammenhang von Mythos und Ritus) und erkennt als Grundfunktion des Mythos die "beseelende Apperzeption" (eine Wiederaufnahme der Animismus-Hypothese! s. oben). Nicht das intellektuelle Interesse, sondern der Trieb, dem Affekt Befriedigung zu verschaffen bestimmt nach Wundt die Mythenbildung. Mythen als geschichtlich entstandene geistige Erzeugnisse (wie die Sprache und die Sitten) lassen sich nicht experimentell erforschen, sondern nur durch eine Untersuchung der höheren psychischen Vorgänge und Entwicklungen (s. oben). Auch für den Mythos schlägt *Wundt* ein evolutionistisches Entwicklungssystem vor: die Stufe des Animismus und Totemismus, die Stufe des (polytheistischen) Naturmythos und schließlich der Götter- und Heroen-Mythos (zur Kritik vgl. Jensen, 1992).
Im dritten Band seiner "Völkerpsychologie" liefert *Wundt* auch eine Analyse des Märchens. Hierin hebt er u.a. die Zeitlosigkeit der Gestalten und Szenen des Märchens hervor, die Zauber- und Wunderkausalität, die Charakterlosigkeit der Helden, den mythologischen Charakter zahlreicher „naturvölkischer" Märchen, die Allbeseelung der Gegenstände, die Assoziationen und Verschmelzungen der Märchenstoffe.
Die tiefenpsychologisch orientierten Forscher bedienen sich vor allem der in *Sigmund Freud's* "Traumdeutung"(1900) ausgiebig dargestellten Technik der freien Assoziation und

Symboldeutung. *C.G. Jung* führte später die Methode der Amplifikation ein. Während die Psychoanalyse in den ersten drei Jahrzehnten ihres Bestehens die Mythen, Märchen und Bräuche fremder Ethnien studiert hat, um Beweise für ihre Annahme eines „universalen" Unbewussten zu finden und in diesen Gestaltungen vor allem der Darstellung infantiler sexueller Wünsche und Konflikte nachging, steht heute der psychodynamische Aspekt und im Sinne der Ich-Psychologie, die Wirkung auf die Gesamtperson im Vordergrund. In diesem Sinne definierte z.B. *Arlow* (1961):

> „Der Mythos ist eine besondere Art gemeinschaftlichen Erlebens. Er ist eine spezielle Form gemeinsamen Phantasierens und dient dazu, auf der Basis bestimmter gemeinsamer Bedürfnisse eine Beziehung zwischen dem Individuum und den Mitgliedern seines Gesellschaftsgefüges herzustellen. Dementsprechend kann der Mythos vom Gesichtspunkt seiner Wirkung auf die psychische Integration aus studiert werden: welche Rolle er bei der Abwehr von Schuld- und Angstgefühlen spielt, wie er eine Form der Anpassung an die Realität und an die Gruppe, in der das Individuum lebt, darstellt, und wie er die Bildung der individuellen Identität und des Über-Ich beeinflusst."

Die neuere Ethnopsychoanalyse verwendet für die Deutung der Mythen und Märchen die "ethnopsychoanalytisch-tiefenhermeneutische Interpretation."
Eine Lösung des komplexen psychologischen Methodenproblems könnte darin bestehen, den Mythos nach *Karl Bühlers* (1927) Gegenstandsschema der Psychologie unter 3 Aspekten in ihrer wechselseitigen Abhängigkeit zu betrachten, nämlich den Erlebnisaspekt, den Verhaltensaspekt und den Gebildeaspekt, wie es *Schmidbauer* (1970:153ff) am Beispiel des Ödipus-Mythos zu demonstrieren versucht hat (vgl. Stubbe, 2012:473-477).

HIPPOKRATES UND DIE ETHIK DES HEILENS

Über Leben und Gedanken des *Hippokrates von Kos* (460-377v.), den man auch den „Vater der Medizin" genannt hat, ist nur sehr wenig bekannt. Wahrscheinlich entstammt er einer Familie von „Asklepiaden". Er reiste viel in Griechenland herum und lebte in einer glänzenden Periode zwischen dem Sieg von Salamis (480 v.), der die Griechen vor der Gefahr einer persischen Invasion rettete und dem Beginn des peloponnesischen Krieges (431-404 v. Chr.), dem „Dreißigjährigen Krieg der Antike", in dem die Selbstzerstörung Griechenlands begann. Hippokrates galt als der Verfasser von 50 bis 70 Büchern, die im 3. Jh. v. in Alexandria im sog. Corpus Hippocraticum zusammengefasst wurden.
Beschränken wir uns hier auf die psychologisch interessanten Schriften.
Beginnen wir mit der *Psychopathologie*: In dem Buch „Über die heilige Krankheit" (*Epilepsie*) wird die natürliche gegen die übernatürliche Erklärung der Krankheit verteidigt. Dem Verfasser ist die gefürchtete „heilige Krankheit" nicht heiliger als irgendeine andere Krankheit. Das Buch hebt die Bedeutung des Gehirns vor anderen Organen, wie z.B. dem Zwerchfell, hervor. (vgl. Ackerknecht, 1979:55; Quellen zur Geschichte der Epilepsie, 1975). Hippokrates ist der Autor vieler Krankheitsbeschreibungen, darunter auch eingehender Darstellungen psychischer Erkrankungen wie Epilepsie, Depression und Demenz. Das Wort *„Melancholie"* bezeichnet einerseits einen natürlichen Saft, der nicht krankheitserregend zu sein braucht. Es bezeichnet aber auch die „Geisteskrankheit", die dem Übermaß dieses Saftes entspringt (vgl. Flashar).

„Wenn Angst und Traurigkeit lange andauern, so handelt es sich um einen melancholischen Zustand." (Aphorismen, VI, 23) (zur Behandlung vgl. Starobinski, 1960). Von Hippokrates stammt auch der Name *„Hysterie"* (hystera=Gebärmutter), eine psychische Erkrankung mit der sich der französische Psychiater *Jean Martin Charcot* (1825-1893) in seinen hypnotischen Experimenten an der Salpêtrière, sowie *Josef Breuer* (1842-1925) und *Sigmund Freud* (1856-1939) in ihren „Studien über Hysterie" (1896) noch fast 2400 Jahre später beschäftigt haben. Bekanntlich wurde u.a. die darin enthaltene Krankengeschichte der „Anna O." für Freud zum Schlüsselerlebnis, aus dem er die Psychoanalyse entwickelte. Hippokrates kannte als scharfsinniger Kliniker auch schon die Postpartum-Psychose und die toxisch-infektiösen Geistesstörungen.

Typologisch unterschied Hippokrates einen „habitus phthisicus" (Schwindsucht) gegenüber dem „habitus apoplecticus" (Schlaganfall), was sich bis in die Konstitutionstypologie *Ernst Kretschmers* (1888-1964) auswirkte.

In seinem Werk finden sich auch bereits *geopsychische* Gedanken („Über Luft, Wasser und Orte"), ein Vorläufer der umweltpsychologischen Schrift „Geopsyche" (1911) von *Willy Hellpach* (1877-1955). Hippokrates stellte bereits fest, dass die Wirkung der klimatischen Bedingungen durch soziale Einrichtungen verändert werden kann. Hochmodern!

Wichtig und bis in die moderne (Persönlichkeits-)Psychologie und Psychiatrie nachwirkend ist die *Temperamentenlehre* (auch: Humoralpathologie, Vier-Säftelehre) des Hippokrates („Über die Natur des Menschen"). Die Temperamente glaubt er auf die verschiedene Mischung (er unterscheidet „Eukrasie" und „Dyskrasie") zurückführen zu können und unterscheidet danach vier Temperamentausprägungen, in denen jeweils Blut (haima, sanguis), Schleim (phlegma), Galle (cholé) oder schwarze Galle (melaina cholé) den Haupteinfluss üben. Der Leichtblütige und leicht Ansprechbare heißt hiernach der Sanguiniker, der Tiefgründige und Schwermütige Melancholiker, der heftige und unbefriedigte Choleriker, der Kaltblütige und schwer ansprechbare Phlegmatiker (vgl. Abb. 6). Die Weiterentwicklung der Viersäfte-Lehre als Persönlichkeitstheorie im hochmittelalterlichen 12. Jh. wurde von Harald Derschka (2013) bearbeitet. Dieses viergliedrige Schema hat also die Jahrtausende überlebt und liefert ein bis in die Gegenwart gern geübtes volkstümliches Einteilungsprinzip. Noch *I. Kant* in seiner „Anthropologie in pragmatischer Hinsicht" (1798) und *Wilhelm Wundt* (1832-1920) haben es übernommen und sogar zu begründen versucht. Auch *H. J. Eysenck* (1916-1997) orientierte sich in seinem Persönlichkeits-Inventar an dieser antiken Typologie (vgl. Bonin, 1983:87).

ABB. 6

Die Viersäfte-Lehre

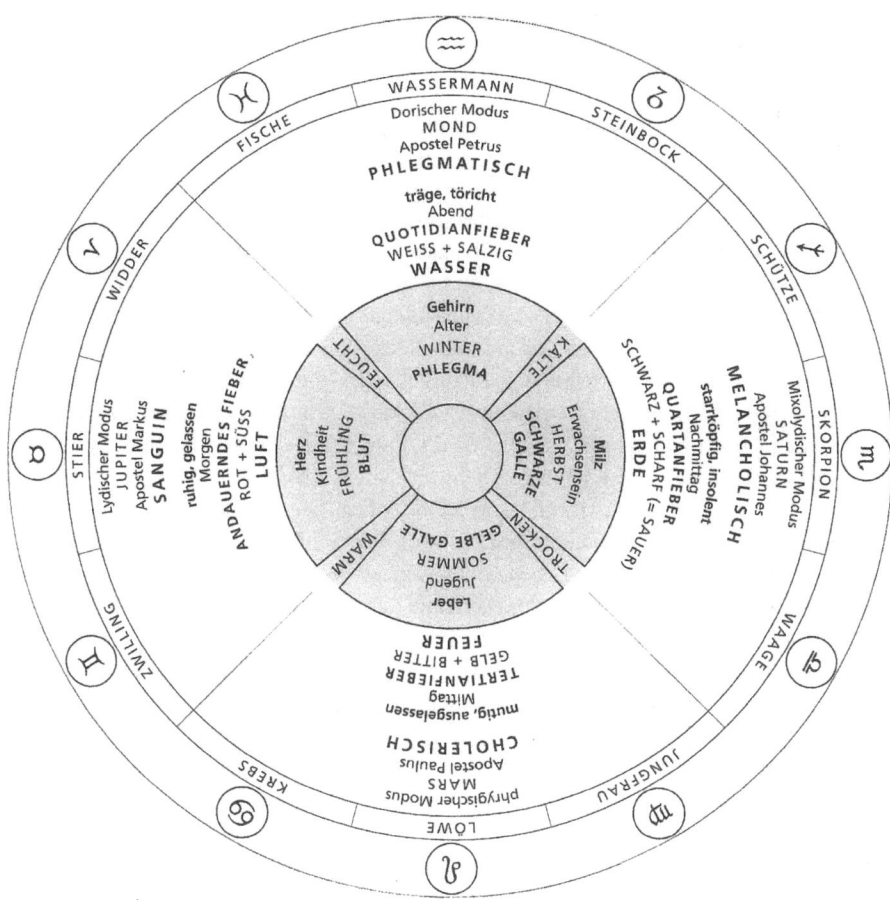

Quelle: Cartledge, Paul (Hrsg.), Kulturgeschichte Griechenlands in der Antike (Stuttgart: Metzler, 2000:320)[4]

Hinsichtlich der *Ethik des Heilens* wurde der „ hippokratische Eid" in der Medizin sehr berühmt und ist auch für die moderne Klinische Psychologie und Psychotherapie gültig (ausführlich bei Ackerknecht, 1979:54):
1. nihil nocere (keinerlei Schädigung, kein Gift, keine Abtreibung etc.)
2. Aufklärung / Informationen auch über Risiken
3. keine physische Gewalt
4. Keine sexuellen Kontakte

---

[4] vgl. hierzu die abweichenden Abbildungen in Schipperges, 1990:63 und auch bei Leven, 2005:435ff

5. Verschwiegenheit
Für die gegenwärtige Psychologie, ihre Wissenschafts- und Berufs-Ethik, entstehen hieraus einige wichtige Fragen:
Dürfen Psychologen psychologisch foltern oder ihr Wissen im Krieg zur Verfügung stellen ? Dürfen Psychologen im militärisch-industriellen-wissenschaftlichen Komplex und in Tötungsindustrien, sowie in Geheimdiensten mitarbeiten? (s. unten: Im Schattenreich der Psychologie).

SOKRATES UND DIE KUNST DES FRAGENS

Geb. um 470 v. und 399 v. in Athen hingerichtet. Sokrates Vater Sophroniskos war Bildhauer, seine Mutter Phainarete Hebamme: Er selbst erlernte auch das Bildhauerhandwerk. Diesen Beruf gab er aber bald auf und widmete sich stattdessen nur noch der Philosophie. Die Folge davon war, dass er in ärmlichen Verhältnissen leben musste. Verheiratet war Sokrates mit der wesentlich jüngeren Xantippe (so heißen heute einige feministische Buchhandlungen!), die ihm drei Söhne gebar. Ihren Ruf als besonders zanksüchtige Frau führt man heute auf frauenfeindliche kynische Verleumdungen zurück und die abfälligen Erzählungen (z.B. Xenophon, symp. II,10) über sie werden als erfundene Geschichten gedeutet, die dazu dienen sollten, das angeblich mangelnde Verständnis der Frau für die Philosophie zu erweisen (vgl. Moebius, 1900: Über den physiologischen Schwachsinn des Weibes!).
Im Peloponnesischen Krieg (431-404), in dem Athen gegen Sparta Krieg führte, dem „Dreißigjährigen Krieg der Antike", kämpfte er in drei Schlachten mit. In der Schlacht bei Poteidaia rettete er Alkibiades das Leben. 399 v. Chr. wurde er wegen Asebeia (Gottlosigkeit) angeklagt und zum Tode verurteilt. Seine Apologie (Verteidigungsrede) gestalteten Xenophon und Platon im Nachhinein neu. Obwohl eine Fluchtmöglichkeit bestand trank Sokrates den Schierlingsbecher. Diese Haltung, die immer wieder Erstaunen hervorgerufen hat, ist als Konsequenz seiner Einschätzung zu verstehen, dass es besser sei, Unrecht zu leiden, als Unrecht zu tun (vgl. Jesus!). Seinen Tod schildert Platon am Ende des Dialogs Phaidon.
Völlige Klarheit über Sokrates Lehre ist nicht zu gewinnen, denn er hat selbst nichts veröffentlicht. Seine Lehrer sind unbekannt. Platon und Xenophon weichen in ihren Berichten über Sokrates in vieler Beziehung voneinander ab. Platon hat in seinen Dialogen die Person des Sokrates oft dazu benutzt, um eigene Ansichten auszusprechen. Aristoteles, der Schüler Platons, hat mehrfach betont, dass Platon sich von dem was Sokrates gesagt hatte, entfernt habe. Sicher ist Sokrates Lehre doppelgesichtig: zum einen Teil war sie von sophistischem Gedankengut bestimmt (Tugend als ein Wissen d.h. lehrbar; die dialektische Methode), er war Rationalist und hielt den Verstand für den wirklichen Führer des Menschen, andererseits verwahrte sich Sokrates gegenüber dem bloß glänzenden dialektischen Spiel und gegenüber dem aus Einsicht in die Relativität des menschlichen Urteils abgeleiteten ethischen Nihilismus und warf den Sophisten Verantwortungslosigkeit in ihrer Rolle als Erzieher vor. Zwar gab er zu, dass er die Grundlage ethischer Werte verstandesmäßig nicht erfassen könne, doch berief er sich auf seine innere Stimme, das „daimónion", das ihn von zweifelhaften Handlungen abhalte. Daimónion bedeutet eigentlich das „Göttliche" und ist so etwas wie die göttliche (innere) Stimme (Über-Ich, Gewissen?). Die Konsequenz aus diesem Zwiespalt war Sokrates' Zweifel (Skeptizismus) am menschlichen Wissen, die Einsicht in dessen Unvollständigkeit und Ungenügsamkeit. Er glaubte nur Gott könne ein wirkliches Wissen besitzen, dass der Mensch

aber nur „wisse, dass er nichts wisse" (oida ouk oida). Da ihn, den Nicht-Wisser, das Orakel in Delphi als den weisesten aller Menschen erklärt hatte, ging er bei allen Athenern herum, um den Spruch zu widerlegen und einen Weiseren zu finden. Von alltäglichen Dingen ausgehend, fragte er sie aus und ging den Antworten durch Weiterfragen auf den Grund, indem er durch Parallelen aus anderen Gebieten in aller Bescheidenheit (dies nennt man „sokratische Ironie"!). für völlige Klarheit sorgte. Die Gespräche verliefen immer negativ; damit versuchte Sokrates dem Partner seine Weisheit des Nichtwissens klarzumachen. Wie schon für Pythagoras war für ihn nicht sophia, das Wissen, das Ziel des Menschen, sondern nur die Liebe zur Weisheit, philosophia. Sokrates fasste seine Lehrtätigkeit als einen Gottesdienst auf, oder als *„Hebammenkunst"*, „maieutiké", in Anspielung auf den Beruf seiner Mutter. Sokrates wurde zu Lebzeiten lächerlich gemacht (z.B. bei Aristophanes. „Die Wolken", 423, wegen seiner hässlichen Gestalt) und angegriffen, und schließlich zum Tode verurteilt. Die reiche bildungshungrige Jugend Athens lief jedoch dem ärmlich gekleideten Proletarier nach.

Durch seinen Tod wollte Sokrates zeigen, dass man den Gesetzen unbedingt gehorchen müsse, auch wenn sie ungerecht angewandt würden, und dass es eine absolute Tugend gebe, die sein Verstand nicht finden konnte. So starb er als Märtyrer für seine Überzeugung. Er erreichte sein Ziel: Nach seinem Tod nannten sich alle folgenden Denker mit Stolz seine Schüler; alle bekannten Philosophenschulen sahen in ihm ihren geistigen Vater. Er war es, der die naturphilosophische Epoche beendete und eine anthropologische Philosophie begründete. Auch das Christentum hat er stark beeinflusst (vgl. Guardini, 1956).

Cicero (106-43 v.) hebt in seinen „Tusculanae disputaniones" (V,10) hervor, dass Sokrates die Philosophie vom Himmel herabgerufen, unter den Menschen heimisch gemacht, und den Zwang herbeigeführt habe, über Gut und Böse nachzudenken.

Die unerbittliche Fragekunst des Sokrates, die *Maieutik* (Hebammenkunst), hat auch die psychologische Explorationstechnik (in Diagnostik, Forensik und klinischer Psychologie), die Anamnese und das Interview beeinflusst und sogar Auswirkungen auf die moderne Psychotherapie ausgeübt.

> „Stavemann (20029 hat ein Buch über Sokratische Gesprächsführung für Psychotherapeuten, Seelsorger und Berater publiziert, und auch die sog. Kognitive Umstrukturierung bezieht sich auf den Sokratischen Dialog. Entsprechende „Strategien" werden gegenwärtig herausgearbeitet und weiterentwickelt (Wilken, 1997/2003)." (Galliker, 2007: 7)

In dem lesenswerten Buch von *Romano Guardini* „Der Tod des Sokrates" (1956: 80f) berichtet dieser über seinen prophetischen Traum:

> „*Kriton*: Und was war das für ein Traum? *Sokrates*: Es schien mir, als komme ein schönes, wohlgestaltetes Weib in weißem Gewande und rufe mich und spreche: ‚Sokrates, in drei Tagen bist Du in Phthias fetten Gefilden'. *Kriton*: Ein merkwürdiger Traum, Sokrates! *Sokrates*: Jedenfalls ein klarer, denke ich, Kriton.'
>
> … Vor dem Gericht des Staates ist die Sache entschieden. Nun wird sie durch die Gunst der Umstände und die Tatkraft der Freunde noch einmal vor dem inneren Gerichtshof, dem

Gewissen, zur Diskussion gestellt. Eine eigentümliche Einsamkeit liegt über dem Gespräch. Sokrates führt es mit Kriton – in Wahrheit führt er es mit sich selbst."

Ein wahrer Wissenschaftler ist hiernach im Allgemeinen auch ein Maieutiker! (vgl. Landmann, 1950:7-59).

PLATON UND DIE WELT DER IDEEN

Platon (lat. Plato) wurde 428/27 v. Chr. in Athen geboren. Er entstammte einer vornehmen Familie: sein Vater Ariston führte seine Ahnen auf den mythischen König Kodros zurück. Durch seine Mutter Periktione war Platon mit einer wichtigen, oligarchisch gesonnenen Familie verwandt. Platons Vater starb früh, seine Mutter verheiratete sich später erneut mit Pyrilampes. Platon hatte zwei Brüder, Adeimantos und Glaukon (die z.B. in der Politeia erscheinen) und eine Schwester, deren Sohn Speusipp später die Leitung der Akademie übernahm. Über Platon selbst erfahren wir in seinen Dialogen fast nichts (vgl. aber 7. Brief). Im Alter von 20 Jahren schloss er sich seinem Lehrer Sokrates an. Während des Prozesses gegen Sokrates wollte er die geforderte Strafsumme hinterlegen (am Todestag war er wegen Krankheit nicht zugegen!?). Wegen dieses Prozesses hielt er sich von der athenischen Politik fern. Er begann eine Bildungsreise nach Unteritalien (Pythagoräer), Sizilien (Dion) und Ägypten (Mathematik). Nach seiner Rückkehr kaufte er in Athen ein Grundstück, das dem Heros Akademos (daher der Name „Akademie") geweiht war und eröffnete eine dort eine Schule (387v.). Er starb 348/47 in Athen.

Schon *Sokrates* (469-399v.) hob die Selbsterkenntnis (vgl. gnothi seauton = Inschrift am Apollontempel in Delphoi) bei der philosophischen Erkenntnis hervor.

Für *Platon* (427-347v.), dem Schüler des Sokrates, ist die menschliche Seele präexistent, unsterblich (vgl. Phaidon) und ebenso wie der Staat/Politeia (Nährstand, Wehrstand, Philosophenkönige) dreigeteilt: der begehrende Seelenteil (epithymetikón) im Leibe, der mutartigen Teil (thymoeidés) in der Brust und das Vernünftige (logistikón) im Kopf (vgl. auch Phaidros). Den drei Seelenteilen entsprechen drei Tugenden: Selbstbeherrschung oder Maßhalten (sophrosyne), Tapferkeit (andreia) und Weisheit (sophia). Alle werden zusammengehalten durch die Gerechtigkeit (dikaiosyne), die die höchste und allen gemeinsame Tugend bildet (vgl. Tab.1). *I. Kant*, der sonst Platon in Vielem zustimmt, kritisiert in „Zum ewigen Frieden" (1795) Platons Forderung, dass Philosophen regieren sollen, denn der Besitz der Macht verderbe das freie Urteil des Menschen. Die Politik hat nach Platon vor allem zwei Aufgaben: 1. sich um die Seelen der Bürger zu kümmern d.h. sie sittlich besser zu machen und erst 2. das was man landläufig unter Politik versteht (vgl. Gorgias).

Die Grundlage der „Psychologie" ist Platons Ideenlehre. Ohne sie versteht man seine Ausführungen über die Seele nicht. Nur mit ihrem höchsten Teil, dem logistikón, ragt die Seele in den obersten Ideenbereich hinein, nur mit ihm hat sie Teil an der Idee des Guten, des Schönen, der Wahrheit und Einsicht. Das logistikón (der nous) vermag die Bedürfnisse und Triebe der übrigen Seelenteile in Zucht zu nehmen (Roß-Reiter-Modell). Schon vor ihrer Erscheinung im irdischen Leibe hat die Seele im Reich der Ideen gelebt (Seelenwanderung, Präexistenz). Unbewusst bewahrt sie dieses Wissen in ihrem leibgebundenen Leben (soma säma=Leib als Grab der Seele). Das Erkennen ist ein Prozeß des Bewusstwerdens, der Wiedererinnerung (anámnesis) früherer Bilder/Ideen. In seinem berühmten *„Höhlengleichnis"* (Politeia, VII. Buch) gibt Platon seine berühmte Darstellung dieses Vorgangs von ungenauen sinnlichen Wahrnehmungen/Illusionen, Vermutungen, Meinungen zur höchsten philosophischen Erkenntnis der Wahrheit (alätheia=das Unverborgene). Zunächst sitzt der Mensch gefesselt in einer dunklen Höhle, mit dem Rücken zum Eingang. Er kann sich nicht umdrehen. Er erkennt auf einer Projektionswand vor sich die Schattenbilder, die durch ein Feuer hinter seinem Rücken erzeugt werden. Später wird er von seinen Fessel befreit und kann sich umwenden (Beginn der Hinwendung zur Wahrheit). Darauf verlässt er die Höhle und erkennt zunächst das, was als Widerschein der Sonne sichtbar ist (Gestirne, Spiegelungen im Wasser). Schließlich erkennt er die Sonne selbst. Er hat die Idee des Guten, die höchst Idee erkannt. So wie die Sonne unser Auge befähigt das Sichtbare zu sehen, so gibt die Idee des Guten unserer Seele die Fähigkeit die Ideen zu erkennen. Der Mensch kehrt in die Höhle zurück und will die Wahrheit lehren, stößt aber auf große Widerstände und wird mit dem Tode bedroht (Sokrates!). Dieser Prozess der Bewusstwerdung erinnert an *Sigmund Freuds* psychoanalytischen Prozess: „Wo Es war soll Ich werden". Aus der Finsternis zum Licht (vgl. Lichtmetaphysik).

Im „Phaidon" (vor 347 v.) (Phaidon ist der Namensgeber des Dialogs) behandelt Platon ebenfalls die „Seelenlehre". Zunächst wird die Philosophie bestimmt als das Streben zu sterben. Sterben ist Trennung der Seele vom Leib. Die Unsterblichkeitsbeweise argumentieren erstens aus dem kreisläufigen Prozeß und Ineinander-Übergehen der natürlichen Gegensätze, zweitens aus der die Erkenntnis begründenden These, Lernen und erkennen seien „anámnesis", drittens aus der Verwandtschaft der Seele mit dem „Göttlichen, Unsterblichen, Vernünftigen, Eingestaltigen, Unauflöslichen und immer einerlei mit sich selbst gleich Verhaltenden". Eine umfangreiche Darlegung der „Ideenlehre" mündet in den letzten Beweis der Unsterblichkeit: Die Seele, die als solche von der „Idee des Lebens" bestimmt ist, kann unmöglich das Gegenteil dessen, was sie mitbringt annehmen. Darin liegt nicht bloß „Trost", sondern auch Verhängnis: Die Sorge um die Seele gilt nicht nur für den „Leben" genannten Zeitraum, sondern gilt prinzipiell.

> „Platons Psychologie ist ein Teil der Physik. Die menschliche Seele hat, obwohl sie von der Gottheit unmittelbar geschaffen worden ist, die Eigenschaften der Weltseele. Sie ist gleich ihr in erster Linie Prinzip des Lebens als das Sich-Selbst-Bewegende (το αυτο κινουν). Steine werden bewegt, Pflanzen, Tiere und Menschen bewegen sich selbst d.h. leben. Aus diesem physikalischen Begriff der Seele als Lebenskraft wird auch der ‚Beweis' für die Unsterblichkeit der Seele im Phaidros gewonnen. Über die persönliche Unsterblichkeit spricht sich die ‚Apologie' zweifelnd aus, das ‚Symposion' kennt nur eine solche der Menschheit, der Dialog ‚Phaidon' glaubt sie nicht mit mathematischer Sicherheit (85C), sondern nur hypothetisch (91B) beweisen zu können, für den großen Mythos endlich im ‚Staat' (Politeia) (Buch X, 608D – 611A) ist sie bloß sittliche Forderung.
> Die Seele ist, was sie ist, jeweils in bestimmten Beziehungen: zu der Sinnenwelt, zu den Ideen, zur höchsten Idee des Guten." (Stubbe, 2002)

Das dialogische Erkenntnis-Prinzip in der Wissenschaft geht auf Sokrates und Platon zurück.

Platon unterscheidet *vier Erkenntnisstufen*:

1. Die Abbilderkenntnis durch Vernehmen von Wörtern (εικασία)
2. Sinneserkenntnis durch Wahrnehmung (αισθησις)
3. Verstandeserkenntnis in Begriffen (Meinung) (δοξα, διανοια)
4. Vernunfterkenntnis durch Einsicht in das Sein der Ideen (νοησις)

Im „Phaidros" (246f) findet sich der Mythos vom Wagenlenker (νους, Geist, Einsicht), der mit einem Zweigespann fährt, bei dem das edlere Roß (Willenskraft) das Zügellose (die Begierde) bändigen hilft. So lebt die Seele in steter Spannung. Das wahre Ziel ihrer Bewegung aber ist die Idee des Guten (vgl. Eros), eine Kernaussage der Platonischen Ethik.
Platon steht in der Tradition einer Dichterkritik (vgl. Xenophanes, Pindar). Nach Platon muss alles was πάθη (Leiden) erregt vermieden werden. Der Dichter ist seiner Ansicht nach weit von der Wahrheit entfernt. Für Hegel ist dagegen die Kunst eine Vorstufe zur Philosophie.

Zu den theoretischen Nachwirkungen seiner Philosophie auf die Psychologie schreibt Galliker (2007:14):

> „Bei Platon wird zwischen zwei Welten unterschieden, zwischen denen ein *Abbildverhältnis* besteht. Die eine Welt wird als ideale Welt aufgefasst und die andere als materielle Welt. Die raum-zeitlichen Dinge der materiellen Welt sind Abbilder der ideellen Welt, der Ideen, der Urbilder. Die Menschen gehören zwei Welten an. Diese Auffassung wird als *Dualismus* bezeichnet. Der Dualismus wird in der abendländischen Geistesgeschichte und Erkenntnistheorie eine wichtige Rolle spielen. Im französischen Rationalismus wird er einen ersten Höhepunkt erreichen. Erst Darwin wird ihn wissenschaftlich verabschieden."

TAB. 1

Entsprechungen zwischen Staat (Politeia) und Psyche (Seele) bei Platon

	Staat (Politeia)			Psyche	
Stände	*Tugenden der einzelnen Stände*	*Seelenteile*	*Tugenden der Seelenteile*	*Völker*
Archonten Philosophen Lehrstand	Sophia Weisheit	Logistikon (logos, nous)	Sophia	Griechen
Wächter Phylakes Wehrstand	Andreia Mut, Wille	Thymoeides	Andreia	Thraker, Skyten u.a.
Bauern Nährstand	unersättlich nach Dingen	Epithymetikon	Philochremeton	Ägypter, Phöniker

Quelle: Platon, Politeia; Stubbe, 2002

Man kann erkennen, dass hier bereits die Grundlagen zu einer *„Politischen Psychologie"* gelegt werden (vgl. auch zu Platon und Dionys: Marcuse, L. (1968): Plato und Dionys. Berlin) sowie auch in der Zirkulationstheorie der Verfassungen bei Aristoteles, die erst zwei Jahrtausende später z.B. bei *Th. W. Adorno* (1903-1969) in seiner „The autoritarian personality" (1950) oder bei *Erich Fromm* (1900-1980) in den Forschungen über Persönlichkeitsstrukturen, die bestimmte politische Systeme unterstützen, weiterentwickelt wurden und heute in der Wahlpropaganda und den Wahlprognosen eine Rolle spielen.

ARISTOTÉLES UND DIE REALITÄT

Aristoteles (384-322 v.) kam als Sohn eines griech. Arztes, Leibarztes des makedonischen Königs, in Stageiros (Thrakien/Makedonien) zur Welt. Er verwaiste früh und wurde von Verwandten erzogen. Mit 18 Jahren kam er nach Athen und trat in die Akademie Platons ein. Er war bis zu Platons Tod dessen bedeutendster Schüler. Bei seinen Schriften muss man die

„exoterischen" für die breite Öffentlichkeit gedachten Schriften von den „akroamatischen ‚esoterischen Lehrschriften" unterscheiden. Aristoteles ging nach Kleinasien und wurde 342 für 3 Jahre Lehrer Alexanders d. Gr. Im Jahre 335 gründete er in Athen eine selbständige Schule (thiasos = rel. Kultgemeinde) im Lykeion, die 12 Jahre von ihm geleitet wurde. Seine Schüler hießen nach einem Wandelgang, in dem sie studierten, Peripatetiker. Nach Alexanders Tod (323 v.) musste er vor einer Anklage wegen Asebeia (Gottlosigkeit) fliehen und starb 322 v. in Chalkis. In seiner Forscherarbeit, bei der ihn seine Schüler durch Übernahme von Spezialgebieten unterstützten, suchte Aristoteles die gesamte Wissenschaft (Logik, Politik, etc.), auch die Naturwissenschaften (Physik, Zoologie, Meteorologie, Kosmologie, etc.) zu umspannen. Im Laufe seiner Entwicklung hat sich der Empiriker, Arzt und Zoologe Aristoteles immer mehr von der platonischen Ideenlehre gelöst (vgl. z.B. Dialog „Eudemos oder von der Seele") und den philosophischen Realismus begründet: Hiernach hat das Sein seinen Ursinn von unten vom Konkreten (sichtbare Welt) her. Nach Aristoteles existieren die Ideen nicht für sich selbst (wie bei Platon), sondern sind gleichsam in den Dingen enthalten. Ideen sind etwas Statisches und können nach Aristoteles nicht den Ursprung der Bewegung erklären.

Aristoteles hat in verschiedenen Schriften die "ψυχή" (anima) behandelt. Die psychologische Hauptschrift "περί ψυχής" (ca. 335-323 v. entstanden) bearbeitet das Thema jedoch monographisch und das erste Mal in der europäischen Geistesgeschichte[5]. Aristoteles' Psychologie ging weit über die Versuche der Vorsokratiker hinaus, die von einer materiellen Vorstellung der Seele ausgingen.

In seinen Dialogen der Jugendzeit vertrat Aristoteles noch den platonischen Dualismus: Leib und Seele verhalten sich wie zwei getrennte und feindliche Substanzen. Ca. im Jahre 329 v. d.h. mit 55 Jahren verfasste Aristoteles in drei Büchern sein berühmtes Werk „Peri Psyches" (über die Seele; lat. de anima), das die erste systematische Schrift der europäischen Psychologie darstellt. Im ersten Buch gibt er einen Überblick über die geläufigen philosophischen Lehren hinsichtlich der Seele als bewegender Kraft, als Harmonie oder feinteiliges Feuer etc. Im 2. Buch gibt Aristoteles zwei Definitionen der Seele. Im 3. Buch behandelt er die Sinne, Wahrnehmungen, Vorstellungen, Streben, etc. Die Frage „was ist Seele" ? beantwortet A. folgendermaßen:

Wie schon Platon gelangt Aristoteles zu einer immateriellen Auffassung der "ψυχή", die unanschaulich ist und nur aus den Tätigkeiten der psychischen Vermögen, besonders der Vernunft, erschlossen werden kann. Er erkennt bereits die Schwierigkeit das Wesen der Seele mit sinnlichen Ausdrücken zu beschreiben oder gar auszuschöpfen. Es ist nicht die "ψυχή", die dies oder das tut, sondern der Mensch mit seiner "ψυχή". Weiterhin gelangt er zu der Ansicht, dass die "ψυχή" als Bewegungsprinzip des Körpers selber unbewegt sein muß (analog wie Gott im Kosmos der "unbewegte Beweger" ist). In der Aristotelischen Naturphilosophie bezeichnet "ψυχή" die αιτία (Ursache) und die αρχή (Prinzip, Ursprung, Anfang) des lebendigen Körpers. Die "ψυχή" ist zwar immateriell, aber materiegebunden, sie gehört zum Körper und ist im organischen Leib gegenwärtig.

Eine "ψυχή" ist sowohl in Pflanzen, wie auch in Tieren und Menschen anzunehmen, so dass sie Prinzip für unterschiedliche "δυνάμεις" (Grundvermögen) ist:

---

[5]

1. *Leben überhaupt* (allgem. in der Antike),
2. *das Sichbewegende* (wie Platon); aber es handelt sich um keine absolute Selbstbewegung, denn sie ist nur bei Gott (proton kinoun akineton), sondern ist nur in relativem Sinne gemeint. Die Bewegung der Lebewesen wird von der Umgebung verursacht (keine spontane Bewegung),
3. *Seele ist die erste Entelechie* (= was in sich ein Ziel hat) eines organischen physischen Leibes d.h. Sinnhaftigkeit und Zweckzusammenhang eines lebendigen Körpers. Die Seele ist Form (Morphe) des Leibes (Stoff = Hyle) (Hylemorphismus). Eine Teleologie wird vorausgesetzt. Leib und Seele verschmelzen zu einer unio substantialis: die Seele ist als Ganzes im ganzen Körper, und der Mensch ist ein „Synholon" eine einheitliche Substanz aus Leib und Seele. Die Seele ist nach Aristoteles dreigeschichtet (aber eine Einheit): τρεπτικόν (Nährvermögen), αισθητικόν (Wahrnehmungsvermögen), διανοετικόν (Denkvermögen), ορετικόν (Strebungsvermögen), κινετικόν (Bewegungsvermögen). Das διανοετικόν (Denkseele) nimmt eine Sonderstellung ein, denn ihr göttliches Substrat, der "νους", kommt bei der Zeugung des Lebewesens in die Sinnesseele des Embryos "von außen hinein" (θύραθεν)[6] und scheint nach dem Tode nicht zu vergehen und kann sich vom Körper abtrennen "wie das Ewige vom Vergänglichen", womit jedoch nicht unbedingt eine άθανασία (Unsterblichkeit) der Einzelseele gemeint ist.

Bei der vergleichenden Morphologie der Lebewesen entdeckt Aristoteles in seiner allgemeinen biologischen Entwicklungslehre eine Stufenleiter der Natur (scala naturae), auf der die höheren Wesen einen immer größeren Grad an Differenzierung und Vollkommenheit in ihren organischen Teilen und Funktionen besitzen. Da alle psychischen Fähigkeiten durch somatische Prozesse bedingt sind, ergibt sich hieraus auch eine Stufenleiter des Psychischen. Das Spezifikum des Menschen besteht darin, dass er eine dreigeteilte "ψυχή" wie bei seinem Lehrer Platon, besitzt, nicht aber drei "ψυχή" (Einheit der "ψυχή"!).

Hinsichtlich der *Struktur der menschlichen "ψυχή"* unterscheidet Aristoteles:

1. Die τρεπτική ψυχή (Nährseele) nennt die lateinische Tradition anima vegetativa. Sie ist schon in den Pflanzen gegenwärtig und ist das erste und allgemeinste Vermögen der ψυχή, durch das allen Wesen das Leben zuteil wird. Ihre Leistungen sind Zeugung und Nahrungsverwertung. Sie bildet die differentia specifica der Pflanzen dem unbeseelten Stoff gegenüber. Sie bringt ζωή (Leben) hervor. Auf der Skala des Psychischen nimmt Aristoteles zwischen Pflanze und Tier ein Kontinuum an.

> "Denn die Natur geht kontinuierlich von den unbeseelten Wesen zu den Tieren hin, über solche Wesen, die zwar leben, aber nicht Lebewesen (ζωον d.h. Tiere, Anm. des Verf.) sind." (Aristoteles, zit. apud Höffe, 2005:506)

2. Der zweite Seelenteil des Menschen, αισθητική ψυχή oder anima sensitiva ist die „Sinnenseele" durch die das Tier (ζωον) definiert ist. Ihre Fähigkeiten liegen in der αισθησις, der Wahrnehmungsfähigkeit, in der Fähigkeit Schmerz (Vermeiden) und Lust (Begehren) zu empfinden, in den leibbedingten Affekten (Furcht, Haß), in dem Vorstellungsvermögen (phantasia) und schließlich in dem Bewegungsvermögen.

3. Der dritte Seelenteil, der nur dem Menschen zukommt ist die „Denkseele" oder anima rationalis, deren Substrat der Verstand bzw. "νους" ist. Ihr Vermögen besteht in der intuitiven Erfassung von Begriffen und Prinzipien (νοητικόν oder "νους"), sowie im Vermögen zur

---

[6] vgl. H.Seidl, Zur Geistseele im menschlichen Embryo nach Aristoteles, Albert d. Gr. und Thomas v. Aquin (SJP, 31, 1986:37-62)

diskursiven Analyse und Assoziation allgemeiner Merkmale in Urteilen und Schlüssen (διάνοια). Sie umfasst sowohl das theoretisch-wissenschaftliche επιστημονικόν, als auch das praktisch-abwägende λογιστικόν. Zu den wichtigsten mentalen Fähigkeiten gehört die προαίρεσις (Vorsatz, Entscheidung), ein durch Überlegung gesteuertes Streben und freier Wahl.

Diese seelische Stufenleiter bildet nicht nur eine Bedingungshierarchie, da Denken, Vorstellen und Wahrnehmen Ernähren voraussetzt, sondern auch eine Zweckhierarchie, da die Leistungen (εργα) der unteren Vermögen den höheren dienen.

Aller *Erkenntnisweg* beginnt mit der Sinneswahrnehmung d.h. Erkenntnis einer Form, weshalb alle Lebewesen Sinnesorgane haben (ειδος αισθητόν, species sensibilis, sinnliche Vorstellungen, Phantasmen). Darauf folgt im weiteren Abstraktionsvorgang der νούς παθητικός und schließlich der νούς ποιητικός. Der νούς παθητικός (species intelligibilis) besitzt noch sinnliche Vorstellungen, aber auf einer hohen Allgemeinheitsstufe. Er wird aus mehreren Vorstellungen gleicher Art gebildet und kommt dem sterblichen niederen Seelenvermögen (intellectus passivus) zu (tabula rasa Modell, s. unten). Der νούς ποιητικός ist der tätige Verstand, der die unsinnlichen Begriffe bildet. Er ist etwas Ewiges und Unsterbliches, ein schöpferisches Prinzip, das von sich aus nicht unter dem bestimmenden Einfluss der Phantasmen, die nur Material sind, steht. Hirschberger (1991, I, S:157) stellt fest, daß der tätige Verstand der Sinneserfahrung gegenüber unvermischt und unbeeinflussbar ist. Er handelt schöpferisch und selbständig wie ein Künstler gegenüber seinem Stoff (vgl. auch Seidl, 1995:XXII-XXVIII).

Leib und "ψυχή" bilden nach Aristoteles ein „συνόλον" (Ganzes). Jedoch ist die "ψυχή" rangmäßig dem Körper überlegen und ist nicht mit den Kategorien zu beschreiben, aus denen stoffliche Bestandteile zusammengesetzt zu denken sind. Es gibt nicht einen Körperteil, der ohne "ψυχή" ist. Die "ψυχή" ist allgegenwärtig: "anima tota in corpore toto". Der Anlage entspricht die ύλη (Stoff), der Wirklichkeit die Form (μορφή, ειδος).

Von den klassischen, viel interpretierten Definitionen der "ψυχή" seien noch einige hier aufgeführt:

> "Die dunkle Formel, die Seele sei 'Form eines natürlichen Körpers' (II 1, 412a20), ergänzt Aristoteles durch nicht minder vielschichtige Kunstgriffe. Materie ist reine Möglichkeit (dynamis), Form dagegen Verwirklichung (energeia). Somit wäre die Seele 'energeia eines bestimmten Körpers' (Met. VIII 3, 1043a35f.). Aristoteles nennt jedoch die Art der seelischen Form lieber 'Vollendung' (entelecheia), und das meint hier ein 'Innehaben' abrufbarer Vollkommenheiten, 'ohne' daß diese stets in 'Betätigung' sein müßten. Die Seele gleicht also verinnerlichten Fähigkeiten wie 'Wissenschaftlichkeit' oder Klavierspielerkunst ...
> Deshalb definiert Aristoteles die Seele schließlich als 'erste' d.h. nicht notwendig in allen Funktionen und zu jeder Zeit tatsächlich ausgeübte 'Entelechie eines natürlichen Körpers, welcher der Möglichkeit nach Leben hat' (II 1, 412a9-11; a21-b6). Doch auch diese Formel ist nur ein vorläufiger 'Umriß', da es einige Seelenteile geben könnte, die wie die Denkseele real vom Leibe 'getrennt' und somit 'keines Körpers Vervollkommnung' mehr sind (II 1, 413a3-10)." (Höffe, 2005:510f)

Der Begriff der Entelechie (εντελέχεια, actualitas), den Aristoteles möglichweise geschaffen hat, meint also, dass etwas in sich als vermögend zu seiner Wirklichkeit bestimmt ist oder, dass etwas in sich als vollendete Wirklichkeit betrachtet werden kann (ενέργεια, actus, actualitas).

Er wird im hochmittelalterlichen Aristotelismus durchgängig verwendet (vgl. Höffe, 2005:188ff; Gessmann, 2009:196).
Hylemorphismus und Teleologie sind demnach wesentliche Bestandteile der aristotelischen Psychologie.
Der vollständige Text "περί ψυχής" des Aristoteles erschien als Erstdruck erstmals 1472 in Padua lateinisch mit einem Kommentar des Averroes.
Aristoteles (1977; Höffe, 2005) hat auch psychologisch interessante Werke über die Phantasie, das Gedächtnis, den Schlaf und den Traum (s. unten) publiziert.
Mit den psychologischen Lehrschriften des Aristoteles beginnt im engeren Sinne die antike akademische Psychologie, aber ihre Wirkung reicht bis in die Gegenwart hinein z.b. wenn die Bedeutung seiner „*Triplexitätstheorie*" (Materie-Form-Entelechie) für die psycho-kybernetische Behandlung des psycho-physischen Problems (s. unten) erkannt wird. In seinem Werk über „Gedächtnis und Erinnerung", das Albertus Magnus ebenfalls behandelt hat (s. unten), entwickelt Aristoteles z.b. die Grundlagen der späteren Assoziations- und Lerntheorien (vgl. Hehlmann, 1963:16ff; Benesch et al. 1990:34; Höffe, 2005; Leven, 2005, S.787ff; Galliker et al., 2007:15ff).
Im Hochmittelalter bildete die Lehre des Aristoteles (Aristotelismus) seit dem 12. Jh. immer stärker die Grundlage der scholastischen Seelenauffassung. Auch *Albertus Magnus* "Psychologie" fußt vor allem auf Aristoteles und seinen Kommentatoren. Die thomistische und neuthomistische Psychologie hielt zwar an dem Seelenbegriff in diesem Sinne fest (anima vegetativa, sensitiva, rationalis), erklärte aber die anima rationalis oder Geist-(Vernunft-)seele für organlos, leibunabhängig und unsterblich. Albert lehrt die substanzielle Einheit der anima vegetabilis, animalis und rationalis im Menschen (s. unten).
Die biologisch-physiologische Auffassung der Seele wurde seit Aristoteles in der europäischen Psychologie immer wieder vertreten z.B. in der scholastischen (thomistischen), Renaissance- und modernen Psychologie. Aristoteles ist heute nach Freud einer der meist zitierten Autoren in der Psychologie (vgl. Zusne, 1984:498). Wolfgang Kullmann (1998) hat die Bedeutung des Aristoteles für die moderne Wissenschaft herausgearbeitet. Er hebt bzgl. der *Katharsis-Lehre* hervor,

> „dass der Begriff der Katharsis letztlich aus Poetik (cap. 6) und Politik (lib. VIII, cap. 7) stammt." (Kullmann, 1998: 443)

Bekanntlich hatte *Jacob Bernays* (1857) eine berühmte Schrift über „Grundzüge der verlorenen Abhandlung des Aristoteles über Wirkung der Tragödie" verfasst, die Sigmund Freud, der eine Bernays heiratete, bekannt war. Freud führt den Begriff des „Abreagierens", der dem Bernayschen Begriff der „Entladung" entspricht, in die Psychopathologie ein.
Aristoteles (1977:191ff; Galliker, 2007:21ff) gilt auch als Begründer der *Assoziations-Psychologie* mit ihren spezifischen Assoziationsgesetzen, die ihre klassische Ausprägung im englischen Empirismus (z.B. Locke, 1690; Hartley; Hume, 1739/40; Mill und bei Herbart) fand, sowie der *Vermögenspsychologie* (Chr. Wolff, I. Kant) und *Allgemeinen Psychologie* (s. unten).

THEOPHRAST: EINE FRÜHE CHARAKTERKUNDE

Theophrast wurde ca. 371 v. Chr. in Eresos auf der Insel Lesbos in einer wohlhabenden Familie geboren. Nach Schulausbildung in seiner Heimatstadt kam er nach Athen und trat dort noch zu Lebzeiten Platons in die Akademie ein. Hier schloss er sich dem etwa 12 Jahre älteren

Aristoteles an und ging mit diesem nach Platons Tod nach Assos (Troas). Er begleitete von nun an seinen Lehrer bis zu dessen Tod (322 v.) und leitete danach die peripatetische Schule in Chalkis. Theophrast war ein einflussreicher Lehrer. Zu seinen Schülern zählten der Dichter Menander, der Staatsmann Demetrios von Phaleron, der Rhetoriker Deinarchos, der Arzt Erasistratos, die Philosophen Straton und Arkesilaos. Er starb im Alter von 85 Jahren (ca. 287 v. Chr.) und wurde unter großer Anteilnahme der Bevölkerung in Athen beigesetzt. Ähnlich wie Aristoteles hat Theophrast fast alle Gebiete des menschlichen Wissens bearbeitet: Logik, Metaphysik, Physik, Astronomie, Meteorologie, Hydrologie, Mineralogie, Seismologie, Botanik, Zoologie, Anthropologie, Psychologie, Ethik, Rhetorik, Poetik, Wissenschaftsgeschichte etc. Während man früher Theophrast ganz im Schatten des Aristoteles stehend beurteilte, betont die moderne Forschung immer stärker seine eigenen originellen Beiträge. Für die Psychologie bedeutsam ist sein Werk „*Charaktere*" (charakteres ethikoi), das ca. 319 v. Chr. entstanden ist. Das Buch enthält 30 kurze Charakterskizzen, wobei die Charakterzüge sämtlich negativ sind, ohne jedoch in einem strengen Sinn sittlich verwerflich zu sein. Es handelt sich vielmehr um alltägliche menschliche Schwächen z.B. Kleinlichkeit, Knauserigkeit, Gewinnsucht, Unverschämtheit, Feigheit, Redseligkeit, Schroffheit, Taktlosigkeit, Aberglauben etc. Freilich hat Theophrast keine Individuen mit der Fülle ihrer Eigenarten und der Komplexität ihrer inneren Erlebenswelt abgebildet. Er beschränkt seine Beobachtungen (gleichsam verhaltenspsychologisch!) allein auf Verhaltensweisen und Handlungen, die für den jeweiligen Charakterfehler und für die jeweilige Schwäche typisch sind. Alles übrige bleibt außer Betracht, so auch die Familienverhältnisse, der Beruf, der Stand, die wirtschaftliche, gesellschaftliche und politische Position. Alle Charakterskizzen sind nach dem gleichen Schema gezeichnet: Auf die Definition des jeweiligen Fehlers folgt die Beschreibung der Verhaltensweisen dieses Charaktertyps. Die „Menschlichkeiten" sind scharf beobachtet und mit treffsicherem Witz lebendig und differenziert geschildert. In dieser Art gewähren die vor ca. 2300 Jahren verfassten „Charaktere" wie kaum ein zweites Buch der Antike einen guten Einblick in das Leben und Treiben der bürgerlichen Gesellschaft der damaligen Zeit. Theophrast ist auch der erste, der das Wort „*Charakter*" auf die Psyche des Menschen bezogen hat. „Charakter" bedeutet einmal „Präger"/„Einritzer" (aber auch Stempel) und zweitens das Eingeprägte (z.B. Prägung des Gesichts, der Sprechweise durch Dialekt) (vgl. dagegen den Prägungsbegriff in der Ethologie!). Wie kommt es zu diesen Wesensprägungen? Nach Aristoteles, von dessen Ethik die o.g. Schrift abhängig ist („goldenes Mittelmaß", Mesotes, einhalten!), entstehen Laster und Tugend durch das Zusammenwirken dreier Momente: der Natur des Menschen, der Gewöhnung/Übung und schließlich der rationalen Einwirkung und Belehrung. Hier setzt Theophrast ein. Er gibt der Tugend und dem Laster und damit der Ethik eine biologische Grundlage (vgl. Konrad Lorenz!). Der Mensch bringt von Natur aus Anlagen zum Verhalten mit. Diese Anlagen nennt Theophrast „Samen der Tugenden". Sie müssen durch Zucht und Pflege, kurz durch Erziehung ausgebildet und entfaltet werden. Wo diese Erziehung unterbleibt, kommt es zu Wildwuchs (vgl. Theophrast Pädagogik, Reclam, 2000:98f). Als in der zweiten Hälfte des 3.Jh.s v. Chr. die Philosophie ihre vornehmste Aufgabe in der „Seelenleitung" erblickte, als man Fehlhaltungen und Laster als Erkrankungen der Seele verstand, die zu heilen der Philosoph berufen sei, und als so die seelendiätetische Schriftstellerei zu blühen begann, dienten die „Charaktere" des Theophrast in Inhalt und Form als Vorbild.

Seine „Charaktere" stehen auch am Anfang der europäischen *Moralistik*, die aus dem Humanismus hervorgegangen ist. Sie diagnostizieren menschliche Schwächen und werben zugleich für humorvolle Toleranz. Ihnen verpflichtet sind auch die antike Komödie (Menander, Plautus, Terenz) und die röm. Satire (Seneca, Martial, Juvenal, Plutarch), die engl. *„character-writers"* des 17. Jh.s und Gellert in Deutschland. Durch das Hauptwerk des frz. Moralisten *Jean de La Bruyère* (1645-1696) « Les caractères de Théophraste, traduits du grec, avec les caractères ou les mœurs de ce siècle » (1688), ein Bestseller des 18. Jh.s, geht Theophrast Charakterbegriff in den allgemeinen Sprachgebrauch ein (vgl. auch *Chamfort* und *Vauvenargues*). In den « Réflexions ou sentences et maximes morales » (1665) des Herzogs *La Rochefoucauld* wird die allmächtige Eigenliebe und die Leidenschaft, die vom Willen wenig beeinflussbar ist, als die hauptsächliche Triebfeder menschlichen Handelns erkannt. Die Moralisten legen in stilistisch brillanten Essays im Anschluss an Montaigne (s. unten) ihre aus scharfer Beobachtung gewonnenen pessimistisch-skeptischen Erkenntnisse über die menschliche Psyche und das sittliche und soziale Verhalten des Menschen ohne ethische Bewertung, ohne gedankliche Systematik und Vollständigkeit, doch mit viel Witz und Ironie nieder. Ähnlich war die literarische Mode des Tacitismus, die als Aphorismen-Sammlungen in Italien (*Filipo Cavriana*) und Spanien (*Alamos de Barrientos*) seit den 80er Jahren des 16. Jh. kursierte. Der Tacitismus war im Grunde nicht viel anderes als ein Machiavellismus unter anderem Namen. Barrientos und Cavriana beriefen sich jedoch auf die medizinischen Aphorismen des Hippokrates. Auch das von A. Schopenhauer übersetzte « oráculo manual » (1647), ein Vademecum der Weltklugheit, des span. Jesuiten *Baltasar Gracian* gehört in diese Traditionslinien.

Noch bis in die 60er Jahre des 20. Jh.s gehörten Charakterologie bzw. Charakterkunde zu den Grundlagenfächern z.B. der dt. Psychologenausbildung (vgl. E. Kretschmer: „Körperbau und Charakter", 1921; C.G. Jung: „Psychologische Typen", 1921; L. Klages: Grundlagen der Charakterkunde, 1926; Kronfeld, 1932; R. Heiss: Die Lehre vom Charakter, 1936; H. Rohracher: Kleine Charakterkunde, 1965, 11.Aufl.; P. Helwig: Charakterologie, 1967). Danach bürgerte sich unter dem Einfluss der us-amer. Psychologie (z.B. Allport) in Deutschland der schon früher vorhandene Begriff „Persönlichkeitspsychologie" ein.

TITUS LUCRETIUS CARUS: PSYCHOLOGIE AUF ATOMARER GRUNDLAGE

Lukrez lebte von ca. 97 bis 55 vor Chr. Er war einer der größten Dichter und Philosophen Roms, und schrieb ein Lehrgedicht „De rerum natura", das unvollendet blieb und möglicherweise von Cicero (106-43 v.) herausgegeben wurde. Lukrez war der bedeutendste und wirksamste Vertreter der epikureischen Philosophie in Rom. Er lebte in einer von sozialen Unruhen, Machtstreben und Bürgerkriegen geprägten Zeit. Dem politischen und sittlichen Verfall versuchte er mit der Darstellung der Heilslehre Epikurs (342-271v.Chr.), als dessen Schüler er sich verstand, entgegenzuwirken. Lukrez gilt heute als wichtigste Quelle zum Verständnis des epikureischen Denkens.

ABB. 7 Lukrez?

Quelle: © A. Noëmi Stubbe, 2018

„De rerum natura" umfasst 7415 Verse in Hexametern und sechs Bücher: Die ersten beiden Bände behandeln die Natur des Mikrokosmos, die Bücher 5 und 6 den Makrokosmos, die Bücher 3 und 4 die menschliche Psyche bzw. die Natur des Menschen.

Das 1. Buch behandelt die Grundsätze der atomistischen Lehre Epikurs. Das 2. Buch ist den Eigenschaften der „Atome" gewidmet. Das 3. Buch ist wie das folgende psychologisch interessant. Es zielt vor allem darauf ab die Menschen von der Angst vor dem Tode zu befreien. Lukrez zeigt, daß der Tod dem Menschen nichts anhaben kann. Da die „anima" (Seele) und der animus (Verstandeskraft) materielle, aus feinen Atomen bestehende Teile des Körpers sind, entstehen und vergehen sie mit ihm und somit kann der Tod, der auch das Ende aller

Empfindungen ist, nichts Schreckliches für den Menschen sein. Um sich ein Bild der von der Fülle der von Lukrez behandelten Themen machen zu können, folgt hier eine Übersicht der Unterkapitel: Das Buch beginnt mit einem Preis Epikurs, dann folgen die Seele (Psychologie), Todesangst der Menschen, animus (Geist, Verstand) ein Körperteil, auch die Seele ein Körperteil, Geist und Seele eine Einheit, Körperlichkeit von Geist und Seele, die Atome des Geistes, die Atome der Seele, vier Arten von Seelenatomen, vierter Seelenbestandteil, Einheitlichkeit der vier Seelenteile, Seelenaffekte, gemeinsames Leben von Leib und Seele, ist Empfindung nur der Seele eigen?, sieht das Auge oder der Geist, gegen Demokrit, der Geist lebenswichtiger als die Seele, Geist und Seele sind sterblich, Kleinheit der Seelenatome, Gleichzeitiges Werden und Vergehen von Leib und Seele, gleichzeitiges Leiden von Leib und Seele, Wirkung des Weins, Wirkung der Epilepsie, Heilung von Leibes- und Seelenerkrankung, allmähliches Absterben, Untrennbarkeit von Leib und Seele, Trennung von Leib und Seele, Ohnmachtsanfälle, Wie scheidet die Seele vom Leibe, die Brust Sitz des Geistes, die fünf Sinne ohne Körper undenkbar, Teilbarkeit der Seele, gibt es eine Präexistenz der Seele?, gegen den Kreationismus, lebt die Seele im Leichnam teilweise fort?, Vererbung geistiger Eigenschaften, Torheit der Seelenwanderungslehre, die Seele ist an den Leib örtlich gebunden, Begriff der Ewigkeit unvereinbar mit der Seele, der Tod berührt uns nicht, Wahngedanken über den Tod, nichtige Trauergedanken, die Stimme der Natur, Deutung der Unterweltsfabeln, kein Heros entrann dem Tode, Erkenntnis des Irrtums bringt Heilung, verwerfliche Lebensgier.

Das 4. Buch ist allgemeinpsychologisch vor allem den Sinneswahrnehmungen (sensus) und einer Theorie der „simulacra" (Bilder, eidola) gewidmet.

Die einzelnen Unterkapitel enthalten: eigenes Dichterbekenntnis, Inhalt des 4.Buches, spätere Fassung, dasselbe ältere Fassung, Bilderlehre, Spiegelbilder, Dünnheit der Bildfilme, kleinste Tierchen, Duftatome, wolkenähnliche Originalfilme aus Uratomen, beständiger Zu- und Abfluß der Bilderfilme, Schnelligkeit des Bilderstroms, Wahrnehmbarkeit der Bilder und Ausflüsse, Wirkung der Bilder auf das Auge, Form, Farbe, Abstand der Objekte, Totalität der Bilderscheinung, jenseitige Spiegelbilder, Umkehrung der Spiegelbilder, Vervielfachung der Spiegelbilder, Flankenspiegelung, Bewegung der Spiegelbilder, Blendung des Auges, aus dem Dunkel ins Helle, Gesichtstäuschung, Schattenbewegung, Theorie der Gesichtstäuschungen, Traumtäuschung, gegen die Skeptiker, Epikurs Kanon, Theorie des Gehörs, Stimmbildung, Echo, Reichweite der Töne, Theorie des Geschmackes, Geschmacksverschiedenheit, Theorie des Geruches, Langsamkeit der Duftatome, Theorie der Antipathie, Theorie der geistigen Tätigkeit, über Wille und Aufmerksamkeit, Wechsel der Traumbilder, die Organe sind früher als ihr Gebrauch, Hunger- und Durstgefühle, Theorie des Gehens, Theorie des Schlafes, Theorie des Traums, Theorie der Pollution, über die Liebe, Warnung vor Liebesleidenschaft, Liebeswahn, Folgen der Liebesleidenschaft, schwer ist die Flucht vor der Liebe, Gemeinsamkeit der Liebesempfindung, Vererbungsfragen, Unfruchtbarkeit, Arten des Liebesgenusses, Lob der liebenswürdigen, wenn auch minder schönen Gattin.

Das 5. Buch ist der Kosmologie, der Astronomie und der Kulturentstehungsgeschichte der Menschheit (Entdeckung des Feuers, Entstehung der Gesellschaft, der Sprache und des Privateigentums) gewidmet. Im 6.Buch versucht Lukrez verschiedene schreckenerregende Naturvorgänge wie Blitz und Donner, Gewitter, Erdbeben und Vulkanausbrüche nach der Atomlehre zu erklären, um die Furcht vor den Göttern und den Glauben an sie zu zerstören.

Das Buch endet mit Ausführungen über Wesen, Entstehung und Ausbreitung der Krankheiten, sowie mit einer dramatischen Schilderung der Pest in Athen (zur Psychologie des Lukrez vgl. Stubbe, 2020).

Die Nachwirkungen
Das Werk des Lukrez hat die Philosophie und Dichtung der römischen Spätantike stark geprägt, geriet aber aufgrund seiner materialistischen und mechanistischen Weltauffassung, sowie seiner Religionskritik mit dem Aufkommen des Christentums in Vergessenheit. Erst in der Renaissance wurde es wiederentdeckt und als Vorbild des Freidenkertums gegen religiösen Fanatismus gefeiert (vgl. Bernal, 1978; Boas, 1988). Sein Werk beeinflusste die Philosophen *Giordano Bruno, Gassendi* (Atomtheorie; de vita, moribus et placitis Epicuri, 1647), *Hobbes* (homo homini lupus), *Montaigne* (Essais, 1580)[7] und *Vico* (Kulturzyklen)[8] und inspirierte *Jean Meslier* und vor allem den französischen Materialismus des 18. Jh.s[9] z.B. *de la Mettrie* (L'homme machine, 1748; 2009). Lukrez war während des „Siebenjährigen Krieges" (1756-1763) einer der Lieblingsschriftsteller *Friedrich des Großen*. Auch *Friedrich Schiller* (1759-1805) hat sich in seinen medizinischen Schriften mit Lukrez auseinandergesetzt[10]. Der sog. Aufklärungspessimismus (vgl. Pestschilderung VI 1138-1286) findet sich bereits bei Lukrez, sowie Rousseauisches und Darwinistisches Gedankengut. *Johann Wolfgang von Goethe* veranlasste eine Übersetzung von *K. L. von Knebel* (1831) (vgl. Wilpert, 1998, S. 651). An Knebel schreibt *Goethe* am 14.2.1821:

> „Was unsern Lucrez als Dichter so hoch stellt und seinen Rang auf ewige Zeiten sichert, ist ein hohes tüchtig-sinnliches Anschauungsvermögen, welches ihn zu kräftiger Darstellung befähigt; sodann steht ihm eine lebendige Einbildungskraft zu Gebot, um das Angeschaute bis in die unschaubaren Tiefen der Natur, auch über die Sinne hinaus, in alle geheimsten Schlupfwinkel zu verfolgen." (Lexikon der Goethezitate, 1968, S. 550).

Auch *Karl Marx* hat sich bekanntlich in seiner Jenaer Dissertation „Differenz der demokritischen und epikureischen Naturphilosophie" (1841) mit Lukrez auseinandergesetzt[11]. In der Anthropologie *Immanuel Kants* (Kant, 1798; 1983, S. 104, 176 Anm., 214 Anm.), in der materialistischen Psychologie (vgl. Lange, 1866), in der sowjetischen Psychologie (vgl. Bauer, 1955; Birjukow, 1959; Petrowski, 1989), sowie im amerikanischen Behaviorismus (Watson, 1914) klingt seine Lehre nach.

---

[7] Sarah Bakewell, 2013, S. 80 hebt hervor, dass *Montaigne* Lukrez Lehrgedicht intensiv durchgearbeitet und es mit vielen Anmerkungen versehen habe; vgl. auch Marcu, Eva (1965): Répertoire des idées de Montaigne. Genève: Librairie Droz; Belowski, Eleonore (1934): Lukrez in der französischen Literatur der Renaissance. Berlin: Ebering
[8] zu Giambattista Vico vgl. Klemm, Otto (1906): G. B. Vico als Geschichtsphilosoph und Völkerpsycholog. Leipzig: W. Engelmann
[9] vgl. u.a. Harthausen, H., Mercker, H. & Schröter, H. (1989): *Paul Thiry von Holbach*. Philosoph der Aufklärung 1723-1789. Katalog. Speyer, 1989; Plechanow, G.W. (1946): Beiträge zur Geschichte des Materialismus (1896). Berlin: Verlag Neuer Weg (darin: Holbach, Helvetius, Marx); Lange, I, 1974 (Lukrez : S. 101-126)
[10] vgl. Riedel, Wolfgang (1985): Die Anthropologie des jungen *Schiller*. Zur Ideengeschichte der medizinischen Schriften und der „Philosophischen Briefe". Würzburg: Königshausen & Neumann, S. 87, 184, 219
[11] zu *Lukrez und Karl Marx* vgl. Karl Marx Biographie. Frankfurt/M.: Verlag Marxistische Blätter, 1982, S. 32-36; die Promotion von Karl Marx – Jena 1841, 1983

Der frz. Frühaufklärer *Jean Meslier* (1664-1729) hat in den meisten dt. und frz. sprachigen Lexika keine Erwähnung erfahren, obwohl sein Werk bedeutende Aufklärer wie den Baron von Holbach und Voltaire beeinflusst hat. Ungewöhnlich war jedoch das Leben und Werk Mesliers, der als Curé von 1689-1729 in Étrépigny und Balaives in den Ardennen, also in der frz. Provinz und Peripherie während der Herrschaft des „Sonnenkönigs" Luis XIV (1638-1715), wirkte und ein über 1000 Seiten starkes „Testament" hinterlassen hat. Darin vertritt er für die damalige Zeit ungewöhnlich radikale Positionen wie Atheismus, Bibelkritik, Kirchenkritik, Islamkritik, Materialismus, einen Agrarkommunismus, eine Kritik am Adel und der Monarchie, Tyrannenmord, sowie die Forderung nach einer Republik (vgl. Meslier, 1974; Krauss, 2005; Onfray, 2018, S. 409-417). In seiner Religions-kritik, seinem „Testament", in dem er die „Gottesbeweise" des Fénélon auseinandernimmt, spielt auch Lukrez als Quelle eine gewisse Rolle; zu seiner Biografie vgl. Meslier, 1974, S. XXXV-LII; Krauss, 2005, S. 42-44. Es existiert sogar ein dt.sprachiger historischer Roman über Meslier: Mager, Günter (2019): Das Wissen des Jean Meslier und sein Anteil an der Zeit der Aufklärung. Sargans/Schweiz: Weltbuch

Der Arzt und Philosoph *Julien Offray de la Mettrie* (1709-1751) ist ein sehr einflussreicher Vertreter des mechanischen Materialismus, der bis heute in psychologischen Menschenbildern (z.B. Maschinen- und Computer-Metapher, Androiden, Künstliche Intelligenz) nachwirkt. Seine ärztliche Ausbildung erhielt er bei Boerhaave in Leiden und übersetzte dessen Hauptschriften ins Französische. Nach der Publikation seines Werkes „Histoire naturelle de l'âme" (1745) musste er nach Holland fliehen und nach dem Erscheinen von „L'homme machine" (1748, 2009), das Hauptwerk seines anthropologischen Materialismus, ging er ins Asyl nach Preussen, wo er Vorleser Friedrich II. wurde. Hatte Descartes das Tier zu einer Maschine erklärt, erweiterte La Mettrie diese Lehre auf den Menschen. Hiernach ist der Mensch eine Maschine, die ihre Triebfedern (ressort) selbst aufzieht (2009:35). Begründet wird dieses innere Bewegungsprinzip durch die von Haller entdeckte Irritabilität der Muskelfasern. Nach La Mettrie existiert nur die Materie und der höchste Grad der organisierten Materie ist der Mensch. Methodisch fußt La Mettries Lehre auf der Fremdbeobachtung, der sich damals stark entwickelnden Anatomie und dem Mikroskop, das 1590 von Johannes und Zacharias Janszen erfunden und später von Hooke und Leeuwenhoek weiterentwickelt wurde. Auch auf Lukrez (IV 836) kommt La Mettrie zu sprechen, der mit seiner Behauptung recht habe,

> „das Auge sähe nur deshalb, weil es genau so gebaut und plaziert wurde wie es ist; daß es – nachdem einmal dieselben Bewegungsregeln gegeben waren, denen die Natur bei der Erzeugung und Entwicklung der Körper folgt – nicht möglich war, daß dieses wunderbare Organ anders gebaut und woanders plaziert wurde." (La Mettrie, 2009:93).

PLINIUS DER ÄLTERE, EIN ANTIKER ENZYKLOPÄDIST

Gaius Plinius Secundus (23–79 n. Chr.) war ein tüchtiger römischer Offizier und Verwaltungsbeamter, zuletzt Admiral in Misenum, und hat durch seine vielseitigen Sammlungen und Studien Weltruhm erlangt. Beim Vesuvausbruch (79 n. Chr.) der zum Untergang von Pompeji und Herkuláneum führte, war er anwesend (vgl. die philosophische Bedeutung einer anderen Naturkatastrophe: *Voltaire's* „Candide ou l'optimisme",1759, in

Reaktion auf das Erdbeben in Lissabon 1755) und kam als Opfer seines Forschungsdranges und Hilfseinsatzes ums Leben (er wollte sich den Ausbruch aus der Nähe anschauen!) und gilt so als einer der ersten Märtyrer der Wissenschaft. Von den vielfältigen Publikationen Plinius d. Ä. (er las und exzerpierte in allen Lebenslagen!) ist nur die *„Historia naturalis"* (Naturkunde), ein gewaltiges Sammelwerk in 37 Büchern, in denen er fast 2000 Quellen zitiert, erhalten. Dieses Werk, eine wahre Enzyklopädie, behandelt alle Gebiete des damaligen antiken Wissens. Es wurde noch im 20.Jh. an manchen humanistischen Gymnasien als Naturkundelehrbuch verwendet (vgl. Heisenberg). Für die Psychologie sind vor allem die „Anthropologie" (lib. VII) und die Heilmittel aus dem Pflanzen- und Tierreich (lib. XX-XXXII) bedeutsam. Im Buch VII wendet sich Plinius d. Ä. den Lebewesen zu und beginnt mit dem Menschen. Er spricht über seine Stellung in der Natur, die um seinetwillen „alles andere erschaffen zu haben scheint" (VII,1). Hier findet sich auch der bekannte Satz: „Der Mensch aber, wahrhaftig, er verdankt seine meisten Übel dem Menschen selbst" (VII, 5), ein wörtliches Zitat, das er Plautus (Asin. 2,488) entnimmt (vgl. auch *Hobbes:* „homo homini lupus").

> „Nur den Menschen setzt sie (die Natur, Anm. d. Verf.) bei der Geburt nackt und bloß auf der bloßen Erde aus, und sogleich ist Jammern und Klagen sei Los, und was kein anderes von so vielen Lebewesen hat, das Weinen." (VII, 1-5).

Der *Mensch als biologisches Mängelwesen* findet sich bereits bei *Platon* (Protagoras, 321c), *Lukrez* (de rer. nat. V, 218-227), bei *Cicero* (de nat. deorum, 2,121) und *Seneca d. J.* (cons.ad Marc. 11,3). Die neuzeitliche biologische Anthropologie *Arnold Gehlens* (1904-1976), die die Kultur als Kompensation natürlicher Mängel interpretiert, ist hiervon beeinflusst (vgl. Pleger, 2017:108-114).

Die Beschreibung merkwürdiger Ethnien (VII, 6-32) hat Plinius d. Ä. manchen Tadel eingebracht, da er viele dem Reich der Fabel zugehörige Dinge aufzählt. Der eigentliche physiologische Teil, der die Entwicklung des Menschen von seiner Geburt bis zum Tode behandelt (VII, 33-190), zeichnet sich durch beachtliche Exaktheit aus. Am Schluss des VII. Buches (VII, 191-209) erscheint es dem Autor sinnvoll, „anzuführen, was einzelne erfunden haben" d.h. er beschreibt den unerschöpflichen Erfindungsgeist des Menschen. Auch die Religion geht auf menschliche Erfindung zurück. In religionspsychologischer Hinsicht führt er die Religion auf Angst und Pragmatismus (vgl. W. James) zurück. Das Buch schließt mit einem Hinweis auf die Gemeinsamkeiten der Völker. *C. G .Jung* (1875-1961) hat sich bei der Entwicklung seiner Archetypenlehre u.a. auf Plinius d. Ä bezogen (vgl. Jung, 2009). Plinius d. Ä. scheint davon überzeugt gewesen zu sein, dass die Entwicklung der Menschheit nach einem übergeordneten (teleologisch gerichteten) Plane verlaufe. Die Natur ist qualitativ bestimmt, gilt als heilig und ist göttlichen Ursprungs. Ihm ist daran gelegen, die Natur in ihrer Güte und Erhabenheit zu feiern und zu verherrlichen sowie deren Nutzen und Segen für den Menschen darzutun. Insofern ist seine Naturkunde auch Kultur- und Kunstgeschichte, Technikvermittlung und Heilkunde. In seiner Botanik (lib. XII-XVIIII) hebt Plinius d. Ä. hervor, dass auch die Pflanzen „nicht ohne Seele" seien. Der Psychophysiker *G. Th. Fechner* (1801-1887) wird im 19. Jh. diese Frage in seiner Schrift „Nanna oder über das Seelenleben der Pflanzen" (1848) wieder aufgreifen (s. unten). In seinen Büchern über die Heilmittel wendet sich Plinius d. Ä. den „Krankheiten von Kopf bis Fuß" zu und schildert ihre Behandlung (auch Frauen- und Kinderkrankheiten, Färben der Haare, Depilation, Heilbäder etc.). Hier findet sich auch ein Abriss der Geschichte der Medizin bei den Griechen und Römern (lib. IXX, 1-28). Auch in anderen Büchern findet sich Psychologisches (z.B. Kunst). Obwohl Plinius d. Ä. keine Quellenkritik betreibt und oftmals eigenes Denken und Beobachten vermissen lässt, ist sein Lebenswerk eine enorme Leistung und verdankt sich genuin antiker Gelehrsamkeit.

Sein Neffe und adoptierter Sohn *Gaius Plinius Caecilius Secundus* (61/62 -112 n. Chr.) d. J. hat in seinen berühmten Kunstbriefen an Tacitus den Vesuvausbruch (79. n. Chr), „Vesuvii incendium" (VI, 16;20; vgl. Junk, 1924) - den er als 18jähriger selbst miterlebt hat - und den Erstickungstod seines Onkels eindrucksvoll geschildert. Eines der schönsten Dokumente der römischen Literatur! (vgl. Der Kleine Pauly, 4. Bd., 1972:928-938; Plinius Secundus d. Ä. , Buch VII, 1975; Müller, 1997:477ff; Möller & Vogel, Bd. 1, 2007:9-34). Auch die Psychologie kann enzyklopädisch behandelt werden.

LUCIUS ANNAEUS SENECA UND DAS GLÜCKLICHE LEBEN

Der röm. Philosoph *Lucius Annaeus Seneca* (Seneca der Jüngere!) wurde ca. 1 v.Chr. als Sohn eines bekannten Rhetors, Seneca der Ältere (ca. 55 – 39 n.Chr.), in Corduba geboren. Nach wechselvollen Schicksalen (z.B. Ägyptenaufenthalt ca. 25-31; Durchlaufen der röm. Ämterlaufbahn) wurde er zum Erzieher des jungen Nero (37 – 68 n.Chr.) berufen und war in dessen ersten fünf Regierungsjahren (ab 54 n.Chr.) tatsächlicher Leiter des röm. Reiches, fiel aber bald in Ungnade und musste sich wegen angeblicher Teilnahme an einer Verschwörung des Piso selbst den Tod geben (65 n. Chr.). In seine Lebenszeit fällt auch der große Brand Roms. Sein Charakter ist vielumstritten. Zweifellos stand sein Leben als Millionär nicht immer im Einklang mit der Lehre, die er in seinen vor allem moralphilosophischen Schriften predigte, die der Erziehung zu edler Menschlichkeit und der Herausbildung einer neuen (vom *Stoizismus* geprägten) Ethik diente (man hielt ihn sogar für einen heimlichen Christen!). Seneca war die hervorragendste literarische Persönlichkeit seiner Zeit. Als reifste Frucht seiner Lebensanschauung sind 124 moralphilosophische Briefe (epistulae morales) essayistischen Charakters an seinen Freund Lucilius über praktische Lebensweisheit erhalten. Daneben schrieb er auch über „naturales quaestiones" (Naturw. Untersuchungen), die bis tief ins MA als Lehrbuch der Physik verwendet wurde. Seneca schrieb 9 Tragödien, die Vorbild für das klassische Drama der Franzosen, Spanier und Italiener wurde. Er strebte hierbei nicht Katharsis (s. oben) an, sondern eine Art Schockwirkung. Auch eine witzige Satire auf Kaiser Claudius Tod (Apocolocyntosis = Verkürbissung) hat er verfasst. Für die Psychologie sind vor allem seine „epistulae" (Briefe) bedeutsam. In ihnen legt Seneca z.B. seine Ansicht über die Struktur der menschlichen Seele dar (vgl. 92. Brief), die von platonischen, aristotelischen und poseidonischen Gedanken beeinflusst ist Es soll gezeigt werden, dass die niederen Seelenkräfte den höheren dienen müssen, dass die Befriedigung der Bedürfnisse der niederen Seelenteile für das vollkommene Glück des Weisen irrelevant ist, und dass ausschließlich die „virtus" d.h. die sittliche Vollkommenheit, das Sich-selbst-Genügen, die stoische autárkeia das Glück gewährleisten kann. Seneca zieht - modern gesprochen - gegen Konsum, Luxus, Unterhaltung und Sex zu Felde. Auch heute noch moderne Laster (vgl. Galimberti, 2003)!

> „Wenn Du einen Menschen erblickst, unerschrocken in Gefahren, unberührt von Leidenschaften, im Unglück glücklich, mitten in den Stürmen gelassen, von einer höheren Ebene die Menschen betrachtend, auf gleicher die Götter, wird Dich nicht Ehrfurcht vor ihm überkommen?"

Seneca behandelt psychologisch und psychotherapeutisch bis heute so hochaktuelle Themen wie den Suizid (ep. 70), die Selbsterkenntnis (ep. 53), die Charakterbildung durch die Philosophie (ep. 20), die Furcht vor dem Tode (ep. 30), die Natur der Seele (ep.57), Gott ist in uns (ep.41), Schnupfen und Fieber als Störung der Lebensqualität (ep.78), wie wenig der Mensch braucht, um sich wohlzufühlen (ep.87), der Tod eines Freundes (ep. 101), über den Zorn (ira) , über die Kürze des Lebens, von der Muße, Trost in einem Trauerfall (Trostschrift für Marcia) etc.

„indem er die Themen seiner Briefe als offene Probleme diskutiert, spricht er so, dass die Ermahnungen an die Adresse des Lucilius stets Selbstermahnungen sind. Der Briefschreiber erhebt sich nicht über den Angesprochenen; er befindet sich mit diesem auf derselben Stufe des *proficere*, des Fortschreitens; er hat keinen Vorsprung. In diesem Sinne sind die Briefe auch Zeugnisse der ‚Selbstrechtfertigung' " (Nickel, In: Seneca, 2009:629).

PLUTARCH UND SUETON: URSPRÜNGE DER BIOGRAFIK

Die biographischen Methoden, die ‚makroskopisch' große Strecken des menschlichen Lebenslaufs umfassen oder ‚mikroskopisch' z.B. als Tageslaufanalyse (vgl. Pauleikoff, 1960, 1963) betrieben werden können, lassen sich als Herstellung und Analyse von Lebensläufen den Einzelfallstudien zurechnen. Dorsch (1994:119) unterscheidet bei der biographischen Methode einmal die allgemeine Methode, den Lebenslauf und seine erlebnismäßige Spiegelung zu erfassen und für die psychologische Diagnostik und Therapie zu verwerten und zum anderen den hauptsächlich von der Tiefenpsychologie beschrittenen Weg zur psychologischen Erfassung eines Menschen, im Gegensatz zur beobachtenden und zur experimentellen Methode. Die biographische Methode zielt zwar auf das Historisch-Einmalige ab, aber man will oftmals auch aus dem Vergleich mehrerer intensiv erarbeiteter Lebensläufe zu einer Aggregation d.h. integrierenden Zusammenfassung von Einzelbefunden kommen. Biographien in kulturvergleichender Absicht wurden bereits in der griechisch-römischen Antike verfasst. Ein berühmtes Beispiel sind die zwischen 105 und 115 n.Chr. entstandenen "Bioi paralleloi" des *Plútarchos aus Chaironeia* (ca. 46- 120 n.Chr.). Überliefert sind hierin zweiundzwanzig Paare von Lebensbeschreibungen je eines griechischen und eines römischen Feldherrn oder Staatsmanns (z.B. Demosthenes-Cicero, Alexander-Caesar, Theseus (als Gründer Athens) - Romulus) mit je einer "Synkrisis" d.h. vergleichenden Würdigung von Persönlichkeit und Leistung. Seine biographische Tätigkeit kennzeichnet *Plutarch* selbst treffend:

"Ich schreibe nicht Geschichte, sondern zeichne Lebensbilder, und hervorragende Tüchtigkeit und Verworfenheit offenbart sich nicht durchaus in den aufsehenerregendsten Taten, sondern oft wirft ein geringfügiger Vorgang, ein Wort oder ein Scherz ein bezeichnenderes Licht auf einen Charakter als Schlachten mit tausenden von Toten und die größten Heeresaufgebote und Belagerungen von Städten. Wie nun die Maler die Ähnlichkeiten dem Gesicht und den Zügen um die Augen entnehmen, in denen der Charakter zum Ausdruck kommt, und sich um die übrigen Körperteile sehr wenig kümmern, so muß man es mir gestatten, mich mehr auf die Merkmale des Seelischen einzulassen und nach ihnen das Lebensbild eines jeden zu entwerfen, die großen Dinge und

Kämpfe aber anderen zu überlassen." (zit. nach Ziegler, 1954/64; vgl. auch Sueton, 1955:16).

Seine Parallel-Biographien sollten schon damals dem Kulturaustausch und der gegenseitigen Anerkennung von Griechen und Römern dienen. Wegen seiner liebenswürdigen, leichtbelehrenden Art (er war Eklektiker) wurde Plutarch im Altertum wie in der Neuzeit sehr geschätzt. Auch die frz. Revolution stützte sich auf seine Biografien antiker Sozialrevolutionäre.

Der römische Historiker *Gaius Suetonius Tranquillus* (ca. 70-140 n.), der Zugang zu den kaiserlichen Archiven hatte, (er war ein Freund des Tacitus und Plinius d. J.!) schrieb neben vielen heute verloren gegangenen Werken über Literatur- und Kulturgeschichte das „Leben der Cäsaren" (de vita Caesarum), in dem er die Biografien der 12 römischen Herrscher von Julius Cäsar (100-44 v.) bis Domitian (51.n.- 96n.) in vielen Einzelheiten und Kleinigkeiten für ein breites Publikum beschrieb. Die Anordnung folgt einem bestimmten Schema: Geschlecht und Familie, Geburt, Erziehung, Jugendjahre, militärische und politische Tätigkeit, Privatleben, Vorzeichen bei Geburt und Tod, Tod, Begräbnis Testament (1. Lebenslauf, 2. charakterliche Stärken, 3. charakterliche Schwächen). Ein klassisches Beispiel ist Kaiser Nero (37 n.- 68 n.), der letzte Spross des julisch-claudischen Herrscherhauses (vgl. auch Sienkiewicz „Quo vadis", 1896 oder Ranke-Graves, „Ich Claudius Kaiser und Gott", 1933/34).

Der modernen Biografik genügt diese Darstellungsweise nicht. Man wirft Sueton Flüchtigkeit, Unrichtigkeiten, mangelnde Berücksichtigung der Situation und Umgebung der Kaiser, eine teilweise sensationalistische (Pikanterie) weniger reflektierende Sichtweise und Quellenkritik vor. Andererseits sind aber seine Zitatengenauigkeit und sein „Dokumentenkult" bewundernswert. Außerdem waren seine Biografien für ein größeres Publikum und nicht als historische Fachpublikationen gedacht.

In der modernen Psychologie spielt die *Biografieforschung* als Teil der qualitativen Sozialforschung, sowie in der biografisch orientierten Psychotherapie seit der *Psychoanalyse* Sigmund Freuds und der *Chicago School of Sociology* (Thomas & Znaniecki, 1914) eine bedeutsame Rolle. *Hans Thomae* (1915-2001) hat ihre Bedeutung für die Entwicklungspsychologie seit den 60er Jahren des vorigen Jahrhundert hervorgehoben (vgl. Jüttemann & Thomae, 1997). Die heutige psychologische Lebenslaufforschung ist breit gefächert: Psychoanalyse (Schraml, 1965), Ich-Psychologie, Psychiatrie (Jaspers, 1973), Soziologie (Szczepanski, 1967; Voges, 1987; Endruweit & Trommsdorff, 1989:98ff), Psychometrie, Humanistische Psychologie (Bühler, 1971) u.a. bemühen sich um eine Klärung dieses Zentralproblems (s. Anhang).

MARCUS AURELIUS ANTONIUS UND DIE LEBENSWEISHEIT

Der röm. Kaiser *Marcus Aurelius Antoninus* (121–180 n. Chr.), aus altem plebeischen Geschlecht stammend, gehört zu den „Adoptivkaisern" und regierte von 161-180 n.Chr. (vgl. berühmte Reiterstatue auf dem Capitolplatz in Rom und Markussäule). Mark Aurel gilt als „Weiser auf dem Thron", weil er Liebe und Sinn für Bildung und Wissenschaft mit stoischer Sittenstrenge und altröm. Einfachheit verband. Er verfasste (teilweise im Feldlager in Ungarn) zwischen 170-178 n.Chr. eine bekannte und einflussreiche Schrift „*Ta eis heauton*" (lat. Ad se ipsum libri XXII) ("Selbstbetrachtungen"; Meditationen aus sich selbst), die in Aphorismenform und in griech. Sprache abgefasst war. Darin schrieb er seine Gedanken und Maximen nieder, die ihm die spät-stoische Philosophie als Trost und Hilfe bot und die in erster Linie auf die Bewahrung der Freiheit des Geistes gegenüber den äußeren Verhältnissen gerichtet sind. Übereinstimmung mit sich selbst, das Ideal der Stoa überhaupt, wird durch Übereinstimmung des Handelns mit dem göttlichen und zugleich kosmischen Allgesetz erreicht. Die Gelassenheit gegenüber den äußeren Ereignissen und die Einordnung in das kosmisch-göttliche Weltgesetz beruht auf der Überordnung der „führenden" Vernunftseele. Die Unterstellung allen Handelns unter die Vernunft ist Ziel des Weisen, des Philosophierenden. Die formale Formel „Tugend ist Einsicht" wird durch eine naturalistische Deutung des Menschen und seiner Natur inhaltlich gefüllt. Der sich dabei abzeichnende Naturrechtsbegriff und die kosmisch gedeutete göttliche Weltordnung führen sowohl zu einer kosmopolitischen Grundeinstellung als auch zur Ausprägung einer *„humanitas"*, die auch für die Gesetzgebungen des Mark Aurel bestimmend war z.B. hinsichtlich der Sklaven, Kinder und Frauen. Die Bewahrung des inneren Selbst lässt äußere Übel, aber auch äußeres Wohlergehen als belanglos erscheinen. Der Ausgleich einer *vita activa* und *vita contemplativa* mit der Bewahrung des Selbst bedarf einer Reihe von Maximen, von denen das Gebot der *Apathia*, der Loslösung von äußeren Motiven und Leidenschaften, die wichtigste darstellt. Affekte sind zum Schweigen zu bringen, die innere Ruhe und Gelassenheit sind zu bewahren. Der Tod, mag er Auflösung oder Übergang sein, verliert seinen Schrecken, da er ebenso im großen Vernunftgesetz des Alls eingeschrieben ist wie das Leben. Das in Freiheit anerkannte „fatum" wandelt sich selbst zur Freiheit. *„Sustine et abstine"* (ertrage und entsage) erweist sich als Anerkennung des kosmischen Gesetzes.

Mark Aurel erscheint den modernen Menschen greifbar als illusionslose, über viel Unwürdiges entsetzte, die eigene Stellung nicht überschätzende Persönlichkeit. Das verhaltene Erstaunen über den stetigen Wechsel und die Wiederholung des Gleichen wird durch zwei Grundsätze gemeistert:

Das von Außen, von der All-Natur Zugewiesene ist nicht abzulehnen, sondern zu lieben, und es ist nach dem Vermögen der eigenen Natur im Dienste nur des Augenblickes zu handeln. Das Ganze der physischen Welt ist die Hauptsache, zu der sich der Geist ausweiten darf, und das Ganze der menschlichen Sozietät, von der man nicht Teil, sondern Glied sein soll, das Sinn und Zweck in der Erhaltung des Ganzen hat.

ARTEMIDOR VON DALDIS: ANTIKE TRAUMWELTEN

Inkubation, eine antike Psychotherapie?

Bereits in Alt-Ägypten kurierte man sich in den Tempeln des Heilgottes Imhotep (2700 v.), später durch Inkubation (lat. incubare = in oder auf etwas liegen), einer Heilmethode psychischer Beeinflussung vor allem in der griech. Antike z.B. im Tempel des Asklepios/Aeskulap (Trikka, Thessalien; Pergamon; Epidauros; Kos; Athen; Rom; Memphis). Der Pat. verbrachte eine Nacht in einem unterirdischen Raum (αβατον; früher: Höhle) im

Asklepion, und pflegte dabei einen Traum oder eine Vision zu haben, durch die er geheilt wurde. Der Jungianer C. A. *Meier* hat die Inkubation monographisch bearbeitet.

„In der Frühzeit musste der Pat. auf dem Boden liegen; später benützte man ein Ruhebett (κλινή genannt). Im Gegensatz zur Couch des Analytikers von heute war die *Kline* jedoch zum Schlafen und Träumen bestimmt. Während der Nacht, die der Pat. im Abaton zubrachte, konnte er Erscheinungen haben, ein Orakel konnte ihm zuteil werden, er konnte Visionen haben oder Träume im eigentlichen Sinn. ... Von einem ‚Orakel' sprach man, wenn der Pat. einen Traum hatte, in dem ein Gott oder ein Priester Anweisungen gab. – Eine ‚Vision' war ein Traum, in dem der Pat. ein Ereignis vorhersah, das bald Wirklichkeit werden sollte. – Ein 'Traum im eigentlichen Sinne' war ein Traum ganz besonderer Art, der *als solcher* die Heilung herbeizuführen pflegte. Dies war kein Traum, der der Deutung bedurfte, um zu offenbaren, welchen Rat er enthielt; der Pat. träumte einfach, und daraufhin verschwand die Krankheit." (Ellenberger, 1973:66).

„Beides, der vom eigenen Leidensdruck verstärkte Wunschglauben *und* die Selbstverständlichkeit, mit der die Inkubationsmedizin als irrationale Heiltechnik gesellschaftlich anerkannt war – und eben kein esoterisches Mauerblümchen-Dasein fristete - , waren starke seelische Anreize, dieser „Methode" zu vertrauen und sich auf Heilträume einzulassen."(Hermes, 1996:177)

ABB. 8 Weihrelief an Asklepios. Der Gott heilt im Traum. Hinter ihm steht Hygieia (4. Jh. v. Chr.)

Quelle: Keller (1995:247); Medizinhistorisches Museum Zürich

TAB. 2 Traumpsychologie in der griechisch-römischen Antike

Die Träume kommen von *Zeus* (vgl. Ilias, 2.5 und 22.199); der Träumer hat nicht einen Traum, sondern er *erhält ihn*

Homer (8.Jh. v.Chr) unterscheidet bereits die wahrheitskündenden von den trügerischen Träumen (vgl. Odyssee, XIX, 559ff)

Herodot (ca. 484-425 v. Chr.) hat die Träume (z.B. des Xerxes: VII 12ff) in seinen „Historien" nicht erfunden, sondern aus legendärer historischer Tradition übernommen, so dass sie als Elemente eines überindividuellen Geschichtsbildes erscheinen. Er berichtet u.a. von Symbolträumen (z.B. I 107f: Astyages; II 30: Kambyses; VI 131:Perikles) und von dem Nichtträumenkönnen der Atlanten (IV 184)

Demokrit (460-370 v.Chr.), ein Zeitgenosse des Sokrates, geht von *eidola*, mit göttlicher Kraft ausgestatteten Bildern aus, die überall im Universum umherschweben. Diese Bilder strömen kontinuierlich von Personen und Dingen aus und dringen durch die Poren in den Körper der Schlafenden ein. Auf diese Weise gelangen sie in deren Bewußtsein und lassen sich von den Träumenden gleichsam erschauen

In der *hippokratischen Schrift* „Über die richtige Lebensweise" (ca. 400 v. Chr.) wird im 4. Buch die medizinische Berücksichtigung der Träume behandelt. Der Autor entwickelt eine feste Zuordnung von bestimmten Trauminhalten und des jeweils dadurch vorbereiteten körperlichen Wohlbefindens und der körperlichen Störung.

Für *Platon* (427-347 v. Chr.) tritt im Schlaf die seherische Kraft der Seele hervor (Tim. II, 70). Sein Lehrer Sokrates hatte bekanntlich seinen Tod im Traum vorausgesehen (Kriton, c.2). Im Traum regen sich ungebärdige Begierden, von denen der Wachende kaum eine Vorstellung hat (Pol IX,1). Die Bösen tun das in Wirklichkeit, was die Guten nur träumen (Kompensation!).

Aristoteles (384-322 v. Chr.) verfasste zwei Schriften über den Traum: Er glaubt nicht an gottgesandte Träume und sucht ihre Ursache im Menschen selbst. Er unterscheidet drei Möglichkeiten, die den Traum zu einem mantischen Ereignis machen, durch das der Träumende etwas über seine Zukunft erfährt: der pure Zufall durch den das Traumerlebnis mit der späteren Wirklichkeit übereinstimmt, zweitens der Wunschtraum, der selbst zum Auslöser des Ereignisses wird (self fulfilling prophecy!) und drittens gemäß der aristotelischen Traumtheorie: in der Hektik des Tages können sich bestimmte Reize nicht durchsetzen, die eine Veränderung im physischen, emotionalen oder mentalen Bereich anzeigen wollen. Sie werden im Wachzustand von stärkeren Eindrücken überlagert bzw. ausgeblendet, melden sich aber im Schlaf zurück und kündigen das Ereignis an. Dieses Vorher-Sehen hat nach Aristoteles vor allem im medizinischen Bereich einige Bedeutung.

Epikur (gest. 270 v.) und seine Schule lehnen die Traum-Mantik kategorisch ab (vgl. Lukrez, IV, 962ff)

Die *Stoiker* dagegen lehnen die natürliche Erklärung der Träume ab. Für sie stellen Träume einen Dialog göttlicher Mächte mit den Menschen dar (vgl. Marc Aurel, I, 17,8; IX, 27)

Cicero (106 - 43 v.Chr.) kritisiert die ganze Traumdeutung als pseudowissenschaftlichen Humbug und nennt die Zunft der Traumdeuter ein „genus levissimum et indoctissimum" (de divinatione, II,129)

Titus Lucretius Carus (ca. 94-55 v. Chr.) beschreibt in seinem Lehrgedicht „de rerum natura" Traumphänomene wie Tagesreste, Wunscherfüllung, Verdichtung, Flugtraum, Traumverhalten von Tieren etc.

Artemidor von Daldis (ca.100 – ca.180 n. Chr.) schrieb in griech. Sprache das ausführlichste auf unsere Zeit gekommene lehrbuchartige „Traumbuch", die „Oneirokritika" (=Traumaussonderung, Traumunterscheidungen). Es enthält eine lexikonartige Fallsammlung von rund 1400 Traummotiven und deren Deutung. Es wurde in Byzanz rezipiert, in der Renaissance ins Lateinische übersetzt, sowie schon früh ins Arabische. Bis ins 18.Jh. galt dieses Werk als das Standardwerk der Traumforschung und –Deutung. S. Freud kannte es und setzt sich kritisch mit ihm auseinander (z.B. Traumdeutung: 2.Kap. Die Methode der Traumdeutung, S:91f). Artemidor unterscheidet „enhýpnion" (den bedeutungslosen Traum) und den „óneiros" (den bedeutungsvollen mantischen Traum). Den „óneiros" definiert er (I, 2):

> „Das Traumgesicht ist ein vielgestaltiges Bilden der Seele, das das bevorstehende Gute und Böse anzeigt. Unter der Voraussetzung prophezeit die Seele alles, was sich im Lauf der Zeit über kurz oder lang ereignen wird, durch eigene natürliche Bilder, die auch Grundformen genannt werden, weil sie glaubt, wir vermöchten in der Zwischenzeit mit Hilfe vernünftigen Denkens die Zukunft erkennen."

Der Arzt *Galen* (2.Jh. n. Chr.) benutzt Träume zur medizinischen Diagnostik. Für ihn können Träume Aufschluss über körperliche Zustände, vor allem auch über die quantitative und qualitative Beschaffenheit der Körpersäfte geben.

Seit frühester Zeit (schon bei Homer) gibt es spezialisierte *Traumdeuter*:

Es bildet sich ein immer feiner differenziertes System der *oneirokritike* (Traumdeutung) heraus: „Einzig die lückenlos wiedergegebene Traumwahrnehmung erschließt sich dem Verständnis", fordert *Artemidor*. Der Traumdeuter (oneirokrites) sollte sich nach Möglichkeit in den Lebensumständen seines Klienten genau auskennen (soziale Stellung, berufliche Tätigkeit, Vermögenssituation, familiäre Verhältnisse, gesundheitlicher Zustand, gegenwärtige psychische Befindlichkeit). Man unterschied einfache Träume (enhypnia; insomnia) von bedeutsamen zukunftsweisenden Traumgesichtern (oneiroi; somnia). Bei dem sog. theorematischen Traum „sah" der Träumende direkt die Botschaft des Traums. Demgegenüber sind die allegorischen Träume verschlüsselt (Symbole). Man bediente sich zur Interpretation systematisch aufgebauten Lehrbüchern mit einem großen Fundus an Traummotiven.

Mit Träumen (insbes. von Königen, Feldherren etc.) – tatsächlichen oder erfundenen – lässt sich auch, wie Herodot gezeigt hat, Politik machen vgl. Alexander der Große, Cäsar, Konstantin.

Quellen: Stubbe, 2020: 41ff; s. Bibliografie

Ich saz ûf eime steine
und dahte bein mit beine,
dar ûf sast ich den ellenbogen;
ich hete in mîne hant gesmogen
min kinne und ein mîn wange.
Dô dâhte ich mir vi lange,
wes man zer werlte sollte leben.

Walter von der Vogelweide (ca. 1070- ca.1130)

Europäisches Mittelalter

Das *europäische Mittelalter* ist eine Epochenbezeichnung für den Zeitraum zwischen Altertum/Antike und Neuzeit und reicht etwa vom Untergang des römischen Reiches (476 n. Chr.) bis zum Jahre 1500. Es lässt sich in Früh-, Hoch-(962-1250 n. Chr.) und Spät-Mittelalter gliedern. Auch in anderen Kulturkreisen z.b. in China oder Japan (ca. 120 v. Chr. – 1868 n. Chr.) spricht man von Mittelalter für einen mittleren Zeitraum. Verbreitung fand der Begriff durch die „Historia tripartita" des Schulmeisters *Christoph Cellarius* (gest. 1707). *Francesco Petrarca* (1304-1374), der „Vater des Humanismus" (vgl. „Secretum meum", 1343: 3 Dialoge zwischen ihm und Augustinus) hatte jedoch schon im 14. Jh. den Gedanken einer „Zwischenzeit" entwickelt (vgl. Heitmann, 1958; Rachum, o.J.; Pauler, 2007).
Die moderne Mediävistik hat das klassische Vorurteil des „finsteren Mittelalters", wie es noch Humanismus, Renaissance, Aufklärung und das 19. Jh. vertraten, gründlich ad absurdum geführt. Es war allein schon deshalb nicht „finster", weil man sich im Hochmittelalter, zur Lebenszeit Alberts, intensiv in Theorie (z.B. Grosseteste) und Praxis (Gotik) mit dem Licht (lux) auseinandergesetzt hat; vgl. auch Gurjewitsch (1980:8), der die methodischen Konsequenzen eines solchen Vorurteils deutlich macht. Arno Borst (1979:20) spricht vom Mittelalter als „Zeitalter verwirklichter und wirksamer Lebensformen". Für Flasch (1986:350ff) ist der Begriff „Mittelalter" sogar ein „polemischer Einfall der Humanisten" und Horst Fuhrmann (2002) hat in seiner originellen Schrift „Überall ist das Mittelalter" eindrucksvoll die Gegenwart mittelalterlicher Prägungen, sowohl in ihren sichtbaren Zeugnissen wie in den inneren Einstellungen aufgezeigt. Umberto Eco, dessen Mönchsroman „Der Name der Rose", insbesondere auch in ihrer Verfilmung, uns das Mittelalter lebendig vor Augen geführt hat, spricht gar von einem „neuen Mittelalter", in das wir einträten (vgl. zur Technikgeschichte des Mittelalters auch: Matthes, 1983; Klemm, 1983; Lindgren, 2001; Braun, 2005).
Ganz besonders die Studien von *LeGoff*, *Gurjewitsch*, *A. Borst*, *Ladurie* u.v.a.m. haben uns eine lebendige und differenzierte Sicht von einem vielfältigen und -gestaltigen Mittelalter vor Augen geführt. So schreibt z.B. LeGoff :

> „das lange Mittelalter hat die Stadt, die Nation, den Staat, die Universität, die Mühle, und die Maschine, die Stunde und die Uhr, das Buch, die Gabel, die Unterwäsche, die Person, das Gewissen und schließlich auch die Revolution erfunden. Zwischen dem Neolithikum und den industriellen und politischen Revolutionen der letzten beiden

Jahrhunderte ist es kein Tal und keine Brücke, sondern ein großer schöpferischer Schub, von Krisen unterbrochen und je nach Regionen, sozialen Schichten und Handlungsstrukturen in Akzenten nuanciert und in Abläufen unterschiedlich" (zit. apud Asendorf et al., Lexikon der wissenschaftlichen Grundbegriffe: Geschichte, 1994:437f).

Der Wissenschaftshistoriker *John Desmond Bernal* (1978:285ff) listet als technische (teilweise aus China und Arabien übernommene) Innovationen im Mittelalter die Kathedralen-Architektur, das neue Pferdegeschirr (das Kummet), die Wasser- und Windmühle, die Uhr, das Achterruder, das Schießpulver, Linsen und Brillen, die Destillation und den Alkohol, das Papier und den Buchdruck auf. Auch die Universitätsgründungen und Klosterschulen stehen für einen wissenschaftlichen Fortschritt:

> „Um die Wende des 12./13. Jh.s entstanden als Antwort auf die Herausforderungen der Zeit die Universitäten, beginnend mit denen von Bologna und Paris vor 1200, auf die zu Beginn des 13. Jh.s die in Oxford, Cambridge und Montpellier folgten. Die Initiative kam von den beteiligten Magistern und Scholaren selbst, während die Bischöfe und kommunalen Autoritäten diese Zusammenschlüsse eher ablehnten, fürchtete man doch eine Schwächung der eigenen Machtposition. Der Papst und die Könige von Frankreich, Kastilien und England jedoch erkannten schnell die Bedeutung einer wissenschaftlich gebildeten Elite und unterstützten die universitäre Bewegung – in Deutschland hinkte man hinterher, Karl IV. gründete 1348 in Prag die erste ‚deutsche' Universität, der 1365 Wien und 1385 Heidelberg folgten." (Pauler, 2007: 186f)

Der kath. Religionsphilosoph und Theologe *Romano Guardini* (1885-1968) hat in seiner immer noch lesenswerten Schrift „Das Ende der Neuzeit" (1950:18ff) einige wichtige geistige Züge des Mittelalters hervorgehoben: Der mittelalterliche Mensch glaubt an die biblische Offenbarung und sieht überall Symbole. Das Bild des äußeren kugelförmig gedachten Kosmos ist das ptolemäische. Die Quellen der Wahrheit findet der mittelalterliche Gelehrte vor allem in der Bibel (z.B. Vulgata des Hieronymus, gest. 420 n.Chr.), in den Lehren der Kirchenväter und in der griech., lat., jüd. und arab. Philosophie und Theologie. Im Hochmittelalter, z.Zt. Alberts, ist vor allem Aristoteles, der „philosophus" schlechthin, die „auctoritas". Zum („naturwissenschaftlichen") Weltbild im 13. Jh., wie es den einfachen Menschen, den „stummen Zeugen", von einem Prediger (Berthold von Regensburg) vermittelt wurde (vgl. z.B. die hübsche Predigt „Von den drei Hindernissen, um Gott zu schauen", die von *Gurjewitsch* (1997:207f) analysiert wurde).

Die Hierarchien von Kirche und Staat, über denen jene der Engel steht, ordnen die Mannigfaltigkeit des Daseins. Eine Ordnung gibt es aber auch im Nacheinander der Geschichte (vgl. Augustinus, De Civitate Dei; s. unten). Die architektonisch-raumhafte Gestalt des Kultes ist die Kathedrale, die das Ganze der Welt symbolisiert. Für Gurjewitsch (1980:328) ist die Kathedrale (eigentlich eine Kirche mit einer „kathedra" d.h. Hauptkirche einer Diozöse d.h. eines Bischofs oder Erzbischofs) ein „vollendetes und vollkommenes Ebenbild und eine anschauliche Verkörperung des göttlichen Kosmos" (vgl. Fried & Rader, 2011:100-112; ein moderner Kulturanthropologe spräche von „Kosmovision" bzw. „axis mundi").

Der Jahreslauf der Sonne mit seinen Rhythmen ist mit dem „sol salutis", dem Leben Christi im Nacheinander der religiösen Feste und Zeiten des Kirchenjahres verbunden und bildet den Zeitrhythmus der Gemeinde. Der Kult wird auch literarisch gestaltet (vgl. Pontificale, Rituale, Meßbücher, Breviere, Legenda Aurea, „Göttliche Komödie" Dantes etc.).

> „Im mittelalterlichen Menschen drängt ein gewaltiges Verlangen nach Wahrheit. Kaum je – vielleicht mit Ausnahme der klassischen chinesischen Kultur – ist dem Mann der Erkenntnis, dem Gelehrten, eine solche Bedeutung gegeben worden, wie damals." (Guardini, 1950:31f).

> „Der Wille zur Wahrheit ist mit dem zur Gestaltung unlöslich verbunden. Eine ‚quaestio' untersucht ein Problem: ihr Aufbau bildet die Gewähr dafür, daß die Untersuchung klar, Für und Gegen wohl erwogen, und das Verhältnis zur Denkarbeit der vorausgehenden Zeit entsprechend berücksichtigt sind. Zugleich hat sie aber auch einen ästhetischen Wert, wie ein Sonett oder eine Fuge. Sie ist nicht nur gesagte, sondern geformte Wahrheit. Die Form als solche sagt etwas über die Welt aus – und wäre es nur, daß deren Wesen in solcher Gesamtheit ausgesprochen werden kann. Das Ganze aber, das sich aus ‚articuli', ‚quaestiones' und ‚partes' aufbaut, die ‚Summa', bildet eine Ordnung, in welcher der Geist weilen kann. Sie ist nicht nur ein Buch der Lehre, sondern auch ein Raum des Existierens, weit, tief und geordnet, so daß der Geist in ihm seinen Ort findet, Disziplin übt und Bergung erfährt." (Guardini, 1950:33f)

Auch für den russischen Mediävisten *Aaron Gurjewitsch* (1980:328) ist das Mittelalter eine Epoche der Enzyklopädien, der „Summen" und der „Spiegel".

> „Diese Enzyklopädien waren dazu berufen, keine Summe von Kenntnissen über die Welt im arithmetischen Sinn (eine Summe als das Resultat einer einfachen Addition) zu vermitteln, sondern die Welt in der Einheit darzustellen: ‚summa' bedeutete das ‚Höchste', ‚Hauptsächlichste' und „Vollendetste'." (Gurjewitsch, 1980:328)

Einer meiner akademischen Lehrer *Michael Landmann* (1913-1984) hebt in seiner „Philosophischen Anthropologie" (1969:67ff) für das Mittelalter fünf wesentliche anthropologische Charakteristika hervor:

1.der *Theozentrismus*
Nach mittelalterlicher Anschauung ist Gott ein Geist, der der Welt gegenüber transzendent ist. Er ist außerdem ewig, absolut, unermesslich, allwissend und allmächtig. Sein Werk ist die Schöpfung, die er durch das Gebot seines Willens aus dem Nichts hervorgerufen hat. Damit wird eine unüberbrückliche Kluft zwischen schaffender und geschaffener Natur, zwischen Gott und Kreatur aufgerichtet. Die Weltanschauung des Christentums ist theozentrisch in dem Sinne, daß alles Geschaffene durch Gott und um Gottes Willen da ist, zu seiner Ehre, zu seinem Ruhme. Gott offenbart sich in den Dingen, und die Offenbarung ist ein Ausdruck seines Wesens und Willens (vgl. auch Aster, 1960:112).

2. der *Anthropozentrismus*
Wie nach dem religiösen Weltbild, Gott Herr der Welt, so ist der Mensch Herr der Erde, und ihm gilt Gottes besondere Fürsorge. Das religiöse Weltbild des Mittelalters ist nicht nur theozentrisch, sondern auch anthropozentrisch.

> „Nicht der Mensch ist für irgendetwas anderes geschaffen, sondern die ganze Welt ist für den Menschen, der die Vollendung des Alls darstellt, geschaffen. Da die Welt für den Menschen geschaffen ist, kann man im Menschen die ganze Welt und ihre Einheit finden. In der Tat, es gibt Schöpfungen, die zwar existieren, aber nicht leben (zum Beispiel die Steine); andere existieren und leben, besitzen jedoch keine Empfindungen (die Pflanzen); die dritten existieren, leben und haben Empfindungen, doch sie besitzen keinen Verstand (die Tiere). Der Mensch stimmt mit der übrigen irdischen geschaffenen Welt in der Fähigkeit zu existieren, zu leben und zu fühlen überein, doch gleichzeitig teilt er mit den
> Engeln die Fähigkeit zu verstehen und zu urteilen. Der Mensch ist somit die Krone der Schöpfung." (Gurjewitsch, 1980:336)

Erst in der Neuzeit wird dieses anthropozentrische Denken auf das Nachhaltigste erschüttert:
Auf den Kopernikanismus und den Darwinismus, folgt die Psychoanalyse und der Multikulturismus bzw. kulturelle Relativismus. Sobald die Erde nur noch ein Stern unter Sternen ist, wird der Glaube an die Einzigkeit des Menschen hinfällig. Nach der Darwinschen Abstammungslehre geht, wie alle Arten auseinander hervorgehen, auch der Mensch kontinuierlich aus dem Tierreich hervor. Zwischen ihm und dem Tierreich läuft kein unüberspringbarer Graben. Der Mensch kann, wie so viele andere Arten, auch eines Tages untergehen. Die Psychoanalyse hat dem Menschen die dritte und wie Sigmund Freud meint die "empfindlichste Kränkung seiner naiven Eigenliebe" zugefügt, nämlich in der Entdeckung, daß dieses bevorzugte Geschöpf Gottes "nicht einmal Herr im eigenen Haus" sei (vgl. Landmann, 1969:74) Die vierte Demütigung, die das eurozentrische und christozentrische Weltbild erschüttert haben, sieht Mühlmann (1968:146ff) in der Relativierung der Horizonte d.h. in der Tatsache, dass der Mensch seine, je eigene Kultur, Religion, Gesellschaftsordnung, seine gesamte soziokulturelle Seinslage als nur eine unter vielen erkennt und keineswegs mehr als die selbstverständlich gegebene oder gar beste aller möglichen Lebensformen. Bereits der Historismus des 18. Jahrhunderts hatte den naiven Ethnozentrismus ins Wanken gebracht und herausgestellt, dass wie den biblischen Religionen der Mensch als solcher sich vor allen Wesen erwählt glaubt, so pflegt sich auch innerhalb der Menschenwelt jede Gruppe vor der anderen dadurch erwählt zu glauben, dass nur ihre
Anschauungen, Wertschätzungen und Sitten die wahren seien, dass nur sie Trägerin der der Menschheit eigentlich gemäßen Kultur sei (Ethnozentrismus). Deshalb fordert der Historismus: alle Formen der Kultur sind einander grundsätzlich gleichwertig, man darf keine an der anderen und am wenigsten die fremden an der eigenen messen. LeGoff (1987:53ff) hat Abälard (1079-1142) als einen hervorragenden mittelalterlichen Humanisten herausgestellt, weil er sich für die Verbindung von Vernunft und Glauben

eingesetzt hat und bereits alles Gemeinsame an den drei Weltreligionen herauszustellen versuchte, sowie einen Dialog zwischen einem heidnischen Philosophen, einem Juden und einem Christen erarbeitete, ein Thema, das gegenwärtig wieder hochaktuell ist.

> „Er wollte Naturgesetze wiederentdecken, die über die Religionen hinaus ermöglichen, in jedem Menschen einen Sohn Gottes zu sehen. Sein Humanismus mündete in Toleranz und im Gegensatz zu seinen verurteilenden Zeitgenossen suchte er das Verbindende in den Menschen und behielt im Sinn, daß es *viele Wohnungen im Haus des Vaters gibt*. Abälard war der typischste Vertreter des Pariser Kreises, in Chartres wiederum finden sich andere Züge des entstehenden Intellektuellen." (LeGoff, 1987:53f)

3. die *Erbschuldlehre*
Nach mittelalterlicher Lehre ist der Mensch durch seine Natur und durch seine Abstammung, seit dem Sündenfall des ersten Menschenpaares, Sünder und zum Tode verdammt. Die Sünde ist ihm so eigen wie das Geboren- und das Sterblich-Sein und kann nur auf übernatürlichem Wege von ihm genommen werden. Das bedeutet jedoch nicht, dass er nicht gegen die Sünde kämpfen könnte und sollte. Im Gegenteil, ohne diesen Kampf würde er ja kein Erlösungsbedürfnis haben.

Der Verfasser des Schöpfungsberichtes bringt nun mit dem sog. Sündenfall noch eine Reihe weiterer Anthropina in Zusammenhang. Ihm ist aufgefallen, dass der Mensch, im Unterschied zum Tier, Schamgefühl empfindet, und daher bekleidet geht, dass er als einziges Wesen arbeiten muß, um seinen Lebensunterhalt zu gewinnen und, dass die Menschenfrau stärker als das Tierweibchen unter Schwangerschaftsbeschwerden und Geburtsschmerzen leidet. Alles dies muß nun nach mythischer Art erklärt, es muss eine Ursache dafür angegeben werden (vgl. Landmann,1969:59).

Kains Brudermord und die babylonische Sprachverwirrung sind für den mittelalterlichen Menschen weitere Konsequenzen der Erbschuld: Nur beim Menschen töten sich Artgenossen untereinander, nur innerhalb seiner Art lebt der Mensch eine Vielzahl heterogener Kulturen und Sprachen. Die Psychohistoriker z.B. L. Janus (1993:245f), sprechen im Mittelalter von einer "Gesellschaftsgestaltung nach dem fötalen Psychismus" oder Lloyd deMause (Das emotionale Leben der Nationen. Klagenfurt: Drava, 2002:291ff), von der „masochistischen Persönlichkeit des frühen Christentums" und der „Borderline-Psychoklasse des späten Christentums" ab dem 12. Jh. Letzterer verdeutlicht dies anhand der „acedia", einer Art „Lebens- und Selbstekel" der hochmittelalterlichen „Psychoklasse". Er konstatiert im 12. Jh. auch einen Wandel von einer „Schamkultur" zu einer „Schuldkultur".

4. Die *Gnadenlehre*
Im Christentum kann der „homo peccator" nur durch die göttliche Gnade erlöst werden. Nach der Fortschrittslehre des 18. und 19.Jh.s dagegen kann der Mensch sich aus eigener Kraft aufrichten und sich immer mehr der Vollendung zu entwickeln. In der christlichen DreistufenAnthropologie (Urstand → Sündenstand → Gnadenstand) liegt der Akzent auf dem Sündenstand, der eigentlichen Realität des (mittelalterlichen) Lebens.

"Der Urstand ist nur eine ferne Erinnerung, ein metaphysischer Traum ohne Wirksamkeit für die Gegenwart. Und auch der Gnadenstand bleibt, wiewohl Christus ihn schon initiiert hat, dennoch für den Einzelnen wie für die Gesamtmenschheit nur Verheißung." (Landmann, 1969:77f)

Das Christentum kennt verschieden starke Ausprägungen der Gnadenlehre. Einerseits wird eine Selbsterlösung gänzlich geleugnet, zum anderen die Lehre vertreten, daß der Mensch nicht ganz unbeteiligt an seiner Erlösung ist. Aus theologischer Sicht stellen Pelagianismus und Augustinismus die beiden Extrempositionen in dieser Frage dar. Der Pelagianismus war eine christl. Häresie, benannt nach Pelagius (gest. um 420 n.Chr.), wonach der Mensch durch seine eigenen Bemühungen und ohne göttliche Gnade das Heil erlangen könne. Vor dem Sieg des Aristotelismus hat Aurelius Augustinus (354-430 n.Chr.) das mittelalterliche Denken ganz entscheidend geprägt. Seine politischen Ideen, die in „De civitate Dei" niedergelegt sind, legten das Fundament zur mittelalterlichen Staatsauffassung. Die Gegenwart, in der die Bürger der civitas Dei und der civitas diaboli in der irdischen Gesellschaft zusammenleben, ist nur eine Vorstufe zum idealen Zustand des zukünftigen Reiches Gottes (civitas Dei). Erst im Jüngsten Gericht werden beide voneinander getrennt. Die Identifizierung von Staat und christlicher Gesellschaft (corpus Christi) bedeutete jedoch den Ausschluss der Nichtchristen („Heiden") aus der politischen Gemeinschaft.

5. Der *Unsterblichkeitsglaube*
Nach christlichem Glauben harrt auf den Menschen nach seinem Tode, eine persönliche Jenseitsexistenz, die für reiner und vollkommener als das diesseitige Dasein gehalten wird. An der jenseitigen Fortdauer hat, im Gegensatz zu der Auffassung der Orphiker und Platons, im Christentum an der jenseitigen Fortdauer auch der menschliche Leib Anteil (vgl. "Auferstehung des Fleisches", 1.Kor.15). Erst im Jenseits erreicht der Mensch die höchste Sprosse. Daher wird ihm das Jenseits schon hier zum erstrebten Ziel. Das irdische Dasein trägt seinen Sinn nicht in sich, sondern rückt herab, zu einer kurzen Vorbereitungs- und Bewährungszeit, während das Schwergewicht des Gesamtlebens aufs jenseitige Dasein fällt. Der russische Mediävist M. M. Bachtin geht von einer radikalen Gegensätzlichkeit der mittelalterlichen Kultur und Weltanschauungen[10] aus:

„die der Träger der offiziellen ‚ernsten' Kultur, der Geistlichkeit, der ‚Argelasten' (Nichtlachenden) auf der einen Seite – sie verkörpern das ‚einschüchternde und eingeschüchterte Denken' – und auf der anderen Seite die der Träger der volkstümlichen Lach- und Karnevalskultur, die jenseits der offiziellen Kultur steht. Jede dieser Kulturtraditionen zeichnet sich durch ein eigenes Weltbild aus." (Gurjewitsch, 1980:353)

Gurjewitsch (1980:354) vertritt dagegen die Hypothese einer Einheit der westeuropäischen mittelalterlichen Kultur.
Die gegenwärtige Mediävistik ist so weit vorangeschritten, dass man z.B. bei der Lektüre der Werke des französischen Mediävisten LeGoff oftmals den lebendigen Eindruck hat im Mittelalter wirklich „angekommen" zu sein.

Nicht nur neue Archivstudien (vgl. z.B. Le Roy Ladurie, 1983), sondern auch neue human- und sozialwissenschaftlich begründete und psychohistorische Lesarten der mittelalterlichen Quellen (vgl. DeMause), sowie naturwissenschaftliche Forschungen über Klimaschwankungen, Bevölkerungswachstum, Urbanisation, Veränderungen der Fauna und Flora, Pandemien etc. haben unser Bild des Mittelalters beträchtlich erweitert und präzisiert. So hat z.B. der Zoologe Josef H. Reichholf in seiner „Eine kurze Naturgeschichte des letzten Jahrtausends" (2007) auf die großen frühmittelalterlichen Rodungen hingewiesen, die aus dem „Urwaldland Germaniens", wie es Tacitus (ca. 55-120 n. Chr.) in seiner im Mittelalter so gut wie verschollenen ethnographischen Monographie „De origine et situ Germanorum" (die erste Ausgabe erschien 1470 in Venedig) beschrieb, Kulturland machte. Auch die einzigartige Welle von Städtegründungen vor allem zwischen 1200 und 1400 (vgl. Reichholf, 2007:37), die „kleine Eiszeit", Seuchen und Hochwasserkatastrophen etc. hebt Reichholf hervor.

> „Wälder werden gerodet, Land wird urbar gemacht. Die Ernten fallen gut aus. Die Bevölkerung wächst. Neue Städte werden gegründet." (Reichholf, 2007:38)

Als Reaktionen kommt es, so lautet seine Hypothese, intern zu „Unruhen", zu „Verteilungskämpfen" um Nahrung und lebenswichtige Ressourcen und nach außen gerichtet als „Ventil" zur Auswanderung.

> „Die Kreuzzüge bilden das Ventil, aufgestauten Überdruck zu entlassen." (Reichholf, 2007:39).

Außerdem konnte man waffenfähige junge Männer, für die keine Zukunft mehr zur Verfügung stand, hierdurch los werden. Auch die Klöster sollten den „Bevölkerungsüberschuss" aufnehmen und die Frauenklöster die Nachwuchsraten senken.

Auch die biologische Anthropologie ist heute in der Lage einen wichtigen Beitrag zur Mediävistik z.B. bzgl. Körpergröße, Hunger, Krankheiten, Verwandtschaft etc. zu leisten (vgl. z.B. Württembergisches Landes Museum, 1982).
Soviel zu einigen dieser diskussionswürdigen naturwissenschaftlichen Hypothesen. Dies war gleichsam die natürliche und kulturelle Umwelt, in der sich z.B. Albertus Magnus bewegte.

> „Die Epoche der Kreuzzüge ist zugleich ein Zeitalter größter geistiger Schöpfungen. Es ist die Zeit der romanischen Kunst und des Aufstiegs der gotischen, die Zeit der erotischen und religiösen Dichtung, der Artus-Romane und derjenigen von Tristan und Isolde. Es ist die Zeit des scholastischen Triumphes und die Zeit der Mystik, die Zeit der Gründung ruhmreicher Universitäten, die Zeit der Mönchsorden und der Wanderprediger. Es ist aber auch eine Zeit, in der asketische und eschatologische Bewegungen in außergewöhnlicher Weise aufkamen, die meisten an der Grenze der Orthodoxie angesiedelt oder offen heterodox." (Eliade, Bd. 3/1, 1983:101)

Die Mönche und Nonnen[17] waren die bedeutendsten Zivilisationsagenten im Mittelalter:

> „In den Händen der Mönche lag nicht nur die Kunst, die Wissenschaft und die Philosophie. Sie haben nicht nur Dome und theologische Systeme gebaut, sondern auch Straßen und Brücken, sie haben nicht nur Bildung und Moral ins Volk getragen, sondern auch Wälder gerodet und Sümpfe ausgetrocknet, nicht nur heute noch blühende Weinlandschaften angelegt und ‚Gärten' im schönsten Sinne des Wortes, man denke nur an die Reichenau, sondern auch im hohen Mittelalter die Methoden des Weinbaus und der Weinbereitung großartig weiterentwickelt, sie haben sich nicht nur, die Zisterzienser mit Vorliebe, Eisenerzlager und bestehende Eisenhütten übertragen lassen, sondern auch technologisch-theoretische Schriften übersetzt oder selber welche geschrieben. Wo das Leben Fortschritte macht, sehen wir sie am Werk, ob es sich um das Abbild des christlichen Kosmos in einer einläßlichen Symbolgestalt oder um aristotelische Dialektik handelte, um Stallfütterung oder Dreifelderwirtschaft: die Wirklichkeit ist allemal berücksichtigt worden." (O.Borst, 1983:170)

Soziologisch gesehen entfaltete sich zu Beginn des 11. Jahrhunderts auch eine neue Gesellschaftsstruktur (vgl. Platons Staatslehre), die der Bischof von Laon – Laon besitzt eine der bedeutendsten frühgotischen Kathedralen – folgendermaßen charakterisiert: er ruft in Erinnerung, dass

> „die Gemeinschaft der Gläubigen nur einen Körper bilde, der Staat aber drei habe ... Das Haus Gottes, von dem man annahm, es sei eins, sei in drei Teile geteilt: die einen beten, die anderen kämpfen und wieder die anderen arbeiten. Diese drei zusammenlebenden Parteien sollten nicht getrennt sein ...
> So ist diese dreigeteilte Gesellschaft nicht weniger als eins, und deshalb konnte das Gesetz siegen und die Welt Frieden finden." (zit. apud Eliade, 3/1, 1983:102).

Auch LeGoff spricht bei der Neugestaltung der mittelalterlichen Gesellschaft von dem Klerus, der vom mönchischen Modell und vom Opus Dei beherrscht wird („Beter", oratores), einer militärischen Aristokratie, den Rittern („Kämpfer", bellatores), und einer landwirtschaftlichen Elite von Bauern, die das Land urbar machen („Arbeiter", laboratores) und durch ihre Arbeit das Recht auf geistigen Aufstieg erhielten. Diese Dreiteilung erinnert an die indoeuropäischen Gesellschaften, wie sie *Georges Dumézil* (geb. 1898) klar herausgearbeitet hat. Ausdruck dieser sozialen Einteilung, die am Heiligen teilhat, ist z.B. die Kathedrale als eine „imago mundi" und zugleich „biblia pauperum". Alles wird aus einem sakralen Blickwinkel betrachtet, sei es ein Stein, eine Pflanze, ein Tier oder der Mensch (vgl. Eliade, Bd. 3/1, 1983). Die moderne kulturvergleichende oder Transkulturelle Psychologie hat sich bisher, ebenso wie die Kultur- und Sozialanthropologie, kaum mit dem Mittelalter befasst. Könnte man z.B. aus Sicht der „Kulturdimensionen" (vgl. Stubbe, 2005), die an rezenten Kulturen entwickelt wurden, die mittelalterliche Kultur als „religiös, kollektivistisch, hierarchisch, männerzentriert" etc. charakterisieren?

Wir sollten im Hinblick auf die Mediävistik auch Aaron Gurjewitsch' kluge Ausführungen beherzigen:

> „Es ist heute klar, daß eine Untersuchung der mittelalterlichen Kultur nur oder vorwiegend als buchsprachliche Kultur in die Sackgasse führt, denn das Buch war im Mittelalter nur für einen kleinen ‚elitären' Teil der Bevölkerung von Bedeutung. Die große Masse einschließlich der Bauern, ein Großteil der Stadtbevvölkerung und der Ritterschaft und teilweise sogar der Mönche und kleinen Geistlichen waren der Schrift nicht mächtig." (Gurjewitsch, 1997:137)

> „Doch die unerschütterliche Forderung der Wissenschaft ist, daß jede Erscheinung mit adäquatem Maßstab gemessen werden muß. Das Mittelalter hatte in dieser Beziehung kein Glück; man beurteilt es fast immer in einer Gegenüberstellung zum klassischen Altertum und zur Renaissance und wendet für seine Kultur Kriterien an, die diesen einander zurufenden Epochen entlehnt sind. Wir sind überzeugt, daß man eine wahre Bewertung der mittelalterlichen Kultur – die vom welthistorischen Gesichtspunkt aus ebenso groß und bedeutend ist wie die Kultur der Antike oder die Kultur der europäischen Neuzeit – nur dann geben kann, wenn man sie im Licht der von der Wissenschaft gesammelten objektiven Angaben untersucht." (Gurjewitsch, 1980:350)

In der mittelalterlichen *Psychopathologie* waren vor allem Massenpsychosen wie z.b. Tarantismus, Flagellantismus, Lykanthropie bekannt. In der Ätiologie herrschten dämonistische Vorstellungen (z.B. Magier, Hexen, Teufel) vor. Prinzipien der psychiatrischen „Behandlung" z.B. der „Hexen" finden sich im berüchtigten „Malleus Malleficarum" (Sprenger & Kramer, 1486; Behringer, 2009). Die ersten „Irrenhäuser" wurden in Europa bereits im 12. Jh. eingerichtet. Das „Bethlehem Hospital" („Bedlam", London) im Jahre 1377. In islamischen Ländern gab es bereits im 8. Jh. in der Nähe der Moscheen Krankenhäuser für „Geisteskranke" (vgl. Hunke, 1971:109ff). Sogar in Mexiko wurde schon im Jahre 1566 von Bernardino Alvarez ein Asyl für Geisteskranke gegründet.

AURELIUS AUGUSTINUS

Aurelius Augustinus (354-430 n.Chr.) wurde in Tagaste (Numidien; heute Algerien) als Sohn eines heidnischen Vaters und einer christlichen Mutter (hl. Monica) geboren und gilt als der größte heiliggesprochene Kirchenvater, der auf die Ausgestaltung der christlichen Glaubenslehre bis heute einen gewaltigen Einfluss hatte. Nach einer vielbewegten ausschweifenden Jugendzeit begeisterte ihn die Lektüre von *Ciceros* „Hortensius" (45 v. Chr.) für die Philosophie und er ließ sich zum Rhetor ausbilden. Er verließ Nordafrika und ging nach Mailand, wo er 387 von Bischof Ambrosius getauft wurde. Als Priester und seit 396 als Bischof von Hippius (auch: Hippo Regius, Numidien) entfaltete er eine vielseitige praktische und literarische Tätigkeit, die vor allem der dogmatischen Ausbildung des christlichen Glaubens und der Bekämpfung anders gerichteter Lehren (z.B. Manichäismus) gewidmet war. Von seinen zahlreichen, philosophischen und theologischen Schriften sind am bekanntesten die

„Confessiones" (Bekenntnisse; 397 in Hippo geschrieben), in denen er sein äußeres Leben und seine innere Entwicklung zu Gott mit unerhörter Offenheit schildert, sowie die „De Civitate Dei" (vom Gottesstaat) (412-426 n. Chr.), eine sehr einflussreiche geschichtstheologische Abhandlung zur Verteidigung des Christentums, veranlasst durch die Eroberung Roms durch Alarich (410), in der die Gegner des Christentums die Strafe für die Vernachlässigung der alten Götter sahen. Entwicklungs- und tiefenpsychologisch bzw. psychohistorisch sind vor allem seine Autobiographie, die „Confessiones" (confessio = Geständnis, Bekenntnis zum christl. Glauben) hochinteressant. Mit dieser introspektiven Studie vertritt Augustinus die Überzeugung, dass der inneren Erfahrung der größte Gewissheitsgrad zuzusprechen sei. In knappen Umrissen beschreibt er die triebbestimmten, dennoch spezifisch „humanen Reaktionen des Säuglings (das Weinen der Kinder ist im Rahmen der augustinischen Erbbosheitslehre (non posse non peccare) ein Tyrannisieren und der Ausdruck von Gier; Weinen aus Angst, Hunger, Verlorenheitsgefühl, Schmerz gibt es für A. nicht!) das Hineinwachsen des Kleinkindes – im Erlernen der Muttersprache – in die „stürmische Gemeinschaft des menschlichen Lebens" (I,8), das ziellose Aufbegehren des Jugendlichen, seine Nöte der reifenden Sexualität, seine Studentenzeit in Madaura und Karthago, seine Rhetoriklehrertätigkeit in Tagaste, Karthago, Rom und Mailand und sein Bekehrungserlebnis (387n.Chr.). Dabei schwelgt er nicht wehmütig in Kindheitserinnerungen, sondern man findet eher einen Unterton von Empörung z.B. über die in der Schulzeit erlittenen Demütigungen. Geltungsbedürfnis als Motivation jugendlichen Fehlverhaltens ist hier schon erkannt, wie auch der literarische Genuss als Fluchtmöglichkeit vor existentiellen Problemen oder die Beziehung zwischen Sinnlichkeit und Müßiggang. Psychohistorisch gesehen ist seine Autobiographie sehr aufschlussreich: auffällig schildert A. die orale Seligkeit des Gestilltwerdens und das Bemühen seiner Mutter alles dranzusetzen, dass Gott ihm zum Vater wurde. Dagegen belegt er seinen eigenen Vater mit Vorwürfen, obwohl dieser sich einschränkte und sparte, um seinem Sohn ein Studium zu ermöglichen. Man wird an Freud's ödipale Situation erinnert, wenn man diese Textstellen (z.B. II,3,8) liest. Überhaupt entsteht aus der Sicht der modernen Familienpsychotherapie der Eindruck einer symbiotischen Beziehung zwischen Augustinus und seiner Mutter. Während A. den Tod seiner Mutter breit und mit großer Anteilnahme schildert (die Autobiographie endet hier), erwähnt er den Tod seines Vaters nur in einem Nebensatz (III,4,7). Dass sich sein Vater taufen ließ, dass er mit Monika, die sich mit ihrer Sexualität nicht identifizierte, seine Probleme hatte – dies alles deutet A. an, aber es interessiert ihn nicht. Gespräche mit der Mutter erzählt er breit, nie solche mit dem Vater. Mit 18 Jahren wurde A. selbst Vater und lebte seither in einer festen Beziehung. Seine Mutter hatte jedoch hochgestochene Pläne mit ihm: onanieren sollte er nicht, ehebrechen sollte er nicht, aber heiraten sollte er auch nicht, obwohl dies damals mit 16 Jahren üblich war: das hätte seiner Karriere geschadet! Er kehrte nach dem Studium nach Hause (373) mit einer Geliebten und einem Sohn und einem Glauben, den Monika nicht teilte (Manichäismus), zurück. Sie warf ihn kurzerhand aus dem Haus. Monika weint in den Bekenntnissen, sozusagen ununterbrochen (diebus et noctibus; z.B. II, 12,21; III, 11,20; III, 11,20; V 7,13). Seine Rückkehr zum Katholizismus beschreibt er als eine lange, qualvolle und tränenreiche Schwangerschaft Monikas (V,9,16). Im Alter von 29 Jahren versucht sich Augustinus von seiner Mutter zu lösen und geht nach Rom, aber Monika reist ihm nach, erreicht, dass er seine Partnerin ohne Kind nach Afrika zurückschicken muss! Etwa ein halbes Jahr nach seiner Bekehrung (Ostern 387 in Mailand) kehrt Augustinus nach Afrika zurück. Kurz vor der Überfahrt stirbt Monika, fünfundfünfzigjährig. Während eines Vandaleneinfalls stirbt Augustinus im Jahre 430 in Hippo Regius.

Die psychologischen Errungenschaften des Augustinus liegen vor allem in der biografisch orientierten Introspektion (vgl. Bibliografie: Methoden) und Reflexion des sich selbst erlebenden Menschen, in der Religionspsychologie, dem Bekehrungserlebnis und der „Seele als individuelle Substanz" (vgl. Guardini, 1936; Pongratz, 1984:25ff; Galliker, 2007:27ff).

HILDEGARD VON BINGEN

Die *Hl. Hildegard von Bingen* (1098-1179), eine der berühmtesten Mystikerinnen des Mittelalters, entstammte wohl einer Adelsfamilie aus Böckelheim und war schon in ihrer Kindheit durch ihre ekstaselosen Visionen bekannt. 1116 trat sie dem Kloster Ruppertsberg (bei Bingen) bei, dessen Äbtissin sie 1136 wurde. In dieser Zeit begann sie ihre Visionen niederzuschreiben. Diese wurden zwischen 1141-51 unter dem Titel *„Scivias"* (Das Wissen um die Wege) veröffentlicht. H. von Bingen übte einen starken Einfluss auf ihre Zeitgenossen, wie etwa den Hl. Bernhard von Clairvaux und Kaiser Friedrich I. aus. In ihren Visionen wandte sie sich gegen die Laster und empfing rätselhafte Vorwarnungen anstehender Katastrophen. H. von Bingen besaß einen wissenschaftlich geschulten Intellekt und ein breites Wissen, wie ihre medizinischen Abhandlungen z.B. *„Causae et curae"* ausweisen. Neben weiteren mystischen Schriften sind von ihr noch „Epistulae St. Hildegardis" (Briefe), historische, theologische und naturkundliche Werke sowie 70 Lieder erhalten. Psychologisch interessant sind z.B. die Ausführungen H. von Bingens zur Falldarstellung und klösterlichen *„Gemeinschaftstherapie einer Besessenen"* (vgl. Schipperges, 1985, 1990), sowie das *Trauerweinen*.

Zum Trauerweinen heißt es bei Stubbe:

> „Das MA glaubte, daß das Tränenwasser im Moment der schmerzlichen Erregung vom Herz abgesondert würde und hinauf zu den Augen steige (Causae et curae, 147, 23.Kap.). Mit den biologischen Erklärungsversuchen vermischen sich Vorstellungen von der dämonenbannenden Macht des Blutes, die wir bereits bei Homer finden (Ilias, 23,34), und der christlich-sakramentalen Auslegung des Blutes Christi nach der Offenbarung des Johannes (1,5). Die Mitteilung des Lukas-Evangeliums (22,44), daß der Schweiß Christi zu Blutstropfen wurde, die auf die Erde fielen, führte dann in der Dichtung zu der ähnlichen Vorstellung des Blutweinens (vgl. Nibelungenlied, Strophe 1069, 4; Rolandslied V.10665), authentisch formuliert von Gregor von Nyssa (335- ca.394) : Der Trauer gesellt sich die Träne des Auges, welche gleichsam das Blut der Seelenwunden ist." (Stubbe, 1985:199)

ALBERTUS MAGNUS

Es ist nicht leicht das im wahrsten Sinne des Wortes „bewegte" Leben des Albertus Magnus im Einzelnen nachzuzeichnen. Einige Rahmendaten mögen genügen, um ein lebendiges Bild seiner Sozialisationsbedingungen zeichnen zu können: Albertus Magnus, auch „doctor universalis" oder „Albert von Köln" (Albertus Coloniensis) genannt, wurde wahrscheinlich um 1200 in Lauingen/Schwaben geboren.

> „Das genaue Geburtsdatum Alberts bleibt ungewiß. In der neueren Forschung nimmt man mit guten Gründen an, daß er um das Jahr 1200 geboren wurde. ... Über sein Elternhaus, seine Kindheit und frühe Jugend ist so gut wie nichts bekannt." (Craemer-Ruegenberg, 2005:17)

Er entstammte nicht wie früher fälschlich behauptet einer adeligen, sondern einer wohlhabenden Familie eines kaiserlichen Beamten, die ihm ein Studium im „Ausland" ermöglichen konnte.

Nach einem Wanderleben studierte er 1222-1223 in Padua „artes liberales", sowie wahrscheinlich Medizin. Die *„septem artes liberales"* sind „die eines freien Mannes würdigen Disziplinen" (Seneca, epist. 88), die im späten Altertum zum Bildungskanon zusammengefasst wurden. Sie gliederten sich in das (seit Boethius so genannte) Trivium („Dreiweg") aus Grammatik, Rhetorik und Dialektik und das Quadrivium („Vierweg" für Fortgeschrittene) aus Arithmetik, Geometrie, Astronomie und Musik, und sie beanspruchten, das gesamte Wissen, das vom Menschen gewusst werden kann, in sich zu vereinigen.

> „Dieser integrative Anspruch zerfiel seit dem 12. Jahrhundert durch Verselbständigung alter und Hinzutreten neuer Wissenszweige immer mehr; seit dem 19. Jahrhundert wich das enzyklopädische Bildungs- vollends dem universitären Experten-Wissen." (Link, 2002:821)

Danach trat er wohl 1223 in den Dominikaner-Orden ein, einem Prediger-Orden, der 1216 von St. Dominikus (1180-1221) gegründet wurde und von Almosen lebte. Hier scheint er auch die erste Bekanntschaft mit den damals zugänglichen naturphilosophischen und den übersetzten Teilen der „Nikomachischen Ethik" des Aristoteles gemacht zu haben (eine vollständige Übersetzung lag erst ab 1246 in einer Übersetzung von Robert Grosseteste vor; vgl. Craemer-Ruegenberg, 2005:18). 1230 kam Albertus Magnus das erste Mal nach Köln und empfängt hier 1234 die Priesterweihe. Das Dominikaner Kloster lag in der Stolkgasse mit der Kapelle St. Maria Magdalena und einem Hospiz. Zu dieser Zeit war Köln die bevölkerungsreichste Stadt Deutschlands (!) und besaß ca. 54 Kirchen und Klöster, sowie 13 Pfarrkirchen. In Köln lebten ca. 15 bis 20.000 Menschen, im Hochmittelalter ca. 40.000, in Paris dagegen ca. 100.000 (vgl. Schäfke, Werner & Trier, Marcus, Mittelalter in Köln: Eine Auswahl aus den Beständen des Kölnischen Stadtmuseums. Köln, 2010). Bekannt war auch die Kölner Domschule. Albert war dann an verschiedenen Orten als „Lektor" für seinen Orden tätig z.B. in Hildesheim (1234) und Straßburg (1240). Ab 1232 wurde die Inquisition durch Papst Gregor IX an den Dominikanerorden übertragen. 1238 veröffentlicht Albert „de natura boni". 1242 ging er nach Paris, damals das geistige europäische Zentrum (Universität Paris gegr. in der zweiten Hälfte des 12. Jh.s) und wurde hier zum Magister der Theologie promoviert und erhielt so die Lehrbefugnis. In Paris konzentrierte er sich auf die Werke des Aristoteles, die in lat. Übersetzungen - Albert verwendete keine griechischen Texte - vor allem aus dem spanischen

Toledo stammten. 1244 kommt sein späterer Schüler Thomas von Aquin, den man den „stummen Ochsen" (sic!), nannte, nach Köln. 1248 unterschreibt Albert in Paris eine Verurteilung des Talmud (vgl. Stubbe, 2016:17, FN 28). Er kehrt 1248 als Regens nach Köln, im Jahr des Beginns des neuen Dombaus, zurück und baut als Lektor im Konvent das „Studium generale et solemne" der Dominikaner auf. In dieser Zeit beschäftigt er sich u.a. mit der „Summa Sententiarum" des Petrus Lombardus, der ab 1140-60 in Paris lehrte, einem wichtigen Lehrbuch der Theologie, dem neuplatonischen und mystischen „Pseudodionysios" des Dionysius Areopagita und der „Nikomachischen Ethik" und kommentiert sie. 1252 wird Albert als geschickter Mediator in einer politischen Kontroverse zwischen den Kölner Bürgern und Erzbischof Konrad von Hochstaden tätig. Von 1254 bis 1257 wird er Prior der deutschen („Teutonia") Predigerbrüder. Zwischen 1260 und 1262 ist er als Bischof in Regensburg eingesetzt, um die dortigen ökonomischen Probleme zu lösen. Im Jahre 1263 war Albert als Kreuzzugsprediger im deutschsprachigen Raum tätig. Bis 1270 war er ständig auf Reisen und verbrachte seine letzten zehn Lebensjahre in Köln. Er stirbt dort hochbetagt am 15.11.1280. Seine sterblichen Überreste[29] liegen heute in St. Andreas in Köln.

ABB. 9 Albertus Magnus

Quelle: © A. Noëmi Stubbe, 2012

Die lebendigsten Werke Alberts sind sicher seine Bücher über die Pflanzen (de vegetabilibus) und die Tiere (de animalibus). Man denke z.B. an seine „Schlangenexperimente im Kölner Kloster" in der Stolkgasse:

> „Die Schlangen sind sehr kalt, und der Wein ist heiß. Daher wird durch den Wein ihre Wärme gesteigert und ihre Kälte herabgemindert, und sie freuen sich daran, daß sie ‚nicht wissen, was sie tun'. So habe ich es bei einer Schlange beobachtet, die ich in Köln hatte und mit Wein trunken machte: sie wankte hierhin und dorthin durch das Kloster, als wäre sie halbtot. Darum sind sie gierig auf Wein." (Albertus Magnus, Quaestiones super De animalibus I. 7, q.18; zit. apud Ostlender, 1984:32)

Seine psychologischen Schriften orientieren sich oftmals an der Tradition der trockenen, lehrhaft-verknöcherten, teilweise unschönen Schreibweise des Aristoteles, obwohl doch eigentlich die menschliche Psyche das Lebendigste in dieser Welt ist und eine andere Bearbeitung verdient hätte.

Erst im Jahre 1388 (Gründungsurkunde von Papst Urban VI. am 21.5.1388; Eröffnung am Dreikönigstag 1389) wird dann die städtische Universität Köln gegründet, deren Wurzeln u.a. auch in Alberts akademischen Bemühungen (studium generale) und der Domschule (vgl. Frenken, 1930) liegen. Albert wurde 1931 von Papst Pius XI. heiliggesprochen und unter die Kirchenlehrer aufgenommen.

War Albertus Magnus ein typischer hochmittelalterlicher christlicher „Intellektueller" im Sinne von *LeGoff* (1987)?

Für *Arno Borst* (1979), der nicht von Intellektuellen spricht, sind *drei Charakteristika des mittelalterlichen „Gelehrten"*, der oftmals gleichzeitig Kleriker/Geistlicher war, wesentlich:

1. Die sprachliche Orientierung:
   „Zum Gelehrten wird man durch Sprachunterricht erzogen; als Gelehrter erzieht man durch Vorlesung. Sprachloser Schmerz, namenlose Freude, wortlose Geste, unbenennbare Stimmung sollen das Verhalten nicht beherrschen. Alles, was ist, muß sich aussprechen lassen. Bei dieser Betonung umständlichen Redens kommt das entscheidende Zupacken zu kurz … Auf Veränderung der Lebensbedingungen und Gestaltung einer besseren Zukunft ist diese Gelehrsamkeit nicht bedacht." (Borst, 1979:563)[35]
2. Die lateinische Orientierung:
   „d.h. auf eine Sprache der Vergangenheit, die jedoch nicht als geschichtliche Stufe, sondern als klassisches Vorbild gilt. … An der Universität Paris können spanische mit dänischen Gelehrten diskutieren, aber sie sprechen über spekulative Grammatik." (Borst, 1979:563)[36]
3. Die scholastische Orientierung:
   „d.h. auf schulmäßige Einübung genormter Methoden festgelegt, die alle Lebenserfahrung auf allgemeine Begriffe bringt. … Das Besondere und Konkrete kommt dieser Gelehrsamkeit nicht nahe. Und doch kann diese Distanzierung vom geschichtlichen und gesellschaftlichen Alltag dort wirksam werden, wo sie Menschen bildet." (Borst, 1979:563)

Und Borst resümiert:

> „Gelehrte führen ein sekundäres, unverbindliches Leben; ihre Texte haben, wie man seit Kosmas von Prag öfter sagt, eine Nase aus Wachs, die sich nach Willkür biegen läßt. Aber wenigstens die bedeutenden Gelehrten, Abaelard und Andreae so gut wie Beda und der norwegische Königsspiegler, wissen, daß sie weniger durch ihre Bücher als durch ihre Schüler wirken." (Borst, 1979:563)

Auch *Ernst von Aster* (1880-1948) hat in seiner immer noch lesenswerten „Geschichte der Philosophie" Albertus Magnus als Gelehrten hervorgehoben:

> „Albertus ist in erster Linie *Gelehrter,* weniger ein kritischer und gestaltender Kopf wie Thomas. Sammlung und Ordnung eines riesenhaften Materials ist seine Stärke und die Aufgabe, die er sich stellt." (Aster, 1960:154f)

In einer psychologiehistorischen Studie hat *Hannes Stubbe* (2016) versucht die „Psychologie" (scientia de anima) des Albertus Magnus nach ihren wichtigsten griechischen, lateinischen, arabischen, jüdischen und zeitgenössischen Quellen und anhand einiger ausgewählter zentraler psychologischer Themen seiner *„scientia de anima"* wie Methodik, Gehirn, Wahrnehmung, Gedächtnis, Imagination, Traum, Sexualität, Temperamentslehre etc. darzustellen. Hierbei wird auch deutlich, dass Albert ein origineller zu Unrecht vergessener „Psychologe" und „Intellektueller" des Hochmittelalters gewesen ist, dessen spezifische Sozialisationsbedingungen in dieser Schrift ebenfalls vor Augen geführt werden, und der wie Stubbe aufzeigt, der erste Kölner und mitteleuropäische „Psychologe" gewesen ist. Stubbe (2016:25ff) erkennt in der reflexionsfördernden *Beicht- und Bußpraxis* auch eine westliche Quelle der europäischen Psychologie (s. Bibliografie: Religionspsychologie).

THOMAS VON AQUIN

Thomas von Aquin (ca. 1225-1274) wurde im ital. Aquino (Fossanuova) geboren, trat in seiner Jugend dem Dominikaner-Orden bei und wurde nach Paris zum Studium geschickt, wo er u.a. Albertus Magnus kennenlernte. 1248 studierte er in Köln und wurde später zum Professor für Philosophie in Paris ernannt.
Er versuchte die damaligen Gegensätze zwischen christlicher Philosophie und der einströmenden Philosophie des Aristoteles (die nicht Hilfsmittel der Theologie sein will) zu überwinden. Bedeutungsvoll ist hierbei auch die sog. Lehre von der doppelten Wahrheit, der des Glaubens und der der Vernunft, wie sie z.B. Siger von Brabant (ca. 1235-1282), ebenfalls ein weltlicher Lehrer in Paris vertrat und dafür ins Gefängnis kam. Thomas macht es sich zur Aufgabe, die beiden widerstreitenden Weltsichten miteinander zu vereinbaren. Hauptwerke sind seine „Summa Theologiae" (1266-74) und seine „Summa contra gentiles" (Summe gegen die Heiden, für die christlichen Missionare geschrieben) und die politische Schrift „De regno (De regimine principum)" (Über die Herrschaft der Fürsten, ca. 1267), in der er das göttliche, natürliche und menschliche Recht

unterscheidet und u.a. die Abschaffung der Tyrannis empfiehlt. *Friedrich Heer* (Bd.1, 1970:96) hat in seiner anregenden „Europäischen Geistesgeschichte" in dem Kapitel "Die Stunde des Thomas" konstatiert:

> „Dieser Thomas ist der ‚Vater der Aufklärung', auf dem Descartes, Locke und Leibniz ruhen, den Kant zu Ende denkt; H. Slesser nennt ihn den ‚the first whig'."

Also ein Liberaler!? Der Glaube hat es nach Thomas mit den übernatürlichen Wahrheiten zu tun, die natürliche Vernunft dagegen richtet sich primär auf die Weltwirklichkeit, in der es vernünftig zugeht. Gott ist einerseits Schöpfer des Glaubens, andererseits Schöpfer der natürlichen Vernunft. Die Wahrheit des Glaubens ist jedoch vollkommener als die Wahrheit der natürlichen Vernunft.

Gott, ist der vornehmste Gegenstand der Philosophie. Das nächstwichtigste Thema ist die Welt, in die die menschliche Seele, wenigstens zu einem Teile mit hineingehört. Wie Aristoteles unterscheidet Thomas Stoff und Form, lässt jedoch den Stoff ganz außer acht. Die Formen existieren ursprünglich als Ideen im Geiste Gottes. Der Mensch, als Geschöpf Gottes besitzt eine „teilhabende Ähnlichkeit mit dem göttlichen Geiste", aber seine Erkenntnisfähigkeit ist begrenzt.

In der „Sentenia in librum De anima" (ca. 1270), einem Kommentar zum Buch „Über die Seele" des Aristoteles beabsichtigt er

> „die Prinzipen und Methoden des Aristoteles gegen falsche Deutungen zu sichern und deren Vereinbarkeit mit dem christlichen Glauben nachzuweisen. Der Kommentar ist in erster Linie wegen seiner detaillierten Analyse der Sinneserkenntnis relevant: Der in der Seele angenommene Verstand habe die Fähigkeit, in der Erkenntnis *alles* zu werden. Sie sei forma substantialis des Körpers. Die Körperlichkeit bedinge, das das Seelenleben erst mit der Zeugung beginne. Nach Thomas lebt aber die Seele nach dem Absterben des Körpers weiter. Wie bei Aristoteles ist die Seele auch hier zwar die Form des Leibes, doch wird sie zu einer geistigen Formsubstanz, die sich als solche gegenüber dem Leib verselbständigen kann." (Galliker, 2007:33f)

Der Philosoph *Wilhelm Weischedel* (1905-1975) hat in seiner amüsanten Philosophiegeschichte „Die philosophische Hintertreppe" die Lehre des Thomas als „getauften Verstand" charakterisiert und sie im Einzelnen knapp und präzise folgendermaßen zusammengefasst:

> „Im Nachdenken der Gedanken Gottes mit der Welt nun stellt sich diese für Thomas als ein Ganzes von stufenförmigem Aufbau dar. Jeder Wirklichkeitsbereich steht umso höher, je mehr in ihm die Form über den Stoff erhaben ist. Daher stellen die toten Dinge die niedrigste Seinsstufe dar; hier wird die Form dem Stoff bloß von außen her aufgedrückt. Höher steht die Pflanze; sie hat ihre Form in sich selber, als ihre vegetative Seele. Darüber erhebt sich das Tier, dessen Seele nicht nur ein vegetatives, sondern auch ein sensitives Vermögen, die Wahrnehmung besitzt. Doch auch das Tier stellt noch eine verhältnismäßig niedrige Seinsstufe dar; denn seine Seele geht mit dem Leib zugrunde. Anders steht es mit dem Menschen. Er hat zwar

auch, wie Tier und Pflanze, in seiner Seele ein vegetatives und sensitives Vermögen, aber ihn zeichnet vor jenen aus, daß seine Seele im Grunde geistig und also unsterblich ist. In diesem Leben ist die Seele des Menschen freilich, auch in ihrem geistigen Teil, mit dem Leibe verbunden. Daher stehen noch höher als der Mensch die rein körperlosen Geister: die Engel. Indes auch diese sind noch unvollkommen; sie sind zwar reine Geister, aber doch geschaffene Geister. Darum erhebt sich über allem der reine ungeschaffene Geist: Gott. Das ist das Bild der Wirklichkeit, wie es Thomas entwirft, gleich bestechend durch seine Einheitlichkeit wie die in ihm umgriffene Fülle.

Der geschilderte Stufenaufbau ist freilich kein Kennzeichen einer spezifisch christlichen Philosophie. Auch Aristoteles legt ihn seiner Weltsicht zugrunde, nur daß bei ihm an der Stelle der Engel die Gestirngeister stehen. Aristotelisch ist auch, daß Thomas den Sufenbau nicht statisch, sondern dynamisch denkt. Alles strebt zur Form, weg vom ungeformten Stoff. Wichtig ist dabei, daß dieser Vorgang mit Hilfe der Begriffe Möglichkeit und Wirklichkeit gedeutet wird. Der Stoff ist bloße Möglichkeit, geformt zu werden. Je mehr Form etwas erhält, umso wirklicher wird es. Im Ganzen der Welt findet so ein unablässiges Streben von der Möglichkeit zur Wirklichkeit statt. Dieser Gedanke, daß die Wirklichkeit nicht im Stoff, sondern in der Form besteht, verbindet das antike mit dem mittelalterlichen Denken und setzt beide gegen die neuzeitliche Sicht ab." (Weischedel, 1993:96)

Die sich aus seiner Lehre entwickelnde *„thomistische Psychologie"* lässt sich kurz folgendermaßen charakterisieren: Die Wesensform des lebendigen Organismus ist die „anima" (Seele). Beim Menschen ist sie zu Lebzeiten mit dem Leib verbunden und bildet mit ihm eine Einheit. Die „anima rationalis" (Geistseele) ist jedoch immateriell und kann vom Leibe getrennt werden, ihre Substanz ist unzerstörbar. Die sinnlichen Vorstellungen, mit denen das Denken arbeitet, entstammen den Sinnesorganen und sind somit körperlich gebunden: „nihil est in intellectu, quod non prius fuerit in sensu." Zum Denkvorgang bedarf der „intellectus" jedoch keines körperlichen Organs. Das vernünftige Streben äußert sich im Willen, der also vom „intellectus" abhängig ist. Von ihm unterscheidet sich das affektbedingte Begehren mit seinen beiden Vermögen: die „potentia concupiscibilis" (Freude, Trauer, Haß etc.) und die „potentia irascibilis" (Hoffnung, Furcht etc.). Die seelischen Akte sind durch Intentionalität gekennzeichnet. Da die menschliche Seele Teilhabe am Göttlichen besitzt, ist auch Erkenntnis als apriorisches Wissen möglich.

Die *(neo-)thomistische Psychologie* bildete durch die Jahrhunderte Grundlage der kath. Lehre. Sie gilt seit 1879 (Enzyklika „Aeterni patris") auch als Grundlage der offiziellen Lehren der kath. Kirche. Bekannte Vertreter waren Fröbes, Lindworsky, Brennan, etc. (vgl. L. Koch, Jesuiten Lexikon. 2. Bd.e, Paderborn: Bonifacius, 1934; H.Misiak & V.Staudt, Catholics in psychology: a historical survey. New York: McGraw Hill, 1954; W.Hehlmann, Wörterbuch der Psychologie. Stuttgart: Kröner, 1965; L.Zusne, Biographical Dictionary of Psychology. Westport/Connect.: Greenwood Press, 1984)

Neuzeit

Was versteht man unter *Neuzeit*?
Der Begriff Neuzeit ist ein an der europäischen Geschichte orientierter Epochenbegriff für die auf das Mittelalter folgende Zeit bis zur Gegenwart. Als Beginn setzt man üblicherweise das Jahr 1500. Andere Anfangsdaten sind 1492 die Wiederentdeckung Amerikas durch Columbus, 1517 der Thesenanschlag von M. Luther u.a. Häufig untergliedert man noch in: frühe Neuzeit (bis 1789), Neuere Zeit (1789 – 1914) und Neueste Zeit (seit 1914).

„Um so weniger macht es Sinn, die Neuzeit mit einem punktuellen Ereignis anheben zu lassen, etwa mit der Entdeckung Amerikas 1492 oder Martin Luthers 95 Thesen gegen den Ablaßhandel aus dem Jahre 1517. Gleichwohl gab es im Übergang vom 15. zum 16. Jh. ein Bündel von Faktoren in allen Bereichen des Lebens, die es nach Meinung vieler Forscher rechtfertigen, von einer Epochenwende zu sprechen: das Aufkommen der modernen Naturwissenschaften und ein diesen entsprechendes rationales, auf Berechenbarkeit und Machbarkeit gerichtetes Weltbild, die Erfindungen, die Entdeckungsfahrten nach überseeischen Territorien, der Gebrauch der Artillerie und die Medizin des Paracelsus, die Rezeption antiker Literatur, Kunst und Philosophie (Humanismus und Renaissance), der Kampf gegen den universalen Anspruch der römisch-katholischen Kirche (Reformation), das Aufkommen von Nationalsprachen und die Differenzierung Europas in sich ausprägende Nationen, jedoch bei gleichzeitiger Ausdehnung des politischen Schauplatzes nun auch auf außereuropäische Erdteile durch Kolonialherrschaft. Doch darf man dabei nicht aus den Augen verlieren, daß große geschichtliche Ereignisse oder ein Zusammenhang von bedeutenden Faktoren nicht von heute auf morgen entstehen, sondern in ihren Ursprüngen häufig bis weit in die Geschichte zurückverfolgt werden können und – denn das macht einen besonderen Reiz und überdies eine wichtige Erkenntnisleistung der historischen Arbeit aus – auch sollten." (Asendorf et al. , 1994:460).

„Psychologie" im Humanismus

Unter *„Humanismus"* (von humanus, homo) versteht man als historischen Begriff die große geistige Bewegung der *Renaissance* (frz.; it. Rinascità; Begriff stammt von *Giorgio Vasari, 1511-1574*). Diese bezeichnet den Zeitraum vom Auftreten *Petrarcas* (1304-74) bis zum Tode Melanchthons (1497-1560) bzw. dem Tode Michelangelos (1564) und war getragen von der neu erwachten Liebe zur griech.-röm. Antike, im 15.Jh. befruchtet durch die Abwanderung griech. Gelehrter nach Italien als Folge der Eroberung Konstantinopels durch die Türken (1453), eine Epoche, die sich der Lektüre, Erforschung, Neuentdeckung und Edition der Werke des klassischen Altertums, sowie der Nachahmung ihres Stils widmete. Sie entstand in Italien, ist eine „Übergangsepoche" zwischen Mittelalter und Neuzeit, „Mutter und Heimat des modernen Menschen" (J. Burckhardt) (grundsätzlich gibt es „Renaissancen" auch in anderen „höheren" Kulturen!). Humanismus lässt sich als konstitutives Element der europäischen Kultur definieren, das aus dem immer wieder aufgenommenen Dialog mit den antiken Autoren lebensformende Normen (vgl. z.B. Humanität = Bildung und Menschenliebe, Kosmopolitismus) gewinnt. Seit der Antike (vgl. *Scipio der Jüngere* (185-129v.); *M. Tullius Cicero* (106-43v.) bis in die Gegenwart hat es eine Vielzahl von humanistischen Ansätzen und Bewegungen (vgl. dt. Klassik, humanistische Psychologie) gegeben, keine aber war so wirkungsmächtig wie der Humanismus der Renaissance. Man könnte diese Epoche auch kurz „Entdeckung der Welt und des Menschen" (vgl. J. Burckhardt) nennen. Charakteristisch ist für diese Kulturepoche der allmählich Wandel vom theozentrischen Weltbild des MA.s zum anthropozentrischen der Neuzeit. Auf diesem geistigen Boden entsteht auch die Psychologie in der Neuzeit. Die Identität des modernen europäischen Menschen hätte sich ohne die Errungenschaften des Renaissance-Humanismus nicht entwickeln können.

Wie stellte sich Petrarca das Leben eines Humanisten vor?

> „Petrarca zufolge ist das rechte Leben abseits des weltlichen Treibens zu suchen; in der Zurückgezogenheit sollten allerdings ein bequemer Lebensstil und uneingeschränkte Lektüre garantiert sein. Der Humanist hat die ‚Muße der Mönche' in die ‚gelehrte Muße', das ‚otium litteratum' Ciceros, verwandelt; die Verpflichtungen zu Keuschheit und Armut sind gelockert und das Gelübde des Gehorsams ganz außer Kraft gesetzt worden. Wir dürfen uns vorstellen, wie Petrarca in der Stille seiner mit Hingabe gesammelten Bibliothek meditiert, liest, schreibt und zuweilen in seinem Garten nach dem Rechten sieht." (Brockmeier, 2006:371)

Als hervorragenden Vertreter des *Humanismus* (z.B. Versuch der Überwindung der Jenseitsorientierung und des Dogmatismus der Scholastik; Anknüpfung an die griech. und röm. Philosophie; Eintreten für die Eigenständigkeit des individuellen Denkens; Aufwertung des Individuums) gewann *Martin Luther* als Freund und Mitstreiter für die Reformation:

Philipp Schwarzerdt (griech. *Melanchthon*) (1497-1560), der als Professor in Wittenberg tätig war („praeceptor Germaniae"). Die Schrift des *Aristoteles* „Perí psychēs" (ca. 327 v. Chr.) wirkte auch auf Melanchthon ein. Mit ihr setzte er sich in seinem „commentarius de anima" (1540) auseinander, in dem er an die aristotelisch-thomistische Seeleninterpretation anknüpft. Er übernahm das dreiteilige griech. Seelenmodell und unterschied eine „pflanzliche", „tierische" und „menschliche" Seelenschicht. Der menschlichen Seelen-Schicht schrieb Melanchthon Zugang zu göttlicher Weisheit zu. Er unterschied in traditioneller Weise auch kognitive und motivationale psychische Vorgänge. Zu den niederen Leistungen rechnete er den ‚sensus interior' (inneren Sinn), den ‚appetitus' (Bedürfnisse) und den ‚affectus' (Gefühle), sowie die ‚potentia locomotiva' (Körperbewegungen). Höhere Leistungen sind demgegenüber der ‚intellectus' (Verstand) und die ‚voluntas' (Willen). Der ‚sensus interior' ist eine Hirnfunktion, welche der Wahrnehmung diene. Er ist den 5 Sinnen übergeordnet und leistet eine ‚apprehensio' (Auffassung) von äußeren Gegenständen, indem er die Empfindungen unterscheidet, ordnet und interpretiert. Am „sensus interior" beteiligt ist die „memoria" (Gedächtnis). Entsprechend der dreiteiligen Seelen-Schichtung gliedert Melanchthon die Bedürfnisse in organische, sinnliche und willentliche. Sinnliche Bedürfnisse werden „per contactum" (durch äußere Berührung, Reize) befriedigt oder enttäuscht, woraus Freude oder Schmerz entstehen. Gott habe eine Ordnung der Gefühle geschaffen, doch diese Ordnung sei später gestört worden (vgl. Erbsünde). Daher gebe es hilfreiche Gefühle (Freude, Hoffnung, Liebe), sowie zerstörerische (Traurigkeit, Angst, Zorn und Haß). Melanchthon diskutiert auch die Hirn- und Muskelfunktionen, welche die Bewegung des Körpers steuern, und unterschied die willkürliche von der unwillkürlichen Motorik. Die Erkenntnisse des „intellectus" sei der sinnlichen Wahrnehmung überlegen, da die Sinne nur flüchtige Einzelerscheinungen erfassen könnten, der „intellectus" aber das Allgemeingültige, die von Gott gestiftete Ordnung. Durch seinen Verstand gelange der Mensch zur Partnerschaft mit Gott.

Melanchthon gebrauchte in seinen Vorlesungen möglicherweise als erster das Wort *Psychologia*, und er ist auch einer der ersten, die in diesem Jahrhundert die Seele als einen wissenschaftlicher Behandlung würdigen Gegenstand betrachten, ungeachtet der zahlreichen Thesen, die nur Fortführungen aristotelischer Lehrsätze sind (vgl. Hehlmann, 1963:58).

Als Titel eines seelenkundlichen Buches wird die Bezeichnung „psychologia" wahrscheinlich zuerst von dem dalmatinischen Humanisten **Marcus Marulus** in seinem verschollenen Werk „Psychologia de ratione animae humanae" (ca. 1520) benutzt (vgl. Brožek, 1973). Psychologie wird auch von dem Marburger Professor für Physik, Mathematik, Logik und Ethik **Rudolf Goclenius** *(Göckel)* (1547-1628) in seinem Werk „Psychologia" (1590) gebraucht. Erhalten ist auch die Schrift von **Otto Casmann** (1562-1607) „Psychologia anthropologica sive animae doctrina" (1594). Das im 17.Jh. eine Weile florierende Substantiv *„Animastica"* wird im 18.Jh. endgültig durch den aus dem protestantischen Raum stammenden Neologismus „Psychologie" verdrängt. Die deutsche Wendung „Psychologie" stammt von dem Aufklärungsphilosophen und Leibniz-Schüler **Christian Wolff** (1676-1754). Er hat auch viele andere lateinische Termini verdeutscht z.B. Bewußtsein, Vorstellung, Seelenvermögen, Psychometrie. *Wolff* schrieb eine „psychologia empirica" (1716) und eine „psychologia rationalis" (1740). (vgl. E.Scheerer, „Psychologie". Historisches Wörterbuch der Philosophie, hg. Von J.Ritter & K.Gründer, Bd.7, Basel, 1989).

Nach Pongratz (1984:19) wurde der anglo-amerikanische Begriff *„psychology"* von dem Heidelberger Professor für Metaphysik **Friedrich August Rauch** (1806-1841), der aus politischen Gründen in die USA ins Exil ging, im anglo-amerikanischen Sprachbereich eingeführt. *Rauch* publizierte in den USA ein Buch mit dem Titel „ Psychology or a view of the human soul including anthropology" (1840). *Rauch* war Personalist („Person als Zentrum des Menschen und der Natur") und Psychologie bezog sich bei ihm auf eine höhere Sphäre, nämlich auf die komplexeren geistigen Zustände und Vorgänge (vgl. Roback, 1970:122). Das Wort „psychology" trat allmählich an die Stelle der bis dahin üblichen englischen Benennungen: „mental philosophy", „intellectual philosophy" etc. (s. Bibliografie).

MICHEL DE MONTAIGNE

Michel Eyquem de Montaigne (1533-1592) war Philosoph, Schriftsteller und ein Hauptvertreter der frz. Moralisten (vgl. La Rochefoucauld, 1688 ; de la Bruyère, 1665 ; s. oben; sie beschreiben „mores" , aber schreiben keine Moralität vor !). Er gilt auch als Begründer der essayistischen Literatur. Sein Hauptwerk, die *„Essais"* (1580-1595), verbindet eine philosophische Skepsis mit einer inneren Chronik der individuellen Existenz. Als ältester Sohn einer in den Adelsstand aufgestiegenen Kaufmannsfamilie wurde M. in humanistischem Geist erzogen. Er studierte von 1546 bis 1554 Rechte in Bordeaux und Toulouse; 1557 wurde er

Parlamentsrat in Bordeaux; 1570 verkaufte Montaigne sein Amt und zog sich in das Turmzimmer seines Erbschlosses zurück (vgl. die 54 Inschriften im Gebälk seiner Bibliothek!) und schrieb bis zu seinem Lebensende an seinem Hauptwerk, den „Essais". Als Parlamentsrat und später Bürgermeister von Bordeaux (1582-85) bemühte sich M. um Ausgleich und Vermittlung im konfessionellen Bürgerkrieg, in den Hochadelsrivalitäten und im Verhältnis von Krone, Stadt und Ständen (parti des politiques). Diplomatische Missionen und eine längere (Bade-)Reise durch Süddeutschland und Italien (1580-81) unterbrachen immer wieder die Arbeit an den Essais. Die Essais bestechen durch ihre Themenfülle. Sie vereinigen Kommentare zu klassischen Sentenzen z.B.

> „Nichts ist gewiß als allein das Ungewisse, und nichts elender und aufgeblasener als der Mensch" (Plinius d. Ä.),

Reflexionen über theologische z.B.

> „Gott hat den Menschen gleich einem Schatten geschaffen, wer soll diesen richten, wenn die Sonne untergegangen?" (Prediger, VII,1),

philosophische z.B.

> „Nicht die Dinge verwirren die Menschen, sondern die Meinungen über die Dinge" (Epiktet)

und politische Fragen (pol. Konservativismus) und Plaudereien über den Alltag, über Ehe, Freundschaft und Galanterie.
Die psychologisch interessanten Aspekte finden sich in dem Generalthema, nämlich der Erforschung der „condition humaine", so wie der Mensch ist und nicht, wie er sein soll. Das bevorzugte Anschauungsobjekt ist Montaigne selbst. In der Selbstthematisierung entdeckt Montaigne seine eigene Individualität und mit ihr die Sprache, diese auszudrücken. Den Rückzug in das Turmzimmer und die *introspektive Erforschung des eigenen Selbst* beschreibt er folgendermaßen:

> „Ich wende meinen Blick nach innen, und da halte ich ihn fest und lasse ihn verweilen. Jedermann schaut vor sich weg, ich schaue in mich hinein; ich habe nur mit mir selber zu tun; ich beobachte mich unablässig; ich prüfe mich, koste mich. Die anderen gehen immer anderswohin, wenn sie es recht überlegen; sie gehen immer vor sich her, nemo in se tentat descendere' (keiner versucht in sich selber hinabzusteigen, Persius, Sat. IV, 23), ich aber kreise in mir selbst." (Montaigne, 1953:537)

Er philosophiert in fortdauerndem Rückgriff auf seine eigenen Erlebnisse und seine Person. Man hat Montaignes „Essais" deshalb auch mit der Psychoanalyse *S. Freuds* verglichen.

> „Man könne in sich selber hineinblicken. Aber welche Fülle widersprechender Emotionen und Triebe nehme man wahr! Kaum scheine es möglich, im Fortgang des eigenen Handelns eine Konstanz festzustellen. Das psychische Leben sei voller Schwankungen,

Unsicherheiten und unerkennbarer Tiefen. Von den schnell wechselnden Strebungen hin- und hergeschüttelt, vermöge der Mensch sich nur mühsam mit Hilfe verstandesmäßig zurechtgelegter Motive zu erheben. Aber selbst der Verstand sei ein zweifelhafter Wegweiser." (Hehlmann, 1963:66).

Montaigne behandelt in loser Folge viele Bestandteile des psychischen Lebens: das Gedächtnis, die Phantasie, das Lernen, Gefühle und Affekte, den Schlaf und die Träume, etc. Er liefert jedoch kein eigenes „psychologisches System". Montaigne nahm philosophisch eine skeptische Position ein. Seine Skepsis gilt den theoretischen Sätzen, nicht dem Dasein, den Deutungen, nicht den Phänomenen, dem dogmatischen Disput, nicht dem praktischen Handeln. Sie kulminiert in der berühmten Frage *„Que sais-je?"*. Der Gravitation der Gewohnheiten, den Sitten und dem Herkommen misst Montaigne im Leben eine ausschlaggebende Rolle zu. Für ihn, der sich aus den Bindungen an die äußere Welt und an die geistigen Autoritäten durch die Wendung nach innen befreit hat, wird der Tod zur Bewährung des Lebens und damit der Philosophie (vgl. *„Philosophieren heißt sterben lernen"*; I. Buch, XIX. Kap.).
In ihrer originellen Schrift „Das Leben Montaignes in einer Frage und zwanzig Antworten" hat *Sarah Bakewell* (2013) sich mit der Frage befasst *„Wie soll ich leben?"* und findet bei Montaigne u.a. die Antworten:

„Habe keine Angst vor dem Tod, Lebe den Augenblick, verkrafte Liebe und Verlust, stell alles in Frage, finde das rechte Maß" etc.

Klar und überzeugend hob Montaigne bereits die *Kulturspezifität* bzw. *Kulturrelativität* des menschlichen Erlebens und Verhaltens hervor. Ein Vorläufer der kulturvergleichenden Psychologie! Eine Einheitsnorm für Sitte und Charakter gebe es nicht.

„Völker gibt es, wo Männer ... Ehen miteinander schließen; wo die Frauen mit ihren Gatten in den Krieg ziehen und nicht nur im Kampf ihren Mann stehen, sondern auch im Kommandieren; wo an Nase und Lippen, Wangen und Zehen Ringe getragen werden...; wo man sich beim Essen die Finger an den Schenkeln, am Hodensack oder an den Fußsohlen abwischt;... wo man einen Verstorbenen kocht und dann zerstampft, daß er eine Art breiige Brühe bildet, die man dem Wein beimischt und trinkt." (Montaigne, 1953:160)

Bei seiner Begegnung mit drei brasilianischen Indianern im Jahre 1560 nimmt Montaigne eine hochmoderne kulturrelativistische Position ein und schildert diese interkulturelle Begegnung in seinen „Essais" (Brasilien war erst am 22.4.1500 entdeckt worden!; vgl. Stubbe, 1987:55-57).

RENÉ DESCARTES

René Descartes (auch: Renatus Cartesius) wurde 1596 in La Haye/Touraine als Sohn einer Adelsfamilie geboren. Er besuchte das Jesuitenkolleg La Flèche und studierte ab 1616 Rechtswissenschaft in Poitier. Mit zwanzig Jahren erwarb er das Bakkalaureat sowie die juristische Lizenz. Zwei Jahre später trat er als Offizier in den Militärdienst ein – zunächst in den Niederlanden (Moritz von Nassau), später in Bayern (Kurfürst Maximilian). Wissenschaftliche Interessen bewogen Descartes 1620 den Militärdienst zu quittieren und als wirtschaftlich unabhängiger Intellektueller seinen wissenschaftlichen Studien nachzugehen. Häufig verlegte er seinen Wohnsitz und unternahm Bildungsreisen durch Europa. Zur Ehe konnte er sich nicht entschließen und mit der Mutter seiner Tochter Francine verband ihn nur eine freie Partnerschaft. Im Jahre 1629 begab er sich nach Holland, das er für 20 Jahre als Bleibe wählte. Die schwedische Königin Christine lud ihn 1649 an ihren Hof nach Stockholm ein. Dort starb Descartes nach nur viermonatigem Aufenthalt an Lungenentzündung (Arsen-Vergiftung?). Die Studien Descartes erstreckten sich auf viele Wissenschaften (vgl. Mathematik: Analytische Geometrie; Astronomie: Wirbeltheorie der Bildung des Weltalls, das als mechanisches Uhrwerk funktioniert, das Gott anfänglich in Gang gesetzt hat; Physik: nur Dinge mit räumlicher Ausdehnung bzw. geometrischer Gestalt können wahrgenommen werden; alle Materie ist beliebig weit teilbar; optische Experimente! daraus: Brechungsgesetz (1627); etc.).

Für die *Psychologie* sind folgende Lehren Descartes von Interesse: Cartesius ist ein Vertreter strenger Wissenschaftlichkeit. Jeder überlieferte Satz sei zu überprüfen. Nichts dürfe ungeprüft übernommen werden. Diese methodische Haltung des Wissenschaftlers ist von einer *„dubitatio universalis"* (allgemeiner Zweifel) gekennzeichnet (Skeptizismus). Umso gewisser enthüllt sich für Descartes jedoch die Evidenz seines durch Intuition abgeleiteten grundlegenden Satzes *„cogito ergo sum"* (cogitare= denken, Bewußtsein haben, einschl. sentire, percipere, imaginari, intellegere, velle, nolle, sperare, timere, diligere, odi usf.). Die Existenz meines eigenen Zweifelns und damit meines eigenen Denkens d.h. meines Bewusstseins ist mir unzweifelbar gewiss. Von Bedeutung ist außerdem Descartes Erörterung des psycho-physischen Problems: er nimmt von der aristotelischen Dreiteilung des Seele Abstand und vertritt einen *Leib-Seele-Dualismus* zwischen einer *„res extensa"* (dem Materiellen, Körperlichen) und einer *„res cogitans"* (dem Geistig-Seelischen) (vgl. dagegen: Hypnose, Psychosomatik!). Die Seele (mens, anima) sei eine unausgedehnte, immaterielle Substanz (substantia cogitans) und das Bewusstsein sei Eigenschaft dieser „substantiellen" Seele. Descartes vertrat auch die Lehre von den *„ideae innatae"* (angeborenen Ideen d.h. Inhalte der Wahrheit), die Gott als Anlagen bzw. Fähigkeiten in die menschliche Seele eingepflanzt habe (z.B. „Gott", „Raum", „Geist"). Sie bilden die notwendige Voraussetzung jeder Erkenntnis. Neben den psychischen Anlagen nimmt Descartes auch materielle Spuren im Gehirn an. Das Gehirn wird als Träger des seelischen Lebens verstanden und zeige winzige Veränderungen, denen Seelische Tätigkeiten entsprechen. Den Sitz der Seele verlagert Descartes in die Zirbeldrüse (Epiphyse, eine endokrine Drüse des Gehirns an der Gehirnbasis). Tiere seien von Gott erschaffene Maschinen ohne Wahrnehmung, Erinnern oder Wollen (scharfe Grenzziehung zwischen menschlicher und tierischer Organisation!) (s. oben). Meistens wird die Konzeption des Bewusstseinsbegriffs und die Identifizierung von Seele und Bewusstsein als die psychologisch nachhaltigste Leistung Descartes angesehen. Er hat die Rolle des Bewusstseins entdeckt, zugleich aber den psychischen Bereich auf dieses eingeschränkt (vgl. dagegen die moderne Tiefenpsychologie!). Descartes hat auch den *Reflexbegriff* in die psychologische Fachsprache eingeführt. Vor allem in seinen Werken „De homine" und „Les passions de l'ame" (1649) hat er seine „Psychologie" dargestellt. Seine Werke wurden 1663 auf den „Index librorum prohibitorum" der kath. Kirche gesetzt, weil seine Seelentheorie der christlichen Heilslehre widerspreche.

PSYCHOLOGIE IN DER EUROPÄISCHEN AUFKLÄRUNG

Unter *"Aufklärung"* verstehen wir eine geistesgeschichtliche Epoche in Europa („Zeitalter der Vernunft"), die das Ziel hat, auf religiöser oder politischer Autorität beruhende Anschauungen durch solche zu ersetzen, die sich aus der Betätigung der menschlichen Vernunft ergeben und die der vernunftgemäßen Kritik jedes Einzelnen standhalten. Sie strebte als politische Emanzipation des Bürgertums die Verbesserung der Gesellschaft und des Einzelnen an.

„Durch einen nicht nur in theoretischer Hinsicht kritischen, sondern auch in praktischer Absicht nützlichen Gebrauch der Vernunft und durch eine allgemeine Erziehung im Sinne der *humanité* sollten die geistige (oft auch die politische) Selbstständigkeit der Menschen und dadurch ein deren Lebensumstände insgesamt erfassender Fortschritt erreicht werden. So betraf das Programm der ‚Aufklärer' nicht allein Philosophie und Naturwissenschaft, sondern ebenso Politik, Jurisprudenz, Theologie und nicht zuletzt auch die schönen Künste, insbes. die Literatur und das Theater." (Gessmann, 2009:66)

Im Zentrum des wissenschaftlichen Interesses der aufklärerischen Philosophie und Psychologie stand die Natur des Menschen.
Die Aufklärung entwickelte sich in den einzelnen europäischen Ländern und in den verschiedenen Wissensbereichen sehr unterschiedlich (z.B. England seit dem 16.Jh.; Frankreich 17. und 18.Jh.; in Deutschland seit dem 18.Jh.). ***Immanuel Kant*** (1724-1804) definierte in „Was ist Aufklärung?" (1784):

„Aufklärung ist Ausgang des Menschen aus seiner selbstverschuldeten Unmündigkeit."

Die Aufklärung beförderte jede Art von *Rationalismus* und die ratio, die Vernunft, der Verstand, die logische Ordnung der Dinge stehen im Mittelpunkt der philosophischen Betrachtung. In den Wissenschaften vor allem den Naturwissenschaften wird ein methodisch arbeitender Verstand gefordert und das Wahrheits- und Erkenntnisideal sind: „Klarheit und Deutlichkeit", Wissenschaftsgläubigkeit, Fortschrittsglauben, ethisch-pädagogisch humanitäre Ideale, Betonung der politisch-juristisch-gesellschaftlich-wirtschaftliche Freiheit des Menschen aus ungerechtfertigten Bindungen, Gleichheit aller Bürger vor dem Gesetz, Menschenrechte, „Menschheit". Sie münden schließlich in der frz. Revolution (1789).
In der Aufklärung liegen auch die Anfänge der *empirischen Psychologie*. Hier sind es vor allem engl. Philosophen, die die Hauptanstöße geben:
bei **John Locke** (1632-1704) findet sich das Prinzip der Vorstellungsassoziation (bereits bei Aristoteles!) (*Assoziationismus* = Lehre von den mechanischen Vorstellungsverbindungen, die Zurückführung der Erkenntnisse auf Sinneseindrücke („nihil est in intellectu, quod non ante fuerit in sensu"). Bekannt ist auch sein Bild von der Seele als leerer Tafel (white paper; tabula rasa-Modell). Die Seele sei auf Erfahrung in doppelter Gestalt angewiesen: auf das

Wahrnehmen äußerer Objekte („sensation") und auf das Wahrnehmen innerer Geistestätigkeit („reflection"). Die Sensation gehe stehts der Reflexion voraus (*Sensualismus* = Herkunft aller Erkenntnis aus der Sinneserfahrung). Als erfahrungsgeleiteter Philosoph kritisiert Locke auch die Lehre von den „ideae innatae" (vgl. Descartes).

Der anglikanische Bischof **George Berkeley** (1684-1753) lehrte, dass eine vom Wahrnehmen und Denken unabhängige Außenwelt nicht existiere. Das Sein der Dinge bestehe nur in ihrem Wahrgenommenwerden („esse est percipi"), und real existiert überhaupt nichts außer der Substanz des Geistes (*Mentalismus* = es existieren nur Ideen oder Bewußtseinsinhalte), der Seele und des Ich. Berkeley trat auch für die engl. Kolonisierung und Missionierung der Neuen Welt ein. Er entwarf sogar ein Kolonisierungs-Projekt für die Bermudas.

Den Höhepunkt der engl. sensualistischen *Assoziationspsychologie* bzw. des *Elementarismus* (Zerlegung des Bewußtseins in kleinste Einheiten) bilden die Schriften **David Hume's** (1711-1776) (z.B. „Untersuchung über den menschlichen Verstand", 1748). Tatsachenerkenntnis gründe sich auf Erfahrung und nur auf Erfahrung. Hume will eine nüchterne Deskription der „menschlichen Natur" (vgl. phänomenologische Psychologie), des Denkens, der Leidenschaften und des Wollens geben. Untersuche man die Regeln, nach denen das Vorstellungsleben verlaufe, so stoße man auf das Prinzip der Assoziation: einzelne Gedanken oder Vorstellungen ziehen andere mit gewisser Regelmäßigkeit nach sich. Selbst in Träumen scheine eine Verknüpfungsreihe zu dominieren (vgl. Freud!): die Vorstellungen verbinden sich gegenseitig auf Grund von Ähnlichkeit (resemblance), räumlich-zeitlicher Berührung (contiguity) oder Ursächlichkeit (cause of effects). Kontrast- oder Gegensatz-Assoziationen glaubt Hume auf Ursächlichkeit und Ähnlichkeit reduzieren zu können. Je häufiger solche Vorstellungsverbindungen vollzogen werden, desto enger sei die Verbindung.

Den empirischen Ansätzen entsprechen gleichlaufende Bestrebungen, die gewöhnlich mit dem Begriff *Materialismus* (die gesamte Welt ist eine Körperwelt, die mechanischen Gesetzen folge) umschrieben werden. Besonders in Frankreich fand der Materialismus radikale Vertreter. Der Militärarzt **Julien Offray de Lamettrie** (1709-1751) hat seine Schriften „Histoire naturelle de l'âme" (1745) und „L'homme machine" (1748) aus einer antitheologischen Grundhaltung, als Aufklärer, der gegen Vorurteile kämpft, heraus verfasst (s. oben Lukrez). Die geistigen Funktionen hängen nach Lamettrie (1745) wesentlich von den Organen des Leibes ab. Angeregt von einer Selbstbeobachtung über den Einfluss der Blutwallungen auf das Denken während eines Fieberanfalles, sucht er in Form eines deduktiven Traktates darzustellen, dass alle Empfindungen und alle Vorstellungen aus den Sinnen stammen und dass das, was empfindet und vorstellt, ebenfalls materiell ist. Es gibt somit keinen philosophischen Grund einer immateriellen vernünftigen Seele. Diese Schrift führte zu seiner Entlassung und wurde in Paris vom Henker verbrannt! In seiner berühmtesten Schrift (1748) spielt Lamettrie auf die von Descartes vertretene mechanistische Theorie an, Tiere seien Maschinen (bête machine). Auch der Mensch ist nach Lamettrie ein reiner Mechanismus und ausschließlich physiologisch beschreibbar und erklärbar. Das philosophische Denken über den Menschen habe von Erfahrung und Beobachtung auszugehen, Untersuchungen a priori (Begriffe, die allein dem Verstande, der Vernunft entstammen, nicht der Erfahrung) und Spekulationen seien fruchtlos. Anatomie und Physiologie seien die Mittel, die menschliche Natur kennenzulernen (vgl. heutige Psychologie-Curricula!). Nicht Geist und Seele steuern die körperliche Maschine, sondern umgekehrt: der Geist ist abhängige Variable physiologischer Faktoren (Körpersäfte, Nerven, Gehirn = leibseelische Organisation des Menschen), die wiederum durch Ernährung und Alter, Krankheit und Umwelteinflüsse modifiziert werden. Alles Geistige ist nur eine besondere Kraftäußerung der Materie. Die Eigenschaften der Seele hängen von der eigentümlichen Organisation des Gehirns und des ganzen Körpers so sehr ab, „daß sie sichtlich eben nur diese Organisation selbst sind." Aus den neuesten Entdeckungen der damaligen Physiologie (vgl. Irritabilität der Muskelfasern) folgert Lamettrie, dass alle organische Materie mit einem eigenen inneren Bewegungsprinzip ausgestattet sei. Der Mensch unterscheidet sich vom Tier lediglich durch seine feinere körperliche Organisation. Auch Tiere sind zu moralischen Empfindungen fähig und vermögen zu denken. Dieses Buch wurde ein großer Skandalerfolg und der Autor, seiner Freiheit nicht mehr sicher, musste Holland verlassen und fand wie Voltaire Zuflucht am Hofe Friedrich des Großen (vgl. Stubbe, 2020: 65).

In Deutschland hält verspätet die Aufklärung Einzug. Ein Schüler von Leibniz der Baron **Christian Wolff** (1679-1754) trug wesentlich zur Verbreitung einer aufklärerischen, spekulativen Psychologie bei. Er macht eine Unterscheidung zwischen einer empirischen (Psychologia empirica …, 1732) und einer rationalen Psychologie (Psychologia rationalis …, 1734), dabei handelt es sich um zwei Darstellungen der *einen* Psychologie. Ihm verdankt die deutschsprachige Psychologie eine Vielzahl von Übersetzungen aus dem Lateinischen: Bewußtsein, Seelenlehre, etc.

> „Die erstere fußt auf Selbstbeobachtung, sie bietet – unter Voraussetzung der Lehre je hierarchisch gegliederten Vorstellungs- und Begehrungsvermögen – dasjenige, was wir ‚von unserer Seele wahrnehmen, wenn wir auf sie acht haben'; die letztere bestimmt das Wesen der Seele (und eines Geistes überhaupt) und beweist ihre Unverweslichkeit bzw. für den Menschen ihre Unsterblichkeit. Unter dem Einfluß Lockes und seiner Lehre vom ‚inneren Sinn', der von D. Hartley begründeten Assoziationspsychologie (die in die Darstellung der reproduktiven Einbildungskraft eingegliedert wird) und der französischen Sensualisten bzw. Materialisten löst sich seit der Jahrhundertmitte die empirische Psychologie von der Metaphysik und wird im allgemeinen wieder Bestandteil der Naturlehre, insbes. Im Hinblick auf Untersuchungen der Verknüpfung psychischer und physiologischer Prozesse. In den achtziger und neunziger Jahren tritt die empirische Psychologie vernehmlich unter dem Titel ‚Erfahrungsseelenkunde' bzw. ‚Erfahrungsseelenlehre" in Erscheinung (K. Ph. Moritz, L.H. Jacob, J.G.K. Kiesewetter, J.D. Hoffbauer), der häufig eine ‚Pathologie der Seele" mit psychiatrischer Zwecksetzung beigefügt ist. Die ‚rationale Psychologie' wird nicht zuletzt unter dem Eindruck der Kantischen Kritik als unwissenschaftliche Disziplin verworfen." (Lexikon der Aufklärung, 2001:336f)

Eines der hervorragendsten Werke der europäischen Aufklärung, als vollständige Präsentation alles Wissens, ist die *„Encyclopédie ou Dictionnaire raisonné des Sciences, des Arts et des Métiers"* (Paris, 1751-1772), herausgegeben von **Denis Diderot** (1713-1784). Darin heißt es bzgl. der Psychologie:

„PSYCHOLOGI
Détails Écrit par Jean Baptiste de La Chapelle (E)
(a), s. f. (Métaphysique) partie de la Philosophie, qui traite de l'âme humaine, qui en définit l'essence, et qui rend raison de ses opérations. On peut la diviser en Psychologie empirique, ou expérimentale, et Psychologie raisonnée. La première tire de l'expérience les principes, par lesquels elle explique ce qui se passe dans l'âme, et la Psychologie raisonnée, tirant de ces principes d'expérience une définition de l'âme, déduit, ensuite de cette définition, les diverses facultés et opérations qui conviennent à l'âme. C'est la double méthode à posteriori et à priori, dont l'accord produit la démonstration la plus exacte que l'on puisse prétendre. La Psychologie fournit des principes à diverses autres parties de la Philosophie, au droit naturel (b), à la Théologie naturelle (c), à la Philosophie pratique (d), et à la Logique (e). Rien de plus propre que l'étude de la Psychologie, pour remplir des plaisirs les plus vifs, un esprit qui aime les connaissances solides et utiles. C'est le plus grand bonheur dont l'homme soit susceptible ici bas, consistant dans la connaissance de la vérité, en tant qu'elle est liée avec la pratique de la vertu, on ne saurait y arriver sans une connaissance préalable à l'âme, qui est appelée à acquérir ces connaissances, et à pratiquer ces vertus." (© 2020 Encyclopédie de Diderot)

Jean Baptiste de la Chapelle (ca. 1710-ca. 1792) war ein frz. Priester, Mathematiker, sowie Erfinder (Schwimmweste). Als einer der Hauptbeiträger hat er über 270 Artikel zur Encyclopédie beigetragen.

„Anton Reiser" (1785/86, 1790), das „Magazin zur Erfahrungsseelenkunde" (1783-1793) und die Physiognomik

Das Erwachen des Interesses an der eigenen oder fremden Person an ihren Empfindungen, Leiden, Sehnsüchten und Passionen ist gerade für die Zeit des ausgehenden 18. Jahrhunderts in Europa kennzeichnend. *J. H. Jung-Stiling* (1740-1817) Entwicklungsroman „Henrich Stillings Jugend. Eine wahre Geschichte" erscheint 1777 und **Rousseaus** „Confessions" ab 1782.
Dass diese Entwicklung mit der sich beschleunigenden industriellen Revolution und ihren gesellschaftlichen Auswirkungen, etwa der Zerrüttung der alten Zunftordnungen, der Bedrängung des Handwerks durch die Manufakturen, der Landflucht in die Städte mit ihren wachsenden Industrien zusammenhängt, steht wohl außer Frage und spezifiziert die alte Erkenntnis über den Zusammenhang zwischen dem Aufkommen industrieller Produktionsformen und der Problematisierung der eigenen Subjektivität.
Der autobiografische, „negative Bildungsroman" (Schrimpf) „Anton Reiser" (1785/86, 1790) von **Karl Philipp Moritz** (1756-1793) will als „psychologischer Roman" die „innere Geschichte des Menschen schildern" und „den Blick der Seele in sich selber schärfen" (Vorrede). Es handelt sich um ein „Dokument einer Selbstanalyse" (Dettmering).

„Moritz erzählt vielmehr in der Er-Form (nicht Ich-Form, Anm. d. Verf.) die Geschichte seiner Kindheit: von der brutalen Frömmigkeitserziehung durch den Vater und den Tuchmacher-Lehrherrn über die quälenden Schulerlebnisse bis zu den scheiternden Befreiungsversuchen im Theaterspiel. Dieser detailliert und anschaulich beschriebene

Lebenslauf erscheint als ein höchst widersprüchlicher Erfahrungsprozess: Die mangelhaften Bedingungen der sozialen Herkunft (zerrüttete Familie, Armut, Demütigungen durch Standesdünkel) erzeugen psychische Beschädigungen (fehlendes Selbstvertrauen, melancholische ‚Seelenlähmung'), Flucht in Lektüre und dilettantische Schauspielerei, selbstzerstörerische Neigungen); sie führen zu Abstürzen in der Bildungskarriere Reisers, aus den er sich durch wachsende Selbstbeobachtung mühsam befreit – bis zum nächsten Absturz." (Stein & Stein, 2013:251f)

Das Résumé seiner Lebensauffassung kommt in dem eigenen Gedicht deutlich zum Ausdruck:
„Oft will ich mich erheben
Und sinke schwer zurück
Und fühle dann mit Beben
Mein trauriges Geschick.
Du strebst, um glücklicher zu werden,
und siehst, daß Du vergebens strebst."
(Moritz, 1961:238)

Insgesamt kann man auch seine Skepsis hinsichtlich des Aufklärungsoptimismus erkennen. Man nannte ihn deshalb auch einen „aufgeklärten Melancholiker" (Wucherpfennig).

„Mangel an Geborgenheit, Wärme und Liebe in der Kindheit führt zu krankhaften Entwicklungen, ein Sachverhalt, der im Rahmen der Bindungstheorie von John Bowlby inzwischen eingehend untersucht wurde. Moritz nahm außerdem Vieles anschaulich vorweg, was später der Individualpsychologe Alfred Adler eingehend behandelte." (Galliker et. al., 2007:98)

Man sollte dennoch nicht vergessen, dass trotz seiner leidvollen Kindheit und Jugend Moritz ein erfolgreicher und bekannter Mann wurde.

Bereits dem Titel des *„Magazins zur Erfahrungsseelenkunde"* hat Moritz das γνῶθι σεαυτόν (gnothi seauton) „Erkenne Dich selbst!", die Inschrift am delphischen Apollontempel, vorangestellt. *Platon* hat diesen Spruch im „Protagoras" (343b) den sieben Weisen zugeschrieben. Auch *Cicero* in seinen „Tusculanae Disputationes" (1,22,52) und *Seneca d. J.* in seinen „Epistulae morales ad Lucilium" (94, 28) verwenden ihn als „nosce te ipsum!" und „nosce animum tuum!". Das „Magazin…" war das erste psychologische Journal im deutschsprachigen Raum. Es versammelte Fallgeschichten von Wahnsinn, Mord, seelischen Störungen und abweichendem Sozialverhalten. Die Pathografien wurden vor allem von Ärzten, Juristen und Theologen, aber auch von Laien gesammelt und trugen zur Psychologisierung der Literatur um 1800 bei und werden zu „Musterfällen" einer sich formierenden *Psychiatrie* (Begriff von J. Chr. Reil, 1803). Das Magazin besaß folgende Kapitelüberschriften:

1. Seelennaturkunde (z.B. Kindheitserinnerungen, Träume, Vorahnungen)
2. Seelenzeichenkunde (z.B. Charakterbeschreibungen, Physiognomik)
3. Seelenkrankheitskunde (z.B. Falldarstellungen psychisch Erkrankter)
4. Seelenheilkunde (z.B. Kaltwassergüsse)

Erst 100 Jahre später gab W. *Wundt* seine „*Philosophischen Studien*" (1883ff) heraus, die später als „*Psychologische Studien*" weitergeführt wurden. Es folgt die von Ebbinghaus herausgegebene „*Zeitschrift für Psychologie*" (1890ff) und das seit 1903 von Meumann gegründete „*Archiv für die gesamte Psychologie*", sowie die gestaltpsychologische „*Psychologische Forschung*" (1921ff) (zur Geschichte der „Serial publications" in der Psychologie, vgl. R. H. Wozniak: A brief history of serial publication in psychology. 1984:XVII-XXXIII).

Im 18. Jh., darauf weist zu Recht Schönpflug (2004:130) hin, wird der **Wissenschaftler** zu einem bürgerlichen Beruf, der oftmals vom Vater auf den Sohn weitergegeben wird. Für den Lebensunterhalt benötigen die Wissenschaftler eine in der Regel staatliche Lehr- und Forschungsstelle an einer Universität oder Forschungseinrichtung (z.B. Berliner Akademie, gegr. 11.7.1700). Da sie der staatlichen Aufsicht unterliegen sind kritische Wissenschaftler jedoch oftmals Verfolgungen ausgeliefert.

Wissenschaftshistorisch gesehen gehört zu einer **Wissenschaft**, mindestens ein begeisterter, innovativer Wissenschaftler, ein (guter) Name für diese Wissenschaft, ein einigermaßen klar umrissener Forschungsgegenstand, eine Institution, eine Theorie und Methode, sowie eine Fachzeitschrift. Die Bedeutung der wissenschaftlichen **Fachzeitschriften** in der Entwicklung der Psychologie und als wichtiges Kommunikationsmedium ist außerordentlich groß. Heute existieren weit über 1000 psychologische Fachzeitschriften (s. Bibliografie).

Im Europa der Aufklärung im 18. Jh. blühte auch die **Physiognomik** *(griech., Natur-, Leibeserkenntnis),* die Lehre vom Ausdruck des menschlichen Gesichts (Physiognomie). Im weiteren Sinne die psychodiagnostische Deutung äußerer Körpermerkmale (des Gesichts, des Schädels, der Körpergestalt etc.) in Ruhelage, im Gegensatz zum Bewegungsausdruck der *Mimik* des Gesichts und *Pantomimik* des gesamten Leibes. Bereits *Aristoteles* (384-322 v. Chr.) sprach in seiner Schrift „Physiognomica" vom „physiognômonein" (nach der Natur beurteilen) als einem Verfahren, aus körperlichen Merkmalen auf Geist und Charakter (êthos) eines Menschen zu schließen (vgl. Höffe, 2005:455). In der frühen Physiognomik des Amsterdamer Anatomen *Pieter Camper* (1722-1789) und *Johann Kaspar Lavater's* (1741-1801) („Physiognomische Fragmente zur Beförderung der Menschenkenntnis und Menschenliebe", 1775-1778) finden sich bereits rassistische Tendenzen (Völker- und Rassen-Physiognomik). Seit dem 18. Jh. erhielt die Physiognomik außerdem wesentliche Anregungen durch die Schädellehre (Phrenologie) von *F.J. Gall* (1758-1828) und die Romantik z.B. „Die Symbolik der menschlichen Gestalt" (1853) von *C.G. Carus* (1789-1869). Weitere Entwicklungen finden sich in der *Ausdruckskunde* (z.B. Ch. Darwin; L. Klages; J. Kirchhof), den *Typenlehren* und in der deutschen *Wehrpsychologie* (z.B. J.B. Rieffert; M. Simoneit; P. Lersch), sowie in der *Kulturphysiognomik* (L. Frobenius, R. Kaßner).
Martin Blankenburg (in: Schmölders, 1996) hat diese „Rassistische Physiognomik" in ihren historischen Bezügen und Auswirkungen bis hin zur „ariosophischen Rassenphysiognomik" (1927) eines *Jörg Lanz* (gen. von Liebenfels, der Adolf Hitler die Ideen gab!) nachgezeichnet.

> „Lavater versuchte eine Physiognomik der Völker aufzustellen. Er begründete das damit, daß es unter Mauren und Engländern, Italienern und Franzosen so etwas wie einen Volkscharakter geben müsse. Er gab jedoch zu, wenig talentiert zu sein, solche

Unterschiede zu definieren. So erkannte er z.B. die Deutschen an Zähnen und Lachen, die Franzosen an der Nase, aber seine Bemühungen lösten sich in Nichts auf." (Mosse, 1978:29)

Bereits im Jahre 1593 hatte der neapolitanische Arzt *Giambattista della Porta* (ca. 1535-1615), dem wir auch die erste Beschreibung der camera obscura verdanken, seine spekulative Konzeption der Physiognomik entwickelt, die auf der Vorstellung gründete, dass die Ähnlichkeit zwischen einem Menschengesicht und dem eines Tieres anzeigen könnte bis zu welchem Grade die Hauptzüge des Tiere den Charakter des Menschen bestimmten. Solche Tieranalogien sollten später eines der Hauptthemen rassistischen Denkens werden. Die Physiognomik hatte auch Auswirkungen auf die Medizin (vgl. Kloos, 1951) und Psychiatrie (vgl. Gilman, 1978). Die Bedeutung der *physiognomischen Wahrnehmung* in der Psychologie und Ethnologie ist von *Heinz Werner* (1959) bearbeitet worden.
Der Physikprofessor und bedeutende Aphoristiker **Georg Christoph Lichtenberg** (1742-1799) hat sich kritisch mit der Physiognomik auseinandergesetzt („Über Physiognomik", 1777). Dass mit Lavaters „Fragmenten…"

> „das Gegenteil befördert werde, dass mit ihnen die Verführung der Vernunft zur Inhumanität unvermeidlich sei und schon jetzt den Charakter einer ‚Seuche' angenommen habe, schien Lichtenberg erwiesen: ein so ‚ungeheures Aufsehen' erregte Lavaters Werk." (Sautermeister, 1993:83)

Aufgrund seiner eigenen körperlichen Missgestalt war *Lichtenberg* hellsichtiger

> „als die plane Erklärungslogik, er macht ihn zum Führsprecher aller Benachteiligten, vom ‚Schicksal' Gezeichneten. Seine Solidarität richtet sich unter anderen auf den „Neger", ‚dessen Profil man recht zum Ideal von Dummheit und Hartnäckigkeit … ausgestochen hat' (III, 273). Ihn rettet Lichtenberg vom verächtlichen Zugriff der Physiognomen aller Welt und aller Handeltreibenden Europas, indem er, seine eigenen Londoner Erfahrungen zitierend, Menschlichkeit und Geist als natürliche Mitgift des Daseins der Schwarzen ansieht, und sie in Schutz nimmt gegen den ‚Viehhandel', dem der europäische Kolonialismus sie unterwirft." (Sautermeister, 1993:91)

Psychosoziale Aspekte der Sklaverei im Zeitalter der Aufklärung (18. Jh.)

In dem einleitenden Kapitel über die ersten europäischen Rassentheorien hebt *León Poliakov* (1992:76) zu Recht hervor:

> „Im Zeitalter der Aufklärung begann sich die Anthropologie als Wissenschaft zu konstituieren. Zunächst machten sich Wissenschaftler wie der Schwede Linné und der Franzose Buffon an die Klassifizierung – vorwiegend auf Grund der Farbe ‚Weiße', ‚Schwarze', ‚Gelbe' usw. – der großen Menschenrassen. Aus diesen Klassifizierungen ging fast immer hervor, daß der Vorrang der ‚weißen Rasse' gebührte. So erfand das 18. Jahrhundert, das Zeitalter der Neuerungen par exellence, das Zeitalter der französischen

und der amerikanischen Revolution, zur gleichen Zeit, in der es die Idee der Freiheit und der Toleranz verkündete, auch die Rassenhierarchien."

Diese zwiespältige Rolle der Aufklärung in dieser Menschheitsfrage demonstriert Poliakov an verschiedenen Zitaten von *Voltaire*, *Buffon*, der Encyclopédie, etc. Auch **Immanuel Kant** (1724-1804), der den biologischen auf den Menschen bezogenen Rassenbegriff in Deutschland eingeführt hat (vgl. z.B. „Von den verschiedenen Racen der Menschen", 1775) betitelt in seiner „Anthropologie aus pragmatischer Hinsicht" (1798) ein Kapitel: „Der Charakter der Rasse" (Kap. D, 2. Teil) und spricht sich gegen interethnische Ehen („Vermischung der Stämme", 1983:276), also eine Art Apartheid, aus.

Obwohl christliche Europäer (später die US-Amerikaner), islamische Araber und Juden tief in die Sklaverei involviert waren, haben sie dieses unmenschliche sozio-ökonomische Problem in ihren Psychologien und in der europäischen Aufklärung weitgehendst ignoriert (vgl. z.B. Halévy, 1997; Flaig, 2011; Zeuske, 2013; Santos-Stubbe, 2014; Priesching, 2014). Die Sklaven und Sklavinnen waren Waren!

Am Beispiel der *Sklaverei in dem 1500 wieder neu entdeckten Brasilien*, einem Land mit den höchsten Sklavenimporten weltweit, lässt sich diese Problematik gut beleuchten:

BANZO - Über das Leiden und Sterben der afrobrasilianischen Sklaven

Wir besitzen heute keine detaillierten Berichte, wie das Sterben von den einzelnen Sklavinnen und Sklaven wirklich erlebt wurde und müssen uns deshalb gleichsam von außen her (etisch) dem Problem ihres Sterbens annähern, indem wir nicht nur eine „psychische Einheit" (Bastian), sondern eine „sozio-psycho-somatische Einheit der Menschheit" voraussetzen. In diesem Sinne soll hier eine sozio-psychosomatische Theorie des banzo vorgestellt werden. Banzo ist ein kulturgebundenes (afro-brasilianisches) Syndrom der Sklaverei-Zeit. Die afrikanischen Sklaven waren seit Beginn des 16. Jahrhunderts in Brasilien dazu bestimmt, die „Indianer" zu ersetzen, welche der Zwangsarbeit auf den Zuckerrohrplantagen physisch und psychisch nicht gewachsen schienen. Die Afrikaner wurden im Zuge des Dreieckshandels zwischen Europa, Afrika und Amerika vor allem in der Bantu-Zone, aber auch in Dahomey, Angola, Moçambique und im Sudan eingefangen. So trat neben der portugiesischen und indianischen die dritte Hauptwurzel der brasilianischen Kultur in Erscheinung. In Extremfällen reagierten die afrobrasilianischen Sklaven auf ihre menschenunwürdige Situation kollektiv mit Widerstand und Rebellion (vgl. Martin, 1988; Moura, 1972; Reis, 1987) und individuell mit Unterwürfigkeit, Mord, Flucht, Suizid und "banzo". Dass es dauernd zu Fluchtversuchen kam, obwohl die Aussicht auf Erfolg gering war (es gab nämlich eigens auf das Einfangen entlaufener Sklaven spezialisierte "capitães do mato"), zeigt wie sehr die Sklaven unter ihrem elenden Dasein litten. Die erbarmungslosen, oftmals in der Öffentlichkeit durchgeführten Strafen, die man an entlaufenen Sklaven vollzog, Folterung, Verstümmelung und qualvolle Exekution hatten nur wenig abschreckende Wirkung. Das Äußerste, was sich ein Sklave von der Flucht erhoffen konnte war, dass es ihm gelingen würde, sich ins Hinterland durchzuschlagen und sich einem *"Quilombo"*, d.h. einer Fluchtburg geflohener Sklaven anzuschließen.

Die bisherige Historiographie hat die (sozial-)psychologischen und psychopathologischen Aspekte der Sklaverei in Brasilien bisher stark vernachlässigt und sich vor allem den ökonomischen, ethnologischen, statistischen und sozialhistorischen Aspekten zugewandt (vgl. z.B. Klein, 1986; Ramos, 1979). So blieb bisher auch ein Phänomen relativ unbeachtet, das schon in den frühen (Reise-)Berichten auftaucht und bereits die Sklavenhändler stark beunruhigte: *"Banzo"*.

Etymologisch entstammt das Wort *"banzo"* dem Kimbuno-Wort "mbanza", gleichbedeutend mit "Dorf", "Siedlung der afrikanischen ‚negros'" (da Cunha, 1982: 97). Es wird oftmals in der damaligen engl. Medizin auch synonym mit "fixed melancholy" verwendet (s. unten).

Senna (1952: 29) fasst in seinem "Estudo histórico-clínico das doenças que afetavam o gentio e o negro" banzo als
"Nostalgie oder morbide Traurigkeit des afrobrasilianischen Sklaven, als einen Zustand körperlicher Depression, der im äußersten zum Suizid infolge allmählicher Auszehrung und völliger Apathie führt."

Der Psychiater *Lucena* (1968: 8) leitet das Wort von banzar ab, was soviel bedeutet wie "erstarrt sein vor Kummer und Schmerz" (vgl. andere Definitionen bei Stubbe, 2001).

Handelt es sich beim Banzo um eine afrobrasilianische Nostalgie, einen verzehrenden Gram, eine Form des (psycho-) soziogenen Todes?

Zum besseren Verständnis und einer möglichen Erklärung dieses Phänomens können folgende Hypothesen diskutiert werden:

1. Die *psychopathologische* Erklärung betrachtet banzo als ein kulturspezifisches Krankheitsbild wie Amok, Latah, Windigo etc., das während der brasilianischen Kolonialzeit (1500-1822) und während des Imperiums (1822-1889) als eine spezifische tödliche psychische Reaktion unter den afrikanischen Sklaven grassierte.

Sattamini-Duarte (1952) kommt in seiner medizinhistorischen Untersuchung, die stark die biologischen Aspekte hervorhebt, zu der psychiatrischen Diagnose einer Hebephrenie oder Katatonie. Diese Diagnose einer möglichen Schizophrenie wird von dem Altmeister der brasilianischen Psychiatrie *Leme Lopes* (1966) entschieden bestritten. Denn, so wendet er zu Recht ein, wenn man die Beschreibungen des banzo von *Antonio de Oliveira Mendes* (1793) und *Sigaud* (1844), sowie die medizinischen Doktorarbeiten von *Macedo* (1844) über die Nostalgie, von *Sacramento* (1849) über die "saudade" und von *Almeida* (1846) über "alienação mental" (in denen jedoch banzo nicht erwähnt wird!) betrachte, komme man unweigerlich zu dem Ergebnis, dass es sich beim banzo um eine "Entwurzelungsdepression" (depresión de desenraizamiento) gehandelt haben müsse. Besonders wenn man die Ikonographie der Sklaverei z.B. von *Debret* und *Rugendas* berücksichtige, würde eine solche Diagnose sehr wahrscheinlich (vgl. A.N. Stubbe, 2018). *Leme Lopes* gibt auch zu bedenken, dass sich die psychischen Reaktionen der gerade in Brasilien angekommenen Sklaven möglicherweise auch als reaktive Depression interpretieren lassen, deren Psychogenese leicht einfühlbar sei aus dem Freiheits-, dem Heimat-Verlust und dem Verlust der Familien- und Stammes-Bindungen.

Es ist bekannt, dass die Sklavenhändler darauf achteten, Familien- und Stammes-Angehörige möglichst rasch nach der Ankunft in Brasilien zu trennen, um die Möglichkeit künftiger Konspirationen zu verringern. Durch dieses unmenschliche Verfahren wurden die Afrikaner ihrer Kultur und den Traditionen ihrer Ethnie schnell entfremdet. Der Psychiater *Nobre de Melo*

(1954) stellt heraus, dass die Anpassung schriftloser Ethnien an eine komplexe Gesellschaft, die auf Wettbewerb und Individualismus aufgebaut ist, beträchtliche Kulturkonflikte verursachen könne, zu denen er auch den banzo rechnet.

"Fixed melancholy" nannten zeitgenössische englische Beobachter die Schwermut der afrikanischen Sklaven, die eine Geißel der Sklaventransporter auf den Schiffen und den Plantagen war.

> "Dr. Isaak Wilson, Chirurg der königlichen Britischen Marine, der eine Guineafahrt auf der 'Elisabeth' unter Kapitän John Smith mitgemacht hatte, hielt diese Krankheit, sicherlich etwas übertreibend, für die Todesursache in zwei Dritteln aller Sterbefälle unter den Sklaven auf dieser Reise ... 'Die Symptome sind gedrückte Stimmung und Verzagtheit. Deshalb verweigern sie Nahrung. Dies vermehrt nur die Symptome. Deshalb schmerzt der Bauch, Ausfluß war die Folge und sie wurden hinweggerafft.',, (zit. nach Martin, 1988: 152).

Martin (1988), der als einer der wenigen Autoren den Kampf und Widerstand der Afroamerikaner gegen ihre Versklavung bearbeitet hat, spricht vom "verzehrenden Gram" der Afroamerikaner. Er weist darauf hin, dass auf den Sklavenschiffen während der "middle passage", der Überfahrt von Afrika nach Amerika, weit häufiger als kollektive oder gar organisierte Gewaltanwendung gegen ihre Unterdrücker hier die "nach innen, gegen die eigene Person gewendete Gewalt" einzelner Sklaven zu beobachten war.

> "Vielen Gefangenen schien ihre Lage so hoffnungslos, daß sie verzweifelten und der Schwermut verfielen. Berichte über Männer und Frauen, ja selbst über Kinder, die in geistige Umnachtung sanken, finden sich überall in der kolonialen Literatur. Andere hörten auf, bewußt an den Ereignissen ihrer Umwelt teilzunehmen, und 'versanken in eine Gleichgültigkeit und fatalistische Dumpfheit, aus welcher sie nur die Peitsche wecken konnte' (Bitterli, 1976: 155). Insbesondere während der ersten Anpassungsphase auf den amerikanischen Plantagen, während des sog. 'Saisionierens', ließen zahlreiche Sklaven willenlos alles mit sich geschehen und ertrugen selbst grausame Strafen in einer Art abwesender Apathie." (Martin, 1988: 151)

In der europäischen Psychiatrie des 17., 18. und 19. Jahrhunderts war die *"Nostalgie"* eine allgemein bekannte Gemütskrankheit, die als Krankheitseinheit ein großes Kapitel der damaligen Psychopathologie darstellte. Bekanntlich schrieb noch im Jahre 1908 *Karl Jaspers* (1883-1969) seine medizinische Dissertation über "Heimweh und Verbrechen" (vgl. auch Jaspers, 1973: 324).

> "Als besonders klimatisch bedingte Form der Geisteskrankheit wird im 17. Jahrhundert die besonders den Schweizern eigentümliche Nostalgie (Heimweh) von *J.J. Harder* (1678) und *J. Hofer* (1685) aus Basel beschrieben." (Ackerknecht, 1967: 28)

Ernst (1949) berichtet, dass die "Heimwehkrankheit" vor allem bei Soldaten und Personen vorkam, die ihr Heimatland verlassen hatten; sie entbehrten es, sahen es ständig in Tagträumen vor sich, konnten sich auf nichts anderes konzentrieren und starben oft daran, falls sie nicht heimkehren konnten. Wenn sie aber heimkehrten, trat eine prompte und auffallende Genesung ein. Später wurde dann die Nostalgie bei Soldaten und Kriegsgefangenen aller Kriege und in den Kolonien beobachtet. Man unterschied gewöhnlich 3 Stadien:

    1.Stadium: Der Kranke wird müde, traurig, schweigsam, sucht die Einsamkeit; er denkt an die Heimat, spricht jedoch nicht darüber.

    2.Stadium: Das Denken an die Heimat wird zur "idée fixe"; Schlaf- und Appetitlosigkeit, Verdauungsstörungen und Druck im Kopf treten als Symptome auf.

    3.Stadium: Wahnideen der Verwirrtheits-zustände entwickeln sich. Der Zustand kann zum (psychogenen) Tod in allgemeiner Erschöpfung führen.

Manchmal trat die Nostalgie auch in Form von Epidemien (z.B. in den napoleonischen Heeren) auf (vgl. Peters, 1977).
Dieses Krankheitsbild und der Verlauf entsprechen einigermaßen den frühen Beschreibungen des banzo, wie sie z.B. der französische Arzt *J.F.X. Sigaud* (1797-1856), der längere Zeit in Brasilien gelebt hat, in seinem Werk "Du climat et des maladies du Brésil" (1844) als

    "forma de nostalgia que provoca morte lenta, espécie de consunção produzida pela inanição e devido a causa moral" (zit. nach Miller de Paiva, 1982: 32)

beschrieben hatte. Auch für den Medizinhistoriker *Senna* (1952: 29) ist banzo eine Nostalgie. Andere Autoren wie der Soziologe *Gilberto Freyre* (vol. 2, 1969: 648f) oder der Historiker *Goulart* (1972: 123) sprechen von banzo als einer "saudade da Africa". In *Freyre's* klassischem Werk "Casa grande e senzala" (1933) heißt es zum banzo: "O banzo - a saudade da Africa..." (Freyre, vol. 2, 1969: 648f). *Saudade* ist ein Schlüsselbegriff der brasilianischen Gefühlskultur bis auf den heutigen Tag (vgl. Orico, 1940; Stubbe, 1987). Dieses Wort ist unübersetzbar und entspricht ungefähr dem deutschen "Gefühl der Sehnsucht", "Heimweh" (vgl. Santos-Stubbe, 1986, 1988, 2014) (s. unten).

2. Die *suizidologische* Hypothese des banzo geht auf den deutschen Botaniker *von Martius* (1794-1868) zurück, der in seinem Reisewerk (Kap. Atravês da Bahia) eine Verbindung von banzo und Suizid aufstellt.
Stubbe (1987: 74ff; 1997:193ff) hat eine Fülle von Berichten zusammengestellt, die deutlich machen, dass die afrobrasilianischen Sklaven eine auffallend hohe Suizidrate (ca. 24/100.000) besaßen. Er stellte die Hypothese auf, dass sich im Laufe der brasilianischen Geschichte das suizidale Geschehen von den Indianern im 16. Jahrhundert (aufgrund des portugiesischen Kolonialismus kam es zu Suizidepidemien) über die Afrobrasilianer im 17. bis 19. Jahrhundert (aufgrund der Sklaverei) auf die weißen europäischen Einwanderer (insbes. ab Beginn des 19. Jahrhunderts), die die Suizidraten ihrer Heimatländer importierten, verlagert hat (vgl. Stubbe, 1985).
Als der Quilombo "Palmares" (ca. 1650-1696) mit holländischer Unterstützung erobert wurde, kam es zu einem Massensuizid der Palmaresier, die *Münch* in seiner "Geschichte von Brasilien" folgendermaßen beschreibt:

"Der oberste Anführer in der bitteren Wahl zwischen Tod und Knechtschaft wählte den ersteren. Er stürzte sich von einem Felsen der Stadt herunter. Seine Gefährten folgten diesem Beispiel. Der Sieger habsüchtige und gemeine Wuth erreichte nur noch die Weiber und Wehrlosen." (Münch, 1829: 88)

Für die Suizide der Afrobrasilianer hat man vielfach Rachemotive (Lasch, 1898), die Reinkarnationslehre der Afrobrasilianer (Tschudi, Bd. 2, 1866), Gefühlsambivalenz (Bastide, 1953) u.v.a.m. verantwortlich gemacht. Dabei reicht es sich die wirkliche Lebenssituation der Sklaven vor Augen zu führen, um die häufigen suizidalen Impulse verständlich zu machen und die Sklaven als eine Gruppe mit sehr hohem Suizidrisiko zu identifizieren.
Tschudi (1866, Bd. 2, S. 76ff) berichtet in seinem Reisewerk "Reisen in Südamerika", dass Suizide häufiger bei Sklaven vorkommen, die eine gute Behandlung erfahren. Man erklärte ihm diesen merkwürdigen Sachverhalt mit dem Einfluss der Padres und Quilombos. Für ihn selbst ist jedoch eine andere Interpretation angebracht: möglicherweise, meint er, seien unter den Sklaven afrikanische Fürsten und Herrscher gewesen, die sich töteten, um sich mit ihren Ahnen im Jenseits wieder zu vereinen. Beide Erklärungen, darauf hat der Soziologe und Afrobrasilianist *Roger Bastide* (1953: 4) hingewiesen, sagen jedoch nichts über die Relation Suizid und gute Behandlung durch den Senhor aus. *Bastide* sieht in solchen Suiziden das Ergebnis einer Gefühlsambivalenz der afrobrasilianischen Sklaven ihrem Senhor gegenüber, gegen den sich aufgrund der guten Behandlung jedoch nicht das Hassgefühl richten kann, sondern das sich statt dessen gegen die eigene Person wendet.
Lasch (1898: 38) hat ähnlich wie später der Individualpsychologe *Alfred Adler* besonders die Rache als Selbstmordmotiv herausgearbeitet. Hiernach begingen die durchwegs aus Westafrika stammenden afrobrasilianischen Sklaven Suizid, um ihre Herren pekuniär zu ruinieren und so eine Art Rache an ihnen zu üben (vgl. Beispiel bei Koster, vol. 2, 1817). Die Neigung zum Suizid variierte jedoch von Ethnie zu Ethnie: Der Mina revoltierte und tötete, der Galinha, der Gabonese und der Moçambique tötete sich (Braz de Amaral, o.J.: Galinha; Koster, vol. 2, 1817: 213: Gabonese; Taunay, vol. 3, 1939: Gabonese; Walsh, 1830: 331: Gabonese; Koster, vol. 2 1817:213: Moçambique; Nelson da Senna, Rev. da Lingua Portuguesa, IV, p.240: Moçambique; Taunay, vol. 3, 1939: 240: Mina; Walsh, 1830: 350, 344-349, 244-245; Ewbank, 1856: 440; Rocha Pombo, s.d., p.559p; Antonil, 1711, cap. IX; Estudos Afrobrasileiros, 1935: 125-126; Dornas Filho, 1939: 61; Querino, 1938: 147; Freyreiss, 1824: 160; Goulart, 1972).
Goulart (1972) hat in seiner lesenswerten Studie "Da fuga ao suicídio" aufgrund der Berichte der Präsidenten der Provinzen und der Polizeichefs einige Quellen über Sklavensuizide zusammengestellt (vgl. Stubbe, 2001). Bemerkenswert ist hierbei, dass in den offiziellen Jahresberichten Suizide überhaupt erwähnt werden (bekanntlich waren Sklaven wertvolle Marktware "ohne Seele" und suizidales Verhalten stand demnach unter hoher Strafe). Diese Quellen sind jedoch für die historische Suizidforschung in Brasilien bisher noch nicht ausgelotet worden (vgl. Bastide, o.J., p.6; Stubbe, 1985, 1987, 1996). Selbstverständlich lassen alle diese Angaben nur ungefähre Schätzungen zu. In die offiziellen Statistiken wurden nur solche Fälle aufgenommen, bei denen sich die Todesursache eindeutig feststellen ließ. In São Paulo wurden z.B. im Jahre 1874 8 Leichen von Afrobrasilianern gefunden, bei denen nicht geklärt werden konnte, wie sie umgekommen waren. Es darf auch vermutet werden, dass afrobrasilianische Sklaven, die durch die drastischen Torturen umkamen, oftmals ebenfalls in

die Kategorie Suizid aufgenommen wurden (vgl. Bastide, o.J., p. 6). Der erste Zensus in Brasilien fand im Jahre 1872 statt. Bastide (o.J., p. II) errechnete für den Zeitraum von 1876 bis 1880 eine hohe Suizidrate von 24,1/100.000 für die afrobrasilianische Bevölkerung São Paulos.

Wichtig zur Ikonographie der Sklaverei im Brasilien der Kaiserzeit sind vor allem die eindrucksvollen Bild-Werke von *Moritz Rugendas* (1802-1858) (Hinweis auf Suizide: Rugendas, 1972: 149) und *Jean Baptiste Debret* (Hinweise auf Suizide: Debret, 1940: 185, 250, 215-256; Debret, 2008). Über die Suizide auf den Sklavenschiffen während der Überfahrt von Afrika nach Brasilien schreibt *Debret* (1940: 185):

> "bestimmte Sklaven wurden auf dem Sklavenschiff mit der Peitsche gezwungen, an der allgemeinen Freude teilzunehmen, um die Trauer zu bekämpfen; andernfalls bleiben sie angekettet, um Rebellion oder Selbstmord durch einen Sprung ins Meer zu verhindern."

Inwieweit religiöse Vorstellungen, etwa die Reinkarnationslehre, bei den Sklavensuiziden eine Rolle spielten, lässt sich nicht klar entscheiden (vgl. d'Assier, 1867: 26pp). Zumindest existiert ein Yoruba-Mythos über *Xangô*, den Sohn *Yemanjás*, in dem sich dieser Kriegerkönig auf der Flucht an einem Baum erhängt, um dann als "orixá" (Gottheit) wiederaufzuerstehen (vgl. Ramos, 1958:161pp). Die häufigste Art der Sklaven sich zu töten, war das Erhängen. Aber auch das Essen von Erde, das Verschlingen der eigenen Zunge und Giftgetränke werden erwähnt. Über das Essen von Erde (Geophagie) existieren vor allem 3 Hypothesen (wovon die erste die unwahrscheinlichste ist): 1. Erdeessen als "afrikanisches Laster" (z.B. Week, 1828: 113), 2. Erdeessen als Ergänzung zur einseitigen und eisenarmen Nahrung (z.B. Galeano, 1976: 76) und 3. Erdeessen als Suizidmittel (auch der „Indianer", vgl. Soares de Sousa, 1971:314p). Der Brasilien-Reisende *Schlichthorst* (1829:170) stellt heraus, dass während der lebensmüde Engländer sich erhänge und der Franzose sich eine Kugel in den Kopf jage, der Afrikaner anders handele:

> "Er fängt an Erde zu essen und verkürzt dadurch sein Leben auf eine langsame und schmerzhafte Weise."

Für den Zeitraum von 1870 bis 1887 existiert eine Suizidstatistik des kaiserlichen Hofes in Rio de Janeiro (Viveiros de Castro, 1894; Stubbe, 2001). Diese Statistik verdeutlicht, dass die Mehrzahl der Suizide eindeutig auf das Konto der Sklaverei geht, und dass Suizidversuche bei Weißen und Suizide bei Afrobrasilianern häufiger sind. Interessant ist weiterhin zu beobachten, dass die Anzahl der Sklavensuizide bis zum Jahre der Sklavenbefreiung ("lei aurea", 1888) allmählich abnimmt und sich auf ihr heutiges niedriges Niveau einpendelt. *Pires Cordeiro* (1971) und *Santos-Stubbe* (1995) fanden jedoch eine hohe Suizidversuchsrate bei der Gruppe der afrobrasilianischen "empregadas domésticas" d.h. der Hausarbeiterinnen, die als Binnenmigrantinnen teilweise noch heute unter sklavenähnlichen Verhältnissen leben und arbeiten müssen.

Freyreiss (1824:160) hat in seinem Werk "Beiträge zur näheren Kenntnis des Kaiserthum Brasiliens" die Beobachtung berichtet, dass die Suizide der afrobrasilianischen Sklaven fast ausschließlich von Männern verübt wurden. Er erklärt diese Fakten damit, dass die

Afrobrasilianerin aufgrund der Arbeitsteilung in ihrer Ursprungskultur sich an die Sklavenarbeit auf den Fazendas habe besser anpassen können als der Mann. Wenn diese Beobachtung für den Zeitraum der Sklaverei Allgemeingültigkeit haben sollte, so ist einmal zu fragen, wieso Suizide heute unter Afrobrasilianern wie auch „Mulatten" (mulatos) bei Frauen wie Männern fast gleich stark ausgeprägt sind (im Gegensatz zu den Weißen, bei denen Männer-Suizide dominieren), und ob dieses Phänomen mit dem Verschwinden der Sklavenarbeit verbunden ist (vgl. Bastide, o.J.). Allgemein lässt sich jedenfalls feststellen, dass während der Periode der Sklaverei, der "negro" und „Mulatte" häufiger Suizid begingen, als der Weiße (für São Paulo gilt für den Zeitraum von 1876 bis 1880: 6,3/100.000 Suizide in der weißen Bevölkerung, 9,0/100.000 Suizide bei der "pardo" - Bevölkerung und 24,1/100.000 Suizide bei der "negro"Bevölkerung; vgl. Bastide, o.J., p. II) (vgl. auch Sombart, Bd. 1-2, 1928: 687ff).

Wenn man jedoch Suizid als eine absichtliche Vernichtung des eigenen Lebens bzw. ein Handansichlegen auffasst (Selbsttötung) (zum Begrifflichen vgl. Bronisch, 1995; Stubbe, 1995), so liegt darin ein beträchtlicher Unterschied zum banzo, bei dem man nicht von einer mehr oder minder bewussten Absicht zum Tode sprechen kann. Vielmehr handelt es sich bei banzo um einen Prozess, der quasi autogen zum Tode führen kann. Der Sklave im banzo-Zustand (banzeiro) unternimmt nichts um sein Leben direkt zu vernichten, er legt nicht Hand an sich.

3. Die *soziologische* Hypothese stellt den Prozess der *Desozialisation der Sklaven*, d.h. die Reduktion von sozialen Aktivitäten und Interaktionen in einer Situation sozialer Isolation in den Vordergrund. In diesem Sinne lässt sich Versklavung als ein radikaler Ausgliederungsprozess größten Ausmaßes verstehen, als eine "soziale Todeserklärung".

Studien über die Mortalität der Sklaven haben zu dem Ergebnis geführt, dass zwischen 20% und 70% der Sklaven im ersten Jahr ihrer Gefangenschaft starben. So kommt z.B. *Sombart* (Bd. I, 2, 1928: 702) sich auf *Buxton's* "The African Slave Trade" (1840) beziehend zu folgendem Ergebnis:

"Von den 400.000 Objekten (!, Anm. des Verfs.) des christlichen Sklavenhandels gehen 280.000 beim Fang, auf dem Transport und im ersten Jahre zugrunde, so daß nur 120.000 Sklaven schließlich zur Verfügung bleiben."

D.h. 70% der Sklaven wären im ersten Jahr ihrer Gefangenschaft gestorben !
Martin (1988) demonstriert am Schiffstagebuch des dänischen Sklaventransporters "Fredensborg" aus dem Jahre 1768, dass der Sterbeverlust allein während dieser Überfahrt 11% betrug. *Klein* (1987) kommt aufgrund von eingehenden statistischen Untersuchungen über die Sterblichkeit der Sklaven während der "middle passage" zu dem Ergebnis, dass die mittlere Mortalitätsrate der nach Brasilien transportierten Sklaven während des 18. und 19. Jahrhunderts zwischen 63/1000 und 234/1000 variierte. *Rescher* (1979: 198) macht in seiner lesenswerten Dissertation "Die deutschsprachige Literatur zu Brasilien von 1789-1850" einige Angaben zur Sterblichkeit der Sklaven im Goldminengebiet Minas Gerais und stützt sich hierbei auf die Beobachtungen des deutschen Berg- und Hüttenfachmannes *Wilhelm von Eschwege* (1777-1855). Hiernach ergibt sich für das Jahr 1821 folgendes Bild:

Weiße   2,83% (Geburtsrate: 4,04%)
Schwarze   5,38& (Geburtsrate: 4,76%)
Sklaven   6,86%

Die Angaben über die Zahl der bis 1850 eingeführten Sklaven schwanken erheblich, da das Dokumentations-Material über die Sklaverei sehr lückenhaft ist, weil der Landwirtschaftsminister *Ruy Barbosa* anlässlich der Abolition (1888) in einer Geste moralischer Entrüstung (oder zur Verunmöglichung späterer exakter historischer Forschung!) alle diesbezüglichen in staatlichen Archiven aufbewahrten Dokumente verbrennen ließ. Die Zahlenangaben bewegen sich jedenfalls zwischen 4 und 18 Millionen. Der wahre Wert dürfte irgendwo dazwischen liegen, bedeutete aber nicht nur für die damalige Zeit eine ungeheure Zahl und macht deutlich, in welchen Größendimensionen sich die Sterbeziffern der Sklaven bewegt haben müssen, so dass man objektiv von einem *"afrobrasilianischen Holocaust bzw. Genozid"* sprechen muss, den jedoch die "weiße Historiographie" bisher nicht aufgearbeitet hat (vgl. Nascimento, 1978; Stubbe, 1988; Santos-Stubbe, 1995, 2014).

4.Die *Deprivations-Hypothese* des banzo interpretiert die Sklaverei als "Isolationsfolter", die zu den aus der Kriminal- und Folterpsychologie bekannten Reaktionen wie Haftpsychose, Haftdepression, Gefängniskoller, Isolationsstupor, Isolations-Mutilation etc. führen kann. Die Sklaverei ist dabei nur ein Extremfall unter anderen, nicht weniger bekannten Phänomenen wie z.B. Hospitalismus, Käfigsyndrom (bei Zootieren untersucht), Sinnesisolation, Konzentrationslagerhaft. Für die Deprivationsforschung sind im Rahmen der Life-events-Forschung die Verlustereignisse (hier Heimat-, Familien-, Partner-, Freiheits-Verluste etc.) von vorrangiger Bedeutung. Der hohe Grad der Bedrohung, in dem sich die Sklaven befanden, wird hierdurch verstehbar. Auch die Umwelt- bzw. kulturelle Isolation lässt sich als eine bedeutende psychische Belastung der Sklaven anführen. Arbeiten zu diesem theoretischen Ansatz im Hinblick auf die Sklaverei liegen bisher noch nicht vor. Man kann überhaupt feststellen, dass das Thema Sklaverei noch auf eine (ethno-) psychologische, psychohistorische und psychiatrische Bearbeitung harrt (vgl. Fanon, 1971).

5. Banzo als Ergebnis einer *gelernten Hilflosigkeit* (Seligman, 1979). Dieses Erklärungsmodell erlaubt eine experimentelle Überprüfung im Tierversuch: Hunde, die einem unausweichlichen elektrischen Schock ausgesetzt werden, denen also jede Reaktionsmöglichkeit genommen wird, werden "depressiv". Die Entstehungsbedingungen des banzo nach diesem Modell ließe sich folgendermaßen beschreiben: bei der Begegnung mit Bestrafungsreizen (aversiven Reizen) wird die Möglichkeit, sich durch eigene Aktionen Erleichterungen zu verschaffen, aufgrund der Sklavensituation minimalisiert. Dabei ist zu beachten, dass gelernte Hilflosigkeit nicht nur ein Verhaltenszustand ist, sondern sich auch zu einem Persönlichkeitszug entwickeln kann, einer zur Persönlichkeitsstruktur gewordenen Erwartung, dass alle Versuche hoffnungslos sind. Die Kontrolle über die Verstärker in der Umgebung haben diese "banzeiros" völlig verloren. Banzo tritt auf, wenn dieser Kontrollverlust bemerkt wird und anschließend dann diese Hilflosigkeit auch auf andere Situationen übertragen, also generalisiert wird. Es entsteht somit ein tödlicher circulus vitiosus. In seiner „Reise eines Naturforschers um die Welt" (1845) berichtet *Charles*

Darwin aus Rio de Janeiro über ein Erlebnis mit einem großen, kräftigen Sklaven, der sich vor ihm kriecherisch duckt:

> „Dieser Mann war in einem Zustand von Erniedrigung erzogen worden, tiefer als die Sklaverei des allerhilflosesten Tieres." (Darwin, 1962:65)

6. Die *ethnopsychoanalytische* Hypothese kann sich auf *Sigmund Freud's* (1856-1939) Schrift "Das Ich und das Es" (1923) berufen, die auf die mächtige Wirkung der Trennungsangst hinweist, die dann eintritt, wenn das Ich

> "sich in einer übergroßen realen Gefahr befindet, die es aus eigenen Kräften nicht glaubt überwinden zu können. Es sieht sich von allen schützenden Mächten verlassen und läßt sich sterben." (Freud, 1978: 207)

Wenn einige Autoren im Hinblick auf afrikanische Ethnien von "Clan-Gewissen", "Gruppen-Ich", „Kollektivismus" etc. gesprochen haben, so wollten sie damit u.a. ausdrücken wie stark entwickelt die sozio-emotionalen Bindungen in diesen Gemeinschaften sind.

Wenn man sich vergegenwärtigt, wie abrupt und brutal die Sklaven von allen familiären und ethnischen Bindungen abgeschnitten, von allen Funktionen, Betätigungen und Bindungen in ihrer Gemeinschaft ausgeschlossen wurden, durch die das Individuum sich seiner selbst bewusst wird und durch die es lebt, dann wird verständlich, dass die physische Existenz der Auflösung der sozialen Persönlichkeit schließlich keinen Widerstand mehr entgegensetzen konnte.

Ob die von *René Spitz* (1946) bei Kindern beschriebene "anaklitische Depression" und der psychische Hospitalismus sich auch als ein Modell für die Erklärung des banzo eignen könnte, müsste noch kritisch analysiert werden. Bekanntlich war das Sklaverei-System eine bis in alle Details hinein durchgeplante „totale Institution", deren Aufgabe darin bestand, junge, gesunde Menschen in "seelenlose" Waren und Objekte umzuwandeln, "ein Regime kalkulierter Brutalität" (Martin, 1988).

7. Banzo kann auch als *psycho-(sozio-)gener Tod* interpretiert werden. Eine Fülle von wissenschaftlichen Untersuchungen hat die Existenz dieser Form des Sterbens sehr wahrscheinlich gemacht (vgl. etwa Kaechele, 1970; Stumpfe, 1973; Lexikon der Psychologischen Anthropologie, 2012:520).

> "In der völkerkundlichen Literatur werden zahlreiche unerklärliche Todesfälle bei Naturvölkern nach Tabuübertretung, Verzauberung, Verfluchung oder sonstigen unangenehmen Situationen beschrieben. Die Menschen ziehen sich in ihre Hütten zurück, legen sich ergeben nieder und sterben still nach kurzer Zeit, ohne daß entsprechende Hinweise auf äußere Gewalteinwirkungen oder innere Erkrankungen bestehen. Dies wird als psychogener Tod bezeichnet, d.h. ein Tod, der durch psychische Beeinflussung ausgelöst wird" (Stumpfe, 1980:124)

Alles was *Stumpfe* über die Ursachen, den Verlauf und die Symptomatik des psychogenen Todes zusammengetragen hat, kann man auch auf den banzo anwenden. Die körperliche Symptomatik ist durch eine völlige Passivität gekennzeichnet, verbunden mit Nahrungsverweigerung und Vernachlässigung der Hygiene. Beschrieben wird der Zustand oftmals als 'dahinsiechen', 'wegschwinden', 'von tödlicher Mattigkeit ergriffen werden'. Der psychische Zustand ist durch eine Apathie, Resignation und Regression gekennzeichnet. Die Menschen ziehen sich in sich selbst zurück, wenden sich von der Welt ab, wollen mit niemandem mehr sprechen und ihr Interesse für die Umwelt erlischt völlig. Sie härmen sich, grämen sich, sind entmutigt, geben sich selbst auf und verlieren alle Hoffnung. Sie sind durch keine Maßnahmen zu einer Gefühlsäußerung zu bringen. Ihnen ist alles gleichgültig und keine Drohung oder schwerwiegende Strafen schrecken sie mehr. Der Sterbeakt ist verhältnismäßig kurz und dauert oftmals nur wenige Tage. Der Sterbende sinkt in den Tod ohne Zeichen für eine Gegenwehr oder einen Willen zum Leben zu zeigen. Er stirbt still, ergeben und gelassen.

> "Es handelt sich um eine allgemein menschliche psychosomatische Reaktion, die in jedem Menschen ablaufen kann, wenn er sich in einer entsprechenden Situation befindet. Der psychogene Tod ist nicht an eine bestimmte Kultur oder spezielle Geisteshaltung gebunden." (Stumpfe, 1980: 125)

Nach *Patterson* (1982) stellt die Sklaverei eine bedeutsame Form des sozialen Sterbens oder sozialen Todes dar und er hat zu diesem Thema ein wichtiges Werk verfasst. Sklaverei ist für ihn eine dauerhafte gewaltsame Beherrschung und Unterdrückung von ihren Primärgruppen entfremdeten und generell entwürdigten Personen. In der Regel wurde Sklaverei als Substitut oder Äquivalent für den gewaltsamen Tod angesehen. Nachdem der Sklave aus seinen Bindungen gerissen wurde, musste er in die Sklavenhaltergesellschaft eingeführt werden. Da er sozial tot war, wurde er oftmals als "Nicht-Mensch" oder als "Sozial-Nicht-Geborener" definiert. *Patterson* unterscheidet zwei Formen des sozialen Todes:

1. den "Modus des Eindringens". Der Sklave wird als ein feindlicher Fremder im Land definiert, der keine Verbindung mit der Kultur den Werten, Göttern, Ahnen und anderen zentralen sozialen Funktionen und Strukturen besitzt.

2. den "Modus des Ausstoßens". Der Sklave ist der Ausgestoßene, der Kriminelle, der zentrale Werte und Normen verletzt hat. Er verliert seine kulturellen Rechte, wird sozial für tot erklärt.

Der soziale Tod bewirkt direkt und indirekt auch eine Verringerung der Lebenserwartung, worauf wir bereits hingewiesen haben. Dass Versklavung auch eng mit Todesriten verbunden sein kann, lässt sich an Beispielen aus verschiedenen Kulturbereichen zeigen. Bei den ostbrasilianischen Tupinambá z.B., wurden Gefangene oft viele Jahre lang als Sklaven gehalten, bis sie in der Regel rituell getötet wurden. Bevor die Gefangenen das Dorf betreten durften, mussten sie sich ihrer Kleidung entledigen und wurden in Tupinambá verwandelt. Danach führte man sie zu den Gräbern jüngst Verstorbener, wo sie sich reinigen mussten. Dann wurden ihnen die Waffen und andere Gegenstände dieser Verstorbenen für kurze Zeit überlassen, in dem Glauben, dass diese Objekte der Toten gefährlich seien und sich die Gefahr magisch gleichsam auf die Sklaven übertrage. Da die Sklaven sozial tot waren, konnten sie diese Funktionen der Vermittler zwischen den Toten und den Lebenden übernehmen (vgl. Stubbe, 1988, 1990; Feldmann, 1990; Carneiro da Cunha, 1992). Die Rituale der sozialen Entkleidung wurden von *Goffman* vielfach auch in modernen totalen Institutionen wie Gefängnissen, Kasernen und psychiatrischen Anstalten beobachtet und analysiert. Für diese "modernen" Sklaven gibt es allerdings keinen Herrn mehr. Es ist die Gesellschaft als anonyme Macht, die durch ihre Stellvertreter personalisiert Gewalt ausübt. Auch ist es oftmals nur ein "Sklavendasein auf Zeit" und eine generelle Entwürdigung findet nicht immer statt. *Patterson* weist auch darauf hin, dass der Sklave in einem überraschend modernen Sinn vereinzelt und individualisiert war, jedoch in einer Gesellschaft mit starker Solidarbindung, in der ein solches vereinzeltes Wesen nicht als Vollmensch angesehen wurde. Er stellt die interessante These auf, dass Freiheit, Emanzipation und Individualisierung gerade durch die Sklaverei im Laufe der Geschichte herausgebildet worden seien. Hiernach wäre die Sklaverei also eine (notwendige?) Vorstufe der modernen westlichen Menschheit. Durch die Sklaverei haben die Menschen gleichsam gelernt, (sozial) zu sterben und trotzdem physisch und psychisch weiterzuleben.

Als ein Beweis für die rein psychische Auslösung dieser Todesfälle durch banzo werden im allgemeinen die manchmal erfolgreichen *Gegenmaßnahmen* angeführt. Eine Art Prävention des banzo empfahl der französische Reisende *Saugnier*, indem er betonte, wie wichtig es wäre, den Sklaven vor der Einschiffung in Amerika Hoffnungen auf eine erfreuliche Zukunft in Amerika zu machen und vorzuspiegeln, dass in Amerika das Glück auf sie warte (Bitterli, 1976). Andere aufgeklärte Beobachter wie *Abbé Raynal* schlugen vor, man solle den Sklaven auch auf den Plantagen etwas Lebensfreude gönnen. Musik, Tanz und andere Belustigungen würden sie "vor dem verzehrenden Gram verwahren, der sie aufreibt und ihr Leben abkürzt" (zit. nach Martin, 1988: 152). Der französische Maler *Debret* (1768-1848), dem wir eine sehr wertvolle und realistische Ikonographie der Sklaverei in Brasilien verdanken, schreibt in seiner "Voyage pittoresque et historique au Brésil ..." (1834), dass auf den Sklavenschiffen während der Überfahrt nach Brasilien einige Sklaven unter Peitschenhieben gezwungen wurden an den Tanz- und Musikvergnügungen teilzunehmen, um den banzo zu bekämpfen (Debret, 2008; vgl. auch Santos-Stubbe, 1988, 1995, 2014). Die Verwendung von Musik und Tanz zur Behandlung und Prävention des banzo scheint auf die Jesuiten zurückzugehen (vgl. Sattamini-Duarte, 1952; Ramos, 1940). Bekanntlich war die katholische Kirche in Brasilien in das Sklaverei-System tief involviert (vgl. Pires, 1982: 233ff) und war somit mit den „geistigen" Problemen der Sklaverei bestens vertraut. Diese Musik- und Tanz-Therapie des banzo scheint erfolgreich gewesen zu sein, wurde sie doch auch von den Zuckerei-, Fabrik-, Minen- und Plantagen-Besitzern übernommen. Möglicherweise liegt hier auch eine wesentliche Quelle der brasilianischen Musik-Kultur (vgl. z.B. Karneval, Samba).

Alle oben geschilderten Hypothesen schließen sich gegenseitig nicht aus, sondern legen das Schwergewicht nur auf jeweils andere Bestandteile des banzo. Vielleicht sollte man in Zukunft banzo im Sinne von *Marcel Mauss* (1872-1950) als ein "totales Sozialphänomen", ein "fait social total" analysieren, das nicht von einer einzigen Forschungs-Ebene her, sondern nur interdisziplinär erforscht und begriffen werden kann (vgl. Santos-Stubbe, 2014 (Bibliografie); Piketty, 2020:263ff).

ABB. 10 Das Innere eines Sklaventransportschiffes

Quelle: J.M. Rugendas, 1972: Abb. 4/1

ZUR GESCHICHTE DER EXPERIMENTELLEN PSYCHOLOGIE BIS WUNDT

Gab es bereits „Experimentalpsychologie" in der griech. röm. Antike?

Eine experimentelle Haltung des Forschers in den Wissenschaften finden wir bereits in der griech.-röm. Antike. So bediente sich z.B. der griech. Naturphilosoph *Anaxagoras* (ca. 500 v.- 428. v. Chr.) – zum ersten Male, soweit wir wissen – des Beweises durch das Experiment:

> „Gießt man tropfenweise weiße in schwarze Farbe oder umgekehrt, so kann das Auge die minimalen Farbveränderungen, die doch stattfinden, nicht erkennen." (Kranz, o.J.: 80).

Aristoteles schreibt in seiner Schrift „Peri Psyches" (ca. 329 v. Chr.) in dem Kap. über den Geruch:

> „Der Mensch riecht nur beim Einatmen, dagegen nicht beim Ausatmen oder wenn er den Atem anhält, und zwar weder auf die Ferne noch auf die Nähe, selbst nicht, wenn etwas in die Nase hineingelegt wird. Daß freilich ein Gegenstand, der unmittelbar auf das Sinnesorgan gelegt wird, keine Empfindung darin erregt, ist eine allgemeine Erfahrung; daß aber nur beim Einatmen eine Geruchsempfindung stattfindet, ist eine Eigentümlichkeit des Menschen, wie der Versuch beweist..." (Aristoteles, 1977:165).

Auch *Straton* (ca. 350 v. Chr.), der Nachfolger Theophrast's in der Leitung der peripathetischen Schule, hat den Beweis durch das Experiment, den „Wahrnehmungsbeweis", wie er ihn nennt, in seiner ganzen Bedeutung klar erkannt (vgl. Kranz, o.J.: 278).

Lukrez (97-55 v.Chr.) schreibt in seinem Werk „Von der Natur der Dinge" (1991; S:19ff):

> „Dreht man sich im Kreise und steht dann still, scheint sich die Umgebung zu drehen" (liber IV, 400-403),

> „drückt man Holz ins Wasser und läßt es los, schnellt es empor" (lib .II, 196-200),

> „aufkommendes Gewölk legt sich zuerst um die Berggipfel" (lib.VI, 464),

> „auf denen es zudem stets windig ist" (lib.VI, 469f).

(andere Beispiele in Stubbe, 2020).

Wir können aufgrund der Aufzeichnungen der antiken Ärzte (vgl. Hippokrates), der „Naturwissenschaftlichen Probleme", die Aristoteles zugeschrieben werden und der monumentalen „Naturgeschichte" des Plinius des Älteren, auf eine regelrechte „Kultur des Beobachtens" in der Antike schließen (vgl. Schmidt, 1991:19ff; Stubbe, 2020).

ABB. 11 Das Psychologische Laboratorium in Freiburg/Brsg. (Münsterberg)

Quelle: Deutsches Hygiene Museum (Hrsg.), 2012:54

Obwohl im *Mittelalter* vor allem die Bibel, die Lehren der Kirchenväter und die überkommenen Schriften der griech. und röm. Philosophen die maßgeblichen Quellen für die Wissensbildung und Erkenntnis waren, gab es doch einige Denker wie z.B. den „doctor universalis" *Albertus Magnus* (1193-1280), einer der Gründungsväter der Kölner Universität (1988: 600-Jahrfeier!), bei dem sich das berühmte Wort findet „experimentum solum certificat", womit er ungefähr das meinte, was wir heute „Erfahrung" nennen würden. Aber Albertus Magnus hat auch (alchimistische?) Experimente im modernen Sinne durchgeführt. Die Wissenschaft durch empirische Methoden zu erneuern und nutzbar zu machen, war das Programm von *Francis Bacon* (1561-1626), der in seinem Werk „Novum Organum" (1620), eine „Kunst der Naturerklärung und des richtigeren Gebrauchs des Verstandes" darstellte. Bacon unterschied

bereits die „experientia vaga" (Gelegenheitsbeobachtung) von der „experientia ordenata" (planmäßigen Beobachtung). Die planmäßige Beobachtung trennte er wiederum in die systematische Beobachtung und das Experiment.
In der Psychologie der *Neuzeit* werden der Anatom und Physiologe **Ernst Heinrich Weber** (1795-1878), der Physiker, Chemiker und Mediziner **Gustav Theodor Fechner** (1801-1887), der Mediziner und Physiologe **Herrmann Helmholtz** (1821-1894) und **Wilhelm Wundt** (1832-1920), der 1879 das erste psychologische Laboratorium in Leipzig errichtete, als Wegbereiter des Experiments genannt. In seiner Schrift „De pulsu, resorptione, auditu et tactu. Annotationes anatomicae et physiologicae" (1834) wies *Weber* u.a. durch „Stechzirkelversuche" nach, daß der Anstand zwischen zwei Berührungsreizen an den einzelnen Stellen der Hautoberfläche sehr verschieden groß sein muss, damit zwei getrennte Reize wahrgenommen werden können (Reizschwellenuntersuchungen zum Tastsinn). Aus diesen Experimenten gewann er das sog. Webersche Gesetz das besagt, dass innerhalb eines jeden Sinnesgebietes die eben merklichen Differenzen in einem konstanten Verhältnis zum Ausgangsreiz stehen. Weber gab folgende Konstanten an: 2-5% für Helligkeit, 3-10% für den Druck auf die Haut, 2,5 – 3% für Gewichte (auf den beiden Handrücken), 1% für die Länge von Linien. Dieses psychophysikalische Gesetz gilt jedoch nur im Mittelbereich der Reizvariation. *Fechner* erweiterte seit 1850 die Experimentalpsychologie durch annähernd 150.000 Versuche (!) (67.000 Versuche mit Anheben und Vergleichen von Gewichten) über Gewichtsempfindungen und kam zu Ergebnissen, die über diejenigen von Weber hinaus-gingen: Der Steigerung der Empfindungsstärke in arithmetische Folge (1,2,3...) entspricht eine geometrische Steigerung (2,4,6...) der Reize (Weber-Fechnersches Gesetz: $E = K + c \times \log R$; wobei E=Empfindungsintensität, K=Konstante für ein bestimmtes Sinnesgebiet, c=Konstante, R=Reizstärke). Fechner's wichtigstes psychophysikalisches Werk und zugleich ein Wendepunkt in der Geschichte der Psychologie, sind die „Elemente der Psychophysik" (1860). Wenn z.B. die Zunahme einer Beleuchtungsstärke von 10 auf 12 Kerzen gerade noch bemerkt wird, so sind also bei 10 Kerzen 2 zusätzliche Kerzen notwendig, bei 20 Kerzen 4, bei 30 Kerzen 6 usw. Wichtig für die Experimentalpsychologie ist auch die von ihm entwickelte Lehre von den Fehlergrenzen einer Beobachtung bei wissenschaftlichen Experimenten und Messungen. Fechner schrieb daneben eine Fülle von tiefsinnigen, naturphilosophischen, dichterisch-phantasievollen Werken, wie z.B. „Nanna oder über das Seelenleben der Pflanzen" (1848)(s. unten) oder „Zend-Avesta" (1851), in denen er seinen Pantheismus und Panpsychismus darstellt. Seine Versuche dienten ihm dazu zwischen der physischen und geistigen Seite des Universums eine eindeutige und fassbare Beziehung aufzufinden. *Helmholtz* wurde vor allem durch das „Gesetz der spezifischen Sinnesenergien" (zusammen mit J. Müller, 1833-40) bekannt. Danach werden von den einzelnen Sinnesorganen nur solche Empfindungen und Wahrnehmungen vermittelt, die der Organisation und dem Wesen des Organs entsprechen. So werden auch mechanische und elektrische („inadäquate") Reize vom Auge in Lichtempfindungen (vgl. „Sternesehen"), vom Ohr in Gehörsempfindungen usw. umge-wandelt. Er maß 1850 auch die Geschwindigkeit des Nervenimpulses, entwickelte eine Theorie des Sehens und des Hörens (Resonanztheorie) und der Farbwahrnehmung (aus Blau-, Grün- und Rotempfindung zusammengesetzter Prozeß). *Wilhelm Wundt* schließlich, auf den ein Programm der Psychologie (Experimental- und Völkerpsychologie), das erste Psychologische

Institut, eine psychologische Zeitschrift („Philosophische Studien") und die Ablösung der Psychologie von der Philosophie zurückgeht, definiert das Experiment:

> „Das Experiment besteht in einer Beobachtung, die sich mit der willkürlichen Einwirkung des Beobachters auf die Entstehung und den Verlauf der zu beobachtenden Erscheinungen verbindet." (Wundt, 1913:25).

Johannes Lindworsky, SJ (1875-1939), der Gründer des Psychologischen Instituts in Köln (1924), ein Schüler von Fröbes und Külpe, definiert in seiner „Experimentellen Psychologie" (1921, 1931) ähnlich wie *Traxel* (1964:89ff), ein Experiment bestehe in der absichtlichen, planmäßigen Auslösung eines Vorgangs zum Zweck seiner Beobachtung (vgl. Ühlein, 1986, Stubbe, 2019) (zur Entwicklung der Experimentellen Psychologie in den anderen Ländern, vgl. z.B. Roback, 1970; Lück & Miller, 1993; s. unten).

Exkurs: *Das kleine Weltreich des Wilhelm Wundt*

Obwohl **Wilhelm Wundt** (16. August 1832- 31. August 1920) in seinem Leben wenig gereist ist, hat er noch zu seinen Lebzeiten ein „kleines Weltreich der Psychologie" errichtet. Dies lässt sich vor allem an der Herkunft seiner insgesamt ca. 189 Doktoranden (s. Tab. 3) und möglicherweise seiner einzigen Schülerin (Anna Berliner, 1888-1977; vgl. Kindermann et al., 1993:263-277; Gundlach, 1993:143-151), der Rezeption seines Werkes im Ausland, der Gründung von experimental-psychologischen Laboratorien weltweit (vgl. z.B. Shiraev, 2015:124) und den Übersetzungen seiner Werke ablesen.

TAB. 3 Das kleine Weltreich Wilhelm Wundts – Die ausländischen Doktoranden

Land	Name	Jahr der Promotion in Leipzig
USA (N=33; davon bei 16 Wundt als Erstgutachter (E), bei 17 Wundt als Zweitgutachter (Z))		
USA	Granville Stanley Hall (1844-1924)	Studienaufenthalt 1879
	James Thompson Bixby (1843-1921)	1885 (E)
	James McKeen Cattell (1860-1944)	1886 (E)
	Harry Kirke Wolfe (1858-1918)	1886 (E)
	Frank Angell (1857-1939)	1891 (E)
	William A. Hammond (1871-1838)	1891 (E)
	Edward Aloyius Pace (1861-1938)	1891 (E)
	Edward W. Scripture (1864-1945)	1891 (E)
	Lightner Witmer (1867-1956)	1893 (E)
	Charles Hubbard Judd (1873-1946)	1896 (E)
	George M. Stratton (1865-1957)	1896 (E)
	Frederick D. Sherman (1864-1942)	1897 (E)

Guy Allen Tawney (1870-1947)	1897 (E)
Edward Moffat Weyer (1872-1964)	1898 (E)
Walter Dill Scott (1869-1955)	1900 (E)
William Harder Squires (1863-1937)	1902 (E)
George Frederick Arps (1874-1939)	1908 (E)

Unter den 17 Studenten, bei denen Wundt als Zweitgutachter fungierte, sind nur zwei bekannt geworden:

Wilbur M. Urban (1873-1952)	1897 (Z)
Elwood Worcester (1862-1940)	1889 (Z)

England

Edward Bradford Titchener (1867-1927)	1892 (E)
Daniel Rees	1892 (E)
Alexander Grieve	1895 (E)
Charles Edward Spearman	1905 (E)

Kanada

John M. Mac Eachran	1910 (E)

Belgien

Armand Thiéry	1895 (E)

Niederlande

Lambertus Kramers	1913 (E)

Bulgarien

Nikola Bobtchev (1863-1938)	1887 (E)
Krustü Krustev (1866-1919)	1888 (E)
Iwan Schischmanow	1889 (E)
Peter Noikov (1866-1921)	1898 (E)
Tzvetan Radoslavov (1863-1931)	1899 (E)
Nikola Aleksiev (1877-1912)	1900 (E)
Zwetan Hadij Denkow Radoslawow	1899 (E)

Russland

Friedrich Lütze	1877 (E)
Fürst Dimitrij Tzerteleff	1878 (E)
Hermann Türck	1890 (E)
Roland Schilling	1909 (E)
Nicolai Poschoga	1910 (E)
Johann Stephanowitsch	1912 (E)

Polen

David Selver	1885 (E)

	Nicolaus Alecksieff	1900 (E)
	Stanislaus Kobylecki	1905 (E)
Rumänien		
	Constantin Dimitresco	1877 (E)
	Eduard Gruber	1893 (E)
	Constantin Raduescu-Motru	1893 (E)
	Michael Savescu	1900 (E)
	Demetrius Gusti	1904 (E)
Schweiz		
	Adolf Bolliger	1878 (E)
	Albert Schmid	1890 (E)
	Hans Volkelt	1912 (E)
Österreich		
	Friedrich Wilhelm Horny	1880 (E)
	Rudolf Eisler	1894 (E)
	Theodor Heller	1895 (E)
	Franz Christian Arens	1903 (E)
	Wilhelm Peters	1904 (E)
	Gustav Kafka	1906 (E)
	Josef Reiss	1906 (E)
	Otto Menderer	1908 (E)
Serbien		
	Michael Vujitsch	1879 (E)
	Ljubomir Nedich	1885 (E)
	Kresto Krestoff	1890 (E)
	Milevoje Jovanowitsch	1896 (E)
	Max Arrer	1897 (E)
	Swetomei Ristitsch	1910 (E)
Ost-Indien		
	Carl Merk	1879 (E)
	Charles H. Judd	1896 (E)

Quellen: Philosophische Studien (1883-1902); Psychologische Studien (1906-1918); Tinker, 1932; Wiss. Zeitschrift (Leipzig), 1980:161-166; Hillix, 1980; Piryov, 1980; Kiss, 1980; Krzyzewski, 1980; Miakawa, 1980; Brožek & Pongratz, 1980; Zusne, 1984; Stubbe, 1987; Benesch et al., 1990; Bringmann et al., 1997; Amer. Psychologist, vol. 47, N° 2, 1992: 123-131; Psychologie und Geschichte, Jg. 4, H. ¾, 1993: 263-277; Bringmann, 1997: 140-147; Fahrenberg, 2018

TIERPSYCHOLOGIE UND ETHOLOGIE

Neben der Massenpsychologie (s. unten), der Völkerpsychologie (s. unten), der Soziometrie (z.B. J. L. Moreno), der Gruppenpsychologie (z.B. K. Lewin), der Betriebspsychologie (z.B. E. Mayo), gehört auch die Tierpsychologie (aus der sich später die *Ethologie* ‚frz. Begriff seit 1762) und *vergleichende Verhaltensforschung* entwickeln werden), zu den grundlegenden Disziplinen der modernen (Sozial-)Psychologie. Der Vergleich zwischen Mensch und Tier (Vergleichende Psychologie, comparative psychology, H. Spencer, 1876) ist ein uraltes Thema des Nachdenkens (vgl. prähistorische Höhlenmalereien, Tiermythen, Tiersymbolik, Tierfabeln, s. oben). Auch die Frage, ob Tiere eine „Seele" haben, ist bereits in der griech.-röm. Antike gestellt worden. Nach den antiken Seelenmodellen (vgl. Aristoteles, s. oben) besitzen die Tiere eine „anima vegetativa" und eine „anima sensitiva". Ihnen fehle aber die dem Menschen vorbehaltene unsterbliche „anima rationalis".

Im europäischen Mittelalter haben die Tierbeschreibungen eher einen Gleichnis- oder Fabelcharakter (vgl. aber dagegen Albertus Magnus), wie z.B. das sehr verbreitete zoologisches Volksbuch (für das Verständnis der mittelalterlichen Bildwerke sehr wichtig! vgl. Ikonographie z.B. „Symbolfibel" von Kl. Lipffert, 1961), der anonym erschienene *„Physiologus"* (entstanden ca. 4.Jh. n. Chr.; im 12. Jh. in dt. Sprache). Die Tiere sollen mit ihren merkwürdigen Eigenschaften den Menschen an religiöse Wahrheiten erinnern und auf den Weg des Heils führen. In allen Erscheinungen der Natur finden wir Hinweise auf das Walten Gottes. So ist z.B. der Pelikan, der seine Jungen mit dem eigenen Blut nährt, ein Symbol Christi, der durch sein Blut die Menschen rettet. Für die mittelalterliche Scholastik gilt der Satz: „Bestiae aguntur, non agunt."

Im 16. Jh. bemüht sich **Hieronymus Rorarius** nachzuweisen, dass „Tiere ihre Vernunft oft besser gebrauchen als der Mensch" (publ. 1654). Bei **Descartes** und im frühen Materialismus (s. oben) werden die Tiere als Automaten bzw. Maschinen betrachtet und für eine „Psychologie der Tiere" gibt es hier keinen Raum. Der Hamburger Aufklärer **Hermann Samuel Reimarus** (1694-1768) legt in seinem Werk „Allgemeine Betrachtungen über die Triebe der Tiere, hauptsächlich über ihren Kunsttrieb" (1760) bereits eine vergleichende Untersuchung vor („Vergleichende Psychologie"). Er gebrauchte auch den Ausdruck „angeboren" für verschiedene Verhaltensweisen, die, wie er dachte, der Erhaltung der Art dienten. **Lamarck** (1744-1829) deutet alle geistigen Vorgänge der Tiere als Leistungen des Nervensystems. Wissenschaftliche *Tierversuche* beginnen erst im 19. Jh. mit der *Deszendenzlehre* seit **Charles Darwin** (1809-1882), wobei die Frage nach der „Vererbung erworbener Eigenschaften" (Lamarck) eine große Rolle spielte (vgl. später „Psycho-Lamarckismus" z.B. bei C. G. Jung). In Darwins auch für die Psychologie sehr bedeutsamen Hauptwerken „On the origin of species by means of natural selection" (1859) und "The expression of the emotions in man and animals" (1872), sowie in seinen „Tagebüchern" (vgl. Desmond & Moore, 1994) finden sich eine Fülle von ausgezeichneten tierpsychologischen Beschreibungen und systematischen Beobachtungen. Wenn wir von einer kontinuierlichen Abstammungsreihe der Organismen bis hin zum Menschen ausgehen, dann ist auch die Frage sinnvoll, auf welcher Entwicklungsstufe erstmalig von psychischen Vorgängen zu sprechen ist. Der Engländer **Alexander Bain** (1818-1903) sucht schon 1855 Lernen als Ergebnis von „Versuch und Irrtum" zu begreifen. Ein besonderes Interesse findet staatenbildendes Verhalten der Insekten. In seinem berühmten zehnbändigen

Werk „Souvenirs entomologiques" (1879ff) hat **Jean Henri Fabre** (1823-1915) entscheidend zur Kenntnis der Lebensweise der Insekten beigetragen und auf die Bedeutung der Instinkte im Verhalten der Insekten hingewiesen. Der dt.-amer. Biologe **Jaques Loeb** (1859-1924) untersucht um 1890 die Reaktionen niederster Organismen auf Außenreize wie Licht, Schall, Wärme und entdeckt die Tropismen (Taxien), die er mit mechanischen Gesetzen zu erklären versucht. Der amer. Zoologe **Herbert Jennings** (1868-1947) kommt bei seinen Experimenten mit niederen Organismen zu dem entgegengesetzten Ergebnis, nämlich dass bereits Einzeller durch Versuch und Irrtum lernen können. Der Brite **Conwy Lloyd Morgan** (1852-1936), der auch den Begriff „*trial and error*" für den Bereich des Lernens einführt, stellt den später allgemein anerkannten Grundsatz („Morgans Canon") auf: niemals greife man auf höhere psychische Funktionen zurück, wenn niedere zur Erklärung ausreichen. Im Jahre 1897 geht **Edward Lee Thorndike** (1874-1949) mit Tierversuchen voran. Er erfindet Versuchsanordnungen z.B. den „*Problemkäfig*" (vgl. später: „Skinner-Box"), um Reaktionen auf situative Reize zu studieren. Die Aufgabe kann für das Tier nur durch Versuch und Irrtum gelöst werden. Gemessen wird hierbei z.B. die Anzahl der Fehler, der notwendigen Wiederholungen, um den richtigen Weg zu lernen und die benötigte Zeit (vgl. „Animal Intelligence", 1898). Auch das *Labyrinth* (Hampton-Court Labyrinth) wird 1899 von **Willard Stanton Small** (1870-1943) in die Tierversuche (vor allem mit Mäusen) eingeführt. Diesen Experimenten liegt in der großen Mehrzahl das Reiz-Reaktions-Schema („S-R-Psychologie") zugrunde (vgl. Behaviorismus seit 1913 im Gegensatz zur Zweckpsychologie). Die Gemeinsamkeit dieses Ansatzes mit der russ. Reflexologie oder objektiven Psychologie (Pawlow, Bechterew etc.) ist evident. Man glaubt durch Tierversuche Einsichten in allgemeine psychische Gesetze (die auch für den Menschen gültig sind) gewinnen zu können. Zum Ende des 19. Jh. wurden folgende *tierpsychologische Forschungsmethoden* eingesetzt: die Dressurmethode, die Vexierkasten-Methode, die Labyrinth-Methode, Wahlapparate, etc. Der Berliner Gestaltpsychologe **Wolfgang Köhler** (1887-1964) publiziert im Kriegsjahr 1917 „Intelligenzprüfungen an Menschenaffen", die sog. Teneriffa-Experimente, die auch gefilmt werden. Wirksam auf die Sozialpsychologie sind die „*Hackordnungsversuche*" des norwegischen Psychologen **Harald K. Schjelderup-Ebbe** (1895-1974): „Beiträge zur Sozial-Psychologie des Haushuhns" (1922). Schjelderup-Ebbe hat übrigens später die Psychoanalyse in Norwegen bekannt gemacht. Sehr wichtig ist auch die *Umweltlehre J. von Uexkülls* (1864-1944) („Funktionskreis", 1928). **Burrhus F. Skinner** (1904-1990) hat dann mit seiner „*Skinner-Box*" den Behaviorismus auf die Spitze getrieben und sich nicht gescheut, Tauben für Kriegseinsätze und Bombenabwürfe aus Flugzeugen zu konditionieren („operante Konditionierung", „Verstärkung"). Aus diesen Richtungen entwickeln sich teilweise direkt oder in Opposition die moderne Verhaltensbiologie, Ethologie (vgl. z.B. Frisch, Lorenz, Tinbergen; Nobelpreis 1973; Tiere werden in ihrer natürlichen Umwelt erforscht) und vergleichende Verhaltensforschung, Humanethologie (vgl. Eibl-Eibesfeldt, Morris) und Kulturethologie (Koenig). Bekannt geworden ist auch **Jane Goodall** (*1934) mit ihren systematischen Schimpansen-Beobachtungen in der afrikanischen Wildnis. Auch die *Insektenforschung,* insbes. Ameisenforschung hat beträchtliche Fortschritte gemacht (vgl. Hölldobler, 2020). Im Jahre 1911 erscheint auch die erste tierpsychologische Zeitschrift: „Journal of Animal Behavior" in New York und später die „Zeitschrift für Tierpsychologie" (vgl. Städtler, 1998: 1101ff; s. Bibliografie).

Wie denken wir heute über *Tierversuche in der Psychologie* und welche Rolle spielen sie für die Humanpsychologie ? Als *Begründung der Tierversuche* wird oftmals angeführt, dass man an Tieren Experimente durchführen kann, denen man Menschen nicht aussetzen würde (vgl. größere Manipulierbarkeit und Kontrolle, teilweise tödliche bzw. sehr schmerzhafte Eingriffe in den Organismus, vgl. z.B. Hebb, 1973:16). Eine entscheidende Frage stellt sich hinsichtlich des Problems der *Übertragbarkeit* solcher Befunde aus Tierexperimenten auf den Menschen. Ist der Unterschied zwischen Mensch und Tier ein bloß quantitativer oder qualitativer, wesentlicher (vgl. Sprache, Geschlecht, Kultur, Bewusstsein)? Müssen die in Tierversuchen erhobenen Befunde für den Menschen in einen unterschiedlichen Gesamtzusammenhang eingebettet werden? Kritische Psychologen wie G. Vetter (1990:1127) vertreten folgende Position:

„In dem Maße, in dem die Bedingungen so arrangiert werden, daß das, was den Menschen vom Tier unterscheidet, nicht zur Geltung kommen kann, kann davon ausgegangen werden, daß beim Tier gefundene Gesetzmäßigkeiten in etwa auch beim Menschen wirken: Nämlich wenn er daran gehindert wird, seinen Kopf zu gebrauchen, aktiv verändernd in die Situation einzugreifen, sich mit anderen zusammenzuschließen usw.; kurz: wenn man ihn unterdrückt. Ergebnisse aus Tierversuchen so auf den Menschen zu übertragen, wie das in der Psychologie weitgehend geschieht, setzt also schon theoretisch die Unterdrückung von Menschen durch Menschen voraus."

Ein weiteres Problem der Tierversuche ist die *Forschungsethik*. Unter ethischen Gesichtspunkten geht es bei Tierexperimenten um die Abwägung des medizinischen bzw. psychologischen Nutzens und der ethischen Zulässigkeit der Versuche. Es werden hier verschiedene Positionen vertreten: die *Ethik der Humanität* geht von dem Lebenserhaltungs- und Wohlbefindens-Prinzip aus. Die *christlicher Tradition* hebt vor allem die geschöpfliche Würde der durch Gott geschaffenen Kreatur und die Forderung nach artübergreifender Barmherzigkeit hervor. Der *anthropozentrische Humanismus*, der allein dem Menschen einen exklusiven Status und eine klare Vorrangstellung gegenüber dem Tier zuordnet, leitet daraus sogar eine Verpflichtung der Forschung mittels Tierversuchen zum Nutzen und im Interesse des Menschen ab. Die *Tierschutzethik* (Schutz des Tieres um seiner selbst willen; „Würde des Tieres") wendet sich gegen diese vor allem von Ärzten vertretene Position (vgl. Tierschutzgesetze). Die Forderung der *Gerechtigkeit* für Mensch und Tier d.h. die Beachtung des Gleichheitsgrundsatzes (aber artgerecht!) über die menschliche Spezies hinaus könnte einen Ausweg aus den Interessenkonflikten darstellen. So fordert P. *Singer* in seiner „Praktischen Ethik" (1994) eine Gleichbehandlung von Mensch und Tier in Bezug auf die Leidensfähigkeit des Tieres (vgl. Haller, 1999:89ff; Ladwig, 2020). Auch nichtmenschliche Wesen besitzen Rechte (vgl. Tierhaltung). Eine Geschichte der durch psychologische Experimente verursachten Tierleiden ist ein Forschungsdesideratum. In St. Petersburg existiert das weltweit wohl einzige Denkmal zur Erinnerung an die in Experimenten verwendeten (gestorbenen?) Katzen (vgl. Shiraev, 2015:232). Für Mäuse, Affen und Hunde fehlt bis heute eine solche Erinnerungsarbeit. Die heutige Tierpsychologie erforscht gegenüber der Ethologie (die das Tier in seiner natürlichen Umgebung erforscht) stärker psychische Funktionen wie z.B. Wahrnehmung, Gedächtnis, Denken und tierisches Bewusstsein (vgl. etwa Hediger: „Tiere verstehen", 1984).

Omnia quae sunt animata sunt, quamvis diversis gradibus.
Spinoza

Haben Pflanzen eine Psyche?

Aristoteles und *Plinius der Ä.* (s. oben) hätten diese Fragen klar bejaht.

„Nach der Aristotelischen Theorie von den vier Seelenvermögen besitzt die Pflanze (φυτόν, planta) nur die vegetative Seelenkraft (to threptikón) d.h. die Fähigkeit zu leben, Nahrung aufzunehmen, zu wachsen und sich fortzupflanzen (An. II 3, 414a 29ff; II 4, 415a 23). Der Besitz dieser Seelenkraft ist das allgemeinste Merkmal, das die Lebewesen, d.h. der Mensch und das Tier, mit den Pflanzen gemeinsam haben." (Höffe, 2005: 462f)

Die Pflanzen besitzen nach *Aristoteles* jedoch keine Wahrnehmung, da sie aus Erdartigem bestehen und daher keinen Tastsinn haben. Sie sind wie einige Tiere ortsgebunden und besitzen eine relativ einfache Struktur d.h. haben nur einige Organe nötig, die aber einen bestimmten Zweck erfüllen. Aristoteles stellte auch eine Analogie zwischen Mund der Pflanzenwurzel her und behauptete, dass die Wurzel das Oben der Pflanze sei (s. unten).

Über 2000 Jahre später, im Jahre 1848, veröffentlichte der Mediziner, Physiker und Psychologe *Gustav Theodor Fechner* (1801-1887) eine kleine naturphilosophische Schrift mit dem Titel „ Nanna oder über das Seelenleben der Pflanzen". Fechner kritisierte den Materialismus des 19. Jh.s und entwickelte eine panpsychistische Naturphilosophie, die die Allbeseelung der Natur behauptet und wendet sich gegen den „Behaviorismus" d.h. Materialismus in der Psychologie. Oelze findet in „Nanna ..." auch eine der ersten Andeutungen des Gedankens des Psychophysischen Parallelismus nach 1823 (vgl. Oelze, 1988, S.67).

Nach mehrjähriger Krankheit[12], die ihn halb erblindet ab 1840 teilweise zu einem längeren Aufenthalt in völliger Dunkelheit zwang, begann für Fechner eine tiefgreifende geistige Neuorientierung, deren erstes Ergebnis „Nanna" darstellt. Ausgangspunkt seiner Schrift scheint das sog. Gartenerlebnis[13], ein „unvorhergesehenes Ereignis", gewesen zu sein, das in ihm den Gedanken der „Allbeseelung" erweckt. Fechner verlässt nach „mehrjähriger Augenkrankheit" das „dunkle Zimmer"[14] und tritt hinaus „in den blühenden Garten".

„Das schien mir ein Anblick, schön über das Menschliche hinaus, jede Blume leuchtete mir entgegen in eigentümlicher Klarheit, als wenn sie ins äußre Licht etwas von eigenem Lichte wärfe. Der ganze Garten schien mir selbst wie verklärt, als wenn nicht ich, sondern die

---

[12] Fechners Krankheit hat viele sehr unterschiedliche Interpretationen erfahren, vgl. Kuntze, 1892; Möbius, 1905; Hermann, 1925; Ellenberger, 1973; Oelze, 1988, S. 16-20; Lück, 1991, S. 47f; Stubbe, 2001, S. 199ff interpretiert sie anthropologisch als eine „Initiationskrankheit"
[13] Oelze spricht hierbei, auf Mircea Eliades „primordiales Urerlebnis" Bezug nehmend, von einem „Paradigma der Begegnung mit dem Heiligen".
[14] Platons „Höhlengleichnis" im 7. Buch seiner „Politeia" wird hier oftmals als Deutung angeführt: der Aufstieg aus der Finsternis der Höhle zur Erleuchtung und Wahrheit des Philosophen, vgl. Oelze, 1988, S. 69

Natur neu entstanden wäre ... Damals zweifelte ich nicht, daß ich das eigene Seelenleuchten der Blumen sähe ... „ (Fechner, 1848:391f, zit. nach Oelze, 1988: 68)

„Das authentische Gartenerlebnis dagegen ergriff Fechner derart, daß es seine Weltanschauung veränderte und ihn bewegte, sechs Bücher mit zusammen mehr als 2500 Seiten Umfang zu verfassen." (Oelze, 1988: 68)

Die Veröffentlichung von „Nanna" war die „erste Frucht seines neuen Lebens" (Hall, 1914:83). Fechner hatte sie zunächst „Flora" genannt, bis er auf Ludwig Uhlands Schrift „Der Mythos von Thor nach nordischen Quellen" (1836)[15] stieß und darin „Nanna", das Eheweib Baldurs[16], des germanischen Lichtgottes, kennen lernte.

„Der Name ihres Vaters, Nep, erinnert an Knospe. Bei Saxo entbrennt Baldurs Liebe zu Nanna, als er ihre Schönheit im Bade sieht, ein Symbol des Blumentaus im Morgenlicht, wie Fechner meint. Beim Leichenbegängnis Baldurs bricht Nanna vor Qual das Herz, eine Anspielung auf das Verwelken der Blumen. Aus der Unterwelt senden Baldur und Nanna Geschenke an Freya, die die Schutzgöttin der Ehe ist. Diese Geschenke nun – ein Schleier und ein goldener Ring – erinnern Fechner an Blumen des Spätsommers. Fechner wollte die Vereinigung der beseelten Pflanzen mit dem Lichtgotte Baldur beschreiben, und er fand, daß Nanna eine mehr deutsche Göttin, reicher an mystischen Anklängen, sei, als die lateinische Flora, die ihm für das Herbarium gut genug dünkte" (Hall, 1914: 83),

schreibt der bedeutende us-amerikanische Psychologe und Wundt-Besucher *Stanley Granville Hall* (1846-1924)[17], der 1879/80 in Leipzig als „postgraduate student" (der erste amer. Student Wundts!) studiert hatte und auch Fechner persönlich kannte.

Das Erscheinungsjahr von „Nanna...", das Jahr 1848, spielt in der Wissenschaftsgeschichte und besonders politischen Geschichte eine bedeutende Rolle. *Alexander von Humboldt* (1769-1759), der im Jahre 1797 *Wolfgang von Goethe* (1749-1832)[18] kennengelernt hatte, begann nach seiner Amerika- und Russlandreise im Jahre ab 1845 mit der Abfassung seines Hauptwerkes „Kosmos", das wissenschaftshistorisch zwischen Enzyklopädie und Evolutionstheorie, die *Charles Darwin* (1809-1882) in Humboldts Todesjahr vorstellen wird, einzuordnen ist. Man hat auch von einem Übergang von statischer Taxonomie im Sinne Linnés zu einer dynamischen Historisierung und Entwicklungslehre gesprochen (Foucault). Sehr innovativ ist jedenfalls Humboldts „Geographie der Pflanzen" (1807). Charles Darwin, von

---

[15] Uhland deutet in typisch romantischer Manier die nordischen Mythen um den Donnergott Thor, wie sie z.B. in der Älteren Edda, Snorra Edda oder bei Saxo Grammaticus dargestellt sind, im Sinne Herders als ursprünglich personifizierte Naturpoesie in symbolischen Bildern.

[16] zu „Nanna" vgl. Simek, 1984, S.278f; die Germanen verehrten nicht nur heilige Haine, sondern auch einzelstehende Bäume (z.B. Eichen) als heilige Orte. Bekanntlich spielt der Weltenbaum Yggdrassill im germanischen (eddischen) Mythos eine zentrale Rolle

[17] zu seiner Biographie vgl. Bringmann et al., 1997, S. 301-308; Stanley Hall (1914, S. 86, 88f) verweist u.a. auf zwei deutschsprachige Publikationen, die Fechners Gedankengänge stützen können: E. L. Fischer: Über das Prinzip der Organisation und die Pflanzenseele. Mainz, 1883; Nemec: Über die reizleitenden Strukturen bei den Pflanzen. Biologisches Zentralblatt, Juni, 1900

[18] Goethe befasste sich seit 1785 systematisch mit der Botanik. Bekannt sind sein Begriff der „Urpflanze", einer Art symbolischer Pflanze, und seine Morphologie der Pflanzen. 1790 veröffentlichte er einen „Versuch, die Metamorphose der Pflanzen zu erklären" und führte Forschungen zur allgemeinen „Spiraltendenz" in der Vegetation durch (1830/31). In Goethes Anschauungen durchdringen sich materialistisch-experimentelle und idealistisch-spekulative Ansätze, ähnlich wie bei Fechner; vgl. Mägdefrau, 2013, S. 150ff.

seiner Weltreise (1831-1836) zurückgekehrt, wertet seine geologische Sammlung aus, publiziert seinen Reisebericht und beginnt mit den Aufzeichnungen zum Problem der Veränderlichkeit der Arten, die er 1844 zu einem „Essay", der ersten Artentheorie, zusammenfasst.

Dies alles geschieht vor dem Hintergrund tiefgreifender, revolutionierender politischer Ereignisse in Europa: *Karl Marx* (1818-1883) und *Friedrich Engels* (1820-1895) veröffentlichen in London das „Kommunistische Manifest", in Frankreich, Wien, Berlin, Baden und Italien kommt es zu revolutionären Aufständen, die Deutsche Nationalversammlung tritt in Frankfurt/M. zusammen und schließlich wird ein allgemeines und gleiches Wahlrecht in Frankreich eingeführt.

Möglicherweise fand Fechners bis heute aktuelle Schrift aufgrund dieser turbulenten politischen Hintergundsereignisse weniger Beachtung[19].

Fechners Pflanzenseele und die heutige Wissenschaft

Pflanzen haben eine „Seele" und haben teil an der Weltseele, konstatiert Fechner d.h. es gibt viele Anzeichen für ihre psychische Tätigkeit. Ihre „Seele" ist nicht auf ein Nervensystem oder auf ein Gehirn konzentriert, sondern verteilt sich auf alle Pflanzenteile, den gesamten Pflanzenorganismus.

> „Man kann es zwar nicht zwingend beweisen, aber man darf mit gutem Grunde annehmen, daß auch die Pflanze eine Seele in sich trägt, d.h. etwas nur in Selbsterscheinung Erfaßbares und ähnlich wie das Bewußtsein zur Einheit Verknüptes. Hierfür spricht das ‚Argument der Ähnlichkeit': die Pflanze teilt mit dem Menschen den körperlichen Organisationsplan, den wir als Träger und Ausdruck unseres Seelenlebens kennen, hat dieselben Zeichen, an die bei uns das Erwachen und Wachsein der Seele geknüpft ist; und dürfen wir denn nicht überall Seele annehmen, wo Körperliches die Verhältnisse der Seele wiederholt und wiederspiegelt?"

fragt Max Dessoir (1911:228f) in seinem „Abriß einer Geschichte der Psychologie".

Béla Révész (1917:230f) stellt in seiner „Geschichte des Seelenbegriffes und der Seelenlokalisation" heraus, dass Fechner die Existenz von Leibnizschen Monaden und von substantiellen Seelen leugnet.[20]

> „Leib und Seele sind identisch, nur seien sie die zweifache Erscheinungsweise desselben Dinges. Er betrachtet beide als eine mathematische Funktion, in welcher bald der eine, bald der andere Teil ein Variables ist und eine entsprechende Veränderung des Anderen mit sich zieht. Zu diesem Zwecke benötigt Fechner den Begriff einer den ganzen Organismus einnehmenden Seele. Damit nun die Seele zum Bewußtsein des Individuums gelange,

---

[19] In der überwiegenden Zahl der Wissenschaftsgeschichten der Botanik, Psychologie und Philosophie findet Fechners Schrift „Nanna oder das Seelenleben der Pflanzen" keinerlei Erwähnung; vgl. etwa Mägdefrau, 2013; Galliker et al., 2007; Volpi, 2004 ; vgl. aber dagegen Dessoir, 1911, S. 228f ; Kivits, 1994, S. 158, s. oben

[20] Révész (1917, S.302) versteht unter „Seele": „Die Gesamtheit der innerlichen Tatsachen, die Geschehnisse in unserem Bewußtsein, also Empfinden, Fühlen, Denken, Erwägen, Wollen, Handeln, oder wie Pfänder sagt, die seelische Wirklichkeit im Gegensatz zur materiellen Wirklichkeit – das ist Seele."

müssen dazu bestimmte Partien des Nervensystems in Bewegung geraten und erst wenn diese Bewegung genug intensiv ist, wird die Schwelle des Bewußtseins übertreten." (Révész, 1917:230)

Außer der Einzelseele nimmt Fechner auch noch eine *„Weltseele"* an, denn das Weltall mit all seinen Dingen ist für ihn ein in sich zusammenhängendes System. Révész (1917:230) charakterisiert die Seelenauffassung Fechners als eine „Kombination von idealistischer Identitätslehre und Panpsychismus".[21]

> Bei Fechner liegen Seelenbegriffe zweier Gruppen vor: „ein religiöser Seelenbegriff, z.B. im Bild der ‚Seelenflamme', und ein empirischer, operationalisierbarer Seelenbegriff, offen und versteckt, wo die Seele analysiert wird." (Oelze, 1988:63)

Bereits *Aristoteles* (384 – 322 v.Chr.), der wie sein Schüler *Theophrastos* (ca. 372-287 v. Chr.)[22] die Botanik als wissenschaftliche Kunde von allen Pflanzen ausgebildet hat, schrieb gemäß seiner Theorie von den Seelenteilen[23] den Pflanzen (φυτόν) nur die vegetative Seelenkraft (τό τρεπτικόν) d.h. die Fähigkeit zu leben, Nahrung aufzunehmen, zu wachsen und sich fortzupflanzen, zu.

> „Der Besitz dieser Seelenkraft ist das allgemeinste Merkmal, das die Lebewesen, d.h. der Mensch und Tier, mit den Pflanzen gemeinsam haben… Im Gegensatz zu Mensch und Tier hat die Pflanze keine Wahrnehmung, da sie völlig aus Erdartigem besteht und folglich kein Tastempfinden haben kann. … Weitere Charakteristika der Pflanze sind ihre Ortsgebundenheit (monimon kata topos), die sie jedoch mit einzelnen Tieren gemeinsam hat, sowie ihre relativ einfache Struktur hinsichtlich der ungleichteiligen, d.h. inhomogenen Teile; … die Analogie zwischen Wurzel und Mund veranlaßte Aristoteles zu der Annahme, daß die Wurzel das Oben der Pflanze sei..." (Höffe, 2005:462f)

Mancuso & Viola (2015, S.25) stellen fest, dass auch Charles Darwin überzeugt war, dass sich in den pflanzlichen Wurzeln so etwas wie das Gehirn niederer Tiere verbirgt und „dass ein pflanzliches Äquivalent in den Wurzelspitzen zahlreiche Funktionen des Tiergehirns ausführen kann." Dies wird heute auch als die „root-brain-Hypothese" bezeichnet (Mancuso & Viola, 2015, S.129).

Auch in anderen außereuropäischen Kulturregionen war die Vorstellung von einer „Pflanzenseele" weit verbreitet, so z.B. in der indischen Jaina-Religion, die von *Mahavira* (ca. 599-527 v. Chr.) begründet wurde oder bei den südamerikanischen „Indianern"[24] (vgl. z.B. Melatti, 2007; Stubbe, 2010).

Das folgende Beispiel entstammt einem ethnologischen Feldforschungsbericht aus Brasilien:

---

[21] Andere rechnen Fechner zu den Vertretern eines „psychophysischen Parallelismus" wie er später in seinen „Elemente der Psychophysik" (1860) zum Ausdruck kommen wird.
[22] zu seiner Botanik und Pflanzenphysiologie vgl. Heiberg, 1912, S. 38f; Mägdefrau, 2013, S. 7-11
[23] Aristoteles unterscheidet beim Menschen eine dreigeteilte „Psyche": die „Nährseele" (anima vegetativa), die auch bei den Pflanzen vorhanden ist, die „Sinnenseele" (anima sensitiva) und die „Denkseele" (anima rationalis); vgl. Höffe, 2005, S. 505ff ; zur ψυχή und „Weltseele" bei Platon vgl. die Dissertation von P. M. Steiner, 1992
[24] Die unten genannten Kayapo leben im mittleren Becken des Xingú-Stromes, eines Nebenflusses des Amazonas. Auch Fechner bezieht sich im Hinblick auf die (All-)Beseelung gleich zu Beginn seiner „Zend-Avesta" (1851) auf die „Naturvölker", denen während des Kolonialismus und ethnologischen Evolutionismus als „Primitive" bzw. „Wilde" nur ein „prälogisches Denken" zugestanden wurde.

„Alles Lebende, alles, was sich regt, wird von den Kayapo als beseelt angesehen. Auf meine Frage, wurde mir geantwortet, dass auch der Baum eine Seele, *karon*, habe. Dies ist schon in der stark anthropomorphen Betrachtungsweise des Universums begründet. Aber alle animistischen Vorstellungen in dieser Richtung sind nur wenig prägnant ausgesprochen und nur sehr vage, sodass der Animismus nicht als das indianische Weltbild bestimmend angesehen werden kann. Auch totemistische Tendenzen im Sinne einer Verwandtschaft mit bestimmten Pflanzen sind gegeben. So trägt die eine der beiden grossen Stammeshälften, den Namen nach dem *atoro-o-ngro* = trockenes imbauba(umba-aba)-Blatt und die andere Hälfte *ime-krãgrãgrã* = Männer mit den grünen Köpfen." ... „Aber sie empfinden einen lebendigen Zusammenhang mit allem, was in der Natur lebt, und Pflanzen sind ihnen Symbol für das menschliche Leben überhaupt." (Lukesch, 1968:84)

Welche Belege („Zeichen") für eine *psychische Tätigkeit der Pflanzen, ihre „Pflanzenseele"*, stellt Fechner heraus und was sagt die heutige Botanik dazu?

Oelze (1988:63f) zählt als wichtigste sieben *Merkmale der Pflanzenseele* nach Fechner auf:

(1) Pflanzen haben einen „Charakter"[25], (2) sie leben im „Anfangszustande des reinen Aufgehens im Flusse sinnlicher Empfindungen", (3) sie sind die „sinnlichsten" aller Lebewesen, (4) sie sind „individuell selbständig", „für sich empfindende Wesen", (5) sie können auf der Ebene eines „einfachen, sinnlichen Seelenwechselspiels" miteinander kommunizieren, (6) ihre Gestalt ist eine „offene", ihre „ganze Oberfläche liegt der Empfindung frei offen", (7) sie empfinden ein Bedürfnis nach Licht und Luft und empfinden Freude und Lust.

Darüber hinaus finden sich jedoch bei Fechner noch einige weitere wichtige Gedanken und Beobachtungen, die hier mit den gegenwärtigen Erkenntnissen konfrontiert werden:

Pflanzen *bewegen*[26] sich, sie „erheben und neigen sich" im Wechsel, „wenden sich dem Lichte zu" (Fechner, 1984:20, 26). Ihr Fototropismus bzw. Heliotropismus bzw. ihr „Schlaf"[27] werden hier u.a. angesprochen.

„Ihr Bewegungsvermögen beschränkt sich dabei meist nicht nur auf den oberirdischen Teil der Pflanze, sondern betrifft auch die Wurzel, die Darwin als eine Art ‚Kommandozentrale' betrachtet." (Mancuso & Viola, 2015:24)

---

[25] vgl. Fechners Beispiel: „Indes ist die Eiche ein in sich gebundenes Festes, Ganzes, Einiges, hat sich selber ganz beisammen." ... Wir aber lassen die Eiche Strahlen aus einem dunklen Kern senden ..." (Fechner, 1984, S. 43); Mancuso & Viola (2015, S. 94ff, 110ff) sprechen von „Altruismus", von „ehrlichen und unehrlichen" Pflanzen; in den beiden sehr erfolgreichen Phantasiefilmen „Avatar" und „Harry Potter" werden verschiedene Ausdrucksformen der „Pflanzenseele" ins Bild gesetzt; zum „Charakter" der Eiche vgl. Wohlleben, 2015, S.66ff

[26] Über „The power of movement in plants" (1880; dt.: Das Bewegungsvermögen der Pflanzen", 1881) schrieb Charles Darwin später eine die Botanik revolutionierende Monographie; vgl. dazu Mancuso & Viola, 2015, S.25, 127ff; früher hatte Darwin bereits z.B. über Kletterpflanzen (1867) und Insekten fressende Pflanzen (1875) berichtet; vgl. Schmitz, 1983, S.26-31; Mägdefrau, 2013, S. 226-237

[27] Nach Fechner (1984, S.26) „schlafen" Pflanzen im Winter. Über den „Schlaf der Pflanzen" hat in seiner Abhandlung „Somnus plantarum" (1755) zuerst Carl von Linné (1707-1778) zusammenfassend berichtet; vgl. Mancuso & Viola, 2015, S. 142ff

Dann stellen Pflanzen

"ein anders gestaltetes Sieb dar, das demgemäß andere Empfindungen aus der Natur aussiebt" (Fechner, 1984:21)[28].

Hier wird das *Rezeptor-Modell* auf Pflanzen angewandt, so wie es z.B. Jakob von Uexküll (1864-1944) später in seiner Umweltlehre (1909) bzgl. der niederen Lebewesen eingesetzt hat, wonach jede Tierart ihre spezifische und ihr allein angepasste Umwelt besitzt. Fechner spricht von "Wirkungs- und Empfindungskreisen" bzw. "Lebenskreis der Pflanze" (Fechner, 1984: 24, 26), Uexküll vom "Funktionskreis", bestehend aus "Merkwelt und Wirkwelt"! Oelze (1988: 65) weist darauf hin, dass Fechner mit seiner Unterscheidung einer "offenen" und einer "geschlossenen Lebensform" ein Konzept, das später durch den "organischen Philosophen" und "Vitalisten" Hans Driesch (1867-1941) und den philosophischen Anthropologen Helmuth Plessner (1892-1985) bekannt geworden ist, vorweggenommen hat. Auch der Biologe Ludwig von Bertalanffy (1901-1972) spricht bekanntlich in seiner allgemeinen Systemtheorie vom Organismus als offenem System, in dem ein "Fließgleichgewicht" herrscht.

Pflanzen sind *lichthafte* (Flammen-)Wesen[29].

---

[28] In der Psychologie des 19. Jh.s spielte die Lehre von den Empfindungen (als Wahrnehmung äußerer oder innerer Reize auf die Sinnesorgane) eine überragende Rolle. Ernst Mach (1838-1916) z.B. bezeichnete 1911 die Empfindungen als die "grundlegenden Elemente des seelischen Lebens". Weber und Fechner untersuchten die Zusammenhänge zwischen Reiz- und Empfindungsstärke im Rahmen der "Psychophysik" (Weber-Fechnersches Gesetz, 1860). Die Konstanzannahme (Köhler), dass bestimmten Reizen stets bestimmte Empfindungen entsprechen, hat sich jedoch als unhaltbar erwiesen; vgl. z.B. Städtler, 1998, S. 314ff; nach Fechner (1984, S.26) sind die Zeichen der Empfindungen der Pflanzen etwas anderes als die Empfindungen der Menschen und Tiere und sollen letztere ergänzen.

[29] Stubbe stellt die Frage und versucht eine Zusammenfassung im Rahmen der europ. Kulturgeschichte: "Kann man sich vorstellen, dass sich in einem lichtlosen Universum Gehirn, Augen und Bewußtsein[29] entwickelt hätten? In der Kultur- und Religionsgeschichte der Menschheit spielt das *Licht* eine sehr bedeutende Rolle[29]. Man denke etwa an den ägyptischen Pharao Echnaton (ca. 1351-1334 v. Chr.), der in einer religiösen ‚Revolution' den Kult des Aton, eines Sonnen- und Lichtgottes, einführte und damit die erste monotheistische Religon schuf, oder an Buddha Gautama Siddharta (560-480 v. Chr.), den ‚Samma-sambuddha', den ‚vollkommen Erleuchteten'. Aus einer auch für das Mittelalter wichtigen symbolpsychologischen Sicht stellt Schliephacke fest: ‚Das Licht bedeutet in der Symbolik fast aller Natur- und Kulturvölker das Bewußtsein. Lichtbringer wie Prometheus der Griechen und Maui der Maori schaffen stets eine Bewußtseinserweiterung. Die Lichtgewinnung war ursprünglich ein Verstoß gegen die Tabu-Ordnung der Götter (vgl. Luzifer). Es ist daher der ‚anderen Welt', d.h. dem Unbewußten, abgerungen. Auslöschen des Lichts in Mythen kommt dem Auslöschen des erwachenden Ichbewußtseins gleich.' (Schliephacke, 1979, S. 40) In der Musik läßt Franz Joseph Haydn (1732-1809) bekanntlich in seiner „Schöpfung" (1795-1798) bei den Worten ‚Und es ward Licht' einen hellen C-Dur Akkord im Fortissimo erklingen, der diesen Anbruch des Werdens symbolisiert. ‚Und nun erleben wir in lyrischen Arien oder dramatischen Rezitationen das Heraufsteigen und Nahen der Sonne in großartiger Steigerung, das milde Wandeln des Mondes und das Werden der Pflanzen bis der Jubelchor *Die Himmel erzählen die Ehre Gottes* den ersten Teil beschließt.' (Koch, 1976, S. 1032f) Aber wer hat das Licht schöner in Töne umgesetzt als Claude Debussy (1862-1918) in seinem ‚Clair de lune' (ca. 1905)? Auch Wolfgang von Goethe hat sich verschiedentlich, nicht nur im Rahmen seiner Farbenlehre, zum Licht geäußert (vgl. Dobel, 1968, S. 523-526; Büchmann, 1959, S. 165). Einer seiner tiefsten und vielleicht schönsten Aussprüche lautet:'Das Licht ist da, und die Farben umgeben uns; allein trügen wir kein Licht und keine Farben im eigenen Auge, so würden wir auch außer uns dergleichen nicht wahrnehmen.' (Eckermann, 26.2.1824) Oder in den ‚Zahme Zenien' (Bd. 3, 1823) heißt es: ‚Wär' nicht das Auge sonnenhaft, Die Sonne könnt' es nie erblicken'. Eine gute gedrängte Übersicht über die Geschichte des Lichts in der europäischen Philosophie hat Martin Gessmann (2009) gegeben, indem er schreibt: ‚Seit dem Anfang der abendländischen Philosophie ist das Licht ein beherrschendes Bild für das Erkennen und eine dieses ermöglichende Offenheit des Seienden. Schon das

Pflanzen sind *uralte* Wesen.

" ... bevor der Mensch auf der Erde entstand, waren schon viele Jahrtausende hindurch Pflanzen auf der Erde gewachsen ..." (Fechner, 1984: 50).

Man nimmt heute ein Alter von dreieinhalb Milliarden Jahren an (vgl. Mancuso & Viola, 2015, S.13). Vor ungefähr fünfhundert Millionen Jahren nahm die Differenzierung zwischen Pflanzen- und Tierreich ihren Anfang (Mancuso & Viola, 2015:36).

Pflanzen gehorchen dem *Ökonomie-Prinzip*, es geht nichts verloren, es wird nichts vergeudet, „jeden Abfall, und den Abfall des Abfalls" (Fechner, 1984:22) benutzen sie.

„Denn alles, was von Menschen und Tieren abgeht, geht wieder in die Pflanzen über und muß in sie übergehen, damit sie wachsen und gedeihen."(Fechner, 1984:45)

„Pflanzliche Entscheidungen beruhen meistens auf folgender Kalkulation: Wie läßt sich ein Problem mit einem Aufwand lösen, der so klein wie möglich und so groß wie nötig ist?" (Mancuso & Viola, 2015: 100)

Pflanzen sind *aktive* Lebewesen.

„Die Pflanzenseele baut sich ihren Leib als eine Treppe, deren Gipfel die Blüte ist, die untern Stufen bleiben;" (Fechner, 1984:29)

Pflanzen besitzen *Sinne*. Sie besitzen „Augen" (Fechner, 1984:26), Ohren: „die Pflanze ist durch und durch ein solches Trommelfell, auf das der Wind trommelt" (Fechner, 1984:33), Geruchsorgane: „wie sie ganz als Kelch gebaut ist, Duft auszuströmen, erscheint sie auch ganz dazu gebaut, ihn wieder zu empfangen" (Fechner, 1984:35), Geschmack: „warum sollten wir den Pflanzen nicht auch diesen zutrauen in ihrer Weise, da so vieles ungeschmeckt bleiben

---

Lehrgedicht des Parmenides schildert in seinem *Proömium* die philosophische Erfahrung als eine Fahrt aus dem Dunklen ins Helle eines überirdischen Ortes. Das wird bei Platon insbes. in der Gleichnissequenz im Zentrum der *Politeia* aufgenommen und ausgearbeitet. Hier ist im sog. Höhlengleichnis die Bildung (griech. *paideia*) des Menschen als ein Weg aus einer unterirdischen, nur durch ein Feuer erhellten Höhle ins Freie und Offene des Tageslicht vorgestellt, wobei die Höhle das Leben in der Polis veranschaulichen soll und der Aufenthalt im Tageslicht für die philosophische Erkenntnis steht. Im sog. Sonnengleichnis, das dem Höhlengleichnis vorangeht, ist die Möglichkeit des Wissens und die Unverborgenheit des im Wissen gegebenen Seienden analog zum Verhältnis von sinnlicher Wahrnehmung und dem im Sonnenlicht zugänglichen Sichtbaren beschrieben. Dabei steht die Sonne als das Wahrnehmung und Sichtbarkeit Verbindende und Ermöglichende für die ‚Idee des Guten', der im Hinblick auf Wissen und Seiendes eben diese Rolle zugesprochen wird. Die platonische Bildlichkeit hat nicht zuletzt durch die neuplatonische Tradition eine kontinuierliche Wirkungsgeschichte in der Philosophie und Theologie des Abendlandes gehabt.' (Gessmann, 2009, S. 437f) Die Vorstellung vom ‚lumen naturale' im Unterschied zum ‚lumen supranaturale' (übernatürlichen Licht), dem göttlichen Licht, ist in der europäischen Philosophie eine geläufige metaphorische Charakterisierung der der menschlichen Vernunft eigenen Erkenntniskraft. Einmal wirkt hier die von Aristoteles in ‚περί ψυχής' (430a 10-25)[29] entwickelte Konzeption des ‚νους', insbes. der dort gemachte Vergleich zwischen dem νοῦς ποιητικός und dem Licht nach (vgl. Höffe, 2005), und zum anderen die neuplatonische Lichtmetaphysik. Die Rede vom lumen naturale gewinnt im Mittelalter bei Thomas von Aquin eine besondere Bedeutung, wobei sich Thomas nicht nur auf Aristoteles beruft, sondern auch auf Augustinus, für den die menschliche Vernunft nicht ohne eine Teilhabe an der göttlichen Vernunft zu denken ist." (Stubbe, 2012, S. 92f)

würde in der Natur" (Fechner, 1984:35), „nicht jeder Pflanze schmeckt dasselbe", „aus demselben Boden nehmen verschiedene Pflanzen Verschiedenes auf" (Fechner, 1984: 36).

Pflanzen verfügen wie der Mensch über alle fünf Sinne und besitzen sogar noch fünfzehn weitere (Gravitotropismus, Feuchtigkeitsgehalt, elektromagnetische Felder, Gehalt chemischer Stoffe und Schadstoffe, etc.)

> „Weil Licht das Hauptnahrungsmittel ihres fotosytheseabhängigen Energiehaushalts ist, ist ihr Sehvermögen besonders hoch entwickelt." (Mancuso & Viola, 2015: 51)

Pflanzen sind in der Lage ihre Blätter optimal zum Licht auszurichten (Fototropismus). Lichtrezeptoren, in großer Menge in ihrem Inneren verfügbar,

> „mit so exotischen Namen wie Phytochrom, Criptochrom oder Fototropin absorbieren die unterschiedlichen langen Wellen der roten, infraroten, blauen und UV-Strahlen, die für die Entwicklung, Keimung , Wachstum bis hin zur Blüte besonders wichtig sind." (Mancuso & Viola, 2015:53)

Pflanzen riechen mit dem ganzen Körper und besitzen auf ihrer Oberfläche vielfach Geruchsrezeptoren. Ihr Duft ist die „Sprache" der Pflanzen, ihr Vokabular. Mit ihrem Duft wollen Bedecktsamer (Blütenpflanzen) Insekten als Bestäuber anlocken (Mancuso & Viola, 2015:56ff).

> „Wurzeln sind Tieren haushoch überlegen, wenn es darum geht, kleinste Konzentrationsgefälle im Boden wahrzunehmen." (Mancuso & Viola, 2015: 59)

Die fleischfressenden Pflanzen zeigen, dass der Geschmackssinn, der mit dem Geruchsinn eng verbunden ist, nicht nur in den unterirdischen Pflanzenteilen (die in die Richtung der Nahrungsquelle wachsen) zu suchen ist (vgl. Mancuso & Viola, 2015: 59ff).

> „In der Pflanzenwelt ist der Tastsinn eng mit dem Gehör verbunden. Er beruht auf winzigen Organen, den ‚mechanosensiblen Kanälen', die sich auf der Pflanze verteilt, vor allem aber in den Epidermiszellen, also in Zellen mit direktem Kontakt zur Außenwelt befinden." (Mancuso & Viola, 2015: 68)

Ein bekanntes Beispiel ist Mimosa pudica, die als Reaktion auf bestimmte taktile Reize ihre Blätter einklappt.

Die Pflanzen benutzen als Schallträger nicht die Luft, sondern den Boden.

> „Schwingungen breiten sich über den Boden so gut aus, dass man zum Hören keine Ohren braucht. Pflanzen können Schwingungen über die erwähnten mechanosensiblen Kanäle in ihren Zellen auffangen." (Mancuso & Viola, 2015: 75)

> „Die Wirkung von Musik ist, auch für Pflanzen, zweifelfrei erwiesen." (Mancuso & Viola, 2015: 76)

Pflanzen *kommunizieren miteinander*.

„Jede Blumenseele mag durch das, was von andern Blumen an ihr Fenster rührt, eine Empfindung von dem empfangen, was in jeder andern Blumenseele vorgeht;" (Fechner, 1984:35)[30]

„Bei der Informationsweiterleitung von einem Körperteil zum nächsten arbeiten Pflanzen nicht nur mit elektrischen, sondern auch mit hydraulischen und chemischen Signalen." (Mancuso & Viola, 2015: 85)

Diese drei Signalsysteme arbeiten komplementär. Pflanzen kommunizieren bevorzugt über chemische Molküle. Sie teilen sich durch Berührungen oder eine bestimmte Körperhaltung (vgl. „Schüchternheit der Baumkronen") mit. Pflanzen erkennen Verwandte und kennen ihnen gegenüber keine Konkurrenz. Sie bringen zahlreiche Wurzeln hervor, mit denen sie ihr „Revier" besetzen und gegenüber fremden Pflanzen verteidigen. Sie zeigen altruistische Verhaltensweisen (vgl. Mancuso & Viola, 2015: 91ff).

Pflanzen *assimilieren*. Sie ernähren sich von toten, unorganischen Stoffen.

„Die Pflanzen bereiten bloß das Tote zum Übergange ins Leben vor;" (Fechner, 1984:36)

Pflanzen geben *Sauerstoff* an die Atmosphäre zurück (vgl. Fechner, 1984:47)

Zwischen Tieren und Pflanzen bestehen enge „Beziehungen".

„Nicht weniger als siebzig verschiedene Arten von Insekten sollen allein auf und von der Eiche leben." (Fechner, 1984:38)

Pflanzen betreiben auch eine externe Kommunikation und vertrauen ihre Sendungen manchmal der Luft oder dem Wasser, meistens aber Tieren an (Mancuso & Viola, 2015: 99f).

Im „Geschlechtsleben"[31] der Pflanzen spielen bekanntlich Tiere, vor allem Insekten und Vögel (vgl. "entomophile oder ornithophile Pflanzen"), eine entscheidende Rolle bei der Beförderung der Pollen.

Das Pflanzendasein besitzt einen *Eigenwert*. Der Mensch braucht die Pflanzen (Nutzpflanzen wie z.B. Maulbeerpflanze, Tee, Kaffee, Korn, Kartoffel), sie haben einen Nutzwert. Obgleich die Pflanzen ganz für andere Wesen gemacht erscheinen, sind sie „zugleich ganz auf eigene Zwecke gestellt" (Fechner, 1984:41f) „und dies kann nur ein Wesen mit Seele" (Fechner, 1984:42). Hieraus lassen sich pflanzenethische Forderungen ableiten (vgl. Abholzung der Regenwälder, Gentechnik, ökologische Landwirtschaft etc.). Im Jahre 2008 hat die

---

[30] vgl. die *Pflanzensoziologie, Phytozönologie* bzw. *Biocönologie*; sie befaßt sich als Teildisziplin der Biologie mit den „Gesetzmäßigkeiten der ‚Beziehungen' und ‚Konkurrenzen' d.h. mit den Wachstumsverhältnissen zwischen Pflanzen am gleichen Wuchsort" (Hartfiel, 1976, S. 522); vgl. auch ausführlicher: Endruweit & Trommsdorff, 1989, S.484-487; eine eigene „Pflanzenpsychologie" hat sich dagegen nicht herausgebildet. Sie spielt in der Esoterik und Parapsychologie eine gewisse Rolle, so schrieb z.B. R. H. Francé eine „Pflanzenpsychologie als Arbeitshypothese der Pflanzenphysiologie" (Stuttgart: Franckh, 1909). Der belgische Nobelpreisträger für Literatur (1911) *Maurice Maeterlinck* (1862-1949) publizierte 1928 eine originelle Schrift über „Die Intelligenz der Blumen" (Jena: E. Diederichs). Der Kölner Philosoph *Max Scheler* (1874-1928) sprach den Pflanzen einen „Gefühlsdrang" zu, in dem Trieb und Gefühl nicht getrennt bestehen und der empfindungs-, bewußt- und vorstellungslos gedacht ist (vgl. Bonin, 1988, S. 392)

[31] Man unterscheidet 1. Hermaphroditen (Zwitter), 2. diözische (zweihäusige) Pflanzen und 3. monözische (einhäusige) Pflanzen (vgl. Mancuso & Viola, 2015, S. 103ff)

Eidgenössische Ethikkommission für die Biotechnologie im Außerhumanbereich (EKAH) ein beachtliches und mutiges Dokument veröffentlicht: *Die Würde der Kreatur bei Pflanzen. Die moralische Berücksichtigung von Pflanzen um ihrer selbst willen.*

„Die wahllose Zerstörung von Pflanzen ist ethisch nicht zu rechtfertigen." (Mancuso & Viola, 2015:153)

Der Mensch und das Tier sind von den Pflanzen grundlegend abhängig.

„Die ganze Existenz des Menschen- und Tierreichs zeigt sich so auf die des Pflanzenreichs wie auf einen Unterbau gestützt;" (Fechner, 1984:41)

„Das Pflanzenreich stellt sage und schreibe 99,5% der gesamten Biomasse auf der Erde; das heißt, wenn man das Gewicht aller Lebewesen auf der Erde mit 100 ansetzt, entfallen, je nach Annahme, zwischen 99,5% und 99,9% auf die Pflanzen. Anders gesagt, der Anteil tierischer Lebensformen – einschließlich des Menschen – beträgt verschwindende 0,1 bis 0,5%." (Mancuso & Viola, 2015:43)

„Den größten Teil unserer Kalorien beziehen wir aus nur sechs Pflanzen. Die Ernährungsgrundlage beinah der gesamten Menschheit bilden Zuckerrohr, Mais, Reis, Weizen, Kartoffeln, Soja und wenige andere Pflanzen." (Mancuso & Viola, 2015:43)

Nicht nur Nahrung und Sauerstoff liefern uns die Pflanzen, sondern auch wichtige Energieressourcen (Öl, Holz, Kohle, Gas etc.) und Medikamente. Die Gegenwart von Pflanzen wirkt sich auch positiv auf unser psychophysisches Befinden aus (Mancuso & Viola, 2015:44ff)

Für die abschätzige, egozentrische, *vorurteilshafte Haltung der Menschen gegenüber den Pflanzen* führt Fechner vor allem (sozial-)psychologische Gründe an:

„Ja, könnten die Pflanzen laufen und schreien wie wir, niemand spräche ihnen Seele ab; alle jene mannigfaltigen und zarten und stillen Zeichen von Seele, die sie von sich geben, wiegen uns nicht so viel als jene groben, die wir an jenen vermissen; und doch sind die Pflanzen wahrscheinlich bloß stumm für uns, weil wir taub für sie sind." (Fechner, 1984: 27)

„Nur deshalb, weil wir, alles nach uns und unsern Bedürfnissen zu messen gewohnt, *nicht in derselben Art* den Pflanzen zu Diensten stehen als sie uns, achten wir es überhaupt nicht als einen Dienst." (Fechner, 1984: 45)

„Die allgemeine Wertehierarchie verbannt die Pflanzen auf die unterste Stufe der Lebewesen. Ein ganzes Reich, das Pflanzenreich, wird völlig unterschätzt, obwohl unser Überleben und unsere Zukunft auf der Erde genau davon abhängen." (Mancuso & Viola, 2015: 30)

„Instinktiv und unbesehen sprechen wir Pflanzen gern zwei Eigenschaften ab: wir halten sie für unfähig zu Bewegung und Empfindung." (Mancuso & Viola, 2015: 149)

Die Menschen sind von Pflanzen völlig abhängig. Mancuso & Viola sprechen von einer „psychischen Blockade" in der menschlichen Einstellung den Pflanzen gegenüber.

„Niemand ist gern abhängig. Abhängigkeit geht immer mit einem Gefühl der Schwäche einher, mit Verletzlichkeit, an die niemand gerne erinnert werden will. (Mancuso & Viola, 2015: 41f)

Viele große und überraschende Übereinstimmungen zwischen Fechners Feststellungen und den gegenwärtigen wissenschaftlichen Erkenntnissen wurden oben zusammengetragen. Wie stimmen nun Fechners Ausführungen mit den gegenwärtigen Diskussionen über die „*Intelligenz der Pflanzen*" überein?

Mancuso[32] *& Viola* (2015) haben in ihrer Übersicht über die Intelligenz[33] der Pflanzen gezeigt,

„dass Pflanzen empfindsame Organismen seien, die über kommunikative Fähigkeiten, ein Sozialleben und raffinierte Problemlösungsstrategien verfügen. Kurzum: über Intelligenz." (Mancuso & Viola, 2015:7)

Sie definieren Intelligenz als „Fähigkeit zur Problemlösung" und sprechen von „Schwarmintelligenz" der Pflanzen, „die es ihnen ermöglicht, nicht nur als Einzelne, sondern als Gruppe bestimmte Verhaltensweisen zu entwickeln." (vgl. Mancuso & Viola, 2015: 10)

„Wie wir gesehen haben, registrieren Pflanzen ununterbrochen zahlreiche Umweltparameter – Licht, Feuchtigkeit, Konzentrationsgefälle, andere anwesende Pflanzen oder Tiere, elektromagnetische Felder, Schwerkraft etc. – und fällen auf dieser Grundlage Entscheidungen in puncto Nahrungssuche, Konkurrenz, Verteidigung, Beziehungen zu anderen Pflanzen und Tieren. Sie nehmen damit komplexe Einschätzungen vor, die eigentlich nur erklärbar sind, wenn sie Intelligenz besitzen."(Mancuso & Viola (2015: 126)

Das Intelligenzthema spielte zu Fechners Lebenszeit, wie wir sahen, in der Psychologie kaum eine Rolle, aber Fechner hätte sehr wahrscheinlich aufgrund seiner eigenen Beobachtungen und

---

[32] Prof. Dr. *Stefano Mancuso* leitet in Florenz das „Laboratorio Internazionale di Neurobiologia Vegetale"
[33] Die *Intelligenzforschung am Menschen* beginnt mit den Untersuchungen von Alfred Binet (1857-1911), der 1903 eine „échelle métrique de l'intelligence", ein Stufenmaß der Intelligenz für Kinder vorstellte. Der Intelligenzquotient (IQ=IA/LA) als „Maß der Intelligenz" wurde auf dem V. Kongreß für Experimentelle Psychologie (Berlin, 1912) von W. Stern (1871-1938) erstmals empfohlen (1916 publiziert); Dorsch, 1963, S.48ff; Lamberti, 2006, S.23ff; die *Intelligenzforschung an Tieren* (vgl. etwa: G.J.Romanes: Animal intelligence, 1882; C.L.Morgan: Animal life and intelligence, 1890; K. Groos: Die Spiele der Tiere, 1896; E.L.Thorndike: Animal intelligence, 1898) wurde innerhalb der sog. Tierpsychologie (heute: Ethologie) ebenfalls ab ca. 1900 betrieben: Edward Lee Thorndike (1874-1949) und W.S. Small (1870-1943) beginnen mit Kastenlabyrinthversuchen (Hampton Court) (1897/99), aus denen sich die sog. S-R-Psychologie, Lernpsychologie und Vergleichende Verhaltensforschung entwickelt. Der Berliner Gestaltpsychologe Wolfgang Köhler (1887-1967) führt ab 1914 bis 1920 auf Teneriffa seine Intelligenzprüfungen an Anthropoiden durch. Der erste, der über die „*Intelligenz der Pflanzen*" sprach, scheint Francis Darwin (1848-1925) gewesen zu sein. 1908 konstatierte er: „Pflanzen sind intelligente Lebewesen" (vgl. Mancuso & Viola, 2015, S. 25f). Der Literaturnobelpreisträger Maurice Maeterlinck schreibt 1924 eine „Die Intelligenz der Blumen". Der Intelligenzbegriff ist bis heute umstritten und multidimensional (vgl. etwa Städtler, 1998, S. 487-499; Gould, 1999, S. 157-355; Stolze, 2001, S. 25). Mancuso & Viola (2015, S. 10) definieren Intelligenz als „Fähigkeit zur Problemlösung"; sie sprechen von „*Schwarmintelligenz*" der Pflanzen, „die es ihnen ermöglicht, nicht nur als Einzelne, sondern als Gruppe bestimmte Verhaltensweisen zu entwickeln."

o.g. naturphilosophischen Gedankengänge *Mancuso & Viola* in ihren, auch ethischen, Schlussfolgerungen im Hinblick auf die Intelligenz der Pflanzen völlig zugestimmt.

Fazit:

Wenn man unter *"Verhalten"* alle Lebensvorgänge versteht, die objektiv beobachtbar und exakt registrierbar sind (vgl. z.B. Selg & Bauer, 1971:13) und somit eine starke Überschneidung mit der Physiologie besteht, dann besitzen auch Pflanzen ein Verhalten, wie Mancuso gezeigt hat. Es ist oben deutlich geworden, dass der Experimentalpsychologe Fechner bereits in der Mitte des 19. Jh.s, vor über 150 Jahren, auf dem richtigen Weg war. Er hat in einer heute vielleicht veralteten psychologischen Terminologie von „Seele" gesprochen, wo wir gegenwärtig in der Pflanzenphysiologie vom „behaviour" (Verhalten) der Pflanzen sprechen. Er hat die „Empfindungen" (Reizbarkeit) der Pflanzen zu erfassen versucht, ihre Sinnestätigkeit und viele andere o.g. Merkmale richtig erkannt, die die heutige Wissenschaft bestätigt hat und die in vielen fremden Kulturen bereits vertreten wurde. Hieraus ergeben sich auch pflanzenethische Forderungen: Bereits *Albert Schweitzer* (1875-1965) forderte eine „Ehrfurcht vor dem Leben", diese sollte auch für die Pflanzen gelten und zu einer allgemein bachteten Pflanzenethik führen.

MASSENPSYCHOLOGIE und SOZIALPSYCHOLOGIE

Die *„Massenpsychologie"* (Masse von gr. massein=kneten! „Teigmodell": die Masse wird vom Massenführer geknetet!) geht im eigentlichen Sinn auf die „Psychologie des foules" (1895, dt.1908) des frz. Arztes **Gustave Le Bon's** (1841-1931) zurück (vgl. Epidemiologie, Wirkung der hypnotischen Suggestion; vgl. Charcot, Bernheim). Le Bon erhielt Anregungen von dem ital. Kriminologen **Scipio Sighele** (1868-1913), der verschiedene Untersuchungen z.B. über „La folla delinquente„ (Die verbrecherische Masse) (1892) oder die „Psychologie des Auflaufs und der Massenverbrechen" (dt. 1897) vorlegte. Nach Sighele ist das Individuum innerhalb einer erregten Masse einer psychischen Ansteckung ausgesetzt (vgl. A. Epinas' tierpsychologische Studien über Bienenschwärme, Rudel, Herden etc. in: „Les societés animales", 1878). Er prägt den Begriff der *„Massenseele"*. Sighele, ein Schüler von Cesare Lombroso und Ferri, befasste sich vor allem mit Strafdelikten, die in Massenaufläufen affektiv entzündet wurden (vgl. Frage der Verantwortlichkeit bei Kollektivdelikten z.B. Streikunruhen, Demonstationen, Aufständen). In der ersten Aufl. zog er den Schluß, daß dem Einzelnen in der Masse verminderte Zurechnungsfähigkeit zugebilligt werden muß. In der zweiten Auflage revidierte er diesen Vorschlag dahingehend, daß man zwischen „geborenen" Verbrechern und „Gelegenheits-Straftätern" unterscheiden müsse, die trotzdem zu Gewalttaten schritten. Dieser Ansatz fand nach und nach Eingang in die Rechtsprechung. Auch der frz. Kriminologe, forensische Psychologe und Soziologe **Gabriel Tarde** (1834-1904) hat die Massenpsychologie beeinflusst, indem er in seinen Werken „Les lois de l'imitation. Étude sociologique" (1891) und „Les lois sociales" (1898) zeigt, daß Nachahmung, Gegensätzlichkeit und Anpassung die entscheidenden Faktoren des Soziallebens seien. Die „Imitation" ist eine natürliche Eigenschaft, ein Instinkt, der das soziale Leben mental determiniert. Das gleichgerichtete

Handeln einer Masse erkläre sich daraus, daß jeder ihrer Teile das Verhalten des anderen nachahme. Tarde stellt auch die Bedeutung der Psychologie für die Soziologie heraus (vgl. dagegen E. Durkheim, der auf dem Prinzip insistierte, dass Soziales nur durch Soziales erklärt werden dürfe!).

LeBon stellte fest, daß wir im „Zeitalter der Massen" leben und setzte sich vor allem mit den Formen des Erlebens und Verhaltens in „Massen" (Kollektiven) auseinander, wobei er vor allem die negativen Merkmale der Masse beschrieb. Er unterscheidet *verschiedene Formen der Massen*: „la simple multitude" (einfache Menge; sie besteht aus Einzelwesen verschiedener „Rassen" z.B. unter dem Willen eines Anführers), „les foules héterogénes" (ungleichartige Massen; namenlose wie Straßenansammlungen und nichtnamenlose wie Geschworenengerichte) und „les foules homogénes" (gleichartige Massen; hierzu gehören Sekten, Kasten und Klassen). Le Bon's Massenbegriff ist aus heutiger Sicht undifferenziert und deshalb in der Sozialpsychologie wenig leistungsfähig. LeBon schreibt der „Massenseele" eine Reihe extremer Merkmale zu: Triebhaftigkeit (impulsivité), Reizbarkeit (irritabilité), Unfähigkeit zum logischen Denken (kann nur in Bildern denken und läßt sich durch Bilder beeinflussen), Überschwang der Gefühle (exagération des sentiments), große Einbildungskraft, Unduldsamkeit, Herrschsucht etc. pflanzen sich in der Masse schnell fort, erzeugen eine „contagion mentale" (seelische Ansteckung), manchmal Panik- oder Sturmstimmungen. Als durchgängiges Merkmal (unité mentale) von Massen sieht LeBon den Verlust von Bildung, Intelligenz und Vernunft (abaissement du niveau mentale). Kritik und Urteilsfähigkeit werden vielfach ausgeschaltet. Auch „kollektive Sinnestäuschungen" können in Massen auftreten. Das Individuum sei primitiver und infantiler (wie ein Kind oder „Wilder") als wenn es allein ist; es unterliege einem unbewussten und affektiven Gefühlszustand, der es gleichsam unzurechnungsfähig mache (Entindividualisierung), es erlangt andererseits ein Gefühl unüberwindlicher Macht. Infolge ihrer hypnotischen Suggestibilität (suggestibilité) seien Massen sowohl zu grausamen, verbrecherischen Handlungen fähig als auch zu Heldentum und Edelmut. Die Macht der Massenführer beruht auf einer von ihm als geheimnisvoll angesehenen Gewalt, die er „Prestige" (Nimbus) nennt (vgl. 3.Kap.). LeBon's Entdeckung der Massen und seine gleichzeitige Furcht vor ihnen (vgl. Arbeiterbewegung) erklärt sich aus einer zeitgenössisch verbreiteten Stimmung des kulturellen Niedergangs (vgl. etwas später A. Spengler, 1917). Kritisiert wurde an LeBon's Massenpsychologie, die bis ca. 1921 Gültigkeit hatte, und auch von Adolf Hitler gelesen wurde (vgl. Stubbe, 2018, S.54-70), außer dem unscharfen Massenbegriff (s. oben), dass sich seine Hypothesen auf anekdotische Belege Dritter und nicht auf eigene systematische Beobachtungen stützen. Ein Massenverhalten im Sinne von LeBon lässt sich leicht bei Panikzuständen (vgl. Bewegungssturm, Panikstarre), aber auch in totalitären Gesellschaften beobachten. Panikverhalten überträgt sich besonders leicht auf andere Menschen (Carpenter-Effekt, 1879 bzw. Ideo-Real-Gesetz nach Hellpach: Wahrnehmungs- und Vorstellungsinhalte erregen den Antrieb zu ihrer Verwirklichung; vgl. z.B. Gähnen). *Hofstätter* (1957) hat einige von LeBon's Hypothesen widerlegt, indem er z.B. herausstellt, dass LeBon Charakteristika von Massen auf Strukturen überträgt, die wir heute als „Gruppen" bezeichnen würden und dass für bestimmte kognitive Aufgaben ein Leistungsvorteil für Gruppen gegenüber dem Einzelnen besteht. Für Hofstätter ist Vermassung heute eher ein Symptom der Vereinsamung. Die DDR-Psychologie (z.B. G. Clauß, 1976:332f) kritisierte die

Massenpsychologie als „ältere bürgerliche Sozialpsychologie", die zur Klassenideologie des Kapitalismus und Imperialismus werde, indem sie mit ihren Aussagen den Herrschaftsanspruch der Bourgeoisie und die Aufrechterhaltung der antagonistischen Klassengesellschaft zu rechtfertigen versuche. Die klassische Massenpsychologie war jedoch für die Fortentwicklung der westlichen Sozialpsychologie von großer Bedeutung (vgl. Freud, Reich, Adorno, McDougall, Riesman, Zimbardo etc.) (s. unten).

Auch in der modernen Psychologie spielt die Massenpsychologie noch immer eine gewisse Rolle: man spricht z.B. von Massenuntersuchungen (z.B. demoskopische Forschung, Random-Verfahren, Quota-Verfahren, Fragebögen), präsenten und medialen Massen, Massensteuerung, Massenmedien, Massenwirkung, etc. (vgl. Freud, 1921; Graumann, 1970; Hofstätter, 1971; Mitscherlich, 1972; Secord & Backman, 1976; Irle, 1978; Lück, Miller, Rechtien (Hg.) (1984): Geschichte der Psychologie. Ein Handbuch in Schlüsselbegriffen. Wien; Stubbe, 2019)

Sozialpsychologie

Die moderne Sozialpsychologie (Begriff von Vierkandt, 1896 und Mc Dougall, 1908, sowie Ross, 1908) hat seit ca. 1920 ihre Wurzeln in der Massenpsychologie (s. oben), der Tierpsychologie, der Völkerpsychologie, der Soziometrie, der Betriebspsychologie und der Gruppenforschung. *Hofstätter* geht von vier theoretischen Positionen der Sozialpsychologie aus: 1. Der Psychoanalyse, 2. der Lerntheorien, 3. der Rollentheorie und 4. der Feldtheorie. Man hat auch eine „soziologisch (sozial- und kulturanthropologisch) orientierte, psychologisch orientierte und biologisch orientierte Sozialpsychologie" unterschieden.
Bzgl. der Tierpsychologie sind vor allem die Experimente des norwegischen Psychologen **Schjelderup-Ebbe** über die „Hackordnung" der Hühner 1922 bedeutsam (s. oben). Der öster. Psychiater **Jacov Levi Moreno** (1892- 1974) beschrieb 1924 das Wiener Stegreiftheater („Theater aller mit allen") und entwickelte nach seiner Emigration in die USA (1925) das Psychodrama, die Soziometrie und das Soziogramm (Sympathie- und Antipathie-Beziehungen). Der Sozialwissenschaftler **Elton Mayo** (1880-1949) führte seit 1927 die berühmten Hawthorne-Untersuchungen durch und erkannte die Bedeutung der informellen Gruppen und begründete so die Gruppenpsychologie. Der Berliner Gestaltpsychologe *Kurt Lewin* (1890-1947) untersuchte nach seiner Emigration in die USA die Auswirkung von verschiedenen Führungsstilen auf die Gruppenatmosphäre (autokratisch, demokratisch, laissez faire) und begründete die Gruppendynamik und Feldtheorie.
Die Sozialpsychologie, die teilweise zur Soziologie gerechnet wird, bedient sich heute verschiedener *Methoden*: systematische Beobachtung (nach verschiedenen Kategorien; vgl. Bales 1951), Einstellungsmessung (z.B. Likert-Skala), Befragung/Exploration (Fragebogen, strukturiertes Interview), Situationsanalyse (z.B. Arbeitsanalyse: Umgebung, Tätigkeit, Mittel, Beteiligung, Anforderung, Belastung, Ziele, Erträge), Inhaltsanalyse (z.B. Häufigkeit der Redebeteiligung als Hinweiszeichen), Soziometrie (z.B. Soziogramm einer Gruppe; Moreno) und Experimente (Laborexperimente und Feldexperimente). Viele soziale Phänomene wurden messbar gemacht z.B. soziale Distanz (Bogardus), Einstellungen (Likert), etc. *Hauptthemen der*

Sozialpsychologie sind vor allem: soziale Formung (shaping, Privation, Deprivation, En- oder Akkulturation, Habitualisierung), soziales Lernen (Nachahmung, Modell-Lernen, Interaktion, Aktivation, Kommunikation, Internalisation), soziale Kontrolle (Konformisierung, Gemeinschaftsschutz, sozialer Druck), soziale Wahrnehmung (Abhängigkeit des Gegenstandes von seiner Umgebung), Attraktivität (Ähnlichkeit, körperlich, Status, Persönlichkeit), soziale Organisierung (Gruppenstrukturen), soziale Bewertung (Konfliktsituationen, Appetenz, Aversion), soziale Ränge (Anführer, Stäbe, Mitläufer, Minderheit, Außenseiter), soziale Rollen (multiple Rollen, Rollendiskordanz), soziale Normen (Devianz, Normenwandel), Sozialsysteme (Primärverbände, Arbeits- und Schulungs-Gruppen, ethnische Systeme), Gruppendynamik (Gruppenanalyse, Gruppenaktionen, Gruppenfeedback), soziale Beachtung, soziales Vertrauen, soziale Mechanismen (Halo-Effekt, Bandwagon-Effekt, underdog-Effekt, Bumerang-Effekt, Ignorierungs-Effekt, Torschluß-Effekt), Sozialstörungen (Situationsstörungen, Beziehungsstörungen, Gruppenkonflikte, Umweltkrisen), Einstellungen (Vorurteile, Stereotype) etc.

Völkerpsychologie und Psychologische Anthropologie

Zur Vorgeschichte der Völkerpsychologie und Ethnopsychologie:
Um eine Vorgeschichte der Völkerpsychologie zu schreiben kann man sich auf sehr verschiedene Quellen stützen. Man kann z.B. die Weltliteratur, die in den Hochkulturen seit mehr als 5000 Jahren existiert, auf Bilder des Fremden bis auf den heutigen Tag hin (vgl. Wilpert, 1993) durchforsten. **Elisabeth Frenzel** (1976a, 1976b) hat in ihren beiden reichhaltigen Lexika "Motive der Weltliteratur" (z.B. der "edle Wilde", "das erwünschte und das verwünschte Inseldasein" etc.) und "Stoffe der Weltliteratur" (z.B. Ahsver, Barlaam und Josaphat, Don Quijote, Peer Gynt, Faust, Buddha, Dschingis-Chan, Semiramis, etc.) hier bereits wichtige Vorarbeiten geleistet. Auch in der religiösen Weltliteratur z.B. Bhagavadgita, Pali-kanon, Bibel, Koran, Thora etc. finden wir seit frühester Zeit Beschreibungen fremder Menschen(vgl. Mensching, o.J.) und auch der frühen Reiseliteratur können wir ebenfalls oftmals bereits völkerpsychologische Reflexionen entnehmen (vgl. Herrmann, 1952; Mühlmann, 1968). **Frazer** hat bekanntlich eine dreibändige "Folk-Lore in the Old Testament" geschrieben (vgl. auch den "Fremdling" in der Bibel: Lexikon zur Bibel, 1991:414; vgl. "Völkertafel" in Gen 10, die die frühen Bewohner Palästinas auflistet)
Die bildhafte Sprache und die einfachen Formen wie Sprichwörter enthalten oftmals eine Fülle von Stereotypen des Fremden (vgl. z.B. Stephens, 1989; Stubbe, 1984/85). Hier ist es vor allem Aufgabe der Sozialpsychologie im Rahmen der Vorurteils- und Autoritarismusforschung diese Phänomene zu erforschen.
Eine andere wichtige Quelle sind künstlerische Gestaltungen, die "Bilder des Fremden" z.B. das Bild der Weißen im Erleben und in der Kunst fremder Völker (vgl. Lips, 1937; Burland & Forman, 1972; Böckelmann, 1998) widergeben.
Der Ethnologe **Julius Lips** (1895-1950), der frühere Direktor des Rautenstrauch-Joest Museums in Köln, hat 1937 ein ethnopsychologisch bedeutsames, in D wenig bekanntes Buch,

„The savage hits back" (New Haven:Yale University Press; dt. Der Weisse im Spiegel der Farbigen, 1983) geschrieben, in dem er sein in den späten 20er Jahren gesammeltes reichhaltiges Bildmaterial über Darstellungen der Weißen in Malerei und Plastik (aus der Sicht der „Primitiven") publizierte: Kriegs-schiffe, Matrosen, Soldaten, Missionare und Kaufleute, etc. *Lips* erinnert in der Einleitung an den millionenfachen Sklavenhandel, die Zerstörungen durch den Kolonialismus, aber er sieht schon das Ende der weißen Vorherrschaft, das sich bereits im Gefolge des I.Weltkriegs gezeigt habe (vgl. Stubbe, 2019).

Die europäische Entwicklung:
Bereits aus der griechisch-römischen Antike liegen uns einige interessante völkerpsychologische Beschreibungen vor. So schildert z.B. **Herodot** (ca.490-430 v. Chr.), der "Vater der Geschichtsschreibung und Ethnographie" und zugleich einer der großen Reisenden der Antike, in seinen "Historien" die Sitten und Gebräuche, Mythen und Charaktere der von ihm besuchten Ethnien (z.B. Ägypter, Libyer, Babylonier, Araber, Inder, Perser, Skythen). *Herodot* ist bereits von jonischer Aufklärung und sophistischer Relativierung berührt. Bei den Ägyptern hat er auch gelernt, daß sie in ihrer Sprache ein Wort haben, das genau dem griechischen 'Barbar' entspricht: Die Relativität eines solchen Begriffes wurde ihm hier deutlich vor Augen geführt (Herodot, II, 158). Wenn man alle Völker der Erde aufforderte, sich unter den verschiedenen Sitten und Sozialordnungen die besten auszusuchen, so würde jedes, nach genauer Überlegung, doch die eigenen allen anderen vorziehen. (vgl. Ethnozentrismus). Diese nüchterne Feststellung veranschaulicht *Herodot* durch die folgende Anekdote (Herodot, III, 38):
Als Dareios König der Perser war, ließ er einmal alle Griechen seiner Umgebung zu sich rufen und fragte sie, um welchen Lohn sie bereit wären, die Leichen ihrer Väter zu verspeisen. Die Griechen erwiderten, sie würden dies um keinen Preis der Welt tun. Darauf befragte *Dareios* in Anwesenheit der Griechen die indischen Kalathier (bei denen Endokannibalismus herrschte), um welchen Preis sie ihre verstorbenen Väter verbrennen möchten. Darauf schrien die Kalathier entsetzt auf und baten ihn, solche gottlosen Reden zu lassen. *Herodot* knüpft daran die Bemerkung, wie recht der Dichter **Pindar** (ca. 518-446 v.Chr.) habe, wenn er sage, dass der „νόμος" (Nomos = Brauch, Satzung, Konvention) alles beherrsche (Landmann, 1969:20)
Methodisch bediente sich *Herodot* bereits der Autopsie (=Augenzeugenschaft), also eines wichtigen, wenn auch nicht entscheidenden Kriteriums der historischen Quellenkritik, da es ihm darum ging, wahre Sachverhalte wiederzugeben (Aleteia = das Unverborgene).
In seiner Schrift ".....Über Lüfte, Gewässer und Örtlichkeiten" stellt der griechische Arzt **Hippokrates** (460-377 v.Chr.), dem wir auch die für die Psychologie bedeutsame Säftelehre (Humorpatho-logie) verdanken, die Wirkung des Menschen auf die Umwelt dar und zwar in doppelter Beziehung: Ihre Wirkung auf die Gesundheit und ihre Wirkung auf die Ausbildung ethnischer Unterschiede, ihren somatischen und psychischen Habitus (vgl. Diller, 1962:99).
Hippokrates ist damit der erste Klimatheoretiker. Seine Theorie ist später von **Poseidonios** *(135 –51 v.Chr.)* übernommen und durch **Montesquieu** (1689-1755) in der französischen Aufklärung verbreitet worden. Nach *Hippokrates* Lehre ist vor allem die Gleichmäßigkeit und Ungleichmäßigkeit des Klimas maßgeblich. Gleichmäßiges Klima bringt schöne, ebenmäßige Menschen hervor, ungleichmäßiges, unausgeglichene und ungleiche. Auf der psychischen Seite

zeigt sich eine Gegenwirkung: ausgeglichenes Klima macht die Menschen träge, feige und unterwürfig. Unausgeglichenes Klima macht sie tätig, tapfer und freiheitsliebend.

Die Schrift kennt allerdings noch eine zweite Ursache für diesen Charaktergegen-satz: die gegensätzliche politische Ordnung der Despotie und Freiheit. Sie war schon in den "Persern" des *Aischylos* (geb. ca. 525 v. Chr.) und von *Herodot* als der Grund für die verschiedene Haltung der Griechen und Perser dargestellt worden.

Nach *Aristoteles* (ca.384-322 v.) sind die Barbaren in ihrem Verhalten von Natur aus „sklavischer" als die Griechen (Politik, 1285a,20), so daß im Grunde Sklave und Barbar dasselbe bedeutet (Politik, 1252b, 9). Die Vornehmheit eines Barbaren gilt nur unter seinesgleichen, nicht schlechthin.

Die Vorstellung von der Gleichheit aller Menschen taucht bei den Griechen des 5. und 4. Jh. v. Chr. in verschiedenen Zusammenhängen auf: *Alkmaion* (ca. 500 v. Chr.) wie auch **Platon** im „Protagoras" (321C) verweisen auf die allen Menschen gemeinsame Gabe der Sprache und des an die Sprache gebundenen Verstehens (λογος). Bereits die frühe Medizin des *Hippokrates* führt zu ähnlichen Gedanken, aufgrund der Beobachtungen: „diese Krankheitssymptome gelten in Lybien, Delos und Skytien" (Hippokrates, Prognostikon, 25). *Euripides* (ca. 485-406 v. Chr.) erinnert an die Gemeinsamkeit der Menschen als der Bewohner der einen Erde (Euripides, fragmenta 52). Am deutlichsten äußert sich der Älteste der 10 attischen Redner **Antiphon** (480-411 v.Chr.), indem er den Gleichheitsgedanken gegen die Unterscheidung der Griechen von den Barbaren und die Differenzierung sozialer Schichten wendet. Bei *Isokrates* (436-338 v. Chr.) wird Griechentum und sogar Menschentum mit Bildung gleichgesetzt. Das leitet über zu der stoischen Vorstellung von der „Kosmopolis", des die Erde umfassenden Gemeinwesens, für das von Natur alle Menschen bestimmt sind, an der aber nur der Weise wirklich Anteil hat (vgl. Dihle, 1994).

Die reifste anthropologische - man könnte ebenso behaupten ethnopsychologische - Leistung der griechisch- römischen Antike stammt von dem hellenisierten Syrer **Poseidonios** (um 135 v. Chr. bis 51 v. Chr.). *Poseidonios* ist einer der universalsten Denker der Antike, Naturforscher, Philosoph und Historiker zugleich, auch als Forschungsreisender bedeutend. Er fand in Rhodos eine zweite Heimat (vgl. Kranz, o.J.:307f). Dort besuchten und hörten ihn viele vornehme Römer, darunter auch Cicero. *Poseidonios* stellte planmäßige ethnographische Beobachtungen an, die auf "die Erfassung des Volkslebens als eines Ganzen, einschließlich der psychologischen Züge" (Mühlmann, 1968:27) abzielen. Als erstem Forscher der Antike ist ihm der Unterschied zwischen Germanen und Kelten aufgegangen, die man bis dahin als Einheit behandelt hatte (vgl. Die Kelten in Mitteleuropa, 1980) Bei Kelten und Germanen findet er als beherrschenden psychischen Zug, den (θυμος = Mut, Leidenschaft, Begierde, Wut), also ein Übermaß von Emotionalität. Der λογος (Logos), die Zügelung des Geistes, ist ein Zug der Südvölker, ist Erzeugnis der Zivilisierung und Bändigung der Instinkte.

So ist bei *Poseidonios* zum ersten Male der Begriff des „Naturvolkes" angewandt auf die nördlichen Randvölker der Mittelmeer-zivilisation implizite vorhanden. Wie Pflanzen und Tiere, so gedeihen auch die Völker nur am Orte ihres Ursprungs. Nordvölker, die nach dem Süden verpflanzt werden wie z.B. die Kimbern und Galather büßen ihre urwüchsige Kraft ein, sie arten aus, verlieren ihre Wildheit und werden zahm und verweichlicht, genau wie domestizierte Tiere. Die Thymos-Theorie des *Poseidonios* ist also entwicklungspsychologisch zu verstehen: Der Thymos weicht dem Logos mit allen seinen Licht- und Schattenseiten wenn ein Volk aus dem Norden nach dem Süden kommt und sich „zivilisiert". Auch der Begriff der Anpassung ist also bei *Poseidonios* implizite bereits angelegt. Als entscheidende Einsichten *Poseidonios* bleiben nach *Mühlmann* (1968:28): erstens die Beobachtung der größeren seelischen "Primitivität" der weniger zivilisierten Völker; zweitens, der Einblick in den Zusammenhang der biologischen Anpassung mit dem Grad der als Domestikation aufgefassten Zivilisierung und drittens, die Ausdehnung dieses Einblickes auf die gesamte psychophysische Konstitution der Völker.

Dem römischen Historiker **Publius Cornelius Tacitus** (55-120n.Chr.) verdanken wir die einzige ethnographische Monographie der Antike, nämlich die sog. "Germania", deren Originaltitel lautet: "De origine et situ Germanorum"(98 n.Chr.). Die altphilologische Forschung hat diese Schrift zu den Resten der antiken ethnographischen Literatur in Beziehung gesetzt und einzelne Motive, besonders in den ersten Kapiteln, bis auf die Anfänge der griechischen Ethnographie zurückverfolgt. Weitere Einflüsse gehen auf *Cäsars* (100-44 v.Chr.) Schrift "De bello Gallico" (vor allem VI,21-28)(52), *Livius* (59v.-17 n.Chr.) und *Plinius dem Jüngeren* (62- ca.113n.Chr) zurück. Das wichtigste Material für seine Schrift entnahm *Tacitus* aber dem Zustrom teils direkter mündlicher Befragungen germanischer Gefangener, teils halbliterarischer Quellen z.B. den Berichten von Offizieren und Kaufleuten. Er selbst ist wahrscheinlich in Germanien geboren worden und hat einen Großteil seiner Jugend dort verbracht, sowie seinen Militärdienst am Rhein begonnen (Müller, 1997). Die Germania ist eine völkerkundliche Monographie im wahrsten Sinne. Sie beschränkt sich nicht, wie die üblichen ethnographischen Studien auf die Beschreibung von Land und Leuten, sondern versucht, auch die psychische Eigenart der Germanen zu erfassen. *Tacitus* versucht, die Germanen, die erbitterten Gegner Roms, in allen ihren seelischen Vorzügen und Schwächen zu begreifen. Ihre "virtus"(Tugend) sieht er in ihrer Gefolgschaftstreue, Sittenreinheit, Tapferkeit und ihrem Freiheitsverlangen (hier stellt er die Germanen ähnlich dar wie später Rousseau die „edlen Wilden"!). Kämen römische ratio, und disciplina, Berechnung und Beherrschung noch zur germanischen virtus hinzu, wäre die Gefahr für Rom unabsehbar (vgl. Büchner, 1962:470). "Man versteht aus der Lage des Tacitus, daß die Germanen mit einer Art Haß-Liebe dargestellt werden" (Klinger, 1962: 470) und nicht selten deutet er mehr die eigene Seele als die der Germanen. Als die deutschen Humanisten diese Schrift 1455 n.Chr. in Bad Hersfeld wieder auffanden, bildete sich allmählich ein "Germanenmythos" heraus, der zum eisernen Bestand des deutschen Nationalbewusstseins bzw. Nationalismus geworden ist (vgl. Münkler, 2009). Bei *Tacitus* fanden die Deutschen überreichen Stoff zur Kompensation ihrer Unterlegenheitsgefühle. Für *Lemberg* (Bd.1, 1964:28) stellt die Adlersche Individualpsychologie der Minderwertigkeitsgefühle und ihrer Kompensation ein sachgerechtes Erklärungsmodell des deutschen Nationalismus überhaupt dar. Er schreibt:

> "Der eigentliche Ausdruck inferioritas gibt den Sachverhalt freilich richtiger wieder, als die unglückliche - wenn auch ursprüngliche- deutsche Formulierung 'Minderwertigkeitsgefühl'. Es handelt sich nicht um Minderwertigkeit, sondern um Unterlegenheit einem anderen gegenüber. Der Unterlegene kann auch zu Unrecht unterlegen sein. Er wäre es nicht, ginge es mit rechten Dingen zu. Hier liegt die Wurzel der Kompensation, die beim Nationalismus eine so große Rolle spielt. Zwar bin ich - ist meine

Gruppe - an politischer Macht, an Zivilisationsstufe, an Zahl oder an Besitz von Bodenschätzen unterlegen, dafür aber moralisch edel, tüchtig und treu, naturnahe, des rechten Glaubens gewiß, der reinen Abstammung oder welche Vorzüge immer sich eine derartig unterlegene Gruppe zur Wiederherstellung ihres Selbstwertgefühles zuschreibt."

Zu einem solchen Volk zu gehören und sich zu ihm zu bekennen, wird auf diesem Wege selbst zur Tugend, die Abkehr davon oder die Geringschätzung dieser Nationalität aber zum moralischen Defekt (zur antiken Ethnologie und Anthropologie vgl. Mühlmann, 1968; Dihle, 1994; Müller, 1997).

Völkerpsychologie im europäischen Mittelalter
Mit dem christlichen MA wird die Tradition der antiken Wissenschaften unterbrochen, Haltung und Weltbild wandeln sich von Grund auf. Ausgang der wissenschaftlichen Erforschung der Welt bildet in erster Linie die Bibel (insbesondere die Genesis), sowie die Schriften der Kirchenväter und als "natürlicher Diener der Offenbarung" die Literatur der Antike, vor allem die Autorität des *Aristoteles*. In seinem Werk "Mensch und Geschichte" hat **Max Scheler** (1929) fünf Typen der Anthropologie unterschieden. Einer dieser Typen ist die *religiöse Anthropologie*, die für das christliche Mittelalter in Europa grundlegend ist (vgl. hierzu Landmann (1969:67 ff).

"In den Religionen ist die älteste Kunde vom Menschen eingeschlossen. Aller Glaube berichtet nicht nur vom Wesen und vom Wirken der Gottheiten, sondern immer auch etwas vom Menschen. Vor allem sein Ursprung, das Schicksal seiner Seele (deren Begriff genuin der Religion entstammt) nach dem Tode, ihrer Weiterexistenz bisheriger oder neuer Form, ihre Verdammung oder Erlösung, ist Domäne religiösen Urwissens. Aber auch die Aufgaben, die er im Leben zu erfüllen hat und deren Erfüllung seinem Leben Sinn gibt, werden dem frühen Menschen von einer religiös durchtränkten Tradition vorgeschrieben." (Landmann, 1969:53)

Christen und Heiden
Diese philosophisch-anthropologischen Vorbemerkungen waren notwendig, um die Einstellung des christlichen MA.s zu den sog. Heiden d.h. den kulturell Fremden der damaligen Zeit zu verstehen.
An die Stelle des aufgeschlossenen, hellenistischen und spätantiken Kosmopolitismus tritt im christlichen europäischen Mittelalter eine in sich geschlossene geistige Welt, die einerseits denkbar "ungünstige Voraussetzungen für eine Anthropologie" (Landmann,1969:84) dar-stellt, und anderseits wenig Wert auf eine Erweiterung der ethnographischen Ansicht vom Menschen legt.

"Die Kirche fügte den festen Rahmen eines Weltbildes, für das die christliche Existenz mit der schlechthin menschlichen zusammenfiel; die nichtchristlichen Völkerschaften standen außerhalb dieses Rahmens, als dem Teufel verfallene Geschöpfe, mit denen eine wissenschaftliche Beschäftigung nicht in Frage kam. Jeder Forschungsdrang war schon darum ausgeschlossen, weil ja alles, was man wissen konnte, bereits in der Bibel stand. Jeder Gedanke an eine Variation der grund-legenden menschlichen Verhältnisse, sei es im

> zeitlich-historischen Sinne, sei es im Sinne räumlich-ethnographischer Vielheit, blieb ausgeschlossen, hätte als Ketzerei erscheinen müssen. Die biblische „Rassengliederung" in die Nachkommen von Sem, Ham und Japhet wurde übernommen; dazu kamen Teufelsvölker Gog und Magog, deren Bild mit den historischen Erfahrungen an den von Osten ein-brechenden Nomadenvölkern der Hunnen, Awaren und Mongolen verschmolz; die fremdartig häßlichen Züge dieser Nomaden vermehrten die archaische Angst vor ihnen, und die Kirche förderte ihre Dämonisierung, die bis heute nachwirkt."
> (Mühlmann,1968:29)

An einem anderen *Beispiel* soll dies veranschaulicht werden:
Als die *„Indianer"* LA.s ab dem Jahre 1492 in den Gesichtskreis Europas ein-traten und damit ihre europäisch und von Weißen geschriebene Geschichte begann, mußte zuerst entschieden werden, ob es sich bei diesen Wesen überhaupt um Menschen mit einer unsterblichen Seele handele. Nicht die Wissenschaft entschied dieses Problem, sondern die oberste Entscheidungsinstitution des Abendlandes, *Papst Paul III* in seiner Bulle "Veritas ipsa" (2. Juli 1537), in der er feststellt, daß die Indianer "veri homines" seien und "fidei catholicae et sacramentorum capaces" d.h. daß ihr Menschsein erst eine durch die Christianisierung zu verwirklichende Möglichkeit sei. Damit wurden die Indianer der christlichen Religion zugänglich gemacht und waren ihr andererseits preisgegeben (vgl. Hanke, o.J.; Mires, 1991; Gambini, 1988).

> "Und die praktische Einstellung der Conquistadoren war die, daß die Indianer nicht besser seien als wilde Tiere, die auszurotten ein gottgefälliges Werk sei (Friederici, 1925-36, Bd.I)." (Mühlmann, 1968:35)

Das was man euphemistisch die "Begegnung" zwischen Alter und Neuer Welt, zwischen "Wilden und Zivilisierten" (Bitterli, 1976) nennt, reduzierte innerhalb von 500 Jahren eine ca. 6 Millionen zählende indigene Bevölkerung Brasiliens (vgl. Ribeiro, 1983:28ff; Carneiro da Cunha, 1992:14) auf heute ca. 200.000.

Die Völkerpsychologie der Aufklärung und der Neuzeit

> "Worin bestand nun dieses ‚Neue', das allmählich ins Bewußtsein der europäischen Menschheit rückt? In nichts anderem als in der Heraufkunft eines extremen, exklusiven, allumspannenden Rationalismus. Wir könnten auch ebenso gut sagen: Sensualismus, denn beides bedeutet im Grunde dasselbe. Der Sensualist glaubt nur an das, was ihm die Sinne melden; aber wer rät ihm zu diesem Glauben? Sein Verstand. Der Rationalist baut nur auf das, was seinem Verstand einleuchtet; aber wer liefert ihm diesen Untergrund? Seine Sinneseindrücke. Beide sind nur der modifizierte, gewissermaßen verschieden pointierte Ausdruck desselben Seelenzustandes: des unbedingten Vertrau-ens des Menschen auf sich und seine natürlichen Hilfsquellen. Diese Stellung zur Wirklichkeit, so selbstverständlich sie der ganzen späteren Neuzeit erschien, war etwas völlig Unerhörtes in der bisherigen Geschichte der christlichen Völkerfamilie, denn nur die Griechen und Römer kannten etwas Ähnliches; ja in dieser äußersten Zuspitzung und schärfsten Ausprägung ist sie sogar in der ganzen uns bekannten Weltgeschichte etwas Neues, denn selbst das Weltbild der Antike war nur ein rationalisierter Mystizismus, der seine orientalische Herkunft nie völlig

über-wunden hat. Um die Wende des fünfzehnten Jahrhunderts ereignet sich also etwas Merkwürdiges. Der Mensch, bisher in dumpfer andächtiger Gebundenheit des Geheimnissen Gottes, der Ewigkeit und seiner eigenen Seele hingegeben, schlägt die Augen auf und blickt um sich. Er blickt nicht mehr über sich, verloren in die heiligen Mysterien des Himmels, nicht mehr unter sich, erschauernd vor den feurigen Schrecknissen der Hölle, nicht mehr in sich, vergrübelt in die Schicksalsfragen seiner dunkeln Herkunft und noch dunkleren Bestimmung, sondern geradeaus, die Erde umspannend und erkennend, daß sie sein Eigentum ist. Die Erde gehört ihm, die Erde gefällt ihm; zum erstenmal seit den seligen Tagen der Griechen."

So beschreibt *Egon Friedell* (1965:233) den neuen Blick des neuzeitlichen Menschen. Er fährt fort (S:247):

"Das Wesentliche der neuen Geisteshaltung ist, wie wir schon mehrfach betonten, ein unbezwinglicher, bisher unerhörter Zug in die ferne, ein uner-sättlicher Trieb, alles zu entschleiern, zu penetrieren, zu durchforschen: darum heißen diese Jahrzehnte das zeitalter der Entdeckungen. Aber nicht die Entdeckungen, die man machte, waren das Wichtige; das Entscheidende war die Tendenz, zu entdecken: ein edles Suchen um des Suchens willen war die dämonische Leidenschaft, die die Geister jener Zeit erfüllte. Das Reisen, bisher bestensfalls als ein notwendiges Übel angesehen, wird jetzt die höchste Lust der Menschen. Alles wandert, vagiert, schweift von Ort zu Ort: der Schüler, der Handwerker, der Soldat, der Künstler, der Kaufmann, der Gelehrte, der Prediger; gewisse Berufe, wie der des Humanisten oder des Arztes, werden überhaupt fast nur im Umherziehen ausgeübt; man wertet einen jeden nach dem Maße, wie weit er herumgekommen ist: der ‚Fahrende' stellt in fast allen Berufszweigen eine höhere Qualifikation, eine Art Aristokratie dar. In der damaligen Zeit haben die Menschen alles Neue im eigentlichen Sinne des Wortes erfahren. Und es war gar nicht zu vermeiden, daß sich diese neue Reiseenergie alsbald auch der Wasserwege bemächtigte." (Friedell, 1965:247; vgl. auch Gebser, 1960:19f).

Die Entdeckung und Bewußtwerdung des Raumes ist überhaupt ein hervorstechendes Charakteristikum des neuzeitlichen Menschen. *Brunelleschi* (1377-1446) erfand und verwandte bekanntlich als Erster die perspektivische Konstruktion.
Das Zeitalter der Entdeckungen bringt seit dem 15.Jh. reiches ethnographisches Material zu einer sich schnell entfaltenden Ethnologie (vgl. Mühlmann, 1968:30ff; Girtler, 1979:16ff; Müller, 1992:32ff). Im 18.Jh. sind es vor allem *Carl von Linné* (1707-1778) und *J. H. Blumenbach* (1752-1840), die in die Ethnologie morphologische und vergleichende Methoden ein-führen. Eine intensive Erforschung der Völker außerhalb des eigenen Kultur-horizontes aber geht in erster Linie von den im 19.Jh. gegründeten *ethnologischen Gesellschaften* und *Museen* aus (vgl. Mühlmann, 1968; Harris, 1989; Müller, 1992) Beginnen wir zur Veranschaulichung mit einem Zitat aus einem berühmten Reisebericht des 18.Jh.s:

"Die Leute, welche uns umgaben hatten so viel Sanftes in ihren Zügen, als Gefälliges in ihrem Betragen. Sie waren ohngefähr von unserer Größe, blaß mahogany-braun, hatten schöne schwarze Augen und Haare, und trugen ein Stück Zeug von ihrer eigenen Arbeit mitten um den Leib, ein andres aber in mancherley mahlerischen Formen, als einen Turban um den Kopf gewickelt. Die Frauenspersonen, welche sich unter ihnen befanden, waren hübsch genug, um Europäern in die Augen zu fallen, die seit Jahr und Tag nichts von ihren Landsmänninnen gesehen hatten. Die Kleidung derselben bestand in einem Stück Zeug, welches in der Mitte ein Loch hatte um den Kopf durchzustecken und hinten und vornen bis auf die Knie herabhieng. Hierüber trugen sie ein anderes Stück von Zeuge, das so fein als Nesseltuch und auf mannigfaltige, jedoch zierliche Weise, etwas unterhalb der Brust als eine Tunica um den Leib geschlagen war, so daß ein Theil davon, zuweilen mit vieler Grazie, über die Schulter hieng. War diese Tracht gleich nicht vollkommen so schön als jene an den griechischen Statüen bewunderten Draperien, so übertraf sie doch unsre Erwartungen gar sehr und dünkte uns der menschlichen Bildung ungleich vorteil-hafter als jede andre, die wir bis jetzt gesehen. Beyde Geschlechter waren durch die von andern Reisenden bereits beschrie-benen, sonderbaren, schwarzen Flecke geziert oder vielmehr verstellt, die aus dem Punctiren der Haut und durch nachheriges Einreiben einer schwarzen Farbe in die Stiche entstehen. Bey den gemeinen Leuten, die mehrentheils nackt giengen, waren dergleichen, vornemlich auf den Lenden zu sehen, ein augenscheinlicher Beweis, wie verschieden die Menschen, in Ansehung des äußerlichen Schmuckes denken und wie einmüthig sie gleichwohl alle darauf gefallen sind, ihre persönlichen Vollkommenheiten auf eine oder die andere Weise zu erhöhen. Es dauerte nicht lange, so kamen verschiedne dieser guten Leute an Bord. Das ungewöhnlich sanfte Wesen, welches ein Hauptzug ihres National-Characters ist, leuchtete sogleich aus allen ihren Gebehrden und Handlungen hervor, und gab einem jeden, der das menschliche Herz studierte, zu Betrach-tungen Anlaß. Die äußern Merkmahle, durch welche sie uns ihre Zuneigung zu erkennen geben wollten, waren von verschiedener Art; einige ergriffen unsre Hände, andre lehnten sich auf unsre Schultern, noch andre umarmten uns. Zu gleicher Zeit bewunderten sie die weiße Farbe unsrer Haut und schoben uns zuweilen die Kleider von der Brust, als ob sie sich erst überzeugen wollten, daß wir eben so beschaffen wären. Da sie merkten, daß wir Lust hätten ihre Sprache zu lernen, weil wir uns nach den Benennungen der gewöhnlichsten Gegenstände erkundigten, oder sie aus den Wörterbüchern voriger Reisenden hersagten, so gaben sie sich viel Mühe uns zu unterrichten, und freuten sich, wenn wir die rechte Aussprache eines Wortes treffen konnten. Was mich anlangt, so schien mir keine Sprache leichter als diese. Alle harten und zischenden Consonanten sind daraus verbannt, und fast jedes Wort endigt sich mit einem Selbstlauter." (Forster, 1983:243f)

Wer spricht hier? Es ist der bedeutendste deutsche Forschungsreisende der Aufklärungszeit **Georg Forster** (1754-1794), der von 1772 bis 1775 mit seinem Vater *Johann Reinhold Forster* (1729-1798) an der 2.Cookschen Weltumseglung teilnahm und hier seine Erlebnisse auf Tahiti im Jahre 1773 schildert. In seiner noch heute spannend zu lesenden "Reise um die Welt" (1777) zeigt sich die aufklärerisch-humanistische Tendenz und die auf Ganzheitserfassung abzielende Methode des neuen Typs von Reisebeschreibung. *Forster* entwickelte, gestützt auf die Fülle seiner Erfahrungen, seine Vorstellungen von einer Stufenfolge in der Entfaltung gesellschaftlicher Formen (zu G.Forster und der Aufklärung: vgl. Mühlmann, 1968; Museum für Völkerkunde (Frankfurt/M.), 1976; Brentjes, 1953; Harprecht, 1990; Marschall, 1990).

Die Völkerpsychologie des 19. Jahrhunderts
Um die Mitte des 19.Jh.s beginnt die eigentliche Entwicklung der Völker-psychologie. In den neuen Bemühungen um eine „Psychologie der Völker" gehen sehr verschiedene Linien ein. Eine dieser Wurzeln geht auf **Johann Gottfried Herders** (1744-1803) Gedanken vom Volkgeist

zurück, eine Vorstellung, die *Mühlmann* (1968) bereits bei dem Völkerkundler **Johann Heinrich Forster** (1729-1798) angelegt sieht. In Opposition zum Rationalismus der Aufklärung, der im Kind und im "Primitiven" nur unvollkommene, möglichst rasch zu überwindende Durchgangstadien auf dem Weg des geradlinig und kontinuierlich gedachten Fortschreitens hin zum vernünftigen und aufgeklärten Menschen sah, findet sich beim jungen *Herder* ein historisches Denken in Entwicklungsstufen, von denen jede ihren eigenen Sinn und ihre eigene Gesetzlichkeit hat. In seinem die deutsche Geschichtsphilosophie begründenden unvollendeten Hauptwerk "Ideen zur Philosophie der Geschichte der Menschheit" (1784-1791) verknüpft er Natur und Geschichte zu einem großen Entwicklungsprozess miteinander, indem er zeigt, wie sich in der Geschichte, als auch in der Natur alles aus gewissen natürlichen Bedingungen nach festen Gesetzen entwickelt. Wie alles Natürliche, so entfaltet sich auch das Menschliche in Lebensaltern. Alles pflanzenhafte Keimen, Wachsen, Blühen, Reifen, Verwelken und Absterben dient ihm dabei als Analogie für die Kulturentwicklung. Die Geschichte ist für ihn fortschreitende Entwicklung zur Humanität (vgl. Berg, 1990). Kultur umgreift für *Herder*, und dies ist ein Novum, die gesamte Spannbreite menschlicher Daseinsformen. Das Menschliche findet *Herder* jedoch in individuellen und einmaligen Völkern angelegt, die auch die eigentlichen Träger des geschichtlichen Lebens sind. Was *Herder* eigentlich anstrebt ist eine "Geschichte der menschlichen Seele" (ein Versuch, den **Kurt Breysig** bereits 1931 zu verwirklichen suchte; vgl. evolutionäre Psychologien), wie sie sich konkret in den Völkern und auf den verschiedenen historischen Stufen ausprägt. Um seinen Beitrag im Konzert der Völker zu leisten, muss, nach *Herder's* Ansicht, ein jedes „Volk" dem inneren Gesetz folgen und seinen eigenen Geist entfalten. Diese Grundgedanken, die *Herder* hier ausgesprochen hat und die das romantische Weltbild und den modernen Nationalismus konstituieren werden, bestehen darin,

> "daß nämlich alle diese bisher gesondert betrachteten und wie Selbst-zwecke durchforschten Lebensbereiche, Sprache, Dichtung, Musik, Recht, Philosophie, Politik, Wirtschaft, Religion etc. Äußerungen eines ‚Volkes' seien und damit Ausstrahlungen eines Lebensprinzips, daß man, wie auch immer, nennen mochte ‚Volkseele' oder ‚Volkgeist' oder einfach ‚Volk'. So hatte das Volk den Charakter eines Individuums, einer Persönlichkeit erhalten. Es war zu jener überindividuellen Individualität geworden, wie sie in den Lehren der nationalen Erwecker, nicht nur der europäischen Völker des 19.Jh.s sondern auch der asiatischen und afrikanischen des 20.Jh.s, lebten." (Lemberg, 1964:172)

In diesem Sinne spricht *Herder* auch bereits von einem "Nationalcharakter" mit der ihm eigenen Denkart, Ästhetik, Dichtung und gesellschaftlichen Institutionen. Was in *Herder's* Geschichtstheorie, die von der Menschheit, den Völkern und ihren Kulturen handelt, fehlt, ist aber der einzelne Mensch als Träger des geschichtlichen Lebens. Für *Herder's* Volkstumsbegriff ist es besonders kennzeichnend, daß er ihn im wesentlichen auf die gemeinsame Sprache gründet, in die die „Volkseele" eingeht und aus der sie wiederklingt. Deshalb sucht *Herder* den Zugang zum Volksgeist gerade in den Sprachen und Sprachdokumenten und besonders in den Volksliedern ("Stimmen der Völker in Liedern", 1778/79), mit deren Hilfe man sich in den Geist eines Volkes "einfühlen" könne. In den Volksdichtungen erkennt er die Denkweise, das Gefühlsleben, die soziale Ordnung, Charakter und

Lebensprinzip eines jeden Volkes. Seine persönlichen Erfahrungen bezog der im ostpreußischen Mohrungen geborene *Herder* aus seiner Heimat, "einer ethnischen Zwischenlage, die besonders für die Erfassung anthropo- und ethno-logischer Probleme disponieren mußte" (Mühlmann, 1968:63) und ihm früh die Berührung mit den Kulturen der Letten, Kuren, Bruzzen und Litauern und ihren Sitten ermöglichte. *Herder* verwendet auch zum ersten Mal den Begriff „Naturvölker" in der bekannten Gegenüberstellung zu den „Kulturvölkern", die bis hin zu **Alfred Vierkandt** (1867-1935) wirkt. Diese Völker z.B. die „Indianer" und Tahitianer werden einerseits in rousseauischer Weise verklärt (vgl. Berg, 1990:65f), andererseits finden sich bei *Herder* aber deutlich neben einem Eurozentrismus rassistisch-bewertende Beschreibungen der schwarzen Afrikaner mit einer physiognomischen Begründung (vgl. Berg, 1990:66). *Herders* Bedeutung für die Völkerpsychologie liegt einmal in der Begründung einer kulturrelativistischen Sicht, nämlich "den Menschen als das zu studieren, was er überall auf der Erde und doch zugleich in jeglichem Strich besonders ist" ohne wertende Unterschiede zu machen. Hierbei bleibt aber in *Herder's* Werk ein Widerspruch zwischen evolutionstheoretischer und kulturrelativistischer Position festzuhalten (vgl. Berg, 1990). Zweitens fordert *Herder* methodisch vom Forscher die modern anmutende Vorgehensweise des hermeneutischen Verstehens, also ein Bemühen um Ein- und Mitfühlung, um sympathetische Beziehung und um ein Verstehen fremder Kulturen. Drittens fordert *Herder* neben der Erforschung der äußerlichen Merkmale des ethnischen Daseins (Herder lehnt Kant's Rassenbegriff ab! vgl. Berg, 1990:63) besonders in das innere Leben wie Sprache, Seele und Empfindung einer Ethnie einzudringen, also auch die irrationalen Kräfte im Menschen und seiner Kultur zu erfassen. Viertens gehört zu *Herder's* Programm die Perspektive einer Völkerkunde und Völkerpsychologie, die auf alle Zeiten und die ganze Menschheit ausgerichtet ist. (vgl. Mühlmann, 1968; Müller, 1992; Berg, 1990)

In Anlehnung an *Herder* versuchte **Wilhelm von Humboldt** (1767-1835) den Geist der Völker durch das vergleichende Studium ihrer Sprachen zu erhellen. Seit 1795 verfolgte er den "Plan einer vergleichenden Anthropologie" und schloß in seine Studien über den Sprachbau bereits die damals bekannten Indianersprachen mit ein und zog dabei auch psychologische Schlüsse, etwa aus dem Unterschied von Genus- und Klassen-Sprachen. Die Bedeutung *Wilhelm von Humboldt's* für die Völkerpsychologie (der Begriff stammt wahrscheinlich von ihm!) ist in erster Linie die methodisch gemeinte Frage, wie man zum Verstehen einer anderen Ethnie gelangen kann. "*Dilthey's* Hermeneutik ist bei ihm in nuce schon vorhanden" (Mühlmann, 1968:65), ebenso die Methode der wechselseitigen Erhellung. Auch sein Bruder der Forschungsreisende **Alexander von Humboldt** (1769-1859), der "zweite Kolumbus" (Klencke, 1859) und Wiederentdecker LA.s (1799-1804), ist im Zusammenhang mit der Sprachwissenschaft und Völkerkunde wichtig, durch seine Beobachtung, dass Ethnien, die keine Kariben waren, dennoch karibisch sprachen. Damit erwies sich die bisherige Gleichsetzung von Volk und Sprache nicht mehr als ein verlässliches Ordnungskriterium der Völkerkunde.

Für den, in der Hegelschen Geschichtsphilosophie verankerten Begriff des Volksgeistes, werden später in der Tradition des deutschen Idealismus auch die Termini "objektiver Geist" (H. Freyer, 1923) und "objektivierter Geist" (N. Hartmann, 1933) gebraucht. Gegen diese platonisierenden Tendenzen zur Hypostasierung eines Volksgeistes, wandte sich auf linguistischem Gebiet vor allem die Schule der positivistisch orientierten Junggrammatiker, allen voran *H. Paul* (1846-1921), der in seinen "Prinzipien der Sprachgeschichte " bereits 1880 schreibt: "Alle psychischen Prozesse vollziehen sich in den Einzelgeistern und nirgends sonst. Weder Volksgeist, noch Elemente des Volksgeistes, wie Kunst, Religion usw. haben eine konkrete Existenz, und folglich kann nichts in ihnen oder zwischen ihnen vorgehen. Daher weg mit diesen Abstraktionen!"

Zwischen der Hervorhebung des Volksgeistes in der frühen Völkerpsychologie und den Bestrebungen zur Bildung eines deutschen Nationalstaates in den 50er und 60er Jahren des 19.Jh.s besteht nachweis-bar ein innerer Zusammenhang (vgl. Clauß, 1976:570).

In der Tradition *Herder-Humboldt'scher* Gedanken, aber auf der Grundlage der *Herbartschen* Psychologie und der Philosophie *Hegel's* entwickeln der Philosoph **Moses (Moritz) Lazarus** (1824-1903) (vgl. seine Schrift: „Über den Begriff und die Möglichkeit einer Völkerpsychologie", 1851) und der Linguist **Hajim Steinthal** (1823-1899) ihre Völkerpsychologie, in-dem sie 1859 die "Zeitschrift für Völker-psychologie und Sprachwissenschaft" (1859-1890, 20 Bd.e) gründen. Nach ihrer Ansicht drücken die einzelnen Völker in der Sprache, dem Mythos und der Religion - den "Objektivationen ihres Geistes"- ihre Wesensart aus. *Lazarus* und *Steinthal* sind es auch, die den Begriff der *"Volksseele"* (=das allen Gemeinsame der inneren Tätigkeit; eine überindividuelle psychische Erscheinung), dem erst *Durkheim* (1901, 1912) einen Todesstoß versetzte, in die Völkerpsychologie ein-führten. Der organologische oder organismische Gesellschaftsbegriff spielt in dieser Völkerpsychologie eine große Rolle. Man nimmt eine Art Kollektivseele an, die mehr als die bloße Summe der einzelnen Seelen sein soll. Der Einzelne sei aber nicht nur durch seine Zeitgenossen, sondern noch mehr durch die verflossenen Jahrhunderte und Jahrtausende bestimmt und von ihnen abhängig in seinem Denken, Fühlen und Wollen. Als treue Schüler *Herbarts*, der seine "Psychologie als Wissenschaft" auf "Erfahrung, Metaphysik und Mathematik" gründete, sind beide bestrebt, die Völkerpsychologie der allgemeinen Psychologie einzuordnen.

> "Wie *Herbart* fordern beide exakte Methoden auch für die Psychologie des menschlichen Zusammenlebens und der ethnischen Einheiten. Aber diese Methoden unterscheiden sich von denjenigen der allgemeinen Psychologie; zielen sie doch auf Erfassen einer seelischen Gesamtheit, die erst aus ihren Manifestationen erschlossen und konkretisiert werden müsse. Der romantische Begriff 'Volksgeist' scheint eine Zeitlang weiterzuhelfen. Doch verbindet sich allzu oft mit ihm die Idee einer hypostasierten Einheit. Das Psychische, das es zu erfassen gelte, lebe in nichts anderem als eben in seinen Objektivationen. Man müsse diese sammeln und aufarbeiten." (Hehlmann, 1963:188).

(Zu Steinthal und Lazarus vgl. auch Sprung et al., 1992: 83-96; Sganzini, 1913:29ff; Dessoir, 1911: 219; Heller, 1987; Jahoda, 1992; Galliker, 1993, 2007:139ff; Eckardt, 1997) Die wesentlichen Aspekte der Völkerpsychologie nach *Lazarus* und *Steinthal* hat u.a. *Carlo Sganzini* (1913:29ff) systematisch zusammengestellt.

Es ist auch bedeutsam, was **Friedrich Albert Lange** (1828-1875) in seiner "Geschichte des Materialismus"(1875) zur Situation der Völkerpsychologie seiner Zeit schreibt:

"Ein anderer hierher gehöriger Gegenstand neuerer Bemühungen ist die *„Völkerpsychologie"*, die jedoch noch keine hinlänglich bestimmte Form und Methode gewonnen hat, um eine Besprechung zu fordern, zumal da die Fragen des Materialismus mit diesem Gebiete in weniger enger Verbindung stehen. Bemerkenswert ist jedoch, daß die *Linguistik*, die man mit recht als eine der wesentlichen Quellen der Völkerpsycho-logie betrachtet, sehr dazu beigetragen hat, die Sprache in den Bereich naturwissenschaftlicher Betrachtungen zu ziehen und dadurch die frühere Kluft zwischen den Wissenschaften des Geistes und denen der Natur auf einen neuen, bedeutungsvollen Punkt auszufüllen.... Auffallend fruchtbar für die Fragen der Psycho-logie blieben geraume Zeit hindurch die *wissenschaftlichen Reisen* und die Zusammenstellung ihrer Ergebnisse in anthropologischer und ethnographischer Hinsicht....Namentlich Bastians Reiseberichte sind reich an psychologischen Zügen, und seine zusammenfassenden Werke verraten ein vorwiegendes Interesse für die vergleichende Psychologie, wenn auch die leitenden Gesichtspunkte oft unter dem zusammengehäuften Material verloren gehen. In Waitz Anthropologie der Naturvölker kann man den Fortschritt des psychologischen Verständnisses fast von Band zu Band verfolgen..... Fragt man aber nach denjenigen Resultaten, welche schon jetzt am sichtbarsten hervortreten, so läßt sich nicht leugnen, daß in allen neueren und besseren Beobachtungen der Mensch mit seinem gesamten Kulturzustande als *ein Naturwesen* erscheint, dessen Tun und Treiben durch *seine Organisation bedingt* ist." (Lange, 1974:832ff)

Die deutsche anthropologische Tradition hat sich auch auf die us-amerikanische Ethnologie und Anthropologie ausgewirkt. *George Stocking* (1996) hat z.B. die Bedeutung der Lehre vom Volksgeist auf die Ethnographie *Franz Boas* und seiner Schule herausgearbeitet.

Die klassische Völkerpsychologie ist ein typisches Kind des *"imperialen Zeitalters"*, wie *Hobsbawn* (1989) die historische Epoche von 1875 bis 1914 gekennzeichnet hat. Auf dem Boden großer kolonialer Imperien konnte jetzt detaillierte Humanforschung vor allem auch in Form der physischen Anthropologie betrieben werden. Aus dieser Epoche stammen bereits eine große Fülle von Fotografien (auch: Filme), die bereits in einigen völkerkundlichen Ausstellungen gezeigt und analysiert wurden. Sie veranschaulichen sehr gut die kolonialistische bzw. ethnozentrische Perspektive vieler Forscher der damaligen Zeit, die bis heute noch nachwirkt. Zur weiteren Entwicklung der Völkerpsychologie, Ethnopsychologie und Transkulturellen Psychologie (s. unten Zeittafel).

Die Erfindung des Begriffes *"Völkerpsychologie"* wird häufig **Wilhelm von Humboldt** (1767-1835) zugeschrieben (vgl. Holzner, 1960:11; Mühlmann, 1968:65; Thomas, 1993:30; Eckart, 1997), wenn auch die diesbezügliche Textstelle bisher nicht aufgefunden werden konnte. *Wilhelm von Humboldt* hatte auch die These aufgestellt, dass das menschliche Denken von der jeweiligen Sprache bestimmt werde. Die verschiedenen Sprachen enthalten hiernach auch verschiedene "Weltbilder" bzw. "Weltanschauungen" (vgl. *Whorf-Sapir-Hypothese*). Eine Popularisierung findet das Wort Völkerpsychologie allerdings erst durch die beiden Sprachforscher *Lazarus* und *Steinthal*, die ab 1859 eine "Zeitschrift für Völker-psychologie und Sprachwissenschaft" (20 Bde. bis 1890) herausgeben. Als das eigentliche Geburtsjahr der Völkerpsychologie kann aber das Jahr 1851 gelten, weil *Lazarus* in diesem Jahr seine grundlegende Arbeit "Über den Begriff und die Möglichkeit einer Völker-psychologie" publiziert hat (vgl. Sganzini, 1913:32). *Wilhelm Wundt* greift nun diesen Begriff wieder auf, liest im Sommer 1875 zum ersten Mal in Zürich über sie (Wundt, 1920:206) und entwickelt ein eigenes völkerpsychologisches Forschungsprogramm, das er in seiner 10bändigen "Völkerpsychologie" von 1900 bis 1920 niederlegt. In den Bereich der Völkerpsychologie fallen nach *Wundt* Themen wie Sprache, Mythos, Sitte, Religion, Kunst und Kultur. Im Vorwort seiner "Grundzüge der Physiologischen Psychologie" (5.Aufl.) schreibt er hierzu folgendes:

> "Glücklicherweise fügt es sich übrigens, daß da, wo die experimentelle Methode versagt, an-dere Hilfsmittel von *objectivem* Werthe der Psychologie ihre Dienste zur Ver-fügung stellen. Diese Hülfsmittel bestehen in jenen Erzeugnissen des geistigen Gesammtlebens, die auf bestimmte psychische Motive zurückschließen lassen. Zu ihnen gehören vornehmlich Sprache, Mythos und Sitte. Indem sie nicht nur von geschichtlichen Bedingungen, sondern auch von allgemeinen psychologischen Gesetzen abhängen, bilden die auf die letzteren zurückführenden Erscheinungen den Gegenstand einer besonderen psycho-logischen Disziplin, der *Völkerpsycho-logie,* deren Ergebnisse nur für die allgemeine Psychologie der zusammengesetzten seelischen Vorgänge das hauptsächlichste Hülfsmittel abgeben. Auf diese Weise bilden *experimentelle Psychologie* und *Völkerpsychologie* die beiden Hauptzweige der *wissenschaftlichen Psychologie.*" (Wundt, 1902:5f)

Wilhelm Wundts völkerpsychologische Theorie.

"Dagegen ist die reine Beobachtung, wie sie in vielen Gebieten der Naturwissenschaft möglich ist, innerhalb der individuellen Psychologie im exakten Sinne nach dem Charakter des psychischen Geschehens ausgeschlossen. Sie wäre nur denkbar, wenn es ähnlich beharrende und von unserer Aufmerksamkeit unabhängige psychische Objekte gäbe, wie es relativ beharrende und durch unsere Beobachtung nicht zu verändernde Naturobjekte gibt. Nichtsdestoweniger stehen auch der Psychologie Tatsachen zu Gebote, die, ob-gleich nicht wirkliche Gegenstände, doch insofern den Charakter psychischer Objekte besitzen, als ihnen eben jene Merkmale der relativ beharrenden Beschaffenheit und der Unabhängigkeit von dem Beobachter zukommen, während sie zugleich einer experimentellen Einwirkung im gewöhnlichen Sinne unzugänglich sind. Diese Tatsachen sind die geschichtlich entstandene geistigen Erzeugnisse, wie die Sprache, die mythologischen Vorstellungen, die Sitten. Ihr Ursprung und ihre Entwicklung beruhen überall auf allgemeinen psychischen Bedingungen, auf die sich aus ihren objektiven Eigenschaften zurückschließen läßt. Alle solche Geistes-erzeugnisse von allgemeingültiger Beschaffenheit setzen übrigens die Existenz einer geistigen Gemeinschaft vieler Individuen voraus, wenn auch selbstverständlich ihre letzten Quellen die schon dem einzelnen Menschen zukommenden psychischen Eigenschaften sind. Wegen dieser Gebundenheit an die Gemeinschaft, speziell an die Volksgemeinschaft, pflegt man das ganze Gebiet dieser psychologischen Untersuchung der Geisteserzeugnisse als *Völkerpsychologie* zu bezeichnen und der individuellen oder, wie sie nach der in ihr vorherrschenden Methode auch genannt werden kann, *experimentellen Psychologie* gegenüberzustellen. Obgleich nun bei dem heutigen Zustand der Wissenschaft diese beiden Teile der Psychologie zumeist noch in getrennten Darstellungen behandelt werden, so bilden sie doch nicht sowohl verschiedene Gebiete als vielmehr verschiedene Methoden, wobei die sogenannte

Völkerpsychologie der Methode reiner Beobachtung entspricht, nur dadurch ausgezeichnet, daß in diesem Fall geistige Erzeugnisse die Objekte der Beobachtung sind. Die Gebundenheit dieser Erzeugnisse an geistige Gemeinschaften, die der Völkerpsychologie ihren Namen gegeben hat, entspringt aber aus der Nebenbedingung, daß die individuellen Geisteserzeugnisse von allzu veränderlicher Beschaffenheit sind, um sie einer objektiven Beobachtung zugänglich zu machen, und daß hier die Erscheinungen erst dann die erforderliche Konstanz annehmen, wenn sie zu Kollektiv- oder Massenerscheinungen werden. Demnach verfügt die Psychologie, ähnlich der Naturwissenschaft, über zwei exakte Methoden: die erste, die experimentelle Methode, dient der Analyse der einfacheren psychischen Vorgänge, die zweite, die Beobachtung der allgemeingültigen Geisteserzeugnisse, dient der Untersuchung der höheren Vorgänge und Entwicklungen." (Wundt, 1907:28f)

Wilhelm Wundt (1832-1920), dessen "Grundriss der Psychologie" (8. Aufl., 1907) dieses Zitat entnommen wurde, gilt in Deutschland als der bedeutendste (Völker-) Psychologe. Er führte selbst keine Feldforschungen in fremden Kulturen durch (wie er überhaupt wenig gereist ist), sondern entwickelte seine Völkerpsychologie aus der damals schon reichhaltigen ethnographischen (Reise-)Literatur. Seine von 1900 bis zu seinem Tode im Jahre 1920 verfassten 10 völkerpsychologischen Bände umfassen mehr als 5000 Seiten und behandeln Themen wie Sprache, Sitten, Mythos, Kunst, Religion und Kultur.

Wilhelm Wundt verdankt die Psychologie nicht nur die Gründung des ersten Experimentalpsychologischen Instituts in Leipzig im Jahre 1879, sondern *Wundt* gibt ab 1883 auch eine bedeutende psychologische Zeitschrift heraus die "Philosophischen Studien", wodurch er zum Ausdruck bringen will, daß "diese neue Psychologie berechtigt war, ein Teilgebiet der Philosophie zu sein." (Wundt,1920:313)

Wundt betreibt eine "Psychologie vom naturwissenschaftlichen Standpunkt" (1862) aus, was so viel bedeutet, dass er seelische Vorgänge auf der Grundlage physiologischer Veränderungen erklären will. Zwangsläufig fordert Wundt deshalb die experimentelle Methode und die statistische Auswertung für die Physiologie und Psychologie.

In den letzten zwanzig Jahren seines Wirkens zieht sich *Wundt* von der experimentellen Psychologie allmählich zurück und arbeitet intensiv bis zur fast völligen Erblindung an seiner zehnbändigen "Völkerpsychologie. Eine Untersuchung der Entwicklungsgesetze von Sprache, Mythos und Sitte." (1900-1920). Dieses Werk, das man als ein Komplement zu seiner Experimentalpsychologie auffassen kann, enthält die "Untersuchung derjenigen psychischen Vorgänge, die der allgemeinen Entwicklung menschlicher Gemeinschaften und der Entstehung gemeinsamer geistiger Erzeugnisse von allgemeingültigem Werte zugrunde lie-gen". *Wundt* stellt auch die Völkerpsychologie der Individualpsychologie gegen-über. Während diese das individuelle Bewusstsein seiner Entstehung experimentell untersuchen kann, bildet die Völkerpsychologie die notwendige Ergänzung. Kein Individuum ist nämlich gänzlich aus sich selbst zu erklären, vielmehr gilt es, die seelischen Kräfte mit einzubeziehen, die aus der menschlichen Gemeinschaft stammen, der es angehört. Dazu zählen Sprache, Kunst, Mythos, Sitte, Staat und allgemeine Willensformen. Den individualpsychologischen Bewusstseinsakten Vorstellen, Fühlen und Wollen entsprechen in der Völkerpsychologie Sprache, Mythos und Sitte. In der *Sprache* spiegelt sich die Vorstellungswelt der Menschen; der *Mythos* gibt den in der Sprache nieder-gelegten Vorstellungen ihren Inhalt aus den Wahrnehmungen und Phantasieschöp-

fungen, die von Gefühlsrichtungen bestimmt sind; die "*Sitte* umfaßt alles, die gemeinsamen Willensrichtungen, die über die Abweichungen individueller Gewohnheiten die Herrschaft erringen und sich zu Normen verdichtet haben, denen von der Gemeinschaft Allgemeingültigkeit beigelegt wird." (vgl. systematische Übersicht bei Oelze, 1991)
Wundt's Völkerpsychologie vertrat einen heute überholten unilinearen Evolutionismus im Hinblick auf die Kulturentwicklung der Menschheit.
Er unterscheidet hiernach folgende Entwicklungsstufen :
1.*Primitivkultur*: Zauber- und Dämonenglauben, primitiver Mensch, reduzierte (Wurzel-) Sprache, gegenständliches Denken, Horde
2.*Totemismus*: Totem- und Tabu-Vorstellungen, Hauch- oder Schatten-Seele, Ahnenkult, Initiationen
3.*Heroenzeit*: Helden und Götter, Gesellschaft, Städtegründungen, Rechtskodifizierung, kosmogonische und theogonische Mythen
4.*Humanität*: Weltreiche, Weltkulturen, Weltreligionen, Weltgeschichte (vgl. Abb. in: Oelze, 1991:120)
Mit *Wundt's* Völkerpsychologie setzten sich vor allem Ethnologen kritisch auseinander. So schrieb z.B. **Richard Thurnwald** bereits 1929:

„Das Sonderbarste an *Wundts* Verfahren bildet die Kritiklosigkeit, mit der er die Reiseberichte genau so wie ‚experimentelle Erfahrungen' hinnahm. Nicht nur allein das, sondern er begnügte sich mit dem schon verarbeiteten, namentlich in der *Lazarus-Steinthalschen* „Zeitschrift für Völkerpsychologie und Sprachwissenschaft" aufgespeicherten, aber bereits durch zweite oder dritte Hand bearbeitetem Material, das er nur hier und da durch Originalreiseberichte ergänzte. Er erwog nicht die psychologische Tatsache, daß der Beobachter seine Darstellungen unwillkürlich subjektiv färbt, zumal, wenn er sich nicht der möglichen Trübungen bewusst ist und selbst dann, wenn er sie sorgfältig zu vermeiden trachtet; daß ferner die Quellen je nach den Zeitströmungen, dem Herkunftsland und dem persönlichen Standpunkt des Berichterstatters getrübt sind. Wie bizarr mutet es an, daß der Vertreter der experimentellen Psychologie niemals persönlich einen Angehörigen der verschiedenen, insbesondere der primitiven Kulturen untersuchte und nie dem Umstand Rechnung trug, daß die Kultur eines Volkes sich in ihrem einzelnen Vertreter spiegelt. Nie ist ihm auch nur der Gedanke gekommen zu fragen, aus was für Bestand-teilen sich das, was wir ‚Kultur' nennen, zusammensetzt. Er begnügte sich, in unklarer, mystischer Weise den Ausdruck ‚Volksseele' zu gebrauchen und hegte den Glauben, daß der historische Ablauf unmittelbar Fortschritt und Entwicklung bedeute. Diese Haltung Wundts ist auf lange Zeit entscheidend für die Auffassung und das Schicksal der V. geworden." (Thurnwald, 1929:242)(vgl. auch Mühlmann, 1984: 120)

Verschiedene *Definitionsversuche der „Völkerpsychologie"* wurden bisher vorgelegt:

In dem früher sehr beliebten „FILEX" definiert *Peter R. Hofstätter* (zuerst 1957; 1965:317):
„Die Bemühungen um die Erfassung des seelisch-geistigen Gepräges von Großgruppen (Völkern) werden seit der Mitte des 19.Jh. als V. bezeichnet."
Burkart Holzner (o.J.) definiert in den späten 50er Jahren:

"Die V. ist ein Teil der theoretischen und praktischen Sozialpsy-chologie. Ihr Ziel ist es, zusammen mit anderen Sozialwissenschaften wie Sozio-logie, Wirtschaftswissenschaft, Rechtswis-senschaft, politische Wissenschaft einen Beitrag zur Vorausbestimmung des sozi-alen Handelns bzw. des Wandels von völkischen Sozialgebilden und ihrer Kultur (Stämmen, Nationen, völkische Minoritäten usw.) zu liefern. Der speziell psycho-logische Beitrag zu dieser gemeinsamen Aufgabe verschiedener Wissenschaften besteht in erster Linie im Studium der volksspezifischen Persönlichkeitsstrukturen, ihrer Entstehung und Auswirkungen. In zweiter Linie aber in der Erforschung der sozialen Wahrnehmung und Urteilsbildung – d.h. in der Erforschung zwischenvölkisscher Beziehungen" (Holzner, o.J.,S.30).

Wilhelm Hehlmann (1965:620f) schreibt in seinem „Wörterbuch der Psychologie":

"V., Ethnopsychologie, untersucht die psychischen Befunde bei Volks-, Stammes- und Kultureinheiten, zunächst bei primitiven, kleineren oder überschaubaren Gruppen, grundsätzlich auch bei Kultur-völkern, und geht allgemein in die Kultur-Psychologie und Kulturanthropologie über. Die V. sucht im Rückgriff auf frühgeschichtliche Phänomene (bes. ‚geschichtslose Völker') elementare psychische Entwicklungsvorgänge in den Blick zu bekommen."

Für *Eno Beuchelt* (1974), der 1974 als Habilitationsschrift eine "Ideengeschichte der Völkerpsychologie" vorlegte, ist die V.

"eine Wissenschaft, die nach unserem Verständnis die Beziehungen zwischen dem Individual-Seelischen und der Kultur systematisch nach adäquaten Methoden erforscht, ordnet und die Fülle der so gewonnenen Erkenntnisse auf umfassende Grundsätze zurückzuführen und aus ihnen zu erklären sucht." (Beuchelt, 1974:1)

Im Psychologischen Wörterbuch von *Dorsch* (1994:859) wird V. folgendermaßen definiert:

„V., Ethnopsychologie, die mit den psychologischen Aspekten und Befunden der Völkerkunde (Ethnologie = vergleichende, Ethnographie = beschreibende Völkerkunde) befasste Psychologie."

Im Brockhaus Psychologie (2009: 155) heißt es:

„Ethnopsychologie, Völkerpsychologie: Richtung der Psychologie zur Erforschung der kulturellen Eingebundenheit der „höheren psychischen Vorgänge und Entwicklungen', die in Sprache, Religion, Mythos, Kunst, Rechtsordnung und Brauchtum ihren Ausdruck finden." …
„Die Ethnopsychologie wird zunehmend durch die Kulturpsychologie und die interkulturelle Psychologie abgelöst."

Die Völkerpsychologie ist ein wissenschaftliches Produkt des Zeitalters des Imperialismus (ca. 1880-1914) und diente u.a. imperialistischen Interessen:

„Geistige Wurzeln des Imperialismus lagen in einem übersteigerten Nationalismus, der neben einer sozialdarwinistischen und rassistischen Ideologisierung u.a. ein Sendungsbewußtsein unter den ‚weißen' Großmächten hervorrief (‚The white man's burden'), die daraus eine legitime Herrschaft über ‚minderwertige' (besonders farbige) Völker ableiteten." (Lexikon der Weltgeschichte Ploetz. Freiburg, 2000: 220),

(vgl. auch P. Probst (1990): Ethnopsychologie im Dienste deutsch-kolonialer Aufgaben. Vortrag. Cheiron Konferenz (Weimar), 4.-8. Sept.; H. Stubbe (1992): Wilhelm Wundt und die Herero. Psychologie und Geschichte, Jg.4, H. 1/2; Stubbe, 2008).
Auch außerhalb des deutschsprachigen Raumes wurde Völkerpsychologie betrieben, vor allem *Nationalcharakterforschung* vgl. z.B. Gorer (Engländer, Russen, US-Amerikaner), Benedict (Japaner), Fouillée (Franzosen, Europäer), Riesman (US-Amerikaner), Leite (Brasilianer), Kakar (Inder) und Deutsche (Bibliografie, vgl. Stubbe, 2012:481f); reizvoll müsste es sein sich vergleichend die japanische, indische oder chinesische Völkerpsychologie anzuschauen (vgl. Stubbe, 2012, S. 108ff, 480f; Kuan & Häring-Kuan, 2009; s. unten China, Indien).

Die Entwicklungslinien der Völkerpsychologie sind mehrfach dargestellt worden (vgl. Mühlmann, 1968; Holzner,1960; Beuchelt, 1974, 1988; Kardiner,1974; Jahoda, 1992; Thomas, 1993; Adler, 1993; Reichmayr, 1995; Stubbe, 1995, 2006, 2019). Hier sind im Rückblick vor allem der Kultur-Evolutionismus (z.B. E. B. Tylor, J.G. Frazer, W. Wundt), die Ethno-Psychoanalyse (z.B. S. Freud, W. Schoene, P. Parin, G. Devereux, M. Nadig), die Kultur- und Persönlichkeits-Forschung (z.B. R. Benedict, M. Mead, J. J. Honigmann, R.A. Le Vine), die Rassenpsychologie (z.B. F. Galton, I. Schwidetzky), die russische Kulturhistorische Schule und die Human- und Kulturethologie (z.B. Koenig, I. Eibl-Eibesfeldt) hervorzuheben. Die sehr vielseitigen gegenwärtigen Entwicklungen werden im Wesentlichen von us-amerikanischen Psychologen und Kulturanthropologen getragen, die unter Bezeichnungen wie "Cross-Culture Psychology", "Psychologische Anthropologie" (s. unten), "Kulturpsychologie", "Transkulturelle Psychologie" (s. unten), "Klinische Ethnopsychologie", "Ethnopsychoanalyse", "Kulturvergleichende Psychologie", „cultural psychiatry", Transkulturelle Psychiatrie u.a. vorwiegend empirisch-induktiv und unter Verwendung hochentwickelter quantitativer Verfahren u.a. die Wechselwirkung zwischen Kultur und Persönlichkeit zu erfassen suchen. Eine zentrale Rolle spielt dabei die Frage, ob westliches abendländisches Wissenschaftsverständnis einen geeigneten Weg zu nicht-westlichen psychokulturellen Phänomenen (Verhalten, Erleben, Gebilde) anbieten kann d.h. u.a. die "Emisch-Etisch-Diskussion".
Methodisch führend sind bisher holistische Ansätze, auch wenn sie meist an begrenzte Gegenstandsbereiche gebunden sind z.B. in der Sozialisations-, Kognitions-, Emotions- und Perzeptions-Forschung. Im angewandten Bereich, der z.Zt. im Vordergrund steht, werden Themen wie Akkulturation, schulische und berufliche Fortbildung, interkulturelle Kommunikation ("Austauschforschung"), interkulturelles Management, (Fern-)Tourismus, transkulturelle Psychopathologie, Ethnopsychotherapie und Dritte-Welt-Psychologie bearbeitet.

Transkulturelle Psychologie/ Kulturvergleichende Psychologie

Im 19. Jh. und 20.Jh. formen verschiedene wissenschaftliche Richtungen allmählich eine Kulturvergleichende Psychologie (K.V.P.) (vgl. Jahoda, 1992; Stubbe, 2012:254ff):

1. Die biologische Evolutionslehre Ch. Darwins (1809-1882), der bereits im Jahre 1872 weltweite Befragungen über den emotionalen Ausdruck durchführt, die später von Ekman, Masuda u.a. weitergeführt werden (vgl. Stubbe, 1983; 2012:454f)
2. Die (vergleichende) Sprachwissenschaft z.B. W. von Humboldts (1767-1835), der aus der Sprache den Geist bzw. Charakter eines Volkes ableitet. Sapir und Whorf u.a. verfolgen diese Linien weiter
3. Die Ethnologie/Völkerkunde, wie sie sich z.B. in den Forschungen und Reisen Bastians, Tylors, Frazers, Thurnwalds, Rivers u.v.a.m. manifestiert, die teilweise experimentelle und diagnostische Untersuchungen in fremden Kulturen durchführen
4. Die Psychologie, vor allem als Völkerpsychologie (Lazarus, 1851; Wundt, 1900-1920, 1913), Vergleichende/Komparative Psychologie und Psychiatrie (z.B. Spencer, Lloyd Morgan, Kraepelin, Vierkandt, Kafka, Wittkower, Pfeiffer) und Ethnopsychoanalyse (z.B. S. Freud, Devereux, Parin, Erdheim, Nadig u.a.)
5. Die Soziologie, Sozial- und Kulturanthropologie (Durkheim, Mauss, Malinowski, Boas, Mead, Benedict, Harris, Geertz u.v.a.m.)

Historisches:

Schon im 19.Jh. wurden quantitative Verfahren z.B. das 1796 von *Régnier* erfundene Dynamometer in fremden Kulturen eingesetzt. So führte der französische Arzt *François Péron* (1775-1810), ein Schüler von **Georges Cuvier** (1769-1832), während einer Weltreise mit dem Dynamometer Messungen bei Menschen aus verschiedenen Kulturen durch, und kam zu dem für ihn selbst unerwarteten Ergebnis, dass eine klare positive Korrelation zwischen dem „Grad der Zivilisation" und der Muskelkraft bestehe (vgl. Jahoda, 1992:57ff). Auch der romantische Arzt und Psychologe **Carl Gustav Carus** (1789-1869) hat in einer frühen deutschen rassenpsychologischen Schrift „Denkschrift zum hundertjährigen Geburtsfeste Goethe's. Ueber ungleiche Befähigung der verschiedenen Menschheitsstämme für höhere geistige Entwickelung" (1849) bereits auf vergleichende Dynamometeruntersuchungen hingewiesen und eine hierarchische Rangreihe der geistigen Befähigung (heute würden wir von „Intelligenz" sprechen!) unter den vier verschiedenen Menschheitsstämmen (=Rassen) aufgestellt (vgl. Stubbe, 1989). Mit der Entwicklung der Testpsychologie um die Jahrhundertwende zum 20.Jh. kamen auch psychologische Testverfahren während Feldforschungen in fremden Kulturen zum Einsatz. So entwickelte z.B. **Stanley David Porteus** (1883-1972), ein australischer Psychologe (später Hawaii), den Porteus-Maze Test (1913), einen Labyrinth- bzw. Papier-Bleistift-Test, um geistige Retardierung zu untersuchen. 1929 führte er seinen Test bei den Aborigines in Nordwest-Australien durch und schrieb 1931 "The Psychology of a primitive people". 1934 besuchte er Afrika in einer ähnlichen Mission und schrieb: "Primitive Intelligence and environment" (1937) (vgl. Zusne, 1984: 345f). Aufgrund seiner Intelligenzunter-suchungen fühlte sich *Porteus* in der Lage die Frage zu beantworten: Sind die Aborigines Australiens intelligent genug, um sich an die vordringende europäische Kultur anzupassen? und sie zu verneinen, wobei er im Hinblick auf das Gedächtnis der Aborigines „Schwachsinnigkeit" diagnostizierte. Bekanntlich haben aber die Aborigines Heiratsordnungen, Totemklans und soziale (Verwandtschafts-) Systeme und Institutionen kompliziertester Art entwickelt, also nicht nur eine her-vorragende „soziale Intelligenz", sondern auch eine beträchtliche Gedächtnisleistung unter Beweis gestellt. *Elkin* hat schon damals *Porteus* entgegengehalten, er hätte, statt sporadisch Tests durchzuführen, eine australische Ethnie herausgreifen, ihre Sprache, ihr kulturelles und soziales Leben studieren und dann schließlich für diese Ethnie einen (emischen) Intelligenztest entwickeln sollen, der dann für diese Ethnie dasselbe wäre, wie die üblichen Tests für uns. Während der Test-untersuchungen von *Porteus* war bereits aufgefallen, daß manche Aborigines die Testinstruktion nicht ganz verstanden, Schwierigkeiten im Umgang mit Papier und Bleistift hatten und mit Arbeiten unter Zeitdruck nicht zurechtkamen. Die Zusammenhänge zwischen dem Denken, Sprechen und der Umwelt im weitesten Sinne waren bei diesen Intelligenz-Studien nicht berücksichtigt worden. Außerdem gewann man kein Bild über die Einstellung der Aborigines zu diesen Testverfahren, die in ihrer Kultur etwas völlig Fremdes sind. Einem us-amerikanischen oder europäischen Professor der Psychologie könnte es vielleicht passieren, dass er in der australischen Savanne neben einem Wasserbaum (Eukalyptus) verdurstete, während sich der Aborigine mit seinem angeblichen „Schwachsinn" mit Hilfe des Baumes das Leben rettete. Über die Intelligenz der Aborigenes konnte man übrigens bereits in einer Fußnote in **Friedrich Albert Lange's** (1828-1875) „Geschichte des Materialismus..." (1875) folgendes lesen:

> „Das außerordentlich günstige Klima Australiens erspart dem vielleicht glücklichsten aller wilden Menschenstämme die Sorge für die Errichtung von bergenden und schützenden festen Wohnungen; und die geogra-phischen Gestaltungen und die große Mannigfaltigkeit und der Wechsel der ländlichen Szenerien gestatten ihm nicht, sich feste Wohnplätze anzulegen; die Natur des Landes zwingt ihn zu einem festen Wanderleben. Überall ist er zu Hause und überall findet er seinen Tisch gedeckt, den er sich aber mit anstrengendster Mühe unter Anwendung der höchsten Schlauheit füllen muß. Er kennt aufs genaueste, wann diese und jene Beere, Frucht oder Wurzel in dieser Gegend gereift, wann die Ente oder Schildkröte dort legt, wann dieser oder jener Wandervogel hier oder da sich einstellt; wann und wo diese oder jene Larve, Puppe etc. zum leckern Genuß ladet, wann und wo das Opossum am fettesten, wann dieser oder jener Fisch da oder dort streicht, wo die Trinkquellen der Känguruh und Emu sind usw. Und gerade dieses ihm aufgedrängte Leben wird ihm lieb und zur zweiten Natur und macht ihn in einem gewissen Sinne intelligenter als irgendein anderes wildes Volk. Die Kinder dieser Wilden in Schulen bei gutem Unterricht stehen den europäischen Kindern kaum nach, ja überflügeln sie in einzelnen Fächern. Es ist durchaus unrichtig, sich die australischen Schwarzen als auf der tiefsten Rassenstufe stehend zu denken. In gewissem Sinne gibt es kein schlaueres Volk als sie." (zit. nach Lange, II, 1974:876f).

Später hat *Porteus* im Rahmen von vergleichenden Studien einen „Index der sozialen Tauglichkeit" bei verschiedenen ethnischen Gruppen auf Hawaii ausgearbeitet (in absteigender Reihenfolge: Japaner, Chinesen, Portugiesen, Hawaianer, Filipinos, Puertorikaner). Unter „sozialer Tauglichkeit" verstand er die us-amerikanischen Eigenschaften der weißen

Mittelschicht, mit denen man in Hawaii gesellschaftlich aufsteigen und den besten ökonomischen Erfolg erzielen kann.

Margaret Mead (1901-1978), eine Schülerin von **Franz Boas** (1858-1942), die ihren Magister auch in Psychologie gemacht hatte, führte während ihrer Feldforschungen auf Samoa (Insel Tau) verschiedene psychologische Tests durch: Farbenbenennen, Auswendiglernen von Zahlenreihen, Zahlen-Symbol-Test, Gegensätze, Bildinterpretation, Kugel-Feld-Test. Die Testinstruktion wurde in allen Fällen in samoanischer Sprache gegeben. Außerdem entwickelte *Mead* einen Fragebogen die Fähigkeiten und Interessen der Mädchen betreffend. Zu den Ergebnissen der Intelligenztests schreibt sie selbstkritisch:

> „Es war nicht möglich, die Intelligenztests zu standardisieren; meine Ergebnisse sind daher quantitativ wertlos. Da ich aber einige Erfahrung in der diagnostischen Verwendung von Tests hatte, schienen sie mir doch für die vorläufigen Beurteilungen der Intelligenz bei den Mädchen brauchbar zu sein. Die Eingeborenen sind auch seit langem an Prüfungen gewöhnt, die Missionare alljährlich durchführen; wenn sie wissen, daß eine solche in Gang ist, lassen sie den Examinator und die Prüflinge ungestört." (Mead, 1970:225)

Zu welchem Zweck die Missionare überhaupt Tests durchführten wird nicht deutlich.
Der holländische Arzt **A. W. Nieuwenhuis** (1913/23), der ca. 5 Jahre bei den Dajaks auf Borneo gelebt hat, legte in den Jahren 1913 bis 1923 verschiedene wertvolle ethnopsychologische Untersuchungen über die Veranlagung (Vorstellungsvermögen, Erinnerungsvermögen, logisches Denken) der „malaiischen Völker des ostindischen Archipels" (= Dajaks und Toradscha) vor, in denen er die materiellen völkerkundlichen Dokumente als „Leistungen" interpretierte. Die Kulturleistungen an denen *Nieuwenhuis* die geistige Veranlagung dieser malaiischen Ethnien ablas, waren das Kunsthandwerk, die Technik und der Geisterglaube. Der Forscher kommt zu dem Ergebnis, dass der Malaie tatsächlich „kulturfähig" sei, zwar nicht seinem tatsächlichen Entwicklungsniveau entsprechend, sondern nach den Entwicklungsmöglichkeiten und dass „die Verstandesanlage der Malaien in den Eigenschaften, die bis jetzt untersucht wurden, denen der weißen Rasse nicht nachsteht."
Insbesondere **Richard Thurnwald** (1869-1954), der als Begründer der deutschen Ethnosoziologie und des ethnologischen Funktionalismus gilt, hat schon früh ethnopsychologische Fragestellungen während seiner langjährigen Feldforschungen in der Südsee (1906-1909 und 1913-1915) berücksichtigt und verschiedene Abhandlungen zur "Psychologie der Primitiven" verfasst. Er erhält 1919 nach seiner Habilitation die venia legendi für Ethnologie und Völkerpsychologie an der Universität Halle und lehrte ab 1923 in Berlin.
Thurnwald teilte die von *A. C. Haddon* in seinem Vorwort zu den 1898 durchgeführten experimentalpsychologischen Arbeiten auf der Torres Straße des englischen Psychologen und Anthropologen **William Halse R. Rivers** (1864-1922) in den "Reports of the Cambridge Anthropological Expedition to Torres Straits" (vol. II, 1901:V) geäußerte Meinung:

> "I had long realised that no investigation of a people was complete that did not embrace a study of their psychology, and being aware of the paucity of our knowledge of the comparative physiology and psychology of primitives peoples"

und wandte sich an den (Musik-) Psychologen **Carl Stumpf** (1848-1936), um eine erste deutschsprachige Instruktion zur psychologischen Untersuchung 'primitiver Menschen' zu entwickeln, die auf dem II. Kongreß für experimentelle Psychologie in Würzburg (1906) beraten und erst 1912 von **William Stern** (1871-1938) und *Otto Lipmann* unter dem Titel "Vorschläge zur psychologischen Untersuchung primitiver Menschen" publiziert wurde. *Thurnwald* schrieb hierzu die auch heute noch lesenswerte Einleitung: "Probleme der ethnopsychologischen Forschung".

> "Er ist somit der erste Völkerkundler, der zielgerichtet eine solche psychologische Untersuchung auf der Basis eines interdisziplinär erstellten Fragekomplexes durchführen wird. *Thurnwald* ging über die Wahrnehmung und die physischen Gegebenheiten feststellenden Untersuchungen *Rivers'* und seiner Kollegen hinaus, indem er auch Interpretationen und Suggestivfragen mit einbezog. Zusätzlich informierte er sich bei dem gleichfalls an der Instruktion beteiligten Psychiater *Robert Sommer* in Gießen über psychologische Methodik" (Melk-Koch, 1989:59; vgl. auch Sommer, 1984).

In den "Ethno-psychologischen Studien an Südseevölkern auf dem Bismarck-Archipel und den Salomo-Inseln" (1913) stellt dann *Thurnwald* im einzelnen seine hochinteressanten ethnopsychologischen Beobachtungen und Versuche über die Druckfähigkeit der Hände, den Farbensinn, die Farbbezeichnungen, die Aufmerksamkeit und Merkfähigkeit, die Suggestion, das Zählen, die Assoziation (Bilder, Figuren, Worte) und die Fortpflanzung von Berichten ausführlich dar. Außerdem behandelt er den bildhaften Ausdruck (Gebärden, Zeichnen, Plastik, den Eindruck der „Eingeborenen" von unserem künstlerischen Ausdruck), die Sprache und Geistesverfassung der untersuchten Ethnien. Diese grundlegenden und leider immer noch wenig bekannten ethnopsychologischen Studien, haben in Deutschland nach dem I. WK nicht zu einer sich produktiv entfaltenden empirischen Ethnopsychologie und Transkulturellen Psychologie geführt (vgl. die ausgezeichnete Thurnwald-Biographie von Melk-Koch, 1989; Beuchelt, 1974:43-45; Jahoda, 1992:123-132).

Zur (Völker- und Rassen-) Psychologie und Psychodiagnostik im „Dritten Reich" liegt bereits eine Fülle von Publikationen vor. Zwar war auch in Deutschland um 1936 bekannt, daß

> „die Suche nach einer objektiven Vergleichsgrundlage, einem sachlichen Maßstab für eine *quantitativ* vergleichende Einstufung der Rassen und Völker illusorisch ist, weil es einen solchen Maßstab nicht gibt." (Mühlmann, 1936:429).

Aber etwas später folgt dann ein rassistisches Credo *W. F. Mühlmann's* gemäß der Rassenideologie des Nationalsozialismus, indem er nämlich schreibt:

> "Gibt es also keinen objektiven Maßstab der Rassenvergleichung, so gibt es doch einen subjektiven. Von ihm aus urteilen, heißt aber *wertend* urteilen. Und hier möchte ich mit allem Nachdruck betonen, daß wir werten können und dürfen, ja müssen. Wir betätigen damit ein Lebensrecht. Wir dürfen unsere Rasse zu oberst stellen, sollen uns aber dabei bewusst bleiben, daß wir damit die Grenzen der Wissenschaft überschreiten und den Standpunkt des wollenden Menschen vertreten." (Mühlmann, 1936: 429f) (zu Mühlmann: vgl. Mühlmann, 1947; Massin In: Kaupen-Haas & Saller, 1999:12ff)

Der englische Psychologe **Robert Serpell**, der lange Zeit in Zambia tätig war, hat in seiner Schrift „Culture's influence on behavior" (1973; port. 1977) eine Vielzahl von wichtigen Themen der Transkulturellen Psychologie behandelt, wie Werte, Motive und Persönlichkeit, kognitive Stile, Wahrnehmungsfähigkeiten (u.a. optische Täuschungen), Bedeutung der Sprache, kognitive Entwicklung, visuelle Wahrnehmung und methodische Fragen. Auch der Brasilianer **Geraldo José de Paiva** (1978) hat eine literaturreiche Übersicht über die „Interkulturelle Psychologie" publiziert. Hierin findet sich auch ein wichtiges Kapitel über den oftmals problematischen Einsatz von westlichen Tests in fremden Kulturen (Paiva, 1978: 29-33).
Alexander Thomas hat eine Einführung in die „Kulturvergleichende Psychologie" (1993) vorgelegt, die Beiträge über ihre Entwicklungslinien, Universalismus vs. Relativismus, Methodologie, Entwicklung, Wahrnehmungspsychologie Motivationsforschung, Kognitions-psychologie, moralische Urteile, Emotionspsychologie, kulturelle Wandel in Melanesien, Jugendliche, Führung und Partizipation und Lernen und Handeln enthält.
Die große Bedeutung der Kultur in der *Psychopathologie* hat bereits der weltbekannte Schweizer Psychiater **Eugen Bleuler** (1857-1939) herausgestellt. Er schreibt in seinem „Lehrbuch der Psychiatrie" (1916):

> „Erfahrungsgemäß ist die sogenannte Kultur eine der wichtigsten Brutstätten der Geisteskrankheiten. Je ‚höher' sie steht, um so mehr Kranke konstatiert man. Zum Teil ist das natürlich Täuschung, weil die von ihr gefordert Sorge für die Hilflosen diese eben nicht zugrunde gehen läßt, wie es unter natürlichen Umständen der Fall ist. Jedenfalls begünstigt die Art unserer Kultur die krankmachenden Agenzien des Alkohols und der Lues, und in Amerika machte man die Erfahrung, daß die ‚Neger', die als Sklaven keinen nennenswerten Prozentsatz von Geisteskrankheiten hatten, um so mehr erkranken, je mehr sie sich der Lebensweise der Weißen annähern, und daß sie die Morbidität ihrer Vorbilder erreichen, wenn sie, wie in den Nordstaaten, die nämliche Lebensweise angenommen haben". (Bleuler, 1916:146)

(vgl. auch: Paiva, 1978:53-56; Bibliografie: Psychopathologie).
Viele der o.g. Forschungen wurden oftmals noch im Rahmen der Konzepte der Rassenanthropologie und -psychologie durchgeführt und waren im Grunde genommen „angewandte Kolonialpsychologie" d.h. sie dienten der Beherrschung, der Unterwerfung, der Missionierung und der Abschätzung der „Arbeitseinsatzmöglichkeiten" der Kolonialvölker in Asien, Afrika und im Pazifik, aber auch der internen kolonisierten Minderheiten (z.B. „Indianer", Afroamerikaner). Der Einsatz der *Psychotechnik* z.B. während des portugiesischen Kolonialismus in Afrika (bis 1974) macht die Ausbeutungsmotive der Kolonialherren mehr als deutlich: Allein für das ehemals portugiesische Moçambique lässt sich z.B. folgendes feststellen: Von 1934 bis 1974 ließen sich aufgrund der Recherchen des Autors in den Bibliotheken Maputos (1996/97) mindestens sieben psychotechnische bzw. angewandt-psychologische Monographien über die Psychodiagnostik der unterworfenen „indígenas" (Eingeborenen) aus-findig machen (vgl. Athayde, 1962; Gallo, 1988; Mondlane, 1995): Hier wurde Psychodiagnostik im Dienste des Kolonialismus betrieben (vgl. Stubbe, 2008:39ff).

Aufgrund ihrer unterschiedlichen Ursprünge liegt eine einheitliche, wissenschaftlich befriedigende Definition der K.V.P. bisher nicht vor. In manchen Lexika wird der Begriff K.V.P. sogar überhaupt nicht aufgeführt (z.B. der Brockhaus Psychologie, 2009). Im deutschsprachigen Raum werden die Ausdrücke "K.V.P.", "Transkulturelle Psychologie", "Interkulturelle Psychologie", „Ethnopsychologie" und "Cross-Cultural-Psychology" häufig unscharf als Synonyme verwendet. Gisela Trommsdorff (1987) setzt in ihrem Übersichtsreferat "German Cross-Cultural Psychology" z.B. "Völkerpsychologie" mit "Ethnopsychology" und "K.V.P." mit "Cross-Cultural Psychology" gleich. Manche Autoren ziehen den Begriff "Transkulturelle Psychologie" (T.P.) vor, weil er sich im Bereich der Psychiatrie („Transkulturelle Psychiatrie") und Psychologie (psicologia transcultural) im Ausland bereits durchgesetzt hat. In seiner "Klinischen Ethnopsychologie" verwendet R. van Quekelberghe (1991) die Ausdrücke "Ethnopsychologie" und "Transkulturelle Psychologie" weitgehend synonym. Beuchelt (1988:379) und Stubbe (2005, 2012) haben dafür plädiert den Begriff *"Psychologische Anthropologie"* als deutsches Äquivalent bzw. Integration der "Cross-cultural Psychology", K.V.P., Interkulturellen Psychologie und Ethnopsychologie zu verwenden. Sie verstehen unter Psychologischer Anthropologie mit ihrer Methodenvielfalt (emisch, etisch, psychologische Forschungsmethoden, Feldforschungsmethoden etc.) als Teilgebiet der „cultural anthropology" eine wissenschaftliche Disziplin, die in vielen Bereichen als Nachfolgerin der Völkerpsychologie des 19.Jh.s verstanden werden kann.

"Sie befaßt sich mit einer psychologischen Interpretation der sozialen, materiellen und ideologischen Kulturphänomene und sucht einen Zugang zu den kulturspezifischen Eigenarten des Fremdseelischen" (Beuchelt, 1988, S. 379, zit. nach Stubbe, 2012, S. 618).

In einer neueren Übersicht der K.V.P. heißt es:

„Die K.V.P. im engeren Sinne („cross-cultural psychology") untersucht die Beziehungen zwischen psychologischen Variablen einerseits und soziokulturellen, ökologischen und biologischen Variablen andererseits. Impliziert ist die Annahme, dass es universelle psychische Strukturen und Prozesse gibt, die aber kulturspezifische Modifikationen aufweisen." (Helfrich, 2013, S.18)

(vgl. Lehre von der psychischen Einheit der Menschheit, vgl. Stubbe, 2021; s. unten). Vielleicht kann die Definition der K.V.P. am besten durch das Arbeitsgebiet, die Aufgaben und Ziele festgelegt werden, wie sie z.B. von Alexander Thomas (1993:14; 2003), der sich vor allem mit der Erforschung der Kulturstandards und der interkulturellen Handlungskompetenz im interkulturellen Management befasst hat, von Gisela Trommsdorff (1987, 2007), Quekelberghe (1991, S. 17ff) oder von Stubbe (2012) zusammengestellt wurden. Diese Aufgabenkataloge lassen sich sicher noch ergänzen, besonders wenn man an die Entwicklung der Psychologie und ihre Herausforderungen in der sog. Dritten Welt, an internationale oder ethnische Konflikte/Kriege, den Ferntourismus, die internationale Migration, die Armut, den Hunger, die Bildungsproblematik, das Flüchtlingsproblem, die Globalisierung, die „Weltprobleme" (s. unten) etc. denkt (vgl. Vivier et al., 2011; Stubbe, 2012).

Über den *Kulturbegriff*, der eine zentrale Rolle in der K.V.P. spielt, besteht in der Psychologie keine Klarheit (vgl. Stubbe, 2012, S.365ff; s. Bibliografie). Auch in den meisten Psychologie-Lehrbüchern erscheint diese Kategorie überhaupt nicht. Als ob der Mensch nicht „Schöpfer und Geschöpf der Kultur" (Landmann) wäre! (zu den einzelnen Kulturtheorien, vgl. Moebius & Quadflieg, 2011). In der K.V.P., die „Kultur" als mögliche Einflussgröße auf individuelles Denken, Fühlen und Handeln untersucht, wird oftmals versucht kulturunterscheidende Faktoren/Dimensionen wie z.B. Hierarchie- und Machtunterschiede, Individualismus vs. Kollektivismus, Maskulinität vs. Femininität, Zeitorientierung, Humanorientierung, Militarismus, feinmaschig vs. grob-maschig, außen vs. innengeleitet, apollinisch vs. dionysisch, Kultur der Armut etc. zu spezifizieren bzw. zu quantifizieren (z.B. Benedict, Riesman, Pinto, Lewis, Hofstede, Trompenaars, Globe-Forschungsgruppe, Hall, Schwartz). Keines der Klassifikationssysteme der K.V.P. ist jedoch zur Beschreibung von Kulturen ausreichend, denn sie orientieren sich im Allgemeinen an der westlichen Lebens- und Arbeitswelt, der bekanntlich nur ca. 1/5 der Menschheit angehört.

Die *Trends und Schwerpunkte* der Transkulturellen Psychologie/K.V.P. fasst Quekelberghe (1991, S.17ff) zusammen, indem er vier wichtige Dimensionen hervorhebt, die für die Transkulturelle Psychologie/K.V.P. kennzeichnend sind: einmal der vermeintliche Gegensatz von "Mainstream-Psychology" und "cross-cultural-psychology", zweitens der Gegensatz von Universalismus und Ethnozentrismus in der modernen Psychologie (wobei Universalisten durchaus Ethnozentriker sein können, indem sie ihre eigenen Theorien ungeprüft auf fremde Kulturen projizieren. Der Gegensatz von Universalismus ist der (Kultur-) Relativismus), drittens der biologische Determinismus versus Ökologie und viertens die emic-etic-Kontroverse.

Grundsätzlich können in der K.V.P. alle in der Psychologie gebräuchlichen *Forschungsmethoden* eingesetzt werden. Das „feinsinnige Einfühlen in eine fremde Kultur", wie der Sinologe und geniale Übersetzer *Erich von Zach* (2007:24) es nannte, ist für die Forscherinnen und Forscher eine oftmals schwer zu verwirklichende seelische Voraussetzung. Ein methodologisches Hauptproblem der K.V.P. ist jedoch die Vergleichbarkeit kultureller und psychischer Gegebenheiten. Vergleichsgegenstand und Vergleichsmaßstab (z.B. Skalen) müssen in der kulturvergleichend-psychologischen Forschung bestimmte Äquivalenzen aufweisen (vgl. Trommsdorff & Kornadt, 2007; Stubbe, 2012, S.508ff; Helfrich, 2013, S.34ff). Ein weiteres Problem liegt in der Persönlichkeit und Enkulturation des Forschers bzw. der Forscherin selbst (z.B. Motive, Kulturschock, interkulturelle Kompetenz). Außerdem spielt das (sprachliche, kulturelle) „Übersetzen" eine zentrale Rolle in der K.V.P. (vgl. Stubbe, 2012, S. 436-444; s. unten). Ein Sonderproblem bildet die „Psychodiagnostik in fremden Kulturen" (vgl. Stubbe, 2012, S.508-520). Die K.V.P. soll außerdem zu einer Begegnung bzw. einem Dialog der Psychologien/PsychologInnen und Kulturen auf Augenhöhe führen, jeglicher „psychologischer Imperialismus", den M. Mead bereits kritisierte, ist hierbei zu vermeiden. Die europäische bzw. „westliche" Psychologie (vgl. Stubbe, 2012, S. 677f) hat sich bisher schwer damit getan sich von dem Ethnozentrismus zu befreien, der eine Vielzahl ihrer Theorien, Anwendungen und methodischen Vorgehensweisen kennzeichnet. Die westlichen Psychologen und Psychologinnen werden im Allgemeinen während ihres Studiums nicht mit fremden Kulturen konfrontiert. Ein mehrjähriger Aufenthalt in zumindest einer fremden Kultur,

Vertrautheit mit den jeweiligen fremdkulturellen Gegebenheiten, gute Fremdsprachenkenntnisse, eine intensive Vorbereitung (vgl. Stubbe, 2012, S.669ff) etc. sind jedoch für jede(n) kulturvergleichend forschende(n) Psychologin und Psychologen obligatorisch.

TAB. 4 International vergleichende Survey-Projekte (Auswahl):

(social survey=aufgrund von größeren Stichproben mit Hilfe von Interviews durchgeführte Umfrageforschung)
- International Social Survey Programme (ISSP)
- European Social Survey (ESS)
- Werte: World Value Survey (WVS)
- European Value Study (EVS)
- Eurobarometer
- Gesundheit: Weltgesundheitsorganisation (WHO)
- Arbeit: ILO
- Schule, Bildung: PISA
- World Fertility Survey
- Kriminalität: International Crime Survey
- European Labor Force Survey
- European Survey on Working Conditions
- European Community Household Panel (ECHP)
- Glück: Happy Planet Index; World Database of Happiness; Gallup Healthways Global Well-Being Index; World Happiness Report
- Krieg und Frieden: Stockholm International Peace Research Institute (SIPRI); CONIS (Heidelberger Institut); IISS (International Institute for Strategic Studies (London)
- Global peace index

Die *theoretischen Grundlagen und Ergebnisse* der K.V.P. sind bisher im Hinblick auf die Menschheit und die Gesamtheit der Kulturen noch rudimentär. In den Gebieten der Allgemeinen Psychologie (vgl. Serpell, 1977; Paiva, 1978; Helfrich, 2013), der Klinischen Psychologie und Psychotherapie (Quekelberge, 1991; Heise, 1998; Stubbe, 2012), der Entwicklungspsychologie (vgl. Trommsdorff, 2003; Helfrich, 2013), Arbeits- und Wirtschaftspsychologie (interkulturelles Management, Kulturstandards) (vgl. Thomas, 2003; Stubbe, 2012, S.318, 383, 540), Persönlichkeitspsychologie (Big Five, vgl. Helfrich, 2013), Sprache und Kommunikation (Straub et al., 2007) und Fremdheitstheorien (vgl. Stubbe, 2012) haben sich bereits einige mehr oder minder gesicherte theoretische Annahmen herausgebildet. Wichtig in diesem Zusammenhang sind van Quekelberghe's Ausführungen zum Einfluss kultur-historischer Prozesse auf Bewusstseins- und Verhaltensformung, sowie sein Plädoyer für eine lokal-historische Rationalität.

"Wir kennen kaum eine Verhaltens- und Erlebensweise, die nicht durch kulturhistorische Prozesse und Strukturen geformt bzw. beeinflußt wird." (Quekelberge, 1991:11)

Daraus leitet sich auch die allgemeine Forderung ab, dass jede psychologische Theorie, Technik, Methodik, Therapie, Psychodiagnostik etc. hinsichtlich eines potentiellen Ethnozentrismus hinterfragt werden sollte. Kritiker werfen der K.V.P. vor, dass sie vor allem den wirtschaftlichen und militärischen Interessen des Westens (vgl. frühere Nationalcharakter-Forschung) dienen soll und die viel gepriesenen völkerverbindenden Motive bisher nur im Hintergrund stehen. Nach dem „Zeitalter der Extreme" (Hobsbawn), dem grausamen 20. Jh., mit seinem Kolonialismus/ Imperialismus, Rassismus, seinen Weltkriegen, dem Holocaust, der Bombardierung von Großstädten und den Atombombenabwürfen, hat die K.V.P. u.a. die wichtige Aufgabe im gegenwärtigen Zeitalter der Globalisierung die Vielfalt der Menschen, Sprachen, Kulturen und in der Natur zu bewahren und zu stärken und den Frieden zu fördern/sichern, sowie bei der Lösung der „Weltprobleme" mitzuhelfen.

Exkurs: *Die psychische Einheit der Menschheit - Ein theoretisches Fundament der Transkulturellen Psychologie[34]-*

Die theoretische, ursprünglich ethnologische Lehre von der psychischen[35] Einheit der Menschheit (LPEM) kann dahingehend charakterisiert werden, dass sich in allen Kulturen d.h. bei allen Menschen weltweit die gleichen psychologischen Konstrukte d.h. gesicherte und genau beschreibbare Variablen, Verhaltens- und Erlebensweisen, auch solche, die sich nicht direkt beobachten lassen wie z.B. Intelligenz, Kognition, Wahrnehmung, Emotion, Motivation, wenn auch in verschiedenen kulturellen Ausprägungsformen, finden. Ein typisches Beispiel für eine Erlebens- und Verhaltens-Universalie ist das Lachen und Weinen. Schon *Aristoteles* sprach bekanntlich vom „homo ridens" (vgl. Plessner, 2003; Wende, 2008, Nitschke, et al., 2009; Richert, 2009; Möhrmann, 2015). Eine weitere menschliche Universalie ist das Sprechen. Also eine Einheit in der kulturellen Vielfalt!
Die universalistische LPEM hat ihre historischen Wurzeln bereits in der griechisch-römischen Antike mit ihren kosmopolitischen Vorstellungen *(*vgl. z.B. *Zenon, Cicero, Seneca d. J., Epiktet, Marc Aurel*; Stoische Weisheit, 1986; Koepping, 1983, S.138). Schon für *Antisthenes* (444-368v.Chr.), der Stifter der kynischen Philosophenschule und Schüler des Sokrates, ist der Weise nicht Bürger, sondern Weltbürger. Auch sein Schüler *Diogenes*[36] sagt:

„Ich bin Bürger des Kosmos (Kosmopolit)" (Kranz, 1955, S. 280).

---

[34] Wir ziehen den Begriff „Transkulturelle Psychologie" dem deutschsprachigen Begriff „Kulturvergleichende Psychologie" vor, da sich jener immer mehr international durchsetzt. Nach Stubbe (2012) versucht der Begriff „Psychologische Anthropologie", die auf dem Boden der Kulturanthropologie steht, alle diese Forschungsrichtungen wie „Interkulturelle Psychologie", „Ethnopsychologie", „Cross-culture psychology" und „Transkulturelle Psychologie" d.h. auch die emische und etische Sichtweise zu integrieren.
[35] Unter „psychisch" werden „diejenigen an das Zentralnervensystem gebundenen Lebensvorgänge bezeichnet, die erlebbar sind und/oder sich im Verhalten äußern. Das Erlebnisgeschehen ist durch das kategoriale Novum der Innerlichkeit und der Wert- und Sinnzusammenhänge vom objektiv faßbaren und rationalisierbaren Verhalten abgehoben. ... Der Begriff ‚psychisch' meint immer den Doppelaspekt von Erlebnis und Verhaltensweise." (Delius & Fahrenberg, 1966, S. 6)
[36] von dem der Begriff wahrscheinlich stammt. Diogenes von Sinope, ca. 400-325 v. Chr., war der Hauptvertreter des Kynismus.

Insbes. in der griech.-röm. Stoa finden sich bereits viele Texte, die eine Einheit der Menschheit und eine sittlich weltumspannende Lebensgemeinschaft aller Menschen postulieren. Die eigentliche Heimat des Menschen ist das geordnete Universum, der Kosmos. So schreibt etwa **Seneca d. J.** (62-113 n. Chr.):

„Non sum uni angulus natus, patria mea totus hic mundus est." (Seneca, epistulae morales ad Lucilium, 28,4, S. 160).
(„Nicht für einen einzigen Winkel bin ich geboren, meine Heimat ist hier die ganze Welt.")

„Politisch sind die Stoiker Kosmopoliten, nationale Grenzen sind für sie zu eng; da alle Menschen Brüder sind, sollen sie auch alle Bürger eines einzigen, großen Weltstaates sein, unter einem für alle gleichen Gesetz stehen. Sie fordern immer wieder die Gleichberechtigung aller Menschen, auch der damals nicht hochgeschätzten Sklaven, die als Sache behandelt wurden. Unter diesem Aspekt fordern sie sogar die Feindesliebe." (Panitz, 1986, S.24)

Der neukantianische Philosoph **Wilhelm Windelband** (1848-1915) stellt denn auch zu Recht fest:

„Der staatlichen Zersplitterung der Menschheit aber hielten die Stoiker die Idee des Weltbürgertums entgegen, die sich ihnen unmittelbar aus jener Vorstellung von einer sittlichen Lebensgemeinschaft aller Menschen ergab. Es entsprach der großen Bewegung der Zeitgeschichte, daß sie den Wertunterschied von Hellenen und Barbaren, den noch Aristoteles vertreten hatte, als überwunden beiseite schoben." (Windelband, S. 146; zit. nach Stoische Weisheit, 1986, S.207).

Im antiken China predigte auch der Sozialethiker, Pazifist und Gegner des Konfuzius *Mo Ti* (auch: Motius) (ca. 480 – 400 v. Chr.) in seiner Schrift „Von der Liebe des Himmels zu den Menschen" eine allgemeine unterschiedslose Menschenliebe (vgl. Mo Ti, 1992).
Ebenfalls die theoretische Konzeption des *Panpsychismus* (anima mundi, Weltseele; z.B. Platon, Stoa, Schelling, Nagel) impliziert eine LPEM (vgl. Stein, 1886, S.39-48). Schon in Platons Dialog „Timaios" wird die Einzelseele Teil einer alles bewegenden Weltseele. In der romantischen Vorstellung wird dann die Weltseele z.B. bei *F. W. J. Schelling* (1775-1854) zu einem alles belebenden Weltprinzip. Der amer. Philosoph *Ralph Waldo Emerson* (1803-1882), ein Hauptvertreter des „New England Transcendentalism", entwickelte das einflussreiche Konzept der „oversoul".
Das mittelalterliche *Christentum* (vgl. z.B. *Paulus*, Brief an die Galater, 3, 28) hat dann die Lehre von der Gleichheit der Seelen vor Gott hervorgehoben und Humanismus und Aufklärung haben diese kosmopolitischen Gedanken weiterentwickelt. Sie sind auch eng verbunden mit dem Frieden. Der bedeutende Schweizer Theologe *Karl Barth* (2015, S. 494f) hat in seiner einflussreichen Auslegung des Römerbriefes klar hervorgehoben, dass

„in Christus kein Krieg möglich" ist, „er ist doch unser Friede".
„Der Krieg ist das natürliche Tun des Menschen, der, *seinen* Aspekt vom Mitmenschen verabsolutierend, sein will wie Gott. Das legt uns nahe Frieden zu halten um jeden Preis, und das mit *allen* Menschen."

Schon die griech./röm. Antike, die Aufklärung und die Neuzeit tragen auch in ihrer *Idee des Weltbürgertums*, die alle Menschen als gleichberechtigte Mitbürger und die ganze Erde als ihre Heimat, als die große „Weltstadt" (*Diderot*) anerkennt, dem geschichtlichen Umstand Rechnung (insb. aus den späteren Erfahrungen mit totalitären Gesellschaften im 20. Jh.), dass ein einzelner Staat, eine Nation, eine Kultur, eine "Rasse", eine Klasse dem gegenwärtigen Menschen nicht mehr den sittlichen Lebensinhalt zu vermitteln vermag.

Goethe war Kosmopolit:

> „Denn es ist einmal die Bestimmung des Deutschen, sich zum Repräsentanten der sämtlichen Weltbürger zu erheben." 1809!,

sowie das „junge Deutschland" (z.B. *Heine*). Die Linksliberalen und Sozialisten (nicht die National-Sozialisten!; vgl. Glaser, 1979) nahmen diese Gesinnung auf.

In *Auguste Comtes* (1798-1857) „Religion de l'Humanité" (oder „Religion Positive"), die in Brasilien besonders wirksam geworden ist, wird die „Menschheit" als „Grand-Être" verehrt (vgl. Abb. 12). Das „Grand-Être" umfasst die gesamte innere und äußere Ordnung des Menschen und findet sich nach positivistischer Anschauung in allen Stufen der geschichtlichen Entwicklung der Menschheit, die in drei Stadien abläuft. Die Vereinigung der gesamten Menschheit vollzieht sich durch die vereinigende Macht der Liebe, gemäß der heiligen Formel des Positivismus:

> „O amor por pricipio e a ordem por base, o progresso por fim"[37] (vgl. Regozini, 1977, S. 232; Wagner, 2001, S. 63ff).

Der in der DDR vertretene Marxismus-Leninismus sah jedoch im Kosmopolitismus eine reaktionäre Ideologie. Im „Wörterbuch der marxistisch-leninistischen Philosophie" (1989, S. 299f) heißt es (noch vor dem Zusammenbruch des Ostblocks) dazu:

> „Kosmopolitismus: Bezeichnung für Anschauungen und Theorien über die Nation und die Beziehungen der Nationen zueinander, nach denen die Nation eine überlebte Erscheinung sei und durch übernationale Zusammenschlüsse ersetzt werden müsse. Während der K. in der Herausbildung der bürgerlichen Nationen eine relativ fortschrittliche Rolle spielte, weil er sich hauptsächlich gegen nationale Abgeschlossenheit und Borniertheit wandte, ist er in der Gegenwart zu einer reaktionären Ideologie geworden, die dem Imperialismus als Mittel dient, andere Nationen unter dem Aushängeschild der Integration zu unterdrücken. Der K. bedient sich solcher Schlagworte wie ‚Abendland', ‚Europa-Idee' und untergräbt das Nationalbewußtsein der Nationen. Dadurch hilft er den mächtigsten imperialistischen Staaten, ihre Weltherrschafts- oder Vorherrschaftspläne zu begründen. Insofern erweist sich der K. als eine verschleierte Form des Nationalismus."

Wer weiß, wie in der DDR Kubaner, Afrikaner und Vietnamesen apartheitsmäßig behandelt und z.B. bikulturelle Ehen und Partnerschaften verboten wurden, wird sich bewusst, dass dieser totalitäre SED-Sozialismus sich weit vom Humanismus entfernt hatte und rassistische Züge

---

[37] vgl. die brasilianische Nationalfahne

trug, was in einem Land wie Deutschland bereits eine lange Tradition hat (Mosse, 1978; Glaser, 1979; Stubbe, 2012, S. 531ff). Übrigens war Karl Marx ein Kosmopolit!

In der gegenwärtigen Philosophie wird unter *Kosmopolitismus* das Programm verstanden, gemäß der naturrechtlichen Gleichheit aller Menschen eine politische Ordnung zu etablieren, in der alle Menschen gleichermaßen als Bürger d.h. auch die Migranten, Flüchtlinge, Vertriebenen, Marginale etc. anerkannt werden können.

> „Dabei ist umstritten, ob diese Ordnung im Sinne eines utopischen Weltstaates (Thomas More, 1516), im Hinblick auf eine gänzliche Abschaffung staatlicher Gewalt überhaupt (so im Marxismus), oder, wie es I. Kant in seiner Schrift *Zum ewigen Frieden* (1795) vertrat, im Sinne einer Föderation souveräner Republiken gedacht werden soll." (Gessmann, 2009, S.408)

Im *Pazifismus* (vgl. B. von Suttner, Die Waffen nieder, 1892ff) und *Internationalismus* finden sich ebenfalls wirksame Ausprägungen des Kosmopolitismus. *Kwame Anthony Appiah* (2007) gibt einen ausgezeichneten aktuellen Überblick über die „Philosophie des Weltbürgertums".

Die von der *Evolutionstheorie und Paläoanthropologie* konstatierte Ausbreitung des *Homo sapiens* über die gesamte Erde, beginnend seit ca. 100.000 Jahren, stützt ebenfalls die LPEM (Hardt et al. 2009). Auch andere biologische Tatsachen bilden ein Fundament der LPEM: Wegen der *molekularbiologischen Erkenntnisse über die genetische Vielfalt der Menschen* sind die klassischen Rassenkonzepte zum Scheitern verurteilt: mindestens ¾ der menschlichen Gene variieren nicht, sie sind also bei allen Menschen gleich. Trotz erheblich erscheinender morphologischer Unterschiede sind die genetischen Distanzen zwischen den geographischen Populationen des Menschen gering. Der größte Anteil der genetischen Unterschiede zwischen Menschen befindet sich nicht zwischen, sondern innerhalb der geographischen Populationen. Mindestens 90% der genetischen Unterschiede befinden sich innerhalb lokaler oder eng benachbarter Populationen (vgl. Stubbe, 2012, S. 526ff).

Im 19. Jh. hat vor allem der Arzt und Ethnologe **Adolf Bastian** (1826-1905) die LPEM in verschiedenen Publikationen theoretisch zu begründen versucht. Adolf Bastian war einer der bedeutendsten deutschen Forschungsreisenden des 19.Jh.s. Er gilt als Begründer der deutschen Ethnologie und Ethnopsychologie, gründete 1886 das Königliche Museum für Völkerkunde in Berlin, gab die heute noch bestehende "Zeitschrift für Ethnologie" (1869ff) heraus und war Mitbegründer der "Berliner Gesellschaft für Anthropologie, Ethnologie und Urgeschichte" (1869). Einer seiner Schüler war der Deutschamerikaner *Franz Boas* (1858-1942), der die nordamerikanische „cultural anthropology" begründete, aus der z.B. Ruth Benedict und Margaret Mead u.v.a.m. hervorgegangen sind.

Eine der besten Kennerinnen von Leben und Werk Adolf Bastians Annemarie Fiedermutz-Laun (1990) beschreibt die wissenschaftshistorische Situation bzw. Entwicklung der LPEM präzise folgendermaßen:

> „Denn seit sich Ende des 18. Jahrhunderts auf Grund der Erkenntnis von der physischen Einheit der ‚Rassen' die allgemeine Anerkennung der psychischen Einheit aller Menschen Bahn gebrochen hat, bauen auf diesem Gedanken der Aufklärung eine Reihe von Wissenschaften eigene Forschungsrichtungen aus. Die vergleichende Psychologie und

Völkerpsychologie werden von Herbart, Beneke, Fechner, Waitz und Lazarus-Steinthal ausgestaltet. Das naturwissenschaftliche Denken findet im Positivismus von Comte, der der Soziologie zum Rang einer selbständigen Wissenschaft verhilft, seinen Niederschlag, ferner im Entwicklungsgedanken, der seine geisteswissenschaftliche Ausprägung bei Herder und im Positivismus, seine naturwissenschaftliche bei Darwin findet. Der unilineare Evolutionismus beginnt Teile der Geschichtswissenschaft zu prägen. Neben die Arbeiten der vergleichenden Linguistik und der vergleichenden Mythologie tritt die Prähistorie, die Anthropologie gewinnt zunehmend an Bedeutung, ist jedoch noch eng mit der Psychologie verhaftet. Die Verbindung von Geographie und Geschichte hat bei Ritter ihren ersten Höhepunkt erreicht, und bei A. v. Humboldt wird die Geographie zu einer Chorologie, zur Lehre von Naturräumen." (Fiedermutz-Laun, 1990, S. 109)

Es war ein besonderes Verdienst des humanistisch gebildeten Arztes Adolf Bastian, der als Schiffsarzt fast alle Länder der damals bekannten Welt bereiste, die Gemeinsamkeiten einer Humanwissenschaft herausgestellt zu haben, indem er eine "LPEM" theoretisch begründete und dies in einer Zeit, als sich die Rassenlehren (z.B. Carus, 1849; Agassiz, 1850; Gobineau, 1853/55), ein die sog. Naturvölker („Wilden", „Primitiven", „Kulturlose", „savages", „sauvages", etc. vgl. Stubbe, 2012, S. 483f) diskriminierender Sozialdarwinismus und Imperialismus herauszubilden begannen (vgl. Stubbe, 2012, S. 483f, 526ff, 584). Als Universalist und Monophyletiker war Bastian ein überzeugter Anti-Rassist, der heftig der damals vorherrschenden Überzeugung widersprach, dass „Rassenmischung" schädlich sei. In seinen Werken kritisierte er dementsprechend die Gobineausche im "Essai sur l'inégalité des races humaines"(1853/55) vertretene Auffassung, dass die Mischung der verschiedenen „Rassen" durchgängig eine physische und moralische Verschlechterung herbeiführe und den Völkern den Keim eines sicheren Unterganges einpflanze (= Degenerationshypothese[38]).
Bastians rationales Programm (vgl. Stubbe, 2012, S. 67), lief auf die Schaffung einer naturwissenschaftlichen Psychologie hinaus, deren Tatsachenbasis jedoch nicht auf die wenigen Jahrtausende dokumentierter abendländischer Geschichte oder auf die (experimentellen) Erfahrungen der westlichen Psychiater und Psychologen, der Introspektion etc. beschränkt sein, sondern der Ethnographie der gesamten Menschheit entnommen werden müsse. Bastian verneint auch einen stetigen Fortschritt in einmaliger Kulturentwicklung (eine einmalig moderne Auffassung!) und tritt der Lehre entgegen, dass jede spätere Kultur einen Fortschritt über die frühere hinaus bedeute.
Die Bastiansche LPEM, die Lehre von den Elementar- und Völkergedanken und schließlich die meisterhafte Handhabung der komparativ-genetischen Methodik (ethnologische Übersichtsaufnahme) sind Belege genug, um ihn als einen zu Unrecht vergessenen Mitbegründer der Transkulturellen, Kulturvergleichenden und Ethno-Psychologie/Psychologischen Anthropologie zu erweisen, die auf dieser Lehre fußen (vgl. Stubbe, 2019).

"Unverkennbar sind die Berührungen zwischen Bastian und der modernen von Wilhelm Wundt vertretenen Völkerpsychologie. Doch ist Bastians völkerpsychologische Domäne

---

[38] Zur Degenerationslehre, die auch in der Psychiatrie (z.B. Bénédict-Augustin Morel, 1809-1873) eine gewisse Rolle gespielt hat, und über die der Arzt und Zionist Max Nordau (1849-1923) sein Hauptwerk „Entartung" (1892) schrieb, vgl. S.L. Gilman (1985): Degeneration. NY; Kulturhistorisch und aktuell vgl. E. Onfray (2018): Niedergang (frz. Décadence). Aufstieg und Fall der abendländischen Kultur von Jesus bis Bin Laden. München

dadurch wesentlich erweitert, daß er aus ethnologischen Gründen die aus der Grimm'schen Schule herrührende Scheidung zwischen individuellen und kollektiven Geistesprodukten prinzipiell ablehnt, wodurch der Zusammenhang der höheren Kulturwelt mit den niederen Völkern gewahrt bleibt,"

schreibt von Adrian (1905, S. 178; zit. nach Stubbe, 2012, S. 68) in seinem Nekrolog auf Adolf Bastian. Der Begründer der geisteswissenschaftlichen Psychologie **Wilhelm Dilthey** (1833-1911) lobte Bastians Feldforschungen, nachdem er "Die Völker des östlichen Asien. Studien und Reisen" (1866-1871) gelesen und unter einem Pseudonym in "Westermann's Monatshefte"(1868) rezensiert hatte (vgl. Koepping, 1983, S. 5, 232).
In Deutschland gründete sich keine Schule um Bastians Lehre.

„Im elementaristischen Denken, z.B. auch der ‚Berliner Gesellschaft für Anthropologie, Ethnologie und Urgeschichte', ging die sozial- und völkerpsychologische Interessenrichtung verloren." (Beuchelt, 1974, S. 21)

C. G. Jungs (1875-1961) Archetypenlehre ist jedoch von der LPEM stark beeinflusst (vgl. Koepping, 1983, S.142f, 247; Jung, 2009, S.45, 78, 107). Man könnte vielleicht überspitzt behaupten, dass der Schweizer Psychiater und Tiefenpsychologe Jung die Bastiansche Lehre von den Elementargedanken zuerst auf die schizophrenen Psychosen und später dann auf die Normalpsyche angewandt hat. Jung schreibt (erstmals 1946):

"Zu den 'angeborenen Vorstellungen' gehören auch Adolf Bastians 'Elementargedanken', worunter die überall sich findenden analogen Grundformen der Anschauung zu verstehen sind, also etwa dasselbe, was wir heute als 'Archetypen' formulieren" (Jung, 1971, S. 194; zit. nach Stubbe, 2012, S. 69).

Im Gefolge der kulturellen Evolutionstheorie neigte man allgemein dazu zwischen der Psyche der sog. Naturvölker, der Kinder und der Geisteskranken "psychische Parallelen" bzw. Vergleiche aufzustellen, wie die Werke von *Alfred Vierkandt* „Naturvölker und Kulturvölker" (1896), *Sigmund Freud* "Totem und Tabu" (1912/13), *Gustav Kafka* „Handbuch der Vergleichenden Psychologie", Bd.1 (1922), *Heinz Werner* "Einführung in die Entwicklungspsychologie" (1926) und die Studien über das "archaische Denken" der Schizophrenen (Storch, 1922), das "magische Denken" (Frazer, 1907-1915) und das "prälogische Denken" der sog. Primitiven (Levy-Bruhl, 1910, 1922) zeigen (vgl. Stubbe, 2019, s. oben).

"Neuere, im wesentlichen empirische Arbeiten", schreibt der Kölner Völkerpsychologe Eno Beuchelt (1988, S. 96f; zit. nach Stubbe, 2012, S. 69), "haben gezeigt, dass zwar die Denkvoraussetzungen - Wissen um Naturerscheinungen, die Ursachen von Krankheiten, technische Zusammenhänge u.a. - kulturell unterschieden sein mögen, dass jedoch die formalen Denkabläufe gleich sind und bei entsprechender schulischer Ausbildung zu gleichen Ergebnissen führen. Die theoretische Fundierung dieser Einsicht liefert das seit dem 19.Jh. bekannte und bisher nicht widerlegte Postulat von der 'Psychischen Einheit der Menschheit'."

Hinsichtlich der Wirkung Bastians und der LPEM können wir folgende fünf Gruppen unterscheiden: Erstens die Schüler wie z.B. *Franz Boas* (1858-1942), der Gründer der "Schule" der nordamerikanischen „cultural anthropology" (vgl. Kulturrelativismus) oder *Karl von den Steinen* (1855-1929), der in den 80er Jahren des 19.Jh.s in Brasilien im Xingú-Gebiet erste Feldforschungen durchführte, zweitens parallele Entwicklungen (z.B. Edward B. Tylor, 1832-1917), drittens Konvergenzen z.B. *Sigmund Freud's* (1856-1939) ethnopsychoanalytisches Konzept von der Universalität des Inzesttabus und der Ödipuskonstellation etc., viertens die Entwicklung der Kulturvergleichen Psychologie/Transkulturellen Psychologie/Psychologischen Anthropologie (Stubbe, 2012) und fünftens die evolutionären Psychologien und die Historische Psychologie (Jüttemann, 2013). Die LPEM ist demnach eine wichtige unverzichtbare theoretische Grundlage der modernen Ethnologie und Psychologie.

Fazit
Ohne die LPEM lässt sich heute in einer globalisierten Welt keine humane, menschheitsverbindende Psychologie insbes. Transkulturelle Psychologie und Psychologische Anthropologie betreiben (Stubbe, 2020).
(Bibliografie s. http://geb.uni-giessen.de/geb/volltexte/2021/15678/pdf/Bornistik_2021.pdf).
.

TAB. 5 ZEITTAFEL: WICHTIGE EREIGNISSE IN DER GESCHICHTE DER VÖLKERPSYCHOLOGIE, ETHNOPSYCHOLOGIE, TRANSKULTURELLEN PSYCHOLOGIE UND PSYCHOLOGISCHEN ANTHROPOLOGIE SEIT DEM 18.Jh.

1742 *David Hume* (1711-1776) publiziert einen Essay „On National Characters"
1744 *Giambatista Vico* (1668-1744) publiziert "Principi d'una scienza nouva d'intorno alle commune natura delle nazione" (Die neue Wissenschaft über die gemeinschaftliche Natur der Völker); eine Theorie der Geschichte und Neuordnung der Wissenschaften
1756 *Voltaire* (1694-1778) kritisiert mit heftigen Worten in seinem *"Essay sur histoire générale et sur les moeurs et l'esprit des nations depuis Charlemagne jusqu'à nos jours"* einerseits die Sklaverei, andererseits finden sich hierin auch antisemitische und rassistische Passagen. Das 18.Jh. in Europa war gleichzeitig Gegner und Ursprung des modernen Rassismus.
1777 *Georg Forster* (1754-1794): "Reise um die Welt". Aufklärungsphilosophie; ethnopsychologische Reflexionen; Nationalcharakter; Polygenese der Menschheit
1836ff *Wilhelm von Humboldt* (1767-1835): "Über die Kawisprache auf der Insel Java". "Über die Verschiedenheit des menschlichen Sprachbaues und ihrem Einfluß auf die geistige Entwickelung des Menschengeschlechts" (1836). "Plan einer vergleichenden Anthropologie" (1795). Begriff "Völkerpsychologie" stammt möglicherweise von ihm
1846 Der schottische Arzt *James Esdaile* (1808-1859) verwendet den Mesmerismus in der Operations-Anaesthesie in Indien: „Mesmerism in India and its practical application in surgery and medicine" und „The introduction of Mesmerism, as an anesthetic and curative agent, into the hospitals of India"(1851)
1851 *Moritz Lazarus* (1824-1903): "Über den Begriff und die Möglichkeit einer Völkerpsychologie"; gilt nach *Sganzini* (1913:32) als das „Geburtsjahr der Völkerpsychologie"

1859ff *M. Lazarus* und *H. Steinthal* (1823-1899) geben die „Zeitschrift für Völkerpsychologie und Sprachwissenschaft" heraus. Sprache als Objektivation des Volksgeistes
1859ff *Ch. R. Darwin* (1809-1882): "On the origin of species". "Der Ausdruck der Gemütsbewegungen bei dem Menschen und den Tieren" (1872, dt.1884)); Evolutionstheorie; vergleichende Emotions(Ausdrucks-)forschung vermittels Fotographien; Fragebogenmethode
1859ff *Th. Waitz* (1821-1864): "Anthropologie der Naturvölker". Mentalitätsunterschiede nicht durch Rassenunterschiede erklärbar; starke Modifizierbarkeit seelischer Eigenschaften des Menschen
1860ff *A. Bastian* (1826-1905): "Der Mensch in der Geschichte". "Beiträge zur vergleichenden Psychologie" (1868). Theorie des Elementargedanken, Völkergedanken; psychische Einheit der Menschheit
1862 An der Universität Bern wird der erste Lehrstuhl für Völkerpsychologie geschaffen (erster Inhaber: *Moritz Lazarus*); möglicherweise der erste Lehrstuhl für Psychologie überhaupt
1866 *Ernst Heinrich Haeckel* (1834-1919) formuliert in „Allgemeine Morphologie" das ontogenetische Grundgesetz, wonach die Ontogenie verkürzt die Phylogenie rekapituliert; später von *St. Hall* auf die kulturelle und individuelle psychische Entwicklung übertragen
1867 *K. Andree* publiziert „Völkerpsychologie und Literatur" (Globus, XII, 120-22)
1871 *E. B. Tylor* (1832-1917): "Primitive culture" ; ethnolog. Evolutionstheoretiker; Kulturanthropologie; Animismus-Theorie; kulturelle survivals
1876ff *H. Spencer* (1820-1903): "Principles of sociology". "Descriptive sociology" (1873/81). Evolutionismus, Komparative Psychologie, Sozialdarwinismus, Gesellschaft als ein Organismus höherer Art
1877 *L. H. Morgan* (1818-1881): "Ancient society, or researches in the lines of human progress from savagery through barbarism to civilization". Kultureller Evolutionismus; Kontakt mit Bachofen
1880 Der Augenarzt *Hugo Magnus* publiziert: "Untersuchungen über den Farbensinn der Naturvölker". Verwendung eines chromo-lithographischen Fragebogens, der an Ärzte, Missionare etc. versandt wurde
1887 *Carl Stumpf* (1848-1936): „Mongolische Gesänge", Vjschr. für Musikwissenschaft, III
1890 *J. G. Frazer* (1854-1941): "The golden bough". Analysen der Magie, des Totemismus und des sakralen Königtums; kultureller Evolutionismus
1890 *A. Bastian* : „Über psychische Beobachtungen bei Naturvölkern". Gesellschaft für Experimentalpsychologie, Leipzig
1894 *O. Stoll*: "Suggestion und Hypnotismus in der Völkerpsychologie". Suggestion im Kulturvergleich. "Geschlechtsleben in der Völkerpsychologie" (1908). Begründung der ethnologischen Sexualforschung
1894 *G. Le Bon* (1841-1931): "Les lois psychologiques de l'évolution des peuples". Massen- und Rassen-Psychologie
1895 *A. Vierkandt* (1867-1953): „Natur- und Kulturvölker". Ventilsitten; "Die entwicklungspsychologische Theorie der Zauberei" (1937)
1898 *A. Fouillée*: „Psychologie du peuple français"
1898ff *W. H. R. Rivers*: "Introduction and vision" (1901). "Psychology and ethnology" (1926). Cambridge-Expedition zusammen mit McDougall und Myers zur Torres Straits; Experimentelle Untersuchung des Farbensinns, geometrisch-optischer Täuschungen etc.
1900 *Theodor Koch* (später: Koch-Grünberg) (1872-1924) legt eine Monographie „Zum Animismus der südamerikanischen Indianer" (Internat. Archiv für Ethnographie, Leiden) vor
1900ff *W. Wundt* (1832-1920): "Völkerpsychologie"(10 Bd.e). "Elemente der Völkerpsychologie"(1912). Analyse der höheren geistigen Erzeugnisse wie Sprache, Mythos und Sitten (später Kunst und Religion); Stufen der menschlichen Entwicklung

1900 *A. E. Chamberlain*: „Entwicklungshemmung der Kinder bei den Naturvölkern" (Z. Päd. Psychol., 2, 303ff)
1904 *A. Leicht*: „Lazarus, der Begründer der Völkerpsychologie"
1904 *P. Beck* : „Die Nachahmung und ihre Bedeutung für Psychologie und Völkerkunde"
1904 *Emil Kraepelin* (1856-1926)   publiziert eine „Vergleichende Psychiatrie" aufgrund seiner psychiatrischen Untersuchungen in der Anstalt Buitenzorg auf Java
1904ff *Fr. Salomo Krauss* (1859-1938) gibt die "Anthropophyteia" (1904-1913) heraus. Ethnologische und folkloristische Sexualforschung
1904 *St. G. Hall* (1844-1924) legt in seinem zweibändigen Werk "Adolescence" eine psychogenetische Theorie bzw. kulturelle Rekapitulationstheorie vor, nach der in der kindlichen und Jugendentwicklung in verkürzter Form die kulturelle Entwicklung der Menschheit wiederholt würde
1906 *Otto Klemm* (1884-1939) publiziert: „G. B. Vico als Geschichtsphilosoph und Völkerpsycholog"
1909 *A. van Gennep*: "Les rites de passage". Struktur der Initiationsriten
1909 *Max Wertheimer* (1880-1943): „Musik der Wedda", Sbd. Int. Musikgesch., 11
1910 *Lucien Lévy-Bruhl* (1857-1939): "Les fonctions mentales dans les sociétés inférieures". "La mentalité primitive"(1922). Gesetz der mystischen Partizipation; prälogisches Denken
1910 *H. Burger*: „Ethnologie und Entwicklungspsychologie" (Z. Rel. Psychol., 4, 1ff)
1911 *B. Gutmann*: „Zur Psychologie der Dschaggarätsel" (ZfE, 43, 522-549)
1911 *F. Boas* (1858-1942): "The mind of primitive man". "Das Geschöpf des sechsten Tages"(1955). Begründer der nordamer. cultural anthropology
1911 *M. Wertheimer* „Über das Denken der Naturvölker", Z. f. Psychol.,60
1912 *J. Kretzschmar*: „Die Kinderkunst bei den Völkern höherer und niederer Kultur" (Arch. Päd., 39ff)
1912ff *C. G. Jung*: "Wandlungen und Symbole der Libido". Kollektives Unbewußtes; Archetypentheorie
1912ff *S. Freud* (1856-1939): "Totem und Tabu". Beginn der psychoanalytisch orientierten Völkerpsychologie (Ethnopsychoanalyse)
1912 *A. Marie* „ Psychopathologie ethnique"
1912 *W. Stern* & *O. Lippmann*: "Vorschläge zur psychologischen Untersuchung primitiver Menschen".
1913 *C. Sganzini* gibt in Bern die preisgekrönte Schrift „Die Fortschritte der Völkerpsychologie von Lazarus bis Wundt" heraus
1913 *K. H. Preuß* (1869-1938): "Die geistige Welt der Naturvölker".
1913ff *A. W. Nieuwenhuis*: „Die Veranlagung der malaiischen Völker des ostindischen Archipels" (1913-1923); ethnopsychologische Studien anhand materieller Dokumente („Leistungen")
1913ff *R. Thurnwald* (1869-1954): "Ethnopsychologische Studien an Südseevölkern". "Psychologie des primitiven Menschen" (1922). Ethnopsychologische Feldforschung, Funktionalismus
1914 *A. Fouillée* publiziert eine vergleichende völkerpsychologische Studie „Esquisse psychologique des peuples européens" (= Griechen, Italiener, Spanier, Engländer, Deutsche, Österreicher, Schweizer, Holländer, Belgier, Skandinavier, Russen, Franzosen ; früher hatte er bereits eine „Psychologie du peuple français" verfasst; „charactères nationaux"
1915 *E. Franke* „Die geistige Entwicklung der Negerkinder"; basiert auf einer Untersuchung von Kinder-zeichnungen in den deutschen Kolonien in Afrika
1918 *W. H. R. Rivers* „Dreams and primitive culture" (Bulletin of John Ryland Library, Manchester, 4); Rivers versucht Freud's Kategorie der Traumzensur mit ihren psychischen

Mechanismen der Verschiebung und Verdichtung in der Kunst und im Ritual der Melanesier wiederzufinden

1922 *G. Kafka* gibt ein „Handbuch der Vergleichenden Psychologie" heraus, das eine „Psychologie des primitiven Menschen" von *R. Thurnwald* enthält

1922 *R. Müller-Freienfels*: "Psychologie des deutschen Menschen und seiner Kultur". Volkscharakterologie

1923 *F. Ch. Bartlett (1886-1969)*: "Psychology and primitive culture".

1923 *Otto Rank* (1884-1939) „Das Trauma der Geburt"; psychoanalytische Mytheninterpretation

1923 *G. Wissler* „Man and culture"; Insuffizienz einer Separierung von Psychologie und Ethnologie betont

1924 *F. Gräbner* (1877-1934): "Das Weltbild der Primitiven".

1924 *F. Boas*: „The mind of primitive man"

1924ff *Bronislaw Kasper Malinowski (1884-1942)*: "Mutterrechtliche Familie und Ödipuskomplex". "Sex and repression in savage society" (1927). Anthropologische Überprüfung psychoanalytischer Hypothesen aufgrund von stationärer Feldforschung bei den Trobriandern (1914-1918)

1925 *F. Hertz*: „Die allgemeinen Theorien vom Nationalcharakter" (Arch.f. Sozialwiss. und Sozialpol., 54)

1925 *W. Beck*: "Das Individuum bei den Australiern".

1925ff *R. Thurnwald* begründet die *"Zeitschrift für Völkerpsychologie"* (später *"Sociologus"*)

1926 *H. Werner*: "Einführung in die Entwicklungspsychologie". Vergleichende Psychologie (Kinder, Naturvölker, „Geisteskranke", Tiere)

1926 *W. H. R. Rivers* : "Psychology and ethnology"

1926 *R. Allier*: „La psychologie de la conversion chez peuples noncivilisés "

1926 *Ch. Blondel* veröffentlicht „ La mentalité primitive" mit einem Vorwort von Lévy-Bruhl; Unterscheidung einer „mentalité civilisée" von einer „mentalité primitive"; mystische Realität und mystische Kausalität

1927 *Fr. Baumgarten et al.*: „Völkerpsychologische Charakterstudien", 3 Bd.e

1927 *P. Radin*: „Primitive man as philosopher"; Persönlichkeitsforschung; indigene Philosophie

1928ff *M. Mead* (1901-1978): "Coming of age in Samoa". Psychische Entwicklung (z.B. Pubertät) in fremden Kulturen; Kulturrelativismus; Kultur und Persönlichkeitsforschung; Kulturanthropologie

1930 *P. Bokowneff*: „Das Wesen des Russentums. Eine völkerpsychologische Studie"

1931 *J. Winthuis (1876-1956)* „Einführung in die Vorstellungswelt primitiver Völker"; „Das Zweigeschlechterwesen bei den Zenttralaustraliern und anderen Völkern" (1929)

1931 *S. D. Porteus*: "The psychology of a primitive people"; Intelligenzuntersuchungen an den Aborigines in Australien; Einsatz des von ihm entwickelten Labyrinth-Test; „Mentality of Australian Aborigines" (1933)

1931 *T. R. Garth* : "Race psychology"; us-amerikan. Übersicht

1932 *W. Peters*: "Rassenpsychologie"

1932 *A. Ramos* (1903 – 1949): "O mito de Yemanjá em suas raizes inconscientes", eine ethnopsychoanalytische Interpretation des afrobrasilianischen Mythos von Yemanjá, einer Meeresgöttin, die sich in ähnlicher Gestalt auch in Afrika z.B. Kongo findet

1932ff *G. Róheim*: "Die Psychoanalyse primitiver Kulturen". Erste ethnopsychoanalytische Feldforschungen

1933/45 „Drittes Reich": Rassenideologie, institutionalisierte Rassenhygiene, Rassenpsychologie, Antisemitismus, "Nordische Rasse", Sterilisation aller "farbigen" deutschen Kinder, Euthanasie, Holocaust

1933 *J. Wisse*: "Selbstmord und Todesfurcht bei den Naturvölkern". Kompilatorische, kulturvergleichende, ethnologische Suizidforschung
1934 *R. Benedict* (1887-1948): "Patterns of culture". Kultur- und Persönlichkeitsforschung; Kulturrelativismus; ein Bestseller der Kulturanthropologie: fast 2 Millionen Exemplare in mehr als zwei Dutzend Sprachen übersetzt
1935 *J. Dollard*: "Criteria for the life history". Biographische Methode
1935 *J. S. Lincoln* "The dream in primitive society" (London); Lincoln unterscheidet "individual dreams" (die eher die individuelle Persönlichkeit des Träumers reflektierten) und "culture pattern dreams" (die er als symptomatisch für den jeweils kulturspezifischen Umgang der betreffenden Indianergruppen mit dem als universal gesehenen ödipalen Urkonflikt ansah)
1935 *A. Ramos*: "O Folklore Negro do Brasil. Demopsychologia e Psychanalyse", eine ethnopsycho-analytische Interpretation der afrobrasilianischen „Folklore"
1936 *E. von Eickstedt*: „Grundlagen der Rassenpsychologie"
1937 *W. Hellpach* (1877-1955): "Einführung in die Völkerpsychologie". "Geopsyche"(1911)
1938 *A. Ramos*: "O espirito associativo do negro", ein ethnopsychoanalytischer Versuch über das Denken der Afrobrasilianer
1939 *A. Kardiner*: "The individual and his society". "They studied man" (dt. "Wegbereiter der modernen Anthropologie" (1961). Kultur- und Persönlichkeitsforschung; Basispersönlichkeit; Modalpersönlichkeit; Primärinstitutionen (Erziehung), Schlüsselsituationen (z.B. Abstillen, Sauberkeitsgewöhnung), sekundäre Institutionen (z.B. Kunst, Religion, Recht)
1939 *E. Spranger*: "Wie erfaßt man einen Nationalcharakter?"
1942 *G. Bateson & Mead, M.*: "Balinese Character. A photographic analysis".
1944 *C. DuBois*: "The people of Alor". Einsatz von projektiven Verfahren (z.B. Rorschach) während der Feldforschung
1944 *C. Kluckhohn*: "The influence of psychiatry on anthropology in America during the past 100 years". "Universal categories of culture"(1953)
1944 *Rudolf Bilz*: "Zur Grundlegung einer Paläopsychologie" (Zeitschr. für Psychologie, III, 1944:202-212 und 272-280)
1945 *L. Gottschalk, C. Kluckhohn & R. Angell:* "The use of personal documents in history, anthropology and sociology (N.Y.: Social Science research Council, Bulletin 53); wichtige methodische Monographie für die Ethnopsychologie
1945 *R. Linton*: "The cultural background of personality"; Kultur und Persönlichkeitsforschung.
1946ff Ethnopsychologie (frz.) erscheint (vol. 34, 1979)
1947 *G. Balandier* : "Ethnologie et psychologie" (Etudes Guineennes, 1, 47-54)
1947 *G. Gorer* veröffentlicht eine völkerpsychologische Studie über „Die Amerikaner" (dt. 1956)
1947 *W. E. Mühlmann*: „DreizehnJahre"; Rechtfertigungsversuch über sein Wirken als Völkerpsychologe und Soziologe im 3.Reich
1948 *Clyde Kay Maben Kluckhohn* (1905-1960) publiziert „Personality in nature, society and culture"
1948 *M. Griaule*: "La vie interieure chez les noirs " (La Nef, 38,74-77)
1948 *W. E. Mühlmann*: "Geschichte der Anthropologie". Hominide und humanide Anthropologie; Kulturanthropologie
1948 *P. Lersch* (1898-1972):"Sprache und Volkscharakter". Völkercharakterologische Schlüsselwörter
1950 *Th. W. Adorno et al.*: "The autoritarian personality".
1950 *E. H. Erikson*: "Childhood and society". Psychoanalytische Enkulturationsforschung
1950 *D. Riesman*: "The lonely crowd". Traditions-, Innen-, außengeleiteter Mensch
1951 *G. Heuse*: „La psychologie ethnique"

1951 *E. Sapir* :"Cultural anthropology and psychiatry"
1951 *E. Fromm*: "The forgotten language"; "Zen Buddhism and psychoanalysis" (1960)
1951 *G. Devereux*: "Reality and dream. Psychotherapy of a Plains Indian"."From anxiety to method in the behavioral sciences". Ethnopsychiatrie; Ethnopsychoanalytische Methodik; komplementaristisches Vorgehen
1952 *W. Blumenfeld*: "Erfahrungen mit Intelligenz- und charakterologischen Tests in Peru und ihre Beziehungen zum Problem der vergleichenden Ethnopsychologie".
1952 *F. Herrmann*: „Die Bildnerei der Naturvölker und die Tiefenpsychologie" (Tribus)
1953 *J. W. M. Whiting*: "Child training and personality: a cross-cultural study". kulturvergleichende Entwicklungspsychologie
1953 *H. Baldus*: "Psicologia étnica". Ethnopsychologie in Brasilien
1953 *E. Freiherr von Eickstedt*: „Die Methode einer Paläopsychologie" (Homo, IV, 1953:97-101)
1953 *K. S. Sodhi*: "Nationale Vorurteile". "Urteile über Völker"(1958). Nationale Stereotype
1954 *C. S. Ford & F. A. Beach*: "Patterns of sexual behavior". Sexualität im Kulturvergleich
1954 *M. Eliade*: "Die Religionen und das Heilige"; grundlegende religionswissenschaftliche Schrift
1954 *R. Pike*: "Language in relation to a united theory of the structure of human behavior". Emisches und etisches Vorgehen
1954 *W. Hellpach*: "Der deutsche Charakter". Nationalcharakterologie, historisch-intuitiv
1954 *E. Drobec*: „Zur Psychotherapie der Naturvölker" (Sociologus, 4,116-126) Beginn der Ethnopsychotherapie
1956ff „*Transcultural Psychiatric Research Review*" wird an der McGill University als Fachorgan der Transkulturellen Psychiatrie gegründet
1956 *P. Heintz*: "Neuere Literatur über Nationalcharaktere".
1956 *A. Broderson*: „Der russische Volkscharakter: Neuere engl. und amer. Forschungen" (Kölner Z.Soz.Ps, 8, 477-507)
1956 *E. Neumann*: "Die große Mutter". Archetyp der großen Mutter (Magna Mater) in den Kulturen
1956 *B. L. Whorf*: "Language, thought and reality". Sapir-Whorf-Hypothese: Sprache determiniert Denken und Wahrnehmen; linguistisches Relativitätsprinzip
1957 *P. R. Hofstätter*: "Die amerikanische und die deutsche Einsamkeit". Polaritätsprofil-Methode
1957 *H. Wiesbrock*: „Über Ethnocharakterologie: Wesen, Forschungsprogramm, Methodik".
1957 *F. Kainz*: „Spechpsychologie und Völkercharakterologie"
1958 *Cl. Lévy-Strauss*: "Anthropologie structurale". "Tristes tropiques" (1953) Strukturale Anthropologie
1958 *K. Lukasczyk*: "Vom Volksgeist zur Modalpersönlichkeit". Beitrag zur Geschichte der Völkerpsychologie
1958 *W. La Barre*: "The influence of Freud on anthropology".
1960 *H. Baldus* : "The fear in Tapirapé culture"
1961 *B. Holzner*: "Völkerpsychologie". Bibliographie dt. und nordamer. Arbeiten
1961 *R. G. D'Andrade* „Anthropological studies of dreams" (In: L.K.Hsu (ed.), Psychological Anthropology, S:308-332); D'Andrade konstatiert aufgrund eines samples von 63 Gesellschaften (HRAF) eine deutliche Entsprechung in der Häufigkeit der Nutzung des Traums zur Erlangung spiritueller Kräfte unter "einfachen" und "komplexeren" Kulturen.
1963 *A. Kardiner & E. Preble*: "The studied man". Geschichte der Kulturanthropologie
1963ff *P. Parin et al.*: "Die Weißen denken zuviel". "Unsere Vorstellungen von normal und anormal sind nicht auf andere Kulturen übertragbar" (1985). Ethno-psychoanalytische Feldforschungen bei den Dogon (Westafrika)

1965ff die Zeitschrift *"Transcultural Psychiatric Research Review"* wird gegründet
1965ff die Zeitschrift *„Psychpathologie africaine"* wird gegründet
1966 *W. Schoene*: "Über Psychoanalyse in der Ethnologie".
1967 *"Interamerican Journal of Psychology"* erscheint unter us-amer. Leitung
1967 *C. Fabregat*: „La etnopsicologia y el estudio de valores" (Rev.de Ps.Gen. Apl., 22,107-141)
1968 *D. R. Price-Williams* publiziert "Ethnopsychology. Comparative psychological processes." In: J. A. Clifton (ed), Introduction to Cultural Anthropology. Boston, 1968:306-316
1969 *P. Ekman*: "Pan-cultural elements in facial display of emotions". "Universal facial expressions of emotions" (1970); kulturvergleichende experimentelle Emotions- und Ausdrucksforschung
1969 *E. Beuchelt* publiziert „Ethnopsychologische Untersuchungen bei den Bambara von Ségou" (Afrika heute, 20)
1970 *O. Koenig*: "Kultur und Verhaltensforschung". Kulturethologie
1970 *W. Schmidbauer*: "Mythos und Psychologie. Methodische Probleme, aufgezeigt an der Ödipus-Sage". Psychologische Mythenforschung; "Schamanismus und Psychotherapie" (1969)
1970 Gründung des *„Center for Cross-Cultural Psychology "* in Washington
1970 Gründung des *"Journal of Cross Cultural-Psychology"*
1970ff *I. Eibl-Eibesfeldt*: "Liebe und Haß". "Menschenforschung auf neuen Wegen" (1978). Humanethologische Feldforschung
1971 *W. Pfeiffer*: "Transkulturelle Psychiatrie".(2.Aufl. 1994) "Primitive und moderne Psychotherapie. Ein transkultureller Vergleich" (1974).
1972 Gründung der *„International Association for Cross-Cultural Psychology"*, die verschiedene Kongresse organisiert: z.B. Hong-Kong (1972), Kingston (1974), Tilburg (1976)
1973 Die Zeitschrift „Ethos" (Washington) für psychologische Anthropologie beginnt zu erscheinen
1974 *E. Beuchelt*: "Ideengeschichte der Völkerpsychologie". "Psychologische Anthropologie" (1988)
1975 *H. Stubbe*: „Die ätiologischen Krankheitsvorstellungen brasilianischer Indianer als ethnopsychologisches Problem"
1976 *R. Serpell* publiziert „Culture's influence on behaviour"; transkulturell-psychologische Erfahrungen in Sambia
1976 *H. Stubbe* publiziert „Zur psychotherapeutischen Funktion des südamerikanischen Medizinmannes" (Confinia Psychiatrica, 19,1976:68-79)
1978 *G. J. de Paiva* : " Introdução à psicologia intercultural "; brasilianische Einführung, die jedoch kaum auf Brasilien eingeht
1978ff die Zeitschrift *"Curare. Zeitschrift für Ethnomedizin und transkulturelle Psychiatrie"* wird gegründet (AGEM)
1979 *W. H. Kracke* „Dreaming in Kagwahiv: Dream beliefs and their psychic uses in an Amazonian culture" (Psychoanalytic Study of Society, 8, S:119-171); Versuch die Träume der "Anderen" und den verschiedenen Umgang mit ihnen aus der Perspektive der jeweiligen Selbstkonzeptionen heraus zu verstehen
1979 *N. Peseschkian*: "Der Kaufmann und der Papagei. Orientalische Geschichten als Medien in der Psychotherapie." Transkulturelle Psychotherapie; positive Psychotherapie
1980 *W. Pfeiffer & W. Schoene*: "Psychopathologie im Kulturvergleich".
1980ff *H. C. Triandis & J. W. Berry*: "Handbook of Cross-Cultural Psychology". Überblick und Methoden der nordamer. Cross-cultural psychology
1982ff *M. Erdheim* publiziert „Die gesellschaftliche Produktion von Unbewusstheit. Eine Einführung in den ethnopsychoanalytischen Prozeß", gesellschaftliches Unbewusste; Ethnopsychoanalyse der Züricher Schule

1983 *K. P. Koepping*: "Adolf Bastian and the psychic unity of mankind". Geschichte des Konzeptes der psychischen Einheit der Menschheit
1983 *D. Freeman*: "Margaret Mead and Samoa. The making and unmaking of an anthropological myth". Kritik der Samoa-Studie M.Mead's
1983ff *H. Stubbe*: „Verwitwung und Trauer im Kulturvergleich", "Formen der Trauer" (1985), "Geschichte der Psychologie in Brasilien. Von den indianischen und afrobrasilianischen Kulturen bis in die Gegenwart" (1987). "Transkulturelle Kinderpsychotherapie"(1995).
1986 *M. Petzold*: "Indische Psychologie". Literaturübersicht;
1986 *M. Nadig*: "Die verborgene Kultur der Frau. Ethnopsychoanalytische Gespräche mit Bäuerinnen in Mexiko". Ethnopsychoanalytische Feldforschung
1987 der holländische Psychiater *Joop T.V.M.de Jong* gibt im Auftrag der WHO ein grundlegendes Werk über den Aufbau eines psychiatrischen Versorgungssystems in Guinea-Bissau heraus: *„A descent into African Psychiatry"* (Rezens. von *Boroffka* in: *Curare, vol.12, 1989)*
1987ff *K. Peltzer*: "Some contributions of traditional healing practices towards psychosocial health care in Malawi". "Psychology and Health in African Cultures. Examples of Ethnopsychotherapeutic Practice" (1995). Ethnopsychotherapie und traditionelle Heiler in Afrika
1987 *A. Dittrich & Ch. Scharfetter*: "Ethnopsychotherapie". Psychotherapie mittels außergewöhnlicher Bewusstseinszustände in westlichen und indigenen Kulturen.
1988 *R. I. Heinze*: "Trance and healing in Southeast Asia today". Schamanismus in Südostasien (Thailand, Malaysia, Singapur)
1988ff das *„Journal of African Psychology"* (später: *Journal of Psychology in Africa. South of the Sahara, the Caribbean and Afro-Latinamerica*) wird von *K. Peltzer, P. Ebigbo, Ch. dos Santos-Stubbe, H. Stubbe* und *R.Collignon* gegründet
1988 *E. Püschel*: "Die Menstruation und ihre Tabus. Ethnologie und kulturelle Bedeutung". Ethnomedizinische, kulturvergleichende und historische Übersicht
1989ff *W. Andritzky*: "Kulturvergleichende Psychotherapieforschung". Transkulturelle Psychotherapie
1989ff Gründung der lateinamerikanischen Zeitschrift *„Archivo Latinoamericano de Historia de la Psycología y Ciencias Afines"* durch *H. Stubbe* (1991 beendet)
1991 *B. Oelze* publiziert eine wissenschaftshistorische Studie über „Wilhelm Wundt. Die Kozeption der Völkerpsychologie"
1991 *R. van Quekelberghe*: "Klinische Ethnopsychologie. Einf. in die transkulturelle Psychologie, Psychopathologie und Psychotherapie." Überblick über Forschungsergebnisse der Klinischen Ethnopsychologie
1991 *B. Vogt-Fryba*: "Können und Vertrauen. Das Tovil-Heilritual von Sri Lanka als kultureigene Psycho-therapie". Buddhistische Ethnopsychotherapie
1992 *R. Páramo-Ortega*: "Freud in Mexiko. Zur Geschichte der Psychoanalyse in Mexiko". "El trauma que nos une"(1994)
1992ff *R. van Quekelberghe* gründet die Zeitschrift *„Ethnopsychologische Mitteilungen"* (2000 beendet)
1993 *M. Adler*: "Ethnopsychoanalyse. Das Unbewußte in Wissenschaft und Kultur". Überblick über die neuere Ethnopsychoanalyse
1993 In der „Illustrierten Geschichte der Psychologie" (H.E. Lück) erscheint ein Beitrag über „Ethnopsychologie" und Lateinamerika von *H. Stubbe*
1993ff *A. Thomas*: "Kulturvergleichende Psychologie". Einführung in die Kulturvergleichende Psychologie; kulturbezogenes Vorbereitungs-Training für Manager, Studenten und Soldaten
1993 *M. M. Özelsel*: "40 Tage. Erfahrungsbericht einer traditionellen Derwischklausur". Ethnopsychologischer Selbstversuch; islamische Mystik

1994 *W. J. Lonner & R.Malpass*: "Psychology and culture". Überblick über die nordamer. Cross-cultural Psychology
1995ff *H. Stubbe* gründet die „*Kölner Beiträge zur Ethnopsychologie und Transkulturellen Psychologie*"
1995 *Johannes Reichmayr*: „Einführung in die Ethnopsychoanalyse. Geschichte, Theorien und Methoden"
1995 *Ch. dos Santos-Stubbe* veröffentlicht „Arbeit, Gesundheit und Lebenssituation afrobrasilianischer Empregadas Domésticas (Hausarbeiterinnen)"; afrobrasilianistische und sozialpsychologische Feldforschungs-Studie
1997 *G. Eckardt* gibt Texte von Lazarus, Steinthal und Wundt heraus: „Völkerpsychologie – Versuch einer Neuentdeckung"
1997 *Kl. Hoffmann & W. Machleidt* geben eine „Psychiatrie im Kulturvergleich" heraus
1998 *Ch. dos Santos-Stubbe* publiziert „Die Afrobrasilianer"; Überblick über die Ergebnisse der Afrobrasilianistik
1998 *Th. Heise* gibt eine „Transkulturelle Psychotherapie" heraus
2000 *H. Stubbe* et al. geben den Sammelband „Goa and Portugal. History and Development" heraus; Ergebnisse einer internat. Tagung in Indien; indische Einflüsse (Faria) auf die europäische Psychologie, Hypnotherapie und Psychoanalyse; „Der Goaner J.C. de Faria und die Hypnose durch Suggestion. Ein Dialog indischer und europäischer Psychologie?"
2001 *H. Stubbe* publiziert eine kulturanthropologische Übersicht über den portugiesischen Kolonialkrieg in Afrika: „A Guerra Colonial à luz da Antropologia Cultural" und ein Buch über „Kultur und Psychologie in Brasilien"
2001 *Th. Hegemann* gibt eine „Transkulturelle Psychiatrie" heraus, die Konzepte für die Arbeit mit Menschen aus anderen Kulturen anbietet
2001 *Wen-Shing Tseng* „Handbook of cultural psychiatry"; Übersicht über den Stand der Forschung weltweit
2002 *Hamid Peseschkian* publiziert „Die russische Seele im Spiegel der Psychotherapie"
2003 *Pradeep Chakkarath* publiziert seine Dissertation „Kultur und Psychologie. Zur Entwicklung und Standortbestimmung der Kulturpsychologie"
2003 *Johannes Reichmayr et al.* publizieren: „Psychoanalyse und Ethnologie. Ein biographisches Lexikon" , biografischer Überblick über die Ethnopsychoanalyse
2004 *E. Voss* publiziert „Warum sind die Russen so? Fakten und Gedanken zu einer Ethnopsychologie"
2005 *Ch. dos Santos-Stubbe* gibt ein Buch über „Interkulturelle Soziale Arbeit in Theorie und Praxis" heraus
2006 Es erscheint „Psychologie aus historischer und transkultureller Perspektive" (Aachen: Shaker)
2007 Der mosambikanische Psychologe und Psychotherapeut *Boia Efraime Junior* veröffentlicht seine Kölner Dissertation unter dem Titel: „Psychotherapie mit Kindersoldaten in Mosambik: auf der Suche nach den Wirkfaktoren"
2007 *A. Loch* puliziert seine Heidelberger ethnopsychologische Dissertation: „Haus, Handy & Haleluja. Psychosoziale Rekonstruktion in Osttimor"
2007 *H. Stubbe* gibt ein Buch über „Weltprobleme und Psychologie" heraus
2007 Das „Handbuch interkulturelle Kommunikation und Kompetenz" erscheint
2008 *Cl. Schmitz* veröffentlicht ihre Kölner Diplomarbeit „Psychologie des Schwangerschaftsabbruchs in Indien"
2008 *Chr. Schneider* gibt einen Reader über W. Wundts Völkerpsychologie heraus
2008 *H. Stubbe* publiziert eine psychologiehistorische Studie über „S.Freuds ,Totem und Tabu' in Mosambik", in der sich auch eine abrißhafte Geschichte der Psychoanalyse in Afrika befindet; Kolonialismus, Rassismus und Psychologie

2009 *S. Owzar* publiziert ihre Kölner Diplomarbeit „Bollywood und die Briten. Die Darstellung der ehemaligen Kolonialmacht im populären Hindi-Kino"
2010 die Zeitschrift *„Curare"* wird 40 Jahre alt
2012 *Carsten Klöpfer* veröffentlicht seine psychologische Dissertation „AIDS und Religion" am Beispiel Thailands und Luxemburgs
2012 *H. Stubbe* publiziert eine erweiterte zweite Aufl. des „Lexikon der Ethnopsychologie, Transkulturellen und Interkulturellen Psychologie/Psychologische Anthropologie"
2013 *Hale Usak-Sahin* publiziert ihre Dissertation „Psychoanalyse in der Türkei. Eine historische und aktuelle Spurensuche" (vgl. Werkblatt, Nr. 79, 2/2017, S.117-123)
2013 *Gerd Jüttemann* gibt „Die Entwicklung der Psyche in der Geschichte er Menschheit" heraus
2014 *Ch. dos Santos-Stubbe* veröffentlicht ein innovatives „Kleines Lexikon der Afrobrasilianistik. Eine Einführung mit Bibliografie"; Überblick über den wissenschaftlichen Stand der Afrobrasilianistik
2015 *Ch. dos Santos et al.* gibt einen Sammelband über „Psychoanalyse in Brasilien. Historische und aktuelle Erkundungen" heraus
2018 *A. Noëmi Stubbe* publiziert eine „Kleine Kunstgeschichte Brasiliens"
2019 Völkerpsychologie, Transkulturelle Psychologie und Psychologische Anthropologie an der Universität zu Köln. IN: H. Stubbe (Hrsg.) (2019): 100 Jahre Psychologie an der Universität zu Köln. Eine Festschrift. Lengerich: Pabst, S. 38-63

Quellen: Galliker et al., 2007; Stubbe, 2012, 2019

Tiefenpsychologie

Die *Tiefenpsychologie* (deep psychology, psychologie de profondeur) ist mit der grundlegenden Lehre vom Unbewussten verbunden (s. Tab. 6).

Es handelt sich um eine

> „psychiatrische und psychologische Forschungsrichtung, die sich besonders mit der Bedeutung vorbewußter seelischer Gegebenheiten und den Tiefenschichten der Persönlichkeit für Seelenleben und Verhalten befaßt. Praktisch werden unter dem Begriff verstanden:
> 1. Alle psychotherapeutischen und psychoanalytischen Richtungen, die von S. Freud, C.G. Jung, A. Adler, W. Steckel u.a. ausgingen
> 2. Alle psychotherapeutischen Richtungen, die von der ursprünglichen psychoanalytischen Lehre Freuds erheblich abweichen
> Die Bezeichnung wurde von Eugen Bleuler in „Die Psychoanalyse Freuds" (1910) geprägt und von C.G. Jung (1911) und Sigmund Freud (1912) im Sinne von 1. übernommen."
> (Peters, 1978:152)

Der Tiefenpsychologie liegt die Ansicht zugrunde, dass in den unbewussten Prozessen die eigentlichen Triebkräfte des Menschen liegen, die sich im Verhalten, Erleben und den Handlungen des Individuums äußern.

> „Hauptrichtungen der Tiefenpsychologie sind: die Psychoanalyse Sigmund Freuds und deren Weiterentwicklungen Ich-, Selbst- und Objektbeziehungspsychologie, die Individualpsychologie Alfred Adlers, die analytische Psychologie C.G. Jungs sowie die Existenzanalyse und die Schicksalsanalyse. Zu neueren tiefenpsychologisch orientierten Therapieformen zählen z.B. Bioenergetik, Daseinsanalyse, Existenzanalyse, Gestalttherapie, Logotherapie und Transaktionsanalyse" (Brockhaus, 2009:623)

Gute Übersichten über die verschiedenen Schulen der Tiefenpsychologie findet man bei Wyss (1970) „Die tiefenpsychologischen Schulen", Rattner & Danzer (1998) „Hundert Meisterwerke der Tiefenpsychologie" und Roudinesco & Plon (2004) „Lexikon der Psychoanalyse" (s. Bibliografie).

Man unterscheidet verschiedene *Formen des Unbewussten (UBW)* (vgl. Tab. 6):

Vorbewußtes (VBW): Im 1. Topischen Modell von S. Freud (1896, vgl. auch Traumdeutung, letztes Kap.) als eine der drei Instanzen des psychischen Apparates neben Bewusstes und Unbewusstes verwendet. Gemeint sind psychische Inhalte, die zwar im aktuellen Bewusstseinsfeld nicht vorhanden sind, aber andererseits im Gegensatz zu den Inhalten des Unbewussten dem Bewusstsein zugänglich bleiben. In „Das Ich und das Es" (1923) heißt es später:

> „…daß wir zweierlei Unbewußtes haben, das latente, doch bewußtseinsfähige, und das verdrängte, an sich und ohne weiteres nicht bewußtseinsfähige." (GW XIII, 241)

Das VBW befindet sich also zwischen dem Bewussten und Unbewussten und ist von Letzterem durch eine strenge Zensur getrennt, die den unbewussten Inhalten den Zugang zum Vorbewussten versperrt, während die Zensur zwischen dem Bewussten und dem Vorbewussten durchlässig ist („System Vorbewusst-Bewusst", Vbw-Bw). Das Vorbewusste dient als Schutz für das Ubw und selektiert unangenehme Signale, die das Bw stören könnten. Es besitzt eine Nähe zur Sprache („Wortvorstellungen"). Hier werden Inhalte des dynamisch Ubw. langsam bewusstseinsfähig.

Unbewusstes: Der Begriff ist schon vor S. Freud vorhanden. In der Psychoanalyse wird das Unbewusste als ein dem Bewussten nicht bekannter Bereich aufgefasst, als eine Art „andere Bühne". Im 1. Topischen Modell definiert S. Freud diesen Bereich als ein System (Ubw), das aus verdrängten Inhalten besteht, auf welche das Vorbewusste und das Bewusste (Vbw-Bw) keinen Zugriff haben. Im 2. Topischen Modell umfasst das Ubw das Es und die unbewussten Teile des Ich und des Über-Ich.

Kollektives Unbewusstes: „Mit kollektivem U. wird in der Analytischen Psychologie die allen Menschen zugrunde liegende psychische Struktur, das allen Menschen gemeinsame, von Anfang an in der phylogenetischen und ontogenetischen Entwicklung wirkende Psychische bezeichnet (objektiv Psychisches). Es ist dem Bewusstsein teilweise fassbar oder bildet sich ab in archetypischen Bildern (Archetyp) und Symbolen und deren numinoser Energie (Numinoses), teilweise bleibt es unanschaulich" (Wörterbuch der Analytischen Psychologie, 2003:441).

Deskriptiv Unbewusstes: Psychische Phänomene, die augenblicklich nicht bewusst sind, aber schnell und leicht bewusst werden können. Sie beeinflussen das Verhalten der Menschen meist nicht sehr stark.

Dynamisch Unbewusstes: Es ist sehr wirksam, beeinflusst das Verhalten, setzt aber dem Bewusstwerden Widerstand entgegen. Die Unterscheidung deskriptiv und dynamisch stammt aus S. Freuds mittlerer Schaffensepoche (1923). Das dynamisch Ubw. ist der Ort des Verdrängten und der primär unbewussten Triebe.

Absolutes Unbewusstes: Nach S. Freud sind die während der ersten 2-3 Lebensjahre aufgenommenen Gedächtnisinhalte im Erwachsenenalter nicht mehr zugänglich.

Das Unbemerkte: An der Grenze von unbewusst zu bewusst steht das Unbemerkt-Seelische. Ist die Aufmerksamkeit eingeengt, so ist der Bereich des Unbemerkten groß. Die Empfindungen sind vorhanden, werden aber nicht (alle) bewusst wahrgenommen.

Das Automatische: Das Motorische ist der am meisten automatisierte Bereich körperlich-seelischer Funktionen.

Das Latent-Unbewusste (od. besser: Latent-Bewusste): Es ist dem Gedächtnis ziemlich gleichzusetzen. Sein Inhalt besteht aus dem Erlernten, Erfahrenden und Erlebten, das zwar dem Gedächtnis verfügbar, aber im Augenblick nicht bewusst d.h. gegenwärtig ist (vgl. Schwerin-Kurve: + od. – getönte Inhalte werden besser erinnert; Zeigarnik Effekt (1927): unerledigte Aufgaben werden leichter erinnert als erledigte

TAB. 6   ZEITTAFEL ZUR FORSCHUNGSGESCHICHTE DES UNBEWUSSTEN

Antike	Bereits in der *griech.-röm. Antike* Anklänge einer Vorstellung des „Unbewußten" z.B. bei *Platon* (427-347 v. Chr.) oder *Plotin* (205-270 n. Chr.), vgl. Anamnesis, Ideenlehre, Höhlengleichnis
1720	*Gottfried Wilhelm Leibniz* (1646-1715) kritisiert in seiner Monadologie die Kartesianer (res cogitans = Bewußtsein; anima semper cogitans), die „diejenigen Perzeptionen, deren man sich nicht bewußt ist, ganz außer acht gelassen haben." (das perzeptive Unbewußte)
1751	Der schottische Jurist *Henry Home Kames* (1696-1782) verwendet „inconscious" erstmalig als Fachbegriff in seiner Schrift „Essays on the Principles of Morality and Natural Religion".
1776	In Analogie zu dem in der Psychologie der Aufklärung von *Christian Wolff* (1679-1754) geprägten Begriff „Bewußtsein" bildet sein Schüler *Ernst Platner* (1744-1818) den Terminus „Unbewußtsein" zur Bezeichnung der kleinen, unmerklichen Perzeptionen im Sinne Leibniz. Er spricht von bewußtlosen Vorstellungen.

1777	*Wolfgang von Goethe* (1749-1832) verwendet in seinem Gedicht „An den Mond" das Adjektiv „unbewußt": „Was vom Menschen unbewußt und nicht bedacht..." 1801 schreibt er an Schiller: „Ich glaube, daß alles, was das Genie tut, unbewußt geschehe."
1800	In *Friedrich W. von Schellings* (1775-1854) „System des transzendentalen Idealismus" taucht der Begriff des Ubw. auf. Später (1809) setzt er dem hellen Verstand den „dunklen Willen" als Ur- und Kraftzentrum entgegen
1804	*Jean Paul* (1763-1825), ein Schüler Platners, schreibt in der „Vorschule der Ästhetik": „Das Mächtigste im Dichter, welches seinen Werken die gute und die böse Seele einbläst, ist gerade das Unbewußte"
Frühes 19. Jh.	In der *dt. Romantik* wird das Unbewußte als unergründliche Quelle der Kreativität und Leidenschaften gesehen. In der Literatur und Bildenden Kunst werden phantastische Nachtgestalten, Träume, gespenstische Situationen, Geistesstörungen und -krankheiten, Doppelgänger, psychische Grenzzustände, etc. d.h. die „Nachtseiten" des Menschen dargestellt.
1824/25	*Johann Friedrich Herbart* (1776-1841), ein Vorfahre der Völkerpsychologie und der Anwendung mathematischer Methoden in der Psychologie, formuliert den Gedanken eines unbewußten Bereiches des Seelischen
1846	Der romantische Arzt *C. G. Carus* (1789-1869) veröffentlicht „Psyche". Dieses Werk beginnt mit dem Satz: „Der Schlüssel der Erkenntnis vom Wesen des bewußten Seelenlebens liegt in der Region des Unbewußtseins." Psychologie ist demnach Entwicklungsgeschichte der Seele von der Unbewußtheit zur Bewußtheit. Der Welt- und Wirklichkeitsgrund ist hiernach ein universelles Unbewußtes, aus dem bewußtseinsfähige Gestaltungen vorübergehend emportauchen. Er führt sowohl das Adjektiv „unbewußt" wie das Substantiv „das Unbewußte" in die Psychologie ein.
1860	*Gustav Th. Fechner* (1801-1887) spricht in seinem Hauptwerk „Elemente der Psychophysik" von „unbewußten Empfindungen", die jenseits der psychophysischen Schwelle liegen und wirksam sind
1860	Durch den Schweizer Schriftsteller *Henri Amiel* (1821-1881) wird der Begriff „inconscient" und „l'inconscient" in die frz. Sprache eingeführt
1866	Der Physiologe *Hermann Helmholtz* (1821-1894) spricht von „unbewußten Schlüssen", die ein Zentralkonzept seiner Wahrnehmungstheorie sind, indem er unbewußte kognitive Prozesse annimmt, die das durch Erfahrung gewonnene Reizmaterial verarbeiten.
1869	*Eduard von Hartmann* (1842-1906) schreibt eine sehr erfolgreiche „Philosophie des Unbewußten". Das Unbewußte ist das Eine, das absolute Weltwesen, das wahrhaft Seiende; die Welt der Natur und des Geistes sind seine Erscheinungen.
1878	„inconscient" wird als Stichwort in den *„Dictionnaire de l'Académie française"* aufgenommen
1883	*Theodor Lipps* (1851-1914), der Begründer des Münchener Psychologischen Instituts, spricht sich in seinem Werk „Die Grundtatsachen des Seelenlebens" für die Annahme eines U. aus. Auf dem III. Internat. Kongreß für Psychologie (München, 1896) hält er einen programmatischen Vortrag: „Der Begriff des U. in der Psychologie"
1889	In der „Revue Scientifique" (26, S.257-268) erscheint von *J. Héricort* „L'activité inconsciente de l'esprit"

1889	*Pierre Janet* (1859-1947) publiziert seine Dissertation „L' automatisme psychologique"
1895	In seiner „Psychologie des foules" betont *Gustave Le Bon* (1841-1931), dass die Masse stets vom Unbewußten beherrscht wird (vgl. 1. Kap.): „La foule est toujours dominée par l'inconscient"
1896	*S. Freud* prägt den Ausdruck „Psychoanalyse". Psychoanalyse bezeichnet eine bestimmte psychotherapeutische Methode („Redekur"), die aus der kathartischen Methode Joseph Breuers hervorging und sich auf die Erforschung des Unbewußten mit Hilfe der freien Assoziationen aufseiten des Pat. und der Deutung aufseiten des Psychoanalytikers gründet. Belege für die Existenz des Ubw. findet S. Freud u.a. in den seelischen Störungen als Äußerungen des Ubw., (vgl. Fall der Anna O.), in der Hypnose (vgl. posthypnotischer Auftrag), im Traum (via regia zum Ubw, Wunscherfüllung) und in den Fehlleistungen (z.B. Versprechen).
Ende des 19. Jh.s	Gegen Ende des 19.Jh.s unterscheidet man nach *Ellenberger* (1973:442ff) vier Funktionen des U.: 1. Konservierende Funktion der Erinnerungen und Wahrnehmungen (vgl. Hypermnesie, Kryptomnesie), 2. Abtrennende Funktion: früher bewusste Vorgänge werden automatisch (z.B. Gewohnheiten), 3. kreative Funktion: ständiges Aufsteigen neuer Ideen, 4. Mythopoietische Funktion: Hervorbringen von „inneren Dichtungen, Fiktionen, Mythen".
1899/1939	Die dt. philosophische Tradition (Carus, Schelling, Herbart, Helmholtz, Schopenhauer, Fechner, Nietzsche) und die dynamische Psychiatrie des 19. Jh.s bildeten den Rahmen, in dem *S. Freud* (1856-1939) seine Theorie des U. entwickelte. In seinem ersten topischen System unterscheidet er Unbewußtes, Vorbewußtes und Bewußtes. Jedes dieser Systeme hat seine eigene Funktion, seine eigenen Gesetzlichkeiten und repräsentativen Inhalte. Der Übergang von einem System zum anderen wird durch eine Zensur kontrolliert. Ab ca. 1923 wurde von Freud ein zweites topisches System eingeführt, danach baut sich die Persönlichkeit aus drei Instanzen auf: Es, Ich und Über-Ich, wobei das Es (Triebe, Verdrängtes) völlig unbewußt ist und Teile des Ich und Über-Ich teilweise unbewußt sind.
1908	Der Psychologe *Willy Hellpach* (1877-1955) stellt in seiner Arbeit „Unbewußtes und Wechselwirkung" (ZfPs, 48, S.238ff) 8 Bedeutungen des Unbewußten zusammen: Unerinnertes, Unbezwecktes, Ununterschiedenes, Mechanisiertes, Reproduzierbares, Produktives, psychisch Reales, Absolutes. 1936 erscheint seine „Bewußtseins-Unbewußtseins-Polarität"
1909	*Max Dessoir* (1867-1947) publiziert eine Arbeit über „Das Unterbewußtsein".
1913	*Karl Jaspers* (1883-1969) stellt in seiner „Allgemeinen Psychopathologie" (1973:9) heraus, dass das Seelenleben als bloßes Bewußtsein und aus dem Bewußtsein nicht zu begreifen sei. „Um mit Erklärungen vorwärts zu kommen, muss man zu dem wirklich erlebten Seelenleben einen theoretisch für die Zwecke des Erklärens erdachten *außerbewußten Unterbau* hinzudenken. Phänomenologie und objektive Feststellungen von Einzeltatbeständen bleiben ohne alle Theorie im wirklich erfahrenen Seelenleben, sie befassen sich nur mit dem Gegebenen; das Erklären aber kann nicht ohne theoretische Vorstellungen von außerbewußten Mechanismen, Apparaten, nicht ohne Hinzugedachtes auskommen. Das

	unmittelbar zugängliche, wirklich erlebte Seelenleben ist wie der Schaum, der auf den Tiefen eines Ozeans schwimmt." *Jaspers* stellt auch die Vieldeutigkeit dessen, was mit Unbewussten gemeint sein kann, zusammen (vgl. Jaspers, 1973:10).
1913	*S. Freud* publiziert „Einige Bemerkungen über den Begriff des Unbewußten in der Psychoanalyse" und „Das Unbewußte"
1916	Der Schweizer Psychiater *Eugen Bleuler* (1857-1939) gibt in seinem „Lehrbuch der Psychiatrie" ein Kap. über das Ubw.
1917/20	In seinem „Lehrbuch der Experimentalpsychologie" diskutiert *Joseph Fröbes,* SJ (1866-1947) die „unbewußten Empfindungen" (Bd.2, S.98ff) und das „Unterbewußtsein" (Bd. 2, S.125ff)
1920	Der psychoanalytisch aufgeschlossene engl. Arzt und Anthropologe *William Halse Rivers* (1864-1922), der 1898 an der berühmten kulturvergleichenden „Cambridge anthropological expedition to the Torres Straits" teilgenommen und 1904 das "British Journal of Psychology" gegründet hatte, publiziert „Instinct and the unconscious"
1921	*Eugen Bleuler* (1857-1939) publiziert „Über unbewußtes psychisches Geschehen"
1922	Der Philosoph *Grau* publiziert „Bewußtes, Unbewußtes, Unterbewußtes"
1923	Der Kurarzt *Walter Georg Groddek* (1866-1934) publiziert „Das Buch vom Es. Psychoanalytische Briefe an eine Freundin". Wünsche entspringen dem Es, einen Begriff, den er möglicherweise von Nietzsche übernommen hatte. Das Es ist eine archaische Substanz, die als wilder vorsprachlicher Ort eine bestimmende Rolle in der Entwicklung des Individuums spielt. Den Begriff Es übernahm Freud 1923 in seinem zweiten topischen Modell (vgl. „Das Ich und das Es," 1923)
1925	In „Die Widerstände gegen die Psychoanalyse" konstatiert *S. Freud*, dass der Mensch nicht „Herr im eigenen Haus" ist (eine der drei Kränkungen der Menschheit neben Kopernikus und Darwin!)
1928	*C . G. Jung* publiziert „Die Beziehungen zwischen dem Ich und dem Unbewußten"
1933	Der Experimentalpsychologe und Vertreter der Würzburger Schule *Narziß K. Ach* (1871-1946) publiziert eine Übersicht „Über den Begriff des Unbewußten in der Psychologie der Gegenwart" (ZfPs, 129, S. 223-245)
1936	Von *C.G. Jung* erscheint „Der Begriff des kollektiven Unbewußten". Das *kollektive U.* steht dem *individuellen (persönlichen) U.* gegenüber und enthält überpersönliche Inhalte d.h. es „besteht aus der Summe der Instinkte und ihrer Korrelate, der Archetypen." (Jung, 1965:182) (vgl. Archetypenlehre) Das kollektive U. ist für *Jung* die Bedingung oder Grundlage der Entwicklung der menschlichen Psyche überhaupt. *Jung* unterscheidet beim kollektiven U. einen Teil, der niemals ins Bewußtsein gehoben werden kann
1940	Der Neoanalytiker *H. Schultz-Hencke* (1892-1953) publiziert „Das Unbewußte in seiner mehrfachen Bedeutung." (Zentralblatt für Psychotherapie, 12, S. 336- 349)
1942	In seinem Buch „Unconsciousness" legt *James Grier Miller* einen Bedeutungskatalog mit 16 Bedeutungen des Unbewußten vor, von denen er 8 ausführlich behandelt (subliminal, inattentive, insightless, forgetful, inherited, involuntary, incommunicable, inconsciousness). Es wird deutlich, dass die Bedeutungen des Begriffes „unbewußt" systemgebunden sind.

1943	In Zürich erscheint von *D. Brinkmann* „Probleme des Unbewußten"
1944	Das Konzept des *familiären U.* wird von *Leopold Szondi* (1893-1986) im Rahmen seiner „Schicksalsanalyse" (1944) entwickelt. *Szondi* hat hiernach eine Art „dritten Weg" in der Lehre vom U. vertreten, zwischen *S. Freud's* persönlichem und *C. G. Jung's* kollektivem U. Das familiäre U. wird als der Sitz verdrängter Ahnenansprüche verstanden. Diese sind es nach *Szondi*, die festlegen, dass ein Mensch etwas ganz bestimmtes zum Objekt seiner Liebe, Freundschaft und seines Berufes wählt, dass er sich ganz bestimmte Ideale setzt, sich ganz bestimmte Krankheiten zuzieht und schließlich, dass er auf ganz bestimmte Weise stirbt. Schicksal ist hiernach der von den hartnäckig weiterlebenden Ahnen ausgehende Wahlzwang. Nicht glückende Synthesen zwischen ihren konkurrierenden Ansprüchen machen den Menschen „wahlkrank". *Szondi* (1972) hat mit Hilfe des Szondi-Tests (Triebdiagnostik) auch ethnopsychologische Untersuchungen in Afrika durchgeführt.
1947	*E. Aeppli* veröffentlicht eine „Psychologie des Bewußten und Unbewußten"
1947	Von *J.-C. Filloux* erscheint die philosophische Schrift „ L'inconscient"
1949	Der Jungianer *Erich Neumann* (1905-1960) schreibt eine „Urprungsgeschichte des Bewußtseins", die menschheitsgeschichtlich die schöpferische Entwicklung des menschlichen Bewußtseins und seine Selbstbefreiung aus der Umklammerung des Unbewußten – ausgehend von den sog. Primitiven Kulturen und den Mythologien Alt-Ägyptens, Babylons, Indiens und des Antiken Griechenlands – schildert. Bekannt geworden ist auch seine Studie über einen bedeutsamen Archetyp „Die große Mutter" (1956)
1950	*Hubert Rohracher* (1903-1972) lehnt die Psychoanalyse und die Existenz unbewußter psychischer Prozesse ab: „Daß es unbewußte Vorgänge, die zum bewußten Erleben in engster Beziehung stehen wirklich gibt, steht außer Zweifel; aber sie sind nicht psychische Vorgänge, sondern organisch-materielle. Die Annahme eines ‚unbewußten Seelenlebens' mit unbewußten Empfindungen, Vorstellungen, Gedanken usw. ist überflüssig." (Psychol. Rundschau, I, S. 69-74)
1953	*E.L. Margetts* legt eine wissenschaftshistorische Studie vor „The concept of the inconscious in the history of medical psychology" (Psychiatric Quarterly, 27, S.115ff)
1955	Der Psychotherapeut und Erfinder des Autogenen Trainings *J. H. Schultz* unterscheidet in seinen „Grundfragen der Neurosenlehre" 16 Bedeutungen des Begriffes „unbewußt", die mit Millers (1942) Aufstellung weitgehend übereinstimmen. Die einzelnen Bedeutungen lassen sich jedoch oft schwer voneinander abgrenzen.
1956	In seiner "Allgemeinen Tiefenpsychologie" gibt *Robert Heiss* (1903-1974) eine detaillierte Darstellung über die tiefenseelischen Erscheinungen und die Methoden, Probleme und Ergebnisse der Tiefenpsychologie.
1956	In „Normal and abnormal: The Key problem of Psychiatric Anthropology" spricht der Ethnopsychiater *Georges Devereux* (1908-1985) vom Konzept eines *„ethnischen Unbewussten,"* das von ihm (Devereux, 1974:24) folgendermaßen definiert wird: „Das ethnische U. eines Individuums ist jener Teil seines gesamten U., das es gemeinsam mit der Mehrzahl der Mitglieder seiner Kultur besitzt." Er begründet dies dahingehend: „Jede Kultur gestattet gewissen Phantasien, Trieben und anderen Manifestationen des Psychischen den Zutritt und das Verweilen auf bewusstem Niveau und verlangt, daß andere verdrängt werden. Dies ist der Grund, warum allen Mitgliedern ein und

derselben Kultur eine gewisse Anzahl unbewusster Konflikte gemeinsam ist." (Devereux, 1974:24) Demgegenüber ist das „*idiosynkratische Unbewusste*" „aus Elementen zusammengesetzt, welche das Individuum unter Einwirkung von einzigartigen und spezifischen Belastungen, die es zu erleiden hatte, zu verdrängen gezwungen war." (Devereux, 1974:26)

1957 *J. K. Adams* publiziert ein Übersichtsreferat über „subliminale Wahrnehmung": „Laboratory studies of behavior without awareness" (Ps. Bul, 54,S.353-405). 21 Arbeiten bejahen die unterschwellige Wahrnehmung, 6 verneinen sie und 28 sind unentschieden.

1958 Der Nervenarzt *Otto Kankeleit* untersucht mit Hilfe eines Fragebogens „Das Unbewußte als Keimstätte des Schöpferischen. Selbstzeugnisse von Gelehrten, Dichtern und Künstlern" (u.a. C.G. Jung, Frankl, Lorenz, Rowohlt, v. Weizäcker, Kubin, Egk)

1960 *Lancelot Law Whyte* publiziert eine wissenschaftshistorische Schrift „The inconscious before Freud"

1960 Im „Handbuch der Psychologie" (4. Bd.) gibt *P. R. Hofstätter* einen Überblick über die tiefenpsychologischen Persönlichkeitstheorien

1967 In ihrem auflagenstarken „Vocabulaire de la psychanalyse" geben *J. Laplanche & J.B.Pontalis* eine Übersicht über den Begriff des U. in der Psychoanalyse (deskriptives U., topisches U., etc.). 80 (unter ca. 400) strikt freudianische Begriffe werden vorgestellt

1967 *Ludwig J. Pongratz* legt in seiner „Problemgeschichte der Psychologie" eine detaillierte Geschichte des Unbewußten in der Psychologie vor. Er hebt 4 Grundformen des Unbewußten hervor: *kognitives Unbewußtes*, *volitives (vitales) U.*, *ontogenetisches U.* und *phylogenetisches U.*

1968 Der Klinische Psychologe und Psychoanalytiker *Walter J. Schraml* unterscheidet in seiner „Einführung in die Tiefenpsychologie" das Unbemerkte, das Automatische, das Latent-Unbewußte, das Vorbewußte und das Dynamisch-Unbewußte,

1968 *A.C. MacIntyre* veröffentlicht das Buch „Das Unbewußte. Eine Begriffsanalyse."

1970 In dem sowjetischen Lehrbuch „Allgemeine Psychologie" von *A.W. Petrowski* (1970, 1989) wird das Ubw als „niedrigste Stufe des Psychischen" angesehen. Es handelt sich dabei um eine andere Form der Widerspiegelungstätigkeit: „bei der unbewußten Widerspiegelung der Realität gibt sich der Mensch keine Rechenschaft über die auszuführenden Handlungen, seine Orientierung in bezug auf Zeit und Ort der Handlung ist unvollständig und die sprachliche Verhaltenssteuerung gestört." (1989: 44) „Das Ubw ist eine ebenso spezifisch menschliche Existenzform Wie da Bewußtsein, es ist ebenfalls durch die gesellschaftlichen Existenz-Bedingungen des Menschen determiniert und äußerst sich in einer nur partiellen, ungenügend adäquaten Widerspiegelung der Wirklichkeit im menschlichen Gehirn." (1989:44) Die Tiefenpsychologie und der Behaviorismus werden als die einflussreichsten Strömungen der bürgerlichen Psychologie des 20. Jh.s betrachtet (vgl. 1989:84f); hier ein interessantes Zitat von Lenin über Sigmund Freud: „Bei all seinen Fehlern kommt Freud das Verdienst zu, den Bereich des Unbewußten zum Gegenstand von Untersuchungen gemacht zu haben." (1989:111)

1969	In seiner umfangreichen Geschichte der dynamischen Psychiatrie „Discovery oft the inconscious" legt *Henri Ellenberger* eine detaillierte Geschichte des Unbewußten, inkl. der Biografien bedeutender Vorläufer und Schöpfer der Tiefenpsychologie vor.
1970	Der Psychosomatiker und Tiefenpsychologe *Siegfried Elhardt* unterscheidet in seiner viel gelesenen „Tiefenpsychologie" hinsichtlich des Unbewußten den topographischen, den dynamischen, den strukturellen, den genetischen, den energetisch-ökonomischen, den psychosozialen, und den therapeutischen Aspekt
1972	*K. Koeppler* publiziert das Buch „Unterschwellig wahrnehmen – unterschwellig lernen."
1976	*G. Knapp* publiziert „Begriff und Bedeutung des Unbewußten bei Freud" (In: D. Eicke (Hg.), Freud und die Folgen, S. 267-290)
1977	Nach *A. Lorenzer* muß das U. „als von nicht-sprachlichen Praxiselementen gebildet begriffen" werden, die in ihren ersten Ansätzen als Niederschlag einer dialektischen Auseinandersetzung zwischen der inneren Natur des Kindes und der gesellschaftlichen Praxis unterhalb der Sprache, der Normen und der Bewußtseinsauseinandersetzung anzusehen sind („Sprachspiel und Interaktionsformen", 1977). Das U. wird somit in die Spannung von Geschichte und Gesellschaft gestellt.
1978	In seinem „Wörterbuch der Tiefenpsychologie" unterscheidet *Uwe H. Peters* das absolute, das familiäre und kollektive U. und hebt hervor, dass das U. erst entscheidende Bedeutung für die Psychiatrie durch die Psychoanalyse von S. Freud gewonnen hat.
1982	In seinem Werk „Die gesellschaftliche Produktion von Unbewußtheit. Eine Einführung in den ethnopsychoanalytischen Prozeß" spricht der Züricher Ethnopsychoanalytiker *Mario Erdheim* von einem „*gesellschaftlichen U.*" als einer Art „Behälter, der all das aufnehmen muß, was eine Gesellschaft gegen ihren Willen verändern könnte" (Erdheim, 1984:221) *Erdheim* spricht vom gesellschaftlichen und nicht vom ethnischen U., weil sich der Begriff des Gesellschaftlichen besser nach Klassen bzw. der Zugehörigkeit zur Schicht der Herrschenden oder Beherrschten differenzieren lasse (vgl. Adler, 1993:143ff).
1983/1997	*Anne-Marie* und *Josef Sandler* unterscheiden ein *Vergangenheits-* und *Gegenwarts-U.*
1986	*P.Lewicki* publiziert die sozialpsychologische Studie „Unconscious social information processing"
1986	*Matthias Petzold* beschreibt in seiner „Indische Psychologie. Eine Einführung in traditionelle Ansätze und moderne Forschung" Konzepte verschiedener Bewußtseinsstufen, des Unterbewußten und Ubw. in der traditionellen indischen Psychologie (z.B. Yoga)
1989	In dem russ. Lehrbuch „Allgemeine Psychologie" (1. Aufl. 1970) von *W. Petrowski* wird das Ubw als "niedrigste Stufe des Psychischen" und eine „andere Form der Widerspiegelungstätigkeit" definiert (vgl. S.44)
1992	*R. F. Bornstein* & *T.S. Pittman* geben einen Band über „Perception without awareness: cognitive, clinical and social perspectives" heraus
1993	*W. J. Perrig et al.* publizieren „Unbewußte Informationsverarbeitung"
1993	*Matthias Adler* publiziert eine historische Studie über „Ethnopsychoanalyse. Das Unbewußte in Wissenschaft und Kultur" (Kultur- und Persönlichkeitsschule)

1994	Im „Kritischen Wörterbuch der Tiefenpsychologie" kritisiert *Josef Rattner* die „Ontologisierung des U." in der Psychoanalyse
1995	Im „Wörterbuch der Individualpsychologie" (R. Brunner & M. Titze) wird das U. bei *Alfred Adler* und in der Individualpsychologie behandelt.
1996	*Thomas Köhler* setzt sich kritisch mit der „Anti-Freud-Literatur von ihren Anfängen bis heute" auseinander
1996	*Luiz Alberto Hanns* publiziert „Dicionário comentado do alemão de Freud". Dieses brasilianische Werk macht u.a. die Übersetzungsprobleme der Freudschen dt. Texte deutlich (vgl. Psyche, 58. Jg., 2004, S.575-578)
1997	Der Psychoanalytiker *Wolfgang Mertens* betont in seinem Werk „Psychoanalyse" , dass das Unbewußte aktueller als je zuvor sei. Das Unbewußte sei psychisch, nicht physiologisch oder körperlich. Die Ich-Psychologie sei ein Rückfall in die Bewußtseinspsychologie. In der Konzeption des Unbewußten seien undurchschaute patrizentrische Vorurteile enthalten. Es wird ein erfahrungsmäßiges und nicht erfahrungsmäßiges Unbewußtes unterschieden. Alles, was sich im Gehirn abspielt sei zunächst unbewußt und nur ein winzig kleiner Teil der Gehirnaktivität werde überhaupt bewußt z.B. zeige die moderne Wahrnehmungspsychologie, dass nur ein winziger Teil jener Informationen, die tatsächlich von den Sinnesrezeptoren aufgenommen werden bewußt wahrgenommen werden (z.B. Auge: 40 von mehreren Millionen Bits/sec.; Haut: 5 von 1 Million Bits/sec). Er weist auch auf Annäherungen zwischen Psychoanalyse und Kognitionspsychologie hin.
1997	In ihrem „Dictionnaire de la Psychanalyse" geben *Elisabeth Roudinesco* und *Michel Plon* eine Übersicht über das U. in der Geschichte der Psychoanalyse. Sie gehen auch auf die Vorstellungen von Jacques Lacan (1901-1981) ein.
1998	*Thomas Städtler* gibt in seinem „Lexikon der Psychologie" eine allgemein-psychologische und bibliographische Übersicht über die Themen „Unbewußtes", „unbewußte Schlüsse" und „unbewußtes Lernen"
2003	Im „Wörterbuch der Analytischen Psychologie" (L. Müller & A. Müller) wird das U. (persönl. U., kollektives U.) in der Psychologie *C.G. Jungs* behandelt
2010	J. Amati, S. Argentieri & J. Canestri publizieren „Das Babel des Unbewußten. Muttersprache und Fremdsprache in der Psychoanalyse"
2014	In dem erweiterten und überarbeiteten „Handbuch psychoanalytischer Grundbegriffe" (W. Mertens, Hrsg.) liegen drei Aufsätze über die Forschungsgeschichte des U. in der Psychoanalyse vor (Solms, Gödde), sowie des Es (Nitzschke)

Quellen: Huch, 1951; Whyte, 1960; Ellenberger, 1973; Pongratz, 1984; Adler, 1993; Kivits, 1994; Städtler, 1998; Held, 2003; Roudinesco & Plon, 2004; Mertens, 2008; Stubbe, 2012; Mertens, 2014

PSYCHOTHERAPIE UND KLINISCHE PSYCHOLOGIE

Wenn man unter *„Psychotherapie"* allgemein Verfahren versteht, die eine Behandlung von Krankheiten (insbes. psychogenen) durch psychische Einflussnahme, oftmals unter Einsatz der Persönlichkeit, betreiben, so existieren diese Formen der mehr oder minder gezielten Erlebens- und Verhaltensänderung schon seit archaischen Zeiten.

Heute wird *Psychotherapie* folgendermaßen definiert: 1. es geht um Behandlung mit psychologischen Mitteln, 2. geht es um bewusste und geplante Vorgehensweisen, die sowohl lehr- und lernbar sind, als auch auf Theorien des normalen und pathologischen Verhalten und Erleben basieren (Professionalität), 3. wird der Konsens zwischen Therapeutin, Pat./Klient, und Bezugsgruppe betont, 4. wird eine tragfähige Beziehung/Arbeitsbündnis zwischen Therapeut und Pat.in hervorgehoben, 5. Die Abhängigkeit von kulturellen und gesellschaftlichen Definitionsprozessen (vgl. z.b. Wandel der Klassifikations-Systeme) konstatiert. Man unterscheidet im Allgemeinen: Tiefenpsychologische, verhaltenstherapeutische, humanistische, familien- und system-therapeutische Ansätze.

Unter *Klinischer Psychologie*, als Teilbereich der Angewandten Psychologie, versteht man heute die Anwendung wissenschaftlicher Psychologie auf psychische Leiden. Wesentliche Aufgaben besehen in der Prävention, Diagnostik, Beratung, Psychotherapie und Rehabilitation bei psychischen und psychosozialen Störungen, sowie psychosomatischen Leiden. In der Forschung widmet sie sich der Klassifikation psychischer Störungen, den (pycho-) diagnostischen Verfahren, sowie der Wirksamkeit der Psychotherapie und Beratung.

TAB. 7 ZEITTAFEL ZUR GESCHICHTE DER PSYCHOTHERPIE UND KLINISCHEN PSYCHOLOGIE

Vorgeschichte/ indigene Kulturen	archaische Psychotherapie, Medizinmänner, Schamanen, Schamanenkrankheit, schamanistische Methoden, Tabu-Tod (psychogener Tod), Fasten, Initiation, Suggestionstherapie, Gemeinschaftstherapie, Heilungs-Rituale, magische Psychotherapie: Anwendung des Gesetzes der Assoziation als homöopathische Magie oder kontagiöse Magie, participation mystique und prälogisches Denken, Trance, Ekstase, Übertragung von Leiden (auf einen materiellen Gegenstand, auf ein Tier/Menschen, Vertreibung von Dämonen, Übertragung auf einen Sündenbock), psychotrope Stoffe
Antike	mesopotamische Priesterärzte, ägyptische Beschwörer und Traumdeuter, Krankheitsdämonen, persische Teufelsbesessenheit, 3 Typen von persischen Heilern (die mit dem Messer, die mit Kräutern und die mit Worten heilen), Krankheit als göttliche Strafe (Hebräer, Talmud), indische Ayurveda-Medizin und -Psychologie, Yoga-Techniken, Meditation, griech. Orakel, Inkubation, Seelenlehren und -leitung, Weisheitslehren, Epikureismus, Stoizismus, röm. Saturnalien

	(Ventilsitten), Humoralpathologie, Hysterie und Epilepsie (Hippokrates)
Mittelalter	Heilung von Besessenen (z.B. H. v. Bingen), Exorzismus, Krankheitsdämonen, Beichte, Gesundbeten, rel. Heilen, Krankheitsschutzpatrone, hagiodulische Krankheitsheilungen, „Wunder" (miracula), Reliquienkult, heilige Orte, Wallfahrten, frz. Narrenfeste, mundus inversus (Rollentausch), Hexenverfolgungen, arabische „Irrenhäuser": 705 Bagdad, 800 Kairo, 1270 Damaskus, Astrologie, Alchemie
1494	*Sebastian Brant* (1457-1521): „Das Narrenschiff"; satirisches Lehrgedicht über die alltäglichen selbstverschuldeten Laster des Menschen (außer den 7 Todsünden); Holzschnitte von A. Dürer
Neuzeit	
1511	*Erasmus von Rotterdam* (1466-1536): „Lob der Torheit" (Encomium moriae), Satire auf die Unvernunft des Menschen
1656	Gründung von Asylen beginnt z.B. Hôpital général" in Paris (alsbald 6000 Insassen: „Irre", Arme, Vagabunden, Bettler, Sträflinge, Arbeitslose); in England „workhouse", in Deutschland „Zuchthaus"; Salpêtrière (Frauen), Bicêtre (Männer)
1688	*La Bruyère* (1645-1696): „Les caractères de Theophraste"; Charakterschilderungen
1737	*Georg Ernst Stahl* (1660-1734) vertritt die Lehre von der Seele als treibender Kraft im Lebensprozess; „Theoria medica vera" (Halle) z.B. die Wirkung des Zorns (ira)/der Affekte auf den Leib
1742	*Thomas Sydenham* (1624-1689): „Dissertatio epistularis de affectione hysterica"; Beschreibung der Symptomatik der Hysterie; männliche Hysteriker sind „Hypochonder"; Anamnese
	Der einflussreiche, niederländische Arzt *Hermann Boerhave* (1668-1738) entwickelt eine Art Schocktherapie (eiskaltes Sturzbad), schröpfte und purgierte psychisch Kranke und entwickelte den Drehstuhl
1775	Der Arzt *Anton Mesmer* (1734-1815) formuliert seine 27 Thesen über den animalischen Magnetismus; Schilderung seiner inneren Krise; Falldarstellungen
1775 ff	*J.K. Lavater* (1741-1801): „Physiognomische Fragmente zur Beförderung der Menschenkenntnis und Menschenliebe"; Physiognomische Charakterbeurteilung

1777	*William Cullen* (1710-1790) prägt den Begriff der Neurose als funktionelle Störung; Behandlung seelisch Kranker mit Abführmitteln und Zugpflastern; Anwendung der Zwangsjacke bei erregten Pat.n; Klassifikation der Krankheiten
1779	*Anton Mesmer:* „Mémoire sur la decouverte du magnétisme animal" (Paris)
1784	Der frz. Artillerieoffizier *Marquis A. M. J. Chastenet de Puységur* (1751-1825): „Mémoire du magnetisme"; künstlicher Somnambulismus; die weitere Somnambulismus-Forschung klärt die Phänomene der Spaltung der Persönlichkeit und multiplen Persönlichkeit auf
1788	*Jaques René Tenon*: „Mémoires sur les hôpitaux de Paris"; Situationsbericht
1788	*Philippe Pinel*: "Traité medico-philosophique sur aliénation mentale ou la manie" (Paris); Klassifikation psychischer Krankheiten, Lehre von den Krankheitszeichen
1789	französische Revolution; *Pinel* (1745-1826) befreit 1793 die „Geisteskranken" von ihren Ketten (s. Denkmal vor der Salpêtrière) und plädiert für ihre ärztliche Behandlung
1803	*Johann Christian Reil* (1759-1813): „Rhapsodien über die Anwendung der psychischen Curmethode auf Geisteszerrüttungen", Begriff „Psychiatrie"; „Irresein" als körperliche Krankheit; Kritik am Anstaltssystem; Foltermethoden
1808	*F.J. Gall* (1758-1828); Phrenologie (Schädellehre) zur Diagnostik
1811	Der erste Lehrstuhl für Psychiatrie in Leipzig (Heinroth); Begriff „Psychosomatik" (Heinroth, 1818)
1814	*Gotthilf Heinrich Schubert* (1780-1860): „Symbolik des Traumes"; Panpsychismus
1819	der Goaner *Abbé Faria* (1756-1819): „De la cause du sommeil lucide"; verbal-suggestive Methode zur Erreichung des Somnambulismus durch die Befehle des concentrateur; indische Erfahrungen

1843	Der schottische Chirurg *James Braid* (1795-1860): „Neurypnology, or the rationale of nervous sleep, considered in relation with the animal magnetism" (London); Begriff Hypnose (Braidismus) als autosuggestiver Prozess geprägt; neurologische Erklärung des „magnetischen Schlafes"
1858	*T. Piderit* (1826-1912): „Grundsätze der Mimik und Physiognomik"
1866	Der frz. Landarzt *Ambroise Augustin Liébault* (1823-1904): „Du sommeil et des états analogues considérés au point de vue de l'action du moral sur le physique" (Nancy); Suggestionstherapie in der Allgemeinmedizin
1869	*F. Galton* (1822-1911): Fragebogen über Vorstellungsbilder; Später: Begründer der Eugenik
1872	erstmalig der Begriff "Psychotherapie" in *Daniel Hack Tuckes* Werk „Bemerkungen über den Einfluß des Geistes auf den Körper - Studien zur Klärung der Wirkung der Einbildungskraft" (16. Kap.)
1875	*J. H. Michon* (1806-1881): „Système de graphologie"; graphologische Diagnostik
1877	*Mary Baker-Eddy* (1821-1910) gründet die „Christian Science", die auf dem System der „mind cure" von Phineas Pankhurst Quimby aufbaut; viele Krankheiten beruhen auf Einbildung; Suggestion und Persuasion
1884	*Hippolyte Bernheim* (1840-1919): „De la suggestion et ses applications thérapeutiques"; die Einbildungskraft des Hypnotisierten ist entscheidend; Schule von Nancy
1885	*Sigmund Freud* (1856-1939) besucht Jean-Martin Charcot (1825-1893) in der Salpêtrière; erste Begegnung mit Hysterikerinnen
1889	*Sigmund Freud* reist nach Nancy, Hypnosetherapie, Übersetzung von Bernheims Werken
1889	*Auguste Forel* (1848-1931): „Der Hypnotismus" (Stuttgart); führender Vertreter der Abstinenzbewegung; Z. f. Hypnotismus
1889	*Iwan Petrowitsch Pawlow* (1849-1936) beginnt mit seinen berühmten Experimenten über den konditionierten und unkonditionierten Speichelreflex beim Hund; 1904 Nobelpreis; Klassisches Konditionieren; experimentelle Neurosen

1890	*J. McKeen Cattell* (1860-1944): „Mental tests and their measurements"
1891	*Bernheim*: „Hypnotisme, suggestion, psychothérapie" (Paris)
1895	*Breuer & Freud*: „Studien über Hysterie"; der Fall Anna O.; Konversionsmodell
1896	Der Terminus „Psychoanalyse" erstmalig von *S. Freud* eingeführt; sie bezeichnet eine bestimmte psychotherapeutische Methode (die Redekur), die aus der kathartischen Methode Joseph Breuers hervorging und sich auf die Erforschung des Unbewußten mit Hilfe der freien Assoziation aufseiten des Pat. und der Deutung auf Seiten des Psychoanalytikers gründet („Weitere Bemerkungen über die Abwehr-Neuropsychosen").
1896	Der Wundtschüler (Dr. phil. 1892) *Lightner Witmer* (1867-1956) gründet die erste psychological clinic (University of Pennsylvania) für Kinder; auch die Begriffe clinical psychology und clinical method stammen von ihm; multidisziplinäres Klinik-Team; Zeitschrift „The Psychological Clinic" (1907); Witmer Cylinder Test
1897	*Hermann Ebbinghaus* (1850-1909) publiziert den „Lücken-Test" für Schulkinder
1899/1900	*S. Freud*: „Traumdeutung"; Traum als Wunscherfüllung; Traumarbeit, Traumzensur, latenter Traumgedanken, manifester Trauminhalt, Traumsymbolik, Trauminterpretation
1900/01	*Morton Prince* (1854-1929) beschreibt den Fall einer multiplen Persönlichkeit (Miss Beauchamp)
1904	*C. E. Spearman* (1863-1945): „General intelligence objectively measured and determined"; allgemeiner Intelligenzfaktor G), verschiedene spezifische Intelligenzfaktoren (s); Zweifaktortheorie der Intelligenz; Faktorenanalyse
1904	*Paul Dubois* (1848-1918): „Les psychonévroses et leur traitement moral" (Paris); rationale Therapie durch Persuasion; Autosuggestion; Psychogenie vieler psychischer Störungen, Bedeutung der Biografie
1905	*Alfred Binet* (1857- 1911) und *Théodore Simon* (1873-1961): „Méthodes nouvelles pour le diagnostic du niveau intellectuel des anormaux" (L'Année psychologique, 11, p. 191-244); der erste Intelligenztest mit 30 Testaufgaben; „échelle métrique de l'intelligence" (Stufenleiter der Intelligenz)

1906	*C. G. Jung*: „Die psychologische Diagnose des Tatbestandes"
1907	*C.G. Jung* besucht *S. Freud* in Wien; ein Jahr vorher beginnt ihre Korrespondenz
1907	*A. Adler:* „Studie über die Minderwertigkeit von Organen" (Wien); organische Präposition
1910	*Eugen Bleuler* (1857-1939): „Die Psychoanalyse Freuds"; er prägt den Begriff „Tiefenpsychologie"
1911	*S. Freuds* Bruch mit *Alfred Adler* (1870-1937); Individualpsychologie
1912	L. M. Terman (1877-1956): „A tentative revision and extension of the Binet-Simon measuring state of intelligence"
1913	*S. Freuds* Bruch mit *C.G. Jung* (1875-1961); Komplexe oder Analytische Psychologie
1913	*John Broadus Watson* (1878-1958): „Psychology as the behaviorist views it" (Psychological Review, 20, p. 158-177); Gründung des Behaviorismus; objektiv beobachtbares Verhalten alleiniger Forschungsgegenstand der Psychologie; psychische Erkrankung durch Konditionierung erworben: Der (ethisch bedenkliche Fall): „Der kleine Albert"; absolute Bildbarkeit des Menschen
1913	*Emile Coué* (1857-1926): „La maîtrise de soi-même par L'autosuggestion consciente"; „My method, including american impressions" (1923); Autosuggestion
1913	*Karl Jaspers* (1883-1869): „Allgemeine Psychopathologie"; verstehen und erklären; Existenzphilosophie
1917	*Georg Grodeck* (1886-1934: „Psychische Bedingtheit und psychoanalytische Behandlung organischer Leiden"; Begriff „Es"; „Vater der Psychosomatik"
1917	*Ludwig Klages* (1872-1956): „Handschrift und Charakter"; graphologische Diagnostik
1917	us-amer. Army-Tests (α: sprachgebunden, β: sprachfrei); rassendiskriminierend
1918	*Ernst Kraepelin* (1856-1926): „Hundert Jahre Psychiatrie" (Z. für die ges. Neurologie und Psychiatrie, 38)

1921	Der Schweizer Psychiater *Hermann Rorschach* (1884-1922): „Psychodiagnostik"; der weltweit am weitesten verbreitete projektive Formdeute-Test
1921	*Ernst Kretschmer* (1888-1964): „Körperbau und Charakter"; Konstitutionstypologie
1921	*C.G. Jung*: „Psychologische Typen"; Extraversion, Introversion
1924	*Otto Rank* (1884-1939): „Das Trauma der Geburt"
1926	*Viktor E. Frankl* verwendet den Begriff „Logotherapie"; Wille zum Sinn primäre Motivationskraft; noogene Neurosen; Dereflexion (1947), paradoxe Intention (1938)
1927	*Anna Freud* (1895- 1982): „ Einführug in die Technik der Kinderanalyse"; klassisches Werk der psychoanalytischen Kinderpsychotherapie
1930	*C. L. Hull* (1884-1952): „Simple trial and error learning"; Versuch- und Irrtum-Lernen
1933-1945	„Drittes Reich"; viele europäische Psychoanalytiker und (Tiefen-)Psychologen emigrieren; vgl. U.H. Peters: „Psychiatrie im Exil" (1992); Stubbe, 2012:197-204
1934	*C.G. Jung*: „Über die Archetypen des kollektiven Unbewußten"; Archetypenlehre
1935	*Flanders Dunbar* (1902-1959): „Emotions and bodily change – A survey of literature on psychosomatic interrelationships"; Persönlichkeitsprofile werden Krankheiten zugeordnet
1935	*Eddy* und *Bill* gründen die „Anonymen Alkoholiker" (AA), eine Weltweite Selbsthilfevereinigung von Alkoholikern zum Zwecke der Abstinenz
1938ff	„Mental Measurements Year Book" (*O.K. Buros*, 1905-1978, Hrsg.), Testverzeichnis
1939	*Karin Horney* (1885-1952): „New ways in psychoanalysis." (New York); Neoanalyse
1939	*O. Diethelm*: „A historical view of somatic treatment in psychiatry" (Amer. J. of Psychiatry, 95)
1941	*Erich Fromm* (1900-1980): „Die Flucht vor der Freiheit" (Escape from freedom); sozialpsychologische Analyse der Kultur seiner Zeit

1941	*G. Zilboorg*: „A history of medical psychology"
1942	*C. R. Rogers*: „Counseling and psychotherapy"; nicht-direktive Beratung
1946	*Jacob L. Moreno* (1892-1974): „Psychodrama", „Group psychotherapy" (1947); Soziometrie; Soziogramm
1947	*J. Hold* und *E. Jacobsen* entwickeln die Antabus-Kur, eine medikamentöse Behandlungsmethode des chronischen Alkoholismus
1947	*Medard Boss*: „Sinn und Gehalt der sexuellen Perversionen. Ein daseinsanalytischer Beitrag zur Psychopathologie des Phänomens der Liebe"; Daseinsanalyse
1947	*Virginia Axline* (1911-1988): „Kinderspieltherapie"; nichtdirektive, klientenzentrierte Spieltherapie; „Dibs" (1964): Therapie eines autistischen Kindes
1947	*Viktor von Weizäcker* (1886-1957): „Körpergeschehen und Neurose"; biografische Medizin, „Pathosophie" (1956)
1949	*Michael Balint* (1896-1970) führt die sog. Balint-Gruppen ein
1950	Der südafrikanische Psychiater *Joseph Wolpe* entwickelt die „systematische Desenbilisierung": intensives Entspannungs-training, Aufstellung einer „Angsthierarchie", stufenweise Kombination von angstauslösenden Situationen und Entspannungsreaktionen
1950	*Frieda Fromm-Reichmann* (1889-1957): "Principles of intensive psychotherapy"; Psychosentherapie
1950	*Franz Alexander* (1891-1964): „Psychosomaic medicine"; Spezifitätsmodell psychosomatischer Krankheiten: typische Konfliktsituationen; Zeitschr.: „Psychosomatic Medicine"; „History of Psychiatry"(1966)
1951	*Carl Rogers* (1902-1987): „Client-centered therapy" (Boston); nicht-direktive Gesprächstherapie; erste Tonbandaufnahmen von Therapiegesprächen; Gesprächskontrollen; klientenzentrierte Haltung des Therapeuten; encounter-Gruppen
1951	*S. R. Slavson*: „Analytic group psychotherapy"
1952	*H.J. Eysenck*: „The effects of psychotherapy: an evaluation:" (J. of Consulting Psychology, 16, p.319-324); Spontanremission; Zweifel an der Wirksamkeit von Psychotherapie (insbes. Psychoanalyse)

1953	Alcoholics Anonymous (AA): „Twelve steps and twelve traditions" (NY)
1953	*B.F. Skinner*: „Science and human behavior" (NY)
1956	*Heinz & Rowena Ansbacher*: „The individual psychology of Alfred Adler"; gute Übersicht über die Individualpsychologie
1956	*Arthur Jores* (1901-1982): „Der Mensch und seine Krankheit"; anthropologische Medizin; Sinn der auftretenden Symptome
1957	*E. Jacobson*: „You must relax"; Entspannungsverfahren
1957f	Handbuch der Neurosenlehre und Psychotherapie. V. Bd.e (Frankl, v. Gebsattel, Schultz); Länderübersichten
1958	*A.B. Hollingshead & Redlich, F.C.*: „Social class and mental illness"; Sozialcharakter psychischer Erkrankungen
1959	*K. Platonov*: The word as a physiological and therapeutic factor: the theory and practice of psychotherapy according to I.P. Pavlov" (Moskau)
1959	*A. Huxley*: „Heaven and hell" (Baltimore); Erfahrungen mit psychotropen Stoffen
1960	*D.T. Suzuki*: „Zen buddhism and psychoanalysis"
1961	Der Psychiater *Jerome D. Frank* publiziert: „Persuasion and healing – A comparative study of psychotherapy"; Geschichte der Psychotherapie von der „primitiven" Psychotherapie bis in die Gegenwart
1961	*Thomas S. Szasz* (* 1920): „The myth of mental illness – Foundations of a theory of personal conduct"; Anti-Psychiatrie (weitere Vertreter: Jan Foudraine, Ronald Laing, David Cooper, Erving Goffman, Franco Basaglia, Erich Wulff u.a.)
1962	*Annemarie Dührssen*: „Katamnestische Ergebnisse bei 1004 Pat.n nach analytischer Psychotherapie" (Z. f. Psychosomatische Psychotherapie); Nachweis der Wirksamkeit von Psychotherapie
1962	Die „American Association of Humanistic Psychology" wird gegründet; als „dritter Weg" neben Psychoanalyse und Behaviorismus; Mitglieder: *Abraham Maslow, Carl Rogers, Charlotte Bühler, Rollo May* etc.; Streben nach Selbstverwirklichung, Sinnfindung, Ganzheitlichkeit menschlicher Erfahrung, Humanisierung der Arbeit, Bildung etc.

1962	*Abraham H. Maslow* (1908-1970): „Toward a psychology of being"; Humanistische Psychologie; Hierarchie der menschlichen Bedürfnisse von den Grundbedürfnissen zur Selbstverwirklichung
1963	*Hans Zulliger*: „Heilende Kräfte im kindlichen Spiel"; psychoanalytische Spieltherapie
1963	*C. W. Christensen*: „Religious conversion" (J. Nerv. Ment. Dis. 9, p. 207-223)
1964	*Michael Balint* (1896-1970): „The doctor, his patient and the illness"; Balint-Gruppen; „Psychotherapeutische Techniken in der Medizin" (1961)
1964	*Robert Heiß* (1903-1974): „Handbuch der Psychologie: Psychologische Diagnostik" (Göttingen); reiches Lit.verz.
1965	*T. Kora*: „Morita therapy" (Int. J. Psychiat., 1, p. 611-640)
1966	*Alexander Mitscherlich* (1908-1982): „Krankheit als Konflikt"; Modell der zweiphasischen Abwehr
1966	*C. B. Truax et al.* : „Therapist empathy, genuineness and warmth and patient therapeutic outcome" (J. Consult. Psychol., 30, p.395-401); Truax-Skala
1967	*Paul Watzlawick* et al.: „Pragmatics of human communication- A study of interactional patterns"; Störungen, Formen, Paradoxien menschlicher Kommunikation
1967	*Ralph R. Greenson*: „The technique and practice of Psychoanalysis; Standardwerk
1968	*F.H. Stoller*: „Marathon group therapy" (Springfield Il.)
1969	*Gregory Bateson*: „Schizophrenie und Familie"; „double bind-Hypothese"; „Familiensymbiose", „Gummizaun", „Opferrolle"
1970	*Irvin D. Yalom*: „The theory and practice of group psychotherapy"
1970	*A. Janov*: „The primal scream – primal therapy"; Ur-Schreitherapie
1970	*A.T. Beck*: „Cognitive therapy: nature and relation to behavior therapy"
1970	*K. J. Deissler*: „Synanon – its concepts and methods" (Drug Dependence, 5, p. 28-35); Behandlung der Drogenabhängigkeit

1971	A.E. Bergin & S.L. Garfield (ed.s): „Handbook of psychotherapy and behavior change" (Y)
1972	K. W. Back: „Beyond words: the story of sensivity training and the encounter movement" (NY)
1973	Hilde Bruch (1904-1984): „Eating disorders – obesitas, anorexia nervosa and the person within"; multifaktorielle Bedingungen; Standardwerk in den 70er Jahren
1974	W. Pfeiffer: „'Primitive' und moderne Psychotherapie. Ein transkultureller Vergleich. (Hippokrates, 45, S.415-432)
1976	Hannes Stubbe: „Die psychotherapeutische Funktion des südamerikanischen Medizinmannes." (Confinia Psychiatrica, 19, S. 68-79)
1978	Michael L. Moeller: „Selbsthilfegruppen"; Selbsthilfeprinzip
1979	N. Peseschkian: „Der Kaufmann und der Papagei. Orientalische Geschichten als Medien in der Psychotherapie"; Transkulturelle Psychotherapie; positive Psychotherapie
1981	Raymond Corsini (ed.): „Handbook of innovative psychotherapies"; Überblick mit Falldarstellungen der gegenwärtigen Psychotherapieformen
1984	A. Moffat: „Psicoterapia do oprimido"; argentinische, kulturangepasste Form der Psychotherapie für die Unterdrückten
1989	W. Andritzky: „Kulturvergleichende Psychotherapieforschung" (Integrative Therapie, 2, S.194-230)
1990	Josef Rattner (*1928): „Die Klassiker der Psychoanalyse"; „Kritisches Wörterbuch der Tiefenpsychologie" (1994); „Hundert Meisterwerke der Tiefenpsychologie" (1998)
1995	Hannes Stubbe: „Prolegomena zu einer Transkulturellen Kinderpsychotherapie" (Prax. Kinderps. und Kinderpsychiat., 44 Jg., p.124-134)
2006	S. Kakar: „Kultur und Psyche – Auswirkungen der Globalisierung auf die Psychotherapie" (In: Strauß & Geyer, Psychotherapie in Zeiten der Globalisierung)
2009	Y. Erim: „Klinische interkulturelle Psychotherapie"

Gegenwärtig existieren über 150 verschiedene Psychotherapieformen

Quellen: Ackerkecht, 1963; Ellenberger, 1973; Schmidbauer, 1975; Trüb, 1978;Wittmer-Butsch & Rendtel, 2003 (miracula); Schipperges, 1990; Peters, 1978; Pfeiffer, 1971, 1994; Frank, 1981; Amer. Psychologist, vol. 51,1996: 235-251 (Witmer); Corsini, 1981; Bergdolt, 1999; Chronik der Medizin, 2000; Stubbe, 1976, 2000, 2012; Lamberti, 2006; Shiraev, 2015

Psychodiagnostik in fremden Kulturen

Unter Psychodiagnostik wird die Gesamtheit psychologischer Verfahren zur Erfassung der Persönlichkeit/Gruppen und ihrer (Fehl-) Entwicklung verstanden. Ihre vorherrschenden Methoden sind die (Fremd- und Selbst-) Beobachtung, das Gespräch (Interview, Exploration, Anamnese) und die Testverfahren (Intelligenz- und Leistungstests, projektive Verfahren, Fragebogeninventare, apparative Tests etc.).

> „Die Psychodiagnostik stellt Wissen und Methoden der Psychologie bereit, die darauf abzielen, praktische Probleme menschlichen Verhaltens zu erkennen, zu beschreiben und zu lösen. Daraus folgt: Diagnostik läßt sich von zwei Ansatzpunkten aus umschreiben, von den Methoden und von den Problemen." (Fisseni, 2000:19)

Eben in diesem Sinne soll auch die zentrale Frage, ob „westliche" psychodiagnostische Methoden überhaupt in fremden Kulturen durchgeführt werden können und welche besonderen Probleme sich dabei ergeben, von verschiedenen Zugängen her (historisch, methodisch, problemorientiert) behandelt werden.

Intelligenztests und projektive Verfahren in fremden (Sub-)Kulturen

Der us-amerikanische Kulturanthropologe *Marvin Harris* (1989) weist deutlich darauf hin, dass grundsätzlich widerlegt wurde, dass soziokulturelle Unterschiede oder Übereinstimmungen durch genetische Unterschiede erklärt werden können. Dennoch finden sich bis in die Gegenwart immer wieder neue rassendeterministische Anschauungen und vor allem Psychologen waren und sind hierfür scheinbar besonders anfällig (Billig, 1981; Mecheril & Teo, 1997; Kaupen-Haas & Saller, 1999). Bereits *Franz Boas* (1955:9f,131ff) hat klar herausgearbeitet, dass alle Klassifikationen, die allein von „Rasse", Sprache und Kultur ausgehen, unvereinbar sind. Es ist klar bewiesen, dass in allen menschlichen „Rassen", wie sie die physische Anthropologie herausgearbeitet hat, die verschiedenartigsten Kulturformen und Sprachen vorhanden sind bzw. ausgebildet werden können.

Als Psychologen zu Beginn des 20. Jahrhunderts in Europa begannen, Messinstrumente für die Intelligenz zu entwickeln, wandten sie diese Instrumente auch in fremden Kulturen und bei anderen "Rassen", Ethnien und Minoritäten an. Insbesondere im I. Weltkrieg mussten sich in den USA Tausende zum Kriegsdienst Eingezogene zur Feststellung ihrer militärischen Eignung sog. Alpha- und Beta-Intelligenztests unterziehen. Als die Ergebnisse nach Rassenzugehörigkeit der Testpersonen geordnet wurden (vgl. Yerkes, 1921), stellte man den erwarteten Zusammenhang zwischen der „angeborenen Inferiorität" der Afro-Nordamerikaner und den niedrigen Intelligenzwerten fest.

"Auf diese Ergebnisse stützte man sich, um die Aufrechterhaltung des niedrigen sozialen Status der Schwarzen innerhalb und außerhalb der Armee zu rechtfertigen." (Harris, 1989:447) (vgl. auch ausführlich hierzu Gould, 1999)

In der weiteren kritischen Aufarbeitung der Testergebnisse und systematischer vergleichender Forschungen an Migranten und in den Nord- und Südstaaten wurde jedoch später offenbar, dass neben den genetischen Erbfaktoren auch kulturelle und andere z.b. in der Testsituation, dem Testleiter, der Testsprache etc. liegende Faktoren die Intelligenztestleistungen beeinflussen können. Bis heute ist jedoch die Diskussion über die genetische Bedingtheit der Intelligenz bzw. ihre rassische Determiniertheit nicht abgebrochen und die Phalanx der rassischen Deterministen ist unter Psychologen und Genetikern immer noch stark.(vgl. Harris, 1989:446ff; Billig, 1981; Jahoda, 1992:85ff; Gould, 1999:157ff) Wir haben es hier mit einem typischen Beispiel dafür zu tun, wie bestimmte gesellschaftliche Verhältnisse - hier Rassendiskriminierung und -trennung - "wissenschaftlich" legitimiert werden sollen. Im Dritten Reich hatte man bekanntlich im Hinblick auf die „Juden", "Zigeuner", "Russen", "psychisch Kranken" ganz ähnlich, nämlich im Sinne einer vererbten "biologischen Minderwertigkeit" argumentiert (vgl. Müller-Hill, 1985; Weingart et al., 1988). Wer die Geschichte der Afroamerikaner und insbesondere die Jahrhunderte während Sklaverei und Rassentrennung in Amerika nur ein wenig kritisch reflektiert hat, und auch bedenkt, dass die Psychologie in den USA bis auf den heutigen Tag fast ausschließlich von Weißen entwickelt und betrieben wird (vgl. z.B. Quekelberghe, 1991:35f) und wer konstatiert, dass Afroamerikaner immer noch in der nordamerikanischen Psychologie wenig präsent und wenig erforscht werden (vgl. Graham, 1992; Jones, 1994:17ff) muss zu dem Schluss kommen, dass der Rassendeterminismus auf äußerst fragwürdigen und unwissenschaftlichen Grundlagen steht, aber leider immer noch in vielen Köpfen wirksam ist. Z.B. ist es sehr bedenklich, wenn in der 12. Aufl. des „Psychologischen Wörterbuches" von *Dorsch* (1994:639) immer noch unkritisch auf die rassenpsychologischen Arbeiten von *L. F. Clauss* Bezug genommen wird oder *B. Streck* in seinem „Wörterbuch der Ethnologie" (1987) unter dem Stichwort Rasse (ohne Anführungsstriche!) rassen-psychologische Arbeiten der Gegenwart unkritisch referiert (zur älteren Rassenpsychologie vgl. Garth, 1931; Mühlmann, 1936; Beuchelt, 1974; Geuter, 1990:882ff; Lexikon der Psychologischen Anthropologie, 2012). Psychologische Tests und die Testsituation sind also in höchstem Maße kulturgebunden. *Bohannan* (1973:115, zit. nach Harris, 1989:451) drückt dies klar aus, wenn er schreibt:

> " 'Intelligenz'-Tests können gar nicht frei von kulturellen Vorurteilen sein. Der Inhalt eines Intelligenztests hat zwangsläufig etwas mit den Vorstellungen, der Konstitution oder den gewohnten Wahrnehmungsformen und Verhaltensweisen der Menschen zu tun, die den Test anwenden. Denn all diese Dinge sind bei Menschen kulturell vermittelt und beeinflußt. ... Das ist kein Diktum, auch keine Definition- sondern die Anerkennung der Art und Weise, in der kulturelle Erfahrung alles, was Menschen wahrnehmen und tun, durchdringt."

Zum Einsatz der projektiven Verfahren in fremden Kulturen
Projektive Tests *(K. L. Frank, 1939)* nennt man mehrdeutige, offene Testaufgaben, die zu Deutungen auffordern, durch die der Proband Emotionen, Phantasien, Antriebe offenbart, sein

eigenes Erleben gleichsam in das Testmaterial hineinprojiziert. Beispiele sind: der Rorschachtest (1921)(Rorschach), der Thematische Apperzeptionstest (1935) (TAT, Morgan & Murray), Sceno-Test (1938) (von Staabs), Szondi-Test (1944) (Szondi), Myokinetischer Test (Mira y Lopez), Farbpyramiden Test (1951) (Heiss), (Kinder)Zeichnungen (Goodenough, Ziler, Machover), Familie in Tieren (Brem-Gräser), Satzergänzungstests, Assoziationstest (Jung), etc.. Genutzt wird der „Aufforderungscharakter" von Texten, Bildern, Farben, Figuren, Gestaltungsmaterial. Sie bieten gleichsam die Reizsituation, in der sich die Persönlichkeit entfalten kann (vgl. Sehringer, 1983).

Der von dem Schweizer Psychiater *Hermann Rorschach* (1884-1922) entwickelte „Rorschachtest" wurde häufig in kulturvergleichenden Forschungen, insbes. von der „Kultur und Persönlichkeits-Schule" (vgl. z.B. C. Dubois, 1944; Kardiner, 1974; Linton, 1974; Le Vine, 1982), eingesetzt. Eine vergleichende Untersuchung des Psychiaters *Manfred Bleuler* (1935) zeigte z.B., dass nomadische Wüstenbewohner Marokkos in einem viel höheren Maß als Europäer auf winzige Details („d" ↑) der Klecksbilder achten. *Cook* (1942) stellte demgegenüber fest, dass die Samoaner dazu neigen, relativ wenig auf kleine Einzelheiten einzugehen und deren Antworten sich stattdessen häufig auf das Gesamtbild („G" ↑) beziehen. Diese Unterschiede in den Wahrnehmungstendenzen, die auch aus zahlreichen anderen Studien gut belegt sind, verdeutlichen die Wirkungsweise kultureller Faktoren auf ganz unmittelbare Weise. Auch *Thurnwald's* Schüler *Herbert Baldus* (1899-1970), der seit 1939 bis 1960 an der "Escola Livre de Sociologia e Política de São Paulo" lehrte, hat eine Vielzahl von ethnopsychologischen Arbeiten über die brasilianischen Indianer vorgelegt und die tragische Biographie des Indianers Tiago Marques Aipobureu (Baldus, 1937) analysiert. Seine dreibändige "Bibliografia crítica da etnologia brasileira"(1954ff) bietet eine Fülle noch unbearbeiteten Materials über dieses gesamte Gebiet. *Baldus* schrieb 1953 auch eine "Psicologia étnica" (vgl. Stubbe, 1987:144). Er führte auch mit mehr oder minder großem Erfolg Rorschach-Testungen an brasilianischen Tupí-Indianern durch. Es zeigte sich hierbei, dass die Probanden z.B. einfach nur alle ihnen bekannten Tiere (Vögel) des Urwaldes aufzählten (Baldus, 1953). Der Rorschach-Test wird in Brasilien bereits seit den frühen 30er Jahren des vorigen Jahrhunderts durchgeführt (Leão Bruno, 1944; Sousa, 1953; Stubbe, 1997). Der Ethnopsychiater *Georges Devereux* (1985) applizierte in den 50er Jahren während der hochinteressanten Psychotherapie eines Prärieindianers verschiedene projektive Tests (z.B. Rorschach, Szondi, Sentence Completion-Test etc.), diskutiert jedoch nicht kritisch das Problem des interkulturellen Testens. Die Sozialpsychologin *Monique Augras* (1979, 1980) analysierte verschiedene Göttermythen des afrobrasilianischen Candomblé und verglich sie mit den Ergebnissen einer Rorschachdiagnostik von 15 (auf einen bestimmten orixá) initiierten Mitgliedern eines „terreiros" (Kultzentrums) in Rio de Janeiro. Zwischen den Persönlichkeitsmerkmalen der „filhas de santo" und ihren orixá konnte sie auf diese Weise viele Übereinstimmungen finden. In den psychologischen Charakterisierungen der orixá entdeckte sie eine „intuitive Persönlichkeitspsychologie" (vgl. Stubbe, 1987: 78ff). *Léopold Szondi* (1976:415-417) führte seine „Triebdiagnostik" in den 50er Jahren in Afrika (Lambarene) durch und verglich die Ergebnisse mit seinen europäischen Erfahrungen. Die in diesem Test abgebildeten Menschen mit sog. Trieberkrankungen sind aber bekanntlich keine Afrikaner! Was dies aber methodisch bedeutet wird von *Szondi* nicht diskutiert, ganz davon abgesehen, ob "europäische Trieberkrankungen" überhaupt in Afrika vorkommen und falls in welcher Gestalt (vgl. Mélon et al., 1992).

Da es sich bei den zehn Rorschachtafeln um nonverbale Reize handelt, ist die anhaltende Beliebtheit dieses projektiven Tests in der transkulturellen wie auch ethnopsychologischen und –psychoanalytischen Forschung (vgl. z.B. Parin et al., 1963) verständlich. Der Einsatz der Rorschachtests in der Ethnologie, Ethnopsychologie und Transkulturellen Psychologie wurde jedoch bisher kontrovers diskutiert, auch bezüglich der Testkriterien (Objektivität, Validität, Reliabilität; vgl. Adler, 1993: 58f). *Philip G. Zimbardo* (1999:585) gibt sicher ein ausgewogenes Urteil, wenn er schreibt:

> „Die Interpretation dieser Informationen des Rorschachtests in Richtung auf ein zusammenhängendes Porträt der Persönlichkeitsdynamik eines Individuums ist ein komplexer und höchst subjektiver Prozeß, der auf klinischer Erfahrung und geschulter Intuition aufbaut. Idealerweise verwendet ein Diagnostiker diese Daten als Quellen für Hypothesen über eine Person, die dann mit anderen Messverfahren überprüft werden."

Bekanntlich gibt es keine „kultur-freien" Tests, „westliches" Testmaterial z.B. der TAT, Rosenzweig etc. enthalten viele kulturelle Eigentümlichkeiten (vgl. z.B. Kleidung, Frisur und Hautfarbe der abgebildeten Personen im TAT!) und der Akt des Testens und die Testsituation als solche sind ebenfalls kulturell determiniert (s. unten). Eine umfassende Persönlichkeitsdiagnose läßt sich mit dem Rorschachtest und anderen projektiven Tests allein jedenfalls nicht leisten. Die Persönlichkeitsbeurteilung ist ein umfassendes Verfahren, bei dem verschiedene Messinstrumente eingesetzt werden und das Verhalten in den unterschiedlichsten Situationen beobachtet wird.

> „Dennoch ... wird die Verwendung projektiver Tests in der psychologischen Anthropologie nicht zum kompletten Scheitern verurteilt, aber doch von beträchtlicher Frustration begleitet sein." (Spain,1972:299)

Methodische Aspekte psychologischer Testungen in fremden Kulturen in der Gegenwart:
Zum Einsatz sog. westlicher psycho-diagnostischer Verfahren, d.h. in Europa und den USA entwickelter Verfahren, in fremden Kulturen müssen einige methodische Vorbemerkungen gemacht werden.

Zunächst sind auch Tests und psycho-diagnostische Verfahren in ihrer Allgemeinheit (diagnostisches Gespräch, Verhaltensbeobachtung, Tests etc.) Produkte einer Kultur und die diagnostische Situation selbst enthält eine Vielzahl kulturspezifischer Determinanten, wie Sprache des Tests und der Testsituation (-instruktion), Ethnizität des Probanden und Diagnostikers, Zeiterleben, Bildung, kulturgebundenes geschlechtsspezifisches Verhalten etc. Bereits *Diamond* (1985) hat mit Recht festgestellt, dass die Tests im allgemeinen westlichen Ursprungs sind und demzufolge Werte, Inhalte und Erfahrungen der westlichen Kultur widerspiegeln. In diesem Sinne gibt es auch keine *"kulturfreien Tests".* Unter „kulturfreien Tests" werden solche psychologischen Tests verstanden, deren Ergebnisse von kulturellen, regionalen und sozialen Unterschieden weitgehend frei sind (v.a. sprachfreie Tests). Auch die bisherigen Anstrengungen sog. *culture fair tests* zu entwickeln d.h. Tests, die allen Menschen gleichermaßen fremd oder bekannt wären, haben sich als nicht besonders erfolgreich erwiesen.

Allgemein lassen sich folgende methodische Probleme beim Einsatz der in Europa und den USA entwickelten psycho-diagnostischen Verfahren in fremden Kulturen hervorheben:
- Probleme der Äquivalenzbildung ergeben sich vor allem in der mangelnden dimensionalen Identität und fehlenden Skalenidentität (vgl. Poortinga, 1980) Hinsichtlich der Vergleichbarkeit bedeutet dies, dass die gemessenen Phänomene nicht die gleichen sind und dass ein Messinstrument quantitativ nicht die gleiche Skala für die einzelnen Gruppen abgibt.
- Wenn ähnliche Aktivitäten verschiedene Funktionen in unterschiedlichen Gesellschaften haben, dann können sie nicht ohne weiteres miteinander verglichen werden z.B. nehmen Lehrer unterschiedliche soziale Positionen und Funktionen in verschiedenen Kulturen ein
- Fragen der konzeptuellen Äquivalenz werden sofort offenkundig, wenn nach einer universell gültigen Operationalisierung bestimmter Persönlichkeits- oder Verhaltenskonstrukte wie z.B. Aggression, Introversion, Intelligenz, Neurotizismus etc. gesucht wird.
- Andere Äquivalenzaspekte betreffen das verbale Material, die Instruktionen und die Aufgaben. Eine wortwörtliche Übersetzung- dies konnte die transkulturelle Forschung zeigen- reicht nicht aus, um die semantische Äquivalenz abzusichern. Aus diesem Grund müssen bei der Übernahme von diagnostischen Verfahren in fremden Kulturen Übersetzungsmethoden wie "backtranslation", "bilingual technique" und "committee approach" zum Einsatz kommen. In manchen Sprachen fehlen z.B. bestimmte Grundkategorien wie „Ich", „Mann", „Leute", „Menschen", „Depression" etc. Andere Sprachen wiederum verfügen für manche Phänomenbereiche über eine breite Vielfalt von Wörtern z.B. hinsichtlich des emotionalen Bereichs oder der Bezeichnungen der Beziehungen unterschiedlicher sozialer Statushierarchien. Im Japanischen hängt z.B. die Verwendung von "ich" von dem jeweiligen sozialen Kontext ab.
- Hinsichtlich der Test- und Untersuchungssituation sind die Erwartungen des Diagnostikers und des Probanden bezüglich ihres gegenseitigen Verhaltens bedeutsam. Welche Erfahrungen mit Tests liegen in der Kultur vor? Richtet sich die Motivation bei einem Selektionsverfahren vor allem darauf, ein optimales Leistungsergebnis zu erzielen oder seine Persönlichkeit möglichst vorteilhaft darzustellen? In vielen Fällen muss eine persönliche Beziehung zwischen Diagnostiker und Probanden erst aufgebaut werden, um eine Kooperation zu sichern. Auch kann in vielen (z.B. islamischen) Kulturen eine direkte Befragung oder Untersuchung eines Familienangehörigen, insbes. Einer Frau, nicht ohne die Anwesenheit des Familienvorstandes bzw. anderer Angehöriger stattfinden. *Jones* (1963) hat auf die Bedeutung von *"courtesy bias"* bzw. "hospitality bias" hingewiesen, bei denen der Proband bemüht ist, weniger seine eigene Meinung oder Position kundzutun, sondern sich entsprechend der vermuteten Meinung des Diagnostikers verhält (vgl. das Problem der "soziokulturellen Erwünschtheit"). Aus Traditionsgründen ist es oftmals verpönt, Kritik an Lehrern, Eltern usw. auf direkte Art und Weise zu üben. Bestimmte kulturspezifische "Höflichkeitsrituale" sind auch für die Untersuchungssituation zu beachten (vgl. Wangermann, 2008).

- Die Testsituation in ihrer Komplexität und die möglichen Mängel psychologischer Gutachten hat bereits *Hans Hartmann* (1970) detailliert behandelt.

Durch das Trainieren bzw. den Einsatz indigener Diagnostiker können diese vielfältigen Kommunikationsprobleme bis zu einem gewissen Grad vermieden werden.

- Generell werfen Aufgaben, die unter Zeitdruck zu lösen sind (vgl. speed tests) Probleme in Kulturen auf, in denen Menschen fast nie unter Zeitdruck geraten. Es ist zu erwarten, dass bei den in andere Kulturen importierten Tests kulturbedingte Modifikationen bei ca. 30% der items eines diagnostischen Verfahrens notwendig sind und bei ca. 10% der items sich kein befriedigendes Analogon finden lässt.
- Weitere Probleme ergeben sich beim Einsatz komplizierterer Befragungstechniken wie z.B. "multiple choice". Diese betreffen sowohl die Häufigkeitsschätzungen als auch die Zeitstrukturierung.
- *Diamond* (1985) konnte zeigen, dass sogar einfache Muster aus Vierecken, Kreisen, Zahlen oder Buchstaben in manchen Kulturen andere kognitive Prozesse auslösen als die in westlichen Gesellschaften bekannten Reaktionen.
- *Poortinga* (1980) hebt hervor, dass die Unterschiede in der Vertrautheit mit Fragebogenmethoden ein gewichtiger Störfaktor bei transkulturellen Forschungen darstellen. Dies lässt sich auch allgemein von der Vertrautheit mit psychodiagnostischen Verfahren bzw. der Testsituation sagen. In Ländern der sog. Dritten Welt ist das Bildungsniveau vieler Bevölkerungsgruppen als mindestens "semi-illiterate" und auf keinen Fall als testkundig anzusehen.
- Je nach gewählter Stichprobe aus fremden Kulturen können erhebliche Unterschiede bzgl. der Item- und Skalenäquivalenz der importierten diagnostischen Verfahren auftauchen. z.B. ist hier der jeweilige Akkulturationsgrad an die westliche Kultur bei den Probanden entscheidend.
- Kulturanthropologen haben die positive Betonung der Individualität bzw. die negative Einstellung zur allzu starken Konformität bzw. zum Kollektivismus im europäisch-nordamerikanischen Kulturkreis und zum anderen die starke Hervorhebung sozialer Interdependenz zu Ungunsten der individuellen Kreativität in vielen außereuropäischen Gesellschaften hervorgehoben. Diese kulturell bedingten Orientierungen (z.B. Individualismus vs. Kollektivismus) schlagen sich auch in den verschiedenen diagnostischen Verfahren nieder. Gleiches gilt für Werte wie individuelle Leistung, Wettbewerb statt Kooperation etc. In diesem Zusammenhang ist auch zu berücksichtigen, von welcher Religion die zu untersuchende Kultur geprägt ist. Islam, Hinduismus oder Buddhismus haben andere Wertsysteme und kulturelle Orientierungen entwickelt als das Christentum (vgl. Hofstede-Dimensionen)
- Durch eine unkritische bzw. ungeprüfte Übernahme europäischer oder us-amerikanischer Intelligenztests ist davon auszugehen, dass unzählige Kinder fälschlicherweise als "mental retardiert" diagnostiziert werden, weshalb *Vassaf* (1985) sogar von einem "mental massacre of Third World children" sprach (vgl. auch Gould, 1999).

Exkurs: Westliche Klinische Psychologie heute

Wenn man aus der Fülle der klinisch-psychologischen Schriften exemplarisch ein Werk herausnimmt und aufmerksam liest, befällt einen oftmals das aristotelische „θαυμάζειν" als einem in über 35 Jahren klinischer, diagnostischer und psychotherapeutischer Tätigkeit Ergrauten immer wieder, wenn man im Zeitalter der „Weltprobleme", Globalisierung, Europäisierung und Massenmigration ein Buch rezensieren soll, dass von dieser neuen menschlichen Realität keinerlei Notiz nimmt. Die „Einführung Klinische Psychologie" von Renneberg/Heidenreich/Noyon (2009) kann geradezu als ein Musterbeispiel einer *a-historischen, kultur-* und *sozialblinden* und *ethnozentrischen* Darstellung dienen.

Kulturblind, weil das Buch (wie viele andere) auf die kulturelle Dimension der Klinischen Psychologie in der klinisch-psychologischen Diagnostik, Epidemiologie, Nosologie, (Psycho-) Therapie, Beratung und Prävention überhaupt nicht eingeht und einfach so tut als ob es sich bei der Klinischen Psychologie um ein rein naturwissenschaftliches Fachgebiet wie etwa die Physik oder Geologie handeln würde, die überall auf der Welt universelle Gültigkeit besitzen.

Nehmen wir als Beispiel die Psychodiagnostik mit Migranten in Deutschland:
In der psychodiagnostischen Arbeit mit Migranten bzw. Menschen mit Migrationsbiografien (ca. 10-20 Millionen) können wir eine interkulturelle diagnostische Situation (Probandin und Diagnostiker besitzen unterschiedliche kulturelle Backgrounds) von einer mono-kulturellen unterscheiden. In der interkulturellen Psychodiagnostik treten vielfältige, bisher kaum gelöste Probleme auf (vgl. Stubbe, 2005:401ff). Zunächst spielt die Auswahl der Sprache eine hervorragende Rolle. Türkische Psychologen und Psychotherapeuten z.B. führen die psychologische Beratung, Diagnostik und Therapie in D mit türkischen Migranten sehr oft in türkischer Sprache durch. Dies gilt insbes. für die Patientengruppe der ersten Generation. Schulkinder und Jugendliche bringen oft auch die deutsche Sprache mit in die Therapie und Diagnostik ein bzw. wechseln vom Türkischen ins Deutsche bzw. umgekehrt. Hier ist es sinnvoll, wenn sich der zweisprachige Psychologe den Wünschen der Patienten anpasst, was die Sprachwahl betrifft. Dies gilt auch für das psychodiagnostische Gespräch (Anamnese, Exploration, Interview). In der biographischen Anamnese wird den ätiologischen Krankheitsvorstellungen (vgl. Stubbe, 2005) und den Belastungen der Migrationsgeschichte des Patienten eine besondere Aufmerksamkeit zukommen. Fragen nach den Gründen, dem Verlauf und den Bedingungen der Migration, nach einer evtl. früheren Binnenmigration (z.B. vom Land in die Stadt), nach den Erwartungen an das Aufnahmeland, nach der Anzahl der in Deutschland lebenden Familienmitglieder, nach der Akkulturation, der Identität, etc. Aus welchem Teil seines Heimatlandes kommt er (Dorf, Großstadt), stammt er aus einer Minderheitengruppe (z.B. Kurden, Armenier, Afroamerikaner), mit welchem Alter kam er nach Deutschland: ist er als entsandtes „Opfer" der Familie gewählt worden, ist die Migration ein Auftrag der Familie gewesen, damit er im Ausland Geld verdient, um die Familie zu unterstützen? Fühlt sich der Migrant als Verräter, Versager, als jemand der den Abbruch der Beziehungen zur Familie befürchten muss, wenn Misserfolgserlebnisse auftreten? Wie wird der Heiratsprozess durch die Migration beeinflusst? Ist der Migrant in seinen Heiratsentscheidungen frei? Beeinflussen Entwurzelungserlebnisse seine Rolle und sein Verhalten zu seiner Heimat und seiner Familie? In welcher Familienstruktur lebt der Migrant gegenwärtig und welches ist sein religiöser

Hintergrund? Mit welchen Einstellungen, Vorstellungen lebt der Migrant und seine Familie hier? Welche Erziehungsvorstellungen und –ziele besitzt er? etc. etc. Die Verhaltensbeobachtung von Migranten z.B. Eltern/Mutter-Kind-Beobachtung oder im Rahmen einer Verhaltensanalyse erfordert tiefgehende Kenntnisse der Herkunftskultur und der nonverbalen Kommunikation der Migranten, dies gilt besonders für interkulturelle psychodiagnostische Beobachtungssituationen, weil es sonst zu Psychopathologisierungen und nicht angemessenen Wertungen und Attribuierungen kommen kann. Im Übrigen sind auch hier alle bekannten Beobachtungsfehler möglich (z.B. Projektionen, Schwarz-Weiß-Malerei, erster Eindruck, Psychopathologisierung etc.). Durch Videoaufzeichnungen kann die Verhaltensbeobachtung im Rahmen einer Supervision durch interkulturell ausgebildete PsychologInnen bearbeitet werden.

Psychologische Testverfahren werden in der klinischen Arbeit mit Migranten oftmals gemieden, weil bisher zu wenig standardisierte Verfahren für diese Gruppen vorliegen, so dass man sich oftmals auf die Ergebnisse des psychodiagnostischen Gesprächs und seine eigenen klinischen Erfahrungen verlässt. Meist werden aber Tests im Rahmen von (Renten-, Verkehrs- etc.) Gutachtertätigkeit eingesetzt oder Intelligenz- und Leistungstests bei (Sonder-) Schulfragen. Man versucht in der Praxis möglichst „kulturfreie Verfahren" (die es nicht gibt!) zur Anwendung zu bringen z.B. Intelligenztests wie den Coloured Progressive Matrices (CPM), Standard Progressive Matrices (SPM), CFT, etc. Die Verwendung des HAWIE-R bzw. HAWIK-R beschränkt sich oftmals nur auf den Handlungsteil. Im Verbalteil werden bestimmte Fragen oftmals verändert: „Welche Farben hat die deutsche Fahne?" Wird zu: „Welche Farbe hat die türkische Fahne?" Oder: „Was ist die Bibel?" Wird zu: „Was ist der Koran?"

Auch projektive Tests wie z.B. TAT, CAT, Rorschach, Familie in Tieren (FIT), Satzergänzen werden äußerst selten eingesetzt. Der Sceno-Test enthält leider keine für Migrantenfamilien angepasste Modifikationen, z.B. bzgl. Hautfarbe und Kleidung der Püppchen. Was bedeutet z.B. ein Schwein im FIT eines islamischen Kindes? Oder ein Elefant im FIT eines indischen auslandsadoptierten Kindes?

In diesem Zusammenhang stellt sich auch die Frage nach der Fairness und Chancengleichheit, die im Grundgesetz und in den Menschenrechten verankert sind, in der Psychodiagnostik (und Personalauslese, aber auch Psychotherapie). Neben den Hauptgütekriterien der (Eignungs-) Tests, nämlich der Objektivität, Reliabilität und Validität, ist die Fairness (auch „Testfairness" oder „Gerechtigkeit" oder „Fairness der Auslese") ein wichtiges Kriterium der Testevaluation. Es gibt nicht den fairen Test oder das faire Selektionsverfahren, sondern nur Fairness im Hinblick auf Handlungs- und Entscheidungsaspekte, die aber exemplifiziert werden müssen. Bereits *Anastasi* (1968) und *Cleary* (1968) haben *Testfairness* als eine dreiseitige Relation aus Test, Gruppenzugehörigkeit und Kriterium definiert (vgl. Tent & Stetzl, 1992) *Görlich & Schuler* (2006:828) haben kürzlich fünf Aspekte der Fairness von Personalwahlentscheidungen zusammengestellt, wobei jedoch der kulturelle Aspekt ebenfalls nicht erwähnt wird. Man müsste hier aber unbedingt die Kulturzugehörigkeit ergänzen.

Über alle diese spezifischen Probleme in der Psychodiagnostik mit Migranten oder solchen Pbn mit einer Migrationsbiografie gibt es noch keine gesicherten Erkenntnisse. Alle Autoren der gängigen deutschsprachigen (aber aus ausländischen) psychodiagnostischen Lehrbücher (wie auch das o.g. Lehrbuch) erwähnen diese Probleme jedoch mit keiner Zeile und sind dementsprechend als *ethnozentrisch* zu bezeichnen, weil sie die soziale und kulturelle Realität in Deutschland/Europa und in der Welt bisher nicht wahrgenommen haben, d.h. 4/5 der Menschheit (und ca. 20% im eigenen Land!, von Europa ganz zu schweigen) einfach ignorieren. Wichtig wäre es hier im Rahmen einer „Welt-Psychologie" (Stubbe, 2001) vor allem einen intensiven Austausch mit den Psychologen und Psychologinnen der Herkunftsländer der Pat.innen zu entwickeln, da in vielen dieser Länder bereits übersetzte und manchmal auch standardisierte Verfahren vorliegen und es jeweils überprüft werden müsste, ob sich diese Verfahren auch für die entsprechenden Migrantengruppen in Deutschland eignen. Dies gilt gleichermaßen für (Psycho-)Therapie und Prävention etc.

Aus kulturanthropologischer, ethnopsychologischer und transkulturell-psychologischer Sicht sollte eine patienten/probanden-orientierte/zentrierte Psychodiagnostik gefordert werden, die oftmals mit einer Verhandlungskultur zu tun hat und weniger mit hierarchischen Machtbeziehungen. Diagnosen sind nicht allein Ausdruck eines statischen Sozialsystems, sondern eher eines dynamischen Beziehungsgeflechts, zu dem Interpretationen, Neuinterpretationen, Geheimhaltungen, Bewertungen und kulturelle Hegemonien gehören. Kliniken und klinisch-psychologische Einrichtungen im allgemeinen Sinne sind daher Orte, in denen Konflikte über unterschiedliche soziale und kulturelle Realitäten und Konzepte und über Fragen von ethnischem Status ausgehandelt werden. *Kleinman* hat deshalb bereits 1978 gefordert, den „kategorischen Irrtum" zu vermeiden, dass westliche diagnostische Kategorien kulturunabhängige Variablen seien, und schlägt dagegen vor, westliche psychologische/ psychiatrische Erklärungsmodelle als spezifisch für einen bestimmten Kulturraum anzusehen. Kultur ist demnach der Kontext, in dessen Rahmen jedes menschliche Erleben und Verhalten sowie jede psychische Krankheit zu denken ist, und nicht etwa darauf beschränkt, natürliche Phänomene nur zu „formen (vgl. Stubbe & Follmann, 2004 ; Stubbe, 2005:401ff)

Auch dass der Mensch neben seiner biologischen Ausstattung ein Ergebnis von Sozialisation und Enkulturation ist und dass diese auch seine Krankheitsgenese mitbestimmen ist den Autoren bei ihrer Darstellung der psychischen Störungen (Teil II) völlig entgangen.

Schaut man sich die über 400 Literaturhinweise des Buches an, so wird der o.g. Eindruck noch verstärkt: für die Autoren existieren scheinbar nur zwei Kontinente auf diesem Erdball das Zentrum USA und die dependente BRD d.h. eine (übrigens multiethnische) Gesamtbevölkerung von ca. 400 Millionen!

Was hier dargestellt wird ist im Grunde genommen eine „indigenous psychology" im Sinne von Sinha (1997), also eine nur für einen sehr beschränkten Kreis von Menschen (auch in Deutschland) gültige Klinische Psychologie.

Als der Autor die Klinische Psychologie in vivo kennen lernte, brachte man uns jungen Klinikern bei, dass ein grundbedürfnisorientiertes Versorgungs-System *für alle offen, gerecht, zugänglich, integriert, gemeinwesenorientiert, Eigenverantwortung fördernd, dezentralisiert, intersektoral, präventiv etc.* sein soll (vgl. Alma-Ata-Konferenz, 1978; Primary Health-Konzept). In welcher, für welche Gesellschaft funktioniert Klinische Psychologie? Keinerlei selbstkritische Worte in diesem Buch darüber! Etwas mehr geschichtliches Bewusstsein der drei Kliniker, die doch im Bereich der Sozialen Arbeit tätig sind (!), hätte man erwarten dürfen.

Soll der Autor noch abschließend auf die 2,5 Millionen „armen Kinder" (mit ihren Familien) in Deutschland hinweisen, die oftmals auch in die Diagnostik und Behandlung kommen und manchmal, wie der Autor es schon erlebte, sogar Hunger haben? Auch von ihrer spezifischen Situation ist in diesem Buch keine Rede? Brauchen wir eine solche Klinische Psychologie in Deutschland? Hat sie überhaupt eine Zukunft? Kann man dieses Buch z.B. Kolleginnen und Kollegen empfehlen, die in einem europäischen Land außerhalb Deutschlands oder in der nicht-westlichen Welt tätig werden wollen? Nein!

Warum werden klinische Psychologen und Psychologinnen in Deutschland (mit seiner langen und vielfältigen psychologischen Tradition) immer noch so *kulturblind, geschichtsblind, ethnozentrisch* und *„a-sozial"* bzw. *sozialblind* ausgebildet? Darüber kann man eigentlich nur staunen: Aber das aristotelische Staunen (θαυμάζειν) als Ergebnis der Wahrnehmung von Phänomenen, die so manifest wie zunächst unerklärlich sind (Höffe, 2009), kann vielleicht zur Forschung und Erkenntnis, sowie zu dringend notwendigen zukünftigen Veränderungen in der Klinischen Psychologie in Lehre, Theorie und Praxis in Deutschland und in vielen Ländern dieser Welt führen (Stubbe, 2009).

Militarismus, Totalitarismus und Rassismus

Militarismus

> *„Wir wollen die neue Herausforderung preisen,*
> *die Fieber schlafloser Nächte, den gefährlichen Sprung,*
> *die Ohrfeige und den Fausthieb ...*
> *Ein brüllendes Auto, das wie unter Kartätschenfeuer steht,*
> *ist schöner als die Nike von Samothrake ...*
> *Wir wollen den Krieg, die einzige Hygiene der Welt, verherrlichen,*
> *den Militarismus, den Nationalismus, die zerstörerische Geste*
> *des Anarchismus, die tötenden Gedanken und die Verachtung des Weibes."*
>
> Futuristisches Manifest, 1909

> *„Zehntausend Städte gibt es auf dieser Welt,*
> *doch nicht eine verzichtet aufs Militär,*
> *Warum eigentlich? Wäre es nicht besser,*
> *die Rüstungen einzuschmelzen und*
> *daraus Pflugscharen zu fertigen?*
> *Dann könnten die Ochsen, Zoll um Zoll,*
> *wieder das Brachland durchfurchen.*
> *Sind die Schollen aber erst gewendet,*
> *gedeihen aufs neue Seidenraupen.*
> *Nicht mehr mit den Tränen zu kämpfen*
> *haben dann die wackeren Kämpen.*
> *Was den Männern der Anbau des Korns,*
> *ist den Frauen die Herstellung der Seide –*
> *regelmäßig begleitet von Gesang."*
>
> Du Fu (769 n.)
> (Übers. Th. O. Höllmann, 2020:61)

Einleitung: *Was ist Militarismus?*

In Rio de Janeiro, in dem schönen Stadtteil Glória, existiert eine weltweit wohl einzigartige Einrichtung, der „Templo da Humanidade" (gegr. 1881), in dem die von dem Positivisten und ersten Soziologen *August Comte* (1798-1857) entwickelte „Religion der Humanität" (religião da humanidade) verehrt wird. Im Inneren des neoklassischen Tempels befinden sich verschiedene Büsten von bedeutenden Persönlichkeiten/Wissenschaftlern, die einen besonderen Bereich der Menschheits-Kultur repräsentieren. Hier findet sich auch die Büste von *Friedrich dem Großen* (1712-1786), als Repräsentant des Militarismus, der in vielen Ländern Lateinamerikas mit den Deutschen in Verbindung gebracht wird. Ebenfalls auf der brasilianischen Nationalfahne ist das Motto der positivistischen Bewegung eingeprägt: „O Amor por Principio e a Ordem por Base, o Progresso por Fim" (vgl. Regozini, 1977; Wagner, 2001, S. 63ff).

ABB. 12 Der „Templo da humanidade" in Rio de Janeiro

Quelle: H. Stubbe, nov. 1995

Es mag sein, dass in der Menschheitsgeschichte oftmals die Vernunft (bzw. der Hegelsche „Geist") als Promotor einer kulturellen Höherentwicklung, Zivilisierung und Humanisierung des Menschen gedient hat:

„Der einzige Gedanke, den die Philosophie mitbringt, ist aber der einfache Gedanke der Vernunft, daß die Vernunft die Welt beherrsche, daß es also auch in der Weltgeschichte vernünftig zugegangen sei. Diese Überzeugung und Einsicht ist eine Voraussetzung in Ansehung der Geschichte als solcher überhaupt." (Hegel, 1961:48f)

Daneben existieren jedoch auch kulturelle Phasen der Stagnation, des Niedergangs[39] und sogar des Rückschrittes, sowie des Untergangs. Eine der wichtigsten Ursachen hierfür ist der Militarismus, der heute zu den dringenden „Weltproblemen" (vgl. Stubbe, 2012, S. 674f) gehört und das Überleben der Menschheit gefährdet. Nicht nur die große Anzahl von Bürgerkriegen, Kriegen und kriegsähnlichen Situationen ist in der gegenwärtigen Welt sehr Besorgnis erregend, sondern auch die zunehmende Remilitarisierung und (atomare) Aufrüstung auch in Deutschland, auf die z.B. der Papst (2019) jüngst in Japan aufmerksam gemacht hat (vgl. auch SIPRI, 2021).

Eine *Definition des Militarismus* ist jedoch nicht einfach. Es handelt sich nämlich um einen „komplexen Systembegriff" (Wette, 2011: 20).

Wir wählen exemplarisch einige repräsentative Definitionen aus der sozialwissenschaftlichen Literatur aus:

> „Militarismus ist das tatsächliche Vorherrschen des Militärs oder militärisch-kriegerischer Prinzipien in Staat, Gesellschaft und Politik." (Sauer, 1964:193)

> „Das Übertragen militär. Wertvorstellungen und Verhaltensformen auf andere, zivile Bereiche der Gesellschaft, das Vorherrschen militär.-kriegerischer Prinzipien im Selbstverständnis und im Aufbau sozialer und politischer Institutionen sowie eine sich über die gesamte Gesellschaft erstreckende, von den Erziehungseinrichtungen geförderte Orientierung an militär. Leitbildern und Vorbildern. Als Entstehungsursachen werden gesamtgesellschaftliche-ökonomische Mangel- und Krisenlagen (unzureichende Ausstattung mit Existenzmitteln, Landnot), polit. Erschütterungen infolge weitreichender soz. Strukturwandlungen zugunsten elitär-charismatischer Führergestalten und -gruppen, imperialist.-hegemoniale Bestrebungen polit. herrschender Klassen und für spezif. weltpolit. oder regionalpolit. Situationen länger anhaltender äußerer Druck genannt. M. führt zu emotional-aggressiver Begeisterung für krieger. Lösungen, begünstigt ein Ausrichten auf wehrwirtschaftliche Erfordernisse, bedeutet Verherrlichung einer militär. Elite und Überformung der soz. Beziehungen und Attribute durch die aus dem militär. Bereich entlehnten Symbole, Rangabzeichen, Zeremonien und Rituale. Das Militär gilt gleichsam als „Schule der Nation"." (Hartfiel, Wörterbuch der Soziologie. Stuttgart: Kröner, 1976:449)

Militarismus:

1. „Einstellungen und Dispositionen, die kriegerische Auseinandersetzungen hochschätzen und ohne weiteres als normale Äußerungsformen gesellschaftlicher Konflikte hinnehmen.

---

[39] vgl. etwa O.Spengler (1918/22): der Untergang des Abendlandes; M. Onfray: Niedergang (2018)

2. Die Unterordnung aller gesellschaftlichen Bereiche unter die typischen Haltungen und Lebensformen des Militärs, z.B. Verbreitung militär. Mode oder militär. Grußformen.
3. Die polit. und institutionelle Unterordnung der Gesellschaft unter den Einfluß militär. Führungsgruppen und ihre häufig kriegerischen Ziele." (W. Fuchs et al., Lexikon zur Soziologie. Opladen: Westdeutscher Verlag, 1978, S.505f)

„Wesenszug und Element reaktionärer Herrschaftssysteme; er wird von Ausbeuterklassen zur Unterdrückung der Volksmassen des eigenen Landes und zur Verwirklichung ihrer Expansionspolitik gegenüber anderen Ländern entwickelt und benutzt (Lenin unterschied den M. nach außen und den M. nach innen; LW, 15,187). Der M. ist eine reaktionäre Erscheinung der Klassengesellschaft überhaupt, erreichte aber seine extremste Entwicklung im Imperialismus." (Wörterbuch der marxistisch-leninistischen Philosophie, Berlin: Dietz, 1989:346)

„M. bezeichnet die Vorherrschaft militärischer Wertvorstellungen und Ziele in der Politik und im gesellschaftlichen Leben, wie sie bspw. durch die einseitige Betonung des Rechts des Stärkeren und die Vorstellung, Kriege seien notwendig oder unvermeidbar, zum Ausdruck kommen oder durch ein strikt hierarchisches, auf Befehl und Gehorsam beruhendes Denken vermittelt werden. M. äußert sich z.B. durch (häufige, großangelegte) öffentliche Aufmärsche oder die Organisation vielfältiger vor- und paramilitärischer Ausbildungen." (Schubert/Klein: Das Politiklexikon, Bonn: Dietz, 2003:189)

„Zustand des Übergewichts militär. Grundsätze, Ziele und Wertvorstellungen in der Politik eines Staates und der Übertragung militär. Prinzipien auf alle Lebensbereiche. Merkmale des M. sind u.a. Überbetonung militär. Formen, Vorherrschaft des militär. Machtprinzips im öffentlichen Leben, Ausbreitung militär.-autoritärer Ordnungsformen (persönl. Gehorsam, Disziplin) im zivilen Bereich, Verherrlichung des Krieges, bevorzugte Stellung des Militärs. Der M. ist nicht daran gebunden, dass Militärpersonen die Regierung des Landes ausüben." (Meyers, Bd.14, 2006: 4968)

Eine ausführliche *Begriffsgeschichte* des Militarismus findet sich u.a. bei dem Kulturanthropologen *Emilio Willems* (1984, S.11ff), der den preußisch-deutschen Militarismus als einen Kulturkomplex im sozialen Wandel erforscht hat, und dem Historiker *Wolfram Wette* (2011, S.16-21), der die kriegerische Kultur Deutschlands historisch bearbeitet und zu Recht festhält, dass Militarismus ein „geschichtlicher Grundbegriff„ (S.16) ist und hierzu einige Definitionen aus der internationalen Literatur (S. 18ff) vorstellt. Wette lässt jedoch offen,

„wie der Maßstab aussehen könnte, mit dem das Übergewicht des Militärischen adäquat zu messen wäre." (Wette, 2011:19)

Bereits seit der griech. Antike liegen in Europa *Zitate zum Militarismus* vor. Wir geben einige Beispiele:

Einen luziden Abgesang auf das militaristische lykurgische System Spartas hat bereits *Aristoteles* verfasst:

„Die Völker sollten sich nicht zu dem Zweck auf den Krieg vorbereiten, um Nachbarn, die es nicht verdienen, zu unterjochen ... Das Hauptziel jeder Gesellschaftsform sollte es sein, die militärischen Einrichtungen wie alle anderen auf den Frieden einzustellen, in dem der Soldat keinen Dienst zu tun hat. Das wird durch die Erfahrung nahegelegt. Denn kriegerische Staaten bestehen im allgemeinen nur so lange, wie sie Krieg führen, und gehen zugrunde, sobald sie aufhören Eroberungen zu machen. Der Frieden läßt ihr Schwert stumpf werden. Und die Ursache liegt darin, daß die entlassenen Soldaten nicht wissen, was sie mit ihrem Leben anfangen sollen." (zit. nach Toynbee, 1958: 55f)

Ein klassisches Beispiel für die Verherrlichung des Krieges stammt von dem preußischen Militaristen *Helmuth von Moltke* (1848-1916), für den der Krieg zu Gottes Weltordnung gehört:

„Der ewige Friede ist ein Traum, und nicht einmal ein schöner, und der Krieg ein Glied in Gottes Weltordnung. In ihm entfalten sich die edelsten Tugenden des Menschen, Muth und Entsagung, Pflichttreue und Opferwilligkeit mit Einsetzung des Lebens. Ohne Krieg würde die Welt im Materialismus versumpfen." (zitiert nach Toynbee, 1958: 23)

Der Jesuitenpater *Annuarius Osseg* erkannte bereits im Jahre 1876:

„Eine der gefährlichsten Krankheiten unserer Zeit ist der Militarismus, welcher ganze Völker in Waffen rüstet, den Staat zu einer großen Kriegsmaschine, jeden gesunden Bürger zum Soldaten macht, welcher die öffentlichen Auslagen und Lasten namenlos steigert, eine beständige Kriegsgefahr heraufbeschwört, die socialen Verhältnisse zerrüttet und eine Katastrophe herbeiführt, an welche man ohne Bangen nicht denken kann." (zitiert nach Wette, 2011:9)

Der liberale Politiker und Historiker *Ludwig Quidde* hob im Jahre 1893 den Gegensatz des Militarismus zu Demokratie und Kultur hervor:

„Der Militarismus unterdrückt die Individualitäten wie jeden Gedanken an eine sich von unten aufbauende Organisation. Er ist auch hier mit seinem Einfluss auf die Gesellschaft der Feind der Kultur" (zit. nach Wette, 2011:9)

Der deutsche Verfassungshistoriker *Otto Hintze* (1906) stellt fest:

„In der Armee verkörpert sich der neue Staatsgedanke am deutlichsten und greifbarsten, der Gedanke des machtvollen, zentralisierten, absolutistischen Großstaats. Die Unterhaltung der Armee wird die Hauptausgabe der staatlichen Finanzverwaltung; sie führt zu einer bis dahin unerhörten Anspannung der Steuerschraube und in Verbindung damit zu einem eigentümlichen Wirtschaftssystem, das die Vermehrung der baren Geldmittel und zugleich die künstliche Beförderung und Anreizung zur Produktion, namentlich auf dem gewerblichen Gebiet, bezweckt ... Machtpolitik, Merkantilismus und Militarismus hängen unter sich zusammen; der absolute Militärstaat entwickelt sich zum bevormundenden Polizeistaat, der die salus publica, die er auf seine Fahne schreibt, nicht im Sinne der individuellen Glückseligkeit seiner Untertanen, sondern im Sinne der Erhaltung und Kräftigung der staatlichen Gesamtheit versteht. Und zugleich dringen die Einrichtungen der Armee maßgebend in die Sphäre der bürgerlichen Verwaltung ein (Hintze, 1975: 75f)

Mussolini hat den Glauben eines faschistischen Militaristen bei zwei Gelegenheiten zum Ausdruck gebracht. Bei Beendigung der italienischen Herbstmanöver 1934 sagte er:

„Wir sind im Begriff, ein soldatisches Volk zu werden, und zwar, weil wir es wollen, in zunehmendem Maße. Eine militaristische Nation, will ich hinzufügen, da wir vor Wörtern keine Angst haben. Um das Bild zu vervollständigen: kriegerisch, das heißt, immer stärker erfüllt von den Tugenden des Gehorsams, der Opferbereitschaft und der Ergebenheit gegenüber unserem Land." (Mussolini, 1934)

Und in einem Artikel der „Enciclopedia Italiana" über die „Lehre des Faschismus" schrieb er:

„Nur der Krieg bringt alle Kräfte des Menschen zur stärksten Anspannung und adelt die Völker, die die Fähigkeit haben, ihm ins Auge zu sehen." (zit. nach Toynbee, 1958, S.25)

Die Kriegslehre der Nationalsozialisten mit ihren Konzepten des „Rassenkampfes", Sozialdarwinismus, Totalitarismus, „Lebensraumes" und „völkischen" Nationalismus ist vielfach dargestellt worden (vgl. z.B. Enzyklopädie des Nationalsozialismus, 2001; Wette, 2011, S. 165ff; Stubbe, 2018, S.76ff)

Kriegstheorien [40] sind ein wichtiger Bestandteil des Militarismus (s. Tab. 8):

TAB. 8 Kriegstheorien (Auswahl)

Sun Tzu (ca. 500 Jh. v.) lebte zur Zeit der Kriege der „Streitenden Reiche" (ca. 475 v. - 221 v.), die von Kleinkönigen geführt wurden. Wahrscheinlich gehörte er zu einer Schicht der herumziehenden Staats- und Kriegstheoretiker, die den Fürsten ihre Dienste anboten. Um 500 v. änderte sich die Kriegsführung in China: Berufsarmeen wurden von Berufsoffizieren ausgebildet und geführt, es gab eine gedrillte Infanterie, die aus Speer- und Hellebardenträgern, Schwertkämpfern, Armbrust- und Bogenschützen bestand. Kavallerie unterstützte sie im Kampf. Daneben existierten Streitwagen. Sun Tsus Werk über die Kriegskunst in 13 Kapiteln (ca. 510 v.) spiegelt den Übergang zur Professionalisierung der chinesischen Kriegsführung wider. Es ist bis heute nicht nur in militärischen Kreisen einflussreich. Nach Sun Tzu ist die *„indirekte Strategie"* mit den Elementen Täuschung, Desinformation, Lüge, Betrug,, List, Ermordung gegnerischer Herrscher, Intrigen, Zermürbung gegnerischer Gesellschaft, Auseinanderbrechen ihrer Bündnisse etc. der *„Strategie des direkten Angriffs oder Vorgehens"* mit Armeen vorzuziehen. *„Die Kunst des Krieges ist für den Staat von entscheidender Bedeutung. Sie ist eine Angelegenheit von Leben und Tod, eine Straße, die zur Sicherheit oder in den Untergang führt. Deshalb darf sie unter keinen Umständen vernachlässigt werden."*

Thukydides (454 v.- ca. 396 v.) lebte zur Zeit des Peloponnesischen Krieges (431 v.-404 v.), an dem er selbst teilnahm. Er war also ein antiker Kriegsexperte. Mit seiner Darstellung dieses Krieges hat er Maßstäbe der Geschichtsschreibung gesetzt, die bis heute gelten („wie es wirklich gewesen ist", Objektivität, Wahrheit). Er unterscheidet Ursachen, Anlässe und Folge des Krieges. Die Geschichte wird von Menschen gemacht und der Mensch bleibt sich stets gleich (historischer Pessimismus). Das *Streben nach Macht (ohne Moral) d.h. Freiheit für sich selbst und Herrschaft über andere (Herrschsucht, Habgier und Ehrgeiz)* sind die entscheidenden Beweggründe (III, 45; III, 82). *„Aber der Krieg, der das leichte Leben des Alltags aufhebt, ist ein gewalttätiger Lehrer und stimmt die Leidenschaften des Menschen nach dem Augenblick"* (III, 82)

---

[40] zu den älteren und gegenwärtigen Kriegstheorien vgl. auch Nicolai, 1919; Einstein & Freud, 1932, 1996; Mead, 1940; Plänkers, 1993; Keegan, 1995; deMause, 2005, S.109-167; Etzersdorfer, 2007; Jäger & Beckmann (Hrsg.), 2011; Stubbe, 2012: 350-360

Niccolò Machiavelli (1469-1527) hat sich als politischer Theoretiker (vgl. Il Principe, 1532; skrupellose Machtpolitik Kap. 17-19) häufig mit dem Thema Krieg, seinen polit. Voraussetzungen und Folgen beschäftigt. Ein vorausschauender Herrscher muss eigene Truppen aufstellen und darf sich nicht auf fremde Truppen verlassen. Für den Herrscher ist es besser gefürchtet als geliebt zu sein, denn „*von den Menschen kann man im allgemeinen sagen, dass sie undankbar, wankelmütig, verlogen, heuchlerisch und raffgierig sind.*" (17. Kap.) Zu Machiavellis Zeit kam es zu einer Renaissance des Fußvolks d.h. der Infanterie, die von ihm favorisiert wurde (Miliz nach röm.-republikanischen Vorbild, wenig Reiterei und Artillerie). *Eroberungssucht* ist eine ganz natürliche und weitverbreitete Eigenschaft. Machiavelli bemüht sich weder um eine Legitimation des Krieges, noch um seine Begrenzung durch Regeln oder Normen. Er unterscheidet zwei Arten von Kriegen: im ersten Typ geht es um Ausdehnung bzw. Verteidigung, als ein Mittel zur Durchsetzung politischer Ziele (instrumenteller Krieg). Bei dem zweiten Typ handelt es sich um einen existentiellen Krieg z.B. aus Hunger, Migration. Er ist besonders grausam und schrecklich. Krieg sollte durch patriotische Begeisterung der Bürgerschaft, nicht durch Geld gesteuert werden. Machiavellis Präferenz liegt bei der kurzen, auf die Entscheidungsschlacht abzielende Kriegsführung.

Der engl. Sozialphilosoph **Thomas Hobbes** (1588-1679) ist vor allem durch sein in „De Cive" (1647) gebrauchtes Bild bekannt: „*Homo homine lupus*". Der Naturzustand ist der Kriegszustand (Recht aller auf alles). „*Nun sind sicher beide Sätze wahr: Der Mensch ist ein Gott für den Menschen, und der Mensch ist ein Wolf für den Menschen; jener wenn man die Bürger untereinander, dieser wenn man die Staaten untereinander vergleicht.*" (Widmungsschreiben) Die Menschen sind untereinander Wölfe, wenn sie nicht einer souveränen Gewalt unterworfen sind, sie sind gottähnlich, wenn sie sich als Bürger d.h. gleiche Untertanen eines Staates (status civilis) gegenübertreten. *Ein rastloses Verlangen nach immer mehr Macht* (Leviathan, 1651), das erst mit dem Tode ende, ist nach Hobbes eine generelle Anlage der gesamten Menschheit (Konkurrenz, Ruhmsucht, gegenseitiges Misstrauen). Frieden ist durch eine vertragliche Abmachung und Verzicht auf einzelne Rechte möglich.

Carl von Clausewitz (1780-1831), ein preußischer General während der napoleonischen Kriege, schrieb 1832 ein grundlegendes, international wirksames, kriegstheoretisches (von seiner Frau herausgegebenes) Werk „Vom Kriege", in dem er im 2. Kap. den Forschungsstand der Kriegswissenschaft beschreibt, sowie die früheren (reduktionistischen) Ansätze kritisiert. Er lebte in einer Zeit des Übergangs von der Kabinettskriegsführung zur frz. Revolutionskriegsführung: „*Der Krieg war urplötzlich wieder eine Sache des Volkes geworden.*" Der Krieg ist ein Instrument der Politik. „*Der Krieg ist also ein Akt der Gewalt, um den Gegner zur Erfüllung unseres Willens zu zwingen.*" Der Krieg zwischen Menschen besteht aus zwei verschiedenen Elementen, dem feindseligen Gefühl und der feindseligen Absicht. *"Der Krieg ist nichts als eine Fortsetzung des politischen Verkehrs mit Einmischung anderer Mittel"* (8. Buch, Kap.6) (Kurz: *Der Krieg ist eine bloße Fortsetzung der Politik mit anderen Mitteln"*). Im Krieg habe man es mit lauter *variablen Größen* zu tun, es gehe *nicht nur um „materielle Größen"* und man müsse *psychische, kognitive und emotionale Faktoren* beachten, außerdem bestehe eine *beständige Wechselwirkung*.

Karl Marx (1818-1883) und **Friedrich Engels** (1820-1895) gehen in ihrer Geschichtstheorie davon aus, dass der vertikale Primärkonflikt zwischen den Klassen (Klassenantagonismus) innerhalb politischer Gesellschaften periodisch auf (ökonomisch bedingte) Krisen, Bürgerkriege und Revolutionen hinausläuft. Beide Theoretiker haben keine ausgearbeitete Theorie des Krieges vorgelegt.

Lenin (1870-1924) hat später in seiner Schrift „*Der Imperialismus als höchstes Stadium des Kapitalismus*" (1915) die marxistische Theorie weiterentwickelt (ökonomistisch-deterministische Erklärung) und auf den I. Weltkrieg (1914-1918) und Kolonialismus angewandt.

Mao Zedong (1893-1976) gilt als „Sinisierer des Marxismus" und Theoretiker des „kleinen" Krieges bzw. Guerilla-Krieges. Seine Theorie ist vor allem aus seinen Erfahrungen im chinesischen Bürgerkrieg (vgl. „Langer Marsch") erwachsen. *Krieg ist hiernach ein Teil der Revolution.* Im Unterschied von

Clausewitz sieht Mao Zedong den politischen Endzweck darin, den Krieg als Konfliktform zu überwinden und einen „immerwährenden Frieden" zu schaffen.

Eine **Vielzahl von anderen Kriegstheorien** wurde noch aufgestellt: Biologische (Darwin, Spencer, Goodall, Soziobiologie), theologische (Augustinus, Th. von Aquin, Islam), psychologische (Freud, Rattner), politische (Clausewitz, Lenin), geopolitische (Harvey), soziologische, demografische, ökonomische, ökologische etc.

Quellen: Handbuch Kriegstheorien, 2011; Stubbe, 2012

Zur Sozialpsychologie des Militarismus

Über die Sozialpsychologie des Militarismus wissen wir erbärmlich wenig. Vielleicht hängt dies mit der Machtblindheit der westlichen Psychologie zusammen. Inwieweit ist sie selbst in den militärisch-industriellen-wissenschaftlichen Komplex[41] d.h. in die Tötungsindustrie und den Kapitalismus verstrickt und deshalb zum Schweigen verdammt? Die deutsche Bevölkerung z.B., die Jahrhunderte unter dem Militarismus schwer zu leiden hatte und bis heute die Auswirkungen der kollektiven Traumatisierungen immer noch spürt, hat eigentlich ein Recht darauf, dass dieses selbstzerstörerische gesellschaftliche und menschheitsfeindliche Phänomen intensiver untersucht wird.

In den früheren psychologischen Lexika wie z.B. dem Hehlmann, dem „Dorsch", Lexikon der Psychologie" wurde dieses Stichwort überhaupt nicht aufgeführt. Jetzt zur Zeit der Aufrüstung und weltweiten Militäreinsätze heißt es aber im Dorsch:

„Militarismus (= M.) [engl. militarism], syn. Militaristische Einstellung, [SOZ], bez. im psychol. Sinne als Gegenpol von Pazifismus diejenigen Einstellungsmuster, die militärische Aufrüstung, den Gebrauch militärischer Gewalt als Instrument der Politik sowie eine starke Rolle des Militärs und militärischer Werte in der Gesellschaft rechtfertigen. M. umfasst die Überzeugungen, dass (1) Krieg aufgrund der menschlichen Natur unvermeidbar sei; (2) die Androhung und Anwendung militärischer Gewalt ethisch akzeptabel seien und (3) erfolgreich zur Vermeidung bzw. Lösung von Konflikten beitragen könnten. Weiterhin ist M. gekennzeichnet durch (4) pos. Gefühle gegenüber dem Militär und militärischen Werten sowie (5) best. außen- und sicherheitspolitische Präferenzen, wie z. B. die Befürwortung der Entwicklung neuer Waffensysteme, der Erhöhung des Militärhaushalts und konkreter militärischer Interventionen. M. kann als Teil eines autoritär-punitiven Syndroms gesehen werden, zu dem u. a. auch Autoritarismus und Nationalismus gehören und das mit maskulinen, dominanz- und sicherheitsbezogenen Bedürfnissen und Wertorientierungen zusammenhängt. M. wird vermutlich stark durch soziale und soziokulturelle Faktoren beeinflusst und ist z. T. durch Prozesse des sozialen Lernens erklärbar. Die Schwächung von M. wird als wichtiges Ziel des Friedensengagements und der Friedenserziehung genannt."

---

[41] vgl. die Zivilklausel; die BW gibt heute ca. 50 Mio. Euro für universitäre Forschung aus, auch die us-amer. Armee läßt in D forschen; NRW hat die Zivilklausel gestrichen

(https://dorsch.hogrefe.com/stichwort/militarismus#search=dc718fa5b852326463b685b87652b44d&offset=0)

Im gleichen Lexikon heißt es unter dem Lemma *Pazifismus:*

„P. [engl. pacifism; lat. pax Frieden, facere machen, herstellen], [SOZ], Mitte des 19. Jh. gebildetes Kunstwort, seit Anfang des 20. Jh. in Gebrauch als zusammenfassende Bez. für alle Friedenskonzepte, Teilziele und friedenspolitischen Ansätze der Friedensbewegungen und -organisationen. P. beinhaltet im psychol. Sinn den Ggs. zu Militarismus (James, 1910, James, 1996 [1910]), insbes. als soziale Einstellung. Damit wird das P.-Konzept allerdings neg. (Ablehnung von Krieg als Mittel der Politik), nur bedingt handlungsbezogen und individualps. akzentuiert. Dagegen sah W. James P. (bzw. pacificism) ausdrücklich auch pos. und als in sich handlungsbezogen und offen für die kollektive Seite des Sachverhalts. Die Hauptquelle eines entspr. gehaltvolleren Verständnisses von P. als aktive Gewaltfreiheit (satjagraha, non-violence, Gütekraft) ist in der politischen Philosophie und Praxis von M. K. Gandhi (1869–1948) zu finden. P. in einem Gandhi-affinen Sinn avancierte erst im letzten Viertel des 20. Jh., im Zusammenhang der breiteren Auseinandersetzung mit Gandhis Politikansatz in den sozialen Bewegungen, zum achtbaren Gegenstand der psychol. Konflikt- und Friedensforschung. Neben analytisch-konzeptuellen Fragen werden Fragen der adäquaten Beschreibung und Erfassung aktiver Gewaltfreiheit, der Klärung ihrer psychol. Voraussetzungen und der Umfeld- und Aufrechterhaltungsbedingungen dauerhaften Engagements bearbeitet. Nicht zuletzt interessiert, wie genau die in Betracht kommenden Wirkungen «Bekehrung» (conversion), «Anpassung» (accommodation – ohne Einstellungsänderung), «erzwungenes Nachgeben» (coercion – keine Einstellungsänderung, nur Aufschub des Kampfes) oder «Machtzerfall» (disintegration) zustande kommen. Inwiefern Gewaltfreiheit als Lebenshaltung (prinzipielle vs. pragmatische Gewaltfreiheit) funktional relevant ist, wird kontrovers diskutiert. Das Verhältnis von Gewaltfreiheitsforschung und moderner Konfliktforschung ist erst ansatzweise ausgelotet."

(https://dorsch.hogrefe.com/stichwort/pazifismus)

Militarismus ist oftmals in einer gefährlichen Assoziation mit dem *Fanatismus* gekoppelt.

Unter Fanatismus versteht man:

„unduldsames, kompromißloses, aggressives Eintreten für eine Sache und Verfolgen eines Ziels, tritt häufig als Begleiterscheinung von Glaubensbewegungen auf. Fanatische Personen schalten Selbstkritik und Einwände anderer Personen aus und sind fremden Anschauungen gegenüber intolerant." (Lexikon der Psychologie, 2. Bd., 2001:16)

Sehr anfällig für Fanatismus sind fundamentalistische und oftmals militante (und manchmal bewaffnete) Gruppen. Merkmale des *Fundamentalismus* sind u.a.:
- Radikalisierte Form des religiösen Glaubens
- Fundamentalismus als „Rache Gottes" (Gilles Kepel)

- Reaktion auf die Moderne (Fehlentwicklung, moralischer Verfall, Suizid, Emanzipation, Individualität etc.)
- Religion soll wieder auf der politischen Ebene reaktiviert werden
- Autorität, Respekt und Gehorsam spielen eine wichtige Rolle
- Verhandlung wird als Schwäche bewertet
- Fundamentalismus als patriarchale Protestbewegung (Frau soll „traditionelle" Rolle erfüllen)
- Fundamentalismus als Fluchtbewegung (Th. Meyer), als Rückzug aus der Moderne
- Fundamentalismus als Angstreaktion vor der Moderne, Bedrohungsgefühl (K. Armstrong)
- Fundamentalismus als subjektive und soziale Konfliktlösungsstrategie (E. Rohr)
- Ergebnis kolonialer Leiderfahrung
- Vorurteile gegenüber bestimmten als Feinde erlebten Gruppen sind hasserfüllt

Jaime Pinsky & Carla Bassanezi Pinsky (2004) haben einen gut dokumentierten Sammelband über die verschiedenen Gesichter des Fanatismus zusammengestellt. Sie geben darin eine Übersicht über den *religiösen Fanatismus* (Islamismus, Kreuzzüge, Hexenverfolgung, Königreich der Finsternis), den *rassistischen Fanatismus* (Ku Klux Klan, Nationalsozialismus, Neonazismus), den *politischen Fanatismus* (stalinistische Säuberungen, Kamikaze, Mc.Carthy-Antikommunismus, maoistische Kulturrevolution, politischer Terrorismus) und *Sport-Fanatismus* (Hoologans, Fußballfans) (vgl. Pinsky, J. & Pinsky, C. B. (orgs) (2004): Faces do fanatismo. São Paulo: Ed. Contexto).

In *Berufsarmeen* existiert weltweit immer ein mehr oder minder großer Kern von nationalistischen und rechtsradikalen Soldatinnen und Soldaten (vgl. „Korpsgeist") und sie stellen daher für jede Demokratie eine Gefahr dar (vgl. Weimarer Republik, Militärdiktaturen in Lateinamerika, Frankreich, vgl. NZZ, Nr. 101, 242. Jg., Dienstag, 4. Mai, S. 5 „Putschdrohungen sind in Frankreich nichts Neues").

Ist Militarismus messbar?

In Tabelle 9 sind die in der human- und sozialwissenschaftlichen Literatur bekannten entscheidenden *Merkmale militaristischer Gesellschaften* zusammengestellt worden. Alle diese aufgelisteten Merkmale, so komplex sie auch sein mögen, lassen sich genau erfassen und sogar quantifizieren.

Jedem Merkmal kann je nach Vorhandensein eine bestimmte Punktzahl (z.B. bei „Ja" 1 Punkt; bei „Nein" 0 Punkt) zugeordnet werden, so dass sich für jede untersuchte Gesellschaft ein spezifisches Profil ergibt und somit der Grad des Militarismus (Militarismus-Score) auch vergleichend bestimmt werden kann.

TAB. 9 Merkmale militaristischer Gesellschaften

- Neigung zum Totalitarismus
- Größe militärischer Streitkräfte
- Existenz eines militärisch-industriellen-wissenschaftlichen Komplexes
- Hohe Militärausgaben
- (Streben nach)/Besitz von Atomwaffen
- Entwicklung und Besitz autonom funktionierender Waffensysteme, die von künstlicher Intelligenz kontrolliert werden
- Existenz von Militärstützpunkten im Ausland
- Hoher Waffenexport
- Hierarchisches Denken/Befehl und Gehorsam/hohe Machtdistanz/Autoritarismus
- Hohes Ansehen des Militärs in der Bevölkerung
- Kriegsheldenverehrung
- (Kriegs-)Fahnenkult
- Häufiger Waffenbesitz in der Bevölkerung
- Starker Nationalismus/Imperialismus
- Große Häufigkeit von kriegerischen Handlungen/Kriegen
- Hohe Präsenz des Militärs in Politik/Parlament/Regierung
- Enge wirtschaftliche Verknüpfung von Wirtschaft und Militär
- Früh beginnende militärische Sozialisation
- Allgemeine Wehrpflicht
- Viele militärische Traditionsvereine/Kriegervereine
- Häufige Militärparaden, Aufmärsche (vgl. Vereidigungen, Zapfenstreich, Retraite, Manöver etc.)
- Uniformierung großer Bevölkerungsteile im Alltag
- Verherrlichung des Krieges/"Notwendigkeit" des Krieges
- Schaffung von Feindbildern
- Kriegs- und Drohgebärden/kriegerische Reden
- Kultivierung militärischer Tugenden/Werte/Ehre
- Häufiges Erscheinen der Militärmusik und von Kriegsfilmen in den Medien

Alle o.g. Merkmale sind gut erfassbar, zählbar bzw. messbar

Quelle: Stubbe, 2019

Wenn wir zur Demonstration als *Beispiel* Nordkorea auswählen, können wir feststellen, dass fast alle Merkmale für dieses Land zutreffen, also ein sehr hoher Militarismus-Score vorliegt.

Auch für das *„Dritte Reich" (1933-1945)* gilt hiernach ein äußerst hoher Militarismus-Score, wie im Folgenden deutlich wird (vgl. Tab. 10):

TAB. 10   Militarismus im „Dritten Reich"

• Totalitarismus	ja
• Größe militärischer Streitkräfte	ja
• Existenz eines militärisch-industriellen-wissenschaftlichen Komplexes	ja
• Hohe Militärausgaben	ja
• Streben nach Atomwaffen	?
• Hoher Waffenexport	?
• Hierarchisches Denken/Befehl und Gehorsam/hohe Machtdistanz	ja
• Hohes Ansehen des Militärs in der Bevölkerung	ja
• Kriegsheldenverehrung	ja
• (Kriegs-)Fahnenkult	ja
• Starker Nationalismus/Imperialismus	ja
• Große Häufigkeit von kriegerischen Handlungen/Manövern	ja
• Hohe Präsenz des Militärs in Politik/Parlament/Regierung	ja
• Enge wirtschaftliche Verknüpfung von Wirtschaft und Militär	ja
• Früh beginnende militärische Sozialisation	ja
• Allgemeine Wehrpflicht seit 1935	ja
• Viele militärische Traditionsvereine/Kriegervereine	ja
• Häufige Militärparaden, Aufmärsche (vgl. Gelöbnis, Zapfenstreich/Retraite)	ja
• Uniformierung großer Bevölkerungsteile im Alltag	ja
• Verherrlichung des Krieges/"Notwendigkeit" des Krieges, vgl. „Mein Kampf"	ja
• Schaffung von Feindbildern	ja
• Kriegs- und Drohgebärden/kriegerische Reden	ja
• Kultivierung militärischer Tugenden/Werte	ja
• Häufiges Erscheinen der Militärmusik in den Medien	ja

Quellen: Wette, 2011; Tofahrn, 2012   Summe: 22

Auch das heutige Deutschland zeigt zunehmend wieder bereits einige typische Merkmale des Militarismus z.B. Existenz eines militärisch-industriell-wissenschaftlichen Komplexes (z.B.

Streichung der Zivilklausel), hoher Waffenexport (auch in autoritäre Staaten wie z.B. Saudi Arabien, Türkei etc.), Schaffung von Feindbildern (Rußland, China), viele Kriegsfilme im TV, hohe Militärausgaben, militärische weltweite (neokolonialistische) Auslandseinsätze, der erneute Ruf nach allgemeiner Wehrpflicht, Aufmärsche/öffentliche Vereidigungen, Militärkapellen, potentielle Teilnahme an Atombombeneinsätzen durch die Luftwaffe (in Deutschland lagern ca. 20 Atombomben) etc. (vgl. Bild-Zeitung, 2019; Süddeutsche Zeitung, 2019).

Eine möglicherweise unterschiedliche Gewichtung der einzelnen o.g. Merkmale des Militarismus wird erst dann möglich sein, wenn weitere Forschung ihre Bedeutung im System des Militarismus geklärt hat.

Sie reichen aber bisher völlig zu einer groben Einschätzung des Militarismus aus.

Militaristische Einstellungen

Eine zweite Möglichkeit, nämlich *militaristische Einstellungen von Individuen und Gruppen* zu erfassen, besteht z.B. in der *Konstruktion einer Likert-Skala,* wie in der Sozialpsychologie üblich. Hierbei werden (unterschiedlich gepolte) statements formuliert, die positiv bzw. negativ auf das Einstellungsobjekt (hier den Militarismus) gerichtet sind. Sie werden später einem testpsychologischen Prozedere unterworfen, um Validität, Reliabilität und Objektivität der Skala zu berechnen.

Ein gekürztes noch nicht validiertes Beispiel geben wir in Tab.11.

TAB. 11 Beispiel einer Likert-Skala zum Militarismus

(gekürzte Fassung)

(- -)	(-)	(0)	(+)	(++)
bin völlig dagegen	bin dagegen	bin unentschieden	bin dafür	bin völlig dafür

1. Kriege sind notwendig
(- -)   (-)   (0)   (+)   (++)
2. Ohne Militär gibt es keine Ordnung
(- -)   (-)   (0)   (+)   (++)
3. Die größte Geißel der Menschheit sind Kriege
(- -)   (-)   (0)   (+)   (++)
4. Es ist ehrenhaft für das Vaterland zu sterben
(- -)   (-)   (0)   (+)   (++)
5. Die allgemeine Wehrpflicht sollte wieder eingeführt werden
(- -)   (-)   (0)   (+)   (++)
6. Das Militär ist die „Schule der Nation"
(- -)   (-)   (0)   (+)   (++)

7. Militärische Tugenden sind verwerflich
(- -)   (-)   (0)   (+)   (++)
8. Schon in frühem Alter sollte die Handhabung von Waffen eingeübt werden
(- -)   (-)   (0)   (+)   (++)
9. Eine Zivilklausel sollte abgeschafft werden
(- -)   (-)   (0)   (+)   (++)
10. Nur das Militär kann Zucht, Ruhe und Ordnung in der Gesellschaft schaffen
(- -)   (-)   (0)   (+)   (++)
11. Militärparaden begeistern immer alle
(- -)   (-)   (0)   (+)   (++)
12. Kriegsheldenverehrung gehört zu den Bürgerpflichten
(- -)   (-)   (0)   (+)   (++)
13. Die Waffenindustrie sollte stärker gefördert werden
(- -)   (-)   (0)   (+)   (++)
14. Die Regierung sollte aus Militärpersonen bestehen
(- -)   (-)   (0)   (+)   (++)
15. Mit den alten Kameraden zusammen zu sein erzeugt ein Gefühl der Geborgenheit
(- -)   (-)   (0)   (+)   (++)
16. Zu unserer Verteidigung brauchen wir Atomwaffen
(- -)   (-)   (0)   (+)   (++)

Quelle: Stubbe, 2019

Totalitarismus

Zur Einführung sei eine kurze *Begriffsgeschichte* vorangestellt:

TAB. 12 Zur Geschichte des Totalitarismus

1923	Begriff wurde von dem Liberalen *Giovanni Amendola* im Hinblick auf Benito Mussolini (1883-1945) geprägt
1925	*Mussolini* fordert: „Alles für den Staat, nichts außerhalb des Staates, nichts gegen den Staat." Er spricht vom „stato totalitario" (positiv gemeint!)
20er Jahre	„Totalitarismus" ist Kampfbegriff der Sozialdemokratie und Liberalen gegen Kommunisten und Faschisten
1942	*Franz L. Neumann* publiziert „Behemoth" (=Riesentier, Nilpferd)."Struktur und Praxis des Nationalsozialismus." Der NS verkörpert die Form einer imperialistischen Expansion einer Krisenlösung, und dies gehört zur

Mentalitätsgeschichte der deutschen Entwicklung. Das pluralistische Prinzip ist durch eine monistische, totale, autoritäre Organisation ersetzt. Das zweite Organisations-Prinzip ist die Atomisierung des Individuums. Solidarität wird bewusst zerschlagen.

S. Neumann vergleicht in „Permanente Revolution" D, Rus und I als totalitäre Diktaturen und kennzeichnet den Totalitarismus: jeder Bereich menschlicher Aktivitäten wird durch die staatliche Bürokratie einerseits und durch die nach dem Führerprinzip gegliederte und aufgebaute Partei andererseits kontrolliert.

1955 *Hannah Arendt* publiziert „Elemente und Ursprünge totaler Herrschaft". Sie unterscheidet historisch: „autoritäre Diktaturen", die die Freiheit nur einschränken von „totalitären Regimen" im 20. Jh., die die Freiheit abschaffen. Ursprünge findet sie im Antisemitismus und Imperialismus des 19. Jh.s. Voraussetzung für die Entstehung totalitärer Regime sind die Atomisierung und die Vermassung in modernen Gesellschaften, sie bewirken eine soziale und geistige Krise. Die totalitäre Doktrin bietet eine totale Welterklärung und verwirklicht sie durch Einsatz eines unbeschränkten Terrors. Ideologie und Terror sind die Hauptcharakteristika der totalitären Staatsform (=D). Italien ist hiernach eine autoritäre Diktatur.

1956 *Friedrich & Brzezinski* heben idealtypisch folgende Merkmal der totalitären Diktatur hervor:
- Eine Ideologie, die alle Bereiche des menschlichen Lebens umfasst und eine verbindliche, unumschränkte Loyalität der Bürger fordert. Die bestehende Gesellschaft wird radikal verworfen (vgl. Weimarer Republik, „Novemberverbrecher" etc.)
- hierarchisch aufgebaute, von einem Mann geführte Partei, die ca. 10% der Gesamtbevölkerung umfasst; sie ist der Bürokratie übergeordnet.
- Eine mit allen Befugnissen ausgestattete Geheimpolizei. Terrorsystem gegen „Rassen", Klassen, Feinde etc. gerichtet
- Nachrichten- und Massenkommunikations-Monopol der Staatsführung
- Waffenmonopol
- Wirtschaft ist zentraler Kontrolle unterworfen.

Als Kritik des Totalitarismus-Konzeptes wurde u.a. angeführt, dass die Entstalinisierung der Sowjetunion schwer zu erklären sei; auch die NS-Diktatur war nicht monolithisch totalitär strukturiert, es gab Kompetenzkonflikte zwischen Institutionen der Partei, der Bürokratie, Wehrmacht und Wirtschaft, es herrschte also ein eher polykratischer Charakter.

Das psychosoziale Klima in einer totalitären Gesellschaft ist durch eine Einheitspartei mit einer entsprechenden Ideologie (s. unten), Zusammenarbeit von Polizei und Geheimdiensten, Uniformierung, hohes Angstniveau, Misstrauen („kollektive Paranoia"), Denunziation, Verfolgung, (Staats-)Terror, Folter, Lager (KZ, Gulag etc.) und extremer Unmenschlichkeit gekennzeichnet. Die neuen technischen Möglichkeiten erlauben heute in hochindustrialisierten Gesellschaften eine totale Überwachung einer gesamten Bevölkerung (z.B. biometrische Gesichtserkennung, Bewegungsprofil, Interessen, Gesundheitszustand, Delinquenz, Wahlverhalten). Auch demokratische Gesellschaften können also jederzeit in totalitäre Gesellschaften umschlagen.

Zum Totalitarismus gehört auch der *totale Krieg*. Es handelt sich um eine Art der Kriegsführung, in der es nicht nur um die Unterwerfung des Gegners, sondern um seine moralische und physische Vernichtung geht. Diesem Ziel werden alle materiellen und personellen Ressourcen untergeordnet, wobei außerdem sämtliche ideologische und propagandistische Mittel zur Diskriminierung des Feindes eingesetzt werden (Beispiel: bebilderte Broschüre „Der Untermensch" von H. Himmler für den Russlandfeldzug an die Soldaten verteilt). Der totalen Mobilisierung entspricht die Form uneingeschränkter Gewaltanwendung, die jede Grenze zwischen Militärischem und Zivilem ignoriert und die gegnerische Zivilbevölkerung ebenso wie ihre Wirtschaft und Infrastruktur zu Zielen der Kriegsführung macht. Der Einsatz von Massenvernichtungsmitteln, Flächenbombardements und die (Umwelt-)Vernichtung ganzer Landstriche sind Ausdruck totaler Kriegsführung.

Beispiele sind der I. Weltkrieg ab ca. 1916/17 und der II. Weltkrieg (1939-1945). Viele auch regional begrenzte Kriege tragen heute den Charakter totaler Kriege.

Der ehemalige Chef des dt. Generalstabs *Erich Ludendorff* (1865-1937), der am 9.11.1923 am „Hitlerputsch" in München teilnahm, veröffentlichte 1935, aufgrund seiner Erfahrungen des I. Weltkrieges die Schrift „Der totale Krieg". Er betont u.a. folgende Merkmale: seelische Geschlossenheit des Volkes ist die Grundlage des totalen Krieges, Bedeutung der Wirtschaft im totalen Krieg („Kriegswirtschaft"), allgemeine Wehrpflicht, Fehlen einer Kriegserklärung und die Bedeutung des Feldherren: „Er legt in der Politik die Richtlinien fest, die sie in dem Dienst der Kriegsführung zu erfüllen hat." (S. 115).

Amerikanische Sozialwissenschaftler und -Psychologen haben versucht das Phänomen des Totalitarismus soziologisch und in vivo experimentell zu erforschen:

Unter einer *„totalen Institution"* versteht man nach dem kanadischen Soziologen *Erving Goffman* (1922-1982) (Asylums, 1961) eine Institutions- bzw. Organisationsform, die alle Lebensäußerungen eines Akteurs regelt und kontrolliert. Beispiele wären Klöster, Gefängnisse, Kasernen, Lager, Psychiatrie, Heime, Internate etc. Die „totale Institution" ist gleichsam der Baustein, das Element einer totalitären Gesellschaft, denn diese besteht aus vielen „gleichgeschalteten" totalen Institutionen. Eingehende Kontrolle, Überwachung und „Gleichschaltung" sind dem totalen Staat inhärent.

Eine „totale Institution" weist nach Goffman folgende Merkmale auf:

- Totale Institutionen sind bzgl. des Lebens aller Mitglieder (Akteure) allumfassend und sie sind einer einzigen zentralen mächtigen Autorität unterworfen.
- Die Mitglieder der Institution führen ihre alltägliche Arbeit in unmittelbarer (formeller) Gesellschaft und (informeller) Gemeinschaft aus.
- Alle Tätigkeiten und sonstigen Lebensäußerungen der Akteure sind genau geplant und ihre Abfolge wird durch explizite Regeln und durch Funktionsträger vorgeschrieben.
- Die verschiedenen Tätigkeiten und Lebensäußerungen werden überwacht/kontrolliert und sind in einem rationalen Gesamtplan vereinigt, der dazu dient, die offiziellen Ziele der Institution zu erreichen.

Mit dem Eintritt in die Institution wird der Einzelne von der Gesellschaft isoliert und erfährt einen Bruch mit den früheren Rollen; es handelt sich gleichsam um eine Initiation im ethnologischen Sinne. Goffman spricht vom „bürgerlichen Tod des Individuums", vergleichbar dem „sozialen Tod", und einer „Diskulturation" (im Gegensatz zur Akkulturation). Die demütigende, herabsetzende Behandlung sowie der auftretende Rollenverlust bewirken nach Goffman eine Beschränkung des Selbst (face). Es ist das Bild des Selbst, das Individuen in Interaktionen von sich selbst erzeugen. Goffman geht auf die verschiedenen Formen der Aufnahmeprozedur in eine totale Institution ein, die das zukünftige Mitglied demütigen und ihn seiner Freiheit und Würde berauben. So tragen z.B. das Entkleiden, die Wegnahme des Eigentums und der Verlust des vollen Eigennamens oder der Ansprache beträchtlich zur Verstümmelung des Selbst bei. Goffman hebt auch die Wichtigkeit der Kleidung und anderer Habseligkeiten hervor, die er als „Identitätsausrüstung" bezeichnet und die somit der Aufrechterhaltung der persönlichen Fassade dienen. Die Wegnahme dieser Identitätsausrüstung führt zu einer persönlichen Deformierung, weil dadurch das Individuum daran gehindert wird, anderen gegenüber sein Selbstbild zu präsentieren. Das Verhalten der Insassen einer totalen Institution setzt sich nach Goffman aus einer Kombination von „sekundären Anpassungen, Konversion, Kolonisierung und Loyalität" zusammen:

- „Kolonisierung" versteht er als Anpassung an die Welt der Institution. Ein kolonisiertes Mitglied versucht innerhalb der gegebenen eingeschränkten Möglichkeiten sich einen kleinen Freiraum zu gestalten.
- Bei der „Konversion" kommt es zu einer Introjektion des amtlichen Urteils über die eigene Person und spielt die Rolle eines perfekten Mitgliedes.
- Die Haltung eines „Konvertiten" ist eher diszipliniert, moralisierend und farblos.
- Weitere mögliche Anpassungstypen können die Einnahme eines radikalen Standpunktes (Rebellion) oder der vollkommene Rückzug (Regression, Hospitalismus) sein.

Bekannt geworden sind auch die ca. sieben Tage dauernden *„Stanford-Gefängnis-Experimente"* (1972, 1973) und der sog. Luzifer-Effekt des bekannten Sozialpsychologen *Philip G. Zimbardo* (*1933), der einer sizilianischen Einwandererfamilie entstammt. Das Gefängnis-Experiment wurde mit 75 Studenten durchgeführt, die pro Tag für ihre Teilnahme 15 Dollar erhielten. Sie wurden, wie es in einer totalen Institution üblich ist, zuerst entlaust, mit gleichartigen Kitteln eingekleidet, mit Erkennungsnummern und mit einem Haarnetz versehen, sowie aller persönlicher Dinge entledigt. Die zufällig unter den Studenten ausgewählten „Wärter" besaßen einen Schlagstock, eine Trillerpfeife, Handschellen und die Zellenschlüssel für Zellen mit jeweils drei Insassen. Sie mussten auf die Einhaltung der 16 Gefängnisregeln achten. Nach wenigen Tagen hatten alle Akteure ihre Rollen vollständig verinnerlicht.

> „Viele Gefangene verhielten sich gegenüber den Wärtern passiv, unterwürfig und hilflos. Die Aufseher verhielten sich streng und überwiegend unfreundlich gegenüber den Gefangenen. Einige wenige taten den Gefangenen den einen oder anderen Gefallen, aber etwa ein Drittel von ihnen entwickelte sich zu Tyrannen; die versuchte Meuterei einiger aufsässiger Gefangener wurde mit Härte niedergeschlagen. Zudem benutzten die Wärter ihre Macht immer wieder, um Gefangene zu demütigen." (Lück, 2016:381)

Die Experimente zeigten, wie rasch normale junge Personen bereit sind, sich unter bestimmten künstlich geschaffenen Bedingungen zu Gewalttaten bzw. Unterwürfigkeit oder Lethargie hinreißen lassen. Einige Akteure mussten wegen psychischer Belastungen aus dem Experiment herausgenommen werden. Psychosomatische Symptome wie Kopfschmerzen, Gewichtsverlust, Schlafstörungen wurden konstatiert. Die wissenschaftsethischen Bedenken liegen auf der Hand! In seinem Werk „The Luzifer-Effect" (2007/08) hat Zimbardo die Ergebnisse seiner Forschungen zusammengefasst. Er betont darin u.a. dass „viele menschliche Verhaltensweisen durch die Macht externer situativer Kräfte beeinflusst, geprägt und gesteuert werden" (2008:XII) und dass nur ca. 10% in gefährlichen Situationen Mut und Zivilcourage zeigen. In der Geschichtswissenschaft, Soziologie und Anthropologie schon lange bekannte Erkenntnisse!

Auch der us-amerikanische Sozialpsychologe *Stanley Milgram* (1933-1984), der einer jüdisch-ungarisch-rumänischen Einwandererfamilie entstammt, wurde im Jahr der Machtergreifung Adolf Hitlers geboren. Er war ein Schüler des Persönlichkeitspsychologen *Gordon Willard Allport* (1897-1967) und des Sozial- und Gestaltpsychologen *Salomon E. Asch* (1907-1996), der Konformitätsexperimente durchgeführt hatte. Weltbekannt geworden sind Milgrams *„Autoritätsgehorsam-Experimente im Labor"* (1960-1963). In dieser Zeit (60er Jahre) fanden auch die Eichmann-Prozesse in Jerusalem statt und die politische Philosophin *Hannah Arendt* (1906-1975) hatte von der „Banalität des Bösen" gesprochen. Das Thema war also hochaktuell. Viele der durch Los ausgewählte „Lehrer" waren in dem Experiment bereit auf Befehl ihren „Schülern" hohe Elektroschock-Strafen zu verpassen. Milgram kam zwangsläufig zu einem situativen Ansatz:

> „Die unmittelbare soziale Situation, in der die einzelne Person steht, bringt sie dazu, Gehorsam zu leisten oder nicht. In einer langen Serie von rund 20 Experimenten variierte Milgram zudem die direkte Versuchssituation. Die Ergebnisse veröffentlichte er zusammenfassend 1974 in einem Buch "Obedience to authority" (Lück, 2016:394f)

Die Milgram-Experimente wurden in verschiedenen Ländern repliziert und weitgehendst bestätigt (vgl. Lüttke, 2004), wobei sich zeigte, dass Gehorsam nicht ein Merkmal einer bestimmten Bevölkerungsgruppe ist. „Bereitschaft zum Gehorsam" eine universale Eigenschaft des Menschen? Über die Auswirkung auf die Geschichtswissenschaften berichtet Lück (2016).

Diese Experimente – so schockierend sie auch gewesen sein mögen (auch wenn manche Deutsche sich entlastet fühlten, weil sie nun glaubten jeder Mensch sei manipulierbar) - spiegeln kaum das wirkliche, reale Erleben und Verhalten in einer totalitären Gesellschaft wider. Es fehlt in ihnen u.a. eine herrschende, historisch gewachsene Ideologie, di Indoktrination, eine entsprechende Sozialisation, die starke, alltägliche Angst, das Misstrauen, die Entmenschlichung, die Entindividualisierung und das Bewusstsein nicht entrinnen zu können (Isolationsgefängnis-Syndrom) etc.

Überzeugender und wirklichkeitsgetreuer als die o.g. sozialpsychologischen Experimente im Hinblick auf Erleben und Verhalten und das „Funktionieren" der Menschen in totalitären Gesellschaften sind die *Berichte aus den (KZ-)Lagern, sowie der Zeitzeugen.*

„Das 20. Jh. wurde von einigen Forschern zu Recht als das „Jahrhundert der Lager" (vgl. z.B. Kaminski, 1982; Kotek & Rigoulot, 2001; Stubbe, 2012:338f) beschrieben. Bereits *Tschechow* (1893) und *Kafka* (1919) hatten von außen einen Einblick in die Hölle und das Grauen des Konzentrationslagerlebens zu geben versucht, aber es fehlten bisher noch aus (tiefen-)psychologischer und soziologischer (Innen-)Sicht geschriebene (Feldforschungs-) Berichte über „teilnehmende Beobachtungen" (bzw. Introspektion, Befragungen) unter diesen lebensbedrohlichen Verhältnissen. Bereits *Bruno Bettelheim* (1903-1970), der ab 1938 knapp 11 Monate im Konzentrationslager Buchenwald zubrachte und sich mit *Ernst Federn* (1914-2007) befreundete, schrieb 1943 einen wegweisenden Aufsatz „Individual and mass behaviour in extreme situations" (J. of Abnormal and Social Psychology, 38, 1943, p.417-452; überarbeitet in „Erziehung zum Überleben", 1985). Auch von dem Wiener Logotherapeuten und Existenzanalytiker *Viktor Frankl* (1905-1997), stammt ein eindrucksvolles (in Deutschland anfänglich nahezu ignoriertes) Buch („Ein Psycholog erlebt das Konzentrationslager", 1946; überarbeitet in „,…trotzdem Ja zum Leben. Ein Psychologe erlebt das Konzentrationslager", viele Aufl.n) über seine Erfahrungen in Theresienstadt und Auschwitz in den Jahren 1942-44.

Der psychoanalytisch geschulte *Ernst Federn* hat eine solche Innen-Sicht des KZs („Der Terror als System. Das Konzentrationslager", 1945; „Versuch einer Psychologie des Terrors", 1946) – heute würde man von einer emischer Perspektive sprechen – dargestellt, die von *Theiss-Abendroth* (2014) in seinem Buch ‚Ernst Federn' (1914-2007) eingehend behandelt wird (S.19-43): das deutsche Konzentrationslager war eine totale Institution eines totalitären Staates einer Industriegesellschaft mit kapitalistischer Wirtschaftsordnung und einer nationalsozialistischen (Vernichtungs-)Ideologie in Kriegszeiten. Die vielen damaligen Formen des KZs wie Vernichtungslager, Zwangsarbeitslager, Erschießungs- stätten, Ghettos, Vergasungsanstalten, Todesmärsche etc. lassen sich nicht scharf voneinander abgrenzen (vgl. z.B. Enzyklopädie des Nationalsozialismus, 2001:780). Allen lag jedoch ein institutionalisierter Vernichtungswille (Todestrieb) zugrunde, sie waren „Gefängnisse ohne Menschlichkeit" (so wie es eine „Medizin ohne Menschlichkeit", Euthanasie oder eine „Fürsorge ohne Menschlichkeit" gab) bzw. rationalisierte „Tötungsindustrien". Das KZ wird manchmal als ein „psychotischer Kosmos" beschrieben, womit das Zusammenbrechen aller Regeln des normalen menschlichen Zusammenlebens bezeichnet werden soll (S.20), dennoch war es in soziologischer Hinsicht organisiert (vgl.

Funktionshäftlinge) und der Alltag geregelt. Der Begriff „Kosmos" erscheint in diesem Zusammenhang unangebracht, denn die antiken Griechen verstanden darunter in ihrer ästhetisierenden Weltsicht „schönen Schmuck, Ordnung und Welt" (aus dem Chaos entwickelt sich der Kosmos!), was nicht mit einem KZ in Verbindung gebracht werden kann. Die Lust am Quälen und die Willkür der SS-Truppen (als „Orden der Zerstörung", vgl. S.21) sind im KZ allgegenwärtig. Der Sadomasochismus wie ihn z.B. Deleuze (1967) beschrieben hat, gibt ein einigermaßen zutreffendes Bild des KZ: eine Welt voller Grauen, Bestrafungen, Kreuzigungen und Verträgen zwischen Henker/Tätern und Opfern. Neben der SS gab es noch die einflussreiche Gruppe der Häftlingsselbstverwaltung (übrigens bereits in dem sowjetischen KZ Solowezki in den 20er Jahren vorhanden! vgl. Stark, 2003:28ff), die ebenfalls ihre Macht ständig missbrauchte, Angst verbreitete und die Häftlinge terrorisierte. *Memmi* (1992) hat in seiner Rassismus- und Kolonialismus-Analyse zutreffend von der „Pyramide der kleinen Diktatoren" gesprochen. Theiss-Abendroth spricht im Hinblick auf das KZ Buchenwald von einem „perversen Kosmos" im psychoanalytischen Sinn einer sadomasochistischen Perversion (S.20), womit er zum Ausdruck bringen will, „dass es sehr wohl noch Regeln gab, diese allerdings pervertiert wurden" (S.21). Unter den Bedingungen dauerhafter existenzieller Gefährdung und Extremtraumatisierung „gewinnt die Frage nach den inneren Abwehrmöglichkeiten eine besondere Rolle für das psychische Überleben" (S.23). Welche Abwehrmechanismen kommen zum Einsatz? Wie steht es unter diesen Bedingungen mit der psychischen Widerstandsfähigkeit (Resilienz)? Gibt es Fälle von „psychogenem Tod"? (S.23; vgl. auch Stubbe, 2012:520) Welche Rolle spielt das Eriksonsche „Urvertrauen" und der Optimismus für das Überleben im KZ? (S.24f). Ernst Federn hebt 1946 die Bedeutung der „inneren Sicherheit" für das Überleben hervor: ‚Eine solche innere Sicherheit kann ihre Quelle in einer starken Liebes- oder Freundesbindung haben oder aber auf eine Idee oder einen Glauben gestützt sein' (S.26). Bettelheim und Federn betonen auch die massive Regression, die die Lagersituation bei den Insassen bewirkte (S.29, S.54), so wie sie die Freudsche Massenpsychologie (1921) bereits konstatiert hatte. Auch den von Anna Freud (1936) beschriebenen aus der Kinderanalyse bekannten Abwehrmechanismus, die ‚Identifikation mit dem Angreifer' (in äußeren und auch ideologischen Aspekten) zur Angstabwehr der Häftlinge (in seiner pathologischen Variante) betont Bettelheim. Gewissen und Über-Ich sind in großer Gefahr gebrochen zu werden (vgl. S.31). ‚Es kam darauf an, was jemand für ein Mensch war', konstatiert Federn lapidar (S.55). Unter den Häftlingen bzw. den verschiedenen Lager- und Macht-Gruppen herrschte Gewalt, ja sogar Tötungen (vgl. S.36-43), aber auch Kropotkinsche (1902) „gegenseitige Hilfe" (vgl. S.34, S.50f, S.53). Beides vernachlässigte Forschungsthemen. Während Bettelheim die Gefühle der „Überlebens-schuld" (Überlebenden-Syndrom) bei denen, die überlebt haben, feststellt, spricht Federn von einem „Überlebensstolz" (S.32)

Vielleicht kann für eine Interpretation und ein Verständnis des KZ und der Erlebens- und Verhaltensweisen seiner Häftlinge auch die Sozialanthropologie der Sklaverei hilfreich sein. *Claude Meillassoux* (1989, S.16) nennt z.B. die Sklaven ‚Nichtgeborene und Tote auf Bewährung'. In einem Prozess der ‚Verfremdung' werden Versklavte ständig zum Fremden gemacht. Dabei halten vier Vorgänge das Verfremden in Gang: 1.Entsozialisierung, 2. Entpersönlichung, 3. Entsexualisierung, 4. Entzivilisierung. Auch der deutsch-amerikanische Historiker G.L. Mosse (1978) hat eine detaillierte Geschichte des europäischen Rassismus (als Krankheitssymptom) bis zum Massenmord gegeben. Bestätigt die KZ-Forschung die Freudsche Anthropologie?

Nach seiner Befreiung aus dem KZ und seiner Heirat (1946) (vgl. Foto S.49) reiste Ernst Federn im Jahre 1948 zu seinen Eltern nach New York, die jedoch beide bald starben. Von 1948 bis 1950 studierte Ernst an der Columbia University Sozialarbeit (er hatte bereits 1937/38 in Wien auf Anraten *August Aichhorns* mit einem Studium der Heilpädagogik und „Fürsorge" begonnen) und schloss mit einer psychoanalytischen Masterarbeit über Kriminalität ab. Von 1950 bis 1953 absolvierte er eine Lehranalyse bei dem Freund der Familie *Hermann Nunberg* (1884-1970) und war nun in der Lage als psychoanalytisch orientierter Sozialarbeiter in einem Community Service (Jugendhilfe und Familientherapie) zu arbeiten. Im Jahre 1961 begann Ernst Federn als (psychoanalytisch orientierter) Supervisor in der Jugendhilfe in Cleveland (Ohio) zu arbeiten. Nach seiner Rückkehr nach Wien war Federn dann als Konsulent bei der anstehenden Strafrechtsreform Österreichs tätig und brachte so seine psychoanalytischen Erfahrungen mit ein. Die Psychoanalyse war in den USA relativ früh nach dem 2. Weltkrieg in das „Casework" (Fallarbeit) integriert worden. Ernst Federns psychoanalytische Theorie und Praxis der Sozialarbeit wurde leider bisher erst ansatzweise systematisch bearbeitet (vgl. z.B. Kuschey, 2012). *Peter Kutter* („Sozialarbeit und Psychoanalyse", 1974) und Leber & Reiser (1972) haben diese Linien im deutschsprachigen Raum weiterverfolgt (vgl. auch Muck & Trescher (Hg.), „Grundlagen der psychoanalytischen Pädagogik", 2001)." (Stubbe, 2015:280-283)

Viele kritische Menschen und Künstler wussten spätestens bereits in den frühen 30er Jahren, was auf die Deutschen zukommen würde. Hören wir z.B. einen die Kriegs- und Trümmerliteratur vorwegnehmenden, prophetischen Traum aus *Erich Kästners* später verbrannten „Fabian" (1931: 21ff):

„Da fielen Schüsse. Fabian sah hoch. Überall waren Fenster und Dächer. Und überall standen finstere Gestalten mit Revolvern und Maschinengewehren. Die Menschen auf der Treppe warfen sich lang hin, aber sie stahlen weiter. Die Schüsse knatterten. Die Menschen starben, die Hände in fremden Taschen. Die Treppe lag voller Leichen. ‚Um die ist es nicht schade', sagte Fabian zu dem Freund. ‚Nun komm!' Aber Labude blieb in dem Kugelregen stehen. ‚Um mich auch nicht mehr', flüsterte er, drehte sich nach den Fenstern und Dächern um und drohte ihnen. Aus den Dachluken und aus den Giebeln fielen Schüsse in die Tiefe. Aus den Fenstern hingen Verwundete. Auf einer Giebelkante rangen zwei athletische Männer. Sie würgten und bissen einander, bis der eine taumelte und beide abstürzten. Man hörte den Aufschlag der hohlen Schädel. Flugzeuge schwirrten unter der Saaldecke und warfen Brandfackeln auf die Häuser. Die Dächer begannen zu brennen. Grüner Qualm quoll aus den Fenstern. ‚Warum machen das die Leute?' Das kleine Mädchen aus dem Kaufhaus faßte Fabians Hand. ‚Sie wollen neue Häuser bauen', erwiderte er. Dann nahm er das Kind auf den Arm und stieg, über die Toten kletternd, die Stufen hinunter. Auf halbem Weg begegnete er einem kleinen Mann. Der stand da, schrieb Zahlen auf einen Block und rechnete mit den Lippen. ‚Was machen Sie da?' fragte Fabian. ‚Ich kaufe die Restbestände', war die Antwort. ‚Pro Leiche dreißig Pfennige, für wenig getragene Charaktere fünf Pfennig extra. Sind Sie verhandlungsberechtigt?' ‚Gehen Sie zum Teufel!' schrie Fabian. ‚Später', sagte der kleine Mann und rechnete weiter. Am Fuß der Treppe setzte Fabian das kleine Mädchen hin. ‚Nun geh nach Hause', meinte er. Das Kind lief davon. Es hüpfte auf einem Bein und sang. Er stieg wieder die Stufen empor. ‚Ich verdiene keinen Pfennig', murmelte der kleine Mann, an dem er wieder vorbeikam. Fabian beeilte sich. Oben brachen die Häuser zusammen. Stichflammen stiegen aus den Steinhaufen. Glühende Balken neigten sich und sanken um, als tauchten sie in Watte. Noch immer ertönten vereinzelte Schüsse. Menschen mit Gasmasken krochen durch die Trümmer. So oft sich zwei begegneten, hoben sie Gewehre, zielten und schossen. Wo war Labude? ‚Labude!' schrie er. ‚Labude!'„

Einen guten Einblick in tiefere Bereiche der menschlichen Psyche in einer totalitären Gesellschaft ermöglicht die *Traumforschung*, wie sie *Charlotte Beradt* (1907-1986) meisterlich anhand von Träumen im „Dritten Reich" (1933-1945) durchgeführt hat. Sie entdeckt, dass die von ihr gesammelten ca. 300 politischen Träume aus den Jahren 1933 bis 1939 „voller Aufschlüsse über die Affekte und Motive von Menschen während ihrer Einschaltung als Rädchen in den totalen Mechanismus" (Beradt,1981:10) sind und sprengt damit eine unzureichende individuum-bezogene psychologische Betrachtungsweise. Beradt (1981:14) erkennt klar in der Erforschung der Träume wichtige „Beiträge zur Psychologie der Struktur totaler Herrschaft". Einige Merkmale dieser Träume seien hier hervorgehoben: das durch Verbote und Gesetze bestimmte "wandlose" Leben, die Freudlosigkeit, Entfremdung, die totale Überwachung, das Schweigen, das Gefühl der Demütigung und Erniedrigung, das Verbot zu träumen, das Gefühl der Ausgeschlossenheit aufgrund der Rassengesetze, die Angst vor Denunziation, „Fremdgruppenhass", mitlaufen, mitmarschieren, mitmachen, Hitler als erotisches Wunschobjekt, Widerstand, etc.

Umberto Eco (2020) hat sich mit den Merkmalen des Ur-Faschismus auseinander gesetzt. Das Wort *Faschismus* leitet sich ab von lat. fascis = das Rutenbündel als Abzeichen der altrömischen Liktoren, als Staatsgewalt der höchsten Beamten. Während die italienischen Faschisten sich auf die Römer beriefen, beriefen sich die deutschen Nationalsozialisten auf die Germanen. Eco grenzt den italienischen Faschismus, der „überhaupt keine Quintessenz, ja nicht einmal eine einzelne Essenz" (S. 24) und nur einen verschwommenen Totalitarismus besaß, von dem eher monolithischen, monomanischen und rassenideologischen deutschen National-Sozialismus ab (s. unten). Er hebt folgende *Merkmale des „Ur-Faschismus"* hervor:

- Kult der Überlieferung, synkretistische Kultur, Widersprüche, kein Fortschritt des Wissens (vgl. Julius Evola)
- Ablehnung der Modernität, Irrationalismus
- Kult der Aktion um der Aktion willen
- Dissens und Kritik als Verrat
- Angst vor dem Andersartigen, Rassismus
- Appell an die frustrierten Mittelklassen
- Obsession einer Verschwörung, Nationalismus, Fremdenfeindlichkeit
- Feinde sind je nachdem gleichzeitig zu stark und zu schwach
- Leben für den Kampf, permanenter Krieg, Pazifismus als Kollaboration mit dem Feind
- Elitedenken, Verachtung der Schwachen
- Erziehung zum Heldentum

- Machismo, Waffen als Phallusersatz
- Selektiver oder qualitativer Populismus, „Volksganzes", Führerprinzip, Ablehnung des Parlamentarismus
- „Newspeak", Sprachregulierung

Am Beispiel des „Dritten Reiches" (1933-1945) soll die (sozial-)psychologische Bedeutung der *nationalsozialistischen Ideologie* verdeutlicht werden:

Das sog. Eintopf-Modell der nationalsozialistischen Ideologie

Die nationalsozialistische Ideologie war eine *Weltanschauung* (so A. Hitler in seiner Rede auf dem Reichsparteitag 1.9.1933; vgl. auch E. Jäckel: Hitlers Weltanschauung, 1981)

Was ist eine „Weltanschauung"?

In der Philosophie versteht man unter Weltanschauung

„eine in sich zusammenhängende Weltdeutung aus Sicht einer wissenschaftlichen, religiösen, politischen oder anderen Doktrin, in der das Leben eines Individuums oder einer Gruppe in besonderer Weise ein Ziel und einen Daseinszweck erhält. Eine W. wirkt gemäß dem ihr zugrundeliegenden Prinzip wie ein Horizont, in dessen Licht die Welt dem Träger einer W. als sinnvoll und deutbar erscheint. Sie hat entsprechend den Doppelaspekt, einerseits die Sicht auf die Welt sinnvoll zu strukturieren, andererseits die Weltsicht zu begrenzen. Im Unterschied zum theoretischen Weltbild erscheint die W. nicht nur weltbeschreibend, sondern auch als erklärend und handlungsmotivierend." (Gessmann, Phil. Wörterbuch, Stuttgart, 2009, S.760)

Die *nationalsozialistische Weltanschauung* kann man

„als eine lose aneinandergereihte Fülle ideologischer Elemente zur Erfüllung der Massenwünsche und den Nationalsozialismus selbst als Triebbefriedigung im Gewande einer Ideologie charakterisieren." (Grebing, 1964, S.87)

Die wichtigsten *Quellen* der NS-Ideologie waren:

- Parteiprogramm der NSDAP (24.2.1920)
- A. Hitler: Mein Kampf (1925/26) und seine Reden
- Alfred Rosenberg: Der Mythos des 20. Jahrhunderts (1930)
- Reden von Joseph Goebbels (1897-1945)

Adolf Hitler sagte in seiner Rede vom 7.11.1933: „Der Nationalsozialismus ist eine gute deutsche Hausmannskost, ein Eintopfgericht." (zit. nach Bedürftig, 1998, S.92)

Das unten dargestellte *„Eintopf-Modell der NS-Ideologie"* stellt einen Versuch dar, die NS-Ideologie in ihren historischen Wurzeln, Elementen und ihrer Struktur und Funktion darzustellen (vgl. Stubbe, 2012).

Die einzelnen „Elemente" (Ingredienzien, Zutaten, Bestandteile) sind hierbei teilweise unabhängig voneinander oder bilden einen Zusammenhang. Die Elemente können rational oder in ihrer Mehrzahl irrational (z.B. Mythen, unwissenschaftliche Hypothesen) sein. Außerdem können sie logisch oder unlogisch (vgl. „Logik im Irrtum") miteinander verknüpft sein. Keines der Elemente ist originär nationalsozialistisch, sondern besitzt in der deutschen Geschichte bereits eine lange Tradition. Als Einzelerscheinungen sind die Elemente nicht schon unbedingt gefährlich. Erst in ihrer Mischung bilden sie ein hochbrisantes, explosives, tödliches Konglomerat, einen „Gift-Eintopf". Man kann diese Ideologie auch als *eine sich selbstzerstörende Maschine* (= Gesellschaft), wie die kinetischen Plastiken des Schweizer Künstlers *Jean Tinguely* (1925-1991), die man in seinem Museum in Basel (gegr. 1996) bewundern kann, interpretieren.

Was ist ein „Eintopf"?

Im „Dritten Reich" wurde ab dem 13. 9. 1933 der „Eintopfsonntag" eingeführt. Alle dt. Familien und Restaurants sollten jeweils am ersten Sonntag der Monate Oktober bis März nur ein Eintopfgericht verzehren bzw. anbieten (Kosten 0,50 RM). Der Differenzbetrag sollte dem „Winterhilfswerk" zugutekommen. Interpretation: Funktion einer „Totemmahlzeit"? Förderung der „völkischen Solidarität", des nationalen Zusammenhaltes der Massen.

TAB. 13   DIE WICHTIGSTEN BESTANDTEILE DES IDEOLOGISCHEN EINTOPFES DES NATIONALSOZIALISMUS

- *Sozialdarwinismus*, (Eugenik, Sterilisation, Euthanasie, „Ausmerzung", „Volksschädlinge", „Parasiten", Genozid)
- *Antisemitismus* (politisch., religiös (Antijudaismus), rassenanthropologisch begründet, Sündenbockfunktion, Nürnberger Gesetze (1935), "jüdischer Bolschewismus"
- *Rassenlehre* (Rassenhygiene, „Reinigung des dt. Volkskörpers", „höherwertige und minderwertige Rassen", rassistische Geschichtsschreibung (Gobineau, Chamberlain, Rosenberg), „nordische Rasse", „Untermenschen", Verbot der Einwanderung „Nicht-Deutscher" etc., „rassische Bedingtheit" von Charakter, Intelligenz, Leistungsfähigkeit, Geschichte etc.", „Auslese und Ausmerze", „Rassenschande", Nürnberger Gesetze (1935)
- *Pangermanismus* (neuheidnische Richtung, „germanisches Stammesbewusstsein", „Alldeutsche Bewegung")
- *Völkischer Nationalismus* (biologische Sicht des „Volkes", „verspätete Nation")
- *Militarismus, Kriegs- und Gewaltlehren* (preußisch-dt. Militarismus, Clausewitz, Konzept der Vernichtungsschlacht (Schlieffen), „Réflexions sur la violonce" (Sorel, 1908, dt. 1928), totaler Krieg (Ludendorff, 1935), Imperialismus (I. Weltkrieg)
- *Symbolik* (Hitler-Gruß, Hakenkreuz, SS-Runen, Fahnenkult, Fackelzüge, Farbensymbolik z.B. braun, schwarz, Massenveranstaltungen, Aufmärsche, Paraden)
- *„Volk ohne Raum"* (Haushofer, Geopolitik) "Lebensraum im Osten"
- *Esoterik/Theosophie/Ariosophie/Wagnerismus* („arische Herrenmenschen vs. Herdenmenschen", „Vorsehung", „deutsches Christentum", „deutsche Gotterkenntnis" (M. Ludendorff)
- *Führerprinzip* (Anti-Demokratismus, Anti-Parlamentarismus, Charismatische Herrschaft) in allen Bereichen der Gesellschaft, Wirtschaft, Armee etc.

- *Mythen* (Dolchstoßlegende, „Versailler Diktat", Heldenverehrung, „Fronterlebnis", Schicksalsmythos, Auserwähltheits-Mythos, „Reinheit des Blutes", „jüdischer Bolschewismus", „Blut und Boden" etc.)
- *Frauenfeindlichkeit* (Ehegesetzgebung, Reduktion der Frau auf Mutterrolle)
- *Massen- und Rassenpsychologie* (Le Bon, „Rassenseele", rassischer Determinismus, Propaganda, Reden, Volksempfänger, Gleichschaltung der Medien und Kultur)

Quellen: Hannes Stubbe (Universität zu Köln): Vorlesungen, Sommersemester 2012, 2015 und 2018:54-70

Auch die psychosoziale und kulturanthropologische Erforschung anderer *Phänomene in totalitären Gesellschaften* wie Träume (Beradt, 1981; s. oben), „Flüsterwitze" (Gamm, 1964; Wöhlert, 1997), faschistischer Gruß (Allert, 2005), Denunziation (Dörner, 2001), Sprache (Winkler, 1970; Heine, 2019), Medien (z.B. „Volksempfänger"), Kriegsalltag (Dörr, 2007), Kunst (Glaser, 1979; Schuster, 1987), Marschieren (Stubbe, 2018:71-75), Uniformierung, Symbole (z.B. Hackenkreuz, SS-Runen, Farben), Biografien Mächtiger und ihre Psychopathologie (Hamann, 1998; Bedürftig, 1998; Weiß, 1998; Hesse, 2001; Redlich, 2016), Propaganda, Chronologie (Studt, 2002; Tofarn 2012) etc. erlauben einen realistischen Blick auf das Erleben und Verhalten der Menschen in einer totalitären Diktatur.

Man hat bzgl. des „Dritten Reiches" zu Recht von einer „Medizin ohne Menschlichkeit" (Mitscherlich & Mielke, 1978) gesprochen. Ist auch die Psychologie in totalitären Systemen eine „Psychologie ohne Menschlichkeit" oder wird sie auch in anderen Gesellschaften immer unmenschlicher?

Der totalitäre Staat mit seinen „gleichgeschalteten" Institutionen verfügt heute über die leviathanische technische Möglichkeit alle über eine Person vorhandenen Informationen und (auch psychologische) Daten zusammenzufassen, um so eine absolute Kontrolle und Manipulation sogar über den Gen-Pool der Bevölkerung ausüben zu können (vgl. auch die biometrische Massenüberwachung in der Gegenwart). Auch in Pandemien und Naturkatastrophen lassen sich oftmals einige totalitäre Züge der westlichen Staaten klar erkennen.

Rassismus

> Wo viel Licht ist, ist starker Schatten.
>
> W. von Goethe, Götz

Über Ursprünge des Rassismus in der neuzeitlichen Psychologie

Einführung: Der Genozid an den Herero

In einem gängigen deutschen "Lehrbuch der Sozialpsychologie" aus dem Jahre 1975 findet sich überraschenderweise im Kapitel "Rassische und ethnische Vorurteile" folgender Passus:

> "Obwohl nicht Juden die erste Menschenklasse in der jüngeren deutschen Geschichte waren, die in Folge der gegen sie gerichteten Vorurteile schließlich dezimiert und ausgerottet wurden, sondern schon die Herero vor ihnen ein ähnliches Schicksal in der ehemaligen deutschen Kolonie Südwest-Afrika erlitten (siehe Irle,1906, besonders p. 342-347), ist die empirische sozialpsychologische Literatur in Deutschland so dürftig, bezogen auf den problematischen Sachverhalt der Vorurteile..." (Irle, 1975, S. 387).

Wahrscheinlich ist dies die erste und einzige Notiz, die sich in einem deutschsprachigen Psychologie-Lehrbuch über den an den Herero begangenen Ethnozid findet. Wenn sich der Sozialpsychologe *Martin Irle* (1927-2013) auf seinen Großvater beruft, der als Missionar in dieser ehemaligen deutschen Kolonie lange gewirkt hat, so liegt uns hier der Bericht eines wertvollen Augenzeugen vor, der die weitere historische und psychologische Forschung befruchten könnte. Es soll hier aber nicht verheimlicht werden, dass der Missionar *Irle* eine recht ambivalente Einstellung den Herero gegenüber gehabt haben muss, denn er schreibt nach 34jähriger Missionstätigkeit unter ihnen im Vorwort seines Buches „Die Herero":

> "Aus einem tiefen Sumpf des Heidentums, voll greulicher Laster, Sünden und Unsittlichkeit, kommen die Leute zu uns." (Irle, 1906; zit. nach Beuchelt, 1974: 43).

Der Völkerpsychologe *Eno Beuchelt* (1974) führt dieses Zitat als abschreckendes Beispiel an, das dennoch wie viele Berichte von Missionaren der Erkenntnis über die Psychologie des Kulturkontaktes dienen könne.

Aufschlussreiche Beispiele des *deutschen Afrika-Bildes im späten 18. Jh. und frühen 19. Jh.* sind *Immanuel Kants* Ausführungen in seiner „Anthropologie in pragmatischer Hinsicht" (1798; 1983, S. 276f, 291f) über die „Rasse", deren Begriff er in die Humanwissenschaft (gegen Herder) eingeführt hat. Er wandte sich u.a. gegen „die Vermischung der Stämme" (d.h. „Mischehen") (Kant, 1983, S. 276). Bereits 1775 verfasste er „Von den verschiedenen Racen der Menschen". Auch *Georg Friedrich Wilhelm Hegels* (1770-1831) Ausführungen über die Afrikaner in seiner „Philosophie der Geschichte" (1822ff; 1966:155) sprechen eine deutlich rassistische Sprache:

> „Der Neger stellt, wie schon gesagt worden ist, den natürlichen Menschen in seiner ganzen Wildheit und Unbändigkeit dar: von aller Ehrfurcht und Sittlichkeit, von dem, was Gefühl heißt, muß man abstrahieren, wenn man ihn richtig auffassen will, es ist nichts an das Menschliche Anklingende in diesem Charakter zu finden."

Auch der romantische Arzt und Psychologe *Carl Gustav Carus* (1789-1869) hatte 1849 eine rassenpsychologische Schrift „Über ungleiche Befähigung der verschiedenen Menschheitsstämme für höhere geistige Entwickelung" verfasst (vgl. Stubbe, 1989:44-53) und auch bereits in der Physiognomik sind rassistische Tendenzen zu erkennen (vgl. Stubbe, 2012:501f; Hund, 2017). Man sollte sich daran erinnern, dass in diesem Zeitabschnitt ein intensiver Sklavenhandel aus Afrika in die „Neue Welt" (auch mit rassistischer Begründung) betrieben wurde! Ihm fielen Millionen Afrikanerinnen und Afrikaner zum Opfer (vgl. Santos-Stubbe & Stubbe, 2014, S.428-444, Zeuske, 2013) (s. oben).

Mit der deutschen Kolonialgeschichte haben sich die deutschen Psychologen kaum beschäftigt (vgl. Stubbe, 1992, 2008). Zwar liegen bereits Arbeiten über die Psychiatrie in den ehemaligen deutschen Kolonien vor (vgl. Diefenbacher, 1985; Bendick, 1984; Stubbe, 2008) und einige Untersuchungen haben das Hamburger "Kolonialinstitut" (vgl. Probst, 1990), in dem *William Stern* (1871-1938) tätig war, oder die „Psychologische Menschenführung in der deutschen Kolonialpolitik" (Grosse, 1997) behandelt, aber die psychische, soziale und kulturelle Realität der Unterdrückten in den damaligen deutschen Kolonien wurde bisher nur sehr dürftig beschrieben und analysiert[42]. Sollte es sich hierbei um ein gesellschaftliches Tabu handeln? Sind die mit dem Holocaust verbundenen innerpsychischen Denk- und Gefühlshemmungen der deutschen Nachkriegsseele auch bei diesem Thema wirksam?

Zur Geschichte des Rassismus in der europäischen Psychologie im imperialen Zeitalter

Die Wurzeln der modernen Psychologie liegen in den Naturwissenschaften (vgl. Weber, Fechner, Wundt[43] etc.).

> „Nicht nur die moderne Psychologie selbst gibt sich als Naturwissenschaft und dementsprechend ahistorisch, auch ihren Gegenstand und ihre ‚Erkenntnisse' über diesen – den Menschen bzw. die Psyche oder das Subjekt – behandelt sie wie ein Stück Natur. Tatsächlich ist die Geschichte der Psychologie aber die der Erfindung des Individuums und seiner Psycholog(is)ie(rung). Erst im 18.Jahrhundert entstehen in Europa und ‚dem Westen' die konzeptuellen Bedingungen für das, was sich zur modernen Psychologie entwickeln sollte. Der ‚psychologische Blick' auf die Individuen mit ihrer scheinbar in sich selbst begründeten Existenz und ihren vermeintlich besonderen und abgegrenzten Innenwelten wird erst in der Neuzeit mit ihrem paradigmatischen Selbst- und Weltbild

---

[42] Zum *deutschen Kolonialismus*, vgl. die neueren bebilderten Schriften: Deutsches Historisches Museum (Hrsg.)(2017): Deutscher Kolonialismus. Fragmente seiner Geschichte und Gegenwart. Berlin; ZEIT Geschichte. Die Deutschen und ihre Kolonien. Hamburg, Nr.4, 2019; Förster, 2004; Memmi (1992, S.42ff) hat überzeugend herausgearbeitet, dass der Rassismus eine der unabdingbaren Dimensionen des Kolonialismus ist.
[43] Bekanntlich ist *Wilhelm Wundt*, als wichtigste Gründungspersönlichkeit der akademischen Psychologie (Gründung des ersten Instituts für Experimentelle Psychologie in Leipzig im Jahre 1879), auch stets für die führende Rolle einer geisteswissenschaftlich orientierten Psychologie eingetreten, vgl. Jüttemann, 2006

denk- und praktizierbar. Die ‚Erfinder', Repräsentanten und Modelle der Psychologie – überwiegend weiße Männer – formieren sich jedoch als Norm, von der aus das Andere als Abweichung, Devianz und Pathologie definiert wird, während das, was sie als Norm setzen (ein partikularer Subjektstandpunkt), neutralisiert und demarkiert wird. Die Interdependenz zwischen dieser Norm als Zentrum und seinem konstitutiven Außen ebenso wie die Entstehungsgeschichte dieser Formation, also die Spaltung und Dichotomisierung als eine Bemächtigungsgeschichte, unterliegen gleichsam einer sozio-historischen Amnesie." (Tißberger, 2006: 17)

Die ethnozentrische bzw. rassistische Psychiatrie und Psychologie in der Blütezeit des Imperialismus wird von dem anglo-srilankanischen Psychiater *Suman Fernando* (2001) folgendermaßen beschrieben:

„Psychiatrie und Psychologie bildeten sich zu einer Zeit heraus, als die langlebigen Mythen des Rassismus fest in die europäische Kultur integriert waren (Fernando, 1988). Mythen wie zum Beispiel, dass das Gehirn Schwarzer[44] kleiner sei als das von Weißen (vgl. u.a. Bean, 1906) und dass Asiaten, Chinesen, Afrikaner und amerikanische Ureinwohner psychologisch gesehen ‚pubertäre Rassen' seien (Hall, 1904), bestanden fort. In einem rassistischen Kontext entwickelt, fußte die psychiatrische Kultur (aber auch die psychologische Kultur, Anm. des Verf.) auf einer Ideologie, die Weiße in jeder Hinsicht den sogenannten Schwarzen, Braunen, Roten und Gelben überordnete ... In den Zwanziger Jahren behauptete der Psychologe C. G. *Jung*, dass dem Gehirn des ‚Negers' „eine komplette historische Schicht" fehle (nach Thomas & Sillen, 1972, S. 14), wobei er auf psychologische ‚Schichten' analog zu den anatomischen Schichten des Hirnkortex rekurrierte. Und nach einem Besuch in den Vereinigten Staaten beklagte er, dass weiße Amerikaner durch ein zu enges Zusammenleben mit Schwarzen der Gefahr ‚rassischer Ansteckung' ausgesetzt seien: ‚Der inferiore Mensch übt einen gewaltigen Sog auf seine zivilisierten Artgenossen aus, die gezwungen sind, mit ihm zu leben ...' ". „*S. Freud* forderte, dass die ‚Führung der menschlichen Spezies' von den ‚weißen Nationen' im Gegensatz zu den ‚Primitiven' übernommen werden solle – zu den Letzteren gehörten für ihn Melanesier, Polynesier und Malaien, die Ureinwohner Australiens, Nord- und Südamerikas und die ‚Negerrassen Afrikas' (Hodge & Struckman, 1975)." (Fernando, 2001: 79, 80)

Martina Tißberger hebt in ihrer historischen Analyse von „Whiteness" in der Psychologie hervor, dass die „Ära des Hoch-Imperialismus" (McClintock) und der „Ego-Ära" (Brennan) eine Zeitspanne ist, in der nicht nur Rassentheorien[45] entstehen, sondern sich auch die

---

[44] vgl. hierzu auch von dem überzeugten Abolitionisten *Friedrich Tiedemann*: „Das Hirn des Negers mit dem des Europäers und Orang-Outangs verglichen" (1837) (Reprint 1984) und die Rezension von H. Stubbe in Curare (4/1988, S. 219f); allgemein hierzu: Gould (1999)
[45] Der Begriff *„Rassentheorien"* ist überhaupt problematisch, wenn man unter „Theorien" gesicherte, wahre, verifizierte Erkenntnisse versteht (z.B. „Theorie" als ein System objektiver Sätze über einen thematischen Bereich); zu den „Rassentheorien" im Zeitalter der Aufklärung vgl. Poliakov, 1992, S. 76-90; z.B. Voltaire schrieb: „ Die Rasse der Neger ist eine von der unsrigen völlig verschiedene Menschenart, wie die der Spaniels sich von der der Windhunde unterscheidet ... Man kann sagen, daß ihre Intelligenz nicht einfach andersgeartet ist als die unsrige; sie ist ihr weit unterlegen." (zit. nach Poliakov, 1992, S. 77); zum Rassismus allgemein , vgl. Stubbe, 2012, S. 531ff; zum rassenanthropologischen Antisemitismus vgl. Kiefer, 1991; Stubbe hat ein „Vier Takt-Modell" des Rassismus vorgeschlagen, das aus vier Bestandteilen, die sich häufig auseinander entwickeln, besteht.

Psychologie als eigenständige Wissenschaft zu etablieren beginnt und sich das moderne (männliche) Subjekt formiert.

> „Der europäische Imperialismus, die Eroberung weiter Teile der Erde, die Unterwerfung der dort Lebenden und die Vereinnahmung ihrer Arbeitskraft als Bemächtigungsgeschichte bleibt bei der Geschichtsschreibung über die Emanzipation und Aufklärung des modernen Subjekts jedoch meist ausgespart. Dieser ‚weiße' Fleck in der wissenschaftsgeschichtlichen Landschaft schützt zwar einer Amnesie ähnlich das weiße Subjekt vor schlechtem Gewissen, er sorgt aber auch für die Verunsicherung und die Unheimlichkeit, die das weiße Subjekt erlebt, wenn es mit diesem Teil seiner Geschichte konfrontiert wird." (Tißberger, 2006: 15)

Wir wählen zur Demonstration rassistischer Tendenzen in der neuzeitlichen Psychologie exemplarisch einige Länder aus.

Deutschland

Wilhelm Wundt (1832-1920) gilt in Deutschland[46] als der bedeutendste Experimental- und Völker-Psychologe (vgl. Fahrenberg, 2018). Er führte selbst keine Feldforschungen durch (wie er überhaupt wenig gereist ist), sondern entwickelte seine Völkerpsychologie aus der damals schon reichhaltigen ethnographischen (Reise-) Literatur. Seine von 1900 bis zu seinem Tode im Jahre 1920 verfassten 10 völkerpsychologischen Bände umfassen mehr als 5000 Seiten und behandeln Themen wie Sprache, Sitten, Mythos, Kunst, Religion und Kultur. *Wundt* betreibt ursprünglich eine „Psychologie vom naturwissenschaftlichen Standpunkt" (1862) aus, was so viel bedeutet, dass er seelische Vorgänge auf der Grundlage physiologischer Veränderungen

---

Von „Rassismus" kann man dann sprechen, wenn folgende Kriterien erfüllt sind: 1. „Rasse" als Einteilungsprinzip der Menschheit z.B. Rassenklassifikationen (nach Hautfarbe, Schädelform, Haaren etc.), Katalogisierung der Menschheit, Rasse als Kategorie 2. Hierarchie der „rassischen" Gruppen z.B. bzgl. Schönheit, Intelligenz, Zivilisierungsgrad, „Reinheit" etc. 3. Diskriminierung „rassischer" Gruppen, intern wie extern z.B. in Bildung, Arbeit, Wohnung, Marginalisierung, Kriminalisierung, Reservate, Lager, Ghettoisierung, Vernichtung, Kolonisierung 4. "wissenschaftliche" Begründung z.B. Rassendeterminismus, Rassenpsychologie, Rassenhistorik, Rassenhygiene, Sozialdarwinismus etc., vgl. z.B. Gobineau, Chamberlain, Fischer, Galton, Yerkes etc.; auch sollte man mindestens drei Formen des Rassismus unterscheiden: 1. individueller Rassismus 2. institutioneller Rassismus und 3. struktureller Rassismus; die Begriffe Xenophobie, Ethnozentrismus, Chauvinismus, Sexismus, Islamphobie und Rassismus sind auseinanderzuhalten!

Memmi (1992, S. 13) hat folgende *rassistische Mythen* zusammengestellt, die sich fast in jedem rassistischen Denk-System wiederfinden lassen:

1. Es gibt „reine" und demnach von anderen verschiedene menschliche „Rassen", d.h. also bedeutsame biologische Unterschiede zwischen den Gruppen und Individuen, aus denen sie sich zusammensetzen.
2. Die „reinen Rassen" sind den anderen „biologisch überlegen"; diese Überlegenheit äußert sich ebenso in psychologischer wie in gesellschaftlicher, kultureller und geistiger Hinsicht.
3. Diese mannigfaltigen Aspekte der „Überlegenheit" erklären und legitimieren die Herrschaft und die Privilegien der „höherstehenden" Gruppen.

[46] Deutschland besaß in Afrika, in Neuguinea und in der Südsee ein großes Kolonialreich, das im Jahre 1911 rund 3 Millionen km² umfasste mit 13.690.000 Einwohnern, darunter 24.000 Deutschen (vgl. Lexikon der deutschen Geschichte, 1979, S. 653f; Deutsches Kolonial-Lexikon, 1903; Kleiner deutscher Kolonialatlas, 1899; Westphal, 1991). Besonders in Afrika kam es ständig zu kriegerischen Auseinandersetzungen, von denen die bekanntesten der Herero-, „Hottentotten"- und Nama-Krieg waren; vgl. Stubbe, 1992; Kaulich, 2001, Förster, 2004

erklären will. Zwangsläufig fordert Wundt deshalb die experimentelle Methode und die statistische Auswertung für die Physiologie und Psychologie. In den letzten zwanzig Jahren seines Wirkens zieht sich *Wundt* von der experimentellen Psychologie allmählich zurück und arbeitet intensiv bis zur fast völligen Erblindung an seiner zehnbändigen „Völkerpsychologie. Eine Untersuchung der Entwicklungsgesetze von Sprache, Mythos und Sitte." (1900-1920). *Wundt* stellt die Völkerpsychologie auch der Individualpsychologie gegenüber. Während diese das individuelle Bewusstsein und seine Entstehung experimentell untersuchen kann, bildet die Völkerpsychologie die notwendige Ergänzung. Kein Individuum ist nämlich gänzlich aus sich selbst zu erklären, vielmehr gilt es, die seelischen Kräfte mit einzubeziehen, die aus der menschlichen Gemeinschaft stammen, der es angehört. Dazu zählen Sprache, Kunst, Mythos, Sitte, Staat und allgemeine Willensformen. Den individualpsychologischen Bewusstseinsakten Vorstellen, Fühlen und Wollen entsprechen in der Völkerpsychologie Sprache, Mythos und Sitte. In der Sprache spiegelt sich die Vorstellungswelt der Menschen; der Mythos gibt den in der Sprache niedergelegten Vorstellungen ihren Inhalt aus den Wahrnehmungen und Phantasieschöpfungen, die von Gefühlsrichtungen bestimmt sind; die Sitte umfasst alles, die gemeinsamen Willensrichtungen, die über die Abweichungen individueller Gewohnheiten die Herrschaft erringen und sich zu Normen verdichtet haben, denen von der Gemeinschaft Allgemeingültigkeit beigelegt wird (vgl. Oelze, 1991; Stubbe, 2006, 2019). *Wundt's* Völkerpsychologie vertrat einen heute überholten unilinearen Evolutionismus im Hinblick auf die Kulturentwicklung der Menschheit. Er unterscheidet hiernach folgende Entwicklungsstufen:
1. Primitivkultur: Zauber- und Dämonenglauben, primitiver Mensch, reduzierte (Wurzel-) Sprache, gegenständliches Denken, Horde
2. Totemismus: Totem- und Tabu-Vorstellungen, Hauch- oder Schatten-Seele, Ahnenkult, Initiationen
3. Heroenzeit: Helden und Götter, Gesellschaft, Städtegründungen, Rechtskodifizierung, kosmogonische und theogonische Mythen
4. Humanität: Weltreiche, Weltkulturen, Weltreligionen, Weltgeschichte (vgl. Stubbe, 2006, S. 44ff)
Die Menschen dieser Entwicklungsstufen konnte man seiner Ansicht nach auch in verschiedenen Weltgegenden der damaligen Zeit antreffen d.h. synchron und diachron. Daraus ergab sich für die Ideologen des Kolonialismus der Auftrag, diese "Wilden", „Kulturlosen", „Primitiven", „Heiden" etc. zu zivilisieren, missionieren, ihre Gesellschaften zu „ordnen" und sie in das eigene Arbeits- und Wirtschaftssystem einzufügen.
Zu den von den Deutschen begangenen Kolonialverbrechen hat *Wilhelm Wundt* bekanntlich geschwiegen (vgl. Stubbe, 1992). *Wundt's* Schweigen z.B. über den Ethnozid an den Herero (1904), über die er eingehende Kenntnisse besaß (z.B. Wundt, Bd.7, 1917, S. 305; Bd.9, 1917, S. 79 etc.), war mehrfach determiniert. Zunächst einmal war *Wilhelm Wundt* preußischer Staatsbeamter und stand loyal zu dem „preußisch-deutschen Militärkomplex". Diese Loyalität wird besonders sichtbar an seinem Verhalten als Abgeordneter und zu Beginn des I.WK. (1914) (vgl. Stubbe, 1992, S. 135, Anm. 14). In keiner Zeile seiner „Völkerpsychologie" oder der Autobiographie finden wir eine kritische Aufarbeitung des deutschen Kolonialismus und Imperialismus und seiner psychosozialen Folgen für die Unterworfenen. *Wundt* versucht in

seiner Autobiographie „Erlebtes und Erkanntes" (1920, S. 207f) eher eine szientistische Apologie des deutschen Imperialismus (vgl. Stubbe, 1992, S. 130). Außer *Wundt's* „Preußentum", seiner Kriegsphilosophie und –Psychologie (vgl. Scheerer, 1989) und seiner positiven Bewertung der deutschen Kolonialwissenschaften, mögen noch seine nationale Gesinnung und die evolutionistische Grundhaltung seiner „Völkerpsychologie" sein Schweigen mitbestimmt haben. Andererseits fühlte sich *Wundt* durchaus dazu aufgerufen, die dem „egoistischen Utilitarismus" entspringenden „Versündigungen" der nordamerikanischen Puritaner, nämlich die Ausbeutung und Misshandlung der „Indianer", insbes. der Sioux, zu geißeln (vgl. Wundt, 1920, S. 369f; Stubbe, 1992, S. 131).

Die Herero und Nama waren wie viele andere afrikanische Ethnien und die amerikanischen „Indianer" zu der Zeit als *Wundt* seine „Völkerpsychologie" (1900-1920) schrieb, Ethnien, deren Land, Gemeinschaft, Wirtschaft, Religion und Kultur der anhaltenden Kolonisierung und Vernichtung durch die herrschenden Kreise Europas und der USA ausgesetzt waren.[47] Erst sehr spät, nämlich im Sommer 2021, hat die deutsche Regierung sich für die in Namibia begangenen Kolonialverbrechen entschuldigt. Dies hindert sie aber nicht gegenwärtig weiterhin neokoloniale Kriege in Mali, Afghanistan und in anderen Weltregionen zu führen. Wie werden sich die anderen europäischen Staaten in dieser Frage in Zukunft verhalten?

Österreich

Die Doppelmonarchie Österreich war im 19. Jh. bis 1918 ein großer Vielvölkerstaat ganz ohne Kolonien, besaß also eigentlich ideale Bedingungen, um eine kultursensible Psychologie zu entwickeln[48].

Auf dem Gebiet der Psychologie hatten die Österreicher bedeutende Leistungen vollbracht[49], man denke etwa an die „Österreichische Schule" (z.B. Chr. Ehrenfels), als Vorläufer der Gestaltpsychologie, an die „Akt-Psychologie" des *Franz Brentano* (1838-1917) oder an das erste psychologische Laboratorium in Graz (A. Meinong, 1894), aber die bedeutendste und folgenreichste Leistung war die Schöpfung der Psychoanalyse durch *Sigmund Freud* (1856-1939). Hatten andere europäische Nationen sich außerhalb Europas Kolonialreiche erobert, schuf *Sigmund Freud* ein „Imperium der Psychoanalyse", in dem „die Sonne nicht unterging". Während *Wilhelm Wundt* seit 1900 sein großangelegtes Projekt einer „Völkerpsychologie" in Leipzig vorantrieb, versuchte *Sigmund Freud* 1912 in Wien mit seiner Schrift "Totem und Tabu" eine psychoanalytische Interpretation völkerkundlicher Phänomene und wurde damit zum Begründer der tiefenpsychologisch orientierten Völkerpsychologie bzw. Ethnopsychoanalyse. *Freud* waren Ähnlichkeiten zwischen bestimmten neurotischen Störungen,

---

[47] Wundt war jedoch kein „Nazi", aber es finden sich in Wundt's Werk deutliche nationalistische, und (kultur-) rassistische Züge (wie übrigens bei einer sehr großen Zahl seiner damaligen nationalen und internationalen Kollegen); vgl. Psychologie und Geschichte, Jg.4, Heft ½, 1992, S. 121-138; die nach-wundtsche Entwicklung der Psychologie in Deutschland, insbes. die Rassenpsychologie, Rassenhygiene und Psychologie im Dritten Reich sind ausgiebig bearbeitet worden vgl. z.B. Stubbe , 2005, S. 420-422; Geuter, 1984; Graumann, 1985; Lück, 1991

[48] Der österreichische Soziologe *Ludwig Gumplowicz* (1838-1909), ein einflussreicher Pionier der Soziologie, schrieb 1883 das Werk „Der Rassenkampf", in dem er als treibende Kraft in der Geschichte den Kampf der Rassen, später der sozialen Gruppen (nicht der Individuen) hervorhebt. Ab einer bestimmten Entwicklungsstufe geht in diesem Kampf der Staat als Herrschaftsorganisation einer siegenden Minorität über eine Majorität hervor. Mit dem Staat sind zugleich Unfreiheit und Ungleichheit verbunden. Der Kulturfortschritt wird von Eliten getragen.

[49] vgl. auch die reichhaltige psychologisierende Literatur Österreichs wie z.B. von R. Musil, J. Roth oder St. Zweig

innerseelischen Traummechanismen und Vorstellungen einerseits und andererseits Institutionen in sog. naturvölkischen Gesellschaften aufgefallen. In seiner psychoanalytischen Konzeption blieb *Sigmund Freud* jedoch zeitlebens ein Anhänger der evolutionistischen Ethnologie, die in ihren Kernaussagen ethnozentrisch war (vgl. Stubbe, 2008: 85-104).

> „Von daher kann auch seine Behauptung, daß die ‚Primitiven' näher am menschlichen Urzustand leben, und daher auch durch eine stärkere Sexualisierung des Lebens gekennzeichnet seien, leicht der Konstruktion imaginärer, letztlich rassistisch-biologistischer Differenzen Vorschub leisten,"

schreibt der österreichische Ethnopsychoanalytiker *Johannes Reichmayer* (2003, S. 137). Man könnte überspitzt behaupten, dass der evolutionistisch eingestellte *Sigmund Freud* mit „Totem und Tabu" den Nachweis der grundsätzlichen „seelischen Primitivität" und Pathologie der „Wilden" erbringen wollte. Ob ihm bewusst war, welche Folgen dies haben konnte, ist stark zu bezweifeln.

Um welche Menschen geht es in „Totem und Tabu"? Es sind in erster Linie Menschen unter kolonialen Bedingungen. In *Sigmund Freuds* Werk „Totem und Tabu" finden sich, dem imperialen Zeitgeist entsprechend, gehäuft stark diskriminierende Begriffe wie „Rasse" (Freud, 1974, S. 295, etc.), „Barbaren" (Freud, 1974, S. 337 etc.) , „Kannibalen" (Freud, 1974, S. 296), „Wilde" (Freud, 1974, S. 328, 347f, 352 etc.), „Primitive" (Freud, 1974, S. 341, 345, 351 etc.), „Rothäute" (Freud, 1974, S. 297), „Negervölker Afrikas" (Freud, 1974, S. 305), „Zulukaffern" (Freud, 1974, S. 306) etc.[50] Es ist verwunderlich, dass *Freud*, der selbst schon als Kind diskriminierenden antisemitischen Verhaltensweisen und Einstellungen in Wien ausgesetzt war (vgl. Ellenberger, 1973, S. 573; Freud, 1900, S. 135), „fremden Menschen in der Ferne" gegenüber solche Vorurteile haben und sich solcher Stereotypisierungen bedienen konnte. Wirkte hier das „gesellschaftliche Unbewusste" (Erdheim) bzw. der europäische Überwertigkeitskomplex und die Rassenkonzepte des 19.Jh.s auf ihn ein und/oder handelte es sich einfach um Projektionen? *Freud* sicherte zwar die frei-assoziative Rede des Patienten in der psychoanalytischen Therapie gegen die Revisionsversuche *Jungs* und *Stekels* ab,

> „war aber nicht mehr in der Lage, eine vergleichbare Emanzipation der „Naturvölker" zu akzeptieren." ... „Eine lebendige Wahrnehmung beider, der Patienten und der Naturvölker, war weder dem Vater der Psychoanalyse möglich noch seinem abgefallenen Sohn" (DTV-Atlas Ethnologie, 2005: 45)

Aber auch *Sigmund Freud* war selbst tief in die Geschichte der europäischen Gesellschaften im imperialen Zeitalter verstrickt[51].

---

[50] zu den heute nicht mehr verwendeten Begriffen „Naturvölker", „Wilde", „Primitive", „Neger" etc. vgl. Arndt & Hornscheidt, 2004; Stubbe, 2012, S. 483f
[51] *Hannah Arendt* (1906-1975) charakterisierte in ihrem Werk „Elemente und Ursprünge totaler Herrschaft" (1951) den Imperialismus bekanntlich als „die politische Ideologie der Bourgeoisie" (vgl. Wehler, 1972, S. 56ff)

Frankreich

In Frankreich[52] entwickelte der sehr einflussreiche *Gustave Le Bon* (1841-1931), einer der Begründer der modernen „Massenpsychologie" (La psychologie des foules, 1895, 1947, 1961), das konfuse Konzept einer „Rassenseele" (l'âme de la race). Er unterschied nämlich zwischen Massen in verschiedenen Völkern, die von jeweils verschiedenen „Rassenseelen" (vgl. S. 56f, 103ff) beherrscht sein sollten. Le Bons Massenpsychologie[53], die auch von Adolf Hitler aufmerksam gelesen wurde, war bis ca. 1921 (vgl. S. Freud: Massenpsychologie und Ich-Analyse) wirksam.

> „In der praktischen Politik des 20. Jh.s gewannen die Erkenntnisse Le Bons insofern unvermutete Aktualität, als Adolf Hitler wesentliche Elemente seiner demagogischen Methode aus diesem Werk bezog." (Kindlers Literatur Lexikon, Bd. 18, 1974: 7889).

Hiernach reagieren z.B. angelsächsische Massen nach *Le Bon* anders als romanische. Er schreibt:

> „Als ein Antrieb ersten Ranges ist die Rasse zu betrachten, denn sie ist allein schon viel bedeutender als alle übrigen ... Die Kraft der Rasse ist so groß, daß kein Element von einem Volk zum anderen übergehen könnte, ohne die tiefgehendsten Umwandlungen zu erfahren (es folgt ein Hinweis auf sein Werk: „Die psychologischen Gesetze der Völkerentwicklung"; Anm. des Verf.). Die Umgebung, die Umstände, die Ereignisse spiegeln die augenblicklichen sozialen Einflüsse wider. Sie können von bedeutender Wirkung sein, aber dieser Einfluß ist stets nur ein augenblicklicher, wenn er im Gegensatz zu den Rasseneinflüssen, d.h. zu der ganzen Ahnenreihe steht. " (Le Bon, 1961: 55)

Der Graf *J. A. Gobineau* (1816-1882), „the father of racist ideology" (M. Biddis), hatte bereits früher in seinem vierbändigen historischen Werk „Essai sur l'inégalité des races humaines" (1853-1855) den „Rassenfaktor" bzw. den „Rassenkampf" zur treibenden Kraft der gesamten menschlichen Geschichte erklärt und eine Hierarchie der Rassen aufgestellt („Gobinismus"). Seine zwar nicht antisemitische Lehre von der Hochwertigkeit der germanischen „Rasse" bzw. der „Arier" beeinflusste neben *R. Wagner* und *Fr. Nietzsche* auch *H. St. Chamberlain*, den „evangelist of race" (G.Field) und lieferte u.a. eine Argumentationsbasis für die nationalsozialistische Rassenideologie.

In der frühen französischen Völkerpsychologie sprach *Lucien Lévy-Bruhl* (1857-1939)[54] von der "mentalité primitif" der sog. Naturvölker, die er als "prälogisch, kollektivistisch oder alogisch" bezeichnete. Aufgrund des Gesetzes der "participation mystique" (mystische Teilhabe), welche ihr Denken beherrscht, hätten die "Primitiven" noch nicht die Stufe erreicht,

---

[52] In dem französischen Kolonialreich in Afrika, in der Karibik, im Indischen Ozean, in der Südsee und in Indochina vor 1914 lebten 54% der gesamten Bevölkerung und 95% der Gesamtfläche des „Empire français" entfielen auf die Kolonien

[53] Zur Rassen- und Massen-Psychologie Le Bons: vgl. Schütz, 1992; zur Massenpsychologie Adolf Hitlers, vgl. Stubbe, 2018, S. 54-70

[54] aufgrund der Quellen in der Bibliothèque Nationale und nicht aufgrund eigener Feldforschungen

die wir Europäer erreicht hätten (nämlich das "cartesianische Denken"), auf welcher es möglich ist, zwischen logischen und nichtlogischen Beziehungen von Phänomenen zu unterscheiden. Im Gegensatz zur animistischen Lehre von *J. G. Frazer* und *E. B. Tylor* geht *Lévy-Bruhl*[55] davon aus, dass die Mentalität und die damit zusammenhängenden Kollektivvorstellungen der sog. Naturvölker eine von der unseren fundamental verschiedene, frühe Stufe im Entwicklungsprozess des Denkens darstellen. Dieses Stadium bezeichnet er als "prälogisch"[56]. Die Vorstellungswelt der sog. Naturvölker wird durch das "Gesetz der Partizipation" bestimmt, nach welchem Gegenstände, Wesen und Phänomene gleichzeitig sie selbst und zugleich andere sein können. Z.B. der unheilbringende Zauberer wird zum menschenfressenden Krokodil und bleibt doch zugleich er selbst. Infolge der ständigen Orientierung dieser Menschen am Okkulten, der Indifferenz gegenüber dem fundamentalen logischen Prinzip des (zu vermeidenden) Widerspruchs erhält ihre Mentalität einen mystischen Grundzug (participation mystique: alles ist mit allem verflochten!).[57] Z.B. schreibt *Lévy-Bruhl* (1926: 81) im Hinblick auf die mosambikanischen Ba-Ronga:

> „Der Missionar Junod findet einen glücklichen Ausdruck für diese Vorstellung von der Natur. Er sagt: ‚Die Ba-Ronga wie ihre Genossen, die Banta, sind Animisten. Für sie ist die Welt voll von manchmal günstigen, öfter zu fürchtenden und zu bannenden Einflüssen der Geister. Machen sie sich davon eine genaue Vorstellung? Nein: ihre animistischen Ideen bleiben sehr verschwommen'... ."

Auch ihr Krankheitsbegriff ist mystisch und durch eine prälogische Geistesart charakterisiert (Lévy-Bruhl, 1926, S. 233), außerdem sind sie „abergläubisch" (Lévy-Bruhl, 1926, S. 257) d.h. handeln gemäß ihrer prälogischen und mystischen Geistesart, etc. etc.

England

In England[58], das für die damaligen europäischen Nationen als nachahmenswerte, „vorbildliche" Kolonial- bzw. Imperialmacht fungierte (vgl. Leopold, 1974; Hobsbawm, 1989; Münkler, 2006), lässt sich seit Sir *Francis Galton* (1822-1911), dem Schöpfer der Eugenik (1883)[59], infolge des Einflusses des (Sozial-) Darwinismus[60] eine starke biologische Orientierung der Psychologie beobachten. *Galton* stellt z.B. fest,

---

[55] Sigmund Freud hat zwar *Lucien Lévy-Bruhl* in „Totem und Tabu" nicht erwähnt, aber eine psychoanalytische Konzeption des Animismus vorgelegt. Zur Bedeutung von Lévy-Bruhl in der Psychiatrie und Psychopathologie vgl. z.B. Leibbrand & Wettley, 2005, S. 607f
[56] Diese Lehre hat er später revidiert
[57] zur Kritik vgl. Beuchelt, 1974, S. 60-66; Stubbe, 2005, S. 66-72
[58] Das britische Empire in Afrika, Kanada, Guyana, Australien, Neuseeland, Indien, Burma, im Pazifik beherrschte bis 1909 ein Kolonialreich, das 94mal größer war als die Fläche Englands, 20% der Erdoberfläche einnahm und eine 7,7mal größere Bevölkerung (23% der Weltbevölkerung!) besaß (vgl. Wehler, 1972, S. 167ff; Hobsbawn, 1989)
[59] Das imperiale Zeitalter war nicht zufällig auch eine Blütezeit der *Rassenhygiene* und der *internationalen eugenischen Bewegung*: 1907 wurde nach nationalen Vorläufern die „Internationale Gesellschaft für Rassenhygiene" gegründet und 1912 das „Permanent International Eugenics Committee", vgl. Adams, 1990; St. Kühl, 1997; Stubbe, 2012, S. 185-187
[60] Der *Sozialdarwinismus* bildete ein wichtiges ideologisches Gerüst des Imperialismus, vgl. Wehler, 1972; Koch, 1973; Stubbe, 2012, S. 584

"daß der Neger starke, impulsive Leidenschaften besitzt, aber weder Geduld noch Schweigsamkeit und Würde." (zit. apud Billig, 1981: 28).

Er hatte während seiner Forschungsreise nach Südwestafrika im Jahre 1850 außerdem gelernt, die „Eingeborenen" körperlich zu bestrafen und auszupeitschen (vgl. Billig, 1981, S. 28). *Galton*, ein entschiedener Gegner der Demokratie, schlägt aus Angst vor Degeneration und Verfall (vgl. „Entartung"[61]) auch eine eugenische Lösung des Armutsproblems vor, indem er die Armen zu gesellschaftlich „Unerwünschten" abstempelt und eine uneingeschränkte Vermehrung ihres Erbgutes staatlich verhindern will (vgl. Billig, 1981, S. 34f; Schmid, 1999, S. 327-345).[62]

Galtons Schüler *Karl Pearson* (1857-1936), dessen Forschung „mehr als zwei Jahrzehnte die Individualpsychologie in England und Amerika beherrschte" (Boring, 1950, S. 478) und dem die quantifizierende Psychologie u.a. die Biometrie, die Produkt-Moment-Korrelation und den Chi-Quadrat-Test (1893-1912) verdankt, die ihm vor allem dazu dienen sollten, die Darwinsche Evolutionstheorie zu verifizieren, stellt fest, dass „alle menschlichen Qualitäten ererbt sind" und dass „genauso wenig wie es Gleichheit zwischen den Menschen einer Nation gibt, gibt es Gleichheit zwischen Rassen" (zit. apud Billig, 1981, S. 39). In seiner Rassenkonzeption werden Afrikaner als Angehörige „der niederen menschlichen Rassen" charakterisiert und die biologischen Gefahren der gemischtrassigen Fortpflanzung hervorgehoben (zit. apud Billig, 1981, S. 40).

„Pearson ging sogar noch weiter als Galton, indem er bezweifelte, ob es für unterschiedliche Rassen klug sei, nebeneinander zu leben, auch im von Großbritannien beherrschten Empire: die stärkere Rasse sollte die schwächere hinausjagen." ... „Mit solchen Äußerungen entwickelte sich der imperialistische Gesichtspunkt des viktorianischen England in ein Glaubensbekenntnis an Völkermord für das Zwanzigste Jahrhundert" .... „Der Darwinsche Existenzkampf wurde von Pearson in einen Rassenkampf zwischen den Nationen umgewandelt." (Billig, 1981: 40f)

Auch andere englische Psychologen vor allem der Londoner Schule wie *R. A. Fisher* (1890-1962), *R. B. Cattell* (1905-1998) u.a. haben bis in die jüngste Zeit (vgl. *Hans Jürgen Eysenck*) eugenische und rassistische Konzeptionen vertreten (vgl. Billig, 1981; Kühl, 1997; Kaupen-Haas & Saller, 1999).

---

[61] zum biologistischen Begriff „*Entartung*" und seiner Geschichte vgl. Kaupen-Haas & Saller, 1999, S. 122ff; die zu seiner Zeit sehr einflussreiche zweibändige Kampfschrift des Arztes Max Nordau (1849-1923) „Entartung" (1892/93), die auch in der angloamerikanischen Welt rezipiert wurde, war bekanntlich Lombroso gewidmet! Nordau beschimpfte darin von der „gesunden" und „entwicklungsfähigen" Normalität abweichenden künstlerischen Erscheinungen seiner Zeit. In diese Entartungs-Tradition stellte sich auch Thomas Mann (1875-1955) mit seinem dickleibigen Werk „Betrachtungen eines Unpolitischen" (1922). Im Dritten Reich sprach man schließlich von „entarteter Kunst" (vgl. Enzyklopädie des Nationalsozialismus, 2001, S. 446f; Nationalsozialismus und entartete Kunst, 1987) und versuchte auch sie zu vernichten.
[62] Die große Masse der Armen und Elenden lebte bekanntlich damals (wie auch heute noch) in den Ländern der sog. Dritten und Vierten Welt d.h. in den Kolonien!

Italien

Eine weitere Variante des europäischen Rassismus in der Psychologie findet sich in Italien[63] in der damals sehr einflussreichen kriminalanthropologischen und psychopathologischen Schule um *Cesare Lombroso* (1836-1910). *Lombrosos* Konzeption stützte sich nicht nur auf die unbestimmte Behauptung, dass Verbrechen erblich sei, sondern auf eine besondere, auf anthropometrische Daten gestützte Evolutionstheorie, wonach Verbrecher eigentlich Rückfälle der Evolution (Atavismustheorie) seien. *Lombroso* vergleicht in rekapitulations-theoretischer Weise „atavistische" Verbrecher mit Tieren, Wilden und „Menschen niederer Rassen". Das Kind ist für ihn ein vorgeschichtlicher Erwachsener, ein lebender Primitiver[64].

> „Lombroso wagte sich auf das Gebiet der Ethnologie, um die Kriminalität als Normalverhalten unter tiefstehenden Völkern zu identifizieren. Er schrieb eine kleine Abhandlung (Lombroso, 1896) über das Volk der Dinka am oberen Nil. Darin sprach er von ihrer starken Tätowierung und ihrer hohen Schmerzschwelle – in der Pubertät werden ihnen die Schneidezähne mit einem Hammer ausgebrochen. Sie wiesen äffische Stigmata als normale Bestandteile ihrer Anatomie auf: ‚Ihre Nase ist nicht nur abgeplattet, sondern dreiflüglig und ähnelt der von Affen.'" (Gould, 1999: 132)

USA

Das große Einwanderungsland USA galt vielen Europäern lange Zeit als Land der Freiheit. In der Unabhängigkeitserklärung heißt es:

> „Wir erachten folgende Wahrheiten für selbstverständlich: dass alle Menschen gleich geschaffen sind; dass ihnen der Schöpfer gewisse unveräußerliche Rechte verliehen hat, zu denen unter anderen Leben, Freiheit und das Streben nach Glückseligkeit gehören…"

Die vielen Indigenen („Indianer") und afrikanischen Sklaven (ab ca. 1617) waren jedoch nicht frei und *Thomas Jefferson* (1743-1826), einer der Gründungsväter der Vereinigten Staaten von Amerika und „Vater der Universität von Virginia", gilt als einer der größten Sklavenhalter aller Zeiten.

Im Hinblick auf die kolonisierten Minderheiten in den USA führt *Blauner* (1976) aus:

> "Kolonisierte Gruppen werden durch Machtmittel und Gewalt zu Teilen der neuen Gesellschaft gemacht; sie werden erobert, versklavt oder vertrieben. Die "Dritte-Welt-Formulierung" ist also eine scharfe Attacke auf den Mythos, daß Amerika das Land der Freien sei. Die Dritte-Welt-Perspektive führt uns zu den Ursprüngen der amerikanischen Geschichte zurück und erinnert daran, daß diese Nation ihre Existenz dem Kolonialismus

---

[63] In der Ära der „Großen Politik" (1882-1900) in Italien wurde Abessinien Protektorat (es geht im Krieg gegen Abessinien 1896 verloren), Somaliland annektiert und Eritrea Kolonie. Lybien fällt 1912 de facto an Italien. Über die faschistische Rassenpolitik in den italienischen Kolonien vgl. Schneider, 2000; Stubbe, 2012, S. 534
[64] *Stephen Jay Gould* hat in seiner lesenswerten Studie „Der falsch vermessene Mensch" (1999) die vielen Irrwege der quantifizierenden Rassen-Anthropologie und -Psychologie bis in die Gegenwart klar herausgearbeitet (vgl. auch: Misura d'uomo, 1986).

verdankt und daß es neben Siedlern und Einwanderern immer unterworfene Indianer und schwarze Sklaven gab..."(Blauner, 1976:70; zitiert nach Heckmann, 1992:70)

Was *Blauner* hier über die USA sagt, gilt analog z.B. auch für die durch Kolonisierung entstandene brasilianische Gesellschaft, nur dass *Blauner* die systematischen Ethnozide in den USA nicht erwähnt. Die jahrhundertelange Unterdrückung dieser Gruppen in konzentrationslagerartigen „Reservationen" hat sich häufig niedergeschlagen in Formen kollektiver Apathie oder Revolte und ist u.a. sichtbar in hoher Kindersterblichkeit, geringer Lebenserwartung, Alkoholismus, Adipositas und hohen Suizidraten. *Stumpfe* (1980) sprach in diesem Zusammenhang von einem "psychogenen bzw. Völkertod", *Abdias do Nascimento* (1978) im Hinblick auf die Afrobrasilianer vom "genocídio do negro brasileiro" (vgl. Santos-Stubbe, 2014).
Die Geschichte der Psychologie in dem „Melting Pot" (Zangwill) USA ist vielfach detailliert dargestellt worden (vgl. z.B. Bringmann et al., 1997). Die us-amerikanische Psychologie mit ihren Menschenbildern dient seit vielen Jahrzehnten als Modell für die westliche Psychologie. Alle Formen der Anwendung und des Missbrauchs der Mainstream-Psychologie wurden hier durchgespielt. Sie ist jedoch nur sehr beschränkt in den Ländern der sog. Dritten Welt und den sog. Schwellenländern, in denen mehr als 5/6 der Menschheit leben, einsetzbar (Ethnozentrismus). Insbes. für die Psychologie hat die USA-Wissenschaft jedoch eine Vielzahl von einflussreichen Methoden und Theorien geliefert.

Eine Geschichte der Rassenlehren[65] in den USA kann hier nur kursorisch angedeutet werden.

Der Naturforscher (jedoch Darwingegner) und Brasilienreisender *Jean Louis Rodolphe Agassiz* (1807-1873) wurde in der Schweiz geboren, hatte in Heidelberg und München Naturgeschichte und Medizin studiert (1830) und war im Jahre 1846 in die USA ausgewandert, wo er zu einem bedeutenden vergleichenden Zoologen, Eiszeitforscher und Paläontologen wurde (Harvard: „Museum of Comparative Anatomy"). In den Jahren 1865-1866 führte er unter dem Patronat des brasilianischen Kaisers Pedro II. und mit Finanzierung durch den us-amer. Millionär Nathaniel Thayer eine 15-monatige Forschungsreise in Brasilien durch („Nathaniel Expedition"). Bei dieser Reise begleiteten ihn u.a. Charles Frederick Hartt, Isabel Cary Agassiz (seine 2. Frau, die auch den populären R. „A Journey in Brazil", Boston,1868, größtenteils verfasste) und der spätere Philosoph und Psychologe *William James* (1842-1910). Agassiz vertrat eine bis heute in den USA nachwirkende, sehr einflussreiche hierarchische Rassenlehre, Apartheid und die Polygenie der Menschheit („mehrere Adams und Evas"!), die man auch als „amer. Schule der Anthropologie" bezeichnet. Er nahm als Schüler von *Cuvier* (1769-1832) im Gegensatz zu Darwin eine „creationistische Position" ein, nach der „menschliche Rassen" unveränderliche Spezies seien (Artenkonstanz). In Brasilien fand er nun drei „Rassen" vor, nämlich „Indianer", Europäer und Afrikaner, aber auch vielfältige „Rassenmischungen", die er „Hybride" nannte (z.B. mulato, cafuzo, mameluco) und für instabil hielt. Sie würden sich wieder zurück zur originalen, „reinen Rasse" entwickeln. Viele Fotografien von Sklaven ließ er sowohl in den us-amer. Südstaaten (South Carolina, 1850), als auch in Brasilien anfertigen,

---

[65] So sind z.B. die Rassenlehren bzw. der Rassismus ein Produkt Gesamt-Europas und der USA im 19. und 20. Jahrhundert, wie u.a. Mosse, 1978; Memmi, 1992; Kühl, 1997; Delacampagne, 2005 klar und deutlich herausgearbeitet haben.

um seine Rassenlehre zu „beweisen" (vgl. Santos-Stubbe & Stubbe, 2014, S. 390f). Auch andere amer. Einflüsse auf den internationalen Rassismus wie z.B. *Henry Ford* (1863-1947), *Madison Grant* (1865-1937) oder *Theodore Lothrop Stoddard* (1883-1950) sind bedeutsam. Der Autofabrikant *Ford*, der 1921/22 das zweibändige antisemitische Buch „Der internationale Jude: Ein Weltproblem" auch in Deutschland publiziert hatte, wurde 1938 mit dem Adlerschild des deutschen Reiches ausgezeichnet und in der Parteizentrale der NSDAP (München) hing ein großes Portrait von ihm. „Ich betrachte Ford als meine Inspiration", sagte Hitler 1931. *Grant* veröffentlichte das rassistische Werk „The passing oft he great race" (1916, dt. 1925), worin er die Blonden und Blauäugigen als „Herrenrasse" bezeichnete und vom Staat die Vernichtung (eliminate) der Abkömmlinge „minderwertiger Rassen" forderte, „unworthy" Menschen sollten sterilisiert und Heiratsverbote zwischen den „Rassen" gesetzlich eingeführt werden. In sehr vielen US-Bundesstaaten waren *„interracial marriages"* verschiedenster Kombination vor allem zwischen „Schwarzen" und „Weißen" bis 1967 verboten (vgl. Thode-Arora, 1999, S. 39ff). Interethnische Heiratsverbote sind übrigens ein hervorstechendes Merkmal rassistischer Gesellschaften.

Grant inspirierte auch den rassistischen „Immigration Act" in den USA von 1924. Hitler bezeichnete das Buch „The passing..." als seine „Bibel". Der promovierte Historiker und Journalist *Stoddard* war ein Vertreter der us-amer. Rassentrennungspolitik, der Eugenik und des Antisemitismus. In seinem Buch „The rising tide of color against white world supremacy" (1920, dt. 1922 unter dem Titel: „Kulturumsturz. Die Drohung des Untermenschen") werden Bolschewismus, Judentum und „Untermenschentum" (underman) gleichgesetzt. Stoddard besuchte Hitler im Jahre 1940 (vgl. Stubbe, 2018, S. 64ff).

Als Psychologen zu Beginn des 20. Jahrhunderts in Europa und den USA begannen, diagnostische Messinstrumente für die Intelligenz zu entwickeln, wandten sie diese Instrumente auch in anderen Kulturen und bei anderen "Rassen" an (vgl. Stubbe, 2012, S. 508ff). Insbesondere vor dem I. Weltkrieg mussten sich in den USA 1,7 Millionen zum Kriegsdienst Eingezogene zur Feststellung ihrer militärischen Eignung sog. Alpha- und Beta-Intelligenztests unterziehen. *Robert Mearns Yerkes* (1876-1956), ein „psychobiologist", der vor allem durch seine tierpsychologische Primatenforschung bekannt geworden ist, leitete diese Massenuntersuchungen (Zusne, 1984, S. 473f; Gould, 1999, S.212-258). Als die Ergebnisse nach „Rassenzugehörigkeit" der Testpersonen geordnet wurden (vgl. Yerkes, 1921), stellte man den erwarteten Zusammenhang zwischen der „angeborenen Inferiorität" der Afro-Amerikaner und den niedrigen Intelligenzwerten fest.

> "Auf diese Ergebnisse stützte man sich, um die Aufrechterhaltung des niedrigen sozialen Status der Schwarzen innerhalb und außerhalb der Armee zu rechtfertigen" (Harris, 1989: 447).

In der weiteren kritischen Aufarbeitung der Testergebnisse und systematischer vergleichender Forschungen an Migranten und in den Nord- und Südstaaten wurde jedoch später offenbar, dass neben den genetischen Erbfaktoren auch kulturelle und andere z.B. in der Testsituation, dem Testleiter, der Testsprache etc. liegende Faktoren die Intelligenztestleistungen beeinflussen können. Viele Jahre später konnte auch die Afroamerikanistin *Graham* (1992) z.B. aufgrund einer sorgfältigen Inhaltsanalyse der wichtigsten APA-Zeitschriften klar herausarbeiten, dass die "schwarze Bevölkerung" (African Americans) der USA noch im Zeitraum von 1970 bis 1989 in empirischen Forschungen in immer geringerem Maße repräsentiert ist, so dass von einer "Marginalisierung" der "African Americans" in der psychologischen Forschung der USA gesprochen werden kann. Für die oftmals massakrierten nordamerikanischen „Indianer", die in den Reservationen unter hohen Suizidinzidenzen, Adipositas, Suchterkrankungen, Armut etc. zu leiden haben, gilt dies in noch extremerem Maße (vgl. Harris, 1989: 396-435).

Die psychosozialen und politischen Auswirkungen, auch in der Psychologie, sind bis heute spürbar. So charakterisiert z.B. *Quekelberghe* (1991) in seiner "Klinischen Ethnopsychologie" die us-amerikanische Psychologie folgendermaßen:

> "Allein zu wissen, daß gut 90% der US-Psychologen der 'weißen oberen Mittelschicht' angehören, kann den Verdacht hochkommen lassen, daß die US-Psychologie eng mit den Kulturwerten, -traditionen und –vorstellungen dieser breiten, meinungsführenden Bevölkerungsschicht verbunden ist. Solange an der Auffassung festgehalten wird, daß Psychologie - ähnlich wie Chemie oder Physik - mit universellen, kulturunabhängigen Gesetzen menschlichen Verhaltens und Erlebens zu tun hat, mag es vollkommen uninteressant sein, ob US-Amerikaner, Inder oder Gabuner eine dominante Stellung in der internationalen Psychologie einnehmen. Wenn aber Psychologie bzw. ihr Gegenstand in vielfältigen Hinsichten mit Kulturellem verflochten ist, muß wohl eine weltweite Bindung der Psychologie an Normen, Werte oder Kriterien einer einzigen Kultur - so erfolgreich und dominant sie auch sein mag - enorme Auswirkungen auf Ausbildung, Forschung und Beruf haben" (Quekelberghe, 1991: 35f).

Rußland

Das riesige Russland ist ein multiethnisches Land, in dem neben ca. 82% Russen mehr als 100 nationale/ethnische Minderheiten leben (z.B. 3,7% Tartaren, 2,9% Ukrainer, 1,2% Tschuwaschen, 0.9% Baschkiren, 0,8% Belorussen, 0,7% Mordwinen, 0,6% Deutsche, 700.000 Juden, 320.000 Katholiken, 15 bis 22 Mio. Muslime, 35 Mio. Russisch-Orthodoxe etc.). Für Sozialwissenschaftler, Ethnopsychologen und kulturvergleichende Psychologen stellt diese Ausgangslage somit eine ideale Forschungs- und Betätigungssituation dar, um ein friedliches und tolerantes Zusammenleben zu fördern.

In der Geschichte der Psychologie in Rußland und der Sowjetunion spielten (hirn-) physiologische Arbeiten und eine „objektive Psychologie" (z.B. Sechenow, Bechterew, Pawlow,) eine hervorragende Rolle. Ihre Methoden wurden jedoch auch zur Erzwingung von „Geständnissen" während der sog. stalinistischen Säuberungen eingesetzt, diese betrafen jedoch nicht fremde „Rassen", sondern "Klassenfeinde", „Konterrevolutionäre", „Trotzkisten" oder „Staatsfeinde" wie die „Kulaken" (Großbauern; seit 1929 im Zuge der Kollektivierung der Landwirtschaft liquidiert) etc. Im zaristischen Russland gab es aber seit 1881 nach der Ermordung Zar Alexander II. bis 1917 häufige gegen die jüdische Bevölkerung gerichtete *Pogrome* (russ. „Verwüstung") z.B. in Elisawetgrad am 27.4.1881 (vgl. Piketty, 2020:320-322).

In der Sowjetideologie herrschten keine Rassenlehren vor, sondern vor allem ein „Klassismus" d.h. eine Hierarchie der Klassen, in der die Kapitalisten, Bauern, der Adel und die Bourgeoisie diskriminiert wurden. Es existierte jedoch auch eine eugenische Bewegung (vgl. Adams, 1990).

Bereits die Kulturhistorische Schule, die von der „Trojka" *Leon Semenovich Vygotskij* (1896-1934) und seinen Schülern *Alexandr Romanovich Lurija* (1902-1977) und *Aleksej Nikolaevich Leontjew* (1903-1979) begründet wurde, führte schon in den 30er Jahren interessante Feldforschungen durch, in denen z.B. die Denkentwicklung verschiedener ethnischer Minderheiten studiert wurde. Diese Forschungslinien werden auch in der Gegenwart fortgeführt (vgl. Kölbl, 2006; Stubbe, 2012, S. 541-543). Mit *Vygotskij's* Tod am 11. Juni des Jahres 1934 und dem Dekret der KPdSU vom 4. Juli 1936 gegen die Pädologie, das eine radikale Zäsur in der Geschichte der sowjetischen Psychologie bedeutete, kam dieser hoffnungsvolle Feldforschungsansatz der kulturhistorischen Schule im sowjetischen Vielvölkerstaat mit seinen theoretisch idealen ethnologischen und psychologischen Forschungsbedingungen ganz zum Erliegen. In *Josef Stalins* (1878-1953) totalitärer Minderheitenpolitik, der Entkulakisierungskampagne, der politischen Schauprozesse der 30er Jahre und Verfassung von 1936 (bis 1977 gültig) war für solche Forschungen kein Platz mehr. *Lurjia* wandte sich von nun an "stationären" neuropsychologischen Fragestellungen im Laboratorium zu und holte ein Medizinstudium nach (vgl. Stubbe, 2012, S. 375-377).

Fazit

Wir können bereits nach dieser kurzen, komprimierten Darstellung konstatieren, dass im „Zeitgeist" der führenden Psychologien Europas und der USA von ca. 1880 bis 1930, mehr oder minder deutlich rassistische Konzepte dominierten. Diese psychologischen Lehren können sowohl als eine Folge wie auch als Begründung des weltweiten Kolonialismus und Imperialismus verstanden werden. Die rassistischen Konzepte wurden als Legitimation für den weltweiten Kolonialismus d.h. die Beherrschung, Unterdrückung, Ausbeutung, Missionierung und „Zivilisierung" der „Primitiven", „Naturvölker", „Kulturlosen", „Wilden" und „indígenas"[66] verwandt.

> „Die meisten professionellen Humanisten sind daher unfähig, eine Verbindung zwischen der Grausamkeit solcher Praktiken wie Sklaverei, Kolonialismus, rassischer Unterdrückung, imperialer Unterwerfung einerseits und der Dichtung, Literatur und Philosophie der Gesellschaft, die sich auf diese Praktiken einlässt, andererseits herzustellen",

schreibt *Edward W. Said* (1994: 16)

Diese Aussage trifft aber unserer Meinung nach in vollem Maße auch auf viele psychologische Werke und Lehren zu, die man als einen kulturellen Ausdruck des imperialen Zeitalters lesen sollte, weil sie mit dem imperialistischen Prozess in Verbindung stehen, deren manifester und unverhohlener Bestandteil sie sind. Es ist eine der schwierigen und unangenehmen Wahrheiten, dass nur sehr wenige Psychologen, die wie z.B. *Wilhelm Wundt* oder *Sigmund Freud* unsere Bewunderung verdienen, bereit waren, sich mit dem Begriff „unterjochter", „barbarischer",

---

[66] zur Psychologie im portugiesischen Kolonialreich, vgl. Stubbe, 2008

„primitiver" oder „minderwertiger Rassen" auseinander zu setzen, dem die europäischen Regierungen ungehemmt bei der obrigkeitlichen Verwaltung der Kolonien folgten. Es waren dies weithin auch in der Psychologie akzeptierte Begriffe, und sie trugen im 19. und 20. Jh. dazu bei, das imperiale Programm zum Erwerb von neuen Territorien und Märkten zu schüren. *Edward W. Said* (1994: 26) hat versöhnlich darauf hingewiesen, dass eine Leistung des Imperialismus darin bestehe, „die Welt enger zusammenzuschließen" und obwohl die Scheidung von Europäern und „Eingeborenen" den „Wilden und den Zivilisierten" (Bitterli, 1976) ebenso tückisch wie fundamental ungerecht war,

> „sollten wir heute die historische Erfahrung imperialer Herrschaft als eine *gemeinsame* Erfahrung ernst nehmen. Die Aufgabe lautet deshalb, sie als das kollektive Erbe von Indern *und* Briten, Algeriern *und* Franzosen, Europäern *und* Afrikanern, Asiaten, Lateinamerikanern und Australiern zu erkennen, trotz der Schrecknisse, des Blutvergießens und der rachedürstenden Verbitterung." (vgl. Stubbe, 2020)

Afrika

Das westliche wie auch das deutsche *Afrika-Bild* ist bis heute durch viele Vorurteile und Unwissenheit getrübt (vgl. z.B. die lexikographische Analyse „Afrika und die deutsche Sprache" von *Arndt & Hornscheidt*, 2004 und das Afrika-Lexikon, 2001). In der lesenswerten Unterrichts-Schrift „Afrika verstehen lernen" (bpb, 2007:5) heißt es in der Einleitung:

> „Afrika ist mit seinen 53 Staaten, fast einer Milliarde Bewohnern, unzähligen Ethnien und etwa 2000 Sprachen ein vielgestaltiger Kontinent. Dennoch spricht man fast immer von den ‚Afrikanern' und meint damit auch meistens diejenigen, die südlich der Sahara leben, also die ‚Schwarzafrikaner'. Dieses einfache Bild spiegelt sich in den Köpfen vieler deutscher Kinder und Jugendlicher wider. Nach ihrer Einschätzung sind die afrikanischen Menschen schwarz, leben in ‚Hütten' auf dem Lande, treiben auf kargen Böden Ackerbau und Viehzucht oder jagen mit Pfeil und Bogen. Der romantisierenden Sicht stehen allerdings die medial weit verbreiteten Katastrophenszenarien Armut, Hungersnöte, Bürgerkriege und diktatorische Herrschaft gegenüber."

(vgl. auch *A.Poenicke's* (2001a, 2001b) Veröffentlichungen über Afrika in deutschen Schulbüchern und Medien).

Die *Geschichte der Psychologie in Afrika* mit seinen fast 1 Milliarden Einwohnern lässt sich heuristisch nach *Stubbe* (2008, 2012) in die 4 folgenden Abschnitte einteilen:

1. die (präkoloniale) vorwissenschaftliche Ethno-Psychologie, die in vielen (Alltags-) Phänomenen bis in die Gegenwart hinein erkennbar ist
2. die Psychotechnik und Angewandte Psychologie im Dienste des Kolonialismus
3. die Psychologie der Befreiungs- und Unabhängigkeitsbewegungen und
4. die gegenwärtige „westlich" beeinflusste Psychologie, sowie alternative (indigenistische) Strömungen

Für die meisten afrikanischen Länder lässt sich ein solches heuristisches drei- bis vierphasiges Schema unterscheiden, das hier (vgl. Tab. 14) abrissartig zusammengestellt ist:

TAB. 14 GESCHICHTE DER PSYCHOLOGIE IN AFRIKA (Abriss)

Prähistorie: fast alle frühen Funde in der Evolution des Menschen stammen aus Afrika (s. Schrenk, 2019); Out of Africa I (seit ca. 2 Millionen Jahre; Homo erectus); Out of Africa II (seit ca. 250.000 Jahren; Homo sapiens)

1. Abschnitt der Ethnopsychologie/ Protopsychologie/Paläopsychologie

- Afrikanische Ethnopsychologie z.B. indigene Psychologie, Seelenvorstellungen vgl. z.B. Boas (1910); Wundt (1912:203-218); Stubbe (1987:68; 2008)

- Ethnopsychotherapie des traditionellen Heilers/der Heilerin z.B. Beratung, Traumdeutung, Suggestionstherapie etc. vgl. Peltzer (1992, 1995); Rosny (1994); Demos, 11.12.1996; Efraime Junior (1998, 2007); Renner (2001); Stubbe (2005, 2008)
- Afrikanische Mythen (Kosmotheismus) vgl. Wundt (1912:267-278); Beuchelt, (1981)
- Riten z.B. Initiation, dreiphasige Trauerriten (vgl. Stubbe, 1985, 2005)
- Ethnopsychopharmakologie z.B. psychotrope Drogen, Getränke vgl. Medeiros (1988)
- Afrikanische Sprachen als Quelle der Psychologie z.B. Emotionen
- Märchen, Fabeln, Sprichwörter, orale Literatur etc. vgl. z.B. Märchen aus Angola (1986); Contos macuas (1992); Contos moçambicanos (1990)
- Religiöse Kulte z.B. Trance
- Seelenvorstellungen und Animismus z.B. Wundt (1912:203-218); Stubbe (2005:12f, 444-451)
- Traditionelle afrikanische Persönlichkeits-Modelle: z.B. wird nach Kwadzo Tay aus Togo die afrikanische Persönlichkeit aus 4 Elementen zusammengesetzt gedacht: dem Körper (als Hülle), dem biologischen Prinzip (das die inneren Organe und die automatischen und psychosomatischen Systeme umfasst), dem Lebensprinzip und dem Geist (als unsterblicher Substanz). Die afrikanische Persönlichkeit wird durch 3 Bezugsachsen bestimmt: die vertikale Achse, die sie mit den transzendenten Mächten, Gott und den Ahnen verbindet, die horizontale Achse, die die Verbindung zur sozialen Ordnung und der kulturellen Gemeinschaft herstellt und schließlich die eigentliche existentielle Dimension der Person. Das seelische Gleichgewicht der Persönlichkeit, wie auch die seelische Gesundheit hängen von diesem psychologischen Universum ab, das eingebettet ist in eine mythische wie auch rationale Welt; vgl. Stubbe (1987:212)
- Ätiologische Krankheitsvorstellungen z.B. Projektilerklärung, Seelenverlust, Tabubruch, Eindringen eines Geistes, natürliche Erklärungen vgl. Renner (2001); Stubbe (1975; 2012:341-350)
- Psychokulturelle Phänomene z.B. cafuné, capoeira de Angola, Orakel (búzio); vgl. Stubbe (2012:102f, 104-108, 489f)
- Ethnoästhetik z.B. der Einfluss der afrikanischen bildenden Kunst auf die europäische bzw. die Weltkunst; vgl. z.B. Wentinck (1974); Rubin (1984); Kammerer-Grothaus (1991); Schultz (1995); Enwezor (2001); Z'Graggen & Neuenburg, 2002; Varela de Barros (2003); Stubbe (2005:398f); A. N. Stubbe (2018)

2. Kolonialer Abschnitt (seit dem 15.Jh.)

- Sklaverei; Dreieckshandel; afroamerikanische Kulturen in (Süd-, Mittel- und Nord-)Amerika; vgl. Flaig (2011); Zeuske (2013); Santos-Stubbe (2014)
- Psychologie der christlichen Missionare z.B. Jesuiten (psychodramatische Missionsmethode, Akkomodationsprinzip) bis ca. 1760; später auch protestantische, evangelikale, anglikanische, IURD etc. Missionen; vgl. z.B. Irle (1906)
- Europäische Leib-Seele-Modelle z.B. Dualismus; vgl. Reenpää (1973); Fahrenberg (2004)

- Europäische („westliche") Psychologie in Afrika z.B. im 19.Jh. und 20. Jh. Übersetzungen, Institute, Tests vgl. Leblanc (1960); Quekelberghe (1991:35-49); Stubbe (2012:508-520)
- „(Angewandte)Kolonialpsychologie" z.B. Vierkandt (1896); Schultze (1900); Schwanhauser (1910); Thurnwald (1910); Franke (1915); vgl. Probst (1992); Grosse (1997)
- „Psychotechnik" im Dienste des Kolonialismus (1920: Internat. Gesellschaft für Psychotechnik wird gegründet; heute IAAP) vgl. Grosse (1997); Stubbe (2004:111); Stubbe (2008:39f)
- Europäische Psychiatrie und Psychotherapie in Afrika z.B. Kolonialpsychiatrie, „Anstalten" in Afrika z.B. Psychiatrische Abteilung im „Hospital Central Miguel Bombarda" in Lourenço Marques (heute: Maputo), (gegr. 1943); Psychiatrische Klinik in Luanda, (gegr. 1950) vgl. Carothers (1954); Margetts (1958); Field (1960); Barahona-Fernandes et al. (1967:143-161); Fanon (1971); Diefenbacher (1985, 2000). „Wie die anderen kolonialen Implantate, bleiben die medizinischen und psychiatrischen (ebenso wie die psychologischen, Anm. des Verf.) Institutionen des Westens Fremdkörper, eine Art von Metastasen, die den sozialen Organismus des befallenen Landes infiltrieren und ihn zerstören, ohne dabei die Kraft zu besitzen, ihn ihrem eigenen Bild entsprechend zu organisieren." (Wulff, 1978:233)
- Europäische Gesellschafts-Modelle z.B. Apartheid zwischen Kolonialherren und Kolonisierten in allen Alltagsbereichen, „Rassentrennung" vgl. Mondlane (1995); Memmi (1994); vgl. Hendrik Frensch Verwoerd (1901-1966), Sozialpsychologe, einer der Architekten der Apartheid in Südafrika
- „Höherwertigkeit" des europäischen Menschen-Modells; Rassenpsychologie – und -hierarchie; vgl. Memmi (1992, 1994)
- Konzentrationslager und Foltereinrichtungen z.B. Tarrafal (gegr. 1936) (vgl. Kotek & Rigoulot (2000:222-228, 688), Internierung von Kolonisierten, Ethnozide/Genozide vgl. Stubbe (2005:135f, 187-194)
- I. und II. Weltkrieg und Unabhängigkeits- und Bürgerkriege mit starken (psychischen) Traumatisierungen auf beiden Seiten vgl. Portugal in Afrika (1971); Psychologie Heute, 1993; Efraime Junior (1998, 2006); Lind (2000); Stubbe (2012:350-360); Rheinisches Journalistenbüro (2005)
- Kindersoldaten, vgl. Efraime Jr., 1998, 2006
- Kolonialkriege, vgl. Stubbe, 2012:352-360

3. Postkolonialer Abschnitt (nach der Unabhängigkeit) und gegenwärtige Situation

- Entkolonisierung
- Ende der Apartheid
- Nation-Bildung
- Multi-Ethnizität und Vielsprachigkeit z.B. Moçambique: 23 Sprachen; Angola: 42 Sprachen; interethnische Konflikte
- Globalisierungseffekte: neue wirtschaftliche Dependenzen, Neokolonialismus
- „psychologische Entwicklungshilfe" westlicher Länder
- Psychologie der „Befreiung" seit dem Beginn des Unabhängigkeitskrieges
- Dependenz von „westlicher Psychologie" z.B. Export-Import Beziehung, kognitive Dependenz, Irrelevanz, Vernachlässigung lokaler Kultur, Verhinderung kreativen

psychologischen Denkens, Identitätsverlust, Missbrauch der Psychologie, Dualismus, Parallelismus, Zuordnung zu Zentrumsländern bzw. -Instituten; Forschungseinrichtungen, die sich mit lokalen Problemen befassen, werden oftmals mit ausländischen Wissenschaftlern besetzt und von diesen geleitet, die Ergebnisse werden in den Industrieländern publiziert; vgl. Stubbe (2001:327ff); Abou-Hatab (2004)
- Aufbau von Psychologischen Instituten
- Problematik der Übersetzungen westlicher Psychologie in afrikanische Sprachen z.B. Freud vgl. Stubbe (2005:349-351)
- „afrikanische Psychologie"? an den Hauptproblemen der sog. Dritten Welt/Afrikas orientiert z.B. Hunger, Urbanisation, Migration, Bildung, Gesundheit, ökologische Probleme, Bevölkerungswachstum, Jugendlichkeit der Bevölkerung, AIDS, gewaltsame ethnische Konflikte, schneller sozialer und kultureller Wandel etc.; Forschung, die aus der Kultur hervorgeht, in der sie betrieben wird und auch lokales, durch mündliche Überlieferung und durch Anwendung erhaltenes Wissen als Ausdruck der eigenen Kultur und Geschichte bewahrt und zur Grundlage einer kulturangepassten Psychologie macht
- „Indigenisation der Psychologie" vs. „nur eine Psychologie, aber vielfältige Anwendungsgebiete"
- Psychologie als "policy science"? Herbeiführung bzw. Beschleunigung von sozialen Veränderungen, die zur möglichst effektiven Nutzung wissenschaftlicher und technologischer Errungenschaften für die afrikanischen Gesellschaften beitragen können
- Experimentelle Psychologie in Afrika vgl. z.B. Serpell, 1976
- „afrikanische Mentalität" ? Kulturvergleichende Psychologie, Interkulturelle Psychologie vgl. Fohrbeck (1983); Englert (1995); Brunold et al. (1999); Koku Kita (2003)
- Problematik der aus dem Zentrum übernommenen Psychodiagnostik in Afrika vgl. Quekelberghe, 1991; Stubbe, 2005:401-413
- Afrikanische Klinische (Ethno-) Psychologie und Psychotherapie vgl. Ebigbo, 1984; Peltzer & Ebigbo, 1988; Quekelberghe, 1991; Peltzer, 1995; Busch, 1998
- (Ethno-)Psychoanalyse in Afrika vgl. Roheim (1929) (Somalia); Sachs (1937)(südafrikanischer Medizinmann); Simenauer (1961/62) (Bantu, Ostafrika); Parin (1963ff) (Dogon, Agni); Ortigues (1966) (Senegal); Reichmayr & Peltzer (2002); Reichmayr (2003), Stubbe, 2008 (Mosambik)
- (Transkulturelle)Psychiatrie in Afrika vgl. Pongratz, (1977:82-114); Koumaré (1984, 1989); Lambo (1989); De Jong (1987); Pfeiffer (1994); Curare (23, 2, 2000:143-203); Tseng (2001); Mau & Fichte (2005); Boroffka (2006)
- Brain drain (Abwanderung von afrikanischen PsychologInnen nach Europa und Nord-Amerika), Migration
- In Afrika gibt es gegenwärtig ca. 84/1.000.000 PsychologInnen (in westlichen Ländern ca. 550/1.000.000; Anzahl weltweit ca. 1 Million) Tendenz steigend, insbes. auch der Frauenanteil; sie stammen meistens aus den ökonomisch besser situierten, dem „Westen" zugeneigten Gesellschaftskreisen
- Bibliotheken und Forschungseinrichtungen sind oftmals schlecht ausgestattet, die staatlich festgesetzte Besoldung ist niedrig und unattraktiv für Fachleute; es bestehen bisher schlechte innerafrikanische Kommunikationsverbindungen; die Ziele der Forschungspolitik sind oftmals auf Vorhaben gerichtet, die der Lösung der Probleme im eigenen Land nicht dienlich sind

- Lizensierung durch staatliche Gesetze mit obligatorischer Registrierung z.B. Südafrika
- Psychologische Fachzeitschriften in Afrika z.B. Psychologia Africana, African Social Research, Journal of Psychology in Africa, Psychopathologie africaine, South African Journal of Psychology
- Schwierigkeit für Afrikaner in Afrika zu publizieren (weltweit existieren ca. 1000 psychologische Zeitschriften und ca. 60.000 psychologische Veröffentlichungen pro Jahr)
- Psychologen-Organisationen z.B. International Association of Applied Psychology (IAAP, gegr. 1955), International Union of Psychological Science (IUPsyS, gegr. 1954), International Council of Psychologists (ICP, gegr. während des II.WK.), International Association of Cross-Cultural Psychology (IACCP); der Anteil der Afrikaner in diesen Organisationen ist sehr gering
- Lösungsmöglichkeiten: Entwicklung von Netzwerken zwischen den verschiedenen psychologischen Einrichtungen in Afrika; grenzüberschreitende Forschung zwischen den Staaten, sowie Bündelung der Forschung; Gründung afrikanischer Fachzeitschriften und Organisationen; afrikanische Psychologiekongresse; Förderung des Wissenschaftssektors in der Wirtschafts- und Entwicklungspolitik; stärkere Berücksichtigung der spezifischen „afrikanischen Probleme" (vgl. z.B. Das Afrika-Lexikon, 2001; bpb, 2007) und der afrikanischen Kultur in den Psychologie-Curricula

Quellen: Curare, 1974ff; Stubbe, 2008:27-32; 2012:16-20; s. Bibliografie: Afrika

Ägypten

Ägypten mit seiner Jahrtausende alten antiken (Hoch-)Kultur, seinen christlichen Eremiten (z.B. Antonius d. Gr., ca. 250-356), seiner französischen Besetzung von 1798 bis 1801 und seiner englischen Kolonialzeit seit 1882-1956 zeigt heute alle typischen Merkmale eines „Entwicklungslandes" mit dem Islam als Staatsreligion: hohes Bevölkerungswachstum (ca. 2 Millionen/Jahr), Metropolisierung (Kairo ca. 14 Millionen), hohe Analphabeten-Quote (ca. 47%), niedriges Bruttosozialprodukt, lange Kolonialzeit (engl. Kolonie), Militärregimes, hohe Arbeitslosigkeit, Armut, Hunger, geringer Grad der Industrialisierung, Abhängigkeit vom ausländischen Kapital, Wirtschaftshilfe, Nahrungsmittelhilfe, Waffenimport, hohe Auslandsverschuldung, krasse Unterschiede zwischen Land und Stadt, problematische Menschenrechtssituation, Umweltprobleme, nur ein kleiner Teil des riesigen Wüstenlandes wird wirtschaftlich genutzt (vgl. z.B. Nohlen, 2000).
Aus ägyptischer Sicht hat *Abou-Hatab* (1989, 2004) in seiner lesenswerten historischen Darstellung der *Entwicklung der Psychologie in Ägypten* die *Krise der Psychologie* in der sog. Dritten Welt herausgearbeitet und die unilaterale Export-Import Relation, die kognitive Dependenz, die Abtrennung von der eigenen wissenschaftlich-kulturellen Tradition, die konzeptuellen Moden und Irrelevanz, die Behinderung kreativen Denkens, den Identitätsverlust und den Missbrauch der Psychologie in der „Dritten Welt" (Begriff ca. 1949), jedoch nicht in einer abschätzigen oder diskriminierenden Weise hervorgehoben. Abou-Hatab erläutert zunächst das „Dritte Welt-Konzept". Diese Länder in Asien, Afrika und Lateinamerika sind

gekennzeichnet durch: Armut, Hunger, hohe Analphabetismus-Raten, Fehlen von Gesundheitseinrichtungen, geringe technologische und industrielle Entwicklung, politische Instabilität, starker sozialer Wandel, hohe interne Migration vom Land in die Stadt etc. (vgl. auch Stubbe, 1987; Nohlen, 2000:184f). Er spricht hinsichtlich Ägyptens und anderer „Entwicklungsländer" von *„previous colonies of the West"*, der einen Staat der internationalen Arbeitsteilung schafft und der den Zielen des westlichen Kapitalismus dient (S.119). Die Haupt-Strategie bestehe in einer *„Westernization"*, die sich an den europäischen Erfahrungen seit dem 16. Jh. orientiert und die gleichen sozialen Wandlungen erfahren soll wie der Westen. Vorbedingungen seien die Schaffung westlicher Institutionen in allen Lebensbereichen und die Abschaffung traditioneller Einrichtungen, sowie die Schaffung einer westlichen Elite, die durch ausländische Experten und Berater unterstützt wird. In diesem Rahmen wurde auch die Psychologie unter kolonialen Verhältnissen eingeführt, was zu einer Missachtung der eigenen Kultur und langen Geschichte geführt habe. Für einen ägyptischen Psychologen sei es z.B. demütigend, wenn er in den Psychologiegeschichten von dem Beginn der Psychologie im antiken Griechenland lese, obwohl das antike Ägypten in der Medizin, Philosophie, Erziehung, Kunst, Architektur etc. großartige Leistungen vollbracht habe. Auch würden von den vorherrschenden westlichen Psychologiehistorikern die wichtigen Beiträge der islamischen Kultur im Mittelalter, wie z.B. von *Al-Kindi, Al-Farabi, Al-Ghazali, Al-Razi, Averroes, Avicenna, Avempace* etc., oftmals nicht gewürdigt bzw. ignoriert (vgl. Rashid, 1985) mit wenigen Ausnahmen z.B. *Brett* (1921). Der englisch-kanadische Psychologe *George Sidney Brett* (1879-1944) wurde vor allem durch seine 3-bändige „History of Psychology" (1911-1921) bekannt, die über 1100 Seiten umfasst. Sie wurde vor allem in englischsprachigen Ländern benutzt. Auch in der Encyclopedia Britannica (14. Ed., 1929) verfasste Brett einen Artikel über die Geschichte der Psychologie. Abou-Hatab beschreibt anschließend den Entwicklungsgang der ägyptischen Psychologie seit dem 7. Jh., das Bildungswesen und die Philosophie. Die Gründung der Al-Azhar Moschee (Kairo) im 10. Jh., die bald in eine Universität mit reichhaltigem Lehrplan umgewandelt wurde. Der Gründer der Soziologie, der Tunesier *Ibn-Khaldoun* (1332-1406) lehrte ab 1382 in Kairo (vgl. Simon, 1959; Sivers, 1968) und seine Vorlesungen behandeln außer seiner zyklischen Kulturlehre und politischen Theorie auch viele sozialpsychologische Phänomene.
Im Gefolge der französischen Besatzungszeit (1798-1801) wurde das frz. Bildungssystem von *Mohammed Ali* (auch: Mehemed Ali, 1769-1849), der von 1805 bis 1848 regierte, eingeführt. Neue „Colleges" für viele Fachwissenschaften wurden in den 20er Jahren des 19.Jh.s eingerichtet z.B. Medizin im Jahre 1827. *Ismail Najaty* war der erste Professor für Psychiatrie (1892). Bzgl. der Psychiatrie der damaligen Zeit in Ägypten gibt es zwei bemerkenswerte Ereignisse: einmal der dichterische Aufenthalt des phantasievollen norwegischen *Peer Gynts* in einem ägyptischen „Irrenhaus", wo er als Kaiser und Herrscher gefeiert wird (Ibsen, 1867; Uraufführung 1876) und zum anderen der Besuch des bekannten bras. Psychiaters *Juliano Moreira* (1873-1933) in Ägypten im Jahre 1906, der von hier aus einen berühmten Brief an die „Arquivos Brasileiros de Psiquiatria, Neurologia e Ciências Afins" schickte mit Vorschlägen bzgl. einer Neuordnung der bras. „Higiene Mental" und der Schaffung eines „Internat. Instituts zur Erforschung der Ätiologie und Prophylaxe der psychischen Erkrankungen" (vgl. Litaiff, 1982). In der Lehrerausbildung erscheint Psychologie in Ägypten erstmalig im Jahre 1906 als Bestandteil der Pädagogik. Im Jahre 1916 wurde bereits über Thorndikes Tier-Experimente im

„Al-Muktataf-Magazin" (Kairo, 1885ff) berichtet. Einige Psychologie-Lehrer erhielten damals auch ihre Ausbildung an britischen Universitäten und ein Diplom in „Education". Die englischsprachigen Textbücher orientierten sich damals an Stanley Hall und McDougall. Am 12. Oktober 1906 wurde die nichtstaatliche Ägyptische Universität gegründet, in der auch einige Psychologie-Vorlesungen gehalten wurden. Ab 1925 als staatliche Universität weitergeführt (jetzt „Universität von Kairo") erhielt die Psychologie im Rahmen der Philosophie einen wichtigen Stellenwert. Vor allem frz. Dozenten unterrichteten dieses Fachgebiet. Der an der Birmingham University ausgebildete *Mohammed M. Said* (M.Sc.) war der erste ägyptische Professor für Psychologie (1929). Er führte die Psychologie ab 1933 auch in die Ausbildung der Grundschullehrer ein. Ein anderer Pionier der ägyptischen Psychologie war *Abdel-Aziz El-Koussy*, der im Jahre 1934 in England an der University of London promoviert wurde. Er war gemäß der englischen Tradition ein Psychometriker und Statistiker (Faktorenanalyse), Standardisator von Tests und Gründer eines Psychologischen Laboratoriums (1934). Man kann ihn auch als ersten ägyptischen Schulpsychologen bezeichnen. Drei weitere Psychologen wurden zum Studium nach Frankreich geschickt: *Ahmed E. Rageh* (Promot. In Paris, 1938), *Yousif Mourad* (Promot. Paris, 1940) und *Mostapha Ziwar* (Promot. 1941). Eine fünfte Pionierin war *Somaya A. Fahmy*, die als erste ägyptische Frau von 1930 bis 1934 an der University of London und von 1935 bis 1937 Klinische Psychologie in Genf bei Jean Piaget studierte und im Jahre 1935 an der Indiana University promoviert wurde. Alle diese Fünf prägten die ägyptische Psychologie in der ersten Hälfte des 20. Jh.s. Abou-Hatab charakterisiert diese *formative Phase* (1930-1952) folgendermaßen:

- Erfassung der großen Gebiete der Psychologie der damaligen Zeit
- Unabhängigkeit von anderen Wissenschaftsgebieten wie Erziehung, Philosophie, Medizin und Soziologie
- Organisation von psychologischen Institutionen z.B. „Egyptian Journal of Psychology" (gegr.1945) oder der „Egyptian Association for Psychological Studies" (EAPS) (gegr. 1948)
- Funktionalität der Psychologie in verschiedenen Feldern der Gesellschaft. Erziehung, Kriminalität, Verwaltung etc.
- Originalität des psychologischen Denkens in Ägypten durch Wiederentdeckung der arabischen und islamischen Literatur
- Internationalismus durch englische und französische Schriften und Teilnahme an den Kongressen der IUPS, die mit der EAPS verbunden ist

Die zweite Generation der Gründer führte die o.g. Linien weiter fort, jedoch mit spezifischen Interessen: Psychometrie kognitiver Fähigkeiten (S.M. Khairy, F.A. El-Sayed, L.H. Melika), Lernen (R. Al-Gharib, A.Z.Saleh), Islamische Psychologie (M.O. Nagaty) und Kreativität und Persönlichkeit (M. Souif). Die gegenwärtige dritte Generation kann noch nicht neutral beurteilt werden, aber einige thematische Forschungsschwerpunkte sollen noch erwähnt werden: islamisches Verhalten und muslimische Persönlichkeit (S.A. Osman), Musikpsychologie (Amal. A.M. Sadek) und Informationsprozesse und kognitive Psychologie (Abou-Hatab).

Psychologie wird heute in vier Universitäten gelehrt: University of Alexandria, Ain-Shams University, Egyptian University und University of Cairo. Es existieren gegenwärtig 30 Departments of Psychology. 500 PsychologInnen besitzen 1987 einen Ph.D oder M.A. und ca. 15.000 zwischen 1956-1986 einen B.A. Überraschenderweise sind 65% männlich. 12 Psychologinnen sind Professorinnen. Es existiert ein „brain drain" ägyptischer PsychologInnen in andere arabische Staaten. In seiner *kritischen Analyse der Entwicklung der ägyptischen Psychologie* in den letzten 60 Jahren kommt Abou-Hatab zu folgendem Ergebnis:

- *Export-Import Relation* bzgl. der westlichen Psychologie wie in vielen Ländern der sog. Dritten Welt (Importeure)
- *Kognitive Dependenz*: Modelle, Theorien, Methoden, Tests etc. werden aus dem Westen importiert; vor allem Frankreich und England dienten 30 Jahre als Vorbild, gegenwärtig die us-amerikanische Psychologie
- Mit wenigen Ausnahmen wird die *muslimisch geprägte Literatur* von den ägyptischen Psychologen *vernachlässigt* und damit auch die einheimische Kultur und jeweiligen Anforderungen
- *Konzeptuelle Moden und Irrelevanz*: sie betrifft vor allem die importierte psychologische westliche Literatur
- *Behinderung des kreativen psychologischen Denkens*: es herrschen vor allem Übersetzungen, Replikationsstudien, einseitige Stichproben, Testanwendungen ohne Bezug mit der ägyptischen Kultur etc. vor
- *Verlust der Identität*: wie in vielen Ländern der sog. Dritten Welt sind die Psychologinnen und Psychologen von ihrer eigenen Kultur abgeschnitten und empfinden verstärkt einen Identitätsverlust.
- *Missbrauch der Psychologie*: z.B. Gebrauch nicht standardisierter Tests bei Entscheidungen

Zum Schluss macht Abou-Hatab auch einige *Vorschläge für die Zukunft der Psychologie in Ägypten*: Befreiung vom Konzept der Entwicklung im „Modernization-Modell", kreative Interaktion zwischen dem nationalen, kulturellen Erbe und den gegenwärtigen Herausforderungen der Psychologie („islamische Psychologie"), allmähliche Distanzierung von dem Import-Export-Modell (s. oben), Relevanz der psychologischen Forschung und Anwendung, die korrektiven und heilenden Aspekte der Wissenschaft hervorheben. Gemeint ist jedoch kein neuer Ethnozentrismus und eine Weltoffenheit sollte bewahrt bleiben.

Lassen Sie mich, der ich mehrmals Ägypten besuchen konnte, noch folgenden Vorschlag hinzufügen: mehr Umweltpsychologie und eine Geopsychologie der Wüste betreiben (das altägyptische semet) mit ihren über 1 Million Km², die stärker für Siedlungen, Aufforstung und Solaranlagen genutzt werden könnte (vgl. W. Hellpach: „Die Geopsychischen Erscheinungen", 1911; danach: „Geopsyche"). Auch die Erforschung der altägyptischen Psychologie wäre (in Zusammenarbeit mit Ägyptologen) eine Forschungsdesideratum (ach, ba, ka; vgl. Smith, 1971: 721-722; Rachet, 1999:326f).

Gibt es eine vom Islam geprägte Psychologie und Psychotherapie?
Ob es eine islamische Psychologie gibt, ist sehr diskussionsbedürftig, aber aktuell. Der Islam („Hingabe an Gott") ist eine monotheistische Weltreligion mit jüdischen und christlichen Wurzeln. Der in 114 Suren unterteilte *Koran* („Lesung") wurde dem Propheten Muhammad (ca. 570-632 n. Chr.) in den Jahren 610 n. Chr. bis ca. 630 n. Chr. von dem Erzengel Gabriel geoffenbart. Es handelt sich also um eine sog. Offenbarungs- und Buchreligion. Die fünf Säulen des Islam d.h. die fünf Grundpflichten für jeden Muslim sind nach der hadith, dem Ausspruch des Propheten:

> „Der Islam ist auf fünf Säulen gebaut: dem Bekenntnis, dass es keinen Gott gibt außer Gott und dass Muhammad der Gesandte Gottes ist, dem Verrichten des Gebets; dem Almosengeben; der Pilgerfahrt zum Hause Gottes und dem Fasten im Monat Ramadan"

Der Koran ist nicht nur die Quelle der islamischen Rechtswissenschaft (vgl. schari'a), sondern auch vieler philosophischer und mystischer Lehren des Islam (vgl. Sufismus). Daneben betrachtet man die sunna d.h. das was der Prophet gesagt und getan hat (hadithe), als ergänzende Erklärungen zum Koran.

So wie die christliche Bibel (vgl. Beck, 1871; Frazer, 1918; Kretschmer, 1955) verfügt auch der Koran über eine eigene *„Seelenlehre"*, die Sia Talaat (1929) in seiner von Prof. *Theodor Ziehen* (1862-1950) orientierten Halleschen Dissertation dargestellt hat (s. unten). Man könnte also auch von einer „indigenen Psychologie" sprechen.

> „Seele (nafs, Plural: anfus und nufūs) bezeichnet im Koran das, was den lebendigen Menschen ausmacht, sowie in einem allgemeinen Sinn die Person. Dementsprechend heißt es, daß die Engel des Todes ihre Hand nach den Frevlern ausstrecken mit den Worten: ,Gebt eure Seele heraus.' (6:93). Die Seele verlangt nach dem Bösen (12:53), ist aber auch der (Selbst-)Vorwürfe fähig (75:2). Die gläubige Seele wird Gott daher am Tag des Gerichts auffordern, zu ihrem Herrn zurückzukehren und ins Paradies einzugehen." (Maier, 2001:155)

Der Koran stellt den Verhaltensrahmen für einen gläubigen Muslim dar:

Mildtätigkeit (Almosen geben) (z.B. Sure 70:15-18, 90:13-16, 92:8, 104:f), Barmherzigkeit, Ehrfurcht vor den betagten Eltern (z.B. 17:24), sich untereinander zu beraten (42:38), nicht betrügen (83), Besitz nicht verschwenden oder sich mit unlauteren Mitteln anzueignen (2:188), Blutrache im Falle einer unrechtmäßigen Tötung (17:33), den Einflüsterungen der Dämonen trotzen (23:97), Dankbarkeit (2:152), keinen Diebstahl begehen (als Strafe Abschlagen der Hand: 5:38), keine Ehe mit Ungläubigen (4:22-25, aber Ehescheidung möglich 2:226-233), Vorherrschen des patrilinearen Verwandtschaftssystems und der Polygynie, Unterordnung der Frau (2:28, 4:34), Frömmigkeit, Gerechtigkeit (16:90), Meidung des Glücksspiels (2:219), des Weins und Schweinefleisches, Märtyrer (für den Glauben getötet werden: 2:154, 3:169), Opferhandlungen durchführen, Ramadan durchführen (82:185), Reue zeigen, (Verschleierung der Frau nicht aus dem Koran ableitbar; vgl. Maier, 2001:151; Akkent & Franger, 1987), Sklaverei wird als selbstverständlich vorausgesetzt (16:75), Einhaltung der Speisevorschriften (2:168-173 etc. Maier, 2001:159), vermeiden der Sucht nach mehr (102), Sühne leisten als Wiedergutmachung einer religiösen Verfehlung (2:184, 196), Vermeidung der Übervorteilung anderer Menschen (64), Vermeidung der Unzucht (17:32f), Maßhalten und nicht verschwenden (7:31, 6:141, 17:26f), Wahrhaftigkeit, Wallfahrt unternehmen, Waschungen vornehmen und kein Wucher betreiben (30:39) sind *ethische Lebensleitlinien des Islam* und wünschenswerte Charaktereigenschaften, die von fanatische Islamisten in ihrem Sinne (um-)gedeutet und umgesetzt werden (vgl. Onfray, 2018:184-200; Geuad, 2021).

Ähnlich wie die anderen großen Weltreligionen diskriminiert auch der Islam die *Frau* (vgl. z.B. Lee-Linke, 1990). Der Koran macht dies deutlich:

> „Dem Koran zufolge haben Mann und Frau vor Gott im wesentlichen dieselben religiösen Pflichten (vgl. Sure 33:35, 57:12f.18). In gesellschaftlicher Hinsicht ist die Frau dem Mann jedoch eindeutig untergeordnet, so z.B. in der Ehe, bei der Ehescheidung und im Erbrecht (2:228, 4:34). Bei einer Zeugenaussage gilt das Wort einer Frau nur halb soviel wie das eines Mannes (2:282), und während ein Muslim außer einer Muslimin auch eine Jüdin oder Christin heiraten darf (5:5), ist eine solche Erlaubnis für die Frau nicht vorgesehen. ‚Die Frauen' (an-Nisā') lautet nach den enthaltenden Bestimmungen zur Stellung der Frau der Name der 4. Sure." (Maier, 2001:52)

Das *Herz* gilt ähnlich wie in der Bibel oder bei Aristoteles (s. oben) als Sitz der Gefühle und als Organ des Denkens und Erkennens, sowie des religiösen Glaubens (5:41, 49:14). Die *Entwicklungsgeschichte des Menschen* von der Geburt bis zum Greisenalter führt der Koran ausführlich vor Augen (22:5, 23:12-14, 40:67, 75:37-39, 86:5-7). Die *Traumlehre* in der islamischen Welt wurde z.B. in „Das arabische Traumbuch des Ibn Sirin" (1989) und von Annemarie Schimmel (1998) ergiebig dargestellt.

Sia Talaat (1929) aus Iskelib in Mittelkleinasien, gliedert seine psychologische Dissertation über die Seelenlehre des Koran wie folgt:

I. Lehre vom Erkennen im Koran
    §1 Das Wissen
    §2 Wie kann der Mensch zum Besitz des Wissens gelangen?
    §3 Das Wissen, das der Mensch durch Gottes Hilfe erreichen kann
    §4 Die Offenbarung in psychologischer Beziehung
    §5 Das direkte Sprechen mit Gott
    §6 Kriterien für diese Erkenntnisse
    §7 Der Glaube
    §8 Einige Erkenntnisse, die von Gott den Menschen mitgeteilt sind und nicht direkt die Religion betreffen
      A. Die Erkenntnisse Josephs inbezug auf die Traumdeutung
      B. Moses' Erkenntnisse bezüglich der Ursachen der Vorgänge im sozialen Leben
      C. Die Erkenntnisse bezüglich der Sprache der Vögel, der Ameisen und der Dämonen
      D. Die Schrift und die Sprache
        §9 Anerkennung des Wissens, das der Mensch ohne göttliche Mitwirkung erlangen kann
        §10 Wie kann der Mensch dies Wissen erreichen?
        §11 Stellungnahme des Korans mit Bezug auf die Gewißheit der Erkenntnis

     §12 Stellungnahme des Korans mit Bezug auf den Ursprung der
     Erkenntnisse
     §13 Stellungnahme des Korans mit Bezug auf die Analyse des Gegebenen
     §14 Der Hylopsychismus des Koran
II. Beziehungen zwischen Körper und Seele
  Anhang: Ueber die Auffassung der ontogenetischen Entwicklung im Koran
III. Vorgänge in Beziehung zum Erkennen: Empfindung, Gedächtnis, Denken
     §1 Empfindungen
      A. Gesichtsempfindungen
      B. Gehörsempfindungen
     §2 Raum- und Zeitauffassung des Koran
     §3 Wahrnehmung
     §4 Vorstellungen
     §5 Gedächtnis
     §6 Denken
     §7 Aufmerksamkeit
     §8 Einige Äußerungen über das Bewußtsein
      Anhang: Einige Äußerungen über Wahnsinn und Besessenheit im Koran
      Einiges über Zauber

IV. Gefühle
     §1 Gefühle im allgemeinen
     §2 Religiöse Gefühle
     §3 Ekstase

V. Willensvorgänge
     §1 Willensvorgänge im allgemeinen
     §2 Wille und Allmacht Gottes
     §3 Willensfreiheit des Menschen, beschränkt durch Gottes Allmacht
VI. Unsterblichkeit der Seele

Talaat spricht von einer *„Reflexionspsychologie"* des Korans, die in ihren Grundzügen sowohl „dualistisch", als auch „substantialistisch" ist. Sie ist aber auch „theologisch", weil Allah auf die psychischen Tätigkeiten des Menschen in beliebiger Weise einwirken kann.

Eine eigene *Krankheitslehre* findet sich ebenfalls im Koran in den Suren (2,10; 5,52; 23,25; 23,70; 24,50; 26,27; 33,12; 34,8; 34,46; 42,17; 52,29; 54,9; 68,2,6; 68,51; 81,22).

In vielen *Schulbüchern* islamischer Länder z.B. in Afghanistan und den arabischen Ländern werden Vorurteile gegen Judentum und Christentum verbreitet (vgl. Schreiber, 2019). Aufgabe der Pädagogischen Psychologie auch in der westlichen Welt ist es in Zukunft, verstärkt die Vermittlung solcher Vorurteile zu erforschen und für eine friedliche Welt zu bekämpfen.

Für eine eigene *arabische Psychologie* tritt *Maan A. Bari Qasem Saleh* (2010) ein. Darunter versteht er eine indigene Psychologie, die in der Lage ist, sowohl die Belange der lokalen Bevölkerung zu verstehen als auch die etablierten wissenschaftlichen Methoden zu respektieren und anzuwenden. Saleh gibt einen Überblick über die Herausforderungen der arabischen Psychologie, die die politischen, ökonomischen, historischen, und sozialen Entwicklungslinien berücksichtigen muss. Auch einige bedeutende Vertreter der arabischen Psychologie in Vergangenheit und Gegenwart werden vorgestellt (vgl. Psychologie & Gesellschaftskritik, 34. Jg., N°. 134, H.2, 2010, S.33-54).

Seit *Emil Kraepelins* (1856-1926) „Vergleichender Psychiatrie" (1904), *Wilhelm Wundts* „Völkerpsychologie" (1900ff) und *Sigmund Freuds* „Totem und Tabu" (1912/13) haben sich verschiedene Arbeitsrichtungen bzw. Disziplinen in Psychiatrie, Psychologie und Psychotherapie herausgebildet, die eine kulturvergleichende bzw. interkulturelle Ausrichtung vertreten. Zu nennen sind hier z.B. in der Psychiatrie die „Transkulturelle Psychiatrie" (Wittkower, Pfeiffer etc.), die „Ethnopsychiatrie" (Wulff etc.) und die „Kulturpsychiatrie" (Wen-Shing Tsen etc.), in der Psychologie die „Transkulturelle Psychologie/Kulturvergleichende Psychologie" (Thomas, Stubbe etc.), die „Psychologische Anthropologie" (Beuchelt, Stubbe etc.), die „Klinische Ethnopsychologie" (Quekelberghe), und in der Psychotherapie die „Transkulturelle (Kinder-)Psychotherapie" (Andritzky, Stubbe, Leyer, Heise, Kakar etc.). In den meisten deutschsprachigen Psychotherapie-Lexika wie z.B. *G. Stumm & A. Pritz* (Hrsg.): „Wörterbuch der Psychotherapie" (2000) oder Psychotherapie-Lehrbüchern wie z.B. *Reimer, Eckert, Hautziger, Wilke:* „Psychotherapie. Ein Lehrbuch für Ärzte und Psychologen" (2007) oder *Renneberg, Heidenreich & Noyon:* „Einführung Klinische Psychologie" (2009) ist der Begriff „Interkulturelle Psychotherapie" überhaupt nicht enthalten bzw. wird nicht diskutiert (zum Begrifflichen vgl. Stubbe, 2012). Diese Bücher sind leider in der gesellschaftlichen und kulturellen Realität und im Zeitalter der Globalisierung noch nicht ganz angekommen.

In vielen europäischen Ländern (ca. 20 Millionen) und weltweit wächst der Bevölkerungsanteil der islamischen Bewohner d.h. ca. 1/5 der Weltbevölkerung ist heute muslimisch. Es ist deshalb sehr verdienstvoll, dass jetzt die türkischstämmige Privatdozentin und Oberärztin *Yesim Erim* eine „Klinische Interkulturelle Psychotherapie" herausgegeben hat, die speziell auf die deutschen Verhältnisse mit ihrer Vielfalt der unterschiedlichsten Migrantengruppen ausgerichtet ist, aber cum grano salis auch für andere (europäische) Länder mit einem muslimischen Bevölkerungs-anteil von Bedeutung ist .

Sie gliedert ihr Buch in folgende 7 Teile mit entsprechenden Unterkapiteln:

1. Teil: Interkulturelle Psychotherapie
2. Teil: Psychische Störungsbilder im Kontext der Migration
3. Teil: Implementierung von Psychotherapieangeboten für Migranten
4. Teil: Spezielle Aspekte der Psychotherapie mit Migranten
5. Teil: Kasuistische Einblicke in die Lebenswelten der Migranten
6. Teil: Ethnosoziokulturelle Leitfäden für die größten Migrantengruppen
7. Teil: Klinische Hilfen

In diesem Lehr- und Praxisbuch werden somit alle wichtigen Probleme der Interkulturellen Psychotherapie in Theorie und Praxis angesprochen, wie die Dolmetscherfrage, die interkulturelle Diagnostik, die interkulturelle Beziehungsdynamik zwischen Patient und Therapeut, spezifische Störungsbilder bei Migranten (z.B. Somatisierung, PTSD, Sucht), die angemessenen psychotherapeutischen Versorgungskonzepte, die Psychotherapie mit Flüchtlingen und Folterüberlebenden, die stationäre Psychotherapie, die Gruppen-, Familien- und Einzel-Psychotherapie, die Sozialarbeit mit Migranten im Kontext der Psychotherapie, sowie die Epidemiologie. Einige Kasuistiken veranschaulichen sehr gut die spezifische psychosoziale Situation der muslimischen Migranten.

Für die Interkulturelle Psychotherapie in Einwanderungsländern ist eine Einbeziehung der sich gegenwärtig rasant entwickelnden Forschungsrichtungen wie die Sozialpsychologie (vgl. Einstellungen, Stereotype, Vorurteile, Rassismus), Transkulturelle Psychiatrie, Psychotherapie und Psychologie, die Interkulturelle Psychologie, Ethnopsychologie, Ethnopsychoanalyse, Psychologische Anthropologie, Interkulturelle Sozialarbeit etc. notwendig. Die speziellen Probleme islamischer Pat.innen und Pat.n in der Psychotherapie haben *Rezapour & Zapp* (2011) in ihrem Buch „Muslime in der Psychotherapie" ausführlich behandelt.

Man sollte sich auch immer daran erinnern, was der Migrationsforscher *Klaus J. Bade* (2004) zu Recht betont, wenn er vom „Normalfall Migration" in der Menschheits- (und deutschen) Geschichte spricht, und sich vor einer grundsätzlichen „Psychopathologisierung" (im Sinne eines Abwehrmechanismus) der Migranten-Gruppen hüten. Die Sesshaftigkeit des Menschen ist erst eine Erfindung des Neolithikums! Also jüngeren Datums.

Südafrika

Die Republik Südafrika (RSA) gilt als das am stärksten entwickelte Land Afrikas und besitzt eine wachsende ethnisch heterogene Bevölkerung von ca. 50 Millionen. Davon sind ca. 76 % Schwarzafrikaner, ca. 12,8 % Weiße, 8,5 % „Coloureds" und ca. 2,6% Asiaten (vor allem Inder). Südafrika zeichnet sich auch durch eine große Sprachenvielfalt aus: Afrikaans (ca. 15%), Englisch (Weiße und Inder ca.9%), isiZulu (ca. 22%), isiXhosa (ca.18%) etc. Offiziell vorherrschend sind Afrikaans und Englisch. Als Geburtsstunde des heutigen Südafrika gilt das Jahr 1652, als der Bure *Jan van Riebeek* in Kapstadt eine Proviantstation für die niederländische Ostindienkompanie gründete. Davor lebten jedoch schon verschiedene indigene Gruppen wie San („Buschmänner"), Khoikoi („Hottentotten") und verschiedene Nguni-Gruppen auf dem Territorium Südafrikas. Sie wurden durch Ethnozide und Vertreibung dezimiert. Ende des 18. Jhs. übernahm Großbritannien die Kontrolle über die Kapkolonie. Aus Protest gegen die Briten brachen ab 1835 einige Tausend Buren zum „Großen Treck" auf und gründeten die unabhängigen Burenrepubliken Natal (1839), Transvaal (1852) und Oranje Freistaat (1854). Die Entdeckung von Gold- und Diamantenvorkommen in den 70er und 80er Jahren des 19. Jhs. verursachte eine starke Einwanderung von Europäern. Die wachsenden Konflikte zwischen Buren und Engländern führte 1899 zum Ausbruch des Burenkrieges. Nach dem Sieg der Briten und dem Friedensschluss (1902) wurden auch die Burenrepubliken zu britischen Kronkolonien und am 31.5.1910 kam es zur Gründung der Südafrikanischen Union als de facto unabhängiger Staat. Nach dem II. Weltkrieg wurde das rassistische Apartheid-System energisch aufgebaut, gegen das sich seit 1912 allmählich Widerstand regte (vgl. ANC), bis es schließlich zu bewaffneten Formen des Widerstands und des Untergangs der Apartheids-Systems kam, in dem vor allem der spätere Nobelpreisträger und Präsident *Nelson Rolihlahla Mandela* (1918-2013) eine hervorragende Rolle spielte. Am 22.12.1993 wurde der Apartheidstaat mit einer neuen Verfassung beendet. Sozialpsychologisch von besonderem Interesse sind die darauf folgenden Wahrheitskommissionen (vgl. Kattermann, 2007).

Es ist aufgrund der oben skizzierten Kolonialgeschichte nicht verwunderlich, dass die europäischen Einflüsse in der Psychologie Südafrikas ein hervorragende Rolle spielen, sowie in der historischen und psychologischen Forschung Themen wie sozioökonomische Ungleichheit (vgl. Terreblanche, 2003), Sklaverei und Rassismus, sowie die „South Africanization" d.h. der Beitrag der südafrikanischen zur westlichen Psychologie. Verwunderlich ist aber, dass ein so reiches Land (Diamanten, Gold etc.) wie Südafrika bisher keine soziale Gerechtigkeit herstellen konnte.

Einen guten „Overview of South African psychology" geben *Saths Cooper & Lionel Nicholas* (2012).

Sie beginnen ihren Überblick mit folgendem Statement:

> „Psychology is one of the most popular disciplines in universities and is well established as a social science and profession. South African (SA) psychology attained its favorable status over a century of development and was shaped initially by racism and apartheid oppression and later by black leadership and transformation in a new democratic society. As a national discipline it has contributed substantially to the understanding of SA social problems as well as to the international literature. Its contribution started in the late nineteenth century, influencing Gestalt and Individual Psychology in the early 1930s and behavior and Gestalt therapy in the 1940s and 1950s (Cooper & Nicholas, 2012)."

Die Autoren geben eine historische Übersicht über die südafrikanische Gesellschaft, die höhere Bildung (seit 1829), wie die Gründung der ersten Universität von Kapstadt (1916), Stellenbosch und das ehemals für Schwarze reservierte „South African Native College" (1916). Gegenwärtig verfügt Südafrika über 21 Universitäten. Die akademische Entwicklung der Psychologie beginnt im Jahre 1917 an der Universität von Stellenbosch (R. W. Wilcocks) und im Jahre 1920 an der „University of Cape Town" (Hugh Reyburn). *Wilcocks* hatte an der Universität Berlin studiert und dort eine Doktorarbeit über das produktive Denken (1917) geschrieben. Er gründete nach dem Wundtschen Modell auch das erste psychologische Laboratorium an der Universität Stellenbosch (vgl. Louw & Foster, 1991). Im Zuge der Aufstiegs des Faschismus in Europa kamen auch Exilés nach Südafrika. Unter ihnen ab 1940 *Frederic S. Perls* (1893-1970), der das „Südafrikanische Institut für Psychoanalyse" und später die „Gestalttherapie" begründete (vgl. Peters, 1992: 215-232; Roudinesco & Plon, 2004: 347f). Nach dem II. Weltkrieg (1939-1945) besuchten verschiedene europäische Wissenschaftler wie z.B. *J.H. van den Berg* oder *V. Frankl* die „University of South Africa" (UNISA) (vgl. van Vuuren, 2008). Die „South Africanization" der Psychologie beginnt mit der Psychobiografie über Walt Whitman (1895) des Generals, Politikers und Biologen *Jan Christiaan Smuts* (1870-1950), der durch sein Werk „Wholeness and evolution" (London, 1926) international bekannt wurde (vgl. Blankenberg, 1951; vgl. dt.: Smuts, J. Chr.: Die holistische Welt, Berlin, 1938). Der von ihm mitbegründete Holismus wirkte sich auch auf die Individualpsychologie Alfred Adlers, sowie auf Perls (vgl. Gaines, 1979) und die Gestaltpsychologie (z.B. K. Koffka) aus. Smuts sprach sich übrigens für die „racial segregation" aus. Der Biograf *Alfred Adlers* (1870-1937) Josef Rattner (1981:125f) schreibt zur Bedeutung Smuts für Adler:

> „In diesem Geiste ist Adlers Spätwerk ‚Der Sinn des Lebens' (1933) verfaßt. Es greift sogar einen metaphysischen Gedankengang des Südafrikaners Jan Christiaan Smuts auf (‚wholeness and evolution'), wonach das Leben auf der Erde sich ‚unter Billigung des kosmischen Einflusses' entwickelt hat. Das Ziel des Lebens ist offenkundig Überwindung. Dieser primäre Elan ist in Pflanzen und Tieren wirksam und hat die Stufenleiter beider Reiche des Lebendigen geschaffen. Bis zum Menschen hinauf reicht der evolutionäre Drang und kommt auch in ihm nicht zur Ruhe. Rastlos sieht man die Menschheit seit ihren Anfängen mit den Begrenzungen durch Umweltkräfte, Krankheit und Tod ringen. Der entscheidende Gewinn dieser Evolution im Menschen ist das Gemeinschaftsgefühl, die soziale Verbundenheit der Menschen untereinander. Hier allein hat man die geheime Grundkraft allen Fortschritts, aller kulturellen und geistigen und sozialen Weiterentwicklung zu suchen.
>
> Aus der gefühlten Minderwertigkeit, die sich von kosmischen und biologischen Bedingungen herleitet, strebt die Menschheit einer Perfektion zu. Der Psychotherapeut lernt in seiner Praxis vor allem Zielsetzungen kennen, die auf der ‚Unzulänglichkeitsseite des Lebens' liegen. Solche Bemühungen müssen früher oder später durch ihre Unadäquatheit zur conditio humana scheitern. Der Neurotiker, der Kriminelle, der Süchtige, der Psychotiker, der Perverse: sie alle bewegen sich nicht in der Richtung des Evolutionsstromes, sondern stellen sich abseits, kämpfen gegen die Gemeinschaft an oder entziehen sich ihr mit Ausreden. Daß sie auf diese Weise ihr eigenes Glück und ihre eigene Entfaltung schädigen, gründet in der Logik des Lebens (vgl. Der Sinn des Lebens, S. 124)."

In seinem o.g. Alterswerk „Der Sinn des Lebens" geht *Alfred Adler* an zwei Stellen auf den „genialen Versuch Smuts" - ausführlich in dem 15. Kapitel - ein (vgl. (Adler, 1993: 53, 162-172; Wörterbuch der Individualpsychologie, 1995: 227f).

Es erschienen in Südafrika auch einige psychologische Textbücher in Afrikaans wie z.B. über die Psychoanalyse: „Psiegoanaliese Grondslae" (Psychoanalysis Foundations) im Jahre 1928 und „Psiegoanaliese Tegniek en Toepassing" (Psychoanalysis: Technique and Application) im Jahre 1929. In der frühen Geschichte der *Psychoanalyse in Südafrika* spielt der russ.-jüdische Einwanderer *Wulf Sachs* (1893-1949) eine zentrale Rolle (vgl. Roudinesco & Plon, 2004: 883-885).

Die Apartheid-Ideologie durchzog bis zu ihrem Ende Theorie und Praxis der Psychologie, sowie die psychologischen Vereinigungen (vgl. Cooper & Nicholas, 2012). Die Autoren konstatieren:

> „that Apartheid racism bedeviled the development of psychology in South Africa making it largely the preserve of the white minority."

Die *Registrierung und Lizensierung* der Psychologinnen und Psychologen schritt nach dem Ende des Apartheid-Systems stetig voran: im November 2010 wurden 10.217 BerufspsychologInnen in den verschiedene Registern des „Board Health Professions Council of South Africa" (HPCSA, 2010) gezählt, darunter sind 75% Frauen. Hinsichtlich der Hautfarbe machten 2010 bei den Masterstudenten Schwarze (26,4%), „Coloured" (9%) und Inder (7,9%) aus.

Eine Reihe von psychologischen *Fachzeitschriften* existieren in Südafrika:

„PsySSA publishes the main research journal, the *SAJP*. This was established in 1970, replacing *Psygram* (1959–1969) and eventually incorporating the *Journal of Behavioural Sciences* (1969– 1979), *Psychologia Africana* (1962–1983) and the *South African Psychologist* (1962–1979). The SAJP aims are: To advance South African Psychology as a science and profession of global stature and promote psychological praxis as relevant, proactive and responsive to societal need and well being. The journal *Psychology in Society* (*PINS*) was established in 1983 by psychologists who were disaffected with mainstream psychology. *PINS*, which is now electronic, aims to critically explore and present ideas on the nature of psychology in a post-apartheid and capitalist society. There is a special emphasis on the theory and practice of psychology in the SA context. Both the *SA Journal of Industrial Psychology* and the *Journal of Psychology in Africa* are privately published. Many academic psychologists publish in a variety of peer-reviewed journals in South Africa and elsewhere." (Saths Cooper & Lionel Nicholas, 2012)

In der internationalen Verhaltenstherapie (behavior therapy) sind vor allem *Wolpe* und *Lazarus* bekannt geworden.

Cooper & Nicholas (2012) fassen ihren historischen Überblick wie folgt zusammen:

„South Africa's engagement with international psychology is over 100 years old and its organization, journals, and research are reaching maturity. Although psychology's historic alignment with narrow racial politics in South Africa is well known, events over the past two decades and especially since the advent of democracy have resulted in a transformation of the discipline, setting the tone for a psychology that reflects social concerns, transcends personal interest and group prejudice, and is set to continue to serve humanity. A vibrant psychology enterprise exists in South Africa despite the distance and historical isolation from the traditional powerhouses of psychology in the West. Professional organizations, publishing and teaching are well established in South Africa and the hosting of the 30th International Congress of Psychology in July 2012 attests to its stature in international psychology. Cooper (cited by Cavill, 2000) maintains that A mark of any discipline's relevance is its ability to keep pace with social dynamics and emerge competent to describe its purview in terms of social relevance."

Apartheid, Wohnen und Schulbücher

Apartheid hat sich im internationalen Sprachgebrauch als Fachausdruck zur Beschreibung der staatlich verordneten Trennung verschiedener („rassischer", ethnischer) Bevölkerungsgruppen durchgesetzt. Apartheid wird auch auf alle Fälle von staatlicher Rassendiskriminierung angewendet. Fast alle Kolonialländer waren mehr oder minder apartheidsmäßig organisiert (vgl. z.B. für Mosambik: Mondlane, E.: Lutar por Moçambique. Maputo, 1995; évolués, vgl. Stubbe, 2012:189). Das Wort *Apartheid* (engl. apartness = Trennung, Auseinanderhalten) stammt aus dem Afrikaans, der Sprache der Buren Südafrikas, und war spätestens seit der Konstitution der Südafrikanischen Union (1910) bis 1994 das grundlegende Prinzip der weißen Regierungspolitik in Südafrika. Die Apartheid wurde 1949 zur offiziellen Staatspolitik erhoben und durch eine Fülle von Gesetzen abgesichert z.B. der berüchtigte *„Population registration* *act"* (1950) oder die *„Prohibition of mixed marriages act"* (1949) (bereits seit 1927 waren intime Beziehungen zwischen den „Rassen" verboten; Immorality Act). Vom Amt für Rassenklassifizierung wurde jeder Bürger Südafrikas in eine der definierten Bevölkerungsgruppen eingestuft: „Weißer", „Asiat", „Farbiger" (Coloured), „Schwarzer". So gab es im Alltag Südafrikas nach „Rassen" getrennte Schulen, Universitäten, Toiletten, Wasserhähne, Restaurants, Bänke, Busse, Brücken etc. („Kleine Apartheid"). (Über die Auswirkungen ungleicher Schulbildung unter der Apartheid in Südafrika, vgl. Sieber, 1997:78f). Die ideologischen Wurzeln der Apartheid sind in der christlichen Religion und den biologischen Rassenlehren des 19. Jh.s. zu suchen. Die evangelische und niederländische Kirche (NGK) in Südafrika verfolgten eine ähnliche Trennung ihrer Gläubigen wie der Staat. Erst 1954 erklärte das Oberste US-amerikanische Gericht die Rassentrennung in us-amerikanischen Schulen für unrechtmäßig. Der Sozialpsychologe *Elliot Aronson* (1994:331-347) beschreibt in seinem Lehrbuch eindrucksvoll seine persönlichen Erfahrungen mit den politischen und sozialen Folgen dieser historischen Entscheidung. In dem eindrucksvollen Film „Mississippi Burning" (USA, 1988), der die Verbrechen des Ku-Klux-Klan aufzeigt, wird die Rassentrennung in den Südstaaten der USA mit einem Spruch aus der Genesis begründet!

Die räumliche Segregation von Schwarzen und der kleinen Minderheit der Weißen, die viele afrikanische Kolonialstädte (z.B. Maputo, Johannisburg, Lumbumbashi) geprägt hat, lässt sich am Beispiel von *Johannesburg* anschaulich demonstrieren:

Zwischen der Glitzerwelt der Reichen und Mächtigen im Johannesburger Stadtteil Sandton und dem Elendsviertel Alexandria ohne Strom, sauberes Wasser und hygienische Sanitäranlagen liegen heute nur fünf Autominuten. Alexandria ist ein Vermächtnis des früheren Apartheidregimes. Das System der Apartheid hatte die Schwarzen in sog. Townships an den Rand der südafrikanischen Städte gezwungen, weit genug entfernt, damit die Weißen die Not der Menschen nicht mitansehen mussten, aber nah genug, damit die Slumbewohner als billige Arbeitskräfte zur Verfügung standen. Alexandria wurde 1904 gegründet und beherbergte im Jahre 2002 ca. 350.000 Menschen, die in diesem Township mit seinen unzähligen Wellblechhütten dahinvegetieren müssen. Dreck, Enge, Arbeitslosigkeit, AIDS lasten wie ein Fluch auf Alexandria. „Alex" entwickelte sich bis zum Ende des Apartheid-Regimes aber auch zu einem Zentrum für schwarze Musiker, Künstler und Widerstandskämpfer gegen die frühere Apartheid. Seit 1994 läuft ein Hausbauprogramm, aber bisher nur mit bescheidenem Erfolg (vgl. Stubbe, 2012).

Südafrikas neue Geschichtsbücher:

> „Justin, der Jüngste der Gastronomenfamilie White, findet das neue Geschichtsbuch ‚klasse'. Es regt die Schüler an, loszuziehen und auf der Polizeistation und beim Bürgermeister nach der Geschichte zu fragen. Sie sollen Familienfotos sammeln und Interviews machen, um sie dann auszuwerten. Die Geschichte Südafrikas beginnt nicht mehr, wie in alten Büchern, mit der Landung des Europäers Jan van Riebeeck 1648 am Kap der Guten Hoffnung, sie wird aus einer afrikanischen Perspektive gesehen: Welches Volk lebte damals am Kap, wie hieß es, welche Traditionen hatte es. Justins Eltern sind aufgeklärte Weiße, die es gut finden, daß das Suchen nach der Geschichte Südafrikas endlich die Menschen einschließt, die bislang in den Schulbüchern nicht vorkamen – und

wenn, dann als ‚schwarze Gefahr' dargestellt wurden. ‚An eines solltet ihr immer denken: Bei uns leben verschiedenste Menschen mit unterschiedlichster Hautfarbe, und wir alle wollen ein schönes Leben. Und wir haben die gleichen Rechte', heißt es in dem Buch. Für Justin ist diese Ermahnung ohnehin kein Thema. Die Hälfte der Schüler in seiner Klasse ist schwarz, und im Schulsport sind sie alle zusammen gefürchtet." (Frankfurter Rundschau, 28.6.1997; zit. nach Sieber, 1997: 83)"

Mosambik (auch: Moçambique, Mozambique)

Es ist außerordentlich überraschend, dass in einem der ärmsten Länder der Erde, aktiv Psychologie betrieben wird. Mosambik, eine ehemalige Kolonie Portugals (bis 1975), besitzt eine Fläche von ca. 800.000 km² und eine Bevölkerungsgröße von ca. 20 Millionen. Die Bevölkerung ist vielsprachig (Portugiesisch, Swahili, Macua, Nyanja, Bantu-Sprachen etc. (vgl. Fischer Weltalmanach, 2019; Nohlen, 2000:529ff) und es gibt eine religiöse Vielfalt. Die Analphabeten-Quote lag 1997 noch bei fast 60% ist aber fallend. Im letzten Jahrzehnt hat es auch verschiedene schwere Naturkatastrophen gegeben.

Die Entwicklung der Psychologie in Mosambik folgt dem oben für Afrika geschilderten Schema, jedoch mit einigen Besonderheiten (vgl. Tab. 14). Durch den Unabhängigkeitskrieg seit den 60er Jahren und den darauf folgenden Bürgerkrieg wurden große Teile der Bevölkerung traumatisiert, außerdem wurden im Bürgerkrieg auch viele *Kindersoldaten* eingesetzt, um deren Psychotherapie und Resozialisation sich vor allem *Boia Efraime Junior* gekümmert hat und darüber auch eine psychologische Dissertation in Köln mit dem Titel „Psychotherapie mit Kindersoldaten in Mosambik: auf der Suche nach den Wirkfaktoren" (2007) verfasst hat (vgl. Efraime Junior, 1995, 1998, 2002, 1996, 2007, 2021). Im Jahre 1996 fand zu diesem Thema ein gut besuchter Internationaler Kongress statt: „Crianças, Guerra e Perseguição" (Maputo, 1. - 4. Dez.). Auch der in Deutschland ausgebildete Sport- und Pädagogische Psychologe *Ilídio Silva* hat sich in seinen Berufsfeldern große Verdienste erworben. *Hannes Stubbe*, der in Mosambik eine längere Feldforschung durchführen konnte, hat sich u.a. mit dem *Psychotrauma des Kolonialkrieges* (Stubbe, 1996, 2001, 2004) und einer frühen psychoanalytischen Arbeit aus der Kolonialzeit befasst. Im Jahre 1934 erschien in der portugiesischen Kolonie Mosambik im „Boletim da Sociedade de Estudos da Colónia de Moçambique" (N°. 23 und N°. 24) ein Aufsatz mit dem Titel „O Totemismo nas tribus do distrito de Inhambane. (Subsídios para o estudo do Totemismo na Colónia de Moçambique)" von *Arnaldo de Melo Sequeira*, einem hohen Kolonialbeamten der Provinz Inhambane. Der kolonialwissenschaftliche, ethnopsychoanalytische Aufsatz von *Sequeira* ist deshalb so bemerkenswert, weil hierin in extenso das Werk „Totem und Tabu" *Sigmund Freuds* (1912/13) referiert und dessen psychoanalytische Interpretation auf die Ethnien Moçambiques übertragen wird und *Sequeira* außerdem versucht die von *Sigmund Freud* aufgestellten Hypothesen in Mosambik zu verifizieren. Außerdem dürfte es sich bei diesem Text um eine sehr frühe Rezeption der Freudschen Psychoanalyse in Afrika überhaupt handeln, jedenfalls ist es die früheste ethnopsychologische bzw. ethnopsychoanalytische Studie in Mosambik (vgl. Stubbe, 2008).

Zu den *frühen psychoanalytischen Arbeiten in Afrika* gehören außerdem: von dem russischen Einwanderer in Südafrika, Arzt und Psychoanalytiker *Wulf Sachs*: Black Hamlet. The mind of an african negro revealed by psychoanalysis. London, 1937 (Lebensgeschichte seines Analysanden, des tradionellen Heilers John Chavafambira). Sie gilt als erste Psychoanalyse eines Afrikaners! Und M. Ly: Introduction à une Psychoanalyse Africaine. Thèse pr. Doct. en Médecine. Paris, 1948 (vgl. auch: Reichmayr, 2003; Reichmayr et al., 2003; Roudinesco & Plon, 2004:883ff).

ASIEN

China

Georg Friedrich Wilhelm Hegel (1770-1831), dessen 250. Geburtstag im Jahre 2020 begangen wurde, schreibt in seiner „Philosophie der Geschichte" (1822ff; 1966:182-211) über China:

„Mit dem Reiche China hat die Geschichte zu beginnen, denn es ist das älteste, soweit die Geschichte Nachricht gibt, und zwar ist sein Prinzip von solcher Substantialität, daß es zugleich das älteste und neueste für dieses Reich ist." (Hegel, 1966:182)
„Kein Volk hat eine so bestimmt zusammenhängende Zahl von Geschichtsschreibern wie das chinesische." (Hegel, 1966:183)

„Im dreizehnten Jahrhunderte ergründete es ein Venetianer (Marco Polo) zum ersten Male, allein man hielt seine Aussagen für fabelhaft. Späterhin fand sich alles, was er über seine Ausdehnung und Größe ausgesagt hatte, vollkommen bestätigt. Nach der geringsten Annahme nämlich würde China 150 Millionen Menschen enthalten, nach einer andern 200 und nach der höchsten sogar 300 Millionen." (Hegel, 1966:185)

Anfang des 21. Jh. berichtet ein europäischer Chinareisender über sein Erstaunen folgendes:

„Als ich im Jahre 1986 das erste Mal China besuchte, als Gast an der Beijing-Universität, gab es auf Beijings Straßen kaum Autoverkehr, aber tags und nachts riesige ein leises Rauschen erzeugende FahrradfahrerInnen-Kolonnen auf den „Radwegen", die eine Breite einer deutschen Bundesstraße besaßen. Fuhr man aufs Land, wo ca. 2/3 der Bevölkerung lebt, waren die Straßen fast völlig autofrei und konnten von den Bauern in der Erntezeit als Getreidedepots genutzt werden und wurden von Straßenkehrerinnen mit 3m breiten Besen gekehrt. Die berühmten Höhlen des Peking-Menschen waren noch kaum besucht. In der Academia Sinica begann man gerade damit eine naturwissenschaftliche Psychologie zu implantieren, die Großrechner standen noch verpackt in den Gängen. Es verkehrten in Peking einige schwarze Limousinen mit zugezogenen Vorhängen, hinter denen sich, wie man mir zuflüsterte, hohe Parteibonzen befinden sollten, die scheinbar fürchteten von den Bürgern erkannt und angegriffen zu werden. Heute dagegen ist durch den smokgeplagten Pekinger Straßenverkehr kaum noch hindurch zukommen und man braucht von der Innenstadt Pekings allein 2-3 Stunden (gegenüber früheren 20 Minuten) zum Flughafen. Ich wohnte 1986 in einem mit Stacheldrahtzaun umzäunten Universitäts-Campus mit kollektiver Morgengymnastik und bereits „unruhigen" in einfachsten Quartieren untergebrachten StudentInnen. Man konnte damals nachts ruhig und völlig gefahrenfrei durch Peking zu Fuß gehen und begegnete fast niemandem. Für mich aus dem tropischen Südamerika kommend fast schockierend! Auch die löwenbekränzte Marco Polo-Brücke konnte man noch völlig allein überqueren. In den sonnigen Parks gab es keine sich „knutschenden" Liebespaare und im Zentrum keine Bettler. Und beim Friseur existierte für Männer ein Einheitsschnitt und für Frauen gab es nur vier verschiedene auf Fotografien abgelichtete Haarfrisuren. Im Zentrum konnte man noch die Großmütter der „Ein-Kind-Familie" mit ihren Enkeln beobachten, die traditionsgemäß eine hinten offene Windelhose trugen. Auch noch sehr viele Mao-Anzüge waren im Straßenbild zu sehen. Aber man konnte bereits sehr opulent essen und Shingtau-Bier trinken. Als das Badezimmer in meiner Unterkunft defekt war, teilte man mir mit, daran sei die „Vierer Bande" schuld! In Shanghai, das in den 30er Jahren vielen deutschsprachigen Juden eine vorübergehende Bleibe bot (vgl. das für die Exil-Kultur aufschlussreiche „Emigranten Adressbuch", Shanghai, 1939 oder Pan Guang, The Jews in Shanghai, Shanghai, 1995; es gibt auch

Dokumentarfilme hierüber), wurde bereits 2002 allein an 28.000 Baustellen tags und nachts gearbeitet. Die Gebäude schossen nur so in den Himmel! Vom „Bund" aus blickte man auf ein grandioses Panorama. Im Peace-Hotel, über das die Wiener (im „Dritten Reich" verfemte Hotel-Roman-Schreiberin) *Vicki Baum* (1888-1960) einen immer noch lesenswerten, spannenden Roman „Hotel Shanghai" (1939) verfasst hat, spielte eine chinesische Kapelle von älteren Herren Jazz! Und vor westlich aufgemachten Konditoreien mit österreichisch anmutenden Torten standen bereits 2002 lange Käuferschlangen. Aber nicht nur am Küstenstreifen floriert die wirtschaftliche Entwicklung, sondern auch im Inneren z.B. in Xian, dem Ort der berühmten „Terrakotta-Armee". Unvorstellbare statistische Daten erfährt man gegenwärtig aus China: z.B. sollen ca. 130 Millionen Binnenmigranten in China unterwegs sein, mit ihren spezifischen Problemen bzgl. Gesundheitsversorgung, Bildung, Arbeitsmöglichkeiten etc. Die Zahl der ausgesetzten (vor allem Mädchen und Säuglinge mit Missbildungen) und misshandelten Kinder, für die, wie ich mich persönlich überzeugen konnte, in Xian *Prof. Jiao* ein vorbildliches Betreuungsprojekt entwickelt hat, beträgt viele Millionen.

Wie können Menschen einen solch außerordentlich schnellen kulturellen, sozialen, psychologischen und ökonomischen Wandel psychisch überhaupt verkraften?" (Stubbe, 2010)

Die aufstrebende Weltmacht China ist das bevölkerungsreichste Land der Erde (Weltalmanach, 2020). China hat in seiner vieltausendjährigen Geschichte neben einer Vielzahl von Erfindungen viele bedeutende philosophische, religiöse und psychologische Lehren entwickelt, die hier nur angedeutet werden können.

ABB. 13 DER TRAUM

Quelle: Museum für Ostasiatische Kunst Köln

TAB. 15 WICHTIGE EREIGNISSE IN DER GESCHICHTE DER PSYCHOLOGIE IN CHINA

Prähistorie: Sinanthropus pekinensis, ein homo erectus (Zhoukoudian) ca. 600.000 Jahre alt; Gongwangling-Schädel ca. 2 Millionen Jahre alt (s. Schrenk, 2019:77ff, 85ff)

Altertum:

(Ethno-) Psychologisches Ideengut in der chinesischen Literatur und Philosophie (vgl. Taoismus: Laotse (6.Jh. v.), Konfuzianismus: Konfuzius (551-479v.), Buddhismus: Buddha (560-480 v.), Universalismus etc.)

Konfuzius vertritt eine nüchterne, diesseitsgewandte, am common sense orientierte Ethik, in der neben der „goldenen Regel", Tugenden wie Menschlichkeit (ren) und Gerechtigkeit (yi) eine wichtige Rolle spielen; er will die Kultivierung zum junzi fördern, einer humanen, gebildeten und sozialengagierten Persönlichkeit

Mo Ti (auch Motius, ca. 480-400 v.) ist neben Laotse und Konfuzius der dritte große Sozialethiker. Er kritisiert den Konfuzianismus wegen seiner Altertümlichkeit und Praxisferne. Er predigt Einfachheit und Mäßigkeit, sowie eine allgemeine, unterschiedslose Menschenliebe. Bekannt ist seine bedeutende Anti-Kriegsschrift (übers. Schmidt-Glintzer, 2017); vgl. dazu auch die Kriegstheorie des Generals Sun Tsu (ca. 500 v.) „Über die Kriegskunst" (in westlichen Managerschulungen gerne gelesen)

In der „Zeit der streitenden Reiche" (475-221 v.) ist China sowohl von Anarchie als auch philosophisch vom Streit der „hundert Schulen" um Fragen des Staates und der Religion geprägt

Dem Gehirn kommt in den ethnopsychologischen Konzeptionen eine untergeordnete Rolle zu. In China betrachtete man seit jeher (ähnlich wie Aristoteles) das Herz als Zentrum der geistigen Tätigkeit. Meng Izu (372 – 299 v.), der berühmte chinesische Denker sagt: „Das Herz ist das Organ der Gedanken."

Im 2. Jh. v. wird der Konfuzianismus in China Staatsreligion, nimmt aber im weiteren Verlauf Elemente des Taoismus und des aus Indien kommenden Buddhismus auf (vgl. Xian)

Der Römer Plinius d. Ä. (23-79 n. Chr) berichtet in seiner „Naturgeschichte": „Nach geringster Schätzung importieren wir aus Indien, China (Sēres) und Arabien jährlich für 100 Millionen Sesterzen" (nat. hist. XII, 84)

Im 1. Jh. tritt Wang-Tschung (27-97 n.) als radikaler Materialist auf, leugnet die Existenz eines persönlichen Gottes, sowie das Fortleben der Seele nach dem Tode

Alte chinesische Quellen berichten, dass seitdem An-tun (Marcus Aurelius Antonius) 166 n. Chr. über Annam eine Gesandtschaft nach China schickte, habe dieses in direktem Handelsverkehr mit Rom gestanden (vgl. Hermann, A.: Die Verkehrswege zwischen China, Indien und Rom um 100 n. Chr., 1922)

Marco Polo (1254-1324), ein aus einer venezianischen Kaufmannfamilie stammender Asienreisender, unternimmt von 1271 bis 1295 eine Reise nach China (Schantu), besucht den mongolischen Khan am Pekinger Hof, und schreibt darüber einen anschaulichen Reisebericht „Il Milione" (1298/99).

16. und 17. Jh.:

Psychologisches in den chinesischen Sprichwörtern, Romanen z.B. „Der Traum der roten Kammer" (ca. 1730), „King Ping Meh" (ca. 1610), „Die Räuber vom Liang Schan Moor", „Die Reise in den Westen", Theaterstücken (vgl. Peking-Oper) und Lyrik (vgl. bereits Tu Fu und Li Tai-Bo im 8.Jh. n.)

Im Rahmen des europäischen Kolonialismus dringt die europäische Psychologie der Missionare (vor allem Jesuiten) nach China ein:

1595 erscheint „Die abendländische Mnemonik" von Mattheo Ricci SJ (1552-1610) auf Chinesisch, das u.a. eine Einprägungsmethode der chinesischen Schriftzeichen bietet. Ricci gilt als Wegbereiter des „Ji Zhong Shi Zi Fa" (Methode zur Unterscheidung und Einprägung der Zeichen durch Gruppierung)

Julius Aleni SJ (1582-1649), ein italienischer Missionar, der 1613 nach China kam, schrieb in Chinesisch ein psychologisch- theologisches Kompendium, welches 1623 publiziert wurde. Es enthält in Frage und Antwort-Form eine systematische Beschreibung der Phänomene Wahrnehmung, Gedächtnis, Denken, Wille etc.

„Vorstellungen über die Seele" heißt das 1624 vom italienischen Missionar P. Francesco Sambiasi SJ (1582-1649) veröffentlichte Werk, das Xu Guangqi (1562-1633), ein Mandarin der Ming-Dynastie und Wissenschaftler, mit Anmerkungen versah.

18. Jh.

Der rege Handelsverkehr mit den Ländern des Fernen Ostens führte in Europa Anfang des 18. Jh. zur Mode der „Chinoiserie" und dem tieferen Interesse an China vgl. Leibniz: „China als Europa des Ostens", in der aufgeklärte Toleranz herrsche und es in der praktischen Philosophie und Staatsmoral Europa überlegen sei (vgl. Novissima Sinica, 1697; vgl. O. Franke: Leibniz und China. Z. d. dt. Morgenländ. Ges. N.F. 7, 1928, S. 155ff)

Der Leibniz-Schüler Chr. Wolff (1679-1754) hält eine Rede „Über die praktische Philosophie der Chinesen" (De Sinarum Philosophia Practica, Halle, 1721)

G. Chr. Lichtenberg (1742-1799) nennt die Chinesen das „weiseste, gerechteste, sinnreichste und glücklichste Volk auf Gottes Erdboden."

Die Aufklärer J. J. Rousseau (1712-1778), Ch. de S. Montesquieu (1689-1755) und F. M. Voltaire (1694-1778) standen China skeptisch, ablehnend bis ambivalent gegenüber; z.B. sieht Montesquieu in seinem „Esprit des lois" (1748) in China das Schreckbild des reinen Despotismus, in dem nur Furcht herrscht: „China wird mit dem Prügel regiert"

Das 19. Jh.

G.W.F. Hegel (1770-1831) widmet in seiner „Philosophie der Geschichte" (1822ff) China ein eigenes Kapitel (vgl. Hegel, 1966, S.182-211)

In einem Gespräch mit Eckermann (31.1. 1827) betont Goethe (1749-1832) das allgemein Menschliche in der Chinesischen Dichtung. „Die Menschen denken, handeln und empfinden fast ebenso wie wir und man fühlt sich sehr bald als ihres Gleichen, nur daß bei ihnen alles klarer, reinlicher und sittlicher zugeht."

1847 Yung Wing (1828-1912) studiert als erster Chinese in den USA (Monson Academy, Mass.) Psychologie, Physiologie und Philosophie; interessant ist auch seine Autobiographie (1915)

1878 Yan Yongjing (1839-1898), ein Pastor aus Shanghai, kehrt nach seinem Studium (inkl. Psychologiekurse) in den USA nach China zurück. Er wird Direktor des St. John's College in Shanghai und lehrte dort Psychologie. Er übersetzte das erste Buch mit psychologischen Themen: „Mental Philosophy" des us-amer. Pastors J. Haven (1816-1874), das 1889 erscheint.

Das 20. Jh.

Anfang des 20.Jh.s wird der westliche Begriff „Psychologie" (xin li xue = Lehre von der Psyche) aus dem Japanischen ins Chinesische übertragen. Im Katalog japanischer Werke von K'ang Yu-wei (1858-1927), einem chinesischen Literaten, findet sich zum ersten Mal das Wort „Xin Li Xue", als klassifizierende Bezeichnung für Haven's Buch. Diese Konzeption der Psychologie ist in China heute noch gültig. Japan spielte bei der Verbreitung der westlichen Psychologie eine wichtige Rolle.

1903 Psychologie wird erstmals als Unterrichtsfach in die Lehrpläne aufgenommen

1907 Wang Guiwei (1877-1927), ein chines. Literat, übersetzt Höffding's „Psychologie in Umrissen auf der Grundlage der Erfahrung" (1882; engl. Outlines of Psychology, 1892) als erstes psychologisches Fachbuch; Guiwei lehrte von 1903-1904 Psychologie an einer Pädagogischen Hochschule. Der dänische Psychologe Harald Höffding (1843-1931) war Determinist und ein Vertreter der Identitätslehre

1911 China wird Republik

1916 Chen Daqi leitet an der Philosophischen Fakultät der Beijing-Universität Lehrveranstaltungen und Untersuchungen über Psychologie

1917 1. Psychologisches Laboratorium an der Beijing-Universität (Chen Daqi)

Erst nach der russischen Oktoberrevolution (1917) wird der Marxismus in China rezipiert

An der Chinesischen Zentralen Akademie wird das erste Forschungsinstitut für Psychologie auf Initiative des bekannten Pädagogen Cai Yuanpei gegründet. Es wurde zuerst von Tang Yu und später von Wang Jingqi geleitet.

1918 Chen Daqi (1886-1983), Professor für Psychologie und Philosophie an der Universität Peking veröffentlicht „Programm für die Psychologie"; Daqi war in vielen Gebieten der Psychologie sehr aktiv: Experimentalpsychologie, Kinderpsychologie, Tierpsychologie, Psychopathologie etc. Er rezipierte auch den amer. Behaviorismus von Watson (1878-1958) und die Völkerpsychologie von Wundt

1919 John Dewey (1859-1952), der us-amer. Pragmatist, lehrt an verschiedenen Universitäten in China

Chinesen studieren in den USA Psychologie

1919 Zhang Yaoxiang, der im Jahre 1919 in Chicago promoviert hatte, kehrt nach China zurück und ist an der Pädagogischen Universität in Beijing tätig

1920 1. Psychologisches Department an der Pädagogischen Universität (South Eastern University) in Nanking, das von Chen Heqin und Lu Zhiwei, zwei in den USA ausgebildeten Psychologen, geführt wurde

1920 An der Pädagogischen Hochschule in Peking wird ein Psychologisches Laboratorium gegründet

1921 Die "Chinese Psychological Society" wird von Nankinger Studenten gegründet und umfasst 235 Mitglieder; aus ihr entwickelte sich später der heutige „Chinesische Psychologen Verband"

1922 Zhang Yaoxiang gibt eine Psychologische Zeitschrift „Xinli" (= Psyche) heraus, welche in insgesamt 14 Nummern bis 1927 erschien.

1922 „Methoden von Intelligenztests" von Liao & Chen erscheint

Etwa 50 Tests sind im Gebrauch

1923 „Das menschliche Verhalten", eine Darstellung der behavioristischen Psychologie, erscheint aus der Feder des Psychologen Guo Renyuan (1898-1979)

1924 Liao Shicheng (1892-1970) verfasst eine „Erziehungspsychologie"

1924 Lu Zhiwei publiziert das erste sozialpsychologische Werk „Sozialpsychologie: neue Wahlmöglichkeit"

1925 Chen Heqin (1892-1982) veröffentlicht seine „Untersuchungen zur Kinderpsychologie", das sich auf Beobachtung und experimentelle Forschung stützt

1927 S. K. Chou „The present status of psychology in China" (American Journal of Psychology, 38, p.664-666)

Ders. „Trends in Chinese Psychological Interest since 1922" (American Journal of Psychology, 38, 1927, p.487-488)

Ders. „Psychological laboratories in China" (American Journal of Psychology, 44, 1932, p. 372-374)

1928 Xia Xiaorong (1897-1969) rezipiert die Gestaltpsychologie

1928 Ein Ausbildungsinstitut für Psychologie wird in der „Central Academy of Sciences" gegründet

1929 Sowohl die "Chinesische Akademie" als auch das erste Institut für psychologische Forschung werden in Peking gegründet

1931 Die "Chinese Testing Society", die „Chinese Mental Health Society" und die „Chinese Psychoanalytic Society" werden gegründet

1932 „Tests", die Zeitschrift dieser Gesellschaft, erscheint

1932 Y.H. Chang, ed. „Selected Papers from the Chinese Journal of Psychology, vol. 1 (Shanghai: Chung Hwa Book)

1933 Xiao Xioorong publiziert „Die Psychopathologie"

1935 Die „Halbjahreszeitschrift für Psychologie" wird von Ai Wei (Chinesische Zentrale Universität) herausgegeben

1935 Die „Chinesische Gesellschaft für Psychologie" mit ihrem Organ „Zeitschrift für psychologische Studien" wird gegründet

1936   Zhan Yinian schreibt eine „Einführung in die Psychohygiene"

1936 Die „Chinesische Gesellschaft für Psychohygiene" wird gegr.

1932/37 Es existieren 6 bis 7 psychologische Zeitschriften in China

1922-1940 Es erscheinen 370 psychologische Bücher (ca 40% sind Übersetzungen)

1937-1945 Krieg gegen die japanische Invasion

Die Psychologische Gesellschaft und die Zeitschriften werden eingestellt

1939 Tscharner, E.H. von: "China in der deutschen Dichtung bis zur Klassik"

1940-1945 Die Zentrale Universität gibt in 10 Ausgaben die Zeitschrift „ Studien zur Erziehungspsychologie" heraus

1940 Das „Chinesische Institut für Psychologische und Physiologische Forschung" wird eingeweiht

1943 Die „Chinesische Vereinigung für die Entwicklung der Psychologie", sowie ihr Organ „Förderung der Psychologie" (5 Ausgaben) werden gegr.

1944 Wang Jingxi publiziert eine „Psychologische Verhaltensforschung"

1945 Nach dem chinesischen Sieg werden die Universitäten wieder geöffnet.

1949   1. Oktober: Mao Zedong ruft die Volksrepublik China aus

1949   Es existieren 4 Psychiatrische Kliniken (Beijing, Shanghai, Kanton, Nanking) mit 1000 Betten und 60 Psychiatern

1950 Das „Psychology Research Institute" (Chinese Academy of Science) wird gegründet

1950 Die Beijing-Universität beginnt mit Psychologie-Kursen

1951 Gründung des „Instituts für Psychologische Forschung"

Die Chinesische Gesellschaft für Psychologie nimmt wieder ihre Tätigkeit auf

1952 An der Pädagogischen Fakultät der PH Ostchina wird ein Fachbereich für Psychologie etabliert

1952/53 Reform des Erziehungssystems; Einführung der marxistischen Philosophie und der Pawlow-Psychologie; nach 1952 übten insgesamt 5 sowjetische Psychologen ihre Lehrtätigkeit in China aus

1953/57 „Lernen von der Sowjetunion"; Sowjet-Lehrbücher: z.B. B. M. Teplow „Psychologie"; V. A. Artemow: „Allgemeine Einführung in die Psychologie"; Kornilow, Smirnow, Pawlow

Bis zum Jahre 1954 hielten sich insgesamt 2800 Chinesische Studenten in osteuropäischen Ländern auf, vor allem in der Sowjetunion

1955 Chinesische Psychologische Gesellschaft (CPS) gegründet (über 500 Mitglieder)

1. Psychologischer Kongreß der CPS

Das sowjetische Lehrbuch „Einige Probleme der Psychologie" (360 Seiten) erscheint

1956 „Acta Psychologica Sinica" wird gegründet

12-Jahres-Wissenschafts-Plan: Psychologen/innen studieren vor allem Marxismus und Maoismus

„Criticism of Dewey's reactionary viewpoint in psychology" (56 Seiten) eines sowjetischen Autors erscheint

1956 Ideologische Konflikte zwischen der sowjetischen und chinesischen Führung; allmähliche Ablösung von der Sowjetunion

1956/58 „Psychological Translations" (CPS) und „Psychological Information" (1953/54) erscheinen

1957 Sowjetische Techniker und Psychologen verlassen China

1957 „Zwölfjahres-Plan zur Übersetzung und zum Publizieren der Psychologie"; 140 Titel der psychologischen Fachliteratur sollen aus dem Russischen, Englischen und Französischen übersetzt werden

1957 Der bekannte Psychologe Gao Juefu publiziert einen kritischen Zeitungsartikel zum Thema Psychologie in Lehre und Forschung

1957 20.000 psychiatrische Betten, 400 Psychiater, Einführung der Arbeitstherapie und anderer moderner psychiatrischer Behandlungsmethoden z.B. Psychopharmakotherapie

1958 Die „Revolution in der Erziehung" wird eingeleitet: gegen die bürgerliche („revisionistische") Ideologie und gegen den sowjetischen Einfluss gerichtet

Für das Fach Psychologie werden zum ersten Mal Lehrbücher herausgegeben: Cao Richang „Allg. Psychologie", Pan Shu „Pädagogische Psychologie", Zhu Zhixian „Kinderpsychologie"

1958 Berufsausbildung in Pädagogischer, Industrie- und Medizinischer Psychologie

1959 S. Pan „China's recent research work on psychology" (Psychologia, 2, p.193-201)

1959 H.Y. Su „Psychological activities in Taiwan" (Psychologia, 2, p.202-205)

1959 Chinesische Psychologen diskutieren und kritisieren die „Biologisierung" und den „Abstraktionismus" in der Psychologie; psychol. Forschung wird unterbunden

1960 2. Kongreß der CPS

1961 Diskussionen über die fundamentale Natur der Psychologie an der Peking-Universität

1962 Ein Komitée für Erziehungspsychologie wird gegründet und entwickelt einen 5-Jahres-Plan

Es existieren Psychologische Abteilungen an der Peking-Universität, Peking Normal Universität, Ost China Normal Universität, Nanjing Normal College

Die CPS besitzt etwa 700 Mitglieder

1963 In den jährlichen Treffen der PsychologInnen werden 200 Arbeiten aus den Gebieten: Kinderpsychologie, Arbeitspsychologie, Medizinische Psychologie und Physiologische Psychologie referiert; die Chines. Gesellschaft für Psychologie hat ca. 700 Mitglieder

1964 „Sozialistische Erziehungskampagne"

1965 Eine Übersicht über die chinesische Sozialpsychologie von Chen erscheint

Im Oktober publiziert Yao Wen-yuan (ein Mitglied der „Viererbande") unter dem Pseudonym Ge Ming-Re einen Artikel, in dem er die Psychologie als eine „bourgeoise Pseudowissenschaft" erklärt; er eröffnet damit eine „Anti-Psychologie-Kampagne"; Psychologen werden verfolgt; Diskussionen über den amer. Behaviorismus (Ching); Woodworth & Schlosberg : „Experimental Psychology" (erstm. 1938, rev. ed. 1954) wird übersetzt (4000 Exemplare); das letzte Kapitel stammt von Russen: „The backwardness of present capitalistic psychology"

1966/76 Die „Kulturrevolution" beginnt; Verfolgung von Psychologen

1968 G. Murphy & L. B. Murphy (eds.) „Asian Psychology" (New York): Indien, China und Japan

1969 R. Chin & A. S. Chin „Psychological Research in Communist China: 1949-1966" (Cambridge: M.I.T. Press)

1970 H. Köster „Gibt es ein chinesisches Denken?" (Sinologica, vol. XII, N° ½, p. 14-29

1970 L. Abegg „Ostasien denkt anders. Eine Analyse des west-östlichen Gegensatzes" (Basel)

1970 J. O. Whiteaker „Psychology in China: A brief survey" (American Psychologist, 25, p.757-759)

1971 Y.Y. Kuo „Psychology in Communist China" (Psychological Record, 21, p. 95-105)

1976 Mao Zedong stirbt; „Viererbande" als Sündenböcke

1977 Jean Gebser (1977): Asien lächelt anders. IN: J. Gebser, Gesamtausgabe, Bd. IV. Schaffhausen: Novalis, S. 9-187

1977   Das Psychologische Institut in Beijing nimmt wieder seine Arbeit auf; CPS-Treffen in Ping-gu; Reformulation der Forschungspläne
Psychologie wird an 4 Universitäten gelehrt: Beijing (2), Ostchina Normal Universität, Hangzhou

1977 S. Hsiao „Psychology in China" (American Psychologist, 32, p. 374-376)

1978   In Hangzhou wird über Wilhelm Wundt (1832-1920) gearbeitet zur Vorbereitung der Hundertjahrfeier in Leipzig (1979)

1978   Baoding Meeting der CPS

1979   Tianjing Meeting der CPS

Kontakte zu den USA und Japan werden intensiviert

„Acta Psychologica Sinica" und „Psychological Information"(1981) werden wieder belebt

Im Sinne der „Vier Modernisierungen" (Industrie, Agrikultur, Wissenschaft und Technologie, Verteidigung) bilden sich Arbeitsgruppen für Entwicklungspsychologie, Erziehungspsychologie, Grundlagen der Psychologie und Theorie, Medizinische Psychologie, Sportpsychologie, Allgemeine und Experimentelle Psychologie, Industriepsychologie und Physiologische Psychologie, Popularisierung der Psychologie, Übersetzungen und Herausgabe von psychologischen Werken

1980 Eine chinesische Delegation besucht den 22.Weltkongreß für Psychologie und die BRD

China wird in die IUPS aufgenommen

CPS besitzt über 2000 Mitglieder in 10 Fachgruppen

1982 Ca. 100 Psychologen/innen verlassen jährlich die Universitäten; Bachelor-Abschluss Psychologie an der Beijing-Universität, Beijing Normal Universität, East China Normal University (Shanghai), Hangzhou University, Nanjing University (im Aufbau); 2-jähriger psychologischer Fernlehrgang für die Lehrerfortbildung

geschaffen, der von der Academia Sinica betreut wird
Die Chinesische Gesellschaft für Sozialpsychologie wird gegründet

1982 An der PH (Shanghai) wird ein Lehrbuch für Psychologie (für Nebenfächler) herausgegeben (Ye Yiqian & Zhu Beili, 1983 2.Aufl., 1988)

1983 Child Development Center in Beijing gegründet

1983 Hannes Stubbe: „China" in: „ Verwitwung und Trauer im Kulturvergleich" (S. 246-248)

1985 Verlag für fremdsprachige Literatur (Hrsg.): Bildung und Wissenschaft. Beijing

1987 In Hangtschou findet ein Psychologischer Kongreß statt

1992 Die Chinesische Akademie der Wissenschaften publiziert: „Die Psychologie an der Schwelle zum 21. Jh.- Perspektiven"

1993 In der Zeitschrift der Föderation der Schweizer Psychologinnen und Psychologen Psychoscope"(vol.14, 6) erscheint eine Artikelserie über „Psychologie im Reich der Mitte"

1993 Es existieren 5 Hochschulen, an denen Psychologie studiert und promoviert werden kann: Universität Beijing, Hangtschou, Päd. Hochschule von Beijing, Huadong und Huanan)

1993 Zhengxin Zhou gibt eine deutschsprachige Übersicht über „Die Psychologie als Bestandteil der Lehrerbildung in China" (Universität zu Köln) heraus

1996 G.H. Blowers „Chinese Psychology" (Hongkong)

1998 G. H. Blowers „Chen Li: Chinas Elder Psychologist" (History of Psychology, vol. 1, N° 4, p. 315ff)

2002 X. Zhao „Die Einführung systemischer Familientherapie in China als ein kulturelles Projekt" (Berlin: VWB)

2011 A. Haag „Versuch über die moderne Seele Chinas. Eindrücke einer Psychoanalytikerin"

2017 „Music in China Today. Ancient Traditions, contemporary trends" (Intercultural Music Studies, vol. 21, Berlin: VWB)

Heute werden auch alle Richtungen der westlichen Psychologie gelehrt.

Quellen: Tscharner (1939); Pan Shuh (1959, 1983); Kuo (1971); Viney et al. (1979); Petzold (1981,1986a, 1986b); Zusne (1984); Stubbe (1987); Zhengxin Zhou (1993); Psychoscope (1993); Lexikon der östlichen Weisheitslehren (1997); Stubbe (2012); Höllmann (2020)

Völkerpsychologische Vorstellungen vom chinesischen „Nationalcharakter" im deutschsprachigen Raum

In Deutschland lebten 1997 ca. 37.000 Chinesen (dazu ca. 28.000 Migranten/innen chines. Abstammung aus anderen Staaten). Die Migrationsgeschichte der Chinesen in Deutschland geht auf das letzte Drittel des 19.Jh.s zurück. Damals kamen sie als Händler, Diplomaten, Seeleute und Studierende. Während des 3. Reiches verließen die meisten Chinesen Deutschland, viele der Bleibenden kamen ab 1941 in Konzentrationslager, in den 50er Jahren wanderten Chinesen aus Taiwan und Hongkong ein, um sich hier vor allem in der Gastronomie niederzulassen. In den 60/70er Jahren waren es hauptsächlich Chinesen aus (Bürger-) Kriegsgebieten, wie Indonesien, Laos, Vietnam, Kambodscha, die nach Deutschland flüchteten. Seit der Öffnung Chinas nach Westen immigrierten v.a. Geschäftsleute und Studierende. Mit der Zerschlagung der Demokratiebewegung (Massaker auf dem „Platz des Himmlischen Friedens" Juni 1989) nahm die Zuwanderung stark zu. Der Aufenthaltsstatus ist bei vielen Chinesen ungesichert. (vgl. Schmalz-Jacobsen & Hansen, 1997). Hinsichtlich der chinesisch-deutschen Geschichte sollten sich die Deutschen an den „Boxerkrieg" (1900-1901) und auch an Kaiser Wilhelm's II. „Hunnenrede" (27.6.1900), die sog. gelbe Gefahr und den gut dokumentierten Rassismus gegenüber Chinesen in der westlichen Welt (vgl. z.B. Demel, 1993) z.B. in den USA (vgl. I. Chang: The chinese in America. N.Y., 2003) erinnern.

Populäre (Vor-)Urteile über chinesische Mentalität und Gewohnheiten, nicht nur aus deutschen Wirtschafts- und Reiseführern der jüngeren Zeit entnommen, können wie folgt zusammengefasst werden:

1. *Kollektivismus*: Zentral sind das Wohl der Gemeinschaft, die Rolle der Familie und Einheit (danwei), in der Vertrauen und Geborgenheit vermittelt werden (asiatisches Wir-Gefühl)
2. *Persönliche Netzwerke*: Wichtigkeit von Beziehungen (guanxi) und Einbindung in Seilschaften. Man „geht durch die Hintertür", aus westlicher Sicht entspricht das Korruption und Nepotismus
3. *Wirtschafts- und Sozialtugenden*: Fleiß, Geschäftstüchtigkeit, Sparsamkeit, Geduld, Ausdauer, Anpassungsfähigkeit, Familiensinn, Gastfreundschaft, Harmoniebedarf, Toleranz, Gelassenheit
4. *Hierarchie- und Ordnungsdenken*: Gehorsamkeit und Anerkennung von Hierarchie, Bürokratie und Ordnung als Mittel zur Abwehr des neuen und Unerwarteten. Konservativismus: Berechenbarkeit und Rituale sind wichtig, die Furcht vor Unordnung und Chaos ist verbreitet
5. *Materialismus*: Stark ausgeprägtes Streben nach Geld und Zurschaustellung von Besitz, verbreiteter Markenfetischismus
6. *Pragmatismus und Utilitarismus*: Orientierung am Bewährten, Leben im Hier und Jetzt, Oberflächlichkeit und Optimismus
7. *Respekt vor dem Alter*: Die Alten werden umsorgt, sind wichtig für die Kinderbetreuung und bleiben im gesellschaftlichen Leben integriert
8. *Indirektheit*: Umgehung klarer Stellungnahmen und das Talent zum Missverstehen, um „Gesicht" zu wahren bzw. zu geben

In Gegenüberstellung von deutschem und chinesischem „Nationalcharakter" werden folgende Ähnlichkeiten bzw. Unterschiede aufgezählt:

Ähnlichkeiten:
Positives Verhältnis zu Hierarchien, Machtträgern und Autoritäten; Vergangenheitsorientiertheit und Wertschätzung der Bildung; Sparsamkeit, Leistung und Fleiß; Beharrlichkeit und Disziplin; Bürokratismus

Unterschiede:
Rationaler Verstand und Analyse in D vs. irrationale Intuition in China; methodisch-analytisches Denken vs. bildhaft empirisches Denken; Bedarf nach Fakten und Beweisen vs. Bedarf nach Analogien, Bildern und Kontrasten; Individualismus und Kreativität vs. Kollektivismus und Konformismus; Extravertiertheit, Direktheit und Offenheit gegenüber Fremden vs. Introvertiertheit und Indirektheit; Suche nach Wettbewerb und Konflikt vs. Neigung zu Harmonie und Kompromiss; Vorrang der Sache vs. Vorrang der persönlichen Beziehungen; Eigeninitiative und Verantwortungsbereitschaft vs. Risiko- und Verantwortungsscheu

Was ist hieran bemerkenswert?

1. Das oben Dargestellte ist nicht irgendwelchen Sensationsblättern entnommen, sondern Werken vor allem der Ratgeberliteratur mit dem Anspruch, dem Publikum die chinesische Mentalität näherzubringen und um Verständnis für China und seine Bevölkerung zu werben. Dennoch: Oft genug kann sich der aufmerksame Betrachter des Eindrucks kaum erwehren, dass auch die scheinbar positiven Wertungen chinesischer „Eigenschaften" aus einer Position geringschätziger Herablassung überlegener Kulturträger heraus erfolgen
2. Zeigt die Auflistung der chinesischen „Charaktereigenschaften" die Dauerhaftigkeit und Stabilität der Vorstellungen von fremden Völkern. Schon um die letzte Jahrhundertwende kolportierten populäre Schriften und Personen in Bezug auf die „Chinesen" die Stereotypen des Utilitarismus, des Fleißes, des Konservatismus und des Materialismus
3. Scheinen gerade unter den Deutschen, die persönliche Erfahrungen in China gemacht und längere Zeit in dem Land gelebt und gearbeitet haben, pauschale Äußerungen über die „Chinesen" verbreitet zu sein. Dabei sind auch Aversionen und negative Urteile gegenüber Chinesen erstaunlich stark ausgeprägt, zumindest wenn man einigen Umfragen unter deutschen Geschäftsleuten in China glauben darf.

Trotz ständig wachsender Kontakte und Informationsmöglichkeiten ist es auch heute in Deutschland noch weit verbreitet, China in den Kategorien der Fremdheit und Andersartigkeit wahrzunehmen.

Eine moderne und sozialwissenschaftlich orientierte Psychologie, Pädagogik wie auch Sinologie, die sich kritisch und aufklärerisch verstehen, müssen ihre Aufgabe auch darin begreifen, die westliche Rezeption fremder Welten in ihren Mustern und Mechanismen zu analysieren, die existierenden Stereotypen aufzudecken, zu ihrem Abbau beizutragen, jeder Überheblichkeit und Missachtung gegenüber den Chinesen entgegenzuwirken und damit einer interkulturellen Verständigung den Weg zu bahnen. (vgl. Trampedach, 1999:81ff; Stubbe, 2012:113ff)

Und *was denken die Chinesen über die (deutschen) "Langnasen"* (da bize)?

Hierüber haben *Kuan & Häring-Kuan* (2009) ein außerordentlich informatives und sehr anregendes Buch vorgelegt, das sich ausgezeichnet für einen chinesisch-deutschen interkulturellen Dialog eignet (vgl. auch Chen, H.: Kulturschock China. Bielefeld, 2001:199ff).

Ein chinesischer Freund nannte dem Autor zur interkulturellen Vorbereitung auf China neben einer Sammlung chinesischer Sprichwörter, die im Alltag noch immer eine große Rolle spielen, die Klassiker: „Die Räuber vom Liang Schan Moor", „King Ping Meh", „Der Traum der roten Kammer", „Die Reise in den Westen", sowie die herrlichen Gedichte von Li Tai Bo und Tu Fu, dessen schöngelegenen Gedenkschrein der Autor in der Nähe von Xian besuchen konnte. Und gibt es nicht auch die spannenden Kriminalromane des niederländischen Sinologen van Gulik, in denen sich viele treffende Alltagsbeobachtungen finden? Von der neueren Literatur sei hier nur kurz erwähnt: z.B. Ce Shaozhen' (geb. 1914) „Flaneur im alten Peking. Ein Leben zwischen Kaiserzeit und Revolution" (1987) und natürlich die Werke von Lu Xun, sowie z.B. die Anthologie „Moderne chinesische Erzählungen" (Frankfurt/M., 1980) oder jüngst die sehr gelungene chinesisch-deutsche Gedichtsammlung von Höllmann (2020). Die Anzahl der in westliche Sprachen übersetzten chinesischen Literatur ist gegenwärtig unübersehbar. Auch die wissenschaftliche Psychologie hat sich verschiedentlich mit China befaßt: z.B. Michael Harris Bond (ed.), „The Handbook of chinese psychology" (Hong Kong, 1996), sowie in verschiedenen Publikationen Matthias Petzold z.B. „Entwicklungspsychologie in der VR China" (Saarbrücken, 1983). Stubbe (2012) hat eine Chronik zur Psychologie in China versucht (s. oben).

„Chinas moderne Seele"?

Ich vermute, dass diese, ein aristotelisches „θαυμάζειν" (Staunen) auslösende, Frage, auch die Neugier der Hamburger Oberärztin an der Abteilung für Psychosomatik und Psychotherapie der Universität Hamburg *Dr. med. Antje Haag* veranlasst hat, sich als Psychoanalytikerin mit China und seiner jüngeren Geschichte als „fascinosum und tremendum" zu befassen und sich dort zwischen 1988 und 2008 in der Ausbildung und Supervision in psychoanalytisch orientierter Psychotherapie zu engagieren. Ihr Buch „Versuch über die moderne Seele Chinas" (2011) trägt den Untertitel „Eindrücke einer Psychoanalytikerin" und ist das

> „Resümee meiner Erfahrung als Dozentin für psychoanalytisch orientierte bzw. psychodynamische Psychotherapie in der VR China" (S. 19).

Kann man die chinesische „Seele" ohne Kenntnis der Kultur- und Sozialgeschichte, der Sprache und Schrift Chinas verstehen? Nein!

Es erzeugt eine geradezu kafkaeske Stimmung, wenn westliche "Psycho-Missionare", die von ihrer überlegenen Psychologie/Psychotherapie überzeugt sind, aus einem Land mit schwersten durch Weltkriege erzeugten kollektiven, transgenerationalen Traumen, das sich dennoch unbelehrbar und menschenverachtend wieder zum drittgrößten Waffenexporteur der Welt entwickelt hat, mit der grausamen Erfahrungen von industriellem Töten und totalitären Gesellschaftsformen in all ihren Spielarten (die STASI besaß sogar ein Geruchsarchiv! Auch das neue BND-Gebäude in Berlin nimmt krebsartige Dimensionen an!), aus einem Land mit einer aufoktroyierten unfertigen bürgerfernen von Parteien beherrschten „Demokratie" mit gegen 50% sinkenden Wählerraten, strukturellen Korruptionsskandalen, mit einer ungelösten Migrationsproblematik der ca. 8 Mio MigrantInnen (Diskriminierung, Tötungen, Menschenrechte?), mit einer zutiefst (zukunfts-) pessimistischen Jugend (z.B. auch Suiziden bei StudentInnen), mit 2-3 Millionen armen und vielen Millionen psychisch gestörten Kindern, mit ca. 6 Millionen Analphabeten, mit einer fast durchgängigen Videoüberwachung und einem ökonomischen System, das auf einer abgrundtiefen und selbstmörderischen Gier und einem Raubbau an Natur und Menschen basiert etc. Chinesen über seelische Gesundheit und die Behandlung psychischer Erkrankungen belehren wollen.

Dies wäre sicher eine einseitige, pathophile und negativistische Sicht auf eine fremde Kultur! Die (Psycho-)Pathologisierung des Fremden hat Maya Nadig sehr schön als Abwehrmechanismus herausgearbeitet. Die paradox erscheinende Situation der westlichen Psychotherapeuten in China wird in diesem Buch überhaupt nicht reflektiert! Es ist nicht von einem „Dialog der Kulturen", von einem gegenseitigen Lernen und einer wirklichen interkulturellen „Begegnung auf Augenhöhe" die Rede, sondern „die Lerninhalte wurden von deutschen Therapeuten erarbeitet, die Organisation oblag den chinesischen Kollegen." ... „Die Unterrichtssprache war und ist Englisch." (S.16). Wir erinnern uns an solche Verhältnisse gut aus dem europäischen Kolonialismus und in China an die demütigenden „ungleichen Verträgen", die nach dem Opiumkrieg (1842) abgeschlossen wurden. Margaret Mead sprach bereits in den 50er Jahren sogar von einem „psychiatrischen Imperialismus".

Die *transkulturelle, interkulturelle oder ethnopsychologische Sicht* wird in dieser Schrift nicht behandelt. Man gewinnt den Eindruck, dass die Autorin scheinbar nie etwas von „Transkultureller Psychiatrie oder Psychotherapie" (vgl. etwa Wulff, 1978; Pfeiffer, 1994; Heise, 1998; Wen Sheng, 2001) (die in Deutschland bereits seit Kraepelin (1904) betrieben wird), „Klinischer Ethnopsychologie" (Quekelberghe, 1991) oder „Ethnopsychoanalyse" (Reichmayr et al., 2003), von der „etischen" und „emischen" Sichtweise, vom kulturellen Relativismus (vs. Universalismus) gehört hat. Sogar jeder Techniker weiß, dass ein mitteleuropäisches Stadtauto eben nicht in der Wüste oder in den feuchten Tropen gut funktioniert und um wieviel mehr gilt diese Imkommensurabilität für Psychisches.

Zuerst ist eine interdisziplinäre und evtl. internationale *Grundlagenforschung* vonnöten, bevor man westliche Psychologie, Psychotherapie, Nosologie, Ätiologie etc. in China einsetzen kann. Das Beispiel der „Psychasthenie" verdeutlicht u.a. die Verwirrung. Lässt sich die an der Wiener Mittelschicht des ausgehenden 19.Jahrhunderts im kaiserlichen Österreich entwickelte Psychoanalyse mit all ihren vielen Deviationen ohne weiteres auf die chinesische kollektivistische sich rapide wandelnde Gesellschaft übertragen? Wenn es wahr ist, dass die menschliche Persönlichkeit nicht nur von den Genen, sondern auch von den Sozialisations- und Enkulturationsbedingungen (der Mensch als „Schöpfer und Geschöpf der Kultur", Landmann) entscheidend geprägt wird, dann muss man sich auf solche Studien in China stützen. Sind die chinesischen Sozialisationsbedingungen wirklich mit den deutschen vergleichbar? Und was weiß man über die Sexualität in China, die doch eine besondere Rolle in der Psychoanalyse spielt? Wie sehen eigentlich die psychosozialen Verhältnisse der fast 2/3 der chinesischen auf dem Land lebenden Bevölkerung aus? Verläuft wirklich Erinnerungsarbeit in der chinesischen „Schamkultur" genauso skrupelhaft wie in der vom Protestantismus geprägten deutschen „Schuldkultur"? Welches „Geschichtsbild" besitzen die Chinesen? Verfügt die chinesische traditionelle Medizin (die in vielen Allgemeinkrankenhäuser integriert ist) und Psychologie über ausreichende Ressourcen, um die somatische, psychische und soziale Gesundheit der chinesischen Bevölkerung zu gewährleisten? Welches sind eigentlich die positiven Aspekte in der gegenwärtigen Situation Chinas? Welche Rolle spielen die mächtigen (Psycho-) Pharmakonzerne in China? Verläuft die Traumaverarbeitung in China genauso wie in Deutschland/Westen? Wenn nicht, können dann die gleichen Therapien eingesetzt werden? Etc. etc.

Die in diesem Buch berichteten *Krankengeschichten* sind reizvoll, einmal weil sie für einen Westler „exotisch" sind und zum anderen, weil sie meistens zu einer „klinischen Aporie" führen und die Grenzen der westlichen Interpretationskunst deutlich aufzeigen. Das Beispiel einer Jugendlichen, die von einem westlichen Psychiater (wie im Zoo!) einem Kollegium wegen sexueller Probleme vorgestellt wird und sich daraufhin („Schamkultur"!) aus dem Klinikfenster stürzt, macht die geringe interkulturelle und klinische Sensibilität besonders deutlich. Dieser Fall erinnert an eine Kasuistik von V. von Weizäcker, bei dem eine Jugendliche Pat.in nach einer solchen Demonstration einen psycho- bzw. soziogenen Tod erleidet.

Die *Historiografie der Psychoanalyse, wie auch Psychologie in China* ist unbefriedigend. Sie kann sinnvoll nur im Rahmen der (allgemeinen) Geschichte der chinesischen Psychologie, Kultur, Medizin und Philosophie behandelt werden.

Es bleiben viele ungeklärte Fragen offen, aber man muss der Autorin dennoch zugutehalten , dass sie von einem mutigen „Versuch" (der wie jedes Experiment misslingen kann!) spricht, dennoch ist das äußerst fleißig (aber einseitig) recherchierte, aber aus ihrer Position klar konzipierte Buch anregend, weil es in das Herz (= „Seele" in China) und zu einer tieferen allgemeinen Reflexion über die conditio humana führen und zudem den „westlichen chinesischen Komplex" offenlegen kann.

So wie das verkörperte Selbst in diesem Körper
Kindheit, Jugend und Alter erfährt,
so erlangt es einen anderen Körper.
Der Weise hat daran keinen Zweifel.

Welche Form sie auch haben die Steine
Ins Wasser geworfen aus Wellen ein Kreis.
Bhagavadgita

Indien

Wie andere Kulturen auch verfügt Indien über eine jahrtausendealte Kultur und eine Tradition der Reflexion über psychologische Themen, sowie eine lange Geschichte (insbes. während der Kolonialzeit) der aus dem Westen importierten Psychologie und Psychoanalyse.

Otto Wolff (1957) hebt drei Faktoren hervor, die den *Hinduismus* beeinflusst haben:

1. Das Erscheinen der ersten Europäer in Indien (Vasco da Gama, 1498), sowie die Errichtung des britischen Kolonialreiches nach 1857,

2. Das Eindringen des Christentums (vgl. „Martyrium des Hl. Thomas", 3. Jh.; Missionare wie Plütschau, Ziegenbalg im 18. Jh.),

3. Die „moderne westliche Welt" (neues Existenzgefühl, Assimilation, Konsolidierung, Expansion; Weltparlament der Religionen, Chicago, 1893).

Einen guten Überblick über Religion und Weltanschauung des Hinduismus, der für die indische Gesellschaft, Politik und Psychologie bedeutsam ist, geben *Stutley* (1994) und *Kakar* (2006).

Hervorgehoben werden folgende Aspekte:
- *Moksha*: eine Selbstrealisierung, Transzendenz, Erlösung oder Befreiung aus dem Weltenkreislauf als Lebensziel
- *Dharma*: das Gesetz, die moralische Pflicht, richtiges Handeln, eins sein mit der Wahrheit der Dinge
- *Karma:* Lehre von der vorherbestimmten Wiedergeburt
- *Trennung und Verbindung*
- *Männlich und weiblich*

TAB. 16   WICHTIGE EREIGNISSE IN DER GESCHICHTE DER PSYCHOLOGIE IN INDIEN

Frühzeit:
In der europäischen Antike bis zu den Eroberungen Alexander d. Großen (356-323 v.Chr.) ist Indien das Land der Fabeln und Wunder. Plinius d. Ä. (nat. hist. XII, 84) berichtet über einen intensiven Handel Roms mit Indien (vgl. Link, 2002:424)

Ethnopsychologie: Bhagavadgita, Mahabharata, Ramayana, Yoga, Meditation, Hypnose, Ayurveda-Psychologie und –Medizin, Hinduismus, Buddhismus etc.

19. Jahrhundert und folgende:
1819 der Goaner José Custódio de Faria (1756-1819) führt in Frankreich die Hypnose durch Suggestion ein; Auswirkungen auf Bernheim, „Schule von Nancy", und S. Freud

1905 Sir Asutosh Mukherjee organisiert Psychologie-Kurse in der Postgraduiertenausbildung an der Universität Kalkutta an

1908/1922 Moriz Winternitz: „Geschichte der indischen Literatur" 3 Bd.e (Leipzig)

1915 erstes psychologisches Forschungslabor an der Universität Kalkutta

1916 erstes Psychologisches Institut an der Universität Kalkutta; dort lehren N. N. Sengupta (Ausbildung an der Harvard University bei Hugo Münsterberg) und S. C. Mitra (Ausbildung in Leipzig)

1921 Rabindranath Tagore: „Persönlichkeit" (München)

1921 Psychologisches Forschungslabor an der Dacca Universität

1921 O. Berkeley-Hill: „The anal-erotic factor in the religion, philosophy and character of the Hindus" (Internat. Journal of Psychoanalysis, 2, p.306-338)

1922 G. Bose gründet die „Indian Psychoanalytic Society" und korrespondiert mit S. Freud

1924 Psychologisches Institut in Mysore

1925 "Indian Journal of Psychology" gegr.

1925 O. Berkeley-Hill: „Hindu-Moslem unity" (Internat. Journal of Psychoanalysis, 6, p. 282-287)

1925-32 insgesamt 222 psychologische Publikationen; anteilsmäßig ragten dabei die Universitäten von Bengalen (128) und Mysore (63) heraus, die zur damaligen Zeit über sehr gute Laboratorien verfügten

1927 Psychologisches Institut in Punjab

1927 Cl. Bangar Daly: „Hindu-Mythologie und Kastrationskomplex" (Imago, 13, p. 145-198)

1931 G. Bose: „A new technique of psychoanalysis." (Internat. Journal of Psychoanalysis, p. 387-388)

1932 N.S.N. Sastry „Growth of Psychology in India" (Indian Journal of Psychology, 7, p.1-40)

Ders. „Trends of Psychological Research in India (Indian Journal of Psychology, 30, 1955, p.25-33)

1934 Psychologisches Institut in Benares

1937 M. N. Banerji „Hindu Psychology: Physiological basis and experimental methods" (Amer. J. of Psychol., 50, p. 328-346)

1939 C.G. Jung: „Was Indien uns lehren kann" GW, Bd.10; „Yoga und der Westen" (1936) GW, Bd. 11

1943 Psychologisches Institut in Madras

1945 E. Abegg schreibt eine „Indische Psychologie" (Rascher)

1946 Psychologisches Institut in Patna

1946 S. Akhilananda publiziert eine „Hindu psychology. Its meaning for the West" (New York)

1948 H. v. Glasenapp: "Die Philosophie der Inder"

1949 G. Bose: „A new theory of mental life." (Samiska, 3, p.108-205)

1951 H. Zimmer „Mythen und Symbole in indischer Kunst und Kultur" (Rascher)

1951 I. Sen „The standpoint of Indian Psychology" (Indian Journal of Psychology, 26, p. 89-95)

1953/56 Erich Frauwallner: „Geschichte der indischen Philosophie" 2 Bd.e (Salzburg)

1955 S. C. Mitra: „Progress of Psychology in India" (Indian Journal of Psychology, 30, p.1-21)

1956 A. Bagchi: „The indian approach to Psychology. (Education and Psychology, Delhi, 3, 1-16)

1957 O. Wolff: „Indiens Beitrag zum neuen Menschenbild. Ramakrishna, Gandhi, Sri Aurobindo" (Hamburg: rororo)

1957 U. Pareek: „Psychology in India" (Psychologia, 1, p.55-59)

1958 S.C. Mitra & P.K. Mukhopadhyay: „Development of Psychological Studies in India. From 1916-1950" (Psychologia, 1, p.191-202)

1959 Irawati Karwe: „What is caste?" (Economic Weekly, vol. 11, p.157)

1960 "Indian Academy of Applied Psychology" in Madras gegr.

1960 J. Mc Crindle: "Ancient India as described by Megasthenes and Arrian" (Calcutta)

1960 H. von Glasenapp: "Das Indienbild deutscher Denker"

1960 A. C. Bose: "The call of the vedas" (Bombay)

1960 Mircea Eliade: "Yoga – Unsterblichkeit und Freiheit"

1962 Jean Gebser: „Asienfibel. Zum Verständnis östlicher Wesensart"

1963 Surendranath Dasgupta: „A history of Indian Philosophy" 5 vol.s (Cambridge)

1964 C. V. Ramana: „On the early history and development of psychoanalysis in India." (J. of the American Psychoanalytic Association, 12, p.427-439)

1965/66 1711 Neueinschreibungen, 671 BA bzw. MA, 21 Ph. D

1966 T.C. Sinha: „Development of psychoanalysis in India." (Internat. Journal of Psychoanalysis, 47, p.427-439)

1967 S. Rao publiziert "Indische Psychologie in Vergangenheit und Gegenwart" (Z. f. Ps., 173)

1968 der „Directory of Indian Psychology" führt eine Umfrage zu den bevorzugten Interessengebieten bei 734 Psychologen und StudentInnen durch (Allgem. Ps., Klin.Ps., Sozial-Ps., Erziehungs-Ps.)

1968 „Association of Clinical Psychologists" gegr. in Chandigarh

1968 O.M. Hinze: „Zur Psychologie und Symbologie des tantrischen Yoga" (In: W. Bitter, Abendländische Therapie und östliche Weisheit)

1968 R. W. Kilby: „Impressions of Psychology in India" (Psychologia, 11, p. 207-210)

1968 S. Kakar beginnt mit wichtigen Publikationen zur „indischen Psyche"

1968 G. Murphy & L. B. Murphy (eds.): „Asian Psychology" (New York): Indian, China und Japan

1969 unter den Doktoranden sind nur ca. 10% Psychologinnen

1969 R.E. Pandey „Psychology in India" (American Psychologist, 24, p.936-939)

1970 David G. Mandelbaum: „Society in India" (Berkeley)

1971 S. Kakar: „The theme of authority in social relations in India" (Journal of Social Psychology, vol. 84, p. 93-101)

1971 H. C. Ganguli: „Developments in Industrial Psychology in India" (Internat. Review of Applied Psychology, 20, p. 121-142)

Ders. „Psychological Research in India: 1920-1967 (Internat. Journal of Psychol., 6, 1971, p.165-177)

Ders.: „Developments in industrial psychology in India" (International Review of Applied Psychology, 20,1971, p.121-142)

1972 der „Indian Council of Social Science Research" (ICSSR) gibt eine Studie über die Lage der indischen Psychologie heraus

1972 Parmahansa Yogananda: „Autobiography of a Yogi" (Los Angeles)(dt. Bern, 1979)

1974 G.G. Prabhu: „Clinical Psychology in India. In retrospect and prospect" (Indian Journal of Clinical Psychology, 1, p. 3-7)

1974 A. Nandy: „The non-parametric crisis of indian psychology: Reflections on a recipient culture of science" (Indian Journal of Psychology, 49, p.1-20)

1974 Leopold, J. : „Britische Anwendungen der arischen Rassentheorie auf Indien 1850-1870". (Saeculum, 25(4), p. 386-411)

1977 Jean Gebser: Asien lächelt anders. IN: J. Gebser, Gesamtausgabe, Bd. IV. Schaffhausen: Novalis, S. 9-187

1979 Heinrich Zimmer: „Die indische Weltmutter" (Frankf./M.)

1979 P.H. Probu: „India". In: V.S. Sexton & H. Misiak (ed.s), Psychology around the world. New York

1980/81   4194 Neueinschreibungen, 1475 BA oder MA, 96 Ph. D.

1980 Louis Dumont: „Homo hierarchicus: the caste system and its implications" (Chicago)

1981 Ch. Hartnack schreibt eine „Indische Psychologie" in Grubitsch & Rexilius, Handbuch psychologischer Grundbegriffe (vgl. auch dies. 1987 „British psychoanalysis in colonial India". Cambridge)

1981 Eknath Easwaran „Dialogue with death. The spiritual psychology of the Katha Upanishad" (Petaluma/Cal.)

1983 Hannes Stubbe: „Indien" in „ Verwitwung und Trauer im Kulturvergleich" (S. 248-250)

1986 an über 50 der 178 Universitäten Indiens wird Psychologie gelehrt

1986 Matthias Petzold schreibt eine „Indische Psychologie". Eine Einführung in traditionelle Ansätze und moderne Forschung"

1986 D. Sinha publiziert „ Psychology in Third World context: The indian experience"

1986 Eckard Schleberger: "Die indische Götterwelt. Gestalt, Ausdruck und Sinnbild. Ein Handbuch der hindusitischen Götterwelt." (München)

1987 Bede Griffiths "River of Compassion. A Christian commentary on the Bhagavad Gita" (New York) (dt. Kösel, 1993)

1990 Ch. Hartnack: "Vishnu on Freud's desk" (Social Research, 57, p. 921-948)

1991 B. L. Bennett et al.: "Gender and poverty in India: A World Bank Country Study" (Washington, D.C.)

1993 P. Uberoi "Family, kindship and marriage in India" (Delhi)

1993 S.S. Luthar & D. Quinlan: "Parental images in two cultures: A study of women in India and America" (Journal of Cross-Cultural Psychology, vol. 24(2), p.186-202)

1995 G. Mazars: "La médicine indienne." (Que sais-je?, Paris)

1996 S. Kakar: "The indian psyche" (the inner world; shamans, mystics and doctors; tales of love, sex and danger)

1997 E. Roudinesco & M. Plon: Indien, In: "Dictionnaire de la Psychoanalyse" (Paris)

1998 Sudhir Kakar: "The ascetic of desire. A novel"

2000 Hannes Stubbe: „Der Goaner Abbé Faria und die Hypnose. Ein Dialog indischer und europäischer Psychologie?" In: H. Siepmann (Hrsg.), Portugal, Indien und Deutschland

2000 Charles Borges et al.: "Goa and Portugal. History and development" (Beiräge über Abbé Faria, S. 326ff)

2000 J. Leslie & M. McGee (ed.s): "Invented identities: the interplay of gender, religion and politics in India" (New Delhi)

2001 Pius Malekandathil (Ed.) "The Portuguese, indian ocean and European bridgeheads" (Beitrag über Abbé Faria, S. 337ff)

2002 S. Kakar: "Leadership in indian organizations from a comparative perspective" (Intern. Journal of Cross Cultural Management, vol. 2 (2), p. 239-250)

2003 Dinesh Sharma (Ed.): "Childhood, family and sociocultural change in India" (Delhi)

2005 Pradeep Chakkarath: "What can western psychology learn from indigenous psychologies? Lessons from Hindu psychology"

2006 Pradeep Chakkarath: "Wie selbstlos sind Asiaten wirklich?" Journal für Psychologie 14(1), S.93-119

2006 Sudhir & Katharina Kakar: "Die Inder. Portrait einer Gesellschaft"

2007 Pradeep Chakkarath: "Kulturpsychologie und indigene Psychologie"

2008 Claudia E. Schmitz: "Psychologie des Schwangerschaftsabbruchs in Indien" (Universität zu Köln) (auch: Hamburg: Diplomica)

2009 Soheila Owzar: "Bollywood und die Briten. Die Darstellung der ehemaligen Kolonialmacht im populären Hindi-Kino" (Universität zu Köln)(auch: Hamburg: Diplomica)

2014 Rana Dasgupta: "Delhi: Im Rausch des Geldes"; "wilder" Kapitalismus in Indien

2019 Uffa Jensen: "Wie die Couch nach Kalkutta kam"; vergleichende Darstellung der Entwicklung der frühen Psychoanalyse in Berlin, London und Kalkutta

---

Quellen: Viney, 1979, Petzold, 1986; Kakar, 1996, 2006; Stubbe, 2012; Jensen, 2019

Der Goaner Abbé Faria (1756-1819) *und die Entwicklung der Hypnose in Europa*

Die *Hypnose* ist ein durch Suggestion herbeigeführter schlafähnlicher psychischer Zustand, der möglicherweise bereits in prähistorischer Zeit bekannt und genutzt wurde (vgl. oben Schamanismus). Während der Hypnose ist das Bewusstsein eingeengt und es besteht ein besonderer Kontakt (Rapport) zum Hypnotiseur, dessen Anweisungen auch nach Auflösung der Hypnose befolgt werden (posthypnotischer Auftrag), soweit sie nicht grob gegen Persönlichkeitsprinzipien verstoßen. Der Hypnotisierte ist Suggestionen besonders zugänglich. Die Hypnose wird auch seit Jahrtausenden (psycho-) therapeutisch angewandt. Eine wichtige Quelle der europäischen Hypnosebewegung liegt in Indien und hat auch die Psychoanalyse beeinflusst (vgl. Stubbe, 1998, 2000, 2001; s. Abb. 14).

ABB. 14

ABBÉ FARIA, DIE HYPNOSE UND DIE PSYCHOANALYSE

Psychoanalyse in Indien

- Freud (1914:165,169): Referenzen zur Psychoanalyse in Indien
- Bose (1921, 1930): erste psychoanalytische Versuche in Indien und Korrespondenz mit S. Freud; 1922 Indian Psychoanalytic Society
- Sinha (1966): Psychoanalyse in Indien
- Petzold (1986: 155ff): Geschichte der Psychoanalyse in Indien
- Kakar (1992): Psychoanalyse in Indien
- Jensen (2019): Psychoanalyse in Indien

Sigmund Freud (1856-1939) und die Hypnose

- vom 13. Oktober 1885 bis zum 23. Februar 1886: S. Freud in der Salpêtrière in Paris, mit Jean-Martin Charcot (1825-1893), dessen hypnotische Experimente mit Hysterikerinnen er beobachten konnte
- Dezember 1887: erste Anwendung der hypnotischen Suggestion
- 1888: Freud, S.: Hypnose durch Suggestion. Wiener Medizinische Wochenzeitschrift, 38, 1888: 898-900 (beinhaltet ohne kritische Anmerkungen die Grundlagen der hypnotischen Technik Bernheims, 1840-1919)
- 1889: Freud besucht Bernheim in Nancy; er übersetzt zwei Werke Bernheims („Hypnotisme, suggestion, psychothérapie, études nouvelles, 1891" e „De la suggestion et ses applications à la thérapeutique, 1886")
- 1891: Freud, S.: „Hypnose". In: A. Bum (Hrsg.), Therapeutisches Lexikon. Wien: Urban & Schwarzenberg, 1891:724-734 (ein grundlegendes Werk der Epoche; neue Auflagen 1893 und 1900; nicht enthalten in den Gesammelten Werken S. Freuds!)
- 1892: Freud, S.: „Ueber Hypnose und Suggestion". Aerzte Centr. Anz., 4
- 1892/93: Freud, S.: „Ein Fall von hypnotischer Heilung: nebst Bemerkungen über die Entstehung hysterischer Symptome durch den ‚Gegenwillen' ". Zeitschrift für Hypnotismus, 1, 1892/93: 102-107, 123-129, 258-272
- 1918: In einem Brief an Ernst Simmel (1882-1947), hebt S. Freud die Nützlichkeit der Hypnose in der Behandlung der Kriegsneurosen hervor (Clark, 1985:139)

Die Schule von Nancy (Liébault, Bernheim, etc.)

- Ambroise A. Liébault (1823-1904) nimmt die Methode der einfachen Suggestion von Faria wieder auf (Liébault, 1889; Bernheim, 1892: 59)
- Hippolyte Bernheim (1837-1919): „Die Schule von Nancy" (Bernheim, 1896: 117):
- 1886: „De la suggestion et ses applications à la thérapeutique"
- 1891: „Hypnotisme, suggestion, psychothérapie, études nouvelles"

| **Abbé Faria (1756-1819)** | ← → | **Europäische Psychologie** |

- Hypnose durch Suggestion:
- Bedeutung der Konzentration
- posthypnotischer Auftrag
- Ablehnung der Hypothese eines Fluidums
- hypnotische Anästhesie
- Sonambulismus = sommeil lucide
- „Bramane"
- Einflüsse aus Goa

- Mesmerismus (Anton Mesmer, 1734-1815)
- Somnambulismus (M. de Puysègur, 1751-1825)
- Christian Wolff (1679-1754) Psychologie der Aufklärung

Indische Ethnopsychologie

- Techniken der Meditation
- Autohypnotische Techniken
- Theistisches System des Yoga: Einnehmen einer Entspannunghaltung (asana); Rückzug der Sinne (pratyahara) von allen äußeren Reizen; Konzentration (dharana) auf ein bestimmtes Objekt der Betrachtung; ununterbrochene, zielgerichtete Meditation (dhyana); völlige Versenkung in Feuer, Gott oder ein bestimmtes Objekt, bis das individuelle Bewußtsein ganz in ihm aufgeht und sich selbst nicht mehr wahrnimmt (vgl. Stutley, 1994:70f)
- Vedas, z.B. Atharvaveda (Ethnopsychologie)

Quellen: Freud, 1914; Bernheim, 1888, 1892, 1896; Stoll, 1894; Trömner, 1922; Völgyesi, 1948; Barrucand, 1967; Stutley, 1994; Petzold, 1986; Conze, 1986; Stutley, 1994; Stubbe, 1998, 1999, 2001:337-353; Hartnack, 1990; Jensen, 2019

Yoga und Meditation

Das Sanskrit-Wort *Yoga (auch: Joga)* ist dem deutschen Wort „Joch" verwandt und meint ursprünglich das Anschirren/Anjochen von Zugtieren vor einen Wagen. Die Yoga-Sutras werden *Patañjali* zugeschrieben, von dem sonst wenig bekannt ist. Ihre ersten Bücher stammen vermutlich aus dem 2. Jahrhundert v. Chr. *Margaret Stutley* (1994: 70ff) stellt folgende *Yoga - Übungen* zusammen:

> 1.*Selbstbezwingung* (yama); Verzicht auf körperliches oder seelisches Verletzen von Lebewesen; Vermeiden von seelischer oder körperlicher Unkeuschheit, von Lügen, Stehlen und von der Begierde, denn das Streben nach Besitztümern und neuen Erfahrungen lenkt den Geist ab und vergeudet die Kräfte, 2. *Selbstschulung* (niyama); Ausbildung sittlicher Tugenden, wie Güte, Freundlichkeit, Zufriedenheit, Nachsicht mit den Unvollkommenheiten anderer; beständiges Studium der Veden und anderer heiliger Texte; wiederholendes Preisen des Namens der erwählten Gottheit, 3. *Einnehmen einer entspannten Stellung* (asana), meist die Stellung mit gekreuzten Beinen, in welcher der *Buddha* und die meisten Hindugötter dargestellt sind, 4. *Technik der Atemkontrolle* (pranayama); sie sollte durch einen Kundigen gelehrt werden, 5. *Rückzug der Sinne* (pratyahara) von allen äußeren Reizen, 6. *Konzentration auf ein besonderes Objekt der Betrachtung*, 7. *ununterbrochene, ziel-gerichtete Meditation* (dhyana) über einen Gegenstand, 8. *völlige Versenkung* (sama-dhi) in Feuer, in Gott oder ein bestimmtes Objekt, bis das individuelle Bewußtsein ganz in ihm aufgeht und sich selbst nicht mehr wahrnimmt.

Die *Bhagavadgita* (oder Gita, „Gesang des Erhabenen" ca. 2.Jh. v. Chr.), die einen Teil des großen indischen Mythos Mahabharata darstellt, gibt eine Einführung in die Yoga-Lehre (vgl. z.B. die christlich orientierte Interpretation Griffiths, 1993). In den westlichen Psychotherapien wurden Yoga-Methoden zur Öffnung des Unbewussten und der Entspannung seit den 20er Jahren des 20.Jh.s bewusst übernommen (vgl. Autogenes Training, Hypnose, Meditation, Atemtherapie, etc.). In Indien dient Yoga heute als Schulfach.

Unter *Meditation (lat. meditare = sich üben, nachsinnen; auch: Versenkung, samadhi)* versteht man im weitesten Sinn Sammlung der Aufmerksamkeit. Das Erreichen eines veränderten Bewusstseinszustands durch Ausführen bestimmter Rituale und Übungen. Meditation kann durch nachdenkendes Eindringen, intensives Betrachten, Sich-Versenken (in ein Objekt oder Gedanken), durch Schweigen, Entspannung und ein nach innen gewandtes Lauschen eingeübt werden. Meditation ist ein in vielen Kulturen und möglicherweise bereits in der Prähistorie des Menschen (vgl. Schamanismus, Mantra, Qigong) verbreitetes Phänomen. Sie ist ein

> „Sammelbegriff für eine Vielzahl von religiösen Übungen, die von der Methode her oft sehr verschieden sind, alle jedoch das gleiche Ziel haben: das Bewusstsein des Übenden in einen Zustand zu versetzen, in dem es zu einer Erfahrung des ‚Erwachens', der ‚Befreiung', der ‚Erleuchtung' kommen kann."(Lexikon der östlichen Weisheitslehren, 1997:239).

Der umfassende Begriff für Meditation lautet in Indien Yoga („ins Joch spannen", „zusammenbinden"). Der Begriff Meditation ist deshalb nicht klar fassbar. Meditation ist nur dann *Gebet*, wenn der Meditierende mit einer übersinnlichen Wirklichkeit in Beziehung treten will (vgl. Heiler, 1921).

Seit der Gegenkulturbewegung der 60er Jahre des 20. Jhs. wird in der westlichen Psychologie der Meditation von (ethno-) psychologischer Seite wieder erneut eine größere Beachtung geschenkt. *Ornstein* (1976) empfahl, die traditionelle westliche Psychologie durch Zen- und Yoga-Techniken zu ergänzen, um eine kreative Komplementarität von westlich-verbal-analytischem und östlich-räumlich-visuell-ganzheitlichem Bewusstsein herzustellen (ähnlich schon *Jean Gebser*, 1962:17f: „Asien ist die Ergänzung Europas"). *Tart* (1969) berichtete über psychophysiologische Untersuchungen der Hirntätigkeit bei Meditierenden. Die 40 Hz-Aktivität im EEG (vgl. Stubbe, 2012), der in psychophysiologischen Studien eine besondere Aufmerksamkeit geschenkt wird, gilt heute als Indikator für hohe geistige Konzentration. Die Transpersonale Psychologie sieht in der Meditation einen wichtigen Auslöser für veränderte Bewusstseinszustände spiritueller oder mystischer Art. Meditationstechniken können verhältnismäßig leicht in die westliche Psychotherapie (vgl. Autogenes Training: Oberstufe) eingebaut werden (vgl. Schraml, 1969; Corsini, 1987; Stubbe, 2012:412).

Japan

In der mehrtausendjährigen Geschichte Japans spielt die *„Meiji-Krise"* (1853-1868) in der Neuzeit als historische Zäsur eine hervorragende Rolle, denn sie beendete die mittelalterliche, feudale Ordnung und Herrschaft der Militäraristokratie der Shōgune und Samurai, die die traditionellen japanischen Ideale verkörperten (die z.B. *seppuku* praktizieren durften; vgl. etwa das hübsche „Kopfkissenbuch" der Hofdame *Sei Shônagon*, ca. 995-1021). Es kam zu einer Öffnung zur westlichen Kultur und Wissenschaft. So wurde z.B. die Kraepelinsche Klassifikation in die japanische Psychiatrie eingeführt. *Yoshihisa Tanaka* (1966) berichtet – er zitiert 190 Titel-, dass *Amane Nishi* (1829-1897) und *Tetsujiro Inoue* (1855-1944) die (westliche) Psychologie in Japan eingeführt haben und dies geschah wie in vielen nichtwestlichen Ländern zunächst durch Übersetzungen psychologischer Werke aus dem Westen. So übersetzte z.B. im Jahre 1880 Nishi Havens's „Mental Philosophy" (1857). Die „science of mind" übersetzte er mit „Shinrigaku". Inoue übersetzte dann im Jahre 1882 *Alexander Bain's* (1818-1903) „Mental and Moral Philosophy" ins Japanische. Eine eigentliche psychologische Forschung in Japan beginnt dann mit *Yujiro Motora* (1858-1912), der ab 1888 als Professor für Psychophysik an der Kaiserlichen Universität in Tokio lehrte. Er hatte zuerst von 1883 bis 1885 an der Boston University (USA) Philosophie studiert und später bei *St. Hall* an der Johns Hopkins University über die Hautempfindung bei unterschiedlichem Druck promoviert. Im Jahre 1903 wurden von dem ersten in Japan graduierten Psychologen *Matsumoto* (1865-1943) zwei Psychologische Laboratorien gegründet (Tokyo Higher Normal School, Kaiserliche Universität). Matsumoto ging nach Leipzig und studierte bei *Wilhelm Wundt* (über einen anderen japanischen Schüler z.B. *Iwae Irie*, vgl. Miyakawa, 1980:223-226). Er führte den Wundtschen Strukturalismus in Japan ein, der bis ca. 1920 Bestand hatte, sowie die Angewandte Psychologie. Im Jahre 1930 gab es bereits 8 Psychologische Departments. In den 20er Jahren wurde auch die Gestaltpsychologie durch den Titchener-Schüler *Tagaki* eingeführt. *Onoshima* und *Sakuma* besuchten dann im Jahre 1923 *Wolfgang Köhler* und *Kurt Lewin* in Berlin und lösten danach in Japan eine Debatte über die Gestaltpsychologie aus. Es ist wenig bekannt, dass *Anna Berliner* (1888-1977) (möglicherweise die einzige Studentin W. Wundts?) nach ihrer Promotion („Subjektivität und Objektivität von Sinneseindrücken, Leipzig, 1914) im Jahre 1914 nach Japan ging, um im Labor und Psychiatrischen Krankenhaus der Imperial University (Tokio) zu arbeiten. Wegen des Kriegsausbruches musste sie jedoch Japan wieder verlassen und kehrte erst nach dem I. Weltkrieg (1914-1918) im Jahre 1921 wieder nach Japan zurück und blieb dort 10 Jahre. In dieser Zeit arbeitete sie an der Entwicklung wirtschaftspsychologischer Testverfahren und veröffentlichte ihr erstes Buch „Japanische Reklame in der Tageszeitung" (Stuttgart, 1925) und später das völkerpsychologisch interessante Buch „Der Teekult in Japan" (Leipzig, 1930) (vgl. Gundlach, 1993: 143-151; Kindermann et al., 1993:263-277).

Mit der Kriegserklärung an China im Jahre 1937 und der Bombardierung Shanghais trat Japan in eine militaristische, rassistische und expansionistische Phase seiner Geschichte ein, die mit dem Angriff auf Pearl Harbor (7.12.1941) weltkriegsartige Ausmaße annahm und zu den usamerikanischen Atombombenabwürfen (6. und 9.8. 1945) und der japanischen Kapitulation führte (vgl. Pohl, M. (2005): Die Geschichte Japans, 3. Aufl.). Der II. Weltkrieg (1939-1945) mit seinen ungeheuerlichen Verwüstungen und Menschenverlusten in Japan stellt eine weitere tiefgreifende Zäsur in der japanischen Geschichte dar (zur Erinnerungskultur und Vergangenheitsbewältigung in Japan vgl. Buruma, 1994). Die von den Wissenschaftlern der Siegermacht gemachten Untersuchungen über die Auswirkungen der Atombombenabwürfe auf die Bevölkerung wurden der japanischen Öffentlichkeit nicht zugänglich gemacht (vgl. unten: Im Schattenreich der Psychologie). Die us-amerikanische Psychologie (vor allem die Angewandte, Sozial- und Klinische Psychologie), gewinnt nun ähnlich wie in dem ebenfalls besiegten Deutschland eine vorherrschende Bedeutung. Die herrschende Psychologie ist die Psychologie der Herrschenden! In der japanischen Nachkriegszeit wurde auch das Bildungssystem reformiert und expandierende Psychologiekurse für Lehrer nach usamerikanischer Vorgabe eingeführt. Auch das Verhältnis von Psychologie und Gesellschaft änderte sich: wurde vor dem Krieg nur im Bildungs- und militärischen Bereich geforscht, so expandierte die Psychologie nun in viele Bereiche der Gesellschaft. Tanaka gibt einen detaillierten Überblick (bis ca. 1965) über die Psychologischen Gesellschaften, die vielen Psychologischen Zeitschriften und die experimentellen Studien in Japan vor allem aus dem Gebiet der Wahrnehmungs-Psychologie (z.B. optische Täuschungen, visuelle Induktion, time order error, Figur-Grund-Phänomen, Nachbilder, Raumwahrnehmung, Konstanzphänomen, Bewegungswahrnehmung, sensorische Deprivation etc.). Ganz ähnlich wie oben dargestellt, beschreiben auch *Koji Sato & C.H. Graham* (1954) die Entwicklung der Psychologie in Japan seit 1926 mit 222 Titeln in der Bibliografie. Sie stellen fest, dass die westliche Psychologie ca. 1880 (in der Meiji-Ära, 1868-1912) eingeführt wurde und dass zunächst die Werke von Haven, Bain, Sully, Wundt und Ladd übersetzt und darauf Studenten ins Ausland nach Deutschland und in die USA geschickt wurden z.B. *Yujiro Motora* (1858-1912) und *Matataro Matsumoto* (1865-1943). Im Jahre 1911 wurde eine über 1000 Seiten umfassende „Experimental Psychology" von Ohtsuki publiziert, in der vor allem Wundt und Titchener rezipiert werden. Im Jahre 1919 erscheint dann das erste „Japanese Journal of Psychology" (Kyoto) und Matsumoto publiziert eine „Psychology of Intelligence" (1925). Ab 1926 wird dann die Gestaltpsychologie W. Köhlers in Japan bekannt und eine „Japanische Psychologische Gesellschaft" wird gegründet. K. Matsuda veröffentlicht im Jahre 1926 eine „Introduction of Experimental Psychology" und Y. Kubo ein zweibändiges „Handbook of Experimental Pychology", sowie Kido einen „General Outline of Psychology" (1931). Sato & Graham geben darüber hinaus eine Übersicht über die Forschungsergebnisse der japanischen Psychologie in der Wahrnehmungspsychologie, Persönlichkeits-Psychologie, Industrie-Psychologie, Allgemeinen Psychologie, Sozialpsychologie, Tierpsychologie, Klinischen Psychologie, Entwicklungspsychologie und Berufs- und Ausbildungsfragen. Interessant sind die Schriften von Yatabe über die „Geschichte der Willenspsychologie" (1942) und die „Geschichte des Denkens" (1946-1949).

Für Japan, das sich (ähnlich wie Korea oder China) von einem „Dritte-Welt-Land" zu einer der führenden Industriegesellschaften entwickelt hat, lassen sich in der Entwicklung der Psychologie grob drei Stadien unterscheiden (vgl. Azuma, 1984; Quekelberghe, 1991:38):

1. „Translating and modelling" vor dem I. W. K. (1914-1918). Psychologischer Import aus den USA, Deutschland, England und nach dem II. W.K. (1939-1945) ausschließlich aus den USA
2. „Indigenization": neue Konzepte und Theorien werden durch japanische Psychologen, die sich in der eigenen und „euro-amerikanischen" Kultur auskennen, implementiert
3. „Integration": Befreiung von allzu rigiden westlichen Denkmustern und man befasst sich nun auch mit nicht-westlichen Phänomenen

Einige Phänomene wie Amae, Karoshi, verschiedene Suizidformen, Morita, Naikan und Zen werfen ein deutliches Licht auf die *„japanische Psyche"*:

Der japanische Psychoanalytiker *Takeo Doi* (1973) hat herausgearbeitet, dass das Konzept von *„amae"* eine auf Japan beschränkte Form einer interpersonalen Erlebens- und Verhaltensweise sei, für deren Deskription und Erklärung auch nur die japanische Sprache die Grundlage bilden könne. Amae könne man als ‚gegenseitiges Bedürfnis nach Freiheit in Geborgenheit und Abhängigkeit' übersetzen. Mit amae sei ein zentraler Aspekt der japanischen Mutter-Kind-Beziehung gemeint. Die Mutter begegne ihrem Kind dabei mit einem Höchstmaß an Nachsicht und Fürsorge, wobei es aber dem Kind wiederum möglich werde, sich weitgehendst frei zu entwickeln. Die japanische Mutter erlebe sich dabei nicht als „überbehütend" (im westlichen Sinne), sondern als Gewährleisterin von Freiheit. *Doi* beschreibt diese japanische Form von Freiheit als ein Kernelement des japanischen Selbst und stellt die kritische Frage, ob die westliche Bindungstheorie mit ihrer Charakterisierung von ‚sicheren und unsicheren Typen' auf die japanische Kultur überhaupt übertragbar sei (vgl. Yamaguchi & Ariizumi, In: Kim et al, 2006). Auch in anderen Kulturen finden sich ähnliche kulturspezifische Konzepte: „anasati" (Nicht-Bindung) in Indien, „kapwa" (die mit Anderen geteilte Identität) auf den Philippinen, „jung" (tiefe Bindung und Zuneigung") oder „shim-cheong" (Zuneigung des Gemüts) in Korea, „banzo" im Brasil-Portugiesischen oder „Gemütlichkeit" im Deutschen.

Unter *karôshi* versteht man Tod durch Überarbeitung bzw. arbeits-stressinduzierte Erkrankungen in einer hochkomplexen Industriekultur, die zum Tode führen. Karôshi ist kein allein japanisches Phänomen. Die mit den Arbeitsanforderungen in modernen Industriegesellschaften verbundenen Belastungen und der Stress stehen in einer sich weltweit wandelnden Arbeitswelt zunehmend im Kontext psychosozialer Faktoren. In Japan wurde Karôshi auch durch einige Gerichte als haftungspflichtige Arbeitsbelastung anerkannt. Dabei werden verschiedene medizinische Todesursachen unter diesem Begriff zusammengefasst. Als Verursacher ist in mehreren Urteilen jeweils das Unternehmen des Verstorbenen benannt worden und musste Schadenersatz leisten. Die Klägerinnen waren in allen Fällen die Witwen.

Japan ist eine Kultur, die den *Suizid* akzeptiert. Bis zur zweiten Hälfte des 19. Jh.s hob insbesondere die Literatur drei Arten des Suizids hervor, welche mit dem Klassensystem korrelierten. Am höchsten wurde das zeremonielle seppuku oder Harakiri bewertet, welches den Krieger-Aristokraten vorbehalten war. An zweiter Stelle stand der Doppelsuizid eines Mannes und seiner Geliebten, welcher (zumindest in der Literatur) hauptsächlich in bürgerlichen Schichten begangen wurde. Am wenigsten glorifiziert wurde der Suizid einer völlig verarmten Familie (vgl. Andriolo, 1984:57; Ellenberger, 1965:207, 209; Dubitscher, 1965:4; Pinguet, 1991). *Pinguet* (1991) hat in einer ausgezeichneten Monographie die Kulturgeschichte des Suizids in Japan nachgezeichnet und verständlich gemacht. Der Thematisierungsbogen der kulturvergleichenden Suizidforschung reicht somit von gestörter individueller Sinnfindung, Konflikt- und Handlungsfähigkeit, über gehemmte bzw. ausbleibende soziale Unterstützung, Zuwendung und Kommunikation, bis hin zu Defekten im sozialen System und der jeweiligen Kultur (vgl. Müller, 1991; Stubbe, 1995, 2012:592ff).

Zen (jap. , Abkürzung von „zenna", der jap. Lesart des chin. ch'an-na ; aus dem Sanskrit dhyana = Sammlung des Geistes, Versunkenheit) ist ein Verfahren der Innenschau, Versenkung und Meditation, das in der buddhistischen Zen-Sekte seit *Bodhidharma* (ca. 520 n. Chr.) praktiziert wird. Seit etwa 700 verbreitete sich der Zen-Buddhismus in Indien und seit dem 13. Jh. in Ostasien. Hilfen sind Entspannung und Atemtechniken, Ziele die Selbsterziehung und die Kontrolle der Körperfunktionen. Zen hat u.a. auf die japanische Pädagogik einen großen Einfluss ausgeübt und kommt auch im „kyudo", dem meditativen Zeremoniell des Bogenschießens zum Ausdruck. Zen hat auch Einfluss auf die moderne westliche Psychologie und Psychotherapie genommen (s. Bibliografie).

Zwei besondere, kulturspezifische *Psychotherapieformen* wurden in Japan entwickelt: *Morita* und *Nainkan*.

Die *Morita-Therapie* ist ein im japanischen Buddhismus verankertes Behandlungsverfahren für Neurosen, das 1917 von dem Psychiater *Shoma Morita* in Japan entwickelt wurde. Die Morita-Therapie zielt darauf ab, dem Pat. durch verbale Instruktionen und gesteuerte Aktivitäten beizubringen, seine Symptome als Teil der täglichen Realität zu akzeptieren. Der Pat. lernt, trotz seiner Schüchternheit, Angst, Spannungen und Furcht ein konstruktives Leben zu führen (vgl. Reynolds, 1987:679ff; Tseng, 2001:544ff).

Den Psychotherapeuten *Raymond J. Corsini* (II, 1987:769) erinnert die *Naikan-Therapie* aus eigener Erfahrung an die Gewissensprüfung im kath. Denken und Glauben. Der Therapeut nimmt eine nichtdirektive Rolle ein und es handelt sich um eine echte Selbsttherapie. Naikan bedeutet im Japanischen „Selbstreflexion, Selbstbeobachtung, Innenschau". Die meditative Naikan-Therapie wurde von dem Laienpriester Isshin Yoshimoto aus dem Jodo Shinshu-Buddhismus entwickelt.

> „Der Naikan-Klient entwickelt durch Selbstreflexion über seine Vergangenheit, für die er eine Anleitung erhält, ein Verständnis dafür, wie viel andere Menschen für ihn getan haben,

wie wenig er ihnen zurückgegeben hat und wie viel Kummer und Sorgen er den ihm bedeutsamen Menschen in seinem Leben bereitet hat. Die Therapie zielt explizit darauf ab, existentielles *Schuldbewußtsein* zu erzeugen und gleichzeitig das Empfinden zu wecken, daß man trotz seiner Unzulänglichkeiten geliebt und umsorgt worden ist. Diese vorbereitenden Einsichten erzeugen den *Wunsch zur Selbstaufopferung* im Dienste anderer, um sein „soziales Konto" wieder auszugleichen. Im Laufe des therapeutischen Prozesses nehmen übermäßige Selbstbezogenheit und das Fokussieren von Symptomen ab." (Corsini, II, 1987:769)

Das Indikationsfeld sind Strafanstalten, Reha-Zentren für Jugendliche, Alkoholismus, etc.

Zur Entwicklung der Psychoanalyse in Japan

Ob die Psychoanalyse überhaupt mit der japanischen Kultur, Sprache und Familienstruktur kompatibel ist, wird kontrovers diskutiert (vgl. Kaketa, 1958; Kawada, 1977; Roudinesco & Plon, 2004:488f). Bereits im Jahre 1912 erwähnt der deutschkundige Literaturwissenschaftler *Kenji Otzuki* (1891-1952) in einer Arbeit über das Vergessen erstmals Sigmund Freud und gründet das erste psychoanalytische Institut in Tokyo, sowie die erste Zeitschrift für Psychoanalyse „Seishin-Bunseki" mit eigenen Beiträgen. 1931 übersetzte er dann u.a. „Zur Psychopathologie des Alltagslebens" (1901) ins Japanische. Er korrespondierte regelmäßig mit Sigmund Freud (vgl. Roudinesco & Plon, 2004:750f). Der Psychologieprofessor *Yoshihide Kubo* (1883-1942) publiziert 1914 einige Arbeiten über den Traum und veröffentlicht auf Anregung von Stanley Hall im Jahre 1917 eine erste Einführung in die Psychoanalyse auf Japanisch. Das Wort „Psychoanalyse" übersetzt er mit „seishinbunseki" (seishin bedeutet „Seele" und bunseki „Analyse"). Wie Kubo reist auch der japan. Psychiater *Kiyoyasu Marui* (1886-1953) in die USA und studiert dort bei Adolf Meyer die Wirkung der Psychoanalyse auf die Psychiatrie. Der Psychologe *Yaekichi Yabe* besucht zur gleichen Zeit Großbritannien, lässt sich von Ernest Jones ausbilden und gründet 1928 ein psychoanalytisches Institut. 1930 besucht er Sigmund Freud in Wien und bemerkt dessen Interesse für chinesische und japanische Kunst. Man unterhielt sich über Analogien zwischen Buddhas Lehre und Freuds Todestrieblehre! Der Psychiater *Heisaku Kosawa* (1897-1968) reiste 1932 nach Wien, um sich bei Freud und Richard Sterba analysieren zu lassen. Er entwickelte später auch das japan. Konzept des „Ajase-Komplexes", ähnlich dem Ödipus-Komplex (vgl. Rodinesco & Plon, 2004:568f) und spielte in der weiteren Entwicklung der Psychoanalyse eine wichtige Rolle. Im Jahre 1997 besaß die „Japanische Psychoanalytische Gesellschaft" jedoch nur 30 Mitglieder.

Ein psychologisches Rätsel ist, wieso eine gebildete Nation wie die Japaner, die die schrecklichsten Auswirkungen der Atomkraft zu erleiden hatten, sich weiterhin dieser Energiequelle bedient.

Thailand

Das buddhistische, konstitutionelle Königtum Thailand (bis 1939: Siam), das auch während des europäischen Kolonialismus unabhängig blieb, bietet in Bangkok (ähnlich wie Sri Lanka, Myanmar, Hongkong, Taiwan etc.) eine Ausbildung in buddhistischer Psychologie an (vgl. Petchpud, 1989: 113) (s. unten).

In seiner Übersicht über die Psychologie in Thailand betont *Aree Petchpud* (1989:102), dass

„History of psychology is related to the history of the country, while the country is peaceful, the ruler can plan for the social and econimic development including academic development."

Seit König *Rama IV.*, der von 1851-1868 regierte, begann eine „Westernization" der traditionellen Gesellschaft und Modernisierung des Landes. Er sandte junge Männer zum Studium nach Europa, vor allem nach Großbritannien und Deutschland. Erst ab den 90er Jahren des 20. Jh.s wandelte sich Thailand allmählich von einer Agrarnation in eine Industrienation.

Mit der Einführung der Psychologie in die Ausbildung der Lehrer begann vor ca. 80 Jahren die Geschichte der Psychologie in Thailand (vgl. Malakul, 1979).

„The concept of psychology at the former time was just for the teachers." (Petchpud, 1989:104)

Petchpud gibt eine Übersicht über die Entwicklung der einzelnen Psychologiezweige, beginnend mit der Pädagogischen Psychologie (Educational Psychology). Hier erwähnt er, dass die Psychologie seit 1930 in die Lehrerausbildung eingeführt wurde. Im Jahre 1963 wurde ein Department of Psychology (Faculty of Education) an der Chulalongkorn Universität gegründet und seit 1974 wurde auch ein Promotionsprogramm angeboten. An den Universitäten Kasetsart (Bangkok), Prince Sonkla, Khonkhaen wird ein Master-Programm in „Educational Psychology" angeboten. Die Klinische Psychologie wurde von einigen in den USA ausgebildeten Psychiatern in den 60er Jahren eingeführt, sowie die Psychodiagnostik (Rorschach, Intelligenztests, etc.). Die erste Child Guidance Clinic wurde 1953 eröffnet. Entwicklungspsychologie wird seit 1955 an dem „International Institute for Child Study" in Zusammenarbeit mit der UNESCO betrieben. Auch in der Schulpsychologie kann seit 1987 ein Masterstudium absolviert werden. *D. Bhanthumnavin* (1987) schrieb eine „Social History of Psychology in Thailand", sowie über Sozialisation. Seit 1966 wird schwerpunktmäßig die Experimentalpsychologie an der Thamasart University gelehrt. Community Psychology mit verschiedenen Telefondiensten, Sozialdiensten, AA-Gruppen, Beratungsdiensten etc. wird seit 1965 angeboten. An der Chiengmai University wird seit 1966 eine Ausbildung in Industrie-Psychologie angeboten. Dieses Fachgebiet bekommt im Zuge der Industrialisierung Thailands eine immer größere Bedeutung.

Was ist buddhistische Psychologie?

Petchpud schreibt zu diesem Thema:

„The main emphasis of Buddhist Psychology is the happiness in family, society and life. Every Buddhist principle has been taken into practice in Thai way of life which it is now considered as Buddhist psychology (Malila, 1988)." (Petchpud, 1989:113)

Eine überzeugende und allgemein akzeptierte Definition der *buddhistischen Psychologie* existiert nicht, da es unterschiedliche Richtungen das Buddhismus gibt (vgl. z.B. Conze, 1995). Allgemein kann man aber sagen, dass die buddhistische Psychologie sich an der Lehre Buddhas (ca. 560-480 v. Chr.) orientiert d.h. im Einzelnen: die „vier edlen Wahrheiten" (Diagnostik des Übels, Ergründung seiner Ursache, Beseitigung dieser Ursache, die zu diesem Zweck anzuwendenden Mittel), der achtfache Pfad zur Aufhebung des Leides (rechter Glauben, rechtes Entscheiden, rechtes Wort, rechte Tat, rechtes Leben, rechtes Streben, rechtes Denken, rechtes sich Versenken), die vier Erweckungen der Achtsamkeit, die sieben Grundsteine der Erleuchtung etc. Als zentrale Tugenden des Buddhismus gelten die Liebe/Güte, das Mitleid, die Mitfreude und der Gleichmut/Gelassenheit (vgl. Bertholet, 1976:99ff; Conze, 1995; Lowenstein, 2001; Chakkarath, 2007:244ff).

In einem dt. „Lexikon der Psychologie" (Bd.1, 2000:253) heißt es:

> „*Buddhistische Psychologie*, nicht-westliche Ausrichtung der Therapie, die sich vor allem auf Meditation stützt und auf der Annahme von mehr als 50 ‚mentalen Faktoren' beruht. Mentale Faktoren (z.B. Aversion) sind Eigenschaften der Psyche, von denen man annimmt, daß sie das Verhältnis zwischen dem Bewußtsein und dem Objekt des Bewußtseins (dem sensorischen Reiz) bestimmen. Sieben dieser mentalen Faktoren sind ‚Erleuchtungsfaktoren' (z.B. Achtsamkeit, Verzückung, Ausgeglichenheit), die in der Meditation besonders gefördert werden. Bei intensiver Schulung soll sich eine optimale Beziehung zwischen dem Bewußtsein gegenüber jedem Bewußtseinsobjekt einstellen."

Der Kulturpsychologe *Pradeep Chakkarath* (2007:245ff) betrachtet die buddhistische Psychologie als eine indigene Psychologie. Er schreibt:

> „Die conditio humana in ihrer Komplexität zu durchschauen und die daraus erwachsenen Konsequenzen zu ziehen, ist das Ziel, zu dem der achtfache Pfad führen soll. Dieses Grundgerüst der buddhistischen Lehre ist daher von detaillierten Analysen zur psychophysischen Verfassung des Menschen begleitet, die jedermann durch gezielte und beständige Introspektion und Meditation empirisch überprüfen kann und muss. Inhaltlich wie auch in ihrer empirischen Fundierung, ihrem Abstraktions- und Systematisierungs-Niveau zählen diese Analysen zu den wichtigsten psychologischen Beiträgen Asiens." (Chakkarath, 2007:245)

Achtsamkeit ist ein zentraler Begriff der buddhistischen Psychologie und Psychotherapie. Was ist Achtsamkeit?
Marie Schöne (2018:5ff) hat dieses Konzept folgendermaßen zusammengefasst:

> „In den ersten vier Jahrhunderten wurden die Lehrreden Buddhas ausschließlich mündlich überliefert. Dies geschah in Form von einfachen repetitiven Formeln um das Erinnern zu erleichtern. Einleuchtende, eindeutige Erklärungen oder eine formale Definition von Achtsamkeit (sati) findet man in den Diskursen (suttas) daher nicht. Stattdessen liegen meist operationale Darstellungen vor, die beschreiben wie Achtsamkeit innerhalb der buddhistischen Psychologie und Meditation funktioniert (Bodhi, 2011). Hinzukommt, dass über Achtsamkeit in verschiedenen Lehrreden berichtet wird, aus denen teilweise divergierende Bedeutungen des Begriffs hervorgehen. Bis heute herrscht kein

einvernehmliches Verständnis über die Bedeutung des Begriffs sati, der je nach Fokus auf bestimmte suttas unterschiedlich interpretiert werden kann.

Ursprünglich bedeutet das Wort smrti (Sanskrit; Pali: sati) „Erinnerung". Vermutlich existierte für die Disziplin, die ein zentrales Element seiner Lehre verkörperte, noch kein passender Begriff. Buddha griff auf ein bereits vorhandenes Vokabular zurück und verlieh ihm innerhalb seines psychologischen und meditativen Systems eine neue Bedeutung (Bodhi, 2011). Daher ist die ursprüngliche Bedeutung nur bedingt aussagekräftig und hilfreich, um sati im Rahmen des buddhistischen Kanons zu verstehen. In einigen Diskursen blieb die ursprüngliche Bedeutung als „Erinnerung" erhalten, in anderen lässt sich sati eher als Bewusstsein des gegenwärtigen Augenblicks auslegen. Die erste Bedeutung von sati lässt sich als „Rückbesinnung" oder „Erinnerung" übersetzen. Das Substantiv sati ist hier als Ableitung des Verbs sarati, „sich erinnern", zu verstehen. So wird sati im Sutta-Nipata 48:9 (Diskurs aus buddhistischem Kanon) als Fähigkeit sich zurückzubesinnen und an das zu erinnern, was vor langer Zeit getan und gesagt wurde beschrieben (Bodi, 2011). Die Konnotation von sati als Erinnerung tritt auch in Bezug auf die sechs Rückbesinnungen auf Buddha, die Lehre, die Glaubensgemeinschaft, das eigene ethische Verhalten, die eigene Freiheit und die himmlischen Wesen hervor (Analayo, 2006). Insgesamt tritt sati als Reflektieren und Rückbesinnen auf die Lehren Buddhas innerhalb verschiedener Diskurse auf. Die zweite Bedeutung von sati ist im meditativen Kontext als „Bewusstsein des gegenwärtigen Augenblicks" zu finden. Im satipatthana-sutta, dem „Diskurs über die Etablierung von Achtsamkeit" ist sati nicht als Erinnerung an etwas Vergangenes, sondern vielmehr als wachsame, beobachtende Haltung gegenüber dem gegenwärtigen Erleben zu verstehen. Die direkte Betrachtung von Körper, Gefühlen, Geist und empirischen Phänomenen ermöglicht, sich selbst als erlebendes Subjekt in seinen physikalischen, sensorischen und psychologischen Dimensionen wahrzunehmen (Bodhi, 2011). In der satipatthana-Meditation ermöglicht die Anwesenheit von Achtsamkeit, sich auf das eigene Erleben des gegenwärtigen Augenblicks zu besinnen, dies ins Bewusstsein zu rücken und Einsicht in die vergängliche, leidvolle und ich-lose Natur allen Daseins zu erlangen (siehe Kapitel 2.3). Analayo (2006) integriert die beiden Bedeutungen von sati, indem er es durch die „Weite des mentalen Zustands" charakterisiert. Die Anwesenheit von Achtsamkeit (upatthisati) wird als Geistesgegenwart und deren Abwesenheit (mutthassati) als Zerstreutheit ausgelegt. Er interpretiert sati nicht als Erinnerung sondern als Fähigkeit, die Erinnern ermöglicht. Die Anwesenheit von Achtsamkeit begünstigt eine gute Auffassungsgabe und erleichtert das Erinnern und Abrufen von Gedächtnisinhalten. Dieser mentale Zustand der Geistesgegenwart, in dem das Gedächtnis gut funktioniert, kann zu einem gewissen Grad als „weit" charakterisiert werden. Im Gegensatz zu einem „engen" Fokus ermöglicht mentale Weite gegenwärtige Information mit der, im Gedächtnis abzurufenden Information zu verbinden. Ist Achtsamkeit etabliert, herrscht ein „grenzenloser, weiter mentaler Zustand". In diesem Sinne ist sati als Fähigkeit zu verstehen, gleichzeitig verschiedene Elemente und Facetten von Augenblicken mental aufrechtzuhalten. Diese können gegenwärtig sein oder in der Vergangenheit liegen. Bodhi (2011) vereint die zweifache Bedeutung von Achtsamkeit, indem er sie als „klares, luzides Bewusstsein" definiert. Dieses Bewusstsein ist unmittelbar dem betrachteten Objekt zugewandt und lässt dies lebhaft und deutlich im Geist hervorstehen. Ist das Objekt etwas, das in der Vergangenheit wahrgenommen wurde oder stattgefunden hat, nimmt die geistige lebhafte Vorstellung die Form einer Erinnerung an. Dies kann beispielsweise die Rückbesinnung auf die Lehre Buddhas sein. Es können jedoch auch gegenwärtige körperliche Prozesse, wie die eigene Atmung, oder gegenwärtige mentale Ereignisse, wie Gefühle oder Gedanken, betrachtet werden. Dies entspricht der zweiten Bedeutung von sati als Bewusstsein des gegenwärtigen Augenblicks. Was Achtsamkeit charakterisiert, ist also nicht der Inhalt – Vergangenes oder Gegenwärtiges – des Bewusstseins, sondern dessen Qualität." (Schöne, 2018:5ff)

Die gegenwärtige *westliche Kritik* am Buddhismus richtet sich vor allem auf die untergeordnete Rolle der Frau (vgl. z.B. Lee-Linke, 1990; Klöpfer, 2012) und die „Gewalt der Frommen" (Kakar), wie sie vor allem in den Kriegen in Sri Lanka, Myanmar, Thailand und Japan zum Ausdruck gekommen ist (vgl. Victoria, 1999; Baudler, 2005). In Thailand befinden sich ca. 300.000 Männer im Mönchzustand in ca. 27.000 Wats (Klöstern). In vielen buddhistischen *Klöstern* in Thailand finden auch erfolgreiche Behandlungen statt z.B. der Alkohol- und Drogenabhängigkeit. In Thailand trinken die Menschen als Effekt der Verwestlichung heute 33mal mehr alkoholische Getränke als noch vor 40 Jahren (Lancet, jun. 2009). *Carsten Klöpfer* (2012) hat in seiner ausgezeichneten Kölner Dissertation die Behandlung und Sterbebegleitung von Aids-PatientInnen im buddhistischen Kontext Thailands bearbeitet.

Vietnam

Vietnam besitzt gegenwärtig eine wachsende Bevölkerung von ca. 80 Millionen mit etwa 60 verschiedenen ethnischen Minderheiten.

In ihrer langen Geschichte mussten die Vietnamesen nicht nur europäischen Kolonialismus (Indochinakrieg, 1946-1954; Schlacht von Dien Bien Phu, 1954), sondern im Vietnamkrieg (1964-1973; Wiedervereinigung, 1975) auch schwerste kollektive Kriegstraumatisierungen durch ungeheuerliche Kriegsverbrechen der us-amerikanischen Armee (z.B. Flächenbombardierung, chemische Kriegsführung mit Entlaubung etc.; vgl. Gutmann & Rieff, 1999) erleiden.

Pham Minh Hac (1989) beginnt seine Geschichte der Psychologie in Vietnam denn auch mit den Worten:

> „With the triumph oft he August Revolution (1945), the Dien Bien Phu battle (1954), and the Ho Chi Minh campaign (1975) the country of Vietnam entered in a new era – the era of independence and reunification of the nation. One of the great achievements recorded by our people in the last few decades is the achievement on education, science and technology." (Pham Minh Hac, 1989: 87)

Pham Minh Hac hebt stolz die rapide Entwicklung des Landes seit 1975 von früher fast 90% Analphabeten zu 400 000 Graduierten in Universitäten, 5000 Akademikern mit Doktortitel, 8000 Grundschulen, 93 Universitäten und Colleges, 235 wissenschaftliche Institutionen etc. im Berichtsjahr hervor. In den letzten 50 Jahren d.h. vor 1989 wurde die Psychologie vor allem in der Lehrerausbildung nach frz. Modellen (z.B. Paul Foulquié, 1893-1983) betrieben. Seit 1950 waren die Psychologie-Lehrbücher auch in vietnamesischer Sprache vorhanden (Hac, 1966). Auch die Unterrichtssprache war vietnamesisch. Das Unterrichts-Programm bestand aus zwei Teilen: 1. Allgemeine Psychologie und 2. Altersgruppen- und Pädagogische Psychologie (s. Appendix 1, 1989: 95-98). Bekannte Lehrbücher waren und sind: Duc Minh, Pham Coc,

Nguyen Thi Xuan (1960): „Psychology: a textbook for teacher training colleges." Hanoi und Pham Minh Hac & Truong Anh Tuan (ed.s) (1970): „Psychology – A textbook for teacher training colleges". Hanoi, sowie Pham Minh Hac (ed.) (1983): Psychology fort he use of teacher training schools." Hanoi (s. Appendix 2, 1989: 98f). Hac betont die wichtige Rolle der Psychologie seit 1961/62 in der gesellschaftlichen Entwicklung (reconstruction and social progress) z.B. in der Kinderpsychologie, der Erziehungspsychologie, klinischen Psychologie und Sportpsychologie. Psychologie gilt heute als integraler Bestandteil der Natur-, Sozial- und Technischen Wissenschaften. Von 1959 bis 1960 lehrten am Teacher Training College (Hanoi) zwei russische Professoren und zwei Studenten erhielten Stipendien zum Studium in der Sowjetunion. Im Jahre 1964 wurde über ein Gedächtnis-Experiment mit Vietnamesen berichtet. Es folgten Denk- und Aufmerksamkeits-Experimente, auch mit Schulkindern. Zum Zeitpunkt des Berichtes existierten in Vietnam 93 Universitäten und Colleges u.a. Hanoi University, Polytechnical University, Cultural University, Hanoi Teacher Training College, National Institute for Educational Science (NIES, gegr. 1961) etc. und ca. 500 Personen sind als PsychologInnen (darunter 3 Doktoren und 12 M.A.) tätig. Sie haben ihre Ausbildung damals in der UDSSR, DDR, Tschechoslowakei und Frankreich erhalten, aber gegenwärtig in Vietnam. Es wäre sicher interessant ihre Lebens- und Tätigkeits-Geschichten zu erfahren (oral history). Seit 1972 wurden verschiedene Meetings und Konferenzen über psychologische Themen auf nationaler und regionaler Ebene abgehalten (S.93ff). Auch an dem IUPS-Kongress (1976) und an dem 22. Internat. Kongress in Leipzig (1980) nahmen vietnamesische PsychologInnen erstmalig teil. Der Einfluss der marxistischen Psychologie ist erkennbar.

Zur Ethnopsychiatrie in Vietnam

Der 2010 verstorbene Ethnopsychiater *Erich Wulff* (1966, 1978) hat bedeutsame ethnopsychiatrische Untersuchungen in Vietnam durchgeführt und u.a. seine eindrucksvollen, persönlich gehaltenen „Vietnamesische Lehrjahre" (1966) veröffentlicht. Er schreibt:

> „Das Ergebnis der Sozialisationspraktiken in der frühen Kindheit ist ein ‚Gruppen-Ich', ein Ich, bei dem der Wunsch, ein Objekt zu besitzen, gewöhnlich von dem Wunsch begleitet ist, es (mit den Angehörigen seiner Gruppe) zu teilen; bei dem die Trennungslinien zwischen den Objekten wie zwischen den ‚Individuen' vage bleiben, und dem das uns geläufige Beharren, ja Sichversteifen auf eine ‚private' Intimsphäre, einen Bereich absoluter Eigenverfügbarkeit (der Gedanken-, Gefühls- und Empfindungswelt, der eigenen körperlichen Vorgänge) ziemlich fremd bleibt."

Die Ursachen für diese vom westlichen Ideal der Selbstverwirklichung und des Individualismus so völlig abweichende vietnamesische Sozialisation sieht *Wulff* in der religiös verankerten Bedeutung der Großfamilie und Dorfgemeinschaft mit ihrem arbeitsteilig betriebenem Reisanbau und der damit verbundenen notwendigen Kooperation (im Gegensatz zur Konkurrenz in westlichen Gesellschaften). *Wulff* konnte überzeugend zeigen, dass sich diese kulturellen Unterschiede bis in die psychischen Erkrankungen hinein z.B. der Schizophrenie auswirken (vgl. Legewie & Ehlers, 1999:280ff).

Lateinamerika *(LA)*

Einführung und Begriffliches:

Beginnen wir mit einer Wortgeschichte *„Amerikas":*

> *„Amerika":* Aufgrund der Reisebriefe des Florentiners *Amerigo Vespucci* (1454-1512) (1501-1502, Nord- und Ostküste Südamerikas) prägte der dt. Kosmograph *Martin Waldseemüller* (1470-1520?) in seiner „Cosmographiae introductio" (1507) die Bezeichnung „Amerigo Vespucci Land" = America; bis ins 18.Jh. verstand man unter „Amerika" = Lateinamerika; ab dem 19./20.Jh. wurde „Amerika" fälschlicherweise mit den USA gleichgesetzt (vgl. Bitterli, 1980:43)
> *„Südamerika"* um 1600: America meridionalis
> *„Lateinamerika"* (LA, frz. Ursprung) = Gesamtheit aller amerikanischen Staaten, deren Bevölkerung eine auf dem Latein basierende Sprache spricht d.h. Spanisch, Portugiesisch, Französisch (Haiti)
> *„Iberoamerika"* = Hispano- und Luso-Amerika (= Brasilien = "terra do Brasil", 1511)
> *"Mesoamerika"* = Mittelamerika
> *„Angloamerika"* = Nordamerika
> *„Neue Welt"* (seit 1508) („Mundus Novus"-Brief des A. Vespucci, 1503/07) im Gegensatz zur „Alten Welt" (vgl. Friederici, 1947: 49f, 67 („Amerikaner"); Todorov, 1982)

Der Lateinamerikanist *Wolf Grabendorf* (1970:11) stellt klar heraus:

> „Lateinamerikanische Geschichte ist die Geschichte von Kolonialismus, Ausbeutung, Unterdrückung, Fremdbestimmung, Interventionismus und Gewaltherrschaft. Dies galt für die dreihundertjährige Kolonialepoche, für die Zeit der Nationalstaaten nach der Unabhängigkeitsbewegung und gilt noch heute für die große Mehrzahl der lateinamerikanischen Länder. Die politische, wirtschaftliche und soziale Entwicklung und Problematik des lateinamerikanischen Subkontinents von heute lassen sich nicht interpretieren, ohne die wichtigsten Merkmale der historischen Entwicklung in Rechnung zu stellen."

Geschichte der Psychologie:

Zeittafeln und Hauptabschnitte der Psychologiegeschichte in LA finden sich bei *Stubbe* (1995: 99-149; 2001: 389-409), der ein heuristisches Einteilungsschema der Geschichte der (Ethno-) Psychologie in Lateinamerika (LA) vorgeschlagen hat.
Die Geschichte der *„Indianerforschung"* in LA ist verschiedentlich behandelt worden (vgl. Gusinde, 1946; Schaden, 1953; Baldus, 1954ff; Stubbe, 1975, 1987, 1996, 2001, 2007, 2020; Hartmann, 1977; Marzal, 1986; Becher, 1988). Diese sehr umfangreiche, auch deutschsprachige Literatur zur Indianerforschung ist in ihren ethno-psychologischen Aspekten bisher noch nicht einmal ansatzweise bearbeitet worden, obwohl bereits seit 1954 z.B. in Brasilien mehrere Bibliographien zum Thema vorliegen.
Liest man heute erneut die Berichte eines *A. von Humboldt, Wied, Martius, Poeppig, Bastian, von den Steinen, Koch-Grünberg, Baldus, Willems, Schaden, Zerries,* u.v.a.m., so entdeckt man in ihnen eine Fülle relevanter psychologischer Beobachtungen über die lateinamerikanischen „Indianer": ihre „Charaktereigenschaften" (z.B. Wied 1820 über die Botocuden), ihren Animismus (z.B. Koch, 1900), ihre Trauerreaktionen (z.B. Preuß, 1896; Stubbe, 1990), ihren

Farbensinn (z.B. Magnus, 1880), ihre Sitten (z.B. Buschan, 1914/20; Waitz, 1859/72), ihre Krankheiten (z.B. Martius, 1844; Belonoschkin, 1966), ihr Medizinmannwesen (z.B. Lublinski, 1921; Gusinde, 1936; Schadewaldt, 1968; Stubbe, 1976) (vgl. Schamanismus), ihre Suizidepidemien (z.B. Friederici, 1925-36; Stubbe, 1995, 1996), ihr Geschlechtsleben (z.B. Stoll, 1908), ihre psychotropen Stoffe, Narkotika, halluzinogenen Drogen und Stimulantia (z.B. Stahl, 1925; Böse, 1957; Lewin, 1927; Reko, 1936; Hofmann et al., 1959; Karsten, 1920; Stubbe, 2012) (Ethnopsychopharmakologie), ihre Ethnomedizin (z.B. Martius, 1844; Bartels, 1893; Buschan, 1941; Drobec, 1955; Stubbe, 1975), ihre Religion (z.B. Preuß, 1921, 1923), ihre Mythologie (z.B. Lehmann-Nitsche, 1939; Nimuendajú-Unkel, 1914; Welper, 2002ff), ihre Initiationsriten (z.B. Gusinde, 1931/39), ihre Couvade (z.B. Schmidt, 1955; Guting, 1986), ihr wirtschaftliches Handeln (z.B. Schmidt, 1920/21), ihre Symbolik und Kunst (z.B. Danzel, 1925; Thurnwald, 1922, A. N. Stubbe, 2018), ihre psychotherapeutischen Verfahren wie Suggestion und Hypnose (z.B. Stoll, 1894; Drobec, 1954; Stubbe, 1976) u.v.a.m.

Die Anforderungen an die (ethno-) psychologische Forschung und Praxis in LA unterscheiden sich grundlegend von denen der Industriegesellschaften des Zentrums. Alle Länder Lateinamerikas werden zur "Dritten Welt" gerechnet (vgl. Nohlen, 2000) und obwohl die Begriffe "Entwicklungsländer", "unterentwickelte Länder" und "Dritte Welt" umstrittene und problematische Konzepte sind, lassen sich für die Länder LA dennoch eine Reihe von Merkmalen und Problemen aufzählen, die als Rahmenbedingungen und zugleich als Forschungsthemen der Psychologie in diesen Ländern – wie übrigens in fast allen Ländern der sog. Dritten Welt - anzusehen sind.

Folgende miteinander verknüpfte Grundprobleme und Merkmale konstellieren die Situation der Psychologie in der lateinamerikanischen Wirklichkeit:

1. der schier unermessliche *Raum* (Brasilien z.B. als fünftgrößtes Land der Erde ist fast 35mal größer als die BRD) mit seiner in weiten Teilen noch unentwickelten Infrastruktur und einer Vielfalt von Kulturen und Ethnien. Hieraus resultieren vor allem Kommunikationsprobleme und Kulturkonflikte.
2. das überwiegend (sub-)tropische *Klima* mit seinen verheerenden Dürrezeiten (z.B. der brasilianischen "seca" im Nordosten) und spezifischen Krankheiten wie z.B. Malaria, Cholera, Gelbfieber, Dengue, Dynsenterie, Lepra, Wurmerkrankungen etc., aber auch einem für die Tropen typischen Alltagsleben. Es wäre deshalb die Entwicklung einer eigenen "tropische Psychologie" zu fordern (vgl. Die Tropen, 2008/09)
3. die vielfältige *ethnische Zusammensetzung* der lateinamerikanischen (Einwanderungs-) Bevölkerung, die *José Vasconcelos* (1882-1959) 1925 als eine "Raza Cósmica" charakterisierte. *Freire Maia* (1973) sprach im Hinblick auf Brasilien von einem "laboratório racial". Für die Sozialpsychologie, Ethnopsychologie und Transkulturelle Psychologie ergibt sich hieraus vor allem die Notwendigkeit, die interethnischen Beziehungen zu studieren und Grundlagen für den Abbau von „Rassen"- und Klassen-Vorurteilen zu schaffen. Insbesondere die Afrolateinamerikaner und „Indianer" (abfällig "índios" genannt) leiden noch weithin unter einer Diskriminierung bzw. werden marginalisiert.

4. Zu den *ökonomischen Merkmalen* LA.s gehören vor allem das geringe durchschnittliche Pro-Kopf-Einkommen, die extrem ungleiche Verteilung der Einkommen und des Bodens, die niedrige Spar- und Investitionstätigkeit, die unzureichende Infrastruktur, die geringe Produktivität, die hohe (verborgene) Arbeitslosigkeit, der geringe Industrialisierungsgrad, die starke Ausrichtung der Wirtschaftsstrukturen an den Bedürfnissen der Industrieländer, die Abhängigkeit von wenigen Exportprodukten (vor allem Rohstoffe mineralischer und agrarischer Art), die Verschlechterung der Terms of Trade (insbes. für die Rohstoffexporteure), die starke Auslandsverschuldung (z.B. im Jahre 2000: Brasilien 238 Mrd. US-Dollar, Mexiko 150 Mrd. US-Dollar, Argentinien 146 Mrd. US-Dollar, Venezuela 38 Mrd. US-Dollar) und die hohe Inflation. Viele dieser Faktoren bedingen sich gegenseitig und führen zu einem Circulus Vitiosus der Armut. Der entscheidende Unterschied zu den europäischen Gesellschaften besteht aber in dem Dominieren eines von Sozialwissenschaftlern als "Kultur der Armut" (Lewis, 1963) und "Kultur des Schweigens" (Freire, 1973) beschriebenen Sozialsystems in LA. Kritische Wirtschafts-Psychologen haben es bisher unterlassen die psychischen Auswirkungen der o.g. ökonomischen Merkmale auf das Individuum und die Gesellschaft in LA zu untersuchen.

5. die *demographischen Merkmale* der Länder LA unterscheiden sich ebenfalls völlig von denen der Industrieländer. Zu nennen sind hier vor allem der strukturelle Altersaufbau der lateinamerikanischen Population (zwischen 40% und 50% der Bevölkerung sind jünger als 14 Jahre!), die Bevölkerungsexplosion (z.B. Brasilien 1950:54 ; 2000:172; 2050 247 Mio; Mittel- und Südamerika: 2001:527 Mio; 2050:806 Mio), die hohe Kindersterblichkeit, die niedrigere Lebenserwartung (teilweise unter 50 Jahren) und als Folge des Bevölkerungswachstums und der starken Binnen-Migration (vom Land in die Städte) die rapide Verstädterung (Urbanisierung) LA. Die Stadt São Paulo (Municipio) wuchs z.B. von 28.000 Einwohnern im Jahre 1870 auf 8.963.298 Einwohner im Jahre 1980. Mexico-City besaß 1960 ca. 5,5 Mill. und wuchs im Jahre 2000 auf 31,6 Mill. Einwohner.

Als eines der Schlüsselprobleme LA erweist sich das extreme Bevölkerungswachstum im 20. Jahrhundert. Die Verbesserung der medizinischen Versorgung (insbes. bei der Seuchenbekämpfung) hat auch in LA zu einem Rückgang der Sterbeziffern geführt. Anders als in den Industrieländern sind jedoch die Geburtsziffern nicht in entsprechendem Maße abgesunken. Die Bevölkerungsexplosion ist mit fast allen Teilproblemen von Entwicklung wie Ernährung, Gesundheit, Landflucht, Urbanisierung, Armut, Einkommensverteilung etc. aufs engste verknüpft, bildet jedoch weniger die Ursache als ein Symptom für mangelndes Wachstum oder gar Unterentwicklung, denn sie hängt wesentlich mit der wirtschaftlichen und sozialen Entwicklung eines Landes zusammen. Der erste Brandt-Bericht "Das Überleben sichern" (1980) vertrat bereits in diesem Zusammenhang die Ansicht,

> "daß zur Entwicklungspolitik eine natürliche Bevölkerungspolitik gehören muß, die den richtigen Ausgleich zwischen Bevölkerung und Ressourcen sucht, indem sie Hilfen zur Familienplanung frei verfügbar macht und mit anderen Maßnahmen für Wohlfahrt und sozialen Wandel abstimmt." (Brandt, 1980: 158).

In diesen beiden Grundelementen scheint auch der Schlüssel zum Bevölkerungsproblem zu liegen:

1. der Hebung des Lebensstandards der breiten Masse der Bevölkerung durch eine Strategie der gezielten Hereinnahme des armen Bevölkerungsteils in den Entwicklungsprozess und
2. die Familienplanung, die unter nationaler Verantwortung der einzelnen Entwicklungsländer läuft. Familienplanung ist aber weitgehend ein psychologisches, kulturelles und edukatorisches Problem.

Die mit der *Bevölkerungsexplosion* und *Binnenmigration* in LA eng verbundene rapide *Verstädterung* und die Bildung von *Favela-Gürteln* um die Großstädte stellt für die Sozialwissenschaften und Psychologie in LA eine beträchtliche Herausforderung dar. Eine weitere wesentliche Erscheinung dieses Verstädterungsprozesses ist die *"Metropolisierung"*, d.h. die Konzentration der Stadtbevölkerung eines Landes auf einige wenige, aber in ihren Dimensionen gewaltige Ballungsräume (z.B. São Paulo, Lima, Mexico-City, Buenos Aires, Caracas). Dieses Phänomen ist in allen lateinamerikanischen Ländern (wie insges. in der sog. Dritten Welt) zu beobachten. Es hat dazu geführt, dass in LA die Psychologie vor allem eine "metropolitane" Wissenschaft in Theorie und Praxis ist. So sind es auch die Großstädte, in denen sich Universitäten, Ausbildungsinstitute und niedergelassene PsychologInnen ballen. Auf dem Land, in den Mittel- und Kleinstädten ist dagegen die psychosoziale Versorgung der Bevölkerung in LA äußerst schlecht. Aber auch in theoretischer Hinsicht hat die "Verstädterung der Psychologie" eine einseitige Perspektive geschaffen, weil sie sich zu stark am Verhalten, Erleben und den Bedürfnissen der Mittel- und Oberschichten in den Großstädten LA.s orientiert. Auch die Studierenden der Psychologie entstammen in LA in ihrer großen Mehrheit den gehobeneren und reicheren Schichten. Diese einseitige theoretische und praktische Orientierung der Psychologie hat u.a. auch dazu geführt, dass Disziplinen wie die "Agrar-Psychologie", "Gemeinde-Psychologie" und "Sozialpsychologie Lateinamerikas" oder Themen wie "Favela und Psychologie" bisher kaum bearbeitet wurden (vgl. aber die psychoanalytische Studie aus Peru von César Rodriguez Rabanal: „Elend und Gewalt", 1995.).

Die Gründe für die Urbanisierung liegen außer in der Bevölkerungsexplosion vor allem in den die Landflucht auslösenden Faktoren, in den starren sozialen und wirtschaftlichen Strukturen, den Monokulturen, den geringen Entwicklungschancen und dem Massenelend auf dem Lande. Sie ist aber auch eine Folge der bisher eingeschlagenen Entwicklungsstrategie des Vorrangs der Industrie gegenüber der Landwirtschaft, dem Ausbau der Städte als Produktions- und Dienstleistungszentren, was in den ländlichen Massen die Hoffnung auf bessere Lebensverhältnisse in den Städten aufkommen lässt. Die lateinamerikanische Industrie konnte jedoch bisher nicht ausreichend Arbeitsplätze bereitstellen. In den Favelas/Barrios/Slums der Großstädte leben durchschnittlich 1/4 bis 2/5 der Bevölkerung unter menschenunwürdigen Bedingungen.

6. die *ökologische Krise* LA.s unterscheidet sich nicht grundsätzlich von der aus den westlichen Industrieländern bekannten. Die globale ökologische Krise geht aber vor allem auf das Konto der Industrieländer des Zentrums, die eine Chemisierung der Welt mit giftigen Stoffen (vgl. Ozonloch), die noch unsichere Atomenergie (vgl. Tschernobyl), die Verschmutzung der Weltmeere und umweltfeindliche Projekte in der Dritten Welt vorangetrieben haben. Wegen der immer schärfer werdenden Umweltauflagen in ihren Ländern haben viele multinationale Industrien bereits einen großen Teil ihrer gefährlichen Produktionen in die Dritte Welt verlegt. Auch werden häufig unter Ausnutzung der Notlage und mit Hilfe von Korruption gefährliche Abfallstoffe aus den Industrieländern in die Länder der Dritten Welt exportiert

("Mülltourismus"). Die Umweltprobleme, mit denen LA zu kämpfen hat, sind Folgeprobleme der Industrialisierung, der hohen Bevölkerungsdichte in den Ballungsräumen der Metropolen, der chemie-gestützten Landwirtschaft, der Monokulturen und der Entwaldung. Insbesondere der rapide Verlust des Waldbestandes in LA, zum Beispiel in den tropischen Amazonaswäldern, hat zu der ernsten Befürchtung geführt, dass hierdurch das Weltklima und die Artenvielfalt auf das empfindlichste gestört werden. Erst in den letzten Jahrzehnten hat sich in LA allmählich ein stärkeres Umweltbewusstsein herausgebildet (vgl. etwa die Verleihung des alternativen Nobelpreises an Lutzenberger) und auch Psychologen fordern eine lateinamerikanische Umwelt-Psychologie, die die dynamische Wechselwirkung zwischen dem Menschen und seiner Umwelt untersucht. Die Umwelt-Psychologie ist eine interdisziplinäre Wissenschaft und bezieht ihre Daten nicht nur von der Psychologie allein, sondern genauso von den Naturwissenschaften, der Soziologie und Anthropologie. Ihr Interessenschwerpunkt liegt in der Untersuchung des Menschen als Teil seines Milieus. Die Umwelt-Psychologie beschäftigt sich auch mit sozialen Problemen und orientiert sich humanitär, indem sie die Tatsache anerkennt, dass der Mensch, wenn er seine Umwelt gestaltet, nicht nur auf die Erde einwirkt, auf der er lebt, sondern auch auf seine Mitmenschen, die sie mit ihm teilen. In diesem Zusammenhang ist eine lateinamerikanische Umwelt-Ethik zu postulieren, die ein bestimmtes Verhalten und eine bestimmte ökologische Einstellung der Natur gegenüber voraussetzt, wie sie bereits von den „Indianern" LA.s (vgl. Inka, Maya) vorbildlich verwirklicht worden ist. Viele Ökologen (z.B. Lutzenberger) und Ethnologen haben deshalb vorgeschlagen, die tropischen Wälder Amazoniens und den Cerrado allein den indianischen Ethnien zur Verfügung zu stellen, um sie damit zu schützen (vgl. Anderson & Posey, 1987: 44ff; Stubbe, 2018:118-130).

7. *Unterernährung und Hunger* (Mangel- und Fehlernährung). Verbreitete Unter- und Mangelernährung bis hin zu Hungerskatastrophen sind für Millionen Menschen in LA zur Zeit und auch in absehbarer Zukunft bittere Realität. Die meisten Länder LA.s sind bisher nicht in der Lage, ihre wachsende Bevölkerung aus eigener Kraft ausreichend zu ernähren. Das Ernährungsproblem besteht jedoch nicht nur in einer hinreichenden Produktion, sondern auch in einer angemessenen Verteilung der Nahrungsmittel. Unter- und Mangelernährung herrscht in den meisten Ländern LA.s unter der ärmsten städtischen Bevölkerung, besonders ausgeprägt in Brasilien und den Andenstaaten, aber gegenwärtig auch in Venezuela. Eine einigermaßen verlässliche Quantifizierung des Ernährungsproblems stößt nicht nur auf Schwierigkeiten der statistischen Erfassung, sondern sie wird auch erschwert durch das Fehlen ausreichend präziser Definitionen der Begriffe Unter- und Mangelernährung. Bei der Bestimmung des Kalorienbedarfs müssen nämlich so unterschiedliche Faktoren wie Klima, Alter, Gewicht, Geschlecht und Berufstätigkeit berücksichtigt werden. Wenn es heißt, dass Menschen in tropischen Ländern im Durchschnitt nur rund 2000 Kalorien "brauchen", so hat ein solcher Wert doch nur eine sehr beschränkte Aussagekraft. Eine der großen Fragen, die sich die Medizin und Psychologie gegenwärtig stellen muss, richtet sich auf die Auswirkungen, die Mangel- und Fehlernährung für die Funktionsfähigkeit der schließlich entstehenden Erwachsenen-persönlichkeit (Kognition, Intelligenz, Motorik etc.) haben, insbesondere wenn die Entwicklung des noch unreifen Gehirns bereits verschiedenen Mangelzuständen ausgesetzt gewesen ist. In den ärmeren Teilen LA.s ist die Unterernährung der Mutter während der

Schwangerschaft kausal ein sehr wichtiger Faktor für das Entstehen krankhafter Beeinträchtigungen.

8. die *Bildungsstruktur* in LA ist nicht nur durch einen hohen Anteil an Kindern und Jugendlichen gekennzeichnet, sondern LA ist auch ein Kontinent, in dem ein großer Teil der Bevölkerung weder lesen, schreiben noch rechnen kann und dadurch also kaum in der Lage ist schwierige technische und organisatorische Vorgänge zu beherrschen oder langfristig rational zu planen. Trotz teilweise großer Anstrengungen im Bildungs- und Schulbereich wird die Zahl der Analphabeten in LA regional verschieden auf 30%-70% der Bevölkerung geschätzt. Dieser hohe Analphabetismus beeinträchtigt nicht nur den wirtschaftlichen Aufbau, sondern nimmt diesen Menschen auch eine wesentliche Voraussetzung für eine gleichberechtigte Partizipation am sozialen, ökonomischen, politischen und kulturellen Leben. Die Wichtigkeit des Lese-Aktes hat der brasilianische Pädagoge *Paulo Freire* (1983) meisterlich behandelt. Seine immer noch aktuelle "Pädagogik der Unterdrückten" gilt heute als Standardwerk jeglicher "Dritte Welt-Pädagogik". In Lateinamerika sind vor allem ländliche und städtische Bevölkerungsanteile, Jugendliche ohne Schulbesuchsmöglichkeit, Afrolateinamerikaner, „Indianer" und vor allem benachteiligte Mädchen und Frauen die Hauptgruppen der Analphabeten. Die offiziellen Bildungsstatistiken sind jedoch in zweierlei Hinsicht problematisch: einmal beziehen sie sich auf Menschen von 15 und mehr Jahren und schließen damit alle älteren Menschen ein. Zahlen über die Ausbildungssituation der Jugendlichen ergeben jedoch ein günstigeres Bild. Zum anderen kann aber aus einem oft nur kurze Zeit und unregelmäßig erfolgten Grundschulbesuch noch nicht geschlossen werden, dass diese Jugendlichen auch wirklich lesen, schreiben und rechnen können, vor allem dann nicht, wenn sie ihre Fähigkeiten nicht auch weiterhin anwenden oder an weiterführenden Schulen bzw. in der praktischen Tätigkeit verbessern. In Brasilien z.B. ist ähnlich wie in anderen Ländern LA.s die schulische Evasion in der Grundschule sehr groß: nur 2/3 der Kinder wurden 1979 eingeschult und nur 20% erreichten die 4. Klasse. Auch die Gehälter der LehrerInnen in LA sind außerordentlich niedrig, so dass die LehrerInnen häufig noch anderen Beschäftigungen nachgehen müssen. Da sich der strukturelle Altersaufbau der lateinamerikanischen Populationen (s. oben) grundlegend von dem Europas unterscheidet, müssen die lateinamerikanischen Länder oftmals das Doppelte an Mitteln für die Einrichtung von Grundschulen aufwenden wie die Industrieländer. Gerade die Länder mit einem hohen Anteil von Kindern und Jugendlichen an der Gesamtbevölkerung sind aber auch die am wenigsten industrialisierten, d.h. die ärmsten. Der hohe Anteil der Abhängigen, d.h. der Kinder und alten Menschen an der arbeitsfähigen Bevölkerung liegt in einigen Ländern LA.s mit ihren hohen Geburtenhäufigkeiten und sinkender Sterblichkeit um 70%, d.h. hundert Menschen im produktiven Alter haben also nicht weniger als 70 andere zu ernähren, die noch nicht oder nicht mehr arbeiten können.

Das *Straßenkinder-Problem* (vgl. Stubbe, 1988) und die Kinderarbeit haben in LA ein beträchtliches Ausmaß angenommen. In ganz LA leben etwa 40 Millionen Kinder ohne Heim und allein in Brasilien wurden 1986 etwa 7 Millionen Straßenkinder gezählt. Für diese Kinder existieren kaum Bildungsprogramme, bzw. -chancen.

Aus der spezifischen Altersstruktur ergibt sich für die lateinamerikanische (Ethno-) Psychologie die Konsequenz, dass sie sich vor allem Bildungsproblemen und der spezifischen Situation der Kinder und Jugendlichen zuwenden muss.

9. der *rapide soziale und kulturelle Wandel*. Das schnelle Entwicklungstempo in technischer, soziokultureller und geistiger Hinsicht und die damit verbundene innere Not der Menschen in Umbruchszeiten stellen vor allem für die Präventive und Klinische (Ethno-)Psychologie in LA eine große Herausforderung dar. Gleiches gilt für das Studium des Wertewandels in den lateinamerikanischen Gesellschaften. Am Rollenwandel der Frau in LA können die meisten dieser Probleme sehr gut veranschaulicht werden (vgl. z.B. Hahner, 1978; Boletin Demografico, 20, 39, 1987; Z. f. Kulturaustausch, 1, 1990; Stubbe, 2001).

Auch die *Rolle der Medien*, insbesondere das Fernsehen, ist in diesem Zusammenhang von großer Bedeutung. Häufig werden nordamerikanische Serien schlechtester Qualität oder "telenovelas" gezeigt, in denen sich jedoch eine Vielzahl der psycho-sozialen Probleme der Lateinamerikaner widerspiegeln. Welche Auswirkungen das Fernsehen auf die seelische Gesundheit (vor allem der Kinder), die Aggressivität, Kriminalität und das Aspirationsniveau ausübt, wurde bisher in LA von Psychologen kaum kritisch untersucht. Politische Zensur, die starke wirtschaftliche Dependenz sowie der nordamerikanische Kulturimperialismus haben eine kritische Bearbeitung dieser Themen bisher verhindert.

10. die *religiöse Situation*. Die bedeutende Rolle des Katholizismus, der afrolateinamerikanischen Kulte (z.B. Candomblé, Santería), des Spiritismus (vor allem kardezistischer Ausprägung) und der vielen z.Zt. neu einströmenden fundamentalistischen nordamerikanischen Sekten im Alltagsleben der Lateinamerikaner ist bisher vor allem von Ausländern untersucht worden (vgl. Bastide, 1971; Figge, 1980; Stubbe, 1979; Marzal, 1985; Buhl, 1987; Rohr, 1991, 1994; Pollak-Eltz, 1998). In der lateinamerikanischen Geschichte haben charismatische Bewegungen (vgl. „Canudos"; Stubbe, 1998), Heiligenverehrung und Prozessionen immer eine bedeutende Rolle gespielt und der lateinamerikanische Alltag ist ohne Magie nicht denkbar. Dies gilt übrigens für alle Bevölkerungsschichten. Für die Klinische (Ethno-) Psychologie ist das religiöse Problem vor allem deshalb wichtig, weil in den (Heil-) Sekten und religiösen Zentren auch „Psychotherapie" (Geisthilung) betrieben wird. Von hervorragender Bedeutung in Lateinamerika ist die *"Theologie der Befreiung"*, die mit ihrer Option für die Armen und ihren vorbildlich organisierten Basisgemeinden u.E. die einzig adäquate religiöse Antwort auf die Probleme LA.s darstellt. Sie wird noch immer von einer euro- und ethnozentrischen kath. Kirche des europäischen Zentrums bekämpft und dies geschieht in einer Form, die an mittelalterliche Inquisitionsmethoden erinnert (vgl. das Rede- und Schreibverbot *Boff's*), während eine "polnische nationalistische Kirchenpolitik" nicht hinterfragt wird. Mit *Buhl* (1987) können wir 4 Perioden in der Herausbildung der Befreiungstheologie unterscheiden:

1. die Entstehung der Grundpositionen (1964-1972) vor dem Hintergrund des brasilianischen Militärregimes. Das Zweite Vatikanische Konzil unterstützte den Prozess durch die Hinwendung zur Welt.

2. die Konsolidierungsphase (1972-1979) in Konfrontation zu dem konservativen Klerus.

3. die dritte Periode wird durch die Bischofskonferenz in Puebla eingeleitet und durch die revolutionären Prozesse in Zentralamerika und die Demokratisierung im Cono Sur geprägt.

4. seit 1984 verstärken sich die Angriffe neokonservativer Kirchenkreise gegen die Theologie der Befreiung, wenngleich die Glaubenskongregation des Vatikans 1986 einige Grundpositionen der Befreiungstheologie anzuerkennen nicht umhin konnte (vgl. Elrod, 1989).

Die kath. Kirche hat auch die Entfaltung der Psychologie in LA entscheidend beeinflusst und zwar sowohl hemmend als auch fördernd. Die Experimentelle Psychologie galt z.B. bis in die 30er Jahre noch als "materialistisch" und wurde bekämpft. Einer der Gründe für die Schließung des experimentalpsychologischen Laboratoriums in Rio de Janeiro (1932) waren die wiederholten Angriffe der kath. Kirche (vgl. Stubbe, 2001). Auch die Psychoanalyse wurde als "amoralisch" charakterisiert. Andererseits haben viele lateinamerikanische Geistliche wichtige Beiträge zur Psychologie geliefert und auch die vielen katholischen Universitäten (z.B. PUC) sind bei der Gründung von Psychologischen Instituten Vorreiter gewesen. Mit der 1941 erlassenen jesuitischen Gesetzgebung die Lehre betreffend wurde im Philosophie-Kurs ein obligatorisches Studium der Experimental-Psychologie vorgeschrieben, als Komplement zur Metaphysik und als Basis für die Pädagogik. Bereits *Papst Pius XI.* (1857-1939) hatte durch seine Enzyklika "Deus scientiarum Dominus" (1931), durch welche auf der ganzen Welt Gesetzgebung und Lehrpläne der Päpstlichen Universitäten reformiert wurden, die Wege für die Psychologie geöffnet. Zu Fragen der Psychoanalyse und Psychotherapie hat *Papst Pius XII.* (1876-1958) im Jahre 1953 Stellung genommen (vgl. Székely, 1958: 449ff).

11. die *instabilen politischen und ökonomischen Verhältnisse*, die starke Dependenz von den Industrienationen bzw. früher von der Sowjetunion (im Falle Kubas) und das geringe Maß an verwirklichter Demokratie (autoritärer und zugleich "schwacher Staat") haben die lateinamerikanische Neuzeit in starkem Maße bestimmt. Sie haben auch zu einer Reihe von Kriegen (vgl. Falkland-Krieg) und Konflikten geführt. Diktatorische (Militär-)Regime zwangen viele lateinamerikanische Intellektuelle zur politischen Emigration. Unter den "desaparecidos" (Verschwundenen) befinden sich auch viele PsychologInnen. Psychologie als eine gesellschaftskritische Wissenschaft war in allen Diktaturen bisher verdächtig. Lateinamerikanische Psychologen wurden verfolgt und gefoltert (vgl. Stubbe & Langenbach, 1988; Geuter, 1978; Stubbe, 2012:218f). Andererseits haben die Folterer ihre Kenntnisse und Techniken auch aus der Psychologie bezogen (s. unten Folter).

Die Fragen der Friedenssicherung, sozialen Gerechtigkeit und Demokratisierung in LA gehören nicht nur in den Ethik-Kodex der Psychologen, sondern stellen auch ein vornehmliches Arbeitsgebiet der bisher in LA wenig entwickelten Politischen Psychologie dar. Andere Themen betreffen etwa das Wahlrecht der Analphabeten, die Psychologie in der (Militär-) Diktatur, die Psychologie der Folter, die Rolle der politisch bedingten Angst in der Gesellschaft, das Wahlverhalten etc. Obwohl der Prozess der Dekolonisation seit Anfang des 19. Jhs. allmählich vorangeschritten ist, zeigt sich noch heute nicht nur im ökonomischen Bereich sondern auch im wissenschaftlich-kulturellen Sektor eine starke Abhängigkeit von den Industrienationen des Zentrums. *Margaret Mead* sprach einmal im Hinblick auf die Expansion der nordamerikanischen und europäischen Psychiatrie von einem "psychiatrischen Imperialismus". Analoges gilt aber auch für die Psychologie in LA. Obwohl sich die große Masse der in den Zentrumsländern entwickelten psychologischen "Theorien", Psychotherapien, Modelle der Angewandten Psychologie und Sozial-Psychologie als unangepasst bzw. unbrauchbar erwiesen haben, werden diese "Psychologien" immer noch als Modernisierungs-Agenten implantiert.

Man muss sich klar vor Augen halten, dass die bisher entwickelten "westlichen Psychologien" auf Stichproben basieren, die zu über 95% aus Nordamerikanern und Europäern, Weißen, Studenten, Mittelschichtangehörigen, Christen (vor allem Protestanten), Männern (vgl. den geringen Anteil von "großen" Psychologinnen: bei *Bonin* (1983) 5,4%, bei *Zusne* (1984) 2%!) und Stadtbevölkerung bestehen. Im Hinblick auf die Gesamt-Menschheit handelt es sich dabei aber nur um "Extremgruppen-Studien", die keinerlei Anspruch auf Allgemeingültigkeit erheben können. Hier kommt besonders deutlich der implizite Ethnozentrismus und Rassismus der Psychologien des Zentrums zum Ausdruck, die ihre Ergebnisse für "universal" halten (s. unten).

Auch hinsichtlich der Themen werden den Entwicklungsländern noch immer psychologische Fragestellungen aufgezwungen, die keinerlei Relevanz für diese Länder besitzen, aber den Ländern des Zentrums Informationen und Kontrollmöglichkeiten verschaffen. Hier ist eine Neubesinnung zu verlangen und in Analogie zur Theologie der Befreiung eine "Dekolonisation der Psychologie" bzw. eine "Psychologie der Befreiung" zu fordern.

Der kolumbianische Psychologe *Ruben Ardila* (1986) hat als die wichtigsten spezifischen *Wissenschaftsprobleme der Psychologie* in LA folgende aufgezählt:

> 1. die juristische Anerkennung des Psychologenberufes, die noch nicht in allen lateinamerikanischen Ländern verwirklicht worden ist.
> 2. das Bild der Psychologie in der Öffentlichkeit, das zwar realitätsgerechter geworden ist, aber vor allem die diagnostischen und therapeutischen Funktionen des Psychologen in den Vordergrund hebt.
> 3. die Inadäquatheit der wissenschaftlichen und beruflichen Ausbildung, das Missverhältnis zwischen Theorie und Praxis, die Uneinheitlichkeit der Psychologie-Curricula, etc.
> 4. das Fehlen von Fach-Bibliotheken, Fernleihdiensten, Bibliographien, Informations- und Dokumentationszentren.
> 5. der Mangel an gut ausgerüsteten Laboratorien für die Forschung und Ausbildung.
> 6. die geringe finanzielle Förderung der Forschung durch nationale Forschungsfonds.
> 7. die geringe oder fehlende Kommunikation der PsychologInnen in LA sowohl untereinander als auch mit der übrigen Welt (insbesondere der „Dritten Welt").
> 8. die hohe und steigende Anzahl der PsychologInnen in LA, mit der Probleme wie Arbeitslosigkeit und Zulassungsbeschränkungen verbunden sind.
> Hinzu kommen noch weitere Probleme, die von *Ardila* nicht genannt werden, die aber dennoch gravierend sind wie
> 9. der "brain-drain" lateinamerikanischer Psychologen in Industrieländer (vor allem USA), der vielerlei Schaden bringt, da es sich oftmals um die fähigsten PsychologInnen handelt, die ins Ausland gehen.
> 10. die häufige Forschungsfinanzierung durch ausländische "Auftraggeber". Die Kriterien der Selektion dieser Forschungsförderung sind oftmals nicht klar definiert und vor allem politisch, wirtschaftlich und religiös motiviert, aber meist wenig mit den Grundbedürfnissen der jeweiligen Bevölkerung abgestimmt. Man könnte also analog zu *Erler's* "tödlicher Entwicklungshilfe" von einer "psychisch dissoziierenden desozialisierenden bzw. neurotisierenden Entwicklungshilfe" sprechen.
> 11. die starke Dependenz der Psychologie in Lateinamerika in Theorie und Praxis. Sie lässt sich anhand von Zeitschriftenanalysen, aber auch Zitationsindizes gut belegen (s. unten)

Es gibt noch keine eigentliche lateinamerikanische Sozial-Psychologie, Entwicklungs-Psychologie, Persönlichkeits-Psychologie etc. Man verwendet vorwiegend Übersetzungen ausländischer Lehrbücher bzw. schreibt Lehrbücher, die fast nur Bibliographien außerlateinamerikanischer Autoren enthalten. Peinlich wird dies, wenn wie in der Bibliographie der 10. Auflage der "Psicologia Social" des brasilianischen Psychologen *A. Rodrigues* von 426

Titeln nur 4% aus Brasilien bzw. Lateinamerika stammen. Dies ist aber kein Einzelfall, sondern macht nur deutlich, unter welchem massiven Druck die psychologische Forschung in Lateinamerika steht. Typische o.g. lateinamerikanische Themen z.B. die Situation der „Indianer", Afrolateinamerikaner, die Körpersprache der Lateinamerikaner, Enkulturation, Sprache, Um-welt, Urbanisation, Migration etc. werden kaum behandelt. Auch im angewandten Bereich macht sich die Dependenz vor allem in der Psychodiagnostik und Test-Psychologie bemerkbar. Viele gebräuchliche Tests werden der lateinamerikanischen Realität nicht angepasst. Wenn im TAT nur weiße Personen abgebildet sind, so ist seine Verwendung bereits diskriminierend, denn LA ist gerade durch seine ethnische Vielfalt und Vermischung bekannt. Viele ausländische Intelligenz- und Leistungs-Tests wurden in LA nicht standardisiert, sondern lediglich übersetzt und finden dennoch Verwendung.

Die Übersetzungen von grundlegenden Werken der Psychologie sind oftmals fehlerhaft und irreführend, wie z.B. an den Übersetzungen des Gesamtwerkes von *Sigmund Freud* leicht gezeigt werden kann. Den Werken von *Wundt*, *Pawlow's*, *James*, *Janet* u.v.a.m. erging es nicht anders (s. unten).

Es ist noch nicht genügend klar ins Bewusstsein gekommen, dass Dependenz auch ein kulturdestruktiver Vorgang ist, der ähnlich wie in einem exorzistischen Verfahren den Lateinamerikanern ihre eigene "Seele" aus dem Leibe treibt.

Zur Geschichte der Experimentalpsychologie in Lateinamerika (bis ca. 1960)

1. Von Fechner bis Piaget. Zur Rezeption der europäischen Psychologie in Lateinamerika

Eine Aufnahme- und Wirkungsgeschichte-Geschichte der europäischen Psychologie in Lateinamerika kann auf vielfältige Weise bearbeitet werden. Vor allem folgende *Hauptquellen* stehen uns dabei zur Verfügung:

> 1. Die Analyse der europäischen Auswanderung - insbesondere der geistigen Eliten - und des Exils. Es hat in der Vergangenheit verschiedene europäische Auswanderungswellen nach Lateinamerika gegeben, die ursächlich mit den politischen, sozialen und ökonomischen Krisen Europas zusammenhingen, etwa das Scheitern der politischen Bewegung von 1848 oder der aufziehende Faschismus in Europa (vor allem in Italien, Deutschland, Spanien und Österreich). Unter den Emigranten und Exilanten befanden sich auch viele Psychologen und Psychotherapeuten (vgl. Stubbe, 2012:197-204).

> 2. Lateinamerikanische Übersetzungen europäischer psychologischer Werke (z.B. Wundt, Freud, Köhler, Janet, Claparède, Ribot, Adler, Jung, Galton etc.).

> 3. Lehrtätigkeiten europäischer Psychologen in Lateinamerika (z.B. Krueger, Jesinghaus, Caruso, Mange, Keller, Mira y López, Antipoff, Radecki, etc.).

> 4. Vortragsreisen deutschsprachiger und europäischer Psychologen durch Lateinamerika (z.B. Köhler, Janet, Claparède etc.).

> 5. Bestandsanalysen psychologischer Bibliotheken in Lateinamerika (z.B. Stubbe, 1987:162)

6. Teilnahme lateinamerikanischer Psychologen an europäischen bzw. deutschen Psychologie-Kongressen und vice versa (z.B. Ingenieros 1905 in Rom).

7. Zitations-Analysen und -Indizes lateinamerikanischer psychologischer Publikationen (z.B. Léon, 1983).

8. Reisen und Studienaufenthalte lateinamerikanischer Psychologen in Europa (z.B. Campos, 1928).

9. Korrespondenzen zwischen europäischen und lateinamerikanischen Psychologen (z.B. Blumenfeld-Nachlaß in Lima, Wundts und Freuds Korrespondenz mit Lateinamerikanern).

10. Verbindungen lateinamerikanischer und europäischer psychologischer Gesellschaften (ein Forschungsdesideratum!).

In den folgenden, vorläufigen Ausführungen kann selbstverständlich nur eine impressionistische Übersicht der Aufnahme- und Wirkungs-Geschichte der europäischen Psychologie in Lateinamerika gegeben werden, und dies soll dem exemplarischen Prinzip folgend, anhand einiger (in Lateinamerika) bekannter PsychologInnen und psychologischer Theorien bis ca. 1960 getan werden.

Die *Geschichte der Psychologie in Lateinamerika* lässt sich heuristisch in folgende 5 Phasen einteilen:

- Die Phase der *Proto-Psychologie*, d.h. vor allem Ethnopsychologie der Ureinwohner (einschl. der indianischen Hochkulturen z.B. Inca, Maya) Lateinamerikas und der Afro-Lateinamerikaner;
- die Phase der *Missionspsychologie* (1492-ca. 1800), die mit dem Zeitalter der Entdeckung durch die Spanier und Portugiesen beginnt und mit der Vertreibung der Jesuiten (1759) endet;
- die *positivistische Phase* (ca. 1800-ca. 1900), in die auch die politischen Unabhängigkeitsbewegungen fallen (z.B. Venezuela, 1811; Paraguay, 1811; Argentinien, 1816; Peru, 1821; Brasilien, 1822; Uruguay, 1828, etc.);
- die Phase der *Institutionalisierung der (Experimental-)Psychologie* (1900-ca. 1960): Gründung experimentalpsychologischer Laboratorien (z.B. 1898 Argentinien, 1907 Brasilien etc.); und schließlich
- die Phase der *Expansion* seit den frühen 60er Jahren, in die oftmals auch eine Psychologengesetzgebung fällt (z.B. 1962 in Brasilien).

Fechner in Brasilien

Es hat den Anschein, dass sich der erste Hinweis auf Fechner in Brasilien im Werk des Philosophen *Raimundo Farias Brito* (1862-1917) findet. Brito, der der spiritualistischen Tradition entstammt und während seines juristischen Studiums in Recife über Tobias Barreto de Meneses (1839-1889) mit der deutschen Kultur in Berührung gekommen war, ist für die brasilianische Psychologie vor allem durch seine kritisch-historische Betrachtung der Psychologie wichtig. Er gibt nicht nur ausführliche Informationen über die Entwicklung der Experimentellen Psychologie bis in das erste Jahrzehnt des 20. Jahrhunderts (z.B. Wundt, Binet, Titchener, Würzburger Schule), sondern zeichnet sich durch seine phänomenologisch und manchmal existentialistisch anmutende Betrachtungsweise aus (vgl. Penna, 1987).

Zum Stand der brasilianischen Psychologie seiner Zeit stellt er lapidar fest:

"In unserem Land gibt es unglücklicherweise nichts, was hier erwähnenswert wäre." (Brito, 1912: 277)

Diese Einschätzung der Situation der brasilianischen Psychologie um 1910 ist jedoch nicht korrekt, denn seit dem Jahre 1900 liegen in Brasilien experimentalpsychologische und methodologische Arbeiten vor (z.B. Roxo, 1900), und bereits 1905 wurde das erste Experimentalpsychologische Laboratorium in Rio de Janeiro gegründet, das unter der Leitung von *Manoel Bomfim* (1868-1932), einem Schüler von Georges Dumas (1866-1946), seine Arbeit aufnahm. Auch im "Hospital dos Aliendos" wurde kurz darauf (1907) unter der Leitung von *Mauricio de Medeiros* (1885-1966), ebenfalls Schüler von Dumas, ein zweites Laboratorium gegründet (vgl. Olinto, 1944; Stubbe, 1987) (s. unten).

In seinen Werk *"A Base Fisica do Espirito"* (Die physische Grundlage des Geistes) (1912), das den Untertitel trägt *"Historia summaria do problema da mentalidade como preparaçâo para o estudo da philosophia do espirito"* (Abrißhafte Geschichte des Problems der Mentalität als Vorbereitung auf das Studium der Philosophie des Geistes), gibt Brito eine gedrängte Geschichte der experimentellen Psychologie. Im VIII. Kapitel des Buches behandelt er ausführlicher die deutsche experimentalpsychologische Schule, beginnend mit *Tetens* (1736-1807), über *Weber* (1795-1878), *Fechner* (1801-1887) bis hin zu *Wundt* (1832-1920) (Brito, 1912: 234-276). Wir können dabei feststellen, dass Brito sich im Großen und Ganzen gut über die deutsche Psychologie und die Fechnersche Psychophysik und ihre Kritik informiert zeigt. Jedoch kannte er Fechners Werke nicht im deutschen Originaltext, sondern fußt in seiner Darstellung und Kritik vor allem auf den französischen Büchern bzw. Übersetzungen von *Delboeuf* ("Examen critique de la loi psychologique"), *Foucault* ("La psychophysique"), James ("Philosophie de l'expérience"), *Ribot* ("La psychologie allemande contemporaine"), *Lange* ("L'histoire du materialisme"), *Wundt* ("La psychologie physiologique"), *Kostyleff* ("La crise de la psychologie expérimentale") und *Bergson* ("Essai sur les données immediates de la conscience").

Insbesondere *Théodule Ribot* (1839-1916) hat mit seinen Übersichten über die englische und deutsche Psychologie beträchtlichen Einfluss auf das psychologische Denken der lateinamerikanischen Intelligenz ausgeübt (vgl. Ribot, 1870, 1879; Lourenço Filho, 1939).

"Fechner", schreibt Brito, "ist einer der bedeutendsten Gestalten der philosophischen Kultur Deutschlands. Ein außerordentlich weiter und komplexer Geist, ist er unter den verschiedenen Gesichtern, die er uns zeigt, jedesmal origineller und tiefer, indem er Tendenzen verbindet, die auf den ersten Blick unvereinbar erscheinen. Zum Beispiel: Fechner ist der phantasievollste und wagemutigste der Mystiker und zur gleichen Zeit der rigoroseste und unnachgiebigste Gelehrte, unbeugsam bei seinen Prozessen der Verifikation und des Beweises, unermüdlich in der Anwendung der objektiven Methoden der Wissenschaft ... Zusammengefasst: Er ist der wirkliche Schöpfer der Experimentellen Psychologie gewesen, denn er war es, der ihre Suche und Methode systematisierte, indem er den noch unvollständigen Versuchen von Tetens und Weber eine definitive Organisation gab und auf sichere und entschiedene Weise eine Forschungsrichtung befestigte, die für alle nachfolgenden Arbeiten als Grundlage dienen muss." (Brito, 1912: 242f.)

Im Folgenden macht Brito summarisch Ausführungen über das Objekt der Psychophysik, die Unterscheidung zwischen innerer und äußerer Psychophysik, den Begriff der Unterschiedsschwelle und das Fechnersche Gesetz. In diesem Zusammenhang erwähnt er Donders, Exner, Mach, Stumpf, Ziehen, Ebbinghaus, Münsterberg, Külpe, Lipps, Merkel und Meumann.

In der abschließenden kritischen Beurteilung der Psychophysik Fechners stützt sich Brito vor allem auf Bergsons Schrift "Essai sur les domnées immédiates de la conscience" (1889) und auf Foucault (vgl. Brito, 1912: 254ff; Penna, 1987b, 1987c). Elf Jahre nach Britos Überblick beschreibt der Arzt, Historiker, Anthropologe, Pädagoge und Psychologe *Manoel Bomfim* (1868-1932) in seinem Werk *"Pensar e Dizer"* (1923) (Denken und Sprechen) die Krise der experimentellen Psychologie folgendermaßen:

> "Es ist wahr, daß in dem letzten halben Jahrhundert die Laboratorien scheinbar ein Monopol im Studium des Geistes besaßen. Der Erfolg der Untersuchungen Webers, Fechners, Wundts, Binets ... wurde allgemein gefeiert. Es bildeten sich Bataillone von Schwellenmessern des Bewußtseins und Reaktionszeitnehmern mit der unsinnigen Prätention, auf diese Weise die psychischen Aktivitäten erfassen zu wollen und sie auf Maße und Kurven, die vom Weberschen Zirkel und Hippschen Chronoskop geliefert wurden, zu reduzieren" (Bomfim, 1923: 23).

Und in der Fußnote heißt es:

> "Als ich 1902 das erste Mal in Paris war, um aus der Nähe die psychologischen Forschungsmethoden kennenzulernen, war die Krise des Glaubens an und die Desillusionierung über die Laboratorien schon sehr stark bemerkbar" (Bomfim, 1923: 23).

Im reichhaltigen Werk des polnischen Experimentalpsychologen und Claparède-Schülers *Waclaw Radecki* (1887-1953), der ab 1923 in Brasilien wirkte (ab 1932 in Montevideo und Buenos Aires), finden sich vielfache Hinweise auf Fechner und Wundt. So zitiert er z.B: in seinem *"Tratado de Psicologia"* (1929) Wundt 48mal und Fechner 3mal (s. unten Brasilien). Das Werk Sigmund Freuds, das seit 1914 (erste Dissertation über die Psychoanalyse in Brasilien, vgl. Stubbe, 2013) und besonders seit 1923 mit der spanischen Übersetzung von Ballesteros einen immer bedeutenderen Einfluss auf die intellektuellen Kreise Lateinamerikas gewinnt, enthält bekanntlich viele Konzepte der Fechnerschen Psychologie (vgl. Ellenberger, 1956, 1973) und hat somit auch indirekt zur Verbreitung Fechnerschen Gedankengutes beigetragen. Den lateinamerikanischen Psychologen und Psychoanalytikern ist diese Tatsache jedoch nur selten bekannt.

In seinem Lehrbuch *"Psicologia Experimental"* zitiert der ab dem Jahre 1941 in Rio de Janeiro lehrende polnische Jesuitenpater *P. Siwek* (1913-?) Fechner 8mal (vgl. Misiak & Staudt, 1954:234f; Stubbe, 1988:189f). Sich auf Baldwins "History of Psychology" (1913) berufend, schreibt Siwek im einleitenden Kapitel über die Psychophysik:

> "Die Psychophysik brachte der Psychologie eine beträchtliche Stimulierung. Sie versuchte die psychischen Akte mit Hilfe der Physiologie zu erklären. Es gelang ihr auf diese Weise, gewisse Aspekte der Psychologie aufzuhellen (Weber, Fechner); aber in bestimmten

Momenten ordnet sie sich völlig der Physiologie unter (Priestley, Auguste Comte) und bringt die Psychologie in Gefahr, überflüssig zu werden. Auf jeden Fall verschmähte sie zu sehr das direkte Studium der psychischen Akte vermittels der Introspektion." (Siwek, 1949: 24)

Und später heißt es:

"Wie müssen wir die Psychophysik beurteilen? ... Es ist unbezweifelbar, dass ein gewisser Parallelismus zwischen Psychischem und Physischem existiert. Und es ist völlig legitim zu untersuchen, bis wohin sich dieser Parallelismus ausdehnt. Um diese Frage beantworten zu können, ist es absolut notwendig, die Introspektion zu konsultieren, die ja die Hauptmethode bei jeglicher psychologischen Untersuchung ist ... Aber es sind gerade die Psychophysiker, die die Introspektion bekämpfen. Und dies ist ihr größter Fehler. Wenn sie wirklich konsequent wären, müssten sie die Frage nach der Existenz einer wirklichen Interaktion zwischen Psychischem und Physischem oder nach einer Kausalität im eigentlichen Sinne, völlig beiseite legen, denn dieses Problem ist eine philosophische Frage par excellence. Indem sie diese Interaktion negieren, begehen die Psychophysiker einen kapitalen methodischen Fehler (hier bezieht sich Siwek auf seine "Psychologia Metaphysica" (1939) Anm. des Verf.). In der gleichen Weise ist die Behauptung vieler Psychophysiker, dass Psychisches und Physisches die gleiche Realität konstituieren, die nur auf zwei verschiedene Weisen zum Ausdruck komme, eine metaphysische Behauptung. Sie ist ein Vorurteil." (Siwek, 1949: 41)

Im 4. Kapitel über Messung referiert Siwek ausführlich den Inhalt der" Elemente der Psychophysik", die auch in der Bibliographie in deutscher Sprache erscheinen.

Die Bedeutung des auf „race differences" spezialisierten kanadischen Sozialpsychologen *Otto Klineberg* (1899-1992) für die brasilianische Psychologie - er lehrte von 1945 bis 1947 in São Paulo - besteht nicht nur in der von ihm eingeleiteten Reform der Ausbildung im Fach Psychologie, die sich an dem us-amerikanischen Modell orientierte, sondern auch in der Herausgabe des Sammelbandes *"Psicologia Moderna"* (1953), der zum ersten Male auch die Ergebnisse der brasilianischen Psychologie zusammenfasst. Dieses Werk gibt eine gute Übersicht über den Stand der brasilianischen Psychologie in den ersten Nachkriegsjahren und bildet eine Zäsur. Es macht auch bereits die Wandlungen des ausländischen Einflusses deutlich: dominierte bis etwa 1930 der europäische Einfluss, so werden jetzt vor allem nordamerikanische Autoren zitiert (d.h. 70% der umfangreichen Bibliographie sind nordamerikanischen, 10% deutschen Ursprungs).

In der "Psicologia Moderna" wird in dem von *Anita Cabral* geschriebenen Kapitel "Schulen und Systeme der Psychologie" kurz auf Fechner eingegangen. Sie schreibt:

"Fechners Psychophysik war eine neue Wissenschaft, eine Psychologie, die nicht mehr nur ein Zweig der Philosophie, noch der Psychologie war, sondern sich wirklich unabhängig präsentierte, mit einem spezifischen Objekt und einer eigenen Methode." (Cabral. 1953: 13)

Auch *Lourenço Filho* (1953: 301) geht in der historischen Einleitung seines Beitrages über "Erziehungspsychologie" kurz auf die Bedeutung der "Psychophysik" Fechners in der Psychologiegeschichte ein.

Mit dem brasilianischen Psychologen-Gesetz vom Jahr 1962, dessen 25jähriges Jubiläum 1987 feierlich begangen wurde, expandiert die Psychologie in Brasilien im Hinblick auf die Zahl der Psychologiestudierenden, der Psychologiekurse, der Zeitschriften, der Publikationen, der Psychologischen Gesellschaften, der Syndikate und niedergelassenen Psychologen. Die Fragen der angewandten, insbesondere der klinischen Psychologie rücken immer mehr in den Vordergrund des Interesses der psychologischen Forschung und Praxis (vgl. Stubbe, 1985, 1987, 2001). Die sich rapide entwickelnde Buchproduktion im Bereich der Psychologie (vor allem Übersetzungen) schlägt sich auch in den vielen *Psychologischen Lexika* nieder, in denen im allgemeinen korrekt auf Fechner, seine Biographie und die Psychophysik eingegangen wird (vgl. Netto, 1985).

In einer kleinen Befragung von Psychologiestudierenden versuchte Stubbe in den 80er Jahren, das Wissen über Fechner zu prüfen. Er konnte dabei feststellen, und dieses Ergebnis dürfte für brasilianische (wie übrigens auch für deutsche) Psychologiestudierende repräsentativ sein, dass heute nur sehr wenige Studierende etwas mit Fechner verbinden oder Kenntnis über die Psychophysik besitzen. Stubbe hat deshalb angeregt, dass die Psychologiegeschichte stärker in den Lehrplan eingebaut werden sollte, und 1987 zur Stimulierung psychologiehistorischer Forschung ein *Internationales Seminar über Geschichte der Psychologie in Brasilien* (PUC-RJ) organisiert, die erste psychologiehistorische Veranstaltung Lateinamerikas, in der sich auch Beiträge über Fechner finden (vgl. Stubbe, 1987; Stubbe & Langenbach, 1988). Psychologiegeschichte gehört heute zum festen Bestand der Psychologie-Ausbildung z.B. an der PUC-Rio de Janeiro.

Allgemein kann man feststellen, dass nicht nur in Brasilien die Präsenz Fechners im Denken unseres Jahrhunderts überwiegend verborgen geblieben ist. Sie hat aber dennoch großes Gewicht.

Exkurs: Fechner und die indianische Welterfahrung - Eine Fechnersche Spekulation à brasileira

Fechner schreibt 1825, als er gerade in einer Art Phantasiespiel "Die Anatomie der Engel" traktiert, in einem Brief an den von ihm bewunderten Jean Paul über seinen seltsamen Hang zur Spekulation folgendes:

> "... daß ich überall im Einzelnen gern ein Ganzes finden oder es dazu verarbeiten möchte, nur daß ich zu letzterem leider in der Kunst, die meine Neigung den Wissenschaften vorziehen würde, der inneren Bedingungen ermangele." (zit. nach Lasswitz, 1902: 38f)

Fechner ist in seinen zahlreichen naturphilosophischen Schriften nachhaltig vom romantischen Denken beeinflusst, das über die Pflanzen-, Tier- und Menschen-Seele wie über die Gestirne und die Engel spekuliert und einen Gesamtentwurf vom Wesen des Seienden anstrebt. In der "Zend-Avesta oder über die Dinge des Himmels und des Jenseits vom Standpunkt der Naturbetrachtung" (1851) heißt es:

> "Die Ansicht, daß die ganze Natur lebendig und göttlich beseelt sei, ist uralt und hat sich in der Religion der Naturvölker, wie der Naturphilosophie der gebildeten Völker bis auf die neuesten Zeiten fortgepflanzt. Sie schließt die Anerkennung einer individuellen

Beseelung nicht aus, vielmehr erweitert sich mit Anerkennung der Beseelung des Ganzen von selbst die der individuellen Teilwesen ... Dessenungeachtet ist die folgende Schrift nach ihrem allgemeinsten Gesichtspunkte nichts als ein Versuch, dieser fast verschollenen Ansicht wieder Geltung zu verschaffen." (Fechner, 1984: 57)

Hier deckt sich Fechners Weltanschauung oder sollte man besser sagen seine Religiosität mit dem *"Kosmotheismus"*, *"Animismus"* und *"Panpsychismus"* der südamerikanischen „Indianer", die im 19. Jh. vor allem auch von deutschen Reisenden und Völkerkundlern wie z.B. Langsdorff, von Wied, von Martius, Bastian, von den Steinen etc. wissenschaftlich erforscht wurden (vgl. Gusinde, 1946; Koch-Grünberg, 1900; Schaden, 1981).

Was den "Kosmotheismus" der „Indianer" angeht, so finden sich hier deutliche Parallelen zu Fechners Auffassung, wonach der Kosmos die profane Gestalt Gottes ist. Jedes innerweltlich Seiende ist hiernach ein Organ des natürlichen oder kosmischen Ganzen. Von der Schöpfung als einem Leib Gottes spricht Fechner in seiner "Zend-Avesta" (1851) nicht bloß gleichnishaft, sondern naturalistisch buchstäblich.

Indianischer Mythos, Kult und Frömmigkeit können in der Formulierung "Kosmotheismus" (Hartmann, 1973) zusammengefasst werden. Menschen, Götter und sämtliche Naturerscheinungen bilden hiernach eine Einheit. Ein Teil kann ohne die anderen Ingredienzien nicht existieren und alle Komponenten gewährleisten den Fortbestand der Welt.

"Im seelisch-religiösen Bereich mündet diese Bindung in eine unzerbrechliche Ehrfurcht vor dem Weltganzen. Kein Indianer fühlt sich ausgeliefert an eine feindliche Umwelt - dergleichen gehört zur gelehrten Schematik - sondern hält sich für ein Kind der allgemeinen Mutter und für ein Ziel ihrer nie endenden Fürsorge." (Müller, 1981: 42)

Kern indianischer Frömmigkeit ist der Glaube an den geschwisterlichen Verband aller Wesen und Erscheinungen.

Stellen wir uns einmal vor, Fechner hätte in seinen alten Tagen Brasilien besucht, um hier seine ästhetischen Experimente in transkultureller Hinsicht zu überprüfen, psychophysikalische Untersuchungen vorzunehmen und Befragungen durchzuführen. Er wäre also - brasilianische „Indianer" waren ja gerade in Leipzig und Berlin en vogue - zum Xingú (vgl. Hartmann 1986) gefahren und hätte auf einer kleinen Missionsstation mit seinen Experimenten begonnen: eine stationäre ethnopsychologische Feldforschung!

Wie soll man sich aber mit den „Indianern" verständigen? Dies wäre wohl die erste Frage gewesen. Soll man ihre Sprache erlernen? Das wäre sicher zu mühsam gewesen, zumal damals nur wenige Wörterlisten indianischer Idiome im Deutschen existierten (z.B. Wörterlisten von Wied, 1820/21; von Martius, 1823/31; vgl. auch Cascudo, 1977:178) und zum anderen Forschungsreisende meistens nur wenig Zeit zur Verfügung haben. Soll man sich einer universell gültigen Zeichensprache bedienen, wir würden heute von "non-verbaler Kommunikation" oder "Körpersprache" sprechen? Aber bedeutet in den brasilianischen indigenen Kulturen z.B. "Küssen", "Sich-an-die-Stirn-tippen", "bei der Begrüßung weinen", "sich hinhocken" etc. nicht etwas völlig anderes als in Leipzig?!

Also bediente sich Fechner wie viele Reisende vor ihm eines "halbzivilisierten" Dolmetschers, der genau "weiß", was europäische Naturforscher im allgemeinen wissen wollen und sich dementsprechend darauf einstellt, denn schließlich bekommt er eine Belohnung für seine Arbeit und will gefallen. Damit wäre das Problem der experimentellen Instruktionen weitgehend gelöst und Fechner hätte mit seinen eigentlichen Experimenten beginnen können. Er lässt die „Indianer" einzeln in sein Urwaldlaboratorium rufen und exponiert vor ihnen die (echte) Darmstädter Madonna und die Dresdner Madonna mit der Frage welche von beiden die schönere sei.

Vielleicht wird er später auch noch Experimente zum Goldenen Schnitt durchführen und sich dabei der Herstellungsmethode bedienen. Ihm wird aber bald auffallen, dass in den indigenen Kulturen Brasiliens das Rechtwinklige und Eckige relativ selten auftritt, und dass die „Indianer" scheinbar über eine andere Form- und Farb-Wahrnehmung verfügen, und zudem auch völlig anderen Schönheitsidealen huldigen als die an dem klassisch-antiken Schönheitsideal geschulten, in Kleider gehüllten Europäer. Hier hätte sich ihm vielleicht die Frage nach der Angeborenheit bzw. Kulturrelativität der ästhetischen Normen aufdrängen können. Übrigens findet sich der „goldene Schnitt" auch in einigen großen Fächern der Indigenen!

Es mag aber auch sein, dass Fechners Experimente nur enttäuschende Resultate gezeitigt hätten und er empört über so viel "Wildheit", "Barbarei" und "Psychologiefeindlichkeit" eiligst in sein geliebtes Leipzig zurückgekehrt und den Xingú Xingú hätte sein lassen und die „Indianer" ihren Missionaren anvertraut hätte, damit sie "erst einmal Zivilisation lernen sollen".

Es könnte aber auch sein, und diese Möglichkeit erscheint sogar wahrscheinlicher, dass Fechner bei den brasilianischen „Indianern" gerade das entdeckt hätte, was er in Leipzig vergeblich suchte, und wonach er sich sehnte, nämlich die Übereinstimmung des Menschen mit der Natur, das Fehlen jeglicher ökologischer Zerstörung, der Glaube an Geister, an Reinkarnation, an das Seelenleben der Pflanzen (s. unten), die Weisheit indianischen Lebens, die Freundlichkeit, Anmut und Hilfsbereitschaft untereinander. Er wäre deshalb vielleicht geblieben, wie so viele Deutsche (z.B. der Jenaer Zeiss-Lehrling Kurt Nimuendajú-Unkel, Herbert Baldus, u.v.a.m.; vgl. Stubbe, 2020).

Fechner hätte höchstwahrscheinlich bei den Xingú-Indianern ethnopsychologische Beobachtungen machen können, die ihn zu der Überzeugung geführt hätten, dass auch die „Indianer" "monistische Spiritualisten" seien, weil sie die materiell erscheinende Wirklichkeit für an sich geistiger Natur halten. Auch würden sie so wie er nach jahrzehntelanger Denkarbeit das gesamte Universum für beseelt halten (Panpsychismus). Schließlich ließe sich sogar die "Tagesansicht", Fechner's Weltsicht von der individuellen Allbeseelung der Welt, dem pantheistischen Glauben an die Allgegenwart des Göttlichen, d.h. der Allseele, die von den Übeln der Welt unberührt bleibt bei den Xingú-Indianern finden.

Über Fechners Krankheit ist viel spekuliert worden. Der Psychiater Möbius (1894) interpretiert sie neurologisch als eine "akinesia algera", der Psychoanalytiker Hermann (1925) spricht von "Ödipuskomplex", "unerfülltem Kinderwunsch", "Identifizierung mit dem kranken Vater", "Schuldbewußtsein und Selbstbestrafung" etc., der Psychiatriehistoriker Ellenberger (1956, 1973) von einer "schöpferischen Krankheit", die er auch bei Sigmund Freud und C.G. Jung diagnostiziert, der Psychologe Bringmann (1976) schließlich von einer "komplexen Psychoneurose, die depressive, zwanghafte und hypochondrische Aspekte" gehabt hat. Die

Wahrnehmungspsychologin Abels (1986) schreibt hierzu luzide:

> "In einer Welt elementarer Apparaturen und Laboratorien, in denen Messungen der Reaktionszeit und der Geschwindigkeit der Nerventätigkeit die Psychologie auf einen einzigen Bereich, den der exakten Prüfung und Meßbarkeit, beschränken, meldet sich der eigene lebendige Leib in verzweifelter Verweigerung, um an die vielen existentiellen Fragen und Träume des Menschen zu erinnern." (Abels, 1986: 322)

Der Autor möchte den vielen Interpretationsversuchen, die wir im Nachhinein nicht überprüfen können, noch eine eigene Deutung hinzufügen: Hiernach enthält Fechners "Krankheit" alle Elemente einer *Initiation*, wie sie Fechner bei den Xingú-„Indianern" selbst hätte beobachten können: Fasten, Hunger, Schmerz, völlige soziale Isolation ("Abscheidung aus der Welt"), Dunkelheit, Begegnung mit dem Tod, psychoseähnlicher Zustand, Visionen, Schweigen, Erlösung und Reintegration (vgl. Baldus, 1939: 126ff). Sie folgt ganz dem Schema, wie es von Eliade (1961), Leach (1978) und Stubbe (1983) herausgearbeitet worden ist, als ein symbolischer "Wiedergeburtsvorgang", so wie der platonische Höhlenmensch von seinen Fesseln befreit aus seiner Höhle heraustreten und nun den wirklichen Ideen ansichtig werden kann. Fechner selbst schildert wie sein früheres Dasein geradezu erloschen und die "Krisis" eine Art "Puppenzustand" zu sein schien, aus dem er "verjüngt und mit neuen Kräften noch in diesem Leben hervorgehen könnte" (zit. nach Lasswitz, 1902: 44, 45).

Auch für die „Indianer" gibt es ja bekanntlich keinen endgültigen Tod im modernen (materialistischen) europäischen Sinne, sondern nur "Durchgänge" wie Geburt, Pubertät, Ehe, Tod, für deren Bewältigung bestimmte "rites de passage" (van Gennep, 1909) zum Tragen kommen. Vielleicht hätte Fechner die Begegnung mit den brasilianischen Indianern gerade diese tiefe Einsicht gebracht bzw. verstärkt.

Der Einfluss des Wundtschen Laboratoriums in Lateinamerika

Das experimentalpsychologische Werk *G. Th. Fechners* (1801-1887) und die Gründung des ersten Psychologischen Laboratoriums (1879) durch *Wilhelm Wundt* (1823-1920) in Leipzig hatten auch Auswirkungen auf Lateinamerika. Die deutsche und englische Experimental-Psychologie war hier vor allem über *Théodule Ribot's* (1839-1916) Werke "La psychologie anglaise contemporaine" (1870) und "La psychologie allemande contemporaine" (1879; erschienen im Jahr der Leipziger Laboratoriumsgründung!) rezipiert worden. Die Institutionalisierungsphase der Experimental-Psychologie in Lateinamerika beginnt mit der Gründung eines experimental-psychologischen Laboratoriums im "Colégio Nacional de Buenos Aires" im Jahre 1898 durch *Horacio Piñero* (1869-1919), dem die Psychologie in **Argentinien** viele experimentalpsychologische (vor allem psychophysiologische) Arbeiten verdankt. 1901 gründete er ein zweites Laboratorium in der "Faculdad de Filosofia y Letras" der Universität von Buenos Aires (vgl. Ingenieros, 1919; Beebe-Center & McFarland, 1941; Vezetti, 1988). In Argentinien war der Einfluß der deutschen Psychologie direkter, denn von 1906 bis 1908 lehrte hier der Leipziger Ganzheits- und Struktur-Psychologe und Wundt-Schüler *Felix Krueger* (1874-1948), dessen wichtigste Werke in Argentinien gedruckt wurden (vgl. Ingenieros, 1919; Papini, 1976; Gottheld, 1969; Vezetti, 1988) (s. unten Argentinien). Auch in anderen Ländern Lateinamerikas kommt es zur Einrichtung von psychologischen Laboratorien.

Die erste bedeutende experimentelle Arbeit in **Brasilien** trägt den Titel "Duração dos atos psiquicos elementares" (1900) und stammt von dem Psychiater *Henrique Roxo* (1877-1969). Roxo führte Reaktionsmessungen mit dem Psychometer von Buccola durch und stellt in dieser Untersuchung auch die entscheidende Bedeutung der experimentellen Psychologie für die Psychiatrie heraus. So wird denn auch bereits 1907 in Rio de Janeiro auf Betreiben des Psychiaters *Juliano Moreira* (1873-1933) im "Hospital Nacional de Alienados" ein "Laboratório de Psicologia Experimental" mit europäischen Apparaten eingerichtet. Es wurde von Mauricio de Medeiros, einem Schüler von *Georges Dumas* (1866-1942) geleitet. Medeiros entwickelte bei Dumas in Paris einen Dynamographen, der ihm später als erstem Brasilianer die Mitgliedschaft in der "Societé Française de Psychologie" eintrug. Auch ein anderer brasilianischer Arzt und Psychologe *Manoel Bomfim* (1868-1932) hatte 1902 Paris besucht, um sich über den Stand der französischen Experimental-Psychologie zu informieren. Er leitete 1906 ein experimentalpsychologisches Laboratorium in Rio de Janeiro (vgl. Olinto, 1944; Lourenço Filho, 1955; Stubbe, 1987). Der italienische Psychologe *Ugo Pizzoli*, der neben dem Deutschen *Ernst Meumann* (1862-1915), dem Schweizer *Edouard Claparède* (1873-1940) und dem Belgier *Ovide Decroly* (1871-1932) als Vorreiter der experimentell arbeitenden Pädagogischen Psychologie in Europa galt, gründete 1914 in São Paulo ein "Laboratório de Pedagogia Experimental" in der "Escola Normal Secundária de São Paulo". Sein Einfluss blieb jedoch relativ gering (Massimi, 1990). Die Entwicklung des psychologischen Laboratoriums, das von *Waclaw Radecki* zwischen 1924 und 1932 in Rio de Janeiro aufgebaut wurde, werden wir unten ausführlich behandeln.

In **Chile** gab die Leipziger Experimentalpsychologie den entscheidenden Anstoß zur Gründung eines Psychologischen Laboratoriums. Im Jahre 1908 wurde der Professor des "Institutio Pedagógico de la Universidad de Chile" Dr. *Guillermo Mann* damit beauftragt die notwendigen Laboratoriums-Apparate für das neuzugründende experimentalpsychologische Laboratorium in Deutschland zu besorgen. Ein Teil dieser nach Chile gebrachten Geräte wurde persönlich von Wilhelm Wundt ausgesucht. Von Mann, der dieses Laboratorium später leitete, stammen auch die ersten experimentalpsychologischen Arbeiten in Chile z.B. "Lecciones de Introducción a la Psicología Experimental" (1906). Sein Hauptforschungsgebiet war jedoch die Pädagogische Psychologie. Aus dem o.g. Laboratorium entwickelte sich 1941 das "Instituto de Psicología de la Universidad de Chile" (Santiago).

In **Mexiko** ist die Psychologie sowohl von der nordamerikanischen als auch von der europäischen Psychologie gleichermaßen in ihrer Entwicklung beeinflusst worden. In der ersten Etappe ist besonders der französische (Th. Ribot, P. Janet, H. Piéron) und deutsche (W. Wundt, O. Külpe) Einfluss spürbar. Der erste Lehrstuhl für Psychologie existiert in Mexiko seit 1896 (1893?) an der "Escuela Nacional Preparatoria". Gründer und Inhaber war *E.A. Chavez*, der zusammen mit *E.O. Aragón* die "Sociedad Mexicana de Estudios Psicológicos" (1901-1925) gründete. Im Auftrag dieser Gesellschaft wurde 1907 W. Wundts "Grundzüge der Physiologischen Psychologie" (1874) teilweise ins Spanische übersetzt und publiziert. Enrique O. Aragón hat in Mexiko nach dem Wundtschen Modell auch das erste Laboratorium für experimentelle Psychologie (1916) eingerichtet, das über 30 Jahre funktionierte (vgl. Diaz-Guerrero, 1983; Galindo, 1988). Es gab in der ersten Phase auch Wirkungen des Wundt-

Schülers *Edward Bradford Titcheners* (1867-1927) auf das psychologische Denken in Mexiko. Titchener hatte in den zwanziger Jahren in Mexiko unterrichtet und sein Lehrbuch "A primer of psychology" (1898) diente mehr als 25 Jahre (in der Übersetzung von Ezequiel A. Chavez) als Textbuch in Mexiko (vgl. Ribes-Iñesta, 1968; Ardila, 1971; Galindo, 1988).

Einen wichtigen Markstein in der Geschichte der Psychologie in **Kuba** stellen die Aktivitäten *Roberto Agramontes* (*1904) dar, der nach einem Jura- und Philosophie-Studium noch an der Columbia-University (USA) studierte. Er gründete 1934 offiziell das erste experimentalpsychologische Laboratorium in Kuba. Es hatte zwar schon verschiedene Laboratorien und Kliniken vor dieser Gründung gegeben (vgl. Vernon, 1944: 73f), aber sie dienten ausschließlich der "Paidologia" bzw. Kinder- und Jugendforschung. Agramontes „Allgemeine Psychologie" ("Compendio de Psicología, 1939) vertritt einen wenn auch nicht radikalen Behaviorismus und zeichnet sich durch vielseitige Kenntnisse der nordamerikanischen und europäischen Psychologie aus. Sein Psychologisches Kompendium orientiert sich an dem Gebrauch in der Lehrerausbildung (vgl. Kurschildgen, 1999) (Zum Einfluss der deutschen exakten Wissenschaften in Lateinamerika vgl. auch Pyeson, 1985).

Ribot's Wirkung

Thédule Ribot (1839-1916) gilt allgemein als Begründer der französischen Experimental-Psychologie, die er seit 1889 am "Collège de France" (Paris) vertrat. Er versuchte erstmals in Frankreich (ähnlich wie in Deutschland W. Wundt) die Psychologie von der Philosophie loszulösen und experimental-psychologische Methoden und Prinzipien in die Forschung einzuführen. In seinen beiden frühen Monographien "La psychologie anglaise contemporaine (Ecole expérimentale)" (1870) und "La psychologie allemande contemporaine (Ecole expérimentale)" (1879) machte er die frankophone bzw. romanische Welt mit dem englischen Assoziationismus und den neueren Entwicklungstendenzen der deutschen Experimental-Psychologie seit *Herbart* (1776-1841) bekannt. Zu seinen Schülern zählten u.a. *Pierre Janet* (1859-1947), der später Lateinamerika mehrmals zu Vortragsreisen besuchte (z.B. zwischen 1937 und 1940 Brasilien) und *Georges Dumas* (1866-1946), dessen Einfluss auf die lateinamerikanische (insbes. brasilianische, argentinische und chilenische) Psychologie ebenfalls bedeutend war (vgl. Roback, 1970; Stubbe, 1987). Ribot hat vor allem über Psychopathologie (vgl. z.B. "Les maladies de la mémoire", 1881; "Les maladies de la volonté", 1883; "Les maladies de la personnalité", 1885) gearbeitet, d.h. psychopathologische Befunde für die Psychologie des Normalen verwertet. Er schrieb 1873 auch ein Werk über Vererbungs-Psychologie ("L'Hérédité: étude psychologique sur les phénomènes, ses lois, ses causes, ses consequences"). Aus den psychopathologischen Forschungen stammt das sog. *Ribotsche Gesetz* (1881), wonach der Abbau von Gedächtnisinhalten im hohen Alter bzw. bei organischen oder traumatischen Gedächtnisstörungen in umgekehrter Reihenfolge wie der Aufbau erfolgt: spät erworbene Gedächtnisinhalte werden zuerst, ontogenetisch früh erworbene und archaische Emotionen zuletzt abgebaut. In methodischer Hinsicht unterschied Ribot die experimentellen, introspektiven und komparativen Verfahren in der Psychologie. In seinen späteren

Veröffentlichungen setzte er sich stärker mit der Psychologie der Emotionen auseinander (z.B. "Psychologie des sentiments", 1896; "La logique des sentiments", 1905; "Problèmes de psychologie affective", 1910) (vgl. Krauß, 1905; Reuchlin, 1957), was den US-Amerikaner Roback (1970) veranlasst hat von seiner "typisch französischen Neigung" zu sprechen. Dass Gefühle eine Logik haben, hatte bereits der geniale französische Mathematiker und Philosoph *Blaise Pascal* (1623-1662) behauptet, als er von einer "Logique du coeur" sprach. Auch die Psychoanalyse war zu ähnlichen Ergebnissen gelangt. Ribots letztes Werk "La vie inconsciente e les mouvements" (1914) zeigt sein Umschwenken vom Sensorischen zu einer Betonung des Motorischen, eine Sichtweise, die sich auch bei seinen Zeitgenossen *W. James* (1842-1910) und *H. Münsterberg* (1863-1916) findet. Lourenço Filho (1971) hat der Rezeption des Werkes von Ribot in Argentinien und Brasilien eine kleinere Arbeit gewidmet, in der er betont, dass das französische Geistesleben im 19. Jh. in Lateinamerika (wie auch in anderen Weltteilen) eine Vorbildfunktion ausübte und die französische Sprache "die zweite Sprache des gebildeten Lateinamerikaners" war (zur Bedeutung Ribots in Argentinien s. unten).

In **Brasilien** wurde das Werk Ribots vor allem durch den Philosophen *R. de Farias Brito* (1862-1917) rezipiert (vgl. Stubbe, 1988: 187ff). In seinem Werk "A base física do espirito" (1912) gibt Brito eine gedrängte Geschichte der experimentellen Psychologie und zitiert hierbei reichlich Ribot, vor allem seine Werke über die englische und deutsche Experimental-Psychologie. Auch in den Werken "Pensar e dizer" (1923) und "Noções de psicologia" (1915) des Arztes, Psychologen und Anthropologen *Manoel Bomfim* (1868-1932) kommt die französische, deutsche und amerikanische Psychologie der damaligen Zeit deutlich zum Ausdruck. So heißt es etwa in dem erstgenannten Werk auf Seite 354: "Niemand besser als Ribot verstand diesen Aspekt der Intelligenz". Bis 1920 lässt sich nach Lourenço Filho's Angaben der Einfluss der Psychologie Ribots in der brasilianischen Grundschullehrerinnen-Ausbildung eindeutig nachweisen, so bei Cyridião Buarque oder A. de Sampaio Doria. Auch die Vorträge *Henri Piérons* (1881-1964), die er 1926 während seiner Reise durch Brasilien in Rio de Janeiro und São Paulo hielt, weckte erneut das Interesse an der Psychologie Ribots.

Der polnische Experimental-Psychologe und Funktionalist *Waclaw Radecki* (1887-1953), der ab 1923 in Brasilien wirkte (s. oben), zitiert in seinem "Tratado de psicologia" (1927) 23-mal Ribot (nur Wundt und James werden häufiger zitiert).

Auch in **Mexiko** ist der Einfluss der Psychologie Ribots deutlich nachweisbar. Galindo (1988) weist darauf hin, dass besonders in der ersten Phase der Psychologie in Mexiko die französische (Ribot, Janet, Piéron) und deutsche Psychologie (Wundt, Külpe) sehr einflussreich waren.

Zur Rezeption der Reflexologie Iwan Pawlow's in Lateinamerika

Der russische Physiologe und Neurologe *Iwan Petrowitsch Pawlow* (1849-1936) war wesentlich von *Iwan M. Sechenows* (1829-1905) Auffassung des reflexologischen Charakters alles Psychischen (1863) beeinflusst. Wie Sechenow sah er seinen Tätigkeitsbereich als zur Physiologie und nicht zur Psychologie gehörend an. Er war davon überzeugt, dass die Psychologie nie eine unabhängige Wissenschaft werden könnte und versuchte auch alle psychologischen Termini aus seinem Wortschatz zu verbannen. Für seine Arbeiten über die Tätigkeit der Verdauungsdrüsen erhielt er 1904 den Nobelpreis für Medizin.

Pawlows historische Bedeutung für die Psychologie liegt in der Entdeckung und Erforschung der bedingten Reaktion (konditionierter Reflex).

> "Mit dieser Entdeckung legte Pawlow den Grundstein für die behavioristische Bewegung und die Entwicklung der modernen Lernforschung und Lerntheorie in der Psychologie, deren Begriffsinventar und Methodik wesentlich durch ihn geprägt wurden. Nicht zu Unrecht wird er daher, wie z.B. aus einer APA-Umfrage hervorgeht, nach S. Freud als der Wissenschaftler angesehen, der die gegenwärtige Psychologie am stärksten beeinflußte." (Wittling, 1987: 1563).

In Zusnes (1984) Liste der bedeutenden Psychologen rangiert Pawlow jedoch auf Platz 16. Wenig bekannt ist, dass Pawlos der Sohn eines russisch-orthodoxen Priesters war und seine höhere Schuldbildung an einem theologischen Seminar erhielt, woran er sich mit Dankbarkeit erinnerte. Ob er sich der neuen Sowjet-Ideologie wirklich unterwarf ist umstritten.

> "Pawlows Reflexologie wurde zum psychophysiologischen Evangelium in allen Ausbildungsinstituten der UdSSR, obgleich der Urheber selbst nicht daran dachte, sich einer rein materialistischen Philosophie zu verschreiben. Im Grunde war er gegen den Kommunismus eingestellt, aber da er zu der Zeit lebte, als Lenin an der Macht war und Stalin noch nicht seine unbarmherzigen Säuberungsaktionen begonnen hatte, genoß Pawlow seine Freiheit und blieb ein Prunktstück der kommunistischen Naturwissenschaft wie schon unter der Zarenregierung." ... "Philosophisch und psychologisch gehört Pawlow zur Schule von Huxley und den Epiphänomenalisten. Er kann kaum als Materialist bezeichnet werden, und schon gar nicht als dialektischer Materialist." (Roback, 1970: 111, 112)

Es war sicher tragisch und nicht im Sinne Pawlows, der eine integere und humanistische Persönlichkeit war, dass seine Reflexologie während der stalinistischen Ära zur Formierung der russischen Massen und psychologischen Folterung politischer Gegner (wie die Schauprozesse in den 30er Jahren zeigten), missbraucht wurde (vgl. Koestler, 1950). Pawlow war bis in sein hohes Alter ein aufmerksamer Beobachter der Entwicklungen in der Psychologie, wovon besonders die berühmten "Mittwochskollegien" Aufschluss geben. In ihnen finden sich kritische Kommentare u.a. zu S. Freud, E. Claparède, E.R. Guthrie, K. Koffka, W. Köhler, K. Lewin, C.E. Spearman, R.S. Woodworth, R.M. Yerkes, K. Duncker und L. Thorndike (den er besonders schätzte). Die Rezeptionsgeschichte der Reflexologie I. Pawlows in Lateinamerika wurde bisher nicht systematisch bearbeitet. Landaburu et al. (1976) haben aber bereits die wichtigsten Grundlinien der *Aufnahme- und Wirkungsgeschichte I. Pawlows in **Argentinien*** nachgezeichnet (s. unten)

Auch in anderen Ländern Lateinamerikas wurde die Pawlowsche Lehre vor allem über Mediziner rezipiert. In Béla Székely's *"Diccionario Enciclopédico de la Psique"*, der 1950 erscheint, wird der russischen und sowjetischen Psychologie ein breiter Raum gewidmet.

In allen Lexika der Psychologie in **Brasilien** (z.B. Cabral & Nick, 1979: 333ff) wird der Reflexologie ein ausführliches Kapitel gewidmet. Auch der Kultursoziologe Gilberto Freyre referiert in seinem Hauptwerk "Casa grande e senzala" (1933) kurz die Pawlowsche Konzeption des klassischen Konditionierens (vgl. Freyre, Bd. 2, 1969: 408f). Aus dem gleichen Jahr (1933) existiert auch eine Korrespondenz Cannabravas mit Pawlow (vgl. A Ordem, XIII, N°s. 45-46, dez. 1933). Pater P. Siwek hat in seiner "Psicologia Experimental" (1949) die Reflexologie ebenfalls ausführlich behandelt. 1966 erschien im Verlag Paz e Terra (Rio de Janeiro) eine Biographie Pawlows von Freitas Jr. "Pavlov-vida e obra". Der Paulistaner Psychologe I. Pesotti gab 1979 eine Sammlung von Texten Pawlows unter dem Titel "Psicologia" (São Paulo: Atica) heraus und schrieb eine "Vorgeschichte des Konditionierens" (São Paulo: EDUSP, 1977). In Brasilien erschien auch eine "Psiquiatria pavloviana" (Rio de Janeiro: Atheneu, 1979) des Norwegers C. Astrup (vgl. Pfromm Netto, 1985). Inwieweit die bekannte aus Russland eingewanderte Psychologin *Helena Antipoff* (1892-1974) von den Forschungen Pawlows beeinflusst wurde, ist bisher nicht eingehend untersucht worden. Sie lebte und arbeitete von 1929 bis zu ihrem Tode in Brasilien und ihr russischer Biologie-Lehrer war ein Schüler Pawlows (vgl. Antipoff, 1975).

Auch einige europäische Wissenschaftler haben die Reflexologie Pawlows in Lateinamerika verbreitet. So hat der bis heute in Deutschland verfemte pazifistische Physiologe *G. F. Nicolai* (1874-1964), der besonders durch sein Buch "Biologie des Krieges" (Zürich, 1919) und seine entschiedene bewundernswerte Kriegsgegnerschaft hervorgetreten ist, ab 1924 als Exilé besonders in **Argentinien** und **Chile** für die Pawlowsche Lehre gewirkt (vgl. Zuelzer, 1981; John, 1988).

In **Mexiko** sind eine Vielzahl von Werken Pawlows sowie anderer sowjetischer Psychologen erschienen. Der Pawlow-Schüler Pablo Boder emigrierte 1925 nach Mexiko und arbeitete im Laboratorium von Aragón.

Auch der deutsch-peruanische Psychologe *Walter Blumenfeld* (1882-1967), der seit 1935 als Exilé in **Peru** lehrte, referiert in seiner "Introducción a la psicología experimental" (1945) detailliert Pawlows Versuche und die seiner Schüler.

Pawlow und Freud (vgl. Wells, 1963; Fachinelli & Piersanti, 1971) haben in Lateinamerika oftmals eine Konkurrenzrolle gespielt. Wie wir bereits gesehen haben, hat sich die Psychoanalyse in vielen Lateinamerikanischen Ländern stark entwickelt und man hat oftmals die Frage gestellt, ob sie der Mentalität des Lateinamerikaners stärker entgegenkommt als die Reflexologie. Sie konnte auch ein Behandlungskonzept anbieten und hat sich in Lateinamerika relativ früh institutionalisiert. Die mit der Reflexologie verbundene naturwissenschaftliche Forschungstradition und die Notwendigkeit gut ausgestatteter Forschungslaboratorien ist für die meisten lateinamerikanischen Länder bisher noch nicht realisierbar. Man ist noch weitgehend darauf angewiesen sowjetische/russische Forschungsergebnisse zu übernehmen, ohne sie überprüfen oder gar weiterentwickeln zu können. Vielleicht sollte man beide Richtungen als komplementär betrachten, um sowohl dem Verhalten wie Erleben gerecht werden zu können.

Andere russische Psychologen wie *Luria* (1902-1977), *Leontjev* (1903-1979) und *Vygotsky* (1896-1934) sind in spanischen oder portugiesischen Übersetzungen in Lateinamerika vorhanden (vgl. Maurer-Lane, 1988). Zu nennen sind hier u.a. die Werke: "O desenvolvimento do psiquismo" und "Actividade, Consciencia y peronalidad" von Leontjev (1978, 1978), "Pensamento e linguagem" von Luria (1987), sowie "Pensamiento y lenguage" von Vygotsky (1973). Das wichtige psychologische Werk "El desarrollo de la psicologia" von *S.L. Rubinstein*

(1889-1960) wurde 1963 in Montevideo verlegt. Es enthält auch ein ausführliches psychologiehistorisches Kapitel (S. 253ff).

Claparède in Brasilien

Der Schweizer Psychologe *Edouard Claparède* (1873-1940) ist vor allem als Kinderpsychologe bekannt geworden, obwohl einige seiner Arbeiten auch der Schlafforschung, Tierpsychologie und Pädagogischen Psychologie galten. Er gründete 1901 mit seinem Vetter *Théodore Flournoy* (1854-1920) die "Archives de psychologie". Sein bekanntestes Werk ist die "Psychologie de l'enfant et pédagogie expérimentale" (1909). Im Jahre 1912 gründete er das "Institut Jean Jaques Rouseau" für Kleinkinder- und pädagogische Forschung in Genf. Claparède gilt auch als Mitbegründer der Angewandten Psychologie und förderte die Arbeits- und Betriebspsychologie. Da er die psychischen Vorgänge unter dem Gesichtspunkt ihrer biologischen Zweckmäßigkeit betrachtete nannte Claparède seine Psychologie *"funktionelle Psychologie"* (vgl. Zusne, 1984; Claparède, 1973; Bovet, 1932, 1973; Piaget; Fonds E. Claparède, 1984). Claparèdes Wirkung in **Brasilien** ist beträchtlich. Vor allem Claparède's ehemalige Assistenten der Pole *Waclaw Radecki* und die Russin *Helena Antipoff* und *Leon Walther* haben zur Verbreitung seiner Psychologie in Brasilien entscheidend beigetragen. Bereits jetzt soll darauf hingewiesen werden, welche wichtige Rolle Claparède in *Radecki's* Hauptwerk "Tratado de psicologia" (1929) spielt (s. unten). Mit einer brasilianischen Psychologen-Kommission besuchte Radecki im Jahre 1927 auch Genf, um sich über den aktuellen Stand der Psychologie in der Schweiz zu informieren (vgl. Campos, 1928: 381ff). Später im Jahre 1935 publizierte Radecki in Argentinien eine "Psicopatologia funcional", die von Claparède's Funktionalismus inspiriert ist, auch wenn sie sich als dem "Discriminacinismo affectivo" verpflichtet ausgibt. *Leon Walther*, der im "Institut J.J. Rousseau" im Bereich der Psychotechnik und Berufspsychologie tätig war, arbeitete 1928 in der "Escola de Aperfeiçoamento Para Professores" in Minas Gerais. 1929 wird er durch H. Antipoff ersetzt, die bis zu ihrem Tod in Brasilien blieb (vgl. Antipoff, 1975). Sie korrespondierte weiterhin mit Claparède und konnte es erreichen, dass er Ende August 1930 Brasilien einen Besuch abstattete. Da die Revolution von 1930 ausbrach, in der die 3 Bundesstaaten Rio Grande do Sul, Minas Gerais und Paraiba gegen die Regierung Washington Luís rebellierten, musste Claparède seinen Aufenthalt unfreiwillig verlängern und nutzte die Zeit, um seine "l'Education fonctionelle" (1931) in Brasilien zu vollenden. Erst Ende Oktober 1930 konnte er nach Genf zurückkehren (Antipoff, 1975:126f). 1934 gab die Imprensa Oficial de Minas Gerais Claparède's bekanntestes Werk "A psicologia da criança e psicologia experimental" mit einem Vorwort H. Antipoff's heraus. 1973 erschien eine Aufsatzsammlung unter dem Titel "A escola sob medida" mit Arbeiten von Claparède, Bovet, Piaget und Meylan. In den brasilianischen Psychologie-Lexika wird auf Claparède ausführlich eingegangen (vgl. etwa Cabral & Nick, 1979). In Minas Gerais existiert auch ein "Instituto Brasileiro Edouard Claparède" (vgl. Valle, 1973; Centro de Documentação e Pesquisa Helena Antipoff: Boletim, 1981ff).

Jean Piaget's Bedeutung in Lateinamerika

Die Wirkung *Jean Piaget's* (1896-1980), der ab 1921 im Genfer Rousseau-Institut bei Claparède arbeitete, ist in Lateinamerika deutlich sichtbar. Im Hinblick auf den bisher jedoch wenig erfolgreichen Kampf gegen den Analphabetismus und die Erhöhung des allgemeinen Bildungsniveaus spielt das Werk des Genfers seit den 60er Jahren eine bedeutende Rolle. In Brasilien gilt Piaget neben *Paolo Freire* als der bedeutendste Pädagoge. Von seinen Hauptwerken sind bis zum gegenwärtigen Zeitpunkt mehr als zwanzig in den spanischsprechenden Ländern Lateinamerikas erschienen. Die Zahl der in Brasilien über dreißig aufgelegten portugiesischen Titel wird lediglich durch den Umfang der englischen, deutschen und italienischen Übersetzungen (je über 50 Titel) übertroffen. A.M. Battro (1969) und R. Garcia, der Anfang der siebziger Jahre zur Genfer Forschungsgruppe gestoßen und neben B. Inhelder der häufigste Koautor von Piaget war, sind Argentinier (vgl. Kesselring, 1988). Schaarschmidt & Cabrejos (1977) wiesen darauf hin, dass die Bücher Piagets in einigen Lateinamerikanischen Diktaturen wegen ihres "aufrührerischen" Charakters auf dem Index standen.

Sigmund Freud und seine Schüler in Lateinamerika und weltweit (bis 1939)

Als erste Notiz über die Psychoanalyse in Lateinamerika erwähnt Sigmund Freud (1914) den Vortrag des (wahrscheinlich deutschen) Arztes aus **Chile** *Germán Greve* "Sobre psicologia y psicoterapia de ciertos estados augustiosos" aus dem Jahre 1910, den Greve auf dem "Congreso Interamericano de Medicina e Higiene" in Buenos Aires hielt (vgl. Freud, 1971:165; Greve, 1913). Gottheld (1969) weist jedoch darauf hin, dass bereits 1908 *Juan A. Agrelo* in seiner argentinischen Doktorarbeit "Psicoterapia" Sigmund Freud zum ersten Mal in Lateinamerika zitiert habe.

1914 wurde auch in **Brasilien** die erste Dissertation über die Psychoanalyse S. Freud's in der portugiesisch-sprachiger Welt von *Genserico Aragão de Souza Pinto* verfaßt: "Da psicanálise: a sexualidade nas nevroses", die von Stubbe (2011) kommentiert wieder herausgegeben wurde. *Franco da Rocha* (1864-1933), einer der führenden brasilianischen Psychiater und Begründer der großen Psychiatrischen Anstalt Juquerí (gegr. 1898) in São Paulo, war der erste, der die Psychoanalyse ex cathedra im Rahmen seiner klinischen Vorlesungen seit 1918 vorstellte. Er schrieb 1919 auch ein kleines Bändchen über "O Pansexualismo na doutrina de Freud", das in der brasilianischen Bibliographie als 3. Werk registriert wird (Briquet 1934/35). Die 2. Arbeit stammt von *Medeiros e Albuquerque* und findet sich in dem Buch "Graves e Fúteis". In dem von *Henrique Roxo* herausgegebenen "Manual de Psiquiatria" (1921) existiert bereits ein ausführliches Kapitel über die Psychoanalyse. 1927 gründen Franco da Rocha, Paul Briquet, Durval Marcondes, Almeida Júnior, Moura Santos und Lourenço Filho die "Sociedade Brasileira de Psychanalyse", deren Bestehen jedoch nur von kurzer Dauer ist. Man versuchte die Psychoanalyse auch auf kulturelle Phänomene anzuwenden z.B. in der Afro-Brasilianistik (vgl. Ramos, 1935). Besondere Verdienste um eine Verbreitung der *Jungschen Psychologie* in Brasilien hat sich die Psychiaterin *Nise Silveira* (1905-1999) erworben, der auch die Gründung eines der schönsten Museen der Psychiatrie, das "Museu de Imagens do Insconsciente" in Rio de Janeiro, zu verdanken ist, das eine große Sammlung von Bildnereien psychisch Kranker enthält, die im Sinne der Archetypenlehre interpretiert werden (vgl. Museu de Imagens do Inconsciente, 1980; vgl. in Heidelberg: Prinzhorn-Museum). Die *Individualpsychologie Alfred Adlers* (1870-1937) und die *Komplexe (Analytische) Psychologie Carl Gustav Jungs* (1875-1961) werden ebenfalls in den 20er und 30er Jahren in Lateinamerika allmählich bekannt. So schreibt Delgado 1920 eine Rezension des Buches "Über den nervösen Charakter" (1912) und der brasilianische Psychiater Arthur Ramos publiziert 1933 sein bekanntes Werk "Freud, Adler, Jung" (s. unten).

1915 und 1919 schreibt in **Peru** der Psychiater *Honorio Delgado* (1892-1969) aus Lima "El psicoanalistis" und wird als erster Lateinamerikaner Mitglied der Internationalen Psychoanalytischen Gesellschaft. Später nahm Delgado gegenüber der Psychoanalyse jedoch eine ablehnende Haltung ein (vgl. Alarcon, 1968; Chiappo, 1957; León, 1982, 1983, 1990; Scheib, 1994).

In **Kuba** schrieb Psychologe *Dr. Salvador y Massip* 1911 in der Zeitschrift "Revista de Educación" über "El Psicoanalisis" und macht die Psychoanalyse unter den kubanischen Pädagogen bekannt. Auch sein Landsmann *Portell Vila* fasst 1925 die Prinzipien der Psychoanalyse zusammen und versucht sie in der Kinderforschung anzuwenden (1928). *Fite* schrieb 1934 eine "Estimación del psicoanalisis" (vgl. Vernon, 1944).

Mit der *spanischen Übersetzung* der Werke Sigmund Freuds durch *Luis Lopez Ballesteros y de Torres* im Jahre 1923 gewinnt dann die Psychoanalyse einen immer stärkeren Einfluss auf alle intellektuellen Kreise Lateinamerikas (vgl. S. Freuds Brief vom 7. Mai 1923 an Ballesteros) (zur Geschichte der Psychoanalyse in Lateinamerika vgl. Kemper, 1958, 1973; Cesio, 1976; Stubbe, 1980, 1987, 1997; Uchôa, 1981; Santos-Stubbe, 2015).

TAB. 17   SIGMUND FREUD WELTWEIT (außerhalb Europas bis 1939)

Land	Autoren/Jahr
Argentinien	José Ingenieros, 1904; Juan A. Agrelo, 1908
Brasilien	Generico Aragão de Souza Pinto, 1914; Franco da Rocha, 1919; Ramos, 1935
Chile	Germán Greve, 1910
Indien	Bose, 1921, 1931
Japan	Kosawa, 1935
Kuba	Salvador y Massip, 1911; Fite, 1934

Mexiko	José Torres Orozco, 1922
Mosambik	Sequeira, 1934
Peru	Honório Delgado, 1915, 1919
Russland/Sowjetunion	Ermakow, 1913; Ossipov, 1909; Schmidt, 1921; Trotzki, 1923; Bakhtine, 1927
Türkei	Izeddin A. Şadan 1932
USA	Brill, 1913, 1918, 1921, 1929

Quellen: Freud, 1914; Stubbe, 1980, 1987, 2008, 2011; Paramo-Ortega, 1992; Scheib, 1995; Tögel, 2002; Roudinesco & Plon, 2004; Kurschildgen, 2004; Jensen, 2019

Eine nützliche *Zeittafel* zu Leben und Werk Sigmund Freuds und der Psychoanalyse von 1856 bis 2000 findet sich in Roudinesco & Plon (2004:1183-1221).

Argentinien

Argentinien kann auf eine lange Geschichte der Psychologie zurückblicken. Durch die hohe Einwanderung aus Europa gelangten nicht nur die europäische Kultur, sondern auch die europäischen Wissenschaften frühzeitig in das Land und die Argentinier galten lange Zeit als die gebildetsten Lateinamerikaner.

Bzgl. der Experimentalpsychologie wird *Théodule Ribot* (1839-1916) zum ersten Mal von dem Philosophen und Pädagogen *Carlos Octávio Bunge* (1875-1918) in seinen philosophischen Arbeiten aus den Jahren 1894 und 1895 erwähnt. Er hebt wie Ribot die Bedeutung des affektiven Lebens hervor. Auch *Rodolfo Rivarola*, bezog sich in seiner Inaugural-Vorlesung im Jahre 1896 auf Ribot und forderte für Argentinien die gleiche wissenschaftliche Orientierung, die von diesem vorgezeichnet worden sei (vgl. Ingenieros, 1919). Die Institutionalisierungsphase der Experimental-Psychologie in Lateinamerika beginnt mit der Gründung eines experimental-psychologischen Laboratoriums im "Colégio Nacional de Buenos Aires" im Jahre 1898 durch *Horacio Piñero* (1869-1919), dem die Psychologie in Argentinien viele experimentalpsychologische (vor allem psychophysiologische) Arbeiten verdankt. 1901 gründete er ein zweites Laboratorium in der "Faculdad de Filosofia y Letras" der Universität von Buenos Aires (vgl. Ingenieros, 1919; Beebe-Center & McFarland, 1941; Vezetti, 1988). *Horácio G. Piñero* hebt in seiner "Enseñanza actual de la psicologia en Europa y América" (1902) hervor, dass in den 70er Jahren des 19. Jh.s in der Psychologie 3 wichtige Marksteine gelegt worden seien und zwar erstens durch *Jean Marie Charcot's* (1825-1893) Krankengeschichten (ab 1878), zweitens durch die Gründung des Experimentalpsychologischen Laboratoriums in Leipzig (1879) durch *Wilhelm Wundt* (1832-1920) und drittens durch die Gründung der Zeitschrift "Revue Philosophique" (1876) durch *Ribot*. Aus diesem Trio seien der Psychologie zu ihrer Autonomie die klinische Beobachtung, die experimentelle Forschung und schließlich die wissenschaftliche Verbreitung erwachsen.

In Argentinien war der Einfluss der deutschen Psychologie direkter, denn von 1906 bis 1908 lehrte hier der Leipziger Ganzheits- und Struktur-Psychologe und Wundt-Schüler *Felix Krueger* (1874-1948), dessen wichtigste Werke in Argentinien gedruckt wurden (vgl. Ingenieros, 1919; Papini, 1976; Gottheld, 1969; Vezzetti, 1988). Felix Krueger vermittelte in seinen argentinischen Vorlesungen erstmals die Lehren deutscher Philosophen wie Windelband (1848-1915), Dilthey (1833-1911), Rickert (1863-1936), Cohn (1869-1947), Natorp (1854-1924) und Cohen (1842-1928). Sein psychologisches Programm war in 3 Teile gegliedert: in der Einleitung befasste er sich mit den Kriterien der Psychologie, ihrer Stellung im Gesamt der Wissenschaften und der Beziehung von Sozialpsychologie und Allgemeiner Psychologie; darauf folgten eine Darstellung der Hauptergebnisse psychologischer Forschung mit einigen praktischen Demonstrationen psychologischer Methoden; am Schluss behandelte Krueger die Hauptergebnisse der psychologischen Analyse und Synthese. Im April 1908 gab Krueger seine Stellung in Buenos Aires auf und kehrte nach Leipzig zurück, während José Ingenieros an seine Stelle trat. Ein anderer Wundt-Schüler *Carl Jesinghaus* (1886- 1948), der von 1911 bis 1913 Assistent von F. Krueger in Halle gewesen war, kam 1913 nach Buenos Aires und wirkte dort bis 1935 als Professor für Psychologie und Philosophie, hauptsächlich in der Forschung und verschiedenen Bereichen der Angewandten Psychologie (speziell der Berufsberatung). Von 1935 bis 1945 lehrte er als ordentlicher Professor für Philosophie, Pädagogik und Psychologie an der Universität Würzburg. Nach dem Zweiten Weltkrieg kehrte er nach Argentinien zurück (vgl. Ardila, 1971; Geuter, 1986).

José Ingenieros (1877-1925), der bedeutende argentinische Arzt und Denker, war von 1904 bis 1913 Lehrstuhlinhaber für Psychologie an der "Faculdade de Filosofia y Letras" und gehörte zu den ersten Denkern Lateinamerikas, die auch außerhalb des Kontinents zu Ansehen gelangten. Er publizierte viel in französischer Sprache und besuchte 1905 den Internationalen Kongreß für Psychologie in Rom, wo er über eine Klassifikation der Delinquenten sprach. Er war auch Mitarbeiter der "Presse Medicale" (Paris), der "Archives de L'Anthropologie criminelle" (Lion) und des "Neurological Journal" (London). Seine "Le langage musical et les troubles hysteriques" (frz. 1907) und "Principes de psychologie biologique" (frz. 1914; dt. 1923 mit einem Vorwort von *W. Ostwald* (1853-1932) referieren ausführlich das Werk Ribots (insbes. seine Gefühls-Psychologie). Einer seiner Schlüsse in seinem Psychologie-Buch (1914) lautet "weder Wundt noch Bergson", d.h. weder die Enge gewisser Experimentatoren noch die vage Spekulation gewisser Intuitiver (vgl. Vezzetti, 1988).

Rodolfo Senet, Professor an der "Universidad de La Plata", publizierte 1911 ein voluminöses entwicklungspsychologisches Werk "La evolución psicológica individual", in dem ständig Ribot zitiert und sein Werk als eine Grundlage der genetischen Psychologie betrachtet wird. Auch in den "Anales del Instituto de Psicología" (Buenos Aires) ab 1935 oder in dem Ausbildungs-Programm für Psychologie (Faculdad de Filosofia y Letras) aus dem Jahre 1936 werden Ribots Werke häufig genannt und empfohlen (vgl. Vezzetti, 1988).

Landaburu et al. (1976) haben bereits die wichtigsten Grundlinien der Aufnahme- und Wirkungsgeschichte *I. Pawlows* in Argentinien nachgezeichnet, die wir im Folgenden in chronologischer Form wiedergeben:

TAB. 18 PAWLOW IN ARGENTINIEN

1903	seit dem XIV. Internationalen Kongreß für Medizin (20.-30. April) in Madrid beginnt man sich in Argentinien für die Forschungen I. Pawlows zu interessieren.
1904	A. Arraga und M. Viñas publizieren in "La Semana Médica (11, 1904: 77-89) eine Studie über die Krankheiten des Pankreas und nehmen Bezug auf Pawlows Experimente.
1905	erscheint in "La Semana Médica (12, 1905: 634-639) eine Übersetzung eines Aufsatzes von E. Stadler aus der Münchener Medizinischen Wochenschrift (52: 1905: 11-15) über Pawlows Forschungen und ihre Bedeutung für die Klinik der Magenerkrankungen.
1908-1915	Piñero (1868-1919) und F.L. Soler (1882-1972) wiederholen Pawlows Versuche und berichten darüber in den Arbeiten des "Laboratorio de Fisiologia Experimental" (Faculdad de Medicina, Buenos Aires)
1915	Piñero, der Begründer der Experimental-Psychologie in Argentinien, publiziert ein Buch über "La escuela rusa y la doctrina de las localizaciones cerebrales" (Buenos Aires).
1922	die russische Ärztin Paulina Hendler de Rabionvich (1887-1943) kommt in Argentinien an und studiert an der Medizinischen Fakultät in Buenos Aires.
1924	publiziert sie in "La Semana Médica" (31, 1924: 1256-1259) einen Aufsatz über "20 Jahre objektiven Studiums des Seelenlebens durch Prof. I. P. Pawlow".
1925	erscheint ihr Buch "Reflejos Condicionados" (Buenos Aires: El Ateneo) mit einem Vorwort des argentinischen Physiologen und späteren Nobelpreisträgers (1947) B.A. Houssay (1887-1971).
1928	publiziert F.L. Soler ein Buch über "El método ruso en las investigaciones sobre la función digestiva" (Buenos Aires: Ed. Las Ciencias).
1930	Soler und B.D. Martinez veröffentlichen einen Aufsatz über die Magensekretion bei Pawlows Hunden in den "Archivos Nacionales de Biologia y Medicina" (2, 1930: 118-120).

1930	T.A. Tonina, Leiter des Instituts für Experimental-Psychologie (Buenos Aires) schreibt in "La Semana Médica" (37, 1930: 1354-1369) einen Aufsatz über "Neue Horizonte der Experimental-Psychologie", in dem er die Konditionierungsmethode Pawlows darstellt.
1932-1936	erscheinen einige Arbeiten von Rabinovich über konditionierte Reflexe bei paralytischen Patienten (La Semana Médica, 39, 1932: 1712-1728) und die Anwendung der Reflexologie auf die Psychopathologie (dies war der Titel ihrer Doktorarbeit, die von V. Dimitri betreut wurde; eine Zusammenfassung erschien in "La Prensa Médica Argentina", 23, 1936: 127-134).
1936	erscheint von Enrique Mouchet, dem Direktor des Psychologischen Instituts in Buenos Aires, ein Aufsatz über die konditionierten Reflexe Pawlows und ihre Beziehungen mit der Außenwahrnehmung (La Semana Médica, 43, 1936: 1622-1625).
1942	erscheint das Buch "La actividad cerebral. Estado de la teoria de Pavlov" (Buenos Aires: Ed. Lautaro) von I.P. Prolov, das mit einem Vorwort von Mira y López versehen ist.
1944	gibt der Vazquez Verlag (Buenos Aires) das Buch "El problema de las neurosis en el dominio de la reflexologia" von K. Gavrilov heraus.
1945	erscheint die Biographie "Pavlov. Su vida y descubrimientos" (Buenos Aires: Ed. Claridad) von A. Yugov.
1946	beschreibt B.A. Houssay einen Aufsatz über die Bedeutung der Reflexologie Pawlows in der Physiologie (Ciencia y Investigación, 2, 1946: 229-232).
1946	publiziert der Psychologe Alberto L. Merani einen Aufsatz über "Pavlov und die konditionierten Reflexe. Eine Etappe in der Geschichte der experimentellen Psychologie" (Revista de la Universidad de Buenos Aires. Tercera época, 6, 1946: 277-296).
1953	erscheint N.I. Krasnogorsky's Buch "El cerebro infantil. Los reflejos condicionados en el estudio de su actividad" (Buenos Aires: Ed. Psique).
1954	wird schließlich ein Werk Pawlow's selbst übersetzt: "Los reflejos condicionados aplicados a la psicopatología y la psiquiatría" (Buenos Aires: Ed. Nordus).
1955-1976	werden verschiedene Bücher russischer Autoren wie K.M. Bikov, A. Sviadosch, M.S. Lebedinski, K.I. Platonov, L.S. Vigotsky, L.L. Vasiliev, u.a. in Argentinien herausgegeben. Von Pavlov erschienen folgende: "El sueño y la hipnosis" (Buenos Aires: M. Murguia, 1959), "Psicología reflexológica" (Buenos Aires: Ed. Paidos, 1963). Harry Kohlsaat Wells publiziert eine Vergleichsstudie: Pavlov y Freud (Buenos Aires: Paidos, 1963 und unter dem gleichen Titel Elvio Fachinelli & Felice Piersanti: Freud y Pavlov (Buenos Aires: Centro Editor de América Latina, 1971)

Auch auf den medizinischen Kongressen in Lateinamerika wird die Reflexologie Pawlows häufig behandelt (vgl. Landaburu et al. 1976; Klotz et al., 1957).

Plácido Alberot Haras gab in den 70er Jahren an der Universität von San Luis einige Kurse, die sich mit der Reflexologie und der objektiven Psychologie im Stile Bechterews befassten (vgl. Ardila, 1986).

Quellen: Landaburu et al., 1976; Ardila, 1986; Vezzetti, 1988; Stubbe, 2001

Sigmund Freud am Rio de la Plata

Eine ausführliche Geschichte der Psychologie und Psychoanalyse in Argentinien hat der Wissenschaftshistoriker und Universitätsprofessor *Hugo Vezzetti* (Universidad de Buenos Aires) vorgelegt. Er ist bekannt geworden u.a. durch seine Werke „La locura en la Argentina" (1983) und „El nascimiento de la psicología en la Argentina" (1988). Auch Roudinesco & Plon (2004: 49-56) haben eine komprimierte Darstellung der Entwicklung der Psychoanalyse in Argentinien gegeben. Die Psychoanalyse spielt bis heute in Argentinien eine bedeutende Rolle. Gottheld (1969) weist darauf hin, dass bereits 1908 *Juan A. Agrelo* in seiner argentinischen Doktorarbeit "Psicoterapia" Sigmund Freud zum ersten Mal in Lateinamerika zitiert habe. Auch der argentinische Psychiater und Kriminologe José Ingenieros veröffentlichte bereits 1904 einen Artikel, in dem Freud erwähnt wird. Als erste Notiz über die Psychoanalyse in Lateinamerika galt bisher Sigmund Freuds (1914) Notiz über den Vortrag des (wahrscheinlich deutschen) Arztes aus Chile *Germán Greve* "Sobre psicologia y psicoterapia de ciertos estados augustiosos" aus dem Jahre 1910, den Greve auf dem "Congreso Interamericano de Medicina e Higiene" in Buenos Aires hielt (vgl. Freud, 1971:165; Greve, 1913). 1915 schreibt in Peru der Psychiater *Honorio Delgado* (1892-1969) aus Lima "El psicoanalistis" und wird als erster Lateinamerikaner Mitglied der Internationalen Psychoanalytischen Gesellschaft.

Eine wichtige Rolle in der Entwicklung der argentinischen Psychoanalyse hat *Enrique Pichon-Rivière* (1907-1977) gespielt. Er gilt als Begründer des argentinischen Freudianismus und war neben Marie Langer

> „der größte argentinische Psychoanalytiker und der prominenteste Vertreter der lateinamerikanischen psychoanalytischen Schule." (Roudinesco & Plon, 2004:799).

Der Sozialpsychiater *Alfredo Moffatt* (*1934), ein Schüler von Pichon-Rivière, hat eine kultureigene (an der cultura popular orientierte) argentinische Psychotherapie entwickelt, die er „Psychotherapie des Unterdrückten" (psicoterapia do oprimido) nennt. Sie ist vor allem für die „classes populares" in Lateinamerika geeignet und bietet eine Krisen- und Kurztherapie. Moffatt gibt in diesem Buch u.a. eine Übersicht über die „volkstümlichen Psychotherapien" (psicoterapias populares), wie Magie, curandeiros, Amulette etc. und die wissenschaftlichen Psychotherapien und schildert die therapeutische Gemeinschaft der Comunidade popular „Peña

Carlos Gardel" im psychiatrischen „Hospital Nacional Borda" in Buenos Aires, und entwickelt Vorschläge für eine „psiquatria popular". Man könnte auch von einer argentinischen Ethnopsychiatrie sprechen.

Viele deutschsprachige Exilés in Argentinien waren mehrfachen "Kulturschocks" und wiederholten Verfolgungen während der Militärdiktatur ausgesetzt. Ein Beispiel ist die Wiener Psychoanalytikerin *Marie Langer* (1910-1987). Sie promovierte Anfang 1935 in Wien zum Dr. med. und begann danach eine psychoanalytische Ausbildung bei Richard Sterba (1898-1989). 1936 bis 1938 nimmt sie mit ihrem Mann Max, einem Chirurgen, am Spanischen Bürgerkrieg teil. Dann emigrierte sie nach Uruguay und später nach Argentinien, wo sie 1942 Gründungsmitglied der "Argentinischen Psychoanalytischen Vereinigung" (APA) wird (von der sie sich später 1971 als "Plataforma" trennt). Politisch verfolgt ging sie während der Militärdiktatur in Argentinien 1974 ins Exil nach Mexiko und engagierte sich von 1981 bis kurz vor ihrem Tod 1987 im Gesundheitswesen Nicaraguas. In ihrem autobiographischen Versuch "Von Wien bis Managua. Wege einer Psychoanalytikerin" (1986) hat sie ihr Schicksal eindrucksvoll geschildert (vgl. Psychologie Heute, Febr.1986; Roudinesco & Plon, 2004: 610-613).

Brasilien

Zur Wissenschaftsgeschichte in Brasilien

Es gibt eine Vielzahl von Möglichkeiten, Wissenschaftsgeschichte zu schreiben. Wissenschaftsgeschichte kann sich auf eine *chronologische summarische Darstellung des Forschungsgeschehens, der Methoden und Theorien* beschränken, ohne eine Einbettung in ihre zeitgeschichtlichen und soziokulturellen Rahmenbedingungen zu versuchen. Sie kann aber auch *"ideologisch" gefärbt* sein, indem sie alle solche Forschungstendenzen auslässt, die mit der vertretenen Ideologie nicht in Einklang stehen, und schließlich kann sie als *Ideengeschichte, Problemgeschichte* oder *Sozialgeschichte* dargestellt werden. Für den englischen Wissenschaftshistoriker Bernal z.B. gehört die Psychologie eindeutig in das Gebiet der Sozialwissenschaften, weil der Mensch in einem sehr realen Sinne ein "sich selbst erziehendes Tier" (Bernal, 1978: 74) sei und alles was wir als "natürlich" oder "menschliche Natur" bezeichnen, ganz und gar das Produkt der gesellschaftlichen Verhältnisse sei, in denen der Mensch lebt. Gegenwärtig neigt man wiederum oftmals dazu, die biologische Natur des Menschen z.B. den Rekurs auf die Gene zu betonen. Endlich ist es möglich, eine *Geschichte der Wissenschaftsgeschichte* eines Landes zu schreiben (vgl. Garcia et al., 1980), in der sich der Wandel der Gesellschaft und des Selbstverständnisses der Wissenschaftler widerspiegelt. *Thomas Kuhn* (1962) hat 2 Typen der wissenschaftlichen Entwicklung unterschieden: den normalen, ständig wachsenden, sich stetig perfektionierenden Duktus und den revolutionären, nicht kumulativen Umbruch, wo die Gedankenfragmente sich immer wieder neu zusammensetzen und Denkmuster offenbar werden, wie sie nie zuvor sichtbar waren. Aus vielen Aspekten erst ergibt das Ganze einen Sinn, der aus den isolierten Teilen nicht ersichtlich war. Es genügt nicht, die Strömungen in ihre Elemente zu zerlegen; revolutionäre Verhältnisse haben in der Wissenschaftsgeschichte eine ganzheitliche Struktur und liefern ein System von Generalisierungen, als deren Prüfstein uns z.B. die wissenschaftliche Sprache dienen kann. Hier zeigt sich aber zugleich deren janusköpfiger Charakter, weil sich mit jeder wissenschaftlichen Sprache auch unabdingbar verbunden unser Wissen über die Natur verändert. *Karl Jaspers* hat bereits in seiner "Allgemeinen Psychopathologie" davor gewarnt, dass die "Veränderung des Jargons" (1913) nicht schon als Fortschritt der Erkenntnis gelten könne.

Wir können heute am Ausgang des 20. Jahrhunderts erkennen, dass diese "Psychologie in Bewegung" nicht zu begreifen ist ohne die Tendenzen und Motivationen der Psychologie früherer Jahrhunderte (insbes. des 19. Jh.s) zu kennen.

Die Wissenschaftsgeschichte Brasiliens, als eines Landes der sog. Dritten Welt bzw, als ein „Schwellenland", macht besonders eindringlich die Bedeutung ökonomischer, gesell-schaftlicher, kultureller und politischer Faktoren für die Entwicklung der Wissenschaften deutlich.

Garcia (1980) unterscheidet im Hinblick auf die Naturwissenschaften für die brasilianische Neuzeit 3 wissenschaftsgeschichtliche Phasen:

1. Von der Mitte des 19. Jh.s bis ca. 1940
2. Von den 40er Jahren bis Mitte der 60er Jahre
3. Die Jetztzeit

In die *erste Phase* fallen vor allem Biographien von Naturwissenschaftlern, etwa die "Investigações históricas e scientíficas sobre o Museu Imperial e Nacional" (1870) seines Direktors *Ladislau Neto* (1837-1898). Das im Jahre 1818 gegründete Museu Nacional in Rio de Janeiro ist eine der ältesten naturwissenschaftlichen Institutionen Brasiliens (1818: "Museu Real", später nach der Unabhängigkeit Brasiliens im Jahre 1822: "Museu Nacional e Imperial"; seit 1892 in der Quinta da Boa Vista untergebracht, einem ehemaligen Kaiserpalast). Am 2. September 2018 brannte es völlig aus und die meisten wertvollen Sammlung gingen unrettbar verloren. Auch die Schrift " The present state of science in Brazil" (1883) des englischen Geologen *Orville A. Derby* (1851-1915) stellt einen wichtigen Beitrag zur Wissenschaftsgeschichte der Geologie und Paläontologie in Brasilien dar und macht zugleich die politische und ökonomische Bedeutung der Engländer in Brasilien deutlich (vgl. z.B. Rippy, 1959). Ebenfalls in der deutschsprachigen (Reise-)Literatur zu Brasilien finden sich in dieser Epoche vielfältige Angaben zur Geschichte der Botanik, Zoologie, Geologie, Ethnographie und Medizin (vgl. Cannstatt, 1967; Rescher, 1979; Augel, 1980; Stubbe, 1982, 1987, 2001).

1912 hält der Psychiater *Juliano Moreira* (1873-1933), der auch die Psychoanalyse in Brasilien einführte, einen vielbeachteten Vortrag über "O progresso das ciências no Brasil", worin er die Frage diskutiert, ob der Brasilianer dem Wesen nach oder durch Unbildung unfähig zur Wissenschaft sei. Anhand der wissenschaftlichen Leistungen brasilianischer Gelehrter in den verschiedenen Wissenschaftszweigen wie Naturgeschichte, Mathematik, Geologie, Mineralogie, Paläontologie, Ethnographie und Medizin weist Moreira nach, dass in Brasilien jedoch eine wissenschaftliche Mentalität vorhanden ist:

"Vejamos se nos vários ramos da ciência temos dado prova de não se ter esgotado no paiz a seiva que produziu tão poderosa mentalidade." (Moreira, 1912: 38).

Moreira hebt auch zu Recht die wissenschaftsstimulierende Rolle der Holländer in Brasilien (vgl. seine Schrift "Marcgrave e Piso", 1917; zu Piso, der als einer der Begründer der Tropenmedizin gelten kann, vgl. Piso, 1981; Pereira, 1980) und die kastrierende der Portugiesen hervor. Klar erkannt wird von ihm auch die für die Wissenschaftsgeschichte Brasiliens entscheidende Zäsur der Ankunft des portugiesischen Königs João VI. in Rio de Janeiro im Jahre 1808 und der damit verbundenen Öffnung des Landes für Wissenschaft und Handel. Moreira betont darüber hinaus die außerordentliche Bedeutung der wissenschaftlichen Institutionen, wie der "Academia de Sciencias e de Historia Nacional" (gegr. 1771), der "Academia Militar" (gegr. 1810), die gleich nach der Ankunft des o.g. Königs João VI. gegründet wurde, oder dem "Instituto Historico e Geographico Brazileiro" (gegr. 1838), der "Escola Central" (gegr. 1858), die im Jahre 1874 in "Escola Polytechnica" umbenannt wurde, sowie der Museen: "Museu Nacional" (gegr. 1818); "Museu de História Natural" (gegr. 1891) in São Paulo, "Museu Emilio Goeldi" in Belém (gegr. 1894) (vgl Ciência e Cultura, 35 (12), 1983: 1965-1972), "Jardim Botânico" (gegr. 1834) in Rio de Janeiro und die von Oswaldo Cruz gegründete Forschungseinrichtung "Manguinhos" (gegr. 1903) (vgl. Stephan, 1976). Besonders gewürdigt werden von Moreira die wissenschaftlichen Leistungen des Universalgenies *José Bonifacio de Andrada e Silva* (1763-1838), des "Patriarca da Independência do Brasil", der während seiner Reisen durch alle wichtigen Forschungszentren Europas der damaligen Zeit auch einige Monate zusammen mit Alexander von Humboldt in Freiberg an der Bergakademie studierte. José Bonifacios Bedeutung für Brasilien liegt sowohl im politischen und legislativen Bereich (z.B. Gesetzesvorschläge zur Aufhebung der Sklaverei, Indianerschutzgesetze, Verfassungsentwurf), als auch im wissenschaftlichen Bereich insbesondere auf den Gebieten der Geologie (1. geologische Karte Brasiliens) und Mineralogie (4 neue Spezies: Petalith, Espudumenio, Kryolith, Escapolith). (zu J. Bonifacio vgl. Silva Costa, 1974; Tarquínio de Sousa, 1974; zu Moreira: vgl. Litaiff, 1982; Passos, 1975). 1922 erscheint Rodolfo Garcia's "Diccionário Histórico, Geográfico e Ethnográfico", in dem besonders ausführlich die Geschichte der Forschungsreisen in Brasilien dargestellt wird (vgl. auch Gusinde, 1946; Schaden, 1953; Azevedo, 1955; Baldus, 1954ff; Becher, 1988).

Die *zweite Phase* der brasilianischen Wissenschaftshistoriographie setzt mit dem Erscheinen des epochemachenden Werkes "A cultura brasileira" (1943) von *Fernando de Azevedo* (1894-1974) ein, als eine Konsequenz der geistigen Unruhe der brasilianischen Intelligenz, die seit den 20er und 30er Jahren datiert, aber auch der jüngst geschaffenen Universitäten (insbesondere Philosophischen Fakultäten) und der ersten großen Industrialisierungswelle im Lande. Schließlich macht sich hier vor allem der Einfluss der französischen Sozialwissenschaftler wie Roger Bastide und Claude Lévi-Strauss bemerkbar. Zu den Innovationen dieses Buches von Azevedo gehört nicht nur die bis heute gültige Periodisierung der brasilianischen Kulturentwicklung, sondern vor allem die Diskussion der Frage nach den Ursachen des wissenschaftlich-kulturellen Zurückbleibens Brasiliens (s. unten). *Nelson Werneck Sodré* liefert 1945 mit seinem "O que se deve ler para conhecer o Brasil" eine Pionierleistung auf dem Gebiet der Brasilianistik, die durch reiche Bibliographien und nach Fachgebieten gegliederte Kritiken gekennzeichnet ist, so dass es sich noch heute unter Berücksichtigung der zeitgeschichtlich bedingten Sicht des Autors als gute Einführung eignet (vgl. auch seine „História da burguesia brasileira, 1964 und die wichtige „Formação histórica do Brasil", 1990, 13. ed.). Im Jahre 1955 erscheint das erste Standardwerk über die wissenschaftliche Kultur Brasiliens: "As ciências no Brasil" (1954/55), das Fernando de Azevedo mit den führenden Fachgelehrten Brasiliens herausgibt. Mit wenigen Ausnahmen handelt es sich bei diesem zweibändigen Werk um deskriptive Wissenschaftsgeschichte, die vor allem den wissenschaftlichen Fortschritt Brasiliens dokumentieren will.

Die *letzte und jüngste Phase* der Wissenschaftsgeschichte Brasiliens ist durch einen rapiden Aufbau der wissenschaftlichen und universitären Einrichtungen, den hohen Bedarf an wissenschaftlichen Fachkräften, aber auch durch instabile politische und ökonomische Verhältnisse gekennzeichnet. Ende der 60er Jahre erfolgt eine Universitätsreform, in deren Zuge auch der Wissenschaftsgeschichte eine größere Bedeutung zugemessen wird. Die ersten Dissertationen und Monographien über die brasilianische Wissenschaftshistoriographie werden verfasst (vgl. Garcia, 1980, Ferri & Motoyama, 1979ff; Stephan, 1976; Corrêa, 1987; Welper, 2002). Eine "Sociedade Brasileira de História da Ciência" wird gegründet.

Die *Historiographie der Psychologie* ist in Brasilien eine relativ junge Disziplin. Es hat den Anschein, dass sich die erste Psychologiegeschichte Brasiliens im Werk des Philosophen *Raimundo Farias Brito* (1862-1917) findet. In seinem Werk "A base fisica do espirito" (1912), das den Untertitel trägt "História summaria do problema da mentalidade como preparação para o estudo da philosophia do espirito" (Abrißhafte Geschichte des Problem der Mentalität als Vorbereitung für das Studium der Philosophie des Geistes), gibt Brito eine gedrängte Geschichte der experimentellen Psychologie. Brito, der einer spiritualistischen Tradition entstammt und während seines juristischen Studiums in Recife über *Tobias Barreto de Meneses* (1839-1889) auch mit der deutschen Kultur in Berührung gekommen war, ist für die brasilianische Psychologie vor allem durch seine kritisch-historische Betrachtung der Psychologie wichtig. Er gibt nicht nur ausführliche Informationen über die Entwicklung der Experimentellen Psychologie bis in das erste Jahrzehnt des 20. Jahrhunderts (z.B. Fechner, Wundt, Binet, Titchener, Würzburger Schule), sondern zeichnet sich durch seine phänomenologische und manchmal existentialistisch anmutende Betrachtungsweise aus (vgl. Penna, 1987). Zum Stand der brasilianischen Psychologie seiner Zeit stellt er lapidar fest:

> "In unsererm Land gibt es unglücklicherweise nichts, was hier erwähnenswert wäre." (Brito, 1912: 277)

Diese Einschätzung der Situation der Psychologie in Brasilien um 1910 ist jedoch nicht korrekt (s. oben).

Die erste eigentliche Geschichte der Psychologie in Brasilien hat der Pädagoge und Psychologe *Manuel Bergström Lourenço Filho* (1897-1970) vorgelegt und zwar in dem oben erwähnten Sammelband von Azevedo (1955). Sein Aufsatz "A psicologia no Brasil" gliedert sich in folgende Teile: Visão preliminar, a contribuição de trabalhadores da medicina (der Beitrag der Mediziner), a contribuição de enducadores (der Beitrag der Pädagogen), a contribuição de engenheiros e administradores (der Beitrag der Ingenieure und Verwaltungswissenschaftler), a contribuição de sacerdotes e líderes católicos (der Beitrag der Geistlichen und katholischen

Führer), a contribuição de expecialistas estrangeiros (der Beitrag der ausländischen Spezialisten), a evolução do ensino da psicologia (die Entwicklung des Psychologieunterrichts, orgaos de pesquisa, publicações e associações especializiadas (Forschungsinstitutionen, Publikationen und wissenschaftliche Gesellschaften), conclusão (Zusammenfassung). Die Bibliographie dieses im Großen und Ganzen chronologisch und deskriptiv orientierten Beitrages umfasst 73 Titel. Im Jahre 1970 hat Lourenço Filho noch einmal einen Situationsbericht über die Psychologie in Brasilien vorgelegt, in dem auch psychologiehistorisches behandelt wird. Wie wir bereits gezeigt haben, hat Lourenco Filho in der brasilianischen Psychologie eine außerordentlich befruchtende und wichtige Rolle gespielt (vgl. Stubbe, 1987).

Die 80er Jahre haben *Brožek & León* (1988) das "goldene Zeitalter der Psychologiegeschichtsschreibung in Brasilien" genannt. Sie beziehen sich hierbei vor allem auf die psychologiegeschichtlichen Arbeiten von Antonio Gomes Penna, den von Stubbe und Langenbach im Mai 1987 organisierten ersten psychologiehistorischen Kongreß Lateinamerikas (vgl. Stubbe & Langenbach, 1988), die Monographie "Geschichte der Psychologie in Brasilien" (Stubbe, 1987) und das Seminar über "Geschichte der Psychologie in Lateinamerika", das im April 1988 in Rio de Janeiro stattfand. Mit der Gründung eines "Arquivo Latinoamericano de História da Psicologia e Ciências Afins" (1988-1990) und der beginnenden Organisation eines "Cheiron-Latinoamericano" sollten die psychologie-historischen Aktivitäten nun auch eine institutionelle Grundlage erhalten. Der us-amerikanische Psychologiehistoriker *Josef Brožek* und die italo-brasilianische Psychologin *Marina Massimi* haben 1998 einen Sammelband "Historiografia da psicologia moderna" herausgegeben, in dem sich bei deutlichem Überwiegen us-amerikanischer Beiträge (9/19) auch 3 wichtige Arbeiten über "Historiografia da psicologia no Brasil" (Brožek & Massimi), "A história da psicologia no Brasil visitada por J. Brožek" und "Arquivos e bibliotecas para a história da psicologia brasileira" (Campos & Massimi) befinden.

Stubbe hat 1987 ein heuristisches Einteilungsschema der Geschichte der Psychologie in Brasilien vorgeschlagen, das in den folgenden Ausführungen als Leitlinie dienen soll und im Groben auch für ganz Lateinamerika Gültigkeit besitzt (vgl. Tab. 19).

TAB. 19   ABRISS DER GESCHICHTE DER PSYCHOLOGIE IN BRASILIEN

I.   *Die Wurzeln (1500-1808): Protopsychologie*
    1. Indianische Ethnopsychologie:
       -der Schamane als (Psycho-)Therapeut
       -Seelenvorstellungen und Animismus
       -Mythen und Riten (Kosmotheismus)
       -Ethnopsychopharmakologie (psychotrope Drogen)
       -Ethnopsycholinguistik etc.

2. Psychologie der Afrobrasilianer:
   -rel. Kulte z.B. Candomblé
   -Seelenvorstellungen
   -banzo, cafuné, samba, capoeira etc.
3. Psychologie der Jesuiten (1549-1759):
   -Psychologie der Missionierung
     (z.B. Missionstheater, psychodramatische Missionsmethode)
   -Indianerreduktionen ("heiliges Experiment")
   -"exercitia spiritualia" (1548) I. von Loyola
   -Fragebogenmethode etc.
4. Psychologisches Ideengut der Portugiesen:
   -portugiesische Folklore
   -tristeza, saudade, Leib-Seele-Modell etc.

II. *Ärzte, Theologen und Philosophen (1808-1900)*:
   -Rezeption der europ. (insbes. frz. Philosophie)
   -Eindringen des Spiritismus   ←europ. (insbes.)
    (Kardezismus) (ca. 1854)   ←frz.) Psychologie
   -Ärzteschulen in Rio und Salvador (Bahia)   ←und Philosophie
   -Medizinische Dissertationen psychologischen Inhalts

III. *Beginn der wiss. und akademischen Psychologie (1900-1962)*:
   - Institutionalisierung der experimentellen Psychologie z.B. Roxo (1900); Bomfim(1906)
   -Universitätspsychologie (seit 1937)
   -eugenische Bewegung (Liga Brasileira de Higiene Mental", 1923)
   -Experimentalpsychologische Laboratorien in Psychiat. Kliniken z.B. Radecki (1923)
   -Pädagogische Psychologie z.B. Lourenço Filho (1921)
   -Psychoanalyse (seit ca. 1914)
   -Psychotechnik z.B. Mange (1924)
   -Sozialpsychologie z.B. Ramos (1936)
   -"Psicologia Moderna"; Klineberg (1953)   ← us-amer. Psychologie
   -"As Ciências no Brasil" Azevedo (1955)

IV. *Expansionsphase (1962-Gegenwart)*
   - Psychologengesetz (1962);
   -27. August "dia nacional do psicólogo"
   -Bildung von Forschungs- und Ausbildungszentren
   -Psychologiegeschichtsforschung

-Staatl. Registrierung der Psychologen

Quellen: Stubbe, 1987, 2001, 2003, 2011

An drei Entwicklungen lässt sich die Geschichte der Psychologie in Brasilien sehr gut demonstrieren, nämlich der Entwicklung der Psychoanalyse, der Experimentalpsychologie und der Sozialpsychologie.

Sigmund Freud in den Tropen - *Das Abenteuer[67] der frühen Psychoanalyse (1914) in Brasilien-*

Da sich in den vielen historischen Darstellungen der Psychoanalyse in Brasilien (z.B. Stubbe, 1980, 1987, 1997, 2001a, 2011; Perestrello, 1986, 1987; Rocha, 1989; Páramo-Ortega, 1993; Campos, 2001; Roudinesco & Plon, 2004:127ff; Massimi et al., 2004; Sociedade Psicanalítica do Rio de Janeiro: Homepage, 2011 etc.), keine wissenschafts-historisch befriedigenden Angaben über die medizinische Dissertation von Pinto (1914) finden, entschloss sich Hannes Stubbe (2011), durch Lourenço Filho`s (einem Mitbegründer der ersten Psychoanalytischen Gesellschaft São Paulos) Hinweis, neugierig geworden in diesen nur sehr mühsam einzudringenden „tropischen Urwald der Gerüchte, narzisstischen Selbstdarstellungen, Vorurteile, Hypothesen und Deutungen" einen kleinen hoffentlich erhellenden Pfad und eine Lichtung zu schlagen und im Rahmen der Situation Brasiliens um 1900-14 die erste publizierte Rezeption der Psychoanalyse in der portugiesischsprachigen Welt zu beschreiben, zu kommentieren und neu heraus zu gegeben (vgl. Stubbe, 2011). Die Psychoanalyse Sigmund Freuds war bereits um 1914 ein globales Phänomen. Sigmund Freud verweist in seiner "Zur Geschichte der psychoanalytichen Bewegung" (1914) auf ihre außereuropäischen Entwicklungen in Britisch-Indien, Südamerika, Rußland und den USA. Außerdem korrespondierte Freud mit Asiaten und auch mit Brasilianern (vgl. Stubbe, 1997, s. oben Tab. 17).

Zu „Sigmund Freud und Lateinamerika bzw. Brasilien" lässt sich allgemein folgendes assoziieren: 1. Freud verglich sich verschiedentlich mit Kolumbus (vgl. z.B. Zur Geschichte der psychoanalytischen Bewegung, 1914; FN. 82), weil er den Kontinent des Unbewußten entdeckt habe, 2. er führte Selbstexperimente mit dem südamerikanisch-indigenen Kokain durch und publizierte hierüber (vgl. Roudinesco & Plon, 2004:560), 3. Freud rauchte täglich bis zu 20 (bevorzugt Havanna-)Zigarren, ebenso wie der südamerikanische Medizinmann (Stubbe, 1976; Berthelsen, 1987:50), und 4. erhielt Sigmund Freud 1938 ein Asylangebot aus Mexiko (Páramo-Ortega, 1992:27); er besaß übrigens auch gute spanische Sprachkenntnisse (Ellenberger, 1973). Was wäre wohl aus einer „Psychoanalyse im lateinamerikanischen Exil" geworden?[68]

---

[67] eine Anspielung auf Hugo Vezzetis: Aventuras de Freud en el pais de los argentinos. Buenos Aires, 1996
[68] Zur Geschichte der frühen Psychoanalyse in Lateinamerika, vgl. z.B. Páramo-Ortega, 1992 (Mexiko); León, 1993 (Peru); Stubbe, 1997, 2011 (Brasilien); Scheib, 2014 (Peru); Vezetti, 1996 (Argentinien)

ABB. 15   SIGMUND FREUD IN DEN TROPEN

Quelle: ©A. Noëmi Stubbe, 1997

Stubbe (1997) hat folgendes heuristisches *Entwicklungsschema der dynamischen Psychiatrie bzw. Psychoanalyse in Brasilien* vorgeschlagen:

- Der indigene Schamane (payé) als „Protopsychoanalytiker" und Repräsentant der indigenen Psychologie (vgl. Ackerknecht, 1963; Sigerist, 1963; Levi-Strauss, 1969: 217ff, 221ff; Stubbe, 1976, 1987, 1997, 2010, 2012); es handelt sich um eine "instinktive Psychoanalyse" von der schon Pfister (1932) spricht. Auch die bis heute praktizierten afrobrasilianischen Ethnotherapien (vgl. Stubbe, 2012, 2014) gehören hierzu.

- Die Phase der Aufklärungszeit. Hier ist vor allem das Werk von Francisco de Mello Franco (1757-1821) bedeutsam, weil er bereits eine dynamische Sicht vertritt und psychosomatische Zusammenhänge darstellt (vgl. z.B. Bibliographia Brasiliana, vol.1, 1983:320-322; Stubbe, 1987:90f; Massimi, 1991)

- Als Zwischenphasen (ca. 1820-1900) könnte man hieran noch die Einführung des Mesmerismus in Brasilien (wahrscheinlich durch Martius zwischen 1817 und 1820; vgl. Stubbe, 2012:416f) einfügen, sowie die gegen Ende des 19.Jh.s von dem Arzt und Politiker Dr. med. Adolfo Bezerra de Menezes Cavalcanti (1831-1900), der wie Pinto ebenfalls der ruralen „spiritualistischen" Kultur des Nordostens entstammte, geschaffene „spiritistische (Psycho-) Therapie", die bis heute in Brasilien institutionell praktiziert wird (vgl. Stubbe, 2012:586ff; Klein Filho, 2001); (zur Geschichte der Hypnose in Brasilien, vgl. eine frühe Schrift von Medeiros e Albuquerque, 1919)

- Ab ca. 1899 die Phase der Vorläufer, Pioniere, Autodidakten und Propagandisten der Psychoanalyse bzw. dynamischen Psychiatrie wie z.B. Moreira, Austregésilo, Rocha, Roxo, Medeiros e Albuquerque, Porto-Carrero, Ramos, Pereira da Silva (vgl. Perestrello, 1986, Stubbe, 1997). Die medizinische Dissertation von Pinto (1914), als die erste psychoanalytische Doktorarbeit und zugleich die erste Publikation über die Psychoanalyse in der portugiesischsprachigen Welt, sollte heute als ein wichtiger Markstein in der Geschichte der dynamischen Psychiatrie und Psychoanalyse in Brasilien anerkannt werden. Bis 1937 lassen sich mehr als 100 schriftliche Quellen zur Psychoanalyse Sigmund Freuds in Brasilien nachweisen (vgl. Stubbe, 1997). S. Freud korrespondierte auch mit einigen Brasilianern (vgl. Stubbe, 1997, 1998c:77-95). Rocha (1989:58) stellt zu Recht fest, dass die Einführung der Psychoanalyse in Brasilien erst das Interesse der Psychiatrie für die Neurosen erweckte. In diesem 3. Abschnitt (vgl. die „Liga Brasileira de Higiene Mental", ab 1923) werden auch rassenpsychiatrische und eugenische Konzepte in der brasilianischen Psychiatrie propagiert (vgl. Costa, 1976; Stubbe, 2012:186ff).

- Der Beginn der Institutionalisierung und Expansion der Psychoanalyse in Brasilien ab 1937 (Ausbildungsinstitute, Lehranalysen, Zeitschriften, Lehrstuhl, Gesellschaften, Spaltungen etc.). Im September 1936 kommt die im Berliner Psychoanalytischen Institut (1920-1933) ausgebildete *Dr. med. Adelheid Lucy Koch* (1896-1980), als Exilé, nach São Paulo und beginnt als „psicanalista mãe" (Uchôa, 1981:168) mit der Ausbildung der brasilianischen Psychoanalytiker (vgl. Uchôa, 1981; Rocha, 1989; Perestrello, 1986, 1987; Stubbe, 1997; Füchtner, 2008, Santos-Stubbe, 2016).

Die europäische Psychologie, die durch Missionare, Ärzte und Philosophen in Brasilien eingeführt wurde (daneben existiert eine Ethnopsychologie/indigene Psychologie der „Indianer", Afrobrasilianer und Portugiesen), tritt um 1900 in Brasilien in eine neue 3. Phase ein, die man als Beginn der empirischen und akademischen Psychologie bezeichnen kann (vgl. Stubbe, 1987, 2001a). Es kommt zur Institutionalisierung der Experimentellen Psychologie (z.B. 1900: Roxo; 1906: Bomfim; 1907: Medeiros etc.) und im Jahre 1912 sogar zu einer psychologiehistorischen und kritischen Darstellung durch den Philosophen R. F. Brito (1862-1917)[69]. Erst ab 1934 wird Psychologie zum Pflichtfach in einigen höheren medizinischen Kursen (vgl. Horta, 2008:86f).

Zwei Psychiater *Juliano Moreira* (1873-1933) und *Antônio R. L. Austregesilo* (1876-1961) interessierten sich schon relativ früh für die Psychoanalyse und so kam es schließlich dazu, dass sie die medizinische Doktorarbeit des Cearenser Arztes *Generico Aragão de Souza Pinto* über „Da Psicoanalise (a sexualidade nas nevroses)" anregten und betreuten. Diese (übrigens äußerst schwierig aufzufindende) Dissertation zu Beginn des 1.Weltkrieges (1914-1918) gilt als die erste publizierte Arbeit über die Psychoanalyse in der portugiesisch-sprachigen Welt (vgl. Stubbe, 2011). Der Psychologe und Pädagoge Lourenço Filho`s, (o.J.:269) betont zu Recht, dass Pintos Arbeit „foi o primeiro trabalho a versar as idéias de Freud, não só no Brasil, mas, em língua portuguesa". Damit war Brasilien das erste portugiesischsprachige Land der Welt, das die Psychoanalyse offiziell in die Medizin einführte: Eine, aristotelisches Staunen auslösende, Reise vom schneebedeckten kaiserlichen Österreich in das tropische republikanische Brasilien!

Es ist wirklich sehr überraschend bereits im Jahre 1914, zu Beginn des I. Weltkrieges (1914-1918), dem grausamsten Auswuchs des „imperialen Zeitalters" (Hobsbawn, 1989) und der "Urkatastrophe des XX. Jahrhunderts" (Kennan), eine solch umfangreiche und systematische Darstellung der im europäischen „Zentrum" Wiens (vgl. Zweig, 1996; Tögel, 1997; Páramo-Ortega, 2006:337ff) entstandenen Psychoanalyse in der ca. 10.000 km weit entfernten damaligen südamerikanischen „Peripherie", Rio de Janeiro, vorzufinden. Aus der „Welt von Gestern"[70] in die „Neue Welt" der Zukunft („Brasil pais do futuro")! Im Großen und Ganzen werden die klinischen Erkenntnisse, die Begrifflichkeit[71] und theoretischen Gedankengänge Sigmund Freuds bis ca. 1914 von Pinto korrekt widergegeben, jedoch manchmal aus der (kritischen) Sicht französischer Ärzte wie z.B. Régis, Hesnard, Pitres, Janet etc., wobei jedoch nicht immer klar zu entscheiden ist, welche Originalwerke Freuds (deren Titel aber oftmals in deutscher Sprache zitiert werden!) Pinto wirklich zu Rate gezogen hat. Da die Situation öffentlicher und Fach-Bibliotheken in Brasilien zu seiner Zeit sehr prekär war, könnte vielleicht eine Bestandsanalyse der Privatbibliothek Austregésilos (die von Pinto genutzt wurde) hierüber mehr Klarheit liefern (vgl. Pinto, 1914:I). Pinto hat sich in seiner medizinischen Doktorarbeit naturgemäß auf die klinisch relevanten Aspekte der psychoanalytischen Neurosenlehre konzentriert und versucht eine Ordnung (ordem) in das Chaos und Labyrinth der psychischen Störungen zu bringen und dem Fortschritt (progresso) der brasilianischen Medizin zu dienen, indem er die damals modernste dynamische Psychopathologie darstellte. Das war in der

---

[69] Eine Chronik der Psychologie und Psychoanalyse in Lateinamerika und Brasilien findet sich u.a. in: Stubbe, 1995:99-149; 1997; 2001:389-409 und im Internet: www.hannes-stubbe.de.ms oder www.psychoanalytikerinnen.de/lateinamerika_geschichte.html
[70] So nannte der seit August 1941 im brasilianischen Exil lebende Stefan Zweig (1881-1942) seine aufschlussreichen und etwas melancholischen Erinnerungen, die 1944 erschienen. In Portugal würde man von „saudosismo" sprechen.
[71] vgl. La Planche & Pontalis, 1983 (frz.,1967); Peters (1997); Roudinesco & Plon, 2004

„Kraepelinschen Ära der Psychiatrie (1899-1920)" (Menninger, 1968:439) eine wirkliche Pioniertat!

Wie war es überhaupt möglich, dass die Wiener Psychoanalyse in eine tropische Gesellschaft Südamerikas, die erst kürzlich, nämlich am 13.Mai 1888 die Sklaverei abgeschafft hatte und Republik (1889) geworden war, Eingang fand?

Positiv und fördernd für die Rezeption der Psychoanalyse wirkte sich vor allem die wissenschaftlich-kulturelle und ökonomische „dependência" Brasiliens in der damaligen Zeit aus (s. oben). Die brasilianischen wissenschaftlich-kulturellen und medizinischen Eliten um 1900/14 können dementsprechend durch folgende Eigenschaften charakterisiert werden: ihren Herodianismus, ihre Xenophilie, ihren Philoneismus und ihren Transozeanismus, dem ständigen Blicken nach Europa. Wie Herodes geistig in Rom und im Hellenismus und physisch in Judäa lebte, so lebten auch die brasilianischen Eliten geistig-bewusst in den Metropolen der herrschenden europäischen Weltzivilisationen (vor allem in der französisch-sprachigen Welt Europas). Der brasilianische Philosoph João Cruz Costa (1953, 1956) hat sogar die Ansicht vertreten, dass die unausgewogene und übergroße Bewunderung für alles, was fremd ist (Philoneismus), sowie die bestehende Uninteressiertheit der führenden Eliten an den brennenden Problemen des eigenen Landes sich möglicherweise aus einer Art Minderwertigkeitskomplex erklären lasse. *Joaquim Aurélio Barreto Nabuco de Araújo* (1849-1910), wohl einer der brillantesten brasilianischen Intellektuellen seiner Zeit, schreibt in seiner Autobiografie „Minha formação" (1900) charakteristisch in diesem Sinne:

> „Das Gefühl in uns ist brasilianisch, die Imagination europäisch. Alle Landschaften der Neuen Welt, der Urwald Amazoniens, die argentinische Pampa sind für mich wertlos gegenüber einer Wegstrecke auf der Via Appia, einer Wanderung auf der Straße von Salerno nach Amalfi, einem Stück des Seine-Ufers im Schatten des alten Louvre." (zit. nach Stubbe, 1987:111f).

Wichtig für die Rezeption der Psychoanalyse ist weiterhin die starke europäische Einwanderung seit dem ersten Drittel des 19.Jh.s und besonders im 20.Jh., die das geistige Klima Brasiliens für neue europäische Ideen und neue kulturelle und wissenschaftliche Bewegungen öffnete. Auch die Psychoanalyse war eine solche neue und moderne wissenschaftliche Lehre („psicanálise modernista", vgl. Facchinetti, 2003).

Andererseits standen der Aufnahme der Psychoanalyse in Brasilien aber auch beträchtliche Schwierigkeiten und Widerstände gegenüber. Eine bedeutende Schwierigkeit war vor allem die deutsche Sprache und die erschwerte Zugänglichkeit der Schriften Sigmund Freuds bis 1923, dem Jahr ihrer ersten Übersetzung ins Spanische. Einige Lateinamerikanisten und Brasilianisten sprechen in diesem Zusammenhang von einer sog. lateinischen Mauer (vgl. Stubbe, 1997:23) bzw. einer kulturellen Barriere zwischen der deutschsprachigen und der hispanoamerikanischen bzw. portugiesischsprachigen Welt. Der wissenschaftlich-kulturelle Import aus Europa verlief in Brasilien zur Zeit Pintos fast ausschließlich über die französische Sprache (vgl. Garraux, 1962; Le Moine, 1972; Araújo, 1973) d.h. im Falle der Psychoanalyse in einem mehrfachen komplexen Übersetzungsprozess von Wien via Paris nach Rio de Janeiro/São Paulo.

In seiner Schrift „Die Widerstände gegen die Psychoanalyse" (1925) hat Sigmund Freud auf verschiedene Widerstands-Faktoren aufmerksam gemacht, wie die Angst vor dem Neuen, der Begriff des „Unbewußten", die Ablehnung der Psychogenese durch die traditionelle Medizin/Psychiatrie, die Ablehnung der (Sexual-)Trieblehre, die Lehre vom Ödipus-Komplex, den wachsenden Antisemitismus und die beträchtliche Selbstkränkung des Menschen (nach der kopernikanischen und darwinschen Kränkung), jetzt auch nicht mehr „Herr im eigenen Haus" zu sein. Alle diese Widerstände lassen sich mehr oder minder stark auch in der Geschichte der Psychoanalyse in Brasilien nachweisen (vgl. Rocha, 1989:37ff). Auch die wichtige Rolle der römisch-katholischen Kirche in Brasilien muss in diesem Zusammenhang hervorgehoben werden. Vielleicht ist die an einigen wenigen Stellen der Dissertation bemerkbare kritische Haltung Pintos gegenüber der psychoanalytischen Lehre ein Zugeständnis an seine Lehrer (z.B. Austregésilo), die französischen Autoren oder an die Lehre der katholischen Kirche bzgl. der menschlichen Sexualität. Der Vorwurf des sog. Pansexualismus ist bereits in nuce bei Pinto erkennbar. Die bewundernde Verehrung und Akzeptanz der Lehre Sigmund Freuds überwiegt jedoch in Pintos Dissertation ganz offensichtlich und von den o.g. Widerständen ist jedenfalls bei ihm kaum etwas zu bemerken.

Diese gegen die Lehre und Person Sigmund Freuds gerichteten Widerstände sollten jedoch nicht mit einigen ökonomischen, kulturellen und sozialen Gegebenheiten Brasiliens, die eine behindernde Wirkung besaßen, verwechselt werden. Zunächst müssen wir uns verdeutlichen, dass noch im Jahre 1920 bei einer Gesamtbevölkerung von 17,5 Millionen Einwohnern 11,5 Millionen (d.h. 64%, in manchen, vor allem ländlichen Regionen, in denen 1914 die überwiegende Mehrheit der Bevölkerung lebte, war dieser Anteil noch beträchtlich höher; vor allem Frauen waren betroffen) nicht lesen und schreiben konnten (vgl. IBGE, 1958, 1987). Aber auch unter den „Alphabetisierten" war nur ein sehr beschränkter Prozentsatz überhaupt fähig akademische Bücher zu lesen. Nur eine sehr kleine (vor allem großstädtische) Minderheit von Medizinern, Juristen, Pädagogen, Theologen, Militärs und Ingenieuren, für die eigene Hochschulen/Faculdades existierten, konnte solche anspruchsvollen (oftmals französischen) Bücher erwerben, studieren und verstehen. Ein zweites Charakteristikum war die außerordentliche Jugendlichkeit der brasilianischen Bevölkerung, hervorgerufen durch hohe Kinderzahlen und eine geringe Lebenserwartung: noch im Jahre 1920 waren ca. 50% der Bevölkerung jünger als 16 Jahre und kamen als potentielle Psychoanalyse-Leser wohl kaum in Frage. Schließlich war und ist Brasilien ein multiethnisches Land mit einem hohen Anteil afrikanischer, "indianischer" und „gemischter" (pardo) Bevölkerung, so daß die Frage gestellt werden muß, ob die aus Wien importierte Psychoanalyse der kulturellen, religiösen, ökonomischen, sozialen und psychischen Realität dieser Gruppen überhaupt entsprach.

> „Dies bedeutet, daß die Geschichte der Gruppierungen, die im Zeitabschnitt von 1899 bis 1937 die Rezeption der Psychoanalyse in Brasilien betrieben, - dies lässt sich ganz allgemein für die Durchsetzung aller wesentlichen Transformationen in der sog. Dritten Welt im 20.Jh. sagen (vgl. Hobsbawn, 1995:256) – die Geschichte einer winzigen großstädtischen Elite in Brasilien ist" (Stubbe, 1997:25).

Erst die spätere Ethnopsychoanalyse und kulturvergleichende (transkulturelle) Psychiatrie hat sich diesen Fragen ernsthaft gestellt. Roudinesco & Plon (2004), sich auf *Gilberto Freyre* (1900-1987) berufend, heben mit Recht hervor, dass Brasilien (und dies gilt insbes. noch für die Jahre 1900-1914) unter der rigiden patriarchalischen Ordnung zwei antagonistische Gesichter besaß: einerseits blühte das humanistische Ideal einer von Auguste Comte inspirierten positiven Kirche („igreja positivista"), die alle wichtigen Reformen anregte (Abolition, Republik, etc.). Auf der anderen Seite lebte eine Kultur weiter, die aus der Mischung zwischen afrikanischen Sklaven und ihren Herren, dem Senhor und seiner afrikanischen Konkubine (escrava) entstanden war. Diese Vermischung erklärt nach Roudinesco & Plon die besondere Bedeutung der Sexualität und später der Bisexualität in der brasilianischen Gesellschaft,

> „in der die Anziehungskraft schwarzer Frauen auf die Söhne guter Familien auf die enge Beziehung des weißen Kindes zu seiner schwarzen Amme zurückgeht: eine körperliche und sinnliche Sexualität." (Roudinesco & Plon, 2004:129).

Dass die Polygamie jedoch, wie Roudinesco & Plon vermuten, in Brasilien verbreiteter als in Europa ist, mag ein exotisierendes Vorurteil sein. Richtig ist jedoch ihre Feststellung bzgl. der besonderen Religiosität der Brasilianer und des grassierenden „wilden" Polytheismus, übrigens auch innerhalb des „catolicismo popular". Die alten therapeutischen Traditionen der Trance und der „Besessenheit", wie sie z.B. in den indigenen Religionen (Kosmotheismus), im Candomblé oder der Umbanda verbreitet sind, konnte die Psychoanalyse jedoch nicht verdrängen. Hier wäre in Zukunft eine „Interkulturelle Psychoanalyse" (vgl. z.B. Reichmayr et al., 2003) oder allgemeiner eine „Interkulturelle Psychotherapie", wie Stubbe sie bereits 1980 gefordert hat (Stubbe, 1980:89, 1995a), zu entwickeln. Der indisch-englische Psychoanalytiker *Wilfried R. Bion* (1897-1979), als ein Vertreter der leiterlosen Gruppe, sagte zu seinem Interviewpartner Dupont bereits im Jahre 1987: „Es ist absolut notwendig, daß es eine klare brasilianische Psychoanalyse gibt, die die Geschichte und Kultur ihres Landes umfaßt. Die Gruppe muß ihre eigene phylogenetische Entwicklung durchmachen, um eine solide Basis zu bekommen." (zit. nach Páramo-Ortega, 1992:9)

Bisher existiert noch keine quellenkritische Geschichte der Psychoanalyse bzw. dynamischen Psychiatrie in Brasilien, die den modernen Anforderungen der Wissenschaftshistorik gerecht würde. Ökonomische, kulturelle und soziale Aspekte bleiben bei den bisherigen Darstellungen im Allgemeinen unberücksichtigt. Man neigt auch oftmals zu einer „big-man"-Historiografie und vernachlässigt die Sozial- und Institutionsgeschichte (vgl. z.B. Levine, 1983). Frauen scheinen in der psychoanalytischen Bewegung der Frühzeit in Brasilien überhaupt keine Rolle gespielt zu haben. Oder sollte der selegierende machistische Blick der Historiker hierfür verantwortlich gemacht werden? Das Frauenstudium z.B. in der Medizin datiert erst ab 1930 (vgl. Azevedo, 1963:639f). Haben die Psychiater und Psychoanalytiker nicht fast alles Wichtige von ihren Patientinnen und Patienten gelernt? Erst in den 20er Jahren nimmt das Interesse für die Psychoanalyse in Brasilien dann stark zu und Sigmund Freud korrespondiert direkt mit einigen Intellektuellen (vgl. Stubbe, 1997:26f, 51; Stubbe, 1998c). Es waren zu Beginn in erster Linie Mediziner (Psychiater, Neurologen, Kinderärzte), die die Psychoanalyse rezipierten. Die Aufnahme der Psychoanalyse muss auch vor dem Hintergrund großer sozialer, politischer und geistiger Transformationen, (katholischer, pädagogischer etc.) Reformbewegungen bzw. Revolutionen in der brasilianischen Gesellschaft betrachtet werden (vgl. Stubbe, 1997, 2011) und dies hat die Historiografie der Psychiatrie und Psychoanalyse zu berücksichtigen.

Pintos Arbeit ist ein bisher kaum beachteter wichtiger Markstein in der Geschichte der dynamischen Psychiatrie und Psychoanalyse in Brasilien. Diese Arbeit befand sich bisher schwer auffindbar in einem dunklen Archiv der Medizinischen Fakultät in Rio de Janeiro d.h. gleichsam in einem unbewußten Bezirk der brasilianischen Medizin-, Psychologie- und Psychoanalysegeschichte. (vgl. Stubbe, 2011) (Zur weiteren Entwicklung der Psychoanalyse in Brasilien vgl. Santos-Stubbe, 2016).

Exkurs: *Die Übersetzungen der Werke S. Freud's in Brasilien*
Die Psychoanalyse *Sigmund Freud's* ist seit 1899, dem Jahr der „Traumdeutung" in Brasilien bekannt. *Stubbe* konnte in einer wissenschaftshistorischen Bestandsaufnahme zeigen, dass es von 1899 bis 1937, dem Jahr der Institutionalisierung der Psychoanalyse in Brasilien, ca. 110 schriftliche Dokumente (Schriften, Aufsätze, Bücher, Briefe etc.), aber auch viele Ereignisse gibt, die sich direkt auf die Psychoanalyse *S. Freud's* beziehen. Auch einige Briefe *Freud's* an brasilianische Kollegen sind bekannt geworden (vgl. H. Stubbe: S. Freud in den Tropen. Zur Frühgeschichte der Psychoanalyse in Brasilien. Kölner Beiträge zur Ethnopsychologie, N° 3, Jg.3, 1997).
Damit war Brasilien das erste Land in der portugiesisch-sprachigen Welt in Afrika, Asien, Lateinamerika und Europa (heute sprechen ca. 240 Millionen Menschen portugiesisch), das die Psychoanalyse rezipierte (zur Psychoanalyse in Portugal vgl. H. Stubbe: Zur Geschichte der Psychoanalyse in Portugal. Kölner Beiträge zur Ethnopsychologie und Transkulturellen Psychologie, Jg.4, 1998:59ff). Viele brasilianische Ärzte und Intellektuelle konnten zu Beginn des 20.Jh.s noch ausreichend Deutsch, um Freud's Werke im Urtext zu lesen. Stubbe selbst hat in den 80er Jahre in Rio de Janeiro noch eine Reihe von 80jährigen Psychiatern (Leme Lopes, Neves Manta etc.) kennengelernt, die die Werke von Kraepelin, Freud, Jung, Adler, Jaspers etc. in der deutschen Originalsprache gelesen hatten. Mit zunehmendem Interesse der brasilianischen Öffentlichkeit an der Psychoanalyse wurden dann in den 20er Jahren die ersten Übersetzungen ins Brasil-Portugiesische (vgl. A. Houaiss: O português no Brasil, 1985), das nicht mit dem europäischen Portugiesisch identisch ist, vorgenommen. Die ersten Übersetzungen, aber auch die erste Gesamtausgabe (1969) der Werke *S. Freud's* sind jedoch für einen Kenner der deutschen Sprache inakzeptabel. Die notwendige Übersetzertätigkeit der psychoanalytischen Texte stand scheinbar vor fast unlösbaren Problemen. Dem Problem des Übersetzens psychologischer Schriften haben Psychoanalytiker bisher nur eine geringe Aufmerksamkeit geschenkt. Schon Martin Luther klagte bekanntlich über die Schwierigkeiten bei der Übersetzung der Bibel. Man kann der Überzeugung sein, dass die psychoanalytischen Texte des Bibellesers (vgl. Th. Pfrimmer: Freud como leitor da Bíblia, 1994) und Goethepreisträgers *Sigmund Freu*d sicher nicht leichter als biblische Texte zu übersetzen sind und wenn wir hören, dass zusammen mit Luther drei "doctores" an diesem Problem fast verzweifeln konnten, müssen wir uns fragen, wie es heute mit der Qualität der Übersetzungen psychoanalytischer Texte weltweit überhaupt bestellt ist, und ob eine echte "cross-cultural-Übersetzung" stattgefunden hat (vgl. A. Bass: On the history of a mistranslation and the psychoanlytic movement. In: Difference in Translation, 1985; Sander L. Gilman: Reading Freud in English: Problems, paradoxes and a solution. Internat.Rev. Psychoanalysis, 18, 1991:331-344; D. Brun: Traducir Freud en débat. Rev. Franç. Psychoanalyse, 54, (1), 1990 :269-283 ; R.Páramo-Ortega & J. Pérez Robles: Nuevos errores de traducion en la obra de Freud. Cadernos Psicoanaliticos (Guadalajara), N°.7, 1987:19-28). Deutschsprachige Psychoanalytiker waren sich dieses Problems bisher kaum bewusst. Sie sind gewohnt deutsche

und englische psychoanalytische Texte zu lesen, beherrschen aber meistens keine weitere (außer-) europäische Sprache. Damit sind sie von einer "Welt-Psychologie/-Psychoanalyse" aber weit entfernt und isoliert. Selbst bei den Übersetzungen aus dem Deutschen ins Englische treten besondere Schwierigkeiten auf, die sich anhand der Übersetzung des Freudschen Werkes ins Brasil-Portugiesische gut demonstrieren lassen. *Sigmund Freud's* Werke, die seit 1923 ins Spanische übersetzt wurden (das Gesamtwerk erschien im Brasilianischen zum ersten Mal 1969: "Edição Standard Brasileira das Obras Psicológicas Completas de Sigmund Freud"), basieren auf der englischen Übersetzung. Viele Nuancen des Originals gehen aber auch in der besten Übersetzung verloren. Es ist ein Verdienst *Erik H. Erikson's*, dies im Hinblick auf die Übersetzung der "Traumdeutung" ins Englische gezeigt zu haben (vgl. Erikson, 1954).

> "Die einzige Möglichkeit, seinen Inhalt wirklich zu erfahren", schreibt der kanadische Psychiatriehistoriker *Ellenberger* (1973: 616), "besteht darin, die deutsche Originalausgabe zu lesen, die leider sehr selten zu finden ist.".

Die "Traumdeutung" aber auch andere Werke Freud's sind voll von Anspielungen auf Ereignisse, mit denen der (zeitgenössische) europäische Leser vertraut war, die aber heute für einen Leser z.B. aus den USA oder der sog. Dritten Welt ohne Kommentar unverständlich sind. Das gleiche gilt für die Traumassoziationen und -symbole, die sich im deutschen Sprach- und Kulturraum bewegen. Die europäisch-abendländische Dimension der Psychoanalyse wird (auch in ihrem Bezug auf die griech.-röm. Antike, die Klassik (z.B. Goethe), das Judentum und die europäische Philosophie und Literatur) hierin besonders sichtbar (dies ist möglicherweise auch einer der Gründe, warum sich die Psychoanalyse z.B. in dem hochindustrialisierten Japan oder in Indien kaum entwickelt hat vgl. Kawada, 1977; Kakar, 1992; Stubbe, 2001:337ff). In seinem Werk "Freud und die Seele des Menschen" vertritt *Bruno Bettelheim* (1984) die These, dass die meisten Missverständnisse und Polemiken im Umfeld der Psychoanalyse in der englischsprachigen Welt eine Folge von Fehlübersetzungen und Entstellungen seien, die nicht rational erklärt werden können. *Bettelheim* zeigt, wie die Psychoanalyse aus dem kulturellen Klima Wiens hervorgegangen ist und wie die Praxis der Psychoanalyse in Österreich von der in Amerika damals und heute geradezu abweichen musste. Er beschreibt, wie die englischen Übersetzer wieder und wieder mit einer Reihe verschiedener Wortbedeutungen konfrontiert waren und schließlich die am stärksten wissenschafts-orientierte auswählten. Dies hatte u.a. zur Folge, dass *Freud's* Humanismus und sein Interesse für die "Seele" heruntergespielt wurden. Die Feinheiten der Konzepte von "Eros" und "Psyche" und des "Mythos vom Ödipus" (die jedem österreichischen Gymnasiasten vertraut waren), wurden in Nordamerika leicht zu seelenlosen Abstraktionen. *Harald Leupold-Löwenthal* (1991) sprach von „The impossibility of making Freud English". Einige Beispiele für die nachlässige und willkürliche Übersetzung Freudscher Begriffe ins Angloamerikanische mögen genügen: "Seele" wird mit "mental" oder "mind" übersetzt, aus "Das Ich und das Es" wird "The I and the it", "die Zerlegung der psychischen Persönlichkeit" wird zu "The anatomy of the mental personality", "Fehlleistung" wird in "parapraxis" und "Besetzung" in "cathexis" verwandelt. „Trieb" wird zu „Instinkt" (instinto). Alle diese Mängel und noch viele andere mehr haften somit auch der brasilianischen Übersetzung an, die aus dem Englischen vorgenommen wurde. Man spricht in der brasilianischen Psychoanalyse vom "id", "self" und "ego", von "civilização" (Kultur) und "psicologia de grupo" (Massenpsychologie), "afeção" (Hysterie), "compreensão (Einsicht), "autores imaginosos" (Dichter) etc. ohne sich zu bemühen Übersetzungen zu finden, die dem deutschen Urtext gerecht werden. *Marilene Carone* (1989) hat völlig Recht, wenn sie die brasilianische Freudübersetzung als eine „tradução selvagem" (wilde Übersetzung) charakterisiert. Die Anglo-Amerikanisierung der brasilianischen Gesellschaft erstreckt sich demnach nicht allein auf den äußeren technologischen, medialen und ökonomischen Bereich, sondern hat auch die innerpsychische Topologie der Persönlichkeit erfasst. Es wäre deshalb als ein methodisches Gebot der transkulturellen Psychologie zu fordern, dass von zweisprachigen Personen eine Rückübersetzung der Freudschen Werke wie auch anderer psychologischer Standardtexte angefertigt wird, um die Bedingung linguistischer Äquivalenz zu erfüllen (vgl. Poortinga, 1980; Paiva, 1978; Stubbe,1987:208, 1992, 1994, 1995, 2001; Stubbe & Santos-Stubbe,1987). Eine Grenze des Unübersetzbaren bleibt aber immer noch bestehen. Sie wurde von Goethe bereits klar erkannt, wenn er in einem Brief an *F. von Müller* (20.9.1827) schreibt:

> "Beim Übersetzen muss man sich ja nur nicht in unmittelbaren Kampf mit der fremden Sprache einlassen. Man muss bis an das Unübersetzbare herangehen und dieses respektieren; denn darin liegt eben der Wert und der Charakter einer jeden Sprache."

Überhaupt hat die psychoanalytische wie auch kulturvergleichende Tätigkeit viele Ähnlichkeiten mit der des Übersetzens oder besser des Dolmetschens, worauf bereits insbes. *Schmalfuss* (1972: 285ff) und *Stagl* (1981: 22ff) hingewiesen haben.
Im tropischen Brasilien, dem fünftgrößten Land der Erde mit über 200 Mio Einwohnern lag als intersprachliches Hilfsmittel für den Zugang zu den Werken *Sigmund Freud's* bisher nur die brasilianische Version des „Vocabulaire de la psychanalyse" („Vocabulário da psicanálise", 1987) von J.Laplanche & J.-B. Pontalis (1967) vor. Deshalb ist es von großem Wert, wenn *Luiz Alberto Hanns* (1996) jetzt einen „Dicionário comentado do alemão de Freud" vorgelegt hat, der den brasilianischen/portugiesischen Psychologen und Psychoanalytikern erstmalig einen direkten Zugang zum Deutsch *Sigmund Freud's* ermöglicht. Dieses Lexikon kommentiert 40 zentrale Begriffe ("Leitmotive", S. 43) der Psychoanalyse von „Angst" bis „Zwang" (zu den Auswahlkriterien vgl. S. 33ff), wobei zunächst der Ausdruck im Deutschen, seine Etymologie und die Synonyme, der Vergleich mit dem portugiesischen Terminus und die Beispiele in *Sigmund Freud's* Werk, sowie ein Kommentar wiedergegeben werden. So entstand ein über 500 Seiten starkes Lexikon, das für eine zukünftige „Weltgeschichte der Psychoanalyse" von bleibendem Wert sein wird (immerhin wird Portugiesisch von ca. 240 Mio Menschen weltweit gesprochen). Dieses anregende Werk macht aber auch deutlich, wie stark die Entwicklung der Psychoanalyse an die deutsche Sprache gebunden war, so dass man getrost von einer „Geburt der Psychoanalyse aus dem Geist der deutschen Sprache" sprechen könnte. Der Ludwig Börne Preisträger (1999) *Georges-Arthur Goldschmidt* hat in seinem Werk „Als Freud das Meer sah. Freud und die deutsche Sprache" (1999) kürzlich diese Thematik meisterlich behandelt.

Alfred Adler (1870-1937) in Brasilien

Das Werk Sigmund Freud's (1856-1939), das seit 1914 und besonders seit 1923 mit der spanischen Übersetzung von Ballestreros einen immer bedeutenderen Einfluß auf die intellektuellen Kreise Lateinamerikas gewinnt, enthält bekanntlich viele Konzepte der Adlerschen Individalpsychologie (vgl. etwa Brachfeld, 1965; Ellenberger, 1973). In Brasilien haben sich schon relativ früh vor allem Mediziner mit dem Werk Alfred Adler's auseinandergesetzt. Der Psychiater und Anthropologe *Arthur Ramos* (1903-1949) behandelt in seinen Büchern "Estudos de Psychoanalyse" (1931) und "Freud, Adler, Jung" (1933) ausführlich die Individualpsychologie. In seinen "Estudos ..." schreibt Ramos:

> "Der ganze Gegensatz zwischen Individualpsychologie und Psychoanalyse ist augenscheinlich; die Fakten sind die gleichen, nur die Interpretationen variieren mit einer jeweils unterschiedlichen Terminologie." (Ramos, 1931: 85)

Und etwas später zitiert er den heute wieder aktuellen Arthur Kronfeld (1928), für den der

> "Abgrund zwischen Psychoanalyse und Individualpsychologie nicht so tief (ist), und man deshalb nicht daran zweifeln brauche, daß sich in der Zukunft das Gute der beiden Lehren in einer gemeinsamen therapeutischen Methode vereinigen werde." (Ramos, 1931: 88)

In seinen Ausführungen über die Individualpsychologie basiert Ramos vor allem auf den deutschsprachigen Werken von Alfred Adler und den spanischen Übersichten von *Erwin Wexberg* (1928) und *Arthur Kronfeld* (1886-1941) (1928) (zu Kronfeld vgl. Kittel, 1986). 1939 erscheint "A ciência da natureza humana" (die Wissenschaft von der menschlichen Natur) als erstes Werk *Alfred Adler's* im Brasil-Portugiesischen (eine Übersetzung der englischen Ausgabe "Understanding the human nature" von Godofredo Rangel und Anisio Teixeira). Es handelt sich hierbei um eine Übersetzung der "Menschenkenntnis" (1927), jedoch fehlt leider das für Brasilien wichtige Kapitel "Geschwister" (8. Kapitel). 1956 erscheint Adlers "Lebenskenntnis" (1929). *Rudolf Dreikurs* (1897-1972), einer der bedeutendsten Schüler Alfred Adler's, gibt 1946, im Jahr der Befreiung von der Vargas-Diktatur (1930-1945), eine kurze auf einem Besuch in Rio de Janeiro beruhende Übersicht über individualpsychologische Aktivitäten in Brasilien (Dreikurs, 1946). Er weist darauf hin, dass in Brasilien zum damaligen Zeitpunkt das Interesse an pädagogischen, psychologischen und psychosomatischen Problemen stark gewachsen sei. Obwohl unter den Ärzten Brasiliens die Schriften Sigmund Freud's und anderer Psychoanalytiker stark verbreitet seien (es gäbe jedoch keine psychoanalytische Organisation), existiere seit 1937 (dem Zeitpunkt seines ersten Besuches in Brasilien) eine "Associação de Psicologia Individual" (R.J.), die regelmäßig Versammlungen abhalte. Auch würden verschiedene Ärzte individualpsychologische Psychotherapie betreiben. Präsident und spiritus rector sei Dr. Januario Bittencourt. Auch in der Psychiatrischen Klinik "Centro de Estudos Juliano Moreira" gäbe es eine individualpsychologische Studiengruppe. Dr. Antonio da Silva Mello, ein Professor für Innere Medizin und Stekel-Schüler, habe ihn bereits 1937 eingeladen und verschiedene Aufsätze über Individualpsychologie in der Medizinischen Fachzeitschrift "Revista Brasileira de Medicina" herausgegeben. Dreikurs erwähnt auch die Gründung der ersten Child-Guidance-Clinic in Rio de Janeiro aufgrund individualpsychologischer Aktivitäten. Während seines Besuches in Rio de Janeiro hielt Dreikurs verschiedene Vorträge über Individualpsychologie an der "Faculdade Nacional de Filosofia" (UFRJ), im

"Santa Casa da Misericordia" (Centro de Estudos Paulo Cezar de Andrade), in der "Academia de Medicina" (R.J.) und auf dem im September 1946 in Rio de Janeiro stattfindenden "I. Interamerican Congress of Medicine". Dreikurs weist abschließend darauf hin, dass Alfred Adler's Bücher "The Science of Living" und "Understanding Human Nature" in neuen Auflagen erschienen und seine eigenen Werke über Ehe und Erziehung im Erscheinen begriffen seien.

In seinem Lehrbuch "Psicologia Experimental" (1949) zitiert Pater (S.J.) *Paulo Siwek* (*1913) Alfred Adler an 4 verschiedenen Stellen. Ausführlicher diskutiert Siwek die Individualpsychologie Alfred Adler's im Kapitel "Temperament" (vgl. Siwek, 1949: 364-368) und beruft sich hier in seiner kritischen Darstellung in erster Linie auf die Studie des Jesuiten-Paters *J. Donat* (S.J.) "Über Psychoanalyse und Individualpsychologie" (Innsbruck, 1932) (zur katholischen Position vgl. auch Brennan, 1945). Siwek kritisiert an der Individualpsychologie vor allem die Finalität der menschlichen Psyche (obwohl diese Lehrmeinung unseres Erachtens nicht der katholische Lehre widerspricht vgl. etwa Augustinus "Geschichtsteleologie"!), die überragende Bedeutung der kindlichen Charakterstruktur für das gesamte weitere Leben (hier weist er auf die religiösen Konversionen hin, die eine erwachsene Persönlichkeit radikal verändern können), die noch unzureichende Intelligenz im Kindesalter von 4 bis 5 Jahren, die einen gesamten Lebensplan nicht determinieren könne, die Widersprüchlichkeit der psychischen Akte, die ein einheitliches Lebensziel nicht erkennen ließen, die Ätiologie der Neurosen (die von der "Allgemeinheit der Psychiater der Gegenwart" abgelehnt werde) und schließlich die Nichtangeborenheit des Temperaments (Siwek vertritt die Heredität des Temperaments).

Der nordamerikanische Psychologe *Otto Klineberg* ist für die Psychologie in Brasilien - er lehrte von 1945 bis 1947 in São Paulo - vor allem deshalb von Bedeutung, weil er einerseits eine Reform der Ausbildung im Fach Psychologie nach amerikanischem Muster durchführte und zum anderen einen Sammelband "A Psicologia Moderna" (1953) herausgab, der zum ersten Mal die Ergebnisse der Psychologie in Brasilien zusammenfasst. In diesem Werk (vgl. Klineberg, 1953: 137f, 162f, 194) wie auch in seiner "Psicologia Social" (1959: 141, 147, 423, 429) geht er an verschiedenen Stellen auf die Individualpsychologie Alfred Adler's ein. Klineberg (1953; 137f) gibt, sich auf Dollard ("Criteria for life history", 1935) berufend, eine interessante kulturanthropologische Interpretation der Individualpsychologie Alfred Adler's, indem er feststellt, dass die Adlersche Lehre spezielle auf unsere westliche Zivilisation zugeschnitten sei, in der Konkurrenz, Streben nach Macht und Überlegenheit eine so hervorragende Rolle spielten, während z.B. in vielen außeramerikanischen und -europäischen Kulturen (er verweist auf die Hopi Neu-Mexikos) solche Motive völlig fehlten. Ruth Benedict (1934) hat bekanntlich in ihrem klassischen Werk "Patterns of culture" viele anschauliche Beispiele für die Kulturrelativität menschlichen Verhaltens und Erlebens gegeben. Es sind auch verschiedene indigene Gruppen Brasiliens bekannt, bei denen z.B. bei rituellen Wettläufen niemand siegen soll.

Das Thema "*Individualpsychologie und Ethnologie*" scheint überhaupt bisher zu wenig bearbeitet worden zu sein. Der kubanisch-spanische Psychiater *Emilio Mira y López* (1896-1964), der an der Universität Barcelona gelehrt hatte und sich seit 1945 in Brasilien niederließ, ist für die Psychologie in Brasilien sowohl durch seine "Myokinetische Psychodiagnostik" als auch durch die Gründung der "Associação Brasileira de Psicotécnica" und ihr Organ die Fachzeitschrift "Arquivos Brasileiros de Psicologia" (seit 1949) von großer Bedeutung. Er gehörte auch zu den entscheidenden Initiatoren des Psychologen-Gesetzes von 1962. In seinem Werk "Avaliação critica das doutrinas psicanaliticas" (1964) (Kritische Bewertung der psychoanalytischen Lehren) behandelt Mira y López (1964: 99-105) die Individualpsychologie Alfred Adler's ausführlich. Zusammenfassend stellt er fest:

> "Der Einfluß, den Adler auf die Mediziner-Kreise seines Landes und Europas ausübte, war schneller, jedoch weniger systematisch als der Einfluß Sigmund Freud's, vor allem weil ersterer weniger anspruchsvoll hinsichtlich der Parteidisziplin (sic!) war als sein Meister. Es genügt an Namen wie Birnbaum, Kronfeld, A. Meyer, Künkel, Dreikurs, Fromm-Reichmann, Karen Horney und Sullivan zu erinnern, um sich darüber Rechenschaft abzulegen, wie tiefgreifend die Adlerschen Ideen in der Psychiatrie der Gegenwart verhaftet sind (vgl. oben die Kritik Siwek's !; Anm. des Verf.), auch wenn sie manchmal eine leichte Beute der Kritik werden können." (Mira y López, 1964: 105) (er erwähnt hier die ungeklärte Frage, warum einige Menschen in der gleichen Situation unterliegen, während andere sich erheben).

Die sich nun rapide entwickelnde Buchproduktion im Bereich der Psychologie (vor allem Übersetzungen) nach 1962 schlägt sich auch in vielen *Psychologischen Lexika* (vgl. Pfromm-Netto, 1985) nieder, in denen im allgemeinen korrekt auf Alfred Adler, seine Biographie und sein Werk eingegangen wird (vgl. auch Székely, 1966). *Pfromm-Netto* (1981: 267) weist in seiner psychologiehistorischen Arbeit "A psicologia no Brasil" kurz darauf hin, dass *Charlotte Hirschfeld* die Individualpsychologie in São Paulo eingeführt habe (über Charlotte Hirschfeld konnten keine weiteren Informationen gefunden werden). Der gleiche Autor hat in seinem für Studierende gedachten einführenden Werk "Psicologia-Introdução e Guia de Estudo" eine ausführliche Bibliographie zu Leben und Werk Alfred Adler's gegeben (Pfromm-Netto, 1985: 7-12/13; vgl. auch die individualpsychologische Interpretation Brasiliens von Stubbe, 2001:236-239).

Experimentalpsychologie in den Tropen: Das Laboratorium Waclaw Radecki's (1925-1932)

Der Beitrag der Mediziner zur Entwicklung der Psychologie in Brasilien lässt sich besonders deutlich an der Gründungsgeschichte des Psychologischen Instituts in Rio de Janeiro ablesen. Von 1924 bis 1932 besaß aufgrund einer Initiative des Psychiaters und Eugenikers *Gustavo Köhler Riedel* (1887-1934) die Psychiatrische Klinik des "Hospital do Engenho de Dentro" ein eigenes Psychologisches Laboratorium, das "Laboratório de Psicologia da Colônia de Psychopathas em Engenho de Dentro", das 1932 in das "Instituto de Psicologia" des "Ministério de Educação" in Rio de Janeiro überging. Jenes Psychologische Laboratorium war das erste bedeutungsvolle Forschungszentrum im Bereich der Psychologie und verfügte über die damals modernsten psychologischen Apparaturen, die von der Fundação Gaffrée-Guinle gestiftet wurden und von denen sich noch heute einige echte Museumsstücke im Besitz des Psychologischen Instituts (UFRJ) befinden. Die Industriellen Gaffrée und Guinle verfügten über die wirtschaftliche Kontrolle des Hafens von Santos und finanzierten in den 20er Jahren eine Reihe von Einrichtungen des öffentlichen Gesundheitswesens (vor allem auch zur

Prophylaxe der Syphilis) und so auch ein Dispensarium in der "Colônia de Alienados no Engenho de Dentro" (R.J.) und das o.g. Psychologische Laboratorium (zu Guilherme Guinle, 1882-1960, vgl. Beloch & Abreu, 1984, S.1576ff). Der erste Direktor dieses Laboratoriums war der polnische Psychologe *Waclaw Radecki* (1887-1953), der seit 1923 in Brasilien lebte (zur Biografie Radeckis vgl. Guimarães, 1928; Cáceres, 1935; Olinto, 1944; Cabral, 1950; Campos, 1953; Hoja de Psicología, 1953; Cambiaggio, 1954; Lourenço Filho, 1955; Langenbach, 1981; Centofanti, 1982; Penna, 1985; Ardila, 1986; Stubbe, 1987, 1993, 2001; Stubbe & Langenbach, 1988; Na drogach i bezdrożach historii psychologii, tom 7, 2019, p.223-239). Eine kritische wissenschaftliche Biographie steht bisher noch aus und ist ein Forschungsdesideratum.

1908 reist Radecki (wie viele politisch Exilierte) in die Schweiz und immatrikuliert sich in der Naturwissenschaftlichen Fakultät der Universität in Genf, um bei *Théodore Flournoy* (1854-1920) und *Edouard Claparède* (1873-1940) Psychologie zu studieren. 1910 wird er, noch Student, als Assistent im Psychologischen Laboratorium angestellt, das bereits durch Namen wie *Flournoy* (1854-1920), *Claparède* (1873-1940), *Bovet* (vgl. Bovet, 1932) und später *Jean Piaget* (1896-1980) weltberühmt war (vgl. Archives de Psychologie, gegr. 1901) In dieser Zeit spielte der musikalische Radecki auch einige Zeit im Orchester von Stavenhagen. Auf mehreren Reisen durch Europa lernt er verschiedene experimentalpsychologische Laboratorien wie z.B. das von Kraepelin (1956-1926), Külpe (1862-1915) und Toulouse kennen. 1911 promoviert Radecki in Genf mit einer Dissertation über "Les phenomènes psychoelectriques", die sich mit den psychogalvanischen Hautreflexen befasst und u.a. in Ruckmick's Monographie "The psychology of feeling and emotion" (1936) zitiert wird. 1912 kehrt Radecki nach Krakau zurück, um die Ergebnisse seiner Dissertation auf dem Kongreß für Psychologie, Psychiatrie und Neurologie vorzutragen. Er wird daraufhin eingeladen ein Psychologisches Laboratorium in der Universität von Krakau einzurichten. Radecki beginnt nun mit einer sehr regen Publikationstätigkeit in dieser polnischen Phase (1912-1923) seines Lebens. Noch im Jahre 1912 erscheint die Monographie "Psychologie der Empfindungen und Gefühle", in der bereits einige theoretische Linien seines später in Lateinamerika ausgearbeiteten "Discriminacionismo afetivo" vorgezeichnet sind, sowie ein Werk über die "Psychologie der Vorstellungs-assoziationen" (1912). Auf dem II. Kongreß für polnische Psychiatrie, Neurologie und Psychologie (1912) hält er ein Referat über "Psychobiologische Elemente in der Psychoanalyse". Somit gehört Radecki zu den ersten akademischen Psychologen, die zur Rezeption der Psychoanalyse (die in der Schweiz damals bereits hochentwickelt war; vgl. E. Bleuler und C.G. Jung) in Polen beigetragen haben. 1914 publiziert Radecki eine "Psychologie des Willens". Der I. Weltkrieg (1914-1918) sieht Radecki als Soldat im Kampf gegen das russische und später deutsche Heer. 1917 nimmt er seine wissenschaftliche Arbeit wieder auf und wird beauftragt an der "Freien Universität Polens" ein Psychologisches Laboratorium zu organisieren, das nach der Befreiung Polens (11.11.1918) in eine Psychologische Fakultät umgewandelt wird. 1919 publiziert Radecki eine "Psychologie des Denkens" und dient im gleichen Jahr im 9. Polnischen Kavallerie Regiment während eines erneuten polnisch-sowjetischen Krieges, der im Frieden von Riga (18.3.1921) beendet wird. Radecki nimmt seine wissenschaftlichen und akademischen Aktivitäten wieder auf und unternimmt eine Studienreise durch Europa. Es ist bis heute nicht klar, welche Gründe Radecki veranlassten Polen zu verlassen. Möglicherweise spielte hier seine Scheidung eine Rolle (vgl. Centofanti, 1982: 42).

Seine zweite Frau *Halina Radecka* (1897-1980) besaß einen Bruder, der in Paraná wohnte und deshalb wählte das Ehepaar diesen brasilianischen Bundesstaat als ersten Aufenthaltsort. Noch im gleichen Jahr unterrichtete Radecki das Fach Psychologie in der "Faculdade de Ciências Jurídicas da Universidade do Paraná" und arbeitete mit den dortigen Psychiatern zusammen. Das Paraná der 20er Jahre war wie noch heute vorwiegend ein Agrarstaat und für Radeckis Ambitionen wenig geeignet. Er suchte deshalb neue Horizonte und reiste nach São Paulo und Rio de Janeiro. In São Paulo hält er vor der "Sociedade de Educação" einen Vortrag "Contribuição à psychologia" (1923). Bei seinem Besuch in Rio de Janeiro entdeckt er zufällig in einer Buchhandlung das Buch "Noções de Psychologia" (1917) von *Manuel Bonfim* (1868-1932), den er daraufhin gleich besuchte (zu Manoel Bomfim, vgl. Stubbe, 1987:130; Penna, 1986, S.12ff). Bomfin gibt ihm auch den entscheidenden Hinweis für eine Einstellung in der Psychiatrischen Klinik des "Engenho de Dentro" in Rio de Janeiro.

Die "Colônia de Psicopathas" im "Engenho de Dentro" wurde 1911 gegründet. Der Psychiater Cunha-Lopes (1939) schreibt, dass der damalige Justizminister Rivadavia Correa die psychiatrische Versorgung im Bundesdistrikt erweiterte, indem er im "Engenho de Dentro" eine Frauenabteilung schaffen ließ, ähnlich wie sie schon für die Männer auf der "Ilha do Governador" bestand. Die Geschichte des Psychologischen Laboratoriums in dieser Klinik beginnt jedoch erst Anfang der 20er Jahre, als der Psychiater Gustavo Riedel durch die "Fundação Gaffrée-Guinle" eine finanzielle Unterstützung erhielt. Dr. Guilherme Guinle stellte einige Räume im Dispensarium No. 2 zur Verfügung, übernahm über Jahre die Bezahlung der Mitarbeiter des Laboratoriums und vergab Geldmittel, um die notwendigen Laboratoriums-Apparate bei den europäischen Firmen Boulitte (Paris) und Zimmermann (Leipzig), einzukaufen (vgl. Guimarães, 1928; Lourenço Filho, 1955). Möglicherweise erwarb Riedel die experimentalpsychologischen Apparate anfänglich für den in der Klinik bestehenden "Serviço de Profilaxia Mental", der seit 1922 bestand. Riedel hatte sich auf einer kürzlich durch die USA unternommenen Reise für die nordamerikanischen "Mental Health-Bewegung" (vgl. Riemann, 1967) begeistert und nach Hause zurückgekehrt 1923 die "Liga Brasileira de Higiene Mental" gegründet (vgl. Stubbe, 2012, S.186f). Radecki war ursprünglich als "chefe de análises clinicas" kontraktiert worden, aber wie Centofanti (1982) schreibt, ergab sich aus dem Gedanken den Gerätepark zu nutzen bei Radeckis Ankunft die Lösung der Institutionalisierung eines "Laboratório de Psicologia", das 1924 (wohl vor allem auf Betreiben Radeckis) gegründet wurde und Anfang 1925 seine Arbeit aufnahm.

Die experimentalpsychologischen Apparate des Laboratoriums entsprachen ganz der Ausstattung der klassischen Laboratorien Europas (vgl. z.B. Zimmermann, 1983; Sommer, 1984) jener Zeit. Radeckis Laboratorium verfügte nämlich über ca. 205 damals modernste Apparate der Experimentalpsychologie, die bei Stubbe (1993:283-286) aufgelistet sind. In der überwiegenden Mehrheit handelt es sich um anthropometrische und psychophysiologische Geräte (vgl. auch die Abbildungen bei Guimaraes, 1928; Stubbe, 1987, 1993).

Welche Funktionen sollte das Laboratorium erfüllen?

Guimaraes nennt in seinem Laboratoriums-Bericht von 1928 folgende vier Aufgabenstellungen:

1. Hilfseinrichtung für die Medizin: Untersuchung der Patienten, Psychotherapie
2. Hilfseinrichtung für soziale und angewandte Dienste: Untersuchung von Schulkindern, Eignungsuntersuchungen, forensische Untersuchung von Kriminellen, Häftlingen und Zeugen, Arbeitsorganisation, Fliegerselektion
3. Wissenschaftszentrum: Beiträge zur Allgemeinen, Individuellen, Kollektiven Psychopathologie und Psychologie
4. Didaktisches Zentrum zur Ausbildung von brasilianischen Spezialisten

Ein selbst für europäische Verhältnisse der damaligen Zeit hochgestochenes Programm, dem in Brasilien der 20er und 30er Jahre jedoch jegliche Infrastruktur, Kooperationsbereitschaft von Seiten der Psychiater und Aufgeschlossenheit der brasilianischen Gesellschaft für psychologische Probleme fehlte. Wir wissen nicht welche wissenschaftliche Ausbildung *Halina Radecka* besaß, aber sie publizierte einige Arbeiten aus den Bereichen psychologische Theorie, Kinderpsychologie und Sozialpsychologie (vgl. Dicionário Biográfico da Psicologia no Brasil, 2001:312ff). Durch die wachsende Unterrichtstätigkeit Radeckis im Laboratorium selbst, in der "Liga Brasileira de Higiene Mental", in der "Escola de Enfermeiras Alfredo Pinto" und in der "Faculdade de Medicina do Rio de Janeiro" erweiterte sich in den folgenden Jahren allmählich der Mitarbeiter- und Schülerkreis.

Im Jahre 1925 stieß *Nilton Campos* (1898-1963) (zu Nilton Campos, 1898-1963, vgl. Stubbe, 1987:128f; Dicionário Biográfico da Psicologia no Brasil, 2001:112ff) kurz nach seinem medizinischen Abschlussexamen zu Radecki, als

"einer der ersten Brasilianer, die entschlossen waren, sich ganz dem mühsamen Beruf eines Psychologen zu widmen." (Guimarães, 1928: 389f).

Auch Gustavo de Rezende, ein Psychiater in der "Colônia", arbeitete mit Radecki über Psychotherapie und Psychopathologie zusammen. Etwas später wurde die Munizipallehrerin Lucilia Tavares durch die "Secretaria de Educação" im Laboratorium eingestellt, um sich psychologisch weiterzubilden und die Publikationen zu redigieren. Gemäß der Clausewitzschen (1832-34) Formel: "Es ist Tradition der Armee an der Spitze des Fortschritts zu marschieren", war vor allem das brasilianische Heer (eine eigene Luftwaffe gab es noch nicht) von Anfang an von Radecki überzeugt, denn es ordnete frühzeitig eine Gruppe von Militärärzten ab, um an seinen Psychologiekursen im Laboratorium teilzunehmen. Wir sollten uns hierbei auch daran erinnern, dass Radecki selbst über eigene Weltkriegserfahrungen als Offizier verfügte. 1920 hatte er noch in Polen eine "Psychologie im Heere" geschrieben. Die brasilianische Armee (Directoria da Aviação) stellte dann zeitweilig drei Militärärzte ab, um Eignungsuntersuchungen für Heeresflieger zu entwickeln und durchzuführen: den Kapitän Ubirajara da Rocha und die Leutnante Arauld Bretas und Alberto Moore. Als weitere Mitarbeiter traten Ende der 20er Jahre die Ärzte Antonio de Bulhões Pedreira, Oswaldo Guimarães, Flávio Dias und *Jaime Grabois* (1908-1990), der später von 1937-1947 Direktor des "Instituto de Psicologia" war, in das Laboratorium ein. Außerdem arbeitete Radecki mit dem Juristen *Euryalo Cannabrava* (1908-1978) aus Belo Horizonte und dem Rechtsphilosophen Edgard Sanches aus Salvador zusammen (eine Zeittafel der reichhaltigen Publikationen des Laboratoriums von 1924 bis 1932 ist bei Stubbe, 1993:287f zusammengestellt). Wie aus dieser Tabelle ersichtlich ist, wurden von

Radecki und seinen Mitarbeitern vor allem Forschungen zur Wissenschaftstheorie, Allgemeinen und Experimentellen Psychologie (speziell experimentelle Gedächtnisforschung und Emotionspsychologie), Differentiellen Psychologie (Psychodiagnostik), Psychopathologie, Psychotherapie, Psychoanalyse, Militärpsychologie (Fliegerselektion), Psychotechnik, Pädago-gischen Psychologie und Kinderpsychologie betrieben. Sozialpsychologische Fragestellungen spielten dagegen keine Rolle.

Eindrucksvoll ist auch die Leistungsbilanz im angewandt-psychologischen Bereich des Laboratoriums: In 3 Jahren untersuchte man mehr als 200 Personen (darunter 100 Kinder). Bei 100 Epileptikerinnen führte man Reaktionszeitmessungen durch und - was überraschend ist - in der Klinik 14 vollständige Psychoanalysen (zur Geschichte der Psychoanalyse in Brasilien vgl. Perestrello,1986; Stubbe,1987, 1997, 2011; Santos-Stubbe, 2016). Über jeden Patienten wurde eine ausführliche Karteikarte angelegt (vgl. Guimarães, 1928).

Das Laboratorium gab seit 1928 ein eigenes Jahrbuch heraus, die *"Annaes de Psychologia da Colônia de Psychopathas"*, die man mit gutem Grund als die erste fachpsychologische Zeitschrift Brasiliens bezeichnen kann. Diese serielle psychologische Publikation wird dennoch nicht im Osier & Wozniak (1984) aufgeführt!

Nachdem sich das Laboratorium einigermaßen stabilisiert hatte, konnte man daran gehen mit anderen Laboratorien in Europa in direkten Kontakt zu treten, um sich Anregungen zu holen. 1927 unternahm deshalb eine Kommission von brasilianischen Ärzten unter Leitung von Radecki eine "psychologische Expedition" nach Europa, während der man verschiedene Zentren der europäischen Psychologie in Frankreich, der Schweiz, Deutschland, Österreich, Polen und Belgien besuchte (vgl. Campos, 1928).

Radeckis theoretische Konzeption, sein "psychologisches System" des *"Discriminacionismo afetivo"*, wurde erstmalig in den Jahren 1928/29 synthetisiert, als er einen Psychologie-Lehrgang in der "Escola de Aplicação do Serviço de Saúde do Exercito" hielt. Diesen 17-teiligen Kurs ("Resumo do Curso de Psychologia") publizierte Radecki später unter dem Titel "Tratado de Psychologia" (1929). In dieser 447seitigen Abhandlung stellt Radecki die drei wesentlichen Elemente seines psychologischen Systems vor: die Psychologie der Intelligenz, die Psychologie der Affektivität und die Psychologie der Lebensaktivität. Außerdem behandelt er die "Individual- und Kollektiv-Psychologie" und die "Psychotechnik" d.h. die Anwendbarkeit der Psychologie. Diese Publikation reflektiert auch Radeckis profunde psychologische Kenntnisse. Von den 360 erwähnten Autoren zitiert er Wundt 48mal, James 30mal, Claparède 27mal, Freud 16mal, Ebbinghaus 13mal, Jung 11mal etc. (vgl. Tab. 14 in: Stubbe, 2001:218).

Der "Discriminacionismo afetivo" (der sich als ein "offenes, synthetisches und ökonomisches System" versteht, vgl. Radecki, 1937: 263; Cambiaggio, 1954: 8; Herran, 1955: 304) ist später noch von Radecki selbst und anderen Autoren zusammenhängender dargestellt worden (vgl. Radecki, 1935, 1937; Cáceres, 1935; Cambiaggio, 1954; Herran, 1955).

Insbesondere Cáceres (1935) und Herran (1955) haben zusammengetragen, wie sehr das Radecki'sche System von Psychologen wie W. Wundt (psychophysischer Parallelismus, Apperzeption, Experiment), W. James (Bewußtseinsstrom, Diskrimination, Herd), Th. Ribot (Gesetz der spontanen Aufmerksamkeit, Monodeismus, psychopathologische Methode), S.

Freud (genetische Betrachtungsweise, Dynamik des Innerseelischen, Komplex, Abreaktion, Symbolismus), W. Stern (Differentielle Psychologie), Claparède (Funktionalismus) und anderen (Kraepelin, Flournoy, Külpe, Abramowski, Bergson, Kretschmer, Ehrenfels, Kant etc.) beeinflusst wurde.

Welche internationale psychologische Literatur studierte man in Radeckis Laboratorium?

Hierüber gibt Guimarães (1928) Auskunft, indem er schreibt, dass das Laboratorium 1928 folgende Zeitschriften abonnierte:

1. Journal de Psychologie normale et pathologique
2. British Journal of Psychology
3. Rivista di Psicologia
4. Zeitschrift für Psychologie
5. La psychologie et la vie

Außerdem besaß Radecki selbst noch eine umfangreiche Privatbibliothek, die auch seinen Assistenten zur Verfügung stand.

Aufstieg und Untergang:

Mit der wachsenden Bekanntheit des Laboratoriums kamen auch berühmte Besucher. So stattete im Jahre 1930 Radeckis Lehrer *Edouard Claparède* (1873-1940) dem Laboratorium einen Besuch ab (Lourenço Filho, 1955; Centofanti, 1982). Im August des gleichen Jahres besuchte auch *Wolfgang Köhler* (1887-1964) als Vertreter der Berliner Schule der Gestalt-psychologie auf seiner Reise nach Uruguay und Argentinien Rio de Janeiro und São Paulo. Köhler hielt mehrere Vorträge und zeigte seine gestaltpsychologischen Teneriffa-Filme, die großen Eindruck erregten. Der "Estado de São Paulo" brachte in seinen Ausgaben vom 26. und 27. August 1930 zwei interessante Artikel über Wolfgang Köhler. Im "Instituto de Educação" (S.P.) hielt er einen vielbesuchten Vortrag über "A intelligencia dos chimpanzés" in spanischer Sprache und im "Mackenzie College" über "A Psychologia da Estrutura" (vgl. Stubbe, 1995:144).

Mit dem Jahre 1931 wendet sich das Laboratorium mit einer Reihe von Zeitungsartikeln in dem renommierten "Diário do Comércio" (RJ) an eine breitere Öffentlichkeit ("A margem da Psicologia"). In ihnen versuchte man die Bedeutung der Psychologie für die Medizin, Pädagogik und Jurisprudenz aufzuzeigen.

War dies ein Rettungsversuch oder Öffentlichkeitsarbeit zur Gründung eines Psychologischen Instituts?

Wir wissen es nicht. Jedenfalls wird am 19. März 1932 durch das Dekret (Lei no. 21.173) das "Instituto de Psicologia" gegründet, als Nachfolgeinstitution des Laboratoriums.

Im Rahmen der Erziehungsreformen, die der Minister für Erziehung und Gesundheit Francisco Campos (1930-1932) unter der provisorischen Regierung von Getulio Vargas in Angriff nahm, war auch die Schaffung einer Universität mit drei Fakultäten in Rio de Janeiro geplant (vgl. Malin & Penchel, 1984: 575f), die spätere "Universidade do Brasil".

So eröffnete die Schaffung eines eigenen Psychologischen Instituts Radecki die Aussicht einer Integration in eine "Faculdade de Educação, Ciências e Letras" einer zukünftigen Universität. Er gab denn auch dem Institut eine dreifache Aufgabenrichtung, die den universitären Charakter bereits deutlich macht:

1. Forschungszentren für Allgemeine, Individual-, Kollektiv- und Angewandte Psychologie

2. Zentrum für Anwendungsbereiche der Psychologie

3. Hochschule für Psychologie

Direktor des Instituts blieb Radecki, der auch seine Assistenten Ubijara da Rocha, Bretas, Radecka, Sanches, Tavares, Grabois, Cannabrava als Dozenten mitübernehmen konnte.

Das Institut besaß jetzt 5 Abteilungen:

1. Abteilung für Allgemeine Psychologie

2. Abteilung für Differentielle Psychologie und Berufsberatung

3. Abteilung für auf die Erziehung angewandte Psychologie

4. Abteilung für auf die Medizin angewandte Psychologie

5. Abteilung für auf die Jurisprudenz angewandte Psychologie

Hierdurch wurde die Spezialisierung eines jeden Assistenten vorzüglich genutzt.

Interessant ist auch das Ausbildungsprogramm für *"Berufspsychologen"* (Radecki bezeichnete sich selbst als "Berufspsychologe"; vgl. Centofanti, 1982:11), das ab 1933 durchgeführt werden sollte. Die Psychologenausbildung bestand danach aus den drei folgenden Etappen: In dem ersten Abschnitt sollte man die Allgemeine Psychologie auf der Basis der Naturwissenschaften (Biologie, Anatomie, Physiologie, Physik, Chemie) studieren, sowie Einführungen in die Philosophie und Logik erhalten. Der zweite Abschnitt bestand aus dem Studium der Differentiellen und Kollektiv-Psychologie, das durch Sozialwissenschaften (Anthropologie, Soziologie, Politische Ökonomie etc.) und philosophische Disziplinen (Geschichte der Philosophie, Erkenntnistheorie, Wissenschaftstheorie) in ihren für die Psychologie bedeutsamen Aspekten ergänzt wurde. Der letzte Abschnitt beinhaltete das Studium der Angewandten Psychologie und zahlreicher Einzeldisziplinen (Kinderpsychologie, Geschichte der Psychologie, Ethik, Ästhetik etc.). Neben dem theoretischen Unterricht sollten praktische Übungen im Laboratorium durchgeführt, sowie Seminare abgehalten werden. Das Gesamtstudium sollte je nach Vorbildung vier bzw. zwei Jahre, d.h. 8 bzw. 4 Semester dauern. Insgesamt handelte es sich also um ein anspruchsvolles Curriculum, das sich grosso modo auch heute noch in Brasilien findet (vgl. Stubbe, 1987:166f).

Für den Internationalen Psychologie-Kongreß in Kopenhagen (1932) reichten Radecki und seine Assistenten eine Reihe von Vorträgen ein (vgl. Tab. 13 in: Stubbe, 2001:215), die in einer eigenen brasilianischen Sektion gehalten werden sollten. Hierdurch hätte die Psychologie in Brasilien nun auch eine internationale Anerkennung erhalten. Aber weder die Regierung noch die "Fundação Gaffrée-Guinle" wollten die Reisekosten übernehmen.

Sieben Monate nach seiner Gründung wurde das Institut am Montag, dem 24. Oktober 1932 geschlossen. Die Mitarbeiter fanden die Türen versiegelt und mit einer Bekanntmachung der Regierung versehen, dass das Institut erloschen sei und sein Material in den Besitz des "Serviço de Assistência a Psicopathas" übergehe (Decreto Lei no. 21.999).

Damit war Radeckis Traum von einer autonomen akademischen Psychologie in Brasilien erloschen.

Centofanti (1982) bemerkt u.E. ganz richtig, dass ohne Schließung des Instituts die Geschichte der Psychologie in Brasilien einen anderen Lauf genommen hätte.

Wenn wir uns die Frage stellen, welche Gründe zur Schließung dieser funktionstüchtigen psychologischen Institution geführt haben, so lassen sich mindestens 5 Ursachengruppen aufzählen:

1. Die *"Revolution von 1930"*: Mit dem I.WK hatte eine beschleunigte Industrialisierung des Landes eingesetzt, die einmal eine neue Schicht von reichen und mächtigen Industriellen schuf, die in Konkurrenz zu der Klasse der Großgrundbesitzer trat, und zum anderen vor allem in den Großstädten ein industrielles Proletariat entstehen ließ, das zunehmend soziale Verbesserungen und mehr politische Rechte forderte. Als kulturelle Bewegung wird der sog. "modernismo brasileiro" wichtig (vgl. N. Stubbe, 2018:82ff), der neben seiner Bedeutung für Literatur, bildende Kunst und Wissenschaft auch erhebliche politische Auswirkungen hatte, indem er nicht zuletzt maßgebliche Gruppen junger, bürgerlicher Offiziere beeinflusste ("tenentismo"). Sie brachten durch ihre Rebellion am 24. Oktober 1930 Getúlio Vargas an die Macht. Damit war das Ende der "República Velha"(Alte Republik) eingeläutet, denn Vargas bemühte sich um den Ausbau eines "Estado Novo" (Neuer Staat) auf der Grundlage eines nationalen "Sozialismus". Vor diesen gewaltigen sozialen und politischen Umwälzungen in Brasilien ist auch die Schließung des Psychologischen Instituts zu sehen. Im Übrigen konnten Ausländer nicht mehr brasilianischen Einrichtungen vorstehen (vgl. Murakami, 1980; Lippi de Oliveira, 1984).

2. Jaime Grabois, den Stubbe als einen Augenzeugen im Jahre 1987 befragen konnte, schließt nicht aus, dass einflussreiche Psychiater Druck auf einige Minister ausgeübt haben könnten, das Institut zu schließen, um eine Professionalisierung und Institutionalisierung der Psychologie in Brasilien zu verhindern.

Bekanntlich wurde erst 1962 auf Initiative Mira y López ein "Psychologengesetz" geschaffen, dem ebenfalls viele Psychiater (wie übrigens auch Nilton Campos) feindlich gegenüberstanden (vgl. Langenbach, 1981; Stubbe, 1987).

3. Grabois, den Stubbe im Jahre 1987 selbst befragen konnte, weist auch darauf hin, dass das Budget für das Institut möglicherweise nur noch für sieben Monate ausgereicht hätte, weil man von der Voraussetzung ausgegangen sei, dass sich das Institut nach dieser Einführungszeit selbst finanzieren könnte, was aber nicht der Fall war.

4. Waclaw Radecki wird als eine komplizierte Persönlichkeit beschrieben, die bei einigen Kollegen Antipathien und Neid auslöste. Centofanti (1982: 11f) schreibt folgendes:

Schon äußerlich sei Radecki mit seinem langen bis auf die Brust reichenden assyrischen Bart eine fremdartige Figur gewesen. Er kleidete sich immer in dunklen Farben und trug einen großen Ring mit dem griechischen Buchstaben PSY. Sein Häuschen sowie das Laboratorium ließ er dunkelgrün tapezieren. Außerdem spielte er auch noch Violoncello im Quartett mit berühmten brasilianischen Musikern (z.B. Peri Machado). Radecki pflegte sich auch als "Berufspsychologe" zu bezeichnen, was auf seine Umgebung ebenfalls befremdend wirkte. Er habe auf viele arrogant, stolz und überheblich gewirkt. Inwieweit er sich in das brasilianische Ambiente wirklich integriert hatte oder ob er der "typische Europäer" blieb, kann hier nicht beantwortet werden. Zumindest hat er sich nicht mit typischen "brasilianischen Themen" befasst.

5. Scharfe Kritik an dem neuen Institut kam aber von katholischer Seite. *Alceu Amoroso Lima* (pseud. Tristão de Ataíde; 1893-1982), Journalist und seit 1928 Direktor des kath. "Centro Dom Vital", publizierte im Juni 1932 in der von ihm herausgegebenen Zeitschrift "A Ordem" einen Aufsatz mit dem Titel "O instituto official de psychologia". Lima war damals nicht nur Generalsekretär der politischen katholischen Bewegung "Liga Eleitoral Católica" (LEC) (vgl. Kornis & Flaksman, 1984: 1818ff), sondern lehrte auch seit 1932 Soziologie und Soziallehre der Kirche im "Instituto Católico de Estudos Superiores", das dem "Centro Dom Vital" angegliedert war. Er war seit seiner "Konversion" im Jahre 1928 ein militanter Katholik geworden und forderte u.a. den obligatorischen katholischen Religionsunterricht in den brasilianischen Schulen (vgl. Ferreira & Soares, 1984: 1828ff). Lima wendet sich in dem o.g. Aufsatz gegen die Infiltration der "neuen Philosophie" (= nichtreligiösen), die durch Vertreter wie Anísio Teixeira, Fernando de Azevedo, Cecília Meireles und Celina Padilha in die brasilianische Gesellschaft eingeführt würde. Im Hinblick auf das Institut stellt er dann fest, dass man dort unter dem Deckmantel der reinen Wissenschaft einen krassen philosophischen und moralischen Materialismus vertrete. Animiert durch die öffentliche Unterstützung beschränke man sich nicht auf bescheidene Laboratoriums-Psychologie, sondern verfolge das hochgestochene Ziel einer "Escola Brasileira de Psicologia", die außerdem noch unter der Leitung eines ausländischen Wissenschaftlers stehen solle. Es handele sich um eine falsche Metapsychologie, die so tue als sei sie die „Psychologie des brasilianischen Volkes". Die "idealistische" Psychologie solle nun durch den "Discriminacionismo Afetivo" ersetzt werden, eine Psychologie naturalistischer Provenienz, die das brasilianische Volk ablehne.

> "... e agora nos vem esse Instituto de Psicologia materialista que é mais um atentado contra a conciência crista da nacionalidade e que nos presenteia com o 'discremininacionismo afetivo', como última palavra da 'professao de psicologo', hoje em dia 'officializada' pelo povo brasileiro'." (Lima, 1932; zit. nach Centofanti, 1982: 25). ("...und jetzt kommt uns dieses materialistische Psychologische Institut daher, das wieder ein Attentat gegen das christliche Nationalbewusstsein ist und uns einen "Discriminacinismo afetivo" beschert, als letztes Wort der Berufspsychologie, heute "offizialisiert" durch das brasilianische Volk."(Übers. des Verf.)

Radecki trat von der Direktion des Instituts zurück und verließ 1932 mit seiner Frau Halina Brasilien, um bis zu seinem Tod (1953) in Montevideo und Buenos Aires weitere psychologische Pionierarbeit zu leisten. Man hat ihn in Brasilien, wie auch in Polen fast vergessen. [72]

ABB. 16

VERSUCHSANORDNUNG ZUM STUDIUM TACHISTOSKOPISCHER REAKTIONEN IN RADECKIS LABORATORIUM (1928)

Tachistoskopische Versuchsanordnung in Radeckis Laboratorium (1928)

Quelle: Stubbe, 1987:128

---

[72] Zum weiteren Wirken Radeckis in Südamerika und dem von ihm organisierten (und einzigen) 1.Lateinamerikanischen Kongreß für Psychologie in Montevideo (20.-27. Juli 1950) vgl. Radecki, 1950; León,1983; Ardila,1986:39ff; Stubbe,1988, 1992, 1995, 2001.

Sozialpsychologie in Brasilien

Eine Geschichte der Sozialpsychologie ist in Brasilien erst ansatzweise bearbeitet worden (vgl. etwa Azevedo, 1955; Ferri & Motoyama, 1979ff; Becco, 1981; Ramos, 1995).

Bereits in den ersten Reiseberichten aus dem Zeitalter der Entdeckung Lateinamerikas finden sich hochinteressante sozialpsychologische Beobachtungen (vgl. Andrade, 1941; Fernandes, 1958; Baldus, 1954ff), die bisher für die sozialwissenschaftliche Forschung erst wenig genutzt wurden.

Weil in Lateinamerika und ganz besonders in Brasilien eine Vielzahl von Ethnien, Religionen und Kulturen koexistieren, kann Sozialpsychologie nicht ohne Sozial-Anthropologie betrieben werden. Aus dieser wissenschaftlichen Zusammenarbeit sind bereits eine Fülle hochbedeutsamer Arbeiten von lateinamerikanischen Sozialpsychologen vorgelegt worden, die jedoch von der europäischen und nordamerikanischen Forschung bisher weitgehendst ignoriert wurden (vgl. Stubbe, 1987, 2001). Schon die ersten Studien des Psychiaters *Nina Rodrigues* (1862-1906) über die Afrobrasilianer und die Kollektiv-Psychose der Canudos (1898) enthalten eine massenpsychologische Konzeption französischer Prägung. In seinen Arbeiten "Epidémie de folie religieuse au Brésil" (1898), "Loucura epidemica de Canudos. Antônio Conselheiro e os jagunços" (1897), "La folie des foules - Epidémie de folie religieuse" (1901) und "As coletividades anormais" (1939) gibt Rodrigues eine massenpsychopathologische Interpretation der Sertanejo-Bewegung (= Canudos) um *Antônio Conselheiro* (1828-1897), die im Jahre 1897 von den Republiktruppen niedergekämpft wurde. Conselheiro hatte im Inneren Bahias versucht eine religiös inspirierte Sozial-Utopie zu verwirklichen. Berühmt wurde dieser langandauernde und blutige Kampf im "Sertão" durch *Euclides da Cunha* (1866-1909), der diesem historischen Ereignis ein grundlegendes Meisterwerk der brasilianischen Literatur "Os Sertões" (1902) widmete, das erst 1994 von Berthold Zilly ins Deutsche übersetzt wurde. Als Berichterstatter der Tageszeitung "O Estado de São Paulo" hatte da Cunha die Schlussphase dieser zwölfjährigen Auseinandersetzung zwischen den Regierungstruppen und den Sertanejos selbst miterlebt (vgl. "Canudos. Diário de uma expediçao"). In den ersten beiden der drei Teile des Werkes "Os Sertões" (a terra, o homem, a luta = die Erde, der Mensch, der Kampf) untersucht da Cunha die geographischen, „rassischen", gesellschaftlichen historischen Determinanten des Konflikts. Er analysiert mit kritisch-wissenschaftlicher Gelehrsamkeit das rauhe Milieu, in dem charismatische Führer vom Typ des "Conselheiro", den seine Anhänger als einen neuen Messias verehrten, sich durchsetzen konnten. Als eine der tiefsten Wurzeln des Konflikts erkennt da Cunha die Irrtümer der portugiesischen Kolonialpolitik, die sich auf die Besiedlung der Küstenstriche Brasiliens beschränkte und damit einen ökonomischen und kulturellen Abgrund zwischen "litoral" (Küste) und "sertão" (Hinterland) entstehen ließ. Durch eine eingehende Analyse der soziologischen und psychologischen Voraussetzungen versucht er nachzuweisen, dass die "jagunços" (Banditen), die der Conselheiro um sich scharte und in denen man gefährliche politische Feinde der erst jungen Republik zu erkennen glaubte, in Wirklichkeit nur die Opfer der Unkenntnis und Verständnislosigkeit der Eliten Brasiliens gegenüber den Verhältnissen im Landesinneren waren. In diesem Sinne versuchte dann auch Rodrigues die ihm fremd und archaisch anmutenden Sozialkonflikte zu psychiatrisieren und die Handelnden als „Geisteskranke" darzustellen (vgl. Moniz, 1987).

Der Anthropologe und Sozialpsychologe *Arthur Ramos* (1903-1949) wandte als erster die österreichische Psychoanalyse auf Phänomene der afrobrasilianischen Kultur an. Ramos, selbst Psychiater, wirft Nina Rodrigues Position vor, dass sie von den Theoretikern der Rassenungleichheit wie Gobineau (1816-1882) und Lapouge imprägniert sei (Ramos, 1951: 18). Die These von der biologischen Inferiorität der Afrobrasilianer ersetzte er dann aber unglücklicherweise durch die ebenso fragwürdige These von ihrer vermeintlichen kulturellen Inferiorität. Auch sündigte er indem er die ethnozentrische Theorie des prälogischen Denkens von *Lévy-Bruhl* (1857-1939) übernahm (vgl. etwa Ramos, 1951: 295; s. oben). Wollten Rodrigues und Vianna die Übel der "biologischen Inferiorität" in Brasilien durch ein "embranquecimento" (Weißmachung) bekämpfen, sah Ramos die Lösung in der Herstellung einer "verdadeira cultura", in der die prälogischen Elemente durch rationale ersetzt würden (vgl. Ramos, 1951: 296). 1936 publizierte Ramos eine *"Introdução à psicologia social"*, in der im Großen und Ganzen die Ergebnisse und Theorien der europäischen und nordamerikanischen Sozialpsychologie jener Zeit referiert werden. Es ist auffallend, dass Ramos vor allem französische und deutsche Literatur in den Originalsprachen zitiert. In seiner Sozialpsychologie findet sich meines Wissens auch die erste Rezeption der "topologischen Psychologie" *Kurt Lewins* (1890-1947) in Lateinamerika (vgl. Ramos, 1936: 250ff). Es ist bemerkenswert, dass von diesen 196 Titel 33,2% in deutscher, 28,1% in französischer, 27,0% in englischer und 11,7% in brasilianischer Sprache verfasst sind (vgl. Dicionário Biográfico da Psicologia no Brasil, 2001:316ff; Stubbe, 2001).

Ein Jahr früher als Ramos Sozialpsychologie erschien die erste systematische Sozialpsychologie des Arztes *Raul Briquet* (1887-1953). Briquet lehrte zu jener Zeit als Sozialpsychologe an der renommierten "Escola Livre de Sociologia e Politica de São Paulo" (gegr. 1933), an der eine Vielzahl von ausländischen Sozialwissenschaftlern wie z.B. die Franzosen R. Bastide, Cl. Lévi-Strauss, die Nordamerikaner D. Pierson, H.S.H. Lowrie und die Deutschen E. Willems und H. Baldus unterrichteten (vgl. Dicionário Biográfico da Psicologia no Brasil, 2001:102ff). Briquet's sozialpsychologische Einführung *„Psicologia social"* basiert auf seinen Vorlesungen an der "Escola Livre" im 2. Semester des Jahres 1933. Die theoretische Orientierung Briquet's läßt sich an der Häufigkeit der zitierten Psychologen deutlich ablesen, die in Tabelle 15 bei Stubbe (2001) zusammengestellt sind. Hinsichtlich der sprachlichen Herkunft der zitierten Psychologen ergibt sich folgendes Bild: 50% angloamerikanisch, 19,4% deutschsprachig, 19,4% französisch, 2,8% griechisch, 2,8% italienisch, 2,8% russisch und 2,8% brasilianisch. In einem eigenen Kapitel behandelt Briquet den "guestaltismo" (Gestaltpsychologie) deutscher Provenienz, sowie den nordamerikanischen "bieviorismo" (p. 27-44). Diese Darstellung der beiden psychologischen Strömungen gehört zu den ersten in Lateinamerika überhaupt.

1959 erschien in Brasilien die Übersetzung von *Klineberg's "Social Psychology"* (1957). *Otto Klineberg* (1899-1992) hatte von 1945 bis 1947 in São Paulo gelehrt. In den USA hatte er sich mit Fragen der „Rassendifferenzen" (1935), der Charakteristiken der nordamerikanischen Schwarzen (1944), der Intelligenz der Afroamerikaner (1944), der Intelligenz der Migranten (1936), des emotionalen Ausdrucks in der chinesischen Literatur (1938) etc. beschäftigt und war deshalb an den brasilianischen Verhältnissen interessiert. An verschiedenen Stellen seines

Werkes geht er auch auf ethnologische Studien ein (Kaingang, p. 131; bras. „Indianer", p. 191), behandelt die Religiosität (p. 454f), die psychiatrischen Krankheiten (p. 476), den "candomblé" (p. 483) und seine Bedeutung für die Pathoplastik, die im Vergleich zu den USA geringeren Rassenvorurteile den Schwarzen gegenüber in Brasilien (p. 595) und die größeren wirtschaftlichen Frustrationen der Brasilianer im Vergleich zu den US-Amerikanern (p. 598), was jedoch nicht zu Ausschreitungen gegenüber den Afrobrasilianern führe, wie das aus den USA bekannt ist (Sündenbockrolle). Insgesamt gesehen ist Klineberg's Sozialpsychologie dennoch vorwiegend aus einer nordamerikanischen und damit ethnozentrischen Perspektive geschrieben worden, die den spezifischen sozialpsychologischen Problemen Brasiliens in keiner Weise Rechnung trägt. Wertvoll ist jedoch, dass Klineberg die brasilianischen Psychologen mit dem Stand der (differentiellen) Sozialpsychologie in den USA der 50er Jahre bekannt gemacht hat.

Brasilien ist seit seiner Unabhängigkeit (1822) ein typisches Einwanderungsland gewesen und São Paulo eines der größten Einwanderungszentren der Welt (vgl. Carneiro, 1948; Côrtes, 1954; La emigración europea a la América Latina, 1979). Die in Polen geborene *Aniela Meyer-Ginsberg* (1902-1986) (PUC-SP), die 1927 bei Wertheimer, Köhler und Lewin in Berlin und später in Hamburg bei W. Stern, H. Werner und M. Muchow studiert hatte, hat der psychologischen Problematik der *Immigration und internen Migration* in Brasilien eine großangelegte Untersuchung gewidmet (vgl. Meyer-Ginsberg, 1964). Sie untersuchte 179 Immigranten und 604 brasilianische Migranten mit verschiedenen Verfahren (Rorschach, Raven, TAT mit speziell für die Untersuchung entwickelten 7 Bildertafeln). Hinsichtlich der Eingewöhnung unterscheidet sie 6 verschiedene Adaptationsgrade (positiv angepaßte Typen: C, D, E, negativ angepaßte Typen: B, A1, A2). Meyer-Ginsberg, die selber die Problematik der Immigration aus eigener Erfahrung kennengelernt hatte, macht in dieser umfangreichen Untersuchung auch Vorschläge zur Verbesserung der Adaptation der Migranten und Immigranten (vgl. Dicionário Biográfico da Psicologia no Brasil, 2001:166-171).

.Akkulturationsstudien dieser Art sind von sehr großer Bedeutung für die Sozialpsychologie, denn in allen lateinamerikanischen Ländern lassen sich Prozesse der Kulturübernahme, Kulturanpassung und der Erwerb von Elementen einer fremden Kultur gut beobachten. Dieser Vorgang des Kulturwandels kann positiv als "soziale Evolution" bzw. als "Modernisierungsprozeß" und als "Höherentwicklung" gedeutet werden oder als ein kulturdestruktiver Vorgang. Letzteres gilt z.B. für die indigenen Kulturen Lateinamerikas, die "traurigen Tropen" Claude Lévi-Strauss. Es waren denn auch vor allem Völkerkundler, Ethnosoziologen und Folkloristen, die sich mit diesen sozial-psychologischen Fragestellungen beschäftigt haben (vgl. Baldus & Willems, 1939; Willems, 1980; Ribeiro, 1987; Schaden, 1980; Fernandes, 1958; Corrêa, 1987; Dicionário Biográfico da Psicologia no Brasil, 2001).

Der Kolumbianer *Gerardo Marín* gab 1975 einen Sammelband über *"La psicología social en Latinoamérica"* heraus, der auch Aufsätze brasilianischer Psychologen enthält. *Aroldo Rodrigues* behandelt die Fragen der *interrassischen Ehen* (wir sprechen heute von bikulturellen oder binationalen Ehen) und das Vorliegen von *Rassen- und Klassenvorurteilen* in Brasilien. Die Frage, ob die Hautfarbe ein wichtiger Faktor in der Ehe sei, wurde von einer nichtrepräsentativen Stichprobe in Rio de Janeiro zu 60% teilweise oder völlig bejaht. Die gleiche Frage im Hinblick auf die Bedeutung der Klasse bejahten 76% völlig oder teilweise. Rodrigues schließt daraus, dass das Klassenvorurteil in Brasilien bedeutungsvoller sei als das Rassenvorurteil. Außerdem finden sich in diesem Sammelwerk auch eine Untersuchung zur *Theorie der kognitiven Dissonanz* von Festinger (Rodrigues, 1975: 109ff) und eine Arbeit zur Angewandten Sozialpsychologie in Brasilien (Varela, 1975: 241ff).

Das bekannteste sozialpsychologische Lehrbuch der Gegenwart *"Psicologia social"* stammt von dem Sozialpsychologen *Aroldo Rodriques* (1972; 1980), der der Festinger-Schule entstammt. Es liegt heute bereits in über 10 Auflagen vor und dient vor allem als Textbuch für die Graduiertenausbildung. Es ist in 2 sich ergänzende Teile gegliedert: der erste Teil behandelt das Konzept der Sozialpsychologie, ihre Geschichte, Methoden und Theorien. Der zweite Teil gibt eine Einführung in die wichtigsten aktuellen Themen und Anwendungen der Sozialpsychologie wie soziale Wahrnehmung, Einstellungen, Entscheidungen, Aggression, Gewalt, Altruismus, Konformismus etc. Die Analyse der Bibliographie macht die völlig nordamerikanische Orientierung des Werkes deutlich: 91,8% des zitierten Schrifttums entstammt der nordamerikanischen Sozial-Psychologie (0,47% lateinamerikanisch-spanisch; 0,47% französisch und 0,23% deutsch, d.h. ein Titel von K. Lissner aus dem Jahre 1933). In Tabelle 16 in Stubbe (2001) sind die am häufigsten in Rodrigues Textbuch zitierten Psychologen zusammengestellt. Auch diese Analyse macht deutlich, dass es sich eigentlich um ein "nordamerikanisches" Lehrbuch der Sozialpsychologie handelt. Rodrigues hatte 1966 in den USA über "The psychologic of interpersonal relations" (Los Angeles: University of California) promoviert und lehrte danach an verschiedenen Universitäten Rio de Janeiros. Es ist sehr verwunderlich, dass Rodrigues nicht auf die afrobrasilianischen Studien A. Ramos, M. Augras, R. Bastide und anderer eingeht, dass er die bedeutenden Arbeiten der brasilianischen Soziologie (z.B. Freyre, Fernandes, Ianni, Azevedo, Ramos etc.) mit keinem Wort erwähnt, dass er keinerlei Beziehungen zur hochentwickelten brasilianischen Sozialanthropologie herstellt und dass er sozialpsychologische Grundfragen der brasilianischen Gesellschaft wie Armut, Unterdrückung, Ausbeutung, Unterernährung, Favela, Rassendiskriminierung, (Im-)migration, Urbanisation, Strassenkindertum, Synkretismus, Rolle der Frau, Familie in Brasilien, u.v.a.m. nicht behandelt. Hier zeigt sich deutlich die geringe Relevanz ihrer Forschung und die völlige Dependenz der Psychologie in Brasilien von den USA und Europa.

Exkurs: Zur Sozialpsychologie der Afrobrasilianer

Hatte Raimundo Nina Rodrigues, evolutionistischen, sozialdarwinistischen, massenpsychologischen und psychopathologischen Konzeptionen verhaftet, die Afrobrasilianer im negativen Sinne stereotypisiert, ihre biologische Inferiorität herausgestellt und dabei die Hoffnung gehegt: "Os negros existentes se diluirão na população e esterá tudo terminado" (Rodrigues, 1945: 46), so propagierte *Oliveira Vianna* (1883-1951) in seinem Werk *"Evolução do povo brasileiro"* (1923) den "Arier-Mythos" und setzte auf das "branqueamento", d.h. die "Arisierung" der brasilianischen Bevölkerung. Er schreibt im Hinblick auf die europäische Einwanderung:

> "Esse admirável movimento imigratório não concorre apenas para aumentar rapidamente, em nosso país, o coeficiente da massa ariana pura; mas também cruzando e recruzando-se

com a população mestiça, contribui para elevar, com rapidez, o teor ariano do nosso sangue" (Vianna, 1956: 175).

Mit Arthur Ramos, auf den wir bereits aufmerksam gemacht haben, hat sich wieder ein Psychiater der afrobrasilianischen Problematik angenommen. Der bedeutende afrobrasilianische Künstler und Politiker Abdias Nascimento (1978) hat mit einer gewissen Ironie darauf hingewiesen, dass es anfänglich Psychiater waren, die sich der Afrobrasilianer "annahmen". So wurde das "Fremde" zum "psychiatrisch Auffälligen". Die Ethnopsychoanalytikerin Maya Nadig (1992:50) spricht in diesem Zusammenhang von einer „Psychopathologisierung des Fremden", ein zentrales Thema der Transkulturellen Psychiatrie.

Ab Mitte der 30er Jahre untersuchten verschiedene ausländische Sozialwissenschaftler die „Rassenbeziehungen" zwischen Weißen und Schwarzen in Brasilien. Hier ist vor allem der US-Amerikaner Donald Pierson zu nennen, ein Schüler von *Robert Park* (1864-1944), der von 1935 bis 1937 die Situation der Afrobrasilianer in Bahia untersuchte. Die Resultate dieser Untersuchung publizierte Pierson in dem Werk *"Negroes in Brazil: A study of race contact at Bahia"* (1942). Pierson erklärte in diesem Band das Vorurteil gegenüber den Afrobrasilianern ähnlich wie Gilberto Freyre durch die Klassensituation und argumentiert mit den (vermeintlich) sozialen bzw. psychologischen Vorurteilen gegenüber den „rassischgemischten" Ehen (vgl. Corrêa, 1987).

Aber nicht alle brasilianischen Intellektuellen ließen sich von den in Europa und den USA grassierenden Rassenideologien anstecken. Z.B. stellte *Manoel José do Bomfim* (1868-1932) in seinem Werk *"A América Latina - Males de origem"* (1905) klar heraus, dass die den Afrobrasilianern zugeschriebenen negativen Attribuierungen nicht aus der biologischen „Rasse" kommen, sondern Ergebnisse der Sklaverei sind. Da der Afrobrasilianer eine passive Rolle bei der Bildung der nationalen Gesellschaft gespielt habe, könne man ihn nicht für die "Unterentwicklung" der gegenwärtigen Gesellschaft verantwortlich machen (vgl. Bomfim, 1905: 270f, 278, 280ff)(vgl. Sündenbock-Rolle). Das Problem der "mestiçagem" entlarvt er als eine Pseudo-Theorie, die versuche, die „Rassenvermischung" als schädlich hinzustellen. Mit Recht weist er darauf hin, dass es in der lateinamerikanischen Geschichte keine Beweise dafür gebe, dass die "Mestizen" in irgendeiner Weise degeneriert seien, ganz im Gegenteil. Ihre Tugenden und Untugenden hingen allein davon ab, welches Erbe auf ihnen laste, welche Erziehung ihnen angedeiht worden sei und wie sie sich an die ihnen angebotenen Lebensbedingungen anpassen würden (Bomfim, 1905: 310f) (zu Bomfim vgl. auch Ribeiro, 1984: 48ff).

Ein anderer Autor, *Alberto Torres* (1865-1917), zeigte in seinem Buch *"O problema nacional brasileiro"* (1917), sich auf den Anthropogeographen und Umweltdeterministen *Ratzel* (1844-1904) und den Begründer der nordamerikanischen "cultural anthropology" *Franz Boas* (1858-1942) berufend, dass „Rasse" nicht mit Kultur gleichzusetzen sei, und dass es keinerlei wissenschaftliche Beweise für eine Rassenungleichheit gebe (Torres, 1938: 130). Torres sah auch schon deutlich mit fast 20jähriger Antezedenz den Aufstieg der national-sozialistischen Lehre voraus, die ihre imperialistischen Ambitionen mit einer Ideologie der Rassenüberlegenheit der Weißen begründete. Für ihn ist das eigentliche brasilianische Problem in Wahrheit ein ökonomisches.

Der Anthropologe *Roquette-Pinto* (1884-1954) vertrat die Ansicht, obgleich er die Existenz der Rassenvorurteile negierte und eine gewisse Sympathie für die Eugenie hegte, dass die Ursachen der brasilianischen Problematik von der „rassischen Konstitution" der Bevölkerung unabhängig und Resultat sozialer Faktoren sei. In seinem bekannten *"Ensaio de Antropologia Brasileira"* (1933) zeigt er sich vertraut mit den wichtigen zeitgenössischen Arbeiten von Davenport und Herskovitz.

Gilberto Freyre's "Casa grande e senzala" (1933) dient dann vor allem dazu die Verbreitung einer bestimmten Rassenideologie voranzutreiben, die sich aus den Mythen des "Luso-Tropikalismus", des "Senhor amável" (einer Spielart des "homem cordial brasileiro" Sérgio Buarque de Hollanda's, 1936) und der "democracia racial" zusammensetzt. Freyre begeht auch den Fehler, das "mestiçamento" (Rassenvermischung) als eine Bereicherungsform anzusehen und den portugiesischen Kulturbeitrag zu idealisieren (vgl. dagegen Paula, 1971).

Andere Sozialwissenschaftler wie z.B. *Marvin Harris* waren fasziniert von der Vielzahl der Kategorien zur Definition der Hautfarbe in Brasilien (vgl. auch Stephenson, 1990; Stubbe, 1992:88ff). Eine der von Harris in Bahia durchgeführten Untersuchungen macht dies deutlich: Harris legte 100 Versuchspersonen 9 Fotographien vor, die ein Kontinuum vom Schwarzen bis zum Weißen enthielten mit 7 intermediären Typen. Das Ergebnis war überraschend, denn es ergaben sich 40 verschiedene Rassebezeichnungen (vgl. Harris, 1952, 1956, 1964). Ähnliche Arbeiten stammen von Charles Wagley (1952, 1963), Harry Hutchinson (1952) und Ben Zimmermann (1952).

In den 50er Jahren finanzierte die UNESCO eine Reihe von Untersuchungen über die „Rassenbeziehungen" in Brasilien. Zu nennen sind hier vor allem die großangelegte Untersuchung über *"Brancos e Negros em São Paulo"* (1959) von Roger Bastide und Florestan Fernandes, sowie da Costa Pinto's *"O Negro no Rio de Janeiro"* (1954). Weitere wichtige Titel, die sich der Problematik der Afrobrasilianer widmen, sind: *"As metamorfoses do escravo"* (1962) von Octávio Ianni, *"Capitalismo e escravidão no Brasil meridional"* (1962) von Fernando Henrique Cardoso (dem ehemaligen Präsident Brasiliens) *"Côr e mobilidade social em Florianópolis"* (1960) von Cardoso und Ianni und *"A integração do negro na sociedade de classes"* (1965) von Fernandes. Alle diese Arbeiten, die im Süden Brasiliens (in dem der Anteil der Afrobrasilianer geringer ist) realisiert wurden, haben gemeinsam, dass sie die Existenz von Rassenvorurteilen konstatieren.

Oracy Nogueira (1955) nimmt eine Unterscheidung der Rassendiskriminierung in Brasilien und den USA vor: in Brasilien wird ein Mischling nicht mehr als Schwarzer angesehen, wenn er dem biologischen Prozess des "embranquecimento" ausgesetzt ist, d.h. glatte Haare, eine hellere Hautfarbe und eine geringere Prognathie besitzt. In den USA wird selbst ein völlig weißer Mischling diskriminiert, aufgrund des Wissens um seine afrikanischen Vorfahren.

In seiner Untersuchung *"Cor, profissão e mobilidade: O negro e o rádio em Sao Paulo"* (1967) zeigt João Baptista Borges Pereira, dass der Radiosender einer der hauptsächlichen Kanäle der vertikalen ökonomischen Mobilität der Schwarzen in São Paulo ist, was jedoch nicht heißt, dass in dieser Institution das Rassenproblem bereits gelöst sei.

Für die Sozialwissenschaftler der 70er Jahre gibt es keine Zweifel mehr an der Existenz der Rassenvorurteile und sie versuchen nun, die verschiedenen Aspekte des Problems zu studieren. Der Soziologe *Thales de Azevedo* (1975) wendet sich scharf gegen solche (verbreiteten) Meinungen, die das Rassenproblem in Brasilien verharmlosen und die rassendiskriminierende Verhaltensweisen als Einzelfälle abtun wollen. Azevedo berichtet über zahlreiche Vorfälle, die die Existenz von Gewalt im Zusammenhang mit Rassendiskriminierung, zumindest auf individueller Ebene, beweisen. Auch räumt er völlig mit dem beliebten Mythos von der "democracia racial" auf, indem er nachweist, dass es in Brasilien eine systematisierte rassistische Doktrin gibt.

Florestan Fernandes macht schließlich in dem Sammelband *"O negro no mundo dos brancos"* (1972) die historische Perspektive des Problems deutlich, indem er schreibt, dass die Abolition (1888) eine entscheidende soziale Revolution war, die von den Weißen für die Weißen gemacht wurde (vgl. Fernandes, 1972: 47). Der Afrobrasilianer wurde doppelt ausgebeutet:

> "Primeiro, porque o ex-agente de trabalho escravo não recebeu nenhuma indenização, garantia ou assistência; segundo, porque se viu, repentinamente, em competição com o branco em ocupações que eram degradadas e repelidas anteriormente, sem ter meios para enfrentar e repelir essa forma mais sutil de despojamento social" (Fernandes, 1972: 47).

Mit *Thomas Skidmore's* (1976, 1998) historischer Analyse des „Rassen"- und Nation-Konzeptes im brasilianischen Denken seit Ende des 19. Jahrhunderts wird dann die Existenz einer rassistischen Ideologie in Brasilien sowie das Ideal des "branqueamento" klar herausgearbeitet.

Es ist oftmals behauptet worden, dass die Rassenbeziehungen in Brasilien humaner sind, weil das Sklaverei-System hier humaner gewesen sei. Die Suizidstatistiken, die an den Sklaven praktizierten Strafen, der "banzo", die hohe Mortalität und Morbidität der Sklaven sprechen hier jedoch eine deutlich andere Sprache. Alles spricht dafür, dass sich das Sklaverei-System in Brasilien in keiner Weise von dem Sklavensystem an irgendeinem anderen Ort der Welt unterschied (vgl. Stubbe & Santos-Stubbe, 1990, 2014; Stubbe, 1985, 1987, 1994; Martin, 1988).

Bisher haben nur wenige Afrobrasilianer dieses Problem bearbeitet. Zu nennen ist hier vor allem *Abdias do Nascimento* z.B. mit seinem engagierten Buch *"O genocídio do negro brasileiro"* (1978), in dem u.a. nachgewiesen wird, wie die katholische Kirche das Sklaverei-System aktiv aufrechterhalten hat (vgl. auch CEHILA, 1987). Die Psychiaterin *Neusa Santos Souza* legte eine psychoanalytische Studie *"Tornar-se negro"* (1983) vor (s. unten).

Um sich ein umfassenderes Bild der sozialpsychologischen Gegebenheiten der Afrobrasilianer der Gegenwart machen zu können wollen wir noch einige Aspekte ihrer Situation beleuchten.

Zunächst einmal ist die *Erfassung der Hautfarbe* ein sozialpsychologisches Problem. Harris (1970) fand allein 492 verschiedene Ausdrücke für die Hautfarbenbeschreibung in Brasilien ! (vgl. auch Stephens, 1989; Stubbe, 1992). Der Soziologe und Afrobrasilianer Clóvis Moura (188: 63) berichtet, dass bei der Volkszählung von 1980 die nicht-weiße Bevölkerung nach ihrer Hautfarbe gefragt, insgesamt 136 verschiedene Hautfarben angab. Moura interpretiert dieses Phänomen als eine Identitätskrise und Flucht vor der ethnischen Realität.

Über die Afrobrasilianer liegen bereits einige Bibliographien vor, die insgesamt einige Tausend Titel umfassen (vgl. Alves, 1979; Biblioteca Amaral, 1988; Casa Ruy Barbosa, 1988; Biblioteca Nacional, 1962; Santos-Stubbe, 2014). Dabei ist auffallend, dass die meisten Arbeiten in die Kategorien "Folklore", "Religion" und "Geschichte" fallen. Die 100-Jahrfeier der Sklavenbe-freiung im Jahre 1988 hat eine Fülle von Untersuchungen und Projekten zu diesem Thema hervorgerufen. Psychologische Untersuchungen zu afrobrasilianischen Themen sind dagegen bisher noch äußerst rar (vgl. Stubbe, 1987, 1988, 1994; Santos-Stubbe, 1998; Journal of African Psychology, 1988ff; Peltzer & Ebigbo, 1989).

Betrachtet man die Ergebnisse der Volksbefragungen von 1940 bis 1980 so kann man ein allmähliches Anwachsen des afrobrasilianischen Bevölkerungsteils feststellen: 1980 werden bereits 45% der brasilianischen Bevölkerung als Afrobrasilianer bezeichnet (vgl. IGBE, 1987; IBASE, 1989:11). Hinsichtlich der Altersstruktur der Afrobrasilianer ergibt sich folgendes Bild: 0-14 Jahre (42%), 15-24 Jahre (21%), 25-44 Jahre (23%), 45-54 Jahre (7%), 55 Jahre und älter (7%) (IBASE, 1989: 12). Es handelt sich also um eine ausgesprochen junge Bevölkerungsgruppierung. Gegenüber den Weißen ist bei den Afrobrasilianern eine höhere Kinderzahl, sowie eine geringere Lebenserwartung zu beobachten (vgl. auch IGBE, 1990).

Die afrobrasilianische Bevölkerung ist nicht gleichmäßig über das Land verteilt. Während in den urbanen Zentren das weiße Element dominiert (60% gegenüber 40%), findet man das afrobrasilianische Element stärker in den ruralen Gebieten (56% gegenüber 44%).

Im Vergleich zu den Weißen nehmen die Afrobrasilianer im brasilianischen Wirtschaftsleben eine eindeutig ungünstigere und unterprivilegierte Position ein. Man findet Afrobrasilianer vorwiegend in geringer qualifizierten Tätigkeiten, sie stellen auch die Mehrheit der Arbeitslosen und erhalten geringere Löhne. Außerdem besitzen sie schlechtere berufliche Aufstiegschancen auch bei gleicher Qualifikation (vgl. Hasenbalg, 1979; Oliveira et al., 1985; Moura, 1988; IBASE, 1989; Lovell, 1994; Santos-Stubbe, 1995, 2014). Eine „rassische" Diskriminierung lässt sich deutlich auf dem Arbeitsmarkt beobachten. Selbst wenn die Afrobrasilianer über eine ebenbürtige Schulausbildung verfügen wie die Weißen, werden ihnen dennoch geringere Aufstiegschancen eingeräumt. Im Hinblick auf die Arbeitsstundenzahl liegen die Afrobrasilianer entgegen einem verbreiteten Vorurteil jedoch über derjenigen der Weißen. Auch hinsichtlich der Löhne und Gehälter wird die Diskriminierung sichtbar (vgl. Santos-Stubbe, 2014).

Auch das brasilianische Bildungssystem ist diskriminierend. Diese Aussage lässt sich durch die demographischen Daten und das "Bild" der Afrobrasilianer (vor allem der Frauen) in den offiziellen Schulbüchern erhärten. Nach den staatlichen Statistiken des IBGE besteht fast die Hälfte des afrobrasilianischen Bevölkerungsteils aus Analphabeten (1980 waren 25% der weißen, 50% der schwarzen und 46% der gemischten (= „mulatos") Bevölkerung Analphabeten; IBASE, 1989: 27; Pinto, 1981; Santos-Stubbe, 2014). In den Schulbüchern werden noch immer alte Stereotype reproduziert und zwar sowohl in den Texten als auch in den Abbildungen. Auch in den brasilianischen Sprichwörtern finden wir eine Fülle dieser Stereotype wieder (vgl. Stubbe, 1985; Santos-Stubbe, 2014).

Die afrobrasilianische Psychiaterin *Neusa Santos-Souza* (1983: 29) stellt fest, dass in Brasilien *"negro"* mit "sujo" (= schmutzig) assoziiert wird. Sie kritisiert, dass sogar das wichtigste Sprachlexikon, der "Aurélio", bei dem Begriff "negro" 10 pejorative Attribute aufführt, nämlich: sujo, triste (= traurig), maldito (= verflucht), melancólico, perverso, escravo (= Sklave), funesto (= finster), lutuoso (= traurig), sinistro (= unheimlich), encardido (= vergilbt).

Vor allem die Afrobrasilianerin wird diskriminiert. Auf den Verwaltungsposten finden wir 1980: 34% gelbe, 19,6% weiße und nur 3,9% schwarze Frauen (vgl. IBASE, 1989: 44). Dagegen arbeiten 56,4% der Afrobrasilianerinnen im Dienstleistungssektor, d.h. vor allem als "empregadas" (= Hausangestellte) (vgl. Carneiro & Santos, 1985; Santos-Stubbe, 1995). Auch hinsichtlich der Bildungssituation der weißen und schwarzen Frauen ergeben sich gravierende Unterschiede (vgl. IBASE, 1989: 47; Santos-Stubbe, 2014).

Unter den Alleinerziehenden fanden sich 1980: 2.030.898 schwarze Mütter (IBGE, 1980). Ihre spezifischen sozialpsychologischen Probleme wurden von Rosane da Silva Ferreira in ihrer Dissertation *"Vida de mulher - Um estudo em classe popular"* (PUC, 1987) ausführlich bearbeitet.

Verschiedene Versuche wurden in Brasilien unternommen, die Situation der Afrobrasilianer zu verbessern. Von staatlicher Seite wurde in die neue Verfassung von 1988 ein *"Rassismus-Paragraph"* aufgenommen, der die Praktik des Rassismus unter Strafe stellt (Título II, Cap. I, Art. 6, § III). Verschiedene pädagogische Projekte versuchen, im schulischen Bereich den bedeutenden kulturellen Beitrag der Afrobrasilianer und ihre Geschichte stärker in das Bewusstsein der Schüler und Schülerinnen zu bringen (vgl. IBASE, 1989: 28f; Revista do Patrimônio Histórico e Artístico Nacional, N°25, 1997). Auch haben sich viele Organisationen gebildet, in denen sich Afrobrasilianer aus politischen, religiösen und kulturellen Motiven zusammengeschlossen haben, sowie Institutionen, die der afrobrasilianischen Forschung dienen (vgl. IBASE, 1989: 55ff; Santos-Stubbe, 1995, 1998, 2014).

Mexiko

Eine ausgezeichnete historische Darstellung der Psychologie in Mexiko (1959-1987) hat *Edgar Galindo* (1989) vorgelegt. Grundlegend auch für die anderen lateinamerikanischen Länder ist die Studie „O trauma que nos une" (1994) des mexikanischen Psychoanalytikers Paramo-Ortega, weil sie das durch die europäische Kolonisierung, Kulturzerstörung und die Genozide verursachte kollektive lateinamerikanische Trauma herausarbeitet.

Die Entwicklung der Psychologie in Mexiko mit seiner reichhaltigen Kulturgeschichte, lässt sich chronologisch folgendermaßen darstellen:

TAB. 20   WICHTIGE EREIGNISSE IN DER GESCHICHTE DER PSYCHOLOGIE IN MEXIKO

1557	Alonso de la Veracruz publiziert eine „Physica Speculatio"
1567	Das 1. Psychiatrische Hospital wird in Mexiko-Stadt gegr.
1849	T. Lares veröffentlicht „Elementos de Psicologia"
1896	Der 1. Psychologie-Kurs auf Hochschulniveau wird von E. Chávez abgehalten
1901	E. Chávez publiziert „Ensayo sobre los rasgos distintivos de la personalidad como fator del caráter mexicano"; Studie über den mexikanischen „Nationalcharakter"
1902	E.O. Aragón publiziert „La Psicología"
1905	Der us-amerikanische Psychologe James Baldwin (1861-1934) besucht Mexiko und arbeitet an der UNAM (1909-1913); er schreibt auch eine „History of Psychology" (1913)
1907	J. N. Cordero publiziert „El alma orgánica", eine teilweise Übersetzung von W. Wundts „Grundzüge der Physiologischen Psychologie" (1873)
1911	J. Mesa Guttiérrez veröffentlicht „Ficción de loucura"
1912-1959	Eine Vielzahl psychometrischen Tests werden übersetzt und standardisiert (vgl. Colotla & Jurado, Acta Psicológica Mexicana, vol. II, N.os 1-4, 1983: 89-101)
1916	Das 1. Psychologische Laboratorium wird von E. O. Aragón gegr.
1922	Der Provinzarzt José Torres Orozco (1890-1925) publiziert einen Aufsatz über "Las doctrinas de Freud en la patología mental" (México Moderno, vol.2, No.1, 1922:39-53)
1923	Pierre Janet (1859-1947) besucht Mexiko
1938	1. Psychologie-Ausbildungs-Programm auf Postgraduierten Niveau
1946	Henri Bergson (1859-1941) besucht Mexiko
1951	Oscar Lewis: „Life in an mexican village" (Urbana); sozialanthropologische Studie
1955	Ein „Department der Medizinischen Psychologie" wird von A. Millán an der UNAM gegr.
1959	An der UNAM, der größten Universität, wird eine vollständige Psychologie-Ausbildung angeboten
1959-1987	Buch-Publikationen: UNAM: 54, UIA: 8; UAM: 2; SEP: 2; UV: 1

1959	Santiago Ramírez: „El mexicano. Psicología de sus motivaciones" (México)
1960	Beginn der Expansionsphase der mexikanischen Psychologie (bis ca. 1987); stärkerer Einfluss der us-amer. Psychologie; Publikationen nach:

Theoretische Orientierungen: us-amer. Kognitive Psychologie (19%), us-amer. Sozialpsychologie (19%), Behaviorismus (16%), Cross-Cultural Psychologie (10%), Psychoanalyse (9%), Psychiatrisch-psychometrischer Ansatz (6,5%), Humanistische Psychologie (7%), Piaget-Psychologie (3%), Freudomarxismus, Religionspsychologie

Angewandte Bereiche: Entwicklungs- und Pädagogische Psychologie (33%), Sozial- und Persönlichkeits-Psychologie (20%), Industrie-Psychologie (20%), Theorie und Methodik (18%), Klinische Psychologie (10,5%)

1961	Aniceto Aramoni: „Psicoanalisis de la dinamica de un pueblo" (UNAM); „Machismo" (Psychology Today, 5, N°.8, 1972:69-72)
1961	Oscar Lewis: „Antropologia de la pobreza. Cinco familias" (México); „Kultur der Armut"
1972	R. Diaz-Guerrero „Hacia una teoría histórico-bio-sociocultural del comportamento Humano" (Ed. Trillas)
1967	Rogelio Diaz-Guerrero: „Psychology oft he Mexican culture and personality" (Austin)
1970	Erich Fromm: „Der Gesellschaftscharakter eines mexikanischen Dorfes" (G.W. Bd.3)
1980-1987	66 Psychologie-Escolas und Universitäts-Departments (1960: insges. 4)
	25 000 Psychologie-Studierende (1960: ca. 1500)
	2 028 Psychologie-Lehrende (1960: 0)
	Lehrfächer: Sozial- und Persönlichkeits-Psychologie, Entwicklungs- und Pädagogische Psychologie, Klinische Psychologie, Industrie-Psychologie, Methodenehre und Theorie, Experimental-Psychologie, Geschichte der Psychologie, Alkoholismus und Drogen, Psychopharmakologie, Psychophysiologische Psychologie, Umwelt-Psychologie
1981	G. Alvarez & J. Molina publizieren „Psicología e Historia"

1981	V.A. Colotla & E. Ribes „Behaviour Analysis in Latin America: a Historical Overview" (Spanish Language Psychology, 1, p. 121-136)
1982	B. P. Millan „La psicología mexicana, una profesión en crisis" (Revista de la Educación Superior, vol.11,, p.51-92)
1983	V.A. Colotla & C. S. Jurado veröffentlichen „Desarollo histórico de la medición psicológica en México" (Acta Psicológica Mexicana, vol. II, Nos. 1-4, p.89-101)
1983	A.S. Segrera „Desarollo del enfoque centrado en la persona en México de 1972 a 1982. Enseñanza e Investigación en Psicología, vol. IX, N° 2(18, p. 289-294)
1983	UNAM: „Una década de la Facultad de Psicología: 1973-1983" (UNAM)
1985	I. P. Valderrama „Un esquema para la historia de la psicología en México" (Revista Mexicana de Psicología, 2(1), p.80-92)
1985	I. P. Valderrama & C. Jurado „La psicología aplicada al estudo y tratamiento de la delinquencia en México 1920-1940" (Revista mexicana de Psicología, 2(2), p. 176-187)
1986	S. Pick de Weiss „La investigación en psicología social en México" (Revista Latinoamericana de Psicología, 18(3), p. 351-366)
1986	Maya Nadig: „Die verborgene Kultur der Frau. Ethnopsychoanalytische Gespräche mit Bäuerinnen in Mexiko" (Frankfurt/M.)
1989	Edgar Galindo: „Contemporary psychology in Mexico" (Arch. Latinoamer. De Hist. De la Psicología y Ciencias afines, vol.1, N°. 2, año 1989:156-180)
1992	Raul Páramo-Ortega: „Freud in Mexiko. Zur Geschichte der Psychoanalyse in Mexiko" (München);
2016	Lozano Vargas, Gabriel & Páramo-Ortega, Raúl: Marx y Freud: Hacia una nueva racionalidad de la sociedad y de la historia. (Ciudad de México: tirant humanidades)

Quellen: Galindo, 1989; Páramo-Ortega, 1992, 2016; Stubbe, 2001:389-409 (Zeittafel)

Die Entwicklung der Psychoanalyse: Sigmund Freud mit Sombrero

Der berühmte mexikanische Maler und Muralist *Diego Rivera* (1886-1957) malte in den Jahren 1947-1948 ein 15m breites und 4,80m hohes Wandbild mit dem Titel *"Träumerei am*

Sonntagnachmittag im Alameda-Park" auf eine transportable Wand für das Hotel del Prado, in Mexico-Stadt, am Alameda Park gelegen. In der vorderen Bildebene drängen sich wie auf einer weit ausladenden Bühne unzählige Menschen, einfache „Indianer", Straßenjungen, elegant aufgeputzte Damen der Oberschicht, berühmte historische Gestalten aus der Geschichte Mexikos früherer Jahrhunderte. Links setzt Riveras jahrmarktähnliches, buntes Geschichtsspektakel ein. Man sieht Ketzerverbrennungen aus der Inquisitionszeit, die wichtigsten Repräsentanten der Unabhängigkeitsepoche (1810-1821), bekrönt von dem zapotekischen Reformer Benito Juárez García (1806-1872), der als Mitglied des Kongresses entscheidenden Einfluss auf die mexikanische Verfassung von 1857 nahm und als Vizepräsident 1858 die Regierung übernahm. Seine antiklerikalen Reformgesetze (1859) lösten den bis 1861 dauernden Bürgerkrieg aus. 1861 bis 1871 wurde er zum (bis heute einzigen indianischen) Präsidenten gewählt und mit diktatorischen Vollmachten ausgestattet. Die Einstellung der mexikanischen Schuldenzahlungen (ein heute wieder aktuelles Thema!) wurde Vorwand für eine französische Intervention (1862-1867). Juárez konnte sich jedoch gegen den 1864 auf Betreiben Napoleons III. eingesetzten Kaiser von Mexiko Ferdinand Maximilian, Erzherzog von Österreich (1832-1867), durchsetzen und ließ ihn erschießen, was wiederum zu einem Thema der Weltmalerei, nämlich "Die Erschießung Kaiser Maximilians von Mexiko" von *Edouard Manet* (1867)(seit 1910 in der Kunsthalle Mannheim; vgl. Edouard Manet, Katalog, 1992) und der Weltliteratur, nämlich *Franz Werfels* Bühnenstück "Juarez und Maximilian" *(*1925) (vgl. auch die eindrucksvolle Verfilmung des Ludwigshafener Exilés *William Dieterle*, 1939; Hermanni, 1992) wurde. Das Mittelfeld des Bildes weist auf die im 19. Jh. erlangte Republik, verbildlicht in dem mit einer Jakobinermütze geschmückten Heißluftballon (mit den Initialen RM= Republik Mexiko), und das sog. Porfiriat (1877-1880 und 1884-1911) hin. Der rechte Bildteil thematisiert die Zeit der Revolution (1910-1917) und ist beherrscht von der Reiterfigur eines Revolutionärs (wohl Emiliano Zapata) und der mit dem Hut grüßenden Gestalt Francisco Ignacio Maderos (1913 ermordet) (zur Chronologie der Mexikanischen Geschichte: vgl. Kahle, 1989). Im Mittelfeld des Bildes steht ein weibliches Skelett mit grinsendem Schädel, bekleidet mit einem Ungetüm von Kopfputz und einem bis zum Boden reichenden Rock. Es handelt sich um die "Cavalera Catrina" eine Gestalt des Zeichners *José Guadalupe Posada* (1851-1913). Flankiert wird diese Totengestalt von Rivera selbst, der sich als Lausbub im sonntäglichen Anzug mit Ringelstümpfen und Schirm darstellt. Hinter ihm stehen als junge Frau die Malerin *Frida Kahlo* (1907-1954), seine Lebensgefährtin, heute eine Kultfigur der internationalen Frauenbewegung (vgl. Herrera, 1986; Kettenmann, 1992), die ihm in einer Art mütterlicher Geste die Hand auf seine rechte Schulter legt (während sie in der linken Hand eine YING und YANG-Scheibe hält!) und der kubanische Freiheitsheld *José Martí* (1853-1895), der seine Melone zum Gruß erhebt. Rechts vom Skelett, das Rivera an der linken Hand hält, befindet sich Posada in einem eleganten Anzug mit Melone.

ABB. 17   DIEGO RIVERA (1947/48) "Träumerei am Sonntagnachmittag im Alameda-Park"

Quelle: © Diego Rivera

Eine eigenartige Spannung und Stimmung liegt über dem ganzen Bild.

Das Wandbild war heftigen Angriffen (besonders von klerikalen Kreisen) ausgesetzt, da Rivera im linken Bildteil unterhalb von Juárez den liberalen Schriftsteller *Ignacio Ramírez* (1818-1879) (pseud. El Nigromante) darstellt, der in seiner Hand eine Schriftrolle entfaltet, auf der ein von ihm während der Konferenz in der Akademie von San Juan Letrán geäußerter Ausspruch deutlich zu lesen ist: "Dios no existe" (= Gott existiert nicht). Neben Ramírez wurde auf dem Buchumschlag von Paramo-Ortega (1992) eine Freudfotographie eingefügt, wohl in Anspielung auf Freud's Atheismus! Oder wird es Freud in Mexiko ähnlich ergehen, wie den auf diesem Platz verbrannten Ketzern bzw. dem Österreicher Maximilian?

Das ursprünglich für den Speisesaal des Hotels vorgesehene Wandbild wurde schließlich aufgrund der kirchlichen Proteste zugemauert (bzw. "verdrängt"), bis sich Rivera 1956 entschied, diesen Spruch durch den scheinbar weniger skandalösen Satz "Conferencia en la Academia de Letrán, el ano de 1836" zu ersetzen (vgl. Uhse, 1979; Hagen, 1982; Münzberg & Nungesser, 1987). Der deutsche Mexiko-Exil-Schriftsteller Bodo Uhse (1984) hat über Riveras Bild eine aufschlussreiche und lebendige Erzählung mit dem Titel "Sonntagsträumerei in der

Alameda" geschrieben (zu Uhse vgl. Kießling, 1981; Mühlen, 1988). Wenn dieser "Gang durch die mexikanische Geschichte" als Titelbild des Büchleins *"Freud in Mexiko"* (1992) des in Wien ausgebildeten mexikanischen Psychoanalytikers Raúl Páramo-Ortega gewählt wurde, so zeugt dies nicht nur für künstlerischen Geschmack , sondern gibt zugleich die Position des Autors wider. Rivera ist sicher einer der besten visuellen Einstiege in die mexikanische Psyche und Problematik. Man könnte auch behaupten: Rivera ist Mexiko!

Páramo-Ortegas Gang durch die Geschichte der Psychoanalyse in Mexiko ist aber keine Träumerei, sie ist auch nicht durch freie Assoziationen auf der Couch (oder in der lateinamerikanischen Hängematte) entstanden, sondern

> "Beim Schreiben dieses Buches habe ich immer versucht,- der psychoanalytischen Technik folgend - mir meine subjektive Geschichte sowohl vor Augen zu halten, als auch als Mittel der Erkenntnis zu nutzen."(S:114)

Dabei ist ein "Bild" entstanden - ganz ähnlich wie das Wandbild Riveras - das für die Psychoanalytiker in Mexiko nicht gerade besonders schmeichelhaft ausfällt (S:113f). Die Psychoanalyse in Mexiko, hebt Páramo-Ortega hervor, kann (so wie auch in anderen Ländern) nicht eine Psychoanalyse hervorbringen oder kultivieren,

> "die in geistiger, moralischer oder intellektueller Hinsicht über dem Niveau und Horizont der Bewohner dieses Landes, der Mexikaner, liegt." (S:113)

Welche *methodische Wege* existieren um eine *Psychoanalysegeschichte* zu schreiben?

Vorbild ist immer Freud's "Zur Geschichte der psychoanalytischen Bewegung" (1914:165), in der sich auch bereits ein kurzer Hinweis auf die Psychoanalyse in Chile (1910) findet (vgl. Greve, 1913). Tiefenpsychologische Abwehrmechanismen wie Selbstverhüllung, Selbstdarstellung, Widerstand, Identifikation etc. lassen sich auch bei der Verarbeitung eines historischen Gegenstandes wie der Psychoanalyse selbst deutlich analysieren.

Es ist aber auch möglich genealogisch oder sozialanthropologisch vorzugehen, indem man die "Psychoanalytiker-Genealogien" (Lehranalytiker/in, Kontrollanalytiker/in, Institut, Gesellschaft etc.) nachzeichnet mit dem Ziel die "psychoanalytischen Verwandtschaftsbeziehungen und -bindungen" bzw. einen "psychoanalytischen Stammbaum" herauszuarbeiten. Die "psychoanalytische genealogische Verwandtschaftsterminologie" ist bisher wenig studiert worden, stellt aber eine sehr ergiebige heuristische Methode dar. Weitere Vorgehensweisen können die oftmals langweilige chronologisch-deskriptive Darstellung und die Geschichte von psychoanalytischen Instituten, Gesellschaften und Schismen sein. Psychoanalysegeschichte lässt sich also wie Kirchen- oder Dogmengeschichte schreiben! Wichtig ist ebenfalls die sozial- bzw. kulturhistorische Methode, die den kulturellen, sozialen und ökonomischen Hintergrund der Psychoanalyse in Mexiko verdeutlicht. Auch eine psychoanalytische Tiefenhermeneutik (S.113) kann zur kritischen Klärung der Geschichte und der Kultur Mexikos beitragen (zur psychoanalytischen Geschichtsschreibung vgl. Peters, 1992:51ff; Roudinesco & Plon, 2004: 407ff; zu den Möglichkeiten und Methoden der Psychologiegeschichtsschreibung s. Anhang).

Die von Páramo-Ortega beklagten mexikanischen Verhältnisse, die man teilweise eine *"Clan-Psychoanalyse"* nennen könnte, finden sich auch in Deutschland und in der frühen Geschichte der Psychoanalyse: S. Freud analysierte z.B. die intime "Freundin" seiner Tochter Anna, Dorothy Burlingham, die auch noch unmittelbar über seiner Wohnung und Praxis residierte. Anna Freud wiederum analysierte die vier Kinder dieser Geliebten (vgl. Berthelsen, 1987:25) nach ihrer eigenen Psychoanalyse bei ihrem Vater Sigmund Freud. Geradezu "inzestuöse Verhältnisse"! Melanie Klein analysierte nach ihrer Emigration in England die deutsche Ehefrau ihres Kollegen Ernest Jones und die beiden Kinder des Ehepaars (vgl. Peters, 1992:255). Viele Psychoanalytiker haben ihre zukünftigen Frauen auch auf der Couch kennengelernt! (vgl. dazu z.B. Peters, 1992:175 (Fromm), 221 (Reik), 368 (Reich) etc.)

Die "fofocas" (=Klatsch) der Psychoanalytiker erhellen viele solcher genealogischer Verbindungen: So befand sich Lilia Meza (die erste Frau Armando Suárez') in Analyse bei Jaime Cardeña, was zum Abbruch der Beziehungen zwischen Cardeña und Suárez führte (S.78). Auch Marie Langer kritisierte mit welcher bemerkenswerten Leichtigkeit Ehefrauen von Psychoanalytikern in Mexiko (und wie man feststellen kann auch in anderen Teilen der Welt) ebenfalls Psychoanalytikerinnen werden können (vgl. S. 95,111).

> "Die Versuchung, das gesamtfamiliäre Einkommen zu verbessern, scheint in einigen Fällen unwiderstehlich gewesen zu sein."(S.111)

Lassen sich die vielen Spaltungen und tiefen Konflikte in der Geschichte der Psychoanalyse etwa durch eine "homerische Theorie" (bei Konflikten geht es immer um eine Frau!) erklären?

Wenn sich in dieser mexikanischen Psychoanalysegeschichte auch vereinzelt Autobiographisches findet, so hat sich doch Páramo-Ortega wie die meisten Psychoanalytiker nach dem Vorbild Sigmund Freud's bemüht, die "Abstinenz" und das "Inkognito" des Psychoanalytikers hinter der Couch zu wahren und möglichst wenig über sich selbst verlauten zu lassen.

Páramo-Ortega's Essay ist folgendermaßen gegliedert:

Im Vorwort lobt Páramo-Ortega seine persönliche Freiheit, die darin besteht „nicht an eine offizielle 'mächtige' Schule oder Institution gebunden zu sein" (S.7) und meint hiermit eine Freiheit von Verpflichtungen und Abhängigkeiten gegenüber den verschiedenen psychoanalytischen Gesellschaften und Vereinigungen Mexikos. Er selbst rechnet sich der "Grupo de Estudios Sigmund Freud" in Guadalajara zu, die sich bisher vor allem mit Übersetzungsproblemen der Werke Freud's aus dem Deutschen beschäftigt hat. Páramo-Ortega betont bereits hier, dass die ganze Geschichte der Psychoanalyse in Mexiko (wie in jedem anderen Land) eine Geschichte ihrer wiederholten Brüche, Konflikte, Abspaltungen und durchzogen von dem Faktum sei, dass die Psychoanalytiker und ihre Institutionen immer unter den gesteckten Zielen blieben. Wichtig erscheint hier auch der weise Ratschlag des indisch-englischen Analytikers Wilfried R. Bion, der in einem Interview betonte:

> "Es ist absolut notwendig, daß es eine klare brasilianische (hier: mexikanische etc. Anm. d. Verf.s) Psychoanalyse gibt, die die Geschichte und Kultur ihres Landes umfaßt. Die Gruppe muß ihre eigene phylogenetische Entwicklung durchmachen, um eine solide Basis zu bekommen."(S. 9)

Hieße dies nicht z.B. die Unterdrückung der indianischen Bevölkerung in Mexiko oder den "Minderwertigkeitskomplex" gegenüber dem mächtigen imperialistischen Nachbarn im Norden zu "psychoanalysieren" ?

Das erste Kapitel (Einführung) behandelt die Tatsache, die sich jedem reisenden kulturvergleichenden Psychoanalytiker sofort eröffnet, dass nämlich die psychoanalytische Theorie und Praxis in den verschiedenen Kulturen eine unterschiedliche Prägung erhalten hat und wir deshalb von "nationalen Psychoanalysen"(S.13) sprechen können. Diese Tatsache, für die man eine Fülle von Beispielen anführen könnte (vgl. z.B. Schweigen, Sprache und Körpersprache des Psychoanalytikers/Patienten, Deutungen, Träume, freie Assoziationen, Symbole, Therapiezimmer etc.), ist ein Ergebnis des "gesellschaftlichen Unbewussten" (Erdheim) (d.h. nicht des kollektiven Unbewussten von C. G. Jung) und besteht topisch gesehen aus jenem Teil des Unbewussten eines Individuums, den es mit der Mehrzahl der Mitglieder seiner sozialen Klasse gemeinsam hat. In ihm befindet sich alles das, was die Gesellschaft so bedroht, dass sie es verdrängen muss (S.13).

Páramo-Ortega weist hier auch auf die entscheidenden Wurzeln der Psychoanalyse Sigmund Freud's hin, die für ihn eng mit Mitteleuropa, dem Judentum und der deutschen Sprache verbunden sind (S.17). In diesem Zusammenhang unterläuft ihm ein lapsus linguae, indem er auf S.14 von der "jüdischen Rasse" spricht. Bekanntlich sind die Juden Mitglieder einer monotheistischen Weltreligion, deren Mitglieder verschiedenen Kulturen angehören. Es gibt Juden in Indien, Afrika, (Latein-)Amerika, Europa etc. Wir sprechen ja auch nicht von einer "christlichen oder islamischen Rasse"! Wichtig erscheinen mir neben den jüdischen auch die antiken (vgl. Ödipus), klassischen (Goethe) und romantischen Wurzeln der Psychoanalyse. (vgl. dazu insbes. Ellenberger, 1973 und Peters, 1992).

Wie sieht nun dieses "gesellschaftliche Unbewusste" des Mexikaners aus? Oder sollte man besser von "mentalité" sprechen ? Diese unseres Erachtens zentrale Frage wird in Páramo-Ortegas Buch leider nicht beantwortet.

Das zweite Kapitel behandelt die "Rezeption Freuds in Mexiko". Páramo-Ortega hatte bereits im vorigen Kapitel betont, dass keine kontextneutrale, keine zeitneutrale Rezeption einer Theorie d.h. also auch der Psychoanalyse möglich ist. Hier gibt er nun eine stark geraffte Schilderung der geschichtlichen Voraussetzungen der Entstehung der Psychoanalyse in Wien ab dem Geburtsjahr Freud's (1856) und der Situation in Mexiko, dem Empfängerland der Psychoanalyse, zu diesem Zeitpunkt. Als ausgezeichnete, aber von Páramo-Ortega nicht genannte, Einführungen in das Kultur- und Sozialleben Wiens zur Entstehungszeit der Psychoanalyse seien hier noch angefügt: *Stefan Zweig's* Autobiographie "Die Welt von Gestern" (dt. 1945), *Henry Ellenbergers* (1973:567ff) reichhaltige Geschichte der dynamischen Psychiatrie "Die Entdeckung des Unbewußten" und *Almuth Bruder-Bezzel's* kenntnisreiche Dissertation "Alfred Adler. Die Entstehungsgeschichte einer Theorie im historischen Milieu Wiens"(1983).

Für Mexiko begann die Psychoanalyse erst in den zwanziger Jahren zu existieren. Der Provinzarzt *José Torres Orozco* (1890-1925) publizierte 1922 als erster Mexikaner über die Psychoanalyse. Während in anderen lateinamerikanischen Ländern Freud's Werk schon früher rezipiert wurde (z.B. Argentinien 1908, Chile 1910, Brasilien 1914, Peru 1915 vgl. Stubbe, 1987, 1992, 1997), kam es in Mexiko verspätet an, wofür Páramo-Ortega vor allem folgende Gründe anführt:1. die Sprachbarriere („lateinische Mauer") , 2. die deutliche Dominanz der französischen Kultur (z.b. des Positivismus), 3. die spärlichen Kontakte mit der deutschsprachigen Welt und das Fehlen jeglicher Kontakte (sogar auf diplomatischer Ebene) mit Österreich, und 4. die klassischen Widerstände der Psychiatrie (S. 29). Hinzugefügt werden kann noch, dass für Sigmund Freud Mexiko überhaupt nicht existiert zu haben scheint, obwohl er sich doch verschiedentlich mit Kolumbus verglich, über Coca arbeitete und Havannas rauchte (vgl. z.B. Freud, 1971:178). Es gibt noch einige andere Beziehungen zu Lateinamerika. Auch in Psychoanalytiker-Kreisen ist wenig bekannt, dass Sigmund Freud vor antisemitischer Verfolgung bereits Mitte der 30er Jahre nach Buenos Aires hätte übersiedeln können. Eine Einladung lag vor (Cesio, 1976; Drekonja-Kornat, 1992:829). Auch eine Gruppe mexikanischer Intellektueller bemühte sich um ein Asylangebot an Freud (vgl. Páramo-Ortega, 1992:27).

> "Die mexikanische Psychoanalyse hat ihre charakteristische, dominierende Prägung aus dem nördlichen Nachbarland bekommen"(S.38) und im "nordamerikanischen Traum ist kein Platz für Freudsche griechische Tragödien."(S:38)

Die wichtige Rolle der deutschsprachigen Exilanten in Mexiko wird von Páramo-Ortega in ihrer Bedeutung wenig gewürdigt. Z.B. veranstaltete die "Liga für deutsche Kultur" 1938 Vorträge auch über Sigmund Freud (vgl. Kießling, 1989:244). *Alice Rühle-Gerstel* (1894-1943) publizierte u.a. im Jahre 1941 in der Editorial Atlante, S.A. in Mexico, D.F. *"Freud y Adler"* (vgl. Stubbe, 1988). (Zur Geschichte der nordamerikanischen dynamischen Psychiatrie und Psychoanalyse, die vor allem von deutschsprachigen Exilés vorangetrieben wurden, vgl. das ausgezeichnete Buch von U. H. Peters, 1992).

Das dritte Kapitel behandelt einen unbekannten Wegbereiter der Psychoanalyse in Mexiko: den liberalen Provinzarzt *José Torres Orozco*, der 1922 einen Aufsatz über *"Las doctrinas de Freud en la patología mental"* (México Moderno, vol.2, No.1, 1922:39-53) verfasste. Dieses Datum sieht Páramo-Ortega als das entscheidende Datum der "Ankunft Freud's" in Mexiko an (S. 44). Wahrscheinlich hat das Interesse an den Werken Friedrich Nietzsches Orozco zu Sigmund Freud geführt, dessen Psychoanalyse er als eine kühne und sehr neue Konzeption hielt, die wohl gerade deswegen keinen Zugang in die klassischen Schulen finde und deren erste Schritte daher auf riesige Widerstände stoßen mussten (S. 52). In diesem Zusammenhang sollte man sich auch daran erinnern, dass die erste spanische Übersetzung des Freudschen Werkes erst 1923 aus der Feder des Spaniers *Luis López Ballesteros y de Torres* stammt. Sie war für die lateinamerikanische Intelligenz bis nach dem II. Weltkrieg grundlegend. Freud verfügte zwar über befriedigende Spanischkenntnisse (vgl. Ellenberger, 1973:583; Freud's Brief an López Ballesteros vom 7. Mai 1923), aber diese dürften nicht ausgereicht haben, "um die vielen und manchmal auch unvermeidlichen Fehler des Übersetzers zu bemerken" (S. 42), über die Páramo-Ortega verschiedentlich publiziert hat.

Das kurze vierte Kapitel gilt der großen Lücke, die zwischen den Jahren 1922 und 1955 in der Freud-Rezeption entstanden war. Erst 1955 erschien das kritische Buch *"Freud a la distancia"* des katholischen Arztes und Psychologen *Oswaldo Robles*, der ab 1942 an der UNAM Psychologie lehrte (zur Geschichte der Psychologie in Mexiko, die von Páramo-Ortega etwas vernachlässigt wird, vgl. Díaz-Guerrero, 1983; Ardila, 1986; Galindo, 1989, 1990; Stubbe, 1992). Der bekannte mexikanische Psychologe *Díaz-Guerrero*, der sich immer stark für eine "mexikanische" Psychologie engagiert hat, schrieb schon 1977, dass keine der drei Hauptströmungen der aktuellen nordamerikanischen Psychologie (Psychoanalyse, Behaviorismus und Humanistische Psychologie) Universalität beanspruchen könne (vgl. Stubbe, 1992). Robles betrachtete Freud aus dem Blickwinkel der scholastischen und neuthomistischen Philosophie, deren angesehener Vertreter er war und bezog sich dabei auch auf den österreichischen Individualpsychologen jüdischer Herkunft Rudolph Allers, der in die USA emigrierte.

Das fünfte Kapitel behandelt die ausländischen Einflüsse d.h. vor allem der us-amerikanischen (seit den 50er Jahren), argentinischen, französischen und ab Mitte der 60er Jahre auch der österreichischen Psychoanalyse. Die kleinianisch-englische Richtung kam auf dem Umweg über Buenos Aires nach Mexiko (z.B. Emilio Rodrigué und Horacio Etchegoyen). *Marie Langer* (1910-1987) verbrachte bekanntlich einen Abschnitt ihres Lebens in Mexiko, auf den Páramo-Ortega ausführlich eingeht (S.56-60). In diesem Kapitel finden sich auch einige Ausführungen über den *sog. mexikanischen "Nationalcharakter"* (z.B. extreme Güte und Gastfreundschaft, Sklavenmoral, etc.). In diesem Zusammenhang sprach der positivistische Philosoph *Samuel Ramos*, inspiriert von der Individualpsychologie Alfred Adlers, vom "mexikanischen Minderwertigkeitskomplex" (S. 61) und meinte damit die typische Neigung des Mexikaners sich selber kleiner zu machen, also abzuwerten. Psychoanalytiker wie *Francisco González Pineda* (1961) und *Santiago Ramírez* haben sich eingehend mit der Psychologie des Mexikaners befasst. *Maya Nadig* führte 1975 ethnopsychoanalytische Gespräche mit indianischen Otomi-Bäuerinnen im Dorf Daxhó durch (vgl. Nadig, 1992). Wichtig ist in diesem Zusammenhang auch die von fachpsychologischer Seite geschriebene Studie von *Diaz-Guerrero* (1982).

Das siebte Kapitel behandelt die 1957 gegründete *"Asociación Psicoanalítica Mexicana"* (APM) (Mexikanische Psychoanalytische Vereinigung) und andere psychoanalytische Organisationen. Etwa um 1947 begann sich in Mexiko eine Begeisterung für die nordamerikanische Psychoanalyse unter jungen Internisten und Psychiatern auszubreiten.

> "Es war ihnen zu dieser Zeit unmöglich, die theoretische Mittelmäßigkeit und die beklagenswerte Oberflächlichkeit der nordamerikanischen Psychoanalyse - mit Ausnahme der Beiträge einiger nach Amerika emigrierter deutsch- jüdischer Psychoanalytiker - zu erkennen."(S.71)

Páramo-Ortega skizziert das historische und politische Moment der Entwicklung der Psychoanalyse in Mexiko der damaligen Zeit, den "abhängigen" oder "peripheren Kapitalismus", die wachsende Ölindustrie, die gemäßigt und politisch in der Mitte angesiedelte (korrupte) Politik Miguel Alemán's (1946-1952), die Eröffnung der architektonisch überwältigenden "Ciudad Universitaria" in Mexiko-City und die Einrichtung neuer Lehrstühle (z.B. 1951 für "Medizinische Psychologie", den Erich Fromm übernahm).

> "Gerade in diesem so hoffnungsvoll begonnenen Jahrzehnt begann Mexikos Abstieg zu einem offensichtlich unterentwickelten Land" (S.74).

Die Psychoanalyse brachte es in diesen Jahren zu einer bescheidenen universitären Repräsentanz an einigen weniger bedeutenden und isolierten Lehrstühlen der UNAM , sowie der "Universidad Autónoma Metropolitana", der "Universidad Iberoamericana", der "Universidad Lassalle", der "Universidad de las Americas" und der "Universidad de Anáhuac". Sie spielte jedoch keine maßgebliche Rolle.

> "Der Behaviorismus und verschiedenste psychologisch-psychotherapeutische Richtungen eklektischer und humanistischer Art beherrschen das Feld. Die Jesuiten in der Universidad Iberoamericana etwa räumen der Theorie Carl Rogers großen Raum ein. Dasselbe kann man auch über die Facultad de Psicología an der Universität ITESCO der Jesuiten in Guadalajara sagen."(S.75)

Es herrschte eine bemerkenswerte liberale Atmosphäre, die es erlaubte zwei politische kubanische Asylsuchende, den jungen Rechtsanwalt Fidel Castro und den aus Argentinien stammenden Arzt "Ché" Guevara (vgl. Castañeda, 1998) aufzunehmen. Bekanntlich hatte Mexiko früher nicht nur Leo Trotzki, sondern auch einer Vielzahl von deutschen, jüdischen und spanischen Exilés Asyl geboten. Lateinamerika nahm insgesamt ca. 100.000 deutschsprachige Exilés auf (vgl. von zur Mühlen, 1988). In der gegenwärtigen beschämenden Asyl- und Ausländerdebatte in Deutschland wird diese Tatsache meistens vergessen.

Im Anschluss daran referiert Páramo-Ortega die Entstehungsgeschichte und das Schicksal verschiedener anderer psychoanalytischer Vereinigungen. Zu nennen sind hier der *"Círculo Psicoanalítico Mexicano"*(CPM) (gegr.1971), dessen Gründer Armando Suárez und Páramo-Ortega waren. Diese Gruppierung setzte zusammen mit der *"Asociación Mexicana de Psicoterapia Psicoanalítica"*(AMPP) der medizinischen Hegemonie in der Psychoanalyse ein Ende und wurde später geradezu zu einer Bastion der Psychologen. Eine andere wirksame Gruppe war die *"Sociedad Psicoanalítica Mexicana"* (SPM), die sog. Fromm-Schule (gegr. 1956). *Erich Fromm* hatte sie, als er 1951 zum Professor extraordinarius für Medizinische Psychologie an der Medizinischen Fakultät der UNAM wurde, gegründet. Im März 1963 folgte dann die Institutionalisierung des dazugehörigen Ausbildungsinstitutes *"Instituto Mexicano de Psicoanálisis"*, das nach Páramo-Ortega einen speziellen Revisionismus vertrat.

> "Sie wollte der Freudschen Psychoanalyse, die ganz wesentlich auf der Libidotheorie begründet war und auf einer expliziten Gesellschaftskritik sowie einer quasi angeborenen grundsätzlich atheistischen Einstellung basierte, eine 'revidierte' psychoanalytische Libidotheorie gegenüberstellen, die religiöse Elemente (die wiederum in Einklang mit der mexikanischen Idiosynkrasie standen) beinhaltete und die in idealistischer Weise (sowohl im philosophischen Sinne als auch im Alltagsverständnis) ihre Arme weit der Menschheit öffnet. Diese Revision nannte sich bald selbst 'humanistische Psychoanalyse'." (S.81)

Im Gegensatz zu Sigmund Freud, von dem Gay (1988:51) schreibt:

> "...ich brauche nicht hervorzuheben, daß Freud Atheist war, bevor er Psychoanalytiker wurde. Zeigen möchte ich, daß er großenteils Psychoanalytiker wurde, weil er Atheist war",

blieb Erich Fromm seinem Namen treu.

> "Bis zum Ende seines Lebens blieb er ein religiöser, ein frommer Mensch, ein Mystiker, der von dem großen Meister Eckhart geprägt war."(S.81)

1964 beginnt die SMP mit der Publikation der "Revista de Psicoanálisis, Psicología y Psiquiatría" (1964-1974), einer Zeitschrift, die auch offen für Beiträge anderer und ganz unterschiedlicher Richtungen war. In diesem Zusammenhang soll auch darauf hingewiesen werden, welche bedeutende Rolle einige mexikanische Verlage wie "Siglo XX" und "Fondo de Cultura Económica" etc. bei der Verbreitung psychoanalytischen Gedankenguts in Mexiko gespielt haben. Eine Geschichte der Psychoanalyse in Mexiko kann sich auch auf eine solche Verlags-Rezeptionsgeschichte stützen.

Páramo-Ortegas Ausführungen zur Rolle und Bedeutung der Emigranten in der Geschichte der Psychoanalyse in Mexiko seit den 50er Jahren sind hochinteressant, denn er stellt fest:

> "an *führender* Stelle der jeweils neuen psychoanalytischen Strömungen ist nie ein Mexikaner, sondern immer ein Ausländer zu finden gewesen."(S.87)

Beispiele hierfür sind Erich Fromm, der Argentinier Néstor Braunstein bzgl. des Lacanismus, der Belgier *Gregorio Lemercier* mit seinem Versuch der Synthese von Katholizismus und Psychoanalyse, der Argentinier Ignacio Maldonado im Hinblick auf die Familientherapie, der Spanier Armando Suárez Gómez im Falle des CPM, die Argentinierin Silvia Bleichmar im Bereich der Kinderpsychoanalyse und Gruppentherapie, etc. Hier könnte sicher die in Lateinamerika heimische Dependência-Theorie, die sich als solide Erklärungsgrundlage der exogenen Abhängigkeitsverhältnisse der lateinamerikanischen Ökonomie und Wissenschaft erwiesen hat, einige Aufschlüsse geben! (vgl. z.B. Stubbe, 1987:213ff)

Die Einführung des Lacanismus in Mexiko und das "Lacanisieren" interpretiert Páramo-Ortega als eine Modeerscheinung (S. 88). Folgt man diesem Gedanken könnte man sozialpsychologisch in Mexiko den Zusammenhang von Unterwerfung und Auslieferung an das "Diktat" des Lacanismus (und anderer Strömungen) einerseits und individueller bzw. sozial bestimmter Hilflosigkeit, mangelnder Ich-Stärke und Ich-Identität feststellen. Unerfüllte Macht-, Selbstdarstellungs- und Prestigewünsche würden dabei auf vorbildhafte "Modeführer" projiziert, an deren Status man durch modische Angleichung und Identifizierung partizipieren möchte, analog der Forschungsergebnisse, die auf Beziehungen zwischen der "Mode-Nervosität" der Frau und ihrer mangelhaften sozialen Emanzipation hingewiesen haben. Er weist auch darauf hin, dass die Theorie Lacans diesen Leuten eine Form von Psychoanalyse angeboten hätte, die politisch eher neutral war.

> "Sozusagen eine Psychoanalyse von geringerem subversiven Potential"....
> "Konsequenterweise hat also unser Staat viel weniger Bedenken gegen Lacanianer als gegen Freudianer." (S. 89)

Die Lacanianer, die in ihrer Mehrheit Argentinier waren, finden sich heute vor allem in der *"Escuela Lacaniana de Psicoanálisis A.C."* und im *"Centro de Investigación y Estudios Psicoanalíticos"* (CIEP) (gegr.1980), dem akademischen Organ der *"Fundación Mexicana de Psicoanálisis"*, organisiert. Das CIEP bietet den Erwerb des Magisterdiploms in Psychotherapie (Maestría en Psicoterapia) an und ermöglicht auch Angehörigen der unteren Sozialschichten eine psychotherapeutische Behandlung.

Wenig hören wir in Páramo-Ortegas Buch über Versuche auch den mexikanischen Massen bzw. Unterschichten (den "Kindern von Sanchez"!; vgl. Lewis, 1968) das "Gold der Analyse" zuteil werden zu lassen. Bei solchen Versuchen wären Ethnopsychoanalytiker gefordert und z.B. ein Studium des Reichschen Arbeiterambulatoriums in Wien (1929).

Hier stellt sich auch die Frage nach einer "kulturangepaßten Psychoanalyse in Mexiko". Kann man von einer "Psychoanalyse in Mexiko" oder muss man von einer "mexikanischen Psychoanalyse" sprechen? Wäre eine "psicoterapia do oprimido", wie sie der Psychiater *Alfredo Moffat* (1984) für Argentinien entwickelt hat, in veränderter Form auch in Mexiko möglich? Wie teuer ist eine psychoanalytische Sitzung in Mexiko? Wer kann sie sich leisten? Warum braucht ein Entwicklungsland wie Mexiko (euphemistisch: "Schwellenland") Psychoanalyse? Wer braucht sie?

Die *"Sociedad Psicoanalítica de México"*(APdeM) enstand im Juni 1972 mit der Abspaltung einer Gruppe von der *"Asociación Psicoanalítica Mexicana"*. In diesem Unterkapitel beklagt Páramo-Ortega den Niedergang der Psychoanalyse in Mexiko, die immer mehr in den Sog eines Psycho-Booms mit kommerziellem Charakter gerate und zu einem Niveauverlust bzw. einer "Verwässerung" in Theorie und Praxis geführt habe. Hinzu kämen der andauernde Kampf zwischen Psychologen und Ärzten, das Problem der Laienanalyse, die geringe Kontrolle und Regulierung der berufsmäßig betriebenen Psychotherapie bzw. der im Bereich der "Salud Mental" Tätigen, die ökonomische Krise Mexikos und die wachsende Zukunftsangst der Jugendlichen, der Niedergang des Schulsystems und der damit verbundene Verlust des kollektiven Gedächtnisses, sowie die Legitimationskrise der Psychoanalyse.

> "In unserem Land," stellt Páramo-Ortega pessimistisch fest, "hat die psychoanalytische Ausbildung aufgehört, ihrer klassischen Bestimmung zu folgen, nämlich eine schwierige, letztlich nie abgeschlossene 'persönliche' Aufgabe und *Berufung* zu sein; statt dessen neigt sie dazu, zu einem Machtinstrument im Kampf irgendwelcher Gruppen zu werden. Ein großer Prozentsatz der Psychologen, deren gemeinsamer Nenner schlicht die Arbeitslosigkeit ist, will unbedingt Psychoanalytiker werden und stützt sich dabei implizit auf das Prestige, das die ersten ärztlichen Analytiker der *Asociación Psicoanalítica Mexicana* seinerzeit aufgebaut haben." (S.98)

> "Von der Psychoanalyse als genuiner *Sozialwissenschaft* (Stichworte: Kulturtheorie, Kritische Theorie) finden sich bei uns nur sehr wenig Spuren; mehr als ein kleines Bündel mäßig interessanter theoretischer Weiterentwicklungen und ein schmales Kontingent wissenschaftlicher Publikationen sind nicht aufzutreiben."(S.100)

Das achte Kapitel behandelt die hochdramatische *"Episode Gregorio Lemercier"*. Hier wird eine zentrale lateinamerikanische Frage berührt, nämlich die religiöse (zu Freud und die Religion: vgl. z.B. Plé, 1969; Küng, 1987). Lateinamerika ist ja nicht nur der Kontinent des "Catolicismo popular", der Synkretismen (indianischer, afrikanischer und europäischer Religionen; vgl. z.B. Pollak-Eltz, 1998) und das Missionsfeld gefährlicher nordamerikanischer evangelikaler Sekten (vgl. z.B. Rohr, 1991, 1994), sondern auch die Geburtsstätte der "Theologie der Befreiung" (zu den Beziehungen von Psychoanalyse, demokratischer Psychiatrie und Theologie der Befreiung vgl. Elrod, 1989; FAZ, 1993). Wenn uns hier der misslungene Versuch der Einführung der Psychoanalyse in eine Klostergemeinschaft vor Augen geführt wird, denkt der deutsche Leser sofort an den verzweifelten Kampf des

Theologen und Psychotherapeuten Drevermann gegen eine manchmal noch inquisitorische Kirche. Der "Fall Boff" macht deutlich, wie eurozentrisch verbohrt (außer ihres hierarchischen Patriarchats) die katholische Kirche trotz ihres vorgeblich universellen Anspruches immer noch handelt. Jesus Christus, der immer auf Seiten der Armen und Unterdrückten stand, wäre mit Sicherheit aus einer solchen Kirche längst ausgetreten!

Das neunte Kapitel behandelt die *Gruppentherapie* und die *"Asociación Mexicana de Psicoterapia Analítica de Grupo"* (AMPAG)(gegr. 1967). Die Gründung dieser Gesellschaft setzte einen endgültigen Schlussstrich unter die ärztliche Hegemonie der Psychoanalyse in Mexiko, denn sie öffnete sich für andere Berufe und Disziplinen der Humanwissenschaften und suchte nach neuen Anwendungsfeldern der Psychoanalyse.

In diesem Kapitel findet sich auch eine luzide Reflexion Marie Langers über das zentrale Problem der Institutionalisierung der Psychoanalyse (vgl. S.110f). Bekanntlich war sie 1971 aus der "International Psychoanalytical Association"(IPA) ausgetreten und hatte die Gruppe "Plataforma" begründet .

Im zehnten Kapitel stellt Páramo-Ortega einige abschließende Überlegungen an, auf die oben schon hingewiesen wurde. Für Páramo-Ortega besteht eine wirkliche Entwicklung der Psychoanalyse

> "in der kritischen Annahme des Freudschen Werkes in seiner ganzen Breite und Bedeutung als Sozialkritik"...."Wir mexikanischen Analytiker bleiben weiter in der Schuld unserer Nation gegenüber."(S.114)

Zentral ist auch folgende Aussage, die für das grundlegende Axiom jeglicher psychoanalytischer Forschung in Mexiko gilt:

> "Wenn wir das Verlangen haben, Mexiko als solches und somit auch seine Psychoanalyse halbwegs zu verstehen, dürfen wir nicht vergessen, was Octavio Paz uns aufgezeigt hat:...'daß jede wirklich fruchtbare Konstruktion von dem ältesten, stabilsten und dauerhaftesten Kern unserer Nation ausgehen sollte: der *indianischen Vergangenheit*'." (S.114)

Die mexikanisch-indianische Psyche ist noch weitgehendst eine "weiße Fläche" auf der Landkarte der PsychologInnen und PsychoanalytikerInnen. Man sollte sich ständig bewusst sein, dass die gegenwärtigen Erkenntnisse der westlichen Psychologie und Psychoanalyse im Hinblick auf die gesamte Menschheit auf Extremstichproben beruhen, nämlich auf Weißen, Christen, Männern, Studenten, Mittelschichtangehörigen, Städtern, Europäern und Nordamerikanern. Dieser Ethnozentrismus betrifft sowohl Theorie, Forschung, Praxis und Ausbildung in der Psychologie und Psychoanalyse. Im Übrigen handelt es sich in beiden Wissenschaftsgebieten um eine fast völlig von Männern geschriebene Wissenschaft. In den gängigen Psychologie- und Psychotherapie-Psychoanalyse-Lexika finden sich nur ca. 4%-7% Frauen! (vgl. Stubbe, 1992; s. unten).

Auch die Schlussfolgerungen des mexikanischen Psychologen Edgar Galindo sind bedenkenswert:

> „All developing countries have similar problems and our aim is probably the same: the construction of a scientific socially engaged Psychology. The case of Mexico shows clearly that such an enterprise is only possible if Psychology is able to make a contribution to the solution of our huge social problems. However, this contribution should not just consist of the development of an applied technology. Much more than that is required. We also need an adequate theoretical framework." (Galindo, 1989:177f)

Exkurs: Karl Marx und Sigmund Freud

Als die Psychoanalyse begründet wurde stand der Marxismus in Europa bereits in voller Blüte. Wenn man unter Psychoanalyse

> „die auf Sigmund Freud (1856-1939) zurückgehende Bezeichnung für eine *Erkenntnismethode*, eine *Theorie* über die Entstehung und die Auswirkung unbewusster psychischer Prozesse sowie ein *therapeutisches Verfahren*" (Mertens, 2001, S. 333)

versteht, könnte man vermuten, dass sich der Marxismus, der sich übrigens im „Handbuch psychoanalytischer Grundbegriffe" (2014, 4. Aufl.) nicht findet, als die von *Karl Marx* (1818-1883) und *Friedrich Engels* (1820-1895) entwickelten philosophischen, politisch-sozialen und ökonomischen Lehren geradezu als Komplement zu ihr anböten. Marx und Freud haben alle Bereiche der Kultur, Politik, Geschichte und Wissenschaft im 20. Jh. tiefgreifend beeinflusst, beide waren deutschsprachige Juden, Atheisten und polyglott, vertraten ein emanzipatorisches und den Menschen von seinen sklavenähnlichen Fesseln befreiendes, progressives Projekt (S. 20), besitzen das vergesellschaftete Individuum als gemeinsames Forschungsobjekt, das emanzipatorische auf die Erringung der menschlichen Freiheit zielende Potenzial, den Humanismus, beide bilden keine Weltanschauung oder Religion, eine Front gegen den Faschismus/Nationalsozialismus, wollen die Weltveränderung, verwenden den Begriff der Entfremdung, haben Ähnlichkeiten und Parallelen bei der Gründung von Institutionen, beide sind kritische Gesellschaftstheorien etc. und es ist deshalb nicht verwunderlich, dass Denker aller Couleur schon frühzeitig versucht haben Freud und Marx zu synthetisieren. Man denke etwa an Wilhelm Reich, Ernst Federn (vgl. Rosdolsky, 2018), Karl Jaspers, Erich Fromm, Wyss, Marcuse, den Freudomarxismus der 20er Jahre und an die Debatten der 68er bzw. die Kritische Psychologie.

Wenn jetzt aus der „schöpferischen Peripherie" (Egon Friedell), nämlich Mexiko, dieses grundlegende Thema wieder aufgegriffen wird, so ist dies sicher kein Zufall, sondern hängt mit der gegenwärtigen Situation Mexikos und der Welt zusammen. Autoren dieses Bandes „Marx y Freud: Hacia una nueva racionalidad de la sociedad y de la historia." (Ciudad de México: tirant humanidades, 2016) sind der im deutschsprachigen Raum bekannte Arzt und in Wien ausgebildete Psychoanalytiker *Raúl Páramo Ortega*, sowie der Philosophiehistoriker *Gabriel Vargas Lozano* (UNAM).

Vargas Lozano gibt in seinem historisch orientierten Beitrag auf ca. 100 Seiten eine abrissartige, prägnante Darstellung, eine „recuperación del pensamiento original de Marx", eine

Evolution seines originären Denkens und seiner Lehre. Im Anhang offeriert Vargas Lozano zudem eine nützliche Auswahlbibliografie der Werke von Marx und Engels, ihre Biografien, Spezialartikel, Lexika etc. in spanischer Sprache (S.95-103). Er zieht folgendes Resumé (S.93f): Das Marxsche Werk hat sich vor allem in zwei Richtungen weiterbewegt: einmal hat es in theoretischer Hinsicht wichtige Beiträge zum Denken und zur Kultur geleistet und zum anderen im politischen Bereich, indem es die Basis für einige soziale Bewegungen bildete und eine Befreiung vom Kolonialismus förderte, sowie sich für die Verbesserung der sozialen Lage der Arbeiter einsetzte. Das Experiment des „real existierenden Sozialismus" in Osteuropa und der UDSSR bedeutete einen Misserfolg für alle, die eine neue Gesellschaft schaffen wollten, in der sowohl der innere (Bürger-)Krieg, als auch der externe Krieg gegen den Nazismus überwunden würden. Der sich aus dem II. Weltkrieg mit seinen über 20 Millionen Opfern in der UDSSR entwickelnde mächtige Ostblock war nicht in der Lage eine triumphierende Strategie gegenüber dem kapitalistischen Lager zu entwickeln. Die sich daraus entwickelnde Krise hat bisher keine alternative Gesellschaft geschaffen. Diese Entwicklung kann weder Marx noch Engels angelastet werden. Das Marxsche Werk ist eine reichhaltige unerschöpfliche „Mine", in der im Laufe der Zeit immer wieder neue wertvolle Minerale entdeckt werden können. Zu nennen sind hier vor allem der historische Materialismus, die Philosophie, die Ökonomie, die Soziologie der Erkenntnis, die Erklärung der kapitalistischen Produktionsweise, die Werttheorie, die Theorie der Ideologie, die Theorie der Entfremdung, die Wissenschaft als Produktionskraft, die Ästhetik, der ökologische Marxismus, der Feminismus, der neue Humanismus etc. Im gegenwärtigen Lateinamerika existieren heute sowohl außerordentlich kreative wie auch armselige Lektüren des Marxen Werkes.

Páramo Ortega pointiert Sigmund Freud als „crítico social". Er gliedert seinen äußerst kenntnisreichen, genialischen, ca. 100 Seiten langen Beitrag folgendermaßen: Einführung, „externe" biografische Aspekte, die Solidaritätsgefühle als Gemeinschaftssinn, die Übertragungsliebe und die Ursprünge der Psychoanalyse, die anfänglichen Widerstände, die Psychoanalyse, Sprache und Gesellschaft, die Sexualität, einige Erläuterungen über das Individuelle und Soziale, Freud: ein schwer klassifizierbarer Denker, Freud und der Wiener Kreis, Einiges über Freud und die Philosophie, besonders die Erkenntnistheorie (Epistemologie), Freud als Philosoph: eine Zusammenfassung seiner Erkenntnisbeiträge, die Rekonstruktion der Sprache, ein kleiner Exkurs, mehr über die Sprache, ein kurzer Blick auf sein geschriebenes Werk, die menschliche Sexualität, Freud und die Literatur, ein kurzer Blick aufs Ganze, kurze unvollständige Anmerkungen über die Freud-Biografien, Epilog: das Unverzeihliche in Freud. Anhang: Über die aktuelle Situation der Psychoanalyse. Ein Memorandum. Es folgt eine reichhaltige, teilweise deutschsprachige Bibliografie. Páramo Ortega erweist sich hier als ein ausgezeichneter Kenner der deutschsprachigen Philosophie und Psychoanalyse. Es gibt sicher in der spanisch-sprachigen Literatur gegenwärtig keine bessere Einführung und Übersicht über die Psychoanalyse (s. Bibliografie).

Peru

Die Länder der sog. Dritten Welt sind weder "geschichtslos" noch kulturell amorph, sondern verfügen über eine ebenso lange kulturelle Vergangenheit der psychologischen Reflexion und Erfahrung wie Europa. Diese wird z.B. in der sog. Proto-Psychologie bzw. Ethno-Psychologie oder durch moderne kulturvergleichende und -anthropologische Forschung erschließbar. Ein Beispiel hierfür mag Peru sein, ein Land Lateinamerikas, das im Erfahrungshorizont westlicher Psychologen heute fast nicht existiert.

Hier hat sich scheinbar seit Hegels Zeiten nicht viel geändert! *Georg Wilhelm Hegel* (1770-1831) gibt nämlich in seinen "Vorlesungen zur Philosophie der Geschichte" (1822ff) folgendes "kolonialphilosophisches" Zerrbild Perus:

> "Von Amerika und seiner Kultur, namentlich Mexiko und Peru, haben wir zwar Nachrichten, aber bloß die, daß dieselbe eine ganz natürliche war, die untergehen mußte, sowie der *Geist* (Hervorhebung d. Verf.) sich ihr näherte. Physisch und geistig ohnmächtig hat sich Amerika immer gezeigt und zeigt sich noch so. Denn die Eingeborenen sind, nachdem die Europäer in Amerika landeten, allmählich an dem Hauche der europäischen Tätigkeit untergegangen." ..."Sanftmut und Trieblosigkeit, Demut und kriechende Unterwürfigkeit gegen einen Kreolen und mehr noch gegen einen Europäer sind dort der Hauptcharakter der Amerikaner, und es wird noch lange dauern, bis die Europäer dahin kommen, einiges Selbstgefühl in sie zu bringen. Die Inferiorität dieser Individuen in jeder Rücksicht, selbst in Hinsicht der Größe gibt sich in allem zu erkennen;" (Hegel, 1966:140)

Der beste Einstieg in das Verständnis und die Problematik der Psychologie in Peru ist sicherlich die Geschichte. *Josef Brožek* (1991) bezeichnete die 80er Jahre geradezu als "Goldenes Zeitalter" der Psychologiegeschichtsschreibung in Lateinamerika und bezog sich hierbei auf eine Fülle von Monographien, Kongressen, Archiv- und Zeitschriftengründungen (vgl. Stubbe, 1987, 1992; León, 1993). Dass die lateinamerikanische Goldmine der Clio auch noch weiterhin ergiebig ist, zeigt das neue Buch von *Ramón León* (1993) aus Lima, des bedeutendsten (in Deutschland promovierten) Psychologiehistoriker Perus. León ist vor allem durch seine akribischen Arbeiten über den deutschen Peru-Exilé und Dresdener Psychotechniker *Walter Blumenfeld* (1882-1967) und den peruanischen Psychiater und frühen lateinamerikanischen Psychoanalytiker *Honorio Delgado* (1892-1969) bekannt geworden. Beide Psychologen können, wenn auch verschiedenen theoretischen und methodischen Ausgangspunkten entstammen, als Begründer der modernen Psychologie in Peru gelten (vgl. Alarcón, 1968). León's Werk ist in folgende Kapitel gegliedert:

Eine Einführung, die Beziehungen zwischen der peruanischen und deutschen Psychologie (Kap.1), W. Blumenfeld und die peruanische Psychologie (Kap.2), Honorio Delgado und die peruanische Psychologie (Kap.3), die peruanische Psychologie zwischen dem Labyrinth der Einsamkeit und der göttlichen Nemesis (Kap.4), sowie einen Anhang mit einer Chronologie der wichtigsten Ereignisse in der Geschichte der Psychologie in Peru im 20.Jh.

Die Psychologie in Peru hat eine lange Geschichte. Erinnert sei hier nur an die ethnopsychologisch höchstinteressanten Phänomene wie Sprachen, Mythen, Sitten, Kunst und Religion in Peru. So gehören z.B. zu den erstaunlichsten "psychochirurgischen" Eingriffen im alten Peru die *Schädeltrepanationen*, die besonders in der Kultur von Paracas Cavernas (Chavín) häufig vorgenommen wurden. Bei Ethnien, die Steinschleudern und Keulen als

Waffen verwenden, mag es bei Schädelverletzungen häufig notwendig gewesen sein, durch eine Operation eine Erleichterung des Schädelinnendruckes zu erreichen. Trepanationen dürften aber auch aus magisch-ethnotherapeutischen bzw. paläopsychiatrischen Motiven erfolgt sein, etwa um „Krankheitsdämonen" auszutreiben. Als ein Hinweis für nicht kriegerische Ursachen für Eingriffe wird die Existenz manchmal mehrerer gleichartiger Löcher auf einem Schädel angeführt. Den Patienten pflegte man mit Coca oder chicha-Bier zu betäuben. Dass zahlreiche Patienten den Eingriff überlebt haben, beweist der Kalkansatz an den Operationsrändern (vgl. etwa Buschan,1941:442ff; Villa Hügel,1984, S.276f). Bereits der peruanische Psychiater *Valdizán* (1990), der "Vater der peruanischen Psychiatrie" und ein de Sanctis-Schüler, hat eine Fülle von Beiträgen zu einer "Paläopsychiatrie des antiken Perus" vorgelegt. Auch der peruanische Neurologe und Psychiater *Carlos Gutiérez Noriega* charakterisierte 1936 (sich auf die Kretschmersche Konstitutions-Typologie stützend) aufgrund ihrer "pyknischen Konstitution" das Temperament der peruanischen Indianer als "cyclothym". 1939 arbeitete er zudem über das magische Denken in den Malereien des antiken Peru. *Juan B. Lastres* beschäftigte sich intensiv mit der Inka-Medizin und -Psychologie und legte 1946 eine ethno(psycho-)therapeutische Monographie über *"Las curaciones por las fuerzas del espíritu en la medicina aborigen"* vor.

Im ersten Kapitel des Buches von León geht es u.a. um die Fragen, warum die Deutschen so attraktiv für die Peruanischen Psychologen und Psychiater waren und welche Lehren der deutschsprachigen Philosophie, Psychologie, Psychoanalyse und Psychiatrie in Peru rezipiert wurden. Eine rationale Erklärung der Attraktivität - es existieren sicherlich andere - ergibt sich vor allem aus dem Aufenthalt (von August bis Dezember 1802) *Alexander von Humboldt's* (1769-1859) in Peru, der zu einer "2. Entdeckung Südamerikas" führte (vgl. Feisst, 1978). Peru war danach noch öfters Ziel deutscher Forschungsreisender und Auswanderer. Außerdem hat bekanntlich Karl May in seinen bekannten Südamerika-Romanen in Deutschland viel zu einem bestimmten Peru-Bild beigetragen (vgl. Villa Hügel, 1984:211ff; Bitterli, 1991). Mit dem Aufstieg der deutschsprachigen Naturwissenschaften, Psychologie und Psychiatrie gegen Ende des vorigen Jahrhunderts (vgl. etwa Pyenson,1982), wollte man auch in Peru an der Spitze des vermeintlichen Fortschritts mitmarschieren und rezipierte deshalb vorwiegend deutschsprachige Autoren. León zählt eine Vielzahl von Einflüssen aus dem deutschsprachigen Raum auf, die für die Psychologie und Psychiatrie in Peru bestimmend geworden sind:

Hier sind vor allem *Wilhelm Wundt* (1832-1920), dessen Experimental-Psychologie auch für Lateinamerika richtungsweisend gewesen ist, sowie die Psychoanalyse *Sigmund Freud's* und ihre Deviationen in Gestalt der Individualpsychologie *Alfred Adler's* (1870-1937) und der komplexen Psychologie *Carl Gustav Jung's* (1875-1961) zu nennen.

In der von den peruanischen Psychiatern Valdizán und Delgado 1918 gegründeten *"Revista de Psiquiatría y Disciplinas Conexas"* finden sich nicht nur Aufsätze zur Psychoanalyse, sondern auch Beiträge von *Hermann Rorschach* (1884-1922), dem Wiener Psychiater und Nobelpreisträger (1927) *Wagner von Jauregg* (1857-1940) und zur damals aktuellen Konstitutionstypologie *Ernst Kretschmer's* (1888-1964). In den beiden psychologischen Hauptwerken Delgados, der *"Psicología"* (1933) und *"La personalidad y el carater"* (1943) werden die psychologischen Lehren von Sigmund Freud, Max Scheler, Ernst Kretschmer, Carl

Gustav Jung, Eduard Spranger, Gustav Pfahler und E. und W. Jaensch ausgebreitet. Auch in seinen vielen Rezensionen und Nekrologen hat Delgado immer wieder Leben und Werk von Psychiatern (z.B. Bleuler, Kretschmer, Jaspers) und Psychologen aus dem deutschsprachigen Raum gewürdigt (vgl. León, 1993:179).

Im Zuge der gewaltsamen Vertreibung deutsch-jüdischer Wissenschaftler aus Deutschland gelangten auch zwei Psychologen nach Peru: 1935 *Walter Blumenfeld* (1882-1967) und 1937 *Hans Hahn* (1900-1969). Ihr Leben und Wirken wird von León ausführlich behandelt. Die gelungene Akkulturation beider Wissenschaftler an peruanische Verhältnisse lässt sich auch daraus ersehen, dass einerseits Hahn ein für Peru bedeutsames geopsychologisches Phänomen erforscht hat, nämlich die Auswirkung der Höhe auf den Menschen und andererseits Blumenfeld ethnopsychologische und kulturvergleichende Untersuchungen durchführte (vgl. León, 1993:91). Beide Psychologen, vor allem Blumenfeld, haben neben Delgado die deutschsprachige Psychologie in Lateinamerika und Peru verbreitet.

Eigenartig ist auch wie hier in dieser damaligen peruanischen "Psycho-Enklave" ca. 15.000 km von Deutschland entfernt zwei polare Tendenzen der neueren Psychologie in personifizierter Form aufeinanderprallen ohne sich zu begegnen, und zwar die am Verhalten und Bewusstsein orientierte Wundtsche Experimentalpsychologie und die erlebniszentrierte und auf das Unbewusste gegründete Psychologie wie sie sich in der Psychoanalyse konstituierte. Dabei war Delgado als "philosophischer Arzt" durchaus naturwissenschaftlich orientiert wie seine medikamentösen Behandlungen (siehe unten) zeigen, während Blumenfeld sich auch philosophisch betätigte.

Das 2. Kapitel ist ausschließlich Blumenfeld gewidmet, dessen Leben und Werk León (1983) in seiner in Deutschland leicht zugänglichen Doktorarbeit ausführlich dargestellt hat. Deshalb kann hier auf eine eingehendere Darstellung verzichtet werden.

Insbesondere Honorio Delgado ist heute in der Beurteilung der Wissenschaftshistoriker noch eine umstrittene bzw. "schillernde" Figur. Dies ist aber eher Ausdruck der bisher sehr lückenhaften Forschungsergebnisse. Man wirft Delgado u.a. politischen Konservatismus, strengen Katholizismus und sogar Antisemitismus vor. Delgado war Erziehungsminister unter José Luis Bustamante y Rivero (1945-1948). Fallend (1992/93) z.B. nennt ihn einen "Vor- und Bekämpfer der Psychoanalyse". Dabei ist es wichtig festzustellen, dass die Wiener Psychoanalytiker, aber vor allem Abraham, sehr aktiv um Delgado warben. Man wollte ja die Psychoanalyse "internationalisieren" und war an einem Vertreter in Lateinamerika sehr interessiert. Der ungarische Einwanderer Béla Skékely konstatiert andererseits in seinem argentinischen *"Diccionario Enciclopédico de la Psique"* folgendes:

> " H. Delgado. Peruanischer Psychiater und Psychologe, trieb die Adlersche Psychologie in Südamerika voran ('Unterricht in der Philosophie des Lebens, begründet in der Individual-Psychologie', 1922)" (Skékely, 1958:171).

War Delgado also ein „Tiefenpsychologe" oder dynamischer Psychiater lateinamerikanischer Prägung? Andere Autoren wiederum halten Delgado nicht nur für den "bedeutendsten Psychiater Lateinamerikas", sondern auch für einen polyglotten, universal gebildeten Wissenschaftler, gleichsam einen "Helden des peruanischen Geistes und der Wissenschaft" (vgl. etwa Binder, 1958:222,223f; Saavedra, 1965:390ff). Delgado war z.B. der erste Psychiater Lateinamerikas, der 1921 die Malaria-Impftherapie nach Wagner-Jauregg bei Patienten mit progressiver Paralyse in Peru einführte. Also ein Somatotherapeut?

Will man Delgado gerecht werden, muss man sich ein klares Bild von Psychiatrie, Gesellschaft und Kultur in Peru zu Beginn des 20. Jahrhunderts und während seiner Lebenszeit haben. Man muss außerdem bedenken, dass Peru ein sog. Entwicklungsland Südamerikas ist, und deshalb mit den üblichen Konzepten deutscher bzw. europäischer Historiographie hier wenig auszurichten ist. Zudem sollte man bedenken, dass Delgado sich zumindest seit seiner zweiten Lebenshälfte dem Katholizismus (wieder?) stark verbunden fühlte. Kann ein Psychiater eines großen Landes der sog. Dritten Welt, der den einzigen seit 1916 existierenden Lehrstuhl für Psychiatrie bei einer damaligen Bevölkerung von etwa 3 Mio. innehat, es verantworten ausschließlich Psychoanalyse zu praktizieren? Und dies in einem Lande, das zu ca. 45 % von „Indianern" bewohnt wird? War Peru überhaupt schon "reif" für die Psychoanalyse? Man hat Delgado im Nachhinein auch seine klinische Anwendung der Psychoanalyse zum Vorwurf gemacht. Er hielt seinen psychiatrischen Patienten nämlich Vorlesungen über die Psychoanalyse, möglicherweise um ihren Effekt zu multiplizieren. Dies war aber auch in der europäischen Psychoanalyse durchaus üblich. Will (1987) schreibt z.B. über *Walter Georg Groddek* (1866-1934), den frühen Psychosomatiker und Erfinder des Begriffes "Es", folgendes:

> "Jeden Mittwoch zwischen 5 und 6 Uhr abends, später auch noch jeden Samstag, hielt er psychoanalytische Vorträge für seine Patienten- 115 an der Zahl aus den Jahren 1916 bis 1919 sind im Typoskript erhalten." (Will, 1987: 45)

Die Tatsache, dass Delgado viele Mitglieder der peruanischen Elite behandelt hat, die hierüber lieber Stillschweigen bewahren wollen, wirft für einen recherchierenden Wissenschaftshistoriker beträchtliche Arbeitshemmnisse auf. Das macht z.B. eine Befragung von Augenzeugen, Verwandten, ehemaligen Patienten etc. gegenwärtig noch so schwierig (vgl. Scheib, 1995).

León zeigt im 3. Kapitel nicht nur die Vielfalt der deutschen Einflüsse aus Philosophie, Psychologie und Psychiatrie auf Delgado in einer meisterhaften Weise auf, sondern breitet auch dessen Konzept einer geisteswissenschaftlichen Psychologie vor uns aus, die auch von Chiappo (1965) und Alarcón (1968) bereits ausführlich behandelt wurde.

Eine ausgezeichnete med. Doktorarbeit über Delgado hat *Mario Scheib* (1995) vorgelegt. In seinem Text werden neben einer Zeittafel und der Korrespondenz Freuds mit Delgado auch die bisher schwerzugängliche Publikation Delgados die ins Deutsche übersetzte „El Psicoanálisis" (1915) zugänglich gemacht.

Wie geht es mit der Psychologie in Peru weiter?

Es gibt nach Beobachtung des Autors einige erfreuliche Anzeichen, die für eine "Peruanisierung", "Lateinamerikanisierung" bzw. "Indigenisierung" der Psychologie sprechen d.h. für eine stärkere Hinwendung der Psychologie zur peruanischen Wirklichkeit, Kultur und Geschichte (vgl. León,1993:152ff). *Frederico R. León* gab 1986 hierzu einen wichtigen Sammelband heraus mit dem bezeichnenden Titel: *"Psicología y Realidad Peruana"*. Andere psychologische Arbeiten haben sich mit der für die Dritte Welt entscheidenden Frage der Auswirkung von Unterernährung auf die Intelligenz befasst (vgl. Politt, 1982) oder die Situation der peruanischen Kinder während des internen Bürgerkrieges untersucht (IRE, 1987), der zeitweise in einen "äußeren" Krieg umschlug. Auch der Psychoanalytiker *Rodríguez Rabanal* (1990) hat mit seinen *"Psychoanalytischen Gesprächen mit Slum-Bewohnern in Lima"* die Aufmerksamkeit auf die Lebenssituation der großen Masse der lateinamerikanischen Bevölkerung gerichtet (vgl. auch Alarcón, 1986). 1979 fand in Lima der "1. Welt-Kongreß für Folklore Medizin" unter der Leitung des bekannten peruanischen Psychoanalytikers *Carlos Alberto Seguín* statt. Andere peruanische Psychologen und Psychoanalytiker haben sich mit den indianischen Mythen der andinen Welt befasst und darüber 1988 ein Internationales Symposium abgehalten (vgl. auch Hernández et al.,1987). Auch das Sexualverhalten im Alten Peru wurde eingehend studiert (vgl. Kaufmann Doig, 1981). Die psychotropen Pflanzen Perus, denen bereits Sigmund Freud seine Aufmerksamkeit schenkte, werden jetzt ebenfalls tiefgehender und multidisziplinär untersucht (vgl. Villa Hügel, 1984, S.138ff; León & Castro de la Mata, 1989).

Einige wenige deutsche Psychologen und Psychiater mit eigenen peruanischen Felderfahrungen haben sich in den letzten zehn Jahren wiederholt mit peruanischen Themen beschäftigt. Aus historischer Sicht hat *Andritzky* (1987, 1989, 1990) die Volksheiler in Peru während der spanisch-kolonialen Inquisition, sowie den Schamanismus und das rituelle Heilen im alten wie im gegenwärtigen Peru untersucht (vgl. auch Baer, 1987). *Rösing* (1987) hat die Trauerriten und Trauertherapie der Callaway ethnopsychologisch erforscht. *Schade* (1982, 1988) untersuchte sowohl das peruanische Straßenkinderproblem als auch die Situation der Alten im Kulturvergleich (vgl. auch Raez, 1986). *Horacio Riquelme* (1988, 1990) nahm verschiedentlich zur Menschenrechtssituation in Lateinamerika Stellung und legte einige wichtige Arbeiten über die psychosoziale Situation in Lateinamerika vor. *Stubbe* (1992) versuchte im "Handbuch der deutschsprachigen Lateinamerikakunde" ein Übersichtsreferat über die deutschsprachige psychologische und psychologiegeschichtliche Literatur zu Lateinamerika. Auch die von *Lück & Miller* herausgegebene *"Illustrierte Geschichte der Psychologie"* enthält ein kurzes Kapitel über Lateinamerika (vgl. auch Zeittafel in: Stubbe, 2001:389-409). Dies alles sind bereits erfreuliche Ansätze, die in Zukunft zu einer stärkeren Kooperation zwischen peruanischen und europäischen Psychologinnen führen könnten.

Zentral bleibt jedenfalls, was bereits oben im Hinblick auf Mexiko geschrieben wurde: Wenn wir das Verlangen haben, die Kultur und Psychologie in Peru mit ihren besonderen Fragestellungen und Herausforderungen nur halbwegs zu verstehen, dürfen wir nicht vergessen, was *Octavio Paz* uns aufgezeigt hat, nämlich dass jede fruchtbare Konstruktion von dem ältesten, stabilsten und dauerhaftesten Kern der peruanischen Nation ausgehen sollte: der „indianischen" Vergangenheit.

Kuba

Über die Psychologie in Kuba mit seinen ca. 12 Millionen Einwohnern ist wenig bekannt (vgl. Vernon, 1944; Losada, 1974; Kurschildgen, 2000, 2004). Dies mag u.a. durch die menschenverachtende Blockade-Politik der USA und der westlichen Welt begründet sein. Bekanntlich befreite sich Kuba mit dem Sieg der Revolution (1959) unter der Führung von Fidel Castro von dem strukturellen Abhängigkeitsverhältnis von den USA.

Rainer Kurschildgen (Freiburg) (2000) hat einen sehr informativen Aufsatz „Zur Geschichte und aktuellen Lage der Psychologie in Cuba", sowie eine „Geschichte der psychoanalytischen Bewegung in Cuba" (2004) vorgelegt, auf die wir uns im Folgenden u.a. stützen.

Im Jahre 1961 wurde in Habanna die „Escuela de Psicologia de la Universidad de la Habanna" gegründet. Diese Institution bot die erste Berufsausbildung für Psychologen und Psychologinnen in Kuba an und geht vor allem auf die Initiative des Pioniers der kubanischen Psychologie *Bernal del Riesgo* (1903-1975) zurück. Im Jahre 1964 wird eine „Unión Cubana de Psicologia" gegründet (vgl. Zeittafel in: Stubbe, 2001:389-409).

Eine Verbindung *Sigmund Freuds* (1856-1939) mit Kuba waren seine beliebten Havanna-Zigarren, die ihm sein Hausmädchen Paula Fichtl (*1902) täglich besorgen musste.

> „Wenn Paula den Raum gegen acht Uhr betritt, steht noch der Rauch der Havanna-Zigarren in der Luft." …
>
> „Jeden Morgen bricht dann ‚seine Kleine' auf, um dem Professor die tägliche Zigarrenration – 20 Stück – zu holen" (Berthelsen, 1987:33, 50)

In Kuba schrieb der Psychologe *Dr. Salvador y Massip* bereits 1911 in der Zeitschrift "Revista de Educación" über "El Psicoanalisis" und macht die Psychoanalyse unter den kubanischen Pädagogen bekannt. Auch sein Landsmann *Portell Vila* fasst 1925 die Prinzipien der Psychoanalyse zusammen und versucht sie in der Kinderforschung anzuwenden (1928). *Fite* schrieb 1934 eine "Estimación del psicoanalisis" (vgl. Vernon, 1944). Es ist also nicht erstaunlich,

> „dass es in den Jahren vor der Revolution (1959) eine rege psychoanalytische Bewegung gab, die die Gründung eines Psychoanalytischen Instituts vorbereitete und es immerhin bis zur Anerkennung einer Studiengruppe durch die IPV brachte. Die weitere Geschichte der psychoanalytischen Bewegung brach dann aber in den Jahren nach dem Sieg der Revolution ab." (Kurschildgen, 2004:133)

Die an der Psychoanalyse Interessierten sammelten sich um zwei psychiatrischen Institutionen im Hospital Galixto Garcia (José Angel Bustamante, Oscar Sagredo und Carlos Acosta Nodal) und im privaten Instituto Nacional de Examen y Diagnóstico (José Gurry).

Der bekannte Psychiater und Psychologe *Bustamante* hat einige Grundlagenwerke der kubanischen Psychiatrie geschrieben. Er interessierte sich vor allem für die kulturalistische Richtung der Psychoanalyse (Horney, Fromm, Kardiner), wie sie z.B. in seinen Arbeiten: „Importance of cultural patterns in psychotherapy" (The Amer. Journ. of Pychotherapy, 1957) und „Cultural factors in hysterias with schizophrenic clinical picture" (Internat. Journ. of Social Psychiatry, 1968) zum Ausdruck kommt. Er distanzierte sich jedoch später von der

Psychoanalyse, die er mit den „Reaktionären" Schopenhauer und Nietzsche in Verbindung brachte.

Oscar Sagredo, ebenfalls Psychiater, lehrte lange Zeit Psychotherapie an der Universidad de Santa Clara. *Acosta Nodal* hat sich vor allem mit der gruppenpsychotherapeutischen Verwendung des Films beschäftigt. Der us-amerikanische Psychoanalytiker aus Detroit *Leo Bartemeier* führte in Kuba regelmäßig Fallbesprechungen und Supervisionen durch. Auch *René Spitz* (1887-1974), der durch seine Hospitalismus-Studien weltbekannt wurde, besuchte Kuba.

Im Jahre 1951 wurde die „Kubanische Gesellschaft für Psychotherapie" mit einer Dominanz der Psychoanalyse gegründet. Ebenfalls 1951 gelang es die bisher informelle Gruppe von der IPA als „Studiengruppe" (als Vorstufe zur Gründung eines Psychoanalytischen Instituts) anzuerkennen (zu ihren strengen Statuten vgl. Kurschildgen, 2004:135). Eine Studentenzeitschrift verurteilte 1961 dann die Psychoanalyse als „reaktionär" und „idealistisch". Es folgten weitere Kritiken in der Zeitschrift „Revolución" (1964) und der Parteizeitung „Hoy" (1965). Hierin hieß es z.B.:

> „Wie kann man bloß behaupten, dass eine Theorie revolutionär sei, die die Opposition des Individuums gegen die Regierung durch den unbewussten Hass auf den Vater erklärt." ...
> „Welchen revolutionären Inhalt kann solch eine irreale, absurde Theorie haben, die ein bloßes Produkt subjektiver Spekulationen ist." (zit. nach Kurschildgen, 2004:136)

Erst im Laufe der Zeit stellte sich eine versöhnlichere Haltung gegenüber der Psychoanalyse ein, was u.a. wohl auch eine Folge der „Treffen Marxistischer Psychologen und Psychoanalytiker" war. Die Studiengruppe löste sich allmählich auf (1965), aber Acosta Nodal konnte weiter Fallseminare mit psychoanalytischer Orientierung durchführen. Auf dem IV. Treffen marxistischer Psychologen und Psychoanalytiker (1992) konnte Nodal über die „Historia del movimiento psicoanalitico cubano" berichten.

> „heute ist die Psychoanalyse in einem nennenswerten organisatorischen Rahmen in Cuba nicht mehr präsent. Allerdings zeichnen sich erste zaghafte Versuche der Neuorganisation ab: Seit etwa 1989 gibt es eine Studiengruppe zur Psychoanalyse, die auch eine eigene Ambulanz unterhält. Sie ist schwerpunktmäßig an Lacan orientiert. Eine zweite Gruppe soll es innerhalb des Berufsverbandes der kubanischen Psychologen geben." (Kurschildgen, 2004:138)

Carolina de la Torre Molina (1995) hat es auf den Punkt gebracht: die lateinamerikanische Psychologie bewegt sich zwischen Dependencia (von us-amerikanischer und europäischer Psychologie) und eigener kultureller Identität. Man sollte bei dieser ganzen historischen Darstellung und Kritik jedoch nicht vergessen, dass Kuba über das vorbildlichste Bildungs- und Gesundheits-System in Lateinamerika verfügt und seine Medizin sogar exportieren kann (s. Zeittafel unten).

Exkurs: Psychologie im Exil

Viele Menschen auf dieser Welt müssen gegenwärtig im Exil *(lat. exilium = Verbannung, Zufluchtsstätte)* leben. In der röm. Antike war Exil die Form der Verbannung bzw. eines Austritts aus der röm. Bürgerschaft (vgl. z.B. Ovid; Grasmück, 1978). Ins Exil gehen Menschen in der Gegenwart nicht aus freien Stücken, sondern gezwungenermaßen und oftmals aus Angst, weil sie aus politischen, religiösen, ethnischen oder ideologischen Gründen diskriminiert, zu Staatsfeinden erklärt, verfolgt, in ihren Lebens- und Entfaltungsmöglichkeiten behindert, sozial isoliert und mit physischer und psychischer Vernichtung bedroht sind. Andererseits prägte *Victor Hugo* (1802-1885), der selbst ein langjähriges Exil (1855-1870) geprägt von großer dichterischer Fruchtbarkeit kennengelernt hatte, das Motto: „*Exilium vita est*". Der Exilé Flusser sprach sogar von der „Freiheit des Migranten". Exil ist ein transkulturell und (ethno)psychologisch hochinteressantes, aber wenig systematisch erforschtes Thema. Mit der Nazi-Diktatur (1933-1945) begann ein Exodus vieler europäischer PsychologInnen, PsychoanalytikerInnen und PsychiaterInnen in die USA und nach Lateinamerika. Sie haben in ihren Aufnahmeländern trotz vielfacher Schwierigkeiten oftmals Großartiges in Wissenschaft und Kultur geleistet (vgl. Peters, 1992; Roudinesco & Plon, 2004; Stubbe, 2012:197-204).

Beispiel: Exil in Lateinamerika (LA)
Ein wichtiges wenig bearbeitetes Forschungsthema der Psychologie ist die Erforschung des Exils, die hier am Beispiel LA.s dargestellt werden soll.
LA gewann erst relativ spät Bedeutung als Asyl für die politisch und rassisch Verfolgten aus Deutschland und den von ihm besetzten Gebieten. Erst die restriktive Aufnahmepolitik der europäischen Länder und die sich immer mehr zuspitzende politische Lage rückten ab 1937/38 die überseeischen Staaten - neben den USA vor allem die Republiken Mittel- und Südamerikas - ins Blickfeld der Exilanten. Die Mehrheit der Hitlerflüchtlinge ließ sich in den klassischen Einwanderungsländern des Südens nieder:

> Argentinien (ca. 20.000 - 45.000 Flüchtlinge), Brasilien (ca. 12.000 bis 25.000 Flüchtlinge), Chile (ca. 12.000 - 13.000 Flüchtlinge) und Uruguay (ca. 3.500 -7.000 Flüchtlinge) - nieder, aber aufgrund von Aufnahmesperren bildeten sich auch größere Kolonien in anderen Ländern, so vor allem in Mexiko (ca. 1000 - 1500 Flüchtlinge), Kuba (ca. 1.800 - 6.000 Flüchtlinge), Bolivien (ca. 5.000 - 10.000 Flüchtlinge), Ekuador (ca. 2.500 - 2.700 Flüchtlinge) und Kolumbien (ca. 2.700 - 5.000 Flüchtlinge) (vgl. Mühlen, 1988:47; Strauss & Röder, vol.2, 1983: XXII).

Die meisten der etwa 80.000 bis 100.000 überwiegend jüdischen Flüchtlinge aus Deutschland gelangten vollkommen mittellos und ohne sprachliche, kulturelle oder berufliche Vorbereitung in eine ihnen fremde Welt. Unter ihnen befanden sich auch PsychologInnen, PsychiaterInnen und PsychotherapeutInnen/ PsychoanalytikerInnen über deren Schicksal bisher wenig bekannt ist. Die Anpassung an ungewohnte Lebens- und Klimabedingungen, vor dem Hintergrund krasser sozialer und kultureller Gegensätze, politischer Spannungen und wirtschaftlicher Unterentwicklung erforderten große Anstrengungen zur Integration in die Gesellschaft der Asylländer, die den meisten wegen ihrer soliden beruflichen Bildung und ihres Arbeitseinsatzes langfristig auch gelang. Diese Feststellung gilt vor allem für die Bereiche Handel, Handwerk,

Industrie und Wissenschaft, während die landwirtschaftlichen Projekte größtenteils an klimatischen und finanziellen Schwierigkeiten scheiterten (vgl. Mühlen, 1988; Exil in Brasilien, 1994). Der wissenschaftlich-kulturelle Beitrag der Exilanten in LA war beträchtlich: sie gründeten in den wichtigsten Exilländern Schulen, Theater, Rundfunkstationen, kulturelle, wissenschaftliche, religiöse und karitative Einrichtungen und gaben über 20 Zeitschriften, Nachrichtenblätter und Bücher heraus (vgl. Mertin, 1980; Deutsches Exilarchiv, 1989). Eine kleine aber sehr aktive Minderheit betätigte sich auch politisch und engagierte sich in Komitees und Vereinigungen. Sie bekämpften auslandsdeutsche Nazis, klärten ihre Gastländer über Hitler-Deutschland auf und machten deutlich, dass auch ein anderes demokratisches Deutschland existiere. Vor allem zwei überregionale Zusammenschlüsse erlangten in LA Bedeutung: die Bewegung "Freies Deutschland" in Mexiko und "Das Andere Deutschland" mit Sitz in Buenos Aires. (vgl. Kießling, 1981, 1989; Mühlen, 1988).

Nach dem Kriege verließen viele Emigranten LA in Richtung USA oder Palästina/Israel oder wanderten von den ärmeren in die entwickelteren Länder des Subkontinents ab. Nach Deutschland aber kehrten nur wenige zurück. Aber viele nahmen wieder die deutsche Staatsbürgerschaft an.

Stand der Forschung:

Die Forschungen über das deutsch-sprachige Exil in LA haben erst verhältnismäßig spät nämlich in den 80er Jahren eingesetzt. Der Schwerpunkt dieser Arbeiten lag eindeutig auf politischen Aspekten, wie z.B. in den Arbeiten von *Kießling* (1981, 1989), die vor allem die "Kunst und Literatur im antifaschistischen Exil (1933-1945)" in einem Projekt der Akademie der Wissenschaften der DDR behandelten. Bereits in *Kießling's* Erstlingswerk "Exil in Lateinamerika" aus dem Jahre 1981 finden sich auch einige spärliche Hinweise auf exilierte Psychologen wie z.B. die beiden marxistisch orientierten Individualpsychologen *Otto Rühle* und *Alice Rühle-Gerstel* (Kießling, 1981:151f) (vgl. Stubbe, 2001). Auch die Arbeit von *Fritz Pohle* (1986) "Das mexikanische Exil. Ein Beitrag zur Geschichte der politisch-kulturellen Emigration aus Deutschland 1933-1946" behandelt die uns hier interessierenden Fragen nur am Rande, obwohl sie eine der wenigen Länderstudien darstellt.

Die Geschichte des deutschen Judentums in LA nach 1933, das Leben seiner Gemeinden und Verbände, ihre sozialen und kulturellen Aktivitäten sind bisher nur sehr vereinzelt untersucht worden. Verwiesen sei hier auf den Sammelband von *Schrader & Rengstorf* (1989). *Strauss & Röder* (1980/83) haben ein dreibändiges Internationales Biographisches Lexikon der zentraleuropäischen Emigrés/Exilés 1933-1945 herausgegeben, das nicht nur für die Sucharbeit wichtige Aufschlüsse geben kann, sondern auch Kurzbiographien beinhaltet. *Stubbe* ist in verschiedenen Arbeiten Einzelschicksalen von exilierten Psychiatern und Psychologen wie dem Ungarn *Bela Székely* (Stubbe, 1988c), der Deutschen Bettina Katzenstein (Stubbe, 1987a), dem Polen *Waclaw Radecki* (Stubbe, 1993a) und dem Hispano-Kubaner *Mira y Lopez* (Stubbe, 1987a:139f) nachgegangen (vgl. auch Stubbe, 1995). Im "Handbuch der deutsch-sprachigen Lateinamerikakunde" legte er eine bisher unvollständige Namensliste von nach Lateinamerika emigrierten Psychologen und Psychotherapeuten vor, die hier in modifizierter Form wiedergegeben wird:

Über den Dresdener Psychotechniker *Walter Blumenfeld* (1882-1967), einen der Begründer der peruanischen akademischen Psychologie, liegt bereits eine Dissertation von *Ramón León*

(1983) vor (vgl. auch Geuter, 1986: 146f; Schirmer, 1985; Stubbe, 1987a:268, 1988a). Weiter sind zu nennen die Individualpsychologen:
Oliver Brachfeld (1908-1967) (vgl. Journal of Individual Psychology, 24, 1968: 124f; Handlbauer, 1988); *Otto Rühle* (1874-1943) und *Alice Rühle-Gestel* (1894-1943) (vgl. Kießling, 1981: 151f; Székely, 1966: 526; von zur Mühlen, 1988: 92f; Strauss & Röder, Bd. I, 1980: 625f; Jacoby, 1980: 241ff); *Rudolf Dreikurs* (1897-1972) (vgl. Stubbe, 1992; Handlbauer, 1988) und *Zoltan Wiesinger* (1909-1977) (vgl. Stubbe, 1988a: 11f; Handlbauer, 1988). Bedeutsam für die Psychoanalyse in LA wurden vor allem *Adelheid Lucy Koch* (1896-1980) (vgl. Stubbe, 1987a, 1992; Freitas Campos, 2001:193-196; Füchtner, 2008; Santos-Stubbe, 2015), *Marie Langer* (1910-1987) (vgl. Psychologie Heute, 1986: 38-49; Langer, 1986), *Otto F. Kernberg* (*1928), der bis 1966 in Chile lebte (vgl. Peters, 1992:17, 129, 140) und besonders *Erich Fromm* (1900-1980) (vgl. Strauss & Röder, vol. II, 1983: 345). Die Kinderpsychologin und William Stern-Schülerin *Bettina Katzenstein* (1906-1981) hat in Brasilien wichtige Beiträge zur Entwicklungspsychologie, Berufsberatung, Pädagogischen Psychologie etc. geleistet (vgl. Geuter, 1986: 186; Stubbe, 1987a; Strauss & Röder, vol. II, 1983: 124). Sie wird aus unerklärlichen Gründen im „Dicionário biográfico da psicologia no Brasil" (2001) nicht erwähnt. Außer den aufgeführten Personen gingen nach Lateinamerika ins Exil: der Psychotechniker *Herbert Brugger* (1896-?) (vgl. Geuter, 1986: 257; Stubbe, 1992), der angewandte Psychologe *Hans Hahn* (1900-?) (vgl. Strauss & Röder, vol. II, 1983: 450; Geuter, 1986: 265; Stubbe, 1992; León, 1993), der Völkerpsychologe *Erhart Löhnberg* (1904-?) (vgl. von zur Mühlen, 1988: 94; Stubbe, 1992; Strauss & Röder, Bd. I, 1980, 451f) und *Richard Steuerwald* (?) (vgl. von zur Mühlen, 1988: 92). Was gegenwärtig fehlt ist jedoch noch eine systematische Übersicht über die wissenschaftlichen Aktivitäten von Psychiatern, Psychologen und Psychotherapeuten/Psychoanalytikern im lateinamerikanischen Exil, die in diesem Beitrag deshalb nur sehr impressionistisch geschildert werden können, wobei das Hauptaugenmerk zunächst einigen theoretischen Erklärungsansätzen des Exils gelten soll, die an einigen Einzelschicksalen illustriert werden .

Theoretische Erklärungsansätze des Exils:
Von psychiatrischer Seite wurde den Fragen des Exils und seinen Folgen seit den 50er Jahren vor allem im Rahmen der Gutachtertätigkeit in Wiedergutmachungsanträgen eine verstärkte Aufmerksamkeit geschenkt und es bildete sich in diesem Rahmen eine eigene "Psychiatrie der Verfolgten" (Matussek, 1992:440ff) heraus. Hauptforschungsgebiete waren hier vor allem die Belastungen der KZ-Inhaftierungen und deren Folgen. Die "Psychiatrie der Verfolgten" ist ein zu weites Feld (um mit Fontane zu sprechen), um hier eine Übersicht wagen zu können. Festgehalten soll aber, dass die Variation der äußeren Belastung und die Reaktionen der Betroffenen sehr unterschiedlich waren. So kann man verkürzend feststellen, was die Zeit vor der Inhaftierung bzw. dem Exil betrifft, dass die psychiatrischen Probleme der Betroffenen sehr unterschiedlich waren: es gab Menschen, die auf die ersten Anzeichen der Diskriminierung und Isolation mit Ärger, Aggression, vor allem aber mit Angst und Abkapselung reagierten, während andere noch nach 1933, ja sogar noch nach der sog. Reichskristallnacht (9./10.11.1938) um ihre Diskriminierung zwar wussten, aber trotzdem innerlich kaum betroffen waren, jedenfalls nicht in einer psychiatrisch relevanten Weise (vgl. Matussek, 1992).

Die "Verfolgungspsychopathologie", die "Psychiatrie der Folter und der Gefolterten" (vgl. die Def. der Folter bei Peters, 1991:255), und vor allem das sog. Überlebendensyndrom, das 1980 von *Niederland* und später von *Peters* (1991) eingehend beschrieben wurde, bilden weitere wichtige theoretische Grundlagen für die Erforschung des Exils und seiner psychosozialen und körperlichen Folgen. In sozialpsychiatrischer Hinsicht stellen daher die Exilierten eine besondere Risikogruppe dar, was u.a. an den hohen Suizidraten deutlich wird.

Am Schicksal des Ehepaars *Otto Rühle* (1874-1943) und *Alice Rühle-Gerstel* (1894-1943) können einige dieser Belastungen verdeutlicht werden: *Otto Rühle* war Pädagoge, Politiker und Individualpsychologe. Er ging 1933 mit seiner Frau ins Exil nach Prag. 1936 folgte er einer Einladung der mexikanischen Regierung als Berater des Unterrichtsministeriums, verlor aber diese Stellung dann aufgrund einer Intrige der stalinistisch gesteuerten KPD. Das Ehepaar Rühle musste sich daraufhin mit Malen von Postkarten, Verkauf von Spiegeln, Übersetzungen und dem Schreiben von Zeitungsartikeln mühselig durchschlagen. Als *Otto Rühle* am 24. Juni 1943 plötzlich starb, suizidierte sich seine Frau, indem sie aus dem Fenster sprang. *Otto* und *Alice Rühle* veröffentlichten in Mexiko mehrere psychologische Werke wie z.B. "La escuela de trabajo" (1938) und "Freud y Adler"(1941), eine span. Übers. ihres Werkes: "Freud und Adler"(1924). In einem Brief *Alice's* vom Februar 1942 hieß es:

> "Der Anfang war, daß Otto sein erst hier entdecktes und ausgeübtes Zeichentalent mit einigen Postkarten zu kommerzialisieren begann, die ich in Hotels und Touristengeschäften vertrieb... Nun müssen wir uns zum soundsovielten Male nach neuem Verdienst umsehen, denn unser kleines Postkartengeschäft... ist mit dem Krieg und dem daraus folgenden Ersterben des amerikanischen Tourismus völlig zugrunde gegangen."..."Ich habe nebenbei Stunden gegeben, - unter anderem im Sommer, 'Die verkaufte Braut von tschechisch in spanisch übersetzt, wurde hier im Staatstheater mehrmals aufgeführt, war aber kein Erfolg. Ferner ein kleines Buch geschrieben... und mein steinaltes 'Freud und Adler' spanisch übersetzt und auch angebracht bei einem Verlag. Außerdem mich entwickelt...zur Spezialistin für spanische Kreuzworträtsel...die wir im vorigen Jahr sehr gut verkauften an Zeitschriften und Zeitungen. Dazwischen habe ich Annoncen gesammelt, Carbon-Papier verkauft etc. und jetzt verkaufe ich gerade - Spiegel." (zit. nach Jacoby, 1980:244)

Auch andere bekannte Individualpsychologen wie *Rudolf Dreikurs* (1897-1972), *Zoltan Wiesinger* (1909-1977) und *Oliver Brachfeld* (1892-1967) emigrierten nach Lateinamerika (vgl. Stubbe, 1987a; Stubbe, 1987b; Handlbauer, 1988; Peters, 1992:145f; Bruder-Bezzel, 1991)

Von *(ethno-)psychologischer* Seite wurde das Flüchtlings- und Exilthema erst relativ spät nämlich seit den 80er Jahren wissenschaftlich bearbeitet.

Der psychologische Ausgangspunkt war dabei häufig der der "psychischen Gesundheit" (vgl. Def. der WHO). Dabei wird angenommen, dass Exilanten/ Migranten eine größere Anfälligkeit für psychische Probleme haben und dass dies für Flüchtlinge im besonderen zutrifft (manche Autoren sprachen sogar von einer "Flüchtlingsneurose"). *Kraus* z.B. nimmt 1983 für die BRD an, dass Flüchtlinge allgemein eine "schwache psychische Konstitution" hätten, was darunter aber im Einzelnen zu verstehen ist bleibt unklar. Aus sozialanthropologischer Sicht wurde aber früher oftmals gerade die entgegengesetzte Hypothese vertreten, nämlich, dass es gerade die "stärksten" Individuen seien, die abwandern. Das relativ vieldeutige *"Konzept des Kulturschocks"*, das von dem Psychiater und Anthropologen *Oberg* 1960 an Missionaren entwickelt wurde, hat sich auch als ein heuristisch wertvoller Ansatz für die psychologische Exilforschung erwiesen. *Oberg* sieht als Kernstück seines Konzepts die Angst an, die sich daraus ergibt, dass alle unsere vertrauten Zeichen und Symbole des sozialen Umgangs verloren gehen, wenn wir in eine fremde Kultur kommen. Er sieht hierin ein abgrenzbares psychisches Krankheitsbild mit eigenen Symptomen, Ursachen und Behandlung. Während der Psychoanalytiker *Garcia-Guerrero* bei diesem Kulturschockkonzept die Prozesse der Trauer und der Reorganisation der Identität hervorgehoben hat, betont der lerntheoretische Ansatz die "Erfahrungen und Verhaltensweisen des Individuums in einer neuen Umgebung" oder das "Umlernen von sozialen Fertigkeiten für eine neue soziale Umgebung" (vgl. Bochner, 1994). Auch die Exilés waren bei ihrer individuellen Begegnung mit einer fremden (lateinamerikanischen) Kultur einem "Kulturschock" ausgesetzt. Gemeint ist damit eine plötzliche, unangenehme Konfrontation mit bislang unbekannten oder unerwarteten Merkmalen fremder Kulturen. Solche schockartigen Erfahrungen können auch im Ferntourismus, bei Feldforschungen, Flucht, Auswanderung, Exil etc. beobachtet werden. Um von Schock sprechen zu können muss die fremdkulturelle Begegnung plötzlich und die einhergehende Reaktion heftig und überwältigend sein. Manche Exilés waren auch mehrfachen "Kulturschocks" und wiederholten Verfolgungen ausgesetzt. Ein Beispiel ist die Wiener Psychoanalytikerin *Marie Langer* (1910-1987). Sie promovierte Anfang 1935 in Wien zum Dr. med. und begann danach eine psychoanalytische Ausbildung bei *Richard Sterba* (*1898). 1936 bis 1938 nimmt sie mit ihrem Mann Max, einem Chirurgen, am Spanischen Bürgerkrieg teil. Dann emigrierte sie nach Uruguay und später nach Argentinien, wo sie 1942 Gründungsmitglied der "Argentinischen Psychoanalytischen Vereinigung"(APA) wird (von der sie sich später 1971 als "Plataforma" trennt). Politisch verfolgt ging sie während der Militärdiktatur in Argentinien 1974 ins Exil nach Mexiko und engagierte sich von 1981 bis kurz vor ihrem Tod 1987 im Gesundheitswesen Nicaraguas. In ihrem autobiographischen Versuch "Von Wien bis Managua. Wege einer Psychoanalytikerin"(1986) hat sie ihr Schicksal eindrucksvoll geschildert. (vgl. auch Psychologie Heute, Febr.1986)

Eine andere Psychoanalytikerin, die nach Brasilien ins Exil ging, war *Lucy Adelheid Koch* (1896-1980). Sie wurde 1924 in Berlin zum Dr. med. promoviert und eine psychoanalytische Ausbildung bei *Otto Fenichel* im Berliner Psychoanalytischen Institut (von 1929-1935) erhalten. 1936 ging sie auf Empfehlung von *Ernest Jones* nach Brasilien und war Mitbegründerin eines psychoanalytischen Ausbildungsinstituts in São Paulo, wo sie als didaktische Psychoanalytikerin viele bedeutende brasilianische Psychoanalytiker ausbildete (vgl. Strauss & Röder, vol.II, 1983:635; Stubbe, 1987a:144, 1992, 1997, 2011; Santos-Stubbe, 2015)

Exil lässt sich auch in positiver psychologischer Hinsicht interpretieren als eine Zeit des Reifens, der psychischen Verarbeitung, der Herausforderung, der kognitiven Umstrukturierung und der kreativen Wende. Dies gilt vor allem für jüngere Exilierte.

Die *"Soziologie des Exils"* ist bisher wenig systematisch bearbeitet worden. Wenn soziologisch unter "Exilierung" das "faktische Ausstoßen einzelner oder von Gruppen aus der Gesellschaft durch physische Gewalt oder Rechtszwang" (Fuchs et al., 1988:214) verstanden wird, so ist hiermit jedoch nur eine Seite des Exils ins Auge gerückt, während die beiden anderen Abschnitte, nämlich die Wanderung und die Akkulturations- und Assimilierungsprozesse (sowie die mögliche Herausbildung einer eigenen ethnischen oder kulturellen Identität) ausgeblendet sind. Insbesondere die soziologische Migrationsforschung (vgl. Heckmann, 1992; Bibliografie) kann gerade zu dieser Thematik wichtige Beiträge liefern. Für die Exilés können wir verschiedene soziale Veränderungsprozesse unterscheiden: Unter Akkomodation verstehen wir hierbei funktionale Lern- und Anpassungsprozesse bei Personen, die sich infolge eines Lebensortwechsels grundlegende Mittel und Regeln der Kommunikation und Tätigkeit der fremden Gesellschaft, Kenntnisse ihrer Institutionen und Glaubenssysteme aneignen müssen, um in dieser Gesellschaft interaktions- und arbeitsfähig zu werden. Unter Akkulturation der Exilés verstehen wir durch Kulturkontakte hervorgerufene Veränderungen von Normen, Werten und Einstellungen bei Personen, den Erwerb von Kenntnissen, Fähigkeiten und Qualifikationen (Sprache, gesellschaftlich-kulturelles Wissen, arbeitsbezogene Qualifikationen etc.) sowie Veränderungen von Verhaltensweisen und "Lebensstilen" (z.B. Arbeit, Wohnen, Konsum, Freizeit, Kommunikationsformen, Heiratsmuster etc.). Auch Veränderungen der Selbstidentität sind damit notwendigerweise verbunden. Akkulturation hat Akkomodation zur Voraussetzung. Assimilierung ist demgegenüber auf der Ebene der Exilperson wie von Gruppen, die vollständige Übernahme der Kultur der Mehrheitsgruppe durch die Exilanten (bzw. die ethnische Minderheit, Exilgruppe).

Weitere für die Exilforschung und -Theorie wichtige soziologische Konzepte sind die von *Eisenstadt* 1954 entwickelte Theorie des Eingliederungsprozesses der 1. Generation (1. Wanderungsmotivation, 2. eigentlicher Wanderungsvorgang, 3. Absorption), *Gordon's* Konzept der 7-Dimensionalität des Assimilierungsprozesses über einen Mehrgenerationsverlauf, die Marginalitätstheorie und die Ideologie der ethnischen Vorurteile (vgl. Heckmann, 1992). Ob sich das *Durkheimsche* "Anomiekonzept" auf die Exilsituation anwenden lässt, müsste noch geprüft werden. Hiernach könnte die Exilsituation durch einen geringen Grad bestehender sozialer Regulierung bzw. Normabschwächung gekennzeichnet werden.

Wie fruchtbar ein solcher wissenschaftlicher Akkulturationsprozess verlaufen kann, soll am Schicksal des Dresdner Psychologen *Walter Georg Blumenfeld* (1882-1967) demonstriert werden, der 1936 nach Peru emigrierte und dort an der alten "Universidad de San Marcos" (Lima) lehrte. Als *Blumenfeld* mit 53 Jahren Deutschland verließ, war er bereits ein bekannter Experimentalpsychologe und Psychotechniker (vgl. Schirmer, 1985). Sein peruanischer Schüler *Alarcón* und besonders *Ramón León* (1983, 1993) haben Blumenfeld's Wirkung in Peru herausgearbeitet. Danach herrschte bis zu seiner Ankunft in Peru eine "psicología filosófica-espiritualista" vor, deren Hauptvertreter der Psychiater *Honorio Delgado* gewesen ist (der übrigens auch die Psychoanalyse in Peru einführte vgl. Stubbe, 1996; Scheib, 1996). Erst *Blumenfeld* begründete eine wissenschaftlich experimentelle Richtung (corriente cientifico-experimental), indem er einmal die Psychologie als eine der Biologie angegliederte Naturwissenschaft auffasste, deren Gegenstand das Studium des Verhaltens und Erlebens sei (vgl. dazu seine Habilitationsschrift aus dem Jahre 1920) und zum anderen die experimentellen Methoden einführte. Seine 1945 erschienene "Introducción a la psicología experimental" diente lange Zeit in Peru und ganz Lateinamerika als Psychologielehrbuch an den Universitäten (1966 erschien eine 5.Auflage). Auch seine "Psicología del aprendizaje"(1957) war eines der ersten

Werke über die moderne Lernpsychologie in Lateinamerika (León, 1983, 1993). Neben seiner Rolle als ein Begründer der experimentellen Psychologie in Peru (mit eigenem Laboratorium und Institut) spielte der Stumpf-Schüler *Blumenfeld* auch eine entscheidende Rolle in der Verbreitung der deutschen Gestaltpsychologie (Wertheimer, Köhler, Lewin, Koffka) und der dynamischen Psychologie von *Kurt Lewin* in Lateinamerika. Der peruanischen Wirklichkeit stellte er sich, indem er 1939 bis 1940 eine großangelegte ethnopsychologische Untersuchung über die peruanische Jugend durchführte, den Terman-Intelligenztest für peruanische Verhältnisse eichte, das Bernreuther - Persönlichkeitsinventar als Forschungsinstrument in die peruanische Persönlichkeitspsychologie einführte und die ersten transkulturell-psychologischen Untersuchungen in Peru durchführte, die u.a. zeigten, dass die peruanische Bevölkerung weniger extravertiert ist als die nordamerikanische. *Blumenfeld* nannte 1952 seine Arbeiten "einen bescheidenen Anfang einer vergleichenden Ethnopsychologie mit einer objektiven Basis". Gerade Forschungen in diesem Bereich (der in LA "Transkulturelle Psychologie" genannt wird) gewinnen heute im Zuge eines wachsenden kulturellen Identitätsbewusstseins der Lateinamerikaner (das sich bereits in der Literatur, Kunst und Musik schöpferisch entfaltet hat) eine immer größere Bedeutung auch in der Psychiatrie, Psychotherapie und Psychologie (vgl. Moffat, 1984; Stubbe, 1992, 1994, 1996, 2000, 2012; N. Stubbe, 2018).

TAB. 21 WICHTIGE EREIGNISSE IN DER GESCHICHTE DER PSYCHOLOGIE IN LATEINAMERIKA:

1500 Protopsychologie der „Indianer" Lateinamerikas, indianische Ethnopsychologie und Ethnopsychiatrie, Seelenvorstellungen und Animismus, Kosmotheismus, Ethnopsychopharmakologie, Vorläufer einer psychologischen Behandlung durch den Medizinmann (pajé) (Traumdeutung und Suggestionsbehandlung), psychohygienische Funktion der Riten, die Sprache als Quelle der indianischen Psychologie, das Persönlichkeitsbild (Stereotyp) der Indianer in den Reiseberichten der Europäer und umgekehrt (Ellenberger, 1973; Stubbe, 1975, 1976, 1979, 1980, 1981, 1987, 1994, 1996, 1997; Lévi-Strauss, 1969; Lucena, 1968; Santos Filho, 1980; Sá Menezes, 1957; Steward, 1963; Ackerknecht, 1967; Schadewald, 1968; Gregorio, 1980; Ribeiro, 1983; Nimuendajú, 1981; Garcia, 1922; Montaigne, 1580; Bitterli, 1976; Schaden, 1953, 1980; Baldus, 1954, 1968; Stubbe, 2020)

1549-1759 Jesuitische Medizin und Psychologie in Lateinamerika, Psychologie der Indianer-Missionierung z.B. psychodramatisches Missionstheater, Gründung der "Colégios" und "Santa Casa de Misericordia" (boticas, Phytotherapie), Fragebogen-Methode in den "Cartas aos Superiores da Companhia de Jesus", Meditations-Methode in den "Exercitia Spiritualia" (1548) des Ignatius von Loyola, Indianer-Reduktionen ("heiliges Experiment") als Ausdruck des Sozialdenkens der Jesuiten.
(Fülöp-Miller, 1960; Santos Filho, 1980; Sebe, 1982; Leite, 1938-1950; Kohl, 1982; Thomaz, 1981; Lindworsky, 1924; Görres 1968; Camara Cascudo, 1979)

1567 Gründung des ersten Hospitals für „Geisteskranke" auf dem amerikanischen Kontinent: "Hospital de San Hipólito" in Mexico-Stadt unter der Aufsicht von Bernardino Alvarez. (Robles, 1952)

seit ca. 1538 afrikanische Sklaverei, afro-lateinamerikanische Ethnopsychologie und Ethnopsychiatrie, afro-brasilianischer Synkretismus z.B. Candomblé, Psychohygienische Funktion der Kulte, Seelenvorstellungen, Banzo, Cafuné, Samba, Capoeira, afr. Ammentum etc.
(Bastide, 1958, 1971; Kasper, 1984; Senna, 1952; Stubbe, 1979, 1990; Leme Lopes, 1967; Freyre, 1969; Cascudo, 1976; Ramos, 1979, 1935; Frikel, 1940/41; Ribeiro, 1982; Augras, 1980; Elbein dos Santos, 1976; Cacciatore, 1977; Santos-Stubbe, 1995, 1998, 2014)

1577 Der Mönch Alonso de la Vera Cruz veröffentlicht "Physica Speculatio" in Mexiko mit einer Abhandlung über "De anima" in aristotelischem Geiste.

1700 José Sáyago gründet in Mexiko-City das Hospital von Canoa für psychisch Kranke.

ca. 1785 Antoine Hyacinthe de Puységur, ein frz. Marineoffizier, führt den Mesmerismus (animalischen Magnetismus) in Santo Domingo, einer blühenden französischen Sklavenkolonie ein. Die weißen Herren wie die schwarzen Sklaven drängten sich bald um die "baquets". Der Magnetismus entartete zu einer psychischen Epidemie unter den afrikanischen Sklaven und vermehrte ihre Unruhe, so dass die französische Herrschaft in einem Blutbad endete. Später rühmte sich Mesmer (1734-1815), die neue Republik - nun Haiti genannt - verdanke ihm ihre Unabhängigkeit.
(Ellenberger, 1973)

1797 Padre Joaquín Millás veröffentlicht in Argentinien "Instituciones psicológicas", das als erstes Psychologie-Buch Lateinamerikas gilt

1815/17 Der deutsche Botaniker K. Ph. Martius (1794-1868) behandelt brasilianische Indianer mit "Mesmerischen Strichen" (passes).

(Stubbe, 1987, 2015)

1829 (28. Mai) Gründung der "Sociedade de Medicina do Rio de Janeiro" (heute: "Academia Nacional de Medicina")

1831 (3. Januar) Dr. José Martins da Cruz Jobim publiziert die erste Schrift über "Geisteskrankheiten" in Brasilien: "Insânia Loquaz" (Séminario de Saúde Publica)
(Mendonça, Uchôa, 1981; Machado et al., 1978; Arruda, 1995)

1832 "Lei de 3 de Outubro": die alten Colégios Médico-Cirurgicos" in Bahia und Rio de Janeiro werden in "Faculdades de Medicina" umgewandelt.
(Santos Filho, 1980)

1835 Jesús R. Pacheco (Mexico-Stadt) publiziert die "Exposición Sumaria del Sistema Frenológico del Doctor Gall", ein Buch, das viel Polemik in den akademischen Kreisen auslöst und die Gallsche Lehre in Lateinamerika bekannt macht.
(Pacheco, 1835)

1835 Der französische Arzt Sigaud beschreibt im "Diário de Saúde" die Situation der „Geisteskranken" in Rio de Janeiro.
(Sigaud, 1835; Arruda, 1995)

1836 M.I. Figueiredo Jaime (R.J.) schreibt eine medizinische Dissertation über "Paixões e Afetos da Alma" (Faculdade de Medicina, R.J.)
(Lourenço Filho, 1955)

1841 (18. Juli) Der Kaiser Dom Pedro II erläßt das Gründungsstatut des ersten psychiatrischen Krankenhauses Brasiliens ("Hospicio Pedro II") in Rio de Janeiro: "Decreto fundando um hospital destinado privativamente para tratamento de alienados" (Revista Médica Brasileira, vol. 1, No. 3, 1841)
(Stubbe,1985; Arruda, 1995)

1852 (4. Dezember) Erstes brasilianisches Gesetz der Versorgung der „Geisteskranken" (doentes mentais) betreffend. (Stubbe, 1985, 1987; Arruda, 1995)

1852 (5. Dezember) Offizielle Einweihung des "Hospicio Dom Pedro II", das 1852: 140 Patienten und 1855 bereits 350 Patienten interniert.
(Uchôa, 1982; Pelicier, 1973; Arruda, 1995)

1852 Gründung des "Hospital de Nuestra Señora de los Angeles" für psychisch Kranke (heute: Psychiatrisches Krankenhaus von Santiago).

1853 Erste Nachrichten über Spiritismus in Brasilien. 1875 werden die "Revista Espirita" gegründet und die wichtigsten Schriften des frz. Spiritisten Allan Kardec ins Portugiesische übersetzt.
(Journal do Comercio, 30.6.1853; Kloppenburg, 1960; Machado, 1983; Stubbe,1987, 2012)

1864 E.C.Ribeiro (Salvador) legitimiert die Psychologie in seinem Werk "Relações da medicina com as ciencias filosoficas: legitimidade da psicologia"

1881 Mit dem "Decreto No. 8024" vom 12. März werden Psychiatrische Lehrstühle ("Cadeiras de Doenças Nervosas e Mentais") in den "Faculdades de Medicina" in Rio de Janeiro und Salvador geschaffen.
(Uchôa, 1982)

1882 Der brasilianische Dichter Machado de Assis legt mit seiner Erzählung "O Alienista" in den "Papéis Avulsos" eine erste Anti-Psychiatrie vor.
(Leme Lopes, 1974; Stubbe, 1983)

1884 Rafael Serrano (Puebla, Mexico) publiziert eine "Psiquiatría Optica". Dieses Buch betont die Bedeutung der psychophysikalischen Methoden im Rahmen der Psychiatrischen Diagnostik, bietet eine neue Klassifikation der Psychosen und studiert im Detail die Verbindungen zwischen dem Auge und dem Gehirn.
(Serrano, 1884)

1888 Proto Gómez schreibt einen Aufsatz über Hypnose in der "Revista Médica de Bogotá", 1888, 12, 42. Dies ist die erste psychologische Publikation in Kolumbien.
(Ardila, 1967)

1889 Beginn der psychologischen Studien im "Instituto Pedagógico de la Universidad de Chile" für die der Wundt-Schüler G.H. Schneider und W. Mann gewonnen werden.
(Stubbe, 1992)

1890 Nach Abtrennung des "Hospício Pedro II" vom "Santa Casa de Misericordia" wird in Rio de Janeiro das "Hospital Nacional de Alienados" geschaffen.
(Uchôa, 1982; Arruda, 1995)

1890 In Rio de Janeiro wird das "Pedagogium" mit einem "Laboratório de psicologia pedagógica" gegründet. Direktor ist ab 1897 Joaquim Medeiros e Albuquerque (1867-1933).

(Lourenço Filho, 1955; Stubbe, 1987)

1891 Der Pädagoge Víctor Mercante versucht in San Juan (Argentinien) ein kleines psychologisches Laboratorium aufzubauen.

1893 Nicolás Buendía (Bogotá) publiziert "Las Anomalias Impulsivas, Estudio Clinico y Médico Legal".
(Buendía, 1893)

1893 Organisation eines ersten Kurses für Psychologie an einer mexikanischen Hochschule (Escuela Preparatoria) durch Ezequiel A. Chavez(1868-1946). Chavez war u.a. von Ribot, James, Titchener, Baldwin und Pierre Janet beeinflusst.

(Diaz-Guerrero, 1984; Galindo, 1989)

1896 Erste Psychologiekurse durch den von Ribot, Wundt und Spencer beeinflussten Arzt Rodolfo Rivarola an der "Faculdad de Filosofía y Letras"(Buenos Aires)

(Vezzetti, 1988)

1898 Der Psychiater Francisco Franco da Rocha (1864-1933) gründet die Psychiatrische Anstalt "Hospital do Juquerí" in São Paulo.
(Stubbe, 1987; Uchôa, 1982; Arruda, 1995)

1898 Horacio Piñero gründet das erste Psychologische Laboratorium (Laboratorio de Psicología) Lateinamerikas im "Colegio Nacional de Buenos Aires" in Argentinien.
(Beebe-Center & McFarland, 1941; Vezzetti, 1988)

1900 Henrique Roxo (1877-1969) schreibt seine medizinische Doktorarbeit über "Os Atos Psiquicos Elementares nos Alienados", die auf Reaktionsmessungen mit dem Psychometer von Buccola beruht. Diese Arbeit gilt als erste experimentalpsychologische Arbeit Brasiliens.
(Olinto, 1944; Stubbe, 1987)

1901 Horacio Piñero gründet ein zweites Laboratorium in der "Facultad de Filosofía y Letras" der Universität von Buenos Aires.
(Beebe-Center & McFarland, 1941; Vezzetti, 1988)

1902 Enrique C. Alarcón (Mexico-Stadt) publiziert das Buch "La Psicología".
(Alarcón, 1902)

1902 José Ingenieros wird mit 24 Jahren zum Direktor der Zeitschrift "Archivos de Criminologia, Medicina Legal y Psiquiatría" (Buenos Aires) ernannt.
(Ardila, 1971; Vezzetti, 1988)

1903 Das Lehrbuch des Wundt-Schülers Titchener (1867-1927) "A Primer of Psychology" wird von Ezequiel A. Chávez (Mexico-Stadt) ins Spanische übersetzt. Es dient mehr als 25 Jahre als Textbuch in Mexico.
(Ardila, 1971 ;Galindo, 1988)

1904 José Oliveira (Mexico-Stadt) veröffentlicht eine "Embriología en sus Relaciones con la Psicología e Religiôn".
(Oliveira, 1904)

1904 José Ingenieros (1877-1925) wird zum Professor asociado de Psicología an der "Faculdad de Filosofía y Letras" (Buenos Aires) ernannt. Er vertritt sein Land 1905 auf dem V. Internationalen Kongreß für Psychologie in Rom.
(Vezzetti, 1988)

1906 Der Wundt-Schüler und Leipziger Ganzheits- und Strukturpsychologe Felix Krueger (1874-1948) lehrt bis 1908 an der Faculdad de Filosofía y Letras" in Buenos Aires.
(Stubbe, 1987, 1988)

1907 Auf Betreiben des Psychiaters Juliano Moreira (1873-1933) wird im "Hospital Nacional de Alienados" in Rio de Janeiro ein "Laboratório de Psicologia Experimental" mit europäischen Apparaten eingerichtet. Maurício de Medeiros, ein Schüler von George Dumas (1866-1942), hat die Leitung inne.
(Olinto, 1944; Stubbe, 1987)

1907 Juan N. Cordero (Xalapa, Mexico) publiziert "La vida psíquica". Dieses Buch basiert auf der Physiologischen Psychologie und gliedert sich in drei Teile: die somatischen Mechanismen der psychologischen Funktionen, die Wechselbeziehungen des Individuums mit seiner physikalischen und sozialen Umwelt und schließlich die Psychopathologie und Therapie.
(Ardila, 1971)

1908 Gründung der "Sociedad de Psicología de Buenos Aires", der ersten Psychologischen Gesellschaft Lateinamerikas.
(Ardila, 1971; Vezzetti, 1988)

1908 W. Mann reist nach Deutschland und lässt sich von W. Wundt eine Auswahl experimentalpsychologischer Apparate zusammenstellen, die den Grundstock für das erste psychologische Laboratorium Chiles darstellen.
(Mann, 1908)

1910 Germán Greve, ein chilenischer Anhänger Sigmund Freuds (1856-1939), hält in der "Sección de Neurología" auf dem "Congreso Interamericano de Medicina e Higiene" in Buenos Aires einen Vortrag "Sobre psicologia y psicoterapia de ciertos estados angustiosos". Greve spricht sich für die Existenz der kindlichen Sexualität aus und betont die Wirksamkeit der Psychoanalyse bei der Behandlung der Zwangsneurosen. Freud referiert Greves Beitrag, der für ihn als erste Notiz über psychoanalytische Ideen in Lateinamerika gilt, in seinem Aufsatz "Zur Geschichte der psychoanalytischen Bewegung" (1914).
(Freud, 1914; Stubbe, 1997, 2011)

1911 José Ingenieros (Buenos Aires) publiziert eine "Psicología Genética". In späteren Auflagen wird dieses Buch in "Principios de Psicología Biológica" und schließlich in "Principios de Psicologia" umbenannt. Als die Methode der Psychologie postuliert Ingenieros die Verhaltensbeobachtung (observatión de la conducta).
(Ingenieros, 1911)

1912 Carl Jesinghaus erhält den Doktorgrad in Psychologie (Dr. phil.) in Leipzig bei Wundt. Jesinghaus begibt sich 1913 nach Buenos Aires und wirkt dort als Professor für Psychologie, hauptsächlich in der Forschung und verschiedenen Bereichen der Angewandten Psychologie, speziell der Berufsberatung.
(Ardila, 1971; Stubbe,1988)

1912 Demetrio García Vásquez (Bogotá) gibt das Buch "Psicología Patológica de la Emotividad y de la Voluntad" heraus.
(Vásquez, 1912)

1912 José Mesa Gutiérrez (Mexico-Stadt) publiziert "Paranoia y Psicosis de Obsesión".
(Gutiérrez, 1912)

1914 Genserico Aragão de Sousa Pinto (Rio de Janeiro) schreibt seine medizinische Doktorarbeit über "Da psychanalyse: a sexualidade nas nevroses" (R.J.). Diese Dissertation gilt als erste Arbeit über die Psychoanalyse Sigmund Freuds in der portugiesisch-sprachigen Welt.
(Pinto, 1914; Lourenço Filho, 1955; Stubbe, 1987, 2011, 2015)

1914 Joaquín Villamizar Pena (Bogotá) publiziert "Atrasados Escolares".
(Pena, 1914)

1914 In der "Escola Normal Secundária de São Paulo" wird ein "Laboratório de Pedagogia Experimental" gegründet. Erster Direktor ist der Italiener Ugo Pizzoli (Modena).
(Lourenço Filho, 1955; Escola Normal Secundária, 1914; Stubbe, 1987)

1915 José Ingenieros begründet die Zeitschrift "Revista de Filosofía", in der auch viele psychologische Arbeiten publiziert werden.
(Ardila, 1971)

1915 Die erste Darstellung der Freudschen Theorie in Peru durch den Psychiater Honorio Delgado(1892-1969): "El Psicoanálisis"
(El Comercio, 1915; León, 1993; Scheib, 1995)

1915 Hermilio Valdizán (Lima) publiziert eine medizinische Doktorarbeit über "La alienación entre los primitivos peruanos" (Universidad de San Marcos, Lima). Eine frühe ethnopsychiatrische Studie!
(León, 1993)

1916 Enrique C. Aragón gründet (nach dem Modell des Leipziger Laboratoriums) das erste experimentalpsychologische Laboratorium Mexikos.
(Galindo, 1989)

1916 Erste Untersuchungen über die körperlichen und psychologischen Charakteristika peruanischer Kinder durch McKnight vom Teachers College (New York):"Caracteres físicos y mentales del niño peruano"(Lima)
(León, 1993)

1917 C. Vaz Ferreira (Montevideo) publiziert "Curso expositivo de psicología elemental".

1918 Die Psychiater Hermilio Valdizán und Honorio Delgado (Lima) geben die Fachzeitschrift "Revista de Psiquiatria y Disciplinas conexas" (1918-1924) heraus, eine der ersten psychiatrischen Zeitschriften Lateinamerikas.
(León, 1993)

1918/19 Der Arzt und Philosoph Enrique Mouchet(1886-1977) wird Nachfolger von Piñero auf dem Lehrstuhl für Experimentelle Psychologie an der Universität von Buenos Aires(bis 1943). 1931 gründet er das "Instituto de Psicología".
(Vezzetti, 1988)

1919 Der peruanische Psychiater Honorio Delgado (Lima) wird als erster Lateinamerikaner Mitglied der Internationalen Psychoanalytischen Gesellschaft. Beginn der Korrespondenz mit Sigmund Freud (bis 1934).
(Stubbe, 1987, 1995; León, 1993; Scheib, 1995)

1919 Der brasilianische Psychiater Franco da Rocha (São Paulo) schreibt "O Pansexualismo na doutrina de Freud", nachdem er bereits früher als einer der ersten brasilianischen Psychiater ex cathedra über die Psychoanalyse gelesen hatte.
(Lourenço Filho, 1955; Stubbe, 1987, 1997; Santos-Stubbe, 2015)

1919 Der hispano-kubanische Psychiater Emilio Mira y López wird zum Chef der "Laboratorio de Psicofisiología" im Instituto de Orientación Profesional" in Barcelona (Spanien) ernannt.

(Ardila, 1971, 1986; Arq. Bras. de Psicotecnica, 16, No. 2-3, 1964, Stubbe, 1987)

1919 Enrique Mouchet (Buenos Aires) publiziert in "Vida Nuestra" : "El Lenguaje de Los Ciegos".
(Ardila, 1971 ; Vezzetti, 1988)

1919 José Ingenieros (Buenos Aires) publiziert "Apuntes de Psicologia".
(Ingenieros, 1919 ; Vezzetti, 1988)

1920 Felipe Chueca (Lima) untersucht mit Hilfe des von Valdizán übersetzten Binet-Simon-Test peruanische Kinder: "Estudio sobre la capacidad intelectual de los niños en las escuelas de Lima" (Anales de Faculdad de Medicina, 3, 1920:46-57 , 122-133)
(Ardila, 1971; León, 1993)

1920 Bernardo Gestélum (Mexico-Stadt) veröffentlicht "Los Principios de Psicología".
(Gestelum, 1920)

1920 H. Delgado macht durch seine Rezension des Buches von Alfred Adler "Über den nervösen Charakter" in der "Revista de Psiquiatría y Disciplinas Conexas (3, 1920:58-59) die Wiener Individualpsychologie in Lateinamerika bekannt.
(Stubbe, 1987; León, 1993)

1921 Henrique Roxo (Rio de Janeiro) schreibt in seinem "Manual de psiquiatria" ein ausführliches Kapitel über die Psychoanalyse.
(Lourenço Filho, 1955; Stubbe, 1987, 1997)

1921 H. Delgados Arbeit "Der Liebreiz der Augen" erscheint als erste südamerikanische psychoanalytische Arbeit im "Imago" (7,1921:127-130). Die Übersetzung stammt von Karl Abraham.

(León, 1993)

1922 Joaquim Medeiros e Albuquerque (Rio de Janeiro) schreibt "A Psicologia de um Neurolojista. Freud e as suas theorias sexuaes".
(Medeiros, 1922; Stubbe, 1987, 1997)

1922 Der Psychiater Gustavo Riedel (Rio de Janeiro) gründet die eugenische "Liga Brasileira de Higiene Mental", die u.a. psychologische Abteilungen in offenen Psychiatrischen Kliniken fordert.
(Stubbe, 1980, 1987; Arruda, 1995)

1922 Ein experimentalpsychologisches Laboratorium wird im Institut für Psychiatrie der Medizinischen Fakultät von Rosario (Santa Fé) von Arturo Mó und José L. Alberti eingerichtet.

(Vezzetti, 1988)

1922 Der mexikanische Arzt José Torres Orozco publiziert in der Zeitschrift "México Moderno" einen Aufsatz über "Las doctrinas de Freud en la Patología mental".

(Páramo-Ortega, 1992)

1922 H. Delgado nimmt am VII. Psychoanalytischen Kongreß in Berlin teil. Ein zweites Mal trifft er sich mit S. Freud 1927 in Semmering im Anschluß an den Psychoanalytischen Kongreß in Innsbruck.

(León, 1993)

1922 Der von A. Adler & C. Furtmüller herausgegebene Band "Heilen und Bilden" enthält einen Beitrag von H. Delgado über: "Unterricht in der Philosophie des Lebens, begründet in der Individualpsychologie."

(León, 1993)

1923 Der polnische Psychologe Waclaw Radecki (1887-1953) baut auf Betreiben von Gustavo Riedel mit Apparaturen aus Europa (Zimmermann, Boulitte) in der Psychiatrischen Anstalt "Colônia de Psicopathas no Engenho de Dentro" (Rio de Janeiro) ein modernes Forschungslaboratorium auf, das er bis 1932 leitet. Hier werden auch die ersten brasilianischen Fliegeruntersuchungen durchgeführt. Aus diesem Laboratorium entwickelt sich später das "Instituto de Psicologia" (Rio de Janeiro)
(Radecki, 1928; Guimaraes, 1928; Stubbe, 1987, 1993, 2001; Cáceres, 1935; Centofanti, 1982).

1923 Rafael Gonzáles (Bogotá) veröffentlicht die "Apuntes de Psicoterapia General", ein Buch, das den Beginn der Psychotherapie-Studien in Kolumbien initiiert und eine Freudianische Sicht gibt.
(Ardila, 1971)

1923 Juan R. Beltrán (Buenos Aires) publiziert in der Zeitschrift "Revista de Criminologia": "Los Débiles Mentales".
(Beltran, 1923)

1923 Luis Lopez Ballesteros y de Torres übersetzt die Werke Sigmund Freud's ins Spanische ("Obras Completas", Madrid, 1923). Damit gewinnt die Psychoanalyse immer stärkeren Einfluss auf die intellektuellen Kreise Lateinamerikas. Freud, der selbst Kenntnisse des Spanischen besaß, nimmt in seinem Brief vom 7. Mai 1923 zu dieser Übersetzung Stellung.

(Ellenberger, 1973; Freud, Brief vom 7.5.1923)

1923 S. Freud erwähnt in der revidierten Ausgabe von "Zur Geschichte der psychoanalytischen Bewegung" H. Delgados Arbeiten zur Psychoanalyse

(León, 1993)

1924 Mira y López führt den Begriff "Psicotécnica" ins Spanische ein. Der Begriff, der sich in einem Artikel Mira y López über die Angewandte Psychologie in der "Enciclopedia Espasa" findet, bezieht sich auf die aus der Psychologie abgeleitete Technologie.
(Ardila, 1971; Stubbe, 1987, 1992)

1924 Der Schweizer Ingenieur Roberto Mange führt im "Liceu de Artes e Oficios" (São Paulo) Eignungstests an den Kandidaten der Mechanik-Kurse, Eisenbahnwärter und -Ingenieure mit den Giese-Proben durch. Mange hatte sich in Europa auf Arbeitspsychologie spezialisiert, und seine Techniken basierten auf der experimentalpsychologischen Schule von Henri Pieron

(1881-1964), mit dem er zusammenarbeitete. Roberto Mange wirkte als Professor an der "Escola Politécnica de São Paulo".
(Lourenço Filho, 1955; Mange, 1956; Stubbe, 1987)

1924 In der "Internationale Zeitschrift für Psychoanalyse" (Bd. 19, 1924: 308) erscheint von K. Abraham (der bereits früher über spanischsprachige Arbeiten zur Psychoanalyse berichtete) "Aus der südamerikanischen Literatur" . Es werden die Arbeiten von H. Delgado, Baltazar Caravedo und H. Valdizán erwähnt.

(León, 1993)

1925 Der Psychiater Ulisses Pernambuco (1892-1943) gründet das "Instituto de Seleção e Orientação de Pernambuco", in dem vor allem Intelligenz- und Begabungsforschung betrieben wird und Tests zur Anwendung kommen. Später wird das Institut in "Instituto de Psicologia" umgewandelt. Es gilt als erstes psychologisches Institut Brasiliens.
(Barreto, 1935; Lourenço Filho, 1955; Stubbe, 1987)

1925 Der in der Schweiz ausgebildete Psychiater Fernando Navarro und Matte Blanco gründen in Chile eine psychoanalytische Studiengruppe.

1926 Waclaw Radecki (Rio de Janeiro) publiziert eine "Psicoterapia".
(Radecki, 1926; Stubbe, 1993, 1997)

1926 Emilio Mira y López (1896-1964) veröffentlicht "Teoría y práctica del psicoanálisis".

1926 H. Delgado publiziert "Sigmund Freud" (eine portugiesische Übersetzung erscheint 1933 unter dem Titel "A vida e obra de Freud").

(León, 1993)

1927 Franco da Rocha, Paul Briquet und Durval Marcondes gründen die "Sociedade Brasileira de Psychanalyse", die jedoch von kurzer Dauer ist.
(Lourenço Filho, 1955; Stubbe, 1997; Facchinetti, 2015; Massimi, 2015)

1927 H. Delgado nimmt am Psychoanalytischen Kongreß in Innbruck teil.

(León, 1993)

1928 Der Psychiater und Anthropologe Arthur Ramos (Rio de Janeiro) publiziert "A sordice nos alienados".
(Ramos, 1928; Stubbe, 1987, 1997)

1928 Ezequiel A. Chávez (Mexico-Stadt) veröffentlicht einen "Ensayo de Psicologia de la Adolescencia". Robles (1952) beurteilt dieses Buch als wichtigsten Beitrag zum Thema im damaligen Hispano-Amerika und als einen wesentlichen Beitrag zur psychologischen Literatur Mexicos.
(Robles, 1952; Ardila, 1971, 1986; Galindo, 1989)

1928 Der "Tratado de Psicologia" von Waclaw Radecki erscheint in Rio de Janeiro. Er enthält Radecki's theoretisches Konzept, den "Discriminacionismo afectivo".
(Stubbe, 1987, 1993)

1928 Gründung der "Revista Brasileira de Psychanalyse" als erste psychoanalytische Zeitschrift Lateinamerikas.

(Stubbe, 1997)

1928 Der positivistische mexikanische Philosoph Samuel Ramos besucht Alfred Adler in Wien und publiziert individualpsychologische Studien.

1929 Im März wird das bis 1946 existierende "Laboratorio de Psicologia da Escola de Aperfeiçoamento Pedagogico" (Belo Horizonte) gegründet. Es steht anfänglich unter der Leitung des Franzosen Th. Simon, eines Kollegen von Binet, und Léon Walther, eines Assistenten Claparède's, die 1929 Brasilien einen Besuch abstatteten. Später wird die Institution von der seit 1929 in Brasilien wirkenden russischen Psychologin Helena Antipoff, ebenfalls eine ehemalige Assistentin von Claparède, geleitet.
(Lourenço Filho, 1955; Antipoff, 1975; Stubbe, 1987)

1930 Der Radecki-Schüler und Mediziner Nilton Campos (Rio de Janeiro) publiziert eine "Psicologia da Vida Afectiva". Campos tritt mit Wolfgang Köhler (Berlin) in Kontakt.
(Nilton Campos, 1930; Murchison, 1932; Penna, 1985; Stubbe, 1987, 1993, 2001)

1930 Roberto Mange und Italo Bologna führen in der Eisenbahngesellschaft "Estrada de Ferro Sorocabana" (São Paulo) Eignungstests (Intelligenz, Aufmerksamkeit, motorische Koordination etc.) durch.
(Lourenço Filho, 1955; Mange, 1956; Barros Santos, 1975)

1930 Wolfgang Köhler (1887-1967) unternimmt als Vertreter der Berliner Schule der Gestaltpsychologie eine Vortragsreise durch Brasilien, Uruguay und Argentinien.
(Stubbe, 1987, 1992, 1993, 1995)

1931 Lourenço Filho gründet die erste öffentliche Berufsberatungsstelle in São Paulo, die später im "Instituto de Educação da Unversidade de São Paulo" unter Leitung von Noemi Silveira Rudolfer weitergeleitet wird.
(Lourenço Filho, 1955; Stubbe, 1987)

1931 Gründung des "Instituto de Psicología de la Universidad de Buenos Aires" durch Enrique Mouchet.

1932 Die "Sociedade Pestalozzi" wird in Belo Horizonte gegründet. Erste Präsidentin ist Helena Antipoff.
(Lourenço Filho, 1955; Antipoff, 1975; Stubbe, 1987)

1932 Waclaw Radecki gründet das "Instituto de Psicologia da Assistência à Psicopathas" (Rio de Janeiro), das später in die "Universidade do Brasil" übergeht.

(Lourenço Filho, 1955; Cáceres, 1935; Stubbe, 1993)

1933 Arthur Ramos (Rio de Janeiro) gründet den "Serviço de Ortofrenia", eine Art schulpsychologischen Dienst.
(Lourenço Filho, 1955; Ramos, 1939; Stubbe, 1987)

1933 W. Berardinelli (Rio de Janeiro) publiziert das persönlichkeitspsychologische Werk "Noções de biotipologia: Constituição, Temperamento e Caráter".
(Berardinelli, 1933)

1933 Honorio Delgado y Mariano Ibérico (Lima) veröffentlicht eine "Psicología", ein Werk, das großen Einfluss auf die peruanische Psychologie ausübt.
(Ardila, 1971; León, 1993)

1933 Arthur Ramos publiziert "Freud, Adler, Jung".

(Stubbe, 1997)

1934 Arthur Ramos (Rio de Janeiro) publiziert ein grundlegendes Werk der Afrobrasilianistik "O negro brasileiro".
(Ramos, 1934; Leite, 1983; Stubbe, 1987; Santos-Stubbe, 2014)

1934 Gründung des "Centro Ferroviário de Ensino e Seleção Profissional" (São Paulo), in dem psychologische Techniken der Eignungsuntersuchung und des beruflichen Lernens zum Einsatz kommen.
(Barros Santos, 1975; Stubbe, 1987)

1934 Samuel Ramos legt eine individualpsychologische Analyse "El perfil del hombre y la cultura en México" vor.

1935 Arthur Ramos (Rio de Janeiro) gibt in seinem Werk "O Folklore Negro do Brasil. Demopsychologia e Psychoanalyse" eine ethnopsychoanalytische Interpretation der afrobrasilianischen "Folklore".
(Ramos, 1935; Stubbe, 1997; Santos-Stubbe, 2014)

1935 Rückkehr Júlio Pôrto Carreros aus Wien nach Belo Horizonte. Carrero, der als bedeutender Propagandist der Psychoanalyse in Brasilien gilt, hatte bei Sigmund Freud studiert und lange Jahre mit ihm korrespondiert. In Belo Horizonte wurde er zum Professor in der "Faculdade Nacional de Direito" ernannt.
(Carrero, 1929, 1929, 1932, 1933; Lourenço Filho, 1955; Stubbe, 1997; Santos-Stubbe, 2015)

1935 Gründung der "Anales del Instituto de Psicología de la Faculdad de Filosofía y Letras de la Universidad de Buenos Aires", einer der ersten psychologischen Fachzeitschriften Lateinamerikas.
(Foradori, 1941; Ardila, 1971; Vezzetti, 1988)

1935 Ankunft des deutschen exilierten Psychologen Walter Blumenfeld (1882-1967) in Lima. Blumenfeld organisiert hier das "Instituto de Psicologia Experimental y Psicotecnica" an der "Universidad de San Marcos", das er bis 1939 leitet.
(Alarcón, 1968; León, 1993; Stubbe, 1995)

1935 Italo Américo Foradori (1905-1968) verfaßt "La psicología en la República Argentina"

(Vezzetti, 1988)

1936 Leonídio Ribeiro gründet das "Laboratório de Biologia Infantil" (Rio de Janeiro), in dem vor allem Untersuchungen über Jugendkriminalität, ihre Ursachen und Behandlung durchgeführt werden.
(Lourenço Filho, 1955)

1936 Ankunft der deutschen exilierten Psychologin und Stern-Schülerin Bettina Katzenstein (1906-1981) in São Paulo.
(Stubbe, 1987)

1936 Die Berliner Psychoanalytikerin Adelheid Koch (1896-1980) kommt auf Betreiben von E. Jones nach Brasilien und beginnt mit der Ausbildung brasilianischer Psychoanalytiker wie Marcondes, Bicudo, Dias und Uchôa.
(Stubbe, 1980, 1987, 1997:1f; Bicudo, 1948; Galvao, 1967)

1936 Manuel Riquelme (Asunción) publiziert die "Lecciones de Psicología".
(Riquelme, 1936)

1936 Der Psychiater A. Austregésilo (Rio de Janeiro) publiziert eine "Analyse Mentale dans les Psychonévroses"
(Austregésilo, 1936)

1936 Der peruanische Neurologe C. Gutiérrez Noriega publiziert "El temperamento ciclotímico y el tipo pícnico entre los aborígines peruanos" auf der Basis der Kretschmerschen Konstitutionstypologie.

(León, 1993)

1936 Arthur Ramos (Rio de Janeiro) veröffentlicht eine "Introducção à psychologia social", in der das erste Mal in Lateinamerika die topologische Psychologie Kurt Lewins (1890-1947) dargestellt wird.

1936 Gründung des "Centro de Estudios Psicopedagógicos" (ab 1948 "Instituto de Psicología") in Buenos Aires durch Waclaw Radecki.

1936 Der spanisch-kubanische Psychiater Emilio Mira y López wird Präsident des 12. Internationalen Kongresses für Psychologie in Madrid.

1937 Schaffung eines Ausbildungsprogrammes für Psychologen in Mexico durch Ezequiel A. Chávez an der "Facultad de Filosofía y Letras de la Universidad Nacional". Erster Direktor ist Antonio Caso.
(Robles, 1952)

1937 Roberto Mange und Barros Santos gründen das "Gabinete de Psicotécnica da Escola Técnica Getulio Vargas" (São Paulo), in dem pro Jahr bei etwa 500 Schülern Berufsberatungen und Eignungsverfahren (speziell für die Arbeit im Bereich der Mechanik) durchgeführt werden.

(Barros Santos, 1975; Mange, 1956; Stubbe, 1987)

1937 Julio Endera (Quito) publiziert in der Zeitschrift "Psiquiatria y Criminologia" den Aufsatz "Psicodiagnóstico de Rorschach y Delinquencia".
(Endera, 1937)

1937 Der Wiener Individualpsychologe Rudolf Dreikurs (1897-1967) emigriert nach Brasilien und gründet in Rio de Janeiro eine brasilianische Gesellschaft für Individualpsychologie. Weil sein Doktortitel nicht anerkannt wird, verlässt er später Brasilien und geht nach New York.

(Stubbe, 1987)

1937 Beginn der Publikation der "Archivos Peruanos de Higiene Mental" (1937-1941) unter der Leitung des Psychiaters Baltazar Caravedo Prado (1884-1953)

1937 Auf der Flucht vor dem Nationalsozialismus kommen Alice Rühle-Gerstel (1894-1943) und ihr Mann Otto Rühle (1874-1943) nach Mexiko. Mehrere ihrer individualpsychologischen Werke werden ins Spanische übersetzt.
(Stubbe, 1988, 1994; zur Mühlen, 1988)

1937 Der deutsche Exilé H. Hahn wird Professor an der "Universidad de Trujillo" (Peru)

(León, 1993)

1938 Der Psychoanalytiker Durval Marcondes gründet in São Paulo die erste "Clinica de Orientação Infantil" Brasiliens.
(Stubbe, 1987, 1997)

1938 Juan R. Beltrán (Buenos Aires) veröffentlicht in der Zeitschrift "Anales" den Aufsatz "Concepto de Normal y Anormal en Psicologia".
(Beltrán, 1938)

1938 Gründung des "Instituto de Estudos Pedagógicos" (INEP) in Rio de Janeiro durch das "Ministerio de Educação". Erster Direktor ist Lourenço Filho.
(Lourenço Filho, 1955)

1938 Ankunft des spanischen Psychoanalytikers Angel Garma in Buenos Aires. Garma hatte seine Ausbildung 1931 am Psychoanalytischen Institut in Berlin abgeschlossen.
(Stubbe, 1997)

1938 erscheint die bis heute existierende peruanische Fachzeitschrift "Revista de Neuro-Psiquiatría". Ihre Gründer sind H. Delgado und J. O. Trelles.

1939 Mira y López stellt der "Royal Academy of Medicine" in London seinen "Test de Psicodiagnóstico Miokinético" (PMK) vor, den er in den Jahren 1936 bis 1939 während des spanischen Bürgerkriegs entwickelt hatte.
(Arq. Bras. de Psicotecnica, 16, No. 2-3, 1964)

1939 Die spanische exilierte Psychologin Mercedes Rodrigo kommt in Bogotá an und organisiert eine "Sección de Psicotecnica" an der "Universidad Nacional de Colombia".
(Ardila, 1971, 1986)

1939 Walter Blumenfeld (Lima) publiziert in der Zeitschrift "Revista de Ciencias" den Aufsatz "Investigaciones referentes a la psicología de la juventud peruana".
(Blumenfeld, 1939; León, 1993)

1939 G. Noriega veröffentlicht "El pensamiento magico en las picturas del antiguo Perú".

1940 Nelson Chávez (Recife) publiziert in der Zeitschrift "Neurobiologia" den Aufsatz "Fisiologia de emoção".
(Chavez, 1940)

1940 Helena Antipoff gründet die "Fazenda do Rosário" einen Ableger des "Instituto Pestalozzi" in Belo Horizonte.
(Antipoff, 1975; Maciel, 1982; Stubbe, 1987)

1941 Enrique Mouchet (Buenos Aires) veröffentlicht das einflussreiche Werk "Percepción, Instinto y Razón", das eine neue psychologische Schule begründet, die "Psicologia Vital". Nach Ardila (1971) ist sie die einzige psychologische Schule, die originär in Lateinamerika entwickelt wurde.
(Mouchet, 1941; Ardila, 1971, 1986)

1941 Arthur Ramos gründet die "Sociedade Brasileira de Antropologia e Etnologia" in Rio de Janeiro.
(Azevedo, 1955)

1941 In São Paulo wird ein Schulpsychologischer Dienst (Serviço de Orientação Pedagógica) geschaffen zur Untersuchung des Entwicklungsstandes der Schulanfänger. Hauptinstrument ist der Kuhlmann-Anderson-Test.
(Lourenço Filho, 1955)

1941 In São Paulo wird ein Psychologischer Dienst in der "Companhia Municipal de Transportes Coletivos" (CMTC) geschaffen. Zugleich entwickelt sich eine Psychologische Abteilung für Kraftfahrer-Prüfungen.
(Barros Santos, 1975)

1941 Gründung des "Instituto Psicopedagógico Nacional" (Lima) durch W. Blumenfeld, Maurice Simon, Enrique Solari und Luis A. Guerra. In diesem Institut werden umfangreiche Untersuchungen an Kindern und Jugendlichen durchgeführt.

(León, 1993)

1941 Gründung des "Instituto de Psicología" an der "Universidad de Chile" (Santiago)

1941 E. Mira y López publiziert das entwicklungspsychologische Standardwerk "Psicología evolutiva del niño y del adolescente".

1941 Die Nordamerikaner John Gilbert Beebe-Center (1897-1958) und McFarland einen Überblick über die Situation der Psychologie in Lateinamerika.
(Beebe-Center & McFarland, 1941)

1942 Durval Marcondes gründet die "Seção de Higiene Mental Escolar" in São Paulo.
(Stubbe, 1987, 1997)

1942 Der "Serviço Nacional de Aprendizagem Industrial" (SENAI) wird in São Paulo gegründet mit einem ausgedehnten Programm der Angewandten Psychologie (Tests, Vorhersage des Schul- und Berufserfolges etc.).
(Barros Santos, 1975; Stubbe, 1987)

1942 Die Wiener Psychoanalytikerin Marie Langer (1910-1987) emigriert nach Montevideo. Sie lässt sich später in Buenos Aires nieder.
(Langer, 1986)

1942 Gründung der an S. Freud und M. Klein orientierten einflussreichen "Asociación Psicoanalítica Argentina" (Enrique Pichon-Riviére, Arnaldo Rascovsky, Teodoro Schlossberg).

1942 Gründung des Psychologen-Verbandes in Ekuador "Sociedad de Estúdos Psicológicos, Psiquiátricos y de Disciplinas Conexas".

1943 Gründung der "Revista de Psicoánlisis" in Buenos Aires.
(Ardila, 1971)

1943 Gründung des "Gabinete Psicológico del Colegio San Ignacio" in Venezuela.

1943 H. Delgado (Lima) publiziert ein Lehrbuch der Persönlichkeitspsychologie "La personalidad y el carácter", in dem auch deutsche Persönlichkeitstheorien dargestellt werden.

(León, 1993)

1944 Vernon gibt im „Psychological Bulletin" eine Übersicht über „Psychology in Cuba"

(Vernon, 1944)

1944 Gründung des "Centro dos Estudios Psicológicos" (Montevideo) durch W. Radecki.

1945 Schaffung eines "Departamento de Psicología" an der "Universidad Nacional de México".

(Ardila, 1971, 1986; Galindo, 1989)

1945 Das "Departamento Administrativo do Serviço Público" eröffnet einen "Curso especial sôbre Seleção, Orientação e Readaptação Profissional e Problemas corelatos" für dessen Organisation der Psychiater Emilio Mira y López nach Brasilien kontraktiert wird.
(Lourenço Filho, 1970; Arq. Bras. de Psicotecnica, 16, No. 2-3, 1964; Stubbe, 1987)

1945 Die "Sociedade de Psicologia de São Paulo" wird gegründet.
(Stubbe, 1987)

1946 W. Blumenfeld publiziert eine "Introducción a la psicología experimental", das erste experimentalpsychologische Lehrbuch in Peru.

1946 Helena Antipoff gründet ein "Centro de Orientação Juvenil" in Belo Horizonte.
(Antipoff, 1975)

1946 Durch den Ministeriellen Erlaß (Portaria No. 328) des brasilianischen "Ministerio da Educação" werden Richtlinien für die Postgraudierten-Kurse in Klinischer Psychologie, Pädagogischer Psychologie und Arbeitspsychologie aufgestellt.
(Lourenço Filho, 1970)

1946 Im "Departamento Nacional da Criança" des "Ministerio de Saúde" (Rio de Janeiro) wird ein "Centro de Orientação Juvenil" (COJ) für die Öffentlichkeit geschaffen.
(Lourenço Filho, 1970)

1946 An der "Universidad San Carlos de Guatemala" wird ein Studiengang Psychologie eingerichtet.

1947 Emilio Mira y Lopez gründet in Rio de Janeiro das "Instituto de Seleção e Orientação Profissional" (ISOP) der "Fundação Getulio Vargas".
(Lourenço Filho, 1955; Arq. Bras. de Psicotecnica, 16, No. 2-3, 1964; Stubbe, 1987)

1947 Der peruanische Psychoanalytiker Carlos Alberto Seguin verbreitet mit seinem Werk "Introducción a la Medicina Psicosomática" die Psychosomatische Medizin in Lateinamerika.

1948 Der englische Psychoanalytiker Burke und der deutsche Psychoanalytiker Werner Kemper kommen nach Rio de Janeiro und bilden eine eigene Psychoanalytische Gesellschaft.

(Kemper, 1958, 1973; Stubbe, 1980, 1987; Santos-Stubbe, 2015)

1948 Gründung des "Instituto de Psicologia Aplicada" an der "Universidad Nacional de Colombia".
(Ardila, 1971, 1986)

1949 Gründung der "Associação Brasileira de Psicotécnica" durch Mira y Lopez in Rio de Janeiro (später: Ass. Bras. de Psic. Aplicada).
(Lourenço Filho, 1955; Stubbe, 1987)

1949 Mira y López gründet die Fachzeitschrift "Arquivos Brasileiros de Psicotécnica" (Rio de Janeiro) (später: Arq. Bras. de Psic. Aplicada).
(Lourenço Filho, 1955, 1970; Stubbe, 1987)

1949 F. Pascual del Roncal (Mexico-Stadt) publiziert eine "Teoria y Pratica del Psicodiagnóstico de Rorschach".
(Roncal, 1949)

1949 Mercedes Rodrigo (Bogotá) gibt eine "Introducción al Estudio de la Psicologia" heraus.

(Rodrigo, 1949)

1949 Das brasilianische "Ministerio de Guerra" bildet einen "Curso de Classifição de Pessoal" mit einem entwickelten Programm der Angewandten Psychologie.
(Lourenço Filho, 1970)

1949 Paulo Siwek, SJ. , ein polnischer Exilé in Brasilien (seit 1923) publiziert eine "Psicologia Experimental".
(Stubbe, 1988)

1949 Erich Fromm (1900-1980) geht nach Mexiko. Er lehrt von 1951 bis 1973 an der UNAM.

(Galindo, 1989)

1949 Gründung der "Associação Brasileira de Psicotécnica" durch E. Mira y López (später "Associação Brasileira de Psicologia Aplicada")

(Stubbe, 1987)

1950 In der "Faculdade de Medinica de Riberão Prêto" (Bundesstaat São Paulo) wird ein "Departamento de Psicologia Médica" eingerichtet mit den Fächern Psychologie, Psychosomatische Medizin, Psychoanalyse und Seelische Gesundheit.

(Lourenço Filho, 1970)

1950 Radecki organisiert den "I. Congreso Latinoamericano de Psicologia" in Montevideo. Der erste und einzige rein lateinamerikanische Psychologie-Kongreß

(Radecki, 1950; León, 1985; Stubbe, 1993)

1950 Der ungarische Emigrant Béla Székely (1892-1955) publiziert den "Diccinario enciclopédico de la psique" (Buenos Aires), ein wichtiges lateinamerikanisches Psychologielexikon.
(Stubbe, 1988, 1990)

1950 Gründung des "Instituto de Psicología Aplicada" an der "Universidade Central de Venzuela".

1950 An der "Universidad de Santo Tomás de Villanueva" (Havanna) wird ein Studiengang für Psychologie eingerichtet.

1951 Während des IV. Weltkongresses für Seelische Gesundheit in Mexico wird die "Sociedad Interamericana de Psicologia" (SIP) gegründet.

1951 Das brasilianische "Ministerio da Marinha" gründet einen "Serviço de Seleção Psicotécnica Naval".
(Lourenço Filho, 1970)

1951 Das "Boletim do Instituto de Psicologia" der "Unversidade do Brasil" (Rio de Janeiro) wird gegründet.
(Lourenço Filho, 1970; Stubbe, 1987)

1951 Der ungarische Emigrant Oliver Brachfeld (1908-1967) lehrt an der "Universidad de los Andes" in Mérida (Venezuela) Psychologie.
(Stubbe, 1988)

1951 Brasilien, Kuba und Uruguay treten als erste lateinamerikanische Länder der IUPS (International Union of Psychological Science) bei.

1952 In Chile wird die "Asociación Chilena de Psicólogos" gegründet.

1952 Reynaldo Alarcón untersucht die Entwicklung des verbalen Gedächtnisses bei Kindern und Jugendlichen verschiedener sozioökonomischer Schichten in Lima. Nach Ardila (1971) ist diese Untersuchung eine der systematischsten, die überhaupt im Bereich der Pädagogischen Psychologie in Peru gemacht wurden.
(Ardila, 1971)

1952 Rogelio Diaz-Guerrero (Mexico-Stadt) publiziert in der Zeitschrift "Psiquis" den Aufsatz "La salud mental, personal y social del mexicano de la cuidad".
(Diaz-Guerrero, 1952)

1952 Gustavo Saco (Lima) publiziert "Elementos de Psicología de la Adolescencia".
(Saco, 1952)

1952 Das "Centro Editor de Psicologia Aplicada" (CEPA) wird in Rio de Janeiro gegründet. Es soll wie ähnliche Einrichtungen in den USA Test-Material herausgeben.
(Lourenço Filho, 1970)

1952 Als posthumes Werk von Carlos Gutiérrez Noriega erscheinen "Tres tipos culturales de personalidad" in Lima.

1953 In Santo Domingo (Dominikanische Republik) findet der "I. Congreso Interamericano de Psicologia" statt: Thema: "Culturas de Valores em Psicologia".
(Ardila, 1971; Angelini, 1979)

1953 In Curitiba (Paraná) findet der "I. Congresso Brasileiro de Psicologia" statt.
(Lourenço Filho, 1955)

1953 Gründung der "Sociedad de Psicología del Uruguay".
(Ardila, 1971)

1953 Im "Instituto de Psiquiatria" (UFRJ) in Rio de Janeiro wird eine "Clinica de Orientação da Infância" mit Ambulatorium gegründet.

1953 Der nordamerikanische Psychologe Otto Klineberg, der von 1945-1947 in São Paulo lehrt, gibt mit brasilianischen Psychologen die "Psicologia Moderna" heraus.
(Klineberg, 1953; Stubbe, 1987)

1953 In der Pontifícia Universidade Católica (gegr. 1941) in Rio de Janeiro wird ein "Instituto de Psicologia Aplicada" (IPA) gegründet.
(Langenbach et al., 1982; Stubbe, 1987)

1953 Gründung der "Rama Guatemalteca de la Sociedad Interamericana de Psicología".

1953 Gründung der "Sociedad Mexicana de Psicología" als nationaler Psychologen-Verband.

1954 In Mexico-Stadt findet der "II. Congreso Interamericano de Psicologia" statt: Thema: "Psicologia de Educação.
(Angelini, 1979)

1954 Gründung der "Associação Brasileira de Psicólogos".

1954 Gründung der "Sociedad Peruana de Psicólogos".

1954 Gründung der wichtigen Zeitschrift "Acta Psiquiátrica y Psicológica" (Buenos Aires).

1955 In Austin (Texas) wird der "III. Congreso Interamericano de Psicologia" abgehalten. Thema: "A Psicologia das Tensões interpessoais do ponto de vista interdisciplinar".
(Ardila, 1971; Angelini, 1979)

1955 Die Psychologische Fachzeitschrift "Revista de Psicologia Normal e Patologica" wird von der "Universidade de São Bento" in São Paulo herausgegeben.

1955 Gründung der "Federación Colombiana de Psicología".
(Ardila, 1971)

1955 Gründung einer "Sección de Psicología" an der "Universidad Nacional Mayor de San Marcos de Lima".
(Ardila, 1971; León, 1993))

1955 Lourenço Filho schreibt eine historisch orientierte "A Psicologia no Brasil" für Fernando de Azevedos wissenschaftsgeschichtliches Werk "As Ciências no Brasil".
(Lourenço Filho, 1955; Stubbe, 1987)

1955 In Rio de Janeiro findet das "I. Seminário Latino-Americano de Psicotécnica" statt.

(Lourenço Filho, 1970)

1955 E. Mira y López veröffentlicht eine "Psicológica Experimental".

1956 In Rio Piedras (Puerto Rico) findet der "IV. Congreso Interamericano de Psicologia" statt. Thema: "Psicologia e Psicopatologia de Comportamento de Grupo".
(Ardila, 1971; Angelini, 1979)

1956 Gründung der Psychologischen Fachzeitschrift "Revista de Psicología" in Bogotá.
(Ardila, 1971)

1956 Gründung der "Sociedad Psicoanalítica Mexicana". Erster Präsident Alfonso Millán.

1956 Erster Lateinamerikanischer Kongreß für Psychoanalyse, der von nun an alle zwei Jahre stattfindet (z.B. 1958 São Paulo, 1960 Santiago de Chile, 1962 etc.)

1957 In Mexico-Stadt findet der "V. Congreso Interamericano de Psicología" statt. Thema: "Diversos Enfoques de Personalidade Normal e seus Desvios".
(Ardila, 1971; Angelini, 1979)

1957 Einrichtung eines "Departamento de Psicologia" an der "Universidad Católica de Villanueva" auf Kuba.
(Ardila, 1971)

1957 Walter Blumenfeld (Lima) publiziert eine "Psicologia del Aprendizaje".
(Ardila, 1971)

1957 Unter Leitung von Hernán Quijano wird in Bogotá eine psychoanalytische Studiengruppe gegründet.
(Ardila, 1971)

1957 Gründung der Fachzeitschrift "Revista Psiquiátrica Peruana" (1957-1968).

1958 Gründung der "Escuela de Psicologia" an der "Universidad de las Villas" auf Kuba.

(Ardila, 1971)

1959 In Rio de Janeiro findet der "VI. Congreso Interamericano de Psicologia" statt. Thema: "Avaliação da Personalidade e Relações Humanas".
(Ardila, 1971; Angelini, 1979)

1959 Rogelio Diaz-Guerrero (Mexico-Stadt) veröffentlicht "Estudios de Psicologia del Mexicano".
(Diaz-Guerrero, 1959)

1959 Guido Wilde (Bogotá) publiziert "El Psiconálisis, Sentido de su ideologia, Balance de su Autoridad".
(Wilde, 1959)

1959 Die "Secção de Psicotécnica do Serviço Nacional de Aprendizagem Comercial" (SENAC) publiziert die großangelegte Intelligenz-Untersuchung "Pesquisa sôbre nível mental da população brasileira".
(Lourenço Filho, 1970)

1960 An der "Universidad de Puerto Rico" wird unter Leitung von Carlos Albizu-Miranda (1920-1984) ein Studiengang für Psychologie eingerichtet.

1960 Durch die Übersetzung von Jaime Rojas Bermúdez wird Jacob L. Morenos (1889-1974) Psychodrama in Lateinamerika bekannt.

1960 Der brasilianische Erziehungspsychologe Lourenço Filho (1897-1970) publiziert den Schultest "Teste ABC"

(Stubbe, 1987)

1961 In Mexico-Stadt findet der "VII. Congreso Interamericano de Psicologia" statt. Thema: "Choque Cultural e Mudança Social".
(Ardila, 1971; Angelini, 1979)

1961 Gründung der "Escuela de Psicologia de la Universidad de la Habana" auf Cuba. Diese Einrichtung bot die erste Berufsausbildung für Psychologen in Kuba und geht vor allem auf die Initiative des Pioniers der kubanischen Psychologie Bernal del Riesgo (1903-1975) zurück.

(Ardila, 1971; Kurschildgen, 2000)

1961 Gründung des "Colegio de Psicologos de Venezuela".
(Ardila, 1971)

1961 José Gutiérrez (Bogotá) publiziert das Buch "De la Pseudoaristocracia a la Autenticidad".

(Ardila, 1971)

1962 Psychologengesetz in Brasilien (Lei No. 4119 vom 27. August), als erstem Land in Lateinamerika. Als Funktionen des Psychologen definiert der Art. 4

1. Anwendung von psychologischen Methoden:
a) der psychologischen Diagnostik
b) der Berufsauslese und -beratung
c) der psychopädagogischen Beratung
d) der Lösung von Anpassungsproblemen

2. Leitung Psychologischer Dienste (öffentlich, privat)

3. Lehre des Fachs Psychologie auf verschiedenen Ausbildungsstufen
4. Supervision von Fachleuten und Studenten
5. Beisitzer in öffentlichen Diensten
6. Verbreitung von psychologischem Erfahrungswissen.

Der 27. August wird von nun an jährlich als "dia nacional do psicólogo" begangen.
(Lourenço Filho, 1970; Lei No. 4119; Stubbe, 1985, 1987)

1962 Gründung der Psychologischen Fachzeitschrift "Revista Venezolana de Psicologia".
(Ardila, 1971)

1962 Gründung der "Asociación de Psicólogos de Buenos Aires" in Argentinien.

1962 Gründung der "Asociación Psicoanalítica Columbiana".
(Ardila, 1971, 1986)

1962 Ankunft des Amerikaners Fred S. Keller an der gerade gegründeten "Universidade de Brasília". Keller hilft bei dem Aufbau des "Departamento de Psicologia" mit und führt moderne Unterrichtsmethoden und Laboratoriumsgeräte ein.
(Pesotti, 1975; Stubbe, 1987)

1962 José Russo Delgado (Lima) publiziert "Lecciones de Psicologia General".
(Russo-Delgado, 1962)

1962 Carlos Alberto Seguín (*1907) (Lima) publiziert die sozialpsychiatrische Schrift "Psiquiatria y Sociedad".
(Seguin, 1962)

1963 In Mar del Plata (Argentinien) findet der "VIII. Congreso Interamericano de Psicologia" statt. Themen: "Orientaçao Profissional, Psicologia Experimental e Fisiologica, Equipe psicoterapêutica".
(Ardila, 1971; Angelini, 1979)

1963 Gründung eines "Departamento de Psicología" an der "Universidad de San Marcos" in Lima.
(Alarcón, 1968; León, 1993)

1963 Carlos Alberto Seguín (Lima) publiziert "Amor y Psicoterapia".
(Seguin, 1963)

1963 Isauro Hernández (Bogotá) publiziert "La psicologia terapéutica rogeriana" in der Zeitschrift "Revista de Psicología". Dieser Aufsatz gibt einen ersten Abriss der Theorie und Technik Carl Rogers.
(Hernández, 1963)

1963 Eröffnung des "Instituto Mexicano de Psicoanálisis" in Mexiko-City. E. Fromm wird erster Direktor.

1964 In Miami (Florida) findet der "IX. Congreso Interamericano de Psicología" statt. Thema: "Psicologia para o progresso cultural".
(Ardila, 1971; Angelini, 1979)

1964 Gründung der "Unión Cubana de Psicologia".
(Ardila, 1971)

1964 Gründung der Fachzeitschrift "Archivos Psicoanaliticos y de Psicologia Médica" in Kolumbien.
(Ardila, 1971, 1986)

1964 Guido Wilde (Bogotá) publiziert "La Psicologia Clinica, Una Nueva Professión".
(Wilde, 1964)

1964 Camilo Arango (Bogotá) veröffentlicht eine "Psicologia Dinâmica".
(Arango, 1964)

1964 Die "Arquivos Brasileiros de Psicotécnica" widmen eine Sondernummer dem in diesem Jahre verstorbenen Emilio Mira y López (1896-1964). Die Getúlio Vargas Stiftung schafft den "Emilio Mira y López-Preis" für die beste psychologische Monographie, der alle 2 Jahre verliehen wird.
(Lourenço Filho, 1970; Arq. Bras. de Psicotecnica, 16, No. 2-3, 1964)

1964 1. Panamerikanischer Kongreß für Psychoanalyse in Mexico-City. Im Zweijahresrythmus folgen weitere panamerikanische Kongresse (z.B. 1966 in Buenos Aires)

1964 Gründung der "Sociedad Salvadoreña de Psicología".

1965 Gründung der "Asociación Panamena de Psicologos".
(Ardila, 1971)

1965 J. Alva und E. Ghersi veröffentlichen die Arbeit "Tipos psicológicos en el habla popular" mit einer Inhaltsanalyse des Criollo von Lima.
(León, 1993)

1965 Gründung der Fachzeitschrift "Revista de Psicoanálisis, Psiquiatria y Psicología" in Mexico.
(Ardila, 1971; Galindo, 1989)

1965 E. Márquez (Bogotá) gründet die Fachzeitschrift "Psicologia Aplicada a la Educación".
(Ardila, 1971, 1986)

1965 Einrichtung eines Postgraduierten-Studiums für Klinische Psychologie an der "Universidad de Puerto Rico".

1966 In Lima (Peru) findet der "X. Congreso Interamericano de Psicología" statt. Thema: "Aportaciones de la Psicología a la Investigación Transcultural".
(Ardila, 1971, 1986)

1966 Enrique Mouchet (Buenos Aires) publiziert ein "Manual de Psicogeriatría".
(Mouchet, 1966 ; Vezzetti, 1988)

1966 Rogelio Diaz-Guerrero (Mexico-Stadt) veröffentlicht "Tres Contribuciones a la Psicoterapia".
(Diaz-Guerrero, 1966)

1966 Die "Fundação Getúlio Vargas" gründet in Zusammenarbeit mit der "Ford Foundation" und dem "American Institut of Research" im ISOP eine "Comissão de Estudos de Testes e Pesquisas Psicologicas" (CETPP).
(Lourenço Filho, 1970)

1966 Schaffung eines Postgraduierten-Studiums für Experimentelle bzw. Klinische Psychologie an der "Pontifícia Universidade Católica do Rio de Janeiro" (PUC-RJ).
(Stubbe, 1987)

1967 In Mexico-Stadt findet der "XI. Congreso Interamericano de Psicologia" statt. Thema: "A contribuição da psicologia e das Ciências do comportamento para o desenvolvimento social e econômico dos povos".
(Angelini, 1979)

1967 Gründung der "Revista Interamericana de Psicologia"
(Ardila, 1971)

1967 Das "Instituto de Psicologia" der "Universidade Federal do Rio de Janeiro" (UFRJ) diplomiert die erste Schar von 53 Licenciados e Bacharéis em Psicologia.
(Boletim do Instituto de Psicologia, ano XVII, 1967)

1967 Gründung der Fachzeitschrift "Revista Brasileira de Psicanálise" in Brasilien.

1967 Gründung des "Instituto Psicológico de Puerto Rico" durch C. Albizu-Miranda. Es wird später zu einem "Centro Caribeño de Estudios Posgraduados" umgewandelt.

1968 An der "Universidad de Veracruz" (Xalapa, Mexico) wird ein Programm für die Graduation in Experimenteller Psychologie aufgestellt.
(Ardila, 1971, 1986)

1968 In Brasilien sind ca. 2000 PsychologiestudentInnen immatrikuliert.
(Lourenço Filho, 1970; Stubbe, 1987)

1968 S. Zapata veröffentlicht "Psicoanálisis del vals peruano", eine psychoanalytische Interpretation typischer peruanischer Lieder.

1968 Reynaldo Alarcón publiziert das Übersichtswerk "Panorama de la psicología en el Perú".

1969 Gründung der Fachzeitschrift "Revista Latinoamericana de Psicología".
(Ardila, 1971, 1986)

1969 In Montevideo (Uruquay) findet der "XII. Congreso Interamericano de Psicologia" statt. Thema: "Formação, Expecialização e Investigação em Psicologia".
(Ardila, 1971; Angelini, 1979)

1969 Die "Pontifícia Universidade Católica" in Rio de Janeiro eröffnet die Einschreibung für 2 Kurse der Magister-Ausbildung in Psychologie (Mestrado em Psicologia).
(Lourenço Filho, 1970; Stubbe, 1987)

1970 Einrichtung eines Studienganges für Psychologie an der "Universidad Nacional Autónomia de Nicaragua" (Managua).

1970 Einer der einflussreichsten kubanischen Psychologen A. Bernal del Riesgo publiziert "Errores en la crianza de los niños".

1971 In Panama findet der "XIII. Congreso Interamericano de Psicologia" statt. (Angelini, 1979)

1971 Einrichtung eines Studienganges für Psychologie an der "Unversidad de Costa Rica".

1971 Rubén Ardila (Bogotá) publiziert "Los pioneros de la psicología".

1971 In Xalapa (Veracruz,Mexiko) findet das erste Symposium für Verhaltensanalyse und -modifikation statt. Es folgenden weitere zu spezifischen Themen (z.B. zu den Themen Erziehung, Aggression, Psychophysiologie 1972, 1973, 1974 in México-City)

1972 Einrichtung eines Studienganges für Psychologie an der "Universidad Católica" (Asunción).

1972 Emilio Ribes publiziert ein einflussreiches Buch über Verhaltensanalyse "Técnicas de modificación de conducta" (Mexiko).

1973 In São Paulo (Brasilien) findet der "XIV. Congreso Interamerciano de Psicologia" statt. (Angelini, 1979)

1973 Aus politischen Gründen werden die Studiengänge für Psychologie in Uruguay geschlossen.

1973 Nach dem Sturz der Allende-Regierung müssen viele chilenischen Psychologen ins Exil gehen (z.B. der Behaviorist Sergio Yulis, 1936-1980).

1973 Gründung eines Trainingsprogramms für Verhaltensmodifikation an der "Universidade Católica de São Paulo".

1973 Humberto Rotondo (Lima) publiziert ein psychologisches Lexikon "Diccionario abreviado de términos usuales en psicología y psiquiatría"

1974 In Bogotá (Kolumbien) findet der "XV. Congreso Interamerciano de Psicologia" statt. Thema: "La Profesión del Psicologo". (Angelini, 1979; Ardila, 1978)

1974 Einrichtung eines Studienganges für Psychologie an der "Université d'Haiti".

1975 R. Ardila (Bogotá) veröffentlicht eine Übersicht über den Stand der Verhaltensanalyse in Lateinamerika: "El análisis del comportamiento. La contribución latinoamericana".

1975 Gründung der behavioristischen Gesellschaft "Associação de Modificação de Comportamento" (São Paulo)

1975 Gründung der Psychologen-Vereinigung "La Asociación Dominicana de Psicología"

1975 Die erste Zusammenschau der lateinamerikanischen Sozialpsychologie "La psicología social en Latinoamérica" wird von Gerardo Marín in Mexiko herausgegeben.

1975 Die "Sociedad Peruana de Psicología" veranstaltet ihren ersten Peruanischen Kongreß für Psychologie

(León, 1993)

1976 In Miami-Beach (USA) findet der "XVI. Congreso Interamerciano de Psicologia" statt. (zum dritten Male in den USA: 1955, 1964, 1976). (Angelini, 1979)

1976 Der in Venezuela lehrende argentinische Psychologe Alberto L. Merani (1918-1984) publiziert das psychologiehistorische Werk "Historia crítica de la psicología".

1976 In Peru wird "La Revista de Psicología Clínica" gegründet

1977 Der 1. Lateinamerikanische Kongreß für Verhaltensanalyse und -modifikation wird von der "Asociación Latinoamericana de Análisis y Modificación del Comportamiento" (ALMOC) in Panama durchgeführt.

1978 Gründung der Fachzeitschrift "Revista Chilena de Psicologia" (Angelini, 1979)

1978 Als offizielles Organ der "Asociación Latinoamericana de Análisis y Modificación del Comportamiento" (ALMOC) erscheint die Fachzeitschrift "Aprendizaje y Comportamiento".

1978 Der brasilianische Psychologe Antonio Gomes Penna (Rio de Janeiro) veröffentlicht das psychologiehistorische Werk "Introdução à história da psicologia contemporânea". (Stubbe, 1987; Brožek, 1988, 1998)

1979 In Lima (Peru) findet der "XVII. Congreso Interamericano de Psicologia" statt. Der brasilianische Psychologe Angelini erhält den "Prêmio Interamericano de Psicologia 1979". (Angelini, 1979)

1979 In São Paulo wird eine "Academia Paulista de Psicologia" gegründet. Präsident ist Carlos del Nero.

1979 1. Weltkongreß für "Medicina Folclórica" in Lima unter Leitung von Carlos Alberto Seguin. Er publiziert im selben Jahr "Psiquiatriá folclórica. Shamanes y curanderos".

1980 In Rio de Janeiro sind 4109 Psychologie-Studenten/innen eingeschrieben. (Langenbach, 1985)

1980 Die "Revista Latinoamericana de Psicología"(vol.12, No.2) ist der Psychologie in Peru gewidmet. (León, 1993)

1980 W. Cornejo publiziert "La Mipa: una creencia social de los campesinos".

1981 Marie Langer beginnt mit dem Aufbau von "Salud Mental" in Nicaragua. (Langer, 1986)

1982 In Lima wird das "Instituto Nacional de Salud Mental 'Honorio Delgado - Hideyo Noguchi' " gegründet

1983 Ramón León (Lima) publiziert in der BRD seine Dissertation über Walter Blumenfeld. (León, 1983; Stubbe, 1995)

1983 Die "Sección de Psicología" der "Pontificia Universidad Católica del Perú" gibt die erste Nummer der Fachzeitschrift "Revista de Psicología" heraus.

1984 1. Interamerikanischer Kongreß für Klinische Psychologie in Porto Alegre(Brasilien)

1985 XX. Interamerikanischer Kongreß für Psychologie in Caracas

1986 In Santiago de Chile wird CIINTRAS gegründet, ein Rehabilitationszentrum für Folteropfer.

1986 Reynaldo Alarcón (Lima) publiziert "Psicología, pobreza y subdesarrollo"

1986 Rubén Ardila (Bogotá) publiziert das wichtige Übersichtswerk "La psicología en América Latina. Pasado, presente y futuro." (Ardila, 1986)

1986 Federico R.León (Lima) publiziert das Buch "Psicología y realidad peruana. El aporte objetivo".

1986 G. J. Garcia Galló legt eine wissenschaftshistorische Schrift über „Bosquejo histórico de la educación en Cuba" vor, in der sich auch psychologiehistorisch wichtige Daten finden (Galló, 1986)

1987 Hannes Stubbe (Rio de Janeiro) veröffentlicht das Buch "Geschichte der Psychologie in Brasilien" mit einer Bibliografie von über 900 Titeln (Brožek, 1988, 1991, 1998)

1987 Es erscheint eine erste Bibliographie der Psychologie in Peru von Jorge Lazo Manrique (Lima) unter dem Titel "Investigaciones psicológicas en el Perú".

1988 Gründung des "Archivo Latinoamericano de Historia de la Psicología y Ciencias afines" als Organ des "Cheiron-Latinoamerica"durch H. Stubbe. Es erscheinen nur 3 Bände. (Brožek, 1991)

1988 Hugo Vezzetti (Buenos Aires) gibt den psychologiehistorischen Sammelband "El nacimiento de la psicología en la Argentina" heraus

1989 Edgar Galindo (México) schreibt eine wichtige "Contemporary psychology in Mexico". (Arch.Latinamer.Hist.Psicol.,vol.1,1989:156-180)

1989 "Simpósio Latinoamericano de Psicologia do desenvolvimento" in Recife.

1989 In der Zeitschrift "Psyche. Zeitschrift für Psychoanalyse und ihre Anwendungen" erscheinen die "Psychoanalytischen Gespräche mit Slum-Bewohnern in Lima" von C. Rodríguez-Rabanal (als Buch veröffentlicht unter den Titel: "Überleben im Slum. Frankfurt/M., 1990)

1990 1. Iberolateinamerikanisches Treffen der Psychologie in Havanna.

1990 Javier Mariátegui (Lima) publiziert "Paleopsiquiatría del antiguo Perú", eine Kompilation von Arbeiten des Psychiaters Hermilio Valdizán.

1990 Massimi (São Paulo) publiziert eine "História da psicologia brasileira. Da época colonial até 1934"

1992 Ch. Dos Santos-Stubbe publiziert in „Psychologie und Geschichte" einen Aufsatz über „Afrikanische Sklaverei und ihre Auswirkungen auf Gesellschaft und Psychologie in Brasilien" (Santos-Stubbe, 1992)

1992 H. Stubbe versucht im „Handbuch der deutschsprachigen Lateinamerikakunde" eine Übersicht über die "Psychologie in der deutschsprachigen Lateinamerikaforschung"

(Stubbe, 1992)

1992 H. Stubbe legt in Köln nach fast 12jähriger Tätigkeit in Brasilien als a.o. Professor eine Habilitationsschrift über „Psychologie und gesellschaftliche Entwicklung in Brasilien. Eine ethnopsychologische Studie" vor.

1992 Der mexikanische Psychoanalytiker R. Páramo-Ortega publiziert eine historisch orientierte "Psychoanalyse in Mexiko". (Páramo-Ortega, 1992; Stubbe, 1994)

1993 H. Stubbe und R. León publizieren einen bebilderten deutschsprachigen Aufsatz über die Geschichte der Psychologie in Lateinamerika. (Stubbe & León, 1993; Lück & Miller, 1993)

1993 R. León publiziert in Lima das wichtige psychologiehistorische Werk "Contribuciones a la historia de la psicología en el Perú" (León, 1993)

1994 Ch. dos Santos-Stubbe legt eine empirische sozialpsychologische Dissertation über "Arbeit, Gesundheit und Lebenssituation afrobrasilianischer Empregadas domésticas (Hausarbeiterinnen)" vor. (Santos-Stubbe, 1995)

1994 R. Páramo-Ortega (Guadalajara) publiziert eine grundlegende historische und psychoanalytische Studie über "El trauma que nos une". (Páramo-Ortega, 1994)

1994 M.Spinu & H.Thorau publizieren eine Monographie über „Captação – Trancetherapie in Brasilien. Eine ethnopsychologische Studie über Heilung durch telepathische Übertragung."

1995 F. Gonzáles Rey gibt in seinem psychologiehistorischen Aufsatz „La psicología en Cuba: Apuntes para su historia" einen Abriß der Geschichte der Psychologie in Kuba. (Gonzáles, 1995)

1995 erscheint der erste Jahrgang der „Kölner Beiträge zur Ethnopsychologie und Transkulturellen Psychologie" mit einer Vielzahl von Aufsätzen zu Lateinamerika (Stubbe, 1995ff)

1995 C. de la Torre Molina gibt in ihrem Buch „ Psicología latinoamericana : entre la dependencia y identidad" eine wichtige psychologiekritische Situationsanalyse der Psychologie in Lateinamerika (Torre Molina, 1995)

1995 An der Universidad Nacional de San Luis (Faculdad de Ciencias Humanas) in Argentinien erscheinen die «Cuadernos Argentinos de Historia de la Psicología» (Klappenbach, 1995)

1996 der bekannte argentinische Psychologiehistoriker H. Vezzetti publiziert „Aventuras de Freud en el país de los argentinos", eine Geschichte der Psychoanalyse in Argentinien von José Ingenieros bis Pichon-Rivière (Vezzetti, 1996)

1997 In dem Sammelband „Psychiatrie im Kulturvergleich" gibt Stubbe eine historische Übersicht über die „Suizidforschung in Brasilien" (Hoffmann & Machleidt, 1997)

1997 Stubbe legt in der Monographie „Freud in den Tropen" eine Geschichte der frühen Psychoanalyse in Brasilien bis 1939 (mit über 100 schriftlichen Quellen) vor (Stubbe, 1997)

1997 Dr. H. Hermes (Soest) gründet einen „Arbeitskreis Brasilianischer und Deutscher Psychologen"

1997 In dem us-amerikanischen psychologiehistorischen Werk „A pictorial history of psychology" geben Stubbe & León eine Übersicht über „Psychology in Latin America" (Bringmann, Lück, Miller & Early, 1997)

1998 J. Dueñas Becerra weist in seinem psychologiehistorischen Aufsatz „Varela: Psicologo precursor" auf den bedeutenden kubanischen pädagogischen Psychologen und frühen Befreiungstheologen Pater Felix Varela y Morales (1788-1853) hin (Dueñas, 1998)

1998 D. Güss behandelt in einer kulturvergleichenden psychologischen Arbeit über „Spontanität versus Gründlichkeit" das Planen in Brasilien und Deutschland. Er legt später über dieses Thema eine Dissertation vor. (Güss, 1998)

1999 M. Urben (Zürich) legt eine Magisterarbeit über „'Espiritismo' und Psychiatrie in Brasilien. Das ‚Hospital Espírita André Luiz, in Belo Horizonte" vor, die auf einer längeren Feldforschung beruht und einen sehr guten Einblick in das institutionalisierte spiritistische (Geist-) Heilen in Brasilien gibt. (Urben, 1999)

2000 Kurschildgen (Freiburg) legt einen Aufsatz „Zur Geschichte und aktuellen Lage der Psychologie in Cuba" vor (Kurschildgen, 2000)

2000 Stubbe publiziert eine wissenschaftshistorische Monographie über die „Kultur und Psychologie in Brasilien". (Stubbe, 2000)

2000 Brasilien feiert unter vielfachen Protesten der Ureinwohner die 500 Jahre seiner (Wieder-)Entdeckung durch die Portugiesen

2011 H. Stubbe gibt eine kommentierte Ausgabe der ersten psychoanalytischen Dissertation in der portugiesisch-sprachigen Welt heraus: „Da psicoanalise (A sexualidade nas nevroses)" (Rio de Janeiro, 1914), des Arztes Genserico Aragão de Souza Pinto

2015 Ch. dos Santos-Stubbe et al. publizieren „Psychoanalyse in Brasilien. Historische und aktuelle Erkundungen"

Quellen: Ardila, 1971, 1986; Stubbe, 1975, 1980, 1987:261-276, 1995:99-149, 1997, 2011, 2012; Vezzetti, 1988, 1996; León, 1983, 1993; Paramo-Ortega, 1992; Galindo, 1989; Massimi, 1990; Brožek & Massimi, 1998; Arq. Latinoamer. Hist. Psicol., 1988-1990; Santos-Stubbe, 1992, 1998, 2015; Stubbe, 2001:389-409 (Zeittafel); s. Bibliografie

Russland

Das riesige Russland mit seiner sehr bewegten Geschichte ist ein multiethnisches Land, in dem neben ca. 82% Russen mehr als 100 nationale/ethnische Minderheiten leben (3,7% Tartaren, 2,9% Ukrainer, 1,2% Tschuwaschen, 0.9% Baschkiren, 0,8% Belorussen, 0,7% Mordwinen, 0,6% Deutsche, 700.000 Juden, 320.000 Katholiken, 15 bis 22 Mio. Muslime, 35 Mio. Russisch-Orthodoxe etc.). Für Sozialwissenschaftler, Ethnopsychologen und kulturvergleichende Psychologen stellt diese Ausgangslage somit eine ideale Forschungs- und Betätigungssituation dar (vgl. z.B. Hallpike, 1990:146f, 224ff).

Experimentalpsychologie und objektive Psychologie:

Unter den russischen Experimentalpsychologen ragt wie bei der Kulturhistorischen Schule (s. unten) eine Troika von drei Forschern hervor:

Iwan Michailowitsch Sechenow (1829-1905), *Iwan Petrowitsch Pawlow* (1849-1936)) und *Wladimir Bechterew* (1857-1927).

Der Gehirnphysiologe *Sechenow* gilt als Begründer der russischen Psychologie. Er studierte nach Erhalt seines med. Doktorgrades (1860) auch in Berlin und Heidelberg. Alle geistigen Prozesse haben für ihn eine physiologische Basis, seien sie nun Reflexe oder gelernt („Reflexe des Gehirns", 1863). Das Kontiguitätsprinzip spielt beim Lernen eine entscheidende Rolle. Seine Verhaltens-Psychologie wird als „objektiv", „materialistisch" und „assoziativ", sowie „umweltabhängig" charakterisiert (Zusne, 1983:390).

Der Physiologe *Pawlow* begründete neben Bechterew die Lehre von den bedingten Reflexen bzw. die Lerntheorie des klassischen Konditionierens. In seinem vielzitierten und die Psychologie verändernden Modellversuch („Pawlowscher Hund" um ca. 1890) erkannte er den „konditionierten Reflex" (Begriff 1901). Reizgeneralisation, diskriminierendes Lernen, Temperamente der Hunde und experimentelle Neurose wurden von ihm in vielen Tierversuchen studiert. Er führte keine Menschenversuche, wie später Watson, durch, formulierte aber ein „Zweites Signal-System" beim Menschen. Im Jahre 1904 erhielt er den Nobelpreis für Medizin. Die Sowjet-Psychologie basiert vor allem auf seinen Studien (vgl. Bauer, 1955; Birjukow, 1959; Petrowski, 1989).

Der vielseitige Arzt *Bechterew* (vgl. morbus Bechterew), der u.a. bei P. Flechsig, W. Wundt und M. Charcot studierte, hat auf vielen Gebieten der Psychologie und Psychiatrie Bedeutendes geleistet. Als Professor für Psychiatrie und Neurologie in Petersburg arbeitete er vor allem über das Problem der Reflexe d.h. der Reaktionen des Organismus auf situative Einflüsse und die erlernten neuropsychischen Reflexe (daher: Reflexologie) und gilt mit Pawlow als Begründer der objektiven Psychologie (1910) und Vertreter eines energetischen Monismus. Er schuf die ersten psychologischen Laboratorien in Russland (Kazan, 1886; St. Petersburg, 1895). Zwei seiner eher sozialpsychologischen Werke „Die Bedeutung der Suggestion im sozialen Leben" (1905) und „Die kollektive Reflexologie" (1928), wie auch andere Werke, wurden in viele Sprachen übersetzt. Bechterew führte sogar parapsychologische Experimente zur (Fern-) Telepathie und Mentalsuggestion durch (vgl. Bonin, 1988:66). Er ging in seiner Psychologie von „objektiv auffindbaren" Tatbeständen aus und nicht von der Introspektion und Bewusstseinsanalyse. Der us-amerikanische Behaviorismus ist später stark hiervon beeinflusst worden.

Zur Geschichte der Psychoanalyse in Russland

Die russische Revolution (1917) brachte bis zu den Stalinistischen „Säuberungen" eine „Explosion der Kreativität in Wissenschaft, Kunst und Kultur" hervor. Die russ. Psychoanalytikerin Sabina Spielrein (1916/1919) formuliert dies so:

> „Leben heißt schöpferisch sein, und wer es nicht mehr ist, ist schon tot".

Bereits *Iwan Pawlow* (1849-1936) hatte sich in seinen *„Mittwochskollegia"* mit der Psychoanalyse S. Freuds befasst und schrieb viele kritische Kommentare zu den damaligen

Entwicklungen in Psychologie und Psychopathologie (vgl. Pawlows Mittwochskollegien, 1955/56; Bonin, 1983:244). In einem Mittwochskollegium vom 14.1.1931 erklärte Pawlow z.B. wie es ihm gelang, bei Hunden experimentelle Neurosen hervorzurufen und dass seine Ergebnisse dem Ätiologiekonzept S. Freuds widersprechen. Im Protokoll heißt es:

> „In einer seiner Früharbeiten beschreibt Freud einen Neurosenfall bei einem jungen Mädchen (Anna O. = Berta Pappenheim, Anm. d. Verf.), die viele Jahre zuvor ihren kranken Vater pflegen mußte, den sie sehr liebte und von dem sie wußte, daß er bald sterben würde. Sie hatte durch das Wissen um den unvermeidlichen Tod furchtbar zu leiden und mußte sich doch bemühen, dem Vater gegenüber fröhlich zu erscheinen, um die Gefahr vor ihm zu verbergen. Auf psychoanalytischem Wege hatte Freud ermittelt, daß dieses Trauma der sich später entwickelnden Neurose zugrunde lag. Iwan Petrowitsch sah dies als einen schweren Zusammenstoß des Erregungs- und Hemmungsprozesses an und legte dieses schwierige Aufeinanderprallen der beiden entgegengesetzten Prozesse seiner Methode zur Erzeugung experimenteller Neurosen an Hunden entgegen." (zit. nach Bonin, 1983:244)

Eine Vielzahl von Arbeiten hat bereits die kurze Phase der Psychoanalyse in Russland bearbeitet

Durch einen sensationellen Zufallsfund im Jahre 1977 wurde im ehem. Psychologischen Institut der Universität Genf ein Koffer mit der Korrespondenz zwischen C.G. Jung, S. Freud und *Sabina Spielrein* (1885-1942) aufgefunden (vgl. Volkmann-Raue, 2002:60-80; Roudineso & Plon, 2004: 966-969; Lück, 2016: 196). Sabina Spielrein war bis zu diesem Datum von der offiziellen Historiografie der Psychoanalyse nicht beachtet worden. Nun stellte sich heraus, dass mit ihrer tragischen Lebensgeschichte „die Risiken und Gefahren in Zusammenhang mit der Übertragung" (Roudinesco & Plon, 2004:966) deutlich erkennbar wurden und dass einige Psychoanalytiker zwischen einer Liebesbeziehung und der Übertragung nicht unterscheiden konnten und es während der Therapie zu sexuellen Übergriffen von Seiten der Analytiker kam. Ein bis heute aktuelles Thema! Die Bedeutung S. Spielreins, die in der Schweiz zunächst als Pat.in bei C.G. Jung am Burghölzli behandelt wird und danach Medizin studiert (Promotion, 1911), liegt vor allem darin, dass sie an der Schizophrenie-Diskussion um *Eugen Bleuler* (1857-1939), der diesen Begriff 1910 schuf, teilnimmt, den Begriff eines sadistischen Destruktionstriebes erfindet, aus dem möglicherweise der Ausdruck des Todestriebes hervorgehen wird und in *Édouard Claparèdes* (1873-1940) Genfer Laboratorium *Jean Piaget* (1896-1980) kennenlernt und ihn analysiert. Ihre letzten Publikationen befassen sich mit der Kindersprache (1923), der Aphasie und dem Ursprung der Wörter „Papa und Mama" (1922). 1923 kehrt sie nach Russland zurück und nimmt an dem psychoanalytischen Kindergarten-Experiment von *Vera Schmidt* (1889-1937) in Moskau teil, in dem Freudianismus und marxistisches Ideal verwirklicht werden sollten. Im II. WK. wird sie mit ihren beiden Töchtern von der SS in Rostow niedergemetzelt.

Ihr Bruder *Isaak N. Spielrein* (1891-1937) war ein bekannter Pionier der Psychotechnik und Erforscher des Jiddischen in der Sowjetunion. Er wurde während der „Stalinistischen Säuberungen" hingerichtet (vgl. Lück, 2016:195ff).

Die Kulturhistorische Schule

Die Kulturhistorische Schule wurde von der "Trojka" *Leon Semenovich Vygotskij* (1896-1934) und seinen Schülern, den beiden russischen Wissenschaftlern *Alexandr Romanovich Lurjia* (1902-1977) und *Aleksej Nikolaevich Leontjew* (1903-1979), begründet (vgl. Kölbl, 2006). Ihre Vertreter wollten einen marxistischen Ansatz in der Psychologie entwickeln und wurden seit den 50er Jahren zu der vielleicht einflussreichsten theoretischen Strömung in der sowjetischen Psychologie.

Karl Marx (1818-1883), der sich bekanntlich intensiv mit der zeitgenössischen Ethnologie und Anthropologie auseinandergesetzt hat (vgl. Fromm, 1972; Krader, 1973; Nachtigall, 1974; Hirschberg, 1988: 298ff; Müller, 1992:46ff), war der Auffassung, dass alle Kulturen die Phase des primitiven Kommunismus, der Sklavenhaltergesellschaft, des Feudalismus, Kapitalismus und schließlich Kommunismus durchlaufen würden. Er legte auch Nachdruck darauf, dass Veränderungen der materiellen Reproduktionsweise die treibende Ursache der Kulturentwicklung seien. In den berühmten Worten von *Karl Marx* heißt dies:

> "Die Produktionsweise des materiellen Lebens bedingt den sozialen, politischen und geistigen Lebensprozeß überhaupt. Es ist nicht das Bewußtsein der Menschen, das ihr Sein, sondern umgekehrt ihr gesellschaftliches Sein, das ihr Bewußtsein bestimmt." (MEGA, Bd.13, S:8f)

Nachdem *Karl Marx* und *Friedrich Engels* (1820-1895) *Lewis Henry Morgan's* "Ancient society" (1877) gelesen hatten, glaubten sie darin eine Bestätigung ihrer Auffassungen gefunden zu haben, dass es während der ersten Phase der menschlichen Kulturentwicklung kein Privateigentum gegeben habe und die weiteren Phasen kulturellen Fortschritts durch Veränderungen in der Produktionsweise entstanden seien. *Marx* dialektische und historische Sichtweise der menschlichen Kulturentwicklung beeinflusste nicht nur entscheidend die Sowjet-Ethnographie, sondern auch die russische und teilweise westliche Psychologie seit 1917 (vgl. Bauer, 1955; Thielen, 1990; Nachtigall, 1974:29ff; Métraux, 1993; Kölbl, 2006)

Bereits 1925 übte *Vygotskij* in der Auseinandersetzung mit der zeitgenössischen westlichen Psychologie (z.B. Piaget, Stern, Gestaltpsychologie, James etc.) Kritik an der Reflexologie und forderte im Rahmen der marxistischen Psychologie ebenfalls die Erforschung des Bewusstseins. Auch kritisierte er die Verabsolutierung des Reflexprinzips sowie die kritiklose Übertragung der in Tierversuchen gewonnenen physiologischen und psychologischen Ergebnisse auf die psychische Tätigkeit des Menschen. Es ist vor allem die Arbeit durch die der Mensch seine Umwelt verändere im Gegensatz zum Tier, das sich lediglich an sie anpasse. Das menschliche Verhalten lasse sich nicht einfach durch das Reiz-Reaktions-Schema erklären, da es eine neue qualitative Komponente in Form der historischen und gesellschaftlichen Erfahrung enthalte. In ihrer gesellschaftlichen Entwicklung, vor allem durch ihre Arbeitstätigkeit, hätten sich die Menschen neue Reize künstlich geschaffen, die *Vygotskij* "Zeichen" nannte. Zeichen sind z.B. Wörter, Zahlen, Schriftzeichen, Kunstwerke etc. Diese Zeichen, die er gleichsam als vermittelnde Glieder zwischen Reiz und Reaktion einführte, dienten in erster Linie der Verständigung unter den Menschen und bestimmten ihr soziales Verhalten. Mit Hilfe der gesellschaftlich entstandenen Zeichen reagierten die Menschen relativ unabhängig auf unmittelbare äußere Reizwirkungen, weil ihr Bewusstsein steuernd eingreifen könne. Die neuen, künstlichen Reize ermöglichten sogar eine Selbstreizung, indem z.B. ein gedachtes Wort ein bestimmtes Verhalten auslösen könne. Aufbauend auf dieser Zeichentheorie entwickelte *Vygotskij* das Interiorisierungs-Konzept, das für die kulturhistorische Schule von zentraler Bedeutung geworden ist: das außerhalb des einzelnen Individuums in der Gesellschaft existierende Zeichensystem müsse im Laufe der Entwicklung interiorisiert werden. Alle Funktionen in der kulturellen Entwicklung des Kindes treten nach dieser Theorie doppelt auf oder auf zwei Ebenen. Sie treten zuerst auf der sozialen Ebene auf und dann auf der psychischen Ebene d.h. zuerst treten sie zwischen den Menschen als eine interpsychologische Kategorie auf und dann im Kind selbst als intrapsychologische Kategorie.

Das umfangreiche entwicklungspsychologische Forschungsprogramm *Vygotskij's*, das neben der ontogentischen und der phylogenetischen auch die kulturhistorische Entwicklung des menschlichen Verhaltens umfasste, fand seinen theoretischen Ausdruck in der "Theorie der kulturellen Entwicklung". In diesem Zusammenhang steht auch die Anwendung der historischen Methode auf den Gegenstand der Psychologie. Um das Wesen eines Dinges begreifen zu können, müsse man es in seiner historischen Gewordenheit studieren und den Entwicklungsprozeß in seiner Veränderung erfassen. Aus diesem Grund untersuchte *Vygotskij* die psychischen Phänomene nicht nur in ihrer Endform, sondern versuchte auch ihre Genese zu rekonstruieren. Die kulturhistorische Schule strebte eine Synthese experimenteller und historischer Verfahren an, die in der damaligen deutschen Psychologie sowohl für die Vertreter der zergliedernden, nomothetischen Psychologie wie z.B. *Wundt* als auch für die Vertreter der verstehenden, idiographischen Psychologie z.B. *Dilthey* gleichermaßen als undurchführbar angesehen wurde. In diesem Rahmen sind die in den Jahren 1931 und 1932 in Usbekistan und Kirgisien durchgeführten ethnopsychologischen Feldforschungen des in Kazan (Südrußland) geborenen *Lurjia* zu verstehen, deren erklärtes Ziel es war,

> "in der Gleichzeitigkeit der Analysesituation, die zu verschiedenen soziokulturellen Entwicklungsstufen gehörenden Formen psychischer Prozesse (visuelle Wahrnehmung, begriffliches und logisches Denken usw.) in Feldexperimenten zu erfassen". (Métraux, 1993:182)

Im Rückblick auf diese Untersuchungen schreibt *Lurjia*:

> "Die ...Ergebnisse zeigen, welche entscheidenden Fortschritte beim Übergang vom anschaulich-praktischen Denken zu den unvergleichlich komplizierteren Formen des abstrakten Denkens durch radikale Veränderungen der gesellschaftlichen Bedingungen, durch die sozialistische Umgestaltung des Lebens hervorgebracht werden können. Die vom Autor vorgenommenen experimental-psychologischen Untersuchungen decken eine kaum untersuchte Seite der menschlichen Erkenntnistätigkeit auf, die zugleich den dialektischen Charakter der gesellschaftlichen Entwicklung bestätigt." (Lurjia, 1986:15)

Die kulturhistorische, gesellschaftliche Formation, in der ein Mensch aufwächst, spiegelt sich nach *Lurjia* ihrerseits in der zerebralen Organisation der höheren psychischen Prozesse wider, und zwar deshalb, weil einerseits der Erwerb und andererseits die Steuerung dieser Prozesse sprachlich vermittelt sind.

Mit *Vygotskij's* Tod am 11. Juni des Jahres 1934 und dem Dekret der KPdSU vom 4.Juli 1936 gegen die Pädologie, das eine radikale Zäsur in der Geschichte der sowjetischen Psychologie bedeutete, kam dieser hoffnungsvolle Feldforschungsansatz der kulturhistorischen Schule im sowjetischen Vielvölkerstaat mit seinen theoretisch idealen ethnopsychologischen Forschungsbedingungen ganz zum Erliegen. In *Stalins* Minderheitenpolitik, der Entkulakisierungskampagne, der politischen Schauprozesse und Verfassung von 1936 (bis 1977 gültig) war für solche Forschungen kein Platz mehr. *Lurjia* wandte sich von nun an "stationären" neuropsychologischen Fragestellungen im Laboratorium zu und holte ein Medizinstudium nach (vgl. Thielen, 1984; Métraux, 1993; Kölbl, 2006).

Die Forschungslinien der Kulturhistorischen Schule werden auch in der Gegenwart fortgeführt. Ein vorbildliches Beispiel hierfür ist das jüngste Lehrbuch der russischen Sozialwissenschaftlerin *T.G. Stephanenko* von der Moskauer Lomonossow-Universität (gegr. 1775; benannt nach dem Universalgelehrten Michail Wassiljewitsch Lomonossow, 1711-1765) das auch deutlich macht, dass gegenwärtig die Ethnopsychologie weltweit immer mehr an Bedeutung gewinnt. Wir geben hier eine Übersicht des Lehrbuches mit dem Titel „Ethnopsychologie" (2004) (bei der Übersetzung war meine Diplomandin Frau Cheban-Scheele behilflich):

Teil I   Einleitung

Kapitel 1: Ethnische Wiedergeburt zwischen den Jahrtausenden:

1.1.   Das Ethnische Paradox der Gegenwart
1.2.   Ätiologie des Wachstums von ethnischer Identifizierung in der modernen Welt
1.3.   Ethnische Identifizierung in der Situation von sozialer Instabilität

Kapitel 2: Ethnopsychologie als fachübergreifende Wissenschaft

2.1.   Ethnos als psychologische Einheit
2.2.   Psychologische Definition des Kulturbegriffs
2.3.   Was ist Ethnopsychologie?

Teil II   Geschichte der Entstehung und Entwicklung von Ethnopsychologie

Kapitel 3: Ethnopsychologische Ideen in der europäischen (abendländischen) Wissenschaft.

3.1.   Der Ursprung von Ethnopsychologie in Philosophie und Geschichte
3.2.   Forschungsarbeiten (Studien) im Bereich Völkerpsychologie am Beispiel von Deutschland und Russland
3.3.   Völkerpsychologie nach W. Wundt
3.4.   Weitere Entwicklungen der Ethnopsychologie

Kapitel 4: Die Psychologische Richtung in der amerikanischen Ethnologie

4.1.   Konfigurationen von Kulturen (kulturelle Konfigurationen)
4.2.   Persönlichkeitsmodelle: Basispersönlichkeit und Modalpersönlichkeit
4.3.   Gegenstand und Aufgaben von psychologischer Anthropologie

Kapitel 5: Der Aufbau von allgemeinem psychologischen Wissen durch den komparativ-kulturellen Ansatz

5.1.   Empirische Untersuchungen von Aufnahmeprozessen
5.2.   Visuelle Täuschungen und Kultur
5.3.   Farbe: Kodierung und Kategorisierung
5.4.   Intelligenztests

Kapitel 6: Hauptsächliche (von Bedeutung, grundlegende) theoretische Richtungen von ethnopsychologischen Forschungen
6.1. Relativität, Absolutismus, Universalität
6.2. Levi-Bruhl über Mentalität vom Ur- und modernen Menschen
6.3. Levi-Strauss über die Universalität von kognitiven Prozessen

Teil III Mensch und Gruppe in verschiedenen Kulturen und ethnischen Einheiten

Kapitel 7: Ethnokulturelle Variabilität von Sozialisation

7.1. Sozialisation, Akkulturation, kulturelle Transmission
7.2. Kulturelle Einflüsse auf die kindliche Entwicklung
7.3. Ethnographie der Kindheit
7.4. Biographische (Dokumentanalyse), feld- und experimentelle Untersuchungen von Sozialisation
7.5. Pubertät (frühe Adoleszenz) und „der Übergang in die Erwachsenen-welt"

Kapitel 8: Ethnopsychologische Probleme in der Persönlichkeitsforschung

8.1. Persönlichkeit und Persönlichkeitszüge: Universalität oder Spezifität?
8.2. Nationalcharakter oder Mentalität?
8.3. Russische Seele: das Rätsel und seine Lösung.
8.4. Das Problem der Begriffen „normal" und „pathologisch" in der Persönlichkeitspsychologie

Kapitel 9: Universelle und kulturspezifische Aspekte der Kommunikation

9.1. Sozialpsychologie und kultureller Kontext
9.2. Die Abhängigkeit der Kommunikation von dem kulturellen Kontext (kulturelle Einflüsse auf die Kommunikation?)
9.3. (Ausdruck, Expressivität von) Verhalten (Benehmen) und Kultur
9.4. Die Sprache von Raum (Distanz) und Zeit
9.5. Kulturelle Unterschiede in der kausalen Attribution

Kapitel 10: Kulturelle Variabilität bei der Regulation des sozialen Verhaltens (sozi-ale Interaktionen)

10.1. Regulative Funktion von Kultur
10.2. Individualismus und Kollektivismus
10.3. Das Erlernen von kulturellen Werten als Weg zum Kulturverständnis
10.4. Schuld und Scham als Mechanismen sozialer Kontrolle
10.5. Die regulative Funktion von Konformität für das Verhalten eines Individuums in der Gruppe

Teil IV Psychologie von (inter)ethnischen Beziehungen

Kapitel 11: (Inter)Ethnische Beziehungen und kognitive Prozesse

11.1. Zwischenmenschliche Beziehungen, Beziehungen zwischen Gruppen und zwischen ethnischen Einheiten
11.2. Psychologische Determinanten von Beziehungen zwischen ethnischen Einheiten
11.3. Die essentielle Komponente von ethnischer Identität
11.4. Sprache und andere (ethno) differenzierende Zeichen

Kapitel 12: Entwicklung und Transformation ethnischer Identität

12.1. Die Entwicklungsphasen ethnischer Identität
12.2. Einfluss von sozialem Kontext auf die ethnische Identität
12.3. Unterstützende Strategien für die Erhaltung ethnischer Identität
12.4. Messmodelle für die ethnische Identität

Kapitel 13: Mechanismen der Gruppenwahrnehmung in interethnischen Beziehungen

13.1. Ethnozentrismus als sozialpsychologisches Phänomen
13.2. Ethnische Stereotype und die Prozesse der Stereotypenbildung
13.3. Ethnische Stereotype: wesentliche Eigenschaften
13.4. Soziale kausale Attribution

Kapitel 14: Ethnische Konflikte – Ursachen und Lösungen (Ursachen ihres Zustandekommens und die

Methoden der Regulation)
14.1. Definition und Klassifikation von ethnischen Konflikten
14.2. Ethnische Konflikte: Ursachen
14.3. Ethnische Konflikte: Verlauf
14.4. Lösungsstrategien (Regulation von ethnischen Konflikten)
Kapitel 15: Anpassung an eine neue Kultur
15.1. Adaption, Akkulturation. Anpassung.
15.2. Mögliche Einflüsse auf den Prozess der Adaption an die neue Kultur: wesentliche Faktoren.
15.3. Folgen von interkulturellen Kontakten für die Gruppen und Individuen
15.4. Die Vorbereitung zur Interkulturellen Interaktion
15.5. Kultureller Assimilator oder Technik zur Erhöhung von interkultureller Sensibilität (interkulturelle Kompetenz)

Ein großangelegtes Programm der Ethnopsychologie! Es wäre sehr wünschenswert, wenn dieses grundlegende und anregende Lehrbuch, das auch eine umfangreiche Bibliographie enthält, bald in andere Sprachen übersetzt würde (s. Bibliografie).

Türkei

Von den ca. 75 Mio Einwohnern der zwischen Okzident und Orient situierten Türkei sind rund 80% Türken. Außerdem gibt es noch ca. 12 Mio Kurden, Araber, Tscherkessen, Georgier, Lasen, Griechen, Armenier und Juden. 98 % der Bevölkerung sind Muslime.

„Schaut man sich die wenige Literatur an, die in Bezug auf Geschichte und Entwicklung der Psychologie in der Türkei existiert, so wird man feststellen, dass alle auf ihren europäischen Ursprung hinweisen" (Colakoglu, 2006:183).

Nach *Colakoglu* lassen sich die *wichtigsten Ereignisse in der Geschichte der Psychologie in der Türkei* folgendermaßen skizzieren:

TAB. 22   GESCHICHTE DER PSYCHOLOGIE IN DER TÜRKEI

1870   Hoca Tahsin publiziert das älteste psychologische Buch „Psychologie oder die Wissenschaft von der Seele"
1907   die erste türk. Übersetzung der „Psychologie des foules" (1895) von Gustave Le Bon
1915   Dr. Georg Anschütz (1886-1953) besetzt bis 1919 den Lehrstuhl für Pädagogik und Psychologie an der Universität Istanbul
1915   Der Binet-Simon Intelligenz-Test wird ins Türkische übersetzt
1915   Psychologie wird Bestandteil der Lehrerausbildung
1916   Anschütz publiziert „Untersuchungen über individuelle Unterschiede der psychologischen Zustände der Menschen"

1919   Mustafa Sekip Tunç wird als einziger Psychologe, an die Universität Istanbul berufen, nachdem er im ‚Institut Jean Jaques Rousseau' in Genf studiert hatte. Er ist ein Anhänger der Bergsonschen Psychologie und Philosophie.
1927   S. Freuds „Über Psychoanalyse" (1909) wird von Mustafa Şekip Tunç übersetzt
1928   Mümtaz Turhan beginnt mit einem staatlichen Stipendium ein Psychologiestudium in Deutschland (Giessen, Frankfurt, Berlin)
1929   Sia Talaat aus Iskelib legt eine von Prof. Dr, Ziehen betreute Doktorarbeit über „Die Seelenlehre des Korans" an der Universität in Halle vor.
1932   Izeddin A. Şadan (1893-1975) publiziert im „Imago" eine psychoanalytische Interpretation einer mohammedanischen Legende des Derwisches Merkez Efendi (1462-1552), die der Freudschen Traum- und Ödipus- Konzeption folgt, und lieferte eine Deutung des Sufismus
1935   Turhan legt eine Dissertation über „Räumliche Wirkung von Helligkeitsgefällen" in Frankfurt/M. vor (Betreuer: PD W. Metzger). Er bringt die Gestaltpsychologie in die Türkei; Direktor des Psychologischen Instituts bis 1969
1937   Im Zuge der kemalistischen Universitätsreform kommen auch einige Exilés aus Nazi-Deutschland in die Türkei. Aus der Universität Jena kommt Prof. Dr. Wilhelm Peters (1880-1963), ein Schüler W. Wundts, an die Universität Istanbul
1937   Das erste psychologische Institut wird gegründet. Die Leitung hat Muzaffer Şerif (später: M. Sherif!) inne: Er hatte in den USA studiert und lehrte zwischen 1936 und 1945 in Ankara. Als politischer Aktivist ging er 1945 ins us-amer. Exil
1940   Peters gibt eine Zeitschrift heraus: „Studien der Psychologie und Pädagogik am Institut für Pädagogik an der Universität Istanbul" (heute: „Experimentalpsychologische Studien der Universität Istanbul")
1946   C. C. Pratt (Princeton University) kommt an die Universität Ankara (er bleibt bis 1948)
1947   Dr. A. Vexilar aus Frankreich besetzt 12 Jahre lang den Lehrstuhl für Psychologie und Pädagogik in Ankara
1953   Peters kehrt nach Deutschland zurück (UNI Würzburg)
1954   Walter R. Miles kommt mit einem Fulbright-Stipendium nach Istanbul. Er bleibt bis 1957 (Lehrstuhl für Experimental-Psychologie). Erste Statistik-Vorlesungen. Türk. Studenten erhalten us-amer. Stipendien; starker beginnender Einfluss der us-amerikanischen Psychologie (vgl. NATO-Mitgliedschaft der Türkei 1952)
1955   „Bund der Psychologen" wird gegründet; er fusioniert später zur „Assoziation der türkischen Psychologen"
        60er Jahre bringen viele Veränderungen in der türk. Gesellschaft z.B. Urbanisation (Istanbul heute ca. 15 Mio Einw.), interne und externe Migration („Gastarbeiter"), Bevölkerungsabnahme in den Dörfern, Privatschulen, Gründung von psychologischen Beratungsprogrammen, Schulen für Behinderte etc.
1971   Beglan Biran (Togrol) übernimmt den Lehrstuhl für Experimentelle Psychologie (bis 1993) in Istanbul
1974   Kerim Yavuz publiziert seine Doktorarbeit „Der Islam in den Werken moderner türkischer Schriftsteller" an der Universität Freiburg/Brsg.; die Arbeit enthält viele religionspsychologische Aspekte; „Rel. Einstellung bei Ziya Gökalp" (1977)
1976   Die „Assoziation der Psychologen" wird in Ankara gegründet (s. oben 1955), mit eigener Zeitschrift und regelmäßigen Kongressen (heute mehr als 1600 Mitglieder)
1982   An den türk. Universitäten werden die psychologischen von den pädagogischen Lehrstühlen getrennt
        Vassaf, G.Y.H.: „Turkey" In: A.R. Gilgen & C.K. Gilgen (ed.s), International Handbook of Psychology. New York

1983	H. Stubbe: Verwitwung und Trauer im Kulturvergleich (Mannheim), S.255-258 (Türkei)
1999	17. August schweres Erdbeben in der Nordwest-T. Psychologen entwickeln ein Therapiekonzept zur Stress- und Traumabewältigung. Verbreitung der Popularität der Psychologie.
2012	H. Stubbe stellt im „Lexikon der Psychologischen Anthropologie" einige Stichwörter zur Psychologie in der Türkei sowie eine Bibliografie zusammen

***Quellen**:* Colakoglu, 2006; Stubbe, 2012

„Schaut man sich aber die heutige Situation an, so hat die Psychologie ihren Zugang hauptsächlich in Lehrerbildungsanstalten und im Bildungswesen – was wiederum die oben geschilderte Problematik mit den psychologischen Beratern zuspitzt. An zweiter Stelle liegt das Gesundheitswesen. Andere Arten von Beschäftigungen sind im Vergleich eher seltener." (Colakoglu, 2006:192)

Das begehrte Psychologie-Studium kann heute an folgenden Universitäten durchgeführt werden: Universität Istanbul, Universität Bogaziçi (Bosporus), Universität Ankara, Universität Hacetepe (Ankara), Middle East Technical University (Ankara), Ege Universität (Izmir). Ca. 85% der Studenten sind weiblich. In der Türkei werden heute etwa 130 psychodiagnostische Verfahren (Tests) angewandt. Einige wie z.B. der HAWIK-R wurden auch in der Türkei standardisiert. Da in Deutschland/Europa eine große Anzahl von Menschen mit türkischem Migrationshintergrund leben, gewinnt die Psychologie in der Türkei eine immer größere auch praktische Bedeutung (vgl. Deutsch-Türkische Gesellschaft für Psychiatrie, Psychotherapie und psychosoziale Gesundheit (DTGPP) e.V.). Eine intensivere Zusammenarbeit von deutschen/europäischen und türkischen Psychologinnen wäre deshalb sehr wünschenswert!

Beispiel: Verwitwung und Trauer in der Türkei

98% der türkischen Bevölkerung sind Muslime, vornehmlich Sunniten (zudem noch Alewiten in ländliche Gebieten Anatoliens und Rumeliens). Eine ungestörte Religionsausübung ist nach der Verfassung von 1961 (Art.19) zugesichert, wenn auch seit der Reformen von *Kemal Atatürk* (1924) der Islam als Staatsreligion abgeschafft wurde und die Scharia (= islam. Recht und konstituierendes Element der Umma=Gemeinschaft der Muslime) sich nur noch auf den Kultus bezieht. Trotz des starken Vordringens des Modernismus und Laizismus in der Türkei seit 1924 (vgl. Yavuz, 1974) haben sich besonders im religiösen Volksbrauch viele traditionelle islamische Bräuche erhalten. Über die Verwitwung (vgl. Suren 2,228; 2, 234; 65,1) des Koran und die Trauerriten in der Türkei haben *Stubbe* und *Colakoglu* bereits mehrfach ausführlich berichtet (vgl. Stubbe, 1983:256ff; Eris-Colakoglu, 2001, 2008), was hier kurz zusammengefasst werden kann:

Die eigentliche Trauerzeit kennt im anatolischen Raum keine festen Grenzen. Am gebräuchlichsten ist eine Trauerzeit von 40 Tagen, wobei die religiöse Vorschrift nur eine Trauerzeit von 3 Tagen vorschreibt. Im Trauerhaus wird in den ersten 3 Tagen nicht gekocht und verschiedene Trauergebote werden beachtet: so sollen Frauen und Männer sich nicht schmücken, keine bunte Kleidung tragen, Vergnügungen und Späße meiden, im Haus bleiben, nicht arbeiten, sich nicht rasieren und waschen, keine Verlobungen, Hochzeiten und

Beschneidungen abhalten. Die Trauerkleidung ist dunkel (bis schwarz) und manchmal auch weiß. In manchen Regionen lässt sich auch das "Phänomen der verkehrten Welt" beobachten: so tragen die Frauen in der Provinz Kars bis zu 52 Tagen nach dem Tod des Partners ihre Kleidung umgekehrt und auf dem Kopf ein schwarzes Kopftuch (vgl. Stubbe, 1983). Die Haartrauer der Frauen besteht darin, dass sie ihre Haare kurz tragen oder abschneiden (Provinz Gaziantep), ihre Zöpfe lösen oder einen Teil der Zöpfe abschneiden (Urfa). Die Trauerlösung geschieht manchmal durch den "Trauerhamam" (türk. Dampfbad; vgl. Stubbe, 2012:280f).

Die zeremoniellen Kopfbedeckungen und der Kopfschmuck der türkischen Landfrauen geben nicht nur darüber Aufschluss wie viele Jahre die Trägerin verheiratet ist und wie viele Kinder sie hat, sondern auch die Bedingungen der Verwitwung und die Möglichkeit der Wiederverheiratung nach der Verwitwung lässt sich hieraus ablesen (Tansug, 1979).

Die Entwicklung der Psychoanalyse in der Türkei

Gibt es „orientalische" Elemente in der Psychoanalyse? Da existiert einmal der *Diwan* (arab. diwan; auch: Divan, Couch), ein niedriges gepolstertes aus dem Orient (Persien, Türkei) stammendes Ruhebett (ähnlich wie das ebenfalls aus dem Arabischen stammende Sofa), das über den Wiener Hof als Behandlungsliege als „sinkendes Kulturgut" in die Psychoanalyse Sigmund Freuds aufgenommen wurde. Bis ins 19.Jh. hinein hatte das arab. Wort die Bedeutung von: 1. Sofa , 2. Staatsrat des türk. Sultans (vgl. Topkapi-Serail in Istanbul), 3. eine Sammlung von Schriften, Gedichten (z.B. Goethe's „West-östlicher Divan", 1814/18) (vgl. Osman, 1982; Gouderian, 2004:132ff). Im angloamerikanischen Sprachbereich bezeichnet man ihn als *Couch* (vgl. Stern, 1983; Guderian, 2004). Sigmund Freuds Couch bedeckten bekanntlich als zweites Element Orientteppiche als *Diwandecke*. Henry Ellenberger (1973:730) weist zudem darauf hin, dass im Jahre 1908/09 die „Jungtürken" gegen den despotischen Sultan Abdul Hamid II (1842-1918) rebellierten und ihn stürzten, was mit Sigmund Freuds Hypothese vom Vatermord in Einklang zu stehen schien (vgl. Totem und Tabu, 1912/13). Zwischen der Türkei bzw. dem Osmanischen Reich und Österreich, sowie Deutschland bestanden seit Jahrhunderten vielfältige politische, kriegerische und kulturelle Beziehungen. Wäre z.B. das Wiener Kaffeehaus (vgl. Historisches Museum der Stadt Wien, 1980) ohne den türkischen Kaffee denkbar?

Es ist daher von sehr großem Interesse, wenn Frau *Hale Usak-Sahin* (2013) in ihrer von Prof. Dr. Fallend (Innsbruck) betreuten innovativen und äußerst fleißigen und akribischen wissenschaftshistorischen Dissertation die Geschichte der österreichischen Psychoanalyse in der Türkei ab Beginn des 20. Jh.s behandelt. Bedeutsam ist dieses Thema auch vor allem deshalb, weil trotz der großen Anzahl von aus der Türkei stammenden Menschen in Europa und trotz der intensiven Bemühungen der „Deutsch-Türkischen Gesellschaft für Psychiatrie, Psychotherapie und Psychosoziale Gesundheit" (DTGPP) über die Psychologie, Psychiatrie und Psychoanalyse in der Türkei auch unter Fachleuten nur wenig bekannt ist (vgl. Stubbe, 2012: 639-643).

Frau Usak-Sahin gliedert ihre Arbeit folgendermaßen: Sie beleuchtet zuerst die Stellung der Psychoanalyse in der ersten Hälfte des 20. Jh.s innerhalb der Psychiatrie sowie die

Einwanderungsbewegung deutsch-jüdischer Exil-WissenschaftlerInnen in den 30er Jahren und legt danach den Schwerpunkt auf die geschichtliche Entwicklung der türkischen Übersetzungen psychoanalytischer Werke. Der Methodik-Teil beginnt mit den persönlichen Gründen für die Wahl des Dissertationsthemas und beschreibt die inhaltlichen, methodischen und zeitlichen Hauptstränge des gesamten Forschungsprozesses. Das „eigentliche Herzstück" und den lebendigste Teil der Dissertation stellen die Berufsbiografien der heute in der Türkei lebenden und praktizierenden PsychoanalytikerInnen aus drei Generationen dar, wobei ihr soziokultureller Hintergrund im Mittelpunkt des Forschungsinteresses stand. Es ging hierbei vor allem auch darum, den Transferprozess der Psychoanalyse in die Türkei, sowie ihren Institutionalisierungsprozess nachzuzeichnen. Mit drei PionierInnen der klinischen Psychoanalyse in der Türkei *Günsel Koptagel-Ilal* (*1933), *Ulviye Etaner* (*1929) und *Celal Odağ* (*1931) konnten die biografischen Interviews sogar in deutscher Sprache durchgeführt werden, da diese PsychoanalytikerInnen in Deutschland ausgebildet wurden (S.128-174).

Das letzte Kapitel ist dem Klientel der Psychoanalyse in der Türkei und den Problemen der klinisch-psychoanalytischen Arbeit und dem analytischen Prozess gewidmet. Das reichhaltige Literaturverzeichnis - eine wahre Fundgrube - enthält über 400 Titel.

Aufschlussreich sind die einleitenden Ausführungen über die Behandlungsmethoden in der türkisch-islamischen Kultur (z.B. Schamanismus der Turkstämme, die antike Humoralpathologie, religiöse Heiler, die Institution der Bimarhane, ätiologische Krankheitsvorstellungen, böser Blick etc.) (vgl. Koen, 1986; Stubbe, 2012:341ff), wie sie auch aus anderen Teilen des ehemaligen osmanischen Reiches (1288-1922) z.B. Syrien (vgl. Sündermann, 2006) bekannt sind und bis heute in der Bevölkerung eine Bedeutung besitzen. Wünschenswert wären in diesem Zusammenhang einige Ausführungen über den Hammam, Karagöz und die traditionelle Traumdeutung (vgl. Stubbe, 2012:280f, 328f; Klopfer, 1989; Schimmel, 1998).

Als Gründungsvater der türkischen Psychiatrie gilt *Mazar Osman Uzman* (1884-1951). Beeinflusst von der stärker biologisch ausgerichteten deutschen Psychiatrie, vor allem *Emil Kraepelins* (1856-1926), erwies er sich als ein Gegner der Psychoanalyse. Dass jedoch der deutsche „Kraepelinismus" nicht automatisch zu einer strikten Ablehnung der Psychoanalyse führen muss (ein häufiges Vorurteil! vgl. S. 311), zeigt das Beispiel des brasilianischen Psychiaters und Kraepelin-Anhängers *Juliano Moreira* (1873-1933), der übrigens einige Parallelen zu Mazar Osman Uzman aufweist und die Psychoanalyse in Brasilien tatkräftig förderte (vgl. Stubbe, 2011; Santos-Stubbe et al. 2015, S.85ff). Aus der psychiatrischen Klinik Mazar Osman Uzmans (Toptaşi Bimarhanesi) ging der frankophile türkische Pionier der Psychoanalyse *Izeddin A. Şadan* (1893-1975) hervor, der von dem französischen Psychiater Joseph Rogues de Fursac, ebenfalls ein Kraepelin-Schüler, beeinflusst wurde. Der etwas eigenbrötlerische Şadan rezipierte bis ca. 1950 die Psychoanalyse vor allem über die Lektüre von Werken von *Abraham A. Brill* (1874-1948), *Carl G. Jung* (1875-1961) und *Ernest Jones* (1879-1858) und korrespondierte mit *Sigmund Freud* (1856-1939). Möglicherweise führte er auch eine Eigenanalyse bei der Exilantin *Edith Weigert-Vohwinckel* (1894-1982), einer ehemaligen Ernst Simmel Assistentin, (eine der ca. 200 deutschsprachigen wissenschaftlichen Exilés in der Türkei; zu ihrer Biografie vgl. S.65ff) in den Jahren 1935 bis 1938 durch. Er schrieb auch eine in „Imago" (1932) publizierte reizvolle psychoanalytische Interpretation einer mohammedanischen Legende des Derwisches Merkez Efendi (1462-1552), die der Freudschen Traum- und Ödipus-Konzeption folgt, und lieferte eine Deutung des Sufismus (vgl. S.45ff). Frau Usak-Sahin charakterisiert ihn als den „einzigen und leidenschaftlichen Verfechter der Psychoanalyse in der Türkei" in der ersten Hälfte des 20. Jh.s (S. 61).

Das zweite Kapitel der Dissertation, das den türkischen Übersetzungen psychoanalytischer Werke gewidmet ist, beginnt mit Sigmund Freuds Schrift „Über Psychoanalyse" (1909) in einer Übersetzung des Psychologieprofessors Mustafa Şekip Tunç aus dem Jahr 1927 (2. Aufl. 1931). Insgesamt wurden bisher für den Zeitraum von 1931 bis 1996 138 Originalschriften und 104 Übersetzungen zur Psychoanalyse gefunden. Eine türkische Gesamtausgabe der Freudschen Werke (aus dem Englischen) erfolgte in den Jahren 1991 und 2006 im renommierten Payel Verlag. Besonders wertvoll sind die Ausführungen der Autorin über die spezifischen Übersetzungsprobleme, kulturellen Missverständnisse und fehlerhaften Übertragungen. So wird z.B. aus der „Traumdeutung" die „Interpretation der Träume", aus „Kultur" „Zivilisation", aus „Massenpsychologie" „Gruppenpsychologie", aus „Trieben" „Instinkte" etc. Bekanntlich verfügt die Turk-Sprache ursprünglich über keinerlei Beziehungen zur lateinischen (erst 1928 wurde die Lateinschrift eingeführt) oder griechischen Sprache.

Methodisch würde man aus kulturanthropologischer Sicht die Arbeit als eine Art „Feldforschung" charakterisieren, die qualitativ (biografisch) befragungs- und beobachtungsorientiert (inkl. einer intensiven Archiv- und Bibliotheksrecherche) zugleich auch dem Aufspüren der „roots" des eigenen Lebens diente (vgl. S.109ff). Frau Usak-Sahin interviewte 20 PsychoanalytikerInnen der ersten (z.B. Koptagel-Ilal, Volkan, Odağ), zweiten (z.B. Parman, Tunaboylu-Ikiz) und dritten Generation seit 2004 (14 davon Mediziner; 13 weibl., 7 männl.; 16 in Istanbul). Die Hälfte hat ihre Lehranalyse auf Französisch, 5 auf Türkisch, 4 auf Englisch und 3 Personen auf Deutsch durchgeführt.

Etwa 100 Personen sind gegenwärtig in der Türkei PsychoanalytikerInnnen bzw. AusbildungskandidatInnen. Die (Berufs-) Biografien sind teilweise spannend zu lesen und insbes. die Interviews mit den drei deutschsprachigen PsychoanalytikerInnen werfen zugleich ein bezeichnendes Licht auf die medizinischen, sozialen, kulturellen und politischen Verhältnisse in Deutschland der 60er und 70er Jahre. Es ist bewundernswert welche großartigen Leistungen diese Pioniere trotz der großen Widerstände (auch aus religiösen und politischen Motiven) in der Türkei geleistet haben. Die zweite Generation ist vor allem durch die „Shuttle-Ausbildung", ihre Zugehörigkeit zur (sephardischen) jüdischen Minderheit (vgl. den aufschlussreichen Exkurs auf S.204ff) und ihre Herkunft aus fremdsprachigen Eliteschulen (Istanbul) gekennzeichnet. Europäische Sprachen und okzidentale Denktraditionen sind somit ein „gefestigter Teil ihrer Identität" (S.204). Die dritte Generation hat ihre gesamte psychoanalytische Ausbildung in einer der zwei Study Groups in der Türkei absolviert und konnte die Analyse bereits in der Muttersprache durchführen. Das Kapitel über die PatientInnen der Psychoanalyse in der Türkei, sowie die besonderen klinischen Problemfelder der Psychoanalyse ist sehr differenziert und informativ. Die Behandlung in den Privatpraxen (ofis), die nicht von den Krankenkassen bezahlt wird, kostet ca. 40 bis 100 € und ist somit für die Masse der türkischen Bevölkerung (ein Fabrikarbeiter verdient ca. 400 € monatlich!) nicht bezahlbar. Erstaunlich ist, dass ca. 70% des Klientels „westlich orientierte" AnalysandInnen in

Lehranalyse d.h. PsychiaterInnen und PsychologInnen sind, ca. 20% werden wegen psychischer Schwierigkeiten vorstellig, haben allgemein einen höheren Bildungsgrad und die nötigen finanziellen Mittel und nur ca. 10% stellen Personen mit einer niedrigen Schulbildung und traditionellen Wertsystemen dar. Bei dieser Gruppe stehen somatoforme Störungen, diffuse Schmerzsymptome, geringer entwickelte sprachliche Ausdrucksformen, geringere Introspektionsfähigkeit etc. und eine hohe „drop-out-Rate im Vordergrund. Der Großteil des Klientels sind Frauen, die in der türkischen Gesellschaft scheinbar unter einem stärkeren psychosozialen Druck stehen (S. 288). Besondere Probleme stellen die (unbewusst) tradierten Geschlechtsrollen, die anerzogenen Höflichkeitsregeln gegenüber Autoritätspersonen (vgl. die hierarchische Struktur in der türkischen Gesellschaft), die Ambivalenz-Konflikte zwischen Tradition und Progression, die starke Abhängigkeit von Autoritätspersonen bei gleichzeitigen Autonomiebestrebungen, Identitätskrisen, etc. dar. Die kulturvergleichende Psychologie spricht von Kulturdimensionen wie Kollektivismus, Maskulinität und Machtdistanz (vgl. Stubbe, 2012: 307f, 293; FAZ, 10.10.2016), die in der Türkei mehr oder minder stark ausgeprägt sind. Ethnopsychoanalyse, sowie Transkulturelle Psychiatrie (von Emil Kraepelin 1904 begründet!) sind scheinbar in der Türkei noch unbekannt. Eine stärker kulturanthropologische Ausbildung der Psychiater und Psychologen wäre nicht nur in der Türkei wünschenswert.

Betrachtet man wissenschaftshistorisch und *vergleichend die Geschichte der Psychoanalyse in verschiedenen Ländern* der sog. Dritten Welt im 20. Jh. z.B. Brasilien, Mexiko, Portugal und der Türkei kann man grob folgendes Entwicklungsschema erkennen: den Ursprung bildet ein Modernisierungsprozess der Psychiatrie, in dem jüngere Psychiater (oftmals aus der gehobenen und gebildeten „europäisierten" Mittelschicht) nach neuen Methoden suchend, die Psychoanalyse entdecken. Nun beginnt ein Rezeptionsprozess und die ersten Übersetzungen (manchmal auch Dissertationen z.B. Brasilien: 1914) werden vorgenommen. Manchmal beginnen jetzt auch Korrespondenzen direkt mit Sigmund Freud. Die eigentliche Institutionalisierungsphase und klinisch-psychoanalytische Professionalisierung beginnt nachdem entweder Einheimische sich im Ausland ausbilden lassen oder europäische Exilés Analysen im Land durchführen und Ausbildungsinstitutionen und klinisch-psychoanalytische Einrichtungen schaffen.

Als Wissenschaftshistorikerin verfällt die Autorin glücklicherweise nicht dem verlockenden „Orientalismus", über den uns Edward W. Said (1981) dahingehend aufklärt, dass der Orient nichts anderes sei als eine „Erfindung" bzw. phantastische Projektion europäischer Reisender und Forscher auf der Suche nach der fremden Frau. Europäer bleiben hiernach also unter allen Umständen das Opfer ihrer Vorstellungen und gelangen nie aus Europa hinaus. Ein westlicher Wissenschaftshistoriker muss dies als Mahnung ernst nehmen. Die wissenschaftshistorische Arbeit von Frau Usak-Sahin ist ein wichtiger und innovativer Meilenstein in der Weltgeschichtsschreibung der Psychoanalyse und könnte als Ausgangs-punkt die Zusammenarbeit und den Dialog zwischen deutschsprachigen und türkischen PsychoanalytikerInnen fördern und weiterentwickeln (s. Bibliografie).

USA (auch: Vereinigte Staaten von Amerika)

Die Geschichte der Psychologie in dem „Melting Pot" USA ist vielfach detailliert dargestellt worden. Die Vorstellung der USA als Schmelztiegel aller „Rassen" und Ethnien stammt ursprünglich aus *Israel Zangwill's* (1864-1926) Theaterstück „The Melting Pot" (1908) und wurde später von den us-amerikanischen Sozialwissenschaftlern aufgegriffen (Kourvetaris, 1971:34). Der englische Erzähler und Dramatiker *Zangwill* war der Sohn eines litauisch-jüdischen Migranten in England und ein Verfasser meisterlicher Studien über jüdische Geschichte und jüdisches Ghetto-Leben z.B. „Dreamers of the Ghetto. Being pictures of a peculiar people" (1892; dt. „Kinder des Ghetto", 1897), in dem bekannte Persönlichkeiten der jüdischen Geschichte dargestellt wurden (vgl. Wohlgelernter, 1964; Ben Guigui, 1972). In den *USA*, die den Mythos eines „melting-pot" propagieren, wurden 1991 dagegen nur 4 bikulturelle von 1000 Ehen geschlossen (vgl. USA, 1991) und bis 1967 existierten noch interethnische Eheverbote (vgl. Thode-Arora, 1999:39ff).

Die us-amerikanische Psychologie mit ihren Menschenbildern dient seit vielen Jahrzehnten (noch?) als Modell für die westliche Psychologie. Alle Formen der Anwendung und des Missbrauchs der Mainstream-Psychologie wurden hier durchgespielt. Sie ist jedoch nur sehr beschränkt in den Ländern der sog. Dritten Welt und den sog. Schwellenländern einsetzbar (vgl. Ethnozentrismus, s. unten). Wie die Anthropologie und Ethnologie hat die USA-Psychologie eine Vielzahl von einflussreichen Methoden und Theorien geliefert. In einer immer stärker werdenden plurizentrischen Welt lässt der Einfluss der us-amerikanischen Psychologie jedoch spürbar nach. Die USA verstehen sich z.B. als Vorreiter der „Menschenrechte", aber die Behandlung der Afroamerikaner, sowie die bisher wenig verarbeitete Sklaverei spricht eine andere Sprache. Und auf den von ihr kontrollierten pazifischen Marshall-Inseln verletzen sie diese täglich. Sie haben die ehem. paradiesischen Inseln in ein radioaktives Militär-Inferno (Raketenziel!) verwandelt und versuchen es durch fundamentalistische Missionare in Schach zu halten. Auch die demaskierende Kampagne gegen Assange (Wikileaks) (seit 2010), der in Isolationshaft psychologisch gefoltert wird, weil er Staatsverbrechen aufdeckte sowie Snowden und der Wahlkampf Biden vs. Trump (2020) mit der Erstürmung des Kongresses sprechen eine deutliche Sprache. Wie heißt es in der Bibel, auf die man sich ständig beruft: *"Die Wahrheit wird Euch frei machen!"* (Joh. 8, 32).

Ein Land mit der höchsten Kriegswaffenproduktion (780 Milliarden US$; SIPRI, 2021), dem größten zivilen Waffenbesitz und dem größten Waffenexport der Welt, mit ihren über 40 Millionen Elenden (allein in New York vegetieren ca. 78.000 Obdachlose auf den Straßen), einer Plutokratie von ca. 500 Familien, dem Raubbau an Natur (Waldbrände, Hochwasser, Umweltkatastrophen) und an Menschen, einem religiösen Fundamentalismus (allein 100 Millionen Evangelikale) und dies alles auf der jüdisch-christlichen Bibel begründet? Was würde wohl Jesus Christus dazu sagen? Die USA sind auch das *„Land der unbegrenzten Unmöglichkeiten"*: da gibt es evangelikale Pastoren, die mit einem Colt bewaffnet in den Gottesdienst gehen und danach mit dem Sheriff „Sünder" einfangen und zu missionieren versuchen, da werden aufgrund laxer Waffengesetzte täglich ca. 100 Menschen erschossen, da gibt es Museen für Kreationismus, die die biblische Schöpfungsgeschichte darstellen und an ein Erdalter von nur 6000 Jahren glauben, da gibt es eine „Arche Noah" als disneyartiges Event, Hausfrauen, die in ihrer Wohnung über 30 Waffen verstecken und hochbewaffnete religiöse

Krieger, die sich gegen den Satan verteidigen wollen und das Verbot der Lehre der Evolutionstheorie Charles Darwins in vielen Bundesstaaten (vgl. 3SAT: „Bibeltreue Supermacht", 21.10.2020, 20:15-21:45). Am 11.12.2020 während der Corona-Pandemie gab es bereits 50 Millionen Hungernde in den USA, die auf öffentliche Speisungen angewiesen waren (ARD-Nachrichten, Ende 2020) und es wurden gleichzeitig 2,2 Milliarden US$ für eine äußerst fragwürdige Marsmission ausgegeben.

Betrachtet man die *Geschichte der Psychologie* in den USA, so fällt bei einer sehr großen Anzahl der bedeutenden PsychologInnen in den USA auf, dass sie eine Migrationsbiografie besitzen und ein hoher Anteil von ihnen auch zur jüdischen Minorität gehört, die mit 6,06 Millionen ca. 3% (etwa gleichgroß wie die Katholiken) der us-amerikanischen Gesamtbevölkerung ausmacht. In Lücks (2016) Darstellung der bedeutenden PsychologInnen bilden sie über 40%. Dies ist erklärungsbedürftig[73]. Sind Marginalisierte einfach bessere PsychologInnen? Oder ist das Konzept „Tikkun Olam" (Heilung der Welt, Verbesserung oder Vervollkommnung der Welt), ein Grundbegriff der jüdischen Spiritualität dafür verantwortlich zu machen. Es findet sich bereits im frühen rabbinischen Judentum, ist aber auch für viele sozialethische Entwürfe des modernen Judentums zentral und erscheint im täglichen Aleinu-Gebet.

TAB. 23   ZEITTAFEL ZUR GESCHICHTE DER PSYCHOLOGIE IN DEN USA

vor 1492	lebten in Nordamerika ca. 9,8 bis 12,3 Millionen Indigene (vgl. B. Ribeiro, 1983:30; Denevan, 1992; Carneiro da Cunha,1992:14)
Ca. 1600-1825	Insgesamt werden von 1600 bis 1825 insgesamt etwa 360.000 schwarzafrikanische Sklaven und Sklavinnen ins britische Nordamerika importiert; zwischen 1751 und 1775 jährlich ca. 4700; um 1800 leben in den USA ca. 1 Mio. und um 1860 ca. 4 Mio Sklaven (vgl. Flaig, 2011); Rassismus ist der Sklaverei inhärent
1688	Die Mennoniten-Gemeinde Germantown in Pennsylvania drängt in einer Petition darauf die Sklaverei zu ächten
1739	Die Quäkergemeinden lehnen die Sklaverei ab
1780	nach dem Emanzipationsgesetz von Pennsylvania sollte die Sklaverei innerhalb von 28 Jahren verschwinden
1827	In New York wird per Gesetz verboten, Geisteskranke in Gefängnisse oder Besserungsanstalten zu sperren

---

[73] vgl. bereits: Reik, Th. : Wie man Psychologe wird. Wien: Internat. Psychoanalytischer Verlag, 1927

1838	„Internierung" von 12.000 Cherokee vor ihrer großen Umsiedlung, dem „Zug der Tränen", der 25% von ihnen das Leben kostete (vgl. La Farge, 1969:29); weitere Vernichtungskriege gegen die „Indianer" folgten
1840	Nach Pongratz (1984:19) wurde der Begriff *„psychology"* von dem Heidelberger Professor für Metaphysik *Friedrich August Rauch* (1806-1841), der aus politischen Gründen in die USA ins Exil ging, im angelsächsischen Sprachbereich eingeführt. *Rauch* publizierte in den USA ein Buch mit dem Titel „ Psychology or a view of the human soul including anthropology" (1840). *Rauch* war Personalist („Person als Zentrum des Menschen und der Natur") und Psychologie bezog sich bei ihm auf eine höhere Sphäre, nämlich auf die komplexeren geistigen Zustände und Vorgänge (vgl. Roback, 1970:122). Das Wort „psychology" trat allmählich an die Stelle der bis dahin üblichen englischen Benennungen: „mental philosophy", „intellectual philosophy" etc.
1840	Anstaltsleiter psychiatrischer Einrichtungen sprechen von 90% Heilerfolgen (vgl. Deutsch, 1944)
1844 Medical	13 Klinikleiter schließen sich zur „American Association of Superintendent of Insane Asylums" (später „American Psychiatric Association", APA) zusammen; Verbesserung der Lebensbedingungen psychisch Kranker
1849	*Redfield, J. W.* : Outlines of a new system of physiognomy. N.Y.
1854	*Thoreau, H. D. (1817-1862):* Walden; or life in the woods; Erfahrungen in der freien Natur; ein früher „Grüner"!
1861-1865	Sezessionskrieg zwischen Nord- und Südstaaten (Konföderierte)
1863	am 1. Januar proklamiert *Lincoln* die Befreiung aller Sklaven; der 13. Verfassungszusatz verbietet die Sklaverei für immer
1865	In den Südstaaten wird nach dem verlorenen Bürgerkrieg eine „Segregation der Rassen" errichtet, die bis in die 60er Jahre des 20. Jh.s weiter besteht.
1875ff	33 amerikanische Studenten promovieren in Leipzig bei *W. Wundt*

1877	*Mary Baker-Eddy* (1821-1910) gründet die „Christian Science", die auf dem System der „mind cure" von Phineas Pankhurst Quimby aufbaut; viele Krankheiten beruhen hiernach auf Einbildung; Suggestion und Persuasion
1879	*Stanley Hall* (1844-1924) besucht *W. Wundt* in Leipzig
1888	*William James* (1842-1910): „What is an emotion?"; James-Lange-Gefühlstheorie
1890	Der Wundtschüler (prom. 1886 in Leipzig) *J. McKeen Cattell* (1860-1944): „Mental tests and their measurements"; 1. Psychol. Laboratorium in den USA (1887); 1. Lehrstuhl für Psychologie (1887)
1890	*W. James*: „Principles of psychology" (2 vol.s); „stream of consciousness"
1892	Auf Einladung von W. James geht *Hugo Münsterberg* (1863-1916) in die USA (Harvard); er hatte 1891 ein privates psychologisches Laboratorium in Freiburg/Brsg. gegr.; er gilt als einer der Begründer der Psychotechnik (W. Stern, 1903) und Wirtschaftspsychologie; Eignungstest für Straßenbahnführer (1910); apparative Psychodiagnostik; zweibändige völkerpsychologische Studie „Die Amerikaner" (1904)
1896	Der Wundtschüler (Dr. phil. 1892) *Lightner Witmer* (1867-1956) gründet die erste „psychological clinic" (University of Pennsylvania) für Kinder; auch die Begriffe „clinical psychology" und „clinical method" stammen von ihm; multidisziplinäres Klinik-Team; Zeitschrift „The Psychological Clinic" (1907); Witmer Cylinder Test; „Analytical Psychology. Presenting the facts and principles of mental analysis" (1902)
1902	*W. James*: „Varieties of religious experience"; Religionspsychologische Vorlesungen
1904 und 1906	*Pierre Janet* macht Vortragreisen in den USA
1907	*W. James*: „Pragmatism"
1908	*Clifford Beers* (1876-1943): „A mind that found itself"; Bericht über entsetzliche Psychiatrieerfahrungen; Begründung der Psychohygiene-Bewegung
1908	„National Committee for Mental Hygiene" gegr.
1909	*Sigmund Freud, C.G. Jung* und *Sandor Ferenczi* halten auf Einladung von *Stanley Hall* an der Clark Universität Vorträge

1911	*Ernest Jones* gründet die „American Psychoanalytical Association" *Abraham A. Brill* und *Horace Frink* gründen die „New York Psychoanalytical Society"
1911	*Edward Lee Thorndike* (1874-1949): „Animal intelligence"; Law of effect; Problemkäfig-Versuche (puzzle box); trial and error-Lernen
1913	*John Broadus Watson* (1878-1958): „Psychology as the behaviorist views it" (Psychological Review, 20, p. 158-177); Gründung des Behaviorismus; objektiv beobachtbares Verhalten alleiniger Forschungsgegenstand der Psychologie; Psychische Erkrankung durch Konditionierung erworben: Der (ethisch bedenkliche Fall): „Der kleine Albert"; absolute Bildbarkeit des Menschen
1913	*White* und *Jelliffe* gründen die Zeitschrift „Psychoanalytic Review"
1916	*Lewis Madison Terman* (1877-1956): „The Stanford Revision of the Binet-Simon tests" (Boston)
1920ff	Zu *S. Freud* in die Analyse nach Wien kommen u.a. die Amerikaner: A. Stern, Cl. Obendorf, H. Frink, M. Meyer, L. Blumgart, J. Wortis, A. Kardiner, R. Grinker, R. Mack-Brunswick
1921	Tusla race massacre (31. Mai-1. Juni): ca. 300 Afroamerikaner werden getötet und ca. 8000 obdachlos
1922	*J. Dewey* (1859-1952): „An introduction to social psychology"
1922	*Elton Mayo* (1880-1949) emigriert in die USA; Hawthorne Studien (1927); Human-Relations-Bewegung (1922-1955)
1923	Die „American Psychiatric Association" (APA) wird gegründet
1924	*F. H. Allport* (1890-1978): „ Social psychology"; „Institutional behavior" (1933)
1925ff	verstärkter Einsatz mathematischer Statistik in der Psychologie (z.B. R.A. Fisher, J. Neyman, E.S. Pearson, A. Kolmogoroff u.a.)
1925	*Jacob Levy Moreno* (1889-1974) wandert in die USA aus; Stegreiftheater; Psychodrama; Soziometrie; Soziogramm; Gruppenpsychotherapie, „Who shall survive?" (1935)

1929	*Edwin Garrigues Boring* (1886-1968): „History of Experimental Psychology"; „big man"-Historiografie
1932	Das „Psychoanalytic Quarterly" wird gegr.
1933-1945	Nach der Machtergreifung der Nationalsozialisten emigrieren viele Psychoanalytiker und Psychologen (z.B. W. Köhler, K. Lewin, M. Wertheimer, W. Stern, K. und Ch. Bühler, F. Heider, H. Werner) aus dem deutschsprachigen Raum in die USA (vgl. Peters, 1992; Stubbe, 2012; Lück, 2016)
1933	*Kurt Lewin* (1890-1947) emigriert in die USA; Feldtheorie; Gruppendynamik; Führungsstile (1937/38); Aktions- und Handlungsforschung
1934	*G. H. Mead* (1863-1931): „Mind, self, society"
1935	*Wolfgang Köhler* (1887-1967) emigriert in die USA nach einem Protest gegen die Entlassungspolitik der NSDAP (Deutsche Allgem. Ztg., 28.4, 1933); Gestaltpsychologie; Teneriffa-Experimente (1914ff); Isomorphie-Prinzip
1935	*Alfred Adler* (1870-1937) lebt in New York im Exil
1937	*G. Murphy* (1895-1979): „Experimental social psychology"
1937	*R.B. Cattell* (1905-1998): „A guide to mental testing"; Factor analysis for the life sciences" (1952); „The meaning and measurement of neuroticism and anxiety" (1961); Eugeniker, 1937 lobte er die Rassengesetze der Nationalsozialisten; Sixteen Personality Factor Questionnaire (16PF)
1937	*T. Parsons* (1902-1979): „The structure of social action"; „Essays in sociological theory" (1949); in Heidelberg promoviert
1937	*A. Anastasi* (1908-2001): „Differential psychology"
1937	*Gordon Willard Allport* (1897-1967): „Personality: A psychological interpretation."
1938	*B.F. Skinner* (1904-1990): „The behavior of organisms"; Skinner-Box; Verstärkung (reinforcement), Löschung; radikaler Behaviorismus; erste Lernmaschinen (1953); token economy
1939	*A. Kardiner* (1891-1981): „The individual and his society"; Kultur und Persönlichkeits-Forschung

1939	*G.H. Thomson* (1881-1955): „ Factorial analysis of human abilities"
1939	*Steinbeck, J*: The grapes of wrath" (Verfilmung: J. Ford, 1940); Nobelpreis 1962
1940	*O. Klineberg* (1899-1992): „Social psychology"; Brasilienaufenthalt
1941	*G. Zilboorg & G. W. Henry*: „A history of medical Psychology" (NY)
1942	*G.W. Allport*: „The use of personal documents in psychological science"
1943	*Abraham Maslow* (1908-1970): „A theory of human motivation" (Psychol. Review, 50); Bedürfnishierarchie; Selbstverwirklichung; humanistische Psychologie
1944	*A. Deutsch*: „The history of Mental Hygiene"
1944	National Congress of American Indians
1946	erste Versammlung der „Society of the Experimental Analysis of Behavior"; „Journal of Experimental Analysis of Behavior" (1948)
1947	*Virginia Axline*: „Play therapy" (dt. Kinderspieltherapie); nichtdirektive, kindzentrierte Spieltherapie
1948	*M. Sherif* (1906-1988): „ An outline of social psychology"
1949	*M. J. Herskovits* (1895-1963): „Cultural anthropology"; „The american negro" (1928), Kulturrelativismus
1949	*Muzafer Sherif* führt seine Ferienlager-Experimente durch (ebenso 1953, 1959); Gruppenkonflikte und ihre Lösung
1950	*D. Riesman* (1909-2002):„The lonely crowd"; traditions-, innen- und außengeleitete Gesellschaften; Gefahren des Konformismus
1950	*E.H. Erikson* (1902-1994):"Childhood and society" (NY); Entwicklungstheorie: 8 Lebensalter; Psychohistorik (Luther, Gandhi, Hitler); Identitätsproblematik

1951	*Carl Rogers* (1902-1987): „Client-centered therapy" (Boston); nicht-direktive Gesprächstherapie; erste Tonbandaufnahmen von Therapiegesprächen; Gesprächskontrollen; klientenzentrierte Haltung des Therapeuten: Empathie, Wertschätzung, Kongruenz; encounter-Gruppen; „fully functioning person"
1952	*A. A. Roback* (1890-1965): „History of American Psychology"; „History of Psychology and Psychiatry" (1961)
1952	*A.L. Kroeber* (1876-1961): „The nature of culture"
1955	*Solomon E. Asch* (1907-1996) führt seine Konformitäts-Experimente durch; Kleingruppenforschung
1957	*Martin Buber* (1878-1965) bereist die USA; „Ich und Du" (1923); jüdische Religionsphilosophie; Diskussion mit Rogers
1957	Der Lewin-Schüler *Leon Festinger* (1919-1989): „A theory of Cognitive dissonance"
1958	*Ch.E. Osgood*: „Measurement of meaning"
1958	*Fritz Heider* (1896-1988): „The psychology of interpersonal relations" (NY); Attributionstheorie
1960	*F.M. Keesing:* „Cultural anthropology"
1960/63	*Stanley Milgram* (1933-1984) führt die „Gehorsamkeits-Experimente" durch; „Obedience to authority" (1974)
1961	Boring, E.G.: The beginning and growth of measurement in pychology. Isis, LII, p. 238-257
1961 ff	*Albert Bandura* (*1925) führt seine „Bobo-doll-Experimente" durch; Beobachtungslernen; soziales Lernen; (partizipierendes) Modelllernen
1962	Die „American Association of Humanistic Psychology" wird gegründet; als „dritter Weg" neben Psychoanalyse und Behaviorismus; Mitglieder: *Abraham Maslow, Carl Rogers, Charlotte Bühler, Rollo May* etc.; Streben nach Selbstverwirklichung, Sinnfindung, Ganzheitlichkeit menschlicher Erfahrung, Humanisierung der Arbeit, Bildung etc.
1966	*F. C. Redlich & D. X. Freedman*: „The theory and practice of psychiatry"; vorbildliches Psychiatrie-Lehrbuch
1968	American Indian Movement

1968	*Wellek, A.*: The impact of the German immigration on the development of American psychology. Journal of the History of the Behavioral Sciences, 4, p.207-229
1969	*Mandler, J. M. & Mandler, G. :* The diaspora of experimental psychology: The gestaltists and others. In: The intellectual migration: Europe and America, 1930-1960. Cambridge/Mass., p.371-419
1969	*Paul Watzlawik* (1921-2007): „Human communication"; „Anleitung zum Unglücklichsein" (1983)
1971	*Philip G. Zimbardo* (*1933) beginnt mit den „Stanford-Gefängnis-Experimenten"; Deindividualisierung; „The Luzifer-Effekt" (2007/08); Zivilcourage
1975	*Mihaly Csikszentmihalyi* (*1934) entwickelt sein Konzept des „Flow", intrinsische Motivation; experience sampling method (ESM); positive Psychologie
1979	*Daniel Kahnemann* (*1934) entwickelt seine „Prospect Theory"; Nobelpreis (2002)
1981	*Stephen Jay Gould*: „The mismeasure of man"; Kritik der Rassenanthropologie in den USA, des „angeborenen" IQ, der Army α- und β-Tests etc.
1987	Der Anthropologe *Marvin Harris* legt in seinem Werk „Cultural Anthropology" eine umfassende Analyse der us-amer. Gesellschaft vor (Kap. 16)
1992	*James H. Capshew* gibt eine Übersicht über die Geschichte der experimentalpsychologischen Laboratorien in den USA (Amer. Psychologist, 1992:132-142)
1997	*W.G. Bringmann* et al.: „A pictorial History of Psychology" (Chicago)
2016	*H.E. Lück* : „Die psychologische Hintertreppe. Die bedeutenden Psycholoýinnen und Psychologen in Leben und Werk" (Freiburg/Brsg.)
2020	ca. 1,9 Mio Indigene („Indianer") leben im Land, teilweise diskriminiert in Reservaten

Quellen: American Psychologist, vol. 47, 1992; Kivits, 1994; Bringmann et al., 1997; Lück, 2016

Zur Geschichte der Psychoanalyse in den USA

Eine Fülle von informativen Monografien über die Geschichte der einflussreichen Psychoanalyse in den USA liegt bereits vor. Roudinesco & Plon (2004:1091) heben zu Recht hervor:

> „Die bedeutendsten Strömungen des Freudianismus sind in den Vereinigten Staaten entstanden, die Ich-psychologie, der Annafreudianismus, die Selbst-Psychologie, der Neofreudianismus, der Kulturalismus sowie zahlreiche Formen der Psychotherapie, seien sie nun von der Wiener Theorie inspiriert oder nicht: Gestalttherapie, Familientherapie, direkte Analyse, Transaktionsanalyse usw. Hinzu kommt noch die durch die Schule von Chicago vertretene Strömung um Franz Alexander und die Psychosomatische Medizin. Selbst die großen europäischen Dissidenten der psychoanalytischen Bewegung emigrierten in die Vereinigten Staaten, wie z.B. Karen Horney, Wilhelm Reich, Otto Rank oder Erich Fromm."

Die Autoren beklagen jedoch, dass drei große Strömungen in den USA fremd geblieben sind (Roudinesco & Plon, 2004:1091): die Unabhängigen (Group of Independence), der Kleinianismus und der Lacanianismus.

Zur Kritik der Psychologie

Die in der westlichen Welt dominante Psychologie der USA, in der nur 5% der Weltbevölkerung leben, hält sich für eine internationale Wissenschaft. *"International"* gibt hierbei aber fast immer nur "den Grad der Orientiertheit an der eigenen, angloamerikanischen bzw. nordamerikanischen Psychologie des Zentrums" an, die jedoch ihrerseits ebenfalls als ausgesprochen ethnozentrisch eingestuft werden muss. So charakterisiert z.B. *Quekelberghe* (1991) in seiner "Klinischen Ethnopsychologie" die us-amerikanische Psychologie sehr klar folgendermaßen:

> "Allein zu wissen, daß gut 90% der US-Psychologen der 'weißen oberen Mittelschicht' angehören, kann den Verdacht hochkommen lassen, daß die US-Psychologie eng mit den Kulturwerten, -traditionen und -vorstellungen dieser breiten, meinungsführenden Bevölkerungsschicht verbunden ist. Solange an der Auffassung festgehalten wird, daß Psychologie - ähnlich wie Chemie oder Physik- mit universellen, kulturunabhängigen Gesetzen menschlichen Verhaltens und Erlebens zu tun hat, mag es vollkommen uninteressant sein, ob US-Amerikaner, Inder oder Gabuner eine dominante Stellung in der internationalen Psychologie einnehmen. Wenn aber Psychologie bzw. ihr Gegenstand in vielfältigen Hinsichten mit Kulturellem verflochten ist, muß wohl eine weltweite Bindung der Psychologie an Normen, Werte oder Kriterien einer einzigen Kultur- so erfolgreich und dominant sie auch sein mag- enorme Auswirkungen auf Ausbildung, Forschung und Beruf haben" (Quekelberghe, 1991:35f).

Auch die Afroamerikanistin *Graham* (1992) konnte z.B. aufgrund einer sorgfältigen Inhaltsanalyse der wichtigsten APA-Zeitschriften klar herausarbeiten, dass die "schwarze Bevölkerung" (African Americans) der USA im Zeitraum von 1970 bis 1989 in empirischen Forschungen in immer geringerem Maße repräsentiert ist, so dass von einer "Marginalisierung" der "African Americans" in der psychologischen Forschung der USA gesprochen werden kann. Für die nordamerikanischen Indigenen, die teilweise in „Reservate" abgeschoben werden, gilt dies in noch extremerem Maße.

Wenn man sich an die Ergebnisse des "rassendiskriminierenden" Army Alpha und Beta-Test oder den Immigration Act (1924) erinnert, wird einem bewusst, welche gravierenden und zerstörerischen gesellschaftlichen Folgen solch ethnozentrische psychologische Forschung, Theorie und Praxis (vgl. militärische Ausleseverfahren) haben kann (vgl. z.B. Gould, 1999; Shiraev, E., 2015:330f). Sie spiegelt nur allzu deutlich die jeweiligen diskriminierenden gesellschaftlichen Verhältnisse wider.

Aus der Peripherie haben Psychologen der „Dritten Welt" verschiedentlich die Psychologie des Zentrums einer herben Kritik unterworfen, die aber selten gehört und noch seltener beherzigt wird. So schreibt der bekannte mexikanische Psychologe *Diaz-Guerrero*:

> "Womöglich ist der durchschnittliche nordamerikanische Psychologe - trotz seiner riesigen Ressourcen und seines höchsten Niveaus an technischem Training - viel ethnozentrischer und provinzieller als andere Psychologen. Dies kann man z.T. auf den Isolationismus und die Machtblindheit der US-Psychologie zurückführen." (Diaz-Guerrero,1977:935)

Er betonte auch schon 1977, dass keine der drei Hauptströmungen der aktuellen nordamerikanischen Psychologie (Psychoanalyse, Behaviorismus, und Humanistische Psychologie) Universalität beanspruchen könne.

Der indische Psychologe *Sinha* (1984, 1986), der sich mit der Frage auseinandersetzt, ob „Entwicklungsländer" Psychologie überhaupt benötigen, kommt zu dem Ergebnis, dass die Psychologie in der „Dritten Welt" bisher nur eine sehr beschränkte Bedeutung erlangen konnte. Dies liege vor allem in ihrer Borniertheit als "Euro-American Product" begründet.

Aus ägyptischer Sicht hat *Abou-Hatab* (1989, 2004) die Krise der Psychologie in der „Dritten Welt" herausgearbeitet und die unilaterale Export-Import Relation, die kognitive Dependenz, die Abtrennung von der eigenen wissenschaftlich-kulturellen Tradition, die konzeptuellen Moden und Irrelevanz, die Behinderung kreativen Denkens, den Identitätsverlust und den Missbrauch der „westlichen" Psychologie in der „Dritten Welt" hervorgehoben.

Auch der englische Sozialpsychologe *Jahoda* (1973) hat mehrfach darauf hingewiesen, dass die in die sog. Dritte Welt importierte "euro-amerikanische Psychologie" die angehenden PsychologInnen dieser Länder daran hindere sich der Lösung der dringenden psychosozialen Probleme ihrer eigenen Länder zuzuwenden.

Connolly (1985), der ebenfalls die moderne wissenschaftliche Psychologie für eine typische Schöpfung der westlichen industriellen Kultur hält, schlägt für die sog. Dritte Welt eine Psychologie vor, die Forschung und Praxis eng miteinander verbindet und sich mit den Grundproblemen der "Entwicklungsländer" beschäftigt, wie z.B. Armut, Analphabetismus, Fehl- und Unterernährung, Urbanisation (Megapolisierung), Bevölkerungsexplosion, Slums, interne Migration, ethnische Konflikte, rapider sozialer und kultureller Wandel, politische und ökonomische Instabilität, Kriege etc. (vgl. Nohlen, 1989, 1992, 2000; Opitz, 1991; Stubbe, 2012). Er fordert außerdem zu Recht, dass PsychologInnen in der „Dritten Welt" in enger Zusammenarbeit mit anderen Sozialwissenschaftlern überschaubare "Technologien" entwerfen und anwenden sollten. *Connolly* macht auch darauf aufmerksam, dass die Implantierung der westlichen Werte und Normen ein kulturdestruktiver Prozess ist und der Psychologie deshalb auch eine wichtige Funktion zur Pflege und zum Schutz der eigenen Tradition gegen eine allzu mächtige industrielle westliche Monokultur zukomme.

Am Schluss ergeben sich die Fragen: Was hat die us-amerikanische Gesellschaft veranlasst der Psychologie und Psychoanalyse eine solch große Bedeutung und Förderung zukommen zu lassen? Was hat die Psychologie zur Lösung der bis heute existierenden interethnischen Konflikte („Rassenprobleme") beigetragen (vgl. Relevanzproblem)?

Folgende Hypothesen lassen sich formulieren:

- Psychologie fördert die Entwicklung der Konsumgesellschaft
- Durch Psychologie lässt sich Macht und Kontrolle über Menschen ausüben
- Psychologie kann bei der Lösung sozialer Konflikte in einem „melting pot" helfen
- Psychologie fördert eine kapitalistische Wirtschaftsordnung
- Psychologie verspricht Heilung einer „kranken Gesellschaft"

Was *Friedrich Dürrenmatt* (1962) in seiner Komödie „Die Physiker" sagt, kann man getrost auch auf die Psychologie übertragen:

> „Das Ziel ist der Fortgang der Physik. Sie wollen ihr die Freiheit bewahren, Kilton, und streiten ihr die Verantwortung ab. Sie dagegen, Eisler, verpflichten die Physik im Namen der Verantwortung der Machtpolitik eines bestimmten Landes." (Dürrenmatt, 1962, 2. Akt)

Seit ca. 150 Jahren wird wissenschaftliche, akademische Psychologie in den USA und in vielen westlichen Universitäten betrieben. Haben sich die Gesellschaften, die Menschen dadurch gebessert, sind sie vernünftiger, einsichtiger, gerechter, friedfertiger, toleranter und menschlicher geworden? Die beiden verheerenden Weltkriege, die Konzentrationslager, der Holocaust, die Bombardierung von Großstädten, die Atombombenabwürfe, der Vietnamkrieg, der weltweite Hunger und die Armut sprechen eigentlich dagegen (s. unten: Im Schattenreich der Psychologie; Bibliografie).

Quamquam animus meminisse horret, incipiam.

Vergil, Aeneis, II, 12

Nichts ist erregender als die Wahrheit.

Egon Erwin Kisch, der „rasende Reporter"

Denn die Einen sind im Dunkeln

Und die Anderen im Licht.

Und man siehet die im Lichte

Die im Dunkeln sieht man nicht.

Berthold Brecht, Dreigroschenoper

Wende Dich der Sonne zu,

dann fällt der Schatten hinter Dich.

Afrikanisches Sprichwort

Im Schattenreich der Psychologie

Einführung:

Nachdem oben die vielen Lichtseiten der Psychologie weltweit dargestellt wurden, sollen jetzt die Schattenseiten – auch aus deutschsprachiger Sicht - beleuchtet werden (vgl. z.B. Dwardes, M. (1977): The Dark Side of History. New York: Stein and Day). Ein schmerzliches Kapitel! Es handelt sich hier jedoch nicht um Psychologiefeindschaft d.h. um eine antipsychologische Einstellung wie latenten Antisemitismus (viele PsychologInnen waren bekanntlich jüdische Gelehrte), auch nicht um die mit der Unmündigkeit des Menschen verbundene Angst, vor Fragen nach sich selbst (gnothi seauton!) oder auch nicht um ein aufklärerisches Misstrauen gegenüber Emotionen und Träumen als Störungen der Ratio (vgl. Bonin, 1983:S.7ff). Gemeint sind ebenfalls nicht die „Abwege" („abuses" im Original) der Psychologie von denen *Hans-Jürgen Eysenck* (1916-1997) 1953 sprach, wenn er den heute über 150 verbreiteten Psychotherapien und namentlich der Psychoanalyse die Wissenschaftlichkeit und Effizienz absprach und nur in der Verhaltenstherapie eine sinnvoll anwendbare Wissenschaft sah (vgl. zu Eysenck: Billig, 1981:91f; Hirsch, 1989).

Die Lage der Psychologie weltweit ist zwar ernst, aber nicht hoffnungslos, wie letzteres der Leipziger Neurologe und Psychopathograf *Paul Julius Möbius* (1853-1907) in seiner auch heute noch aktuellen Schrift „Die Hoffnungslosigkeit aller Psychologie" (1907) behauptete. Er führt u.a. als Kritikpunkte an: Introspektion als empirische Grundlage, Begrenztheit der Beobachtungsmöglichkeiten, Problematik der Tierpsychologie, metaphysikalischer Charakter der Hypothesen und Schlüsse, materialistische und idealistische Ansichten, Problematik unbewusster Seelenvorgänge. Möbius wurde auch durch seine frauenfeindliche, die misogyne Einstellung der damaligen Gesellschaft und Wissenschaft (wie auch Psychologie) widerspiegelnde Schrift „Der physiologische Schwachsinn des Weibes" (1900), weltbekannt (vgl. Steinberg, 2005).

In seiner noch heute lesenswerten „ Critique des fondements de la psychologie" (1928) (dt. Kritik der klassischen Psychologie. Köln, 1974; Nachwort: Fr. Steiffeler, S.113-133) hat der von den Deutschen während der Besatzungszeit in Frankreich ermordete ungarisch-jüdische Philosoph *Georges Politzer* (1903-1943) eine „konkrete" bzw. Alltagspsychologie gefordert, die bis heute stark vernachlässigt wird (s. Bibliografie). Es handelt sich somit um einen Lösungsversuch der „Krise der Psychologie" (Bühler) (vgl. Streiffeler, 1974:116ff). In seinem Büchlein finden sich u.a. luzide Ausführungen zu einer falsch verstandenen Exaktheit in der Psychologie (I. Teil, IX. Kap.), ein Aufweis der Verwandtschaft von traditionell-philosophischer und physiologischer Psychologie, sowie eine Kritik der Psychoanalyse.

> „Die Allgemeine Psychologie traditionellen Stils trägt – insofern sie nicht vom Drama ausgeht – zunächst nichts zur Kenntnis des spezifisch Individuellen bei; insofern ist sie ‚abstrakte Psychologie', und die Irrelevanz vieler ihrer Ergebnisse läßt sogar den Spott, den Politzer über ihr ausgießt, als nicht ungerechtfertigt erscheinen." (Streiffeler, In: Politzer, 1974: 125f).

Die angewandte Psychologin und Schweizer Psychotechnikerin (mit einer Migrationsbiografie) *Franziska Baumgarten-Tramer* (1883-1970) schreibt 1948:

> „Die soziale Verantwortung, die auf einem Psychologen lastet, nämlich aus seiner Erkenntnis der menschlichen Seele objektive Folgerungen zu ziehen, ist bei den deutschen Psychologen nicht zu finden. Sie haben daher in schweren Zeiten der Menschheit völlig versagt." (Baumgarten, 1948:400; zit. nach Lück, 2016:240)

Dieses hellsichtige Zitat, das hier auf die Psychologie und ihre Vertreter im „Dritten Reich", einer nationalsozialistischen Diktatur, gerichtet ist, lässt sich jedoch auch auf andere nationale Psychologien und Zeitereignisse anwenden.

Es ist sicher auch nicht zufällig, dass der ab 1937 in Deutschland (über-)lebende indische Sozialpsychologe *Kripal S. Sodhi* (1911-1961) im Nachkriegsdeutschland auf dem 19. Kongress der Deutschen Gesellschaft für Psychologie (1953) ein kritisches Referat über die Situation der westeuropäischen Sozialpsychologie hielt (vgl. Lück, 2016).

Andere Kritiker der Psychologie wie *Arthur Koestler* (1905-1983) sprachen von der „Armut der Psychologie" (1965, 1980), eingeklemmt „zwischen Couch und Skinner-Box". Der Mensch wird hier „als Opfer des (vergeblichen) Versuchs, irrationalem Verhalten mit rationalen Methoden beizukommen" beschrieben.

Die *„Kritische Psychologie"*, als emanzipatorische Alternative zur traditionellen Psychologie und als einer Psychologie vom Standpunkt des Subjekts, gegen Ende der 60er Jahre des vorigen Jahrhunderts im Rahmen der Studentenbewegung (vgl. z.B. „Kongreß kritischer und oppositioneller Psychologen" in Hannover 1969) kritisierte in Deutschland die etablierte Psychologie mit ihren positivistischen Methoden und ihrem Gegenstandsverständnis, ihrer verkehrten Abstraktheit, ihrer Intentionen auf Kalkulierbarkeit und Manipulation, ihrem Bemühen um Isolierung machbaren Verhaltens, der rigiden Ausbildungs- und Forschungsrituale und ihrem Autoritarismus und der Hierarchie in den Universitäten. Man fragte sich welche gesellschaftlichen Implikationen in den scheinbar neutral gebotenen Theorien und Modellen der Psychologie stecken. Welche Rolle spielt der Kapitalismus in Theorie und Praxis der Psychologie? Außerdem wurde die Rezeption der Marxschen Theorie der Gesellschaft (vgl. z.B. „Sexpol") intensiv bearbeitet. In einem damaligen Flyer heißt es z.B.:

> „Im Zusammenhang mit der Studentenbewegung Ende der 60er Jahre entsteht die kritische Psychologie. Politisch aktive StudentInnen kritisieren die distanzierte, lebensferne Gegenstandsbetrachtung der traditionellen Psychologie, methodische Orientierung am naturwissenschaftlichen Paradigma, die Kausalverkürzungen in ihren Erklärungsmustern und die Ausblendung ihrer gesellschaftlichen Bezüge. Mit dieser Kritik im Hinterkopf, beginnen viele StudentInnen, in gesellschaftlichen Randgruppen – mit Obdachlosen und Psychiatrisierten, in Kinderläden und Knastgruppen – zu arbeiten. Sie sammeln dort Erfahrungen, die einen lebendigen Kontrast zu den Theorien, Daten und Fakten darstellen, mit denen sie im Studium gefüttert werden. Aus diesen Erfahrungen wächst die Erkenntnis, daß die ökonomisch-materiellen Verhältnisse und die soziale Lebenswelt das Verhalten und Erleben prägen und ein Teil – wenn nicht sogar der wichtigste – des psychologischen Gegenstandes sind." (Flyer „Kritische Psychologie", ohne Ort, 1989)

Erklärungsmuster der Kritischen Psychologie werden in der Kritischen Theorie der Frankfurter Schule, in der Marxschen Kritik der Politischen Ökonomie sowie in der Psychoanalyse gefunden. Zugleich begann man sich im Rahmen der Kritischen Psychologie auch für die Aufarbeitung der PsychologInnen-Karrieren im „Dritten Reich" (1933-1945) zu interessieren. Die Psychologie wurde nun auch als historische Wissenschaft erkannt. Eine wichtige Rolle in dieser psychologiekritischen Bewegung spielten *Klaus Holzkamp* (1927-1995) von der FU Berlin, sowie *Klaus Jürgen Bruder* und *Peter Mattes* (vgl. Horkheimer, M. (1937/1968): Traditionelle und kritische Psychologie. In: A. Schmidt (Hrsg.), Kritische Theorie Bd.2, 1968:137-200; Jaeggi, U.: Macht und Herrschaft in der BRD. Frankfurt/M., 1969; Rexilius, 1988; Mattes, 1990:588-592; Leggewie & Ehlers, 1999:15, 24ff). Wichtig in diesem Zusammenhang ist auch der Aufsatz von *Peter Mattes* „Zur Kontinuität in der deutschen Psychologie über die NS-Zeit hinaus" (Psychologie und Geschichte, Jg.1, H.3, 1989:1-11; Staeuble, 1993:305-309; Galliker et al., 2015:255-258). So sehr diese Kritiken auch überzeugend gewesen sein mögen, waren sie dennoch zu wenig auf den Ethnozentrismus/ Rassismus der (eigenen) westlichen Psychologie gerichtet (s. unten), der übrigens überwunden werden kann.

Der Heidelberger Sozialpsychologe *Carl-Friedrich Graumann* (1923-2007) spricht in seinem Handbuchbeitrag „Sozialpsychologie: Ort, Gegenstand und Aufgabe" (1969:7) kritisch zu

Recht von der „a-sozialen Allgemeinen Psychologie" bzw. traditionellen Psychologie und meint damit

> „Personen und Handlungsweisen, die sich nicht in das Gemeinschaftsleben einfügen. Gerade dies tut jedoch die Psychologie, allem Anschein nach in einem so hohen Maße, daß ihr in unseren Tagen geradezu ein Vorwurf daraus gemacht wird; so etwa auf dem Tübinger Symposium „Psychologie und politisches Verhalten." …
>
> „In einer - sicher etwas vergröbernden – Zuspitzung: Der allgemein-psychologische Forscher nahm die soziale Person nur als Versuchsperson zur wissenschaftlichen Kenntnis. Die Folgen der damit vollzogenen Reduktion kamen der Psychologie erst relativ spät zum Bewußtsein. Die Entstehung der Sozialpsychologie im 20. Jahrhundert kann in mancher Hinsicht als die Deckung eines psychologischen Nachholbedarfs angesehen werden."
> (Graumann, 1969:7)

Verallgemeinernd kann man aus heutiger Sicht erweiternd behaupten, dass die Psychologie nicht nur *„a-sozial"*, sondern auch *„a-historisch"* und *„a-kulturell"* bzw. *„kulturlos"* ist, übrigens ein Adjektiv, das man den „primitiven Naturvölkern" in der Hochblüte des europäischen Imperialismus angedichtet hatte (vgl. z.B. Weule, 1910).

Der Experimentalpsychologe *Herbert Selg* (1971) konstatiert in den „Forschungsmethoden der Psychologie" bzgl. des Buches von Karl Bühler „Die Krise der Psychologie" (1927):

> „Die Bühlersche Einteilung (von Erlebnis-, Verhaltens- und Gebilde-Aspekt, Anm. d. Verf.) hat sich nicht so recht durchgesetzt; die englische und amerikanische Literatur hat Bühlers Anregungen so gut wie gar nicht aufgenommen. Obwohl Bühler in den dreißiger Jahren in die USA emigrierte, teilte er somit ein Schicksal, das es in der Wissenschaft nicht geben sollte: neuere Gedanken und Forschungsergebnisse aus Deutschland werden in den USA kaum zur Kenntnis genommen. In dieser Ignoranz kann eine neue Krise der internationalen Psychologie gesehen werden." (Selg & Bauer, 1971:17)

Im Jahre 1973 erscheint die von *Klaus-Jürgen Bruder* (*1941) herausgegebene „Kritik der bürgerlichen Psychologie. Zur Theorie des Individuums in der kapitalistischen Gesellschaft". Aus marxistischer Sicht werden die Konzeption des Individuums, sowie die Probleme des Verhältnisses von Psychologie und Marxismus behandelt. Bruder stellt seinen Entwurf der Kritik der bürgerlichen Psychologie vor und bestimmt die Psychophysik und Psychotechnik als doppelten Ausgangspunkt der modernen bürgerlichen Psychologie. Es ist zugleich auch ein Aufruf zu einem politisch-kritischen Handeln der Psychologinnen und Psychologen. Wir geben einige Zitate:

> „Lag Psychologie in der bei Fechner entwickelten Form sozusagen bereit für die Anwendung, so bringt Wissenschaft allein diese doch nicht aus sich selbst hervor, sondern das Kapital, bzw. dieses vermittelt über den Staat als Organisationsform der Kapitalklasse, stellt der Wissenschaft bestimmte Aufgaben, wodurch diese wiederum weiter entwickelt werden." …
>
> „Im Fall der Psychologie wurden derartige Aufgaben gar nicht zuerst einer Psychologie gestellt, wie sie bei Fechner entfaltet war bzw. so daß diese anzuwenden gewesen wäre. Vielmehr schlossen sich diese an eine andere Tradition an. Münsterberg (1912) und mit ihm die meisten Darstellungen und Lehrbücher der Psychologie datieren die Entstehung

der modernen ‚angewandten Psychologie' mit der Entwicklung der Intelligenzmessung. Schließlich erhielt Binet 1904 einen Auftrag vom französischen Unterrichtsministerium, einen ‚Test' zu erstellen, der Begabungsunterschiede festzustellen gestattet." (Bruder, 1973:109)

„Zwar sind Charakterologie und Typologie nicht nur Ausdruck der Spaltung der Gesellschaft in Klassen, sondern sollen diese Spaltung auch rechtfertigen, indem sie deren Gründe, als von der Gesellschaft unabhängige, vielmehr natürliche, im Individuum verankern." (Bruder, 1973:112)

„Psychologie als das ‚gegenständliche Dasein der Industrie' hat sich in pervertierter Form erfüllt: Praxis ist zur Verfügung geworden:" (Bruder, 1973:130)

„Am Begriff des Verhaltens konnte gezeigt werden, daß die moderne bürgerliche Psychologie vom Individuum abstrahiert, damit von allem, was das Individuum ausmacht, von seiner Geschichte, seiner Beziehung zu anderen, den grundlegenden gesellschaftlichen Bedingungen seines Lebens. Diese Abstraktion ist allerdings keineswegs beliebig, willkürlich von der Psychologie (und durch sie allein) gesetzt, sondern notwendige. Notwendig in der kapitalistischen Produktionsweise ... Deshalb die Auflösung des Individuums in Funktionszusammenhänge, Funktionen, die es im kapitalistischen Produktionsprozeß auszufüllen in der Lage ist oder sein muß." (Bruder, 1973:133)

„Trotzdem genügt es aber nicht mehr, nur ideologiekritisch die Psychologie als bürgerliche Theorie zu entlarven, denn mit der Betonung der primären Stimuliertheit menschlichen Verhaltens beschreibt sie nicht nur ein kapitalistisches Faktum, sondern auch eine, als eigene Absicht übernommene, Intention des Kapitals: das Individuum völlig zum Stimulierten zu machen." (Bruder, 1973:210f)

Neben der Stimuliertheit spielt in den westlichen Gesellschaften auch die „Betäubung" der psychischen Tätigkeit in ihren vielfachen Formen z.B. durch Lärm, psychotrope Stoffe, Rauschzustände etc. eine wesentliche Rolle.

Zu den Intensionen der Psychophysik schreibt die Wahrnehmungspsychologin *Abels* (1986) luzide:

"In einer Welt elementarer Apparaturen und Laboratorien, in denen Messungen der Reaktionszeit und der Geschwindigkeit der Nerventätigkeit die Psychologie auf einen einzigen Bereich, den der exakten Prüfung und Meßbarkeit, beschränken, meldet sich der eigene lebendige Leib in verzweifelter Verweigerung, um an die vielen existentiellen Fragen und Träume des Menschen zu erinnern." (Abels, 1986: 322; In: Rexilius & Grubitzsch: Psychologie, Reinbek, 1986)

Im englischen Birmingham erscheint im Jahre 1979 eine kleine aufsehenerregende Schrift von *Michael Billig* mit dem Titel „Psychology, Racism & Fascism" (frz. „L'Internationale rassiste", 1981; dt. „Die rassistische Internationale. Zur Renaissance der Rassenlehren in der modernen Psychologie", 1981). Billig beschreibt darin detailliert die Ursprünge der sog. Rassenwissenschaft in der Psychologie seit 1865 bei *Francis Galton* (1822-1911), *Karl Pearson* (1857-1936), einer der Väter der modernen Statistik in der Psychologie und in der sog. Londoner Schule (z.B. R.A. Fisher, Ch. Spearman, C. Burt, R. Cattell; vgl. S.45ff) mit ihrem unerschütterlichen Glauben an die überragende Bedeutung der Vererbung (S.45ff), sowie in der nationalsozialistischen Rassen-Ideologie und die Wiederkehr der sog. Rassenwissenschaft in den 60er Jahren, im „The Mankind Quarterly" (1960ff), in die „Neue Anthropologie" in Westdeutschland, und der „Nouvelle École" in Frankreich, bei *A. Jensen* (1923-2012) und *H. J. Eysenck* u.a., sowie die rassistischen Netzwerke und Zeitschriften in der westlichen Welt (S. 116ff). *Galton*, ein Vetter von *Charles Darwin* (1809-1882), verdankt die Psychologie die unheilschwangere Eugenik (1883) mit ihrer eugenischen Utopie („die wie eine Religion in das nationale Gewissen eingeführt werden muss", S. 36), die Methode der Regressionslinien (1877; später bei Pearson „Produkt-Moment Korrelation"), die Zwillingsmethode, das Galton-Brett zur Demonstration der Normalverteilung, die Galton-Pfeife mit regulierbarer Tonhöhe zur Prüfung der Hörschwelle, die Zeitschrift „Biometrika" (gegr. 1901), das erste „Mental Test-Center" (London, 1882), die Entdeckung der Synästhesie und Studien zu den Reaktionszeiten von Wortassoziationen. Andererseits war Galton auf dem Höhepunkt des viktorianischen Imperialismus und aus Angst vor Verfall und Degeneration davon überzeugt, dass die menschliche „Rasse" durch „Zuchttechniken" verbessert werden könnte. Während seiner Forschungsreise nach Südwestafrika im Jahre 1850 lernte Galton die „Eingeborenen" körperlich zu bestrafen und auszupeitschen (S. 28). Die amerikanischen „Indianer" waren seiner Meinung nach z.B. „von Natur aus kalt, melancholisch, geduldig und schweigsam und wenig menschlich". Ähnliche viktorianische Vorurteile betreffen die „Neger" etc. (vgl. S. 28f, 30). Berühmtheit und Adelstitel setzt Galton mit natürlicher Begabung gleich. Es gibt „eine größtenteils völlig unvernünftige Sentimentalität gegenüber der schrittweisen Auslöschung einer niederen Rasse" (S. 31). Die Galtonsche „Soziologie" unterteilt die Gesellschaft in die kleine Gruppe der „Erwünschten", eine große Gruppe der „Annehmbaren" und eine kleine Gruppe der „Unerwünschten" d.h. Armen, psychisch Kranken, Kriminellen, denen der Staat seine Aufmerksamkeit entziehen und sie an der Vermehrung hindern sollte (S. 34). In seiner dreibändigen Biografie über Galton behauptet sein Schüler Pearson, dass Galton ein entschiedener Gegner der Demokratie gewesen sei (S. 35). *Pearson,* der 1911 eine Professur für Eugenik (University College, London) annahm, ist vor allem auf Grund seiner mathematischen Beiträge zur Psychologie und seines Glaubens an die Wirksamkeit des Messens um zu bestimmten Wahrheiten zu kommen, berühmt geworden: z.B. Korrelationskoeffizienten, Standardabweichung, Chi-Quadrat-Test. Für ihn sind alle menschlichen Qualitäten ererbt und es existiert keine Gleichheit zwischen den Menschen einer Nation, sowie zwischen den „Rassen" (S. 39). Afrikaner sind Angehörige der „niederen Rassen" und haben bisher noch keine Zivilisation hervorgebracht. Er betont die biologischen Gefahren der „gemischtrassigen Fortpflanzung" und die „stärkere Rasse sollte die schwächere hinausjagen" (S. 40). Die Behandlung der amerikanischen „Indianer" war wissenschaftlich gesehen seiner Ansicht nach eine „korrekte Kolonisation". Die Nation soll ein „homogenes Ganzes sein, nicht ein Gemisch hochwertiger und geringwertiger Rassen".

> „Der Darwinsche Existenzkampf wurde von Pearson in einen Rassenkampf zwischen den Nationen umgewandelt." (Billig, 1981:41)

Auch antisemitische Aussagen und Untersuchungen finden sich in seinem Werk (vgl. S. 42f).

"Im 20. Jh. sollte Pearsons Version des Biologismus geläufig werden, mit seiner Betonung auf rassischer Reinheit, der Notwendigkeit des Kriegführens, dem Kampf zwischen Rassen und der Verachtung für Demokratie" (Billig, 1981:44).

„Die Eugeniker hatten in den Vereinigten Staaten weitaus mehr Erfolg gehabt als in Großbritannien. Mit der Unterstützung führender amerikanischer Vererbungspsychologen erließen zwischen 1911 und 1930 24 amerikanische Bundesstaaten Gesetze zur Sterilisierung sozial ‚Nichtangepaßter', und 30 Staaten erließen Gesetze, die gemischtrassige Heiraten einschränkten. Der größte Triumpf der eugenischen Bewegung in den USA war die Verabschiedung des Einwanderungsgesetzes von 1924, das die Einreise von ‚rassisch Minderwertigen' einschränken sollte" (Billig, 1981:49) (vgl. auch Gould, 1999, Thode-Arora, 1999).

Die *Rassenideologie der Nationalsozialisten* und ihre Verbindungen mit der Rassenhygiene und -psychologie, sowie Wehrpsychologie sind vielfach systematisch bearbeitet worden (vgl. z.B. Boder, 1942; Enzyklopädie des Nationalsozialismus, 1997; Graumann, 1985; Lück, 1991:13-16; Bedürftig, 1998; Stubbe, 2012:528-531). *Billig* weist zu Recht darauf hin, dass das Rassendenken in Deutschland nicht eine nationalsozialistische Erfindung war, sondern sich in Europa bereits im 19. Jh. und beginnenden 20. Jh. findet (z.B. Carus, 1849; „Gesellschaft für Rassenhygiene", 1905; H. F. K. Günther: „Rassenkunde des deutschen Volkes", 1922; vgl. Mosse, 1990), die „Rasse" aber in der Nazi-Ideologie als die wichtigste Determinante in der individuellen, nationalen und weltgeschichtlichen Entwicklung angesehen wurde (s. oben).

Hans-Jürgen Eysenck (1916-1997) ging bereits in seinen Büchern „Race, intelligence and education" (1971) und „The inequality of man" (dt. 1975) auf die rassistischen Thesen des amerikanischen Psychologen *A. Jensen* ein, der die Meinung wie schon zu Zeiten der us-amerikanischen Armee-Tests vor dem I. WK. (1914-1918) (vgl. Gould, 1999:212-258) vertrat, dass der durchschnittliche IQ der Afro-US-Amerikaner ca. 15 Punkte unter dem der Weißen liege und dass diese Differenz angeboren sei d.h. er konstatierte eine angeborene intellektuelle „Minderwertigkeit" der Afroamerikaner. Eysenck und Jensen vertraten die Meinung, dass 80% der Varianz bei den IQ-Werten das Ergebnis von Vererbung sei (S. 78).

„Für die Faschisten waren Jensens und Eysencks Schriften die Rechtfertigung für ihre rassistischen Anschauungen" (Billig, 1981:73).

Billig hat ausführlich die wissenschaftliche Kritik an diesen gefährlichen, menschenfeindlichen Auffassungen zusammengetragen (vgl. S. 75-83). Wie konnte ein Mann wie Eysenck, der selbst aus „rassistischen" Gründen Deutschland verlassen musste, solche abstrusen Thesen vertreten? (zu Eysenck, vgl. Axel Hirsch (Hrsg.) (1989): Rechte Psychologie. H.J. Eysenck und seine Wissenschaft. Heidelberg)

In seiner Schrift „Kritik der Psychologie. Das moderne Opium des Volkes" (2006) spricht *Albert Kröll* u.a. über den „Psycho-Boom", „die „herrschaftsdienliche Sehnsucht nach einem gesetzmäßig funktionierenden Staatsbürger-Willen", „den Freudschen Seelenapparat: eine haltlose Konstruktion mit fragwürdiger Funktion", „die triebökonomische Neuauflage von Hobbes Staatsableitung", „die triebökonomische Legitimation des Krieges", „den autoritären Charakter als Funktionsbedingung des Faschismus", „den Faschismus als Dienstleistung am seelischen Untertanenbedürfnis", „den Behaviorismus als Gegenstand der humanistischen

Feindbildpflege", die „sozialpsychologische Fehlerklärungen der Ausländerfeindlichkeit", „die gesellschaftlichen Leistungen der Psychotherapie" etc.

Aus der Sicht der „Psychologischen Anthropologie" hat dann *Hannes Stubbe* (2005, 2012) schließlich eine Kritik an der sog. westlichen Psychologie formuliert (s. unten).

Wahrscheinlich gilt aber auch für die Psychologie der Zukunft ebenfalls das „Prinzip Hoffnung" (Bloch), denn wie schon *Heraklit* (um 500 v. Chr.) in seinen philosophischen Sprüchen (nach einer Übers. von H. Diels, 1957: 26) erkannte:

> „Der Seele Grenzen kannst Du im Gehen nicht ausfindig machen, und ob Du jegliche Straße abschrittest; so tiefen Sinn hat sie."

Es stehen für die Psychologie der Zukunft also noch viele lichtreiche Wege offen.

Einblicke in das Schattenreich der Psychologie

Die obigen Ausführungen haben deutlich gezeigt, dass die Psychologie weltweit seit Jahrtausenden aktiv betrieben wird und dies teilweise sogar in den ärmsten Ländern auf der Erde z.B. in Mosambik (vgl. Efraime Junior, 2007, 2021; Stubbe, 2008; s. Bibliografie), in Nepal (vgl. Loch, 1995: 79-98) oder in Ost-Timor (vgl. Loch, 2006). Aber „wo viel Licht ist, ist starker Schatten", sagt *Goethe* im „Götz von Berlingen" (1773, 1. Akt). Es geht den Psychologen zwar noch nicht so wie den Physikern:

> „Unsere Wissenschaft ist schrecklich geworden, unsere Forschung gefährlich, unsere Erkenntnis tödlich"
>
> „Alles Denkbare wird einmal gedacht."
>
> „Was wir denken, hat seine Folgen." (Fr. Dürrenmatt, Die Physiker, 2. Akt, 1962),

aber auch die moderne Psychologie hat viele Schattenseiten aufzuweisen. In tropischen Regionen ist der Schatten wohltuend, in kühleren eher unangenehm. In der analytischen Psychologie *C. G. Jungs* versteht man unter *„Schatten"* denjenigen Persönlichkeitsanteil, den ein Mensch vor sich und den anderen zu verbergen sucht (vgl. Müller & Müller, 2003:367ff). Auf die Psychologie als Wissenschaft angewendet handelt es sich vor allem um ihre negativen Aspekte, die „hinter ihrem Rücken" böse Streiche spielen können und zur Unbewusstheit gehören. Durch Hinwendung der Aufmerksamkeit können sie jedoch bewusst gemacht und möglicherweise auch geheilt werden. Sinnesphysiologisch gesprochen handelt es sich um den sog. *blinden Fleck* (E. Mariotte, 1620-1684) der gegenwärtigen Psychologie, bzw. psychopathologisch um das *„autistisch undiszipliniertes Denken"* (vgl. Bleuler, 1962) oder ethnologisch gesehen um *Ethnozentrismus*. Man könnte ethisch gesehen auch von den *„modernen Lastern"* (Galimberti, 2003) der Psychologie sprechen

> (vgl. zur Kritik der Psychologie auch: Berke, J. H. (1988): The tyranny of malice: Exploring the dark side of character and culture. N. Y.; Vinnai, G. (1993): Die Austreibung der Kritik aus der Wissenschaft:

Psychologie im Universitätsbetrieb. Frankfurt am Main: Campus; Wörterbuch der Analytischen Psychologie. Zürich, 2003; Teo, Th. (2005): The critique of psychology: from Kant to postcolonial theory. NY: Springer; zum Missbrauch in der Ethnologie vgl. Haller, 2005:73-85).

In einer eher pessimistisch gestimmten westlichen Anthropologie von *Plinius d. Ä.* (23 – 79 n. Chr.) bis *Arnold Gehlen* (1904-1976) wird die Mängelbehaftetheit des Menschen, der nur durch Kultur und Technik sein Überleben sichern kann, hervorgehoben (vgl. Pleger, 2017:95ff). Dabei wird vor allem die biologische „Natur" des „Mängelwesens" Mensch ins Auge gefasst wie seine Hilflosigkeit, Schwäche, Abhängigkeit, Mangel an Instinkten, Weltoffenheit etc. Die psychische Ausstattung des Menschen wird dagegen seltener als ein „handicap" beurteilt. Dabei ist z.B. die Emotionalität und Affektivität des Menschen, die sein Denken und seine Handlungen durchwirken, wie Liebe und Hass, Neid, Eifersucht, Freude und Trauer, Scham etc. von unbestreitbarer Bedeutung für das menschliche Leben in all seinen kulturellen Ausprägungen, in der Geschichte, wie auch in der Wissenschaft (vgl. Stubbe, 1985; Ekman, 2010; Hitzer, 2020; Frevert, 2020). Hinzu kommt noch die soziale Eingebundenheit des Menschen, des „zoon politikon" (Aristoteles) oder staatstragend als „homo homini lupus" (Plautus, Hobbes, Machiavelli). Die Evolution des Menschen – falls sie wirklich zu immer perfekteren Formen führen sollte - ist noch nicht abgeschlossen und der Mensch ist somit anfällig für *Fehler, Fälschung, Missbrauch und viele andere Einseitigkeiten und Laster und dies gilt auch in den Wissenschaften und in der Psychologie.*

> „Die Wissenschaft überprüft sich nicht selbst. Die Wissenschaftler lesen die wissenschaftliche Literatur nicht immer sorgfältig. Wissenschaft ist kein vollkommen objektiver Prozeß. Dogma und Vorurteil können sich bei entsprechender Verkleidung in die Wissenschaft genauso leicht einschleichen wie in jedes andere menschliche Tätigkeitsgebiet, und hier vielleicht noch leichter, weil niemand darauf gefaßt ist." (Broad & Wade, 1984:249)

(vgl Höffe, O. (1977): Lexikon der Ethik. München: Beck, S.269ff (s. Wissenschafts-Ethik); Broad W. & Wade, N. (1984): Betrug und Täuschung in der Wissenschaft. Basel; Wenninger, G. (1989): Möglichkeiten und Grenzen der Anwendung von Psychologie. Unveröffentl. Habilitationsschrift. München; Ekman, P. (2010): Gefühle lesen. Wie Sie Emotionen erkennen und richtig interpretieren. Heidelberg; Lexikon der Psychologischen Anthropologie. Gießen, 2012:678-681 (Wissenschaftssethik); Frevert, U. (2020): Mächtige Gefühle. Deutsche Geschichte seit 1900. Frankfurt/M.; Hitzer, B. (2020): „Krebs fühlen". Eine Emotions-geschichte des 20. Jahrhunderts. Stuttgart).

Einige dieser Phänomene und Tatsachen sollen im Folgenden kursorisch aufgelistet werden:

- *Fehler*

Psychologisch gesehen sind Fehler alltägliche Ereignisse und bedeutsam im Prozess des Lernens (vgl. Versuch und Irrtum-Lernen) und Forschens. Die Grenzen zwischen Zufall, Fehler, Unglück, Sabotage, Inkompetenz, einfach Ineffizienz oder "Freudscher Fehlleistung" sind unscharf. Bei Dörner (1989), Welzer (1990) und Zimolong (1990) finden sich Tabellen von Fehlertypen in der Psychologie (vgl. z.B. Lexikon der Psychologie, Bd.2, 2001, S.24ff). In der quantitativen psychologischen Forschung spricht man vom „*Mittleren Fehler*" d.h. dem wahrscheinlichen Fehler, bzw. der fehlerbedingten Variabilität von Messwerten, auch Standardabweichung genannt. Eine Vielzahl von *Beobachtungsfehlern* sind heute in der Methodik-Lehre der Psychologie bekannt. Auch die für die Entwicklung der Experimentalpsychologie wichtige Entdeckung der „*Persönlichen Gleichung*" (A-B = x sec) ist eigentlich ein Fehler: die für jede Person besondere, aber konstante Reaktionsgeschwindigkeit. Sie wurde zuerst um 1815/22 von dem dt. Astronomen *Friedrich W. Bessel* (1784-1846) bei astronomischen Beobachtungen festgestellt (vgl. Wörterbuch der Psychologie, 1965:401; Zusne, 1984:44f). Im Alltagsleben kennen wir viele *Fehlleistungen*, wie versprechen (lapsus linguae), verlaufen, vergreifen, verlesen, verschreiben (lapsus calami), vergessen, verlieren etc. Unter einer Fehlleistung versteht man eine „fehlerhaft ausgeführte Leistung oder Handlung, wobei die eigentlich beabsichtigte ersetzt wird, obwohl das Individuum unter gewöhnlichen Umständen zur richtigen Ausführung fähig ist" (Peters, 1978:46). *Sigmund Freud* (1856-1939) hat bekanntlich diesem Phänomen missglückter Leistungen in seiner Schrift „Zur Psychopathologie des Alltagslebens" (1912) unter einheitlichen Gesichtspunkten seine psychoanalytische Aufmerksamkeit geschenkt und gezeigt, dass sie in einem anderen Sinn durchaus geglückt und verstehbar sind, da sich in ihnen unbewusste und uneingestandene Wünsche verbergen können. Die vielen *Beobachtungsfehler*, insbes. bzgl. der Introspektion sind bei Traxel (1964:35-64), im FILEX (1957) und Städtler (1998:512f) zusammengestellt worden.

Auch den „*Rosenthal Effekt*" (Rosenthal & Jacobsen, 1971) oder den „Pygmalion Effekt" bzw. den Versuchsleiter (Erwartungs)-Effekt, die „*self-fullfilling-prophecy*", und die *VPn-Effekte* und *VL-Attributionen* kann man lato sensu zu den Fehlern rechnen, denn sie beeinflussen die psychologischen Untersuchungsergebnisse in verschiedenen Richtungen. In vielen modernen (sozial-) psychologischen Experimenten werden die Vp.n auch bewusst getäuscht bzw. über die Forschungsintentionen im Unklaren gelassen.

Ebenfalls die nur Hypothesen generierende *psychologische Diagnostik* ist durch Unbestimmtheiten und Fehler gekennzeichnet (vgl. z.B. das Bezugssystem der Psychodiagnostik und den Mängelkatalog psychologischer Gutachten: z.B. Hartmann, 1970:12, 103-119).

Psychologie ist somit wie andere Wissenschaften auch in unterschiedlichem Grade eine mit Fehlern behaftete Wissenschaft. Bisher fehlt noch eine „Geschichte der Fehler und Fehlleistungen in der Psychologie", ein Forschungsdesideratum! (vgl. z.B. Gould, 1999).

(Hartmann, H. (1970). Psychologische Diagnostik. Stuttgart; Gould, J. (1981, 1999): The mismeasure of man. (dt. Frankfurt/M.: Suhrkamp (Anthropologie und Psychologie); Broad W. & Wade, N. (1984): Betrug und Täuschung in der Wissenschaft. Basel; Welzer, H. (1990): Von Fehlern und Daten. Psychologie und Gesellschaftskritik, 54/55, S.153-174; Manipulation und Schikanen: Psychologen legen Fehler offen - jetzt müssen sie diese bekämpfen. Die Zeit, N° 31, 29. Juli, 2021, S.32)

- *Plagiate*

Ein Südfenster der mittelalterlichen Kathedrale von Chartres (13. Jh.) zeigt Zwerge auf den Schultern von Riesen (vgl. LeGoff, 1987:22). So ist es in den Wissenschaften! Sie lebt von den Erkenntnissen Früherer und ist daher plagiatsanfällig.

Unter *Plagiat (lat. plagium = Menschenraub)* versteht man

> "Diebstahl geistigen, besonders literarischen Eigentums durch unbewußte oder unerlaubte Wiedergabe von Werken, Teilen daraus, Motiven und Gedanken eines anderen ohne Nennung des Urhebers als eigenes Produkt, auch Mißbrauch des Zitatrechts ohne Kennzeichnung und Quellenangabe; früher straflos, da der Begriff des geistigen Eigentums erst im 18./19. Jh. erscheint; heute ist für vorsätzliche Verletzung des Urheberrechts der Plagiator (= Verfasser eines Plagiats) auf Antrag schadensersatzpflichtig und strafbar, wobei die unbefugt hergestellten Exemplare vernichtet werden." (G. von Wilpert: Sachwörterbuch der Literatur. Stuttgart: Kröner, 2013:612f)

Oder in einer anderen Definition:

> "(frz.) das, 1. geistiger Diebstahl, teilweise oder unvollständige Übernahme eines fremden literarischen, musikalischen oder bildnerischen Werkes unter Vorgabe eigener Urheberschaft (vgl. freie Benutzung, Urheberecht); 2. Auch das durch unberechtigtes Nachahmen entstandene Werk" (Meyers Großes Taschenlexikon, Bd. 17, Mannheim, 2006: 5893)

Wie hoch die Anzahl der in der Psychologie aufgefallenen Plagiate ist, über die sogar schon einige Minister gestürzt sind, kann niemand genau sagen. Es existieren jedoch heute in vielen Universitäten und Hochschulen eigene Plagiats-Prüfprogramme.

> „Das Plagiat als glatter Diebstahl des geistigen Eigentums eines anderen ist ein so empörendes und eindeutiges Delikt, daß ein Außenseiter die Behauptung wagen könnte, es werde von Wissenschaftlern nie begangen. Die Tatsachen zeigen, daß das Plagiat im Gegenteil unter Wissenschaftlern keineswegs selten ist, vermutlich häufig nicht entdeckt wird, daß viel Zeit vergeht, bevor auch nur die krassesten Fälle von Plagiat ans Licht kommen, daß selbst entlarvte Plagiatoren häufig ihre Karriere ungeschoren weiterverfolgen können." (Broad & Wade, 1984:67)

(vgl. Broad & Wade, 1984; Eco, U. (1993): Wie man eine wissenschaftliche Abschlußarbeit schreibt. Heidelberg: UTB, S.206-210 (Plagiat etc.)

- *Fälschungen*

Fälschungen von (Beobachtungs-)Daten sind ein altes Problem in den Wissenschaften und wurden bereits von dem engl. Wissenschaftler und Erfinder *Charles Babbage* (1830) zusammengestellt:

1. "zurechtstutzen": Extremwerte wegnehmen
2. "zusammenbrauen": selektive Berichterstattung; nur solche Daten berichten, die ganz oder beinahe passend sind
3. "erfinden von Daten"
4. „Datenklau"
5. „Verschweigen ähnlicher Arbeiten"

Außerdem:
1. So viele Artikel wie möglich aus einer einzigen wiss. Arbeit herausschinden (die kleinste veröffentlichungsfähige Einheit = LPU = least publishable unit)
2. Inflation der Mitautoren (> N=3) vgl. auch Chef unter den Autoren?
3. Betrug in der Wissenschaft ist so wahrscheinlich wie Betrug in der Gesellschaft

Als Fälschungsförderung im allgemeinen Wissenschaftsbetrieb gelten u.a. der hohe *Konkurrenzdruck*, die *Knappheit und Abhängigkeit von Drittmitteln*, die *Hierarchien* und die *Publizierungswut*. Ein bekanntes Beispiel für Fälschung in der Psychologie war der brit. Kinderpsychologe *Sir Cyril Burt* (1883-1971), der die angeblich geringere Intelligenz der Arbeiterklasse und einen hohen Grad der genetischen Anlagedeterminiertheit der Intelligenz behauptete und damit das englische Bildungssystem beeinflusste. Im Jahre 1976 kam aber heraus, dass er seine Daten gefälscht und Autoren von Publikationen sogar erfunden hatte. Auch seine Zwillingsuntersuchungen gelten heute in der Fachwelt als manipuliert (vgl. Broad & Wade, 1984:92f, 240-249).

Ein anderes hübsches Beispiel für eine Fälschung ist auch die Publikation über die Bedeutung des angeblich bisher vergessenen Schweizer Prof. Pilzbarth in der Geschichte der Psychoanalyse. Der Schweizer Psychiater Will (1994) hatte mit seiner Frau Dubach, einer hochbegabten Künstlerin, ein schön bebildertes Werk über diesen erfundenen Pilzbarth herausgegeben und eine vielbesuchte Ausstellung darüber organisiert. Es folgte ein dementsprechender Eintrag mit erfundenen Literaturangaben in der renommierten, mehrbändigen „Enzyklopädie ... ", von *Mittelstrass* (1995) und schließlich berief sich auch der Kinderanalytiker Horn (1998) in einem Aufsatz auf diese Werke.

(vgl. Broad, W. & Wade, N. (1984): Betrug und Täuschung in den Wissenschaften. Basel: Birkhäuser (viele Fallbeispiele aus den USA; Psychologie: S.128ff, 142ff, 228-249); Finetti, M. & Himmelrath, A. (2000): Der Sündenfall, Betrug und Fälschung in der deutschen Wissenschaft. Raabe Fachverlag; Will, J. & Dubach, M. (1994): Die Überwindung des Menschseins nach der Heilmethode von Prof. Pilzbarth. Zürich: Haffmanns Verlag; Mittelstrass, J. (Hrsg.) (1995): Pilzbarth. In: Enzyklopädie Philosophie und Wissenschaftstheorie. Bd.3, Stuttgart: Metzler, S.251f; Horn, G. (1998): Anmerkungen zu meinem Beitrag "Psychotherapie – Religion – ethische Anspruchshaltung" In: F. Sedlak & G. Gerber (Hrsg.), Dimensionen integrativer Psychotherapie, 1998; S.84-116)

- *Das Problem des Übersetzens psychologischer Texte*

    "Eine jede Literatur ennuyirt sich zuletzt in sich selbst, wenn sie nicht durch fremde Theilnahme wieder aufgefrischt wird".

Dieses Resumé, das der alte *Goethe* 1828 zog, können wir getrost auch auf die gegenwärtige Psychologie übertragen. Bereits in einem Tagebucheintrag vom 15.Januar 1827 schuf *Goethe* auch die Wortprägung *"Weltliteratur"* und in dieser Konzeption kam den Übersetzerinnen und Übersetzern und Übersetzungen die größte Bedeutung zu. „Weltliteratur machen nur die Übersetzer", sagt auch der Literatur-Nobelpreisträger *José Saramargo* (ZEIT-Magazin, Nr.43,

17. Okt. 1997). *Erika Fuchs* (*1906), die im Nachkriegswestdeutschland im Rahmen des us-amerikanischen Reeducation-Programms die ersten Übersetzungen von Mikey Mouse vorgenommen hat – übrigens in einer „eingedeutschten" Form – nannte ihre Übersetzungen zu Recht eine „halbschöpferische Arbeit".

Der chinesische Erzähler *Meng* (1990) hat die Bedeutung der Sprache für die Kulturerkenntnis sehr schön ausgedrückt, indem er schreibt:

> "Meiner Meinung nach sind die Sprachen auch eine Art Kunst, eine andere Art der Musik. Sie sind der Schlüssel zum Herzen anderer Menschen und anderer Kulturen. Die Beherrschung einer Fremdsprache bedeutet, daß man ein anderes Paar Augen, ein neues Paar Ohren, eine andere Zunge und einen anderen Kopf besitzt." (Meng, 1990:325).

Dem Problem des Übersetzens psychologischer Schriften haben PsychologInnen bisher nur eine sehr geringe Aufmerksamkeit geschenkt. Wer jedoch einmal eine längere Zeit in einer fremden Kultur d.h. nicht in Europa, Australien oder Nordamerika Psychologie gelehrt hat, wird die besonderen Schwierigkeiten im Umgang mit psychologischen Texten nicht hoch genug einschätzen. Schon die Begriffe „Erleben" und „Verhalten" lassen sich nicht ohne weiteres in andere Sprachen übersetzen. Die brasilianischen Studierenden des Autors konnten nicht verstehen, warum es im Deutschen *„das"* Kind heißt, also (wie das *„Es"*) ein Neutrum ist. Bekanntlich hatte schon *Martin Luther* in seinem "Sendbrief vom Dolmetschen" (1530) über die Mühsale des Übersetzens geklagt:

> "Und ist uns wohl oft begegnet, daß wir vierzehn Tage, drei, vier Wochen haben ein eigenes Wort gesucht und gefragt, haben's dennoch zuweilen nicht funden. Im Hiob arbeiten wir also, M. Philips (Melanchthon), Aurogallus und ich, daß wir in vier Tagen zuweilen kaum drei Zeilen konnten fertigen."(zit. nach Egon Erwin Kisch, 1974:17)

Nun kann man behaupten, dass psychologische Texte sicher nicht leichter als biblische Texte zu übersetzen sind und wenn wir hören, dass drei "doctores" an diesem Problem fast verzweifeln konnten, müssen wir uns fragen, wie es heute mit der Qualität der Übersetzungen psychologischer Texte überhaupt bestellt ist und ob jewils eine echte "cross-cultural-Übersetzung" stattgefunden hat. Dies gilt in der Psychologie insbesondere auch für die Replikation von psychologischen Experimenten, Test- und Fragebogenuntersuchungen in fremden Kulturen. Für deutschsprachige Psychologen trat dieses Problem bisher kaum auf. Sie sind gewohnt deutsche und englische Texte zu lesen, beherrschen aber meistens keine weitere (außer-)europäische Sprache. Damit sind sie von einer "Weltpsychologie" aber noch weit entfernt und isoliert. Aber selbst bei den Übersetzungen aus dem Deutschen ins Englische treten besondere Schwierigkeiten auf, die sich anhand der Übersetzung des Freudschen Werkes ins Brasil-Portugiesische gut demonstrieren lassen. *Sigmund Freud's* Werke, die seit 1923 ins Spanische übersetzt wurden (das Gesamtwerk erschien im Brasilianischen zum ersten Mal 1969: "Edição Standard Brasileira das Obras Psicológicas Completas de Sigmund Freud"), basieren auf der englischen Übersetzung. Viele Nuancen des Originals gehen aber auch in der besten Übersetzung verloren. Es ist ein Verdienst *Erik H. Erikson's*, dies im Hinblick auf die Übersetzung der "Traumdeutung" ins Englische gezeigt zu haben (vgl. Erikson, 1954).

"Die einzige Möglichkeit, seinen Inhalt wirklich zu erfahren", schreibt der Psychiatriehistoriker *Ellenberger* (1973: 616), "besteht darin, die deutsche Originalausgabe zu lesen, die leider sehr selten zu finden ist.".

Die "Traumdeutung" aber auch andere Werke *Freud's* sind voll von Anspielungen auf Ereignisse, mit denen der (zeitgenössische) europäische Leser vertraut war, die aber heute für einen Leser z.B. aus den USA oder der sog. Dritten Welt ohne Kommentar unverständlich sind. Das gleiche gilt für die (Traum-)Assoziationen und -symbole, die sich im deutschen Sprach- und Kulturraum bewegen. Die europäisch-abendländische Dimension der Psychoanalyse wird (auch in ihrem Bezug auf die Antike, die Klassik z.B. Goethe, Shakespeare, das Judentum und die europäische Philosophie und Literatur) hierin besonders sichtbar (dies ist ja auch einer der Gründe, warum sich die Psychoanalyse z.B. in dem hochindustrialisierten Japan oder in Indien kaum entwickelt hat (vgl. Kawada, 1977; s. oben). In seinem Werk "Freud und die Seele des Menschen" vertritt *Bruno Bettelheim* (1984) die These, dass die meisten Missverständnisse und Polemiken im Umfeld der Psychoanalyse in der englischsprachigen Welt eine Folge von Fehlübersetzungen und Entstellungen seien, die nicht rational erklärt werden können. *Bettelheim* zeigt, wie die Psychoanalyse aus dem kulturellen Klima Wiens hervorgegangen ist und wie die Praxis der Psychoanalyse in Österreich von der in Amerika damals und heute geradezu abweichen musste. Er beschreibt, wie die englischen Übersetzer wieder und wieder mit einer Reihe verschiedener Wortbedeutungen konfrontiert waren und schließlich die ihrer Meinung nach am stärksten wissenschaftsorientierte auswählten. Dies hatte u.a. zur Folge, dass *Freud's* Humanismus und sein Interesse für die "Seele" heruntergespielt wurden. Die Feinheiten der Konzepte von "Eros" und "Psyche" und des "Mythos vom Ödipus" (die jedem österreichischen Gymnasiasten vertraut waren), wurden in Nordamerika leicht zu seelenlosen Abstraktionen. Einige Beispiele für die nachlässige und willkürliche *Übersetzung Freudscher Begriffe ins Angloamerikanische* mögen genügen: "Seele" wird mit "mental" oder "mind" übersetzt, aus "Das Ich und das Es" wird "The I and the it", "die Zerlegung der psychischen Persönlichkeit" wird zu "The anatomy of the mental personality", "Fehlleistung" wird in "parapraxis" und "Besetzung" in "cathexis" verwandelt. Alle diese Mängel und noch viele andere mehr haften somit auch der brasilianischen Übersetzung an, die aus dem Englischen vorgenommen wurde. Soll man von „Trieb" (sic!) oder „Instinkt" (instinto, so in der Übersetzung) sprechen? Man spricht in der brasilianischen Psychoanalyse vom "id", "self" und "ego", von "civilização" (Kultur) und "psicologia de grupo" (Massenpsychologie), "afeção" (Hysterie), "compreensão (Einsicht), "autores imaginosos" (Dichter) etc. ohne sich zu bemühen Übersetzungen zu finden, die dem deutschen Urtext gerecht werden. Die Anglo-Amerikanisierung der brasilianischen Gesellschaft erstreckt sich demnach nicht allein auf den äußeren technologischen und ökonomischen Bereich, sondern erfasst auch die innerpsychische Topologie der Persönlichkeit. Den Wundtschen Werken ist es übrigens nicht besser ergangen (vgl. z.B. Völkerpsychologie = ethnopsychology)! Es wäre deshalb als ein methodisches Gebot der transkulturellen Psychologie zu fordern, dass von zweisprachigen (und bi-kulturellen) PsychologInnen eine Rückübersetzung der Freudschen Werke wie auch anderer psychologischer Standard-Texte angefertigt wird, um die Bedingung linguistischer Äquivalenz zu erfüllen (vgl. Poortinga, 1980; Paiva, 1978; Stubbe, 1987:208; Stubbe & Santos-Stubbe, 1987). Eine Grenze des *Unübersetzbaren* bleibt aber immer bestehen. Ein psychologisches

Forschungsdesideratum! Sie wurde von *Goethe* bereits klar erkannt, wenn er in einem Brief an F. von Müller (20.9.1827) schreibt:

> "Beim Übersetzen muß man sich ja nur nicht in unmittelbaren Kampf mit der fremden Sprache einlassen. Man muß bis an das Unübersetzbare herangehen und dieses respektieren; denn darin liegt eben der Wert und der Charakter einer jeden Sprache."

Philipp Lersch (1898-1972), dessen charakterologische und militärpsychologische Konzeptionen *Weber* (1993) einer kritischen Analyse unterzogen hat, sprach 1948 hinsichtlich des Unübersetzbaren in der Sprache von den "völkercharakterologischen Schlüsselwörtern" (Lersch, 1948:327) und meinte damit solche Worte, für die in anderen Sprachen kein Wort gleicher Bedeutung existiert. Als Beispiele führt er "Gemüt", "esprit" und "gentleman" an. Man kann noch u.v.a.m. das portugiesische "saudade" hinzufügen (vgl. Stubbe, 1987:82f). Das Brasil-Portugiesische z.B., das aus portugiesischen, afrikanischen und indigenen Sprachelementen hervorgegangen ist, verfügt über eine Fülle solcher unübersetzbarer Worte. Diese Worte drücken nach *Lersch* nicht einen allgemein gültigen Sachverhalt, sondern eine für die Bevölkerung jener Sprache eigentümliche, komplexe Bedeutung aus. Wenn uns Heutigen die Begrifflichkeit *Lersch's* auch altmodisch erscheint, so ist der Gedanke sprachlich Unübersetzbarem als Psychologe eine erhöhte Aufmerksamkeit zu schenken, insbesondere wenn es sich um Emotionen, Träume, religiöse Erlebnisse, Krankheitsbilder, Hautfarbenbezeichnungen (vgl. Stubbe, 1989) etc. handelt, dennoch richtig. Von dem bekannten Psychiater *Hans Keilson* stammt ein lesenswerter Aufsatz über „Wohin die Sprache nicht reicht" (Psyche, H. 10, 1984: 915-926). Er ist

> „aus praktischen Erfahrungen, die einem Psychiater und Psychotherapeuten geläufig sind, entstanden; sie betrifft die Schwierigkeiten, die erwachsene Verfolgte haben, wenn sie ihren Kindern mitteilen wollen, was geschehen ist."

Die sprachlichen Ausdrucksmöglichkeiten der Psychologie sind also begrenzt. Überhaupt hat die (ethno-)psychologische wie auch kulturvergleichende und ethnographische Tätigkeit viele Ähnlichkeiten mit der des Übersetzens oder besser des Dolmetschens, worauf bereits insbes. *Schmalfuss* (1972:285ff) und *Stagl* (1981:22ff) hingewiesen haben.

Wer darf überhaupt übersetzen? Gegenwärtig ist bzgl. eines Gedichtes einer jungen Afroamerikanerin (Amanda Gorman) ein Streit darüber entstanden, ob ihre Gedichte ausschließlich nur junge Afroamerikanerinnen übersetzen dürfen. Man kritisiert „Sprach- und Gedankenpolizei" (Fourest, 2020) und fragt, ob dann nur ein blinder, weißer, griechischer Mann mit mythischen Erfahrungen Homers „Odyssee" übersetzen dürfe. Betrifft diese Diskussion auch die Übersetzungsarbeit in der Psychologie? Die westliche Psychologie ist bekanntlich fast nur männlich und „weiß"! Thomas Bauer (2018) beklagt die zunehmende *Vereindeutigung der Welt* und den Verlust an Vielfalt und Mehrdeutigkeit in der Gegenwart. Totalitaristische Züge!

Da wir heute in einer *polyzentrischen Welt* leben, sprechen *Moghaddam* (1987) und *Quekelberghe* (1991:36f) zu Recht von *„Drei Psychologie-Welten"*: zur ersten Welt gehören einzig und allein die USA, als stärkstes englischsprachiges Produktions- und Exportland, in der zweiten Welt firmieren die Industrienationen wie Japan, Italien, Frankreich, Deutschland und Russland und die dritte Welt bilden die sog. Schwellenländer und „Entwicklungsländer" wie Brasilien, Kuba, Mexiko, Südafrika, China, Indien d.h. die meisten Länder in Asien, Afrika und Lateinamerika.

> „Die Einflußnahme der „zweiten Welt" auf die US-Psychologie scheint bei weitem geringer zu sein, als auf Länder der zweiten und dritten Welt. Als klassisches Beispiel läßt sich hier der Einfluß der britischen Psychologie in Ex-Kolonien wie z.B. Kanada (Wright & Myers, 1982), Australien (Turtle, 1985) und Indien (Prabhu, 1976) anführen. Die meisten Länder der Dritten Welt importieren die Psychologie zunächst aus den USA und dann in einem viel geringeren Umfang aus Ländern der zweiten Welt. Die Entwicklung einer eigenen Psychologie, zum Teil auf dem Hintergrund einer tausendjährigen psycho-philosophischen Tradition wie etwa in Indien oder China, ist – wenn überhaupt – in allerersten Anfängen begriffen." (Quekelberghe, 1991:37)

Die us-amerikanische Psychologie ignoriert meistens alles, was nicht in englischer Sprache publiziert wird (vgl. z.B. Selg & Bauer, 1971:17), dabei ist der Mensch vielsprachig. Dass in einer Sprache eine ganze Weltsicht und -anschauung enthalten ist, wusste bereits *Wilhelm von Humboldt* (1767-1835) und *Sapir* und *Whorf* haben den Zusammenhang von Sprache und Denken geklärt (vgl. Whorf, 1970). Die Vorherrschaft der USA in der Psychologie führt auch zum Export ihres psychologischen Wissens und ihrer Lehrbücher, Tests etc. sozial- und kulturunangepasst in die sog. Dritte Welt. Sie werden dort dann entweder in englischer Sprache oder in schlechten Übersetzungen verbreitet. Dies bedeutet, dass oftmals die „innerpsychische Wirklichkeit", die Wahrnehmung, das Denken und Fühlen d.h. das Erleben und das Verhalten des Menschen in einer fremden Sprache vermittelt werden, was, wie man behaupten könnte, zu einer Art „seelischer Enteignung" bzw. „Entfremdung" führt. Handelt es sich wirklich um einen Erkenntnisfortschritt der Psychologie, dass man nur englisch spricht?
(zur Frage: Braucht die „Dritte Welt" überhaupt die Psychologie? vgl. Quekelberghe, 1991:38-49).
 (Stubbe, H. & Santos-Stubbe, Ch. dos (1987): Quem foi Katharina ? Constelação familiar e ambiente social do caso de Sigmund Freud (1895). Psicologia Clinica (PUC-RJ), ano II, No.2, p.17-29; Quekelberghe, R. van (1991): Klinische Ethnopsychologie. Heidelberg; Vermeer, H. J. (1996): Das Übersetzen im Mittelalter (13.und 14. Jh.). 3. Bde. TextconText Verlag; Hanns, L. (1996): Dicionário comentado do alemão de Freud. Rio de Janeiro: Imago; Draguns, J. (2001): Toward a truly international psychology: beyond english only. American Psychologist, 11 (56), p. 1019-1030; Stubbe, H. (2004): Rezension des Buches: Luiz Alberto Hanns: Dicionário comentado do alemão de Freud. Rio de Janeiro. Psyche, 58. Jg., 2004:575-578; Roudineso, E. & Plon, M. (2004): Übersetzung der Werke Freuds. In: Wörterbuch der Psychoanalyse. Wien, S.1059-1064 (Bibliografie); Lexikon der Psychologischen Anthropologie. Gießen, 2012:441ff; Bauer, Th. (2018): Die Vereindeutigung der Welt. Über den Verlust an Mehrdeutigkeit und Vielfalt. Reclam, 12. Aufl.; Stubbe, H. (2020): Die Psychologie des Titus Lucretius Carus (Lukrez). Lengerich; Fourest, C. (2020): Generation Beleidigt. Von der Sprachpolizei zur Gedankenpolizei. Berlin)

- *Missbrauch in der Klinischen Psychologie, Psychotherapie und Psychodiagnostik*
In vielen Institutionen, vor allem „totalen Institutionen" (wie z.B. Heimen. Psychiatrien, Gefängnissen, Armeen, Kirchen, Sportvereinen) aber auch in der klinischen Forschung und Praxis ist es in dem letzten Jahrhundert gehäuft zu (sexuellem) Missbrauch und sogar zu Tötungen von Pat.n und TherapeutInnen (z.B. *Hug-Hellmuth*, 1924; *Petrilowitsch*, 1970; Dörner-Klinik) gekommen.

Ein geradezu klassischer Fall bzgl. der Risiken und Gefahren im Zusammenhang mit der Übertragung ist der *sexuelle Missbrauch* an *Sabina Nicolaijewna Spielrein* (1885-1942) aus der Frühzeit der psychoanalytischen Behandlung (vgl. auch den Film „Eine dunkle Begierde"; Volkmann-Raue, 2002:61-80; Roudineso & Plon, 2004:966-969).

Zum sexuellen Missbrauch in der Psychotherapie in ihren vielfältigen Formen existiert bereits eine reichhaltige, auch deutschsprachige Literatur:

z.B. Becker-Fischer, M & Fischer, G. (1996): Sexueller Mißbrauch in der Therapie. Was tun? Frankfurt/M.: Fischer; Tsan, W. (2005): Missbrauchtes Vertrauen. Sexuelle Grenzverletzungen in professionellen Beziehungen. Basel: Karger; Baldus, M. & Utz, R. (2011): Sexueller Missbrauch in pädagogischen Kontexten. Faktoren, Interventionen, Perspektiven. Wiesbaden: VS Verlag; Hirsch, M. (2014): "Goldmine und Minenfeld". Liebe und sexueller Machtmissbrauch in der analytischen Psychotherapie und anderen Abhängigkeitsbeziehungen. Gießen: Psychosozial.

Mit dem Fallbeispiel *„Der kleine Albert"*, bei dem es sich wahrscheinlich um ein leichtzugängliches, hospitalisiertes Waisenkind bzw. geistig behindertes Kind handelte, wollte der Behaviorist *John Broadus Watson* (1878-1958) beweisen, dass psychische Erkrankungen (hier eine Tierphobie) durch Konditionierung erworben werden können. Eine Therapie des durch das Experiment psychisch geschädigten Kindes wurde nicht durchgeführt. Ein ethisch äußerst bedenklicher Menschenversuch! (vgl. Broad & Wade, 1984.92f; Lück, 2016: 131-139): Hieraus (N=1) entwickelte sich bekanntlich die Verhaltenstherapie.

Eine andere Form des Missbrauchs in der Klinischen Psychologie und Psychotherapie ist das Problem der sog. *Psycho-Diagnostik in fremden Kulturen*. Ein Problem, das vor allem in multiethnischen Gesellschaften (mit Immigranten, Flüchtlingen, interner Migration, ethnischen Minderheiten etc.) auftritt. Ein klassisches Beispiel hierfür sind die us-amerikanischen Militärtests (Army Alpha und Beta-Tests) während des I. WK. (1914-1918), deren rassenpsychologische Interpretation und diagnostische Fragwürdigkeit Gould (1999: 212-258) klar herausgearbeitet hat. Bekanntlich existierte bis in die 60er Jahre eine „Rassentrennung" (Apartheid) auch in der Armee, sowie ein Verbot interethnischer Ehen in den USA, wobei man sich u.a. auch auf solche Intelligenzstudien berief. Bis heute ist leider auch der fragwürdige Begriff „race" in der us-amerikanischen Psychologie allgemein gebräuchlich. Auch findet man in vielen Ländern der sog. Dritten Welt und den „Schwellenländern" die häufige Praxis, fremdkulturelle Tests einfach zu übersetzen (und dies oftmals sehr schlecht), um sie dann ohne praktische empirische Überprüfung der Testkriterien (z.B. Objektivität, Validität, Reliabilität) anzuwenden. Andere Beispiele sind in Stubbe (2012: 508-520) zusammengestellt. Als ein Beispiel für den Gebrauch und *Missbrauch „westlicher" Tests in der sog. Dritten Welt* möge Lateinamerika (LA), sowie die Psychodiagnostik der MigrantInnen dienen:

Viele von „westlichen" Autoren entwickelte Tests wurden und werden auch in LA verwendet. Zu nennen sind hier vor allem der Rorschach und die Gestaltungsverfahren wie der Sceno-, der Wartegg-, der Baum-Test etc., die auch gegenwärtig im angewandten Bereich in Gebrauch sind (vgl. Stubbe, 1987, 1998). Persönlichkeitsfragebogen wie der FPI, Gießen-Test etc. wurden dagegen bisher selten kulturvergleichend in LA eingesetzt. Der Münchener Alkoholismus Test (MALT) z.B. wurde ins Spanische übersetzt und in einer Kontrolluntersuchung an ecuadorianischen Probanden normiert (Gorenc, 1985). Das von *Wittchen* (1987) mitentwickelte "Composite International Diagnostic Interview" enthält in seiner portugiesischen Version nicht nur eine Fülle von groben grammatikalischen und inhaltlichen Sprachfehlern, sondern kann geradezu als ein Muster eines "kultur-blinden" (M. Mead sprach vom "psychiatrischen Imperialismus"!) diagnostischen Verfahrens angeführt werden, weil es den vielfältigen ethnischen und soziokulturellen Verhältnissen und Besonderheiten (vgl. etwa "nordestinos", "Afro-Brasilianer", Indigene etc.) im portugiesischen Sprachraum - ohne von Afrika (z.B. Mosambik, Angola, Cabo Verde, Guinea-Bissau, São Tomé e Principe) oder Ost-Timor zu sprechen – überhaupt nicht gerecht wird. *Dietmar Kleine* (1987) versuchte das "Berliner Intelligenz-Struktur-Modell (BIS)" an südbrasilianischen Schülern und Studenten zu replizieren. Die Befunde waren sowohl hochgradig invariant gegenüber unterschiedlichen strukturanalytischen Methoden (Faktoren-, Cluster-Analyse und multidimensionale Skalierung) als auch bei Aufteilungen in Teilgruppen in hohem Maße replizierbar (zur Kriteriumsvalidität vgl. Kleine, 1989). Einen originellen familiendiagnostischen Versuch, das "Familienbrett" bei den südchilenischen Mapuche einzusetzen, unternahm *Ludewig* (1989). Dabei traten Besonderheiten der Mapuche bzgl. ihres Konzepts von Natur und Familie zutage, die wesentlich von denen westlicher Familien abwichen. Übereinstimmungen mit ökologisch und systemisch orientierten westlichen Wissenschaftlern werden hier konstatiert. *Dominik Güss* (1998) untersuchte "Spontaneität versus Gründlichkeit" kulturvergleichend in Brasilien und Deutschland und kommt zu dem Ergebnis, dass es zwischen Brasilianern und Deutschen klare Unterschiede im Planungsverhalten gibt. Der Planungsstil der Deutschen hinsichtlich der Zukunft ist eher pessimistisch und skeptisch, während Brasilianer eher optimistisch in die Zukunft sehen.

Die Problematik des Einsatzes von westlichen Tests in der sog. Dritten Welt, die Frage der "Kulturfreiheit" des Diagnostizierens, die Probleme des Übersetzens, der Ethnozentrismus z.B. vieler projektiver Tests (TAT, CAT, Baum, Rosenzweig etc.), die Frage der Vergleichbarkeit der Testergebnisse aus verschiedenen Kulturen, die sozio-kulturellen Determinanten des diagnostischen Prozesses, die tiefenpsychologische Interpretation und Symboldeutung etc. wurden im Hinblick auf LA mit seinen multiethnischen (Einwanderungs-)Bevölkerungen bisher kaum kritisch bearbeitet (vgl. Stubbe, 1987, 1992, 2001, 2012).

In westlichen Gesellschaften ist die psychologische Begutachtung heute „ein vielfach determinierter und komplexer Prozeß des Stellungnehmens, Beurteilens und Bewertens, dem der Mensch von der Wiege bis zur Bahre ausgesetzt ist." (Lexikon der Psychologie, Bd. 1, 2000:192). Dieser Prozess ist bekanntlich sehr störungsanfällig und fehlerhaft, auf die bereits Hans Hartmann (1970) in seiner „Psychologischen Diagnostik" hingewiesen hat.

Ein weiteres Beispiel ist die Psychodiagnostik von MigrantInnen
In der psychodiagnostischen Arbeit mit Migranten können wir eine *interkulturelle diagnostische Situation* (Pbn. und Diagnostiker besitzen unterschiedliche kulturelle Backgrounds) von einer *mono-kulturellen* unterscheiden. In der interkulturellen Psychodiagnostik treten alle oben bereits aufgezählten Probleme auf. Zunächst spielt die *Auswahl der Sprache* eine hervorragende Rolle. Türkische Psychologen und Psychotherapeuten z.B. führen die psychologische Beratung, Diagnostik und Therapie in Deutschland mit türkischen Migranten sehr oft in türkischer Sprache durch. Dies gilt insbes. für die Patientengruppe der ersten Generation. Schulkinder und Jugendliche bringen oft auch die deutsche Sprache mit in die Therapie und Diagnostik ein bzw. wechseln vom Türkischen ins Deutsche bzw. umgekehrt. Hier ist es sinnvoll, wenn sich der zweisprachige Psychologe den Wünschen der Patienten anpasst, was die Sprachwahl betrifft. Dies gilt auch für das *psycho-diagnostische Gespräch* (Anamnese, Exploration, Interview). In der biographischen Anamnese wird den ätiologischen Krankheitsvorstellungen und den Belastungen der Migrationsgeschichte des Patienten (vgl. Sluzki, 2001) eine besondere Aufmerksamkeit zukommen. Außerdem Fragen nach den Gründen, dem Verlauf und den Bedingungen der Migration, nach einer evtl. früheren Binnenmigration (z.B. vom Land in die Stadt), nach den Erwartungen an das Aufnahmeland, nach der Anzahl der in Deutschland lebenden Familienmitglieder, nach der Akkulturation, der Identität, etc. Aus welchem Teil seines Heimatlandes kommt er (Dorf, Großstadt), kommt er aus einer Minderheitengruppe (z.B. Kurden, „Indianer", Armenier, Afroamerikaner) mit welchem Alter kam er nach Deutschland: ist er als entsandtes „Opfer" der Familie gewählt worden, ist die Migration ein Auftrag der Familie gewesen, damit er im Ausland Geld verdient, um die Familie zu unterstützen? Fühlt sich der Migrant als Verräter, Versager, als jemand der den Abbruch der Beziehungen zur Familie befürchten muss, wenn Misserfolgserlebnisse auftreten? Wie wird der Heiratsprozess durch die Migration beeinflusst? Ist der Migrant in seinen Heiratsentscheidungen frei? Beeinflussen „Entwurzelungserlebnisse" seine Rolle und sein Verhalten zu seiner Heimat und seiner Familie? In welcher Familienstruktur lebt der Migrant gegenwärtig und welches ist sein religiöser Hintergrund? Mit welchen Einstellungen, Vorstellungen lebt der Migrant und seine Familie hier? Welche Erziehungsvorstellungen und –ziele besitzt er? Welche Verbindungen bestehen gegenwärtig noch zur Ursprungsgesellschaft? usw. (weitere Fragen z.B. bei Hegemann & Salman, 2001:153ff)

Die *Verhaltensbeobachtung* von MigrantInnen z.B. Eltern/Mutter-Kind-Beobachtung oder im Rahmen einer Verhaltensanalyse erfordert tiefgehende Kenntnisse der Herkunftskultur und der nonverbalen Kommunikation der Migranten, dies gilt besonders für interkulturelle psychodiagnostische Beobachtungssituationen, weil es sonst zu Psychopathologisierungen und nicht angemessenen Wertungen und Attribuierungen kommen kann. Im Übrigen sind auch hier alle bekannten Beobachtungsfehler möglich (z.B. Projektionen, Schwarz-Weiß-Malerei, erster Eindruck, etc.). Durch Videoaufzeichnungen kann die Verhaltensbeobachtung im Rahmen einer Supervision durch interkulturell ausgebildete PsychologInnen bearbeitet werden.

Psychologische Testverfahren werden in der klinischen Arbeit mit Migranten oftmals gemieden, weil zu wenig standardisierte Verfahren für diese Gruppen vorliegen, so dass man sich oftmals auf die Ergebnisse des psychodiagnostischen Gesprächs und seine eigenen klinischen Erfahrungen verlässt. Meist werden aber Tests im Rahmen von (Renten-, Verkehrs- Sorgerechts- etc.) Gutachtertätigkeit eingesetzt oder Intelligenz- und Leistungstests bei (Sonder-)Schulfragen. Man versucht in der Praxis möglichst „kulturfreie Verfahren" (die es nicht gibt!) zur Anwendung zu bringen z.b. Intelligenztests wie den Coloured Progressive Matrices (CPM), Standard Progressive Matrices (SPM), CFT, etc. Die Verwendung des HAWIE bzw. HAWIK beschränkt sich oftmals nur auf den Handlungsteil. Im Verbalteil werden bestimmte Fragen oftmals verändert: „Welche Farben hat die deutsche Fahne?" Wird zu: „Welche Farbe hat die türkische Fahne?" Oder: „Was ist die Bibel?" Wird zu: „Was ist der Koran?"

Auch *projektive Tests* wie z.B. TAT, CAT, Rorschach, Familie in Tieren (FIT), Satzergänzen werden äußerst selten eingesetzt. Der Sceno-Test enthält leider keine für Migrantenfamilien angepasste Modifikationen, z.B. bzgl. Hautfarbe und Kleidung der Püppchen. Was bedeutet z.B. ein Schwein im FIT eines islamischen Kindes? Oder ein Elefant im FIT eines indischen auslandsadoptierten Kindes?

In diesem Zusammenhang stellt sich auch die Frage nach der *Fairness und Chancengleichheit,* die im Grundgesetz und in den Menschenrechten verankert sind, in der Psychodiagnostik (und Personalauslese). Neben den Hauptgütekriterien der (Eignungs-)Tests, nämlich der Objektivität, Reliabilität und Validität, ist die Fairness (auch „Testfairness" oder „Gerechtigkeit" oder „Fairness der Auslese") ein wichtiges Kriterium der Testevaluation. Es gibt nicht den fairen Test oder das faire Selektionsverfahren, sondern nur Fairness im Hinblick auf Handlungs- und Entscheidungsaspekte, die aber exemplifiziert werden müssen. Bereits *Anastasi* (1968) und *Cleary* (1968) haben Testfairness als eine dreiseitige Relation aus Test, Gruppenzugehörigkeit und Kriterium definiert (vgl. Tent & Stetzl, 1992). Man könnte hier auch die Kulturzugehörigkeit ergänzen. *Görlich & Schuler* (2006: 828) haben fünf Aspekte der Fairness von Personalwahlentscheidungen zusammengestellt, wobei jedoch der kulturelle Aspekt ebenfalls nicht erwähnt wird.

Über alle diese spezifischen Probleme in der Psychodiagnostik mit Migranten oder solchen Personen mit Migrationsbiografien gibt es noch keine gesicherten Erkenntnisse. Alle Autoren der gängigen deutschsprachigen und „westlichen" psychodiagnostischen Lehrbücher erwähnen diese Probleme jedoch mit keiner Zeile und sind dementsprechend als ethnozentrisch bzw. kulturblind zu bezeichnen, weil sie die soziale und kulturelle Realität in Deutschland/Europa und in der Welt bisher nicht wahrgenommen haben. Wichtig wäre es hier vor allem einen intensiven Austausch mit den Psychologen und Psychologinnen der Herkunftsländer der Migranten zu entwickeln, da in vielen dieser Länder bereits übersetzte und manchmal auch standardisierte Verfahren vorliegen und es jeweils überprüft werden müsste, ob sich diese Verfahren auch für die entsprechenden Migrantengruppen in Deutschland eignen (vgl. z.B. Erim 2009: 299ff).

Aus kulturanthropologischer, ethnopsychologischer und transkulturell-psychologischer Sicht sollte eine patienten/probanden-orientierte Psychodiagnostik gefordert werden, die oftmals mit einer Verhandlungskultur zu tun hat und weniger mit hierarchischen Machtbeziehungen. Diagnosen sind nicht allein Ausdruck eines statischen Sozialsystems, sondern eher eines dynamischen Beziehungsgeflechts, zu dem Interpretationen, Neuinterpretationen, Geheimhaltungen, Bewertungen und kulturelle Hegemonien gehören. Kliniken und klinisch-psychologische Einrichtungen im allgemeinen Sinne sind daher Orte, in denen Konflikte über unterschiedliche soziale und kulturelle Realitäten und Konzepte, sowie über Fragen von ethnischem Status ausgehandelt werden. *Kleinman* (1978) hat deshalb gefordert, den „kategorischen Irrtum" zu vermeiden, dass westliche diagnostische Kategorien kulturunabhängige Variablen seien, und schlägt dagegen vor, westliche psychologische/psychiatrische Erklärungsmodelle als spezifisch für einen bestimmten Kulturraum anzusehen. Kultur ist demnach der Kontext, in dessen Rahmen jedes menschliche Erleben und Verhalten sowie jede psychische Krankheit zu denken ist, und nicht etwa darauf beschränkt, natürliche Phänomene nur zu „formen" (vgl. Joop de Jong, 2001:130ff; Tseng, 2001).

Vassaf (1982) hat darauf aufmerksam gemacht, dass z.B. in der Türkei nicht-standardisierte Intelligenz-Tests eingesetzt wurden und spricht von einem „psychologischen Massaker".

> „In einer Klassengesellschaft", schreibt bereits *Bernal,* „muß jeder Test, dem alle Kinder unterworfen werden, Merkmale der Klassenspaltung tragen, und da die Leute, die die Testfragen entwerfen, als Gebildete notwendigerweise der Gedankenwelt der oberen Klassen verhaftet sind, werden auch die Ergebnisse naturgemäß die Vorteile einer Erziehung unterstreichen, wie sie Kindern der oberen Schichten zuteil wird." (Bernal, Bd.4, 1978:1064)

Die in vielen Klinischen Institutionen durchgeführten *psychopharmakologischen Studien* werden oftmals ohne Information der Pat.n z.B. auch an Kindern durchgeführt, wie der Autor mehrfach beobachten konnte.

(vgl. Quekelberghe, R. van (1991): Klinische Ethnopsychologie. Heidelberg; Gould, St. J. (1999): Der falsch vermessene Mensch (The mismeasure of man). Frankfurt/M.: Suhrkamp, S. 157-212 (Vererbungstheorie der Intelligenz), S. 259-355 (Cyril Burt); Stubbe, H. (2012): Lexikon der Psychologischen Anthropologie. Gießen: Psychosozial, S.508-520 (Psychodiagnostik).

- *Werbepsychologie*

In den kapitalistischen Ländern und Konsumgesellschaften der Gegenwart heißt die Devise: "Wirb oder stirb" (Höfer, 1991).

> „In der Konsumgesellschaft herrscht weder die totale Manipulation der Kunden durch die Wirtschaft, noch besteht absolute Konsumentenfreiheit. Konsumhandlungen vollziehen sich vielmehr in einem durch Bedürfnisse und Wünsche sowie durch Kaufanreize gebildeten soziokulturellen Raum." ...

> „Zu den Konsumverstärkern gehören Werbung, Verpackungen und Gebrauchshilfen, Substitute, Surrogate und Imitate, Wegwerfprodukte sowie die Mode." (König, 2013:215)

Die moderne *Werbepsychologie* als Konsumverstärker, besitzt bereits eine lange Geschichte:

(vgl. z.B. Lysinski, E. (1919): Zur Psychologie der Schaufensterreklame. Zeitschrift für Handelswissenschaft und Handelspraxis, 12, S.6-19; Packard, V. (1957): Die geheimen Verführer.

Düsseldorf: Econ; Dorsch, Friedrich (1963): Geschichte und Probleme der Angewandten Psychologie. Bern: Huber, S. 166-170, 210; Dichter, E. (1961): Strategie im Reich der Wünsche. Düsseldorf: Econ (psa); Wiendieck, Gerd (1993): Werbepsychologie. IN: H.E. Lück & R. Miller (Hrsg.): Illustrierte Geschichte der Psychologie. München: Quintessenz, S.275-278; Werbepsychologie. IN: Lexikon der Psychologie. Bd.4. Heidelberg: Spektrum, 2001, S. 459-461; Leitsätze der Werbepsychologie: AIDA (attention, interest, desire, action), PPP (picture, prove, push), Neuro-ökonomie, Hirnforschung, Kernspintomograf. Sie ist eng verbunden mit der Konsumgesellschaft).

Was ist eine Konsumgesellschaft?

„… bei dem Begriff Konsumgesellschaft herrscht erst recht Uneinigkeit – besonders in den Geschichtswissenschaften. Dies kann man schon daraus ersehen, dass die Anfänge der ‚Konsumgesellschaft' in ganz unterschiedlichen Zeiträumen zwischen Renaissance und Gegenwart angesiedelt werden." …

„Konsumgesellschaft' impliziert, dass der Konsum in einer bestimmten Zeit eine wichtige – wenn nicht die wichtigste – gesellschaftsprägende Kraft war." (König, 2013, S.19)

König führt zwei Kriterien für die *Prägung einer Gesellschaft durch Konsum* an:

1. Konsumgesellschaft als Ablösung anderer Gesellschaftsformen d.h. einer Gesellschaftsform, in der die Industrieproduktion nicht mehr im Zentrum der Wirtschaft steht, die Arbeit nicht mehr den Mittelpunkt des Lebens bildet und der Mangel nicht mehr den Alltag und das Denken bestimmt.
2. Nicht nur eine Minderheit, sondern die Mehrheit der Bevölkerung hat an den neuen Konsumformen teil. Damit wird der Konsum zu einem Massenphänomen und gewinnt kulturelle, soziale und ökonomische Bedeutung.

„Konsumgesellschaft, eine moderne Industriegesellschaft, in der wesentliche soziale Beziehungen durch den Konsum bestimmt sind. Die K. ist gekennzeichnet durch relativ hohe Massenkaufkraft und materiellen Wohlstand breiter Bevölkerungs-Kreise (Wohlstandsgesellschaft), Massenproduktion relativ preisgünstiger und leicht beschaffbarer Verbrauchs- und Gebrauchsgüter, auf den Erwerb von Einkommen und damit auch Konsumchancen ausgerichtete ökonomische Orientierung der Bürger sowie z.T. durch Prestigekonsum. Die absatzorientierten Bemühungen der Konsumgüterindustrie, kurzlebige Produkte anzubieten, eine Wegwerfmentalität zu propagieren sowie durch raschen Wechsel moderner Formen und technischer Ausstattung der Güter Sättigungstendenzen entgegenzuwirken und neue Bedürfnisse zu wecken, machten die Problematik eines vorwiegend auf Konsum orientierten Verhaltens deutlich. In jüngster Zeit spielen verstärkt Veränderungen bei den Bedürfnissen hin zu mehr Dienstleistungen sowie die Berücksichtigung ökologischer Aspekte eine Rolle." (Meyers Taschenlexikon, Bd.12, 2006, S.4065)

(zu den Konsummotiven, vgl. Hahn, 2014:61)

Psychopathologische Erscheinungen – früher hätte an von „Lastern" gesprochen (vgl. Galimberti, 2003) - wie z.B. Kaufsucht, Luxussucht, Spielsucht, Internetsucht, Alkoholabhängigkeit, Fresssucht, Tablettensucht, Nikotinsucht, Drogensucht, Sexsucht, Poriomanie,

Vergnügungssucht, Modesucht, Verschwendung etc. werden durch die Werbepsychologie stimuliert, die sich teilweise auch unterschwelliger Werbung bedient. Man könnte deshalb geradezu in der Gegenwart von einem *„Zeitalter der Sucht"* sprechen.

Zur Einstellung der Werbefachleute schreibt *Bernal* luzid:

> „In einem Beruf, in dem der Wert aller Dinge der Preis ist, zu dem sie verkauft werden können, müssen die Ergebnisse der Gesellschaftswissenschaft mit der Redegewandtheit der Verkäufer und dem Aufwand an Reklame in Wettbewerb treten. Soweit in einer solchen Atmosphäre von Wissenschaft überhaupt noch etwas übrig bleibt, muß sie sich diesen Erfordernissen beugen und sowohl in dem, was sie sagt, als auch in dem, was sie nicht sagt, korrumpiert werden. Zahlen sind ebenso dehnbar wie Worte, aber viel trügerischer, da sie den Anschein objektiver Tatsachen vermitteln." (Bernal, Bd. 4, 1978:1056)

Die *zerstörerischen Aspekte der Konsum- und Wegwerf-Gesellschaft* werden gegenwärtig in der Umwelt immer sichtbarer. Die Vermüllung der Weltmeere und ganzer Landstriche und Küsten (die auch der Autor in vivo beobachten konnte), sowie die Luftverschmutzung und Chemisierung der Böden macht die Erde peux à peux immer unbewohnbarer. Man spricht heute vom *„Ökozid"*, an dem auch die Psychologie aktiv mitbeteiligt ist.

Werbepsychologie spielt auch in der Politik eine bedeutende Rolle. In seinem Erfolgsroman „Monschau" schreibt *Steffen Kopetzky* (2021: 184f):

> „Die nachgerade wissenschaftliche Kommunikationspsychologie der Nazis, die sie sich von der Werbepsychologie Amerikas abgeschaut hatten, war mit ihrer rassistischen Ideologie verschmolzen und dabei auf fruchtbaren, seit Generationen bereiteten Boden gefallen. Herausgekommen waren fanatisierte junge Männer, die man zum industrialisierten Bewegungs- und Vernichtungskrieg abgerichtet hatte."

(vgl. Thomae, H. (1941, 1959): Das Problem der unterschwelligen Werbung. Z. für Angew. Psychol. und Charakterkunde, 60, 1941: 364-383 und Der Markenartikel, 21, 1959:657-663; Anders, G. (1956,1980): Die Antiquiertheit des Menschen. 2 Bde. München; Schmidbauer, W. (1972): Homo consumens. Der Kult des Überflusses. DVA; Ders. (1996): Jetzt haben, später zahlen. Die seelischen Folgen der Konsumgesellschaft. Reinbek; Benesch, H. & Schmandt, W. (1982): Manipulation und wie man ihr entkommt. Frankfurt/M., 2. Aufl.; Galimberti, Umberto (2003): Vizi capitali e i nuovi vizi. Milano: Giangiacomo Feltrinelli Ed., S.71-79 (kapitale Laster und neue Laster); Levine, R. (2003): Die große Verführung. Psychologie der Manipulation. München; Sommer, R. (2007): Consumers mind. Die Psychologie des Verbrauchers. Frankfurt/M; Oerter, Rolf (2014): Kulturelle Höherentwicklung – Chance oder Illusion? IN: Gerd Jüttemann (Hrsg.): Entwicklungen der Menschheit. Humanwissenschaften in der Perspektive der Integration. Lengerich: Pabst, S.331-354; König, Wolfgang (2013): Kleine Geschichte der Konsumgesellschaft. Konsum als Lebensform der Moderne. Stuttgart: Fr. Steiner, 2. Aufl., S.238-244; Hahn, H. P. (2014): Materielle Kultur. Eine Einführung. Berlin, 2. Aufl.; Baudrillard, Jean (2014): Die Konsumgesellschaft: ihre Mythen, ihre Strukturen. VS Verlag für Sozialwissenschaften, S. 55-70 (Teufelskreis des Wachstums); Trentmann, Fr. (2017): Die Herrschaft der Dinge. Die Geschichte des Konsums vom 15. Jh. bis heute. München; Green, E. (2020): Bewährte Techniken der Manipulation. Dunkle Psychologie in der Praxis. Modern Mind Media)

- *Arbeitspsychologie*

Die Arbeitspsychologie besitzt schon eine über einhundertjährige Geschichte. So las bereits *Edouard Claparède* (1873-1940) ab 1914 regelmäßig über sie und der Psychiater *Emil Kraepelin* (1956-1926) entwickelte 1902 eine Arbeitskurve (vgl. Pauli, 1938; Bornemann, 1958). Die moderne Arbeitswelt, die auch von Arbeitspsychologen mitgestaltet wurde (vgl. Dorsch, 1963:128-141; Ulich, 1994) ist immer noch außer den physischen und Umweltbelastungen weltweit teilweise durch Inhumanität und *(psychisch) krankmachende Arbeitsverhältnisse* (vgl. Stress, Mobbing, karoshi, Arbeitssucht, Taylorismus, Fordismus, Leiharbeit, Arbeitsmigration, Kinderarbeit, Minenarbeit etc.) mit vielen, teilweise tödlichen Unfällen gekennzeichnet. Unter *karôshi* (jap.) versteht man Tod durch Überarbeitung bzw. arbeitsstressinduzierte Erkrankungen, die zum Tode führen. Karôshi ist kein allein japanisches Phänomen. Die mit den Arbeitsanforderungen verbundenen Belastungen stehen in einer sich weltweit wandelnden Arbeitswelt zunehmend im Kontext psychosozialer Faktoren. In Japan wurde karoshi auch durch einige Gerichte als haftungspflichtige Arbeitsbelastung anerkannt. Dabei werden verschiedene medizinische Todesursachen unter diesem Begriff zusammengefasst. Als Verursacher ist in mehreren Urteilen jeweils das Unternehmen des Verstorbenen benannt worden und musste Schadenersatz leisten. Die Klägerinnen waren in allen Fällen die Witwen (s. oben: Japan). In vielen modernen Industrieunternehmen werden Menschen zunehmend zu „dressierten Arbeitsrobotern" konditioniert.

(Dorsch, Fr. (1963): Geschichte und Probleme der Angewandten Psychologie. Bern; Jahoda, M. (1963): Wieviel Arbeit braucht der Mensch? Weinheim; Lexikon der Psychologie, Bd. 1, 2000: 114-120, s. Bibliografie: Japan)

- *Psychologie im Dienste des Krieges und der Tötungsindustrie, Psychologie in den Kriegswissenschaften, Psychologische Kriegsführung, Militärpsychologie*

Wenn der preußische Kriegstheoretiker *Carl von Clausewitz* (1780-1831) davon ausging, das es „Tradition der Armee ist, an der Spitze des Fortschritts zu marschieren", dann waren damit nicht nur die Kriegs- und Waffentechnik gemeint, sondern auch die Wissenschaften d.h. u.a. die Psychologie. In einer Zeit der weltweiten Aufrüstung in der Gegenwart (vgl. SIPRI, 2021) kann *Psychologie auch als Waffe* eingesetzt werden (vgl. z.B. als Beispiel aus dem „kalten Krieg": Psychologie als Waffe. Einführung in Wesen und Formen des psychologischen Kampfes. Schriftenreihe Innere Führung, Heft 1, BMV, 1961, 2. Aufl.; Lit. S.74ff). Auch in der Waffenentwicklung (z.B. Wahrnehmungsexperimente) sind PsychologInnen tätig. Ein wichtiger Bereich ist seit dem I.WK. die *Propaganda* (vgl. z.B. Hamann, B.: Der Erste Weltkrieg. Wahrheit und Lüge in Bildern und Texten. München: Piper, 2004; Enzyklopädie des Nationalsozialismus. München: DTV, 2001, S.34-49). In vielen (vor allem westlichen) Streitkräften der Welt existieren eigene psychologische Abteilungen, die u.a. Eignungsprüfungen, aber auch Waffenentwicklungen durchführen.

Tauben gelten den einen als „Friedenstauben" (Picasso) und anderen wie *Konrad Lorenz*, der es eigentlich wissen müsste, als sehr aggressive Vögel. Den Studierenden der Universität Freiburg/Brsg. wurden in den späten 60er Jahren amer. Dokumentarfilme vorgeführt, die zeigten, wie nach *Skinner* dressierte Tauben es gelernt hatten aus Militärflugzeugen durch intensives Picken den Abwurf von Bomben auf unter ihnen fahrende Schiffe auszulösen. Tiere im Krieg! Man denkt an die im I W.K. über 1 Million gefallenen Pferde und an die „Bombenhunde".
Es ist überraschend wie viele us-amer. und dt. Psychologen im Dienste des II. Weltkrieges aktiv tätig waren (vgl. Zusne, 1984; Wolfradt et al., 2015).

Ein blinder Fleck der in (totale) Kriege verwickelten Nationen, ganz besonders in dem jahrhundertelangen, kriegsgeplagten Deutschland, ist das psychologische Thema der *transgenerationalen Kriegstraumatisierungen*! Sie gehören scheinbar immer noch zum „gesellschaftlichen Unbewussten" (M. Erdheim).

In der *Erklärung der 3. Pugwash-Konferenz* (Kitzbühl 1958), die auch für die Psychologie Gültigkeit besitzen sollte, heißt es bereits:

> „Es ist die Pflicht der Wissenschaftler aller Länder, zur Aufklärung der Menschen beizutragen und ihnen eine weitgehende Kenntnis der mit dem beispiellosen Wachstum der Wissenschaft verbundenen Gefahren und Möglichkeiten zu vermitteln. Wir appellieren an unsere Kollegen in allen Ländern, diese Bemühungen sowohl bei der Erwachsenenbildung als auch bei der Erziehung der kommenden Generationen zu unterstützen. Insbesondere sollte die Erziehung darauf gerichtet sein, alle Formen der menschlichen Beziehungen zu vertiefen und vor allem jede Glorifizierung von Krieg und Gewalt auszuschalten.
> Aufgrund ihrer Sachkenntnis sind die Wissenschaftler in der Lage, die Gefahren und auch die Verheißungen, die sich aus naturwissenschaftlichen Entdeckungen ergeben, frühzeitig zu erkennen. Sie haben dafür eine besondere Kompetenz und tragen andererseits auch eine besondere Verantwortung hinsichtlich der brennendsten Probleme unserer Zeit. …
> Die wachsende materielle und finanzielle Unterstützung, die die Wissenschaft jetzt in vielen Ländern genießt, ist hauptsächlich eine Folge ihrer direkten oder indirekten Bedeutung für die militärische Schlagkraft des Landes und ihres Beitrages zum Erfolg im Wettrüsten. Dies lenkt die Naturwissenschaft aber von ihrem eigentlichen Zweck ab, der darin besteht, das menschliche Wissen zu vermehren und die Beherrschung der Naturkräfte durch den Menschen zum Wohle aller zu fördern." (Bernal, 1978, Bd. 4, S.1074f)

Eigentlich sollte die *Berufsethik* der PsychologInnen eine Mitwirkung in diesen kriegsbezogenen Forschungs- und Anwendungsfeldern der Psychologie mit Nachdruck verbieten bzw. ächten. Eine *Zivilklausel*, die den Universitäten eine solche Zusammenarbeit verbietet, wird jedoch häufig (z.B. in Deutschland) außer Kraft gesetzt.

(vgl. Grubitsch, S. & Rexilius, G. (Hg.) (1990): Psychologische Grundbegriffe. Reinbek: RoRoRo, S.672-689 (Militärpsychologie); Riedesser, P. & Verderber, A. (1996): "Maschinengewehre hinter der Front". Zur Geschichte der deutschen Militärpsychiatrie. Frankfurt/M.: Fischer (vor allem I. WK); Gould, St. J. (1999): Der falsch vermessene Mensch (The mismeasure of man). Frankfurt/M.: Suhrkamp, S. 212-258 (Army Mental Tests); Wehrpsychologie. In: Lexikon der Psychologie. Bd. 4. Heidelberg:

Spektrum, 2001, S.451-455; Militärpsychologie. In: H. E. Lück & R. Miller (Hrsg.) (2005), Illustrierte Geschichte der Psychologie. Weinheim: Beltz, S.279-283; Handbuch Kriegstheorien. Wiesbaden, 2011; Krieg. In: Lexikon der Psychologischen Anthropologie. Gießen, 2012)

- *Psychologie, Geheimdienste und Spionage*

Schon in einer sehr frühen chinesischen, kriegstheoretischen Schrift von *Sun Tsu* (ca. 500 v. Chr.) heißt es bereits:

> „So wird der erleuchtete Herrscher und der weise General die Intelligentesten seiner Armee als Spione einsetzen und auf diese Weise hervorragende Erfolge erzielen." (Sun Tsu, 2005:191)

Geheimdienste gehören schon seit der Antike zur Ausstattung des Staates und der Armeen. Die perverse, sadistische und menschenverachtende Phantasie ihrer MitarbeiterInnen ist ein psychologisches Forschungsdesideratum! In ihren Reihen arbeiten seit der Neuzeit auch PsychologInnen. Viele Geheimdienste verfügen über eigene psychologische Forschungszentren, in denen Isolationsexperimente, Schlafentzug, sensorische Deprivation, Dauerverhör, Gehirnwäsche (brain washing) u.a. durchgeführt und „Wahrheitsdrogen", sowie geheim zu haltende Tötungsexperimente erprobt werden. Die psychologischen Aspekte ihrer Arbeit wurden selten systematisch untersucht und veröffentlicht. Man hat einfach Angst!

Die von Heydrich organisierte *GESTAPO* brauchte ab 1933 ihre Einrichtungen/Leitstellen nicht mehr personalmäßig aufzustocken (1943: 31.374 Beamte und Angestellte!), da Denunziationen im „Dritten Reich", einer totalitären Gesellschaft, weit verbreitet waren (vgl. Enzyklopädie des Nationalsozialismus, 2001:416f, 480f).

Der deutsche Geheimdienst *BND,* der aus dem Geheimdienst des „Dritten Reiches" hervorgegangen ist, verfügt heute offiziell über ca. 8000 Mitarbeiter in einem milliardenschweren Gebäude in Berlin, dabei kann man die meisten relevanten Informationen heute wohlfeil aus dem Internet erhalten. Wieviel PsychologInnen dort mitarbeiten wird geheim gehalten.

Im Rahmen der sehr effizienten *STASI* wurden z.B. verschiedene psychologische Doktorarbeiten geschrieben. Die mit mehr als 200.000 Mitarbeitern ausgestattete STASI verfügte sogar über ein eigenes „Geruchsarchiv" mit Geruchsproben von Verdächtigen! Welcher Gestank! Im Ministerium für Staatssicherheit sprach man von *„operativer Psychologie":*

> „Die „Operative Psychologie" war ein Forschungs- und Lehrfach an der Juristischen Hochschule (JHS) des Ministeriums für Staatssicherheit (MfS) der DDR. Diese beschäftigte sich mit ‚den Erscheinungen, Bedingungen, Gesetzmäßigkeiten und des psychischen Erlebens und der psychischen Steuerung des Verhaltens und der Handlungen der Menschen in der politisch-operativen Arbeit des MfS'. Die auf diese Weise gewonnenen Erkenntnisse wurden zur gezielten Anwerbung und ‚Stabilisierung' von

Mitarbeitern als auch zur systematischen ‚Zersetzung' politischer Gegner des SED-Regimes genutzt." (Wikipedia, aufgerufen am 27.10.2020)

(vgl. Richter, Holger: Die operative Psychologie des Ministeriums für Staatssicherheit der DDR. Mabuse Verlag, 2015; Filme: „Psychologie im Dienst der STASI". Arte-Sendung vom 13.4.2010; „Das Leben des Anderen")

Die *Tscheka* (gegr. 20.12.1917), der *NKWD* und *KGB* (gegr. 13.3.1954) sind die bedeutendsten sowjetischen Geheimdienste. Die Tscheka besaß im Jahre 1918: 600 Mitarbeiter und Anfang 1921 waren es bereits 280.000. Die Zahlen der von der Tscheka unter Stalin Exekutierten reichen von 12.000 bis 250.000 Opfern (vgl. Roewer, Helmut et al.: Lexikon der Geheimdienste im 20. Jh. München, 2003). Der aus dem NKWD hervorgegangene KGB (heute: FSB), das Komitee für Staatssicherheit, existierte bis 1991. Sein Sitz war die berüchtigte Lubjanka (Moskau)

(vgl. Kaminski, Lukasz et al.: Handbuch der kommunistischen Geheimdienste 1944-1991. Göttingen, 2009; Barron, John: KGB. Arbeit und Organisation des sowjetischen Geheimdienstes in Ost und West. Bern, 1973).

Die *CIA* (Nachfolgerin des *OSS;* gegr. 18.9.1947), die finanziell mehr Geld zur Verfügung hat als die UNO (ca. 15 Milliarden $), ist eine von über 20 Geheimdiensten der USA (vgl. z.B. NSA). Sie verfügt über eigene psychologische Forschungslabors (vgl. das Directorate „Science & Technology"), von Foltereinrichtungen (teilweise im Ausland) ganz zu schweigen

(vgl. Sokal & Rafail, 1982:174-176; Petersen, Neal H.: American Intelligence, 1775-1990. A bibliographical guide. Claremont, CA, 1992; Saunders, Fr. St. (1995): Modern art was CIA ‚wapon'. The Independent, 21.10.1995; Polmar, Norman: Spy book: The encyclopedia of espionage. NY., 2004).

In D (Wiesbaden) wie in vielen Ländern existieren „Außenstellen" des CIA. Zu ihren technischen (Überwachungs- und Tötungs-) Mitteln gehören Spionageflugzeuge (z.B. U2) und Drohnen. Die CIA unterstützte bekanntlich die rechtsgerichteten Militärdiktaturen LAs und bildete dort Folterer aus (s. unten) (zu den vielen CIA-Operationen s. Wikipedia). Mike Pompeo, der Außenminister der USA bis Januar 2021, war 2017-2018 Direktor des CIA. Ein eindrucksvolles *Beispiel für Kriegsverbrechen der USA*, bzw. des von ihr finanzierten Geheimdienstes CIA war der gut dokumentierte (jedoch wenig bekannte) *Krieg in Laos* mit großen Flächenbombardements in den 60er und 70er Jahren. Der Friedens-Nobelpreisträger (!) Präsident *Obama* verteidigte öffentlich den „gerechten Krieg" d.h. den Krieg für us-amer. Interessen mit allen Mitteln. Auch die Schaffung eines von der EU favorisierten „Weltgerichtshofes" wird von den USA konstant abgelehnt, so dass gegenwärtig kein us-amerikanischer Soldat wegen Kriegsverbrechen (z.B. im Vietnamkrieg, Laoskrieg, Irakkrieg, Afghanistankrieg etc.) ohne Zustimmung der USA belangt werden kann (vgl. Film: Amerikas geheimer Krieg. D 2008. Arte-TV, 17.2.2010; Internet: www.crimesofwar.org).

Ob man von einer staatlichen Institution, die lügt, betrügt, erpresst, foltert und mordet von „Intelligenz" sprechen kann, muss stark bezweifelt werden. Oder handelt es sich um eine „Intelligenz der Unmenschlichkeit"? Dies gilt auch für alle anderen Geheimdienste, die für eine Mitarbeit von PsychologInnen tabu sein sollten. Viele Psychologenverbände dulden im

Allgemeinen diese verbrecherische und menschenverachtende Arbeit, obwohl sie meistens auch über eigene berufsethische Prinzipien verfügen. Heute sind eigentlich Geheimdienste nicht unbedingt mehr notwendig und rentabel, da fast alle Informationen heute aus dem „Netz" erhalten werden können, aber die auf die eigene Gesellschaft bezogene, interne Geheimdienstarbeit dient den Mächtigen.

(vgl. Peters, U.H. (1991): Über das STASI-Verfolgten-Syndrom. Fortschr. Neurologie Psychiatrie 59, S.251-265; Krieger, W. (Hrsg.) (2007): Geheimdienste in der Weltgeschichte. Von der Antike bis heute. Köln: Anaconda; Hechelhammer, B. (2014): Geheimobjekt Pullach. Von der NS-Mustersiedlung zur Zentrale des BND. Fernwald; Schweska, M. (Hrsg.) (2014): Das Kompendium der Geheimhaltung und Täuschung, der Lüge und des Betrugs, des Verrats und der Verstellungskunst. Die andere Bibliothek; Filme: "Das Leben der Anderen"; "Geheimdienste", Phönix-Dokumentation vom 22.12.2011; „État de siège" (dt. Der unsichtbare Aufstand)

- *Psychologie in totalitären Gesellschaften*

In totalitären Gesellschaften und Militärdiktaturen, die wieder eine Zukunft zu haben scheinen, spielt auch die wenig erforschte (Massen-, Sozial- und Propaganda-) Psychologie eine wichtige Rolle. So hat sich z.B. *Adolf Hitler* (1889-1945) intensiv mit der damaligen Massenpsychologie beschäftigt (vgl. Stubbe, 2018:54-70). In den stalinistischen Säuberungen spielte auch die Pawlowsche Psychologie für die Erzwingung von Geständnissen eine besondere Rolle (s. Russland/Sowjetunion). Im Rahmen der nationalsozialistischen Ideologie und Kriegs- und Tötungsindustrie waren im „Dritten Reich" u.a. die PsychologInnen Dr. Jutta Rüdiger, Prof. Dr. Erich Jaensch, Dr. Johann B. Rieffert, Prof. Dr. Friedrich Sander, Prof. Dr. Walther Poppelreuter und viele andere verstrickt. Westliche Großunternehmen haben bekanntlich während der Militärdiktaturen in Lateinamerika ihre eigenen Angestellten und Arbeiter systematisch ausspioniert und ausgeliefert.

(vgl. Wolf, H. (2006): Index. Der Vatikan und die verbotenen Bücher. München; U. Wolfradt et al. (Hrsg) (2015): Deutschsprachige Psychologinnen und Psychologen 1933-1945. Wiesbaden: Springer; Stubbe, H. (2018): Kleinere Schriften. Aachen; Eco, U. (2020): Der ewige Faschismus. München, 5. Aufl.) (s. oben: Totalitarismus; s. unten: Bibliografie)

- *Psychologie und Folter*

Unter *Folter* versteht man jede Handlung, durch die einer Person vorsätzlich große körperliche oder seelische Schmerzen oder Leiden zugefügt werden, z.B. um von ihr oder einem Dritten eine Aussage oder ein Geständnis zu erlangen/erpressen. Folter kann von einem Angehörigen des öffentlichen Dienstes oder einer anderen in amtlicher Eigenschaft handelnden Person, auf deren Veranlassung oder mit deren ausdrücklichem oder stillschweigendem Einverständnis verursacht werden. Den Inhaftierten für eine Handlung zu bestrafen, die er oder eine andere Person begangen hat, oder ihn oder jemand anderen aus Gründen einzuschüchtern, die auf Diskriminierung beruhen, fällt ebenfalls unter die rechtliche Definition der Folter. Dies wurde in verschiedenen Menschenrechtsabkommen kodifiziert (vgl. Gutman & Rieff, 1999: 127ff). In bewaffneten inner- wie zwischenstaatlichen Konflikten ist Folter ausdrücklich verboten, sowohl gegen Soldaten wie Zivilpersonen. In der *Genfer Konvention von 1949* heißt es deutlich: „Angriffe auf das Leben und die Person, namentlich Tötung jeder Art, Verstümmelung, grausame Behandlung und Folterung" sowie „Beeinträchtigung der persönlichen Würde, namentlich erniedrigende und entwürdigende Behandlung" sind unter allen Umständen verboten, wurden aber in allen folgenden Kriegen oftmals praktiziert. Folter ist weltweit noch immer sehr verbreitet und sie beruht u.a. auf Erkenntnissen der Psychologie und Psychopharma-kologie (z.B. Neuroleptika) (vgl. sensorische Deprivation, Stromstöße, Hunger, Schlafentzug, „Gehirnwäsche" (brain washig), physische Gewalt, Isolationshaft etc.). Beispiele in der Gegenwart sind *Assange* und *Nawalny*. Folter führt meist zu schweren körperlichen oder seelischen Traumatisierungen. Die Belastungen für Therapeuten in der Arbeit mit Folterüberlebenden hat *Norbert Gurris* (2003) ausführlich dargestellt.

Am Beispiel der *Folter in Lateinamerika während der Militärdiktaturen* lässt sich das Themenfeld gut exemplifizieren:

Eine der Hinterlassenschaften der Inquisition, der Sklaverei, der Gerichtspraxis (vgl. Institutionalisierung der Folter: „Constitutio Criminalis Carolina" Karls V., 1532; vgl. für das MA auch Pauler, 2007:46f, 73f), des Nationalsozialismus, des Stalinismus, der staatlichen Geheimdienste (z.B. GESTAPO: dort hieß die Folter „verschärfte Vernehmung", KGB, CIA, STASI etc.; s. oben) und der modernen totalen Kriege (vgl. Guttmann & Rieff, 1999) ist das Wissen um die Möglichkeiten mit Hilfe der Folter Individuen völlig ihrer Identität zu berauben, sie zu vernichten und Kollektive einzuschüchtern. Sogar in *Puccinis* (1858-1924) „Tosca" (1900) ertönt im 2. Akt eine „Folterkammermusik".

Viele Foltermethoden wurden von Medizinern des CIA z.B. *Prof. Dr. Beecher* (Harvard) in Zusammenarbeit mit ehem. Nazi-Ärzten in „finalen Experimenten" erprobt (vgl. Mc Coy, 2006; WDR, 2008). Das Ergebnis war ein *„Folterhandbuch der CIA"* (erzwungenes Stehen, Nacktheit, Hunde, Essens-, Schlafentzug, Elektroschock, Drogen z.B. Mescalin, Ertrinken, *„berührungslose"* Folter etc.), das an die Militärdiktaturen in LA gezielt ausgeliefert wurde zur Repression der politischen Opposition. Während dieser Zeit (60er-80er Jahre) hatte sich die politische Folter wieder stark ausgebreitet und es liegen zu diesem Themenkomplex verschiedene Arbeiten aus den 70er und 80er Jahren vor. *Amati* (1977) gibt anhand der Erfahrungen einer gefolterten Studentin aus Montevideo eine psychoanalytische Reflexion über die Folter und betont den regressiven Status, auf den der Gequälte durch die Tortur zurückgeworfen wird. Auf die *"psychiatrisch-psychologische Folter"* in Chile lenkten *Gustav Keller* (1978) und *Ulfried Geuter* (1978) die Aufmerksamkeit der deutschen Psychologen. Der chilenische Arzt *Dr. J. Barudy*, der in Belgien ein psychosoziales Zentrum für chilenische Flüchtlinge leitete, schildert in seinem Interview mit *Geuter* die verschiedenen Techniken, die in der psychologischen und psychiatrischen Folterpraxis in Chile zum Einsatz kamen: sensorische Deprivation, kontrollierter Schlafentzug, Induzierung von Schlafrhythmus-störungen, Hypnose, Konditionierungstechniken, gezielter Drogeneinsatz, Elektroschock, aggressive und "umarmende" Verhörtechniken, Isolation, psycho-pharmakologische Folter (Pentatol, Skopolamin, Curare etc.) usw. *Barudy* lässt keinen Zweifel daran aufkommen, dass

Psychologen, Psychiater und andere Ärzte an der Unterdrückung teilnahmen. Auch weist er darauf hin, dass Folterschulen unter der Leitung des US-Militärs und CIA's in Panama, Brasilien, Chile und Uruguay zum damaligen Zeitpunkt existierten. Eine Wiedergutmachung durch die us-amerikanische Regierung wurde bisher für alle diese Fälle nicht geleistet. Als Auswirkungen, die sich aus der Folter ergeben, zählt *Barudy* u.a. auf: Halluzinationen, völlige Unsicherheit, Schuldgefühle, sexuelle Schwierigkeiten (aufgrund der sexuellen Folter), Isolationsgefühl, Angst vor Menschen etc. Auch auf die therapeutischen Probleme bei der Behandlung von Gefolterten und die unzureichenden Lebensbedingungen chilenischer Flüchtlinge in der damaligen BRD geht *Barudy* ein. In einer anonymen Schrift über die "Psychiatrie in Chile" (Anonym, 1982) wird herausgestellt, dass die in den chilenischen Anstalten lebenden "Geisteskranken" oftmals auch politische Gefangene sind. *David Becker* (1989) berichtet über 10jährige Erfahrungen mit psychoanalytischer Sozialarbeit mit Gefolterten in Chile (zur familientherapeutischen Betreuung chilenischer Opfer vgl. Rittermann, 1988). Der nach Deutschland emigrierte chilenische Psychiater *Horacio Riquelme* (1988, 1990ff) hat verschiedentlich über die Menschenrechte und die psychosoziale Gesundheit in LA berichtet. Als Hauptfelder des staatlichen Terrors stellt er das Verschwindenlassen von Oppositionellen, die systematische Folter und den gezielten Einsatz von Massenmedien heraus (vgl. auch *Valdés*, 1991, der hier von „*Staatsterrorismus*" spricht). Ausgehend von der in der Zeitschrift "Psyche" geführten Kontroverse zwischen *Füchtner* (1984) und *Schneider* (1985) über die Situation der Psychoanalyse in Brasilien und der Kommentierung dieser Kontroverse durch *Parin* (1984) schildert *Besserman Vianna* (1988) anhand umfangreichen Dokumentationsmaterials, in welchem Ausmaß sich das politische Klima in der psychoanalytischen Gesellschaft von Rio de Janeiro widerspiegelte. Dabei wird u.a. auf den Fall "Lobo" eingegangen: 1973 war bekannt geworden, dass ein Ausbildungskandidat der psychoanalytischen Gesellschaft Rio de Janeiros an Polizei-Folterungen teilgenommen hatte. Die Kinder der Gefolterten und der lateinamerikanischen Flüchtlinge in Österreich und der Schweiz wurden empirisch-psychologisch von *Bohrn* (1982) und *Herzka et al.* (1989) untersucht

(Brune J. M. (1971): Diktatur und Folter in Brasilien. Die Papageienschaukel. Düsseldorf. Patmos; Brückner, P. (1980): Zur Sozialpsychologie des Kapitalismus. Reinbek, S. 174ff; Bibliografie bei Stubbe, 1992, 2012: 217ff; *Film*: The Mauretanian. Regie: K. Macdonald, GB, USA, 2021).

- *Geschlechter- und Patriarchats-Forschung*

Frauen als Forschungsthema sind immer noch ein *blinder Fleck in der Forschungslandschaft der Psychologie*. In diesen Zusammenhang gehört auch das bis heute noch wirksame sog. *Defizitmodell des Weiblichen"* in der Geschichte der Psychologie seit *Aristoteles* (vgl. Höffe, 2005: 238f). Der o.g. Leipziger Neurologe und Psychopathograf *P.J. Möbius* (1900) hatte in seiner einflussreichen Schrift „Der physiologische Schwachsinn des Weibes" (München: Matthes & Seitz, 1990, Reprint, bebildert) aufgrund von allgemeinen unkritischen Beobachtungen in der damaligen Gesellschaft und hirnphysiologischen Annahmen (z.B. geringere Gehirngröße) die schwachen intellektuellen Fähigkeiten der Frauen behauptet. Die geringen Bildungschancen (z.B. ein Universitätsstudium), die fehlenden gesellschaftlichen

Partizipationsmöglichkeiten (z.B. Wahlrecht, Macht) und die geringen ökonomischen Betätigungsfelder ließ er völlig außer Acht. Möbius saß also einem Denk- und Wahrnehmungsfehler d.h. einem circulus vitiosus-Schluss auf. Auch in der Psychoanalyse (vgl. z.B. Penisneid; Roudinesco & Plon, 2004:343-347 u. 933-937) herrschten lange solche Vorurteile vor. Als Forschungsthema, Publizierende, aber auch in Führungspositionen, sind Frauen in der Psychologie weltweit, vor allem in der westlichen Welt, unterrepräsentiert.

Ein anderer Aspekt ist die *Patriarchats-Forschung*. Unter „Patriarchat" versteht man

> „'Vaterherrschaft', Vaterrecht; die Herrschaft und Einflußordnung einer Gesellschaft, in der die für die Organisation und den Ablauf der wichtigen sozialen Beziehungen gültigen und maßgebenden Werte, Normen und Verhaltensmuster von den jeweils älteren Männern bestimmt, geprägt, kontrolliert und repräsentiert werden." (Hartfiel, 1976:516)

Der Schweizer Altertumsforscher *Johann Jakob Bachofen* (1815-1887), der mit dem amerikanischen Evolutionisten *L. H. Morgan* (1818-1881) („Ancient society", 1877) in brieflicher Verbindung stand, beschrieb 1861 in seinem Werk „das Mutterrecht" das Patriarchat als dritte Entwicklungsstufe der Menschheit. Dieses kulturelle Entwicklungsmodell wird heute als überholt angesehen. Die neueren prähistorischen Erkenntnisse zeigen, dass Frauen erst ab der Bronzezeit diskriminiert wurden (z.B. hinsichtlich der Ernährung und der Betätigungsfelder). In der Ethnologie spricht man von patrilinearer Abstammung, Patrilinearität, oder Patrilokalität. Der Status der Frauen in Gesellschaften mit patrilinearer Abstammung ist nicht notwendig niedriger als in solchen mit matrilinearer (vgl. Wörterbuch der Völkerkunde, 1999:284). Zwar haben sich die Machtverhältnisse in den letzten dreißig Jahren in vielen westlichen Ländern grundlegend geändert, aber Ungleichheit besteht weiter in vielen Bereichen des Lebens z.B. Arbeit, Lohn, Renten, Politik, Wirtschaft, Religion, Wissenschaft etc. Feminismus und Gender-Studies haben in vielen Zweigen der Wissenschaft, auch in der Psychologie, einen beträchtlichen Nachholbedarf z.B. bzgl. Gleichberechtigung aufzuweisen (s. unten „westliche Psychologie"). Legt auch die Psychologie ungerechterweise den Frauen immer noch ein „normatives Korsett" an?

(vgl. Heymans, G. (1924): Die Psychologie der Frauen; Deutsch, H. (1925): Zur Psychologie der weiblichen Sexualfunktionen. Wien; Dies. (1945): Psychologie der Frau; Buytendijk, Fr. J. (1953): Die Frau; Wesel, U. (1980): Der Mythos vom Matriarchat. Über Bachofens Mutterrecht und die Stellung von Frauen in frühen Gesellschaften. Frankfurt/M.; Bamberg, E. & Mohr, G. (1982): Frauen als Forschungsthema: ein blinder Fleck in der Psychologie. In: G. Mohr, M. Rummel & D. Rückert (Hrsg.), Psychologische Beiträge zur Arbeits- und Lebenssituation. München: Urban & Schwarzenberg; Beinert, W. & Petri, H. (1984): Handbuch der Marienkunde. Regensburg; Neumann, E. (1985): Die große Mutter. Freiburg/Brsg.; Furumoto, L., & Scarborough, E. (1987): Untold Lives: The First Generation of American Women Psychologists. New York: Columbia University Press; Göttner-Abendroth, H. (1988): Das Matriarchat I. Geschichte seiner Erforschung. Stuttgart; Lee-Linke, S.-H. (1990): Frau und Religion. Zeitschrift für Kulturaustausch, 40(1), S. 26-32; Kivits, T. (1994). Eine kurze Geschichte der Psychologie. ECON, S.388-394; Santos-Stubbe, Ch. dos (1995): Arbeit, Gesundheit und Lebenssituation afrobrasilianischer Empregadas Domésticas. (Hausarbeiterinnen). Frankfurt/M.; Röder, B., Hummel, J. & Kunz, B. (1996): Göttinnen Dämmerung. Das Matriarchat aus archäologischer Sicht. München; Maier, B. (2001): Koran-Lexikon. Stuttgart, S.52; Metzler Lexikon Religion, Bd.1,

1999:395-406; Stubbe Vorlesungen, Universität zu Köln, 2002ff; Volkmann-Raue, S. & Lück, H. E. (Hrsg.) (2002): Bedeutende Psychologinnen. Biographien und Schriften. Weinheim; Schrott, K. (2005): Das normative Korsett. Königshausen & Neumann; Walker, B. G. (2007): Das geheime Wissen der Frauen (1983). Arun; Hörisch, J. (2010): Theorie-Apotheke. Eine Handreichung zu den humanwissenschaftlichen Theorien der letzten fünfzig Jahre, einschließlich ihrer Risiken und Nebenwirkungen. Frankfurt/M.: Suhrkamp, S. 125-146; Stoverock, M. (2020): Female choice. Vom Anfang und Ende der männlichen Zivilisation. Stuttgart; Schaik, K. van (2020): Die Wahrheit über Eva. Die Erfindung der Ungleichheit von Frauen und Männern. Hamburg; Staatliche Kunstsammlungen Dresden Albertinum (Hrsg.) (2020): 1 Million Rosen für Angela Davis. Dresden; Nam-Joo, Cho (2021): Kim Jiyoung, geb. 1982. Köln)

- *„Psychologismus"*

Der kritisch zu wertende Begriff „Psychologismus", der von ihren Gegnern geprägt wurde, steht in der Philosophie für den Anspruch der empirischen Psychologie alle menschliche Erkenntnis durch psychologische Gesetzmäßigkeiten wissenschaftlich zu begründen. *Wilhelm Wundt* (1832-1920) sah hierin z.B. die systematische Grundlage für die formale Logik und auch *Th. Lipps* (1883) hielt die formale Logik vor allem für ein psychologisches Phänomen.

In den Geisteswissenschaften z.B. der Geschichtswissenschaft dient der Psychologismus in seiner Überbewertung des Psychologischen (die übrigens schon I. Kant bekämpfte) einseitig als Erklärungsgrundlage. Es handelt sich um eine Auffassung,

> „die Geltung, Werte, Normen auf die Tatsache der ‚inneren Erfahrung' oder auf Zustände des Bewußtseins zurückführen will, oder die die Psychologie als Grundlage aller Wissenschaften betrachtet. In der gegenwärtigen Kultur- und Sozialanthropologie tritt der Psychologismus oft als Anspruch auf, alle Normen, Regeln und Tabus einer Gruppe aus den sozialpsychischen Gegebenheiten ableiten zu können. Im volkstümlichen Sinne heißt Psychologismus die übertriebene Neigung, seelische Zustände zu zergliedern oder sich mit ihnen zu beschäftigen" (Hehlmann, 1965:442)

Der Psychologismus besteht somit in einer Reduktion, die bedeutet:

> „a. daß ein nicht-psychischer oder nicht-psychologischer Sachverhalt mit psychologischen Begriffen beschrieben wird (‚Die Gesellschaft verdrängt den Tod'), b. daß ein nicht-psychischer Sachverhalt mit Psychischem oder psychologischen Hypothesen erklärt und vorausgesagt wird (‚Diebstahl entsteht aus dem Greifimpuls des Menschen', ‚Krieg ist Produkt des menschlichen Aggressionstriebes')." (Lexikon der Psychologie, Bd.3, 2001:349)

Auch der psychoanalytisch orientierten, psychohistorischen Schule (z.B. DeMause) hat man Psychologismus vorgeworfen.

(vgl. Husserl, E. (1900-1901). Logische Untersuchungen; Moog, M. (1919): Logik, Psychologie, Psychologismus; Mannheim, K. (1952). Ideologie und Utopie. 3. Aufl.; Gessmann, 2009:598f; Loh, W.

& Kaiser el Safti, M. (2011): Die Psychologismus-Kontroverse. Philosophie und Psychologie im Dialog. Göttingen: Vandenhoeck & Ruprecht, S.9-60)

- **Psychologie im Dienste des Kolonialismus und Imperialismus**

Kolonialismus wird sowohl in beschreibender als auch in polemischer Absicht benutzt. Beschreibend ist damit die direkte Herrschaft gemeint, die Staaten über Kolonien d.h. Gebiete jenseits ihrer eigenen Grenzen ausüben. Ausgerüstet mit entsprechenden Machtmitteln, sichern sie ihren Einfluss durch Gewalt oder Androhung von Gewalt, durch zweckdienliche Kolonial-Verwaltungsapparate, ökonomische, militärische, wissenschaftliche (vgl. Kolonialethnologie, „Negerpsychologie", Kolonialpsychiatrie, „Rassenbiologie" etc. vgl. Wulff, 1978; Diefenbacher, 1985; Probst, 1990; Oguntoye et al., 1992; Grosse, 1997), Kolonialpädagogik, religiöse (Missionierung) und kulturelle Einrichtungen. Bereits bestehende Strukturen werden dabei integriert, überformt, modifiziert, autochtone Entwicklungen umgepolt, gehemmt oder völlig unterdrückt. Es geht im Kolonialismus also um die Kontrolle der Informations- Kapital- Güter- und Menschenströme.

Man kann nach *Osterhammel* (1995:49) zwischen drei *Phasen bei der Entstehung von Kolonien* unterscheiden: 1. Erstkontakt bzw. Niederlassung, 2. Eroberung und 3. Konsolidierung. Dieses allgemeine Phasenmodell lässt sich jedoch z.B. auf die afrikanischen Kolonien Portugals nur mit großen Einschränkungen anwenden. (zur Rolle der Anthropologie/Ethnologie im Kolonialismus Portugals vgl. Gallo, 1988; Venâncio, 1996; Mondlane, 1995; Stubbe, 2008). *Urs Bitterli* (1976) hat die verschiedenen *Formen der Kulturbegegnung* zwischen den „Wilden" und „Zivilisierten" meisterlich dargestellt (Kulturberührung, Kulturkontakt, Kulturzusammenstoß, Akkulturation und Kulturverflechtung) (vgl. Stubbe, 2012:369-372).

Die *ökonomischen, kulturellen, sozialen und psychischen Folgen der Kolonialherrschaft* sind auch nach der allgemeinen Dekolonisierung d.h. Auflösung der Kolonialreiche in Afrika, Asien, der Pazifikregion und Lateinamerika in vielen Bereichen der ehemaligen Kolonialgesellschaften (z.B. Infrastruktur) und der *„postkolonialen Persönlichkeit"* (z.B. Minderwertigkeitsgefühl und seine Kompensationen) bis heute deutlich spürbar. Zwar haben die ehemaligen Kolonialländer in der Zwischenzeit ihre Unabhängigkeit bzw. Souveränität erhalten oder in langwierigen Kolonialkriegen erkämpft, aber vielfach zählen sie heute zu den Ärmsten der Armen (sog. Dritte Welt, Vierte Welt), verharren in ökonomischer Abhängigkeit, sind hoch verschuldet und auf die Investitionen, (manchmal militärischen) „Interventionen" und Hilfen der Industrieländer angewiesen. Kolonialmächte entstanden in der Neuzeit seit dem 15. Jh. und besonders die europäischen Staaten wie Portugal, Spanien, Niederlande, Frankreich und England, im 19.Jh. auch Russland, Deutschland, Belgien, Italien, Japan und die USA sorgten für eine „Europäisierung bzw. Amerikanisierung der Welt". Fast immer ging es den Kolonialmächten darum, den unterworfenen Regionen die eigene Zivilisation, Religion (Missionierung) und die damit verbundenen Wertsysteme (auch ihr Menschenbild) einzuprägen, sie militärstrategisch, aber auch als Siedlungsland und Rohstofflieferanten zu nutzen und die Kolonialbevölkerung unter politischen, religiösen und ideologischen

Vorzeichen im nationalen Interesse zu lenken. Ein wichtiger Theoretiker der Dekolonisation war der von den frz. Antillen stammende Psychiater *Frantz Fanon* (1925-1961) vor allem durch seine von *J. P. Sartre* eingeleitete Schrift „Les damnés de la terre" (1961), einem gewaltigen Aufschrei gegen koloniale Gewaltherrschaft – man spricht von einem „Antikolonialistischen Manifest"- und einer radikalen Analyse über die Auswirkungen des Kolonialismus auf die betroffenen Gesellschaften und die Psyche der Kolonisierten, die er in Martinique, Frankreich, Algerien und Ghana gewann. Für *Fanon* stellt der Kolonialismus die brutalste und unverhüllteste Form der Ausbeutung des Menschen durch den Menschen dar.

> „Der Wohlstand und der Fortschritt Europas sind mit dem Schweiß und den Leichen der Afrikaner, der Araber, der Inder und der Gelben errichtet worden."

Von Rache oder einem Kreuzzug will *Fanon* jedoch ebenso wenig etwas wissen, wie von einer Imitation der europäischen Kultur.

> „Für die Dritte Welt geht es darum, eine Geschichte des Menschen zu beginnen, die den von Europa einst vertretenen großartigen Lehren, aber zugleich auch den Verbrechen Europas Rechnung trägt, von denen das verabscheuungswürdigste gewesen sein wird: beim Menschen die pathologische Zerstückelung seiner Funktionen und die Zerstörung seiner Einheit; beim Kollektiv der Bruch, die Spaltungen; und schließlich auf der unermesslichen Ebene der Menschheit der Rassenhass, die Versklavung, die Ausbeutung und vor allem der unblutige Völkermord, nämlich das Beiseiteschieben von anderthalb Milliarden Menschen." (Fanon, 1971:242)

Der Ethnopsychiater *Erich Wulff* (1978:234) spricht von einer „vom Kolonialismus amputierten Persönlichkeit", deren Zukunft vor allem amputiert sei. Auch *Albert Memmi* (1992), selbst aus einem ehemaligen frz. Kolonialland (Tunesien) stammend, betont in seinen Büchern, dass es ein Kolonialverhältnis gab, in das Kolonisator und Kolonisierter zwangsläufig einbezogen waren und wie stark sich die Züge und Verhaltensweisen des einen auf die des anderen auswirkten und dass der *Rassismus* eine der unabdingbaren Dimensionen dieses Verhältnisses ist. Der Kolonisator ist als solcher immer Rassist. *Memmi* zieht die Schlussfolgerung, dass der Rassismus das Kolonialverhältnis veranschaulicht, komprimiert und symbolisiert.

> „Der Rassismus ist die Quintessenz und das Symbol des grundlegenden Verhältnisses, das den Kolonisten mit dem Kolonisierten verbindet." (Memmi, 1994: 72)

Nach Memmi ist die Behauptung, dieses oder jenes kolonisierte Volk sei einem anderen in der technischen Entwicklung unterlegen, unabhängig vom Wahrheitsgehalt noch kein Rassismus. Aber die Kolonisatoren begnügen sich nicht mit dieser Feststellung oder diesem Irrtum: Sie haben daraus für sich den Schluss gezogen, dass sie den Kolonisierten beherrschen können und müssen, und sie haben es getan. Sie haben ihre Anwesenheit in der Kolonie mit den Mängeln des Kolonisierten erklärt und gerechtfertigt. Der Kolonialismus war hiernach ein „System des organisierten Diebstahls". Die Grenze zwischen Kolonisation und kollektiver Tötung wird durch die Bedürfnisse des Kolonisators gezogen. Wo dies nicht geschieht, kommt es zu Mord und Genozid. Die ersten europäischen Einwanderer in LA haben die „Indianer" ausgerottet, weil sie keine Verwendung für sie hatten. Später, als auf den Zuckerrohrplantagen Arbeitskräfte benötigt wurden, griffen sie auf afrikanische Sklaven zurück. *Memmi* (1992) hat auch ausführlich das mythische Porträt und die Situation des Kolonisierten analysiert.

Sogar *„Negerpsychologie"* und *Psychotechnik* wurde im Dienste des Kolonialismus der westlichen Staaten betrieben (vgl. Probst, 1990; Stubbe, 2008: 39ff)(Literatur s. Bibliografie: Kolonialismus)

Unter *Imperialismus* wird die Politik eines Staates verstanden, die darauf abzielt, Macht und Kontrolle außerhalb der eigenen Staatsgrenzen über andere Völker/Ethnien auszuüben, die sich diesem Druck nicht zu unterwerfen bereit sind bzw. deren Eigeninteresse von der imperialen Macht ignoriert wird. Direkt kann dies durch Vergrößerung des eigenen Staatsgebietes (z.B. Kolonien) oder indirekt durch politische, ökonomische, militärische, kulturelle Dominanz geschehen. Ein Imperium wird durch militärische Gewalt erobert. Zur Erklärung des Expansionsdranges von Staaten wurde eine Reihe theoretischer Ansätze entwickelt (vgl. Mommsen, 1980; Nohlen, 2000:347ff; Münkler, 2006). In der Psychologie wird manchmal vom „Modell der Extension" ausgegangen d.h. dem „Bestreben den eigenen Einflussbereich auszuweiten, wenn immer es möglich ist" (Galliker & Wolfradt, 2015: 302–305). Ob sich dieses Verhalten bereits in der langen Prähistorie des Menschen findet oder erst mit der Staatengründung und dem kapitalistischen Wirtschaftssystem auftaucht ist jedoch klärungsbedürftig. Welche Bedeutung hat das Wirtschaftssystem? Auch die Bedeutung des *Sozialdarwinismus* und der sog. *Rassentheorien* spielen in den imperialen Bestrebungen eine wichtige Rolle (vgl. Koch, 1973; Leopold, 1974). In der Politischen Psychologie wird auf den engen Zusammenhang zwischen Innen- und Außenpolitik hingewiesen. Der Imperialismus hat in dieser Perspektive primär eine innenpolitische Funktion. Er wird „bewusst als Ventil für sozialen Druck" (Ansprenger) im Innern verstanden, der aufgestaute Aggressionen, Unmut gegen eine ungerechte Sozialordnung, nach außen lenkt. Zum gegenwärtig wachsenden *Kulturimperialismus* heißt es bei den PsychologInnen *Diallo & Hartnack*:

> „Erst im Gefolge der organisierten offenen sowie versteckten Widerstandsbewegungen in Ländern der Dritten Welt ist der Aspekt der kulturellen Unterdrückung im Zusammenhang mit dem Imperialismus politisch und wissenschaftlich thematisiert und zum Teil auch tiefgreifend analysiert worden (vgl. Mao Zedong, Césaire, Fanon, N'Krumah, Cabral, Biko)"....

> „Der mit dem Imperialismus einhergehende Zerstörungsprozess traditioneller Kulturen ist mit einem offenen oder versteckten Rassismus eng verbunden. Die Völker der sog. Dritten Welt werden u.a. als primitiv, kindlich, barbarisch, unterentwickelt, emotional, physiologisch schwachsinnig, restringiert, nicht zum logischen Denken fähig, auf einem niedrigen Niveau der Aneignung befindlich, defizitär, dumm dargestellt. Solche Kategorien bilden die ideologische Grundlagen wirtschaftlicher, politischer und kultureller Unterdrückung." (Diallo & Hartnack, 1990:610, 611)

Stubbe (2008) hat dafür plädiert *Sigmund Freuds* „Totem und Tabu" (1912/13), ähnlich wie die „Völkerpsychologie" *Wilhelm Wundts* in den „Zeitgeist" des imperialistischen Zeitalters (Hobsbawn) einzuordnen.

(N. Lenin, N. (1916): Der Imperialismus als jüngste Etappe des Kapitalismus. Petrograd; Wehler, H. U. (Hrsg.) (1972), Imperialismus; Ders. (1974). Der Aufstieg des amerikanischen Imperialismus, 1865-

1900; Ders. (1977): Bibliographie zum Imperialismus; Koch, H. (1973): Der Sozialdarwinismus. Seine Genese und sein Einfluß auf das imperialistische Denken. München: Beck, 1973; Wehler, H. U. (Hrsg.) (1972): Imperialismus; Ders. (1974): Der Aufstieg des amerikanischen Imperialismus, 1865-1900; Ders. (1977): Bibliographie zum Imperialismus; Leopold, J. (1974): Britische Anwendungen der arischen Rassentheorie auf Indien 1850–1870. Saeculum, 25, 4, 1974:386-411; Mommsen, Wolfgang J. (1979): Der europäische Imperialismus, 1979; Ders. (1980): Imperialismustheorien. Göttingen, 2.Aufl.; E.J. Hobsbawn, E. J. (1989): Das imperialistische Zeitalter 1875-1914; Diallo, T. & Hartnack, Chr. (1990): Kulturimperialismus, In: S. Grubitzsch & G. Rexilius (Hg.), Psychologische Grundbegriffe, 1990; Said, E. W. (1994): Kultur und Imperialismus; Nohlen, D. (Hg.) (2000): Lexikon Dritte Welt; Münkler, H. (2006): Imperien. Die Logik der Weltherrschaft – Vom Alten Rom bis zu den Vereinigten Staaten; Stubbe, H. (2008): Sigmund Freuds ‚Totem und Tabu' in Mosambik. Göttingen; Wallentowitz, A. (2011): „Imperialismus" in der japanischen Sprache am Übergang vom 19. zum 20.Jh.)

- *Ethnozentrismus und Rassismus in Geschichte, Theorie und Praxis der Psychologie*

Der von *W. G. Sumner* (1906) in seinen „Folkways" eingeführte Begriff *"Ethnozentrismus"* beschreibt ein Verhalten und Erleben, bei dem das eigene "Volk", die eigene "Volksgruppe", die eigene "Ethnie", „Rasse", Religionsgemeinschaft, Nation, Klasse, Schicht etc. in den Mittelpunkt des Denkens, Fühlens und Handelns gestellt wird. Ethnozentrische Erlebens- und Verhaltensweisen sind aus allen Regionen und geschichtlichen Menschheitsepochen bekannt und äußern sich u.a. in negativen Vorurteilen gegenüber einer Fremdgruppe, von der man sich distanziert, die man diskriminiert, unter gleichzeitiger Höherbewertung und Verherrlichung der Eigengruppe mit der man sich identifiziert. Der Eigengruppe werden dabei nur positive oder positiv verstandene Merkmale zugeschrieben (z.B. Tugenden, Gestalt, Augenfarbe, Körpergeruch etc.). Diese Haltung führt oftmals zu einem Überlegenheitsgefühl bzw. Überwertigkeitskomplex (vgl. Antisemitismus, Nationalismus, Chauvinismus, Rassismus). Manchmal wird unter Ethnozentrismus auch eine Einstellung verstanden, die die Ordnungskategorien der eigenen Gesellschaft und der daraus hervorgegangenen Sozialwissenschaft und Psychologie absolut setzt und nur mit ihnen fremde Gesellschaften beschreibt, analysiert und bewertet. Es braucht nicht eigens betont zu werden, dass ein solches Überstülpen von Kategorien dem Anspruch eines Verstehens fremder Kulturen und einer Interkulturalität überhaupt nicht gerecht werden kann. In einigen westlichen Einwanderungsgesellschaften existierten ausgeklügelte ethnozentrische psychologische Ausleseverfahren bei der *Immigration*. Ein gutes Beispiel ist die blödsinnig wirkende von Eugenik, der Vererbungstheorie der Intelligenz und Rassenhygiene (inkl. Heiratsmarkt) inspirierte psychologische Untersuchung italienischer EinwanderInnen in die USA (Ellis Island Studies), wie sie in dem grandiosen italienischen Film „Nuovomondo" (engl. „The golden door. Aufbruch in die Neue Welt", Dir. Emanuele Crialese, 2006) vor Augen geführt wird (vgl. Immigration Restriction Act, 1924; Keller, 1995:228f). Sie erinnert übrigens stark an das Selektionsverfahren der früheren Sklavereizeit (s. oben).

(vgl. Hartfiel, 1976:170; Endruweit & Trommsdorff, 1989:170f; Nohlen, 1991: 566ff; Fuchs et al.,1988:212; Le Guérer, A. (1992): Die Macht der Gerüche. Stuttgart, S.38-46; Handlung, Kultur,

Interpretation, 3. Jg., H 5, 1994: 68f, 89; Keller, Fr. B. (1995): Krank warum? Stuttgart: Cantz; Gould, St. J. (1999): Der falsch vermessene Mensch (The mismeasure of man). Frankfurt/M.: Suhrkamp (Anthropologie und Psychologie); zu Sumner: vgl. auch Le Vine & Campbell, 1972:7-21; zur Geschichte des Ethnozentrismus-Begriffes vgl. Bürki, 1977:1-52; Stubbe, 2012:178ff; Shiraev, E. (2015): A history of psychology. A global perspective. Los Angeles: Sage, 2. Ed., p. 330f).

William Graham Sumner (1840-1910), ein Hauptvertreter des Sozialdarwinismus in den USA, der den Begriff prägte, definiert in seinem klassischen Werk "Folkways" (1906) Ethnozentrismus als

> "jene Weltanschauung, nach der die eigene Gruppe das Zentrum aller Dinge ist und alle anderen im Hinblick auf sie eingestuft und bewertet werden." (zit. nach Hirschberg, 1988: 136)

Cl. Lévi-Strauss (1972) hat gezeigt, dass der Ethnozentrismus eine allgemeine, in vielen Gesellschaften vorhandene Einstellung ist, besonders in solchen, die nur wenig Kontakt mit der übrigen Welt haben. Er kann jedoch überwunden werden. *M. J. Bennet* (1998) hat ein Entwicklungsmodell der interkulturellen Anpassung (Development Model of Intercultural Sensitivity = DMIS) entwickelt, das sechs Stufen (Verleugnung, Abwehr, Verkleinerung, Akzeptanz, Adaption und Integration) von ethnozentrisch bis ethnorelativ umfasst.

Ein Großteil der europäischen und us-amerikanischen Sozial- und Human-Wissenschaften, aber auch die Psychologie sind anfällig für Ethnozentrismus. Z.B. wird die Frage nach der Universalität „westlicher" psychologischer Theorien sehr selten gestellt und diskutiert (vgl. Pepitone & Triandis, 1987; Quekelberghe, 1991; Galliker, 2015). *Renaud van Quekelberghe* schreibt zur Frage „Universalismus vs. Ethnozentrismus" u.a. folgendes:

> „Demnach kann man immer wieder feststellen, daß in vielen Gebieten der Sozial- und Persönlichkeitspsychologie transkulturelle Überprüfungen der dort anzutreffenden Theorien praktisch nicht stattfinden. Teilweise läßt sich dieser implizite Schutz vor möglichen Falsifikationen auf das nach wie vor in der gesamten Psychologie vorherrschende naturwissenschaftliche, nomothetische Wissenschaftsparadigma zurückführen. Teilweise aber handelt es sich auch um eine äußerst hartnäckige, implizit ethnozentrische Einstellung, die erst allmählich durch eine umfassende Auseinandersetzung mit intra- und transkulturellen Variationsmöglichkeiten menschlichen Verhaltens bewusst gemacht wird." (Quekelberghe, 1991:20)

In dem „Lexikon der Psychologischen Anthropologie" (2012) hat Stubbe *die historischen Kontinuität des Ethnozentrismus in der deutschsprachigen Psychologie seit 1849 dargestellt* (vgl. Stubbe, 2012:179ff). Dieser durchzieht wie ein roter Faden die gesamte Geschichte der deutschen Psychologie, aber auch anderer "nationaler" westlicher Psychologien des Zentrums d.h. vor allem Europas und Nordamerikas, wie auch außereuropäischer Psychologien, die westliche Psychologiebücher verwenden bzw. von westlicher Psychologie abhängig sind (vgl. Apartheids-Gesellschaften, Rassenpsychologie). Bis in die 90er Jahre hinein wurde die nichtssagende Kategorie „Rasse" in deutschsprachigen psychologischen Schriften verwendet (vgl. z.B. Wellek, 1965; Psychologische Lexika) und „race" ist nach wie vor im usamerikanischen psychologischen Schrifttum gebräuchlich..

Die Psychologie in der westlichen Welt kann nicht länger das Erleben und Verhalten von ca. 4/5 der Menschheit vor allem aus der Südhälfte dieser Welt ignorieren und gleichzeitig behaupten, sie vertrete eine universale d.h. weltweit gültige Wissenschaft bzw. sei „international" (s. unten).

Auch in anderen Wissensgebieten ist diese Situation ähnlich. *Wolfgang Krahl* (2000, 2009) zeigte kürzlich auf, dass internationale psychiatrische Journale, die weltweit einen Einfluss haben, fast ausschließlich aus angelsächsischen Ländern stammen. In diesen einflussreichen Journalen stammen weniger als 3% der Artikel aus Ländern der sog. Dritten Welt, in der fast 4/5 der Weltbevölkerung lebt! Die Auswirkungen dieser Vormachtstellung verhindern, dass innovative und kreative Behandlungsstrategien im Bereich psychischer Gesundheit aus der sog. Dritten Welt bekannt werden. Um diesem hegemonialen Anspruch zu begegnen, müssten sich die führenden psychiatrischen, und wir fügen hinzu psychologischen Journale, bereit erklären, den Anteil der Artikel aus anderen Kulturen zu erhöhen. Auch die Schaffung eines weltweiten psychologischen und psychiatrischen Journals, das die Weltbevölkerung besser repräsentiert, könnte für eine Verbreitung des Wissens aus anderen Kulturkreisen führen.

Systematische ethnopsychologische oder transkulturell-psychologische Forschung, Lehre und Praxis ist in der deutschen und westlichen Universitätslandschaft fast völlig inexistent. (Über die Gründe für das geringe Interesse an der KVP vgl. Andritzky, 1989a). Dennoch behauptet die westliche Psychologie, dass sie eine "internationale", "universale" oder "kosmopolitische" d.h. weltweit gültige Wissenschaft vertrete. Ein geradezu tragisch-komisches Beispiel für Ethnozentrismus ist die Zeitschrift *„Journal of Cross-Cultural Psychology"* (gegr. 1970), von der man eigentlich erwarten könnte, dass sie versucht die vielen Kulturen dieser Welt zu repräsentieren. Von den im Zeitraum 1970 bis 1979 berichteten Kulturgruppen (N=514) sind: 20% Kanadier und weiße US-Amerikaner, 5% Hispano-Amerikaner, 8% Ost- und Zentralafrikaner, 6% Inder, 5% Israelis, 4% weiße Australier und Neuseeländer und 4% Japaner. Lonner (1975, 1980) kommt aufgrund seiner Publikations-Analysen zu dem Ergebnis, das bis zu 50% der Stichproben in den Forschungsgebieten Sozial- und Persönlichkeits-Psychologie aus „college-Studierenden" bestanden. Er bemerkt zu Recht, dass viele Studien immer noch zum Typus „one-shot-research-project" gehören und wenig Praxisrelevanz zeigten (vgl. Quekelberghe, 1991:32ff).

Hinsichtlich der *psychologischen Fachsprache* gilt es diskriminierende *sprachliche Ausdrücke* wie „Neger" (negroes, nègres, negros etc.), „Primitive", „Barbaren", „Kulturlose", „Wilde", „Asylanten", „Eingeborene", „Naturvölker", „Rasse" (race, raça) etc. zu vermeiden, die sich in der Vergangenheit und Gegenwart noch in psychologischen Lehrbüchern, Lexika und Zeitschriften finden, denn sie sind Ausdruck eines ethnozentrischen bzw. rassistischen Denkens (vgl. Arndt & Hornscheidt, 2004; Lexikon der Psychologischen Anthropologie, 2012:483f).

Zum Ethnozentrismus gehört auch die *Psychopathologisierung fremd-kulturellen Verhaltens und Erlebens*. Im DSM-V werden z.B. zwei Wochen tiefer *Trauer* bereits als Störung d.h. als behandlungsbedürftig definiert (vgl. Report Psychologie, 38, 5, 2013: 214). Wenn man die weltweiten Trauersitten studiert (vgl. Stubbe, 1985), erscheint eine solche Festlegung geradezu absurd und bösartig. Die Kulturanthropologin *Margaret Mead* sprach zu Recht in diesen Fällen von einem „psychiatrischen Imperialismus".

„Wie die anderen kolonialen Implantate, bleiben die medizinischen und psychiatrischen Institutionen des Westens Fremdkörper, eine Art von Metastasen, die den sozialen Organismus des befallenen Landes infiltrieren und ihn zerstören, ohne dabei die Kraft zu besitzen, ihn ihrem eigenen Bild entsprechend zu organisieren." (Wulff, 1978:233)

Gibt es auch einen psychologischen Imperialismus? Auch in der *Terminologie der Psychopathologie* findet man bis heute noch solche Ethnozentrismen z.B. in Diagnosen wie „Hottentottismus", „Mongolismus" (Peters, 1997:234, 334f), „arktische Hysterie", „Franzosenkrankheit" (= Syphilis), „vice allemand" (= Homosexualität), „Hexenschuß" etc. Sie sind das Ergebnis kollektiver Projektionen des „Krankhaften" auf Fremde bzw. einer Pathologisierung des Fremden. In der modernen Ethnopsychoanalyse hat *Maya Nadig* (1992) sehr gut diesen Abwehrmechanismus der „Psychopathologisierug des Fremden" herausgearbeitet. Wie die Kultur, Gesellschaft und Wissenschaft, so hat sich auch die Psychopathologie über die Jahrhunderte in Europa und den USA sehr gewandelt. Bis in die 60er und 70er Jahre wurde z.B. die Homosexualität und andere sexuelle Verhaltensweisen als psychische Erkrankungen bzw. Perversionen dargestellt und bestraft (vgl. z.B. Jaspers, 1973:522-530; Marcuse, 2001: 276-282; Redlich & Freedman, 1970:568ff; Peters, 1997:232f). In der Ethnopsychiatrie z.B. Vietnams wird von den traditionell lebenden Menschen Originalität, Individualität und Subjektivismus als abweichendes Verhalten, wenn nicht sogar als Verbrechen angesehen (Wulff, 1978:240). *Georges Devereux* (1974, 1984) sprach zu Recht von „Normal und Anormal" als Schlüsselbegriffe der Ethnopsychiatrie.

In vielen Ländern waren und sind *interethnische* oder *interreligiöse Ehen und Partnerschaften* (gesetzlich) verboten bzw. durch massive Vorurteile verhindert (vgl. Thode-Arora, H.: Interethnische Ehen. Berlin, 1999; Chronologie der Rassengesetze der Vereinigten Staaten. s. Wikipedia). Die Psychologie unterstützt diese Verhältnisse, indem sie interkulturellen Eheberatungseinrichtungen auch in multiethnischen Gesellschaften keine Förderung gewährt (vgl. Stubbe, 2012: 77-82). Der Rassismus in einer Gesellschaft lässt sich übrigens u.a. auch sehr zuverlässig durch den *%-Anteil bikultureller, interethnischer Ehen und Partnerschaften* messen.

Die *kulturelle Relativität*, sowie der Ethnozentrismus lassen sich an folgenden zwei Beispielen, die wir der Geschichte der Astronomie entnehmen, gut demonstrieren:

1. Die gegenwärtige Lage der westlichen Psychologie erinnert an die besondere wissenschaftshistorische Situation der Positionsastronomie in der Mitte des 19.Jh.s, als man begann systematische Sammlungen von Beobachtungsdaten des Fixsternhimmels anzulegen. Das Vorbild aller dieser Unternehmen wurde die von *Friedrich Wilhelm August Argelander* (1799-1875) und seinen Mitarbeitern *Schönfeld* und *Krüger* in den Jahren 1857 und 1863 ausgeführte sog. Bonner Durchmusterung des nördlichen Fixsternhimmels. Es wäre nun einfach lächerlich gewesen, insbes. für diejenigen, die

den prächtigen südlichen Sternenhimmel in vivo kennen, von dieser Datensammlung von fast 458.000 Sternen auf die Lage, Größe und Häufigkeit der südlichen Himmelskörper zu schließen (vgl. Becker, Fr. (1968): Geschichte der Astronomie. Mannheim, S. 114,121, 162f)

Und genau diesen Fehlschluss begeht die westliche Psychologie!
Sie ist dagegen weiterhin auf die "nördliche/westliche Psyche" fixiert (zur Konstruktion des Nordens vgl. Brunner, B. (2019): Die Erfindung des Nordens. Berlin) und hält sich für allein seelenkundig. Vielleicht handelt es sich hierbei um eine "funktionelle Fixiertheit" von der der in Deutschland vergessene Denkpsychologe *Karl Duncker* (1903-1940), ein Mitbegründer der Gestalttheorie, um 1930 sprach d.h. eine Unfähigkeit der Psychologen ein neues Problem zu lösen, weil alte nicht situationsangepasste Methoden verwendet werden. In diesem Zusammenhang sprechen wir von einer herrschenden "Zentrums-Psychologie" bzw. westlichen Psychologie gegenüber einer Psychologie in der sog. Dritten Welt bzw. Peripherie.

2. Die Vielfalt der Sterne (der Sternenhimmel) und ihre Bewegungen, ist objektiv gegeben und dies kann u.a. durch Fotografien fixiert und belegt werden (vgl. Argelanders „Uranometrie", 1843, ein Atlas der mit bloßem Auge sichtbaren Sterne). Dennoch wurden z.B. im antiken China, Ägypten, Griechenland und Arabien von den Menschen unterschiedliche Sternbilder in den Himmel projiziert. Wahrscheinlich folgen diese Wahrnehmungen den Gestaltgesetzen, sie sind jedoch kulturabhängig (vgl. Gestaltpsychologie).

Diese Kulturabhängigkeit gilt auch für die Psychologie.

Der Paläoanthropologe *Friedemann Schrenk* (2019: 119) hebt zu Recht hervor:

„Hingegen ist die gegenwärtig zu beobachtende Abschottung von Wohlstandsregionen der Versuch, einheitliche Lebensbedingungen für *Homo sapiens* zu verhindern. Dies wird aber langfristig – in vielen Generationen gedacht – nicht erfolgreich sein, da nur die globale biokulturelle Vernetzung weltweit das Überleben moderner Menschen sichern kann, wie es sich in unserer langen Geschichte immer wieder gezeigt hat."

(vgl. Stubbe, H. (1985): Formen der Trauer. Berlin; Quekelberghe, R. van (1991): Klinische Ethnopsychologie. Einführung in die transkulturelle Psychologie, Psychopathologie und Psychotherapie. Heidelberg; Graham, S. (1992): Most of the subjects were white and middle class. Trends in published research on African Americans in selected APA journals (1970-1989). American Psychologist, 47 (5), p. 629-639; Encyclopedia of American Race Riots. Westport, 2007; Frances, A. (2013): Normal. Gegen die Inflation psychiatrischer Diagnosen. Köln: Dumont; Schrenk, Fr. (2019): Die Frühzeit des Menschen. München, 6. Aufl.; Thalmayer, A. G., Toscanelli, C. & Arnett, J. J. (2021): The neglected 95% revisted: is American Psychology becoming less American? American Psychologist, 76(1), p.116-129); *Internet:* Stubbe, H. (2020) Über Ursprünge des Rassismus in der neuzeitlichen Psychologie. wissenswert, 01- 2020, S. 5-15 : www.wissenswertjournal.de)

- *Der sog. Internationalismus? Publikationsstatistiken bzgl. der Länder der sog. Dritten Welt*

Erschreckend ist das *"geographisch-mentale Weltbild"* z.B. der deutschen und westlichen Psychologinnen und Psychologen. Hierüber liegen leider bisher keine selbstkritischen empirischen Arbeiten vor. Aber so viel lässt sich schon jetzt sagen: Die Flächen Deutschlands und der USA würden auf einer solchen mentalen inneren Weltkarte der Psychologinnen und Psychologen in Deutschland wohl ca. 80 - 90% ausmachen, wenn man die Anzahl der in Deutschland zitierten psychologischen Publikationen den Ursprungsländern dieser Erde zuordnen würde. Analysiert man z.B. den "Psychologischen Index" von 1981 bis 1990, so ergibt sich nach *Stubbe* (1990) das beschämende Ergebnis, dass sich nur 18 von 10.000 Arbeiten (d.h. 0,0018%) auf die sog. Dritte Welt beziehen. Schon *Beuchelt* zieht in seiner "Ideengeschichte der Völkerpsychologie" (1974) das Resumé, dass die zumindest weltoffene (wenn auch evolutionistisch und manchmal diskriminierend orientierte) Völkerpsychologie zwar im europäischen Kulturbereich entstanden ist, "aber so gut wie keine wissenschaftliche Aktivität mehr inspiriert" (Beuchelt, 1974:2). *Trommsdorf* (1987:241) und *Trommsdorf & Westerman* (1986) stellen ebenfalls ein geringes Interesse an der Kulturvergleichenden Psychologie als einem früher klassischen Thema der deutschen Psychologie fest. In einer an 154 psychologischen Instituten und Lehrstühlen in der BRD durchgeführten Befragung über den Stellenwert der Kulturvergleichenden Psychologie in Lehre und Forschung kommt *Andritzky* (1989) zu dem Ergebnis, dass zwar bei ca.20% der Institute Themen der Kulturvergleichenden Psychologie behandelt werden, die Bedeutung einer Kulturvergleichenden Psychotherapieforschung aber offensichtlich noch nicht erkannt ist (vgl. Andritzky, 1989). Zu dieser Befragung ist aber anzumerken, dass sich nur ein sehr geringer Teil der kulturvergleichenden psychologischen Arbeiten in Deutschland auf die sog. Dritte Welt, in der 80% der Menschheit lebt, beziehen. Als kulturvergleichende Arbeiten werden vor allem solche Arbeiten bezeichnet, die sich auf Europa, Japan und die USA beziehen. Ganz ähnliche Verhältnisse lassen sich auch in vielen anderen westlichen Ländern beobachten.

"International" gibt hierbei aber fast immer nur "den Grad der Orientiertheit an der angloamerikanischen bzw. nordamerikanischen Psychologie des Zentrums" an, die jedoch ihrerseits ebenfalls als ausgesprochen ethnozentrisch eingestuft werden muss.

Bisher hat nur eine geringe Zahl von westlichen PsychologInnen den Mut gehabt in der sog. Dritten Welt zu arbeiten. Ihre dort gemachten Erfahrungen können sie jedoch nur selten in ihren Heimatländern in ihre Berufsarbeit (z.B. bei der Betreuung ausländischer Mitbürger) einbringen. Eingang in Forschung und Lehre findet diese Erfahrung nur in sehr wenigen Ausnahmefällen oder im Rahmen von Vorbereitungs- und Selektionsprogrammen für Personal für den Dritte-Welt-Einsatz, nicht aber auf breiterer universitärer Basis. Hieraus ergibt sich, dass diese wichtige Lebens- und Berufserfahrung Einzelner in der Psychologenschaft, in der psychologischen Ausbildung oder gar in der Forschung z.B. in Deutschland kaum rezipiert oder reflektiert wird. Obwohl viele Psychologie-Studierende aus Ländern der sog. Dritten Welt kommen (vgl. DAAD, KAAD, Stat. Bundesamt: Bildung im Zahlenspiegel), werden Themen zur Psychologie in der „Dritten Welt"/Türkei im Curriculum sehr selten behandelt. Die Beschäftigung mit der sog. Dritten Welt wird von einigen Professoren nur als "Hobby" (so ein Saarbrücker Professor 1988 in Sydney!) betrieben. Diplomarbeiten oder gar Dissertationen bearbeiten äußerst selten Dritte-Welt-Themen (für Lateinamerika: z.B. Stubbe, 1987, 1992, 2001, 2011; Afrika: Efraime Júnior, 2007; Ost-Timor: Loch, 2007; Thailand: Klöpfer, 2012). Aber wer sollte diese Arbeiten auch betreuen? Also ein echter circulus vitiosus!

Von besonderer Wichtigkeit wäre es, wenn die westlichen Universitäten insbes. die Psychologie, aber auch die psychologischen Standesorganisationen und wissenschaftlichen Gesellschaften diese Fragen aufgriffen. Hier besteht ein großer Nachholbedarf!

Unter den in den westlichen Industrieländern vorherrschenden "Psychologien" - darauf wurde bereits hingewiesen - ist kaum eine, die für sich in Anspruch nehmen könnte, für die Dritte Welt-Länder modellhaft wirken zu können.

Es ist nicht Zynismus, sondern eine Forderung, die es im Bereich der Psychologie ernst zu nehmen gilt: Schadensbegrenzung bei und Schutz vor ungeeigneter, wenn auch wohlgemeinter, aber oft falsch verstandener "Psychologischen Entwicklungshilfe". Nur eine langfristige, intensive praktische, aber auch wissenschaftliche Beschäftigung mit den historischen, ökonomischen, psycho-sozialen und kulturellen Problemen in den Ländern der sog. Dritten Welt, setzt die Industrienationen in die Lage, den Beitrag zu leisten, zu dem sie sich verpflichtet haben.

Die Universitäten der Welt - darauf wies die WHO schon vor über 10 Jahren hin- sollten ihre Aufgaben als Ausbildungs- und auch als Forschungsstätten am heute schon realen und in Zukunft noch dringenderen Bedarf orientieren und nicht in einem Elfenbeinturm akademischer Exzellenz erstarren.

Es ist in diesem Zusammenhang wichtig festzustellen, dass alle gegenwärtige Diskussion über die weltweite Ressourcenverknappung und Ausgabensteigerungen zur Vermeidung der ökologischen Katastrophen, geflissentlich übersehen, dass diese wesentlich durch die Industrieländer verursacht wurden, die aber nur 20% der Weltbevölkerung ausmachen.

Der problem- und an den Grundbedürfnissen orientierte Ansatz einer „Dritte-Welt-Psychologie" bedarf der wissenschaftlichen Begleitung und entsprechend ausgebildeter Fachkräfte. Psychologie in der sog. Dritten Welt muss nicht nur sozial akzeptabel und verträglich, sowie ökologisch, sondern auch wissenschaftlich fundiert sein. Dabei müssen die Hauptprobleme in den Ländern der sog. Dritten Welt interdisziplinär angegangen werden. Dazu sind jedoch nur sehr wenige PsychologInnen im Westen fähig und bereit.

Die Distanz der westlichen Universitäten zur Realität von 4/5 der Menschheit kann nicht mehr verantwortet werden. Auch die Universitäten der Industrienationen müssen sich mit den Problemen auch außerhalb ihres eigenen engeren Horizontes befassen, wenn sie ihrer Aufgabe nachkommen wollen. Sicher ist es aber nicht ihre Aufgabe, direkt in Ländern der sog. Dritten Welt zu intervenieren. Aber viele dieser Länder können auf nicht absehbare Zeit hinaus ihre Probleme nicht ohne Unterstützung lösen. Die Ziele und Wege müssen sie selbst suchen und definieren, und hierbei sollten sie Unterstützung erfahren. Hierzu müssen aber auf Seiten der westlichen Universitäten überhaupt erst die Voraussetzungen geschaffen werden dadurch, dass man sich überhaupt einmal in einer gewissen Solidarität mit deren Problemen auseinandersetzt. Dies sollte nicht nur den wenigen sehr aktiven und kreativen studentischen Initiativen überlassen sein, sondern PsychologInnen, Wissenschaftler und Hochschullehrer sollten sich beteiligen, wie dies nur sehr vereinzelt der Fall ist. Es sollten auch nicht nur diejenigen Partner in der Dritten Welt gesucht werden, die ohnehin schon genau das nachmachen, was man ihnen in den

Industrienationen vorgemacht hat, sondern diejenigen, die versuchen, neue Wege in ihren Ländern zu gehen. Die Wechselwirkung, die dadurch zustande kommt, ist für beide Seiten ein großer Gewinn. Auf diese Weise kann selbst in der engen Welt der westlichen Psychologie sehr viel Innovation entstehen, die einerseits einen bescheidenen Beitrag zur Lösung der Probleme der Dritten Welt und der Weltprobleme, und andererseits z.B. in Deutschland wichtige Impulse für die Fortentwicklung der Psychologie leisten und innovative Wege suchen kann. Die vom Einsatz in der sog. Dritten Welt zurückkommenden PsychologInnen stellen hier ein schöpferisches, erfahrenes und motiviertes Fachkräftepotential dar. Mit wenigen Ausnahmen wird die Chance jedoch nicht gesehen, diese KollegInnen (die oftmals sogar Arbeitslosigkeit in Kauf nehmen müssen als "Dank für ihren idealistischen Einsatz" in der „Dritten Welt"!) zu Mitarbeitern für neue Aufgaben auch in Deutschland und an den deutschen Universitäten gezielt zu gewinnen.

Drei *Aufgabenfelder* stellen sich nach Meinung des Autors für die westliche Psychologie, wenn sie eine universelle Gültigkeit entwickeln will:

1. Zielorientierte Forschung und Grundlagenforschung zu angemessener Anwendung wissenschaftlicher Erkenntnisse in der Psychologie unter den Rahmenbedingungen der Dritte-Welt-Länder (d.h. Klinische (Ethno-) Psychologie und (Ethno) Psychotherapie, kulturangepaßte Diagnostik, Prävention; Anpassung der allgemeinen umweltpsychologischen und sozialpsychologischen Erkenntnisse; traditionelle Gesundheitssysteme und soziale Sicherungssysteme; Entwicklung eines Modells einer modernen psychologischen Anthropologie auf der Grundlage einer wahrhaft weltoffenen und humanen Psychologie etc.)

2. Förderung des Psychologiedialogs zwischen den Industrienationen und Dritte-Welt-Ländern (d.h. partnerschaftliche Teilhabe an Projekten; Unterstützung der Aus-, Fort- und Weiterbildungseinrichtungen in der Dritten Welt; Einladungen zu Kongressen, Publikationen, psychologische Praktika etc.)

3. Änderung der ethnozentrischen Curricula in Richtung Kulturanthropologie, Psychologische Anthropologie, Ethnopsychologie, Sozialpsychologie in der „Dritten Welt", Transkulturelle Psychologie und Psychotherapie etc.) (s. unten).

(vgl. Billig, M. (1981): Die rassistische Internationale. Zur Renaissance der Rassenlehre in der modernen Psychologie. Frankfurt: Neue Kritik; Krampen, G. et al. (2005): Internationalität und Internationalisierung der deutschsprachigen Psychologie. Fakten, Bewertungen, Erfahrungen und Empfehlungen von Experten. Göttingen: Hogrefe; Stubbe, H. (2012): Lexikon der Psychologischen Anthropologie. Gießen: Psychosozial, S.49f, 178-185, 528-531)

- *Die sog. westliche Psychologie*

Unter der sog. *westlichen Psychologie* wird die in Europa und den USA/Kanada betriebene Main-stream-Psychologie verstanden (zum Begriff „Westen" aus welthistorischer Sicht vgl. Osterhammel, 2000). Die Forschungsbasis der westlichen Psychologie beruht vor allem auf empirischen Untersuchungen an:

Weißen (vgl. z.B. Graham, 1992; Tißberger et al., 2006) *Europäern, Nordamerikanern,* *Männern* (bekanntlich werden in den psychologischen Lexika und psychologiegeschichtlichen Monografien z.B. Bonin, Zusne, Székely, Lück, nur ca. 4-11% „bedeutende Psychologinnen" erwähnt, was etwa der Anzahl der Lehrstuhlinhaberinnen in D entspricht!. Eine vielbeachtete Übersicht über „Eminent Psychologists, 1600-1967" (Annin, Boring & Watson, 1968; Merrifield & Watson, 1970; Watson & Merrifield, 1970; Kindermann et al., 1993:270) enthält unter insges. 538 bedeutenden Persönlichkeiten sogar nur etwa 2% Frauen! Bei Lück (2016) sind es 11%). *Christen*, vor allem Protestanten (vgl. z.B. Max Webers (1905) Studien über die Bedeutung des Protestantismus und Calvinismus für die Entwicklung des kapitalistischen Geistes oder die Bedeutung der fundamentalistischen evangelikalen Sekten (ca. 60-100 Millionen) in den USA mit ihrem Kreationismus und ihrer Ablehnung der Evolutionslehre) *(Groß-) Städter* (vgl. großstädtischer vs. ländlicher Alltag, *Studierende* (Jugendlichkeit, Abhängigkeit, Krisenhaftigkeit etc.; vgl. Quekelberghe, 1991:33f), *Menschen, die lesen und schreiben* können, *Mittelschichtangehörigen* (kaum Superreiche, als einflussreiche kleine Gruppe oder ArbeiterInnen, Arme, die in vielen Ländern heute die absolute Mehrheit bilden). *Harris* (1989: 403, 405) stellt z.B. fest, dass die 400 reichsten Personen in den USA nur 82 wohlhabenden Familien angehören und insgesamt 40% des gesamten privaten Anlagevermögens kontrollieren. Bei den Präsidenten- und Kongresswahlkampagnen gewinnt gewöhnlich der Kandidat, der das meiste Geld ausgeben kann; vgl. Quekelberghe, 1991:35f) *Menschen in sog. westlichen Demokratien* (selten totalitäre Staaten, Militärdiktaturen, schwache Staaten, Plutokratien etc.), *Menschen in kapitalistischen Gesellschaften* mit ihrer persönlichkeitsprägenden Wachstumslogik, Konsumgesellschaft und -werbung, Egoismus und „Habens-Gier" *Menschen aus gemäßigten bis kühlen Klimazonen* (Nordamerika und Europa).

Im Hinblick auf die Menschheit mit ca. 7,8 Milliarden Menschen, aber auch bezogen auf die westlichen Länder mit ihren Migrantenanteilen und Frauen, kann somit diese westliche Psychologie (die nur ca. 1 Milliarde Menschen betrifft) kaum als repräsentativ angesehen werden.

Aus der Peripherie haben Psychologen der „Dritten Welt" verschiedentlich die Psychologie des Zentrums einer herben Kritik unterworfen, die aber selten gehört und noch seltener beherzigt wird. So schreibt der bekannte mexikanische Psychologe *Diaz-Guerrero*:

"Womöglich ist der durchschnittliche nordamerikanische Psychologe - trotz seiner riesigen Ressourcen und seines höchsten Niveaus an technischem Training - viel ethnozentrischer und provinzieller als andere Psychologen. Dies kann man z.T. auf den Isolationismus und die Machtblindheit der US-Psychologie zurückführen." (Diaz-Guerrero,1977:935)

Er betonte auch schon im Jahre 1977, dass keine der drei Hauptströmungen der aktuellen nordamerikanischen Psychologie (Psychoanalyse, Behaviorismus und Humanistische Psychologie) Universalität beanspruchen könne.

Der indische Psychologe *Sinha* (1984, 1986), der sich mit der Frage auseinandersetzt, ob Entwicklungsländer Psychologie überhaupt benötigen, kommt zu dem Ergebnis, dass die Psychologie in der Dritten Welt bisher nur eine sehr beschränkte Bedeutung erlangen konnte. Dies liege vor allem in ihrer Borniertheit als *"Euro-American Product"* begründet (s. oben Indien).

Aus ägyptischer Sicht hat *Abou-Hatab* (1989, 2004) die Krise der Psychologie in der Dritten Welt herausgearbeitet und die *unilaterale Export-Import Relation, die kognitive Dependenz, die Abtrennung von der eigenen wissenschaftlich-kulturellen Tradition, die konzeptuellen Moden und Irrelevanz, die Behinderung kreativen Denkens, den Identitätsverlust und den Missbrauch der Psychologie* in der Dritten Welt hervorgehoben (s. oben Ägypten).

Auch der Sozialpsychologe *Jahoda* (1973) hat mehrfach darauf hingewiesen, dass die in die sog. Dritte Welt importierte *"euro-amerikanische Psychologie"* die angehenden PsychologInnen dieser Länder daran hindere sich der Lösung der dringenden psychosozialen Probleme ihrer eigenen Länder zuzuwenden.

Connolly (1985), der ebenfalls die moderne wissenschaftliche Psychologie für eine typische Schöpfung der westlichen industriellen Kultur hält, schlägt für die sog. Dritte Welt eine Psychologie vor, die Forschung und Praxis eng miteinander verbindet und sich mit den Grundproblemen der "Entwicklungsländer" beschäftigt, wie z.B. Armut, Analphabetismus, Fehl- und Unterernährung, Urbanisation (Megalopolisierung), Bevölkerungsexplosion, Slums, interne Migration, ethnische Konflikte, rapider sozialer und kultureller Wandel, politische und ökonomische Instabilität, Kriege etc. (vgl. Nohlen, 1989, 1992, 2000; Opitz, 1991). Er fordert außerdem zu Recht, dass PsychologInnen in der „Dritten Welt" in enger Zusammenarbeit mit anderen Sozialwissenschaftlern überschaubare "Technologien" entwerfen und anwenden sollten. *Connolly* macht auch darauf aufmerksam, dass die Implantierung der westlichen Werte und Normen ein *kultur-destruktiver Prozess* ist und der Psychologie deshalb auch eine wichtige Funktion zur Pflege und zum Schutz der eigenen Tradition gegen eine allzu mächtige industrielle westliche Monokultur zukomme.

Die westliche Psychologie als Wissenschaft ist bisher einseitig auf die "nördliche und westliche Psyche" fixiert und wir benötigen deshalb als notwendige Ergänzung dringendst eine "Psychologie des Südens" d.h. des größten Teils der Menschheit in den sog. Entwicklungsländern in Asien, Afrika und Lateinamerika, um zu einer "wahren Welt-Psychologie" zu gelangen, die sich auf das Erleben und Verhalten der gesamten Menschheit als Einheit gründet und zugleich die Vielheit der kulturspezifischen lokalen (indigenen) "Psychologien" berücksichtigt. Die PsychologInnen des Zentrums sollten sich ständig bewusst sein, dass "ihre Psychologie "sub specie humanitatis" nur auf Extremstichproben beruht, von der anglo-amerikanischen Sprachdominanz mit ihren vielen kulturellen und psychologischen Implikationen ganz zu schweigen (s. oben).

Welche Folgen hat diese einseitige Ausrichtung für die Menschheit bzw. für eine *„Weltpsychologie"*? Einmal hat die westliche Psychologie bisher keine erfolgreichen Konzepte für die Lösung der Welt-Probleme (s. unten), denn Krieg kann keine Lösung sein. Sie ist vor allem mit sich selbst beschäftigt, eine Haltung, die bereits *Eugen Bleuler* (1919) als „autistisch-undiszipliniertes Denken" charakterisiert hat. Die westliche Psychologie ist ausgesprochen „machistisch" d.h. dass nicht nur wenige Psychologinnen Lehrstühle (trotz hoher Psychologie-

Studentinnen-Zahlen) innehaben, sondern dass auch nur selten frauenspezifische Fragestellungen bearbeitet werden (s. unten). Die männliche Ausrichtung der westlichen Psychologie (ähnlich wie in der Medizin, vgl. Richter, 1988:69ff) führt dazu, dass Verstehen, Mitfühlen, Mittragen, Geborgenheit vermitteln, Fürsorge, Trösten, Menschlichkeit etc. im allgemeinen weniger erforscht und praktiziert werden. Wir können in diesem Sinne von einem Überwiegen einer „männlichen" Psychologie (insbes. Sozial-, klinischer Psychologie, Psychotherapie) sprechen (s. unten „psychological lag").

Die sog. westliche Psychologie ist somit einseitig ausgerichtet (ethnozentrisch) d.h. sie erforscht im Hinblick auf die Menschheit mehr oder minder nur „Extremgruppen" und kann daher nicht als Wissenschaft mit universellem Anspruch betrachtet werden.

- Dies hat *Auswirkungen* auf die psychologische *Theorie und Praxis* (vgl. z.B. das Problem der Übertragbarkeit der westlichen Psychologie auf die sog. Dritte Welt; Probleme der interkulturellen Psychologie in der Arbeit mit Migranten; Übersetzungsprobleme psychologischer Werke (vgl. z.B. *Freud's*, Gesammelte Werke in den Weltsprachen! vgl. Stubbe, 2001: 337f etc., s. oben)
- Eine Auswirkung ist das eingeschränkte „*Weltbild der westlichen PsychologInnen*"; 4/5 der Menschheit wird somit fast völlig ausgeblendet (vgl. Stubbe, 2001: 357-362; 2012)
- Sehr problematisch ist daher auch, wenn die westliche Psychologie (kultur- und sozial-unangepasst) in den Ländern der sog. Dritten Welt gelehrt und praktiziert wird.

(vgl. Richter, H. E. (1988): Die Chance des Gewissens. Frankfurt/M.; Graham, S. (1992): Most of the subjects were white and middle class. Trends in published research on African Americans in selected APA journals (1970-1989). American Psychologist, 47 (5), p. 629-639; Kindermann, Th. A. et al. (1993): Anna Berliner, Wilhelm Wundts einzige Studentin. Psychologie und Geschichte, Jg.4, H.3/4, 1993:263-277; Hannaford, I. (1996): Race. The history of an idea in the West. Baltimore/Maryland; Osterhammel, J. (2000): Sklaverei und die Zivilisation des Westens; Franke, A. & Kaemmerer, A. (Hrsg.), Klinische Psychologie der Frau, 2001; Volkmann-Raue, S. & Lück, H. E. (Hrsg.) (2002): Bedeutende Psychologinnen. Biographien und Schriften; Stubbe, H. (2002ff): Weltgeschichte der Psychologie. UNI-Köln, Vorlesungen; Ders. (2008): S. Freuds ‚Totem und Tabu' in Mosambik; Ders. (2012): Lexikon der Psychologischen Anthropologie. Gießen: Psychosozial, S. 677f ; Thalmayer, A. G., Toscanelli, C. & Arnett, J. J. (2021): The neglected 95% revisted: is American Psychology becoming less American? American Psychologist, 76(1), p.116-129)

- *Sozialpsychologie des „wilden" Kapitalismus*

Montaigne (1533-1592) berichtet in seinen „Essais" (1580) von einer Unterredung, die der französische König *Karl IX* (1550-1574), der bereits mit 10 Jahren (1560) gekrönt wurde, in Rouen während einer „Völkerschau" mit drei brasilianischen Indianern führte:

> „Der König sprach lange mit Ihnen, man zeigte ihnen unsere Lebensart, unseren Prunk, die Anlage einer schönen Stadt. Danach fragte sie jemand nach ihrer Meinung und wollte wissen , was ihnen als das Merkwürdigste erschienen sei: sie antworteten drei Dinge, von denen ich das dritte vergessen habe, und ich bin sehr ärgerlich darob; aber zwei davon habe

ich noch in Erinnerung. Sie sagten, sie hätten es zum ersten sehr seltsam gefunden, daß so viele Männer, bärtig, stark und bewaffnet, die den König umgaben, sich herbeiließen, einem Kinde zu gehorchen, und daß man nicht eher einen von ihnen wählte, um den Befehl zu führen; zum zweiten hätten sie bemerkt, daß es unter uns üppige, mit allen Annehmlichkeiten gesättigte Menschen gebe, und daß ihre anderen Hälften (sie bezeichnen die Menschen als Hälften voneinander), von Armut und Hunger ausgemergelt, bettelnd vor ihren Türen stünden; und fänden es wunderlich, wie diese derart bedürftigen Hälften eine solche Ungerechtigkeit ertragen könnten, und daß sie nicht die andern an der Gurgel packten oder Feuer an ihre Häuser legten." (Montaigne, Essais; zit. nach Stubbe, 1987:55f)

Diese und andere frühen Berichte über die brasilianischen „Indianer" haben *Afonso Arinos de Melo Franco* (1937, 1976)[74] veranlasst, der Frage nachzugehen, welchen Einfluss der brasilianische „Indianer" auf das utopische Denken und die Gedankenwelt der französischen Revolution (1789) ausgeübt hat (vgl. auch Kirchenheim, 1892:63). Jedenfalls handelt es sich um einen realistischen Blick von nicht-kapitalistischen „Indianern", die man damals als „Barbaren", „Wilde" und „Menschenfresser" beschrieb, auf eine europäische Gesellschaft des 16.Jh.s.

Eine andere Merkwürdigkeit der modernen kapitalistischen Welt mit ihren vielen Absurditäten und ihrer Leistungs- und Wachstums-Ideologie beschreibt *Peter Radt* (2017):

„Ist es tatsächlich möglich, ein großes Vermögen durch *eigene Arbeit* zu erwerben? Wie müsste denn konkret das Arbeitspensum aussehen, das z.B. Karl Albrecht (Aldi-Süd) geleistet haben müsste, wenn er sich sein damaliges Vermögen von 17,2 Milliarden Euro selbst erarbeitet hätte? ‚Selbst wenn man ihm ein Stundenverdienst von 50 Euro zubilligt, weil der gelernte Verkäufer ein besonderes Talent hat und er rund um die Uhr arbeitet, dabei nichts isst und auch sonst keine Ausgaben hat – dann müsste dieser Mensch fast 40.000 Jahre arbeiten, um sein Vermögen von 17.200.000.000 (17,2 Milliarden) Euro anzuhäufen' (Schmid, 2012:18). Obwohl in diesem Rechenbeispiel schon ein echter Held der Arbeit vorausgesetzt wurde, ging das alles bei den beiden Albrecht-Familie (Aldi Nord und Süd) doch irgendwie ein bisschen schneller: So haben diese beiden Familien ihr Privatvermögen zwischen 1991 und 2012 von 4,08 Milliarden Euro auf 33,2 Milliarden Euro vergrößern können, was bedeute, dass sie in diesem Zeitraum *jeden Tag* um knapp *vier Millionen Euro* reicher geworden sind (Ver.di Publik 03/2012, S.3)." (Radt, 2017:40f)

Der Sozialpsychologe *Peter Brückner* (1922-1982), dem wir auch eine hübsche, sachkundige psychologiehistorische Monografie über „Sigmund Freuds Privatlektüre" (Köln, 1975) verdanken, hat eine einflussreiche Schrift „Zur Sozialpsychologie des Kapitalismus" (1972, 1981) verfasst, deren Aktualität bis heute besteht. Brückner trat für ein politisches Mandat der Wissenschaft/Psychologie ein d.h. „er sah die zentralen Aufgaben wissenschaftlicher Forschung in der kritischen Analyse und, darauf aufbauend, in der rationalen Begründung und Vorbereitung politischen Handelns" (Bonin, 1983:57). Brückner schreibt:

---

[74] Melo Franco, A. A. (1976): O índio brasileiro e a revolução francesa. As origens brasileiras da teoria da bondade natural. Brasília: MEC, 2. Ed.; vgl. auch Kirchenheim, A. von (1892): Schlaraffia politica. Geschichte der Dichtungen vom besten Staate. Leipzig: Fr. W. Grunow; zum staats-utopischen Denken in der europäischen Antike, vgl. Pöhlmann, R. von (1912): Geschichte der sozialen Frage und des Sozialismus in der antiken Welt. 2 Bde. München

„Die Psychologen sollen … sich Rechenschaft darüber ablegen, daß *alle* Elemente ihres Arbeitszusammenhangs: ihre Objekte, ihre Probleme, ihre Dienstleistungen, die Logik ihrer Forschung Erzeugnisse eines weltgeschichtlichen Prozesses sind: dem der kapitalistischen Industrialisierung. Es ist *ein* Bedingungsgefüge, das die Genese der Wissenschaft Psychologie und die ihrer Probleme umgreift. Sie, die Psychologen, sind also längst ins Geschiebe der Wirklichkeit geraten, und die akademischen Bräuche der Disziplin mögen zum Teil große Vorrichtungen dafür sein, diese Einsicht zu blockieren." (Brückner, 1981:10)

Was hat Psychologie mit Kapitalismus zu tun? In welchen Bereichen zeigt sich die Wirkung des kapitalistischen Wirtschaftssystems in Theorie und Praxis der Psychologie? Lässt sich mit der Psychologie überhaupt Geld verdienen? Welche (politische) Macht besitzt die Psychologie?

Dass Armut die Morbidität und die Lebenserwartung negativ beeinflusst, dass Hunger die psychophysische Befindlichkeit und Gesundheit des Menschen grundlegend verschlechtert, dass die ärztliche und psychotherapeutische Versorgung weltweit nicht egalitär ist, dass Bildungssysteme in dieser Welt Arme, Unterdrückte, Frauen, Migranten, Minoritäten, Obdachlose (allein in New York: 78.000 und in D: ca. 800.000) etc. benachteiligen, dass Arme in schlechteren Quartieren (Slums, Favelas, Reservate, Ghettos etc.) wohnen ist sogar vielen biedermeierlichen Deutschen seit Jahrzehnten bekannt, hat aber keine Konsequenzen bezüglich der psychologischen Forschung und ein Umdenken hervorgerufen. Welche Auswirkungen die Konsumwerbung auf die Vernichtung der Umwelt, auf die Förderung der Süchte (vgl. Spielsucht, Alkoholsucht, Sexsucht, Kaufsucht etc.), auf die Vernichtung der Humanität ausübt, wird äußerst selten kritisch reflektiert und erforscht (s. oben). Die teilweise katastrophalen Arbeitsbedingungen weltweit, beschäftigen die Arbeitspsychologen kaum. Welcher Arbeitspsychologe schaut sich schon das Arbeitsleben der Minenarbeiter, der Leiharbeiter, der Arbeitsmigranten (z.B. in den Emiraten), der ArbeiterInnen im Billiglohnsektor, der „neuen" Sklavinnen und Sklaven und die Arbeitsverhältnisse in den Ländern der sog. Dritten Welt in vivo an?

Was wird in der psychologischen Forschung finanziell gefördert? Welche Interessen stehen hinter dieser Förderung? Welcher Psychologe und welche Psychologin macht sich schon die Mühe über die Weltmeere zu fahren (um den „Meeresmüll" zu bestaunen), die schmerzliche Abholzung der Urwälder Amazoniens, Afrikas und Asiens zu beobachten oder die Straßenkinder (vgl. Stubbe, 1994:263-308), die Slums und Arbeiterviertel, die Hungernden in der sog. Dritten Welt oder im eigenen Land kennenzulernen, wie es bereits *Friedrich Engels* (1820-1895) oder *Marie Jahoda* (1907-2001) getan haben?

Dies ist ein gewaltiger und gefährlicher blinder Fleck der westlichen Psychologie!

Der französische Ökonom *Thomas Piketty* (2020), dem wir bereits den Weltbestseller „Das Kapital im 21. Jh." verdanken, hebt zu Recht hervor: der Kapitalismus mit seinen vielen Krisen ist kein Naturgesetz. Märkte, Profite und Kapital sind von Menschen gemacht. Wie sie funktionieren hängt von unseren Entscheidungen ab. Natürlich auch von unserer Psychologie! Wenn wir die ökonomischen und politischen Ursachen der Ungleichheit verstanden haben, so Piketty, dann können wir die notwendigen Schritte für eine gerechtere und zukunftsfähige Welt konkret benennen und angehen.

(vgl. Engels, Fr. (1845): Die Lage der arbeitenden Klasse in England. Nach eigener Anschauung und authentischen Quellen. 1892, 2. Aufl.; Jahoda, M. (1933): Die Arbeitslosen von Marienthal. Ein soziographischer Versuch über die Wirkungen langandauernder Arbeitslosigkeit. Mit einem Anhang zur Geschichte der Soziographie; Whyte, W. F. (1943): Street corner society. The social structure of an italian slum. Chicago (dt. 1996); Lewis, O. (1959): Five families: mexican studies in the culture of poverty. N.Y.; Jesus, C. M. de (1968): Tagebuch der Armut. Frankfurt/M.; Brückner, P. (1981): Zur Sozialpsychologie des Kapitalismus. Reinbek (zuerst 1972); Bernhard, M. (1983): Das Biedermeier. Düsseldorf; Gaede, P.-M. & Menzel, P. (1996): So lebt der Mensch. Familien aus aller Welt zeigen, was sie haben. Hamburg; Lexikon der Psychologischen Anthropologie. Gießen, 2012:52f, 294ff, 372, 424ff; Bruder, Kl.- J. et al. (Hg.) (2013): Sozialpsychologie des Kapitalismus – heute. Zur Aktualität Peter Brückners. Gießen: Psychosozial; Piketty, Th. (2020). Kapital und Ideologie. München)

- *Wissenschaftsethik*

Die Wissenschaftsethik untersucht den Sinn und die Verantwortung der Wissenschaft in ihrer Verpflichtung auf Wahrheit. Sie gebietet es an keiner Überzeugung dogmatisch und autoritätsgläubig festzuhalten, sie vielmehr auf ihre Richtigkeit zu prüfen und Vorurteile zu überwinden, die sich immer wieder neu aus Täuschungen durch die Sinne, die Sprache und den Verstand, die Gewohnheiten und Traditionen etc. ergeben. Die Wissenschaftsethik gebietet es außerdem die Forschungsaufgaben mit aller methodischen Sorgfalt durchzuführen, dabei aber auch die Untersuchung der sozialen, kulturellen und psychischen Risiken und Nebenfolgen zu berücksichtigen. Oftmals wurden diese ethischen Prinzipien in der Geschichte der Psychologie verletzt.

Es gibt zwar für den Psychologen nichts dem medizinischen Eid des *Hippokrates* Analoges (s. oben), dennoch wurde in der Vergangenheit von den meisten PsychologInnen mehr oder minder deutlich artikuliert, dass sie ausschließlich zum Wohl und im besten Interesse der von ihnen untersuchten oder behandelten Personen/Gruppen handeln würden, nach dem Hippokratischen Prinzip des *„nihil nocere"*. In der Gegenwart haben wir es vermehrt mit kritischen Versuchspersonen zu tun, die auf ihr Recht einer umfassenden Aufklärung über Sinn und Zweck der Forschung und Behandlung bestehen. Des Weiteren haben sich an allen Universitäten und psychologischen Berufsverbänden eigene Ethik-Kommissionen gebildet, die sich als Berater, aber auch als Kontrollinstanz besonders in der Forschung verstehen. Ganz gleich in welcher Fachrichtung der Psychologe tätig ist, droht ihm immer die Gefahr, dass bewährte Untersuchungsmaßnahmen als selbstverständlich angesehen und nicht ausreichend hinterfragt werden, weil man immer so verfahren ist. Hier stellen sich beim genaueren Hinsehen eine Fülle von ethischen Fragestellungen.

Der Philosoph *Hans Jonas* hat in seinem Werk „Das Prinzip Verantwortung" (1987) die *Verantwortung* in das Zentrum aller Überlegungen über Moral und Ethik gerückt. Für *Jonas* ist Verantwortung mit den Begriffen Wissen, Macht, Furcht und Hoffnung eng verbunden. Naturgemäß kann unser empirisches *Wissen*, in das immer auch Erkenntnisse der Ethnologie, (Sozial-)Psychologie, Psychotherapie, (Ethno-, Transkulturelle)Psychiatrie, (Ethno-)Pädagogik, Soziologie, (Kultur-, Sozial-)Anthropologie, (Kultur-, Sozial-)Geschichtswissenschaft etc. mit einfließen, nicht so exakt sein wie das der naturwissenschaftlich fundierten Fächer. Dennoch verfügen wir inzwischen über genügend fundiertes Wissen, um damit auch *Macht* auszuüben. Dem Begriff der Macht haftet immer etwas Negatives an, man verbindet damit nicht unbegründet die Angst vor Ausgeliefertsein, Unterwerfung und Einschränkung oder gar Verlust der persönlichen Freiheit, Zustände, die vielen Gesellschaften aus kolonialer Vergangenheit oder Diktaturen sehr gut vertraut sind. Aufgrund unseres Wissens gibt es nach *Jonas* aber auch eine Pflicht zur Macht im Sinne einer „Verantwortung für zu Tuendes". Anders ausgedrückt: aufgrund unserer fachlichen Kompetenz und unserer Funktion als Psychologin/Wissenschaftler haben wir in dem Moment, wenn sich uns Mitglieder einer Gesellschaft anvertrauen, bereits Verantwortung übernommen, ganz gleich, ob wir eine bestimmte Maßnahme für notwendig erachten und sie einleiten oder sie für unnötig halten und ablehnen. Nicht selten möchten Mitglieder einer Gesellschaft ihre Verantwortung auf uns direkt oder indirekt übertragen, sei es im Sinne einer vertrauensvollen Delegation oder einer für sie entlastenden Entmündigung. Als Psychologen/Wissenschaftler können wir zwar weniger direkten Einfluss auf Gesellschaften und ihre Mitglieder ausüben, erheblichen jedoch durch Stellungnahmen, Gutachten, Forschungsberichte etc. auf Machtinstanzen, wie staatliche Stellen, (Kriegs-, Innen-) Ministerien, Sozialbehörden etc. *Jonas* will in diesem Zusammenhang die Furcht im Sinne von „Sorge um" beachtet wissen, in unserem Falle also die Sorge, dass die Individuen eine ungünstige Entwicklung nehmen und sich nicht ihren kulturellen, sozialen und individuellen Möglichkeiten entsprechend entfalten können. Furcht, Angst, Sorge sind hierbei als ernstzunehmende positive Beweggründe für das Handeln anzusehen, nicht zu verwechseln mit Ängstlichkeit, Zaghaftigkeit, Kleinmütigkeit und Zögern. Daraus ergibt sich für verantwortliches Handeln folgerichtig der Begriff der Hoffnung, in unserem Falle darauf, dass durch Wissen und fachliche Kompetenz, Macht, Furcht über bestimmte Interventionen ungünstige Entwicklungen abgewendet bzw. Weichenstellungen in eine positive Richtung erreicht werden können. Und diese Hoffnung ist umso mehr Triebfeder für unser Handeln, als es sich um die Bewahrung der kulturellen Vielfalt der Menschheit handelt, auch in ihren psychokulturellen Äußerungen (vgl. z.B. die Weltethos-Erklärung des Parlaments der Weltreligionen in Chicago, September 1993).

Ob man sich in den militärischen und Geheimdienst-Laboratorien an diese ethischen Prinzipien hält?

Ethische Gesichtspunkte der Forschungstätigkeit und praktischen Arbeit sind bisher selten systematisch behandelt worden und werden sehr selten unterrichtet.

(vgl. etwa: American Anthropological Association, 1973; Stubbe, 1987:200f; Fischer, 1992; Koepping, 1981, 1993; Berufsethische Verpflichtungen des BDP; APA), psychologische Gesellschaften besitzen heute meistens eigene Ethik-Kommissionen. In den Curricula der Psychologen wird die Forschungsethik bisher jedoch stark vernachlässigt. Über die Ethik in Humanexperimenten (vgl. Kimmel, 1996), in Organisationen (Blickle, 1998), in Tierversuchen (Singer, 1984), in der ethnopsychologischen Feldforschungsarbeit in fremden Kulturen (DGV-Mitteilungen, Nr.25, 1996:20, 53-58; Stubbe, 2012: 678-681) und zu den berufsethischen Verpflichtungen der PsychologInnen (vgl. Lexikon der Psychologie, Bd.1, 2000: 426-432).

Die o.g. wissenschaftsethischen Probleme wurden besonders deutlich sichtbar, als sich nach dem Ende der Militärdiktaturen in Lateinamerika und dem Zusammenbruch der DDR und Sowjetunion herausstellte, dass PsychologInnen ihre eigenen Geheimdienstakten einsehen konnten. Sie waren grundsätzlich "verdächtige" Personen gewesen. Was eigentlich für sie spricht! Wissenschaftler sind eben immer auch in Politik verwickelt, ob sie es wahrhaben wollen oder nicht.

(Jonas, H. (1987): Das Prinzip Verantwortung; Amborn, H. (Hrsg.) (1993): Unbequeme Ethik. Überlegungen zu einer verantwortlichen Ethnologie; Greaves, T. (ed.) (1994): Intellectual property rights for indigenous peoples: A source book. Oklahoma City; Pensler R. L. (ed.) (1995): Research ethics: Cases and materials. Bloomington; Engelmann, R. & Fiechtner, U. M. (1998): Frei und gleich geboren. Lesebuch Menschenrechte; AGEE - Arbeitsgemeinschaft Entwicklungsethnologie e.V. (Hrsg.) (1998): Ethische Leitlinien für die entwicklungspolitische Praxis. Entwicklungsethnologie, 7 (2), 1998:119-123; Boff, L. (2000): Ethik für eine neue Welt; Cherbatova, I. (2001): Nur ein Wunder konnte uns noch retten; Düwell, M., Hübenthal & Werner, M. H. (Hrsg.) (2001): Handbuch Ethik; Höffe, O. (2002): Lesebuch zur Ethik. Philosophische Texte von der Antike bis zur Gegenwart. München, 3. Aufl.; Hamm, Br. (2003): Menschenrechte; Becker, K. et al. (Hrsg.) (2003): Ethisierung – Ethikferne. Wie viel Ethik braucht die Wissenschaft?; Gessmann, M. (2009): Philosophisches Wörterbuch. Stuttgart; Schirach, F. von (2021). Jeder Mensch. Luchterhand; Internet: www.weltethos.org)

- *Psychological lag*

Der in Analogie zu *Ogborn's* Begriff „cultural lag" von *Hannes Stubbe* (2003) vorgeschlagene Terminus *Psychological lag* soll die häufig zu beobachtende Diskrepanz zwischen dem hochentwickelten „kühlen" technischen, wirtschaftlichen, rationalen, logischen Denken („Logifizierung" vgl. Müller, 1981; kognitive Wende[75]) und dem „zurückgebliebenen" emotionalen (sog. emotionaler Analphabetismus, Alexithymie), sozialen und ethischen Verhalten und Erleben wie z.B. Verlust des Mitgefühls, der Solidarität, der Empathie, der Trauerfähigkeit, der „Intelligenz des Herzens", die „Habens-Gier", die Entwürdigung des Anderen, Alexithymie, Verantwortungslosigkeit, „Fetisch Wachstum", etc. in der Gegenwarts-Psyche der westlichen Industriеländer zum Ausdruck bringen (vgl. auch das japan. *KY-Phänomen* = „jem. kann die Atmosphäre nicht lesen", ihm fehlt die soziale und emotionale Intelligenz; Wort des Jahres 2007 in Japan!). Dieses „innere seelische Zustandsbild" spiegelt sich auch in der Situation der gegenwärtigen Psychologie (aber auch Pädagogik) darin wieder, dass vor allem in Bereichen Kognitionspsychologie, (künstliche) Intelligenz, Leistung, Robotik etc. geforscht wird, während die Emotionen, das prosoziale Verhalten, Frieden, Konfliktschlichtung, Abbau von Vorurteilen, ethische Probleme und die Weltprobleme eine geringe Aufmerksamkeit der Forscher erfahren. Die Menschen können einen Roboter auf dem Mars kontrollieren, sind aber bisher nicht in der Lage die Weltprobleme zu lösen oder eine Pandemie wie z.B. 2020/21 konsequent und erfolgreich weltweit zu bekämpfen. *Erich Fromm* hatte bereits 1976 in seinem Buch „Haben oder Sein. Die seelischen Grundlagen einer neuen Gesellschaft" herausgearbeitet, dass zwei Arten der Existenz um die Seele der Menschen streiten: der Modus des Habens, der sich auf den materiellen Besitz konzentriert, auf

---

[75] Der seit den 60er Jahren betriebene die KI fördernde sog. Kognitivismus ist, wenn monomanisch betrieben, eine einseitige Ausrichtung der Psychologie. Bekanntlich können Kognitionen auch verbrecherisch, machtbesessen, manipulativ, bösartig und inhuman sein. Sie sind oftmals mit Emotionen verbunden.

Gewinnsucht, Macht, Aggression und der Gier, die Neid und Gewalt verursacht; und der Modus des Seins, der sich auf Liebe gründet, auf die Lust zu teilen und sich in wesentlicher, nicht verschwenderischer, sondern schöpferischer Tätigkeit ausdrückt. *Fromm* stellt fest, dass der Habenmodus mit seiner aggressiven, expansionistischen Wachstumsmoral seit dem Mittelalter das Übergewicht hat und jetzt die Welt an den Abgrund des psychologischen und ökologischen Ruins bringt. Er setzt seine Hoffnung darin, dass viele Züge des Seinsmodus fortleben und die Menschen zunehmend der Leere ihres aufs Haben gerichteten Lebens gewahr werden und eine Welt der Liebe und Teilnahme ersehnen. Auch der Soziologe *Oskar Negt* (2002) konstatiert, dass Solidarität als steuerndes Element angesichts der Profitorientierung herrschender Wirtschaftssysteme verloren gehe. Dieser Prozess gewinne durch Globalisierung, Individualisierung und Ökonomisierung an zusätzlicher Dynamik. Auch die Bildung scheine sich dem unterzuordnen – oder sie könne als Korrektiv den Beginn einer neuen Gesellschaftsordnung begleiten. Sozialpsychologisch werden drei Konzeptionen zur Erklärung der fehlenden Solidarität diskutiert: die Theorie der sozialen Identität, *Lerner's* (1980) Theorie der Gerechte-Welt-Motivation und *Montadas* (1986) Theorie der relativen Privilegierung. *Opaschowski* (2010) kommt in seiner repräsentativen Umfrage zu dem Ergebnis, dass „Ichlinge" keine Zukunft mehr haben und dass z.B. in Deutschland die Menschen wieder enger zusammenrücken: Das Ich braucht das Wir. *Jeremy Rifkin* (2010) baut auf der „empathischen Anlage des Menschen" sogar einen neuen Gesellschaftsentwurf auf. Man kann also feststellen, dass die Psychologie noch nicht auf der Höhe der zeit angekommen ist.

(Richter,H. E. (1974): Lernziel Solidarität; Fromm, E. (1976): Haben oder Sein; Müller, W. (1981): Indianische Welterfahrung; Stubbe, H.: Vorlesungen und Seminare. UNI-Köln, 1994ff; Rattner, J. (1994): Kritisches Wörterbuch der Tiefenpsychologie, 1994:21; Grün, A. (1997): Der Verlust des Mitgefühls: Über die Politik der Gleichgültigkeit; Hüter, G. (2001): Bedienungsanleitung für ein menschliches Gehirn; Fiebig, J. (Hrsg.) (2001): Abschied vom Egokult. Die neue soziale Offenheit; Montada, L. (2001): Solidarität mit der Dritten Welt. In: H. W. Bierhoff & D. Fetchenhauer (Hg.), Solidarität. Konflikt, Umwelt und Dritte Welt; Maes, J. & Schmitt, M. (2002): Solidarität lernen. EB, 48.Jg., 1, 2002:8-13; Prekop, I. (2002): Einfühlung oder die Intelligenz des Herzens; Negt, O. (2002): Solidarität und das Problem eines beschädigten Gemeinwesens. EB, 48.Jg., 1, 2002: 2-7; Deufel, K. et al. (Hrsg.) (2003): Das Ende der Solidarität. Die Zukunft des Sozialstaats; Salber, W. (2009): Kulturrevolte; Rifkin, J. (2010): Die empathische Zivilisation. Wege zu einem globalen Bewußtsein; Radt, P. (2010): Fetisch Wachstum; Gray, J. (2010): Von Menschen und anderen Tieren. Abschied vom Humanismus; Opaschowski, H. (2010): Wir! Warum Ichlinge keine Zukunft mehr haben; *Fragebogen*: Toronto-Alexithymie-Skala – 26 (TAS-26)

- *Relevanz*

Ist das, was die Psychologie erforscht überhaupt relevant? Die drängenden Überlebensprobleme der Menschheit, sowie die Weltprobleme (s. unten) werden in der modernen psychologischen Forschung bisher stark vernachlässigt. Geuter konstatiert z.B. bzgl. der historischen Psychologie:

> „Die Universitätspsychologie hatte in den letzten Jahrzehnten darauf gesetzt, wissenschaftlichen Fortschritt durch immer weitere Mathematisierung ihrer Grundlagenforschung zu erreichen. Mittlerweile aber pfeifen es die Spatzen von den

Dächern, daß damit nicht viel erreicht worden ist. Auf die drängenden Fragen der Menschen, die durch soziale, geistige und seelische Krisen verunsichert sind, weiß auch die Psychologie keine Antworten. Der in der akademischen Psychologie bekannte Professor Dietrich Dörner prägte dazu das Aperçu: ‚Böse Zungen behaupten, die Psychologie sei eine Wissenschaft, die Fragen beantworte, die niemand gestellt habe, da entweder die Antworten sowieso längst bekannt sind oder aber die Fragen niemanden interessieren.' " (Geuter, 1986: 16)

Im Hinblick auf Indien heben z.B. Sharma & Tiwariu (1982) hervor, dass die für Indien typische allgemeine Apathie, fehlende Aktivität, pessimistische Haltung und mangelnde Initiative auch bei den PsychologInnen vorherrsche.

„Die praktizierte Psychologie sei höchstens für 5% der Bevölkerung relevant. Gerade die riesigen Landgebiete bleiben davon unberührt. Daraus ergeben sich die beiden prinzipiellen Fragen: Braucht Indien überhaupt eine Psychologie und welche Psychologie und welcher Ansatz entspricht den indischen Verhältnissen." (Petzold, 1986:162)

Relevante Themen der psychologischen Forschung in der Gegenwart sollten vor allem die sog. Weltprobleme und Überlebensprobleme der Menschheit sen.

(Holzkamp, Kl. (1972): Zum Problem der Relevanz psychologischer Forschung für die Praxis. In: Kritische Psychologie; Seeger, F. (1977): Relevanz und Entwicklung der Psychologie. Darmstadt; Geuter, U. (1986); Petzold, M. (1986). Indische Psychologie. Weinheim; Lexikon der Psychologischen Anthropologie. Gießen, 2012; Long, Wahbie (2016): A History of „relevance" in psychology. Palgrave Macmillan)

- *Weltprobleme*

Wir leben heute im Anthropozän d.h. die meisten der unten genannten Probleme sind menschengemacht und daher kann auch die Psychologie zur Lösung der Weltprobleme einen wichtigen Beitrag leisten.

„Es gibt Risiken, die man nie eingehen darf: der Untergang der Menschheit ist ein solches",

sagt Dürrenmatt in seiner Komödie „Die Physiker" (1962, 2.Akt).

Gegenwärtig werden *12 vordringliche Weltprobleme*, die miteinander in engem Zusammenhang stehen, aufgezählt (vgl. z.B. Messner, 2004), nämlich:

1. *Armut* (zunehmende soziale Polarisierung zwischen wenigen Superreichen und sehr vielen Armen), 2. *Bevölkerungswachstum* (die Weltbevölkerung wächst bis 2050 auf 10 bis 12 Milliarden) , 3. *Fragile Staaten* (ca. 20-30 von ca. 200), 4. *„neue" Kriege und Militarismus* (vgl. Aufrüstung, Terrorismus, Drogenhandel, Waffenhandel, war lords, Piraterie, Kriegsdrohnen, Cyber-war), 5. *Wassermangel* (im Jahre 2030: ca. 30-40% der Menschheit ohne Zugang zum Wasser!), 6. *Klimawandel* (vgl. Erderwärmung, Abnahme der Biodiversität, Wetterkatastrophen, Abwanderung), 7. *Instabilität der Finanzmärkte* (in den 90er Jahren: 7 Krisen; 2008/09: Weltwirtschaftskrise; 2020 Weltwirtschaftskrise durch Corona), 8. *Exklusion von nationalen Ökonomien in der Weltwirtschaft* (z.B. afrikanische Staaten), 9. *Energiekrise* (vgl. Atomenergie, alternative Energien), 10. *Pandemien*

(Seuchen z.B. AIDS, Ebola, Covid 19), 11. *Migration* (vgl. Flucht, Exil, Vertreibung) und 12. *Gen-Manipulation* (auch am Menschen).

Manche Wissenschaftler wie Prof. Lesch (München) sprechen zusätzlich von der Bedrohung durch einen Asteroideneinschlag.

Bei manchen Pandemien kann man einen typischen Verlauf erkennen: Verharmlosung bzw. Verleugnung, Panik und Flucht und schließlich die Suche nach Sündenböcken bzw. Schuldigen.

Die Weltprobleme bewirken globale Interdependenzen, aber auch große globale Risiken. Der Nobelpreisträger (1973) *Konrad Lorenz* hat folgende 8 *„Todsünden"* der Menschheit aufgezählt: Überbevölkerung, Verwüstung des „Lebensraums", Wettlauf mit sich selbst, Wärmetod des Gefühls, Genetischer Verfall, Abreißen der Tradition, Indoktrinierbarkeit und Kernwaffen. Ein Zukunftsproblem besteht auch in der *systematischen Genmanipulation* von Pflanzen, Tieren und dem Menschen. Möglicherweise könnte dies sogar eine der größten Bedrohungen werden und die Menschheitsgeschichte in einem Untergangsgeschehen enden lassen (vgl. Gray, J., 2010). Die modernen Sozial- und Humanwissenschaften, wie auch die Psychologie und Ethnologie, sind aufgerufen ihr Hauptaugenmerk in der bisher vernachlässigten Forschung vor allem auf die Lösung dieser Weltprobleme zu richten.

(Hobsbawm, E. (1999): Das Gesicht des 21. Jahrhunderts. München: Hanser; Stubbe, H. et al. (Hrsg.) (2007): Weltprobleme und Psychologie. Aachen; Gray, J. (2010): Von Menschen und anderen Tieren. Abschied vom Humanismus; Lexikon der Psychologischen Anthropologie. Gießen, 2012)

- *Der Skandal der Psychologie*

In seiner „Kleinen Weltgeschichte der Wissenschaft" hat *Hans Joachim Störig* einen Lobgesang auf die Psychologie im Konzert der Wissenschaften angestimmt. Er schreibt:

> „Die Psychologie ist – wie ihr Gegenstand – ein Land ohne Grenzen. Will man die Wissenschaften einer Rangordnung nach der Würde ihres Gegenstandes unterwerfen, so gebührt der Psychologie sicherlich neben der Astronomie der erste Platz. Welche Gegenstände wären erhabener als der bestirnte Himmel und die menschliche Seele?" (Störig, 1970:347)

Auch *John Desmond Bernal* schreibt in seiner „Sozialgeschichte der Wissenschaften" :

> „Von allen Gesellschaftswissenschaften ist die Psychologie wohl derjenige Zweig, der nach allgemeiner Auffassung, vor allem der Gebildeten, im 20. Jh. die größten Fortschritte gemacht und den größten Einfluß ausgeübt hat." (Bernal, Bd.4, 1978:1065)

Seit über 150 Jahren existiert eine wissenschaftliche, universitär betriebene Psychologie, die in einer unermesslichen Zahl von Publikationen und in über 1000 wissenschaftlichen Zeitschriften – allein der fleißigste aller Psychologen *Wilhelm Wundt* publizierte mehr als 50.000 Seiten (vgl. Roback, 1970:69) und *G. Th. Fechner* führte über 67.000 Experimente durch (vgl. Störig, 1970:355) - ihre Ergebnisse niedergelegt hat und weiterhin verbreitet. Auch in dem „Gesamtverzeichnis der deutschsprachigen psychologischen Literatur der Jahre 1942 bis 1960" (Wellek, 1965) werden seit 1889-1960 weit über 100.000 Titel aufgelistet! Und wieviel Tiere hatten unter der Experimentierwut der Psychologen zu leiden? Man denke etwa an die liebste „Versuchsperson" der behavioristischen Psychologen M.N.A. (mus norwegicus albinus, vgl. Tolman, 1932). Welche Auswirkungen hatten diese psychologischen Erkenntnisse auf die Menschheit? War nicht das 20. Jh. in Gegenwart der Experimentellen Psychologie, des Behaviorismus und der Psychoanalyse/Tiefenpsychologie (vgl. Bernal, Bd.4, 1978:1066ff) eines der schrecklichsten und mörderischsten Zeitalter der bisherigen Weltgeschichte? Und was kommt noch auf uns Menschen zu?

Obwohl z.B. Deutschland seit Ende des 19. Jahrhunderts über eine hochentwickelte, vielseitig ausgerichtete Psychologie verfügte, war es seit den 80er Jahren des 19. Jahrhunderts dem Militarismus, Nationalismus, Imperialismus, Totalitarismus und Rassismus fast hemmungslos ausgeliefert. Aber auch in anderen Ländern waren und sind ähnliche Entwicklungen zu beobachten.

Sind die Menschen aufgrund dieser psychologischen Erkenntnisse gesünder (im Sinne der WHO-Definition), vernünftiger, einsichtiger, friedlicher, toleranter, gerechter, empathischer, liebevoller, hilfsbereiter, xenophiler, umweltfreundlicher geworden?

Dies ist der eigentliche Skandal[76] der Psychologie!

---

[76] Unter *„Skandal"* versteht man bekanntlich nach dem griech. Wort „σκάνδαλον" (= Falle, Anstoß, Ärgernis) ein Geschehnis, das Aufsehen erregt, an dem man Anstoß nimmt und das einen schockiert (vgl. Moser, H. (Hrsg.): l'éclat c'est moi. Weinheim, 1989).

Bibliographie – Eine Auswahl

(Länder/Regionen – Personen – Begriffe)

(*Vorbemerkung:* die Bibliografie ist chronologisch geordnet. Sie ergänzt die im Text angegebene Literatur)

Ägypten (s. islamische Welt)

Beck, J. T (1871): Umriss der biblischen Seelenlehre. Stuttgart; Frazer, J.G. (1918): Folk-Lore in the Old Testament. 3 vol.s. London; Talaat, S. (1929): Die Seelenlehre des Koran. Diss. Halle/Saale; Kretschmer, W. (1955): Psychologische Weisheit der Bibel. München; Prothro, E. T. & Melikian, L.H. (1955): Psychology in the Arab Near East. Psychological Bulletin, 52, , p.303-310; Simon, H. (1959): Ibn Khaldūns Wissenschaft von der menschlichen Kultur. Leipzig; Sigerist, H. E. (1963): Anfänge der Medizin. Von der primitiven und archaischen Medizin bis zum Goldenen Zeitalter in Griechenland. Zürich, S. 199-343; Sivers, P. von (1968): khalifat, Königtum und Verfall. Die politische Theorie Ibn Khaldūns. Paul List Verlag; Smith, Noel W. (1971): Belief systems and psychological concepts of ancient Egypt to the end of the Old Kingdom (2700 B.C.). Proceedings of the Annual Convention of the American Psychological Association 6, pt.2, p. 721-722; Ägypten verstehen. Sympathie Magazin, Nr. 2, München, 1993; Rashid, R. (1985): The history of arabic science. In: El-Kholy O.(Ed.), Scientific readings in the Arabic World. Beirut; Akkent, M. & Franger, G. (1987): Das Kopftuch. Başörtü. Frankfurt/M. (Bibliografie); Das arabische Traumbuch des Ibn Sirin. München: Eugen Diederichs, 1989; Lee-Linke, S.-H. (1990): Frau und Religion. Zeitschrift für Kulturaustausch, 40(1), S. 26-32; Ibn-Khaldūn (1992): Buch der Beispiele. Leipzig: Reclam; Pfeiffer, W. (1994): Transkulturelle Psychiatrie. Stuttgart, 2 Aufl.; Pinch, G. (1994): Magic in ancient Egypt. London; Islam verstehen. Sympathie Magazin, Nr. 26, München, 1997; Schimmel, A. (1998): Die Welt des Islam. Zu den Quellen des muslimischen Orients. Eine Reise nach innen. Zürich; Dies. (1998): Die Träume des Kalifen. Träume und ihre Deutung in der islamischen Kultur. München; Rachet, G. (1999): Lexikon des alten Ägypten. Darmstadt; Maier, B. (2001): Koran-Lexikon. Stuttgart; BMZ (2003): Desertifikationsbekämpfung. CD-Rom, Berlin; Abou-Hatab, F. A-L-H. (2004): Psychology in Egypt: A case study from the third world. Kölner Beiträge zur Ethnopsychologie und Transkulturellen Psychologie, Bd. 5, S. 9-22; Erim, Y. (2009): Klinische Interkulturelle Psychotherapie. Ein Lehr- und Praxisbuch. Stuttgart; Rezapour, H. & Zapp, M. (2011): Muslime in der Psychotherapie. Göttingen: V&R; Hannig, R. (2014): Großes Handwörterbuch Deutsch-Ägyptisch (2800-950 v. Chr.). Ph. von Zabern; Fischer-Elfert, H.-W. & Hoffmann, Fr. (Hrsg.) (2010): Die magischen Texte von Papyrus Nr. 1826 der Nationalbibliothek Griechenlands. Wiesbaden: Harrassowitz (Beschwörungen gegen verschiedene Krankheiten); Schreiber, Constantin (2019): Kinder des Koran. Econ; Geuad, Hassan (2021): „Möge Allah Dich in die tiefste Hölle schicken." Warum ein Muslim für Vielfalt, Toleranz und Freiheit kämpft. Westen Verlag

Afrika (s. Ägypten, Südafrika, Mosambik)

Hirschberg, W. (1974): Die Kulturen Afrikas; Rodney, W. (1975): Afrika. Die Geschichte einer Unterentwicklung. Berlin; Laplantine, Fr. (1976): Maladies mentales et thérapeutiques traditionelles en Afrique noire. Paris; Beuchelt, E. (1981): Die Afrikaner und ihre Kulturen; Jones, B. (1982): Survey of psychotherapy with black man. Amer. J. of Psychiat., vol.139, n.9, 1982:1174ff; Sertima, I. van (1986): Black women in antiquity. Journal of African Civilizations, vol.6, N° 1, 1984 (4. Ed.); Peltzer, K. & Ebigbo, P. (eds.) (1989): Clinical Psychology in Africa. Enugu (Bibliografie); Ilechukwu, S. T. C. (1991): Psychiatry in Africa: Special problems and unique features. Transcultural Psychiatric Research Review, vol. XXVIII, 3, 1991:169-218; Hoffmann, K. (1992): Psychiatrie in Afrika; Pfeiffer, W. (1994): Transkulturelle Psychiatrie. Stuttgart, 2 Aufl.; Abrahams, R. (Hg.) (1994): Witchcraft in contemporary Tanzania. Cambridge; Dech, H. (1996): Die Behandlung psychischer Erkrankungen im kulturellen Wandel Ostafrikas. Ethnopsychologische Mitteilungen, 5 (1), S.21-32; Brunold, G. (1997): Afrika gibt es nicht. Korrespondenzen aus drei Dutzend Ländern; Afrikalexikon. Metzler Verlag. Stuttgart, 2000; Kita, J. K. (2003): Afrikanische und europäische Mentalitäten im Vergleich; Bechhaus-Gerst, M. & Klein-Arendt, R. (Hrsg.) (2003): Die (koloniale) Begegnung. AfrikanerInnen in Deutschland 1880-1945 – Deutsche in Afrika 1880-1918. Bern; Arndt, S. & Hornscheidt, A. (Hg.) (2004): Afrika und die deutsche Sprache. Ein kritisches Nachschlagewerk; Stubbe, H. (2008): S. Freuds ‚Totem und Tabu' in Mosambik. Göttingen; *Geschichte der Psychologie in Afrika:* D. G. Oliensis, D. G. (1966): Psychology in Uganda. Psychologia, 9, p.210; Wickert; Fr. R. (ed.) (1967): Readings in African psychology from french language sources. East Lensing; Hoorweg, J. C. & Marais, H. C. (1969): Psychology in Africa: A Bibliograpy (1880-1969). Leyden; Marais H. C. & Hoorweg, J. C. (1971): Psychology in Africa. Journal Internat. de Psychologie, 6(4), 1971:329-335; Abdi, Y. O. (1975): The problems and prospects of psychology in Africa. Internat. Journal of Psychology, 10, 1975:227-234; Viney, W. et al. (1979): History of Psychology. Detroit, 1979:58f; Bulhan, H. A. (1981): Psychological research in Africa: Genesis and function. Race and Class, 23(1), 1981:25-41; Ebigbo, P. (1982): Schwarze Kultur und weiße Psychologie. Psychologie Heute, Apr. 1982:64-71; Kwadzo Tay, A. (1984): A psicologia na África negra. O Correio da UNESCO, Ano 12, N°. 3, mar. 1984:11-14; Nwagbo, E. (1991): The progress and status of psychology in Africa. Journal of psychology in Africa, South of the Sahara, the Caribbean and Afro-Latin America, vol. 1, N°. 4, 1991; Daudi, A. yan A. (1996): African psychology: in historical perspective and related commentary. African World Press; Tchombe, Th. M. (1998): The history of psychology as an independent discipline: the case of Cameroon. Mimeo. Yaounde; Daudi, A. yan A. (2003): African-centered psychology: culture-focussing for multicultural competence. Durham; Stubbe, H. (2008): S. Freuds ‚Totem und Tabu' in Mosambik. Eine psychologiehistorische Studie; *Zeitschriften:* „Journal of Black Psychology" und das „Journal of Psychology in Africa" (vgl. Curare, 29,1, 2006:119-124); *TV-Film*: Das Weltgericht von Bamako (F, 2006)

Alltagspsychologie (popular psychology)

Das Konzept einer *Alltagspsychologie* bzw. *konkreten Psychologie* geht auf den Lebenspsychologen Richard Müller-Freienfels (1882-1949)(vgl. Grundzüge einer Lebenspsychologie. 2 Bde., 1925) und den ungarisch-jüdischen Philosophen Georges Politzer (1903-1943) zurück, der in seinem Werk „Critique des fondements de la psychologie" (1928) (dt. 1974) zu Recht eine Psychologie fordert, deren Gegenstand nicht abstrakte psychische Prozesse sind, sondern die kleinen und großen dramatischen Begebenheiten des Alltags sein sollen. „Postulate einer Alltagspsychologie sind u.a.: 1.Erforschung von Alltagssituationen anstelle von Laborsituationen, 2. Erforschung des alltäglichen Erlebens und Handelns in seiner ganzen Komplexität, 3. Erforschung von ‚Alltagstheorien' der Menschen selbst, 4. Anwendung alltagspsychologischer Resultate zur Humanisierung des Alltagslebens." (Lexikon der Psychologie, Bd.1, 2000:51f). Phänomenologische Ansätze sind in diesem Forschungsfeld erfolgreich.

Freud, S. (1904): Zur Psychopathologie des Alltagslebens. GW Bd. IV; Müller-Freienfels, R. (1925): Die Seele des Alltags. Eine Psychologie für Jedermann. Berlin; Politzer, G. (1929): Psychologie mythologique et psychologie scientifique. Où va la psychologie concrète? Revue de Psychologie Concrète (dt. Kritik der klassischen Psychologie. Köln, 1974); Leithäuser, T. (1976). Formen des Alltagsbewußtseins. Frankfurt/M.; Holz-Ebeling, F. (1989): Alltagspsychologisches Denken. Heidelberg; Pulver, U. (1991): Bausteine des Alltags. Heidelberg; Alltagsgeschichte. In: Geschichte. Lexikon der wissenschaftlichen Grundbegriffe. Reinbek, 1994, S. 24-27; Shiraev, E. (2015): History of Psychology. A global perspective. Los Angeles, p. 75f, 106ff,

Anima (s. Seele)

anima (lat.) Wind, Seele; verwandt mit griech. άνεμος (ánemos) = Wind (vgl. Anemone = Windröschen); im europ. Hochmittelalter unterscheidet *Thomas von Aquin (1225-1274)* eine den Menschen, Tieren und Pflanzen gemeinsame „anima vegetativa", eine den Tieren und dem Menschen zuzusprechende „anima vegetativa" (sentire = empfinden, fühlen) und eine nur dem Menschen zukommende „anima rationalis" (πνευμα = Geist; auch: anima intellectiva) als höchste seelische Form, die mit dem Leib keine innere Einheit bilden kann. In der analytischen Psychologie *C. G. Jung's (1875-1961)* werden an der Persönlichkeit eine nach außengewandte Seite („persona" vgl. Maske) und eine innere unterschieden. Diese letztere ist fest mit dem Geschlecht verbunden („animus", „anima"). So kann es sein, dass eine weiblich erscheinende Frau eine „männliche Seele" in sich trägt, einen Animus, und umgekehrt. Häufiger sind Mischungen. Animus und Anima stellen den Niederschlag aller Erfahrungen der Ahnenreihe vom anderen Geschlecht dar. Die Anima bringt Launen hervor, Animus dagegen Meinungen.

Holzhausen, J. (Hrsg.) (1998): Psyche – Seele – Anima. FSK. Alt; Link, St. (2002): Wörterbuch der Antike. Stuttgart, S. 807f

Anthropologie (s. Ethnologie)

Plinius d. Ä. (1975): Naturkunde, Buch VII (Anthropologie). lat.-dt. Darmstadt: Wissenschaftliche Buchgesellschaft *(antike Anthropologie);* Stubbe, Hannes (2016): Albertus Magnus, der erste Kölner und mitteleuropäische Psychologe. Aachen: Shaker, 2. Aufl. *(hochmittelalterliche Anthropologie);*Krauss, Hartmut (Hrsg.) (2005): Das Testament des Abbé Meslier (1733). Osnabrück: Hintergrund Verlag *(Religionskritik);* De la Mettrie, Julien Offray (2009): Die Maschine Mensch/L'homme machine (1748). Hamburg: F. Meiner (dt.-frz.) *(materialistische, medizinische Anthropologie); (*zu de LaMettrie vgl. Friedrich A. Lange (1974): Geschichte des Materialismus. Bd.1. Frankfurt/M.: Suhrkamp, S.344-376); Kant, Immanuel (1983): Anthropologie in pragmatischer Hinsicht (1798). Stuttgart: Reclam

(Anthropologie der Aufklärung); Fromm, Erich (2020): Wissenschaft vom Menschen. Gießen: Psychosozial *(humanistische Anthropologie); Einführungen und Übersichten:* Landmann, Michael (1975). Philosophische Anthropologie. Berlin: de Gruyter *(sehr gute Einführung);* Mühlmann, Wilhelm E. (1983): Geschichte der Anthropologie. Frankfurt/M.: Athäneum *(Übersicht über die humanide, ethnologische Anthropologie);* Harris, Marvin (1989): Kultur. Ein Lehrbuch. Frankfurt/M.: Campus *(Einführung in die us-amer. Kulturanthropologie);* Marschall, Wolfgang (Hrsg.) (1990): Klassiker der Kulturanthropologie. München: Beck *(bedeutende Kulturanthropologen);* Burckhart, Holger (1999): Horizonte philosophischer Anthropologie. Ein Studienbuch für Pädagogen. Markt Schwaben: Eusl; Fahrenberg, Jochen (2004): Annahmen über den Menschen. Heidelberg: Asanger, S. 216-228 *(psycho-physisches Problem);* Lexikon der Psychologischen Anthropologie. Gießen: Psychosozial, 2012 *(Überblick über die Psychologische Anthropologie);* Pleger, Wolfgang (2017): Handbuch der Anthropologie. Die wichtigsten Konzepte von Homer bis Sartre. Darmstadt: Wissenschaftliche Buchgesellschaft *(gute Übersicht über die phil. Anthropologie); Der menschliche Leib:* Imhof, Arthur E. (Hrsg.) (1983): Der Mensch und sein Körper. Von der Antike bis heute. München: Beck; Thommen, Lukas (2007): Antike Körpergeschichte. UTB 2899; Gould, Stephen Jay (1999): Der falsch vermessene Mensch. Frankfurt/M.: Suhrkamp

Antike (griech., röm.)

Allgemein: Stein, L. (1886): Die Psychologie der Stoa. Berlin; Chaignet, E. (1888-1893): Histoire de la psychologie des Grecs. Vol.s I-V. Paris; Strong, Ch. A. (1891): A sketch of the history of psychology among the Greeks. American Journal of Psychology, 4, p.177-197; Walter, J. (1893): Die Geschichte der Ästhetik im Altertum. (Reprint G. Olms, 1967); Antike Weisheit. Tusculum, 1959, 7. Aufl.; Landmann, M. (1950): Elenktik und Maieutik. Drei Abhandlungen zur antiken Psychologie. Bonn; Ranke-Graves, R. von (1960): Griechische Mythologie. Quellen und Deutung. 2 Bde. Hamburg; Kingsley, Ch. (1962): Hypathia. Roman aus dem 5. Jh. Berlin; Grassi, E. (1962): Die Theorie des Schönen in der Antike. Köln; Sigerist, H. E. (1963): Anfänge der Medizin. Von der primitiven und archaischen Medizin bis zum Goldenen Zeitalter in Griechenland. Zürich; Stemplinger, E. (1965): So modern war die Antike. München; Kerényi, Karl (1966): Humanistische Seelenforschung. München; Parin, P. (1967): Zur Bedeutung von Mythus, Ritual und Brauch für die vergleichende Psychiatrie. In: N. Petrilowitsch (Hrsg.), Beiträge zur vergleichenden Psychiatrie, Teil II, 1967; Lexikon der antiken Mythologie. Stuttgart: Reclam, 1975; Simon, B. (1978): Mind and madness in ancient Greece: The classical roots of modern psychiatry. Ithaca, N.Y.; Linfert-Reich, I. (1983): Römisches Alltagsleben in Köln. Römisch-Germanisches Museum der Stadt Köln; Annas, J. E. (1992): Hellenistic philosophy of mind. Berkeley, California: University of California Press; Stubbe, H. (1995): Suizidforschung im Kulturvergleich, Kölner Beiträge zur Ethnopsychologie und transkulturellen Psychologie, Jg. 1, N°. 1; Cancik, H. & Schneider, H. (Hg.) (1996-2002). Der Neue Pauly. Enzyklopädie der Antike. Stuttgart; Cartledge, P. (1998): Kulturgeschichte Griechenlands in der Antike. Weimar; Hafner, G. (2001): Bildlexikon antiker Personen. Düsseldorf: Patmos; Müller, R. (2003): Die Entdeckung der Kultur. Antike Theorien von Homer bis Seneca. München; Green, C. D. & Groff, P. R. (2003). Early psychological thought: Ancient accounts of mind and soul. Westport, Connecticut: Praeger; Götter und Helden der Antike. Bildlexikon der Kunst Bd. 1. Berlin: Parthas; Ax, W. (Hrsg.) (2005): Lateinische Lehrer

Europas. Fünfzehn Portraits von Varro bis Erasmus von Rotterdam. Köln; Bakalis, N. (2005): Handbook of Greek Philosophy: From Thales to the Stoics: Analysis and Fragments. Victoria, BC: Trafford Publishing; Lieberg, G. (2010): Ästhetische Theorien der Antike, des Mittelalters und der Neuzeit. Bochum; Unger, St. (2015): Vorkoster gesucht! 100 Berufe aus der Antike. Ph. von Zabern Verlag; Weeber, K.-W. (2015): Neues über die alten Römer. Von A wie Aftershave bis Z wie Zocker. Theiss Verlag; Manthe, U. (2019): Geschichte des römischen Rechts. München; Harper, K. (2020): Fatum. Das Klima und der Untergang des römischen Reiches. München: Beck; *Lexika:* Schwarz, G. Th. (1956): Philosophisches Lexikon zur griechischen Literatur. Bern; Der Kleine Pauly. Lexikon der Antike. 5 Bde. Stuttgart, 1964; Yonah, M. A. & Shatzman, I. (Hrsg.) (o.J.): Enzyklopädie des Altertums. Zürich; Lexikon der Antike. Hrsg. J. Irmscher. Bindlach, 1986, 7. Aufl.; Link, St. (2002): Wörterbuch der Antike. Stuttgart, 11. Aufl.; Bury, E. (Hrsg.) (2003): In medias res. Lexikon lateinischer Zitate und Wendungen. Berlin; Leven, K.-H. (Hrsg.) (2005): Antike Medizin. Ein Lexikon. München; *Filme:* DVD: Die grossen Mythen; Die Ilias. Arte-Edition, 2016ff; *Leib:* Knortz, K. (1909): Der menschliche Körper in Sage, Brauch und Sprichwort. Würzburg; Imhof, Arthur E. (Hrsg.) (1983): Der Mensch und sein Körper. Von der Antike bis heute. München: Beck; Thommen, Lukas (2007): Antike Körpergeschichte. UTB 2899; *Lachen, Weinen und Trauer:* Kenner, H. (1960): Weinen und Lachen in der griechischen Kunst. Öster. Akadem. der Wissenschaften, 234. Bd. 2. Abhandl. Wien; Stubbe, H. (1985): Die Trauer in der antiken Welt. In: H. Stubbe, Formen der Trauer, Berlin, S. 159-190; Huber, I. (2001): Die Ikonographie der Trauer in der griechischen Kunst. Mannheim; Richert, Fr. (2009): Kleine Geistesgeschichte des Lachens. Darmstadt; *Homer:* Ilias und Odyssee zweisprachige Ausgaben z.B. bei Heimeran; Wilamowitz-Moellendorf, U. von (1927): Die Heimkehr des Odysseus. Berlin: Weidmann; Latacz, J. et al. (Hrsg.)(2008): Homer. Der Mythos von Troja in Mythos und Kunst. München: Hirmer; *Sokrates:* Guardini, R. (1956): Der Tod des Sokrates. Eine Interpretation der platonischen Schriften Eutyphron, Apologie, Kriton und Phaidon. Reinbek; Thornton, H. (1969): Socrates and the History of Psychology. Journal of the History of the Behavioral Sciences, 5, p.326-339; Mountjoy, P.T. & Smith, N. W. (1971): A reply to Thornton's: Socrates and the history of psychology. Journal of the History of the Behavioral Sciences, 7, p. 183-186; Stavemann, H.H. (2002): Sokratische Gesprächsführung. Eine Anleitung für Psychotherapeuten, Berater und Seelsorger. Weinheim; Birnbacher, D. & Krohn, D. (Hrsg.) (2002): Das sokratische Gespräch. Reclam; *Platon:* Steiner, P. M. (1992): Psyche bei Platon. Frankfurt/M.; Platon: Gesammelte Werke. Reinbek: Rowohlt, 1994; Robinson, T. M. (1995): Plato's psychology (2nd ed.). Toronto: University of Toronto Press; Zweisprachige. Ausgaben der Werke bei Reclam, Meiner, Heimeran/Artemis; Neumann, U. (2001): Platon. Rororo Monographie, Reinbek: Rowohlt; Erler, M. (2007): Kleines Werklexikon Platon: Stuttgart: Kröner, 2007 (reichhaltige Bibliografie); Hallich, O. (2013): Platons „Menon". Darmstadt: WBG (Anamnesis-Lehre); *Aristoteles:* Cassirer, H. (1932): Aristoteles Schrift „Von der Seele" und ihre Stellung innerhalb der aristotelischen Philosophie; Hehlmann, W. (1963): Geschichte der Psychologie. Stuttgart; Shute, C. (1964): The psychology of Aristoteles., N.Y.; Aristoteles: Hauptwerke. Stuttgart, 1976; Charlton, W. (1980): Aristoteles definition of soul. Pronesis, 25, 1980:170-186; Aristoteles: Über die Seele (übers. W. Theiler), 1986; Zemb, J. M. (1986): Aristoteles; Picht, G. (1987): Aristoteles „de anima"; Nussbaum, M. C. & Rorty, A. O. (Eds.) (1992): Essay on Aristotle's De Anima. Oxford: Clarendon Press; Durrant, M. (Ed.) (1993): Aristotle's De Anima in focus. London: Routledge; Aristoteles (1995): Über die Seele. Gr.-dt. Hamburg: F. Meiner; Höffe, O. (2005): Aristoteles Lexikon. Stuttgart, 2005:505ff; *Theophrast:*

Dessoir, M. (1911): Abriß einer Geschichte der Psychologie; Stratton, G. M. (1917): Theophrastus and the greek physiological psychology; Theophrast (2000): Charaktere. griech/dt., Reclam; Bruyère, J. de la (2002) : Charaktere oder die Sitten des Jahrhunderts. Warendorf; Koch, M. (1960): Die Begriffe Person, Persönlichkeit und Charakter, In: Handbuch der Psychologie Bd.4, 1960:3-29; *Lukrez:* Lukrez (1991): Von der Natur. München: DTV/Artemis; Schrödinger, E. (1956): Die Natur und die Griechen. Kosmos und Physik. Reinbek: RoRoRo; Kranz, W. (o.J.): Die griechischen Philosophie. Zugleich eine Einführung in die Philosophie überhaupt. Bremen: Sammlung Dietrich (versch. Aufl.n); Lange, Fr. (1974): Geschichte des Materialismus, 2 Bd.e. Frankfurt/M.: Suhrkamp; Stubbe, H. (2020): Die Psychologie des Titus Lucretius Carus (Lukrez). Lengerich; *Plinius d. Ä.:* König, R. & Winkler, G. (1979): Plinius der Ältere. Leben und Werk eines antiken Naturforschers. München: Heimeran; Müller, Kl. E. (1997): Geschichte der antiken Ethnologie, Reinbek; Plinius d. Ä.: Naturalis historia. Lat.-dt. Ausw. Stuttgart: Reclam, 2009; Plinius Naturkunde lat.-deutsch. Buch XII. Anthropologie. Darmstadt: Wissenschaftliche Buchgesellschaft, 1975; *Seneca d. J.:* Seneca: Epistulae morales ad Lucilium (Liber XIV). Lat.-dt., Reclam, 1993; Grimal, P. (1978): Seneca. Macht und Ohnmacht des Geistes; *Marc Aurel:* Marc Aurel: Selbstbetrachtungen, Kröner Verlag; griech./dt. Übersetzung von W. Theiler, 1951; Birley, A. (1987): Marcus Aurelius. A biography; P. Hadot, P. (1991): Philosophie als Lebensform. Geistige Übungen in der Antike; *Plutarch und Sueton:* Gaius Suetonius Tranquillus: Leben der Caesaren. Zürich: Artemis, 1955; Link, St. (2002): Wörterbuch der Antike. Stuttgart, S. 703f, 869f; *Träume:* Luria, Sal. (1927): Studien zur Geschichte der antiken Traumdeutung. Bull. der Akademie der Wissenschaften der UDSSR; Ježower, I. (1928): Das Buch der Träume. Berlin (nhrsg. Ullstein, 1985); Binswanger, L. (1928): Wandlungen in der Auffassung und Deutung des Traumes; Gruhle, H. W. (1929): Die Traumdeutung in der Antike. Arch. f. Psychiatrie, Bd. 86; Hundt, J. (1935): Der Traumglaube bei Homer. Greifswald; Meier, C. A. (1949): Antike Inkubation und moderne Psychotherapie; Kurth, W. (1951): Das Traumbuch des Artemidorus im Lichte der Freudschen Traumlehre. Psyche, 4, S. 448ff; Steiner, H. R. (1952): Der Traum in der Aeneis. Bern; Dodds, E. (1970): Die Griechen und das Irrationale. Darmstadt; Ellenberger, H. F. (1973): Die Entdeckung des Unbewussten. 2 Bde. Bern; Artemidor von Daldis (1979): Das Traumbuch (Oneirokritikon). München: DTV (grundlegend für die Antike, enthält 1400 Traummotive und deren Deutung; Artemidor lebte von ca. 100- ca.180 n.Chr.); Schwabl, H. (1983): Zu den Träumen bei Homer und Herodot. Aretes Mneme (Athen), S. 17-27; Siebenthal, W. v. (1984): Die Wissenschaft vom Traum. Heidelberg; Devereux, G. (1985): Träume in der griechischen Tragödie. Eine ethnopsychoanalytische Untersuchung. Frankfurt/M.; Jackson, R. (1988): Doctors and disease in the Roman Empire. London; Epicurean emotions. Duke University, 1989; Lukrez (1991): Von der Natur (De rerum natura). München; Hermes, L. (1996): Traum und Traumdeutung in der Antike. Zürich; Walde, Chr. (2001): Antike Traumdeutung und moderne Traumforschung. Zürich; Träume in der Antike. Griech.-dt., lat.-dt. Stuttgart: Reclam (Sammlung von Traumbeispielen); Leven (2005), S. 92f (Artemidor), S. 874-878 (Traum); Stubbe, H. (2020): Die Psychologie des Titus Lucretius Carus (Lukrez). Lengerich, S. 41ff

Archive (s. Bibliografien, Lexika)

Fernuniversität Hagen (PGFA) (Prof. Dr. Stefan Stürmer); Adolf Würth Zentrum für Psychologie (Prof. Dr. Armin Stock); University of Akron/Ohio (USA) s. Bringmann, W.G. et al. (1997: 599-609; Universität Passau (Geschichte der neueren Psychologie); Leipzig (Fechner, Wundt); Favier, J. (1965): Les Archives. Paris; Diamond, S. (ed.) (1974): The roots of psychology: A sourcebook in the history of ideas. N.Y.; Watson, R. I. (1978). The History of Psychology and the Behavioral Sciences. N. Y. , p.60-63; Viney, W. & Wertheimer, M., Wertheimer, M.L. (1979): History of Psychology. Detroit, p.115ff; Bringmann, W.G. & Ungerer, G. A. (1980): An Archival Journey in Search of Wilhelm Wundt. In: J. Brožek & L.J. Pongratz (ed.s), Historiography of modern psychology. Toronto, p. 201-240; Benjamin, L. T. (1980): Research at the Archives of the History of American Psychology: A case history. In: J. Brožek & L.J. Pongratz (ed.s), Historiography of modern psychology. Toronto, p. 241-251; Sokal, M. M. & Rafail, P.A. (1982): A guide to manuscript collections in the history of psychology and related areas. N.Y.; Les Archives. Institut Jean-Jaques Rousseau. Université de Genève, 1984; Jean Piaget-Archiv (Genf, Rue Saussure 6); Wilhelm, H. (1987): Informationshandbuch Psychologie. Frankfurt/M.; Lück, H. & Miller, R. (Hrsg.) (1993): Illustrierte Geschichte der Psychologie. München, S. 334-342; Bringmann, W.G. et al. (1997): A pictorial history of psychology. Chicago, p. 599-609; Psychologie und Geschichte, 9. Jg., H. ½, 2001:156f; Burckhardt, M. (2006): Arbeiten im Archiv. Praktischer Leitfaden für Historiker und andere Nutzer. Paderborn: UTB; *Internet:* Classics in the History of Psychology - on-line full texts of 250+ historically significant primary source articles, chapters, & books, ed. by Christopher D. Green; Fondation Jean Piaget - Collection of primary sources by, and secondary sources about, Jean Piaget (in French; edited by Jean-Jacques Ducret and Wolfgang Schachner); The Mead Project - collection of writings by George Herbert Mead and other related thinkers (e.g., Dewey, James, Baldwin, Cooley, Veblen, Sapir), ed. by Lloyd Gordon Ward and Robert Throop; Sir Francis Galton, F.R.S.; William James Site ed. by Frank Pajares; History of Phrenology on the Web ed. by John van Wyhe; Frederic Bartlett Archive - A collection of Bartlett's own writings and related material maintained by Brady Wagoner, Gerard Duveen and Alex Gillespie; Collections of secondary scholarship on the history of psychology: History & Theory of Psychology Eprint Archive - Open access on-line depository of articles on the history & theory of psychology; Advances in the History of Psychology - Blog edited by Jeremy Burman of York University (Toronto, Canada), advised by Christopher D. Green; *Websites of physical archives:* The Archives of the History of American Psychology - Large collection of documents and objects at the University of Akron, directed by David Baker; Archives of the American Psychological Association directed by Wade Pickren; Archives of the British Psychological Society

Argentinien (s. Zeittafel zur Psychologie in Lateinamerika)

Ramos Mejia, J. M. (1933): La locura en la historia (1895). Buenos Aires; Ders. (1878-1882). Las neurosis de los hombres célebres en la historia argentina. Buenos Aires; Ders. (1899). Las multitudes argentinas. Buenos Aires; Handbuch der Neurosenlehre und Psychotherapie (Frankl – v. Gebsattel -Schultz). Bd. 1. München, 1958: 220-232; Ingenieros, J. (1971): La evolución de las ideas argentinas. 2 vol.s. Buenos Aires: Ed. Futuro; Arciniegas, G. (1965): El continente del siete colores. Buenos Aires (dt. Kulturgeschichte Lateinamerikas, 1966); Ardila, R. (1970): José Ingenieros, psychologist. Journal of the History of the Behavioral Sciences, 6, p.41-47; Galeano, E. (1976): Die offenen Adern Lateinamerikas. Wuppertal, 2. Aufl. (org. 1970); Papini, M. R. (1976): Datos para una historia de la psicología experimental argentina (hasta 1930). Revista Latinoamericana de Psicología, 8, p.319-335; Ders. (1978): La psicología experimental argentina duante el período 1930-1955. Revista Latinoamericana de Psicología, 10, p. 227-258; Ders. & Mustaca, A. E. (1979): La psicología experimental argentina entre 1956 y 1978. Revista Latinoamericana de Psicología, 10, p.349-361; Rouquié, A. (1986): L'état militaire en Amérique latine. Paris; Ardila, R. (1986): La psicología en América Latina. Pasado, presente y futuro. México; Museum für Völkerkunde (Hg.) (1989): Der trauernde Blick. Martin Gusindes Fotos der letzten Feuerland-Indianer. Frankfurt/M.; Vezzetti, H. (1996): Aventuras de Freud en el país de los argentinos. De José Ingenieros a Enrique Pichon-Rivière. Buenos Aires

Aufklärung (europäische)

Mettrie, J. O. de la (1748): Die Maschine Mensch. frz.-dt. Hamburg: F. Meiner, 2009; Kant, I. (1798): Anthropologie in pragmatischer Hinsicht. Stuttgart: Reclam, 1983; Lange, Fr. A. (1866): Geschichte des Materialismus (1866). 2 Bde. Frankfurt/M.: Suhrkamp, 1974; Révész, B. (1917): Geschichte des Seelenbegriffes und der Seelenlokalisation. Stuttgart: Enke; Neumann, J. (1947/48): K. Ph. Moritz „Anton Reiser ein psychologischer Roman". Psyche, 1. Jg., S. 222-257, 358-381; Hazard, P. (1949): Die Herrschaft der Vernunft; Hehlmann (1963); Bahr, E. (Hg.) (1974): Was ist Aufklärung? Thesen und Definitionen. Stuttgart; Gundlach, H. (1982): Rezension des „Magazin für Erfahrungsseelenkunde". Psyche, 36, p.88-90; Rattner, J. (1983): Klassiker der Tiefenpsychologie. Wien, S.35-56; Bezold, R. (1984): Popularphilosophie und Erfahrungsseelenkunde im Werk von Karl Philipp Moritz. Würzburg; Gnothi seauton oder Magazin für Erfahrungsseelenkunde als ein Lesebuch für Gelehrte und Ungelehrte. 10 Bd.e. Nördlingen, 1986; Pfeiffer, J. (1989): Literaturpsychologie. Würzburg, S.374-376; Ciafardone, R. (Hrsg.) (1990): Die Philosophie der deutschen Aufklärung: Texte und Darstellung. Reclam; Weischedel, W. (1993): Die philosophische Hintertreppe. 34 große Philosophen in Alltag und Denken. München: DTV; Schneiders, W. (Hrsg.) (1995): Lexikon der Aufklärung. Deutschland und Europa. München: Beck; Schneider, N. (1997): Geschichte der Ästhetik von der Aufklärung bis zur Postmoderne. Reclam; Outram, D. (1999): The enlightenment. Cambridge; Poulot, D. (2000): Les lumières. Paris; Sokal, M. M. (2001): Practical phrenology as psychological counseling in the 19th-century United States. In C. D. Green, M. Shore, & T. Teo (Eds.), The transformation of psychology: Influences of 19th-century philosophy, technology, and natural science (pp. 21–44). Washington, D.C.: American Psychological Association; van Wyhe, J. (2004): Phrenology and the origins of scientific naturalism. Aldershot, Hants, UK; Schönpflug, W. (2004): Geschichte und Systematik der Psychologie. Ein Lehrbuch für das Grundstudium. Weinheim, 2. Aufl.; Volpi, Fr. (Hg.) (2004): Großes Werklexikon der Philosophie. Stuttgart: Kröner; Krauss, H. (Hrsg.) (2005): Das Testament des Abbé Meslier. Die Grundschrift der modernen Religionskritik. Osnabrück: Hintergrund; Müller, L. (2006): Das Karl Philipp Moritz-ABC. Frankfurt/M.; Galliker, M. et al. (2007): Meilensteine der Psychologie. Stuttgart; Dickson, Sh. et al. (Hrsg.) (2011): „Fakta, und kein moralisches Geschwätz". Zu den Fallgeschichten im „Magazin für

Erfahrungsseelenkunde" (1783-1793). Göttingen; *Internet:* Shapin, S (1975): "Phrenological knowledge and the social structure of early nineteenth-century Edinburgh". Annals of Science. 32 (3), p. 219–243.

Australien und Neuseeland

Martin, A. H. (1926): The present status of psychology. Sydney: University Reproductions; Kisch, E. E. (1934): Eintritt verboten. Paris; Ders. (1939): Landung in Australien. Amsterdam; McElwain, D.W. (1950): A review of psychology in Australia. Occupational Psychology (London), 24, p. 141-152; Hunter, Th. (1952): The development of psychology in New Zealand. Quarterly Bulletin of British Psychological Society, 3, p. 101-111; Winterbourn, R. A. (1953): A review of psychology in New Zealand. Australian Journal of Psychology, 5, p.17-27; Latham, J. (1957): Psychology sixty years ago in Melbourne. Quarterly Bulletin of British Psychological Society, 31, p. 33-34; Thornton, H. (1959): Sythesis: some reflections on the history of Psychology. Australian Journal of Psychology, 11, p. 99-105; Herrmann, F. (1967): Völkerkunde Australiens. Mannheim: BI; Brown, L.B. & Fuchs, Alfred H. (1971): Early Experimental Psychology in New Zealand: the Hunter-Titchener letters. Journal oft he History of the Behavioral Sciences, 7, p. 10-22; Linden Museum (Stuttgart): Die Traumzeit lebt weiter. Australische Ureinwohner gestern und heute. Taft, R. & Day, R. H. (1988): Psychology in Australia. Annual Review of Psychology, 39, p. 375-400; Lawlor, R. (1993): Am Anfang war der Traum: Die Kulturgeschichte der Aborigines. München (engl. 1991); Martin, R. G. (1995): Australia. In: Peter Kutter (Hrsg.), Psychoanalysis international. A guide to psychoanalysis throughout the world. 2 vols. Stuttgart

Bibliografien (s. Archive, Lexika)

Psychological Index. Boston, 42. Vols., 1894-1935; APA (ed.): Psychological Abstracts, 1927ff; Zeitschrift für Psychologie, 1923ff; Handbuch der Psychologie. 12 Bde., Göttingen, 1958ff; Cumulated author index. Boston, 1959ff; Zeitschrift für experimentelle und angewandte Psychologie, 1961ff; Masson, A. & Salvan, P. (1963): Les bibliothèques. Paris: Presse Universitaires de France; Kiell, N. (1963): Psychoanalysis, psychology and literature, a bibliography. Madison; Koehler & Volkmar (Hg.) (1963/69): Psychologie und Grenzgebiete. Stuttgart; Wellek, A (1965): Gesamtverzeichnis der deutschsprachigen psychologischen Literatur der Jahre 1942 bis 1960. Göttingen; Schüling, H. (1967): Bibliographie der psychologischen Literatur des 16. Jahrhunderts. Hildesheim; Hiltmann, H. & Liebel, H. (1973): Die Veröffentlichungen aus dem Psychologischen Institut an der Universität Freiburg/Brsg. (1943-1973). Bern; Heigl-Evers, A. (Hrsg.) (1976ff): Psychologie des 20. Jahrhunderts. 10 Bde. Zürich; Watson, R. I. (1978). The History of Psychology and the Behavioral Sciences. New York (general ressources, historical accounts, methods of historical research, historical fields, historiographical theories); Viney, W. et al. (1979): History of Psychology. A guide to information sources. Detroit/Mich. (general references, references in the history of psychology, systems and schools of psychology, histories and major works in selected content area of psychology, histories of related fields); Brožek, J. & León, R. (1980): Historiography of Psychology in German-speaking Areas of Europe, 1970-1979. A classified bibliography. In: J. Brožek, & L. J. Pongratz (eds.), Historiography of modern psychology, Toronto, p. 90-110; Brožek, J. (1980): New Publications on Soviet Historiography of Psychology and Physiology of Higher Nervous Activity (Behavior): A bibliography with comment. In: J. Brožek, & L. J. Pongtatz (Ed.s): Historiography of Modern Psychology. Toronto, p.119-140; León, R. & Brožek, J. (1980): Historiography of Psychology in Spain: Bibliography with comment. In: J. Brožek & L. J. Pongratz (ed.s), Historiography of modern psychology. Toronto, p.141-151; Wozniak, R. H. (ed.) (1982): Bibliographies in the History of Psychology and Psychiatry. 3 vol.s. New York; Enzyklopädie der Psychologie. 88 Bde. Göttingen, 1982ff; Cheiron. European Society for the History of the Behavioral and Social Sciences, Proceedings, 1982ff; Pfromm Netto, S. (1985): Psicologia: introdução e guia de estudo. São Paulo: EDUSP; ZPID (1986): Bibliographie zur Geschichte der Psychologie. 2 Teile. Trier (Literatur aus den deutschsprachigen Ländern); Stubbe, H. (1987): Geschichte der Psychologie in Brasilien. Berlin, S.236-260; Geuter, U. (1987): Daten zur Geschichte der deutschen Psychologie. 2 Bde. Göttingen (Bd.1 Institute etc.: 1879-1945; Bd.2. Dissertationen:1856-1967); DTV-Atlas zur Psychologie. 2 Bde., S. 477-494; Wilhelm, H. (1987): Informationshandbuch Psychologie. Frankfurt/M., S. 151ff; Gundlach, H.U.K. & Traxel, W. (1988). Historiography of Psychology in Germany. The German Journal of Psychology, vol. 12, N°.2, p. 119-138; Pfeiffer, J. (1989): Literaturpsychologie. Eine systematische, annotierte Bibliographie. Würzburg; Dorsch (1994): Psychologisches Wörterbuch. Bern, S. 960-1068; Gesamtbibliographie „Psychologie und Geschichte" (1989-2000). Psychologie und Geschichte, 9.Jg., H. ½, 2001:137-148; Freud, S. (2001): Die Traumdeutung. Studienausgabe Bd. II, Frankfurt/M., S.593-621 (Traum); Stubbe, H. (2012): Lexikon der Psychologischen Anthropologie. Gießen, S. 75ff; Ders. (2019): 100 Jahre Psychologie an der Universität zu Köln. Lengerich

Biografien (s. Psychologinnen und Psychologen, bedeutende)

Brasilien (s. Zeittafel zur Psychologie in Lateinamerika)

Freud, S. (1914): Zur Geschichte der psychoanalytischen Bewegung, GW Bd. X; Cesar, O. (1929): A expressão artistica nos alienados (contribuição para o estudo dos symbolos na arte). São Paulo; Friederici, G. (1947): Amerikanistisches Wörterbuch. Hamburg; Handbuch der Neurosenlehre und Psychotherapie (Frankl – v. Gebsattel -Schultz). Bd. 1. München, 1958: 220-232; Székely, B. (1966): Diccionario Enciclopédico de la Psique (1958). Buenos Aires:Claridad, 1966, 4.ed.; Penna, A. Gomes (1960): Manual de psicologia aplicada às fôrças armadas. Ministério da Aeronautica (Escola de Comando e Estado-Maior da Aeroneutica Departamento de Ensino); Dorin, E. (1978): Dicionário de Psicologia. São Paulo: Ed.Melhoramentos; Rescher, H. (1979): Die deutschsprachige Literatur zu Brasilien von 1789-1850. Frankfurt/M.; Todorov, T. (1982): Die Eroberung Amerikas. Das Problem des Anderen; Ardila, R. (1986): La psicología en América Latina. Pasado, presente y futuro. México: Siglo Veintiuno Editores; Carone, Edgar (1986): O marxismo no Brasil (das origens a 1964). Rio de

Janeiro: Dois Pontos (Bibliografie p. 79-181); Marín, G. et al. (1987): Latin American Psychology : A guide to research and training. Washington: APA; Stubbe, Hannes (1987):Geschichte der Psychologie in Brasilien. Von den indianischen und afrobrasilianischen Kulturen bis in die Gegenwart. Beiträge zur Kulturanthropologie. Berlin: Reimer (über 900 Lit.hinweise); Ders. (1989): On Social History of Psychology in Brazil. Quipu, vol. 6, núm. 3, p.355-369; Riquelme,U. H. (1987): Lateinamerikaner in Europa. Entwurzelungserfahrung und Prozeß der psychokulturellen Identität. Zeitschr. f. Sozialpsychologie und Gruppendynamik,12, ¾, 1987:4-26; Da Conceição, C. G. & De Lyra Chebabi, W. (1987): Psychoanalysis and the role of black life and culture in Brazil. International Review of Psycho-Analysis, 14, p.185-202; Stubbe, H. & León, R. (ed.s) (1989): History of psychology in the Third World. Archivo Latinoamericano de História de la Psicología y Ciencias Afines, 1(2); Briesemeister, D. (1990): Zur Wissenschaftsgeschichte der deutsch-sprachigen Lusitanistik; Engelhardt, R. & Walger,Chr. (Hrsg.)(1990): Deutsche Veröffentlichungen zu Brasilien 1979-1988. Dokumentation N°. 25, Universität Bielefeld; Stubbe, H. (1997): Sigmund Freud in den Tropen. Zur Frühgeschichte der Psychoanalyse in Brasilien (bis 1937), Kölner Beiträge zur Ethnopsychologie und transkulturellen Psychologie, Jg.3; Ders. (1995): Wichtige Ereignisse in der Geschichte der Psychologie in Lateinamerika, Kölner Beiträge zur Ethnopsychologie und Transkulturellen Psychologie, 1995; Ders. (2001): Kultur und Psychologie in Brasilien, 2001; Ders. (2001): Deutschsprachige Psychiater, Psychotherapeuten und Psychologen im lateinamerikanischen Exil (1933-1945). In: H. Stubbe, Kultur und Psychologie in Brasilien. Bonn, 2001:241-250; Ders. Nimuendajú in der Geschichte der Ethnologie Brasiliens. In: J. Born (Hg.), Curt Unckel Nimuendajú – ein Jenenser als Pionier im brasilianischen Nord(ost)en. Wien, 2007; Ders. (2011): Sigmund Freud in den Tropen. Die erste psychoanalytische Dissertation in der portugiesischsprachigen Welt (1914). Aachen (Bibliografie); Ders. (2020): Curt Nimuendajús Bibliothek im tropischen Brasilien (1903-1945). Düren; Brožek, J. (1991): Brasiliana: The later 1980s. History of Psychology (APA), XXIII (1/2), 1991:12-19; Bernecker, W. et al. (Hrsg.), Handbuch der Geschichte Lateinamerikas, 1992ff; Lück, H. E. & Miller, R. (Hrsg.) (1993): Illustrierte Geschichte der Psychologie, 1993:224-226; Hanns, L. A. (1996): Dicionário comentado do alemão de Freud. Rio de Janeiro, 1996 (Rezens.: Psyche, 58.Jg., juni 2004:575ff); Dicionário biográfico da psicologia no Brasil. Pioneiros. Rio de Janeiro, 2001; Santos-Stubbe, Ch. dos (2001): Die Afrobrasilianer. Eine Einführung für Ausreisende; Hensel, S. (2001): Ethnizität, "Rasse" und Nation in Lateinamerika. Jahrbuch für Geschichte Lateinamerikas, 38, 2001:353-364; Apfelbaum, N.P. et al. (eds.) (2003): Race and nation in modern Latin America. London; E.T.Telles, . T. (2004): Race in another America. The significance of skin color in Brazil. Princeton; G.R.Andrews, G. R. (2004): Afro-Latin America 1800-2000. Oxford, N.Y.; W.Bernecker, W. et al. (2006): Lateinamerika 1870-2000 – Hoffnungen, Helden, Politik und Kommerz; König, H. J. (2007): Kleine Geschichte Lateinamerikas, 2007; Rothfuß, E. et al. (Hrsg.) (2007): Stadtwelten in den Americas. Passauer Schriften zur Geographie, H.23; Bundeszentrale für politische Bildung: Lateinamerika. Bd.300, 2008; Die Tropen. Ansichten von der Mitte der Weltkugel. Katalog, 2008/09; N.Werz, N. (2008): Lateinamerika. Eine Einführung; Santos-Stubbe, Ch. et al. (2014): Kleines Lexikon der Afrobrasilianistik. Göttingen; Dies.: (2015): Psychoanalyse in Brasilien. Gießen; Eugenik: Galton, Fr. (1904): Eugenics, its definition, scope and aims (1904). Fr. Galton Archiv, London, 138/9; P.Weingart, Kroll, J. & Bayertz, K. (1988): Rasse, Blut und Gene. Geschichte der Eugenik und Rassenhygiene in Deutschland; Sozialdarwinismus, Rassenhygiene, Zwangssterilisierung und Vernichtung „lebensunwerten" Lebens. Eine Bibliographie, 1995; Kühl, St. (1997): Die

Internationale der Rassisten. Aufstieg und Niedergang der internationalen Bewegung für Eugenik und Rassenhygiene im 20.Jh.; Stubbe, H. (2001): Kultur und Psychologie. Bonn, S. 190-193; Enzyklopädie des Nationalsozialismus, 2001; Schweizer, M. (2002): Die psychiatrische Eugenik in Deutschland und in der Schweiz zur Zeit des Nationalsozialismus; Geschichte der Psychopathologie und Psychiatrie in Brasilien: Sá Menezes, J. de (1957): Medicina indígena (na Bahia). Salvador; Lucena, J. (1968): Aspectos culturais e tranculturais da psiquiatria no Brasil. Revista de Psiquiatria, vol. VIII, N° 14, p. 1-21; Leme Lopes, J. (1974): A psiquiatria de Machado de Assis. Rio de Janeiro; Passos, A. (1975): Juliano Moreira (vida e obra). Rio de Janeiro; Costa, J. F. (1976): História da psiquiatria no Brasil. Rio de Janeiro; Ders. (1983): Ordem médica e norma familiar. Rio de Janeiro, 2.ed.; Machado, R. et al. (1978): Danação da norma. Medicina social e constituição da psiquiatria no Brasil. Rio de Janeiro; Stubbe, H. (1979): Zur Ethnopsychiatrie in Brasilien. Social Psychiatry, 14, p.187-195; Ders. (1985): „O Alienista" de Machado de Assis. Uma anti-psiquiatria brasileira do século XIX. Humboldt, 51, P. 33-44; Ders. (1987): Geschichte der Psychologie in Brasilien. Berlin; Ders. (2011): Sigmund Freud in den Tropen. Die erste psychoanalytische Dissertation in der portugiesisch-sprachigen Welt (1914). Aachen; Maynard Araújo, A. (1979): Medicina rústica. São Paulo; Alexander, Fr. & Selesnick, S.T. (1980): História da psiquatria. Uma avaliação do pensamento e da prática psiquiátrica desde os tempos primitivos até o presente. Santos Filho, L. (1980): Pequena história da medicina brasileira. São Paulo; Uchôa, D. de M. (1981): Organização da psiquiatria no Brasil. São Paulo; Litaiff (1982): Carta do Egito. Contribuição para a historia da psiquiatria no Brasil. Juliano Moreira. Rio de Janeiro; Loyola, M. A. (1984): Médicos e curandeiros. Conflito social e saúde. São Paulo; Arruda, E. (1995): Resumo histórico da psiquiatria brasileira. Rio de Janeiro; Venancio, A. T. A. (2007): La creación del Instituto de Psiquiatría de la Universidad de Brasil: Ciencia y assistencia psiquiátrica. Frenia, vol. VII, p.195-212; Horta, B. C. (2008): Nise, arqueologa dos mares. Rio de Janeiro, 2.ed.; Wadi, Y. M. et al. (2010): História e loucura: saberes, práticas e narrativas. Uberlândia; Theiss-Abendroth, P. (2013): Sigmund Freud in the tropics. Revista de Psiquiatria Clínica, vol. 40, N° 2, p. 81; Ders. (2012): Psychodynamische Psychotherapie traumatisierter Migranten aus Brasilien. Trauma & Gewalt, 6. Jg., Heft 4, S.288-297; Santos-Stubbe, Ch. dos (Hg.) (2015): Psychoanalyse in Brasilien. Historische und aktuelle Erkundungen. Gießen; Araujo, Saulo de Freitas (2016): Wundt and the philosophical foundations of psychology: A reapparaisal. Springer; *Indigene (alphabetisch):* Andrade, Almir de (1941): Formação da sociologia brasileira. Vol. 1., Os primeiros estudos sociais no Brasil. Séculos XVI, XVII e XVIII. Rio de Janeiro: Livraria José Olympio; Baldus, Herbert & Willems, Emilio (1939): Dicionário de etnologia e sociologia. São Paulo: Companhia Editora Nacional, S. 33, 151, 152, 156, 225 (Nimuendajú); Baldus, Herbert (1945): "Curt Nimuendajú", in: Boletim Bibliográfico, VIII, 91-99; Baldus, Herbert, 1946. Nimuendajú, Curt. Nekrolog. American Anthropologist, 48, p.238-243; Baldus, Herbert (1954): Bibliografia crítica da etnologia brasileira. Vol. I., São Paulo: s.ed.; Baldus, Herbert (1968): Bibliografia crítica da etnologia brasileira. Vol. II., Hannover: Kommissionsverlag Münstermann- Druck GmbH; Baldus, Herbert (1979) : Ensaios de etnologia brasileira. Brasiliana vol. 101. São Paulo. Editora Nacional, 2.ed. (1.ed. 1937); Becher, Hans (1988): "Der Beitrag deutscher Forscher für die brasilianische Ethnologie", in: Deutsch-Brasilianische Hefte, 27 (2), 86-93; Born, Joachim (Hrsg.) (2007): Curt Unckel

Nimuendajú - ein Jenenser als Pionier im brasilianischen Nord(ost)en. Wien: Praesens; Helbig, Jörg (Hrsg.) (1994): Brasilianische Reise 1817-1820. Carl Friedrich Philipp von Martius zum 200. Geburtstag. Katalog. München: Hirmer; Brasilien. Entdeckung und Selbstentdeckung, 1992. Bern: Benteli Verlag. (Katalog der Internationalen Junifestwochen, Zürich, 1992); Capeller, Fritz (2016): Der Indianerforscher Curt Unckel-Nimuendajú: ein biografischer Überblick. Amerindian research, Bd.11, 39, S.39-43; Carneiro da Cunha, Manuela (1987): Os direitos do índio. Ensaios e documentos. São Paulo: Editora Brasiliense; Carneiro da Cunha, Manuela (1992): História dos índios no Brasil. São Paulo: Editora Schwarcz Ltda.; Carneiro da Cunha, Manuela (1994): O futuro da questão indígena. Estudos Avançados, 8 (20), 121-136; Cascudo, Luís da Câmara (1958): "O indígena no brinquedo do menino brasileiro", in: Cascudo, Luís da Câmara, Superstições e costumes. Rio de Janeiro, 51-57; Castro Faria, L. de (1981): "Curt Nimuendajú", in: Mapa Etno-Histórico de Curt Nimuendajú. Rio de Janeiro: IBGE, 17-22; CEHILA (Ed.) (1990): História da igreja na Amazônia. Petrópolis: Vozes; Corrêa, Mariza, (1987): História da antropologia no Brasil (1930-1960). São Paulo: Edições Vértice; Costa, Maria Heloisa Fénelon (1978): A arte e o artista na sociedade Karajá. Brasília: Fundação Nacional do Índio; Dorta, Sonia Ferraro & Cury, Marília Xavier (2000): A plumária indígena brasileira no Museu de Arqueologia e Etnologia da USP. São Paulo: EDUSP; Dungs, Günther Friedrich (1991): Die Feldforschung von Curt Unckel Nimuendajú und ihre theoretisch-methodischen Grundlagen. Bonn: Holos; Emmerich, Charlotte / Leite, Yonne (1981): "A ortografia dos nomes tribais no Mapa Etno-Histórico de Curt Nimuendajú", in: Mapa Etno-Histórico de Curt Nimuendajú. Rio de Janeiro: IBGE, 29-35; Ethnologisches Museum Berlin-Dahlem, 2002. Deutsche am Amazonas. Forscher oder Abenteurer? Expeditionen in Brasilien 1800 bis 1914. Berlin: Katalog des Ethnologischen Museums Berlin-Dahlem; Fernandes, Florestan (1958): A etnologia e a sociologia no Brasil. São Paulo: Anhambi; FUNAI (ed.) (1983): Museu do Índio – 30 anos 1953-1983. Rio de Janeiro; Gagliardi, José Mauro (1989). O indígena e a república. São Paulo: Editora HUCITEC; Gambini, Roberto (2000): Indian Mirror. The Making oft he Brazilian Soul. São Paulo: Axis Mundi Ed.; Garcia, Rodolfo (1922): "Historia das explorações scientificas", in: Instituto Historico e Geographico Brasileiro (ed.): Diccionario Historico, Geographico e Ethnographico do Brasil, vol. 1., Rio de Janeiro: Imprensa Nacional, 856-910; Gregorio, José Irmão (1980): Contribuição indígena ao Brasil. Vol. 1., Belo Horizonte: União Brasileira de Educação e Ensino, 86-88 (Nimuendajú); Guerreiro, Manuel Viegas (1992): A carta de Pero Vaz de Caminha lida por um etnógrafo. Lisboa: Edições Cosmos; Gusinde, Martin (1946): Beitrag zur Forschungsgeschichte der Naturvölker Südamerikas. Wien; Hartmann, Günther (1986): Xingú. Unter Indianern in Zentral-Brasilien. Katalog. Museum für Völkerkunde Berlin. Berlin: Dietrich Reimer Verlag; Hartmann, Thekla (1984): Bibliografia crítica da etnologia brasileira. Vol. III., Berlin: Reimer; Iberoamerikanisches Institut (1983): Die Reisen des Prinzen Maximilian zu Wied 1815-1817 in Brasilien. Katalog. Berlin: Iberoamerikanisches Institut Preußischer Kulturbesitz; IBGE (ed.) (1981): Mapa Etno-Histórico de Curt Nimuendajú. Rio de Janeiro: IBGE/Fundação Nacional Pró-Memória; Illius, Bruno (1992): "Ethnologie", in: N. Werz (Hrsg.), Handbuch der deutschsprachigen Lateinamerikakunde. Freiburg/Brsg.: ABI, 105-139; Instituto Historico e Geographico Brasileiro (1922): Diccionario Historico, Geographico e Ethnographico do Brasil. 2 vols., Rio de Janeiro: Imprensa Nacional; Kästner, Klaus-Peter (1983): Indianer Brasiliens.

Katalog zur Ausstellung anlässlich des 100. Geburtstages des Jenenser Indianerforschers Curt Nimuendajú. Dresden; Kayser, Hartmut-Emanuel (2005): Die Rechte der indigenen Völker Brasiliens – historische Entwicklung und gegenwärtiger Stand. Aachen: Shaker Verlag; Koch-Grünberg, Theodor (2004): Die Xingú-Expedition (1898-1900). Ein Forschungstagebuch. Herausgegeben von M. Kraus. Köln: Böhlau; Léry, Jean de (1578) : Histoire d'un voyage faict en la terre du Brésil, autrement dite Amérique (1557). Genf/La Rochelle ; Lévi-Strauss, Claude (1990) : Tristes tropiques (1955). Paris: Plon ; Lhullier dos Santos,Yolanda (2000): Imagem do índio. O selvagem americano na visão do homem branco. São Paulo: IBRASA; Manizer, Guenrikh G. (1967): A expedição do acadêmico G. I. Langsdorff ao Brasil (1821-1828). Brasiliana vol. 329. São Paulo: Companhia Editôra Nacional; Martius, Carl Fr. Ph. (1839): Die Vergangenheit und Zukunft der amerikanischen Menschheit. Deutsche Vierteljahrs Schrift (Stuttgart und Tübingen), zweites Heft, S.235-270; Martius-Staden Jahrbuch, (62, 2018). (Spix und Martius gewidmet). São Leopoldo: Oikos; Melatti, Julio Cezar (2007): Índios do Brasil. São Paulo: EDUSP; Menchén, Georg (1979): Nimuendajú – Bruder der Indianer. Leipzig: VEB F.A.Brockhaus, 2.Aufl.; Métraux, Alfred (1979): A religião dos tupinambás. São Paulo: Editora Nacional; Nachrichten aus Brasilien (1975). Das Indianergesetz. Pressemitteilung der Brrasilianischen Botschaft, Bonn-Bad Godesberg, Nr.7, Jahr V, Juli 1975; Nimuendajú, Curt (1956) : Os Apinayé. Boletim do Museu Paraense Emilio Goeldi, Belém: tomo XII; Ders. (1977): Os índios Tucuna. Boletim do Museu do Índio (R.J.), No. 7, dez. 1977:1-69; Ders. (1981): Mapa Etno-Histórico de Curt Nimuendajú. Rio de Janeiro: IBGE; Ramos, Arthur (1971) : As culturas indígenas (1943). Rio de Janeiro: Guanabara ; Regozini, Georg Maria (1977) : Auguste Comtes « Religion der Menschheit » und ihre Ausprägungen in Brasilien. Frankfurt/M.: Peter Lang ; Revista do Patrimônio Histórico e Artístico Nacional (1986): Mitos indígenas inéditos na obra de Curt Nimuendajú. Rio de Janeiro: SPHAN, No.21, 64-111; Ribeiro, Berta G. (1983): O índio na história do Brasil. São Paulo: Global Editora; Ribeiro, Berta G. (1987): O índio na cultura brasileira. Rio de Janeiro: UNIBRADE; Ribeiro, Darcy (1986): Suma etnológica brasileira. 3 vols., Petropolis: Vozes; Rondon, Candido Mariano da Silva (1946): Índios do Brasil do Centro, Noroeste e Sul de Mato-Grosso. Vol. I., Rio de Janeiro: Conselho Nacional de Proteção aos Índios; Roquette Pinto, Edgar (1915): Anthropologia (Guia de Collecções). Museu Nacional do Rio de Janeiro. Rio de Janeiro: Typographia da Directoria Geral de Estatistica; Schaden, Egon (1953): Indianerforschung in Brasilien. Staden Jahrbuch, São Paulo, 1, 1953:137-155; Ders. (1981): "A etnologia no Brasil", in: M.G. Ferri / S. Motoyama (eds). História das ciencias no Brasil. São Paulo: EDUSP, 239-271; Schröder, Peter (2019): Os índios Xipaya cultura e língua. Campinas: Editora Curt Nimuendajú; Schwamborn, Ingrid (1987): Die brasilianischen Indianerromane „O Guarani", "Iracema", "Ubirajara" von José de Alencar. Frankfurt/M.: Lang; Schwarcz, Lilia Moritz (1993): O espectáculo das raças. Cientistas, instituições e questão racial no Brasil 1870-1930. São Paulo: Companhia das Letras; Staden, Hans (1557): Warhaftige Historia und beschreibung eyner Landtschafft der wilden nacketen grimmigen Menschenfresser Leuthen in der Newenwelt America gelegen. Marburg; Stubbe, Hannes (1975): Die ätiologischen Krankheitsvorstellungen brasilianischer Indianer als (ethno-) psychologisches Problem. Unveröffentlichte phil. Diss. Universität Freiburg/Brsg.; Ders. (1982): Acerca de la observancia del luto entre los indios de Sulamérica. Humboldt, 77, S.54-62; Ders. (1988): Trauerverhalten und das Phänomen der verkehrten Welt. Zeitschrift für Ethnologie, Bd. 113, Heft 2, S.199-205; Ders. (1992): Rezension von G. Fr. Dungs: Die Feldforschung von Curt Unckel Nimuendajú und ihre theoretisch-methodischen Grundlagen (1991). Zeitschrift für Ethnologie, 117, 250-255; Ders. (1996): Die Geschichte der brasilianischen Indianer im Spiegel der neueren Literatur. Zeitschrift für Ethnologie, 121, 245-263; Ders. (1999/2000): Probleme der Ethnoästhetik brasilianischer Indianer. Martius-Staden Jahrbuch (São Paulo), Nr. 47/48, S.121-130; Ders. (2007): Nimuendajú (17.4.1883-10.12.1945) in der Geschichte der Ethnologie Brasiliens. In: J. Born (Hrssg.), Curt Unckel Nimuendajú – ein Jenenser als Pionier im Brasilianischen Nord(ost)en. Wien: Praesens Verlag, S.35-58; Ders. (2010): Rezension: J.C. Melatti, Índios do Brasil. Zeitschrift für Ethnologie, Bd. 135, H. 2, S.346-350; Ders. (2012): Lexikon der Psychologischen Anthropologie. Gießen: Psychosozial; Ders. (2020): Curt Nimuendajús Bibliothek im tropischen Brasilien (1903-1945). Ein Beitrag zur Geschichte der Ethnologie. Düren: Shaker; Stubbe, A. Noëmi (2018): Kleine Kunstgeschichte Brasiliens. Eine wissenschaftliche Einführung. Aachen: Shaker; Vianna, Oliveira F.J. (1922): "Ethnographia", in: Instituto Historico e Geographico Brasileiro (1922): Diccionario Historico, Geographico e Ethnographico do Brasil. vol. 1., Rio de Janeiro: Imprensa Nacional, 249-290; Vidal, Lux (Org.) (1992) : Grafismo indígena. Estudos de antropologia estética. São Paulo: EDUSP; Wagley, Charles & Galvão, Eduardo (1961): Os índios Tenetehara. Uma cultura em transição. Rio de Janeiro: Ministério da Educação e Cultura; Wagner, Gerhard (2001): Auguste Comte zur Einführung. Hamburg: Junius; Wegner, Richard N. (1925): Begleitschrift zur Faksimile-Wiedergabe von „Hans Staden. ...". Frankfurt/M.: Wüsten & Co.; Welper, Elena Monteiro (2002): Curt Unckel Nimuendajú: Um capítulo alemão na tradicão etnográfica brasileira. Dissertacão de Mestrado, Rio de Janeiro: Museu Nacional/PPGAS (UFRJ); Dies. (2013): A aventura etnográfica de Curt Nimuendajú. Tellus, 13 (24), p. 99-120; Dies. (2019): Chamado da Selva. Correspondência entre Curt Nimuendajú e Herbert Baldus. Rio de Janeiro: Camera Books; Wustmann, Erich (1963): Karajá. Indianer vom Rio Araguaya. Radebeul: Neumann; Zarur, George Cerqueira Leite (1976): Envolvimento de antropólogos e desenvolvimento da antropologia no Brasil. Boletim do Museu do Índio, No. 4, p. 1-9; Zerries, Otto (1980): Unter Indianern Brasiliens. Reise von Spix und Martius in Brasilien 1817/1820. Innsbruck: Pinguin Verlag; Lexikon: Dicionário biográfico da psicologia no Brasil. Pioneiros. Rio de Janeiro: Imago, 2001; Reihe: Clio-Psyché. Ana Maria Jacó-Vilela et al. (org.s) (2001ff), Rio de Janeiro; *Internet*: www.duei.de/iik/ ; www.cibera.de; www.bpb.de/themen ; www.eclac.org ; www.giga-hamburg.de/lateinamerika-im-internet;www.iadb.org; www.latinobarometro.org/; www.ila-web.de; www.lateinamerikanachrichten.de ; sitemason.vanderbilt.edu/lapop ; www.EUBRAS.de; Marcos Emanoel Pereira, Universität Federal da Bahia: History of the Psychology. A TimeLine of psychological ideas. (Memento vom 21. November 2007 im Internet Archive) (Internet Archive, englisch, Brasilien, detaillierte Zeitleiste von 600 v. Chr. bis 2001)

Chile (s. Zeittafel zur Psychologie in Lateinamerika)

Mann, W. (1908): Memoria sobre la instalación del Laboratorio de Psicolojia Esperimental. Anales de la Universidad de Chile, vol. CXXIII, p.279-340; Ders. (1909): La organización del

Laboratorio Chileno de Psicologjia Esperimental. Anales de la Universidad de Chile, vol. CXXIV, p.665-688; Freud, S. (1914): Zur Geschichte der psychoanalytischen Bewegung. G.W.; Ardila, R. (1986): La psicología en América Latina. Pasado, presente y futuro. México; Stubbe, H. & León, R. (1993): Lateinamerika. In: H. Lück & R. Miller (Hrsg.), Illustrierte Geschichte der Psychologie. München, S.224-226; Miljevič, V. (2008): Suizide und Suizidversuche in Chile. Kölner Beiträge zur Ethnopsychologie und Transkulturellen Psychologie, Bd.7, S.125-163

China

Giles, H. A. (1898): A chinese biographical dictionary. Shanghai: Kelly & Walsh; Ders. (1901): A history of chinese literature. London: Heinemann; Kisch, E. E. (1932): Asien gründlich verändert. Erich Reiss Verlag; Ders. (1939): China geheim. Erich Reiss Verlag; „Emigranten Adressbuch", Shanghai, 1939 (dt. sprachige jüdische Exilés); Tscharner, E.H. von (1939): China in der deutschen Dichtung bis zur Klassik; Wilhelm, R. (1947): Chinese economic psychology. N.Y.; Tieck, H. (Hrsg.) (1951): Zündet man Kerzen an, so erhält man Licht. Weisheiten der alten Chinesen. Wien, 5. Aufl.; Handbuch der Neurosenlehre und Psychotherapie (Frankl – v. Gebsattel -Schultz). Bd. 1. München, 1958: 160-170; Pan Shu (1959): China's recent research work on psychology. Psychologia, 2, 1959:193-201; Köster, H. (1970): Gibt es ein chinesisches Denken? Sinologica, vol. XII, Nr. ½, S. 14.-29; Abegg, L. (1970): Ostasien denkt anders. Eine Analyse des west-östlichen Gegensatzes. Basel; Whittaker, J. O. (1970): Psychology in China: A brief survey. American Psychologist, 25, 1970: 757-759; Mote, F. (1971): Intellectual foundations of China. N.Y.; You-Yuh Kuo (1971): Psychology in communist China. The Psychological Record, 21, 1971:95-105; Koran, L. M. (1972): Psychiatry in Mainland China: History and recent status. Amer. J. Psychiat., 128, 1972:970-978; Eberhard, W. (1977): Über den Ausdruck von Gefühlen im Chinesischen. München; Tu, W M. (1979): Humanity and self-cultivation: Essays in Confucian Thought. Berkeley; Petzold, M. (1981): Psychologische Forschung in China. Geschichte und gegenwärtige Entwicklungen. Berichte des Bundesinstituts für ostwissen-schaftliche und internationale Studien, 9; Ders. (1986): Neuere Tendenzen in der chinesischen Psychologie. Universität Düsseldorf Forschungsberichte, Januar; Ders. (1983): Entwicklungs-psychologie in der VR China. Saarbrücken: Breitenbach; Ders. (1986): Psychologie in der Volkrepublik China. Neuere Entwicklungen in Forschung, Ausbildung und Praxis. 33.Jg., 1986:81-85; Ders. (1988): Einzelkinder in der Volksrepublik China. Verhaltensauffälligkeiten als Resultat der Politik der Ein-Kind-Familie? Psychol. Erz. Unter., 35.Jg., 1988:81-89; Pan Shu et al. (1983): Sixty years of chinese psychology: retrospect and prospect. International Journal of Psychology, 18, 1983:167-187; Geldsetzer, L. & Hong, H. D. (1986): Chinesisch-deutsches Lexikon der chinesischen Philosophie; Dies. (1990): Chinesisch-deutsches Wörterbuch der Klassikerwerke der chinesischen Philosohie; Stubbe, H. (1987): Sobre a situação da psicologia na China. Arquivos Brasileiros de Psicologia, vol. 39, jan./mar., 1987:145-147; Bowman, M. L. (1989): Testing individual differences in ancient China. American Psychologist, 44, p.576-578; Cooper, J. C. (1990): Chinese Alchemy: the Daoist Quest for Immortality. New York: Sterling Publishing Co. Inc.; Chinoiseries. Psychologie im Land der Mitte. Psychoscope, Zeitschrift der Föderation der Schweizer Psychologinnen und Psychologen, vol.14, 1993; Zhengxin Zhou (1993): Die Psychologie als Bestandteil der Lehrerbildung in China; Ha F. I. (1995): Shame in asian and western cultures. American Behavioural Scientist, 38 (8), p. 1114-1131; Pan Guang (1995): The Jews in Shanghai, Shanghai; Bond, M. H. (ed.) (1996): The Handbook of Chinese

Psychology. Hong Kong; Blowers, G. H.& Chen Li (1998): China's Elder Psychologist. History of Psychology (APA), vol.1, N.4, 1998: 315-330; Trampedach, T. (1999): Bilder vom Fremden: Die Deutschen und China. In: Helmut Martin & Christiane Hammer (Hrsg.), Chinawissenschaften – Deutschsprachige Entwicklungen. Geschichte, Personen, Perspektiven. Mitteilungen des Instituts für Asienkunde Nummer 303, Hamburg, 1999:81-97; Blowers, J. (2000): Learning from others: Japans role in bringing psychology to China. American Psychologist, 55, p.1433-1436; Franz, U. (2000): Gebrauchsanweisung für China. München: Piper; Seitz, K. (2001): China – Eine Weltmacht kehrt zurück; Zhao, X. (2002): Die Einführung systemischer Familientherapie in China als kulturelles Projekt; Higgins, L. T. & Zheng, M. (2002): An introduction to chinese psycholog: its historical roots until the present day. Journal of Psychology, 136, p.225-239; Qian, M. et al. (2002): Psychotherapy in China: A review of its history and contemporary directions. International Journal of Mental Health, 30(4), 2002:49-68; Bedford, O. A. & Hwang, K. K. (2003): Guilt and shame in chinese culture: a cross-cultural framework from the perspective of morality and identity. Journal of the theory of social behaviour, 33(2), p.127-144; Xue, D. (2003): Zur Entwicklung eines kulturadäquaten Konzeptes für interkulturelle Trainings. Beispiel: interkulturelles Training für Chinesen zur Vorbereitung auf die Zusammenarbeit mit Deutschen. Phil. Diss., Universität Regensburg; Klöpsch, V. & Müller, E. (Hg) (2004): Lexikon der chinesischen Literatur. München; Tseng, W. S. et al. (2005): The historical trends of psychotherapy in China: Cultural review. In: Tseng, W.S. et al. (Eds.), Asian culture and psychotherapy. Implications for East and West. Honolulu: University of Hawaii Press; Bauer, W. (2006): Geschichte der chinesischen Philosophie; Geschichte und Zivilisation Chinas. Katalog, 2007; Li T'ai-po. Gesammelte Gedichte 3. Übers. E. R. von Zach. Wiesbaden, 2007; Der Fischer Weltalmanach: Weltmacht China, 2008; Mungello, D. (2008): Drowning girls in China: female infanticide since 1650. N.Y.; Liu, S. W. (2008): Thinking on Chinaization of psychotherapy studies. Unveröffentl. Diss, Huna (China); Rappe, G. (2009): Die Scham im Kulturvergleich – Antike Konzepte des moralischen Schamgefühls in Griechenland und China. Bochum; Kuan, Y.-C. & P. Häring-Kuan, P. (2009): Die Langnasen. Was die Chinesen über uns Deutsche denken; Herrmann, M. et al. (Hg.)(2011): Biografisches Handbuch chinesischer Schriftsteller. Berlin; Xie Jing (2020). Chinese urbanism. Urban form and life in the Tang Song Dynasties. Singapore; Abscheu. Politische Gedichte aus dem alten China. Chines.-dt. Hg. Th. O. Höllmann. München 2020; *Träume:* Pfizmaier, A. (1870): Aus dem Traumleben der Chinesen. Sitzber. der Kaiserl. Akadem. der Wiss. Phil. Hist. kl. 64, Wien, S. 697-752; Secker, F. (1910): Chinesische Ansichten über den Traum. Neue metaphysische Rundschau, Bd. 17; Frick, J. (1954): Der Traum und seine Deutung bei den Chinesen in Ch'ing-hai. Anthropos, vol.49, fasc. 1-2, S.311-313; Soymié, M. (1959): Les songes et leur interprétation en Chine. Sources Orientales II: Les songes et leur interprétation. Paris: Seuil, p.277ff; Liu Mau-Tsai (1963): Die Traumdeutung im alten China. Asiatische Studien, 16, p.35-65; Eberhard, W. (1971): Chinesische Träume und ihre Deutung. Akademie der Wissenschaften Mainz. Wiesbaden: Steiner; Koeppen, G. von (1969): Zwei Träume aus dem Tso-chuan und ihre Interpretation. ZDMG, p.134-156; Fang, L. T. (1973): Ming dreams. Qinghua Xuebao 10.1, p.55-73; Lackner, M. (1985): Der chinesische Traumwald. Traditionelle Theorien des Traumes und seiner Deutung im Spiegel der ming-zeitlichen Anthologie Meng-lin hsüan … Frankfurt/M.: Lang;

Deutschland (s. Psychologinnen und Psychologen, bedeutende)

Einführende Literatur: Ringer, F. (1969): The decline of the german mandarins: The german academic community, 1890-1933. Cambridge, MA; Gundlach, H. & Traxel, W. (1988): Historiography of Psychology in Germany. The German Journal of Psychology, vol. 12, N°.2, S.119-138; Benesch, Hellmuth, Cremerius, Johannes, Dorsch, Friedrich & Mossau, Edwin (Hg.) (1990): Psychologie-Lesebuch. Frankfurt/M.: Fischer; Lück, Helmut E. (1991): Geschichte der Psychologie. Stuttgart: Kohlhammer; Lück, Helmut E. & Miller, Rudolf (Hrsg.) (1993): Illustrierte Geschichte der Psychologie. München: Quintessenz (bereits ein Klassiker!); Kivits, Tonja (1994): Eine kurze Geschichte der Psychologie. Düsseldorf: ECON; Volkmann-Raue, S. & Lück, H. E. (Hrsg.) (2002): Bedeutende Psychologinnen. Biographien und Schriften. Weinheim: Beltz; Schönpflug, Wolfgang (2004): Geschichte und Systematik der Psychologie. Weinheim: Beltz, 2. Aufl.; Galliker, Mark, Klein, Margot & Rykart, Sibylle (Hrsg.) (2007): Meilensteine der Psychologie. Die Geschichte der Psychologie nach Personen, Werk und Wirkung. Stuttgart: Kröner; Lück, H. (2016): Die psychologische Hintertreppe. Die bedeutenden Psychologinnen und Psychologen in Leben und Werk. Freiburg/Brsg.; *Zeitschriften:* Psychologie und Geschichte (1989ff) (im Netz vorhanden); Passauer Schriften zur Psychologiegeschichte; *Internet:* Schmidt, Carsten Oliver (2001): Psychologiegeschichte im Internet. Psychologie und Geschichte, Jg. 9, H. 1-2, S.123-135; *Mittelalter: Hildegard von Bingen (1098-1178):* Schipperges, H.(1985): Heilung einer Geisteskranken im hohen Mittelalter. Eine „Gemeinschaftstherapie" bei Hildegard von Bingen. Zeitschrift für Klinische Psychologie, Psychopathologie und Psychotherapie, Jg. 33, H.1, 1985:58-64; *Albertus Magnus (ca. 1193-1280):* Stubbe, Hannes (2016): Albertus Magnus. Der erste Kölner und mitteleuropäische Psychologe. Aachen: Shaker (2. Aufl.); *Thomas von Aquin (ca. 1225-1274):* Galliker, Mark, Klein, Margot & Rykart, Sibylle (Hrsg.) (2007): Meilensteine der Psychologie. Die Geschichte der Psychologie nach Personen, Werk und Wirkung. Stuttgart: Kröner, S. 32-37; *Neuzeit und Aufklärung: Christian Wolff (1679-1754):* Schönpflug (2004) s. oben S.128f ; *Immanuel Kant (1724-1804)* vgl. Stubbe (2016:105 FN); *Goethe-Zeit: Wolfgang von Goethe (1749-1832)* als Morphologe (Metamorphose, Typus, Gestalt); Goethe bekämpft seine Höhenangst „verhaltenstherapeutisch": vgl. Lück & Miller (Hrsg.): Illustr. Geschichte der Psychologie (1993), s. oben, S. 15f ; *Friedrich Schiller (1759-1805)* z.B. Dissertation „Über den Zusammenhang der tierischen Natur des Menschen mit seiner geistigen" (1780); „Der Verbrecher aus verlorener Ehre. Eine wahre Geschichte" (1786) etc. *Moritz, Karl Philipp* (1756-1793): „Gnoti seauton oder Magazin zur Erfahrungsseelenkunde als ein Lesebuch für Gelehrte und Ungelehrte" (1783/93) (Reprint Nördlingen: Greno, 1986); Anton Reiser (1785-1790), ein psychologischer Roman; Neumann, J. (1947/48): K. Ph. Moritz, „Anton Reiser", ein psychologischer Roman. Psyche, 1, S.222-257; 358-381 (adlerianische Interpretation); Rattner, J. (1983) s. oben S.35-56; Dickson, S. (Hrsg.) (2011): „Fakta, und kein moralisches Geschwätz". Wallstein Verlag (zu den Fallgeschichten); *Lavater, Johann Kaspar (1741-1801):* „Physiognomische Fragmente zur Beförderung der Menschenkenntnis und Menschenliebe" (1775); Stubbe, H. (2012): Lexikon der Psychologischen Anthropologie. Gießen: Psychosozial, S.501f (Lit.); Galliker (2007). s. oben S.123-128; *Das 19. Jahrhundert: Romantische Psychologie:* „Nachtseiten", das Ubw, der Traum, doppelte Persönlichkeit, Mesmerismus etc.; Nowak, Diethard (Hrsg.) (2015): Franz Anton Mesmer zum 200. Todestag. Meersburg, S. 44-86, S.111-127; *Carl Gustav Carus (1789-1869):* „Psyche. Zur Entwicklungsgeschichte der Seele." (1847). Viele Ausgaben z.B. Kroener Verlag; *Experiment und Institutionalisierung: Ernst Heinrich Weber (1795-1878):* Galliker (2007). s. oben S.186-189; *Gustav Theodor Fechner (1801-1887):* Galliker (2007). s. oben S.189-195; Fechner and Psychology. Passauer Schriften zur Psychologiegeschichte, Nr. 6, 1988; *Wilhelm Wundt (1832-1920):* Galliker (2007). s. oben S.196-209; Stubbe (2012). s. oben S. 682-685; Fahrenberg, J.

(2018); *Das 20. Jahrhundert:* Ash, M.G. & Geuter, U. (Hg.) (1985): Geschichte der deutschen Psychologie im 20. Jh. Opladen: Westdt. Verlag; *Tiefenpsychologie:* Rattner, Josef (Hrsg.) (1983): Vorläufer der Tiefenpsychologie. Wien: Europaverlag; Gay; P. (1989): Freud. Eine Biographie für unsere Zeit. Frankfurt/M.: Fischer; Rattner, J. (1981): Alfred Adler. RoRoRo Bildmonographien. Reinbek: RoRoRo; Jacobi, J. (1991): Die Psychologie von C. G. Jung. Eine Einführung in das Gesamtwerk. Frankfurt/M.: Fischer; Ellenberger, H. (o.J.): Leben und Werk Hermann Rorschachs (1884-1922). In: H. Rorschach. Ausgewählte Aufsätze. München: Kindler, S.7-31; *Psychologie im I. WK (1914-1918) und II. WK (1939-1945), Militärpsychologie:* Riedesser, P. & Verderber, A. (1996): Maschinengewehre hinter der Front. Zur Geschichte der deutschen Militärpsychiatrie. Frankfurt/M.: Fischer; Lexikon der Psychologie, Bd. 4, Heidelberg: Spektrum, 2001, S.451-455); *Psychologie im "Dritten Reich" (1933-1945):* Simon, Herbert A. (1981): Otto Selz and information-processing psychology. In: N. H. Frijda A. D. de Groot (Eds.), Otto Selz: His Contribution to Psychology. Mouton, The Hague; Graumann, C. F. (Hrsg.) (1985): Psychologie im Nationalsozialismus. Berlin: Springer; Kogon, E. et al. (1986): Nationalsozialistische Massentötungen durch Giftgas. Eine Dokumentation. Frankfurt/M.; Ter Hark, Michel. (2004): Popper, Selz, and the rise of evolutionary epistemology. Cambridge, UK: Cambridge University Press; Lück, H. E. et al. (Hrsg.) (2015): Deutschsprachige Psychologinnen und Psychologen, 1933-1945. Ein Personenlexikon. Wiesbaden: Springer; Kölner Diplomarbeit von K. Zinner (2013) (J. Rüdiger) und Bachelorarbeit von Cl. Müller-Weinitschke (2016) (E.R.Jaensch); Geuter, U. (1988): Die Professionalisierung der deutschen Psychologie im Nationalsozialismus. Suhrkamp, Frankfurt am Main; *Psychologie in der DDR und BRD:* Stubbe, Hannes (1987): A situação da psicologia na Alemanha (RDA, RFA). Arquivos Brasileiros de Psicologia (RJ), 39 (2), p.129-149; Busse, St. (1993): Gab es eine DDR-Psychologie? Psychologie und Geschichte, Jg.5, H.1/2, S.40-62; Busse, St. (2004): Psychologie in der DDR: die Verteidigung der Wissenschaft und die Formung der Subjekte. Beltz, PVU; Rutschky, M. (2004): Wie wir Amerikaner wurden. Eine deutsche Entwicklungsgeschichte. Berlin

Digitalisierung und Psychologie, digitale Psychologie

Die Digitalisierung kann vor allem in den angewandten Feldern der Psychologie, sowie bei der Datenerhebung und -verarbeitung und in der Bürokratie und Kommunikation eingesetzt werden. Inwieweit der Umgang mit den erhobenen Daten der Berufsethik der PsychologInnen und den Menschenrechten entspricht ist bisher nicht geklärt. Dort wo es auf Empathie, Verstehen, emotionale Wärme, konkrete Spieltherapie, „Geheimnisse", Vertrauen etc. ankommt, sind der Digitalisierung in der Psychologie Grenzen gesetzt. Das Internet hat wie viele kulturelle Erfindungen des Menschen auch „unheimliche" Seiten (vgl. Internet-Kriminalität, Gewaltverherrlichung, Mobbing, Kinderpornografie etc.). S. Freud schrieb 1919: „Unheimlich ist, was aus dem Verborgenen tritt, wo es hätte bleiben sollen" (vgl. dark net).

Leiner, B. et al. (1998): Brief history of the internet. Internet Society.org; Döring, N. (1999): Sozialpsychologie des Internet. Göttingen; Internet. In: Wörterbuch der Analytischen Psychologie. Düsseldorf: Patmos, S. 208f; Lexikon der Psychologischen Anthropologie. Gießen, 2012:325; Rosenbach, M. & Stark, H. (2014): Der NSA-Komplex. Edward Snowden und der Weg in die totale Überwachung. München; Lahmann, H. et al. (2016). Wer regiert das Internet – Akteure und Handlungsfelder. Bonn; Eberl, U. (2016): Wie künstliche Intelligenz unser Leben verändert. München; Meckel, Miriam (2018): Mein Kopf gehört mir. Eine Reise durch die schöne neue Welt des Brainhacking. München; O'Neil, C. (2018): Angriff der Algorithmen. Wie sie Wahlen manipulieren, Berufschancen zerstören und unsere Gesundheit gefährden. München; Zuboff, S. (2018): Das Zeitalter des Überwachungskapitalismus. Frankfurt/M.; Pörksen, B. (2018): Die große Gereiztheit. Wege aus der kollektiven Erregung. München; Schmidt, J. H. (2018): Social Media. Wiesbaden, 2. Aufl.; Friese, H. et al. (Hg.) (2019): Handbuch soziale Praktiken und digitale Alltagswelten. Wiesbaden; Drösser, Chr. (2020): Wenn Dinge mit uns reden. Dudenverlag (Computerlinguisitik); *Internet:* Antidiskriminierungsstelle des Bundes: Diskriminierungsrisiken durch Verwendung von Algorithmen (C. Orwat); izpb, 344, 3, 2020, S.81(Online-Ressourcen)

„Dritte Welt", Entwicklungsländer, Schwellenländer und Psychologie

„Der Begriff Dritte Welt (1949) ist stets hinterfragt und häufig mißverstanden worden. Das eine hat zweifellos mit dem anderen zu tun. Nützlich ist der Begriff als Bezeichnung für eine Gruppe von Ländern im int. System, für die sich bislang kein geeigneter Name hat finden lassen. Problematisch wird der Begriff, wenn eine strikte Homogenität der Mitglieder dieser Gruppe von Ländern unterstellt wird und wenn er nicht auf eine beschreibende Funktion beschränkt bleibt, sondern normativ, theoretisch oder strategisch überhöht wird." …
„Die Dritte Welt bilden strukturell heterogene Länder mit ungenügender Produktivkraftentfaltung (unabhängig vom Pro-Kopf-Einkommen), die sich zur Durchsetzung ihrer wirtsch. und polit. Ziele gegenüber dem ‚reichen' Norden und aufgrund gemeinsamer geschichtlicher Erfahrungen und Interessen polit. sodalidarisiert und in verschiedenen Aktionseinheiten lose organisiert haben." (Nohlen, 2000:184).
Entwicklungsländer (less developed countries) sind durch Kennzeichen wirtschaftlicher und sozialer Entwicklung oder durch die Struktur ihrer Einbindung in die internationale Arbeitsteilung und deren interne Konsequenzen begrifflich bestimmt (zu den Merkmalen, vgl. Nohlen, 2000:221ff)
Schwellenländer (newly industrializing countries) (Begriff stammt aus den 70er Jahren) sind relativ industriell fortgeschrittene Entwicklungsländer auf der Schwelle zum Industriestaat. Zu ihnen gehören z.B. Erdöl exportierende, einige lateinamerikanische und asiatische Länder (zu Brasilien vgl. Stubbe, 1987:199-218). Allgemein kann man feststellen: je mehr Kapitalismus, Industrialisierung, Urbanisierung und Verwestlichung, desto mehr universitäre Psychologie. Die sog. westliche Psychologie kann nur sehr bedingt in Ländern der sog. Dritten Welt eingesetzt werden.

Stubbe, H. (1987): Geschichte der Psychologie in Brasilien. Berlin; Ders. (2001): Kultur und Psychologie in Brasilien. Bonn, S.327ff; Stubbe, H. & León, R. (eds.) (1989): History of Psychology in the Third World. Archivo Latinoamericano de Historia de la Psicología y Ciencias Afines, vol.1, N°. 2, año 1989; Nohlen, D. (Hg.)(2000): Lexikon Dritte Welt. Länder, Organisationen, Theorien, Begriffe, Personen. Reinbek

Emische vs. etische Forschungsrichtung

Grundsätzlich geht es hier um die Frage, ob eine Kultur nach "objektiven", also kulturunabhängigen (falls es sie geben sollte) Kriterien (nomothetisch) darzustellen ist oder nach "subjektiven" d.h. (idiographisch) nach den Gesichtspunkten der betreffenden Kultur selbst. In seiner extremen Ausprägung drückt sich dieser Gegensatz in zwei gegenwärtigen Forschungsrichtungen der Ethnologie aus, nämlich der "Cross-Cultural Studies" (interkultureller Vergleich) und der kognitiven Anthropologie (Ethnoscience). Der etic-Ansatz fasst oftmals Kultur (s. unten) in unzulässiger Weise als unabhängige Variable (UV) auf und versäumt es, bei der Definition und Messung der abhängigen Variablen

Reflexionen über den jeweiligen kulturellen Kontext anzustellen. Für die emic-Ansätze besteht hingegen neben der Gefahr eines extremen Kulturrelativismus auch die Gefahr systematischer Verzerrungen, wenn die befragten Individuen ihr eignes Verhalten und Erleben wiedergeben sollen.

> "Während der erste Ansatz auf das Erkennen allgemeiner Regelhaftigkeiten ausgeht und zum Vergleich der Kulturen untereinander kulturunabhängige Kategorien braucht (ob sie erreichbar sind, ist eine weitere Frage), versucht der zweite Ansatz gerade die Kategorien und Einteilungskriterien jeder Einzelkultur, nicht eine 'Theorie der Kultur', sondern ‚Theorien von Kulturen' herauszuarbeiten." (Fischer, 1981:67)

Häufig wird ausgehend von K. L. *Pike* (1954) dieser Gegensatz der Forschungsansätze auch als *"emic/etic approaches"* bezeichnet.

Das *emische Vorgehen* läßt sich folgendermaßen charakterisieren: „von innen her", Erleben, Verhalten und Gebilde werden innerhalb ein und derselben Kultur erfasst und erklärt, hinsichtlich der Position des Forschers besteht ein hoher Grad an Akkulturation, sein Standpunkt ist innerhalb der untersuchten Kultur, bzgl. der Methodik wird die direkte Beobachtung, teilnehmende Beobachtung und Befragung bevorzugt, qualitative Methoden werden vor allem eingesetzt und die Forschungsinstrumente entstammen der untersuchten Kultur selbst. Strukturen, Schemata, Konzepte etc. bilden das Untersuchungsziel. Die Ergebnisse gehen von kultur-spezifischen Regeln aus und versuchen zu kulturübergreifenden Feststellungen zu kommen. Ordnungsgesichtspunkte sind systemimmanent. Bzgl. der Theorien bezieht man sich auf die in einer Kultur gültige Theorie.

Die *etische Vorgehensweise* dagegen kommt „von außen", Erleben, Verhalten und Gebilde werden vom Standpunkt einer fremden Kultur aus erfasst und erklärt. Die Position des Forschers ist durch einen geringen Grad an Akkulturation gekennzeichnet, sein Standpunkt befindet sich außerhalb der untersuchten Kultur. Hinsichtlich der Methodik werden Tests, Fragebögen und experimentelle Methoden bevorzugt, sowie quantitative Verfahren. Es werden in vielen Kulturen Messungen vorgenommen. Strukturen, Schemata, Konzepte und Kategorien werden vorausgesetzt bzw. eingeführt. Die Forschungsinstrumente entstammen der Kultur des Untersuchers. Die Ergebnisse gehen von universellen Regeln und Gesetzen aus und man versucht sie in anderen Kulturen nachzuweisen. Ordnungsgesichtspunkte sind universell und absolut und man versucht eine für alle Kulturen gültige Theorie zu entwickeln.

Ob sich diese beiden methodischen Vorgehensweisen in der praktischen Forschungsarbeit gegenseitig ausschließen oder ergänzen ist bisher umstritten. Der Transkulturelle Psychiater *Wolfgang Pfeiffer* (1994:16) stellt hierzu vermittelnd fest:

> "Heute läßt sich nicht mehr bezweifeln, daß der kulturimmanenten Betrachtungsweise- auch in ihrer vorwiegend qualitativen Ausrichtung- durchaus eigenständiger Wert zukommt, also nicht etwa nur als Vorstufe zu quantitativen Untersuchungen. Doch kommt dieser wertvolle Ansatz in Gefahr, sich selbst zu disqualifizieren, sofern er mit ideologischer Gebärde alleinige Gültigkeit für sich in Anspruch nimmt."

Vielleicht kann man beide Positionen auch als Extrempunkte auf einem Kontinuum auffassen, auf das sich die jeweilige Untersuchung einordnen lässt. *Hede Helfrich* (1999) hat, um die Schwächen beider Modelle zu umgehen, ein „principle of triarchic resonance" als Rahmenmodell entworfen, das bei kulturvergleichenden Studien die wechselseitige Interaktion dreier verschiedener Komponenten (Individuum, Aufgabe, Kultur) in Rechnung stellen soll. Untersucht man ein Individuum beim Lösen einer Aufgabe in einem gegebenen kulturellen Rahmen, dann muss für ein umfassendes Verständnis der dabei ablaufenden Vorgänge die Dimension „Zeit" auf drei Ebenen (micro-genetic, ontogenetic, culture-genetic) mit in Betracht gezogen werden.

Pike, K. L. (1954): Language in relation to a unified theory of the structure of human behavior. The Hague; Pfeiffer, W. (1994): Transkulturelle Psychiatrie. Stuttgart, 2. Aufl.; Andrade, R. D. (1995): The development of cognitive anthropology. Cambridge; Helfrich, H. (1999): Beyond the dilemma of cross-cultural-psychology: Resolving the tension between etic and emic approaches. Culture & Psychology, 5, 2, 1999:131-153; Lexikon der Psychologischen Anthropologie. Gießen, 2012

Emotionen/Gefühle

Descartes, R. (1649): Die Leidenschaften der Seele. Frz.-dt. Hamburg, 1996; Helvétius, Cl.-A. (1758): Vom Geist. Weimar, 1973; Smith, A. (1759): Theorie der ethischen Gefühle. Hamburg, 1994; Darwin, Ch. (1872): Der Ausdruck der Gemüthsbewegungen bei dem Menschen und den Thieren. Stuttgart; James, W. (1884): Was ist eine Emotion? In: O. Grau & A. Keil (Hg.), Mediale Emotionen. Frankfurt/M., 2005, S. 20-46 (engl. What is an emotion? Mind, 9, 1884:188-205); Lipps, Th. (1903). Die Einfühlung. In: Ders. (1903), Leitfaden der Psychologie. Leipzig; Wundt, W. (1910). Grundzüge der Physiologischen Psychologie. Leipzig, 6. Aufl.; Cannon, Walter B. (1915): Wut, Hunger, Angst und Schmerz. Wien, 1975; Beck, P. (ca. 1925): Die Ekstase. Leipzig; Cannon, W. B. (1927): The James-Lange theory of emotions: a critical examination and an alternative ttheory. American Journal of Psychiatry, 39, p. 106-124; Ruckmick, Chr. A. (1936): Psychology of feeling and emotion; Henry, J. (1936): The linguistic expression of emotion. American Anthropologist, N.S. 38(2), p.250-256 („Indianer"); Sartre, J. P. (1939): Esquisse d'une théorie des emotions; Elias, N. (1939): Über den Prozeß der Zivilisation. Soziogenetische und psychogenetische Untersuchungen. Frankfurt/M.; La Barre, W. (1947): Die kulturelle Basis von Emotionen und Gesten. In: G. Kahle (Hrsg.), Logik des Herzens. Die soziale Dimension der Gefühle. Frankfurt/M., 1981, S.155-176; Mira y López, E. (1949): Quatro gigantes da alma. Rio de Janeiro (7. Ed. 1963); Plutchik, R. (1962): The emotions. N.Y.; Ekman, P. (1970): Universale emotionale Gesichtsausdrücke. In: G. Kahle (Hrsg.), Logik des Herzens. Die soziale Dimension der Gefühle. Frankfurt/M., 1981, S. 177-186; Naturgefühl. In: Der Kleine Pauly. Bd. 4. München, 1972:4-6; Izard, C. E. (1977): Human emotions. N.Y. (dt. Weinheim, 1981); Viney, W. et al. (1979): History of Psychology. Detroit, p.297-305 (Bibliografie); Euler, H. A. & Mandl, H. (Hg.) (1983): Emotionspsychologie. München; Stubbe, H. (1990): Kulturanthropologische Aspekte der Trauer südamerikanischer „Indianer". Sociologus, 40(1), S.54-68; Damasio, A. R. (1994): Descartes' Irrtum: Fühlen, Denken und das menschliche Gehirn. München; Kast, V. (1996): Neid und Eifersucht. München; Wierzbicka, A. (1999): Emotions across languages and cultures. Cambridge; Loch, A. (2006): Osttimor im emotionspsychologischen Kulturvergleich. In: Ch. dos Santos-Stubbe & C. Klöpfer (Hrsg.), Psychologie aus historischer und transkultureller Perspektive. Aachen, S. 97-114; Rippl, D. & Mayer, V. (Hg.) (2008): Gender feelings. Paderborn; Iacobini, M. (2008): Woher wir wissen, was andere denken und fühlen. München; Waal, Fr. de (2009): Das Prinzip Empathie. Was wir von der Natur für eine bessere Gesellschaft lernen können. München; Ekman, P. (2010): Gefühle lesen. Wie sie Emotionen erkennen und richtig interpretieren. Heidelberg, 2. Aufl.; Stubbe, H. (2010). Zur Psychologie der „sodade". Einblicke in die „alma caboverdiana". Kapverde Journal, N°.2, S.20-30; Ders. (2012): Gefühle. In: Lexikon der Psychologischen Anthropologie. Gießen, S.234-243; Ders. (2013): Trauer. In: G. Jüttemann (Hrsg.), Die Entwicklung der Psyche in der Geschichte der Menschheit. Lengerich, S.295-307; Nichols, C. & Staupe, G. (2012): Leidenschaften. Katalog. Deutsches Hygiene Museum Dresden; Frevert, U. (2020): Mächtige Gefühle. Von A wie Angst bis Z wie Zuneigung. Deutsche Geschichte seit 1900. Frankfurt/M.; Hitzer, B. (2020): „Krebs fühlen". Eine Emotionsgeschichte des 20. Jahrhunderts. Stuttgart; Stubbe, H. (2020): Die Psychologie des Titus Lucretius Carus. Lengerich

England (Großbritannien)

Bacon, Fr. (1620): Novum organum scientiarum. Ders. Nova Atlantis; Encyclopaedia Britannica. London, 1768ff (15. Aufl. 1985-2010); Spencer, H. (1855): The principles of psychology. 2 vols.; Ribot, Th. (1874): English Psychology (frz. 1870). N.Y.; Darwin, Ch. (1872):The expression of the emotions in man and animals. London; Ders. (1877): Biographical sketch of an infant. Mind, 2, p. 285-294; Galton, F. (1885): On the Anthropometric laboratory at the International Health Exhibition. London; Boutmy, É. (1904): The english people – A study of their political psychology. T. Fisher Unwin; Edgell, Beatrice, Symes, W. Legge (1906): The Wheatstone-Hipp Chronoscope. Its Adjustments, Accuracy, and Control. British Journal of Psychology, 2, p. 58–88; Bartlett, Fr. Ch. (1937): Cambridge, England: 1887-1937. American Journal of Psychology, 50, p. 97-110; Summerfield, A. (1948): Clinical psychology in Britain. American Psychologist, 13, p.171-176; Ders. (1957): Some recent developments of psychology in Great Britain (1914-1930). Istanbul; Pearson, K. (1914-1930): The life, letters and labour of F. Galton. 4 vol.s. Cambridge; Mace, C.A. & Vernon, D. E. (1953): Current trends in British Psychology. London; Eysenck, H.-J. (1953): Wege und Abwege der Psychologie. Reinbek; Ders. (1976/78): Vom Sinn und Unsinn der Psychologie. München; Flugel, J. C. (1954): A hundred years or so of Psychology at University College, London. Bulletin of the British Psychological Society, 23, p.21-31; Handbuch der Neurosenlehre und Psychotherapie (Frankl – v. Gebsattel -Schultz). Bd. 1. München, 1957:105-112 (Stengel); Burt, C. (1962): Francis Galton and his contributions to psychology. British Journal of Statistical Psychology, 15, p. 1-49; Zangwill, O. L. (1962): The Cambridge Psychological Laboratory. Bulletin of the British Psychological Society, 48, p.22-24; Hearnshaw, L. S. (1964): A short history of British Psyhology, 1840-1940. N.Y.; Drever, J. (1965): The historical background for national trends in psychology: On the non-existence of English Associationism. Journal of the History of the Behavioral Sciences, 1, p.123-130; Mischel, Th. (1966): Emotion and motivation in the development of English Psychology: D. Hartley, James Mill, A. Bain. Journal of the History of Behavioral Sciences, 2, p.123-144; Kantor, J. R. (1970): Newton's influence on the development of psychology. Psychological Record, 20, p.83-92; Billig, M. (1979): Psychology, Racism & Fascism. Birmingham (frz. 1981; dt. 1981: Die rassistische Internationale); Sokal, M. M (1972): Psychology at Victorian Cambridge – The unofficial Laboratory of 1887-1888: Proceedings of the American Philosophical Society, 116, p.145-147 (J. McKeen Cattell, Cambridge); MacKenzie, D. A. (1981): Statistics in Britain (1865-1930). The social construction of scientific knowledge. Edinburgh; Williams, J. P. (1984): The making of Victorian Psychical Research: an intellectual elite's approach to the spiritual world. Ph. D. Cambridge; Nikolas Rose, N. (1985): The psychological complex: psychology, politics and society in England; 1869–1939. London: Routledge & Paul; Bringmann, W. et al. (1997). A pictorial history of psychology. Chicago; Baker, D. B. (2011). The Oxford Handbook of the History of Psychology: Global Perspectives. New York: Oxford University Press.

Entwicklungspsychologie

Tiedemann, D. (1787): Beobachtungen über die Entwicklung der Seelenfähigkeiten bei Kindern. Hessische Beiträge zur Gelehrsamkeit und Kunst, Bd. 2; Darwin, Ch. (1877): Biographical sketch of an infant. Mind, 2, p. 285-294; Preyer, W. (1882): Die Seele des Kindes. (nhrsg. G. Eckardt. Berlin, 1989); Bisset, A. (1909): Les idees modernes sur les enfants. Paris; Hall, St. (1904): Adolescence; Ploß, H. (1911): Das Kind in Brauch und Sitte der Völker. Völkerkundliche Studien. 2 Bde. Leipzig, 3. Aufl.; Spielrein, S. (1922): Die Entstehung der

Worte Papa und Mama. Imago, 8, S. 345-367; Werner, H. (1926): Einführung in die Entwicklungspsychologie. München (4. Aufl. 1959); Bühler, Ch. & Hetzer, H. (1929): Zur Geschichte der Kinderpsychologie. In: Festschrift zu K. Bühlers 50. Geburtstag. Jena; Gesell, A. L. (1934): Atlas of infant behavior. 3 vols.; Muchow, M. & Muchow, H.H. (1935): Der Lebensraum des Großstadtkindes. Hamburg (Reprint Bensheim, 1978); Schmidt, W. (1954): Gebräuche des Ehemannes bei Schwangerschaft und Geburt. Mit Richtigstellung des Begriffes der Couvade. Wien; Reuchlin, M. (1957): Histoire de la Psychologie. Paris, p. 83-103; Piaget, J. (1957ff): Gesammelte Werke. 10 Bde. Stuttgart; Höhn, E. (1958): Geschichte der Entwicklungspsychologie und ihrer wesentlichen Ansätze. In: Entwicklungspsychologie. Handbuch der Psychologie. Bd.3. Göttingen, S.21-45; Peiper, A. (1958): Chronik der Kinderheilkunde. Leipzig; Ariès, Ph. (1960): L'enfant et la vie sous l'ancien régime. Paris: Plon (dt. Geschichte der Kindheit, 1975); Spitz, R. (1957): No and Yes: on the genesis of human communication; Ders. (1965): The first year of life; Bork, A. (1961). Der junge Grieche. Ein Beitrag zur vergleichenden Jugendpsychologie. Zürich; Bühler, Ch. (1962): Psychologie im Leben unserer Zeit. München: Knaur; Leontjew, A.N. (1967): Probleme der Entwicklung des Psychischen. Berlin; Lidz, Th. (1968): The person. His development throughout the life cycle. (dt. 1970); Malson, L. (1972): Les enfants sauvages. Frankfurt/M. (12. Aufl. 1999); Schraml. W. J. (1972): Einführung in die moderne Entwicklungspsychologie für Pädagogen und Sozialpädagogen. Stuttgart; Sprung, H. & Sprung, L. (1983): William Preyer (1841-1897), psicólogo y metodólogo. Revista de Historia de la Psychología, vol. 4, Núm. 2, p. 101-112; Scholz, H. (1985): Kaspar Hauser. Protokoll einer modernen Sage. München; Bowlby, J. (1988): A secure base: clinical applications of attachement theory. London; Kesselring, Th. (1988): Jean Piaget. München: Beck; Schmidt-Denter, U. (1988): Soziale Entwicklung. Weinheim, S.4-13; Bühler, G. (Hrsg.) (1990): Das Kind und seine Umwelt im Laufe der Zeiten. Eine Dokumentation. Bd.1 Die Antike. Zürich: H. Rohr; Behrens, H. & Deutsch, W. (1991): Die Tagebücher von Clara und William Stern. In: H.E. Lück & R. Miller (Hrsg.), Theorien und Methoden psychologiehistorischer Forschung. Göttingen, S. 66-76; Markefka, M. & Nauck, B. (Hrsg.) (1993): Handbuch der Kindheitsforschung. Neuwied: Luchterhand; Oerter, R. & Montada, L. (Hrsg.) (1998): Entwicklungspsychologie. Weinheim, S. 24-34; Frenken, R. (1999): Kindheit und Autobiographie vom 14. bis 17. Jahrhundert: Psychohistorische Rekonstruktionen. Frankfurt/M.; Ders. (2011): Gefesselte Kinder: Geschichte und Psychologie des Wickelns. Badenweiler; Mey, G. (2001): Auf den Spuren von Martha Muchow. Psychologie und Geschichte, Jg. 9, H. ½, S.107-122; Zimmer, D. E. (2008): So kommt der Mensch zur Sprache. Über Spracherwerb, Sprachentstehung und Sprache & Denken. München; Ahnert, L. (Hg.) (2015): Charlotte Bühler und die Entwicklungspsychologie. Göttingen

Erleben, Verhalten und Gebilde (s. psycho-physisches Problem)

Traditionell wird als Gegenstand der Psychologie im deutschsprachigen und europäischen Raum das Erleben und Verhalten angegeben. Manche PsychologInnen fügen noch die „Gebilde" als kulturelle Produkte des Menschen hinzu (z.B. Karl Bühler). Das Erleben, Verhalten und die Gebilde betreffen die gesamte Menschheit und nicht nur Extremgruppen (s. westliche Psychologie).

Das *Erleben* bildet ein Kontinuum vom erlebnislosen Leben bis zu einer über sich selbst reflektierenden (subjektiven) Bewusstheit. Es handelt sich um die subjektive, unmittelbar gegenwärtige „innere Welt". Ihm ist die Selbstbeobachtung, die Introspektion zugeordnet. Unter *Verhalten* versteht man die objektiv beobachtbaren und exakt registrierbaren (höhere) Lebensvorgänge, sowie reaktives Verhalten und komplexe Handlungen (vgl. Lexikon der Psychologischen Anthropologie, 2012:654). Manche Autoren bevorzugen den Begriff der *„Handlung"*, als die kleinste psychologisch relevante Einheit zielgerichteter willentlich gesteuerter Tätigkeiten von Individuen, Gruppen und Organisationen. *„Psychisch"* sind jene

Lebensvorgänge, die erlebbar sind und/oder sich im Verhalten äußern (vgl. Fahrenberg, 1966). Unter *Gebilde* versteht man die vom Menschen erzeugten Produkte wie Sprache, die Kunstwerke, soziale Institutionen d.h. die kulturellen Schöpfungen des Menschen sowie die materielle Kultur (vgl. Werk- oder Dokumentenanalysen; vgl. z.B. Sprung & Sprung, 1984:250ff; Lexikon der Psychologischen Anthropologie, 2012:457). Der Mensch ist in diesem Sinne „Schöpfer und Geschöpf der Kultur" (Landmann). Ein Schüler von K. Bühler Peter R. Hofstätter (1967:9) entwirft auf dieser Dreiteilung der Aspekte ein Kommunikationsschema der Psychologie.

„Die Erlebnisse könne man beobachten, analysieren, interpretieren und auch mit ihnen experimentieren. Das Verhalten könne man beobachten, zählen messen und experimentell variieren und die Produkte (Sprache, Werkzeuge, manuelle und geistige Werke) erlaubten es, Schlüsse auf die sie hervorbringenden psychischen Vorgänge und Handlungen zu ziehen."

schreibt Galliker et al. (2007:265) im Hinblick auf Karl Bühlers Gegenstandskonzeption.

Manche halten das Erleben und das Erlebnis für „typisch deutsche Sprachprägungen" (z.B. Städtler, 1989:1170), was jedoch nichts über ihren Wahrheitsgehalt aussagt. Auch Einstein verfasste bekanntlich seine spezielle Relativitätstheorie in deutscher Sprache. Nach Peters (1997:170) gibt es keine genaue englische Entsprechung für Erleben/Erlebnis (vgl. „event, life event, experience, a moving, poignant experience") (vgl. auch Lexikon der Psychologischen Anthropologie. 2012:143). Im Französischen spricht man von „voir, faire l'experience oder évenement, aventure" (was ebenfalls die Sache nicht trifft!), im Spanischen von „aventura, vivir,, presenciar" und im Portugiesischen von „aventura, experiência, vivência" und sogar von „emoção" etc. Alle diese sprachlichen Ausdrücke treffen das dt. Erleben kaum. Verhalten ist eindeutiger zu übersetzen: „behavio(u)r, conduct" (engl.), „conduite, se comporter" (frz.), „conducta, portarse" (span.), „conduta, atitude, comportamento" (port.). Schon hier – allein in europäischen Sprachen - kann man klar erkennen wie schwierig es ist psychologische Texte inhaltlich adäquat und richtig zu übersetzen (s. oben).

Bühler, K. (1929): Die Krise der Psychologie. Jena; FILEX. Psychologie. Frankfurt/M., 1967:9-11; Lips, J. E. (1961): Vom Ursprung der Dinge. Eine Kulturgeschichte des Menschen. Leipzig; Selg, H. & Bauer,W. (1971). Forschungsmethoden der Psychologie. Stuttgart; Thompson, M. (1979): The rubbish theory. Oxford; (dt. Theorie des Abfalls. Stuttgart, 1981); Boesch, E. E. (1982): Das persönliche Objekt. In: E. D. Lantermann (Hg.), Wechselwirkungen: psychologische Analysen der Mensch-Umwelt-Beziehung. Göttingen, S.29-41; Pongratz, J. (1984): Problemgeschichte der Psychologie. München, S. 245ff (Erleben), 297ff (Verhalten); Sprung, L. & Sprung, H. (1987): Grundlagen der Methodologie und Methodik der Psychologie. Berlin, 2. Aufl.; Schulze, G. (1992): Die Erlebnisgesellschaft. Kultursoziologie der Gegenwart. Frankfurt/M.; Dittmar, H. (1992): The social psychology of material possessions. To have is to be. Hemel Hampsted; Hoskins, J. (1998): Biographical objects. How things tell the stories of people's lives. London: Rheinheimer, M. (Hg.) (2000): Die Psychohistorie des Erlebens. Kiel; Haubl, R. (2000): Bedingte Emotionen. Über identitätsstiftende Objekt-Beziehungen. In: H. A. Hartmann (Hg.), Von Dingen und Menschen. Funktion und Bedeutung materieller Kultur. Opladen; Atkinson, R. L. (2001): Hilgards Einführung in die Psychologie. Heidelberg; Kohl, K.-H. (2003): Die Macht der Dinge. Geschichte und Theorie sakraler Objekte. München; Ogden, Th. H. (2006): Frühe Formen des Erlebens. Gießen. Psychosozial; Lexikon der Psychologischen Anthropologie. Gießen, 2012; Hahn, H. P. (2014): Materielle Kultur. Eine Einführung. Berlin, 2. Aufl.; Handbuch materielle Kultur. Bedeutungen, Konzepte, Disziplinen. Darmstadt: WBG, 2014

Ethnologie (s. Anthropologie, Exil)

Der Begriff „*Völkerkunde*" wurde um 1770 nach dem Vorbild von „Erdkunde" bzw. „Länderkunde" in Göttingen geprägt. Das Wort „*Ethnologie*" leitet sich aus dem Griechischen von „ethnos" und „logos" her und ist zum ersten Mal 1783 in Wien und 1787 in Lausanne belegt. Ethnologie ist die Wissenschaft von den Kulturen der außereuropäischen Völker/Ethnien. Der Begriff *Anthropologie* findet sich zuerst bei G. Capella (1533) und bei O. Cassmann (1594/96). Die beschreibende Völkerkunde (*Ethnographie*; Begriff um 1770 in Göttingen), die sich auf die Beobachtung und Darstellung einzelner Kulturen beschränkt, wurde bereits in der Antike betrieben (vgl. Mühlmann, 1986; Müller, 1997). Ansätze zu einer vergleichenden Völkerkunde finden sich in französischen und englischen Werken der Aufklärung (in Deutschland z.B. Georg Forster). Mit der Konsolidierung der europäischen Kolonialmächte ging die Herausbildung moderner Feldforschungsmethoden wie z.B. die teilnehmende Beobachtung einher. Neue Aufgabengebiete erwuchsen der Ethnologie im 20.Jh. durch Kulturkontakt und Integration vieler Kulturen und ethnischen Minderheiten in moderne Industriegesellschaften. Globale Mobilität und Migrationen sowie die Entstehung multikultureller Gesellschaften bedeuten für die Ethnologie und Psychologische Anthropologie neue Vermittlungstätigkeit im Kulturdialog.

Martin, R. (1914). Lehrbuch der Anthropologie in systematischer Darstellung. Mit besonderer Berücksichtigung der anthropologischen Methoden. Jena; Lowie, R. (1937): The history of the ethnological theory. N.Y.; Birket-Smith, K. (1948): Geschichte der Kultur. Eine allgemeine Ethnologie. 2. Aufl.; Lips, J. (1961): Vom Ursprung der Dinge. Eine Kulturgeschichte des Menschen (1946). Leipzig, 4. Aufl.; Lévi-Strauss, Cl. (1958): Anthropologie Structurale. Paris (dt. 1967); Harris, M. (1968): The rise of anthropological theory. New York; Fischer, H. (1970): „Völkerkunde", „Ethnologie", „Ethnographie". ZfE, 95; König, R. & Schmalfuß, A. (Hrsg.) (1972): Kulturanthropologie. Düsseldorf; Bastide, R. (1972): La rêve, la transe, la folie. Paris; Panoff, M. & Perrin, M. (1973): Dictionnaire de l'ethnologie. Paris (dt. 1975); Poirier, J. (1974): Histoire de l'ethnologie. Paris; Nachtigall, H. (1974): Völkerkunde. Eine Einführung. Frankfurt/M.; Kardiner, A. & Preble, E. (1974): Wegbereiter der modernen Anthropologie. Frankfurt/M.; Girtler, R. (1979): Kulturanthropologie. DTV; Thiel, J. F. (1980): Grundbegriffe der Ethnologie; Schmied-Kowarzik, W. & Stagl, J. (Hrsg.) (1981): Grundfragen der Ethnologie. Beiträge zur gegenwärtigen Theorie Diskussion. Berlin; Marzal, M. M. (1986): Historia de la antropologia . vol. I: La antropologia indigenista: México y Perú. PUC-Perú, 2. Ed.; Mühlmann, W. (1986): Geschichte der Anthropologie; Streck, B. (Hrsg.) (1987): Wörterbuch der Ethnologie; Harris, M. (1989): Kulturanthropologie. Ein Lehrbuch; Marschall, W. (Hrsg.) (1990): Klassiker der Kulturanthropologie; Bonte, P. & Izard, M. (1992): Dictionnaire de l'ethnologie et de l'anthropologie. Paris: PUF; Fischer, H. (Hg.) (1992): Ethnologie. Einführung und Überblick. Berlin, 3. Aufl.; Kohl, K. H. (1993): Ethnologie - Die Wissenschaft vom kulturell Fremden; D'Andrade, R. (1995): The development of cognitive anthropology. Cambridge University; Müller, K. E. (1997): Geschichte der antiken Ethnologie; Fischer H. (Hrsg.) (1998): Ethnologie. Einführung und Überblick; Hirschberg, W. (begründet) (1999): Wörterbuch der Völkerkunde, Berlin; Stocking, G. W. , Jr. (1999): The shaping of American Anthropology, 1883-1911: a Franz Boas reader. Chicago (bras. 2004); Feest, Chr. F. & Kohl, K.-H. (Hrsg.) (2001): Hauptwerke der Ethnologie. Stuttgart; Haller, D. (2005): DTV-Atlas Ethnologie. DTV; Melatti, J. C. (2007): Índios do Brasil. São Paulo (vgl. ZfE. 135, 2010: 346-350); Born, J. (Hg.) (2007): Curt Unckel Nimuendajú – ein Jenenser als Pionier im brasilianischen Nord(ost)en. Wien; Rössler, M. (2007): Die deutschsprachige Ethnologie bis ca. 1960: Ein historischer Abriss. Kölner Arbeitspapiere zur Ethnologie, N°.1. Köln; Schindelbeck, M. (2019): 150 Jahre Zeitschrift für Ethnologie: ein Rückblick. ZfE., Bd. 144, S.13-49; Shankland, D. (2019): Social anthropology and its history. ZfE., Bd. 144, S.51-76;

Nevelig, P. (2019): Die Lage der marxistischen Ethnologie im Jahr 2020. ZfE., Bd. 144, S. 93-132; Stubbe, H. (2020): Curt Nimuendajús Bibliothek im tropischen Brasilien (1903-1945). Ein Beitrag zur Geschichte der Ethnologie. Düren: Shaker

Ethnopsychiatrie (s. Psychopathologie und Psychiatrie)

Buschan, G. (1941): Geisteskrankheiten im Licht der Völkerkunde. Psychiat. Neurol. Wschr., 1941 :435-438; Ders. (1942): Vom Anzaubern von Krankheiten. Psychiat. Neurol. Wschr., 44, 1942 :209-212; Gillin,J. (1948): Magical fright. Psychiatry, 11, 1948.387-400; Lee, S. G. (1950): Some Zulu concepts of psychogenic disorder. J. Soc. Res., 1,1950:9; Schultz, H. (1950): Como as moléstias vieram ao mundo. Revista do Arquivo Municipal, CXXXVI, São Paulo, 1950:97-99; Mars, L. (1951): Nouvelle contribution à l'étude de la crise de possession. Psyché, 60, p. 640-669 (Begriff "Ethno-Psychiatrie"!); Drobec, E. (1955): Zur Psychopathologie der Naturvölker. Mitteilungen der Anthropol. Ges. Wien, 84/85, 1955 :62-69; Leighton, A. H. & Hugdes, J. M. (1961): Yoruba concepts of psychiatric disorder. In : T. A. Lambo (ed.), First Pan-African Psychiatric Conference, Abeokuta; Denko, J. D. (1964): The role of culture in mental illness in non-Western peoples. A review of the literature on 28 exotic psychiatric syndromes. J. Amer. Med. Wom. Ass., 19, 1964 :1029-1044; Murphy, J. M. (1965): Native conceptions of psychiatric disorder. In : J. M. Murphy (ed.), Approaches to cross-cultural psychiatry, Itaca, N.Y. , 1965 :64-107; Kiev, A. (1965): The study of folk psychiatry. Intern. J. Psychiatry, 1, 1965 :524-540 ; Laplantine, Fr. (1973): L'ethnopsychiatrie. Paris; Devereux, G. (1974): Normal und anormal; Wulff, E. (Hrsg.) (1978): Ethnopsychiatrie, 1978; Ders. (G. W. Alsheimer) (1972): Vietnamesische Lehrjahre. Frankfurt/M.; Stubbe, H. (1975): Die ätiologischen Krankheitsvorstellungen brasilianischer Indianer als (ethno-)psychologisches Problem. phil. Diss. Freiburg/Brsg.; Ders. (1979): Zur Ethnopsychiatrie in Brasilien, Social Psychiatry, 14, 1979:187-195 ; Ders. (1987): Geschichte der Psychologie in Brasilien. Berlin; G. Devereux zum 75.Geburtstag. Curare, Sonderband 2, 1984; Centurião, L. R. M. et al. (2003): A etnopsiquiatria e o mito das raças no Brasil. In : Silva, M.L. (ed.), História, medicina e sociedade no Brasil. St.Cruz do Sul, 2003:65-93; Lexikon der Psychologischen Anthropologie. Gießen, 2012: 162

Ethnozentrismus

LeVine, R. A. & Campbell,D. T. (1972): Ethnocentrism. N.Y.; Strauss, Cl. L. (1972): Rasse und Geschichte; Billig, M. (1981): Die rassistische Internationale. Zur Renaissance der Rassenlehre in der modernen Psychologie. Frankfurt; Stubbe, H. (1988): Rezension: „Das Hirn des Negers mit dem des Europäers und Orang-Outangs verglichen" (1837). Curare, 4, 1988:219f; Bicchieri, M. G. (1990): From Eurocentric to Geocentric. Anthropos, 85; Graham, S. (1992): Most of the subjects were white and middle class. Trends in published research on African Americans in selected APA journals (1970-1989). American Psychologist, vol.47, No.5, 1992:629-639; Lonner, W. J. & Malpass, R. (ed.s) (1994): Psychology and culture. London; Bennet, M. J. (1998): Basic concepts of intercultural communication. Maine; Gould,

St. J. (1999): Der falsch vermessene Mensch. Frankfurt/M.; Rosar, U. (2001). Ethnozentrismus in Deutschland. Eine komparative Analyse 1980-1996; Handbuch interkulturelle Kommunikation und Kompetenz, 2007; Stubbe, H. (2008): S. Freuds ‚Totem und Tabu' in Mosambik; Krahl, W. (2009): Der Impact-Faktor – ein Instrument zur akademischen Hegemonie? Curare, 32, 1+2, 2009:106-112; Thahlmayer, A. G., Toscanelli, C. & Arnett, J. J. (2021): The neglected 95% revisted: Is American Psychology becoming less American? American Psychologist, 76 (1), p.116-129; zum *Trauerverhalten* vgl. Frances, A. (2013): Normal. Gegen die Inflation psychiatrischer Diagnosen. Köln: Dumont; Stubbe, H. (1985): Formen der Trauer. Berlin

Exil

Székely, B. (1966): Diccionario Enciclopédico de la Psique. Buenos Aires (1950), 4.ed.; Jacoby, H. (1980): Begegnungen mit Alice Rühle-Gerstel. Nachwort zu A. Rühle-Gerstel, Der Weg zum Wir. Versuch einer Verbindung von Marxismus und Individualpsychologie (1927). Reprint. Dresden: Verlag am andern Ufer, S:141ff; Rühle-Gerstel, A. (1941): Freud y Adler (Psicoanalisis y Psicología individual). Mexico: Editorial Atlante S.A.; Schmidt, R. (1980): Nachwort zu Rühle-Gerstel, A., Der Weg zum Wir. Versuch einer Verbindung von Marxismus und Individualpsychologie (1927). Reprint. Dresden: Verlag am andern Ufer, S:225ff; Mertin, R. G. (1980): Anotações sobre a situação de autores alemães exilados no Brasil. In: III. Colóquio de Estudos Teuto-Brasileiros. Porto Alegre: Editora da Universidade Federal do Rio Grande do Sul, p. 361-370; Kießling, H. (1981): Exil in Lateinamerika; Ders. (1989): Brücken nach Mexiko. Traditionen einer Freundschaft; León, R. (1983): Das Leben und Werk von Walter Blumenfeld. Phil. Diss. Würzburg; Ders. (1991): The emigration of european philosophers and social scientists to Latin America in the 30s. Mimeo. Lima; Ders. (1993): Contribuciones a la historia de la psicología en el Perú. Lima: Concytec; Moffat, A. (1984): Psicoterapia do oprimido. São Paulo; Ash, M. G. (1984): Disziplinentwicklung und Wissenstransfer – Deutschsprachige Psychologen in der Emigration. Berichte zur Wissenschaftsgeschichte, 7, 1984, S.207-226; „Hier geht das Leben auf eine sehr merkwürdige Weise weiter ..." Zur Geschichte der Psychoanalyse in Deutschland. Hamburg, 1985: 64 (Liste der Emigranten aus D); Schirmer, F. & Richter, P. G. (1985): Walter Blumenfeld als Psychotechniker und Psychologe an der TU Dresden. Dresden: TU, 22.4.1985; Langer, M. (1986): Von Wien nach Managua. Wege einer Psychoanalytikerin. Freiburg/Brsg.; Broser, St. & Pagel, G.(1987): Psychoanalyse im Exil. Texte verfolgter Analytiker. Würzburg; Stubbe, H. (1987): Geschichte der Psychologie in Brasilien. Von den indianischen und afrobrasilianischen Kulturen bis in die Gegenwart. Berlin: Reimer; Ders. (1987): Alfred Adler und seine Schule in Brasilien. Vortrag auf dem 17. Internat. Kongreß für Individualpsychologie. Münster, 12. - 16. Juli 1987; Ders. (1988a): Zur Rezeption der deutschsprachigen Psychologie in Lateinamerika. Geschichte der Psychologie, Nr.14, H.2, 1988a:5-18; Ders. (1988b): Zur Rezeption der europäischen Psychologie in Lateinamerika. In: Acta der VII. European Cheiron Conference (Budapest), 1988b: 607-617; Ders. (1988c): Bela Székely. Ein ungarischer Psychologie-Pionier in Lateinamerika. In: Acta der VII. European Cheiron Conference (Budapest), 1988c:598-606; Stubbe, H. & Langenbach, M. (ed.s) (1988d): História da psicologia no Brasil. Rio de Janeiro: PUC-RJ; Ders. (1992) : Psychologie. In: Werz, N.(Hrsg), Handbuch der deutschsprachigen Lateinamerikakunde. Freiburg/Brsg.: ABI, 1992:559-590; ders. (1993a): Experimentalpsychologie in den Tropen (W. Radecki). Psychologie und Geschichte, Jg.4, 1993a:278-299; Ders. & León, R. (1993b): Lateinamerika. In: Lück, H.E. & Miller, R. (Hrsg.), Illustrierte Geschichte der Psychologie, 1993b: 224-226; Ders. (1994): Psychoanalyse in Mexiko. Zeitschrift für Lateinamerika-Wien, Nr. 46/47, 1994:103-116; Ders. (1995): Wichtige Ereignisse in der Geschichte der Psychologie in Lateinamerika (1500-1994). Kölner Beiträge zur Ethnopsychologie und Transkulturellen Psychologie, Jg.1, Nr.1, 1995:99-149; Ders. (1996): Zur Geschichte der Psychologie in Peru. Psychologie und Geschichte, 1996; Ders. (2000): Kultur und Psychologie in Brasilien. Bonn; Fuchs, W. et al. (1988): Lexikon zur Soziologie, 1988; Handlbauer, B. (1988): Persönl. Mitteilung vom 6.4.1988; Ders. (1988): "Lernt fleißig Englisch!" Die Emigration der Wiener Individualpsychologen. Manuskript, Salzburg, 1988; Mühlen, P. (1988): Fluchtziel Lateinamerika. Die deutsche Emigration 1933-1945: politische Aktivitäten und soziokulturelle Integration. Bonn: Verlag Neue Gesellschaft; Deutsches Exilarchiv: 1933-1945. Katalog der Bücher und Broschüren. Sonderveröffentlichungen der Deutschen Bibliothek, 16. Stuttgart: Metzler, 1989; Schrader, A. & Rengstorf, K. H. (Hrsg.)(1989): Europäische Juden in Lateinamerika. St. Ingbert: Röhrig; Geuter, U. & León, R. (1990): Flucht nach Südamerika - Europäische Emigranten in der lateinamerikanischen Psychologie. Psychologie und Geschichte, Jg.1, H.4, 1990:24-34; Peters, U. H. (1991): Die psychischen Folgen der Verfolgung. Das Überlebenden-Syndrom. Fortschritte der Neurologie, Psychiatrie, 59, 1991:251-265; ders. (1992): Psychiatrie im Exil. Die Emigration der dynamischen Psychiatrie aus Deutschland 1933-1939; Heckmann, F. (1992): Ethnische Minderheiten, Volk und Nation. Soziologie interethnischer Beziehungen; Matussek, P. (1992): Psychiatrie der Verfolgten. In: Battegay, R. et al. (Hrsg.), Handwörterbuch der Psychiatrie. Stuttgart: Enke, 1992: 440-444; Lexikon deutsch-jüdischer Autoren. München, 1993; Exil in Brasilien. Die deutsch-sprachige Emigration 1933-1945. Eine Ausstellung des deutschen Exilarchivs 1933-1945 der Deutschen Bibliothek Frankfurt/M.. Frankfurt/M.: Die Deutsche Bibliothek, 1994; Buzzar, R. (1995): Olga. Die Geschichte einer Revolutionärin. Lateinamerika Nachrichten, 251, Mai 1995:59-60; Ley, G. (1995): Wissenschaftsemigration nach Brasilien. Lateinamerika Nachrichten, 251, Mai 1995:56-58; Benz, W. et al. (Hrsg.) (2001): Enzyklopädie des Nationalsozialismus, 2001:296ff; Lexikon deutschsprachiger Schriftstellerinnen im Exil 1933-1945. Gießen: Psychosozial; Eckl, M. (2009): Richard Katz. Weltreisender und Brasilianer des Herzens. Martius-Staden Jahrbuch, Nr.56, 2009:147-171; Lexikon der Psychologischen Anthropologie. Gießen, 2012: 197-204 (Exil)

Experimentalpsychologie und Allgemeine Psychologie (s. Mathematik und Psychologie)

Fechner, G. Th. (1860): Elemente der Psychophysik. Leipzig; Wundt, W. (1863): Vorlesungen über die Menschen- und Tierseele. Leipzig; Ders. (1873): Grundzüge der physiologischen Psychologie. 3 Bde. Leipzig; Cattell, J. McK. & Fullerton, S. (1892): On the perception of small differences; Wundt, W. (1896, 1911). Grundriss der Psychologie. Leipzig, 11. Aufl.; Münsterberg, H. (1889-1892): Beiträge zur experimentellen Psychologie. 4 Bde. Freiburg/Brsg.; Scripture, E. W. (1897): The new psychology; Titchener, E. B. (1901-1905): Experimental psychology. 5 vols.; Marbe, K. (1901): Experimentell-psychologische Untersuchungen über das Urteil. Leipzig; Jaffa, S. (1903): Ein psychologisches Experiment im kriminalistischen Seminar der Universität Berlin. Beiträge zur Psychologie der Aussage, 1, H.1, S.79-99; Boring, E. G. (1929, 1950): A history of experimental psychology (1929). N.Y.; Ders. (1942). Sensation and perception in the history of experimental pychology; Zimmermann, E. (1903): Preis-Liste über psychologische und physiologische Apparate. Leipzig; Sommer, R. (1904, 1984): Experimental-psychologische Apparate und Methoden. Die Ausstellung bei dem 1. Kongreß für Experimentelle Psychologie 1904. Reprint. Passau; Braunshausen, N. (1915):

Einführung in die experimentelle Psychologie. Leipzig; Fröbes, J. (1917, 1920): Lehrbuch der Experimentellen Psychologie. 2 Bd.e. Freiburg/Brsg.; Lindworsky, J. (1921): Experimentelle Psychologie. München; Piéron, H. et al. (1939): Centenaire de Th. Ribot et jubilé de la psychologie scientifique française; Postman, L. & Egan, J. P. (1949): Experimental psychology. N.Y.; Woodworth, R. S. (1950): Experimental psychology. London (erstmalig 1938); Ders. & Schlossberg, H. (1961): Experimental psychology. N.Y.; Michotte, A. E. (1946): La perception de la causalité; Stevens, S.S. (1951): Handbook of experimental psychology. N.Y.; Metzger, W. (1952): Das Experiment in der Psychologie. Studium Generale, 5, S.142-163; Crombie, A. C. (1953): Robert Grosseteste and the origins of experimental science, 1100-1700; Townsend, J. C. (1953): Introduction to experimental method. N.Y.; Garret, H. E. (1957): Great experiments in psychology. N.Y., 3. Ed.; Pauli, R. & Arnold, W. (1957). Psychologisches Praktikum. Leitfaden für psychologische Übungen (1919). Stuttgart, 6. Aufl.; Scheglmann, L. (1961): 100 Jahre Psychophysik. Psychologische Rundschau, 1; Meili, R. & Rohracher, H. (1963): Lehrbuch der experimentellen Psychologie. Bern; Hehlmann, W. (1963): Geschichte der Psychologie. Stuttgart, S. 181-185, 431f ; Selg, H. (1966): Einführung in die experimentelle Psychologie. Stuttgart; Pollak, R.H. & Brenner, M. W. (1969): The experimental psychology of Alfred Binet; Störig, H. J. (1970): Kleine Weltgeschichte der Wissenschaft. 2 Bd.e. Frankfurt/M.: Fischer; Roback, A.A. (1970): Weltgeschichte der Psychologie und Psychiatrie. Freiburg/Brsg.: Walter; Gundlach, H. (1976): Reiz- Zur Verwendung eines Begriffes in der Psychologie. Bern; Ders. (1978): Inventarium der älteren Experimentalapparate im Psychologischen Institut Heidelberg sowie einige historische Bemerkungen. Bericht aus dem Psychologischen Institut der Universität Heidelberg. Heidelberg; Viney, W. et al. (1979): History of Psychology. Detroit, p. 249-262; Gibson, J. J. (1979): The ecological approach to visual perception; Bringmann, W. & Ungerer, G. (1980): The foundation of the Institute of Experimental Psychology at Leipzig University. Psychological research, 42, p.5-18; Ash, M. G. (1980): Experimental psychology in Germany before 1914: aspects of an academic identity problem. Psychological Research, 42, p.75-86; Bringmann, W. G. & Tweney, R. D. (Eds.) (1980). Wundt studies. Toronto: Hogrefe; Traxel, W. (Hrsg.) (1983): Hermann Ebbinghaus Urmanuskript „Ueber das Gedächtniß" 1880. Passau; Sarris, V. & Parducci, A. (Hrsg.) (1984/86): Die Zukunft der experimentellen Psychologie. Weinheim; Istituo e Museo di Storia della Scienza (ed.): Misura d'uomo. Strumenti, teorie e pratiche dell'anttropometria e della psicologia sperimentale tra 1800-1900. Firenze, 1986; Figueiredo, L. Cl. Mendonça (1986): W. Wundt e alguns impasses permanentes da psicologia: uma proposta de interpretação. Em: História da Psicologia. Série Cadernos PUC-SP 23, p. 25-49; Ühlein, J. (1986): Johannes Lindworsky: Ein Jesuit als Experimentalpsychologe. Phil Diss., Passau; Traxel, W. & Gundlach, H. (Hrsg.) (1986): Ebbinghaus-Studien 1. Passau; Traxel, W. (Hrsg.) (1987): Ebbinghaus-Studien 2. Passau; Gundlach, H. (1987): Index Psychophysicus. Bio- und bibliographischer Index zu Fechners Elementen der Psychophysik und der Parerga. Passau; Brožek, J. & Gundlach, H. (Eds.) (1988): G. T. Fechner and Psychology. Passau; Schwartz, S. (1988): Wie Pawlow auf den Hund kam. ... Die 15 klassischen Experimente der Psychologie. Weinheim; Lück, H. E. & Miller, R. (Hrsg.) (1993): Illustrierte Geschichte der Psychologie. München: Quintessenz; Stubbe, H. (1993): Experimentalpsychologie in den Tropen: Das Laboratorium Waclaw Radeckis, 1925-1932. Psychologie und Geschichte, Jg. 4, H. ¾, S.278-299; Albert, D. & Gundlach, H. (Hrsg.) (1997): Apparative Psychologie: Geschichtliche Entwicklung und gegenwärtige Bedeutung. Lengerich; Legewie, H. & Ehlers, W. (1999): Handbuch Moderne Psychologie. Augsburg; Rieber, R. W. & Robinson, D. K. (Eds.) (2001): Wilhelm Wundt in history: The making of a scientific psychology. New York: Kluwer & Plenum; Schönpflug, W. (2004): Geschichte und Systematik der Psychologie. Ein Lehrbuch für das Grundstudium. Weinheim; Joel Michell, Quentin Skinner, Lorraine Daston (Hrsg.) (2005): Measurement in Psychology: A Critical History of a Methodological Concept. Cambridge

University Press; Centofanti, R. (2006): Os laboratórios de psicologia nas escolas normais de São Paulo: o despertar da psicometria. Em: Psicologia da Educação. Revista do Programa de Estudos pós-graduados (PUC-SP), 22, p.31-52; Mandler, G. (2007): A history of modern experimental psychology: From James and Wundt to cognitive science. MIT Press, Cambridge, MA; Shiraev, E. (2015): A history of psychology. A global perspective. Los Angeles: Sage, 2. Ed., p. 102ff; Rapp, I. (2018): Psychologie in Köln. Ein Fach und ein Institut entstehen. Berlin: Peter Lang; Stubbe, H. (Hrsg.) (2019): 100 Jahre Psychologie an der Universität zu Köln. Lengerich

Folter

Wrede, R. (1898): Die Körperstrafen bei allen Völkern von den ältesten Zeiten bis Ende des 19. Jahrhunderts. Dresden; Ramos, A. (1938): Castigos de escravos. Revista do Arquivo Municipal (São Paulo), ano IV, p. 79ff; Knowles, N. (1940): The torture of captives by the indians of eastern North America. Proceedings of the American Philosophical Society, 82, 1940; Radbruch, G. (Hrsg.) (1962): Die Peinliche Gerichtsordnung Kaiser Karls V. von 1532; Brune, M. J. (1971): Diktatur und Folter in Brasilien. Die Papageienschaukel. Düsseldorf. Patmos; COLAT/CELADEC (ed.) (1982): Psicopatología de la tortura y el exilio. Madrid; Clastres, P. (1988): Über die Folter in primitiven Gesellschaften. Curare, vol.11, 1, 1988:45-50; Allodi, Fr. A. (1991): Assessment and treatment of torture victims: a critical review, The Journal of Nervous and Mental Disease, vol.179, Nr.1, 1991:4-11; Peters, E. (1991): Folter. Geschichte der peinlichen Befragung; Reemtsma, J. Ph. (Hrsg.) (1991): Folter. Zur Analyse eines Herrschaftsmittels; Priebe, S. et al. (1993): Psychische Störungen nach politischer Inhaftierung in der DDR – Sichtweise der Betroffenen. Fortschr. Neurol. Psychiat., 61, 1993:55-61; Bauer, M. & Priebe, S. (1995): Zur Begutachtung psychischer Störungen nach politischer Haft in der DDR. Nervenarzt, 66, 1995:388-396; Gutman, R. & Rieff, D. (Hrsg.) (1999): Kriegsverbrechen. Was jeder wissen sollte; Stubbe, H. (1992): Psychologie. In: N.Werz (Hrsg.), Handbuch der deutschsprachigen Lateinamerikakunde, S.559-590; Gurris, N. F. (2003): Belastungen für Therapeuten in der Arbeit mit Folterüberlebenden. Zeitschr. für Psychotraumatologie und Medizinische Psychologie, Jg.1, H.1, 2003:23-37; Krieger, W. (Hrsg.) (2003): Geheimdienste in der Weltgeschichte. Von der Antike bis heute; Voss, E. (2004): Warum sind die Russen so? Stuttgart, 2004:252ff (Stalinismus); Mc Coy, A. W. (2006): Foltern und foltern lassen. 50 Jahre Folterforschung und –Praxis von CIA und US-Militär; Pauler, R. (2007): Leben im Mittelalter; Rebeldes brasileiros. Os inimigos número 1 da ditatura militar. São Paulo, 2008; Stubbe, H. (2012): Folter. In: Lexikon der Psychologischen Anthropologie. Gießen; Santos-Stubbe, Ch. dos (2014): Kleines Lexikon der Afrobrasilianistik. Einführung mit Bibliografie. Göttingen, S. 462-465 (Strafen für Sklaven); *TV-Dokumentation*: Folterexperten – Die geheimen Methoden der CIA (E.R.Koch). WDR, 8.9.2008; État de siege (dt. Der unsichtbare Aufstand)

Frankreich

Condillac, E. B. de (1754): Traitè des sensations; Maury, A. (1865): Le sommeil et les rêves. Études psychologiques sur ces phénomènes et les divers états qui s'y rattachent. Paris, 3.ed.; Azam, E. E. (1887): Hypnotisme, double conscience et alteration de la personalité. Paris; Richet, Ch. R. (1887): Essai de psychologie générale. Paris; Ders. (1923). Traité de metapsychique. Paris; Binet, A. (1892): Les altérations de la personalité. Paris; Ders. (1891): Études de psychologie expérimentale. Paris; Ders. (1892): Das Seelenleben der kleinsten Lebewesen. Halle; Ders. (1891): Double consciousness. Chicago; Ribot, Th. (1879): La psychologie allemande contemporaine (École experimentale). Paris; Ders. (1900): L'imagination créatrice. Paris; Ders. (1873): Hérédité psychologique. Paris; Ders. (1881): Les maladies de la mémoire. Paris; Ders. (1911): La psychologie des sentiments. Paris; Ders. (1914): La psychologie anglaise contemporaine (École experimentale). Paris; Le Bon, G. (1947): Psychologie des foules (1895). Paris; Dumas, G. (1900): La tristesse et la joie; Ders. (1906): La sourire: psychologie et physiologie; Janet, P. (1903): L'automatisme psychologique. Essai de psychologie expérimentale sur les formes inférieures de l'activité humaine. Paris; Ders. (1885): Notes sur quelques phénomènes du somnambulisme. Bull. De la Soc. de Psychologie physiologique; Ders. (1891): Le spiritisme contemporaine (Revue Philosophique); Ders. (1893): Quelques définitions récentes de l'hystérie (Archives de Neurologie); Ders. (1898): Traitement psychologique de l'hystérie.; Dwelshauver, G. (1920): La psychologie française contemporaine. Paris: F. Alcan; Goldsmith, M. (1934): Franz Anton Mesmer: a history of mesmerisme. N.Y.; Merleau-Ponty, M. (1945): La phénoménologie de la perception; Mayo, E. (1948): Some notes on the psychology of Pierre Janet. Cambridge/Mass.; Winters, B.: Franz Anton Mesmer: an inquiry into the antecedents of hypnotisme. Journal of General Psychology, 43, p.63-75; Handbuch der Neurosenlehre und Psychotherapie (Frankl – v. Gebsattel -Schultz). Bd. 1. München, 1957: 95-104; Reuchlin, M. (1957): Histoire de la psychologie. Paris; Ders. (1954): Traité de Psychologie appliquée. Paris; Ders. (1965): The historical background for national trends in psychology: France. Journal of the History of the Behavioral Sciences, 1, p. 115-123; Foucault, M. (1961): Historie de la folie à l'âge classique. Paris: Gallimard; Ders. (1963): Naissance de la clinique. Une archéologie des sciences humaines. Paris: Gallimard; Ders. (1976ff): Histoire de la sexualité. 3 vol.s Paris: Gallimard; Silverman, H. L. & Krenzel, K. (1964): Alfred Binet: Prolilfic pioneer in psychology. Psychiatric Quarterly Supplement, 38, p.323-335; Goshen, Ch. E. (1966): The psychology of Jean Louis Alibert (1768-1837). Journal of the History of the Behavioral Sciences, 2, p.357-370; Arbusse-Bastide, P. (1968): Auguste Comte; Fraisse, P. (1968): Manuel pratique de Psychologie expérimentale avec un Avant-Propos sur la défense de la méthode expérimentale en psychologie. Paris; Pollak, R. H. et al. (ed.s) (1969): The Experimental psychology of Alfred Binet. N.Y.; Littman, R. L. (1971): Henri Piéron and French Psychology: a comment on prof. Fraisse's note. Journal of the History of the Behavioral Sciences, 7, p. 261-268; Kopell, Bert S. (1968): Pierre Janet's description of hypnotic sleep provoced from a distance. Journal of the History of the Behavioral Sciences, 4, p. 119-123; Wesley, Fr. & Hurtig, M. (1969): Masters and pupils among french psychologist. Journal of the History of the Behavioral Sciences, 5, p. 320-335; Castel, R. (1973): Le psychanalysme. Paris; Wolf, Th. H. (1973): Alfred Binet. Chicago; Dies. (1961): An individual who made a difference. American Psychologist, 16, P. 245-248; Métraux, A. (1980): Die zeitgenössische Würdigung des Wundtschen Institut durch den französischen Soziologen Durkheim. In: Karl Marx Universität Leipzig (Hrsg.), W. Wundt – progressives Erbe, Wissenschaftsentwicklung und Gegenwart, Leipzig, S. 244-256; Brooks, J. I. (1993): Philosophy and psychology at the Sorbonne, 1885-1913. Journal of The History of the Behavioral Sciences, 29, p.123-145; Foutrier, B. (1994): l'identité communiste, la psychanalyse, la psychiatrie, la psychologie. Paris; Roudinesco, F. & Plon, M. (1997).

Dictionnaire de la psychanalyse. Paris; Plas, R. (1997): French psychology. In: W. G. Bringmann, H. E. Lück, R. Miller, & C. E. Early (Eds.), A pictorial history of psychology (p. 548–552). Chicago: Quintessence; Nicolas, S. (2002). Histoire de la psychologie française: Naissance d'une nouvelle science. Paris.

Gedächtnis

Ebbinghaus, H. (1880): Urmanuskript „Ueber das Gedächtniß" (1880). Hrsg. W. Traxel. Passau, 1983; Ebbinghaus, H. (1885): Über das Gedächtnis. Leipzig; Traxel, W. (1986, 1987). Ebbinghaus-Studien, Bd.1 und Bd. 2. Passau; Sprung, L. Sprung, H. (1986): Hermann Ebbinghaus – life, work and impact in the history of psychology. In: Klix, F. & Hagendorf, H. (eds.), Human memory and cognitive capabilities. Amsterdam, P. 23-33; Adams, J. (1967): Human memory. N. Y. ;Foppa, K. (1968): Lernen, Gedächtnis, Verhalten. 4. Aufl.; Olechowski, R. (1969): Das alternde Gedächtnis. Bern; Pribram, D. E. (ed.) (1970): Biology of memory. N.Y.; Jüttner, C. (1979): Gedächtnis. München; Markowitsch, H. J. & Welzer, H. (2005): Das autobiographische Gedächtnis. Hirnorganische Grundlagen und biosoziale Entwicklung. Stuttgart

Gesellschaften und Vereinigungen der Psychologie

Internationale Gesellschaft für Angewandte Psychologie (Association Internationale de Psychologie Appliqué, Paris)(gegr. 1920, E. Claparède; ca. 1500 Mitglieder aus 80 Ländern; 18 Teilgebiete, sowie Geschichte der Psychologie); Internationale Gesellschaft für wissenschaftliche Psychologie (International Union of Scientific Psychology, IUPS, gegr. 1951); Europäische Föderation der Psychologenverbände (EFPA) (gegr. 1981; ca. 350.000 Mitglieder); Bringmann, W. et al. (ed.) (1997): A pictorial history of psychology. Chicago, 1997, p.536-540; Holtzmann, W. et al. (2000): History of the International Union of Psychological Science (IUPsyS); BDP (Hrsg.) (2021): Psychologen Taschenbuch. Göttingen; Neue Gesellschaft für Psychologie. Gesellschaft für Theorie und Praxis der Sozialwissenschaften (Zeitschrift: Journal für Psychologie); *Bedeutende Gesellschaften für Psychologiegeschichte:* Cheiron: The International Society for the History of Behavioral & Social Sciences; European Society for the History of the Human Sciences; Forum for the History of Human Science; History & Philosophy. Section of the British Psychological Society; History & Philosophy of Psychology Section of the Canadian Psychological Association; Society for the History of Psychology (American Psychological Association Division 26)

Gestaltpsychologie (s. auch Österreich, psychologische Theorien)

Benussi, V. (1914): Gesetze der inadäquaten Gestaltauffassung. Die Ergebnisse meiner bisherigen experimentellen Arbeiten zur Analyse der sog. geometrisch-optischen Täuschungen. Archiv für die gesamte Psychologie, 32, S.396-419; Köhler, W. (1920): Die psychischen Gestalten in Ruhe und im stationären Zustand. Braunschweig; Ders. (1929): Gestalt psychology. N.Y.; Ders. (1925): Mentality of apes (E. Winter, Trans.). London: Routledge & Kegan Paul. (dt. original Werk, 1917); Ders. (1940): Dynamics in psychology. New York: Liveright; Koffka, K. (1922): Perception: An introduction to the Gestalttheory. Psychological Bulletin, 19, p.531-585; Ders. (1935): Principles of Gestalt psychology. N.Y.; Ders. (1922): Perception: an introduction to the Gestalttheorie. Psychological Bulletin. 19 (10): 531–585; Ders. (1924): The growth of the mind (R. M. Ogden, Trans.). London: Routledge & Kegan Paul. (Original work published 1921); Ders. (1935): Principles of Gestalt psychology. New York: Harcourt, Brace, & World; Wertheimer, M. (1912): Experimentelle Studien über das Sehen von Bewegung. Zeitschrift für Psychologie. 61: 247–250; Ders. (1923): Untersuchungen zur Lehre von der Gestalt. II. Psychologische Forschung, 4, S.301-350; Ders. (1925): Drei Abhandlungen zur Gestalttheorie; Ders. (1938): Gestalt theory. In: W. D. Ellis (Ed. & Trans.), A source book of gestalt psychology (pp. 1–11). London: Routledge & Kegan Paul. (Original work published 1925); Ders. (1945). Productive thinking. London: Tavistock; Wulf, F. (1922): Gedächtnis und Gestalt. Psychologische Forschung, 1; Guillaume, P. (1937): La psychologie de la forme; Katz, D. (1942): Gestaltpsychologie (schwed.) (engl. 1950); Köhler, W. (1959): Gestaltpsychology today. American Psychologist, 14, p. 727-734; Bühler, K. (1960): Das Gestaltprinzip im Leben des Menschen und der Tiere; Metzger, W. (1963): Psychologie. Darmstadt, 3. Aufl.; Ders. (1963): Zur Geschichte der Gestalttheorie in Deutschland. Psychologia, 6, S.11-21; Weinhandl, F. (Hrsg.) (1960): Gestalthaftes Sehen: Ergebnisse und Aufgaben der Morphologie: Zum hundertjährigen Geburtstage von Chr. v. Ehrenfels; Katz, D. (1961): Gestaltpsychologie. Basel, 3. Aufl.; Ertel, S., Kemmler, L. & Stadler, M. (Hg.) (1975): Gestalttheorie in der modernen Psychologie. Darmstadt; Henle, M (1978): One man against the Nazis: Wolfgang Köhler (PDF). American Psychologist. 33 (10), p. 939–944; Viney, W. et al. (1979): History of Psychology. Detroit, p. 182-194; Ash, M. G. (1995): Gestalt psychology in German culture (1890-1967). Cambridge/MA; Fitzek, H. & Salber, W. (1996): Gestaltpsychologie. Geschichte und Praxis. Darmstadt; Ley, M. (1996): Der Stellenwert des Isomorphie-Gedankens im System der Gestalttheorie. Psychologie und Geschichte, 7(3), S. 200-209; Arnheim, R. (1998): Wolfgang Köhler and Gestalt theory. History of Psychology, 1, (1), p.21-26; Shiraev, E. (2015): A history of psychology. A global perspective. Los Angeles: Sage, 2. Ed., p. 286-286-319; Green, C. D. (2000): Introduction to: "Perception: An introduction to the Gestalt-Theory" by Kurt Koffka (1922). Classics in the History of Psychology

Historiografie der Psychologie (s. auch Anhang)

Müller-Freienfels, R. (1929): Die Hauptrichtungen der gegenwärtigen Psychologie. Leipzig; Metzger, W. (1941): Psychologie: die Entwicklung ihrer Grundannahmen seit Einführung des Experiments. Darmstadt (2. Aufl. 1963); Brožek, J. (1975): Contemporary West European historiography of psychology: A bibliography with comment. History of Science, XIII, p.29-60; Watson, R. I. (1978): The history of psychology and the behavioral sciences. N.Y.; Viney, W. et al. (1979): History of psychology. A guide to information sources. Detroit, p.105-125; Brožek, J. & Pongratz, L. J. (Ed.s) (1980): Historiography of modern pychology. Toronto; Fages, J.-B. (1981): Geschichte der Psychoanalyse nach Freud. Frankfurt/M.; Balmer, H.

(Hrsg.) (1982): Geschichte der Psychologie. 2 Bde. Weinheim; Sprung, H. & Sprung, H. (Hrsg.) (1985): Zur Geschichte der Psychologie an der Berliner Universität. Berlin: Akademie der Wissenschaften; Dies. (1987): Zur Geschichte der Psychologie an der Berliner Universität II (1922-1935). Psychologie für die Praxis, H. 4, S.293-306; Traxel, W. (1985): Geschichte für die Gegenwart. Passau; Stubbe, H. (1988): Métodos e tipos de pesquisa histórica na psicologia. Arquivos Brasileiros de Psicologia, vol. 40, 2, p.73-82; Gundlach, H. U.K. & Traxel, W. (1988): Historiography of Psychology in Germany. The German Journal of Psychology, vol. 12, N°. 2, p. 119-138; Kurzweil, E. (1993): Freud und die Freudianer. Geschichte und Gegenwart der Psychoanalyse in Deutschland, Frankreich, England, Österreich und den USA. Stuttgart; Brožek, J. & Massimi, M. (org.s) (1998): Historiografia da Psicologia moderna. (versão brasileira). São Paulo; Rath, N. (1998): Nietzsches und Freuds Kritik der Biografik. Psychologie und Geschichte, Jg. 8, Heft 3-4, S. 280-298; Sprung, L. & Sprung, H. (1998): Psychologie in Deutschland im 20. Jahrhundert. Psychologie und Geschichte, Jg. 8, Heft 3-4, S. 360-396; Schmidt, C. O. (2001): Psychologiegeschichte im Internet. Psychologie und Geschichte, Jg. 9, H. ½, S.123-135; Shiraev, E. (2014): A history of Psychology: a global perspective. Thousand Oaks/Ca., 2. Ed.; Galliker, M. & Wolfradt, U. (Hrsg.) (2015): Kompendium psychologischer Theorien. Frankfurt/M., S.169-171; Leahey, Th. H. (2017): A history of modern psychology. Virginia; James, M. R. D. (2019): The world explored, the world suffered: A Philosophical History of Psychology, cognition, emotion, consciousness and action. LAP Publ.

Historische Psychologie

Humboldt, W. von (1818): Betrachtungen über die bewegenden Ursachen in der Weltgeschichte. In: Schriften zur Anthropologie und Geschichte, Bd.1, Stuttgart, 1960; Schubert, G.H. (1830). Die Geschichte der Seele. (nhg. 1961); Breysig, K. (1931): Die Geschichte der Seele im Werdegang der Menschheit. Breslau: M & H. Marcus; Elias, N. (1937): Über den Prozess der Zivilisation. Soziogenetische und psychogenetische Untersuchungen. 2 Bde. Gräfenhainichen (nhg. Frankfurt/M., 1976); Meyerson, I. (1954): La psychologie du XX.ᵉ siècle. Journal de psychologie normale et pathologique, N°. 1; Berg, J. H. van den (1956): Metabletica. Über die Wandlung des Menschen. Grundlinien einer historischen Psychologie. (dt. 1960); Anders, G. (1956): Die Antiquiertheit des Menschen. 2 Bde. München (1980, 5. Aufl.); Reuchlin, M. (1957): Histoire de la psychologie. Paris, p. 121f (psychologie historique); Hehlmann, W. (1965). Wörterbuch der Psychologie. Stuttgart, S. 213; Ribeiro, D. (1968): O processo civilizatório (dt. Frankfurt/M., 1971); Friedrich, H. (1978): Katzenjammer am Ende der Neuzeit. Radiosendung des BR 2 am 2.3, 9.3. und 16.3.1978 (Manuskript); Jaeger, S. & Staeuble, I. (1978): Die gesellschaftliche Genese der Psychologie. Frankfurt/M.; Geuter, U. (1986): Die Geschichtlichkeit des menschlichen Seelenlebens. Fragen und Erkenntnisse der historischen Psychologie. Radiosendung, Samstag, 19. 4, 1986, Südfunk 2, 17-17:45 Uhr (Manuskript); Lacour, E. (2001): Schlägereyen und Unglücksfälle. Eine Untersuchung zur Historischen Psychologie von Alltagsgewalt in der frühneuzeitlichen Eifel. Psychologie und Geschichte, Jg.9, H. ½, S.3-28; Jüttemann, G. (Hrsg.): Wegbereiter der Historischen Psychologie. München; Jüttemann, G. et al. (1991): Die Seele. Ihre Geschichte im Abendland. Weinheim; Jüttemann, G. (Hrsg.) (2013): Die Entwicklung der Psyche in der Geschichte der Menschheit. Lengerich; Ders. (2015): Historische Psychologie als allgemeine Psychogenesetheorie. In: Galliker, M. & Wolfradt, U. (Hrsg.), Kompendium psychologischer

Theorien. Frankfurt/M., S.189-191; Ders. (Hrsg.) (2020): Psychologie der Geschichte. Lengerich

Humanistische Psychologie

Montaigne, M. de (1953): Essais (Auswahl). Zürich: Manesse; Ders.: Die Essais (Auswahl). Reclam; Ders. bei Eichborn (bibliophil); Michel de Montaignes Gesammelte Schriften. Historisch-kritische Ausgabe. München: G. Müller, 1908; Bergson, H. (1907): L'Évolution créatrice; Dessoir, M. (1911): Abriß einer Geschichte der Psychologie. Heidelberg: C. Winter, 1911:79-81; Aster, E. von (1960): Geschichte der Philosophie. Stuttgart: Kröner; Maslow, A. H. (1960): Toward a psychology of being; Bühler, Ch. (1962): Psychologie im Leben unserer Zeit. München: Knaur, S.115ff; Bühler, Ch. & Allen, M. (Hrsg.) (1962/1974): Einführung in die humanistische Psychologie. Stuttgart (engl. 1962); Hehlmann (1963); Bugental, J. (1964): The third force in psychology. Journal of Humanistic Psychology, 4(1), p.19-25; Marcu, E. (1965): Répertoire des idées de Montaigne. Genève: Droze; Friedenthal, R. (1969): Entdecker des Ich: Montaigne, Pascal, Diderot. München: Piper; Lowry, R. (1973): A. H. Maslow: an intellectual portrait; Buck, A. (1976): Die Rezeption der Antike in den romanischen Literaturen der Renaissance. Berlin; Ders. (Hrsg.) (1976): Petrarca. Darmstadt; Weigand, W. (1985): Michel de Montaigne. Eine Biographie. Zürich: Diogenes; Stubbe, H. (1987): Geschichte der Psychologie in Brasilien. Berlin: Reimer, 1987: 55ff; Ders. (1990): Una nota acerca de la teoria de la tristeza de Michel Montaigne. Archivo Latinoamericano de Historia de la Psicología y Ciencias Afines, vol. 2, No.1, 1990:81-86; Benesch, H. et al. (1990): Psychologie Lesebuch. Frankfurt/M., S.64ff; Weischedel, W. (1993): Die philosophische Hintertreppe. 34 große Philosophen in Alltag und Denken. München: DTV; Thomas Städtler: Lexikon der Psychologie. Stuttgart: Kröner, 1998:870ff; Schmidt, P. G. (Hrsg.) (2000): Humanisten. Biographische Profile. Stuttgart; Lexikon der Psychologie, Bd. 2. Heidelberg, 2001:228f (J. Kriz); Wiersing, E. (Hrsg.) (2001): Humanismus und Menschenbildung. Zu Geschichte, Gegenwart und Zukunft der bildenden Begegnung der Europäer mit der Kultur der Griechen und Römer. Detmolder Hochschulschriften 4; Schönpflug (2004); Galliker, M. et al. (Hrsg.) (2007: 38ff); Shiraev, E. (2015): A history of psychology. A global perspective. Los Angeles: Sage, 2. Ed., p. 382ff; Lück (2016); *Internet*: Association for Humanistic Psychology (2001): Humanistic Psychology overview.

Indien

Bhagavadgita. Kommentiert von B. Griffiths, 1993; Esdail, J. (1846): Mesmerism in India and its practical application in surgery and medicine; Ders. (1851): The introduction of mesmerism, as an anesthetic and curative agent, into the hospitals of India; Freud, S. (1914): Zur Geschichte der psychoanalytischen Bewegung (1914). G.W.; Berkeley-Hill, O. (1921): The anal-erotic factor in the religion, philosophy and character of Hindus. Int. Journ. Psychochanal., 2, p.306-338; Daly, Cl. B. (1927): Hindu-Mythologie und Kastrationskomplex. Imago, 13, S. 145-198; Eliade, M. (1936): Yoga – Unsterblichkeit und Freiheit (dt. 1985); Akhilananda, Swami. (1946): Hindu Psychology. Its meaning for the west. (Intr. G.W. Allport). New York: Harper; Debendra Chandra das Gupta (1949): Educational psychology of the ancient Hindus. Calcutta; Zimmer, H. (1951): Mythen und Symbole in indischer Kunst und Kultur. Zürich; Mitra, S. C.

& Mukhopadhyay, P. K. (1958): Development of Psychological Studies in India. From 1916-1950. Psychologia, 1, june, 1958:191-202; Esnoul, A. M. (1959): Les songes et leur interprétation dans l'Inde. Sources Orientales II. Paris: Seuil, p. 209-246; Glasenapp, H. von (1960): Das Indienbild deutscher Denker; Boveri, M. (1961): Indisches Kaleidoskop; Zaehner, R. C. (1962): Der Hinduismus. Seine Geschichte und seine Lehre. München (Bibliografie); Sigerist, H. E. (1963): Anfänge der Medizin. Von der primitiven und archaischen Medizin bis zum Goldenen Zeitalter in Griechenland. Zürich, S. 591-646 (Hindumedizin); Sinha, T.C. (1966): Development of psychoanalysis in India. Internat. Journ. Psychoanalysis, 47, p.427-439; Ganguli, H. (1971): Psychological Research in India: 1920-1967. International Journal of Psychology, 6, 1971, p.165-177; Heckel, R. V. & Paramesh, C. R. (1974): Applied psychology in India. Professional Psychology, 5(1), p.37-41; Petzold, M. (1986): Indische Psychologie. Eine Einführung in traditionelle Ansätze und moderne Forschung; Boss, M. (1987): Indienfahrt eines Psychiaters, Bern (4.Aufl.); Ramanujan, A.K. (1989): Is there an indian way of thinking? Contributions to Indian Sociology, 23(1), p. 41-58; Souza, T. R. de & Borges, Ch. J. (1992): Jesuits in India: in historical perspective. Instituto Cultural de Macau; Stutley, M. (1994): Was ist Hinduismus. Eine Einführung in die große Weltreligion; Kakar, S. (1996): The indian psyche (The inner world, Shamans and doctors, Tales of love, sex and danger). Delhi: Oxford University Press; Ders.(1997): Die Gewalt der Frommen. Zur Psychologie religiöser und ethnischer Konflikte; Lexikon der östlichen Weisheitslehren, 1997; Paranjpe, A. (1998): Self and identity in modern psychology and indian thought. N.Y.; Velinkar, J. (1998): India and the west: the first encounters. A historical study of the early indo-portuguese cultural encounters in Goa. Mumbai; Rambachan, A. (1999): The Hindu vision. Delhi; Borges, Ch., Pereira, O. G. & Stubbe, H. (Ed.s) (2000): Goa and Portugal. History and development. New Delhi; Scholz, W. (2003): Schnellkurs Hinduismus; Shakti, S. (1991): Cultural paradigms for indian women. Transcultural Psychiatric Research Review, vol. XXVIII, 4, 1991: 257-301; Stubbe, H. (2000): Der Goaner José Custódio de Faria (1756-1819) und die Hypnose durch Suggestion. Ein Dialog indischer und europäischer Psychologie? In: Portugal, Indien und Deutschland, 2000: 71-86; Ders. (2001): José Custódio de Faria in the world of psychology ("Weltpsychologie"). A dialogue between indian and european psychologies. In: Pius Malekandathil & Jamal Mohammed (Ed.s), The portuguese, indian ocean and european bridgeheads. Festschrift in honour of Prof. K. S. Mathew. Kerala, India, Fundação Oriente, 2001: 337-353; Rao, V. (2000): Depression in Indian history. Journal of the Indian Medical Association, 98(5), p. 219-223; Zimmer, H. (2004): Philosophie und Religion Indiens; Unger, A. C. & Hofmann-Unger, K. (2004): Yoga und Psychologie; Kakar, S. & Kakar, K. (2006): Die Inder. Porträt einer Gesellschaft; Chakrarath, P. (2006): Wie selbstlos sind Asiaten wirklich? Journal für Psychologie, 2006:93-119; Ders. (2007): The stereotyping of India: Spirituality, Bollywood and the Kamasutra. SIETAR Journal, 1, 2007:4-7; Ders. (2008): Indian thougts on human psychological development; Rao, K. R., Paranjpe, A.C. & Dalal, A. K. (eds.) (2008): Handbook of Indian Psychology. New Delhi; Schmitz, Cl. E. (2008): Psychologie des Schwangerschaftsabbruchs in Indien, Hamburg (Dipl.arbeit an der UNI Köln); Owzar, S. (2009): Bollywood und die Briten. Die Darstellung der ehemaligen Kolonialmacht im populären Hindi-Kino. Hamburg (Dipl.arbeit an der UNI Köln); Balasubramanian, V. & Fürth, A. (2010): Leben und arbeiten in Indien. Was Sie über Land und Leute wissen sollten; Anderson, P. (2014): Die indische Ideologie. Berenberg; *Meditation:* Heiler, F. (1922): Die buddhistische Versenkung; Bitter W. (Hrsg.) (1957): Meditation in Religion und Psychotherapie; Anand, B.K. et al. (1961): Some aspects of electroencephalographic studies in yogis. Electroencephalography and Clinical Neurophysiology, 13, 1961:452-456; Ornstein, R. (1976): Die Psychologie des Bewusstseins; Akishige, Y. (Ed.) (1977): Psychological studies on Zen. 2 vol.s, Tokio; Jarrell, H. (1985): Internat. Meditation bibliography (1950-1982). London; Conze, E. (1986): Eine kurze Geschichte des Buddhismus; West M. A. (ed.) (1987): The psychology of meditation. N.Y.; Goleman, D. (1988): Wege zur Meditation. Innere Stärke durch östliche und westliche Lehren; Quekelberghe, R. van et al. (1991): Meditation als klinisch-psychologisches Verfahren. Eine internationale Bibliographie. Landauer Schriften zur Psychologie Bd. 9; Dunde S. R. (Hrsg.) (1993): Wörterbuch der Religionspsychologie; Suzuki, S. (1996): Zen-Geist – Anfänger-Geist. Unterweisungen in Zen-Meditation; Murphy, M. & Donovan, S. (1997): The physical and psychological effects of meditation 1931-1996. Sausalito, Ca.; Paranjpe, A. C. (1998): Self and identity in modern psychology and Indian thought. New York: Springer; Metzler Lexikon Religion, Bd.2, 1999; Ott, U. (2000): Merkmale der 40Hz-Aktivität während Ruhe, Kopfrechnen und Meditation. Schriften zur Meditation und Meditationsforschung Bd.3; RGG 4; *Abbé Faria:* Stoll, O. (1894): Suggestion und Hypnotismus in der Völkerpsychologie; Stubbe, H. (2000): Der Goaner Abbé Faria und die Hypnose. Ein Dialog indischer und europäischer Psychologie? In: H. Siepmann (Hrsg.), Portugal, Indien und Deutschland, 2000; Ders. (2000): Goa and Portugal. History and development; Ders. (2001): J.C. de Faria in the history of the world of psychology („Weltpsychologie"). In: P. Malekandathil & T.J. Mohammed (ed.s), The portuguese, indian ocean and european brideheads. Kerala, 2001:337-353; Jensen, U. (2019): Wie die Couch nach Kalkutta kam

Indigenisierung (s. Emisch vs. Etic-Forschungsrichtung)

Stubbe, Hannes (1987): Geschichte der Psychologie in Brasilien. Von den indianischen und afrobrasilianischen Kulturen bis in die Gegenwart. Berlin; Quekelberghe, R. van (1991): Klinische Ethnopsychologie. Einführung in die transkulturelle Psychologie, Psychopathologie und Psychotherapie. Heidelberg; Sta. Maria, M. M. (1993): Die Indigenisierungskrise in den Sozialwissenschaften und der Versuch einer Resolution in Sikolohiyang Pilipino. Phil. Diss. Universität zu Köln; Adair, J. G. et al. (1993): Indigenization of Psychology: Empirical assessment of progress in Indian Research. International Journal of Psychology, 28, (2), p. 149-169; Lederle, J. (2009): Mission und Ökonomie der Jesuiten in Indien (Malbar-Provinz im 18. Jh.). Harrasowitz; Kim, U. et al. (2006): Indigenous and cultural psychology: Understanding people in context. New York; Psychology und Gesellschaftskritik, 34. Jg., N° 134, Heft 2, 2010 (Indigene Psychologien); Lexikon der Psychologischen Anthropologie. Gießen, 2012:306f

Institutionalisierung (s. Archive, Experimentalpsychologie, einzelne Länder, Zeittafeln)

Die Institutionalisierung der Psychologie im 19. Jh. d.h. die Schaffung von Laboratorien, Instituten, Lehrstühlen, Zeitschriften, Vereinigungen, Gesellschaften etc. war eine wichtige Zäsur in der Wissenschaftsgeschichte. Mit ihr verbunden war die Professionalisierung und ihre Anwendung in allen Bereichen der Kultur, Wirtschaft, Pädagogik, Medizin etc. Im allgemeinen Sprachgebrauch wird *Institution* (= "Einrichtung") als Organisation, als ein Betrieb, oder eine Einrichtung schlechthin verstanden, die nach bestimmten Regeln des Arbeitsablaufes und der Verteilung von Funktionen auf kooperierende Mitarbeiter eine bestimmte Aufgabe erfüllt. Der *kulturanthropologische Ansatz* betrachtet die Institution als gesellschaftlichen Instinktersatz zur Sicherung des menschlichen Verhaltens. Der struktural-funktionale Ansatz betont die Bedeutung der Institution für die Selbsterhaltung des sozialen Systems. Danach sind drei Momente der Institution zu unterscheiden:

1. Relationaler Aspekt: Die Institution ordnet das Geflecht der sozialen Beziehungen und Rollen, der materiellen und sozialen Austauschbeziehungen
2. Regulativer Aspekt: Die Institution regelt die Zuordnung der Machtposition und die Verteilung der sozialen Belohnungen.
3. Kultureller Aspekt: Die Institution repräsentiert – in Ideologien und Symbolen – den Sinnzusammenhang des sozialen Systems. (z. B. Fuchs et al. , 1988:345)

An sozialer und individueller Emanzipation orientierte Sozialwissenschaftler wie z.B. *J. Habermas* weisen auf die reflexionshemmenden, manipulativen und Entfremdung begünstigenden Tendenzen derjenigen Institutionen hin, deren normative und erzieherische Kräfte sich als irrationale Autoritäten auch in einer modernen Gesellschaft mit intendierter Aufklärung erhalten haben. *Berger & Luckmann* (1991:58) betonen, dass die Institution ein Geschöpf eines historischen Prozesses ist und dass der Kontrollcharakter der Institutionalisierung eigen sei.

Geuter, U. (1984): Die Professionalisierung der deutschen Psychologie im Nationalsozialismus. Frankfurt/M.; Benetka, G. (1990): Zur Geschichte der Institutionalisierung der Psychologie in Österreich. Wien-Salzburg; Ders. (1995): Psychologie in Wien. Sozial- und Theoriegeschichte des Wiener Psychologischen Institut 1922-1938. Wien; American Psychologist, vol. 47, N.2, 1992 (The history of american psychology); Evans, R. B., Staudt Sexton, V., & Cadwallader, T. C. (Eds.) (1992): The American Psychological Association: A historical perspective. Washington, D.C.: APA; Bringmann, W. G. et al. (1997): Wundt's laboratories. In: W. G. Bringmann et al. (eds.), A pictorial history of psychology. Chicago: Quintessence. p. 126-132; Centofanti, R. (2006): Os laboratórios de psicologia nas escolas normais de São Paulo: o despertar da psicometria. Em: Psicologia da Educação. Revista do Programa de Estudos pós-graduados (PUC-SP), 22, p.31-52; Rapp, I. (2018): Psychologie in Köln – Ein Fach und ein Institut entstehen. Berlin; Stubbe, H. (Hrsg.) (2019): 100 Jahre Psychologie an der Universität zu Köln. Lengerich; Stock, A. & Schneider, W. (Hrsg.) (2020): Die ersten Institute für Psychologie im deutschsprachigen Raum. Göttingen: Hogrefe

Islamische Welt (Arabien, Persien) (s. auch Ägypten, Türkei)

Bertherand, E. L. (1855): Médicine et hygiène des arabes. Paris; Pfaff, E. R. (1868): Das Traumleben und seine Deutung nach den Prinzipien der Araber, Perser, Griechen, Inder und Ägypter. Leipzig; Landauer, S. (1872): Beitrag zur Psychologie des Ibn Sînâ. Einleitung, Text und Übersetzung mit Commentar (Abschnitt I–III). Dissertation München; Ders. (1876): Die Psychologie des Ibn Sînâ. Zeitschrift der Deutschen Morgenländischen Gesellschaft. Band 29, 1876: 335–418; Nachdruck In: Fuat Sezgin (Hrsg.): Studies on Ibn Sīnā (gest.. 1037) and his medical works. 4 Bände. Frankfurt am Main 1996 (= Publications of the Institute for the History of Arabic-Islamic Science. Hrsg. von Fuat Sezgin, Band 10–13: Islamic Medicine.) Band 1, S. 65–148. – Edition und Übersetzung der Schrift Avicennas; Le Bon; G. (1884): La civilisation des arabes. Paris; Rückert, Fr. (1890-1895): Firdosi's Königsbuch (Schahname). 3 Bde. Berlin (Neuausg. 4 Bde. 2017/20); Dictionary of Islam. Hrsg. T.P. Hughes. London (1896, 2. Ed.); Enzyklopädie des Islam. Hrsg. M. T. Houtsma et al.. Leiden, 1913-1938; Carra de Vaux, B. (1921-1926): Les penseurs de l'islam. 5 vols. Paris; Buber, M. (1923): Ekstatische Konfessionen. Jena, 2. Aufl.; Mason, I. (1923): The mohammedans of China. London; Pfannmüller, G. (1923): Handbuch der Islam-Literatur. Leipzig; Jacob, G. (1924): Der Einfluß des Morgenlandes auf das Abendland. Hannover; Christ, P. S. (1926): The psycholog of the active intellect of Averroes. Philadelphia; Wüstenfeld, F. (1926): Vergleichstabellen der mohammedanischen und christlichen Zeitrechnung. Leipzig, 2. Aufl.; Plessner, M. (1931): Die

Geschichte der Wissenschaften im Islam. Tübingen; Mahler, E. (1931): Vergleichstabellen der persischen und christlichen Zeitrechnung. Leipzig; Brögelmann, E. (1932): Die religiösen Erlebnisse der persischen Mystiker. Hannover; Morata, N. (1934): El compendio de anima de Averroe. Madrid; Bousquet, G. H. (1938): Introduction à l'étude de l'islam indonésien. Paris; Abel, Th. & Grunbaum, G. E. von (1946): A contribution of a medieval arab scholar to the problem of learning. Journal of Personality, 15, p.59-69 (Az-Zarnuji); Gauthier, L. (1948): Ibn Rochd (Averroès); Paret, R. (1950): Der Islam und das griechische Bildungsgut. Tübingen; Rosenthal, F. (1952): History of muslim historiography. Leiden; Rahman, F. (1952): Avicenna's Psychology. London (Ibn Sina= Avicenna, 980-1037); Prothro, E.T. (1954): Ibn Sina: Tenth century empiricist. Journal of General Psychology, 51, , p.3-9; Afnan, S. M. (1958): Avicenna: his life and works; Zaidi, S. M. H. (1959): Pakistan Psychology. American Psychologist, 14, p. 532-536; Sigerist, H. E. (1963): Anfänge der Medizin. Von der primitiven und archaischen Medizin bis zum Goldenen Zeitalter in Griechenland. Zürich, S. 647-656 (Persien); Werner, K. (1964): Der Averroismus in der christlich-peripatischen Psychologie des späten Altertums; Peseschkian, N. (1979): Der Kaufmann und der Papagei. Orientalische Geschichten als Medien in der Psychotherapie. Mit Fallbeispielen zur Erziehung und Selbsthilfe. Frankfurt/M.; Paret, R. (1979, 1980): Der Koran. Übersetzung, Kommentar und Konkordanz. 2 Bde. Berlin: Kohlhammer; Viney, W. et al. (1979): History of Psychology. Detroit (Bibliografie); Jockel, R. (Hrsg.) (1981): Islamische Geisteswelt. Von Mohammed bis zur Gegenwart. Wiesbaden (Bibliografie); Said, Edward W. (1981): Orientalismus. Frankfurt/M.; Osman, Nabil (1982): Kleines Lexikon deutscher Wörter arabischer Herkunft. München: Beck; Fakhry, M. (1983): A history of islamic philosophy. London; Gómez Nogales, S. (1987): La psicología de Averroes. Comentario al libro sobre el alma de Aristóteles. Madrid; Grabois, A. (o.J.): Enzyklopädie des Mittelalters. Zürich; Khoury, A. Th., Hagemann,L. & Heine, P. (1991): Islam-Lexikon. 3 Bde. Freiburg/Brsg.(Bibliografie); Kabbani, R. (1993): Mythos Morgenland. Wie Vorurteile und Klischees unser Bild vom Orient bis heute prägen. München (engl. London, 1986); Pfeiffer, W. (1994): Transkulturelle Psychiatrie. Stuttgart, 2 Aufl.; Maier, B. (2001): Koran-Lexikon. Stuttgart; Shaver, P. R., Murdaya, U. & Fraley, C. R. (2001): Structure of the Indonesian emotion lexikon. Asian Journal of Social Psychology, 4, p. 201-224; Hoffmann, C. (2004): Dumuzi's dream: dream analysis in ancient Mesopotamia. Dreaming, 14, p. 240-251; Sündermann, Katja (2006): Spirituelle Heiler im modernen Syrien. Berufsbild und Selbstverständnis – Wissen und Praxis. Berlin: H. Schiler; Bauer, Th. (2011): Die Kultur der Ambiguität. Eine andere Geschichte des Islam. Berlin; Ders. et al. (2013): Religion und Homosexualität. Göttingen; Ders. (2018): Warum es kein islamisches Mittelalter gab. Das Erbe der Antike und der Orient. München; Schreiber, Constantin (2019): Kinder des Koran. Econ; Benslama, Fethi & Mager, M. (2017): Psychoanalyse des Islam. Berlin: Matthes & Seitz; Ullmann, M. (2020): Flüche und unfromme Wünsche in der arabischen Sprache und Literatur. Wiesbaden: Harrassowitz; Geuad, Hassan (2021): „Möge Allah Dich in die tiefste Hölle schicken." Warum ein Muslim für Vielfalt, Toleranz und Freiheit kämpft. Westen Verlag

Israel/Judentum (s. auch Exil)

The Jewish Encyclopedia. Hrs. J. Singer. N.y. , 1901-1906; Zangwill, I. (1913): Kinder des Ghettos. 2 Bde. Berlin: S. Cronbach; Jüdisches Lexikon. Hrsg. G. Herlitz & B. Kirschner. Berlin, 1927-1930; Jones, E (1951). The psychology of the Jewish question (1945). Ess A Psa, 1, p. 284-300; Freud, S. (1974): Vorrede zur hebräischen Übersetzung der Gesamtausgabe, S. 293; Lee-Linke, S.-H. (1990): Frau und Religion. Zeitschrift für Kulturaustausch, 40(1), S. 26-32; Stroeken, H.P.J. (1991): Der Einfluß von Freuds Judentum auf sein Leben und die Psychoanalyse. Forum der Psychoanalyse, 7, S. 323-335; Yerushalmi, Y. H. (1991): Freud's

Moses: Judaism terminable and interminable. New Haven (dt. 1992); Páramo-Ortega, R. (1995): Psychoanalyse und Weltanschauung. Hintergründige Weltansichten in der psychoanalytischen Praxis. In: P. Kutter et al. (Hg.), Weltanschauung und Menschenbild. Einflüsse auf die psychoanalytische Praxis, S. 19-60; Alon, J. (1995): Psychologische Aspekte der Trauer im Judentum. Kölner Beiträge zur Ethnopsychologie und Transkulturellen Psychologie, Jg.1, N°.1, S. 1-10; Bar-On, D. et al. (1996): Psychologische Perspektive über Einwanderung und Neu-Ansiedlung im Falle Israels: Trennung als Ablösung versus Abbruch. Kölner Beiträge zur Ethnopsychologie und Transkulturellen Psychologie, Jg.2, N°.2, S. 1-16; Noronha, P. (1998): Juden in Goa. Kölner Beiträge zur Ethnopsychologie und Transkulturellen Psychologie, Jg.4, N°.4, S. 83-87; Schoeps, J. H. (Hrsg.) (2000): Neues Lexikon des Judentums. Gütersloh; Althaus, H. P. (2003): Kleines Lexikon deutscher Wörter jiddischer Herkunft. München: Beck; Roudinesco, E. & Plon, M. (2004): Wörterbuch der Psychoanalyse. Paris, S.506-509 (Judesein); Zadoq ben Ahron (2006): Talmud Lexikon. Alles, was Sie schon immer über den Talmud wissen wollten. Neu Isenburg: Melzer; Chtcherbatova, St. & Gus, M. (2008): Das Vertrauenstelefon für Migranten in den jüdischen Gemeinden. Kölner Beiträge zur Ethnopsychologie und Transkulturellen Psychologie, Bd. 7, S. 71-88; Lück, H. E. (2016): Die psychologische Hintertreppe. Freiburg/Brsg., S. 400-406

Italien

Lombroso, C. (1876): L'Uomo delinquente. 2 voll. Torino; Ders. (1887). Le nuove conquiste della psichiatria. Rivista di Filosofia Scientifica, 8, p.636-642; Ders. (1893): La donna delinquente. Torino; Buccola, G. (1880): La psicologia fisiologica in Italia. Rivista di freniatria, 6, p. 197-215 e p. 307-336; Morselli, E. (1885): Manuale di semejotica delle malattie mentali. Milano; Ders. (1886): Il magnetismo animale. Torino; Ders. (1908): Psicologia e spiritismo. Torino; Tanzi, E. & Musso, G. (1888): Le variazioni termiche del capo durante le emozioni, Rivista Filos. Scienc., VII, p.147-160; Mosso, A. (1891): La fatica. Milano; Mantegazza, P. (1893): Fisiologia della donna. 2. voll. Milano; Ermacora, G.B. (1896): La telepatia. Riv. Studi psichici, II, p.11-22, 127-136, 243-248,, 301-308, 397-402 (auch vol. III und IV); Villa, G. (1899): La psicologia comtemporanea. Torino; Morselli, E. & De Sanctis,S. (1903): Biografia di un bandito. Guiseppe Musolino. Milano; De Sarlo & Berrettoni, V. (1905): I movimenti inconscienti nelle varie forme di attività psichica. Ricerche di Psicologia, I, p.70-91; Berrettoni, V. (1906): Como s'istituisce un Laboratorio di psicologia sperimentale. Fierenze; Baratono, A. (1906): Fondamenti di psicologia sperimentale. Torino; Kurella, H.G. (1911): Cesare Lombroso: a modern man of science.; Benussi, V. (1913): Psychologie der Zeitauffassung; Boas, F. (1913): The headforms of the italians as influenced by heredity and environment. American Anthropologist, XV, p. 163-188; Gini, C. (1914): Le recenti pubblicazioni italiani di Statistica biologica degli italiani e sugli italiani. Archivio per Antropologia e l'Etnologia, XLIV, p. 21-40; Rignano, E. (1920). Psicologia del raggionamento; Benussi, V. (1925): La suggestione e l'ipnosi come mezzi di analisi psichica reale. Bologna; Morselli, E. (1926): La psicanalisi. 2 voll. Torino; Bonaventura, E. (1929): Il problema psicologico del tempo. Milano; Gemelli, A. & Pastori, G. (1934): L'analisi electroacustica del linguaggio. Milano; Guardione, F. (1936): Scritti di G. Buccola nel ciquantenario (1854-1885). Palermo; Plottke, P. (1946): Psychology in Italy. Individual Psychology Bulletin, 5, p.89-91; Misiak, H. & Staudt, V. M.

(1953): Psychology in Italy. Psychological Bulletin, 50, p. 347-361; Musatti, C. (1957): Coscienza ed inconscio nelle ricerche sperimentali di Vittorio Benussi. Rivista di Psicologia, 1, p.4-23; Ders. (1975): Soggetti di esperimento e sperimentatori. Giornale Italiano di Psicologia, 3, p.125-131; Handbuch der Neurosenlehre und Psychotherapie (Frankl – v. Gebsattel - Schultz). Bd. 1. München, 1958: 113-127; Lazzeroni, V. & Marzi, A. (1958): Psychology in Italy from 1945 to 1957. Acta Psychologica, 14, p. 54-80; Standing, E.M. (1962): Maria Montessori: her life and work. N.Y.; De Sanctis, S. (1963): Psychological Science in Italy. Scandinavian Science Review, 2, p.114-118; Sirigatti, S. (1967): Gli studi di psicologia scientifica nell'Università di Firenze (1903-1945): Siena; Assagioli, R. (1971): Psychosynthesis; Bulferetti, L. (1975): Cesare Lombroso. Torino; Giacanelli, F. (1975): Appunti per una storia della psichiatria in Italia. In: K. Dörner, Il borhese e il folle. Bari, p.V-XXXII; Colombo, G. (1975): La scienza infelice: Il museo di antropologia criminale di C. Lombroso. Torino; Landucci, G. (1977): Darwinismo a Fierenze. Tra scienza e ideologia (1860-1900). Fierenze; Lazzeroni, V. (1977): Le origini della psicologia comtemporanea. Fierenze; Brožek, J. & Dazzi, N. (1977): Contemporary historiography of psychology: Italy. Journal of the History of the Behavioral Sciences, 13, p. 33-40; Gilardi, A. (1978): Wanted! Storia tecnica ed estetica della fotografia criminale, segnaletica e giudiziaria. Milano; Gori-Savellini, S. (1980): La psicologia tra fisiologia e psichiatria nelle riviste del positivismo italiano. Bolletino di Psicologia Applicada, 153, p.15-28 e 154, p.17-30; Gould, St. J. (1981): The mismeasure of man. N.Y.; Marhaba, S. (1981): I lineamenti della psicologia italiana: 1870-1945. Fierenze; Storia d'Italia, Annali 7. Malattie e Medicina. Torino, 1984; Istituo e Museo di Storia della Scienza (ed.): Misura d'uomo. Strumenti, teorie e pratiche dell'anttropometria e della psicologia sperimentale tra 1800-1900. Firenze, 1986; Accerboni, , A. M. (1988): Psychanalyse et fascisme. Deux approches incompatibles. Revue internationale d'histoire de la psychanalyse, 1, p.225-243; Gibson, M. (2002): Born to crime: Cesare Lombroso and the origins of biological criminology. Westport/CT; Wangermann, I. (2008): In-/direkte Kommunikation und Höflichkeit in der Unternehmens-kommunikation: Deutschland, Österreich und Italien im kulturellen Vergleich. Phil. Diss. Köln; Foschi, R., Giannone, A. & Guiliani, A. (2013): Italian psychology under protection: Agostini Gemelli between catholicism and fascism. History of Psychology, 16(2), p.130-144; Antonelli, M. (2019): Vittorio Benussi in the history of psychology: New ideas of a century ago. Springer

Japan

Iwaya, S. (1902): Traumdeutung in Japan. Ost-Asien, Bd. 5; Miura, K. (1906): Über japanische Traumdeuterei. Mitt. dt. Gesellsch. Naturk. Ostasiens, Bd. 10; Matsumoto, M. (1915): Psychological interpretation of modern japanese paintings; Ders. (1923): Outlines of psychology; Ders. (1930): Psychology of childhood; Benedict, R. (1946): The Chrysanthemum and the Sword. Patterns of Japanese Culture. N.Y. (dt. Frankfurt/M., 2006); Herrigel, E. (1948): Zen in der Kunst des Bogenschießens; Kondo, A. (1953): Morita therapy: A japanese therapy for neurosis. Amer. Journal of Psychoanalysis, 13, 1953:31-37; Sato, K. & Graham, C.H. (1954): Psychology in Japan. Psychological Bulletin, 51, p. 443-464; Hake, H. W. (1958): Japanese Experimental Psychology viewed from America. Psychologia, 1, p.184-186; Kaketa, K. (1958): Psychoanalysis in Japan. Psychologia, 1, p.247-252; Tsushima, T. (1958): Notes on trends and problems of psychotherapy in Japan. Psychologia, 1, p.231-236; Tomoda, F. (1958): Client-centered Therapy in Japan. Psychologia, 1, p. 237-241; Hirota, K. (1959): Development of Social Psychology in Japan. Psychologia, 2, p.216-228; Suzuki, D. T. (1958): Zen und die Kultur Japans; Yoda, A. & Hidano, T. (1959): Development of Educational Psychology in Japan. Psychologia, 2, p. 137-149; Kirihara, S.H. (1959): Industrial psychology in Japan. Psychologia, 2, p. 206-215; Sieffert, R. (1959): Les songes et leur interprétation au Japon. Sources Orientales II. Paris: Seuil, p. 309ff; Suzuki, D. T., Fromm, E. & Martino, R. de (1960): Zen-Buddhism and psychoanalysis. N.Y.; Kirsch, J. (1960): Affinities between Zen and Analytical Psychology. Psychologia, 3, p. 85-91; McGinnies; E. (1960): Psychology in Japan: 1960. American Psychologist, 15, p. 556-562; Motoyoshi, R. & Iwahara, Sh. (1960): Japanese studies on animal behavior in the last decade. Psychologia, 3, p.135-148; Kido, M. (1961): Origin of Japanese Psychology and its development. Psychologia, 4, p. 1-10; Webb. W. B. (1962): Psychologists in outher countries. In: W.B. Webb, The profession of Psychology. New York; p.267-281; Kawai, H. (1962): Professor Carl Gustav Jung and Japanese Psychology. Psychologia, 5, p.8-10; Fromm, E. et al. (1963): Buddhismus und Psychoanalyse; Onda, A. (1963): Autogenic training and zen. In: W.Luthe (Hrsg.), Autogenes Training, 1963:51-58; Lloyd, van V. (1965): Psychology in Colleges and Universities in Japan and the Republic of Korea. Journal of Psychology, 61, p.183-189; Kora, T. (1965): Morita therapy. Internat. Journal of Psychiatry, 1, (4), 1965:611-640; Tanaka, Y. (1966): Status of Japanese Experimental Psychology. Annual Review of Psychology, 17, p. 233-272; Murphy, G. & Murphy, L.B. (1968): Asian Psychology. N.Y.; Minami, H. (1971): Psychology of the Japanese people. Tokyo; Murase, T. (1974): Nainkan, Morita and Western psychotherapy. Arch. Gen. Psychiatry, 31, 1974: 121-128; Chang, S. C. (1974): Morita therapy, Amer. J. of Psychotherapy, 24, 1974.208-221; Okamoto, S. (1976): Dr. Matataro Matsumoto: his career and achievements. Journal of the History of Behavioral Sciences, 12, p. 31-38; Sukemane, S. et al. (1977): Studies on social learning in Japan. American Psychologist, p.924-933; Sasaki, Y. (1977): Possibilities of Zen therapy. In: Y.Akishige (ed.), Psychological studies on Zen, vol.2, Tokio, 1977:458-466; Kawada, A. (1977): Psychoanalyse und Psychotherapie in Japan. Psyche,3, 1977:272-285; Miyakawa, T. (1980): Wilhelm Wundt in Japan – Was ermöglicht uns, das Progressive in seinem Erbe zu finden? In: Karl Marx Universität Leipzig (Hrsg.), W. Wundt – progressives Erbe, Wissenschaftsentwicklung und Gegenwart, Leipzig, S.223-226; Hoshino, A. (1980): Current major trends in psychology in Japan. Philippine Journal of Psychology, 13, p. 3-19; Doi, T. (1982): Amae – Freiheit in Geborgenheit. Zur Struktur japanischer Psyche (1973); Stubbe, H. (1983): Japan. In: Verwitwung und Trauer im Kulturvergleich. Mannheim; Azuma, H. (1984): Psychology in a non-western country. International Journal of Psychology, 19, p. 45-55; Reynolds, D.K. (1987): Morita-Therapie, In: R. J. Corsini (Hrsg.), Handbuch der Psychotherapie; Heise, J. (1990): Die kühle Seele. Selbstinterpretationen der japanischen Kultur; Hotta, M. & Strickland, L. (1991): Social psychology in Japan. Canadian Psychology, 32, p.596-611; Pinguet, M. (1991): Der Freitod in Japan. Ein Kulturvergleich. Berlin; Quekelberghe, R. van (1991): Klinische Ethnopsychologie. Heidelberg; Schubert, V. (1992): Die Inszenierung der Harmonie. Erziehung und Gesellschaft in Japan; Gundlach. H. (1993): Wilhelm Wundt , Professor, und Anna Berliner, Studentin. Psychologie und Geschichte, Jg. 5, Heft ½, S: 143-151; Kindermann, Th. A. et al. (1993): Anna Berliner, Wilhelm Wundts einzige Studentin. Psychologie und Geschichte, Jg. 4, Heft ¾, S: 263-277; Buruma, I. (1994): Erbschaft der Schuld: Vergangenheitsbewältigung in Deutschland und Japan. München: Hanser; Hendstrom, J. (1994): Morita and Naikan therapies: American applications. Psychotherapy: Theory, Research, Practice, Training, 31 (1), p.154-160; Lexikon der östlichen Weisheitslehren, 1997; Poppelreuter, S. (1997): Arbeitssucht. Göttingen; Sheng, W.-S. (2001): Handbook of Cultural Psychiatry. N.Y.; Byung-Chul-Han (2002): Philosophie des Zen-Buddhismus. Stuttgart; Tieste, O. (2003): Der Tod durch Überarbeitung. Bern; Roudinesco, E. & Plon, M. (2004): Wörterbuch der Psychoanalyse. Wien, S.487-492; Jungkurth, C. (2005): Arbeitssucht in Deutschland?; Okamura, Kazuko (2012): Fahren unter Alkoholeinfluss in Japan. Psychol. Dissertation, Universität zu Köln; Kishikawa, E. (2013): Kultur, Kognition und Empathie. Dipl.arbeit, Universität zu Köln; Oesterle, K. (2016): Zen im Weg des Bogens. Über die Kraft aus der wir leben.

Kanada

Baldwin, J. M. (1892): The psychological laboratory in the University of Toronto. Science, 19 (475), p.143-144; Abbott, A. H. (1900): Experimental psychology and the laboratory in Toronto. University of Toronto Monthly, 1, p.106-112; Laver, A. B. (1977): The historiography of psychology in Canada today. Journal of the History of the Behavioral Sciences, XIII, p. 243-251; Danziger, K. (1980): The history of introspection reconsidered. Journal of the History of the Behavioral Sciences, 16, p. 241-262; Marshall, M. (1980): The influence of Wilhelm Wundt's students in Canada: A. Kirschmann. In: Karl Marx Universität Leipzig (Hrsg.), W. Wundt – progressives Erbe, Wissenschaftsentwicklung und Gegenwart, Leipzig, S. 233-243; Wright, M. & Myers, C. R. (1995): History of Academic Psychology in Canada. Seattle; Schmidt, W. (1997): Psychology in Canada. In: W.G. Bringmann et al. (Ed.s): History of pictorial psychology. Chicago, p. 610-615; Danziger, K. (1997): Naming the mind: How psychology found its language. London: Sage; Pols, H. (2002): Between the laboratory and life: Child development research in Toronto, 1919-1956. History of Psychology, 5, p. 135-162; Wright, M. J. (2002): Flashbacks in the history of psychology in Canada: some early "headline" makers. Canadian Psychology, 43, p. 21-34; Roudinesco, E. & Plon, M. (2004): Wörterbuch der Psychoanalyse. Wien, S.517-523; Green, C. D. (2004): The hiring of James Mark Baldwin and James Gibson Hume at the University of Toronto in 1889. History of Psychology, 7, p.130-153;

Kognition

Kognition (von lat. cognitio = Kenntnis, Erkenntnis, Begriff). Darunter wird allgemein die Gesamtheit der geistigen Aktivitäten des Menschen verstanden. Hierzu gehören Wahrnehmen, Denken, Lernen, Vorstellen, Erinnern, Problemlösen, Sprachverstehen, sowie die damit verbundenen Strukturen des Gedächtnisses und des Wissens (vgl. Brockhaus Psychologie, 2009).

Ebbinghaus, H. (1880): Urmanuskript „Über das Gedächtnis" 1880. Passau, 1983; Ach, K. (1921): Über die Begriffsbildung; Bartlett, F. C. (1932): Remembering: a study in experimental and social psychology. N.Y.; Selz, O. (1924): Die Gesetze der produktiven und reproduktiven Geistestätigkeit; Duncker, K. (1935): Zur Psychologie des produktiven Denkens; Boring, E. G. (1942): Sensation and perception in the history of experimental pychology. N.Y; Beardslee, D

C. & Wertheimer, M. (eds.) (1958): Readings in perception. Princeton; Wertheimer, M. (1959): Productive thinking. N.Y.; Siegel, R. E. (1970): Galen on sense perception. N.Y.; Brožek, J. (1970): Contribution of the history of psychology: F.C. Donders (1818-1889) and the timing of mental operations. Psychological Recorts, 26, p.563-569; Pastore, N. (1971): Selective history of theories of visual perception, 1650-1950. N.Y.; Carterette, E. C. (1974): Historical and philosophical roots of perception. Vol. 1. N. Y.; Figlio, K. M. (1975): Theories of perception and the physiology of mind in the late eighteen century. History of Science, 13, p.177-212; Posner, M. J. (1976): kognitive Psychologie. München; Stam, J. H. (1977): The Sapir-Whorf-Hypothesis in historical perspective. Annals oft he New York Academy of Sciences, 291, p. 306-316; Hayes, J. R. (1978). Cognitive psychology: thinking and creating. Homewood/Ill.; Downs, R. & Stea, D. (1982): Kognitive Karten. N. Y.; Hussy, W. (1984): Denkpsychologie. Stuttgart; Gundlach, H. (1988): Index Psychophysicus. Bio- und bibliographischer Index zu Fechners Elementen der Psychophysik und der Parerga. Passau; Münche, D. (Hrsg.) (2000): Kognitionswissenschaft. Frankfurt/M.; Anderson, J. R. (1988/2001): Kognitive Psychologie. Heidelberg; Kellog, R. (2009): Cognitive Psychology. Thousand Oaks, CA;

Kolonialismus

Dt. Kolonialgesellschaft (Hg.) (1899): Kleiner deutscher Kolonialatlas; Leiris, M. (1950): L'Ethnographe devant le colonialism. Les Temps Modernes, No. 58; Mannoni, O. (1950) : Psychologie de la colonisation; Fanon, F. (1961): Les damnés de la terre (dt. 1969); James, W. (1973): The anthropolgist as reluctant Imperialist. In : T. Asad (ed.), Anthropology and the colonial encounter. London; Leopold, J. (1974): Britische Anwendungen der arischen Rassentheorie auf Indien 1850–1870. Saeculum, 25, 4, 1974:386-411; Leclerc, G. (1976): Anthropologie und Kolonialismus; de Vries, J. L. (1978): Mission and colonialism in Namibia. Ravan Press; Schmitt, E. (Hrsg.) (1986ff): Dokumente der europäischen Expansion, 7 Bd.e, 1986ff; Ptak, R. (1986): Portugal in China: kurzer Abriss der portugiesisch-chinesischen Beziehungen und der Geschichte Macaus; Gallo, D. (1988). Antropologia e Colonialismo: O saber português. Lisboa: Editores Reunidos/Heptágono; Der unterbrochene Draht. Die deutsche Post in Ostafrika. Historische Fotografien. Katalog, 1989; Probst, P. (1990): „Den Lehrplan tunlichst noch über eine Vorlesung über ‚Negerpsychologie' ergänzen". Bedeutung des Kolonialinstituts für die Institutionalisierung der akademisch-empirischen Psychologie in Hamburg. Psychologie und Geschichte, 2, 1990:25-36; Stubbe, H. (1992): Wilhelm Wundt und die Herero. Psychologie und Geschichte, Jg. 4, Heft 1/2, 1992:121-138; Memmi, A. (1992): Rassismus; Ders. (1994): Der Kolonisator und der Kolonisierte; Mondlane, E. (1995): Lutar por Moçambique. Maputo: Minerva Central; Grosse, P. (1997): Psychologische Menschenführung und die deutsche Kolonialpolitik, 1900-1940. In: Mecheril & Teo, Psychologie und Rassismus, 1997:19-41; Osterhammel, J. (1995): Kolonialismus. Geschichte, Formen, Folgen; Ders. (2009): Weltgeschichte des 19.Jh.s; Nohlen, D. (Hrsg.) (2000): Lexikon der Dritten Welt; Schneider, G. (2000): Mussolini in Afrika. Die faschistische Rassenpolitik in den italienischen Kolonien 1936-1941; Cherki, A. (2001): Frantz Fanon. Ein Portrait, 2001; Steyert H. & Rodriguez, E. G. (Hrsg.) (2003): Gesellschaftstheorie und postkoloniale Kritik; Namibia-Deutschland. Eine geteilte Geschichte. Widerstand, Gewalt, Erinnerung. Katalog, 2004; Reinhard, W. (2008): Kleine Geschichte des Kolonialismus; Zeller, J. (2008): Koloniale

Bilderwelten. Zwischen Klischee und Faszination: Kolonialgeschichte auf frühen Reklamesammelbildern. Augsburg: Weltbild; Stubbe, H. (2008): S. Freuds ‚Totem und Tabu' in Mosambik. Göttingen (Bibliografie); Ders. (2012): Lexikon der Psychologischen Anthropologie. Gießen: Psychosozial, S. 300 (Imperialismus), S.300 ("Indianer"), 334ff, (Kolonialismus), 483f ("Naturvölker"); Daus, R. (2014): Die Erfindung des Kolonialismus – revisted. Opitz Verlag; Deutsches Historisches Museum (Hrsg.) (2016): Deutscher Kolonialismus. Fragmente seiner Geschichte und Gegenwart. Katalog; ZEIT Geschichte, Nr. 4/2019: Die Deutschen und ihre Kolonien. Das wilhelminische Weltreich 1884 bis 1918. Hamburg; *Koloniales Bildarchiv*: www.stub.bildarchiv-dkg.uni-frankfurt.de

Korea (Süd-)

Lloyd, van V. (1965): Psychology in Colleges and Universities in Japan and the Republic of Korea. Journal of Psychology, 61, p.183-191; Beuchelt, E. (1975): Zur Status-Persönlichkeit koreanischer Schamanen. Sociologus NF, 25, S.139-154; Kim, K. I. & Rhi, B. Y. (1976): A review of Korean cultural psychiatry. Transcultural Psychiatric Research review, 13(2), p.101-114; Cho, H. Y. (1982): Koreanischer Schamanismus: Eine Einführung. Hamburger Museum für Völkerkunde; Sattler, J. (1999): Die Gongtrommel und ihr transkulturelles Potential – Musiktherapie mit einer koreanischen Patientin. Ethnopsychologische Mitteilungen, 8 (2), S. 118-125; Boswell, Jr, R. E. (2002): Buddhism in Korea. In: The Encyclopedia of Religion, S.347-353; Scherpinski-Lee, A. (2011): Die Bedeutung von Emotionen in der koreanischen Interaktion. Intercultural Journal: Online Zeitschrift für interkulturelle Studien, 10(14), S.87-108; Schulz, W. et al. (2018): Einstellungen gegenüber Psychotherapie in Südkorea und Deutschland. Der Nervenarzt, 89 (1), S.51-57; Bäumer, St. (2018): Suizid in Südkorea und Deutschland im Kulturvergleich. BA-Psychologie, Universität zu Köln; Nam-Joo, Cho (2021): Kim Jiyoung, geb. 1982. Köln

Kuba (s. Zeittafel zur Psychologie in Lateinamerika)

Vernon, W. H. D. (1944): Psychology in Cuba. Psychological Bulletin, 41, p.73-89; Losada, J. V. (1974): La psicología en Cuba. Psicología (Caracas), I, p.47-51; Castro, F. (1983): La historia me absolvera. La Habana; Cinco análisi sobre La Historia ME ABSOLVERA. Colectivo de autores. La Habana, 1985; Henning, D. (1996): Frauen in der kubanischen Geschichte. Frankfurt/M.; Zaldívar Pérez, D. (1998): Teoría y prática de la psicoterapia. Habana; Kurschildgen, R. (2000): Zur Geschichte und aktuellen Lage der Psychologie in Kuba. Freiburg/Brsg., Unveröffentl. Manuskript; Ders. (2004): Geschichte der psychoanalytischen Bewegung in Cuba. Psychoanalyse im Widerspruch, 32, 2004:133-140

Kultur (s. Ethnologie, Transkulturelle Psychologie)

Begriffsgeschichtlich leitet sich *„Kultur"* von lat. *cultura* (lat. colere = hegen und pflegen, bebauen, ausbilden, tätig verehren) her. Ursprünglich bedeutete cultura Bebauung, Ackerbau, Veredelung,

Verehrung, später bei *Cicero* (106-43 v. Chr.) als „cultura animi" Veredelung/Kultivierung, Bildung der Seele. Verwandt ist cultura mit cultus, was so viel wie Verehrung oder rel. Anbetung bedeutet. In der griech.-röm. Antike war die Kultur (vgl. griech. paidaia, lat. humanitas) kein eigener Forschungszweig, aber innerhalb der Philosophie wurden kultur-theoretische Fragen eingehend behandelt, die bis in die Gegenwart wirksam sind (vgl. Müller, 2003). Im Gegensatz dazu bezeichnet *Natur* (lat. natura, griech. φύσις, engl. nature) alles das, was nicht vom Menschen geschaffen wurde. Der Mensch ist sowohl von Natur, als auch von Kultur durchwirkt und dies betrifft die Psyche, wie auch den Leib. Er ist ein „Schöpfer und Geschöpf der Kultur" (M. Landmann).

Die unterschiedlichen Zugangswege zur Definition und Analyse von Kultur und Kulturen sind von den nordamerikanischen Kulturanthropologen *Kroeber* und *Kluckhohn* (1952), *Bidney* (1968) u.a. systematisch aufgezeigt worden. Dabei haben *Kroeber* und *Kluckhohn* bei ihrer Klassifikation den Schwerpunkt mehr auf die Merkmalsebene gelegt, während *Bidney* eher von einem philosophischen Aspekt ausgeht. *B. Malinowski* definiert in seinem Werk "A scientific theory of culture" (1944:36) Kultur folgendermaßen: "Die Kultur ist offensichtlich ein integriertes Ganzes, bestehend aus Geräten und Gebrauchsgütern, aus einer konstituierenden Charta für die verschiedenen sozialen Gruppierungen, aus menschlichen Ideen und Fertigkeiten, Glaubensweisen und Sitten." Eine gute kritische Zusammenstellung der wichtigsten Definitionen des Begriffes "Kultur" findet sich in den Arbeiten der beiden nordamerikanischen Kulturanthropologen *Kroeber* und *Kluckhohn* (1952) (vgl. auch Greverus, 1971,1978; Stubbe, 1985, 2012; Rudolph, 1992; Kohl, 1993). Nach diesen Autoren lässt sich Kultur in folgende Ordnungsschemata einordnen: *Deskriptiv:* *breite Definition durch inhaltliche Aufzählung von Objektivationsbereichen der Kultur; *Historisch:* *soziales Erbe oder Tradition; *Normativ:* *Regeln oder Lebensweise (way of life), *Ideale oder Werte und Verhaltensregeln; *Psychologisch:* *Anpassung und Kultur als problemlösende Institution, *Lernprozeß, *Gewohnheiten, *rein psychologische Definitionen; *Strukturalistisch:**"Pattern"(kulturelle Muster) oder Organisation der Kultur; *Genetisch:* *Kultur als Produkt oder Artefakt, *Ideen, *Symbole; *Philosophisch:**"Realismus" = Kultur als Attribut des menschlichen Sozialverhaltens, *"objektiver Realismus" = soziales Erbe besteht sowohl aus materiellen als auch immateriellen Kulturtatsachen (impersonal), *"Idealismus" = Kultur als Aggregat von Ideen im Geist der Individuen, *"objektiver Idealismus" = das soziale Erbe als 'superorganischer Strom' von Ideen, die von den Individuen unabhängig existieren(impersonal); *Edukatorisch:* *normativer Charakter der Kultur = als Prozeß und Resultat der Erziehung *Kultur als Status des Erzogenseins, *Kultur als Inhalte der Erziehung.

Bereits der Engländer Sir *Edward Burnett Tylor* (1832-1917), der als Begründer der Kulturanthropologie gilt, gab 1871 in seinem Werk "Die Anfänge der Cultur" (dt.1873) folgende klassische Definition des Begriffes Kultur: "Cultur oder Civilisation im weiten ethnographischen Sinne ist jener Inbegriff von Wissen, Glauben, Kunst, Moral, Gesetz, Sitte und allen übrigen Fähigkeiten und Gewohnheiten, welche der Mensch als Glied der Gesellschaft sich angeeignet hat. Der Zustand der Cultur in den mannichfaltigen Gesellschaftsformen der Menschheit ist, soweit er sich auf Grundlage allgemeiner Principien erforschen läßt, ein Gegenstand, welcher für das Studium der Gesetze menschlichen Denkens und Handelns wohl geeignet ist. Auf der einen Seite kann man die Gleichförmigkeit, welche sich durch die ganze Civilisation hindurchzieht, zum großen Theil der gleichförmigen Wirksamkeit gleichförmiger Ursachen zuschreiben, während man andrerseits die verschiedenen Grade derselben als Entwickelungs-stufen betrachten kann, deren jede das Ergebnis einer vorhergehenden Geschichte ist und wiederum ihren Theil zur Gestaltung der Geschichte beitragen wird. Der Erforschung dieser beiden grossen Principien auf verschiedenen Gebieten der Ethnographie mit besonderer Berücksichtigung der Civilisation der Naturvölker im Vergleich mit der höherer Nationen ist dieses Werk gewidmet" (Tylor, 1873; zit nach Schmitz, 1963:33; vgl. auch Harris, 1989:20)

Aus dieser ganzheitlichen Definition leitet der nordamerikanische Kulturanthropologe *Marvin Harris* folgende moderne Definition von Kultur ab: "Kultur beinhaltet die erlernten, sozial angeeigneten Traditionen und Lebensformen der Mitglieder einer Gesellschaft einschließlich ihrer strukturierten, gleichbleibenden Weisen des Denkens, Empfindens und Handelns d.h. des Verhaltens." (Harris,1989:20). Nach der von *Harris* gebrauchten umfassenden Definition gehören zur Kultur sowohl die kulturell determinierten Vorstellungen in den Köpfen der Menschen sowie die kulturell determinierten tatsächlichen Verhaltensweisen der Menschen. Auch soziale Gruppen und die Beziehungen zwischen sozialen Gruppen werden von *Harris* als Aspekte von Kultur - der geistigen und verhaltensbestimmten Kultur - betrachtet. Eine andere neuere ethnologische Definition von Kultur findet sich bei *Rudolph* (1992), der schreibt: "Kultur ist der ethnologische Fachterminus für 'Daseinsform'. Kultur umfaßt alles Materielle und Nichtmaterielle, was im menschlichen Dasein nicht von Natur aus vorgegeben ist, sondern von Menschen durch 'Innovationen' zielgerichtet hinzugefügt wurde. Die Definition von 'Kultur' ist dementsprechend: 'Gesamtheit der Ergebnisse von Innovationen'." (Rudolph, 1992:62) Unter 'Innovation' versteht *Rudolph* hierbei, Ergebnisse menschlicher Handlungen, die dem von Natur aus Bestehenden zielgerichtet etwas Neues, bis dahin nicht Vorhandenes hinzugefügt hat. Die marxistische Auffassung der Kultur beschränkt sich nicht einseitig auf die geistigen Leistungen und Errungenschaften der Menschheit, sondern versteht alle Tätigkeitsbereiche und die hieraus hervorgehenden materiellen wie geistigen Erzeugnisse als Ausdruck der schöpferischen Fähigkeiten der Menschen, die sich in dieser Tätigkeit entfalten und sich in ihren Resultaten vergegenständlichen. Die Kultur ist hiernach eine historische Erscheinung, ihr Wesen und ihr Inhalt können nur im Zusammenhang mit der jeweiligen ökonomischen Gesellschaftsformation verstanden werden. *T. S. Eliot* (1961) hebt drei Bedeutungen des Wortes ‚Kultur' hervor, „je nachdem, ob wir an die Entwicklung eines *einzelnen*, einer *Gruppe* oder *Klasse* oder einer ganzen *Gesellschaft* denken." (Eliot, 1961:21) „In den lateinischen Sprachen haftet den Äquivalenten des von Dante geprägten Ausdrucks *civiltà* der römische Beigeschmack von ‚gesitteter Staatsbürgerschaft' an. Den Franzosen bedeutet *civilisation* ungefähr das gleiche wie den Deutschen Kultur, *culture* dagegen so viel wie Bildung des Geistes und des Geschmacks. In gewissen Fällen wird dadurch der Spenglersche Unterschied zwischen Kultur und Zivilisation in sein Gegenteil verwandelt. In einem Volk von niedriger *civilisation* (=Kultur) kann z.B. eine kleine genießerische Oberschicht die *culture* vertreten – also jene ‚Kultivierung durch Kunst und Wissenschaft' und ‚gesellschaftliche Artigkeit und Anständigkeit', die schon für Kant als typische Merkmale der – Zivilisation zum Unterschied von Kultur galten. In der englischen Sprache schwankt man unter dem doppelten Einfluß der französischen und der deutschen Terminologie zwischen *civilisation* und *culture,* jedoch zumeist ohne dass zwischen beiden Ausdrücken genau unterschieden wird." (de Man, 1951:10) *O. Spengler* (1880-1936) setzte bekanntlich *Zivilisation* als dem Gesamtbereich des bloß Technisch-Mechanischen die Kultur als Reich des Organisch-Lebendigen gegenüber und lehrte, Kultur sinke im Laufe der Entwicklung ab zur Zivilisation und gehe damit ihrem Untergang entgegen. Der engl. Universalhistoriker *Arnold J. Toynbee* (1889-1975) übernahm von *Spengler* die Konzeption eines zyklischen Geschichtsbildes (wie es bereits in der gr.-röm. Antike vertreten wurde), löste sich aber von dessen organologischen Denken. Für ihn sind die historischen Prozesse ergebnisoffen. Kulturelle Prozesse in der Geschichte sind hiernach das Resultat eines Wechselspiels von Herausforderungen (challanges) und Lösungen (responses), wobei vorausgesetzt wird, dass es einer Kultur besser, der anderen schlechter gelingt, auf historische Anforderungen angemessen zu reagieren. Die moderne Zivilisation sah er auf dem Wege zu einer Weltkultur. *Clifford Geertz* (1983:9) schlägt folgende Definition von Kultur vor: „Ich meine mit Max Weber, daß der Mensch ein Wesen ist, das in selbstgesponnene Bedeutungsgewebe verstrickt ist, wobei ich Kultur als dieses Gewebe ansehe." *Manuela Carneiro da Cunha* (1994) hat in ihrem Aufsatz "O futuro da questão indígena" zwei Grundarten von Kulturkonzepten unterschieden: die erste nennt sie „*platonisch"*, weil hier Kultur wie ein festes Ding betrachtet wird, als eine Menge von festen items, Regeln, Werten, Positionen etc. Demgegenüber betrachtet die „*heraklitische"* Perspektive Kultur als einen Prozess, einen Fluss, zusammengefasst als ein Gedächtnis. Sie selbst spricht sich für das heraklitische Konzept aus.

Die Kultur einer Menschengruppe umfasst demnach alles dort Vorhandene, was von Menschen erdacht und geschaffen sowie sozial ausdrücklich akzeptiert bzw. durchschnittlich geduldet ist, gleichgültig, ob es in der Gruppe selbst entstanden ist oder von einer anderen Gruppe übernommen wurde. Nicht jeder Angehörige einer solchen Menschengruppe muss Kenntnisse von allen Einzelheiten seiner Kultur haben (vgl. z.B. Riten eines Geheimkultes, Heilzeremonien, handwerkliche Techniken). Auch muss nicht jeder alles gut-heißen. Schließlich muss nicht alles durchgehend individuell voll bewusst sein (vgl. kulturelle "Selbstverständlichkeiten", „zweite Natur").

Da viele moderne Gesellschaften aus sozialen Klassen, ethnischen und regionalen Gruppen und anderen wichtigen Untergruppen bestehen, ist es oftmals sinnvoll, auf „*Subkulturen"* (vgl. Schwendter, 1971) Bezug zu nehmen und diese zu erforschen. Man kann sich beispielsweise in Brasilien mit der Subkultur

der Afrobrasilianer, „Indianer", Deutschen oder in Deutschland mit der Subkultur der Migranten ethnopsychologisch beschäftigen.
Hier wird auch deutlich, dass sich der kulturanthropologische bzw. ethnologische Kulturbegriff vom populären Kulturbegriff grundlegend unterscheidet. Letzterer umfasst gewöhnlich nur die Themen Religion, Wissenschaft und Kunst bzw. die Bereiche, die im Zeitungs-Feuilleton behandelt werden.

Tylor, Sir E. B. (1871). Primitive culture; Wundt, W. (1900ff): Völkerpsychologie. 10 Bde. Leipzig; Weber, A. (1931): Kultur. Handwörterbuch der Soziologie (Hg. Vierkandt); Portmann, A. (1946): Natur und Kultur im Sozialleben; Mead, M. (1947): The concept of culture and the psychosomatic approach. Psychiatry, 10, p.57-76; Malinowski, B. (1949): Eine wissenschaftliche Theorie der Kultur; Man, H. de (1951): Vermassung und Kulturverfall; Kroeber, A. & Kluckhohn, C. (1952): A critical review of concepts and definitions. Cambridge/ Mass.; Hellpach, W. (1953): Kulturpsychologie. Stuttgart; Guardini, R. (1957): Die Kultur als Werk und Gefährdung; Eliot, T. S. (1961): Zum Begriff der Kultur; Landmann, M (1961): Der Mensch als Schöpfer und Geschöpf der Kultur; Schmitz, C. A. (1963): Kultur. Wiesbaden; Fischer, H. (1965): Theorie der Kultur; Schwendter, R. (1971): Theorie der Subkultur; Greverus, M. (1971): Kulturbegriffe und ihre Implikationen. Kölner Zeitschr. für Soziologie und Sozialpsychologie, 23, 1971; Geertz, Cl. (1983): Dichte Beschreibung – Beiträge zum Verstehen kultureller Systeme; Harris, M. (1989): Kulturanthropologie; Kohl, K.-H. (1993): Ethnologie – Die Wissenschaft vom kulturell Fremden. Eine Einführung; Rattner, J. (1994): Kritisches Wörterbuch der Tiefenpsychologie, 1994:172f; Arantes, A. A. (1995): O que é cultura popular. São Paulo; Kittler, Fr. (2001): Eine Kulturgeschichte der Kulturwissenschaften; Stubbe, H. (2001): Kultur und Psychologie in Brasilien. Bonn; Hildebrand-Nilshon, M., Kim, Ch.-W. & Papadopoulos, D. (Hg.) (2002): Kultur (in) der Psychologie; Chakkarath, P. (2003): Kultur und Psychologie; DTV Atlas Ethnologie, 2005; Moebius, St. & Quadflieg, D. (Hrsg.) (2006): Kultur. Theorien der Gegenwart; Lexikon der Psychologischen Anthropologie. Gießen, 2012; Straub, J. (2021): Psychologie als interpretative Wissenschaft. Gießen

Kunst-Psychologie und Ästhetik:

Rosenkranz, Karl (1853): Ästhetik des Häßlichen. Darmstadt, 1979; Fechner, G. Th. (1871): Zur experimentellen Ästhetik; Ders. (1876): Vorschule der Ästhetik; Pfeifer, Fr. X. (1885). Der goldene Schnitt und dessen Erscheinungsformen in Mathematik, Natur und Kunst. Vaduz, 2014 (Reprint); Verworn, M. (1908): Zur Psychologie der primitiven Kunst; Worringer, W. (1908): Abstraktion und Einfühlung; Freud, S. GW; Kühn, H. (1918): Die psychologischen Grundlagen des Stilwandels der modernen Kunst. Diss. Jena; Ders. (1923): Der Sensorismus der paläolithischen Kunst. Habilitationsschrift, Universität zu Köln; Ders. (1923). Die Kunst der Primitiven. München (Bibliografie); Müller-Freienfels, R. (1921): Psychologie der Kunst; Haeckel, E. (1925): Kristallseelen (1917). Leipzig, 3. Aufl.; Delacroix, H. (1927): Psychologie de l'art; Munroe, T. M. (1948): Methods in the psychology of art. J. Aesth. Art Critic.; Malraux, A. (1949/51): Psychologie der Kunst (frz. 1947/50); Winkler, W. (1949): Psychologie der modernen Kunst. Tübingen; Arnheim, R. (1954): Art and visual perception. New York; Ders. (1977): Zur Psychologie der Kunst. Köln; Menninger, K. (1959): Mathematik und Kunst. Göttingen; Huyghe, R. (1962). Kunst und Seele; Berlyne, D. E. (1971): Aesthetics and psychobiology; Schuster, M. (1978): Kunstpsychologie. Köln; Ders. (1997): Wodurch Bilder wirken. Psychologie der Kunst. Köln, 3. Aufl.; Boesch, E. E. (1983): Das Magische und das

Schöne. Stuttgart; Cupehik, G. C. (1992): From perception to production: A multilevel analysis of the aestethic process. In: Cupehik, G. C., Emerging visions oft he aesthetic process. Cambridge (NY); Beutelspacher, A. & Petri, B. (1996): Der Goldene Schnitt. Heidelberg, 2. Aufl.; Henckmann, W. & Lotter, K. (Hrsg.) (2004): Lexikon der Ästhetik. München; Schneider, N. (2005): Geschichte der Ästhetik von der Aufklärung bis zur Postmoderne. Reclam; Allesch, Chr. G. (2006). Einführung in die psychologische Ästhetik. UTB; Kebeck, G. & Schroll, H. (2011): Experimentelle Ästhetik. UTB; Rother, B. (2018): Das Trauma vom lebenslangen Sterben und die Kunst zu(m) Überleben. Der Körper als Bühne kreativer Selbstinszenierung im Leben und Werk der Frida Kahlo. BA-Psychologie, Universität zu Köln; Stubbe, A. Noëmi (2018): Kleine Kunstgeschichte Brasiliens. Eine wissenschaftliche Einführung. Aachen; *Naturschönheit und Naturgefühl:* Humboldt, A. von (2004): Kosmos; Hennig, R. (1912): Die Entwicklung des Naturgefühls. Leipzig; Haeckel, E. (1917): Kristallseelen. Leipzig; Fröbes, J. (1920): Lehrbuch der experimentellen Psychologie. Bd. 2, Freiburg/Brsg., S.358ff; Stubbe, H. (2020): Die Psychologie des Titus Lucretius Carus. Lengerich, S. 11, FN 13

Lateinamerika (s. Zeittafel zur Psychologie in Lateinamerika)

Beebe-Center, J. G. & McFarland, R. A. (1941): Psychology in South America. Psychological Bulletin, 38, p.627-667; Radecki, W. e al. (1950): Relatorio del primer Congreso Latinoamericano de Psicología. Montevideo: Editorial Cepur; Handbuch der Neurosenlehre und Psychotherapie (Frankl – v. Gebsattel -Schultz). Bd. 1. München, 1958: 220-232; Centurión, C. R. (1961): Historia de la cultura paraguaya. 2 vol.s. Asunción; Hereford, C. F. (1966): Current status of psychology in Latin America. Latin American Research Review, 1, p.97-108; Rama, Carlos (1967): Die Arbeiterbewegung in Lateinamerika. Chronologie und Bibliographie 1492-1966. Zürich: Verlag Gehlen; Viglietti, C. (1968): Folclore musical del Uruguay. Montevideo; Ardila, R. (1971): Acontecimientos importantes en la historia de la psicología latinoamericana. Revista Interamericana de Psicología, 5, p.1-11; Ders. (1986): La psicología en América Latina. Pasado, presente y futuro. México; Le Moine, R. (1972): L'Amérique et les poètes français de la Renaissance textes présentés et annotés par Roger Le Moine. Université d'Ottawa; Heineken, E. (1979): Zur Lage der Psychologie in Lateinamerika. Psychologische Rundschau, 30 (4), S.257-268; Becco, H. J. (1981): Contribución para una bibliografía de las ideas latinoamericanas. Paris: UNESCO; Colotla, V. A. & Ribes, E. (1981): Behavior Analysis in Latin America: a historical overview. Spanish Language Psychology, 1, p.121-136; Viola, A. (1982): Reseña del desarollo cultural del Paraguay. Asunción, 2. Ed.; Pollitt, E. (1982): Desnutrición, inteligencia y política social. Lima: Studium Ed.; Salerno, O. (1983): Paraguay: artesanía y arte popular. Asunción; Zum Felde, A. (1985): Processo intelectual del Uruguay. 3 vol.s. Montevideo: Librosur; Langer, M. (1986): Von Wien bis Managua. Freiburg/Brsg.; Schaarschmidt, U. & Cabrerjos, M. E. (1987): Die Psychologie in Lateinamerika. Psychologie für die Praxis, 2 und 3, S.268-276 und S.372-379; Marín, G. et al. (1987): Latin-American Psychology: A guide to research and training. Washington/DC: APA; Riquelme, H. (Hrsg.) (1988ff): Kultur und psychosoziale Situation in Lateinamerika. 3 Bde., Frankfurt/M.: Vervuert; Das fünfhundertjährige Reich. Emanzipation und lateinamerikanische Identität: 1492-1992. Pahl-Rugenstein, 1990, 3. Aufl.; Stubbe, H. (1993): Psychologie. In: Werz, N. (Hrsg.), Handbuch der deutschsprachigen Lateinamerikakunde. Freiburg/Brsg.): ABI, S.559-590 (Bibliografie); Ders. (1995): Wichtige Ereignisse in der Geschichte der Psychologie in Lateinamerika. Kölner Beiträge zur Ethnopsychologie und Transkulturellen Psychologie,

Jg.1, N° 1, S.99-150 (Zeittafel und Bibliografie); Die Wilden und die Barbarei. Lateinamerika. Analysen und Berichte, Nr.16, Jahrbuch 1993. Münster; Stubbe, H. & León, R. (1993): Lateinamerika. In: H. Lück & R. Miller (Hrsg.), Illustrierte Geschichte der Psychologie. München, S.224-226; Torre Molina, C. de la (1995): Psicología latinoamericano: entre la dependencia y identidad. Puerto Rico; Oviedo, G. (2012): Colombian approaches to psychology in the 19th-century. History of Psychology, 15(4), p. 291-301; Duque, V. & Rohr, E. (Hg.) (2021): Supervision in Mesoamerika. Gießen: Psychosozial

Lernen

Pawlow, I. (1953). Sämtliche Werke. Berlin; Thorndike, E. L. (1971): Fundamentals of learning (1932). N.Y., 2. Ed.; Köhler, W. (1921): Intelligenzprüfungen an Anthropoiden. Berlin; Tolman, E. Ch. (1932). Purposive behavior in animals and men. N..; Bergius, R. (1971): Psychologie des Lernens. Stuttgart; Aebli, H. (1983): 12 Grundformen des Lehrens. Stuttgart; Skinner, B. F. (1974): Die Funktion der Verstärkung in der Verhaltenswissenschaft. München; Bandura, A. (1976): Lernen am Modell. Stuttgart; Viney, W. (1979): History of Psychology. Detroit, p. 290-297; Hilgard, E. R. & Bower, G. H. (1983): Theorien des Lernens (1966). 2 Bde. Stuttgart;

Lexika (psychologische)

Giese, Fr. (1920). Psychologisches Wörterbuch. Halle (später: Dorsch: Psychologisches Wörterbuch, viele Auflagen); Marcuse, M. (Hrsg.) (1926): Handwörterbuch der Sexualwissenschaft. Bonn (Reprint: Berlin, 2003); Ruckmick, Chr. A. (1928): German-english dictionary of psychological terms; Piéron, H. (1951): Vocabulaire de la psychologie. Paris; Drever, J. A. (1952): A dictionairy of psychology. London; FILEX Psychologie. Frankfurt/M. (1957, viele Aufl.n); Szekely, B. (1958): Diccionario Enciclopédico de la Psique. Psicologia general y aplicada. Buenos Aires: Claridad, 2. ed.; English, H. & English, H. C. (1958): A comprehensive dicitonary of psychological and psychoanalytical terms. N.Y.; Wittlich, B. (1965): Wörterbuch der Charakterkunde. München; Hehlmann, W. (1965): Wörterbuch der Psychologie. Stuttgart, S. 681 (Lexika); Lapalanche, J. & Pontalis, J.-B. (1967): Vocabulaire de la psychanalyse. Paris (dt. 1972, bras. 1983); Doucet, Fr. W. (1972): Psychoanalytische Begriffe. Vergleichende Textdarstellung. Freud – Adler – Jung. München; Rotondo, Humberto (1973): "Diccionario abreviado de términos usuales en psicología y psiquiatría", Lima, 1973; Wörterbuch der Psychologie. Leipzig: VEB, 1976; Tewes, U. (Hg.) (1977): Lexikon der Medizinischen Psychologie. Stuttgart; Peters, U. H. (1978): Wörterbuch der Tiefenpsychologie. München; Cabral, Á. & Nick, E. (1979): Dicionário técnico de psicologia. São Paulo: Cultrix; Viney, W. (1979): History of Psychology. Detroit, p. 19-23 (Lexika); Benesch, H. (1981): Wörterbuch zur Klinischen Psychologie. 2 Bde. DTV; Lippert, E. & Wackenhut, R. (Hg.) (1983): Handwörterbuch der Politischen Psychologie. Opladen; Bornemann, E. (1984): Lexikon der Sexualität. Herrsching; Corsini, R. J. (ed.) (1984): Encyclopedia of Psychology. 4 vol.s N.Y.; Zusne, L. (1984): Biographical dictionary of psychology. Westport/Connec. (Appendix A: Chronological listing by birth date, p.481-495) (593 Personen); Pfromm Netto, S. (1985): Psicologia. Introdução e guia de estudo. São Paulo, p.4-1 até 4-9 (Lexika); DTV-

Atlas zur Psychologie. 2 Bde. München, 1987 (Bibliografie S. 476-494); Wilhelm, H. (1987): Informationshandbuch Psychologie. Frankfurt/M., S. 131-149 (Lexika); Bonin, W. F. (1983): Die großen Psychologen. Düsseldorf; Ders. (1988): Lexikon der Parapsychologie und ihrer Grenzgebiete. München; Grubitzsch, S. & Rexilius, G. (Hg.) (1990): Psychologische Grundbegriffe. Mensch und Gesellschaft in der Psychologie. Reinbek; Grand Dictionnaire de la Psychologie. Paris: Larousse, 1991; Wörterbuch der Religionspsychologie. Gütersloh, 1993; Hahn, H. & Kagelmann, H. J. (Hg.) (1993): Tourismuspsychologie und Tourismussoziologie. München; Rattner, J. (1994): Kritisches Wörterbuch der Tiefen-psychologie für Anfänger und Fortgeschrittene. München; Wörterbuch der Individual-psychologie. Basel, 1995, 2. Aufl.; Hanns, L. (1996): Dicionário comentado do alemão de Freud. Rio de Janeiro: Imago; Roudinesco, E. & Plon, M. (1997): Dictionaire de la psychanalyse. Paris; Peters, U. H. (1997): Wörterbuch der Psychiatrie und medizinischen Psychologie. Augsburg, S. 675f (Lexika); Städtler, Th. (1998). Lexikon der Psychologie. Stuttgart (Bibliografie); Wörterbuch der Völkerkunde. Berlin: Reimer, 1999; Oesterdiekhoff, G. W. (Hrsg.) (2001): Lexikon der soziologischen Werke. Wiesbaden; Wörterbuch der Analytischen Psychologie. Düsseldorf, 2003; Reichmayr, J. et al. (Hrsg) (2003): Psychoanalyse und Ethnologie. Biografisches Lexikon. Gießen; Lexikon der Psychologischen Anthropologie. Gießen, 2012, Vandenbos, G. R. (2015): APA Dictionary of Psychology. Pfeiffer, G. (2020): Handwörterbuch der Verkehrspsychologie. Düren

Marx, Karl und Freud, Sigmund

Reich, Wilhelm (1929): Dialektischer Materialismus und Psychoanalyse. Unter dem Banner des Marxismus (als Buch: Kopenhagen, 1934); Jaspers, K. (1931): Die geistige Situation der Zeit. Berlin: Göschen; Ders. (1950/51): Marx und Freud. Der Monat (München), 3, S.141-150; Fromm, Erich (1963): Das Menschenbild bei Marx. Mit den wichtigsten Teilen der Frühschriften von Karl Marx. Res Novae 23. Frankfurt/M. (auch: Frankfurt/M.: Europäische Verlagsanstalt, 1972); Garaudy, R. (1969): Die Aktualität des Marxschen Denkens. Frankfurt/M.; Wyss, Dieter (1969). Marx und Freud. Ihr Verhältnis zur modernen Anthropologie. Göttingen: VR; Sotelo, I. (1969): Der historische Ort des Marxismus in Lateinamerika. Marxismusstudien, 6. Folge; Sandkühler, H. J. (1970). Psychoanalyse und Marxismus. Dokumentation einer Kontroverse. Frankfurt/M.: Suhrkamp; Dahmer, H. (1972): Wilhelm Reichs Stellung zu Freud und Marx. Psyche, 3, S.208-247; Gente, H.P. (1972): Marxismus, Psychoanalyse, Sexpol. 2 Bd.e. Frankfurt/M.: Fischer; Bruder, Kl.-J. (Hrsg.) (1973): Kritik der bürgerlichen Psychologie. Zur Theorie des Individuums in der kapitalistischen Gesellschaft. Frankfurt/M.; Szczesny, G. (Hrsg.) (1975): Marxismus – ernst genommen. Reinbek; Jacoby, H. (1980): Begegnungen mit Alice Rühle-Gerstel. Nachwort zu A. Rühle-Gerstel, Der Weg zum Wir. Versuch einer Verbindung von Marxismus und Individualpsychologie (1927). Reprint. Dresden: Verlag am andern Ufer; Federn, Ernst (1982): Marxismus und Psychoanalyse. In: D. Eicke (Hrsg.), Tiefenpsychologie, Bd. 2: Neue Wege der Psychoanalyse. Weinheim: Beltz, S. 300-321; Schmitz, W. (1984): Was hat Karl Marx wirklich gesagt? Eine Darlegung seiner Lehre anhand seiner Schriften. München: Olzog Verlag; Carone, Edgar (1986): O marxismo no Brasil (das origens a 1964). Rio de Janeiro: Dois Pontos (Bibliografie p. 79-181); Künzli, A. (1986): Mein und Dein. Zur Ideengeschichte der Eigentumsfeindchaft. Bund-Verlag; Grubitzsch, Siegfried & Rexilius, Günter (Hg.) (1990): Kritische Psychologie, Kritische Theorie. In: Psychologische Grundbegriffe. Reinbek bei

Hamburg: Rowohlt, S.588-600; Brunner, J. (1995): Psyche und Macht. Freud politisch lesen. Stuttgart; Busse, St. (1998): „Von der Sowjetwissenschaft lernen": Pawlow – der Stein des Anstoßes. Psychologie und Geschichte, Jg. 8, Heft 3-4, S.200-229; P. Mertens, Wolfgang (2001): Psychoanalyse. In: Lexikon der Psychologie. Bd. 3. Heidelberg: Spektrum, S.333-335; Lozano Vargas, Gabriel & Páramo-Ortega, Raúl (2016): Marx y Freud: Hacia una nueva racionalidad de la sociedad y de la historia. Ciudad de México: tirant humanidades, (Bibliografie); Rosdolsky, Diana (Hrsg.) (2018): Der Briefwechsel zwischen Ernst Federn und seinem Vater Paul aus den Jahren 1945 bis 1947. Gießen: Psychosozial (vgl. Psyche, 73, 2019: 548-551). *Lexikon:* Historisch-kritisches Wörterbuch des Marxismus. INKRIT, Berlin (15 Bde. geplant)

Massenpsychologie und Sozialpsychologie:

Tarde, G. (1890): Les lois de l'imitation. Paris; Ders. (1901): L'opinion et la foule. Paris; Le Bon, G. (1895): Psychologie der Massen (1895). Stuttgart: Kröner, 1982 (weitere Ausgaben); Sighele, S. (1897): Psychologie des Auflaufs und der Massenverbrechen. Dresden; Kropotkin, P. (1902): Mutual aid. A factor of evolution. London (dt. Gegenseitige Hilfe in der Tier- und Menschenwelt. Berlin, 1976); Adler, A. (1919): Die andere Seite: Eine massenpsychologische Studie über die Schuld des Volkes. Wien; Moede, W. (1920). Experimentelle Massenpsychologie. Leipzig; McDougall, W. (1920): The groups mind. Cambridge; Freud, S. (1921): Massenpsychologie und Ich-Analyse (1921). G.W. XIII, Frankfurt/M.: S. Fischer; Moreno, J. L. (1924): Das Stegreiftheater. Potsdam; Reich, W. (1933): Massenpsychologie des Faschismus. Kopenhagen: Verlag für Sexualpolitik; Adler, A. (1934): Zur Massenpsychologie. Internat. Zeitschr. Individualpsychol., 12; Lewin, K. & Lippit, R. (1938): An experimental approach to the study of autocracy and democracy: A preliminary note. Sociometry, 1, p.292-300; Cantril, A. H. jr. & Buchanan, W. (1950): How nations see each other; Hofstätter, P. R. (1957): Gruppendynamik (Kritik der Massenpsychologie).Reinbek:RoRoRo; Hehlmann (1963:317-333, 444-446); Canetti, E. (1960): Masse und Macht. (Hamburg: Claasen, 1984); Mitscherlich, A. (1972): Massenpsychologie ohne Ressentiment. Frankfurt/M.; Milgram, S. (1974): Obedience to authority: an experimental view. N. Y. (dt. 1982); Frey, D. & Greif, S. (Hg.) (1983): Sozialpsychologie. München; Ginneken, J. van (1984): Massenpsychologie. In: H. E. Lück et al. (Hrsg.), Geschichte der Psychologie in Schlüssel-begriffen. München: Urban & Schwarzenberg, S. 68-74; Lück, H. E. (1970): Experimentelle Studien zur Hilfeleistung. Gruppendynamik, S.380-394; Viney, W. et al. (1979): History of Psychology. Detroit, p. 333-337; Schultz-Gambard, J. (1987): Angewandte Sozialpsychologie. München; Graumann, C. F. (1996): Einführung in eine Geschichte der Sozialpsychologie. In: W. Stroebe et al. (Hrsg.), Sozialpsychologie. Berlin Springer, 1996:3-23; Schönpflug (2004); Lück (2016); Stubbe, H. (2018): Zur Massenpsychologie Adolf Hitlers. In: Kleinere Schriften. Aachen, S. 54-70

Mathematik und Psychologie (s. Methoden)

Mathematik beinhaltet in der Psychologie u.a. folgende Themen: Maßmethoden und -Theorie, deskriptive und Inferenzstatistik, Normalverteilung, Skalen (Nominal-, Ordinal- , Intervall- und Verhältnis-Skala), Korrelations- und Regressions-Rechnung, Faktorenanalyse, Varianzanalyse,

Markoff-Prozesse, Zeitreihen, Lorenzkurven, aber auch die Entwicklung des Zahlenbegriffes und des Rechnens, Zahlengedächtnis, zahlengebundenes Denken, rechnerische Intelligenz etc. Einen Menschen in der Psychologie allein auf Zahlen zu reduzieren ist ein entwürdigender, inhumaner, entmenschlichender Akt und zudem ein Merkmal totalitärer Systeme, vgl. auch die biometrische Massenüberwachung in der Gegenwart.

Gauss, K. Fr. (1809): Theoria motus corporum coelestium; Herbart, J. Fr. (1824/1825): Psychologie als Wissenschaft neu begründet auf Erfahrung, Metaphysik und Mathematik; Weber, E. H. (1851): Die Lehre vom Tastsinne und Gemeingefühle: Auf Versuche begründet. Braunschweig; Fechner, G. Th. (1860): Elemente der Psychophysik. Leipzig; Müller, G. E. (1878): Zur Grundlegung der Psychophysik. Berlin; Gosset („Student"), W. S. (1908): The probable error of a mean; Lottin, J. (1912): Adolphe Quételet (1796-1874): statisticien et sociologue; Fisher, Sir R. A. (1925): Statistical methods for research workers; Wirth, W. (1927): Spezielle psychophysische Maßmethoden. In: Abderhaldens Handbuch der biologischen Arbeitsmethoden. VI, A, Berlin; Kirschmann, A. (1927): Grundzüge der psychologischen Maßmethoden. In: Abderhaldens Handbuch der biologischen Arbeitsmethoden. VI, Berlin; Walker, H. (1929). Studies of the history of the statistical methods. Baltimore; Lazarsfeld, P. (1929): Statistisches Praktikum für Psychologen und Lehrer. Jena; Thurstone, L.L. (1931): Multiple factor analysis. Psychological Review, 38, p.406-427; Kelley, T. R. (1935): Essential traits of mental life; Mittenecker, E. (1952): Planung und statistische Auswertung von Experimenten. Wien (1964, 5. Aufl.); Cattell, R. B. (1952): Factor Analysis. An introduction and manual for the psychologist and social scientist. N.Y.; Kline, M. (1953): Mathematics in Western Culture. N.Y.; Siegel, S.S. (1956): Nonparametric statistics for the behavioral sciences. N.Y.; Guilford, J. P. (1956): Fundamental statistics in psychology and education. N.Y. ; Weber, E. (1957): Grundriß der biologischen Statistik. Jena; Lienert, G. A. (1961). Testaufbau und Testanalyse. Weinheim; Ders. (1962): Verteilungsfreie Methoden für Naturwissenschaftler, Mediziner und Ingenieure. Basel; Pfanzagel, J. (1962): Allgemeine Methodenlehre der Statistik. 2 Bde. Berlin; Luce, R. D. Bush, R.R. & Galanter, (1963): Handbook of Mathematical Psychology. 3 vol.s N.Y.; Witte, W. (1963): Einführung in die mathematische Behandlung psychologischer Probleme. In: Dorsch, Psychologisches Wörterbuch. Bern, 7. Aufl.; Ghiselli, E.E. (1964): Theory of psychological measurement. N.Y.; Traxel, W. (1964): Einführung in die Methodik der Psychologie. Bern; Wiener, N. (1965): Cybernetics of the nervous system; Hofstätter, P. R. & Wendt, D. (1966): Quantitative Methoden der Psychologie. Eine Einführung. München; Struik, D. J. (1967): Abriss der Geschichte der Mathematik. Berlin; Pawlik, K. (1968): Dimensionen des Verhaltens. Eine Einführung in Methodik und Ergebnisse faktorenanalytischer psychologischer Forschung. Bern (Literatur S.497-537); Faverge, J. M. (1971): Méthodes statistiques en psychologie appliqué. 3 vol.s. Paris, 6. Ed.; Coombs, C. H. et al. (1975): Mathematische Psychologie. Weinheim; Statistik. In: Arnold, Eysenck, Meili (Hrsg.), Lexikon der Psychologie. 3 Bd.e, Freiburg/Brsg. S.1324-1332; Sprung, L. & Sprung, H. (1984): Grundlagen der Methodologie und Methodik der Psychologie. Berlin (Literatur S. 427-450); Wendt, D. (1988): Mathematische Psychologie. In: R. Asanger & G. Wenninger (Hrsg.), Handwörterbuch der Psychologie. Weinheim; Statistik. In: S. Grubitzsch & G. Rexilius (Hg.) (1990), Psychologische Grundbegriffe. Mensch und Gesellschaft in der Psychologie. Reinbek, S.1040-1046; Brüning, J. & Knobloch, E. (Hrsg.) (2005): Die mathematischen Wurzeln der Kultur. Mathematische Innovationen und ihre kulturellen Folgen. München; Haarmann, H. (2008): Weltgeschichte der Zahlen. München

Medizingeschichte

Haeser, H. (1853): Lehrbuch der Geschichte der Medizin. Jena; Hovorka, O. von & Kronfeld, A. (1908, 1909): Vergleichende Volksmedizin. 2 Bde. Stuttgart (Bibliografie S. 770-801); Buschan, G. (1941): Über Medizinzauber und Heilkunst im Leben der Völker. Geschichte der Urheilkunde, ihrer Entwicklung und Ausstrahlung bis in die Gegenwart. Berlin; Artelt, W. (1949): Einführung in die Medizinhistorik. Stuttgart; Sigerist, H. E. (1963): Anfänge der Medizin. Von der primitiven und archaischen Medizin bis zum Goldenen Zeitalter in Griechenland. Zürich (Bibliografie S. 457- 485); Ackerknecht, E. H. (1963): Geschichte und Geographie der wichtigsten Krankheiten. Stuttgart; Rothschuh, K. E. (1968): Physiologie. Der Wandel ihrer Konzepte, Probleme und Methoden vom 16. bis 20. Jahrhundert. Freiburg/Brsg.; Ackerknecht, E. H. (1979): Geschichte der Medizin. Stuttgart (Bibliografie S. 214-223); Schipperges, H. (1985): homo patiens. Zur Geschichte des kranken Menschen. München; Bergdolt, Kl. (1998): Warum Medizingeschichte? Deutsches Ärzteblatt, 95. Jg., S. 663-666; Ders. (1999): Leib und Seele. Eine Kulturgeschichte des gesunden Lebens. München; Dieckhöfer, Kl. (2005): Psychologie. In: Werner E. Gerabek, Bernhard D. Haage, Gundolf Keil, Wolfgang Wegner (Hrsg.): Enzyklopädie Medizingeschichte. Berlin/ New York, S. 1195 f.

Mens

mens (lat.) Verstand, Vernunft, Geist vgl. Juvenalis, Satiren (X, 356)(nach 100 n.Chr.): „orandum est ut sit, mens sana in corpore sano"; *Mentalitätsgeschichte:* eine von Frankreich ausgehende Disziplin aus Geschichte, Soziologie und Psychologie/Psychiatrie. Es wird die Mentalität einer historischen Epoche untersucht und aus ihr das Verhalten historischer Individuen erklärt. Als „historischer Anachronismus" (Lucien Lefebvre, „Les Annales" seit 1929) wird betrachtet, wenn ein Historiker die Mentalität der Menschen seiner Zeit denen historischer Zeiten unterlegt (s. Anhang).

Geschichte. Lexikon der wissenschaftlichen Grundbegriffe. Hrsg. Asendorf, M. et al. Reinbek, 1994; Link, St. (2002): Wörterbuch der Antike. Stuttgart, S. 574

Menschenbilder

Menschenbilder sind anthropologische Modellannahmen, die jeder ethnologischen und psychologischen Theorienbildung teils implizit oder explizit, zugrunde liegen, aber selbst nicht Bestandteil der Theorienprüfung sind. Sie haben eine gegenstandskonstituierende Funktion, indem sie selektiv bestimmte Sichtweisen auf den Menschen hervorheben und andere vernachlässigen und sind von daher immer mit einer Wertentscheidung verknüpft. Es lassen sich drei verschiedene *Zugänge zum Thema Menschenbilder* unterscheiden: 1.Systematische Beschreibung von Merkmalen verschiedener Menschenbilder, 2. Beschreibung verschiedener Persönlichkeitstheorien, 3. Beschreibung der unterschiedlichen Positionen in der Diskussion um die Kernthemen der Anthropologie (psychophysisches Problem, Willensfreiheit, Pluralismus etc.). In der Psychologie werden z.B. mechanistische (vgl. Maschinen- bzw. Computer-Metapher; z.B. de la Mettrie: L'homme machine, 1748), organismische und reflexive (Subjekt) Modelle unterschieden. Menschenbilder sind von der jeweiligen Kultur und Sichtweise (des Theoretikers, Forschers, Autors, Therapeuten etc.) bestimmt und wandeln sich im Laufe der *Geschichte*: religiöse Menschenbilder reduzieren den Menschen auf eine bestimmte Konfession (z.B. „alleinseligmachender Glaube"), nationalistische Menschenbilder auf eine Nation-Zugehörigkeit (z.B. „am deutschen/us-amerikanischen Wesen soll die Welt genesen"), nationalsozialistische Menschenbilder auf eine höherwertige „Rasse", sowjetisch-stalinistische Menschenbilder auf eine herrschende „Klasse", sexistische Menschenbilder auf ein Geschlecht (z.b. „machismo", „physiologischer Schwachsinn des Weibes", Möbius, 1900) etc. Metzger, W. (1952): Das Bild des Menschen in der neueren Psychologie. Studium Generale, V, 1952; Bauer, R. A. (1955): Der neue Mensch in der sowjetischen Psychologie. Bad Nauheim; Marcuse, L. (1962): Sigmund Freud. Sein Bild vom Menschen. Reinbek; Fromm, E. (1963): Das Menschenbild bei Marx; Gadamer, H. G. & Vogler, P. (Hrsg.) (1973): Psychologische Anthropologie; Lips, J. (1983): Der Weiße im Spiegel der Farbigen; Müller, Kl. E. (Hg.) (1983): Menschenbilder früher Gesellschaften. Ethnologische Studien zum Verhältnis von Mensch und Natur; Seidler, E. (Hrsg.) (1984): Medizinische Anthropologie; Erb, E. (1997): Gegenstands- und Problemkonstituierung: Subjekt-Modelle (in) der Psychologie. In: N. Groeben (Hrsg.), Zur Programmatik einer sozialwissenschaftlichen Psychologie, Bd.1, 1.Halbband.; Fahrenberg, J. (2004): Annahmen über den Menschen. Menschenbilder aus psychologischer, biologischer, religiöser und interkultureller Sicht; Schäfer, A. (2010): Menschenbilder. 20 große Persönlichkeiten der Psychologie, ihr Leben und ihr Werk. Weinheim; Lexikon der Psychologischen Anthropologie. Gießen, 2012, S. 413

Methoden (s. Experimentalpsychologie, Mathematik und Psychologie, Anhang)

Stern, W. (1911): Die differenzielle Psychologie in ihren methodischen Grundlagen; Terman, L. M. (1916): The measurement of intelligence; Abderhalden, E. (Hrsg.) (1921-1935): Handbuch der biologischen Arbeitsmethoden. Abt. VI, Methoden der experimentellen Psychologie, 5 Teile in 8 Bänden, Berlin; Störring, G. E. (1928): Die Frage der geisteswissenschaftlichen und verstehenden Psychologie. Leipzig; Thurstone, L.L. (1929): Measurement of attitudes; Popper, K. R. (1934): Logik der Forschung. (dt. Tübingen, 1966); Ach, N.K. & Düker, H. (1934): Über Methoden und Apparaturen zur Untersuchung fortlaufender Arbeitsprozesse. Zeitschrift für Psychologie, 33, S.209-221; Stevens, S. S. (1941): Theory of scales; Andrews, T. G. (ed.) (1948): Methods of psychology. N.Y.; Festinger, L. & Katz, D. (eds.) (1953): Research methods in the behavioral sciences. N. Y.; Gruhle, H. W. (1953): Verstehen und Einfühlen; Stern, E. (Hrsg.) (1954/55): Die Tests in der klinischen Psychologie. 2 Bde. Zürich; Thomae, H. (1959). Forschungsmethoden der Entwicklungspsychologie. In: Handbuch der Psychologie, 3. Bd. Göttingen, S.46-75; Mussen, P. H. (1960): Handbook of research methods in child development. N. Y.; Osgood, C. E. (1962): Method and theory in Experimental Psychology. London, 3. Ed.; Holzkamp, K. (1964): Theorie und Experiment in der Psychologie. Berlin; Traxel, W. (1964): Einführung in die Methodik der Psychologie. Bern; Bochenski, I. M. (1965): Die zeitgenössischen Denkmethoden. München; Selg, H. & Bauer, W. (1971): Forschungsmethoden der Psychologie. Stuttgart; Handbuch der Psychologie, Bd. 7, 1. Halb-Bd., Göttingen, 1975, 2. Aufl. (Forschungsmethoden, S, 269ff); Viney, W. et al. (1979): History of Psychology. Detroit, p. 112-114; Bungard, W. (Hg.) (1980): Die „gute" Versuchsperson denkt nicht. München; Danziger, K. (1980): The history of introspection reconsidered. Journal of the History of the Behavioral Sciences, 16, p. 241-262; Bortz, J. (1984): Lehrbuch der empirischen Forschung. Berlin; Métraux, A. (1985): Der Methodenstreit und die Amerikanisierung der Psychologie in der BRD 1950-1970. In: M. G. Ash & U. Geuter (Hrsg.), Geschichte der deutschen Psychologie im 20. Jh. Ein Überblick. Opladen, S.225-251; Sprung, L. & Sprung, H. (1987): Grundlagen der Methodologie und

Methodik der Psychologie. Berlin: VEB, 2. Aufl. (Bibliografie S. 427-451); DFG (Hrsg.) (1998): Sicherung guter wissenschaftlicher Praxis. Denkschrift. Weinheim; Kromrey, H. (1998): Empirische Sozialforschung. München, 8. Aufl.; Kroker, K. (2003): The progress of introspection in America, 1896–1938. Studies in History and Philosophy of Biological and Biomedical Sciences. 34, p. 77–108; Wuttke, D. (2004): Über den Zusammenhang der Wissenschaften und Künste. Wiesbaden (Bibliografie); Mandler, G. (2007): A history of modern experimental psychology: From James and Wundt to cognitive science. Cambridge, MA: MIT Press; L. & Sprung, H. (2010): Eine kurze Geschichte der Psychologie und ihrer Methoden. Wien; Methoden. In: Lexikon der Psychologischen Anthropologie. Gießen, 2012: 417-459

Mexiko (s. Zeittafel zur Psychologie in Lateinamerika)

Dieseldorff, E.P. (1925): Kunst und Religion der Mayavölker. ZfE, Jg. 1925; Kisch, E. E. (1942): Mexiko. El Libro Libre; Ders. (1945): Entdeckungen in Mexiko. El Libro Libre; Handbuch der Neurosenlehre und Psychotherapie (Frankl – v. Gebsattel -Schultz). Bd. 1. München, 1958: 220-232; Museum für Völkerkunde (Hamburg): Der Sonnenstein der Azteken. Hamburg, 1968; Fromm, E. (1970): Social character in a Mexican Village; Edgar Galindo: Contemporary psychology in Mexico. In: H. Stubbe & R. León (eds.), History of psychology in the Third World. Archivo Latinoamericano de Historia de la Psicología y Ciencias Afines, vol. 1, N° 1, 1989:156-180; Briesemeister, D. & Zimmermann, Kl. (1992): Mexiko heute. Politik, Wirtschaft, Kultur. Frankfurt/M.: Vervuert (Bibliografie); Paramo-Ortega, R. (1992): Freud in Mexiko. Zur Geschichte der Psychoanalyse in Mexiko. München; Lozano Vargas, Gabriel & Páramo-Ortega, Raúl (2016): Marx y Freud: Hacia una nueva racionalidad de la sociedad y de la historia. Ciudad de México: tirant humanidades; Block et al. (1993). Der Tod in der mexikanischen Kultur. München; Decker, I. (2015): Totenkult in Mexiko – Día de Muertos. Baden-Baden, 3. Aufl.; Rother, B. (2018): Das Trauma vom lebenslangen Sterben und die Kunst zu(m) Überleben. Der Körper als Bühne kreativer Selbstinszenierung im Leben und Werk der Frida Kahlo. BA-Psychologie, Universität zu Köln

Migration (s. Exil)

Instituto Martius-Staden, São Paulo: Archiv der dt. Einwanderung; „Emigranten Adressbuch", Shanghai, 1939 (dt. sprachige jüdische Exilés); Côrtes, G. de Menezes (1954): Migração e colonização no Brasil. Rio de Janeiro; Estudos Leopoldenses, N°. 28, 1974 (Imigraçao alemã, 1824-1974). Universidade do Vale do Rio dos Sinos. São Leopoldo; La emigración europea a la América Latina: Fuentes y estado de investigación. Berlin: Colloquium; Willems, E. (1980): A aculturação dos alemães no Brasil (1946). São Paulo, 2. Ed.; Schmalz-Jacobsen & Hansen, G. (Hrsg.)(1995): Ethnische Minderheiten in der BRD. Ein Lexikon. München; Bade, Kl. J. (Hrsg.) (1996): Migration Ethnizität Konflikt. Osnabrück: IMIS; Exil – Flucht und Emigration europäischer Künstler, 1933-1945. Nationalgalerie Berlin, 1997; Flucht – 50 Millionen Menschen ohne Heimat. Ed. Stemmle, 1997; Opitz, P. J. (Hrsg.) (1997): Der globale Marsch. Flucht und Migration als Weltproblem. München; Crause, J. (1998): Kapverdische und guineische Migranten in Lissabon. Hamburg; Bade, Kl. J. & Oltmer, J. (2004): Normalfall Migration. Bundeszentrale für polit. Bildung; Mainka, P. J. (2008): Roland und Rolândia im Nordosten von Paraná. Gründungs- und Frühgeschichte einer deutschen Kolonie in Brasilien (1932-1944/45). São Paulo: Instituto Martius-Staden; Oltmer, J. (2010): Migration im 19.und 20. Jahrhundert. München: Oldenbourg; Hoerder, D. (2010): Geschichte der deutschen Migration. Vom Mittelalter bis Heute. München; Lexikon der Psychologischen Anthropologie. Gießen, 2012:459-462; Bacci, .L. (2016): Kurze Geschichte der Migration. Berlin: Wagenbach; Khannah, P. (2021): Move. Das Zeitalter der Migration. Berlin

Militarismus und Krieg

Kant, Immanuel (1795, 2011): Zum ewigen Frieden. Kommentar. Frankfurt/M.: Suhrkamp; Nicolai, Georg Fr. (1919): Die Biologie des Krieges. Betrachtungen eines Naturforschers den Deutschen zur Besinnung. 2 Bde. Zürich: Orell Füssli; S. 234-244; Einstein, Albert & Freud, Sigmund (1932, 1996): Warum Krieg? Zürich: Diogenes; Jahn, Bruno (1937): Die Weisheit des Soldaten. Tornisterschrift des OKW. Berlin: A. Scherl Nachf.; Mead, Margret (1940): Warfare is only an invention – not a biological necessity. Asia, aug. 1940, p.402-404; Toynbee, Arnold J. (1958): Krieg und Kultur. Der Militarismus im Leben der Völker. Frankfurt/M.: Fischer; Bundesministerium für Verteidigung (Hg.) (o.J.): Soldatische Pflicht. (Bundeswehr, 60er Jahre); Senghaas, Dieter (1972): Rüstung und Militarismus. Frankfurt/M.: Suhrkamp; Regozini, G. M. (1977): Auguste Comtes „Religion der Menschheit" und ihre Ausprägung in Brasilien. Frankfurt/M.: P. Lang; Koch, Peter (1983): Wahnsinn Rüstung. Das Bombengeschäft mit der Angst. Goldmann Tb.; Willems, Emilio (1984): Der preußisch-deutsche Militarismus. Ein Kulturkomplex im sozialen Wandel. Köln: Verlag Wissenschaft und Politik; Geuter, U. (1985): Polemos panton pater – Militär und Psychologie im deutschen Reich 1914-1945. In: M. G. Ash & U. Geuter (hrsg.): Geschichte der deutschen Psychologie im 20. Jh.. Ein Überblick. Wiesbaden, S.146-171; Lobo Antunes, António (1987): Der Judaskuss. München: DTV; Plänkers, Tomas (1993): Die Angst vor der Freiheit. Beiträge zur Psychoanalyse des Krieges. Tübingen: Ed. Diskord; Keegan, John (1995): Die Kultur des Krieges. Berlin: Rowohlt; Gutman, Roy & Rieff, David (1999): Kriegsverbrechen. Was jeder wissen sollte. München: DVA; Stubbe, Hannes (2004): Psychotrauma und Kolonialkrieg: Das Beispiel des portugiesischen Kolonialkrieges in Afrika. Zeitschrift für Psychotraumatologie und Psychologische Medizin, 2. Jg., Heft 3, S.55-66; Ders. (2018): Kleinere Schriften. Aachen: Shaker; Ders. (2019): Militarismus – Eine Kulturdimension? Seminar, Universität zu Köln, WS 2019/20; deMause, Lloyd (2005): Das emotionale Leben der Nationen. Klagenfurt: Drava; Etzersdorfer, Irene (2007). Krieg. Eine Einführung in die Theorien bewaffneter Konflikte. UTB; Speitkamp, Winfried (2010): Ohrfeige, Duell und Ehrenmord. Eine Geschichte der Ehre. Stuttgart: Reclam; Wette, Wolfram (2011): Militarismus in Deutschland. Geschichte einer kriegerischen Kultur. Frankfurt/M.: Fischer; Jäger, Thomas & Beckmann, Rasmus (Hrsg.) (2011): Handbuch Kriegstheorien. Wiesbaden: VS Verlag; Grässlin, Jürgen (2013): Schwarzbuch Waffenhandel. München: Heyne; Bering, D. (2018): Luther im Fronteinsatz. Propagandastrategien im I. Wk. Wallstein; Süddeutsche Zeitung: „Höchste Priorität" für die Bundeswehr. Süddeutsche Zeitung, 75. Jg., 29. Woche, Nr.164, Donnerstag, 18. Juli, 2019, S.

1; Bild Zeitung: Und wieder sieht Deutschland nur zu…. Bild, Donnerstag 1. August 2019, S. 2

Mittelalter (europäisches)

Diepgen, P. (1912): Traum und Traumdeutung als medizinisch-naturwissenschaftliches Problem im Mittelalter. Berlin; Guardini, R. (1950): Die Bekehrung des hl. Augustinus, 2.Aufl.; Le Goff, J. (1957): Les intelectuels au Moyen Age. Paris (dt. Stuttgart, 1987)(Bibliografie 1987: 189-210); Trüb, C.L. P. (1978): Heilige und Krankheit. Geschichte und Gesellschaft. Stuttgart; Borst, A. (1979): Lebensformen im Mittelalter. Frankfurt/M.; Gurjewitsch, A. J. (1980): Das Weltbild des mittelalterlichen Menschen. München; Flasch, K. (1980): Augustin. Einführung in sein Denken. Stuttgart; Stubbe, H. (1985): Formen der Trauer. Berlin: Reimer; Schipperges, H. (1985): Heilung einer Geisteskranken im hohen Mittelalter. Eine „Gemeinschaftstherapie" bei Hildegard von Bingen. Z. f. Klin. Psychologie, Psychopathologie und Psychotherapie, H.1, Jg.33, 1985: 58-64; Ders. (1990): Der Garten der Gesundheit. Medizin im Mittelalter. München: DTV; Grabois, A. (o.J..): Enzyklopädie des Mittelalters. Zürich; Reclams Bibellexikon. Stuttgart, 1987; Borst, A. (1987): Lebensformen im Mittelalter. Frankfurt/M.; LeGoff, J. (1987): Die Intellektuellen im Mittelalter. Stuttgart, 2. Aufl.; Ders. (1990): Phantasie und Realität des Mittelalters. Stuttgart; Benesch, H. et al. (1990): Psychologie-Lesebuch. Historische Texte im Überblick. Frankfurt/M.: Fischer; Lexikon des Mittelalters. 9 Bde. Stuttgart, 1999; Kerner, Ch. (2000): „Alle Schönheit des Himmels". Die Lebensgeschichte der Hildegard von Bingen. Weinheim; Fuhrmann, H. (2002): Überall ist Mittelalter. Von der Gegenwart einer vergangenen Zeit. München: Beck; Fried, J. (2002): Die Aktualität des Mittelalters. Gegen die Überheblichkeit unserer Wissensgesellschaft. Stuttgart; Schubert, E. (2002): Alltag im Mittelalter. Natürliches Lebensumfeld und menschliches Miteinander. Darmstadt; Frenken, R. (2002): Kindheit und Mystik im Mittelalter. Frankfurt/M.; Augustinus, A. (2003): Bekenntnisse, Reclam; Wittmer-Butsch, M. & Rendtel, C. (2003): Miracula. Wunderheilungen im Mittelalter. Köln; Craemer-Ruegenberg, I. (2005): Albertus Magnus. Leipzig; Pauler, R. (2007): Leben im Mittelalter. Ein Lexikon. Darmstadt; Behringer, W. (2009): Hexen. Glaube, Verfolgung, Vermarktung. München, 5. Aufl.; Fried, J. & Rader, O. B. (2011): Die Welt des Mittelalters. Erinnerungsorte eines Jahrtausends. München; Stubbe, H. (2016): Albertus Magnus. Der erste Kölner und mitteleuropäische Psychologe. Aachen, 2. Aufl.

Mosambik

Harris, M. (1958): Portugal's African „Wards": A first hand report in labour and education in Mozambique. N. Y.; Efraime Junior, B. (1996): Actividades do Projecto Psico-Social de Assistência às Crianças, Jovens e População em geral Vítimas de Guerra. Maputo: AMOSAPU; Ders. (2007): Psychotherapie mit Kindersoldaten in Mosambik: auf der Suche nach Wirkfaktoren. Aachen (Bibliografie S.227-242); Ders. (ed.): Psicanalise em Moçambique. No prelo; Stubbe, H. (2008): Sigmund Freuds „Totem und Tabu" in Mosambik. Göttingen (Bibliografie S. 139-151)

Musikpsychologie

Stumpf, C. (1883-1890): Ton-Psychologie. 2 Bde.; Müller-Freienfels, R. (1936): Psychologie der Musik; Bahle, J. (1936): Der musikalische Schaffensprozeß. Psychologie der schöpferischen Erlebnis- und Antriebsformen. Leipzig, 2. Aufl.; Seashore, C. E. (1938): Psychology of music; Sachs, C. (1940): The history of musical instruments. N.Y.; Révész, G. (1946): Einführung in die Musikpsychologie; Bose, Fr. (1953): Musikalische Völkerkunde. Freiburg/Brsg. (Bibliografie); Drake, R. M. (1957): Drake musical aptitude test. Chicago; Ansermet, A. (1962): Les fondements de la musique dans la conscience humaine. 2 vols. Neuenburg; Wellek, A. (1963): Musikpsychologie und Musikästhetik; Merriam, A. P. (1964): The anthropology of music. Evanston; Lundin, R. W. (1967): An objective psychology of music. N.Y.; Janata, A. et al. (1975): Musikinstrumente der Völker; Strobel, W. & Huppmann, G. (1978): Musiktherapie. Göttingen; Bruhn, H., Oerter, R. & Rösing, H. (Hrsg.) (1993): Musikpsychologie. Ein Handbuch. Reinbek; Lexikon der Psychologie, Bd. 3, Heidelberg, 2001:108; Koch-Grünberg, Th. (1911-1913): Walzenaufnahmen aus Brasilien. CD. Ethnologisches Museum, Berlin, 2006

Mythen und Märchen

Grimm, J. (1835): Deutsche Mythologie. 3 Bde. (Reprint Wien, 1981); Kuhn, A. (1886): Die Herabkunft des Feuers und des Göttertranks. Darmstadt: WBG, Reprint 1968); Frazer, J. G. (1907/15): The golden bough, 12 vol.s. London, 1907/15; A.Vierkandt, A. (1912): Psychologische Grundfragen der Mythenforschung. Literaturbericht. Arch. f. ges. Psychologie, 1912:1ff; Bölsche, W. (1929): Drachen, 1929; Jensen, Ad. E. (1951): Mythos und Kult bei Naturvölkern. Religionswissenschaftliche Betrachtungen (nhrsg. DTV, 1992); Beit, H. von (1952): Symbolik des Märchens. Bern; Campbell, J. (1953): Der Heros in tausend Gestalten; Thompson, St. (1955-1958): Motif-Index of folk-literature. A classification of narrative elements in folktales, ballads, myths, fables, mediaeval romances, exempla, fabliaux, jestbooks, and local legends. 6 vol.s, Kopenhagen, 1955-58; Geister am Roroima. Indianer-Mythen und –Märchen aus Guayana, 1956; Baldus, H. (1958): Die Jaguarzwillinge. Eisenach; Dumézil, G. (1959): Loki. Darmstadt: WBG (frz. 1948); Baumann, H. (1959): Mythos in ethnologischer Sicht. Studium generale, 12, S. 1ff; Ranke-Graves, R. von (1960): Griechische Mythologie. 2 Bde. Hamburg; de Vries, J. (1961): Forschungsgeschichte der Mythologie. Freiburg/Brsg.: Alber; Nordwind-Stephens, W.N. (1962): The Oedipus Complex. HRAF; Schliephacke, Br. P. (1962): Das Feigenblatt. Der enträtselte Mythos vom Paradies. Eine Geschichte der Schamhaftigkeit von der Urzeit bis zur Gegenwart. Lauf: R. Zitzmann; Südwind. Feuerlandindianermärchen, 1966; Parin, P. (1967): Zur Bedeutung von Mythus, Ritual und Brauch für die vergleichende Psychiatrie. In: N. Petrilowitsch (Hrsg.), Beiträge zur vergleichenden Psychiatrie, Teil II; Laiblin, W. (Hrsg.) (1969): Märchenforschung und Tiefenpsychologie. Darmstadt; Schmidbauer, W. (1970): Mythos und Psychologie. Methodische Probleme, aufgezeigt an der Ödipus-Sage; Röhrich, L. (1972/73): Rumpelstilzchen. Vom Methodenpluralismus in der Erzählforschung. Schweiz. Arch. für Volkskunde, 68/69; Vilas Boas, O. & Villas Boas, Cl. (1972): Xingú. Os índios, seus mitos. Rio de Janeiro; Dieckmann, H. (1973): Märchen und Träume als Helfer des Menschen; Lüthi, M. (1974): Das europäische Volksmärchen. Form und Wesen; Wörterbuch der deutschen Volkskunde. Stuttgart, 1974; Reclams Lexikon der antiken Mythologie. Stuttgart, 1975;

Peseschkian, N. (1979): Der Kaufmann und der Papagei. Orientalische Geschichten als Medien in der Psychotherapie. Mit Fallbeispielen zur Erziehung und Selbsthilfe. Frankfurt/M.; Schliephacke, B. P. (1979): Bildersprache der Seele. Lexikon zur Symbolpsychologie; Lurker, M. (1979): Wörterbuch der Symbolik. Stuttgart; Rosenkötter, R. M. (1980): Das Märchen – Eine vorwissenschaftliche Entwicklungspsychologie. Psyche, 2, 1980:168-207; Göttner-Abendroth, H. (1980): Die Göttin und ihr Heros, 1980 (weitere Aufl.n); Fromm, E. (1981): Märchen, Mythen, Träume; Scherf, W. (1982): Lexikon der Zaubermärchen. Stuttgart; Ders. (1995): Das Märchen-Lexikon, 2 Bd.e, ; Propp, V. (1982): Morphologie des Märchens; Mythen, Märchen, Moritaten. Orale und traditionelle Literatur in Brasilien. Zeitschr. für Kulturaustausch, 33.Jg., 1.Vj., 1983 (Bibliographie); Simek, R. (1984): Lexikon der germanischen Mythologie. Stuttgart; Franzke, E. (1985): Märchen und Märchenspiel in der Psychotherapie. Bern; Kast, V. (1986): Märchen als Therapie; Duerr, H.P. (1990): Der Mythos vom Zivilisationsprozeß. Bd.1 Nacktheit und Scham; Bd.2 Intimität. Frankfurt/M.; Ranke, K. (Begr.) (1991ff): Enzyklopädie des Märchens. Handwörterbuch zur historischen und vergleichenden Erzählforschung, 12 Bd.e, 1991ff (Bibliografie); Kohl, K. H. (Hrsg.) (1992): Mythen im Kontext. Ethnologische Perspektiven; Matthews, J. & C. (1994): Lexikon der keltischen Mythologie. München, 2. Aufl.; Fromm, E. (1994): Märchen, Mythen, Träume. Eine Einführung in das Verständnis einer vergessenen Sprache. Reinbek (engl. NY. 1951); Pottier, R. (1994): Essai d'anthropologie du mythe. Paris; Stubbe, H. (1995): Suizidforschung im Kulturvergleich, Kölner Beiträge zur Ethnopsychologie und Transkulturellen Psychologie; Bischof, N. (1996): Das Kraftfeld der Mythen: Signale aus der Zeit, in der wir die Welt erschaffen haben, 1996; Der Drache: Himmelssohn oder Ausgeburt der Hölle? Museum für Völkerkunde (Basel), 1996; Schmelz, B. & Vossen, R. (Hrsg.) (1996): Auf Drachenspuren. Ein Buch zum Drachen-Projekt des Hamburgischen Museums für Völkerkunde; Ernst, C. (2000): Mythos und Wirklichkeit des Suizids, In: Last minute, Katalog, Kassel; Grimms Märchen. Vollständige illustrierte Ausgabe. Mannheim: Sauerländer (Register, Lexikon, Wörterbuch); Wörterbuch der analytischen Psychologie, 2008; Lexikon der Psychologischen Anthropologie. Gießen, 2012; Kieser, G. (2014): Wörterbuch der Märchen Symbolik. (1600 Stichwörter mit 13.000 Verweisstellen). Ahlerstedt, 2. Aufl.

Nepal

Regmi, M. P. (1987): Historical development of psychology in Nepal. In: G. H. Blowers & A. M Turtle (Eds.), Psychology mouving east. N.Y.; Ders. (1994): The Himalayan Mind. A Nepalese Investigation. Delhi; Ahikari, G. B. (1988): Culture and mental illness. TU Kirtipur. Central Dep. of Sociology and Anthropology; Böker, H. (1990): Ethnopsychiatrische Beobachtungen in einem Psychiatrischen Krankenhaus in Kathmandu (Nepal). Curare, vol. 13, 4, S. 225-240; Bista, D. B. (1994): Fatalism and development. Nepals struggle for modernization. Calcuta; Loch, A. (1995): Psychologie in Nepal. Kölner Beiträge zur Ethnopsychologie und Transkulturellen Psychologie, Jg. 1, N°. 1, S.79-98; Eigner, D. (1997): Hilfreiche und gefährliche Geister in Nepal. Ethnopsychologische Mitteilungen, 6 (1), S.18-31; Dies. (2000): Therapeutische Wirkfaktoren bei schamanischen Ritualen in Nepal. Ethnopsychologische Mitteilungen, 9 (1/2), S.3-21

Österreich

Brentano, Fr. (1867): Die Psychologie des Aristoteles. (Darmstadt, 1967); Ders. (1874): Psychologie vom empirischen Standpunkt. 3 Bde. Felix Meiner; Ders. (1911): Von der Klassifikation der psychischen Phänomene; Ehrenfels, Chr. v. (1890): Über Gestaltqualitäten. Vierteljahresschrift für wiss. Philosophie; Meinong, A. (1891): Zur Psychologie der Komplexionen und Relationen. (vgl. Gesamtausg. Graz, 1968ff); Breuer, J. & Freud, S. (1895): Studien über Hysterie; Jost, A. L. (1897): Die Assoziationsfestigkeit in ihrer Abhängigkeit von der Verteilung der Wiederholungen. Zeitschr. für Psychol. und Physiologie der Sinnesorgane, 14, S.436-472; Adler, A. (1898): Gesundheitsbuch für das Schneidergewerbe. Berlin: C. Heymanns; Freud, S. (1899/1900): Die Traumdeutung. Leipzig; Musil, R. (1906): Die Verwirrungen des Zöglings Törleß; Révész, G. (1913): Zur Grundlegung der Tonpsychologie. Budapest; Pötzl, O. (1917): Experimentell erzeugte Traumbilder. Zschr. f. ges. Neurol. und Psychiat., 37; Bühler, K. (1913): Die Gestaltwahrnehmung; Ders. (1918): Die geistige Entwicklung des Kindes; Zweig, St. (1931). Die Heilung durch den Geist (Mesmer, Mary Baker-Eddy, Freud). Leipzig; Ders. (1944): Die Welt von gestern; Watson, G. (1934): Psychology in Germany and Austria. Psychological Bulletin, 31, p.755-776; Ders. (1933): Psychology under Hitler. School and Society, 38, p.732-736; Rohracher, H. (1934): Kleine Charakterkunde. Wien (11. Aufl. 1965); Ders. (1949): Mechanische Mikroschwingungen des menschlichen Körpers. Wien; Ders. (1963): Einführung in die Psychologie. Wien, 3. Aufl.; Wellek, A. (1938): Das absolute Gehör und seine Typen. Wien; Ders. (1939): Typologie der Musikbegabung im deutschen Volke. Wien; Ders. (1959): Der Rückfall in die Methodenkrise der Psychologie und ihre Überwindung. Wien; Brunswik, E. (1935): Experimentelle Psychologie in Demonstrationen; Freud, S. (1940-1952): Gesammelte Werke. 18 Bd.e + Nachtragsband; Mittenecker, E. (1952): Planung und statistische Auswertung von Experimenten. Wien (1964, 5. Aufl.); Adams, J. F. (1957): The status of psychology in the Universities of Austria and Germany, 1955-1956. Journal of General Psychology, 56, p.147-157; Ders. (1962): The status of psychology in the Universities of Austria and Germany, 1960-1961. Journal of General Psychology, 67, p.337-347; Hofstätter, P.R. (1957): FILEX Psychologie. Frankfurt/M. (332.-356. Tausend, 1967); Leibbrand, W. & Wettley, A. (1960): Der Wahnsinn. Geschichte der abendländischen Psychopathologie. Freiburg/Brsg. (Neuaufl. 2005); Kohler, I. (1951): Über Aufbau und Wandlungen der Wahrnehmungswelt. Öster. Akademie der Wiss. (engl. 1964); Meili, R. & Rohracher, H. (1963): Lehrbuch der experimentellen Psychologie. Bern; Dufresne, R. (1973): Bibliographie des écrits de Freud. En français, allemand et anglais. Paris; Ellenberger, H. (1973): Die Entdeckung des Unbewußten. Bern; Bruder-Bezzel, A. (1983): Alfred Adler. Die Entstehungsgeschichte einer Theorie im historischen Milieu Wiens. Göttingen; Dies. (1991): Die Geschichte der Individualpsychologie. Frankfurt/M.; Traxel, W. (1985): Zur Geschichte des Farbenkreisels nach Musil. In: W. Traxel, Geschichte für die Gegenwart. Passau, S.117-125; Fichtner, G. (1989). Bibliographie des lettres de Freud.. Revue Internationale d'Histoire de la Psychanalyse, Nr.2, p.80-108; Meyer-Palmedo, I. & Fichtner, G. (Hrsg.) (1989): Freud-Bibliographie mit Werkkonkordanz. Frankfurt/M.; Benetka, G. (1990): Zur Geschichte der Institutionalisierung der Psychologie in Österreich. Wien-Salzburg; Ders. (1995): Psychologie in Wien. Sozial- und Theoriegeschichte des Wiener Psychologischen Institut 1922-1938. Wien; Peters, U. H. (1992): Psychiatrie im Exil. Die Emigration der dynamischen Psychiatrie aus Deutschland 1933-1939. Düsseldorf; Daigger, A. (1993): Der Psychologe Robert Musil. In: H. Lück & R. Miller (Hrsg.), Illustrierte Geschichte der Psychologie. München, S.310-311; Ansbacher, H.L. & Ansbacher, R.R. (1995): Alfred Adlers Individualpsychologie. Eine systematische Darstellung seiner Lehre in Auszügen aus seinen Schriften. München, 4. Aufl.; Reichmayr, J. (1995): Einführung in die Ethnopsychoanalyse. Geschichte, Theorien und Methoden. Frankfurt/M.; Ders. et al. (2003):

Psychoanalyse und Ethnologie. Biographisches Lexikon der psychoanalytischen Ethnologie, Ethnopsychoanalyse und interkulturellen psychoanalytischen Therapie. Gießen; Rattner, J. & Danzer, G. (1998): Hundert Meisterwerke der Tiefenpsychologie. Darmstadt; Rolett, B. (1999): Psychology in Austria. European Psychologist, 4, p. 115-118; Stubbe, H. (2001): Alfred Adler in Brasilien. In: H. Stubbe, Kultur und Psychologie in Brasilien. Bonn, 232-239; Ders. (2011): Die erste psychoanalytische Doktorarbeit in der portugiesisch-sprachigen Welt (1914). Aachen (Reprint mit Kommentar); Roudinesco, E. & Plon, M. (2004): Wörterbuch der Psychoanalyse. Namen – Länder – Werke - Begriffe. Wien; Allesch, Chr. G. (2006): Einführung in die psychologische Ästhetik. Wien; *Internet*: Gerhard Benetka: Geschichte der Fakultät für Psychologie, Universität Wien; Universität Graz: Zur Geschichte des Grazer Institut für Psychologie

Ost-Timor

Berlie, A. J. (2001): East Timor. A bibliography. Paris; Loch, A. (2006): Haus, Handy & Halleluja. Psychosoziale Rekonstruktion in Ost-Timor. Ohne Ort (Bibliografie S.484-508); Ders. (2006): Ost-Timor im emotionspsychologischen Kulturvergleich. In: Santos-Stubbe, Ch. dos & C. Klöpfer (Hrsg.), Psychologie aus historischer und transkultureller Perspektive. Aachen, S.97-114

Persönlichkeitspsychologie/Charakterkunde (s. Physiognomik)

Theophrast: Charaktere. griech/dt. Reclam, 2000; Huarte de San Juan, J. (1594): Examen de ingenios. Reprint. N.Y., 1976; Mantegazza, P. (1885): La physionomie et l'expression des sentiments. Paris; Malapert, P. (1897): Les éléments du caractère et leurs lois de combinaison. Paris; Klages, L. (1910): Die Grundlagen der Charakterkunde. Bonn, 1966, 13. Aufl.; Spranger, E. (1914): Lebensformen. Tübingen (9. Aufl. 1966)(engl. 1928); Jastrow, j. (1921): Character and temperament. N. Y.; Kretschmer, E. (1921): Körperbau und Charakter. Heidelberg (24. Aufl. 1961); Jung, C. G. (1921): Psychologische Typen. Ges. Werke (9. Aufl. 1960); Künkel, Fr. (1928): Einführung in die Charakterkunde (1928). Leipzig, (6. Aufl. 1934); Prince, M. (1929): Clinical and experimental studies in personality. Cambridge/Mass.; Kronfeld, A. (1932). Lehrbuch der Charakterkunde. Berlin; Rohracher, H. (1934): Einführung in die Charakterkunde. Wien, (11. Aufl. 1965); Heiss, R. (1936): Die Lehre vom Charakter. Berlin; Allport, G. W. (1937). Personality: a psychological interpretation. N.Y.; Sheldon, W. H. et al. (1940): The varieties of human physique. N.Y.; Murphy, G. (1947): Personality: A biosocial approach to origin and structure; Irwin, J. R. (1947): Galen on the temperaments. Journal of General Psychology, 36, p.45-64; Linton, R. (1945): The cultural background of peronality; Adorno, T. W. et al. (1950): The autoritarian personality. N.Y.; Kloos, G. (1951): Die Konstitutionslehre von Carl Gustav Carus mit besonderer Berücksichtigung seiner Physiognomik. Einf. K. Jaspers. Basel (Bibliografie S.98-112); Sullivan, H. Str. (1953): The interpersonal theory of personality; Handbuch der Psychologie, Bd. 4. Persönlichkeitspsychologie. Göttingen, 1960; Koch, M. (1960): Die Begriffe Person, Persönlichkeit und Charakter, In: Handb. der Psychol. Bd. 4, 1960:3-29; Lersch, Ph. (1962): Aufbau der Person. München, 8. Aufl.; Kelly, G. A. (1963): A theory of personality. N.Y.; Bischof, L. J. (1964): Interpreting personality theories. N. Y.; Helwig, P. (1967): Charakterologie. Freiburg/Brsg.; Viney, L. (1969): Self: The history of a concept. Journal of the History of the Behavioral

Sciences, 5, p. 349-359; Maher, B. (1969): Clinical psychology and personality: the selected papers of George Kelley; Cattell, R. B. et al. (eds.) (1977): Handbook of modern personality theory. N. Y.; Viney, W. et al. (1979), p.305-310 (Bibliografie); Allport, G. W. (1983): Werden der Persönlichkeit. Frankfurt/M.; Herrmann, Th. & Lantermann, E. D. (Hg.) (1985): Persönlichkeitspsychologie. München; Ewen, R.B. (1993): An introduction to theories of personality. Hillsdale NJ., 4. Ed.; Lombardo, B. & Foschi, R. (2003): The concept of personality in the 19th-century French and 20th-century American psychology. History of Psychology, 6, p.123-142; Asendorf, J. B. (2007): Psychologie der Persönlichkeit. Heidelberg, 4. Aufl.; Lexikon der Psychologischen Anthropologie. Gießen, 2012: 500f

Peru (s. Zeittafel zur Psychologie in Lateinamerika)

Handbuch der Neurosenlehre und Psychotherapie (Frankl – v. Gebsattel -Schultz). Bd. 1. München, 1958: 220-232; Ortiz, A. (1982): Migraciones internas y desarollo desigual. Peru 1940-1972. Lima; Soriano, W. E. (1985): Los modos de producion en el imperio de los incas. Lima: Amaru, 2. Ed.; Los niños de la guerra. Universidad Nacional San Cristóbal de Huamanga. Lima, 1987; Entre el mito y la historia. Psicoanálisis y Passado Andino. Lima, 1987; Andritzky, W. (1988): Schamanismus und rituelles Heilen im alten Peru. Berlin; Ders. (2000): „Dschungeluniversitäten" der traditionellen Heilkunst in Peru. Ethnopsychologische Mitteilungen, 9 (1/2), S. 22-31; León, R.. (1989): History of psychology in Peru: A short overview. In: H. Stubbe & R. León (ed.s), History of Psychology in the Third world. Arch. Latinoamer. de Hist. de la Psicologia, vol.1, N°.2, P.181-185; Ders. (1993): Contribuciones a la historia de la psicología en el Peru. Lima (Bibliografie); M. Scheib, M. (1995): Honorio Delgado und die Frühgeschichte der Psychoanalyse in Peru. Med. Diss. Frankfurt/M.; Stubbe, H. (1995): Zur Geschichte der Psychologie in Peru. Psychologie und Geschichte, Jg. 7, Heft 14, S. 357-377

Pflanzenpsychologie:

Fechner, Gustav Theodor (1848): Nanna oder über das Seelenleben der Pflanzen. Leipzig: Voss; Ders. (1984): Das unendliche Leben. München: Matthes & Seitz; Francé, R. H. (1909): Pflanzenpsychologie als Arbeitshypothese der Pflanzenphysiologie. Stuttgart: Franckh; Dessoir, Max (1911): Abriß einer Geschichte der Psychologie. Heidelberg: C. Winter; Heiberg, J. L. (1912): Naturwissenschaften und Mathematik im klassischen Altertum. Leipzig: Teubner; Hall, Stanley (1914): Die Begründer der modernen Psychologie (Lotze, Fechner, Helmholtz, Wundt). Leipzig: F. Meiner; Révész, Béla (1917): Geschichte des Seelenbegriffes und der Seelenlokalisation. Stuttgart: F. Enke; Maeterlinck, Maurice (1924): Die Intelligenz der Blumen. Jena: E. Diederichs; Lukesch, Anton (1968): Mythos und Leben der Kayapo. Acta Ethnologica et Linguistica, Nr.12. Wien; Hartfiel, Günter (1976): Wörterbuch der Soziologie. Stuttgart: Kröner; Schmitz, Siegfried (1983): Charles Darwin. Leben, Werk, Wirkung. Düsseldorf: Econ; Simek, Rudolf (1984): Lexikon der germanischen Mythologie. Stuttgart: Kröner; Bonin, Werner F. (1988): Lexikon der Parapsychologie und ihrer Grenzgebiete. München: Scherz; Oelze, Berthold (1988): Gustav Theodor Fechner. Seele und Beseelung. Münster: Waxmann; Endruweit, Günter & Trommsdorff, Gisela (Hrsg.) (1989): Wörterbuch der Soziologie. 3 Bd.e. Stuttgart: Enke; Lück, Helmut E. (1991): Geschichte der Psychologie. Stuttgart: Kohlhammer; Lück, Helmut E. & Miller, Rudolf (1993): Illustrierte Geschichte der

Psychologie. München: Quintessenz; Steiner, Peter M. (1992): Psyche bei Platon. Göttingen: Vandenhoeck & Ruprecht; Kivits, Tonja (1994): Eine kurze Geschichte der Psychologie. Düsseldorf: ECON; Bringmann, Wolfgang G. et al. (1997): A pictorial history of psychology. Chicago: Quintessence Publ.; Städtler, Thomas (1998): Lexikon der Psychologie. Stuttgart: Kröner; Gould, Stephen Jay (1999): Der falsch vermessene Mensch. Frankfurt/M.: Suhrkamp; Stolze, Cornelia (2001): Der IQ-Schwindel. Die Woche, 7. September, S.25; Stubbe, Hannes (2001): Fechner in Brasilien. IN: H. Stubbe, Kultur und Psychologie in Brasilien. Bonn: Holos, S. 194-202; Ders. (2010). Rezension des Buches von J. C. Melatti, Índios do Brasil. Zeitschrift für Ethnologie, 135, S.346-350; Ders. (2016): Albertus Magnus. Der erste Kölner und mitteleuropäische Psychologe. Aachen: Shaker, 2. Aufl.; Ders. (2012): Lexikon der Psychologischen Anthropologie. Gießen: Psychosozial; Volpi, Franco (Hg.) (2004): Großes Werklexikon der Philosophie. 2 Bd.e. Stuttgart: Kröner; Höffe, Otfried (2005): Aristoteles-Lexikon. Stuttgart: Kröner; Lamberti, Georg (Hg.) (2006): Intelligenz auf dem Prüfstand – 100 Jahre Psychometrie. Göttingen: Vandenhoeck & Ruprecht; Schröder, Ekkehard (2006): Pflanzen und Ethnomedizin – einige Grundüberlegungen zu einem alten neuen Thema. IN: Ch. dos Santos-Stubbe & C. Klöpfer (Hrsg.), Psychologie aus historischer und transkultureller Perspektive. Aachen: Shaker, S. 55-69; Melatti, Julio Cézar (2007): Índios do Brasil. São Paulo: EDUSP; Galliker, Mark et al. (2007): Meilensteine der Psychologie. Die Geschichte der Psychologie nach Personen, Werk und Wirkung. Stuttgart: Kröner; Mägdefrau, Karl (2013): Geschichte der Botanik. Leben und Leistung großer Forscher. Heidelberg: Springer, 2. Aufl.; Mancuso, Stefano & Viola, Alessandra (2015): Die Intelligenz der Pflanzen. München: A. Kunstmann; Wohlleben, Peter (2015): Das geheime Leben der Bäume. Was sie fühlen, wie sie kommunizieren – die Entdeckung einer verborgenen Welt. München: Ludwig, 11. Aufl.

Philippinen (s. Indigenisierung)

St.a Maria, Madelene, M. (1993): Die Indigenisierungskrise in den Sozialwissenschaften und der Versuch einer Resolution in Sikolohiyang Pilipino. Phil Diss, Universität zu Köln

Physiognomik

Lavater, J. C. (1775-1778): Physiognomische Fragmente zur Beförderung der Menschenkenntnis und Menschenliebe (nhrsg. Stuttgart, 1984); Sir Morison, A. (1853): Physiognomik der Geisteskrankheiten. Leipzig; Kloos, G. (1951): Die Konstitutionslehre von Carl Gustav Carus mit besonderer Berücksichtigung seiner Physiognomik. Einf. K. Jaspers. Basel (Bibliografie S.98-112); Hofstätter, P. (1957): FILEX Psychologie. Frankfurt/M., S. 39ff; Werner, H. (1959): Einführung in die Entwicklungspsychologie; Evans, E. C. (1969): Physiognomics in the ancient world. Philadelphia; Mosse, G. L. (1978): Rassismus. Ein Krankheitssymptom in der europäischen Geschichte des 19. und 20. Jh.s, S. 28ff; Gilman, S. L. (1978): Zur Physiognomie der Geisteskranken in Geschichte und Praxis, 1800-1900. Sudhoffs Archiv, Bd.62, S.209-234; Rattner. J. (1983): Vorläufer der Tiefenpsychologie. Wien; Oehler-Klein, S. (1990): Die Schädellehre J. Galls in Literatur und Kritik des 19.Jh.s; Weigelt, H. (1991): J. K. Lavater; Sautermeister, G. (1993): G. Chr. Lichtenberg. München, S.91; Shookman, E. (ed.) (1993): The faces of physiognomy: Interdisciplinary approaches to Johann Caspar Lavater. Columbia, SC.; Schmölders, Cl. (Hg.) (1996): Der exentrische Blick. Gespräch über Physiognomik; Gould, St. J. (1999): Der falsch vermessene Mensch; Zybok, O. (Hrsg.)

(2000): Von Angesicht zu Angesicht. Mimik – Gebärden – Emotionen. Katalog; Kunsthaus Zürich (Hg.) (2001): J. C. Lavater. Das Antlitz – Eine Obsession, Katalog; Hesemann, M. (2004): Hitlers Religion, S. 120ff; Lexikon der Psychologischen Anthropologie. Gießen, 2012, S. 501f

Polen:

Konorski, J. (1948): Conditioned reflexes and neuron organization; Roucek, J. S. (ed.) (1949): Slavonic Encyclopedia, 4 vols. N. Y., p.1062-1067; Zajonc, R. B. (1957): Psychology in Poland. American Psychologist, 12, p.730-733; Handbuch der Neurosenlehre und Psychotherapie (Frankl – v. Gebsattel -Schultz). Bd. 1. München, 1958: 139-149; Choynowski, M. (1958): Psychology in Poland: past and present. Polish Review, 3, p.88-103; Rapoport, A. (1962): Modern developments in behavioral science in Poland. Behavioral Science, 7, p.379-389; Budkiewicz, J. (1971): Psychological concepts of Jan Wladyslaw Dawid in relation to european psychology of his day. Polish Psychological Bulletin, 1, p.51-59; Brožek, J. (1977): Contemporary East European Historiography of Psychology. History of Science, 15, p. 233-251; Centofanti, R. (1982): Waclaw Radecki e a psicologia no Brasil. Psicologia: Ciência e Profissão, ano 3, N° 1, P. 5-50; Stubbe, H. (1993): Experimentalpsychologie in den Tropen: Das Laboratorium Waclaw Radeckis (1925-1932). Psychologie und Geschichte, Jg. 4, Heft ¾, S.278-299; Na drogach i bezdrożach historii psychologii. Tom 7. Lublin, 2019

Portugal (s. auch Brasilien, Mosambik)

Stapper, R. (1898): Papst Johannes XXI (Petrus hispanus); Moniz, E. (1915): As bases da psicoanálise. A Medicina Comtemporanea, 33, p.377f ; Ders. (1925): O padre Faria na história do hipnotismo. Lisboa; Sobral Cid, J.M. (1934): Psicopatologia criminal, casuística e doutrina. Porto; Lima, S. (1950): A psicologia em Portugal. Biblos (Coimbra), vol. XXVI, p. 277-285 (Sonderheft); Pinto, R. (1976): Evolução e historia do movimento grupanalítico português desde 1956. Grupanálise, n° 1; Barahona-Fernandes, H. J. (*1907). In: Pongratz, L. J. (Hrsg.) (1977), Psychiatrie in Selbstdarstellungen. Bern, S.82-114; Azevedo, J. L. de (1978): Épocas de Portugal económico. Lisboa, 4. Ed.; Lobo Antunes, A. (1979): Os cus de Judas (dt. Der Judaskuß, dtv, 1989); Vieira, A. B. (1979): Psiquiatria e etologia. Para um modelo biocomportamental da psicopatologia. Diss. Lisboa; Saldanha, G. de (1980): Historia de Goa. Série Letras Indo-Lusas, N° 6, Panjim: Goa, 3. Ed.; Areia, M. L. Rodrigues & Figueiras, I. (1984): Angola. Bibliografia antropológica. Instituto de Antropologia (Universidade de Coimbra) (Bibliografien); Cabral e Sa, M. & Costa Rodrigues, L. B. da (1985): Great Goans. Pune: Kirloskar Press (Abbé Faria, p.1-31, 64ff); Macau no séc. XIX. Macau visto pelos seus artistas e visitantes ilustres. Revista de Cultura, ano II, N° 7, 2° volume, ICM, 1988/89; Cortesão, E. L. (1989): Grupanálise. Teoria e técnica. Lisboa (Bibliografie); Costa, Careiro da (1989): Etnologia dos Açores. Vol.1. Lagoa; Ders. (1975): Um aspecto da psicologia do povo açoriano. Diário dos Açores. Ponta Delgada, 30 de junho; Heimer, Fr.-W. (1990): O estado pós-colonial em África. Revista Internacional de Estudos Africanos, N° 12 e 13, , p.475-500; Morbey, J. (1990): Macau 1999. O desafio da transição. Lisboa; Van Goa naar Lisboa. Indo-portugese

Kunst 16. – 18. EEUW. Brussel. Katalog; História, Antropologia, artes etc. Revista de Cultura, N° 18, (II série), ICM, 1994; Silva Gracias, F. da (1994): Health & hygiene in colonial Goa (1510-1961). New Delhi: Concept Publ.; A mulher em Macau e na China. Condições, vozes e figuras. Revista de Cultura, N° 24, II série, ICM, 1995; Siepmann, H. (1995): Portugiesische Literatur des 19. und 20. Jahrhunderts in Grundzügen. Darmstadt: WBG; Monteiro Neto, F. F. (1995): Psicologia da migração portuguesa. Lisboa: Uni Aberta; Ders. (1997): Estudos de psicologia intercultural. Porto (Bibliografie); Luzes, P. (1997): Cem anos de psicanálise. Lisboa: ISPA (Sammelband), darin: o desenvolvimento da psicanálise em Portugal, p. 283-291(s. auch: estudo introdutivo, p.3-17); Stubbe, H. (1998): Zur Geschichte der Psychoanalyse in Portugal. Kölner Beiträge zur Ethnopsychologie und Transkulturellen Psychologie, Jg.4, N°. 4, S. 59-65; Oliveira Marques, A. H. de (2001): Geschichte Portugals und des portugiesischen Weltreichs. Stuttgart; Lexikon der Psychologischen Anthropologie. Gießen, 2012, S.352-360 (Kolonialkrieg in Afrika); Stubbe, H. (2018): „Sodade" – Eine kulturanthropologische Annäherung an die „alma caboverdiana". In: Ders. (2018), Kleinere Schriften. Aachen, S.81-91

Psyche (ψυχή)

psyché (griech. Hauch, Seele) auch personifiziert dargestellt als geflügelte Gestalt; die archaische europäische Kunst stellt sie als kleines geflügeltes Wesen (eidolon) dar, manchmal auch unter dem Bilde eines Vogels. Erst in der hellenistischen und römischen Plastik erscheint sie als zartes Mädchen mit Schmetterlingsflügeln, die Geliebte des Eros (Amor) (vgl. Apulejus: „Amor und Psyche", 2. Jh. n.Chr.) (vgl. Weicker, 1902; Carus, 1931; Rhode, 1925; Révész, 1927) ; als der *Sitz der Seele* vermutete man in der Antike: a. das Zwergfell (φρεν), b. das Knie (z.B. Homer), c. das Blut, d. den Atem (diese Vorstellung wurde herrschend), e. das Haar (vgl. Haartrauer)
Heute ist ψ das Berufs-Symbol der Psychologen und Psychologinnen weltweit.

Der Kleine Pauly. Bd. 4. München, 1972, S.1213; Link, St. (2002): Wörterbuch der Antike. Stuttgart, S. 807f

Psychische Einheit der Menschheit, kollektives Unbewusstes und globales Bewusstsein

Stoische Weisheit. Griech.-lat. – dt. Münster: Aschendorff; Bastian, A. (1860): Der Mensch in der Geschichte. 3 Bde. Reprint. Osnabrück, 1968; Koepping, Kl.-P. (1983): Adolf Bastian and the psychic unity of mankind. St. Lucia: University of Queensland Press; Mo Ti (1992): Von der Liebe des Himmels zu den Menschen. München; Jung C. G. (2009): Archetypen. München, 15. Aufl.; Rifkin, J. (2010): Die empathische Zivilisation. Wege zu einem globalen Bewusstsein (2009). Frankfurt/M.; Stubbe, H. (2012): Bastians Theorie des (Elementar-)Völkergedankens und der psychischen Einheit der Menschheit. In: Lexikon der Psychologischen Anthropologie. Gießen, S.66-69; Ders. (2021): Die psychische Einheit der Menschheit, eine Grundlage der Transkulturellen Psychologie. In: Festschrift für J. Born; *Internet:*http://geb.uni-giessen.de/geb/volltexte/2021/15678/pdf/Bornistik_2021.pdf

Psychoanalyse und Tiefenpsychologie

Sigmund Freud (1856-1939) verwendete die Bezeichnung „Psychoanalyse" erstmalig in der Abhandlung „Weitere Bemerkungen über die Abwehr-Neuropsychosen" (1896). Vorher verwendete er Bezeichnungen wie „psychische", „psychologische" oder „hypnotische Analyse". Psychoanalyse ist : 1. Ein Verfahren zur Untersuchung seelischer Vorgänge, welche sonst kaum zugänglich sind (freie Assoziation), 2. Eine Behandlungsmethode neurotischer Störungen, die sich auf diese Untersuchung gründet (Deutung, Übertragung, Widerstand, Couch etc.), 3. Ein Lehrgebäude mit einer Reihe von psychologischen Einsichten, die allmählich zu einer neuen wissenschaftlichen Disziplin zusammenwachsen. *Görres* (1965:13ff) zählt folgende Definitionen der Psychoanalyse auf: 1. Methode der psychologischen Untersuchung, 2. Summe von Aussagen über erfahrbare psychologische und psychophysiologische Befunde, 3.System der theoretischen Psychologie, 4. Weltanschauung, 5. Methode der Behandlung seelisch bedingter Krankheiten und Fehlentwicklungen.

Einführungen in die Tiefenpsychologie: Robert, M. (1967): Die Revolution der Psychoanalyse. Frankfurt/M.; Schraml, W. (1968): Einführung in die Tiefenpsychologie für Pädagogen und Sozialpädagogen. Stuttgart; „Hier geht das Leben auf eine sehr merkwürdige Weise weiter ..." Zur Geschichte der Psychoanalyse in Deutschland. Hamburg, 1985; Institut für analytische Psychotherapie Zürich-Kreuzlingen (Hrsg.) (1987): Psychoanalyse im Rahmen der Demokratischen Psychiatrie. 6 Bde. Zürich; Elhardt, S. (2016): Tiefenpsychologie. Eine Einführung. Stuttgart, 18. Aufl.; Mertens, W. (2005): Psychoanalyse. Grundlagen, Behandlungstechnik und Anwendung. Stuttgart; *Lexika:* Laplanche; J. & J. B. Pontalis, J. B. (1972): Das Vokabular der Psychoanalyse. Frankfurt/M.; Peters, U.H. (1978): Wörterbuch der Tiefenpsychologie. München; Peters, U. H. (1997): Wörterbuch der Psychiatrie und medizinischen Psychologie. Augsburg; Mühlleitner, E. (1992): Biographisches Lexikon der Psychoanalyse: die Mitglieder der Psychologischen Mittwoch-Gesellschaft und der Wiener Psychoanalytischen Vereinigung von 1902-1938. Tübingen; Hinshelwood, R. D. (1993): Wörterbuch der kleinianischen Psychoanalyse. Stuttgart; Rattner, J. (1994): Kritisches Wörterbuch der Tiefenpsychologie für Anfänger und Fortgeschrittene. München; Brunner, R. & Titze, M. (1995): Wörterbuch der Individualpsychologie. München; Rattner, J. & Danzer, G. (1998): Hundert Meisterwerke der Tiefenpsychologie. Darmstadt: WBG; Auchter, T. & Strauss, L. V. (1999): Kleines Wörterbuch der Psychoanalyse. Göttingen; Stumm, G. & Pritz, A. (Hrsg.) (2000): Wörterbuch der Psychotherapie. Wien; Stumm, G. & Pritz, A. et al. (2004): Personenlexikon der Psychotherapie. Wien; Reichmayr, J. et al. (2003): Psychoanalyse und Ethnologie. Biographisches Lexikon der psychoanalytischen Ethnologie, Ethnopsychoanalyse und interkulturellen psychoanalytischen Therapie. Gießen; Hark, H. (2003): Lexikon Jungscher Grundbegriffe. Düsseldorf, 5.Aufl.; Müller, L. & Müller, A. (2003): Wörterbuch der Analytischen Psychologie. Düsseldorf (Bibliografie S.485-506); Roudinesco, E. & Plon, M. (2004): Wörterbuch der Psychoanalyse. Namen, Länder, Werke, Begriffe. Wien; Stubbe, H. (2012): Lexikon der Psychologischen Anthropologie. Gießen; Mertens, W. (Hrsg.) (2014): Handbuch psychoanalytischer Grundbegriffe. Stuttgart, 4. Aufl.; *Deutschsprachige Zeitschriften (Auswahl):* Psyche, Klett-Cotta; Forum der Psychoanalyse, Springer; Praxis der Psychotherapie und Psychosomatik, Springer; Praxis der Kinderpsychologie und Kinderpsychiatrie, Vandenhoeck & Ruprecht; Gruppenpsychotherapie und Gruppendynamik, Vandenhoeck & Ruprecht; Zeitschrift für psychoanalytische Theorie und Praxis, Van Gorcum Zeitschrift für Psychosomatische Medizin und Psychoanalyse, Vandenhoeck & Ruprecht; Gorgo (jungianisch); Analytische Psychologie (jungianisch); Zeitschrift für Individualpsychologie (adlerianisch); *Institutionen und Gesellschaften:* Sigmund Freud Institut, Frankfurt/M.; Dt. Psychoanalytische Vereinigung (DPV); Dt. psychoanalytische Gesellschaft (DPG); C. G. Jung Institut, Zürich und Stuttgart; Dt. Gesellschaft für Analytische Psychologie – C.G. Jung-Gesellschaft; A. Adler Institut, Zürich und Berlin; Dt. Gesellschaft für

Individualpsychologie (DGIP); *Vorläufer der Tiefenpsychologie:* W. Hehlmann (1963): Geschichte der Psychologie. Stuttgart: Kröner, S.237-249; Ellenberger, H. (1973): Die Entdeckung des Unbewußten. 2 Bd.e. Bern: Huber; Rattner, J. (Hrsg.) (1983): Vorläufer der Tiefenpsychologie. Wien; *Zur Geschichte des Unbewußten und der Tiefenpsychologie:* Ellenberger, H. (1973): Die Entdeckung des Unbewußten. 2 Bd.e. Bern: Huber; Pongratz, L. J. (1984): Problemgeschichte der Psychologie. München: Francke, S.175-243; Rattner, J. & Danzer, G. (1998): 100 Meisterwerke der Tiefenpsychologie. Darmstadt; Mertens, W. (2008): Psychoanalyse. Geschichte und Methoden. München, S.62-75; *Sigmund Freud (1856-1939):* Gay, P. (1989): Freud. Eine Biographie für unsere Zeit. Frankfurt/M.; Mannoni, O. (1986): Sigmund Freud. RoRoRo Bildmonographien. Reinbek; Lohmann, H. M. (1998): Sigmund Freud. RoRoRo Bildmonographien. Reinbek; Köhler, T. (1993): Das Werk Sigmund Freuds. Entstehung – Inhalt – Rezeption. Lengerich; Mertens, W. (2008): Psychoanalyse. Geschichte und Methoden. München; *S. Freud Studienausgabe* in 11 Bd.n Frankfurt/M. : Fischer Verlag (auch als Taschenbuchausgabe); Im Psychosozial-Verlag erscheint gegenwärtig eine *vollständige Ausgabe aller Schriften S. Freuds; Alfred Adler (1870 - 1937):* Bruder-Bezzel, A. (1983): Alfred Adler. Die Entstehungsgeschichte einer Theorie im historischen Milieu Wiens. Göttingen; Dies. (1991): Die Geschichte der Individualpsychologie. Frankfurt/M.; Sperber, M. (1983): Alfred Adler oder das Elend der Psychologie. Stuttgart; Rattner, J. (1981): Alfred Adler. RoRoRo Bildmonographien. Reinbek; Ansbacher, H. & Ansbacher, R. (1995): Alfred Adlers Individualpsychologie. Eine systematische Darstellung seiner Lehre in Auszügen aus seinen Schriften. München: Reinhardt (darin: A. Adlers Schriftenverzeichnis, S.389-401); *Alfred Adler Werkausgabe,* Frankfurt/M: Fischer Verlag (Taschenbuchausgabe); *Carl Gustav Jung (1975 - 1961):* Wehr, G. (1969): C. G. Jung. Rororo Bildmonographien. Reinbek; Jacobi, J. (1991): Die Psychologie von C. G. Jung. Eine Einführung in das Gesamtwerk. Frankfurt/M.; Jung, C.G. (2009): Archetypen. München (15. Aufl.); *Gesammelte Werke von C. G. Jung* im Walter-Verlag, Olten, 1971-1990; *Weiterentwicklungen der Tiefenpsychologie:* Wyss, D. (1991): Die tiefenpsychologischen Schulen von den Anfängen bis zur Gegenwart. Göttingen; Mertens; W. (2008): Psychoanalyse. Geschichte und Methoden. München: Beck, S.15-43; Mertens, W. (Hrsg.) (2015): Handbuch psychoanalytischer Grundbegriffe. Stuttgart, 4. Aufl. (Bibliografie); *Auswirkungen auf die Anthropologie:* Kardiner, A. & Preble, E. (1974): Wegbereiter der modernen Anthropologie. Frankfurt/M.: Suhrkamp, S.221-278; Marschall, W. (Hrsg.) (1990): Klassiker der Kulturanthropologie. München, S.137-150; DTV-Atlas Ethnologie. München, 2005, S.44-45

Psychologie (das Wort, der Begriff)

Psychologie: Seelenlehre; als Titel eines seelenkundlichen Buches wird die Bezeichnung „psychologia" zuerst von dem Marburger Professor für Physik, Mathematik, Logik und Ethik *Rudolf Goclenius (Göckel)* (1547-1628) in seinem Werk „Ψυχολογία, hoc est de homine perfectione, animo et ortu hujus. Marburg" (1590) gebraucht. *Philipp Melanchton* (1497-1560) schrieb vor ihm bereits ein Buch „Commentarius de anima" (1540), in dem er an die aristotelisch-thomistische Seeleninterpretation anknüpft. Das im 17.Jh. eine Weile florierende Substantiv „Animastica" wird im 18.Jh. endgültig durch den aus dem protestantischen Raum stammenden Neologismus „Psychologie" verdrängt. Die deutsche Wendung „Psychologie" stammt von dem Aufklärungsphilosophen und Leibniz-Schüler *Christian Wolff* (1676-1754). Er hat viele lateinische Termini verdeutscht z.B. Bewußtsein, Vorstellung,

Seelenvermögen, Psychometrie. *Wolff* schrieb auch eine „psychologia empirica" (1716) und eine „psychologia rationalis" (1740). *Psychology:* Nach Pongratz (1984:19) wurde der Begriff „psychology" von dem Heidelberger Professor für Metaphysik *Friedrich August Rauch* (1806-1841), der aus politischen Gründen in die USA ins Exil ging, im angelsächsischen Sprachbereich eingeführt. *Rauch* publizierte in den USA ein Buch mit dem Titel „ Psychology or a view of the human soul including anthropology" (1840). *Rauch* war Personalist („Person als Zentrum des Menschen und der Natur") und Psychologie bezog sich bei ihm auf eine höhere Sphäre, nämlich auf die komplexeren geistigen Zustände und Vorgänge (vgl. Roback, 1970:122). Das Wort „psychology" trat allmählich an die Stelle der bis dahin üblichen englischen Benennungen: „mental philosophy", „intellectual philosophy" etc.

Krstic, K. (1964): Marko Marulic—The Author of the Term "Psychology." Acta Instituti Psychologici Universitatis Zagrabiensis, no. 36, pp. 7–13; Lapointe, F. H. (1972): Who originated the term psychology? J. Hist. Behavior. Scien., 8, p.328-335; Brožek, J. (1973): Psychologia of Marcus Maurulus (1450-1524). Episteme, 7, p.125-131; Scheerer, E. (1989): „Psychologie". Historisches Wörterbuch der Philosophie, Hg. von J. Ritter & K. Gründer, Bd.7, Basel, 1989; Viney, W. et al., 1979:96; Bringmann, W. G. et al. (ed.s) (1997): „A pictorial history of psychology". Chicago, p. 13-18; Danziger, K. (1997): Naming the mind: how psychology found its language. London: Sage; Städler, Th. (1998): Lexikon der Psychologie. Stuttgart, S.870-882 (Bibliografie); Vidal, F. (2011): The Sciences of the Soul: The Early Modern Origins of Psychology. Chicago, University of Chicago Press; *Einheit der Psychologie:* Spranger, E. (1926): Die Frage nach der Einheit der Psychologie. Sitzungsberichte der Preußischen Akademie der Wissenschaften, 24, S. 172-199; Bühler, K. (1927): Die Krise der Psychologie. Jena; Daniel Lagache (1903-1972) in seiner Antrittsvorlesung „L'unité de la psychologie" (1947) (vgl. Schmidgen, 1998:342-359);
Internet: http://psychclassics.yorku.ca/Krstic/marulic.htm;

Psychologinnen und Psychologen (bedeutende) (s. auch Lexika)

Gesner, G. (1802): *Johann Caspar Lavaters* Lebensbeschreibung. 3 Bde.; Kuntze, J.E. (1892): *Gustav Theodor Fechner* (Dr. Mise). Ein deutsches Gelehrtenleben. Leipzig; Lasswitz, K. (1902): *Gustav Theodor Fechner*. Stuttgart; Leicht, A. (1904): *Moritz Lazarus*, der Begründer der Völkerpsychologie; Kraus, S. (1905): *Théodule Ribots* (1839-1916) Psychologie; Picard, E. (1909): *Gustave Le Bon* et son oeuvre; Hall, St. (1914): Die Begründer der modernen Psychologie. (*Lotze, Fechner, Helmholtz, Wundt*). Leipzig; Watson, F. (1915). The Father of modern psychology" (*Juan Luis Vives*, 1492-1540). Psychological Review, 22, p.333-353; Münsterberg, M. (1922): *Hugo Münsterberg*. His life and work. N.Y.; Giese, Fr. (1920): Psychologisches Wörterbuch. Halle/Saale (heute: Dorsch, Fr.: Psychologisches Wörterbuch); Herrmann, C. (1929): *Max Dessoir*. Mensch und Werk. Stuttgart; Murchison, C. (1930, 1932, 1936): A history of psychology in autobiography. 3 vol.s; Chavez, E. A. (1937): Tres conferencias: la vida y la obra de tres profesores ilustres de la Universidad Nacional de México (p. ex. *J. M. Baldwin*, 1861-1934); Spence, K. W. (1952): *Clark L. Hull* (1884-1952). American Journal of Psychology, 65, p.639-646; Le Senne, R. (1953): Notice sur la vie et les travaux de *Pierre Janet*; Asratyan, E. A. (1953): *I. P. Pavlov* (1849-1936): his life and work; Mira y López (1954): Vie et l'oevre pédagogique du Madame *Hélène Antipoff*. La Revue Internationale de Psycho-Pedagogie (Brussel), 2, p.207-211; Székely, B. (1958): Diccionario Enciclopédico de la Psique. Psicologia General y Aplicada. Buenos Aires: Ed. Claridad; Dicionário de Psicologia;

Larousse do Brasil, Rio de Janeiro, s.d.; Calder-Marshall, A. (1960): The sage of sex: A life of *Havelock Ellis*; Jones, E. (1961): The life and work of *Sigmund Freud.* 3 vols.;Webb. W. B. (1962): Psychologists in outher countries. In: W.B. Webb, The profession of Psychology. New York; p.267-281; Arquivos Brasileiros de Psicotécnica, ano 16, N°. 2-3, 1964 (*Emilio Mira y López*, 1896-1964, gewidmet); Hehlmann, W. (1965): Wörterbuch der Psychologie. Stuttgart; *Rorschach, Hermann* (o.J.): Ausgewählte Aufsätze: München (enthält seine Biografie von H. Ellenberger); Allen, G. W. (1967): *William James*: A biography; Seebohm, H.B. (1970): *Otto Selz* (1881-1943). Ein Beitrag zur Geschichte der Psychologie. Diss. Universität Heidelberg; Michaelis-Stern, H. (1971). *William Stern* (1871-1938). Jerusalem; Ardila, R. (1971): Los pioneros de la psicología; Cazeneuve, J. (1972): *Lucien Lévy-Bruhl* (1857-1939); Pongratz et al. (1972): Psychologie in Selbstdarstellungen. Bern; Watson, R. I. (1971): The great psychologist: From Aristotel to Freud. Philadelphia; Pongratz, J. (1975): Psychotherapie in Selbstdarstellungen. Bern; Bonin, W. F. (1976):Lexikon der Parapsychologie und ihrer Grenzgebiete. Bern (ParapsychologInnen); Okamoto, S. (1976): Dr. *Matataro Matsumoto*: his career and achievements. Journal of the History of Behavioral Sciences, 12, p. 31-38; Peters, U. H. (1978): Wörterbuch der Tiefenpsychologie. München; Facher, R. E. (1979): Pioneers of psychology. N.Y.; Bringmann, W. & Tweeny, R. A. (Ed.s): *Wundt* Studies/Wundt Studien: A centennial Collection. Toronto; Rattner, J. (Hrsg.)(1983): Vorläufer der Tiefenpsychologie. Wien; Bonin, W. F. (1983): Die großen Psychologen. Von der Seelenkunde zur Verhaltenswissenschaft. Forscher, Therapeuten und Ärzte. Düsseldorf; Zusne, L. (1984): Biographical Dictionary of Psychology. Westport/Conn. (*über 500 Namen*); Kittel, I. W. (Hrsg.) (1986): *Arthur Kronfeld* (1886-1941). Bibliothek der Universität Konstanz. Ausstellungskatalog 17. Konstanz; Arnold, W. & Eysenck, H.J., Meili, R. (Hrsg.)(1987): Lexikon der Psychologie. 3 Bd.e. Freiburg/Brs.; Geuter, U. (1986/87): Daten zur Geschichte der deutschen Psychologie. 2 Bd.e Göttingen (1.Bd. 1879-1945, 2. Bd. 1885-1967); Gundlach, H. U.K. & Traxel, W. (1988): Historiography of Psychology in Germany. The German Journal of Psychology, vol.12, N°.2, S.119-138 (*deutschsprachige PsychologInnen*); Gundlach, H. (1988): Index Psychophysicus. Passau (*G.T. Fechner*); Brožek, J. & Gundlach, H. (Ed.s) (1988): *G. T. Fechner* and Psychology. Passau; Kesselring, Th. (1988): *Jean Piaget*. München; Hirsch, A. (Hrsg.) (1989): Rechte Psychologie. *H. J. Eysenck* und seine Wissenschaft. Heidelberg; Weigelt, H. (1991): *J. K. Lavater* (1741-1801). Leben, Werk und Wirkung. Göttingen; Mühlleitner, E. (1992): Biographisches Lexikon der Psychoanalyse. Die Mitglieder der Psychologischen Mittwoch-Gesellschaft und der Wiener Psychoanalytischen Vereinigung von 1902-1938. Tübingen: Diskord; Schönpflug, W. (Hrsg.) (1992): *Kurt Lewin* – Person, Werk, Umfeld. Frankfurt/M.; American Psychologist, vol. 47, N.2, 1992 (The history of american psychology) (u.a. *W. James, W. Wundts students, laboratories, K. Lewin, St. Hall*); Bjork, D. W. (1993): *B.F. Skinner*. A life. N.Y.; Kivits, T. (1994): Eine kurze Geschichte der Psychologie. Düsseldorf; Paris, B. J. (1994/96): *Karen Horney*. Leben und Werk. Freiburg/Brsg.; Lamberti, G. (1995): *Wilhelm Maximilian Wundt* (1832-1920). Leben, Werk und Persönlichkeit in Bildern und Texten. Bonn; Daub, E. (1996): Franziska Baumgarten: Eine Frau zwischen akademischer und praktischer Psychologie. Conzen, P. (1996): *Erik H. Erikson*: Leben und Werk. Stuttgart; American Psychologist, vol. 51, N. 3, 1996 (*Lightner Witmer*); Daub, E. (1996): *Franziska Baumgarten* (1883-1970): Eine Frau zwischen akademischer und praktischer Psychologie. Frankfurt/M.; Roudinesco, E. & Plon, M. (1997): Dictionnaire de la psychanalyse. Paris; Bringmann, W. et al. (1997): A pictorial history of Psychology. Chicago, p. 342-347 (*Piaget*), p. 352-355 (*Vygotsky*) u.v.a.m.; American Psychologist, vol. 52, N.9, 1997

(*Pawlow*); G. H. Blowers (1998): *Chen Li*: Chinas Elder Psychologist (History of Psychology, vol. 1, N° 4, p. 315ff); Lexikon der Psychologie. 5 Bd.e Heidelberg, 2000; Blass, T. (2000): The man who shocked the world. The life and legacy of *Stanley Milgram*. N. Y..; Freitas Campos, R. H. de (2001): Dicionário Biográfico da Psicologia no Brasil. Pioneiros. Rio de Janeiro: Imago; Fleck, C. (2001): In memoriam *Marie Jahoda* (26.1.1907-28.4.2001). Kölner Zeitschrift für Soziologie und Sozialpsychologie, 53, S.609-612; Volkmann-Raue, Sibylle & Lück, H. (2002): Bedeutende *Psychologinnen*. Biographien und Schriften. Weinheim; Reichmayer, J. et al. (2003): Psychoanalyse und Ethnologie. Biographisches Lexikon. Gießen; Pape, H. (2004): *Charles S. Peirce* (1839-1914). Zur Einführung. Hamburg; Kaune, C.-A. (2005): *Willy Hellpach* (1877-1955). Biografie eines liberalen Politikers der Weimarer Republik. Frankfurt/M.; Richebächer, S. (2005): *Sabina Spielrein*. Eine fast grausame Liebe zur Wissenschaft. Biografie. Zürich; Galliker, M. et al. (Hrsg.) (2007): Meilensteine der Psychologie. Stuttgart; Schäfer, A. (2010): Menschenbilder. 20 große Persönlichkeiten der Psychologie, ihr Leben, ihr Werk. Weinheim; Buchanan, R. D. (2010): Playing with fire: the controversial career of *Hans J. Eysenck*. Oxford; Lessing, H.-U. (2011): *Wilhelm Dilthey*. Eine Einführung. UTB; Faulstich-Wieland, H. & Faulstich, P. (2012): Lebenswege und Lernräume. *Martha Muchow*: Leben, Werk und Weiterwirken. Weinheim; Hermann, T. & Zeidler, W. (Hrsg.) (2012): Psychologen in autoritären Systemen. Deutsche und polnische Biografien. Frankfurt/M.; Ameln, F. von & Wieser, M. (Hrsg.) (2014): *Jacob Levy Moreno* – ein schöpferisches Leben. Zum 125. Geburtstag. Zeitschrift für Psychodrama und Soziometrie, 13 (1), Sonderheft 6; Köhler-Ludescha, A. (2014): *Paul Watzlawick* – die Biografie: Die Entdeckung des gegenwärtigen Augenblicks. Bern; Lück, H. (2016): Die psychologische Hintertreppe. Freiburg/Brsg.; Fahrenberg, J. (2018): *Wilhelm Wundt* (1832-1920). Gesamtwerk: Einführung, Zitate, Kommentare, Rezeption, Rekonstruktionsversuche. Lengerich; *Internet:* psychauthors

Psychologische Theorien (s. Gestaltpsychologie)

Lewin, K. (1931): The conflict between Aristotelian and Galilean models of thought in contemporary psychology. Journal of General Psychology, 5, P.141-177; Heidbredder, E. (1933): Seven psychologies. New York: Appleton-Century-Crofts; Lewin, K. (1936): Principles of topological psyhology; Lowry, R. (1971): The evolution of psychological theory: 1650 to the present. N.Y; Lundin, R. W. (1972). Theories and systems of psychology. Lexington/Mass.; Frey, D. & Irle, M. (Hrsg.) (1993): Theorien der Sozialpsychologie. Bern; Coon, Deborah J. (1994): 'Not a Creature of Reason': The Alleged Impact of Watsonian Behaviorism on Advertising in the 1920s. In J.T. Todd & E.K. Morris (Eds.), Modern Perspectives on John B. Watson and Classical Behaviorism. New York: Greenwood; Handbuch der Sozialpsychologie und Kommunikationspsychologie. Göttingen, 2006; Handbuch interkulturelle Kommunikation und Kompetenz. Grundbegriffe – Theorien – Anwendungsfelder. Stuttgart; Flammer, A. (2009): Entwicklungstheorien. Psychologische Theorien der menschlichen Entwicklung. Bern, 4. Aufl.; Carlson, Heth et al (2010): Psychology, the science of behaviour. Toronto, Canada: Pearson Canada, 7. ed.; Ahnert, L. (Hrsg.) (2014): Theorien in der Entwicklungspsychologie. Heidelberg: Springer; Galliker, M. & Wolfradt, U. (Hrsg.)

(2015): Kompendium psychologischer Theorien. Frankfurt/M.; *Internet:* Watson, J. B. (1913): Psychology as the behaviorist views it. Psychological Review, 20 (2), p. 158–177.

Psychopathologie und Psychiatrie (s. Medizingeschichte)

Psychiatrie Seelenheilkunde, Medizin der Seele. Die Bezeichnung wurde 1808 von *Johann Christian Reil* (1759-1813) geprägt. 1811 wurde in Leipzig der erste Lehrstuhl für Psychiatrie (Heinroth) errichtet und im gleichen Jahr in Schloß Sonnenstein bei Dresden das erste psychiatrische Krankenhaus in Deutschland eingerichtet. Nach dem Auftreten *Wilhelm Griesinger's* (1845) werden in der Psychiatrie neuropathologische Gesichtspunkte bestimmend („Geisteskrankheiten sind Gehirnkrankheiten"). *Emil Kraepelin* (1856-1926), ein Schüler W. Wundt's, führte das Experiment in die Psychiatrie ein (z.B. Arbeitskurve, Addiermethode, Begründung der Psychopharmakologie). Er gab der Psychiatrie eine neue Systematik der „Geisteskrankheiten", die sich international durchsetzte. Er begründete auch die „Vergleichende Psychiatrie"(1904), aus der sich die moderne „Transkulturelle Psychiatrie" entwickelte. Man kann in der Neuzeit grob mindestens vier sog. Revolutionen in der Psychiatrie unterscheiden: 1. Befreiung der „Geisteskranken" von ihren Ketten und aus den Gefängnissen und Überweisung in ärztliche Betreuung (Pinel während der frz. Revolution; vgl. sein Denkmal vor der Salpetrière, Paris!), 2. Psychoanalyse S. Freud's , 3. Psychopharmakologie, 4.Sozialpsychiatrie und Gemeindepsychiatrie

Pinel, Ph. (1801): Traité médico-philosophique sur l'aliénation mentale; Esquirol, J. E. D. (1838): Des maladies mentales; Büchner, G. (1839): Lenz (Studienausg. Reclam, 1990); Machado de Assis (1881/82): O alienista. Rio e Janeiro (1984, 10. ed.); Kraepelin, E. (1883): Lehrbuch der Psychiatrie. 4 Bde. (viele Auflagen); Féré, Ch. S. (1892): La pathologie des emotions; Lähr, H. (1900): Die Literatur der Psychiatrie, Neurologie und Psychologie von 1459-1799. Berlin; Beers, Cl. W. (1908): A mind that found itself; Gruhle, H. W. & Wetzel, A. (Hrsg.) (1913, 1914): Verbrechertypen. 3 Hefte (Geliebtenmörder, Säufer als Brandstifter, Zur Psychologie des Massenmords). Berlin: Springer; Jaspers, K. (1913): Allgemeine Psychopathologie. Ein Leitfaden für Studierende, Ärzte und Psychologen. Berlin: Springer (9. Aufl. 1973); Bleuler, E. (1916): Lehrbuch der Psychiatrie. Berlin: Springer; Kronfeld, A. (1923): Sexualpsychopathologie. Leipzig (Bibliografie S. 91-134); Zilboorg, G. & Henry, G. H. (1941): A history of medical psychology. N.Y.; Hall, J. K. et al. (1944): One hundred years of American Psychiatry; Ackerknecht, E. H. (1957): Kurze Geschichte der Psychiatrie. Stuttgart; Leibbrand, W. & Wettley, A. (1960). Der Wahnsinn. Geschichte der abendländischen Psychopathologie. Freiburg/Brsg. (Neuaufl. 2005); Schneck, J. M. (1960): A history of psychiatry. Springfield; Frank, J. (1961): Persuasion and healing. A comparative study of psychotherpy. Baltimore; McKown, R. (1961): Pioneers in mental health; Foucault, M. (1961): Wahnsinn und Gesellschaft (frz.)(dt. Frankfurt/M., 1973); Sigerist, H. E. (1963): Anfänge der Medizin. Von der primitiven und archaischen Medizin bis zum Goldenen Zeitalter in Griechenland. Zürich, S. 463-467 (nach Ländern geordnet); Irle, G. (1965): Der psychiatrische Roman. Stuttgart; Bastide, R. (1965): Sociologie des maladies mentales. Paris (dt. Soziologie der Geisteskrankheiten, 1973); Baruk, H. (1967): La psychiatrie française de Pinel à nos jours; Menninger, K. (1968): Das Leben als Balance. Seelische Krankheit und Gesundheit im Lebensprozeß. München; Kuiper, P. C. (1969). Die seelischen Krankheiten des Menschen. Psychoanalytische Neurosenlehre. Bern, 2. Aufl.; Foucault, M. (1972): Naissance de la clinique. Paris (dt. Die Geburt der Klinik, 1973); Ellenberger, H. (1973): Die Entdeckung des Unbewußten. 2 Bde. Bern (engl. The discovery of the unconscious. The history and evolution of dynamic psychiatriy, NY.); Howells, J. G. (1973): World history of psychiatry. N.Y.; Castel, R. (1976): L'ordre psychiatrique. L'age d'or de l'aliénisme. Paris (dt. Die psychiatrische Ordnung, 1983); Pongratz, L. J. (Hrsg.) (1977): Psychiatrie in Selbstdarstellungen. Bern;

Koelbing, H. (1977): Arzt und Patient in der antiken Welt. Zürich; Starobinski, J. (1978): Besessenheit und Exorzismus. Berlin; Viney, W. et al. (1979): History of Psychology. Detroit, p. 127-247, 337-353, 397-409; Pélicier, Y. (1982): Beständigkeit im Sinngehalt des lateinischen Vokabulars für „la folie" (Verrücktheit). Zeitschrift für Klinische Psychologie und Psychotherapie, Jg. 30, H.1, S. 68-76; Stubbe, H. (1985): „El alienista" de Machado de Assis. Una antipsiquiatria brasileña del siglo XIX. Humboldt, 86, p. 33-44 (auch port und dt.); Corsini, R. J. (Hrsg.) (1987): Handbuch der Psychotherapie. 2 Bde. München; Institut für analytische Psychotherapie (Hrsg.) (1987): Psychoanalyse im Rahmen der Demokratischen Psychiatrie. 6. Bde., Zürich-Kreuzlingen; Quekelberghe, R. van (1991): Klinische Ethnopsychologie. Einführung in die transkulturelle Psychologie, Psychopathologie und Psychotherapie. Heidelberg; Handwörterbuch der Psychiatrie. Hrsg. R. Battegay et al. Stuttgart: Enke, 1992:445-450; Peter, H. U. (1992): Psychiatrie im Exil. Die Emigration der dynamischen Psychiatrie aus Deutschland, 1933-1939. Düsseldorf; Marsella, A. J. (1993): Sociocultural foundations of psychopathology: an historical overview of concepts, events and pioneers prior to 1970. Tanscultural Psychiatry, 30 (4), p. 97-142; Graf-Nold, A. (1993): „Geisteskrankheiten sind Gehirnkrankheiten" oder: Der Irrenhausstreit um das Burghölzli in Zürich. In: H.E. Lück & R. Miller (Hrsg.), Illustrierte Geschichte der Psychologie, München, S. 245-249; Pfeiffer, W. (1980): Psychopathologie im Kulturvergleich. Stuttgart; Ders. (1994): Transkulturelle Psychiatrie: Ergebnisse und Probleme. Stuttgart, 2. Aufl.; Tseng, W.-S. (2001): Handbook of cultural psychiatry. Academic Press; Müller, U. (2002): Lektürehilfen: Georg Büchner „Lenz". Stuttgart; Barnov, Sv. et al. (2003): Von Angst bis Zwang. Ein ABC der psychischen Störungen: Formen, Ursachen und Behandlung. Bern, 2. Aufl.; Heise, T. (2005): Entwicklungsgeschichte der transkulturellen Psychiatrie. In: H.-J. Assion (Hrsg.), Migration und seelische Gesundheit. Heidelberg; Jong, J. de (2010): 150 Jahre Psychopathologie und Kultur: von den ‚minderwertigen Frontallappen der Eingeborenen' zur kulturellen Neurowissenschaft. Curare, 33, S.33-41; Lexikon der Psychologischen Anthropologie. Gießen, 2012, S. 616f (Transkulturelle Psychiatrie); Sammlung Prinzhorn Heidelberg (Hrsg.) (2012): Krieg und Wahnsinn. Kunst aus der zivilen Psychiatrie zu Militär und I. Weltkrieg. Katalog, Wunderhorn; Moderne, Weltkrieg, Irrenhaus. Katalog. Psychiatriegeschichtliches Dokumentationszentrum (PDZ), Düren, 2014; Dörner, Kl. Et al. (2017): Irren ist menschlich. Lehrbuch der Psychiatrie und Psychotherapie. Köln, 24. Aufl.

Psychophysisches Problem/Leib-Seele-Problem (s. Erleben, Verhalten und Gebilde)

In der Geschichte der Psychologie wurden bisher verschiedene Leib-Seele-Modelle entworfen: Das Wechselwirkungs-Modell (z.B. Descartes), Parallelismus-Modell, Identitäts-Theorie (z.B. Spinoza), Materialismus (z.B. Büchner), Spiritualismus (z.B. Berkeley), Komplementaritäts-Modell (z.B. Fahrenberg) etc.

Müller-Lyer, Fr. C. (1889): Psychophysische Untersuchungen; Cannon, W. B. (1915): Bodily changes in pain, hunger, fear and rage; Ders. (1939): The wishdom of the body, 2. Ed.; Ziehen, Th. (1921): Die Beziehung der Lebenserscheinungen zum Bewußtsein; Adler, A. (1993): Der Sinn des Lebens (1933). Frankfurt/M., S.53-62; Wyss, H. v. (1948): 50 Jahre Psychophysiologie in Zürich; Delius, L. & Fahrenberg, J. (1966): Psychovegetative Syndrome. Stuttgart, S. 1-66, 245-249 (histor. Zeittafel); Selg, H. & Bauer, W. (1971): Forschungsmethoden der Psychologie. Stuttgart, S.14-17; Gadamer, H. G. & Vogler, P. (Hrsg.)

(1973): Psychologische Anthropologie; Stubbe, H. (1985): Formen der Trauer. Berlin, S. 253-266; Laqueur, Th. (1992): Auf den Leib geschrieben: Die Inszenierung der Geschlechter von der Antike bis Freud. Frankfurt/M.; Beckermann, A. (1999): Leib-Seele-Problem. In: H. J. Sandkühler (Hrsg.), Enzyklopädie der Philosophie. Bd. 1. Hamburg, S. 766-774; Städler, Th. (1998): Lexikon der Psychologie. Stuttgart, S. 791-806 (Psychophysiologie); Fahrenberg, J. (2001): Psychophysiologie. In: Lexikon der Psychologie, Bde. 3, Heidelberg, S. 372-375; Galliker, M. & Wolfradt, U. (Hrsg.) (2015): Kompendium psychologischer Theorien. Frankfurt/M., S.271-275

Psychosomatische Medizin (s. Medizingeschichte)

Die Bezeichnung *„psychosomatisch"* wurde zuerst von *Johann Christian August Heinroth* (1773-1843) in seinem „Lehrbuch der Störungen des Seelenlebens" (1818) gebraucht. *Heinroth* war ab 1811 erster Inhaber eines deutschen Lehrstuhls für psychische Therapie in Leipzig. Er war stark von der Romantik beeinflusst (zur romantischen Medizin und Psychologie vgl. Leibbrand, 1937, 2. Aufl.; Huch, 1951; Hehlmann, 1963; Ellenberger, 1973; Stubbe, 1989)

Heyer, G. R. (1932). Der Organismus der Seele. (4. Aufl. 1959); Weizäcker, V. von (1947): Körpergeschehen und Neurose. Stuttgart; Alexander, Fr. (1951): Psychosomatische Medizin. Berlin; Flanders Dunbar (1954): Emotions and bodily changes. N.Y. (4. Aufl.) (dt. Deine Seele – Dein Körper, Meisenheim, 1951); Boss, M. (1954): Einführung in die psychosomatische Medizin; Uexküll, Th. von (1963): Grundfragen der Psychosomatischen Medizin. Reinbek; Ders. (Hg.) (1990): Psychosomatische Medizin; Mitscherlich, A. (1966): Krankheit als Konflikt. 2 Bde. Frankfurt/M.; Bräutigam, W. & Christian, P. (1973): Psychosomatische Medizin. Stuttgart (5. Aufl. 1992); Hertz, D. G. & Molinski, H. (1986): Psychosomatik der Frau. Berlin; Shorter, E. (1994): Moderne Leiden. Zur Geschichte der psychosomatischen Krankheiten. Reinbek; Danzer, G. (1995): Psychosomatische Medizin. Konzepte und Modelle. Frankfurt/M.; Lexikon der Psychologie, Bde. 3, Heidelberg, 2001; Eder, Fr. X. (2002): Kultur der Begierde. Eine Geschichte der Sexualität. München

Psychotechnik

Psychotechnik wurde wie der Begriff „Angewandte Psychologie" von *William Stern* (1871-1938) 1903 geprägt. *Stern* begründete 1906 das „Institut für Angewandte Psychologie" in Berlin und gab ab 1907 die „Zeitschrift für Angewandte Psychologie" heraus. *Stern* ist als „Personalist", Kinderpsychologe, differentieller Psychologe und Intelligenzforscher („Die psychologische Methode der Intelligenzprüfung", 1912 vgl. IQ!) bekannt geworden. Der Begriff Psychotechnik wurde von dem Wundt-Schüler *Hugo Münsterberg* (1863-1916) übernommen, der eine Professur in Freiburg/Brsg. (1892-95) innehatte und dort ein experimentalpsychologisches Laboratorium begründete. *William James* (1842-1910) (1. Experimentalps. Laboratorium in den USA: 1875) berief *Münsterberg* 1897 an die Harvard University und übertrug ihm die Leitung des dortigen Psychologischen Instituts. Münsterberg arbeitete vor allem im Bereich der angewandten Psychologie („Psychologie und Wirtschaftsleben. Ein Beitrag zur angewandten Experimental-Psychologie", 1912), aber auch über den us-amerikanischen Nationalcharakter („Die Amerikaner",1912). Unter Psychotechnik verstand er die

Anwendung psychologischer Verfahren in allen Bereichen der Kultur („Grundzüge der Psychotechnik", 1914). Der Begriff Psychotechnik wurde später durch den Begriff *„Angewandte Psychologie"* ersetzt.

Münsterberg, H. (1914): Grundzüge der Psychotechnik. Leipzig; Piorkowski, C. (1918): Die Entwicklung der Psycho-Technik in Deutschland während des Krieges. Deutsche Politik. Wochenschrift für Welt- und Kulturpolitik, 3, S. 498-506; Moede, W. (1919): Die experimentelle Psychologie im Dienste des Wirtschaftslebens, Diskussion, Nachwort. Monatsblätter des Berliner Bezirksvereines Deutscher Ingenieure, (1+2), S.1-33; Ders. (1930): Lehrbuch der Psychotechnik. Berlin; Internationale Gesellschaft für Psychotechnik (gegr. 1920); Giese, Fr. (1925): Psychoanalytische Psychotechnik. Wien; Couvé, R. (1924): Die Psychotechnische Versuchsstelle der Deutschen Reichsbahn. Organisation. Zeitschrift für Betriebswissenschaft, Verwaltungspraxis und Wirtschaftspolitik. Vereinigt mit „Praktische Psychologie", 26, S. 197-199; Ders. (1925): Die Psychotechnik im Dienste der Deutschen Reichsbahn. Berlin; Ders. (1933): Konsumpsychologie; Giese, F. (1925): Handbuch psychotechnischer Eignungsprüfungen. Halle/Saale, 2. Aufl.; Baumgarten, F. (1928): Die Berufseignungsprüfungen. München; Dorsch, F. (1963): Geschichte und Probleme der Angewandten Psychologie. Bern (*Zeittafeln*); Mira y López, E. (Hrsg.) (1949 – 1968): Arquivos Brasileiros de Psicotécnica (Rio de Janeiro), ano 16, N° 2-3, 1964 (Mira y López gewidmet); Stubbe, H. (2008): Psychotechnik und Angewandte Psychologie im Dienste des portugiesischen Kolonialismus. In: H. Stubbe, S. Freuds ‚Totem und Tabu' in Mosambik. Göttingen, S. 39-53; Lück, H. E. (2016): Isaak N. Spielrein. Psychotechnik in der Sowjetunion. In: H.E. Lück, Die psychologische Hintertreppe. Freiburg/Brsg., S.195-202

Psychotherapie und Klinische Psychologie (s. Psychopathologie und Psychiatrie):

Die Bezeichnung *Psychotherapie* wurde zum ersten Mal im XVI. Kapitel von *Daniel Hack Tuke's* „Bemerkungen über den Einfluss des Geistes auf den Körper, Studien zur Klärung der Wirkung der Einbildungskraft" (1872) für den tierischen Magnetismus (Hypnotismus) gebraucht, fand aber hauptsächlich durch *F. van Elden* (1889) Verbreitung. *Van Elden* bezeichnet damit bereits jede Therapie, die sich psychischer Mittel bedient, „um die Krankheit durch Intervention psychischer Funktionen zu bekämpfen."

Münsterberg, H. (1909): Psychotherapy. London: Fisher Unwin; Handbuch der Neurosenlehre und Psychotherapie (Frankl – v. Gebsattel -Schultz). Bd. 1. München, 1958; Dührssen, A. (1960): Psychotherapie bei Kindern und Jugendlichen. Göttingen; Dies. (1960): Psychogene Erkrankungen bei Kindern und Jugendlichen. Göttingen, 3. Aufl.; Schraml. W. (1969): Abriß der Klinischen Psychologie. Stuttgart (Bibliografie); Wolpe, J. (1969): The practice of behavior therapy. (dt. Bern, 1972); Menninger, K. & Leaf, (1971): Psychotherapie für jedermann. München; Ellenberger, H.F. (1973): Die Entdeckung des Unbewussten. 2 Bd.e. Bern: Huber; Schmidbauer, W. (1975): Psychotherapie. Ihr Weg von der Magie zur Wissenschaft. München: DTV; Reisman, J.M. (1976): A history of clinical psychology. N.Y.; Frank, J. D. (1981): Die Heiler. Wirkungsweisen psychotherapeutischer Beeinflussung. Vom Schamanismus bis zu den modernen Therapien. Stuttgart: Klett-Cotta; Corsini, R. J. (Hrsg.) (1987): Handbuch der Psychotherapie. 2 Bde. München; Grawe, K., Donati, R. & Bernauer, F. (1994): Psychotherapie im Wandel. Von der Konfession zur Profession. Göttingen; Lightner Witmer: 100th anniversary of Clinical Psychology. American Psychologist, vol. 51, N° 3, 1996; *Psychodiagnostik in fremden Kulturen:* Nieuwenhuis, A. W. (1913-1923): Die Veranlagung der malaiischen Völker des ostindischen Archipels. Internationales Archiv für Ethnographie, 21, 22, 23 und 25; Bleuler, M. & Bleuler, R. (1935): Rorschach's ink-blot-test and racial psychology. Character and Personality, 4,1935:97-114; Mühlmann, W. F. (1936): Rassen- und Völkerkunde; Cook, T. (1942): The application of the Rorschach-Test to a Samoan group. Rorschach Research Exchange, 6, 1942: 51-60; Dubois, C. (1944): The people of Alor. New York, 1944; Leão Bruno, A. M. (1944): O movimento Roschach no Brasil. An. Paulista Med. Cirur., XLVII, 1944:377ff; Baldus, H. (1947): Aplicação do psico-diagnostivco de Rorschach a índios Kaingang. Revista do Museu Paulista (São Paulo), N.S., I, 1947:75-106; Ders. (1953): Psicologia étnica. In: O.Klineberg (ed.), A psicologia moderna, São Paulo, 1953:429-477; Mira, E., Mira, A. & Oliveira, A. de (1949): Aplicação do psicodiagnóstico miocinético ao estudo da agressividade. Arquivos Brasileiros de Psicotécnica, ano 1, N° 1, 1949:69-116; Linzey, G. (1961): Projective techniques and cross-cultural research. NewYork; Athayde, A. (1962): Contribuição para o estudo da psicologia aplicada ao Ultramar português. Lisboa: Junta de Investigações do Ultramar, Tip. Minerva; Parin, P. et al. (1963): Die Weißen denken zuviel. Frankfurt/M.; Evin, S. (1964): Language and TAT content in bilinguals. Journal of Abnormal and Social Psychology, 68, 1964:500-507; Heiss, R. (Hrsg.) (1964): Psychologische Diagnostik. Handbuch der Psychologie, Bd. 6. Göttingen (Bibliografie); Dubois, P. (1970): A history of psychological testing. Boston; Spain, D. (1972): On the use of projective tests for research in psychological anthropology. In: F. Hsu (ed.), Psychological Anthropology. Homewood/ Ill., 1972:267-308; Kardiner, A. & Preble, E. (1974): Wegbereiter der modernen Anthropologie (1961). Frankfurt/M.; Linton, R. (1974): Gesellschaft, Kultur und Individuum. Interdisziplinäre sozialwissenschaftliche Grundbegriffe. Frankfurt/M.; Lange, Fr. A. (1974): Geschichte des Materialismus (1866). 2 Bd.e, Frankfurt/M.; Szondi, L. (1976): Lehrbuch der experimentellen Triebdiagnostik: Die Anwendung des Testes in der Ethnologie und Ethnopsychologie. Bern, 1976:415-417; Viney, W. et al. (1979): History of Psychology. Detroit, p. 353-364; Dentan, R. K. & Nowak, B. (1980): Die soziale Stellung des Minderbegabten. In: W. Pfeiffer & W. Schoene (Hrsg.), Psychopathologie im Kulturvergleich, 1980; Poortinga, Y. H. (1980): Methodik psychologischer Vergleichsuntersuchungen. In: W. Pfeiffer & W. Schoene (Hrsg.), Psychopathologie im Kulturvergleich, 1980; Billig, M. (1981): Die rassistische Internationale. Zur Renaissance der Rassenlehre in der modernen Psychologie. Frankfurt/M.; Le Vine, R. A. (1982): Culture, behavior and personality. New York; Sehringer, W. (1983): Zeichnen und Spielen als Instrumente der psychologischen Diagnostik. Heidelberg; Devereux, G. (1985): Realität und Traum. Psychotherapie eines Prärie-Indianers (1951). Frankfurt/ M.; Stubbe, H. (1987): Geschichte der Psychologie in Brasilien. Von den indianischen und afrobrasilianischen Kulturen bis in die Gegenwart. Berlin, 1987; Ders. (1989): Hatten die Germanen graue Augen? Rassenpsychologisches bei Carl Gustav Carus (1789-1869). Psychologie und Geschichte, Jg. 1, Heft 3, 1989:44-53; Ders. (1992): Psychologie. In: N. Werz (Hrsg.), Handbuch der deutschsprachigen Lateinamerikakunde. Freiburg/Brsg.; Ders. (1995): Prolegomena zu einer Transkulturellen Kinderpsychotherapie. Prax. Kinderpsychol. Kinderpsychiat., 44, 1995:124-134; Ders. (1998): Rezension: J. Fliegner, Scenotest-Praxis etc., Kölner Beiträge zur Ethnopsychologie und Transkulturellen Psychologie, Nr.4, 1998:117-120; Ders. (1998): Sigmund Freud in den Tropen. Zur Frühgeschichte der Psychoanalyse in Brasilien (bis 1937). Kölner Beiträge zur Ethno-psychologie und Transkulturellen Psychologie, Nr.4, 1998; Ders. (2001): Kultur und Psychologie in Brasilien. Bonn; K. Peltzer & P. Ebigbo (ed.s), Clinical psychology in Africa. South of the Sahara, the Caribbean and Afro-Latin-America. Enugu; Bock, P. K. (1988): Rethinking Psychological Anthropology. New York; Gallo, D. (1988): Antropologia e Colonialismo: O saber português. Lisboa: Editores Reunidos/ Heptágono; Melk-Koch, M. (1989): Auf der Suche nach der menschlichen Gesellschaft:

Richard Thurnwald. Berlin; Quekelberghe, R. van (1991): Klinische Ethnopsychologie. Heidelberg; Jahoda, G. (1992): Crossroads between culture and mind. Continuities and change in theories of human nature. New York; Mélon, J. et al. (1992) : Le Szondi des 'primitifs'. Szondiana (Zürich), 12, 1, 1992:64-69 ; Mondlane, E. (1995): Lutar por Moçambique. Maputo: Minerva Central; Kaupen-Haas, H. & Saller, Chr. (Hg.) (1999): Wissenschaftlicher Rassismus. Frankfurt/M.; Gould, St. J. (1999): Der falsch vermessene Mensch. Frankfurt/M.; Fisseni, H. J. (2000): Diagnostik. In: J. Straub et al. (Hrsg.), Psychologie in der Praxis. Anwendungs- und Berufsfelder einer modernen Wissenschaft. München, 2000:19-49; Hegemann, Th. & Salman, R. (Hrsg.) (2001): Transkulturelle Psychiatrie. Bonn; Hofstede, G. (2001): Lokales Denken, globales Handeln. München; Stubbe, H. & Follmann, W. (Hrsg.) (2004): Interventionen in der Angewandten Psychologie; Esser, H. (2006): Sprache und Integration. Die sozialen Bedingungen und Folgen des Spracherwerbs von Migranten; Weiß, R. H. & Pospiech, S. (2007): Chancen für die Zukunft nutzen – Der Culture Fair Test (CFT) als Einstiegschance; Handbuch interkulturelle Kommunikation und Kompetenz, 2007; Zumkley, H. (2008): Qualitätsaspekte psychologischer Diagnostik: Die Hauptgütekriterien; Erim, Y. (2009): Klinische interkulturelle Psychotherapie

Rassismus

Le Bon, Gustave (1947): Psychologie des foules (1895). Paris: Presses Universitaires de France (dt. Ders. (1961): Psychologie der Massen (1895). Stuttgart: Kröner); Freud, Sigmund (1974): Fragen der Gesellschaft. Ursprünge der Religion. Studienausgabe Bd. IX (Totem und Tabu, 1912/13; Massenpsychologie und Ich-Analyse, 1921). Frankfurt/M.; Levy-Bruhl, L. (1926): Das Denken der Naturvölker. Wien: W. Braumüller; Wehler, H.-U. (1972): Imperialismus. Köln, 3. Aufl.; Koch, H. (1973). Der Sozialdarwinismus. Seine Genese und sein Einfluß auf das imperialistische Denken. München; Leopold, J. (1974): Britische Anwendungen der arischen Rassentheorie auf Indien 1850-1870. Saeculum, 25(4), p. 386-411; Beuchelt, Eno (1974): Ideengeschichte der Völkerpsychologie. Meisenheim/Glan: A. Hain; Irle, Martin (1975): Lehrbuch der Sozialpsychologie. Göttingen: Hogrefe; Billig, M. (1981): Die rassistische Internationale. Zur Renaissance der Rassenlehre in der modernen Psychologie. Frankfurt/M.: Verlag neue Kritik; Broad, W. & Wade, N. (1984): Betrug und Fälschung in der Wissenschaft. Basel, S.228-249; Misura d'uomo. Strumenti, teorie e pratiche dell'antropometria e della psicologia sperimentale tra '800 e '900. Istituto e Museo di Storia della Scienza di Firenze. Firenze,1986; Gould, Stephen J. (1988). Der falsch vermessene Mensch. Frankfurt/M.: Suhrkamp; Stubbe, H. (1988): Rezension des Buches von Tiedemann, Friedrich (1837, 1984): Das Hirn des Negers mit dem des Europäers und Orang-Outangs verglichen. Reprint. Curare, 4, p.219f; Ders. (1989): Hatten die Germanen graue Augen? Rassenpsychologisches bei C. G. Carus. Psychologie und Geschichte, Jg. 1, Heft 3, Dez., S. 44-53; Ders. (1992): Wilhelm Wundt und die Herero. Psychologie und Geschichte, Jg. 4, Heft 1/2, Dez., S.121-138; Ders. (2008): Sigmund Freuds „Totem und Tabu" in Mosambik. Eine psychologie-historische Studie. Göttingen: V&Runipress; Ders. (2012): Lexikon der Psychologischen Anthropologie. Gießen: Psychosozial; Ders. (2018): Zur Massenpsychologie Adolf Hitlers. In: Hannes Stubbe (2018), Kleinere Schriften. Aachen: Shaker, S. 54-70; Ders. (Hrsg.) (2019): 100 Jahre Psychologie an der Universität zu Köln. Eine Festschrift. Lengerich: Pabst; Hobsbawn, E. J. (1989): Das imperiale Zeitalter 1875-1914. Frankfurt/M.; Harris, Marvin (1989): Kulturanthropologie. Frankfurt/M.: Campus; Probst, P. (1990): „Den Lehrplan tunlichst noch über eine Vorlesung über ‚Negerpsychologie' ergänzen." Die Bedeutung des Kolonialinstituts für die Institutionalisierung der akademisch-empirischen Psychologie in Hamburg. Psychologie und Geschichte, 2, S. 25-36; Adams, Mark B. (1990): The wellborn science: Eugenics in Germany, France, Brazil and Russia. New York; Kiefer, A. (1991): Das Problem einer jüdischen „Rasse". Eine Diskussion zwischen Wissenschaft und Ideologie (1870-1930). Frankfurt/M.; Graham, S. (1992): Most of the subjects were white and middle class. Trends in published research on African Americans in selected APA journals (1970-1989). American Psychologist, 47 (5), p. 629-639; Schütz, Marco (1992): Die Rassenpsychologie von G. Le Bon. Francia. Forschungen zur westeuropäischen Geschichte. Bd. 19/3. In: Deutsches Historisches Institut (Hrsg.), Paris. Sigmaringen: Thorbecke Verlag; Memmi, Albert (1992): Rassismus. Frankfurt/M.: Hain; Poliakov, Léon et al. (1992): Rassismus. Über Fremdenfeindlichkeit und Rassenwahn. Hamburg: Luchterhand; Said, Edward W. (1994): Kultur und Imperialismus. Frankfurt/M.: Fischer; Shipman, Pat (1995): Die Evolution des Rassismus. Gebrauch und Missbrauch von Wissenschaft. Frankfurt/M.: Fischer; Hundert Jahre deutscher Rassismus. Katalog und Arbeitsbuch. Kölnische Gesellschaft für Christlich-Jüdische Zusammenarbeit. Köln, 1995, 2. Aufl.; Hannaford, Ivan (1996): Race. The history of an idea in the West. Baltimore: Johns Hopkins University Press; Kühl, Stefan (1997): Die Internationale der Rassisten. Aufstieg und Niedergang der internationalen Bewegung für Eugenik und Rassenhygiene im 20. Jh. Frankfurt/M.: Campus; Grosse, Pascal (1997): Psychologische Menschenführung und die deutsche Kolonialpolitik, 1900-1940. In: Paul Mecheril & Thomas Teo (Hg.), Psychologie und Rassismus. Reinbek: RoRoRo, S.19-41; Schmid, Gunnar (1999): Francis Galton: Menschenproduktion zwischen Technik und Fiktion. In: Heidrun Kaupen-Haas & Christian Saller (Hg.), Wissenschaftlicher Rassismus. Frankfurt/M.: Campus, S. 326-345; Thode-Arora, Hilke (1999): Interethnische Ehen. Theoretische und methodische Grundlagen ihrer Erforschung. Berlin: Reimer; Kaupen-Haas, Heidrun & Saller, Christian (Hg.) (1999): Wissenschaftlicher Rassismus. Analysen einer Kontinuität in den Human- und Naturwissenschaften. Frankfurt/M.: Campus; Kaulich, U. (2001): Die Geschichte der ehemaligen Kolonie Deutsch-Südwest-Afrika (1884-1914). Frankfurt/M.; Arndt, Susan & Hornscheidt, Antje (Hg.) (2004): Afrika und die deutsche Sprache. Ein kritisches Nachschlagewerk. Münster: Unrat Verlag; Förster, Larissa (Hg.) (2004): Namibia-Deutschland. Eine geteilte Geschichte. Widerstand, Gewalt, Erinnerung. Katalog. Köln: Edition Minerva; Delacampagne, Christian (2005). Die Geschichte des Rassismus. Düsseldorf: Artemis & Winkler; DTV- Atlas Ethnologie. München: DTV, 2005; Mosse, George L. (2006): Die Geschichte des Rassismus in Europa. Frankfurt/M.: Fischer; Tißberger, Martina (2006): Die Psyche der Macht, der Rassismus der Psychologie und die Psychologie des Rassismus. In: Tißberger, Martina et al. (2006): Weiß-Weißsein-whiteness. Frankfurt/M.: P. Lang, S.13-29; Kölbl, Carlos (2006): Die Psychologie der kulturhistorischen Schule. Göttingen: Vandenhoek & Ruprecht; Beyme, Kl. von (2008): Die Faszination des Exotischen. Exotismus, Rassismus und Sexismus in der Kunst. München: Fink (Bibliografie); Paligot, Carole R. (2009): Tous les hommes sont-ils égaux? Histoire comparée des pensées raciales 1860-1930. München: Oldenbourg; Schicho, Walter (2010): Geschichte Afrikas. Stuttgart: Theiss; Santos-Stubbe, Chirly dos & Stubbe, Hannes (2014): Kleines Lexikon der Afrobrasilianistik. Göttingen: V&Runipress (Bibliografie); Hund, Wulf, D. (2017): Wie die Deutschen weiß wurden. Kleine (Heimat)Geschichte des Rassismus. Stuttgart: Metzler; *Internet:* Stubbe, H. (2020): Über Ursprünge des Rassismus in der neuzeitlichen Psychologie. wissenswert, 01- 2020, S. 5-15 , www.wissenswertjournal.de

Religionspsychologie

Teilgebiet der Psychologie, (vergleichenden) Religionswissenschaft und der jeweiligen Theologien der Weltreligionen. Sie erforscht historisch, systematisch und praktisch die ps. Strukturen des rel. Bewusstseins, also Glaubensweisen und Religionsinhalte (Gottesvorstellung, Weltverständnis, Heilsbegriffe, Kult, Mythologie, Eschatologie etc.), wobei die Methoden genetischer, experimenteller, religionskritischer, phänomenologisch-verstehender, pastoral-psychologischer und anderer Art sind.
„Als wissenschaftliche Disziplin gerät die Religionspsychologie immer an die Sinnfrage und den Wahrheitsanspruch der Religionen, kann aber selbst Antworten darauf nicht geben, soweit sie als empirische Wissenschaft wertungsfrei bleiben und ihren Standort neben der Religion nehmen will." (Dorsch, 1994:658). "Unter R. wird diejenige psychologische Disziplin verstanden, die Religion erforscht, und zwar unter dem Anspruch und mit den Mitteln der Wissenschaft Psychologie. Sie stellt keinen Zweig der Theologie dar und verhält sich weltanschaulich neutral (beantwortet z.B. nicht die Frage, ob der Glaube an Gott oder ein bestimmtes religiöses Glaubensbekenntnis "wahr" ist), obwohl vermutlich viele Religionspsycholog(inn)en selber eine religiöse Einstellung hatten bzw. haben, darf R. aber auch nicht als antireligiöse Veranstaltung begriffen werden, auch wenn einige ihrer Vertreter - z.B. *S. Freud*- entschiedene Atheisten waren. Die R. fragt nach den psychischen und sozialpsychologischen Ursachen von Religion, der Entwicklung religiöser Einstellungen im Lebenslauf, nach Funktionen und Auswirkungen religiöser Überzeugungen und Handlungen, nach den seelischen Motiven rel. Verhaltens und Erlebens, und sie erforscht pathologische Formen von Religiosität." (Dunde, 1993:235). "Gegenstand der R. im herkömmlichen Sinn ist die Religiosität des Menschen: die religiöse Erfahrung und ihre Ausdrucksformen, das religiöse Verhalten des einzelnen und von Gruppen." (Fraas, 1993:9). "Rel.ps. läßt sich vielleicht am kürzesten mit *van der Leeuw* (Phänomenologie der Rel.) so definieren, daß sie das Seelische in und an der Rel. zu verstehen versuche." (Bertholet, 1976:494). Der Schweizer *Théodore Flournoy* (1854-1920) stellte 1903 zwei wichtige Prinzipien für die religionspsychologische Forschungsarbeit auf: 1. das Prinzip des Ausschlusses des Transzendenten d.h. Rel.ps. bestätigt weder den Glauben noch verneint sie ihn und 2. das Prinzip der biologischen Interpretation d.h. religiöse Zustände sind auf biologisch-körperliche Zusammenhänge zu befragen. *Moderne Ansätze theoretischer Explikation und methodischer Zugänge:*1.*Tiefenpsychologie:* Psychoanalyse (Freud), Individualpsycho-logie (Adler), Komplexe Psychologie (Jung), Neoanalyse, Ethnopsychoanalyse etc.; 2. *Evolutions-biologie und Lerntheorien* (vgl. Burkert) z.B. Gebetshaltungen; 3.*Persönlichkeitspsychologie* (vgl. Allport) z.B. rel. Typen, Tests; 4. *Sozialpsychologie* (vgl. Sundén) z.B. rel. Rollen, Gruppen, Sekten, Hierarchie (Messianismus: „Canudos", vgl. Stubbe, 1998); 5. *Entwicklungspsychologie* (vgl. Piaget) z.B. rel. Sozialisation, rel. Entwicklung, Biographie (vgl. Erikson); 6. *Feministische Religionspsychologie* (vgl. Dunde, 1993:101); 7. *Religionspsychopathologie* vgl. rel. Konflikte, ekklesiogene Neurosen, rel. Wahn, rel. Fanatismus (Hoffer, 1965); 8. *Ethnopsychologie und Transkulturelle Psychologie* (vgl. Özelsel) z.B. religions-vergleichende psychologische Studien, Selbstexperimente, teilnehmende Beobachtung; *Methodische Probleme:* Aufgrund des komplexen Gegenstandes der R. ergeben sich in der Forschung folgende besondere methodische Probleme:

- Multidimensionalität des Gegenstandes
- Multireligiosität der modernen Gesellschaften
- Interaktionsdenken vs. Kausalitätskonstrukte
- Grenzen quantitativ empirischer Forschung
- phänomenologische Ansätze
- religiöse Perspektive des Forschers (vorwiegend aus dem Christentum stammend)
- interdisziplinäres Arbeiten
- feministische Perspektive

Jacob A.van Belzen (1997) hat kürzlich klar *vier Positionen der R.* unterschieden: Ancilla, Critica, Scientia und Rezensentin.

Roskoff, G. (1869): Geschichte des Teufels. Eine kulturhistorische Satanologie von den Anfängen bis ins 18. Jahrhundert. (Reprint, Greno, 1987); James, W. (1902): Die vielfache religiöse Erfahrung (1902). Insel Tb; Leuba, J. H. (1912): A psychological study of religion: its origin, nature and future (auch japan., frz.); Otto, R. (1917): Das Heilige. Über das Irrationale in der Idee des Göttlichen und sein Verhältnis zum Rationalen (1917), 1971; Heiler, Fr. (1917). Das Gebet: München; Hall, St. (1917): Jesus, the Christ, in the light of psychology; Freud, S.: Haupt-Schriften zur Psychoanalyse der Religion. s. Gesammelte Werke; Girgensohn, K. (1921): Der seelische Aufbau des religiösen Erlebens. Eine religionspsychologische Untersuchung auf experimenteller Grundlage; Beck, P. (ca. 1925): Die Ekstase. Ein Beitrag zur Psychologie und Völkerkunde. Leipzig; Rorschach, H. (1927): Zwei schweizerische Sektenstifter (Binggeli – Unternährer). Wien; Talaat, S. (1929): Die Seelenlehre des Koran. Halle; Radin, P. (1953): Gott und Mensch in der primitiven Welt, 1953; Kretschmer, W. (1955): Psychologische Weisheit der Bibel; Gruehn, W. (1960): Die Frömmigkeit der Gegenwart (Bibliografie); Evans-Pritchard, E. E. (1965): Theorien über primitive Religion, (dt. 1981); Eliade, (1954): Die Religionen und das Heilige, 1976; Erikson, E. H. (1975): Der junge Mann Luther; Eliade, M. (1979, 1980): Geschichte der religiösen Ideen. 3 Bde. Freiburg/Brsg.; Küng, H. (1987): Freud und die Zukunft der Religion; Harris, M. (1989): Kulturanthropologie, 1989; Lee-Linke, S.-H. (1990): Frau und Religion. Zeitschrift für Kulturaustausch, 40(1), S. 26-32; Dunde, S. R. (Hrsg.) (1993): Wörterbuch der Religionspsychologie; Özelsel, M. (1993): 40 Tage. Erfahrungsbericht einer traditionellen Derwischklausur (Selbstexperiment); Fraas, H.-J. (1993): Die Religiosität des Menschen. Religionspsychologie; Drexler, J. (1993): Die Illusion des Opfers: ein wissenschaftlicher Überblick über die wichtigsten Opfertheorien; Belzen, J. A. van (1995): Gestalten der Religionspsychologie. Psychologie und Geschichte, Jg.7, Heft 4, 1995:296-318; Ders. (2015): Religionspsychologie. Eine historische Analyse im Spiegel der Internationalen Gesellschaft. Berlin; Krech, V. (1995): Was ist religiöse Bekehrung? Ein Streifzug durch zehn Jahre soziologischer Konversionsforschung. Handlung, Kultur, Interpretation, Jg.4, H.6, 1995:131-159; Thiel, J. Fr. (1997): Religionsethnologie. In: Theologische Realenzyklopädie (TRE), Bd. XXVIII, 1997:560-565; Kippenberg, H. G. (1997): Religionssoziologie. In: Theologische Realenzyklopädie (TRE), Bd. XXIX, 1997:20-33; Kakar, S. (1997): Die Gewalt der Frommen. Zur Psychologie religiöser und ethnischer Konflikte; Heimbrock, H. G. (1997): Religionspsychologie. In: Theologische Realenzyklopädie (TRE), Bd. XXIX, 1997:1-19; Burkert, W. (1998): Kulte des Altertums. Biologische Grundlagen der Religion; Henning , Chr.& Nestler, E. (Hrsg.) (1998): Religion und Religiosität zwischen Theologie und Psychologie. Beiträge zur Religionspsychologie; Pollak-Eltz, A. (1998): Afroamerikanische Religionen; Schmidt, K. D. & Ruhbach, G. (1999): Chronologische Tabellen zur Kirchengeschichte. Göttingen: V&R, 6. Aufl.; Popp-Baier, U. (2000): Religionspsychologie. In: J. Straub et al. (Hrsg.), Psychologie in der Praxis, 2000:754-775; RGG4; Cancik, H., Gladigow, B. & Kohl, K.-H. (Hg.) (1988-2001): Handbuch religionswissenschaftlicher Grundbegriffe. 5 Bd.e; Walker, B. G. (2007): Das geheime Wissen der Frauen; Livio, M. (2010): Ist Gott ein Mathematiker?; Santos-Stubbe, Ch. dos (2014): Kleines Lexikon der Afrobrasilianistik. Göttingen; Stubbe, H. (2020): Die Psychologie des Titus Lucretius Carus. Lengerich, S.58-61; *Beichte:* Ellenberger, H. (1973): Die Entdeckung des Unbewußten. 2 Bde. Bern, S. 81-86, 958-960 (pathogenes Geheimnis); Kudien, Fr. (1978). Beichte und Heilung. Medizinhistorisches Journal, 13, S.1-14; Torelló, Joh., B. (2005): Psychoanalyse und Beichte. Wien; Lexikon der Psychologischen Anthropologie. Gießen, 2012: 70ff, Cornwell, J. (2014): Die Beichte. Eine dunkle Geschichte. Berlin

Russland/Sowjetunion

Sechenov, I. M. (1863): Reflexes of the brain (russ.); Ders. (1903): Elements of Thought (russ.); Morgan, L. H. (1877): Die Urgesellschaft (dt. 1908); Kropotkin, P. (1902): Mutual aid. A factor of evolution. London (dt. Gegenseitige Hilfe in der Tier- und Menschenwelt. Berlin, 1976); Ders. (1994). P. Kropotkin. Bibliografie (1842-1921). Hrsg. H. Hug. Berlin; Bechterew, V. M. (1905): Die Bedeutung der Suggestion im sozialen Leben; Ders. (1910): Objektive Psychologie (russ.) (dt., frz. 1913); Ders. (1921): Kollektive Reflexologie (russ.) (dt. 1928); Ladygina-Kots, N. N. (1923): An investigation of the cognitive abilities of the chimpanzee (russ.); Baumgarten, Fr. (1924): Arbeitswissenschaft und Psychotechnik in Rußland. München: Oldenbourg; Grosse Sowjetenzyklopädie. Moskau (1926-1933, 1. Aufl.; 1950-1960, 2. Aufl.; 1969-1978, 3. Aufl.); Kisch, E. E. (1927): Zaren, Popen, Bolschewiken. Erich Reiss Verlag; Borovski, V.M. (1929): Psychology in the U.S.S.R. Journal of General Psychology, 2, p.177-186; Rupp, H. (1932): Eindrücke über Psychotechnik in Russland. Psychotechnische Zeitschrift, 7(1), S.24-30; Vigotzkii, L. S. (1934): Thought and language (russ,); Razran, G. H. S. (1935): Psychology in the U.S.S.R. Journal of Philosophy, 32, p.19-24; Ananiev, B. (1948): Achievements of Soviet Psychologist. Journal of General Psychology, 38, p.257-262; London, I. D. (1949): A historical survey of psychology in the Soviet Union. Psychological Bulletin, 46, p.241-277; Bauer, R. A. (1952): The new man in Soviet Psychology. Cambridg/Mass. (dt. 1955); Ders. (1962): Some views on Soviet Psychology. Washington/D.C.; Pawlow, I. P. (1953-1956): Sämtliche Werke. Berlin: Akademie; Piaget, J. (1956): Some impressions of a visit to Soviet Psychologists. Acta Psychologica, 12, p.216-219; Simon, Br. (Ed.) (1957): Psychology in the Soviet Union. Stanford/Calif.; Handbuch der Neurosenlehre und Psychotherapie (Frankl – v. Gebsattel -Schultz). Bd. 1. München, 1958: 150-159; Tschizewskij, D. (1959/61): Russische Geistesgeschichte. 2 Bd.e, Reinbek; Rubinstein, S.L. (1963): Prinzipien und Wege der Entwicklung der Psychologie. Berlin; Slobin, D. I. (Ed.) (1966): Handbook of Soviet Psychology; Ivanov, N. V. (1966): A sovjet view of group therapy. Int. Journ. Psychiatry, 2, p.201-228; Beach, E.L. jr. (1966): The historical significance of Pavlov's experiments on conditional reflexes. Conditional Reflex: A Pavlovian Journal of Research and Therapy, 1, p.281-287; Kimble, G.A. (1967): Sechenov and the anticipation of conditioning theory. In: Ders., Foundation of Conditioning and Learning. N.Y.A. R.; Luria, A.R. (1972): A man with a shattered world; Brožek, J. (1972): To test or not to test: trends in the Soviet Views. Journal of the History of the Behavioral Sciences, 8, p.243-248; Ders. (1973, 1974): Soviet historiography of Psychology. Journal of the History of the Behavioral Sciences, IX (1973), p.152-161; X (1974), p.195-201; 348-351; Ders. (1974): New Soviet Research Institute of Psychology: A milestone in the development of Psychology in the U.S.S.R. American Psychologist, 29, p.475-478; Krader,L. (1973): Ethnologie und Anthropologie bei Marx; Rahmani, L. (1973). Soviet Psychology. N.Y.; Kussmann, Th. (1974): Sowjetische Psychologie. Bern; Mcleish, J. (1975): Soviet Psychology. London; O'Neill, W. F. & Demos, G. D. (1976): Sanity of the soviets: The communist approach to mental illness. ETC, 33, p.7-26; Corson, S. A. & Corson, E. (eds.) (1976): Psychiatry and Psychology in the U.S.S.R. N.Y.; Viney et al. (1979): History of Psychology. Madison, p.78ff ; Gardiner, M. (ed.) (1989): The Wolf-Man and S. Freud. London; Oberholzer, K. (1980): Gespräch mit dem Wolfsmann. Eine Psychoanalyse und ihre Folgen. Reinbek; Brožek, J. (1980): New Publications on Soviet Historiography of Psychology and Physiology of Higher Nervous Activity (Behavior): A bibliography with comment. In: J. Brožek, & L. J. Pongtatz (Ed.s): Historiography of Modern Psychology. Toronto, p.119-140; Ders. (1987): Russische Psychologie. In: Arnold-Eysenck

Meili (Hrsg), Lexikon der Psychologie. Freiburg/Brsg. Bd. 3, S. 1940-1949; Kasak, W. (1992). Lexikon der russischen Literatur des 20. Jahrhunderts. Vom Beginn des Jahrhunderts bis zum Ende der Sowjetära. München: O. Sagner, 2. Aufl.; Lück, H. E. & Miller, R. (Hrsg.) (1993): Illustrierte Geschichte der Psychologie; Métraux, A. (1993): Aleksandr Romanovic Lurija. In: H. E. Lück & R. Miller (Hrsg.), Illustrierte Geschichte der Psychologie; Keller, P. (1997): Feuerbach, Wygotski und Co. Studien zur Grundlegung einer Psychologie des gesellschaftlichen Menschen; American Psychologist, vol. 52, N.9, 1997 (I. Pawlow); Yakunin, V. (2001). Istoriya Psikhilogii (Geschichte der Psychologie). St. Petersburg: Mikhailov; Stubbe, H. (2001): Zur Rezeption der Reflexologie I. Pawlows in Lateinamerika, In: H. Stubbe, Kultur und Psychologie in Brasilien, 2001:226-231; Keiler, P. (2002): Lev Vygotskij – Ein Leben für die Psychologie; Peseschkian, Hamid (2002): Die russische Seele im Spiegel der Psychotherapie. Berlin: VWB; Kaschajew, W. E. (2004): Der Einfluß des „Nationalcharakters" auf die Entstehung und den Ablauf historischer Begebenheiten. Kölner Beiträge zur Ethnopsychologie und Transkulturellen Psychologie, 2004:61-68; Rayfield, D. (2004): Stalin und seine Henker: München; Voss, E. (2004): Warum sind die Russen so? Fakten und Gedanken zu einer Ethnopsychologie. Stuttgart: ibidem; Gavrilova, St. (2005): Die Darstellung der UDSSR und Russlands in der „Bildzeitung" 1985-1999. Frankfurt/M.; Kölbl, C. (2006): Die Psychologie der kulturhistorischen Schule. Vygotskij, Lurija, Leont´jev; Vöhringer, M. (2007): Avantgarde und Psychotechnik. Wissenschaft, Kunst und Technik der Wahrnehmungsexperimente in der frühen Sowjetunion. Göttingen; Kotik-Friedgut, B. & Friedgut, T.H. (2008): A man of his country and his time: Jewish influences on Lev Semionovich Vygotsky's world view. History of Psychology, 11, p.15-39; Deutsch-Russisches Museum Berlin Karlshorst (Hg.) (2008): Unsere Russen, unsere Deutschen. Bilder vom Anderen 1800 bis 2000. Berlin; Alexander, M. & Stökl, G. (2009): Russische Geschichte; Lexikon der Psychologischen Anthropologie. Gießen, 2012, S. 541-543; Hellbeck, J. (2021): Unermessliches Elend. FAZ, Nr. 140, 21. Juni, S.7 (Überfall auf die UdSSR); *Psychoanalyse:* Spielrein, S. (1911): Über den psychologischen Inhalt eines Falles von Schizophrenie. Jahrb. für psychoanalytische und psychopathologische Forschungen, 3, S.329-400; Dies. (1912): Die Destruktion als Ursache des Werdens. Jahrb. für psychoanalytische und psychopathologische Forschungen, 4, S. 465-503; Dies. (1922): Die Entstehung der Worte Papa und Mama. Imago, 8, S. 345-367; Freud, S. (1918): Aus der Geschichte einer infantilen Neurose. GW. („Der Wolfsmann" = S. K. Pankejew, 1887-1979); Luria, A. R. (1924, 1926, 1927): Russische psychoanalytische Vereinigung. Internat. Zeitschr. für Psychoanalyse, 1, 1924:113-115; 2, 1924: 126-137; 1, 1926: 125-126; 2, 1926: 227-229; 2, 1927: 226-227; Ders. (1925): Die Psychoanalyse als monistisches System (russ.). In: M. Kornilov (Hrsg.), Psychologie und Marxismus. Institut für experimentelle Psychologie. Moskau; Ders. (1928): Die moderne Psychologie und der dialektische Materialismus. Unter dem Banner des Marxismus, 2, S. 508-524; Wulff, M. (1930): Zur Stellung der Psychoanalyse in der Sowjetunion. Die psychoanalytische Bewegung, 1, 1930:75; Gardiner, M. (1971): The wolfman. N.Y. (dt. 1972 „Der Wolfsmann"); Marti, J. (1976): La psychanalyse en Russie (1909-1930). Critique, 346, p. 199-237; Angelini, A. (1988): La psycoanalisi in Russia. Neapel; Manson, I. (1991): Comment dit-on „psychanalyse" en Russe? Rev. de histoire de psychanalyse, 4, 1991:407-422; Etkin, A. (1993/1996): Eros des Unmöglichen. Die Geschichte der Psychoanalyse in Rußland. Leipzig; Rattner, J. (1994): Kritisches Wörterbuch der Tiefenpsychologie, 1994:51f; Etkin, A. (1995): Historie de la psychanalyse en Russie. Paris; Tögel, Chr. (2002): Lenin und Freud: zur Frühgeschichte der Psychoanalyse in der Sowjetunion; Obuchov, J. & Russkich, N. (2004): Vom Lied zum Bild.

Katathyme Bilder der „russischen Seele". Kölner Beiträge zur Ethnopsychologie und Transkulturellen Psychologie, 2004:89-96; Roudinesco, E. & Plon, M. (2004): Wörterbuch der Psychoanalyse. Wien, S.219f (Ermakov), S.634f (Luria), S.749f (Ossipov), S. 874-879 (Russland), S. 904fff (Vera Schmidt), S.1156f (Wulff), S.1161f (Zalkind); *Internet:* Dt. russ. Gesellsch. für Psychiatrie, Psychotherapie und psychosoziale Gesundheit: www.drgpp.de; Sowjetische Zeitzeugen und Überlebende im II. Wk.: sovietsurvivors.com

Schweiz

Rousseau, J. J. (1762): Emile ou de l'éducation. Oeuvres completes, 5 vol.s, 1959-1969; Ders. (1782). Les confessions. Oeuvres completes, 5 vol.s, 1959-1969; Pestalozzi, J. H. (1801): Lingard und Gertrude. Historisch-kritische Gesamtausgabe, 1927-1974; Dubois, P.-C. (1901): De l'influence de l'esprit sur le corps. Paris; Ders. (1904): Les psychonévroses et leur traitement moral. Paris; Claparède; E. (1905): Psychologie de l'enfant et pédagogie expérimentale. (dt. 1911); Ders. (1931): L'éducation fonctionelle.; Jung, C.G. (1911): Diagnostische Assoziationsstudien. Beiträge zur experimentellen Psychopathologie. Leipzig; Flournoy, Th. (1911): Esprits et médiums. Genf; Ders. (1914): Die Seherin von Genf. Leipzig; Bleuler, E. (1916): Lehrbuch der Psychiatrie. Berlin; Rorschach, H. (1921): Psychodiagnostik. Bern; Ders. (1927): Zwei schweizerische Sektenstifter (Binggeli – Unternährer). Eine psychoanalytische Studie. Zürich; Ders. (o.J.): Ausgewählte Aufsätze: München (enthält seine Biografie von H. Ellenberger); Piaget, J. (1923): Le langage et la pensée chez l'enfant. (dt. Düsseldorf, 1972); Ders. (1927): La causalité physique chez l'enfant. Paris; Ders. (1947): La psychologie de l'intelligence. (dt. Zürich, 1948); Ders. (1950). Introduction à l'épistemiologie génétique. 3 vols. (dt. Stuttgart, 1950); Ders. (1966): L'image mental chez l'enfant. (dt. Frankfurt/M., 1979); Pfister, O. (1927): Analytische Seelsorge. Göttingen; Ders. (1932): Instinktive Psychoanalyse unter den Navaho-Indianern. Imago, XVIII, S.81-109; Binswanger, L. (1928): Wandlungen in der Auffassung und Deutung des Traumes; Baumgarten, Fr. (1928): Die Berufseignungsprüfungen. Theorie und Praxis. München; Dies. (1948): Die deutschen Psychologen und die Zeitereignisse. Der Aufbau. Schweizerische Wochenzeitung für Recht, Freiheit du Frieden. 29, Nr. 50, 10. Dez., S.396-400; Bovet, P. (1932): Vingt ans de vie. L'Institut J.J. Rousseau de 1912 a 1932. Neuchâtel; Forel, A. (1935): Rückblick auf mein Leben. Zürich; Aeppli, E. (1943): Der Traum und seine Deutung. Zürich (6. Aufl. 1975); Zulliger, H. (1957): Bausteine zur Kindertiefenpsychologie. Bern; Ders. (1959): Heilende Kräfte im kindlichen Spiel. Frankfurt/M. (3. Aufl.); Jaffé, A. (1962): Erinnerungen, Träume, Gedanken von C.G. Jung. Zürich; Meili, R. & Rohracher, H. (Hrsg.) (1963): Lehrbuch der experimentellen Psychologie. Bern; Jung, C. G.: Gesammelte Werke. 18 Bde. Olten, 1966ff; Jacobi, J. (1971): Die Psychologie von C.G. Jung. Eine Einführung in das Gesamtwerk. Olten (Frankfurt/M., 1978); Parin, P. et al. (1966): Les blancs pensent trop. 13 entretiens psychanalytiques avec les Dogon. Paris. (dt. Die Weißen denken zu viel); Ders. (1971): Fürchte deinen Nächsten wie dich selbst. Frankfurt/M.; Balmer, H.H. (1972). Die Archetypentheorie von C.G. Jung. Eine Kritik. Berlin; Kast, V. (1986): Märchen als Therapie. Walter Verlag (4. Aufl. 1993); Kesselring, Th. (1988): Jean Piaget. München; Burghölzli Museum. Katalog. Zürich, 1989; Perrez, M. & Perring, W. (1997): Psychology in Switzerland. World Psychology, 3, p. 311-324; Roudinesco, E. & Plon, M. (1997): Dictionnaire de la psychanalyse. Paris (dt. 2004: 913ff); Detlev von Uslar, D. von (2005): Leib, Welt, Seele: Höhepunkte in der Geschichte der Philosophischen Psychologie;

von den Anfängen bis zur Gegenwart. Würzburg; Jung, C. G. (2009): Das Rote Buch. Liber Novus. (Hrsg. Sonu Shamdasani). Düsseldorf: Patmos Verlag; Roudinesco, E. & Plon, M. (2004): Schweiz. In: Wörterbuch der Psychoanalyse. Wien, S.913-917

Seele (s. Antike, Historische Psychologie, Psyche, Psychologie)

Das dt. Wort *„Seele"* gilt als unerklärlich, vielleicht „die Bewegliche" (vgl. J.Gebser: Ursprung und Gegenwart, 1949, Bd. 1). Nach alter Auffassung „Gegenstand" der Psychologie, doch unterschiedlich interpretiert. Der aus dem Griechischen stammende Ausdruck Psychologie = Seelenlehre ist erst in der Neuzeit in die Fachsprache eingegangen (s. oben). In der griechischen Antike hat *Aristoteles* (384-322 v.) in seiner Schrift „ περί ψυχης „ (peri psychés) (wohl im Lykeion 335-323 entstanden), die als europäischer Beginn (empirischen) psychologischen Fragens angesehen werden kann, die Seele als Lebensprinzip des Körpers (Entelechie) gefasst. Sie besitzt einen Stufenaufbau, der von der ernährenden und zeugenden Schicht (treptikón) zur animalischen (sensitiven) und schließlich eigentlich menschlichen (noetischen) fortschreitet. Die animalische oder Tierseele zeigt bereits Wahrnehmungsvermögen durch spezielle Sinnesorgane (aisthetikón), Strebungsvermögen, bedingt durch Lust und Unlust (orestikón), ferner Lokomotion (kinetón kata tópon). Die Menschenseele kennt Handeln aus Vernunft (logistikón oder noetikón). Die innere psychische Entfaltung beginnt mit sinnlichen Eindrücken, schreitet fort zu Wahrnehmung, Phantasie, Erinnerung, Wiedererinnerung, Erfahrung und endet im Zustand des Wissens (episteme), das als höchste erreichbare Stufe gilt. Die Entwicklung kann verstanden werden, als Fortschreiten vom Stoff zur Form, von der Seele als leerer Tafel hin zu der durch den schaffenden Geist (nus poietikós) geprägten Person (vgl. Cassirer, 1932; Picht, 1987).

Im *Mittelalter* bildete diese Lehre des Aristoteles (Aristotelismus) seit dem 12. Jh. immer stärker die Grundlage der scholastischen Seelenauffassung (vgl. *Albertus Magnus* 1193 – 1280; *Thomas von Aquino* 1225-1274). Die thomistische und neuthomistische Psychologie hielt zwar an dem Seelenbegriff in diesem Sinne fest (anima vegetativa, sensitiva, rationalis), erklärte aber die anima rationalis oder Geistseele als organlos, leibunabhängig und unsterblich. In seiner „De anima" schreibt *Albertus Magnus*:

> "Obwohl diese Wissenschaft für uns verborgene Prinzipien hat, da bekanntlich das Auge unseres Verstandes sich zu dem, was in Wirklichkeit das Alleroffenkundigste ist, verhält wie das Auge der Fledermaus zum Sonnenlicht, so ist doch in Wirklichkeit nichts offenkundiger als die Quelle und der Ursprung aller Erkenntnis, d.i. das Verstandeslicht in uns. In diesem Licht nämlich wird zertifiziert, was nur immer sicher gewusst wird, und als ‚gewiß' beurteilt wird etwas dann, wenn es diesem Licht gemäß befunden wird....So ist es denn unzweifelhaft notwendig, daß ein erstes Licht, auf das die Prüfung des Wahren und Einsehbaren Bezug nimmt, in der Wirklichkeit existiert....Weil also die Seele durch den Bezug auf sich selber zertifiziert, was immer zu zertifizieren ist, muß auch die Wissenschaft von der Seele die allergewisseste sein und über die sichersten Beweise verfügen." (zit. nach Jüttemann et al., 1991:134f)

Der Substanzauffassung der Seele stellte *Wilhelm Wundt* (1832-1922) in der *Neuzeit* die Aktualitätstheorie gegenüber und gab damit einer breiten psychologischen Bewegung Ausdruck, die als Gegenstand nur die erkennbaren psychischen Erscheinungen und Vorgänge anerkennt. Nach der Aktualitätstheorie *Wundt's* ist die Seele keine Substanz (vgl. Substantialitätstheorie), sondern kommt allein in den seelischen Funktionsabläufen und Handlungsvollzügen (Akten) zum Ausdruck. *F.A. Lange* (1828-1875) sprach in seiner „Geschichte des Materialismus und Kritik seiner Bedeutung in der Gegenwart" (1866/1875) von einer „Psychologie ohne Seele" als der wissenschaftlichen Psychologie seiner Zeit, sofern sie die Seele nicht als Erklärungsgrund in der Forschung verwendet. Diese Charakterisierung wurde häufig dahin ausgelegt, dass die Psychologie als Wissenschaft sich lediglich um die Erkenntnis der Einzelfakten bemühe (vgl. Elementen-Psychologie), aber den seelischen Gesamtzusammenhang außer acht lasse („seelenlos").

Révész B. (1917): Geschichte des Seelenbegriffes und der Seelenlokalisation. Stuttgart; Bier, A. (1941): Die Seele. Berlin: Lehmanns, 8. Aufl.; Völgyesi, Fr. (1948): Die Seele ist alles. Von der Dämonologie bis zur Heilhypnose. Zürich: Orell Füssli; Gebser, J. (1949): Zur Geschichte der Phänomene Seele und Geist. In: J. Gebser, Ursprung und Gegenwart. Bd.1. Stuttgart: Deutsche Verlagsanstalt, 6. Kap., S. 296ff; Birjukow, D. A. (1959): Der Mythos von der Seele. Leipzig; Pongratz, J. (1984): Problemgeschichte der Psychologie. UTB, S.19-54; Jüttemann, G., Sonntag, M. & Wulf, Chr. (Hg.) (1991): Die Seele. Ihre Geschichte im Abendland. Weinheim; Stubbe, H. (2016): Albertus Magnus. Der erste Kölner und mitteleuropäische Psychologe. Aachen, 2. Aufl.

Skandinavien, Dänemark und Niederlande

Multatuli (alias Eduard Douwes Dekker) (1860): Max Havelaar. Oder die Kaffeeversteigerungen der Niederländischen Handelsgesellschaft (dt. Köln, 1993); Donders, F. C. (1868): Die Schnelligkeit psychischer Prozesse. Archiv für Anatomie, Physiologie und wissenschaftliche Medicin, 6, S.657-681; Höffding, H. (1882): Psychologie in Umrissen auf der Grundlage der Erfahrung (dän.)(engl. 1892); Ders. (1918): Humor als Lebensgefühl; Lange, C. G. (1885): Om sidsbevaegelser (dän.) (Über Gemüthsbewegungen, 1887); Lehmann, A. G. L. (1892): Die Hauptgesetze des menschlichen Gefühlslebens. 3 Bde. (dän. und dt.); Ders. (1906): Lehrbuch der psychologischen Methodik; Mourly Vold, J. (1910, 1912): Über den Traum. Experimentalpsychologische Untersuchungen. Hg. O. Klemm. 2 Bde. Leipzig; Rubin, E. J. (1921): Visuell wahrgenommene Figuren; Schjelderup-Ebbe, Th. (1922): Beiträge zur Sozialpsychologie des Haushuhns. Zeitschr. f. Psychologie, Bd. 88, S.225-252; Buytendijk, F.J.J. (1935): Die physiologische Erklärung des Verhaltens. Eine Kritik an der Theorie Pawlows. Acta Biother., I, S. 151-172; Ders. (1947): Das erste Lächeln des Kindes. Psyche, 2, S.57-70; Ders. (1953): Das Fußballspiel. Eine psychologische Studie (Het votballen). Würzburg; Ders. (1953): Die Frau. Köln; Ders. (1956): Allgemeine Theorie der menschlichen Haltung und Bewegung. Heidelberg; Ders. (1958): Mensch und Tier. Ein Beitrag zur vergleichenden Psychologie. Reinbek; Törngren, P. H. (1936): Striden om Freud. Stockholm; Handbuch der Neurosenlehre und Psychotherapie (Frankl – v. Gebsattel -Schultz). Bd. 1. München, 1957: 82-94; Fischer, F. P. & Doesschate, G. T. (1958): Franciscus Cornelis Donders; Spanjaard, J. & Mekking, R. U. (1975): Psychoanalyse in den Niederlanden. In: Die Psychologie des 20. Jahrhunderts. Bd. 20. München; Viney, W. et al. (1979): History of Psychology. Detroit; Degn, Chr. (1984): Die Schimmelmanns im atlantischen Dreieckshandel. Gewinn und Gewissen. Neumünster; Stroeken, H. (1993): The reception of psychoanalysis in the Netherlands. The Dutch Annual of Psychoanalysis, vol. 1; Kivits, T. (1994): Eine kurze Geschichte der Psychologie. Düsseldorf; Roudinesco, E. & Plon, M. (2004): Skandinavien. In: Wörterbuch der Psychoanalyse. Wien, S. 948-956 (Bibliografie); Waal, Fr. de (2009): Das Prinzip Empathie. Was wir von der Natur für eine bessere Gesellschaft lernen können. München, 2011; Belzen, J. A. v. (2015): Religionspsychologie. Eine historische Analyse im Spiegel der Internationalen Gesellschaft. Heidelberg; Jahnke, C. (2017): Geschichte Dänemarks. Reclam Sachbuch; Rijks Museum(ed.) (2021): Slavery. Amsterdam: Atlas Contact

Sklaverei:

Foner, Ph. S. (Ed.) (1981): Alexander von Humboldt über die Sklaverei in den USA. Berlin; Vogt, J. & Bellen, H. (Hrsg.) (1983): Bibliographie zur antiken Sklaverei. 2 Teile. Bochum; Martin, P. (1988): Das rebellische Eigentum. Vom Kampf der Afroamerikaner gegen ihre Versklavung. Frankfurt/M.; Stubbe, Hannes (1985). Formen der Trauer. Berlin: Reimer; Ders. (1986): Tod, Trauer und Verwitwung in der brasilianischen Folklore. Staden-Jahrbuch (São Paulo), 34/35, 1986/87:11-29; Ders. (2001). Kultur und Psychologie in Brasilien, Bonn: Holos; Finley, M. I. (1987): Die Sklaverei in der Antike. Frankfurt/M.; Meillassoux, Cl. (1989): Anthropologie der Sklaverei. Frankfurt/M.; Santos-Stubbe, Ch. dos & Stubbe, H. (1990): Banzo – Eine afro-brasilianische Nostalgie? Curare, vol.13; João José Reis (1991): A morte é uma festa. São Paulo: Ed. Schwarcz; Bales, K. (1999): Disposable people. New slavery in the global economy. Berkeley; Osterhammel, J. (2000): Sklaverei und die Zivilisation des Westens. München; Santos-Stubbe, Ch. dos (2003): „Banzo": Ein kulturgebundenes Syndrom der Sklavereizeit. Literarische und bildliche Zeugnisse deutscher Brasilien-Reisender. Portugal-Alemanha-Brasil. Braga; Dies. (2014). Kleines Lexikon der Afrobrasilianistik. Göttingen: V&R unipress (Bibliografie); Flaig, E. (2011): Weltgeschichte der Sklaverei. München; Lexikon der Psychologischen Anthropologie. Gießen, S. 573-583; Zeuske, M. (2013): Handbuch Geschichte der Sklaverei; Priesching, Nicole (2014): Sklaverei in der Neuzeit. Darmstadt: WBG; Zeuske, M. (2015): Sklavenhändler, Negreros und Atlantikkreolen. Eine Weltgeschichte des Sklavenhandels im atlantischen Raum. Berlin; Ders. (2018): Sklaverei. Eine Menschheitsgeschichte von der Steinzeit bis heute. Reclam; Ders. (2019): Handbuch Geschichte der Sklaverei. Eine Globalgeschichte von den Anfänge bis heute. 2 Bde. Berlin; Piketty, Th. (2020): Kapital und Ideologie. München; Rijks Museum (ed.) (2021): Slavery. Amsterdam: Atlas Contact

Spanien

Vives, J. L. (1538): De anima et vita. („Vater der neueren empirischen Psychologie"); Hoppe, (1901): Die Psychologie des Vives; Huarte, J. (1575): Examen de los ingenios para las scienzias; Watson, F. (1915): The Father of modern psychology" (Juan Luis Vives, 1492-1540). Psychological Review, 22, p.333-353; Gracián y Morales, B. (1647): Oráculo manual y arte de prudencia; Schopenhauer, A. (1862): Handorakel und die Kunst der Weltklugheit. GW; Giner de los Ríos, Francisco (1874): Lecciones Sumarias de Psicología. Madrid; Daly, W. A. (1924): The educational psychology of Juan Luis Vives. (Diss. Cathol. Univ.of America); Ortega y Gasset, J. (1929): La rebellión de las masas. Madrid; Ders. (1941): Historia como sistema. Madrid; Handbuch der Neurosenlehre und Psychotherapie (Frankl – v. Gebsattel -Schultz). Bd. 1. München, 1958: 128-138; Brennan, R. E. O.P. (1969): Historia de la Psicologia segun la vision tomista (Übers. seiner „History of Psychology from the standpoint of a Thomist", N.Y., 1945). Im Anhang: „Breve historia de la psicologia en España" (p. 267-295); Dieckhöffer, K. (1978): Juan Huarte. Zeitschr. f. Klin. Psychol.und Psychotherapie, 26, S.207-214; León, R. & Brožek, J. (1980): Historiography of Psychology in Spain: Bibliography with comment. IN. J. Brožek & L. J. Pongratz (ed.s), Historiography of modern psychology. Toronto, p.141-151; Carpintero, H. (1981): Wundt y la psicología en España. Revista de Historia de la Psicologia,

2, p. 37-55; Zanon, J. & Carpintero, H. (1981): El padre Manuel Barbado y su introdución a la Psicología Experimental. Revista de Historia de la Psicología, 2, p.189-224; Barrio, M. V. & Carpintero, H. (1985): Los comienzos de la psicología educativa en España: la tradición krausista. Revista de Historia de la Psicologia, 6, p. 133-143; Carpintero, H. (1987): El doctor Simarro y la psicología científica en España. Investigaciones Psicológicas, 4, p.189-207; Ders. (1989): La psicología en España: una síntesis. In: Arnaud, J. & Carpintero, H. (Ed.s), Historia, teoría y método. Madrid; Lafuente, E. (1987): Los orígines de la psicología científica en España: Las lecciones sumarias de psicología, de Francisco Giner de los Ríos. Investigaciones Psicologicas, 4, p. 165-187; Ders. (1990): El krausismo y la institución libre de enseñanza en los orígines de la psicología española (1850-1900). Actas de II. Colegio Oficial de Psicólogos (Valencia), vol. 6, p.7-12; Ders. (1993): Psychologie in Spanien – Eine kurzgefaßte Geschichte. In: Lück, H. & Miller, R. (Hrsg.), Illustrierte Geschichte der Psychologie. München, S.205-210; Moya Santoyo, J. & Garcia Vega, L. (1990): Juan Huarte de San Juan: Padre de la psicologia. Revista de Historia de la Psicologia, vol. 11, Núm. 1-2, p.123-144; Krauss, W. (2000): Graciáns Lebenslehre; Roudinesco, E. & Plon, M. (2004): Spanien. In: Wörterbuch der Psychoanalyse. Wien, S. 961-964 (Bibliografie);

Südafrika

Smuts: Smuts, JC. (1973): Walt Whitman: A study in the evolution of personality, Detroit, MI; Ders. (1926): Holism and evolution, New York, NY: Macmillan; Blanckenberg, PB. (1951): The thoughts of General Smuts. Cape Town, South Africa; Rattner, J. (1981). Alfred Adler. Reinbek; *Hendrik Frensch Verwoerd* (1901-1966), Sozialpsychologe, einer der Architekten der Apartheid; *Allgemein:* Valentine, CW. (1934): Psychology of early childhood: A study of mental development in the first years of life, London, UK; Academy of Science of South Africa. (2011): Consensus Study on the State of the Humanities in South Africa: Status, prospects and strategies. Pretoria, South Africa: Academy of Science of South Africa. Retrieved January 11, 2012 from www.assaf.org.za; Ommen, C. van & Painter, D. (Eds.) (2008): Interiors: A history of psychology in South Africa. Pretoria, South Africa: Unisa Press; *Psychoanalyse:* Coetzee, JC. (1928): Psiegoanaliese: Grondslae, Pretoria, South Africa: van Schaik; Coetzee, JC. (1929): Psiegoanaliese: Tegniek en Toepassing, Pretoria, South Africa; Sachs, W. (1934): Psychoanalysis: Its meaning and practical applications, London, UK; Gaines, J. (1979): Fritz Perls: Here and now, Millbrae, CAa; *Apartheid:* Terreblanche, S. (2003): History of inequality in South Africa 1652–2002, Pietermaritzburg, South Africa: University of Natal Press; Louw, J. (1987): From separation to division: The origins of two psychological associations in South Africa. Journal of the History of the Behavioral Sciences, 26(99), p. 58–63; Louw, J and Foster, D. (1991): Historical perspective: Psychology and group relations in South Africa. In: Social psychology in South Africa, Edited by: Foster, D and Louw-Potgieter, J. p. 57–92; Nicholas, L. (1990): The response of South African professional psychology associations to apartheid. Journal of the History of the Behavioral Sciences, 26(1), p. 58–63; Cooper, S. (2013): Ethics and South African psychology. In: Oxford handbook of international psychological ethics, Edited by: Leach, MM. New York, NY: Oxford University Press; Cooper, S, Nicholas, LJ, Seedat, M and Statman, JM. (1990): Psychology and apartheid: The struggle for psychology in South Africa. In: Psychology and apartheid: Essays on the struggle for psychology and the mind in South Africa, Edited by: Nicholas, LJ and Cooper, S. 1–21. Johannesburg, South Africa: Vision/Madiba; CHE De la Rey, C. (2001): Race, racism, knowledge production and psychology in South Africa. In: Racism and the history of university education in South Africa, Edited by: Duncan, N. 7–14. New York, NY: Nova Science Publishers; Duncan, N., Stevens, G. and Bowman, B. (2004): South African psychology and racism: Historical determinants and future prospects. In: Introduction to critical psychology, Edited by: Hook, D. p. 360–388. Cape Town, South Africa: UCT Press; Nicholas, L. (Ed) (1993): Psychology and oppression: Critiques and proposals. Johannesburg, Skotaville; Nicholas L., & Cooper, S. (Eds.). (1990): Psychology and apartheid: Essays on the struggle for psychology and the mind in South Africa. Johannesburg, South Africa: Vision/Madiba; Painter, D & Terre Blanche, M. (2004): Critical psychology in South Africa: Looking back and looking forward. South African Journal of Psychology, 34(4), p. 520–543; Cassell. SAJP. (1997): Special Issue on Black Scholarship. South African Journal of Psychology, 27(4): 201-274; Seedat, M. and Mackenzie, S. (2008): The triangulated development of South African psychology: Race, scientific racism and professionalisation. In: Interiors: A history of psychology in South Africa, Edited by: Ommen, Cvan and Painter, D. p.63–91. Pretoria, South Africa: Unisa Press; *Behavior therapy:* Wolpe, J. (1958): Psychotherapy by reciprocal inhibition, Palo Alto, CA: Stanford University Press; Lazarus, AA. (1958): New methods in psychotherapy: A case study. South African Medical Journal, 32, p.660–664; *Andere:* Methuen. van Vuuren, R. (2008): Existential–phenomenological psychology. In: Interiors: A history of psychology, Edited by: Ommen, Cvan and Painter, D. p.204–224. Pretoria, South Africa: Unisa Press; Watts, A. (2008): Neuropsychology in South Africa: Past, present and future. In: Interiors: A history of psychology, Edited by: Ommen, C. van and Painter, D. p.358–384. Pretoria, South Africa: Unisa Press; *Wahrheitskommission:* Horster, D. (1999): Vergangenheitsaufarbeitung zur Stabilisierung des demokratischen Staats. Handlung, Kultur, Interpretation, Jg.8, H.2, 1999:81-89; Nicholas, L. (2000): An evaluation of psychological reports considered in the amnesty process of the Truth and Reconciliation Commission. South African Journal of Psychology, 30(1), p.50–42; Kattermann, V. (2007): Kollektive Vergangenheitsbearbeitung in Südafrika; *Schulbücher und Medien:* Nascimento, E. L. (org.) (1991): A África na escola brasileira. Brasília; Aronson, E. (1994): Sozialpsychologie. Menschliches Verhalten und gesellschaft-licher Einfluß; Sieber, T. (1997): Zum Beispiel Schule; Pabst, M. (1997): Südafrika; Das Afrika-Lexikon. Ein Kontinent in 1000 Stichwörtern, 2001; Poenicke, A. (2001): Afrika in deutschen Schulbüchern, Konrad Adenauer Stiftung; Dies. (2001): Afrika in deutschen Medien, Konrad Adenauer Stiftung; Völkerkunde Museum Wien (Hrsg.): Ansichten. Malerei aus dem Kongo. Katalog, 2001; Kallaway, P. (ed.) (2002): The history of education under apartheid, 1948-1994. The doors of learning and culture shall be opened; Long, W. (2013): Rethinking "relevance": South African Psychology in context. History of Psychology, 16(1), p.19-35; *Internet:* www.gei.de/ ; www.unesco.org

Thailand

Guy Tachard: Voyage to Siam (1688). Bangkok; Young, Ernest (1898): The kingdom oft he yellow robe – A description of old Siam. Singapur; Gardiner, H. (1968): Psychology in Thailand. Psychologia, 11, p.122-124; Malakul, P. (1979): Psychology in Thailand. Psychologia – An international Journal of Psychology in the Orient, vol. XXII, N°. 2, 1979: 65-78; Bhanthumnavin, D. (1987): Social History of Psychology in Thailand. In: G.H. Blowers

& A.M. Turtle, Psychology Moving East. London, p.71-88; Malila, A. (1988): Buddhist Psychology for Health Promotion. In: Khonkaen University: Proceeding of Meeting. Bangkok,, p.1-6; Petchpud, A. (1989): Psychology in Thailand. In: History of Psychology in the Third World. Arquivo Latinoamericano de Historia da Psicologia e Ciencias Afins, vol. 1, N°. 2, ãno 1989: 102-117; Lee-Linke, S.-H. (1990): Frau und Religion. Zeitschrift für Kulturaustausch, 40(1), S. 26-32; Collins, S. (1990): Selfless persons: imagery and thought in Teravada Buddhism. N.Y.; Victoria, Br. (1999): Zen, Nationalismus und Krieg. Eine unheimliche Allianz. Berlin; Baudler, G. (2005): Gewalt in den Weltreligionen. Darmstadt: WBG; Chakkarath, P. (2007): Kulturpsychologie und indigene Psychologie. In: Handbuch interkulturelle Kommunikation und Kompetenz, 2007:237-249; Klöpfer, Carsten (2012): Aids und Religion. Kölner Beiträge zur Ethnopsychologie und Transkulturellen Psychologie. Sonderband 2. Göttingen (Bibliografie); Brown, K. W., Creswell, J. D. & Ryan, R. M. (Eds.) (2015): Handbook of mindfulness: theory, research and practice. N.Y.; Schöne, M. (2018): Vergleich der Bedeutung von Achtsamkeit im Theravada Buddhismus mit deren Konzeptualisierung in modernen westlichen achtsamkeitsbasierten Interventionen. Bachelorarbeit Universität zu Köln.

Tierpsychologie/Ethologie:

Darwin und Darwinismus: Desmond, A. & Moore, J. (1994): Darwin. Reinbeck: Rowohlt; Deutsches Hygiene Museum (Hrsg.) (1994): Darwin und Darwinismus. Berlin: Akademie Verlag; Schirn Kunsthalle Frankfurt/M. (Hrsg.) (2009): Darwin. Kunst und die Suche nach den Ursprüngen. Frankfurt/M.; *Allgemein:* Wundt, W. (1863): Vorlesungen über die Menschen- und Tierseele. 2 Bde. Leipzig; Morgan, C. L. (1894): Introduction to comparative psychology; Gross, K. (1896): Die Spiele der Tiere (3. Aufl. 1930); Thorndike, E. L. (1898): Animal intelligence: an experimental study of the associative processes in animals. Psychological Review. Series of Monograph Supplements, 2 (4), Serial N° 8, 109; Washburn, M. Fl. (1908): The animal mind; Uexküll, J. J. von (1909): Umwelt und Innenwelt der Tiere; Thorndike, E. L. (1911): Animal intelligence; Fabre, J. H. (1912): Social life in the insect world; Köhler, W. (1917): Intelligenzprüfungen an Menschenaffen (engl. 1924); Schjelderup-Ebbe, Th. (1922): Beiträge zur Sozialpsychologie des Haushuhns. Zeitschr. f. Psychologie, Bd. 88, S. 225-252; Kafka, G. (1922): Handbuch der Vergleichenden Psychologie. Bd.1, München: E. Reinhardt; Herrick, Ch. J. (1924): Neurological foundations of animal behvior; R. Sommer, R. (1925): Tierpsychologie. Leipzig: Quelle & Meyer; Tolman, E. Ch. (1932): Purposive behavior in animals and man; Buytendijk, F. (1933): Wesen und Sinn des Spiels bei Mensch und Tier; Yerkes, R. M. (1943): Chimpanzees: A laboratory colony; Tinbergen, N. (1958): Die Welt der Silbermöwe. Göttingen; Der Physiologus. Zürich: Artemis, 1960; Harlow, H. F. & Harlow, M. K. (1962): Social deprivation in monkeys. Scient. Amer. 297; Frisch, K. von (1965): Tanzsprache und Orientierung der Bienen. Berlin; Tinbergen, N. (1972): Instinktlehre. Berlin, 5. Aufl.; Immelmann, K. (1975): Wörterbuch der Verhaltensforschung. München; Wilson, E. O. (1975): Sociobiology. Cambridge (Mass.); Eibl-Eibesfeldt, I. (1976): Liebe und Hass. Zur Naturgeschichte elementarer Verhaltensweisen. München, 2. Aufl.; Heymer, A. (Hg.) (1977): Ethologisches Wörterbuch. Berlin; Lorenz, K. (1978): Vergleichende Verhaltensforschung: Grundlagen der Ethologie. Wien; Stamm, R. A. (Hg.) (1984): Tierpsychologie. Weinheim; Grubitsch, S. & Rexilius, G. (Hg.) (1990): Psychologische Grundbegriffe. Reinbek: Rowohlt, S.1124-1129 (Tierversuche in der Psychologie); Glaser, H.S. R. (1996): The first two primate research stations. Primate Report, 45, p. 15-27; Städtler, Th. (1998): Lexikon der Psychologie. Stuttgart: Kröner; Lexikon der Psychologie. Bd. 1. Heidelberg: Spektrum Akademischer Verlag, 2000:430f (Ethik und Tierversuche); Conniff, R. (2003): Magnaten und Primaten. Über das Imponiergehabe der Reichen. München; Schönpflug (2004); Hölldobler, B. (2010): Der Superorganismus. Der Erfolg von Ameisen, Bienen Wespen und Termiten. Berlin: Springer; Ladwig, B. (2020): Politische Philosophie der Tierrechte. Berlin: Suhrkamp; *Geschichte der Tierpsychologie/Ethologie*: Reuchlin, M. (1957): Histoire de la psychologie. Paris, p. 32-42; Hehlmann (1963: 193ff, 433); W. Nachtigall (1973): Geschichte der Erforschung des Vogelfluges von der Renaissance bis zur Gegenwart (J. Ornit., 114); Tembrock, G. (1963): Grundlagen der Tierpsychologie. Berlin: Akademie Verlag, S. 8-31; Die Psychologie des 20. Jh. Bd. VI. Lorenz und die Folgen. München: Kindler, 1978 (Bibliografie); Hediger, H. (1987): Tierpsychologie. In: Lexikon der Psychologie. Bd. 3. Freiburg/Brsg., S.2319-2326; Wuketits, Fr. M. (1995): Die Entdeckung des Verhaltens. Eine Geschichte der Verhaltensforschung. Darmstadt: WBG; Munz, T. (2018): Der Tanz der Bienen. Karl von Frisch und die Entdeckung der Bienensprache. Wien

Totalitarismus (s. Deutschland, Russland)

Neumann, F. L. (1942/44): Behemoth. The structure and practice of national socialism, 1933-1944. N.Y. (dt. 1977); Arendt, H. (1951): The origins of totalitarism. N. Y. (dt. 1955); Schlangen, W. (1976): Die Totalitarismus-Theorie. Entwicklung und Probleme. Stuttgart; Bracher, K. D. (1987): Die totalitäre Erfahrung. München; Nohlen, D. (Hrsg.) (1991): Wörterbuch Staat und Politik. München; *Konzentrations-, Arbeits-, „Umerziehungs-" und Vernichtungs-Lager:* Bettelheim, B. (1943): Individual and mass behavior in extreme situations. J. Abnorm. Soc. Psychol. 38, p. 417-452; Ders. (1952): Remarks on the psychological appeal of totalitarianism. Amer. J. Econ. and Soc., 12, p. 89-96; V. E. Frankl (1959): ... trotzdem ja zum Leben sagen. Ein Psychologe erlebt das KZ. München; Hinkle, L. E. & Wolff, H. G. (1956): Communist interrogation and indoctrination of „enemies of the state" . Arch. Neurol. And Psychiat., 76, p.115-174; Lifton, R. (1956): „Thought reform" of western civilizans in Chinese communist prisons. Psychiat., 19, p.173-195; Ders. (1961): Thought reform and the psychology of totalism: A study of „brain washing" in China. New York; Kaminski, A.J. (1982): Konzentrationslager 1896 bis heute. Stuttgart; Kotek, J. & Rigoulot, P. (2001): Das Jahrhundert der Lager. Gefangenschaft, Zwangsarbeit und Vernichtung. Berlin; Applebaum, A. (2003): Der Gulag. Berlin; Fleck, Chr. & Kranebitter, A. (2017): Von der Psychologie zur Soziologie des Terrors. Werkblatt. Psychoanalyse & Gesellschaftskritik, N°. 79, 2, S.106-116; Stubbe, H. (2012): Konzentrationslager. In: Lexikon der Psychologischen Anthropologie. Gießen, S.338f; Ders. (2019): Rezension: Rosdolsky, D. (Hg.), Der Briefwechsel zwischen Ernst Federn und seinem Vater Paul aus den Jahren 1945 bis 1947. Psyche, 73, S. 548-551; *Drittes Reich:* Kästner, E. (1931): Fabian. Die Geschichte eines Moralisten. Berlin: Deutsche Verlagsanstalt (S. 200ff Traum); Reich, W.: Massenpsychologie des Faschismus (1933). Köln, 1971 (viele Auflagen); Watson, G. (1933): Psychology under Hitler. School and Society, 38, p.732-736; Kronfeld, A. (1941): Degenerierte an der Macht. Moskau; Wyatt, Fr. & Teuber, H.L. (1944): German psychology under the Nazi System: 1933-1940. Psychological Review, 51, p.229-247; Kris, E. & Speier, H. (1944): German radio propaganda: Report on home broadcasts during the war; Picard, M. (1946): Hitler in uns selbst.

Zürich; Ansbacher, H. L. (1948): Attitudes of German prisoners of war: A study of the dynamics of national-socialistic followership. Washington: APA; Faschismus-Theorien. In: Das Argument, I-V, Hefte 30, 33, 41, 47. 1964-1968; Martindale, C. et al. (1976): Hitler: a neurohistorical formulation. Confinia psychiatrica, 19, p. 106-116; Gamm, H.-J. (1964): Der Flüsterwitz im III. Reich. München: List; Winckler, L. (1970): Studie zur gesellschaftlichen Funktion faschistischer Sprache. Frankfurt/M.: Suhrkamp; Cocks, G. (1978): Psychotherapy in the Third Reich: A research note. Journal of the History of Behavioral Sciences, 14, p.33-36; Beradt, Ch. (1981): Das Dritte Reich des Traums. Frankfurt/M.: Suhrkamp; Graumann, C.F. (1985): Psychologie im Nationalsozialismus. Eine Einführung. Berlin; Richter, H.-E. (1986): Die Chance des Gewissens. Erinnerungen und Assoziationen. Hamburg; Mosse, George L. (1991): Die völkische Revolution. Frankfurt/M.; Lück, H.E. (1991): Geschichte der Psychologie. Stuttgart: Kohlhammer, S.13-16 (Psychologie im Nationalsozialismus); Bernstein, S. & Milza, P. (Hg.) (1992): Dictionnaire historique des fascismes et du nazisme. Paris; Bessel, R. (hg.) (1996): Fascist Italy and Nazi Germany. Comparisions and contrasts. Cambridge; Wippermann, W. (1997): Faschismustheorien. Die Entwicklung der Diskussion von den Anfängen bis heute. Darmstadt, 7. Aufl.; Wöhlert, M. (1997): Der politische Witz in der NS-Zeit am Beispiel ausgesuchter SD-Berichte und GESTAPO-Akten. Frankfurt/M.: P. Lang; Redlich, Fr. (1998): Hitler – Diagnose des destruktiven Propheten. Gießen; Nicol, E. (1999): 50 Jahre danach. Frankfurt/M.; Dörner, B. (2001): NS-Herrschaft und Denunziation. Anmerkungen zu Defiziten in der Denunziations-forschung. Historical Social Research, 26, Nr.2/3, 2001:55-69; Nazi-Psychologie. In: Lexikon der Psychologie. Bd.3. Heidelberg: Spektrum, 2001, S.123-124; Hesse, G. (2001): Hitlers neuropsychiatrische Störungen. Folgen einer Lost-Vergiftung? Psychologie und Geschichte, 9. Jg., H.1/2, S.91-106; De Grazia, V. & Luzzati, S. (2003): Dizionario del fascismo. 2 vol.s. Turin; Roudinesco, E. & Plon, M. (2004): Wörterbuch der Psychoanalyse. Wien: Springer: 176-183 (Psychotherapie im "3. Reich"); Allert, T. (2005): Der deutsche Gruß. Geschichte einer unheilvollen Geste. Frankfurt/M.: Eichborn; Dörr, M. (2007). „Der Krieg hat uns geprägt". Wie Kinder den Zweiten Weltkrieg erlebten. 2 Bde. Frankfurt/M.: Campus; Marks, Stepan (2011): Warum folgten sie Hitler? Die Psychologie des Nationalsozialismus. Patmos; Hermann, T. & Zeidler, W. (Hrsg.) (2012): Psychologen in autoritären Systemen. Frankfurt/M.; Zinner, Kristina (2013): Dr. Jutta Rüdiger – Psychologin und Reichsreferentin (BDM). Diplomarbeit, UNI-Köln, Dep. Psychologie; El-Hai, J. (2014): Der Nazi und der Psychiater. Die andere Bibliothek; Padover, S. K. (2015): Lügendetektor. Vernehmungen im besiegten Deutschland 1944/45. Die andere Bibliothek; Wolfradt, U. et al. (Hrsg) (2015): Deutschsprachige Psychologinnen und Psychologen 1933-1945. Wiesbaden: Springer; Redlich, Fritz (2016): Hitler – Diagnose des destruktiven Propheten. Gießen; Mueller-Weinitschke, Cl. (2016): Prof. Dr. Erich Jaensch (1883-1940). Eine psychologie-historische Studie. BA-Psychologie, Universität zu Köln; Stubbe, H. (2018): Zur Massenpsychologie Adolf Hitlers etc. In: H. Stubbe, Kleinere Schriften. Aachen, S.54-80; Bauer, Th. (2018): Die Vereindeutigung der Welt. Über den Verlust an Mehrdeutigkeit und Vielfalt. Reclam; Heine, M. (2019): Verbrannte Wörter. Wo wir noch reden wie die Nazis – und wo nicht. Berlin: Duden; Eco, U. (2020): Der ewige Faschismus. München, 5. Aufl.; Maercker, A. & Gieseke, J. (2020): Psychologie als Instrument der SED-Diktatur. Göttingen: Hogrefe

Transkulturelle Psychologie, Kulturvergleichende Psychologie und Psychologische Anthropologie

Wundt, W. (1913): Elemente der Völkerpsychologie. Grundlinien einer psychologischen Entwicklungsgeschichte der Menschheit. Leipzig, 2.Aufl.; Thomae, H. (1972): Kulturelle Systeme als Sozialisationsvariablen. In: Handbuch der Psychologie, Bd.7, 2. Halb. Sozialpsychologie. Hogrefe, S. 715-747; Beuchelt, E. (1974): Ideengeschichte der Völkerpsychologie. Meisenheim/Glan; Serpell, R. (1976): Culture's influence on behaviour. London (port. 1977); Paiva, G. J. de (1978): Introdução à psicologia intercultural. São Paulo; Stubbe, H. (1983): Verwitwung und Trauer im Kulturvergleich. Rio de Janeiro/Mannheim; Ders. (2012): Lexikon der Psychologischen Anthropologie. Gießen; Quekelberghe, R. van (1991): Klinische Ethnopsychologie. Einführung in die transkulturelle Psychologie, Psychopathologie und Psychotherapie. Heidelberg; Jahoda, G. (1992): Crossroads between culture and mind. Continuities and change in theories of human nature. London; Thomas, A. (Hrsg.) (1993): Kulturvergleichende Psychologie. Eine Einführung. Hogrefe; Kölner Beiträge zur Ethnopsychologie und Transkulturellen Psychologie, Bonn, Göttingen, 1995ff; Straub, J. et al. (2000): Psychologie in der Praxis. München: DTV, S.831-855; Straub, J. et al. (Hrsg.) (2007): Handbuch interkulturelle Kommunikation und Kompetenz. Grundbegriffe, Theorien, Anwendungsfelder. Stuttgart; Trommsdorf, G. & Kornadt, H. (Hrsg.): Theorien und Methoden der Kulturvergleichenden Psychologie. Enzyklopädie der Psychologie. Göttingen; J.W.Berry, J. W. et al. (2011): Cross cultural psychology. Cambridge, 3.ed.; Vivier, F. J. R. van de, Chasiotis, A. & Breugelmans, S. M. (eds.) (2011): Fundamental questions in cross-cultural psychology. Cambridge; Lexikon der Psychologischen Anthropologie, Ethnopsychologie, Transkulturelle und Interkulturelle Psychologie. Gießen, 2012; Barmeyer, Chr. (2012): Taschenlexikon Interkulturalität. UTB; Genkova, P. (2012): Kulturvergleichende Psychologie. Ein Forschungsleitfaden. Wiesbaden; Shiraev, E. & Levy, D. (2013): Cross-cultural psychology: critical thinking and contmporary applications. Boston, 5.ed.; Helfrich, H. (2013): Kulturvergleichende Psychologie. Wiesbaden; Rippl, S. & Seipel, Chr. (2015): Methoden kulturvergleichender Sozialforschung. Eine Einführung. Wiesbaden; Die psychische Einheit der Menschheit - Ein theoretisches Fundament der Transkulturellen Psychologie. IN: Festschrift für Joachim Born: Ladilova, Anna (Hrsg.) (2021): Bornistik, sprach-kulturwissenschaftliche Perspektiven auf die Romania und die Welt. Hamburg: tredition, S. 561-570;
*Internet:*http://geb.uni-giessen.de/geb/volltexte/2021/15678/pdf/Bornistik_2021.pdf;
Zeitschriften: Journal of Cross-Cultural Psychology (gegr. 1970); International Journal of Psychology (gegr. 1966), Transcultural Psychiatric Research Review (gegr. 1964); Culture, Medicine and Psychiatry (gegr. 1977); Psychopathologie Africaine (gegr. 1965); Curare (gegr. 1970); Journal of African Psychology (gegr. 1988); Kölner Beiträge zur Ethnopsychologie und Transkulturellen Psychologie (gegr. 1995)

Türkei

Situation der Psychologie und Psychotherapie: Kelemen, A. (1984): Die Hauptfaktoren der Psychohygiene in der traditionellen türkischen Gesellschaft. Curare Sonderband (G. Devereux) 2, 1984:97-108; Koen, E. (1986): Krankheitskonzepte und Krankheitsverhalten in der Türkei und bei Migranten in Deutschland. Curare, 9, S.129-136; Cremer, J. & Przytulla, H. (1991): Exil Türkei. Deutschsprachige Emigranten in der Türkei 1933-1945. München: K. M. Lipp

(Personentafel S.55-61); Koptagel, G. (1998): Psychoanalyse und deren Anwendung in der Türkei. In: E. Koch et al. (Hrsg.), Chancen und Risiken von Migration. Freiburg/Brsg., 1998:225-232; Okman-Fiçek, G. (1998): Auswirkungen der Migration auf die Familienstruktur und auf die Erfordernisse der Familientherapie. Deutsch-türkische Erfahrungen. In: E. Koch, M. Özek, W. M. Pfeiffer, R. Schepker (Hrsg.), Chancen und Risiken von Migration. Freiburg/Brsg., 1998: 102-115; Colakoglu, S. (2006): Psychologie in der Türkei. IN: Ch. dos Santos-Stubbe & C. Klöpfer (Hrsg.), Psychologie aus historischer und transkultureller Perspektive. Aachen: Shaker, 2006:183-198; Stubbe, H. (UNI Köln) (2003): Ergebnisse empirischer ethno-psychologischer Studien an türkischen Migrantinnen und Migranten aus dem Kölner Raum (1998-2002). Deutsch-Türkischer Psychiatriekongress. „Ver-rückte Grenzen – Interkulturelle Begegnungen". Universität Essen. Programmheft, 2003:85; Osak-Sahin, Hale (2013): Psychoanalyse in der Türkei. Eine historische und aktuelle Spurensuche. Gießen (Psychosozial); FAZ (2016): Das letzte Abendmahl des türkischen Großbürgertums (F. Küchemann). FAZ, Nr.236, 10.10.2016, S.11; Stubbe, H. (2017): Psychoanalyse in der Türkei. Werkblatt. Psychoanalyse & Gesellschaftskritik, N°. 79, 2, S. 117-123; *Zeitschrift*: Kölner Beiträge zur Ethnopsychologie und Transkulturellen Psychologie, 1995ff; *Bibliographien:* Johansen, U. & Wolbert, B. (1981): Gastarbeiterfamilien. Eine Bibliographie unter ethnologischem Aspekt. Berlin: Reimer; Boos-Nünning, U. (1990): Türkische Migration in Büchern, 1969-1984. Opladen; Abadan-Unat, N. & Kemiksiz, N. (Hrsg.) (1992): Türkische Migration 1960–1984. Annotierte Bibliographie. Frankfurt/M.: Dagyeli Verlag; Stubbe, Hannes (2012): Türkei. In: Lexikon der Psychologischen Anthropologie. Gießen: Psychosozial, S. 639-643 (ausführliches Literaturverzeichnis)

Ungarn

Handbuch der Neurosenlehre und Psychotherapie (Frankl – v. Gebsattel -Schultz). Bd. 1. München, 1958: 139-149; Stubbe, H. (1988): Béla Székely (1892-1955). Ein ungarischer Psychologie-Pionier in Lateinamerika. In: Acta VII. European Cheiron Conference, Budapest, 1988: 598-606; Ders. (1990): Székely Béla, A pszichológia magyar úttöröje Latin-Amerikában. Magyar Pszichológiai Szemle (Hungarian Journal of Psychology; Akadémiai Kiado, Budapest), 46.évf., 1-2 sz., 1990, p.28-35 (ungarisch); Harmat, P. (1990): Die Psychoanalyse und die ungarische Gesellschaft, 1908-1987. In: A. Schorr & E. G. Wehner (Hrsg.), Psychologiegeschichte heute. Göttingen, 1990: 275-284; Zakariás, Z. (2009): Die Geschichte der Psychologie in Ungarn mit dem Schwerpunkt Psychoanalyse. Unveröffentlichte Diplomarbeit Köln (enthält Zeittafel); Nemes, L. & Berényi, G. (Hrsg.) (1999): Die Budapester Schule der Psychoanalyse. Budapest; Roudineso, E. & Plon, M. (2004): Ungarn. In: Wörterbuch der Psychoanalyse. Wien, S.1080-1083

USA (s. Sklaverei, psychologische Theorien)

Redfield, J. W. (1849): Outlines of a new system of physiognomy. N.Y.; Dewey, J. (1886): Psychology; Ders. (1896): The reflex arc concept in psychology; Hamsun, K. (1889). Fra det moderne Amerikas Aansliv (dt. 1981); James, W. (1890): Principles of psychology; Ders. (1902): Varieties of religious experience; Goddard, H. H. (1913): The Kalikak Family; Dodge, R. (1915): Psychological effects of alcohol; Goodenough, Fl. L. (1926): Measurement of intelligence by drawing; Kisch, E. E. (1930): Egon Erwin Kisch beehrt sich darzubieten: Paradies Amerika. Erich Reiss Verlag; Rogers, C. (1942): Counseling and psychotherapy (dt. 1985 Frankfurt/M); Ders. (1957): The necessary and sufficient conditions of the therapeutic personality change. Journal of Counseling Psychology, 21, p.95-103; Hofstadter, R. (1944): Social Darwinism in American Thought. Boston (1965, 10. Ed.); Krech, D. & Chrutchfield, R.S. (1948): Theory and problems of social psychology; Dies.n (1958): Elements of psychology; Selye, H. (1950): Stress; Oberndorf. C. P. (1953): A history of psychoanalysis in America. N.Y.; Handbuch der Neurosenlehre und Psychotherapie (Frankl – v. Gebsattel - Schultz). Bd. 1. München, 1958: 171-219 (Hofstätter); Wohlgelernter, M. (1964): Israel Zangwill: a study, London; Freud, S. & Bullitt, W. Chr. (1967): Thomas Woodrow Wilson, twenty-eighth president of the United States. A psychological study. London, N.Y.; Rhine, J. B. & Brier, B. (eds.) (1968). Parapsychology today; Guigui, J. Ben (1972): Israel Zangwill, penseur et écrivain, Toulouse; Cadwallader, T. C. (1974): Charles S. Peirce (1839–1914). The first American experimental psychologist. Journal of the History of the Behavioral Sciences. 10 (3): 291–298; Cadwallader, T. C. (1974): Charles S. Peirce (1839–1914). The first American experimental psychologist. Journal of the History of the Behavioral Sciences. 10 (3): 291–298; Yew, E. (1980): Medical inspection of immigrants at Ellis Island, 1891-1924.Bulletin of the New York Academy of Medicine, 56, p. 488-510; Brožek, J. (1980) : Monographic Explorations in the History of American Psychology. In : J. Brožek & L. J. Pongratz (Ed.s) (1980): Historiography of Modern Psychology. Toronto, p. 152-164 ; Bruder, Kl.-J. (1982): Psychologie ohne Bewußtsein. Die Geburt der behavioristischen Sozialtechnologie. Frankfurt/M.; Ders. (1988): Reagans Amerika? Zur politischen Psychologie der USA. In: H. König (Hrsg.), Politische Psychologie heute, 1988:368-385; Foner, Ph. S. & Schultz, R. (1983): Das andere Amerika. Geschichte, Kunst und Kultur der amerikanischen Arbeiterbewegung. Berlin: Elefanten Press; Henle, M. (1984): Robert M. Ogden and gestalt psychology in America. Journal of the History of the Behavioral Sciences. 20 (1): 9–19; Hilgard, E. R. (1987): Psychology in America. A historical survey. San Diego; Klingenstein, S. (1991): Jews in the American Academy, 1900-1940: The dynamics of intellectual assimilation. New Haven; American Psychologist, vol. 47, N.2, 1992 (The history of american psychology); Evans, R. B., Staudt Sexton, V., & Cadwallader, T. C. (Eds.) (1992): The American Psychological Association: A historical perspective. Washington, D.C.: APA; Lück, H. E. & Miller, R. (Hrsg.) (1993): Illustrierte Geschichte der Psychologie. München; Lonner, W. J. & Malpass, R. (1994): Psychology and culture. Boston; Morton, M. (1996): Der Tunnel; Bringmann, W. G. et al. (ed.s) (1997): A pictorial history of psychology. Chicago; Winston, A. (1998): The defects of his race. E. G. Boring and Anti-Semitism in American Psychology, 1923-1953: History of Psychology, 1, p.27-51; Chomsky, N. (2001): War against people. Menschenrechte und Schurkenstaaten; Ders. (2001): Wirtschaft und Gewalt. Vom Kolonialismus zur neuen Weltordnung; Benjamin, Jr. & Ludy, T. (2003): From séance to science: A history of the profession of psychology in America. Wadsworth Publ.; Münkler, H. (2006): Imperien. Die Logik der Weltherrschaft; Finkbeiner, A. (2006): The Jasons. The secret history of science's postwar elite. Penguin; Sauter, U. (2006): Geschichte der Vereinigten Staaten von Amerika; Galliker, M. et al. (2007): Meilensteine der Psychologie, Stuttgart; Howell, J.C. & Moore,J.P. (2010): History of street gangs in the USA. National Gang Center Bulletin, N° 4, p.1-24; Wilpert, G. von (2013):

Western. In: G. von Wilpert, Sachwörterbuch der Literatur. Stuttgart, S. 906; Lück, H. E. (2016): Die psychologische Hintertreppe. Freiburg/Brsg.; Thalmayer, A. G., Toscanelli, C. & Arnett, J. J. (2021): The neglected 95% revisted: is American Psychology becoming less American? American Psychologist, 76(1), p.116-129; *Indigene:* O. La Farge, O. (1969): Die große Jagd. Geschichte der nord-amerikanischen Indianer; Hartmann, H. (1973): Die Plains- und Prärieindianer Nordamerikas; Villa Hügel (Hg.) (1976): Indianer und Siedler im Amerikanischen Westen; Gerhards, E. (1980): Blackfoot-Indianer; Todorov, T. (1985): Die Eroberung Amerikas. Das Problem des Anderen; Schlesier, K. (1985): Die Wölfe des Himmels. Welterfahrung der Cheyenne; Linden Museum (Stuttgart) (1989): Amerika Abteilung. Katalog; Harris, M. (1989): Kulturanthropologie. Frankfurt/M.; Bitterli, U. (1991): Die Entdeckung Amerikas. Von Kolumbus bis A. von Humboldt; Denevan, W. M. (1992): The native population of the Americas in 1492. Madison; Thornton, R. (1990): American Indian Holocaust and Survival. A population history since 1492. Norman; Stocking, G. W. (ed.) (1999): The shaping of American Anthropology (1883-1911): a Franz Boas reader. Chicago; Feest, Chr. F. & Kohl, K. H. (Hg.) (2005): Hauptwerke der Ethnologie. Stuttgart; DTV-Atlas Ethnologie, 2005; Wishart, D.J. (2007): Encyclopedia of the Great Plains Indians. University of Nebrasca; Thahlmayer, A. G., Toscanelli, C. & Arnett, J. J. (2021): The neglected 95% revisted: Is American Psychology becoming less American? American Psychologist, 76 (1), p.116-129; *Afroamerikaner:* (s. Bibliografie: Sklaverei); The green book. Eine Geographie des Rassismus in den USA (1936-1966); Bayton, J. A. (1975): Francis Sumner, Max Meenes, and the training of black psychologists. American Psychologist, 30, p.185-186; Foner, Ph. S. (Ed.) (1981): Alexander von Humboldt über die Sklaverei in den USA. Berlin; Museum für Völkerkunde (Hamburg) (Hrsg.): Afrika in Amerika. Hamburg. Katalog, 1992; Graham, S. (1992): Most of the subjects were white and middle class. Trends in published research on African Americans in selected APA journals (1970-1989). American Psychologist, 47 (5), p. 629-639; Binder, W. (ed.) (1993): Slavery in the Americas. Würzburg; Everett, S. (1998): Geschichte der Sklaverei; Holliday, B. G. (2009): The history and visions of African American psychology: multiple pathways to place, space and authority. Cultural Diversity and Ethnic Minority Psychology, 15, p.317-337; Shiraev, E. (2015): A history of psychology. A global perspective. Los Angeles: Sage, 2. Ed., p. 324f; Olou, I. (2020): Mediocre. The dangerous legacy of white man power. London: Basic Books (dt. 2020); Staatliche Kunstsammlungen Dresden Albertinum (Hrsg.) (2020): 1 Million Rosen für Angela Davis. Dresden; *Psychoanalyse:* Roudinesco, E. & Plon, M. (2004): USA. In: Wörterbuch der Psychoanalyse. Wien, S.1091-1099 (Bibliografie); *Film :* Obama-Land abgebrannt ? Phoenix, 17.1.2011

Vietnam

Gutmann; R. & Rieff, D. (1999): Kriegsverbrechen. München; Hac, Pham Minh (1976): View of Soviet Psychologist on Behaviorism. Psychologia, 19, p.163-172; Ders. (1989): The historical development of psychology in Vietnam. In: H. Stubbe & R. León (eds.), History of Psychology in the Third World. Arch. Latinoamer. de Hist. da Psicol. y Ciencias afins, vol.1, N° 2, ãno 1989 : 87-101

Visuelle Psychologie (s. Wahrnehmung)

Ähnlich wie die visuelle Anthropologie erforscht die *visuelle Psychologie* die visuelle Wahrnehmung, das visuelle Gedächtnis, das Bildbewußtsein und die visuelle Kommunikation in der eigenen und in fremden Gesellschaften, Kulturen (Transkulturelle Psychologie) und Epochen, die Auswertung von Bildmedien in der Psychologie, sowie die visuelle Darstellung des Erlebens, Verhaltens und der Gebilde, denn in Bildern wird eine qualitativ andere Art von Information gespeichert als in der vorherrschenden Informationsweitergabe, den Texten (vgl. Kunstpsychologie). Die Psychologiegeschichte erforscht auch historisch bedeutsame visuelle Dokumente wie Fotografien und Filme (s. Anhang), sowie (Kinder-) Zeichnungen (Entwicklungspsychologie). Die neuen elektronischen Medien werden nicht nur die psychologischen Methoden verändern, sondern auch das Erleben und Verhalten der Menschen. Die visuelle Psychologie wird überraschenderweise weder in Lexika (vgl. Lexikon der Psychologie, 2000f), noch in Kompendien der psychologischen Theorien erwähnt (vgl. z.B. Galliker, 2015).

Silberer, H. (1909): Bericht über eine Methode, gewisse symbolische Halluzinationserscheinungen hervorzurufen und zu beobachten. Jahrbuch für psychoana-lytische und psychopathologische Forschungen, Bd. 1; Ders. (1912): Symbolik des Erwachens und der Schwellensymbolik überhaupt. Jahrb. für psychoanalytische und psychopathologische Forschung, 3; Varendonck, J. (1922): Über das vorbewußte phantasierende Denken. Wien; Kretschmer, E. (1922, 1950): Medizinische Psychologie. Stuttgart („Bildstreifendenken", s. 73ff, 115, 131). Stuttgart; Happich, C. (1932): Das Bildbewußtsein als Ansatzstelle psychischer Behandlung. Zentralblatt für Psychotherapie, 63; Müller-Freienfels, R. (1940/1951): Du und die Psychologie. Menschenkenntnis und Menschenbehandlung. Berlin; Desoille, R. (1945): Le rêve éveillé en psychothérapie. Paris; Runes, D. (1959): Pictorial history of philosophy. N.Y.; Heiss, R. (1956): Allgemeine Tiefenpsychologie. Bern; Leuner, H. C. (1970): Katathymes Bilderleben. Stuttgart; Ders. (1994): Lehrbuch der katathym-imaginativen Psychotherapie. Bern, 3. Aufl.; Larousse do Brasil: Dicionário de Psicologia. Rio de Janeiro, o.J.; Schliephacke, Br. P. (1979): Bildersprache der Seele. Lexikon zur Symbolsprache. Berlin: Telos; Stubbe, H. (1981): O „katathymes Bilderleben" (KB) de Leuner como psicoterapia infantil e juvenil. Jornal Brasileiro de Psiquiatria, 30(5), p.445-449 (Geschichte); Benesch, H. (1987): DTV-Atlas zur Psychologie. 2 Bd.e. München; Clair, J., Pichler, C. & Pircher, W. (1989): Wunderblock. Eine Geschichte der modernen Seele. Wien; Fitzek, H. (1993): Bilder der Psychologie – Psychologie der Bilder. In: H. Lück & R. Miller (Hrsg.), Illustrierte Geschichte der Psychologie. München, S.350-354; Städler, Th. (1998): Lexikon der Psychologie. Stuttgart, S. 1177-1182; Gamwell, L. (Hrsg.) (2000): Träume 1900-2000. Kunst, Wissenschaft und das Unbewußte. Wien; Zybok, O. (Hrsg.) (2001): Von Angesicht zu Angesicht. Mimik – Gebärden – Emotionen. Katalog. E.A. Seemann; Sachs-Hombach, Kl. (2003): Das Bild als kommunikatives Medium. Elemente einer allgemeinen Bildwissenschaft. Köln; Nichols, C. & Staupe, G. (2012): Leidenschaften. Katalog. Deutsches Hygiene Museum Dresden

Völkerpsychologie/Ethnopsychologie (s. auch Zeittafel zur Völkerpsychologie)

Humboldt, W. von: Über die Verschiedenheit des menschlichen Sprachbaues. Über die Sprache. Werke, 2003; Lazarus, M. (1851): Über den Begriff und die Möglichkeit einer Völkerpsychologie. Deutsches Museum, I, (2), 1851:112-126; Ders. (2003): Grundzüge der

Völkerpsychologie und Kulturwissenschaft. Hamburg: Meiner; Steinthal, H. (1871). Einleitung in die Psychologie und Sprachwissenschaft; Wundt, W. (1888): Über Wege und Ziele der Völkerpsychologie. Philosophische Studien, IV, S.1-27; Vierkandt, A. (1896): Naturvölker und Kulturvölker. Ein Beitrag zur Socialpsychologie. Leipzig; Wundt, W. (1900-1920): Völkerpsychologie. 10. Bde. Leipzig; Ders. (1912): Elemente der Völkerpsychologie. Grundlinien einer psychologischen Entwicklungsgeschichte der Menschheit. Leipzig; Ders. (1920): Erlebtes und Erkanntes; Reports of the Cambridge Anthropological Expedition to Torres Straits. Vol. II. Physiology and Psychology. Cambridge: University Press, 1901; Eisler, R. (1904): Wörterbuch der philosophischen Begriffe. Bd. V; Stern, W. & Lipmann (Hrsg.) (1912): Vorschläge zur psychologischen Untersuchung primitiver Menschen. Zeitschrift für Angewandte Psychologie, 5. Leipzig: A. Barth; Thurnwald, R. (1913). Ethno-psychologische Studien an Südseevölkern auf dem Bismarck-Archipel und den Salomo-Inseln. Zeitschrift für Angewandte Psychologie, Beiheft 6. Leipzig: A. Barth; Ders. (1929): Grundprobleme der vergleichenden Völkerpsychologie, Zeitschrift für die gesamte Staatswissenschaft, Bd. 87, H.2, 1929:240-296; Müller-Freienfels, R. (1922): Psychologie des deutschen Menschen und seiner Kultur. Ein volkscharakterologischer Versuch. München; Benedict, R. F. (1934). Patterns of culture; Hellpach, W. (1937): Einführung in die Völkerpsychologie. Stuttgart; Holzner, B. (1961): Völkerpsychologie. Leitfaden mit Bibliographie. Würzburg; Mühlmann, W. (1968): Geschichte der Anthropologie. (2. Aufl. 1984); Whorf, B. L. (1970): Sprache, Denken, Wirklichkeit. Beiträge zur Metalinguistik und Sprachphilosophie. Reinbek; Gipper, H. (1972): Gibt es ein sprachliches Relativitätsprinzip? Untersuchungen zur Sapir-Whorf-Hypothese. Frankfurt/M.; Beuchelt, E. (1974): Ideengeschichte der Völkerpsychologie. Meisenheim (Bibliografie); Lips, J. (1983): Der Weiße im Spiegel der Farbigen. Leipzig; Brožek, J. (1980): Wundt in America, In: J.Brozek & L.J. Pongratz, Historiography of modern psychology. Toronto, 1980:290ff; Gundlach, H. (1983): Folk psychology oder social psychology oder…? Das Los des Ausdrucks „Völkerpsychologie" in den englischen Übersetzungen der Werke Wundts. Bericht aus dem Archiv für Geschichte der Psychologie. Historische Reihe Nr.5, Heidelberg; Heller, D. (1987): Moritz Lazarus – Der erste Inhaber eines Lehrstuhls für Psychologie?, Psychol. Rundschau, 38 Jg., H 2, 1987:96; Streck, B. (1987): Völkerpsychologie. In: B. Streck, Wörterbuch der Ethnologie; M. Harris, M. (1989): Kulturanthropologie; Schneider, C. (1990): W. Wundts Völkerpsychologie: Entstehung und Entwicklung eines in Vergessenheit geratenen, wissenschafts-historisch relevanten Fachgebietes; Quekelberghe, R. van (1991): Klinische Ethnopsychologie. Einführung in die transkulturelle Psychologie, Psychopathologie und Psychotherapie. Heidelberg; Lück, H. (1991): Geschichte der Psychologie; Oelze, B. (1991): Wilhelm Wundt. Die Konzeption der Völkerpsychologie. Münster; Sprung, H. (1992): Hajim Steinthal und Moritz Lazarus und die Ursprünge der Völkerpsychologie in Berlin. In: L. Sprung & W. Schönpflug (Hrsg.), Zur Geschichte der Psychologie in Berlin, 1992:83-96; Stubbe, H. (1992):Wilhelm Wundt und die Herero. Psychologie und Geschichte, 4.Jg., Heft 1/2, 1992:121-138; Jahoda, G. (1992): Crossroads between culture and mind. N.Y.; Brock, A. (1992):Was Wundt a Nazi? Theory & Psychology, 2, 2, 1992:205-223; Probst, P. (1992): Angewandte Ethnopsychologie während der Epoche des deutschen Kolonialismus. Psychologie und Geschichte, 3, 1992:67-80; Galliker, M. (1993): Die Verkörperung des Gedankens im Gegenstande. Zur kontroversen Begründung der Völkerpsychologie. Psychologische Rundschau, 44, 1993:11-24; Thomas, A. (Hrsg.) (1993): Kulturvergleichende Psychologie; Dihle, A. (1994): Die Griechen und die Fremden; Stocking, G. (1996): Volksgeist as method and etic. Essays on Boasian ethnography and the german anthropological tradition. History of Anthropology, vol. 8. The University of Wisconsin Press; Mabe, J. E. (1997): Die Kulturentwicklung des Menschen nach Jean-Jaques Rousseau; Müller, K. E. (1997): Geschichte der antiken Ethnologie. Reinbek; Eckardt, G. (Hrsg.) (1997): Völkerpsychologie – Versuch einer Neuentdeckung; Bringmann, W. et al. : A pictorial history of psychology. Chicago, 1997, p.148-152; Moghaddam, F. M. (1998): Social psychology. Exploring universals across cultures. N.Y; Böckelmann, F. (1998): Die Gelben, die Schwarzen, die Weißen; Stubbe, H. (2001): Kultur und Psychologie in Brasilien. Bonn; Chakkarath, P. (2003): Kultur und Psychologie; Stubbe, H. (2006): Die Geschichte der Völkerpsychologie. In: G. Jüttemann (Hg.), Wilhelm Wundts anderes Erbe, 2006:33ff; Jüttemann, G. (Hg.) (2007): Wilhelm Wundts anderes Erbe. Ein Missverständnis löst sich auf; Schneider, Chr. (Hg.)(2008): Wilhelm Wundt – Völkerpsychologie. Ein Reader. Göttingen; Münkler, H. (2009): Die Mythen der Deutschen; Wolfradt, U. (2010): Ethnologie und Psychologie. Die Leipziger Schule der Völkerpsychologie; Stubbe, H. (2012): Lexikon der Psychologischen Anthropologie. Gießen; *Zeitschriften:* Ethnopsychologische Mitteilungen (Landau) (1992ff); Kölner Beiträge zur Ethnopsychologie und Transkulturellen Psychologie (1995ff)

Vorgeschichte, Paläopsychologie, Schamanismus und traditionelles Heilen

Lexika: Lehmann, U. (1985): Paläontologisches Wörterbuch. Stuttgart, 3. Aufl.; Gorys, A. (1997): Wörterbuch der Archäologie. München; Hoffmann, E. (1999): Lexikon der Steinzeit. München: Beck (Bibliografie); *Allgemein:* Moodie, R. L. (1923): Paleopathology, an introduction of the study of ancient evidences of disease. Urbana/Ill.; Pales, L. (1930): Paléopathologie et pathologie comparative. Paris (Bibliografie p. 293-348); Bilz, R. (1944): Zur Grundlegung einer Paläopsychologie. Zeitschrift für Psychologie, III,1944 :202-212, 272-280; Ders. (1971): Wie frei ist der Mensch. Paläoanthropologie; Bouquet, H. (1943). Die Krankheiten des Urmenschen. Dt. Ärzte Zeitung, 9, N°. 407; Almeida Prado, A. de (1944): Paleopatologia. São Paulo Méd., 1, p. 9-14; Thurnwald, R. (1951): Des Menschengeistes Erwachen, Wachsen und Irren. Versuch einer Paläopsychologie ; Findeisen, H. (1956) : Das Tier als Gott, Dämon und Ahne. Eine Untersuchung über das Erleben des Tieres in der Altmenschheit. Stuttgart; de Vries, J. (1961) : Forschungsgeschichte der Mythologie. Freiburg/Brsg.: Alber; Welter, G. (1962): Les croyances primitives et leur survivants. Paris; Sigerist, H. E. (1963): Anfänge der Medizin. Von der primitiven und archaischen Medizin bis zum Goldenen Zeitalter in Griechenland. Zürich, S. 1-197 und S. 486-493; Wunderlich, H. G. (1974): Die Steinzeit ist noch nicht zu Ende. Eine Psychoarchäologie des Menschen; Kühn, H. (1976): Geschichte der Vorgeschichtsforschung; Fritz,J. (1978): Palaeopsychology today. In : C. Redman et al. (ed.s), Social Archaeology : Beyond subsistence and dating. London, 1978:37-60; Campbell, B. G. (1979): Entwicklung zum Menschen. Stuttgart; Ditfurth, H. von (1980): Der Geist fiel nicht vom Himmel; Bailey, K. (1987): Human palaeopsychology. Application to aggression and pathological processes. Hillsdale; Goudsblom, J. (1995): Feuer und Zivilisation. Frankfurt/M.; Ruspoli, M. (1998): Die Höhlenmenschen von Lascaux. Augsburg; Mania, U. (2001): Der Urmensch von Bilzingsleben; Mania, D. & Mania, U. (2004): Tausend Jahre wie ein Tag; Schrenk, Fr. & St. Müller, St. (2005): Die Neandertaler. München; Braun, H.-J. (2005): Die 101 wichtigsten Erfindungen der Weltgeschichte. München; Ältester Bogen der Welt entdeckt? Weinheimer Nachrichten, 24.11. 2006 (17.600 Jahre alt); Haarmann, H. (2008): Weltgeschichte der Zahlen. München; Jockenhövel, A. (Hrsg.) (2009): WBG Weltgeschichte. Bd. I. Grundlagen der globalen Welt vom Beginn bis 1200 v. Chr. Darmstadt: WBG; Conard, N. J. & Wertheimer, J. (2010): Die Venus aus dem Eis. Wie vor 40.000 Jahren unsere Kultur entstand. München; Thompson, W. F. (2015). Music, thought, and feeling: Understanding the psychology of music, Chap .2. Oxford University press; Stubbe, H. (2018): Kleinere Schriften. Aachen, S.131-143; Schweighöfer, E. (2018): Vom Neandertal nach Afrika. Der Streit um den Ursprung der Menschheit im 19. und 20. Jh. Wallstein Verlag; Schrenk, Fr. (2019): Die Frühzeit des Menschen. München: Beck, 6. Aufl.; Stubbe, H. (2021): Was ist Paläopsychologie? Seminar. Universität zu Köln; *„Primitives Denken":* Lévy-Bruhl, Lucien (1927): Die geistige Welt der Primitiven; Werner, H.(1926): Einführung in die Entwicklungspsychologie (1.Aufl. 1926, 4.Aufl. 1959); Thurnwald, R. (1928):Varianten und Frühformen des Denkens und der Gestaltung. Prae-Logik? Zeitschrift für Völkerpsychologie und Soziologie, 4.Jg, 1928:324-330; Lévi-Strauss, Cl. (1966): Das wilde Denken (dt.1981); Hallpike, Chr. R. (1990): Die Grundlagen des primitiven Denkens. München: DTV; Klix, Fr. (1993): Erwachendes Denken. Geistige Leistungen aus evolutionspsychologischer Sicht. Heidelberg: Spektrum; Resch, Fr. (1994): Magisches Denken und Selbstentwicklung. Praxis der Kinderpsychologie und Kinderpsychiatrie, 43, 1994:152-156; Lexikon der Psychologischen Anthropologie. Gießen, 2012; *„Magie":* Frazer, J. G. (1890): The golden bough: A study in magic and religion. London; Hubert, H. & Mauss, M. (1902): Esquisse d'une théorie générale de la magie. L'Année Sociologique, 7 ; HDA ; Beth, K. (1926) : Religion und Magie bei den Naturvölkern; Danzel, Th. W. (1928) : Der magische Mensch ; Evans-Pritchard, E. E. (1929) : The morphology and function of magic. American Anthropologist, 31, 1929; Malinowski, B. (1935): Coral gardens and their magic. London; Ders. (1948): Magic, science and religion. N.Y.; Mauss, M. (1940): Entwurf einer allgemeinen Theorie der Magie. Ullstein (dt. 1978, Bd.1); Lippross, O. (1971): Medizin und Heilerfolg. Logik und Magie in der Medizin; Winkelman, M. (1982): Magic: A theoretical reassessment. Current Anthropology, 23; Figge, H. (2004): Wörterbuch zur Psychologie des Magischen; *Schamanismus und traditionelles Heilen:* Pfizenmayer, E. W. (1926): Mammutleichen und Urwaldmenschen in Nord-Sibirien. Leipzig; Handbuch des deutschen Aberglaubens (HDA) Bd.1, p.1157-1172 (besprechen), Bd.3, p.772-780 (gesundbeten), Bd.3, p. 1398-1401 (Hand auflegen) etc.; La Barre, W. (1946): Primitive psychotherapy in native American cultures: peyotism and confession. J. abnorm. Soc. Psychol., 42, 1946:294-309; Kerényi, K. (1956): Der göttliche Arzt, 1956; Eliade, M. (1957): Schamanismus und archaische Ekstasetechnik. Zürich; Lommel, A. (1965): Die Welt der frühen Jäger. München (neue Aufl. Schamanen und Medizinmänner – Magie und Mystik früher Kulturen. München, 1980); Ders. (1966): Der Schamanismus. Heft 10, S.793-803; Miles, J. (1967): The psychiatric aspects of the traditional medicine of the British Columbia Coast Indians. Can. Psychiatr. Assoc. J., 12, 1967:429-431; Schadewaldt, H. (1968): Der Medizinmann bei den Naturvölkern; Aleksandrowicz, M. (1972): The art of a native therapist. Bull. Menninger Clin., 36, 1972:596-608; Torrey, E. (1972): What western psychotherapist can learn from witch doctors. Amer. J. Orthopsychiat., 42, 1972: 69-76; Harner, M.-J. (Hg.) (1973): Hallocinogens and shamanism. N.Y.; Beitl, R. (1974): Wörterbuch der deutschen Volkskunde. Stuttgart; Jilek, W. G. (1974): Witchdoctors succeed where doctors fail. Can. Psychiatr. Ass. J., 19, 1974:351-356; Pfeiffer, W. (1974): „Primitive" und moderne Psycho-therapie. Ein transkultureller Vergleich. Hippokrates, 45, 1974:1-35; Lewis, T.H. (1974): An Indian healer's preventive medicine procedure. Hosp. Community Psychiatry, 25, 1974:94-95; Seguin, C. A. (1974): What folclore psychotherapy can teach us? Psychotherapy, Psychosomatics, 24, 1974: 293-302; Siegel, R. K. & West, L. J. (eds.) (1975): Hallunicinations: Behaviour, experiences and the theory. N.Y.; Stubbe, H. (1976): Zur psychotherapeutische Funktion des südamerikanischen Medizinmannes. Confinia Psychiatrica, 19, 1976:68-79; Kleinmann, A. (1980): Patients and healers in the context of culture. Berkeley; Frank, J. D. (1981): Die Heiler; Pollak-Eltz, A. (1987): La medicina popular en Venezuela. Caracas; Heinze, R.-I. (1988): Trance and Healing in Southeast Asia today. Bangkok; Koen, E. (1988): Volksmedizinische Krankheitsvorstellungen und Heiler in der Türkei. Med. Diss., Heidelberg; Birnbaum, R. (1990): Der heilende Buddha; Vogt-Frýba,

B. (1991): Können und Vertrauen. Das Tovil-Heilritual von Sri Lanka als kultureigene Psychotherapie; Quekelberghe, R. van (1991): Klinische Ethnopsychologie. Heidelberg; Hesse, K. (1991): Schamanismus. In: Handbuch religionswissenschaftlicher Grundbegriffe. Stuttgart; Pfundt, Chr. & Schwandt, B. (1992): Bibliografie zum Schamanismus. Ethnopsychologische Mitteilungen, 1, S.55-80; Peltzer, K. (1992): Traditionelle Heilkunde bei Ashanti und Shona. Afrika Hefte Nr.6, Bremen; Ders. (1995): Psychology and Health in African Cultures. Examples of ethnotherapeutic practice, 1995; Chaumeil, J.-P. (1994): Bibliografía europea sobre el chamanismo en América del Sur. REDIAI, n° 3, p. 129-142; Özek, M. (1994): Traditionelle Heiler in Anatolien; Achterberg, J. (1993): Die Frau als Heilerin. Die schöpferische Rolle der heilkundigen Frau in Geschichte und Gegenwart; Basilow, W. N. (1995): Das Schamanentum bei den Völkern Mittelasiens und Kasachstans. Berlin; Clottes, J. & Lewis-Williams, D. (1996): Les chamanes de la préhistoire: transe et magie dans les grottes orneés. Paris: Seuil (dt. Sigmaringen, 1997); Gottwald, Fr. T. & Rätsch, Chr. (2000): Rituale des Heilens; Vitebsky, P. (2001): Schamanismus. Köln (bebildert); Stumpfe, K. D. (2007): Glaubensheilungen in Geschichte und Gegenwart; Hörbst, V. (2008): Heilungslandschaften. Umgangs-weisen mit Erkrankung und Heilung bei den Cora in Jesús María; Müller, Kl. E. (2010): Schamanismus. Heiler, Geister, Rituale. München: Beck, 4. Aufl.; Lexikon der Psychologischen Anthropologie. Gießen, 2012:545-554; *Zeitschriften:* Curare (gegr. 1970); Shaman. Journal of the International Society for Shamanistic Research (seit 1993); *Filme:* Institut für den Wiss. Film: Tukurina (Brasilien, oberer Purus): Krankenheilung durch Zauberärzte. Göttingen, 1968; Der Handaufleger (CH, 2008), 3SAT, 25.3.2009, 20:15; *Kunstschaffen:* Sydow, E. von (1927): Primitive Kunst und Psychoanalyse. Wien: Imago; Hartmann, G. (1969): Pracht der Federn. Katalog, Recklinghausen; Ders. (1976): Federschmuck aus Südamerika. Pforzheim; Koenig, O. (1970): Kultur und Verhaltens-forschung. München: DTV,1970:15-32,183-262; Leroi-Ghouran, A. (1973): Prähistorische Kunst. Die Ursprünge der Kunst in Europa. Freiburg/Brsg.: Herder; Bosinski, G. & Fischer, G. (1974): Die Menschendarstellungen von Gönnersdorf der Ausgrabung 1968. Wiesbaden: Steiner; Wickler, W. (1975): Stammesgeschichte und Ritualisierung. München: DTV, 1975:231-272; Wygotski, L. S. (1976): Psychologie der Kunst. Dresden: Verlag der Kunst, 1976:9-29, 78-95, 228-252; Staatl. Museum für Völkerkunde (München) (1980): Unter Indianern Brasiliens. Sammlung Spix und Martius (1817-1820). Katalog; Museu de Arte Moderna de São Paulo (1980): Arte Plumária do Brasil. Katalog; Leroi-Gourhan, A. (1982): Prähistorische Kunst. Die Ursprünge der Kunst in Europa. Freiburg, 5. Aufl.; Museu Nacional de Belas Artes (RJ) (1983): Arte Indígena Brasileira. Katalog; Musée d'Ethnographie (Genève) (1986): L'Art de la plume brésil. Katalog; Ribeiro, B. G. (1989): Arte indígena, linguagem visual. Indigenous art, visual language. São Paulo: Editora da Universidade de São Paulo; Smith, N. W. (1992): An analysis of Ice Age Art: its psychology and belief system. N.Y.; Kreide-Damani, I. (1992): Kunst-Ethnologie. Zum Verständnis fremder Kunst. Köln: Dumont; Vidal, L. (org.) (1992): Grafismo indígena, São Paulo: EDUSP; Brasilianische Reise (1817 – 1820). C. Fr. von Martius zum 200.Geburtstag. München, 1994; Prous, A. 1994): L'art rupestre du Brésil. Bulletin de la Société préhistorique Ariège-Pyrénées, XLIX, p. 77-144; Rautenstrauch-Joest-Museum (Köln) (1995): Federarbeiten der Indianer Südamerikas aus der Studiensammlung Horst Antes; Anati, E. (1997): Höhlenmalerei. Die Bilderwelt der prähistorischen Felskunst. Zürich; Lorblanchet, M. (1997): Höhlenmalerei. Ein Handbuch. Sigmaringen; Gröning, K. (1997): Geschmückte Haut. Eine Kulturgeschichte der Körperkunst. München: Frederking & Thaler, 1997:12-15, 53-67, 113-169, 210-226, 227-247; Schuster, M. (1997): Wodurch Bilder wirken. Psychologie der Kunst. Köln: Dumont, 1997:1-76, 106-214, 243-282; USPIANA (ed.) (2000): A plumária indígena brasileira. São Paulo; Frenken, R. (2016): Symbol Plazenta. Pränatalpsychologie der Kunst. Springer; Stubbe, A. N. (2018): Kleine Kunstgeschichte Brasiliens. Aachen; Schrenk, Fr. (2019): Die Frühzeit des Menschen.

Der Weg zum Homo sapiens. München; *Film:* Die Seele ist ein Vogel. Arte, 24.11.2019 (prähistor. Höhlenmalereien); *Internet:* www.muellerscience.com/Fruehmensch (Bibliografie); Max Planck Gesellschaft: www.mpg.de/neandertaler; https://www.donsmaps.com/ ; *Museum*: Neandertaler Museum, D-40822 Mettmann

Vorurteile, Nationalcharaktere, etc. (s. auch Rassismus, Völkerpsychologie)

„Von allen menschlichen Schwächen wirkt keine zerstörerischer auf die Würde des Einzelnen und die sozialen Beziehungen unter den Menschen als *Vorurteile*", schreibt der us-amer. Sozialpsychologe *Philip G. Zimbardo* (1999:435). Als 1954 in den USA die Rassentrennung im öffentlichen Bildungssektor durch einen Gerichtsentscheid verboten wurde, wurde dies teilweise durch sozialpsychologische Forschungsarbeiten (z.B. Kenneth Clark) begründet. Als Vorurteile (V.) bezeichnet man eine gelernte Einstellung gegenüber einem Zielobjekt, bei der negative Annahmen (vgl. Stereotype beteiligt sind, die als Recht-fertigung für die Einstellung dienen. Dazu kommt auf der Verhaltensebene die Neigung, die Mitglieder der Zielgruppe zu kontrollieren oder zu dominieren, zu meiden oder zu eliminieren (vgl. Zimbardo, 1999:436). *W. Herkner* (2001: 493) macht den Unterschied zwischen V. und Stereotyp klar, indem er definiert: „V. sind Einstellungen, deren Objekte Außengruppen oder – als Spezialfall von Außengruppen – Minoritäten sind. Dabei handelt es sich in der Regel um negative, abwertende Einstellungen. Die kognitive Komponente der V. – das subjektive Wissen über die Außengruppe – wird Stereotyp genannt." Nach *Cushner & Brislin* (1996) erfüllen V. mindestens vier Funktionen: die Änderungs- oder utilitaristische Funktion, die Ich-verteidigende Funktion, die Werte ausdrückende Funktion und die Wissens-Funktion. In plurikulturellen und multiethnischen Gesellschaften spielt der Abbau von V.en eine besonders wichtige Rolle. Der Sozialpsychologe *E. Aronson* (1978) griff z.B. eine Idee aus *Sherif's* bekannten Experimenten auf und entwickelte ein Programm, um gegen V. in multi-ethnischen Schulklassen vorzugehen. Die dabei zum Einsatz kommende sog. *Jigsawing–Technik* (Bandsägentechnik) enthält Aufgaben, die nur durch Kooperation der gesamten Gruppe gelöst werden können (vgl. antirassistisches Training, Antisemitismus, Apartheid, Bilder des Fremden, Interkulturelle Pädagogik, Kolonialismus, Rassismus, Schulbücher, Sündenbock In: Lexikon der Psychologischen Anthropologie, 2012).

Allport, G. W. (1958): The nature of prejudice. New York; Aronson, E. et al. (1978): The jigsaw classroom. Beverly Hills; Ders. (1994): , Sozialpsychologie. Menschliches Verhalten und gesellschaftlicher Einfluß; Kabbani, R. (1993): Mythos Morgenland. Wie Vorurteile und Klischees unser Bild vom Orient bis heute prägen; Markefka, M. (19959: Vorurteile, Minderheiten, Diskriminierung. Ein Beitrag zum Verständnis sozialer Gegensätze; Zick, A. (1997): Vorurteile und Rassismus. Eine sozialpsychologische Analyse; Sampson, E. E. (1998): Dealing with differences. An introduction to the social psychology of prejudice. Harcourt Brace College Publ.; Schoeps, J. H. & Schloer, J. (Hg.)(1999): Bilder der Judenfeindschaft. Antisemitismus, Vorurteile und Mythen; Zimbardo, P. G. & Gerrig, R. J. (1999): Psychologie; Bierhoff, H.-W. & Herner, M. J. (2002): Begriffswörterbuch Sozialpsychologie; Sir P. Ustinov (2003): Achtung! Vorurteile; Aronson, E. et. al. (2004): Sozialpsychologie, 2004 (Kap. 7, Kap.13); Bierhoff, H. W. & Frey D.(Hrsg.) (2006): Handbuch der Sozialpsychologie und Kommunikationspsychologie; Ahlheim, Kl. (Hrsg.) (2007): Die Gewalt des Vorurteils, 2007

Der Begriff *„Nationalcharakter"* (N.), der sich bereits bei David Hume (1742) und Georg Forster (1778/80) findet, wird in der us-amerikanischen Kulturanthropologie verwendet zur Erforschung fremder, für internationale Prozesse der Akkulturation bedeutungsvoller Nationalkulturen und derjenigen kulturellen Bestandteile einer Gesellschaft, die im Laufe der Prozesse der Sozialisation bzw. Enkulturation allgemeinverbindlich und typisch auf das heranwachsende Kind einwirken und seine kulturelle Rolle ausmachen. Ethnopsychologisch können unter N. diejenigen psychischen Eigentümlich-keiten verstanden werden, die zum „Charakter" geschlossen gedacht, der Mehrheit der Angehörigen einer Nation gemeinsam sind und sie von denen anderer Nationen unterscheiden. Verwandte Begriffe sind *„Modal-Persönlichkeit"* (Dubois, 1944) und *„Basis-Struktur der Persönlichkeit"* (Kardiner & Linton, 1939). Die weitverbreitete Meinung, „Völker" bzw. „Nationen" hätten einen bestimmten Charakter und brächten diesen in allen Phasen ihrer Geschichte immer wieder zum Ausdruck, ist sehr irreführend. Soziologisch wird der N. im Wesentlichen als ein nach dem Vorurteilsmechanismus funktionierendes Stereotyp des öffentlichen Bewusstseins verstanden und ist somit ein heute wissenschaftlich veraltetes, aber im Alltag, insbes. in den Medien, immer noch wirksames Konstrukt. *Holzner* (o.J., S.24) schreibt: „Ein weiterer Schritt wurde von *Inkeles & Levinson* (1954) getan, die sich um eine brauchbare Definition des Begriffes ‚Nationalcharakter' bemühten. Sie bestimmten als Aufgabe der Völkerpsychologie die Untersuchung modaler Persönlichkeitsstrukturen im Zusammenhang der verschiedenen sozio-kulturellen Systeme. Dabei ist natürlich die erste, und bisher nirgends erfüllte Aufgabe, die Existenz solcher modaler Persönlichkeitstypen empirisch nachzuweisen. Erst nach diesem Schritt kann man an die Erklärung dieses Phänomens und an die Aufdeckung seiner Konsequenzen gehen." *Heinz Wiesbrock* (1957) bemühte sich, anknüpfend an *Eduard Spranger's* (1939) Schrift „Wie erfaßt man einen Nationalcharakter?", um eine theoretische und methodologische Grundlegung der „Völkercharakterologie"- er spricht von *„Ethnocharakterologie"*- überschätzt hierbei jedoch den holistischen Ansatz. Bekannte Arbeiten über den N. sind *Gorer's* Studien über „Die Amerikaner" (1947), die „Engländer" (1949) und die „Russen" (1950), *Ruth Benedict's* während des II.WK.s entstandenene Studie über die „Japaner" (1946) und *David Riesman* Untersuchung über die Wandlungen des us-amerikanischen N.: „The lonely crowd" (1950). In *Gorer's* Studie über den russischen N. findet sich auch die spekulative vulgärpsychoanalytische *Wickelhypothese*, nach welcher der russische N. (z.B. Unselbständigkeit, Autoritätsfurcht, schwermütige Apathie) zu einem erheblichen Teil durch die Sitte, Säuglinge sehr eng zu wickeln, daß ihre Bewegungsfreiheit eingeschränkt ist, bestimmt werde. (vgl. Oblomow; vgl. Stubbe, 2012:487): Bekanntlich hat *Plinius der Ältere* (23/24-79 n.Chr.) in seiner „Naturalis historia" (lib.7, 1-5) beschrieben, wie die Säuglinge im Alten Rom gleich nach der Geburt mit Binden eingeschnürt wurden. Man kann wohl kaum behaupten, daß diese Wickel-Methode den röm. N. deshalb passiv und apathisch gestaltet hätte (vgl. auch Plutarch, de lib.ed., 4). Über das Wickeln im europ. MA schreibt *Pauler* (207:101): "Meist hatten Säuglinge nicht nur Windeln an, sondern der ganze Körper war mit Binden umwickelt, so dass nur der Kopf herausschaute. Auf diese Weise sollte ihnen der Übergang vom Mutterleib in die Außenwelt erleichtert werden, denn die ‚Ganzkörperwindeln' schützen vor Kälte und Verletzungen und sollten ein harmonisches Wachstum ermöglichen." (vgl. auch Schipperges, 1990:28ff, Frenken, 2011). *Stubbe* (1987, 2001) hat die Auffassungen über den sog. brasilianischen Nationalcharakter historisch zusammengestellt und einer kritischen Analyse unterworfen. Ab den 60er Jahre wurde die N.forschung einer methodischen und theoretischen Kritik unterzogen und zugunsten einer allgemeinen Theorie der Persönlichkeit (vgl. Kultur und Persönlichkeits-Schule) aufgegeben.

Passarge, S. (1925): Grundzüge der gesetzmäßigen Charakterentwicklung der Völker auf religiöser und naturwissenschaftlicher Grundlage und in Abhängigkeit von der Landschaft; Fyfe, H. (1940): The illusion of National Character. London; Benedict, R. (1946): The Chrysanthemum and the sword; Gorer, G. (1949): Exploring English Character; Mead, M. (1953): National character, In.: A.L. Kroeber (ed.), Anthropology today; Inkeles, A. & Levinson, D. J. (1954): Nationalcharakter. The study of modal personality and socio-cultural systems, In: G. Linzey, Handbook of social psychology, 1954; Heintz, P. (1955): Neuere Literatur über Nationalcharaktere, Kölner Zeitschr. f. Soziologie und Sozialpsychologie, 7; Gorer, G. (1956): Die Amerikaner. Eine völkerpsychologische Studie. Reinbek; Riesman, D. et al. (1958): Die einsame Masse. Eine Untersuchung der Wandlung des amerikanischen Charakters. Reinbek; Lipton, E. et al. (1965): Swaddling. A child care practice: Historical, cultural and experimental observations. Paediatrics, Supplement, 35,1965:519-567; Leite, D.

(1983): O carater nacional brasileiro. São Paulo; Lips, J. (1983): Der Weiße im Spiegel der Farbigen. Leipzig; Schipperges, H. (1990): Der Garten der Gesundheit. Medizin im Mittelalter; Donazar, J. C. A. (1995): Diferendo cubano norteamericano. Sugerencias para su estudio. Habana; Böckelmann, F. (1998): Die Gelben, die Schwarzen, die Weißen; Rother, R. (1998): Mythen der Nationen: Völker im Film; Stubbe, H. (2001): Kultur und Psychologie in Brasilien. Bonn; Kakar, S. & Kakar, K. (2006): Die Inder. Porträt einer Gesellschaft; Frenken, R. (2011): Gefesselte Kinder: Geschichte und Psychologie des Wickelns. Badenweiler (Bibliografie); Lexikon der Psychologischen Anthropologie. Gießen, 2012, S.481f (der sog. dt. Nationalcharakter; Bibliografie)

Wahrnehmung (s. Gestaltpsychologie, Kognition)

In der gesamten Philosophie- und Psychologiegeschichte, aber auch in der Sinnesphysiologie, Physik (Optik) und Kunstwissenschaft spielt das Phänomen der Wahrnehmung eine bedeutende Rolle. Das Grundschema des Wahrnehmungsprozesses, wie es sich bereits bei Aristoteles oder Lukrez (s. oben) findet, geht von einem physikalischen „Reiz" aus, der eine Wirkung auf die Sinnesorgane ausübt und über mehrere Verarbeitungsvorgänge zu einer mentalen Repräsentation führt.

Boring, E.G. (1942): Sensation and perception in the history of experimental psychology. N.Y.; Metzger, W. (1953): Gesetze des Sehens. Frankfurt/M.; Allport, F. H. (1955): Theories of perception and the concept of structure. N.Y.; Dember, W. N. (1964): Visual perception: the nineteenth century. N.Y.; Merleau-Ponty, M. (1966): Phänomenologie der Wahrnehmung. Berlin; Gregory, R. L. (1966): Auge und Gehirn. Zur Psychophysiologie des Sehens. München; Metzger, W. (1975): Gesetze des Sehens. Frankfurt/M., 3. Aufl.; Emmett, K. et al. (1976): Perception: an annotated bibliography. N.Y.; Arnheim, R. (1978): Kunst und Sehen. Berlin; Gibson, J.J. (1982): Wahrnehmung und Umwelt. Weinheim; Koch, S. & Leary, D. (eds.) (1985): A century of psychology as science. N.Y.; Boff, K. R. et al. (Hrsg.)(1986): Handbook of perception and human performance. 2 vols. N.Y.; Gordon, I.E. (1989): Theories of visual perception. Chichester; Frisby, J. P. (1989): Optische Täuschungen. Augsburg; Rock, I. (Ed.) (1990): The perceptual world. N.Y.; Campenhausen, C. von (1993): Die Sinne des Menschen. Stuttgart; Städtler, Th. (1998). Lexikon der Psychologie. Stuttgart (Bibliografie)

Weltprobleme

Allgemein: Rathenau, W. (1918): Zur Kritik der Zeit. Berlin; Ball, H. (1919): Zur Kritik der deutschen Intelligenz. Bern; Thiess, Fr. (1923). Das Gesicht des Jahrhunderts. Stuttgart; Bie, R. (1928): Diagnose des Zeitalters. Weimar; Jaspers, K. (1932): Die geistige Situation der Zeit. Berlin; Mannheim, K. (1951): Diagnose unserer Zeit (1941). Zürich; Frankl, V. (1955): Pathologie des Zeitgeistes. Wien; K. Lorenz, K. (1973): Die acht Todsünden der zivilisierten Menschheit. München; Fetscher, I. (1985): Überlebensbedingungen der Menschheit. München; Frevert, U. & Haupt, H.-G. (1999): Der Mensch des 20. Jh.s. Frankfurt/M.; Opitz, P. J. (Hrsg.) (2001): Weltprobleme im 21. Jh. München; BMZ (2003): Desertifikationsbekämpfung. CD-Rom, Berlin; Ferdowsi, M.A. (Hrsg.) (2007), Weltprobleme. München: Bayr. Landeszentrale für polit. Bildungsarbeit; Stubbe, H. (Hrsg.), Weltprobleme und Psychologie. Aachen, 2007; ders. (2012), Lexikon der Psychologischen Anthropologie. Gießen; Gray, J. (2010): Von Menschen und anderen Tieren. Abschied vom Humanismus. Stuttgart, 2010; Radt, P. (2010): Fetisch Wachstum. Köln; Frevert, U. (2020): Mächtige Gefühle. Frankfurt/M.; Jüttemann, G. (Hrsg.) (2020): Psychologie der Geschichte. Lengerich; ZEIT Geschichte: Katastrophen und was die Menschheit aus ihnen gelernt hat- von der Antike bis heute. Die ZEIT Geschichte, Nr.5, 2020; *Pandemien:* Bergdolt, Kl. (2011): Die Pest. München; Stubbe, H. (2012): Weltprobleme. In: Lexikon der Psychologischen Anthropologie. Gießen; Harper, K. (2020): Fatum. München; Schubert, Chr. (2020): Pandemien. In: G. Jüttemann (Hrsg.) (2020), Psychologie der Geschichte. Lengerich, S.266-274; *Klima:* Behringer, W. (2009): Kulturgeschichte des Klimas. München, 4. Aufl.; *Kriege:* Kurz, R. (2002): Weltordnungskrieg. Die Wandlungen des Imperialismus im Zeitalter der Globalisierung. Horlemann; Rinke, A. & Schwägerl, Chr. (2012): 11 drohende Kriege. Künftige Konflikte um Technologien und Rohstoffe, Territorien und Nahrung. Bertelsmann; Stubbe, H. (2012): Krieg. In: Lexikon der Psychologischen Anthropologie. Gießen; Herberg-Rothe, A. (2020): Kriege, Ethnozide. In: G. Jüttemann (Hrsg.), Psychologie der Geschichte. Lengerich, S.259-265; *Hunger:* Stubbe, H. (2012): Hunger. In: Lexikon der Psychologischen Anthropologie. Gießen; *Armut:* Stubbe, H. (2012): Armut. In: Lexikon der Psychologischen Anthropologie. Gießen; *Bevölkerungswachstum:* Stubbe, H. (2012): Weltbevölkerung. In: Lexikon der Psychologischen Anthropologie. Gießen; *Filme*: Janes Journey (2010); Dt. Institut für Entwicklungspolitik: www.die-gdi.de ; Jane Goodall Institute/Roots&Shoots)

Zeitschriften (s. Archive, Bibliografien, Lexika)

Hehlmann, 1965:681-684; Watson, 1978; Viney et al., 1979: 100f; Wozniak, R. H. (Ed.): 3 vol.s, 1982-1985; Wilhelm, 1987: 231-277; Psychologie und Geschichte, 1989ff; Journal of the History of the Behavioral Sciences, 1965ff; Journal of the History of Ideas; History of Psychology, APA; Passauer Schriften zur Psychologiegeschichte, 1983ff; History of Psychiatry (Sage, London); História da Psicologia. Série Cadernos PUC-SP 23. São Paulo: EDUC, 1986; Lück, H. & Miller, R. (Hrsg.) (1993): Illustrierte Geschichte der Psychologie. München, S. 327-333; W. Bringmann et al.: A pictorial history of psychology. Chicago, 1997, p. 529-535; Shiraev, E. (2015): A history of psychology. A global perspective. Los Angeles: Sage, 2. Ed., p.326 (20er Jahre); History of Psychology, Journal der American Psychological Association (APA-Division 26, seit 1998, s. Internet); Psychologie und Geschichte (1989–2002, Archiv der erschienenen Ausgaben mit Volltextzugang im Internet); Geschichte der Psychologie: Nachrichtenblatt der Fachgruppe Geschichte der Psychologie in der Deutschen Gesellschaft für Psychologie; History of the Human Sciences; Burman, J. T. (2018): "What Is History of Psychology? Network Analysis of Journal Citation Reports, 2009-2015". SAGE Open. 8 (1); Beiträge zur Geschichte der Psychologie. Hrsg. H. E. Lück & A. Stock (Bd. 31 , 2018).

Zeittafeln

Tafeln zur Geschichte der Philosophie. C. Stumpf & Menzer, P. (Hrsg.). Berlin: J. Springer, 1928, 4. Aufl.; Hehlmann, Wilhelm (1965): Wörterbuch der Psychologie. Stuttgart: Kröner, S.657-676 (bis 1945); Hehlmann, Wilhelm (1963): Geschichte der Psychologie. Stuttgart: Kröner, S.419-453 (nach Themen geordnet); Ash, M.G. & Geuter, U. (Hg.): Geschichte der deutschen Psychologie im 20. Jh.; Opladen: Westdt. Verlag; S.340-361 (bis 1970); Roudinesco, E. & Plon, M. (1997): Dictionnaire de la psychanalyse. Paris (von 1856 bis 2000); Stubbe, H. (1987): Geschichte der Psychologie in Brasilien. Berlin, S. 261-279 (von 1500-1980); Ders. (1995): Wichtige Ereignisse in der Geschichte der Psychologie in Lateinamerika. Kölner Beiträge zur Ethnopsychologie und Transkulturellen Psychologie, Jg.1, N°.1, S.99-149 (von 1500 bis 1994); Ders. (1997): Daten zur Frühgeschichte der Psychoanalyse in Brasilien (1500-1939). Kölner Beiträge zur Ethnopsychologie und Transkulturellen Psychologie, Jg. 3, N° 3, S.44-60; Ders. (2012): Lexikon der Psychologischen Anthropologie. Gießen (Afrika, China, Indien, Türkei); Holenstein, E. (2004): Philosophie-Atlas. Orte und Wege des Denkens. Zürich: Ammann; *Internet:* Marcos Emanoel Pereira, Universität Federal da Bahia: History of the Psychology. A TimeLine of psychological ideas. (Memento vom 21. November 2007 im *Internet Archive*) (Internet Archive, englisch, Brasilien, detaillierte Zeittafel von 600 v. Chr. bis 2001); Timeline of psychology (ancient history – 2015);

Anhang: Die Erforschung der Geschichte der Psychologie

1. **Forschungsmethoden und -theorien der Psychologiegeschichtsschreibung (s. oben Historiografie):**
Die psychologiehistorische Forschung verwendet grundsätzlich die gleichen Methoden wie die Geschichtswissenschaften. Sie bedient sich eines pluralistischen Forschungsansatzes (vgl. z.B. Brožek, 1980: 325-333; Wertheimer, 1980: 3-23; Traxel, 1985; Galliker, 2015). Der Psychologiehistoriker und die Psychologiehistorikerin sind als Wissenschaftshistoriker selbst ein Kind ihrer Zeit, der Gegenwart und ihre Wahrnehmungen und ihr Denken und Fühlen, ihre „Mentalität" sind von ihr z.B. dem Zeitgeist, der Kultur und Gesellschaft geprägt.

Quellenstudium/Quellenkritik:
‚Quellen' sind für den Historiker alles, was es ihm ermöglicht, vergangene Wirklichkeit zu rekonstruieren und Tatsachen (Fakten, Realität), Ereignisse (Summe von Begebenheiten, Geschehen) und Zusammenhänge zu ermitteln d.h. Texte, Gegenstände, Fotographien, Filme, Tonbandaufnahmen etc. Für den Psychologiehistoriker sind vor allem mündliche, bildliche und schriftliche Überlieferungen, wie Institutsannalen, Chroniken, Biographien, Memoiren, Tagebuchaufzeichnungen, Briefe, Fotographien, Filme, Zeitungen, Zeitschriften, Studien- und Prüfungsordnungen, Sitzungsprotokolle (z.B. „Mittwochsgesellschaft"), Vorlesungsverzeichnisse etc., aber auch ‚*Sachquellen*' wie Apparaturen, Laboratorien, Testmaterial etc. wichtig. Nach ihrer Nähe zu dem zu erforschenden Geschehen unterscheidet man *Primär*- (z.B. Briefe W. Wundt's vgl. Bringmann & Ungerer, 1980 oder Korrespondenz S. Freud's vgl. Medizinhistorisches Institut, UNI Tübingen) und *Sekundärquellen* (z.B. Biographien über A. Adler: Bruder-Bezzel, 1983). *Autobiographien* von PsychologInnen (z.B. Wundt: „Erlebtes und Erkanntes", 1920; Freud: „Selbstdarstellung", 1925; Jung: „Erinnerungen, Träume und Gedanken, 1963; M.Mead: „Brombeerblüten im Winter", 1972) sind nicht nur Erinnerungen an das, was war und wie es war, sondern stets auch gefilterte, gereifte, rechtfertigende und zensierte Darstellungen.

Psychologische Apparaturen **und** *alte Laboratorien*
(erstes experimentalpsychologisches Laboratorum: Leipzig, 1879) geben einen Einblick in die experimentalpsychologische Praxis und Forschung der Vergangenheit (vgl. z.B. Museum in Passau; „Misura d'uomo. Strumenti, teorie e pratiche dell'antropometria e della psicologia sperimentale tra 1800 e 1900", Universitá di Fierenzi, 1986; kritisch hierzu: St. J.Gould: "Der falsch vermessene Mensch", 1999; R. Sommer: Experimentalpsychologische Apparate. Passau,1984; American Psychologist, N. 2, vol. 47, 1992: 132-151; H. Gundlach: Inventarium der älteren Experimentalapparate im Psychologischen Institut Heidelberg sowie einige historische Bemerkungen. Heidelberg, 1978; H. Stubbe: Experimentalpsychologie in den Tropen. Psychologie und Geschichte, Jg. 4, H. ¾, 1993:278-299; I. Rapp: Psychologie in Köln. Ein Fach und ein Institut entstehen. Berlin, 2018. 179-209)

Fotographien (visuelle Quellen) (Erfindung: L. J.-M. Daguerre, 1839) sind wichtige sozial- und kulturhistorische Quellen.
Alte Familienfotos z.B. können Informationen über soziale Strukturen und Mentalitäten, über Kleidung und Mode, Ernährung und Wohnverhältnisse vermitteln. Fotos aus psychologischen Laboratorien und Instituten zeigen uns die wissenschaftlichen

Arbeitsverhältnisse, Apparaturen und die verschiedenen psychologischen Tätigkeiten. Fotos bieten immer nur einen Ausschnitt aus vergangenen Lebenswelten. Nicht alle Bereiche des Lebens werden fotografiert bzw. sind der Photographie zugänglich. Häufig sind Fotos Inszenierungen, hängen von der jeweiligen Perspektive des Photographen ab und bedürfen bzgl. ihrer Interpretation schriftlicher Quellen und einer Quellenkritik (vgl. Illustrierte Psychologiegeschichten: z.B. Helmut E. Lück & Rudolf Miller(Hrsg.): Illustrierte Geschichte der Psychologie, 1993; W. G. Bringmann et al. (Ed.): A pictorial history of psychology, 1997; "Wunderblock", 1989)(s. oben: visuelle Psychologie). Fotographien können auch nachträglich manipuliert werden.

Filme (erste offizielle Filmvorführung durch Antoine Lumiére am 28.12. 1895 in Paris; vgl. E. Toulet: Pioniere des Kinos. Ravensburg, 1995). Für den Film gilt auch, was über die Fotografie gesagt wurde. Der Film wurde auch frühzeitig als Forschungsmittel eingesetzt. Die modernen Medientechniken ermöglichen durch ihre außerordentlich gesteigerte Mobilität die filmische bzw. elektronische Fixierung weiter Bereiche des alltäglichen Lebens. Allerdings erweisen sich die Speicherkapazitäten dieser potentiell umfassenden Dokumentierung als begrenzt. Sowohl die Haltbarkeit des elektronischen (Video-)Materials wie die Archivierungspolitik der Medienzentralen bilden Hindernisse für den Traum der Psychologen, einen Kosmos von Ereignissen und Strukturen visuell oder zumindest hörbar zu finden. Die „Lesbarkeit" dieser Filme und Tondokumente kommt allerdings an den klassischen Fragen der *Quellenkritik* nicht vorbei. Die scheinbare Originalität des Bildes oder gesprochenen Wortes erweist sich als besonders verführerisch, sie als „Wirklichkeit" misszuverstehen. Tatsächlich sind Bildaufnahmen jeder Art und nahezu alle Tonaufnahmen inszeniert (vgl. auch Fälschungsmöglichkeiten!).
Wissenschaftliche Untersuchungen werden dennoch auf diesen Quellentyp heute nicht mehr verzichten können. Insbes. die *visuelle Psychologie* beforscht diesen Bereich. Forschungsthemen sind die Filmanalyse und Filmrezeption. Ethnopsychologische Filmanalysen können sich z.B. der Freudschen Traumtheorie, den Konzepten der imaginativen Psychotherapie z.B. KB (vgl. „Bildbewusstsein"; Heiß), Methoden der Inhaltsanalyse und der sozialpsychologischen Fernsehforschung (vgl. Zimbardo, 1999) bedienen. Wichtig ist auch die Erforschung der durch Film, Radio und Fernsehen vermittelten Vorurteile und Stereotype über fremde Kulturen und Menschen. Bekannt wurde bis 1933 das Berliner *Phonogramm-Archiv* von *Erich v. Hornbostel* (1877-1935), der der Gestaltpsychologie um *W. Köhler* und *M. Wertheimer* nahe stand, und eine reichhaltige Sammlung der Musik fremder Ethnien (z.B. Feuerländer, Kubu, Salomoninseln, Makushi, Taulipang, Jekuana) anlegte. Auch *Theodor Koch-Grünberg* (1872-1924) brachte bereits in den Jahren 1911-1913 Walzenaufnahmen und Filme aus dem Amazonasgebiet mit (vgl. Bose, 1953; Staatl. Museen zu Berlin/ Ethnologisches Museum, 2006; zu den Medientheorien, vgl. Hörisch, 2010: 205ff). Bekannt geworden sind auch die frühen Filme von *W. Köhler* (Teneriffa-Experimente) und *K. Lewin* (Kinderpsychologie) (vgl. Der Film im Dienste der Wissenschaft, 1961; C.W.Ceram, Eine Archäologie des Kinos, 1965; Der Blick der Medien auf die Dritte Welt. Trickster, 18, März, 1990; R.Rother (Hrsg.), Mythen der Nationen. Völker im Film, 1998; H.Schanze (Hg.), Handbuch der Mediengeschichte, 2001; J.Hörisch, Theorie-Apotheke, 2010; Institution: IWF-Göttingen).

Quellenkritik soll aus den jeweiligen Quellen das Optimum an Tatsachen erschließen und die Echtheit der Quellen prüfen („Kritik, Präzision und Penetration", L. von Ranke).

Archivstudium und Museen (s. oben: Archive):
Archive sind endgültige Aufbewahrungsorte historischer Quellen (Akten, Nachlässe), die für wert erachtet werden, gesammelt und geschützt zu werden (vgl. J. Favier: Les Archives. Paris, 1965; S. Pfromm-Netto: Psicologia. Introdução e guia de estudo. São Paulo, 1985; H. Wilhelm: Informationshandbuch Psychologie. Frankfurt/M., 1987:279ff; Lück & Miller, 1993:325ff; Rapp, 2018; Stubbe, 2019) (vgl. auch Kolonial-Archive, Stubbe, 2012:417ff)
In vielen Ländern existieren bzgl. des allgemeinen Zugangs zu Archiven Datenschutzgesetze und (Bundes-) Archivgesetze. Oftmals besteht auch eine generelle Sperrfrist von 30 Jahren. Mit Hilfe von „Findbüchern" (Repertorien) und „Inventaren" lassen sich Archive erschließen. In der europäischen und us-amer. Psychologie sind eine Vielzahl von Archiven bekannt:
„Institut für die Geschichte der Neueren Psychologie" (Universität Passau, gegr. 1981 von W. Traxel), verbunden mit einem kleinem Museum; Kurt Lewin-Archiv (Ps. Institut, Universität Heidelberg); Nachlässe von W. Wundt und G. T. Fechner in Leipzig ; S. Freud Haus- Museum , Berggasse 19 in Wien und in Maresfield Gardens 20 in London; C. G. Jung Institut Zürich, Küsnacht und Archiv an der TU Zürich; Fernuniversität Hagen; Adolf-Würth-Zentrum; Archives of the History of American Psychology (University of Akron, Akron, Ohio) etc. (vgl. auch Psychologiehistorische Zeitschriften, s. oben Archive, Bibliografien; Medizinhistorische Museen, s. Sigerist, H. E. (1963): Anfänge der Medizin. Von der primitiven und archaischen Medizin bis zum Goldenen Zeitalter in Griechenland. Zürich, S. 479-485)

Spurensuche und nichtreaktive Verfahren:
Viele Historiker haben in letzter Zeit ihre eigene Arbeit mit dem Spurenlesen des Jägers und der Arbeit eines Detektivs verglichen (vgl. S. Freud's anonymisierte Krankengeschichten: z.B. Fall „Katharina", Stubbe & Santos, 1987; „verschwundene Dokumente" aus der NS-Zeit, etc.). Unter ‚nichtreaktiven (Meß-) Verfahren' versteht man sozialwissenschaftliche Mess- und Untersuchungsverfahren, die nicht durch den Untersucher, die Untersuchungssituation oder den Untersuchten verfälscht werden können. Z.B. „physische Spuren", die durch vergangenes Verhalten hervorgerufen wurden oder die mehr oder weniger amtlich registrierten oder archivarisch zusammengefassten Berichte über objektive Lebensdaten

Oral history – erlebte Psychologiegeschichte:
Im Zusammenhang mit dem wachsenden Interesse am historischen Alltag und den „kleinen Leuten" („Geschichte von unten", Frauengeschichte), zu denen häufig auch die PsychologInnen zählen, hat seit den 80er Jahren die aus den USA und England kommende „oral history" auch in Deutschland Eingang gefunden, die sich auf die Produktion und Bearbeitung mündlicher Quellen stützt z.B. werden ausführliche (Tonband- oder Video)Befragungen (meist offene Interviews) mit lebenden älteren PsychologInnen durchgeführt. Um Erinnerungsblockaden aufzubrechen, Verdrängtes ins Gedächtnis zurückzurufen, muss der Historiker hierbei nicht selten in die ungewohnte Rolle eines „Therapeuten" schlüpfen. Oral history kann dazu beitragen alltägliche Verrichtungen, Arbeitsabläufe und Handlungsmuster lebendig und anschaulich zu rekonstruieren, über die schriftliche Quellen nicht oder nur sehr bruchstückhaft Auskunft

geben und sie haben oftmals eine heuristische Funktion. Quellenkritisch gesehen sind Erinnerungsberichte immer subjektiv geprägt und frühere Erlebnisse werden durch spätere Erfahrungen und Eindrücke überlagert (vgl. Zeitzeugen).(Beispiele: Evans, R.I. (1979): Psychologie im Gespräch. Heidelberg; Ulf Geuter's (1984) Befragungen von Psychologen als Zeitzeugen der Nazi-Zeit; Benno Müller-Hill's (1984) Befragungen ehem. Rassenhygieniker und –anthropologen der Nazi-Zeit; Niethammer, L. (Hrsg.) (1980). Lebenserfahrung und kollektives Gedächtnis. Die Praxis der „Oral History". Frankfurt/M.)

Quantitative Verfahren:
Eine Vielzahl von quantitativen Methoden stehen dem Psychologiehistoriker zur Verfügung. So hat z.B. Traxel (1985) die Veränderungen der Mitgliederzahlen der „Dt. Gesellschaft für Psychologie" von 1904-1939 untersucht oder J. Brožek (1980) „Wundt in America". Zitationsindizes können Aufschlüsse über Einflüsse auf die Autorin geben (vgl. z.B. Freud's „Totem und Tabu", 1912/13: Stubbe, 2008; sozialpsychologische Lehrbücher in Brasilien: vgl. Stubbe, 2001); Trendanalysen versuchen z.B. mit der Methode der kleinsten Quadrate langfristige, regelmäßige Einflüsse zu beschreiben. In der psychologiehistorischen Forschung werden die Häufigkeiten von Publikationen zu einzelnen psychologischen Themenbereichen (z.B. Emotion, Wahrnehmung) oftmals ausgezählt, um Hinweise auf Forschungstrends zu erfassen (vgl. mainstream-psychology); weitere Methoden sind die Inhaltsanalyse, „Produktivität" der Psychologen (vgl. Ruja, 1956; Zusne, 1984), Rezeption eines Psychologen in einem Land (z.B. W. Wundt's in den USA anhand der ersten 90 Bände des „American Journal of Psychology" (1887-1977), Brožek, 1980) oder Krampen & Wiesenhütter (1993) eine Bibliometrie der Teildisziplinen der Psychologie und Fahrenberg (2018: 283ff) eine Rezeptionsanalyse W. Wundts etc.

Biographische Methoden:
Die biographischen Methoden, die ‚makroskopisch' große Strecken des menschlichen Lebenslaufs umfassen oder ‚mikroskopisch' z.B. als Tageslaufanalyse (vgl. Pauleikoff, 1963) betrieben werden können, lassen sich als Herstellung und Analyse von Lebensläufen den Einzelfallstudien zurechnen. *Dorsch* (1994:119) unterscheidet bei der biographischen Methode einmal die allgemeine Methode, den Lebenslauf und seine erlebnismäßige Spiegelung zu erfassen und für die psychologische Diagnostik und Therapie zu verwerten und zum anderen den hauptsächlich von der Tiefenpsychologie beschrittenen Weg zur psychologischen Erfassung eines Menschen, im Gegensatz zur beobachtenden und zur experimentellen Methode. Die biographische Methode zielt zwar auf das Historisch-Einmalige ab, aber man will oftmals auch aus dem Vergleich mehrerer intensiv erarbeiteter Lebensläufe zu einer Aggregation d.h. integrierenden Zusammenfassung von Einzelbefunden kommen. Die heutige psychologische Lebenslaufforschung ist breit gefächert: Psychoanalyse (Schraml,1965), Ich-Psychologie, Psychiatrie (Jaspers, 1973), Soziologie (Szczepanski, 1967; Voges, 1987; Endruweit & Trommsdorff, 1989:98ff), Psychometrie, Humanistische Psychologie (Bühler,1971) u.a. bemühen sich um eine Klärung dieses Zentralproblems (vgl. Jüttemann & Thomae, 1998).
Biographien in kulturvergleichender Absicht wurden bereits in der griechisch-römischen Antike verfasst (s. oben). Ein berühmtes Beispiel sind die zwischen 105 und 115 n.Chr. entstandenen "Bioi paralleloi" des *Plutarchos aus Chaironeia* (ca. 46- 120 n.Chr.). Seine Parallel-Biographien sollten schon damals dem Kulturaustausch und der gegenseitigen Anerkennung von Griechen und Römern dienen.

Diese Rolle haben in der Folgezeit auch andere biographische Darstellungen fremdkultureller Persönlichkeiten in Europa gespielt. Erinnert sei z.B. an *Alexander Puschkin's* Biographieversuch "Der Mohr Peter des Großen" (begonnen 1827), in dem er die Lebensgeschichte seines abessinischen Urgroßvaters mütterlicherseits des Generals *Ibrahim Hannibal* schildert oder *Brentjes* (1976) Biographie über den afrikanischen Philosophen in Halle *Anton Wilhelm Amo*.

Wie weit das biographische Interesse vor allem der Völkerkundler zurückreicht, macht u.a. die bereits von *J. F. Blumenbach* (1752-1840) in seinen "Beyträgen zur Naturgeschichte" (1790) zusammengestellte Sammlung von Kurzbiographien bedeutender Afrikaner sichtbar (vgl. Tiedemann, 1984; Sadji, 1980; Stubbe, 1988; Martin, 1993; Firla, 2001).

In methodischer Hinsicht wurden 1935 von *Dollard* Kriterien für "life-history-Studien" aufgestellt, die auch für die Ethnopsychologie und gesamte sozialanthropologische Schule von *Malinowski* bis *Kimball Young* maßgebend geworden sind, nämlich die genaue Spezifizierung der kulturellen, soziologischen, psychologischen und ökonomischen Faktoren, welche die Entwicklung der Persönlichkeit beeinflussen können. Diesem Forderungskatalog ist in den meisten deutschen Studien bisher wenig Rechnung getragen worden, da hier oftmals konstitutionelle (z.B. Kretschmer, 1921) und nicht situative Faktoren im Mittelpunkt der Aufmerksamkeit standen. Während aus dem lateinamerikanischen Raum bereits eine Vielzahl von wertvollen Biographien vorliegen wie z.B. die Biographie eines brasilianischen „Indianers" (Baldus, 1979), die Lebensgeschichte einer mexikanischen Familie (Lewis, 1967) und die Biographie eines Afrokubaners und ehemaligen Sklaven (Barnet, 1969), haben sich im deutschsprachigen Bereich nur Charlotte Bühler (1933), Thomae und Jüttemann (1952, 1969, 1983, 1998) um die Entwicklung und Klärung der biographischen Methode und Einzelfallanalyse verdient gemacht.

An *biographische Studien fremdkultureller Persönlichkeiten* müssen generell folgende Forderungen gestellt werden:

- die Forderung nach Überschaubarkeit der Bedingungen, unter denen ein berichtetes Phänomen und der Bericht darüber zustande kam

- die Forderung nach Unvoreingenommenheit ist eine wesentliche Vorbedingung der Vergleichbarkeit von Untersuchungen verschiedener Autoren zum gleichen Thema. Gemeint sind hier vor allem Behinderungen der Unvoreingenommenheit, die durch theoretische Einflüsse ("Grundannahmen") des Untersuchers, durch die persönliche, soziale und berufliche Interessiertheit des Berichtenden an gewissen Ergebnissen bedingt sind)

- die Forderung nach Konkretheit der Aussagen bezieht sich vor allem auf die keinen Fall zu entbehrenden Hinweise auf die soziologische Einbettung eines Lebenslaufes oder auf seine Färbung durch spezifische Temperamentslage und seine Determination durch eine spezifische historische Begebenheit

- die Forderung nach Vollständigkeit der darzustellenden Lebensgeschichte.

Karl Jaspers, dem wir einige eindrucksvolle *Pathographien* (Strindberg und van Gogh, 1922) verdanken, schreibt hierzu:

"Es gibt keinen Befund, der nicht zur Biographie gehörte, und keinen, bei dem nicht sein Ort in der Zeit relevant wäre, und sei es sein Charakter der Dauer durch ein Leben." (Jaspers, 1973:563)

Generell ist man sich heute in den anthropologischen Wissenschaften darin einig, dass biographische Studien als Erkundungsstudien und Instrument der Hypothesenentwicklung wertvolle heuristische Dienste leisten können. Obwohl sich Einzelfallanalysen in erster Linie mit Befunden an einzelnen Individuen beschäftigen, so ist es nach *Leeper* (1964) sehr wahrscheinlich, dass man Gesetzmäßigkeiten entdeckt, die auch für andere Individuen gelten, aber bei diesen nicht entdeckt werden können, solange sie nicht an einer Person, bei welcher sie sich in prägnanter Form manifestieren, studiert werden. Als ausschließlich benutzte Forschungsmethode ist die biographische Methode jedoch nur sehr beschränkt erkenntnisgewinnend, weil immer wieder die Repräsentativität und Validität der von ihr gesammelten Materialien bezweifelt werden kann. Ihr Sinn liegt vor allem in der Thematisierung der Selbstreflexivität menschlichen Handelns im Rahmen der Sinnfrage, der Lebenszeit und Kultur.

In der Klinischen Ethnopsychologie wurden bisher vor allem *Biographien traditioneller Heiler* (vgl. Pollak-Eltz, 1987; Peltzer, 1992), Lebensgeschichten von *(psychisch) Kranken* in den Ländern der sog. Dritten Welt (vgl. Borofka, 1980; Quekelberghe, 1991; Pfeiffer, 1994), (Auto-)Biographien von *Frauen* (de Jesus, 1968; Souza da Silva, 1983; Santos-Stubbe, 1995) und Angehörigen von *Minoritäten* (vgl. z.B. Santos-Stubbe, 1995) gesammelt und analysiert. Kulturvergleichende Biographieforschung ist dagegen (vor allem in der Psychologiegeschichte, vgl. Murchinson, C.A. (Ed.) (1930ff): A history of Psychology in Autobiography. 7 Bde. San Francisco; Pongratz, L. J. et al. (Hrsg.) (1972, 1979): Psychologie in Selbstdarstellungen. 2 Bde. Bern; Sokal, In: J. Brožek & L.J. Pongratz, Historiography of modern psychology, 1980:255-278) kaum betrieben worden. Auch fehlen noch kulturvergleichende Life-Events-Studien. Hierbei dürfte sich jedoch zeigen, dass in fremden Kulturen andere lebensverändernde Ereignisse zu psychischen Belastungen führen als dies z.B. in Europa der Fall ist.

Nützliche Regeln psychologiehistorischen Forschens:
1. Stelle alles in seinen Kontext,
2. Nimm niemals etwas als gegeben („wahr") hin,
3. Prüfe alles nach,
4. Ziehe eine scharfe Grenze zwischen den Tatsachen und deren Interpretation (vgl. Ellenberger, 1970:V)

2. **Modelle der Psychologiegeschichtsschreibung:**

In der modernen Wissenschaftsgeschichtsschreibung können wir heute folgende *verschiedene Modelle* unterscheiden, die auch für die Psychologiegeschichtsschreibung Gültigkeit besitzen (vgl. z.B. Lück,1991; Brožek & Pongratz, 1980; Stubbe, 2000ff):

1. *Psychologiegeschichte als Geschichte großer Männer und Frauen* („great men-Ansatz")
Hiernach wird die Geschichte der Wissenschaften von großen Männern gemacht. Abgesehen davon, dass von den Frauen wieder einmal nicht gesprochen wird, muss festgestellt werden, dass stark bezweifelbar ist, ob historische bzw. wissenschaftliche Entwicklungen allein einzelnen "großen" Personen zuzuschreiben sind. Dennoch ist der weitaus größte Teil psychologie-historischer Darstellungen personalistisch geprägt (vgl. Boring, 1929, 1950, 2.ed.;

Bonin,1983; Pongratz, Wehner & Traxel, 1972, 1979; Kivits, 1994; Galliker et al., 2007; Lück, 2016).

2. *Institutionsgeschichte*
Hierbei wird in der Forschung den Laboratorien, Instituten, Vereinigungen, Gesellschaften, Berufsverbänden d.h. den Institutionen und der Institutionalisierung der Psychologie, sowie der Finanzierung eine hervorragende Bedeutung zugemessen. Die Institutionalisierung ist oftmals ein entscheidender Schritt bei der Etablierung der Psychologie in einem Land (vgl. z.B. Stock & Schneider, 2020; s. Bibliografie: Institutionalisierung).

3. *Ideengeschichte*:
Das Problem einer ideengeschichtlichen Darstellung der Wissenschaft liegt darin, die geistigen Strömungen einer Zeit zu erkennen (vgl. etwa *"Zeitgeist"* bei Boring, 1950) und die Entwicklung der Disziplinen aus diesen Strömungen oder im Gegensatz zu ihnen aufzuzeigen. Sie ist als ein Teil der Kultur- und Geistesgeschichte anzusehen und wird meistens chronologisch angelegt. Deutschsprachige Ideengeschichten der Psychologie und Völkerpsychologie wurden z.B. von *Hehlmann* (1967), *Beuchelt* (1974), *Jahoda* (1984), *Oelze* (1991), *Eckardt* (1997) und *Schneider* (2008) verfasst.

4. *Problemgeschichte*
Bei der Problemgeschichte wird von dem chronologischen Vorgehen abgerückt und im Interesse einer stärkeren Systematisierung von Einzelfragen (Problemen) ausgegangen. Dabei kehrt man bei jeder Frage, wenn auch unter anderem Aspekt, wieder zu den Anfängen zurück. Von *Pongratz* (1984) stammt eine umfangreiche Problemgeschichte der Psychologie, in der u.a. dem Unbewussten, dem Erleben und dem Verhalten in der Psychologiegeschichte nachgegangen wird. Hierbei wird aber z.B. auf außereuropäische, nicht-westliche Kulturen überhaupt nicht Bezug genommen. Dort gibt es keine Probleme!

5. *Mentalitätsgeschichte*
Mentalität (mentalité, mentality) ist nicht klar definiert.
Welches Objekt konstruieren sich die Mentalitätshistoriker?

> „Es geht um die geistige, psychische, affektive Haltung von Menschen bzw. Menschengruppen, die weder allein mit den Mitteln der auf ‚Bewußtein' zielenden Ideengeschichte (vgl. Geistesgeschichte) noch mit denen der ‚Unbewußtes' individuell auslotenden Psychohistorie (vgl. Medizingeschichte) erfaßt werden kann, wenn auch die Mittel dieser Disziplinen durchaus ‚hilfswissenschaftlich' nutzbar zu machen sind, was in gleicher Weise für anthropologische und ethnologische Methoden oder Sondierungen gilt. Mentalität also äußert sich als seelische Disposition, als Haltung zu bestimmten Normen, Lebensprozessen, Gesellschaftsstrukturen, als verschlungene Ordnung der „Gefühle", als Wahrnehmungssensorium, als Matrix menschlichen Handelns, als Ariadnefaden des Gedächtnisses von einzelnen und von Gruppen. Natürlich hat kein Historiker, der sich der Mentalitätsgeschichte widmet, die Totalität dieses Spektrums zum Gegenstand." (A. von Müller, 1994:425f).

Als *„historischer Anachronismus"* wird bezeichnet, wenn ein Historiker die Mentalität der Menschen seiner Zeit denen historischer Zeiten unterlegt. Gegen die Gefahr des Anachronismus erfand *Lucien Febvre* (1878-1956) den Begriff „outillage mental" (geistige Ausrüstung), die allen Menschen einer bestimmten Zeit bei allen Unterschieden ihrer Persönlichkeit gemeinsam ist, und mit der sie die Wirklichkeit entziffern und deuten können. Vor allem die französische Geschichtsschreibung hat seit der *„Annales-Schule" (seit 1929)* mit

Lucien Febvre, Marc Bloch, Robert Mandrou und *Emanuel Le Roy Ladurie* (vgl. „Montaillou", 1975) einige Meisterwerke der Mentalitätsgeschichtsschreibung verfasst. In der Wissenschaftsgeschichts-schreibung wird sie noch selten betrieben (vgl. z.B. Dinzelberger, P.: Europäische Mentalitätsgeschichte, Stuttgart, 2008, 2. Aufl.). Nach Febvre sollte der Historiker sich auf die übrigen Humanwissenschaften, Psychologie, Soziologie, Sprachwissenschaft stützen und er fordert zu Recht, dass die Quellen der Geschichtswissenschaft nicht nur auf Texten beruhen, was auch für die Psychologiegeschichtsschreibung gilt.

6. *Sozialgeschichte*

> "Die neuere Sozialgeschichte der Psychologie versteht sich als Gesellschaftsgeschichte einer Wissenschaftsdisziplin, die sich in Fragestellungen und Methoden von der Ideengeschichte dadurch abhebt, daß sie weit stärker die sozialen, insbesondere die gesellschaftliche, politischen und institutionellen Bindungen und Bedingungen psychologischer Forschung herausstellt als die traditionelle Ideengeschichte. ... Sie stellt nicht nur stärker heraus, daß Psychologiegeschichte nicht nur auf isoliert denkende und handelnde Personen, auf Theorien und Forschungsergebnisse reduziert werden darf, daß sie nicht nur der Legitimität der Disziplin dienen darf, sondern durch Aufzeigen von Diskontinuitäten im Lauf der Geschichte zum Korrektiv, zum 'schlechten Gewissen' der Disziplin werden sollte." (Lück, 1991:22)

Bei diesem Forschungsansatz wird auch der "scientific community" eine hervorragende Bedeutung in der Entwicklung der Psychologie zugemessen (vgl. R.I. Watson, 1980 In: J. Brožek & L. J. Pongratz (ed.s), Historiography of modern psychology, p.315-324).

Allgemein muss man feststellen, dass die meisten der vorliegenden Psychologiegeschichten als ausgesprochen ethnozentrisch (Ethnozentrismus, s. oben) eingestuft werden müssen, denn sie konzentrieren sich allein auf den europäisch-nordamerikanischen Kulturkreis. Auch liegen bisher vor allem nationale Psychologiegeschichten vor. Es fehlt z.B. eine Geschichte der europäischen Psychologie, die insbes. die gegenseitigen Einflüsse, Kontakte und Wechselwirkungen zu studieren hätte. Ansatzweise behandeln aber bereits einige wenige Arbeiten die (Sozial-) Geschichte der Psychologie in der sog. Dritten Welt (Historiographie der Psychologie in der sog. Dritten Welt; vgl. Stubbe, 2012).

7. *Geschichte für die Gegenwart*

Aus verschiedenen Motiven heraus beschäftigt man sich mit der Psychologiegeschichte: aus Nostalgie („saudosismo"), Didaktik, Legitimation, Sanktifikation (von Persönlichkeiten), Überprüfung von Theorien, wegen internationaler Kontakte oder für eine „Geschichte für die Gegenwart". Der Experimentalpsychologe *Werner Traxel*, der die wichtigen „Passauer Schriften zur Psychologiegeschichte" (seit 1983) herausgegeben, ein „Museum der experimentellen Psychologie" in Passau geschaffen und eine Vielzahl von psychologiehistorischen Arbeiten publiziert hat, unterscheidet in Anlehnung der „vita activa" und „vita contemplativa" eine kontemplative von einer aktiven Psychologiegeschichte (Traxel, 1985). Der Gegensatz einer vita activa und vita contemplativa findet sich bereits bei *Aristoteles* (vgl. Höffe, 2005:584ff) und beschäftigte die Philosophie des Mittelalters und der Neuzeit bis *Hannah Arendts* "Vita activa oder vom tätigen Leben„ (1958) oder *Florian Matzners* „Vita activa et vita contemplativa" (1994), der die Formen und Funktionen dieses antiken Denkmodells in der Staatsikonografie der italienischen Renaissance untersucht. Traxels Plädoyer für eine aktive Psychologiegeschichte lässt sich folgendermaßen skizzieren:

„Sie muß sich zu Wort melden, wenn eine alte und mittlerweile längst fallengelassene Lehrmeinung zum soundsovielten Male aufs neue propagiert und – meist in veränderter terminologischer Aufmachung – als letzte Errungenschaft angepriesen wird. Denn der meist ahistorisch eingestellte empirische Forscher arbeitet ja, in treuherzigem Vertrauen im Strom einer gerade herrschenden Mode schwimmend, mit jenen ungeklärten Voraussetzungen, und bis er dies selbst erkennt, hat er schon viel wertvolle Zeit verloren.
Zuerst ist also problemgeschichtliche Information zu vermitteln. Darüber hinaus stellt sich der aktiven Psychologiegeschichte die Aufgabe, die Vergangenheit aufzuarbeiten, indem sie, selbständig forschend und urteilend, die nach allem Ermessen gesicherten Resultate bisheriger Forschung von rein hypothetisch gebliebenen Aussagen zu scheiden versucht.
...
Richtig verstanden und in realistischer Abschätzung ihrer Möglichkeiten betrieben, kann indessen die Psychologiegeschichte zu einem mächtigen und überaus nützlichen Faktor in der aktuellen Forschung werden. ...

Was nun die Aufgaben der Psychologiehistoriker im engeren Sinn betrifft, so sind es deren im wesentlichen zwei: Zum einen natürlich die Forschung unter den verschiedenen Aspekten, die sich hier anbieten, voranzubringen, zum anderen aber, die Geschichte für die Gegenwart zu mobilisieren und nutzbar zu machen." (Traxel, 1985:13ff)

Schon der Dichter und Begründer der altindischen Philologie *August Wilhelm Schlegel* (1767-1845) hat den Aphorismus geprägt:

„Das echte Neue kommt nur aus dem Alten,
Vergangenheit muß unsre Zukunft gründen."
(zit. nach Stemplinger, 1965:74).

In diesem Zusammenhang ist auch bemerkenswert, was *Martin Heidegger* in „Sein und Zeit" (1927) über die *Geschichte* schreibt:

„Sodann meint Geschichte nicht so sehr die ‚Vergangenheit' im Sinne des Vergangenen, sondern die Herkunft aus ihr. Was eine ‚Geschichte hat' steht im Zusammenhang eines Werdens ...
Geschichte bedeutet hier einen ‚Ereignis – und Wirkungszusammenhang, der sich durch ‚Vergangenheit', ‚Gegenwart' und ‚Zukunft' hindurchzieht." (Heidegger, 1963:378f)

Ob wir etwas aus der Geschichte lernen können, hat *Hegel* bekanntlich bezweifelt, aber hoffnungsvoll heißt es bei ihm:

„Der einzige Gedanke, den die Philosophie mitbringt, ist aber der einfache Gedanke der Vernunft, daß die Vernunft die Welt beherrsche, daß es also auch in der Weltgeschichte vernünftig zugegangen ist." (Hegel, 1966:48f)

Ob dies auch für die Geschichte der Psychologie gilt?

8. *Weltgeschichte/Universalgeschichte*
Stubbe (2000ff) hält diesen Ansatz im Zeitalter der Globalisierung und des polyzentrischen Weltsystems für grundlegend, human und zeitgemäß. Eine Abkehr von der bisherigen einseitigen Nationalgeschichtsschreibung der Psychologie ist längst überfällig. In der Regel versteht man unter ‚*Weltgeschichte*' eine Addition von Einzelgeschichten (z.B. Lokal-

geschichten) wie z.B. Geschichte der frz. Psychologie, der dt. Psychologie, der engl. Psychologie, der us-amer. Psychologie etc. Dieser Forschungsansatz ist jedoch nicht zufriedenstellend, einseitig und oftmals ethnozentrisch. Wenn wir von der Prämisse einer gleichmäßigen Verteilung zivilisatorischer Prozesse ausgehen, können wir Weltgeschichte als Zivilisierungsgeschichte verstehen. In diesen Prozess gehört auch die Psychologie. Dieser Gedanke hatte sich bereits in der europäischen Aufklärung herausgebildet (vgl. Voltaire). Im 19.Jh. arbeiteten die Evolutionstheoretiker unter den Universalhistorikern ein Modell heraus, nach dem verschiedene Gesellschaften („Kulturen") gleichartige Entwicklungsstufen durchlaufen (vgl. Spengler, Toynbee), die am Ende auf ein mehr oder weniger verschleiertes Einschwenken auf das „Entwicklungsziel" Europa hinausliefen (vgl. W. Wundt's Völkerpsychologie). Dies war purer Eurozentrismus und typischer Ausdruck des „imperialen Zeitalters" (Hobsbawn). Viele gegenwärtige psychologiehistorische Abhandlungen orientieren sich noch immer mehr oder weniger explizit an diesem Modell.

Als psychologiehistorischer Ansatz bedeutet die welthistorische Sicht nach *Stubbe* (1990, 2000ff):

- Die Vielfalt der Kulturen und ihre autochtonen Entwicklungen anerkennen und fördern d.h. von einer gleichmäßigen Verteilung zivilisatorischer Prozesse auszugehen und auch archaische und traditionelle Kulturen nicht auszuschließen ("Vielfalt")
- Universalgeschichte als Zivilisierungsgeschichte in allen Gesellschaften verstehen („Bildung")
- Universalgeschichte als globale Interdependenzgeschichte (Wallerstein, Ribeiro)
- Der Dialog, Austausch, die Verbindungen und gegenseitigen Einflüsse der Kulturen stehen im Vordergrund des Forschungsinteresses („Interkulturalität")
- Berücksichtigung der Medizin-, Psychiatrie-Geschichte, Kulturgeschichte und -vergleich, Anthropologiegeschichte etc. („Interdisziplinarität")
- „Psychologie hat eine lange Vergangenheit und kurze Geschichte" (Ebbinghaus); beide sollen berücksichtigt werden also auch Paläopsychologie, Protopsychologie, Ethnopsychologie, Psychologie in der sog. Dritten Welt, indigene Psychologien („Menschheitsgeschichte")
- „psychische Einheit der Menschheit" (Bastian) als Prämisse und universale Verbundenheit der Menschen
- Ob verschiedene regionale oder nationale Psychologien gleichartige Entwicklungsphasen durchlaufen oder am Ende auf das Modell „westliche Psychologie" hinauslaufen, kann noch nicht beantwortet werden, ebenso wie die Frage, ob bestimmte Idealtypen (Weber) der Entwicklung der Psychologie in verschiedenen Ländern existieren.
- Ein „glokaler" geschichtswissenschaftlicher Ansatz, der sowohl regionale als auch globale Entwicklungen beinhaltet
- Das vorliegende Buch ist somit ein „intellektuelles Experiment", dessen Ergebnisse offen sind

3. Theorien im Dienste der psychologiehistorischen Forschung

1.*Theoretische Modelle der Wissenschaftsgeschichte:*
1.1. Kreismodelle
1.2. Halbkreismodelle
1.3. Evolutionäre Fortschrittsmodelle (Stufenmodell z.B. G. Vico; A. Comte: Dreistadiengesetz; K. Breysig: Stadienmodell)
1.4. Spiralmodelle (z.B. K. Breysig)
1.5. Psychologiegeschichte als Wechsel von Paradigmen im Sinne von T. Kuhn (1962)

1.6. Modell der Aspektivität und Komplementparität nach J. Pongratz (1984:16)

2. *Psychologische Theorien*
2.1. Entwicklungspsychologie (z.B. Persönlichkeitsentwicklung und Entwicklung der psychologischen Theorie)
2.2. Persönlichkeitspsychologie (z.B. introvertierte und extravertierte PsychologInnen)
2.3. Sozialpsychologie (z.B. das Forschungsteam, die Institutionen)
2.4. Psychopathologie (z.B. psychische Störungen und Gesellschaft)
2.5. Ethnopsychologie und Kultur- und Sozialanthropologie (vgl. Ethnografische Fotos und Filme; die kulturelle Dimension der Psychologien und ihrer Menschenbilder)
2.6. Psychoanalyse und Psychohistorie (z.B. warum man Psychologe wird?)
2.7. Marxistische Gesellschaftstheorie und kritische Psychologie (z.B. gesellschaftliche, politische und ökonomische Bedingtheit der Psychologien)
2.8. Evolutionspsychologie (z.B. Evolution der kognitiven Funktionen)

Literatur zu Methoden und Theorien der psychologiehistorischen Forschung
Watson, Robert I. (1978): The History of Psychology and the Behavioral Sciences. A Bibliographic Guide. New York: Springer Publ. Company, p. 1-65
Viney, Wayne, Wertheimer, Michael & Wertheimer, Marilyn L. (1979): History of Psychology. A Guide to Information Sources. Detroit: Gale Research Company, p.1-30
Ohler, N. (1980): Quantitative Methoden für Historiker. Eine Einführung. München
Brožek, Josef & Pongratz, Ludwig J. (ed.s) (1980): Historiography of Modern Psychology. Toronto: Hogrefe, S. 74-110
Petzold, M. (1981): Modelle und Herangehensweisen in der Psychologiegeschichtsschreibung. Psychologische Rundschau, 36, S.135ff
Traxel. W. (1985): Geschichte für die Gegenwart. Passau
Stubbe, Hannes (1988): Métodos e tipos da pesquisa histórica na psicologia. Arquivos Brasileiros de Psicologia (RJ), vol. 40, 2, p.73-82
Benjamin, L.T. (ed.) (1988): A history of psychology. Original sources and contemporary research. N.Y.
Gundlach, H. U.K. & Traxel, W. (1988): Historiography of Psychology in Germany. The German Journal of Psychology, vol. 12, N°. 2, p. 119-138
Brandt, A. v. (1989): Werkzeug des Historikers. Eine Einführung in die historischen Hilfswissenschaften. Stuttgart, 12. Aufl.
Pfeiffer, J. (1989): Literaturpsychologie. Eine systematische, annotierte Bibliographie. Würzburg, S. 74-123
Stubbe, H. (1990): Probleme der Historiographie der Psychologie in der „Dritten Welt". 9. Annual Conferenc of Cheiron European Society for the History of Behavioral and social Sciences. Weimar, 4-8. September (Abstracts)
Lück, H. & Miller, R. (Hrsg.) (1991): Theorien und Methoden psychologiegeschichtlicher Forschung. Göttingen
Ders. (2016): Die psychologische Hintertreppe. Freiburg/Brsg.
Krampen, G. & Wiesenhütter, J. (1993): Bibliometrische Befunde zur Entwicklung der Teildisziplinen der Psychologie. Psychologische Rundschau, 44, S.25-34
Bringmann, W.G. et al. (1997): Pictorial History of Psychology. Chicago, p. 518-526
Galliker, M. et al. (Hrsg.) (2007): Meilensteine der Psychologie. Stuttgart
Jordan, S. (2015): Theorien und Methoden der Geschichtswissenschaft. Paderborn, 2. Aufl.

Dinzelbacher, P. & Harrer, Fr. (Hrsg.) (2015): Wandlungsprozesse der
 Mentalitätsgeschichte. Baden-Baden
Memorandum zur Lage und Zukunft des Faches "Geschichte der Psychologie".
 Psychologische Rundschau, 66(3), 2015, S.176-177
Shiraev, E. (2015): A history of psychology. A global perspective. Los Angeles: Sage,
 2. Ed., p.2-29
Jüttemann, G. (Hrsg.) (2020): Psychologie der Geschichte. Lengerich
Stock, A. & Schneider, W. (Hrsg.) (2020): Die ersten Institute für Psychologie im deutschsprachigen Raum. Göttingen: Hogrefe

Abbildungsverzeichnis

Neandertalerkind. Th. Hardt, B. Herkner & U. Menz , 2009:132 .... **23**

Venus von Willendorf etc. Th. Hardt, B. Herkner & U. Menz, 2009:102 .... **57**

Frauenfiguren. Hardt, Herkner & Menz, 2009:102 .... **58**

„Herr der Tiere" ©Abbé Breuil **60**

Federdiadem ©A. Noëmi Stubbe, 2018 .... **67**

Viersäfte-Lehre. Cartledge, 2000:320 .... **77**

Lukrez ©A. A. Noëmi Stubbe, 2020... **90**

Inkubation. Keller, 1995:247 .... **99**

Albertus Magnus ©A. Noëmi Stubbe **114**

Sklavenschiff. J.M. Rugendas, 1972: Abb. 4/1 .... **143**

Münsterberg Laboratorium (1892). Deutsches Hygiene Museum (Hrsg.), 2012:54 .... **145**

Templo da Humanidade in Rio de Janeiro ©H. Stubbe **239**

China: Traum. Museum für Ostasiatische Kunst, Köln **299**

Faria ©H. Stubbe, 2000:328f **320**

S. Freud in den Tropen ©A. Noëmi Stubbe, 1997 .... **372**

Versuchsanordnung im Laboratorium Radeckis (1928). ©Stubbe, 1987:128 .... **392**

"Träumerei am Sonntagnachmittag im Alameda-Park" ©Diego Rivera (1947/48).............. **406**

Prof. Dr. phil. habil. Hannes Stubbe ist Anthropologe, Psychotherapeut und Diplom-Psychologe und vertritt die Psychologische Anthropologie an der Universität zu Köln. Er war außerordentlicher Professor an der Pontifícia Universidade Católica in Rio de Janeiro und hielt sich für Gastprofessuren und Feldforschungen in Indien, China, Afrika und Südamerika auf. Seine zahlreichen Publikationen erschienen in über 10 Ländern.

Hannes Stubbe und seine Tochter Noëmi Stubbe. Sie hat das Cover und grafische Details zu diesem Buch gestaltet.

D. Albert, H. Gundlach (Hrsg.)

Apparative Psychologie

Geschichtliche Entwicklung und gegenwärtige Bedeutung

R. Mausfeld: Apparate als Verkörperung von Theoriebildung in der experimentellen Psychologie

H. Gundlach: Sinne, Apparate und Erkenntnis: Gibt es besondere Gründe, warum die neue Psychologie apparativ wurde?

H.P. Huber: Der Wundtsche Begriff des Experiments und seine Bedeutung für die psychophysiologische Forschung

W. Höflechner: Zur Entwicklung der Experimentellen Psychologie an den österreichischen Universitäten bis 1938

J. Lukas: Apparative Versuchsaufbauten der Experimentellen Psychologie und ihre Bedeutung für die Entwicklung inhaltlicher Fragestellungen

K.T. Kalveram: Die Apparatur in der Psychologie: Spielzeug, Werkzeug oder Statussymbol?

L. Sprung, H. Sprung: Psychologiegeschichte und Methodengeschichte

P. J. van Strien: Die psychotechnische Verwendung von Laboratoriumsgeräten

K.H. Stapf: Apparative Diagnostik in der Psychotechnik

R.H. Kluwe: Simulation in der empirisch-psychologischen Forschung

H. Irtel: Apparative Voraussetzungen für Erkenntnisfortschritte in der Psychophysik des Farbensehens

R. Bisping: Digitale Optimierung von Fahrzeuginnengeräuschen auf psychologischer Basis

G. Lüer, M. Felsmann: Zeitmessungen mit dem Computer im psychologischen Experiment

G. M. Murch: Der Personal Computer als „psychologischer Apparat"

W. Nährer: Computertechnologie und Psychologie

274 Seiten
ISBN 978-3-931660-61-1   **20,00 €**
Preis inkl. MwSt.

PABST SCIENCE PUBLISHERS
Eichengrund 28
D-49525 Lengerich/Westfalen

📞 +49 (0) 5484-308 | 📠 +49 (0) 5484-550
✉ pabst@pabst-publishers.com
🌐 www.pabst-publishers.com

Jochen Fahrenberg

Wilhelm Wundt (1832-1920)

Gesamtwerk: Einführung, Zitate, Kommentare, Rezeption, Rekonstruktionsversuche

Wundts Konzeption der Psychologie entstand während einer jahrzehntelangen Forschung und Lehrtätigkeit, die ihn von der Neurophysiologie zur Psychologie und Philosophie führt. Er hat damit einen theoretischen Horizont geschaffen wie kein späterer Psychologe.

Sinnespsychologie, Neuropsychologie, Psychophysiologie, Tierpsychologie, Allgemeine Psychologie, Kulturpsychologie, Ethik, Erkenntnistheorie und Methodologie, Philosophie.

Die Allgemeine Psychologie und die Kulturpsychologie („Völkerpsychologie") haben eine gemeinsame Basis in Wundts Prozesstheorie psychischer Verbindungen: der Apperzeptionstheorie. Wundt hat auch die erste genuine Wissenschaftstheorie der Psychologie entwickelt. Dazu gehört eine vielseitige Methodik, gleichermaßen eine Kompetenz für das experimentelle und das interpretative Verfahren.

Wenn zeitweilig im Hauptstrom der Psychologie einseitige Auffassungen anziehend sind – Kognitivismus oder neurowissenschaftlicher Reduktionismus, die narrative Wende oder die computergestützten Modellierungen, die qualitative Psychologie, die phänomenologische Orientierung, die Psychoanalyse oder die gesellschaftskritische Neue Psychologie – ist es angebracht, an den theoretischen Horizont des Gründers der Psychologie als Disziplin zu erinnern. Er versuchte, geisteswissenschaftliche und naturwissenschaftliche Forschungsrichtungen zu verbinden – in einem souveränen Umgang mit den kategorial grundverschiedenen Betrachtungsweisen des Zusammengehörigen.

Hier argumentierte Wundt bereits in der Gründungsphase der Psychologie auf einem hohen Anspruchsniveau metawissenschaftlicher Reflexion, und dieses Anregungspotenzial ist bei weitem nicht ausgeschöpft.

408 Seiten
ISBN 978-3-95853-435-3 **40,00 €**

eBook:
ISBN 978-3-95853-436-0 **20,00 €**

Alle Preise inkl. MwSt.

 PABST SCIENCE PUBLISHERS
Eichengrund 28
D-49525 Lengerich/Westfalen

📞 +49 (0) 5484-308 | 📠 +49 (0) 5484-550
✉ pabst@pabst-publishers.com
🌐 www.pabst-publishers.com

Gerd Jüttemann (Hrsg.)

Psychologie der Geschichte

Im Verlauf der bioevolutionären Entwicklung sind wir zu geistbegabten, kreativen Wesen geworden. Daraus resultiert unsere „Geschichte", die Menschen (nach eigener Einschätzung) überwiegend selbst gestalten. In 32 Beiträgen setzen sich Autorinnen und Autoren aus den Disziplinen Psychologie, Geschichtswissenschaft, Soziologie und Philosophie mit diesem vielgliedrigen, von Fort- und Rückschritten geprägten Vorgang auseinander.

Dabei geht es um
(1) die Frage nach den psychischen Antriebskräften für geschichtliche Veränderungen,
(2) die Frage nach den verschiedenen Arten und Weisen des Wirksamwerdens dieser Antriebskräfte in der Geschichte und
(3) die Frage nach den Folgen geschichtlicher Veränderungen für die menschliche Psyche, für das Erleben und Verhalten der Menschen.

Deutlich zeigt sich, dass eine weiterführende Diskussion über Möglichkeiten einer besseren Zusammenarbeit zwischen den beteiligten Fächern unverzichtbar ist. Im Blick auf die Forschung lassen die gewonnenen Einsichten die Gründung einer Kooperationsgemeinschaft als dringlich erscheinen.

282 Seiten, Hardcover
ISBN 978-3-95853-624-1   **30,00 €**

eBook:
ISBN 978-3-95853-625-8   **15,00 €**

Alle Preise inkl. MwSt.

 PABST SCIENCE PUBLISHERS
Eichengrund 28
D-49525 Lengerich/Westfalen

📞 +49 (0) 5484-308 | 🖨 +49 (0) 5484-550
✉ pabst@pabst-publishers.com
🌐 www.pabst-publishers.com